邓晓芒作品 · 句读系列

下册 康德《道德形而上学奠基》句读

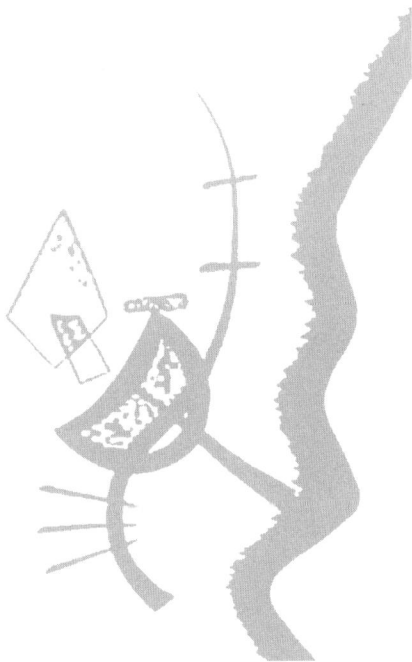

邓晓芒 著

人民出版社

第十六讲

我们上一堂课已经讲到了康德的道德形而上学的最高原理，也就是定言命令。对应的文本是李秋零译本第429页，德文版第421页。定言命令公式已经被正式提出来了，也就是达到了他的道德形而上学的最高原理。定言命令就是唯一的一条："你要仅仅按照你同时也能够愿意它成为一条普遍法则的那个准则去行动。"并且上次我们还讲到了由这样一条普遍法则所引申出来的定言命令的另外一种表达方式。康德的定言命令实际上就是上述唯一的一条，但是它还有不同的表达方式，一种就是上次我们讲到的，"你要这样行动，就像你行动的准则应当通过你的意志成为普遍的自然法则一样。"一个"就像"，一个"自然法则"，这就与普遍法则的公式有所不同了。本来道德命令不是自然的法则，而是自由的法则，但是你要把它看作"好像"是自然法则那样。这个"好像"里面有很多文章可做，它其实并不是真正的自然法则，我们上次已经讲到了。之所以说"好像"是为了便于人们理解。你如果直接理解那个抽象的法则，是不好理解的。自由的法则太抽象了，那么你就这样去想，"就像"它是自然法则那样。自然法则你总能理解呀，每一个普通人都知道自然法则、自然规律是怎么回事。那么你就按照这样一种思路去想：你的准则就好像是自然法则，如果能做到那样（普遍的自然法则），那么你就去做，没错的。这是它的第一种变形的表达方式。第一种变形的表达方式是着眼于定言命令的普遍性的"形式"，决不能理解为内容，如果是内容那就不可能是"自然法则"了，因为那就涉及到人的本能爱好和自然物的性质了，就不仅是"好像"自然法则，而真的是自然规律了。康德在后面也提到了，定言命令的第一种变形的表达方式是只取普遍法则的形式，第二种变形的表达方式才是着眼于它的内容,但不是自然内容,而是自由的内容,即作为目的的人格。人的意志都有一个目的,那么这个目的是什么? 具体的目的就是人性本身,人格中的人性本身。这是从质料方面来考虑的。第二条公式又称之为"目的公式"。第三条公式是"自律公式"每个人的意志都是一个普遍立法的意志。这是从形式与质料相统一的角度来讲的。所有这三条公式都归结到唯一的定言命令,就是:"你要仅仅按照你同时也能够愿意它成为一条普遍法则的那个准则去行动。"这是我们上次已经提到的。对这几条公式的关系,康德研究者、特别是英语世界的康德学者们有诸多误解,放着康德自己的说明不顾而另想一套,对此我们要特别谨慎,不要盲从。

那么,下面康德就是一条一条地来说明从唯一的定言命令里面变形出来的三个公式。康德对每一条都进行了具体的分析,具体的说明,这个说明是举例说明,举一些我们在日常生活中都能够联想到、经验到的具体的例子。康德通常是举四个不同的例子来说明。这四个不同的例子是他有意安排的,它表达了定言命令的四个不同的方面。这四类例子前面第一章中已有模糊的提示,而在本章中,这四个例子中的每一个都可以代表一种义务,而这四种义务的层次又是不一样的。

现在我们要列举出几种义务,并按照习惯的分类将其分为对自己的义务和对他人的义务,完全的义务和不完全的义务。

"这几种义务"就是四种义务,这四种义务举了四个例子。"并按照习惯的分类",也就是说,这四种义务并不是康德首次提出来的,以前的人早就提出来过,像鲍姆嘉通的书里就作出过这样的划分,就是按照自己和他人,以及完全和不完全的来划分。这四种划分方式交织着组合成了四种义务:一种是对自己的完全的义务,一种是对他人的完全的义务,一种是对自己的不完全的义务,一种是对他人的不完全义务。从四个角度可以组合成四种义务。他这里有个注释:

在此必须指出，我将义务的分类完全留给将来的《道德形而上学》，所以这里只是（为了安排我的例子）随意作出的划分。

就是说，义务的划分其实是他在《道德形而上学》里面要做的事情，在这里他还没有做，但他已经按照这种划分的方式在举例子。至于这个划分的方式本身如何分析，那是在《道德形而上学》里面必须要做的。所以为什么有完全的义务和不完全的义务，对自己的义务和对他人的义务，这里他不讲。这四种义务之间的形而上学的结构应该怎么理解，要留给未来的《道德形而上学》去讨论。而在这里，"只是为了安排我的例子随意作出的划分"。当然他不是随意的，但他举的这几个例子可以说是顺手拈来的，你也可以将别的例子按其类别放到这个框架里面。所以，他的这个划分作为一种具体的、经验的事实的例子是随意捡来的。那么，由这几个例子就可以扩展开去。特别是你如果在《道德形而上学》里面知道了他的划分的原理，那么你自己都可以举例子。

另外，我在此所谓的完全的义务是那种不允许任何有利于爱好的例外的义务，而且我在这里不仅有外在的、同时还有内在的**完全的义务**，这与学院中对这个词所采取的用法正好相反，但我没有想要在此作出辩护，因为无论人们是否接受我的观点，对我的意图而言都是一样的。

这里要注意的是，"我在此所谓的完全的义务是那种不允许任何有利于爱好的例外的义务，而且我在这里不仅有外在的、同时还有内在的完全的义务，这与学院中对这个词所采取的用法正好相反"。"正好相反"，与什么相反呢？ "学院中"的用法，应该就是指从经院哲学延续而来的学院派那样一种道德学说。我们刚才讲了，这四个义务的划分并不是康德首次提出来的。完全的义务和不完全的义务在学院派里面就已经有了。康德自称不是学院派的，因为康德是用德语写作，学院派都要用拉丁语写作。鲍姆嘉通可以说是学院派的，他用拉丁语写作，不用德语写作。康德可以说是第一个用德语来创作他的主要著作的德国哲学家。从康德开始，德语才真正地成为了哲学的学科语言，此前都是拉丁文。

正式的著作应该用拉丁文,这是学院派的规矩,也可以说是当时的学术规范。到康德的时代,这个传统还在。但是康德已经不用它的语言说话了,而且他的很多说法与学院中的说法是不一样的。学院中对"完全的义务和不完全的义务"的用法跟康德是完全相反的。为什么相反?因为以往的用法,"完全的义务"就是要包含所有的东西,比如说爱好。康德讲,"我在此所谓的完全的义务是那种不允许任何有利于爱好的例外的义务",这在学院中看起来恰好是不完全的。你不允许有任何例外、任何爱好掺杂在里面,那还能叫完全的义务吗?完全的义务在以往的理解中,也就是在学院派的理解中应该是无所不包的,应该是把所有的爱好都考虑在内的,那才叫完全的。康德这个地方恰好是排除了任何有利于爱好的例外,凡是例外就不能叫作义务了。再就是,"不仅有外在的,而且有内在的完全的义务"。以往讲的完全的义务都是外在的,而康德首次提出来有一种内在的完全的义务。所谓内在的,就是对自己而言的,对自己的义务。以往所讲的义务都是对他人的义务。通常我们中国人也喜欢这样理解,讲到义务的问题,那就是对他人。只有人和人的关系才有义务。人和自己的关系是没有义务的。如果一个人只对自己发生关系,那就没有义务。你想怎么就可以怎么。但是康德提出来,人对自己有一种义务,这个也是跟以往的学院派的划分方式是不同的。他说,"但在此我没有想为之作出辩护",他在这里不想辩护,他只是提出这样一种划分。你们跟着我来,你如果按照我的划分,你们就可以理解我的意思了。但是,你不接受我的观点,这无关紧要。你也可以坚持你自己的观点或者旧的学院派的观点,但"对我的意图而言都是一样的"。我的意图是什么呢?就是要说明问题。我的意图就是要你理解我的意思,这个是不受影响的。康德的这个注释主要是解释这四种义务:对自己的完全的义务,对他人的完全的义务,对自己的不完全的义务和对他人的不完全的义务。所谓完全的义务就是说,你必须要做到完全没有例外。所谓不完全的义务,就是说在某些情况下你可以有例外。那么我们看看这四个例子。第一个例子就是对自己的完全的义务，或者说内在的完全的义务。

    1.<u>一个人，由于一系列接踵而来、使人绝望的痛苦而感到厌倦生活，但他还拥有自己的足够的理性，能够问问自己，结束自己的生命是否会违背他对自己的义务。</u> 422

    这个问题就出来了：对自己有没有义务？康德在这里举的例子就是生命。人对自己的生命是否有义务。如果生命使人感到厌倦，生活使人感到绝望、痛苦，那么他就可以问问自己：结束自己的生命，比如说自杀，是否违背他对自己的义务呢？这个问题在中国人看来是不存在的。对自己的生命有什么义务不义务呢？人自杀都是有原因的，多半是由于别人的压迫使得自己感到受辱、委屈和痛苦。所以被迫自杀叫作"逼死人命"，要追究别人的罪责的。但中国人一般不会由于对生活感到厌倦而自杀，这个是没有人同情的，而会认为这个人脑子有问题。活着还不行？活着多么好啊！为什么要自杀呢？所以中国人不存在这样一个问题：就是由于自己的原因而不愿意活了。但是在西方有这个问题：是不是可以自杀？在基督教里面是反对自杀的，但在古代斯多亚派那里是主张可以自杀的。斯多亚派甚至认为自杀是人的一种权利，高出于神。因为神不能自杀。只有人能够自己选择结束或是继续自己的生命。所以人的生活是自觉的，人的生命是自己延续的。不是说给了你生命你就延续着。你可以选择结束生命，或者是再继续过一段日子，或者是尽享天年。这都是你的选择，不是说自然都已经给你规定好了的。那么就带来这样一个问题：人有没有权利自杀，或者说，有没有义务活着？人活着是不是一种义务？这个是西方人的一个大问题。结束自己的生命是否会违背对自己的义务。

    现在他试验一下：

    注意这个"试验一下"。我们说他是在做一个思想试验。康德的四个例子都是在做思想试验，都不是从现实生活中拿来现成的例子，而是说，你联系现实生活想一想，做个思想试验，如果有这种情况会怎样？

他的行动的准则是否有可能成为一条普遍的自然法则。

也就是说，你要是自杀，你的这个准则——自杀是否有可能成为一条普遍的自然法则呢？自然法则，也就是说，你把它变成在现实生活中普遍起作用的法则，你试试看，你试想一下。当然不是真的试，没有人真的去试。但你可以试想一下。

但他的准则却是：如果生命虽有更长的期限却要面对更多痛苦的威胁，而不是许诺快适，我就从自爱出发把缩短自己的生命作为我的原则。

你的行动的准则是否能够成为一条普遍的自然法则，那么首先要看看你的准则是什么。你的准则是这样的：如果生命虽有更长的期限却要面对更多痛苦的威胁，而不是许诺快适，那么我就从自爱出发把缩短生命作为我自己的原则。普遍的定言命令的法则具体到我是否能自杀这样一个问题上就是这样的。缩短自己的生命，出发点是自爱，既然生命只能带来痛苦，而不能带来快乐，那我活着有什么意思呢？人活着不就是为了快乐吗？不快乐，勿宁死。如果人生就是受苦，那就没有必要活着了，少受点痛苦吧。你在生活中不就是要逃避痛苦吗？凡是痛苦我就要逃避，凡是快乐我就要追求。生活本身如果没有快乐，只有痛苦，那何必活着呢？"从自爱出发把缩短生命作为我的原则"，这个地方讲的原则就是准则。如果活着已经不能带来快乐，全是痛苦，我已经算定了，那么我就结束生命。但是这样一条准则能不能成为一条普遍法则？

只要再问一句，这条自爱的原则能否成为一条普遍的自然法则。这时人们却马上看出，一个自然，如果其法则竟是通过具有促进生命的使命的同一种情感来破坏生命本身，就将是自相矛盾的，因而不会作为自然而存在了，所以那条准则就不可能成为普遍的自然法则，它由此而会与所有义务的那个至上原则完全相冲突。

在自杀这样一件事情上面，运用定言命令的第一种变形公式，也就是自然法则公式。一旦运用自然法则公式来加以衡量、测试，我们马上就可以看出来，他的行为的准则是否有可能成为一条普遍的法则。首先我们看准则是什么,然后看这样一种准则能否成为普遍的自然法则。如果准则是:从自爱出发,在某些情况下,也就是在没有快乐只有痛苦的情况下,我就缩短自己的生命、自杀,把这个作为我的准则;那么再问一句:这条准则能否成为一条普遍的自然法则? "一个自然,如果其法则竟是通过具有促进生命的使命的同一种情感来破坏生命本身,就将是自相矛盾的"。"具有促进生命的使命的同一种情感",人生活在世界上,他的情感、爱恨本来是自然安排在他身上,为了促进他的生命的,比如说快乐,也包括痛苦。快乐和痛苦本来都是为了促进他的生命的,人们的爱好本来也是为了促进他的生命的。人的本能之所以是本能,就是因为它对人的生命有利。结果呢,同一种情感被用来破坏生命本身,这不是自相矛盾吗? 你出于本能本来应该好好活着,但是正因为出于本能你觉得好好活着已经不能带来快乐了,你就结束自己的生命。这样一来,享受快乐的本能岂不成了违背生命的吗? 大自然不是自相矛盾了吗? 这怎么能够成为一条自然法则呢? 这"将是自相矛盾的,因而不会作为自然而存在了",自然界安排人的爱好本来是促进生命的,结果却导致了违背生命。那么这肯定不是一条自然律。如果自然界是这样的话,那自然界还会有人类存在吗? 人的生命属性就把生命本身取消了。自然为什么要创造出人来? 本来就是为了使他的一切本能都促进他的生命本身,这就是自然的目的。但是这样一种目的,如果按照这样一种准则的话,它就导致自相矛盾。所以这准则不可能作为一条自然法则。当然不作为自然法则它也有可能发生,但是那就是作为一种非自然的选择而发生,作为个人的例外,你活得不耐烦了,不要推到自然身上。你不能把它当作自然法则,那是你的选择。这个事情是可能发生的,但不可能作为自然法则而发生。作为自然法则而发生那就所有的生命都将不存在了,自然法则就停止了,结束了。而自然法则既然是法则,它就是永恒的,它应该会不断地运作下去。自然规律怎么可能取消呢? 你个人的生命可以取消,但自然规律不可能取消。所以一旦你把自杀当作一种普遍的自然法则,那就会导致自然法则的自相矛盾，因而不会作为自然而存在了。作为什么存在呢？作为你个人的怪癖、突发奇想，作为你的违背自然的行为，也就是不道德行为，那当然可以存在。"所以那条准则就不可能成为普遍的自然法则，它由此而会与所有义务的那个至上原则完全相冲突"。这样一条准则在自杀的情况之下，是不可能成为一条普遍的自然法则的。它会与所有义务的至上原则相冲突。"所有义务的至上原则"那就是定言命令，就是它的经典的表达方式：你要仅仅按照你同时也能够愿意它成为一条普遍法则的那个准则去行动。这里特别要注意，康德不是在谈真正的自然规律，也不是在谈人的情感或本能的"人之常情"，而是在谈这种情感或本能本身在逻辑上是否导致自相矛盾，否则他就和功利主义者和情感主义者没有区别了。如果你有一个行动（准则）不能够成为一条普遍法则，当你把它设想为自然法则的时候将会导致自然的自相矛盾，将会导致在自然中不可能存在。那么它当然会与所有义务的至上原则完全相冲突。这个是第一个例子，第一个例子是指的完全的义务，并且是内在的。一个人对自己有完全的义务，所谓完全的义务就是说，你在任何情况之下都不得自杀。这是你的义务，你既然活着，活着对你就是一种义务。你自杀就是不道德，这个不道德是对你自己不道德。你违背了对自己的义务。你为了享受，为了爱好，不能忍受痛苦，而逃避了自己活着的责任。这是一种说法，这种说法在我们中国人听起来比较陌生。西方从古希腊斯多亚派开始，中世纪也讨论自杀的问题，近代讨论得更多，一直到现代还在讨论。加缪就讲，"真正的哲学问题只有一个，就是自杀。"自杀问题是真正的哲学问题，一切其他的哲学问题都要从这里产生，并且要回到这里才得到最终的解决。当然，这是西方人的一个传统，比较热衷于讨论自杀问题，讨论在自杀这个问题里面所体现出来的自由意志的问题。我能不能结束我自己的生命，我结束自己的生命是否是我的自由的选择。这是西方人很早以来就提出的一个观点。我们在这个背景上来理解康德的这样一个例子就比较好理解了。我们中国人没有这个文化背景，往往很难理解。一个是自杀，我们很难理解自杀也是违背义务。我们讲自杀，就讲是谁逼死了他。如果没有谁逼死了他，那在我们看来，没有义务不义务的问题，我们只是觉得他很可怜。但在西方人，就有一个义务的问题。中国人有时也遇到这个问题，比如说，文革时候，有的人实在活不下去了，想自杀，当时就有这个问题：我有没有权利自杀？一般来说，是考虑为了活着的人，我还有家小，还有老人，特别是还有孩子，我死了，把他们抛下不管，这个是违背义务的。但是，那是对他人的义务。我们有没有人考虑过对自己的义务？我必须活着，哪怕活着已经没有任何意义了。但是没有人把活着当作自己个人的义务的。我既然活着，那我对自己的生命就有一种义务，这个只有在基督教的背景之下，为上帝而活着，才有这样一种说法。基督徒是不自杀的，因为上帝给了你生命，你活着就是你的义务，你不要违背上帝的意志。康德这里不讲上帝，但他也讲到了你活着是你的一种义务。为什么是一种义务？因为，一个人由于生活不能忍受导致自己自杀，这个是不能成为普遍的自然规律的。一旦成为自然规律，所有人的情感都成为危害生命的，那就会没有人活着了，也就不会有人再自杀了，所以它不可能成为自然规律。凡是自相矛盾的东西都不能成为自然规律。作为例外可以，但是作为自然规律它是不会存在的。它会自我取消，最后取消完了，自相矛盾把自己消灭光了，这就停止作为自然存在了。这是第一个例子。第一个例子以及后面的第三个例子都是讲的对自己的义务，都是我们中国人比较难以理解的，要特别关注。

第二个例子比较容易理解。

2. 另外一个人，发现自己由于贫困而不得不借钱。他很清楚，自己将无力偿还，但他也知道，如果不明确地承诺到一定的期限偿还，就会什么也借不到。他乐于作出这样一个承诺；但他还有足够的良知扪心自问：以这样的方式摆脱困境，是否不允许和违背义务呢？

这是一个例子。第一个例子是讲的对自己的义务，而且是完全的，在任何情况下都不能自杀。不管是你忍受不了，还是没有快乐了，还是活着没意思了，活的不耐烦了，你都不能自杀，这是一个绝对的、无条件的要求。那么，"另外一个人"的情况涉及到与他人的关系，这就不是对自己的义务了，而是对他人的义务。他"发现自己由于贫困而不得不借钱"，现在手头很紧。有些事情不得不借钱。或者说，我今天没有米下锅了。如果不借钱的话，一家老小都要挨饿。"他很清楚，自己将无力偿还"，自己现在又没有工作，你去借钱，拿什么来还呢？无力偿还。但是他也知道，如果不许诺，说我不久就还给你，或者一个星期，或者一个月。如果不承诺的话就什么也借不到。没有人借钱给你，你借了不还嘛。所以他乐于作出这样一个承诺，不久我就还给你，但是他又明明知道自己还不了。这个时候，他的良心就出来了。他的良心就问他，以这样的方式来摆脱困境是否是不允许和违背义务的呢？你做一个虚假承诺，这个我们在日常生活中到处都可以看得到。有的人家里穷的叮当响，根本就没有偿还的可能性，至少在可以预见的将来不可能有偿还的可能性，除非你到哪里捡到一笔意外之财，除此而外，不可能偿还。那么，他来借钱，他能不能问自己：以这种方式即算借到了钱，是不是违背义务呢？

假定他还是决心这样去做，那么他的行动准则就会这样表述：如果我觉得自己急需用钱，我就去借钱并承诺偿还，哪怕我知道这永远也不会兑现。

他的行动准则就是这样的：明明我还不了，但是我还要借钱。只要我急需用钱，我就去借。这是一个行动的准则。有的人就是这样。一贯地每当急需钱用的时候就去借，但是从来不还，他也没有能力还。他借的时候就不打算还，这种人是经常可以看到的。那么，这种准则是否能够成为一条普遍的法则？

现在这个自爱的原则，或对自己有利的原则，也许与我将来的全部福利倒是很一致的。但现在的问题是，这种做法对吗？

当然这是出于自爱的原则，我借钱不还，当然对我是有好处的。我又得了钱,但是我又不受损失,这是对自己有利的原则。"也许与我将来的全部福利很一致",我借到这笔钱,做点小生意,我将来就可以不断地延续下去了,我这一辈子也许就有了保障了。也许很一致,当然也不一定。你的钱如果赌博输光了,那就和你没借差不多。但是,也许会导致我以后会过上比较安稳的生活。但是问题是,这样的做法对吗?它可以满足我的爱好,可以解决我的生活问题,与我的福利、幸福是一致的,但是是否对呢?也就是是否跟义务一致呢?当你考虑到跟义务一致的时候,幸福也好,爱好也好,这些都不足以说明问题。还要问一下,这种做法对吗?

于是我把自爱的这种要求变成某种普遍的法则,并这样设问:假如我的准则变成一条普遍的法则,那又会是怎样的情况。

也就是说你把准则转变成某种普遍的法则去设想一下,这里还是做一个思想试验。这种转变当然不是真正的转变,真正的转变我们没法做到。因为我个人此时此刻去借钱这件事情是具体的,而普遍的法则我还经验不到。我将来会怎样,或者他人会怎样,这些我都经验不到。但是我可以在思想上预先把它想到,就是设想一下把它变成一条普遍的法则,所有人都这样,人人都像我这样,把我的准则当作一条普遍的法则。那么我就设问:假如我的准则变成一条普遍的法则,那又会是怎样的情况?当然这个思想的试验是设想一种经验,但是这个经验又不是现实的经验,是我设想中的经验。所以在这个意义上面,我们说,康德的四个例子都是以经验为前提的。但是又都不是局限于具体的经验。康德伦理学很难一句话把它说成是什么样的。你说他是完全超经验的也未见得,它还是考虑到了经验,但这个经验不是现实的经验,而是设想中的经验,是被设想为普遍法则的经验,这种经验并不一定要在现实生活中间发生。作为普遍法则的经验是不可能发生的,经验总是个别具体的。但是我可以在思想中把这种普遍法则设想为到处适用的法则,无一例外,人人都如此。当然这个我们不可能经验到,但是我们可以设想到。假如人人都这样做,将会怎样。我们今天也常常做这种思想试验嘛,"假如人人都献出一点爱,这世界将会多么美好。"这个"假如"实际上是根本不可能存在的,但是我们可以设想,康德就是采取这种方式。假如我的准则变成一条普遍的法则,那又会是怎样的情况?

我现在马上可以看出,这一准则绝不可能作为普遍的自然律而有效并与自身相一致,而是必定会自相矛盾。

当你这样设想的时候,你就可以看出来了,这样一个准则绝不可能作为一条普遍的自然律而有效,也不可能与自身协调一致。"不可能作为普遍的自然律而有效"与"不可能与自身协调一致"其实是一回事情。正因为它不能跟自身协调一致,所以它不可能作为一条普遍的自然律而有效。也就是说,之所以它不能作为普遍的自然律是因为它逻辑上自相矛盾。一旦你把它当作普遍法则,它在逻辑上就是自相矛盾的,它就不可能成为普遍法则,而会自我取消。作为例外可以。作为某些具体场合之下发生的偶然的、一次性的事情,那当然可以。具体情况总是千差万别的,总是有大量的偶然性的。但是你要把它作为普遍的自然律而有效,这个不可能。因为它一旦被这样考虑,就会自相矛盾。当然不可能每个人都这样做,每个人都借钱不还,这个不是事实,毕竟世界上还是有很多人是守信用的;但是我们设想一下,如果每个人都不守信用,那将会怎么样?那将会自相矛盾,而且必定会自相矛盾,这个很重要。就是说,我们看康德的定言命令,他的道德律,实际上就是建立在一条命令是否会自相矛盾这个基础上。一条命令如果自相矛盾,它就不可能成为普遍法则,不可能成为普遍法则就不可能成为定言命令,不可能成为道德律。所以我们说康德的纯粹实践理性体现为道德律的时候,他是把逻辑上的不矛盾律作为他考虑的前提的。实践理性是理性嘛。什么是理性?理性最基本的特征就是,你要保持一贯,逻辑上不要自相矛盾。逻辑上自相矛盾就是非理性了,就是自相冲突了,就是荒谬了。逻辑上要保持同一,那么在行动中也是,在行动中要保持一致。孔夫子也讲"有一言能终身行之"、"吾道一以贯之",当然孔子不是从逻辑上讲的,他是从情感上讲的。但是康德是从逻辑上讲的,在逻辑上要一以贯之,能够成为普遍法则。你的准则是你个人使用的,但你是否能够一以贯之,终身行之;不但你自己终身行之,而且可以成为普世的法则,作为我们今天讲的普世价值,所有的人都能够遵守:能不能这样?这是一条绝对标准。

因为,每个人一旦认为自己处于困境中就可以作出他临时想到的随便什么承诺,却故意不去遵守,这样一条法则的普遍性就会使承诺和人们在作出承诺时可能怀有的目的本身都变得不可能了,因为任何人都不会再相信人家对他作出的任何承诺,而会把一切这样的表示看作无聊的借口而加以嘲笑。

这是他说出的理由,为什么会自相矛盾。很明显,因为每个人一旦认为自己处于困境中就可以作出他不准备兑现的承诺,"这样一条法则的普遍性就会使承诺和人们在作出承诺时可能怀有的目的本身都变得不可能了,因为任何人都不会再相信人家对他作出的任何承诺"。如果你把虚假承诺当作一条普遍的法则,那显然,如果人人都做虚假承诺,那就连虚假承诺也不会再有了。如果虚假承诺成为一条普遍的法则,也就是说,当所有的人做承诺的时候都是虚假的,这是一条普遍法则,那你还会相信承诺吗?如果每个人都做虚假承诺,就不会有任何人相信承诺。那么,一个没有任何人相信的承诺,是不可能做的。你做了谁相信呢?既然没人相信,你还做什么承诺呢?所以这个承诺本身就不可能了,那么人们在承诺时可能怀有的目的也就不可能了。你是为了什么去承诺,把承诺当作一种手段,来达到什么目的。那么,这个手段既然不可能,目的也就不可能。你用承诺来达到你的目的,但是承诺没有人相信,你的目的就达不到。明明知道它达不到,你就不会把它当作目的。这个是他的一个分析,这个分析是比较有说服力的。如果做虚假承诺一旦成为普遍法则就会没有人相信虚假承诺,没有人相信虚假承诺,虚假承诺就不存在了,你也就不会去做虚假承诺了,没人相信嘛。你之所以要做虚假承诺,无非是要人家相信,以便达到自己的目的。但人家都不会相信。人家不相信你，你去做虚假承诺，那不是白费口水、枉费心机吗？所以还不如节省一点口水和精力。任何人都不会再相信他作出的任何承诺，"而会把所有那样的表示看作无聊的借口而加以嘲笑"。你明明知道不会有任何人相信承诺，你还要作出承诺，你不是在搞笑吗？不是自己出丑吗？这个是第二条，是对他人的义务，这个也是完全的义务。在任何情况之下，你都不要做虚假承诺。这与前一章讲的不要说谎、童叟无欺是同一类例子，它们都是同一种道德上的义务。所以第一条和第二条都是完全的义务，但是第一条是内在的，第二条是外在的。第一条是对自己的义务，第二条是对他人的义务。那么，我们看第三条，第三条又回到自己。但是，已经是不完全的义务了。

423   3. 第三个人，在自身中发现一种才能，这种才能通过一些培养有可能使他成为在各方面有用的人。但他发现自己处在舒适的环境中，并且宁愿沉溺于享乐而不愿努力扩展和改善他幸运的自然禀赋。然而他还是会问：他荒废自己的自然天赋，这条准则除了与他寻欢作乐的偏好本身相一致以外，是否也和人们叫作义务的东西相一致。

这是第三个例子。第三个人，在自身中发现一种才能，他知道自己有一种才能，这种才能是很有希望的，只要经过培养就可以使他成为在各方面有用的人。但是他发现自己处在舒适的环境中，他的环境太好了，条件太优越了，他宁愿沉溺于享乐而不愿意努力改善和扩展他幸运的自然禀赋。家庭条件太优越了的人往往有这种毛病。明明是很聪明的孩子，但是不去发展自己的自然天赋，那样太累。那需要人集中精力，需要放弃一些享乐和爱好，所以呢，往往这样的家庭培养出来的孩子，他的发展是不全面的。他能够在享乐方面很内行，但是他自己的才能被荒废了。"然而他还是会问"，尽管如此，这样一个被宠坏了的人，从小生活过于优裕的这样一个人，他仍然还有良心嘛，他就会扪心自问了："他荒废自己的自然天赋，这条准则除了与他寻欢作乐的偏好本身相一致以外，是否也和人们叫作义务的东西相一致"。他是否对自己的才能有一种义务？我活在世界上难道就是吃喝玩乐吗？这个荒废了自己的才能的人，他有时候也会自己这样问自己：难道这就是生活的意义吗？难道每天就是吃喝玩乐，唱卡拉OK，然后谈朋友，然后这里那里去玩，然后搞笑？这就是生活吗？荒废自己的自然天赋这条准则，除了与他寻欢作乐的偏好一致以外，是否也和人们叫作义务的东西相一致呢？我这样做是否合乎我的义务呢？当然，一般的人就回避这个问题，你不要跟我讲这些大道理，这些道理我听得多了，从小学老师就在教训我，你现在还教训我？我不听你的。但是，他有时候自己也会问，我这样做是不是违背义务。

那么他将看出，虽然自然根据这样一条普遍法则总还能够存在下去，哪怕人们（像南太平洋的岛民一样）让他们的才能荒废，并且只想把自己的生命用于游手好闲、寻欢作乐和种族繁衍，一句话，用于享受；但他不可能**愿意**这成为一条普遍的自然法则，或者让自然本能将它作为这样一个法则置入我们之中。

他将看出，虽然大自然根据这样一条普遍法则总还能存在下去，就是说如果人人都寻欢作乐，不发展自己的才能，这个在自然界是可以的。动物就是这样。没有哪个动物去发展自己的才能。只要有快乐，它就去享受，享受完了，就睡觉。大自然本来就是这样的。自然根据这样一条普遍法则总还能存在下去，这样一条普遍法则就自然界的规律来说，是不自相矛盾的。自然界这种情况多得很。人作为自然物，这些现象也很多。也可以设想所有的人都这样，这个世界还会存在，不会自相矛盾。"哪怕人们（像南太平洋的岛民一样）让他们的才能荒废，并且只想把自己的生命用于游手好闲、寻欢作乐和种族繁衍"。南太平洋的岛民，这个是当时的很多游记反映出来的，康德在很多地方都提到了。南太平洋的土著，探险者和旅游者到那里发现他们有一个很重要的特色，就是他们不去求上进。南太平洋，比如塔希提岛的岛民，他们很多处于人类的原始部落的阶段。他们的生活是怎么样的呢？成天是消磨时间。因为他们生活太优裕了，南太平洋岛上遍地都是花果，想吃什么马上就可以满足。河里面都是鱼。想要吃，去捞就是了。到处都有食物，没有危险。这样的条件到哪里去找，这是伊甸园嘛。诗人顾城跑到南太平洋的激流岛去，就是想找一个伊甸园。高更跑到塔希提岛上去，躲在那个地方作画，画那些原始部落。在康德的时代，人们已经发现那个地方是一个天堂，人们不需要发展自己的任何才能。这样的生活是可以存在的。南太平洋岛民的那样一个社会已经存在了那么长的时间，可以说，存在好几万年都可以，没问题的。所以他讲，自然根据这样一条普遍法则总还能存在下去，如果所有地球上的人都是这样，那是可能的，都像南太平洋的岛民那样。我们中国现在就是这样嘛，大家都寻欢作乐，游手好闲，搓麻将、K歌，这种社会是可能的。接下来他讲，"但他不可能**愿意**这成为一条普遍的自然法则"。这种情况是可能的，在自然界是可以存在的；但是作为一个人他不可能愿意这样。这个"愿意"打了着重号，不可能愿意这成为一条普遍的自然法则，或者让自然本能作为这样一个法则被置入我们之中。这是他不愿意的，也就是说，只要是一个人，他对于这样一种生活是不满足的。因为他本来很有希望，很有天赋，而没有得到发挥。至少他当时寻欢作乐，但是事后一想觉得很空虚，觉得一生很空虚，因为一生就像一个动物一样，过得很苍白。或者，至少在他年老的时候，临近死亡的时候，他对于自己一生的回顾是有遗憾的。我本来是一个非常有才能的人，我有某一方面的才能是可以发挥的，但是由于我自己荒废了我的才能，所以我一辈子碌碌无为。活在人世上只是增加了地球的负担、社会的负担，没有做一件让我觉得自豪的事情。这是每个人，哪怕他在现实中是那样做的，但是他不会愿意这成为一条普遍的自然法则。及时行乐，到处寻欢作乐，可以是一条自然法则。某个人，在他身上，这条法则在起作用。但是，这是一种动物性的法则。人活得像动物一样，不会使人满意。所以他不可能愿意这成为一条普遍的自然法则。他对这种自然法则不满意。人毕竟跟动物不一样嘛。人还是要追求上进。那些大款，暴发户，赚了大钱的人,纸醉金迷,每天享乐不尽的人,他仍然希望我的孩子要读一个大学,读一个博士。我的孩子总不能像我一样,我这一辈子是没办法啦,我也没有发挥自己别的方面的才能。我靠碰运气发了财,我享乐不尽,但是我的孩子得让他上大学,他就是我的延伸嘛。所以从人们对待自己的孩子上面,我们可以看出来,他自己并不愿意这样一种准则成为一条普遍的法则。我这一辈子赚钱,那么我的孩子应该提高档次,一定要成为充分发挥自己才能的人。所以任何一个人都不可能愿意像动物一样地生活能够成为一条普遍的法则,"或者让自然本能将它作为这样一个法则置入我们之中",如果人无一例外都是动物性地生存成为一条自然法则,或者作为一种本性被置于我们的基因之中,这个是我不愿意的,每个人实际上也都不愿意的。人难道就是这样吗?人生一世,草木一春,跟草木有什么区别?

康德这里讲出原因了:

<u>因为作为理性存在者,他必然愿意他身上的一切能力得到发展,因为这些能力毕竟是为了各种可能的意图为他服务和被赋予他的。</u>

为什么不会愿意这样荒废才能、寻欢作乐成为一条普遍的自然法则呢?是因为人是理性存在者,跟动物不一样。"他必然愿意他身上的一切能力得到发展",这个能力不仅仅包括享乐的能力,也包括创造的能力,也包括精神的能力,这都是人所具备的。理性存在者当然要发展理性的能力了。一旦发展理性的能力,其他方面的能力也必然会带起来,一切能力都会得到发展,他必然愿意他身上的一切能力得到发展。"因为这些能力毕竟是为了各种可能的意图为他服务和被赋予他的"。为了"各种可能的意图",那就不仅仅是为了人的快乐、享乐、爱好,为了人的本能的需要。如果你荒废了,那么这些能力就没有得到它应有的发展,那就没有完成你的义务。大自然既然在你身上赋予了这么多的能力,你就应该把它完成,这就是你的义务。所以,荒废自己的才能,这本身是违背你对自己的义务的。我们今天也讲,你这样下去要为自己负责。你把

自己这么好的才能都荒废了，你对不起自己。但古代中国人一般不这样讲，这是现代中国人受了西方的影响，有了自我意识的主体性以后，才会有这种说法：你这样做对不起自己。你对不起父母，对不起老师，更重要的是对不起自己。你自己要发展自己嘛。这个是五四以来的说法，以前没有。以前只要对得起家里、对得起祖宗、对得起国家就够了。这是第三种义务，也是内在的，但是是不完全的义务。为什么是不完全的义务呢？就是说，这样一种义务是对人提出的一种应当的要求，但是受到种种条件的限制。才能每个人都有，但是你不一定会遇到这样的机遇。有的人是故意不发展自己的才能，他有条件也不去发展，但是，很多人是没有条件。在没有条件的情况之下，你不能发展、发挥自己的才能，那怪不得你，那是条件所限。但是，只要有条件，你就得发挥自己的才能。你要抓住一切机遇，抓住一切可能性来发挥自己的才能。所以，这是义务，但是不是完全的。同时这又是内在的不完全的义务。不发挥自己的才能，这个对你自己来说是不道德的，是违背义务的，但是对他人来说倒未见得。他人谁管你啊？你不发挥自己的才能，你损害的是自己，对他人没有影响。所以他人也不强求你，那是你自己的事，在道德上他人也不会谴责你，但是你自己会有一种自我谴责。你不会愿意自己这样活下去的。所以这样一种道德义务是一种不完全的内在的义务，在有条件的情况之下，他必须要去完成。但是，不一定有这个条件，所以不必苛求。每个人都要充分发挥自己的才能，这个不是人人都可以做到的，有一定的机遇。但是，一定要发挥自己的才能，这是一个义务，这是一个你愿意成为普遍法则的准则。就是说，只要有可能，所有的人都要发挥自己的才能。这是一个普遍的法则。

最后是第四个例子。

4. 还有**第四个人**，境况如意，然而，当他看到别人不得不去克服极大的艰难困苦时（他也有能力帮助他们），却想：这跟我有什么关系？就让每个人都如上天所愿、或者如他能使自己做到的那样幸福吧；我不想从他那里得到什么，甚至也不会嫉妒他；只是我没有兴趣对他的福利或他在困境中所需要的做点什么！

"第四个人，境况如意"，也就是说，他生活无忧，他已经是小康了。"当他看到别人不得不去克服极大的艰难困苦时（他也有能力帮助他们），却想：这跟我有什么关系？"每个人有他自己的命，我们日常生活中总讲，人都有自己的命。我能够达到今天这样一种生活水平，那是我的命。人家也有他的命，各自都有命。你不要试图去改变别人的命运，你不要试图去帮助他。他跟你有什么关系？"我不想从他那里得到什么，甚至也不会嫉妒他"，我要是去帮助他，人家还会以为我想从他那里得到什么好处。他好了我也不会嫉妒他，他遭难了，我也不会幸灾乐祸。"只是我没有兴趣对他的福利或他在困境中所需要的做点什么"，我提不起这个兴趣。难道我的情况比他好，我就应该帮助人家？他跟我有什么关系呢？这是一种对待他人的陌生的眼光。一个陌生人、路人，跟我有什么关系。他有困难，我为什么要去帮他？我顾自己就够了。所以我没有兴趣对他的福利或他的需要去做点什么。我又不是救世主，忧国忧民，拯救大地，在这方面我没有兴趣，这是一种人。这种人，你可以说他自私自利，但他并不损害人家，他就是光顾自己。他不愿帮助别人，但他也不损人利己，他不想从别人那里得到什么。

现在，如果这样一种思维方式成为普遍的自然法则，人类当然还会安然无恙，而且无疑比起每个人都奢谈同情和好意，哪怕尽量也把它们附带地付诸实行，但是另一方面只要可能就欺骗人，就出卖人的权利，或者在别处侵害它们来，要更好些。

也就是说，我们做一个思想试验，可以设想这样一种思维模式成为一条普遍的自然法则，这是可能的。一个自私自利的世界、每个人都顾自己的世界是可能的，或者说，在康德的时代，在资本主义的条件之下，基本上是现实的。每个人碰到每个人都是路人，都不搭理人家，住在隔壁或对面的人也不认识，这种情况非常普遍，每个人都顾自己。只要不损害他人，这个无可厚非。他不帮助他人也有他的道理，不是他没有能力帮助，而是他不想帮助，也无可指责。你不能指责他没有帮助别人。他可以帮助别人，但是他不帮，这个你拿他没办法。"如果这样一种思维方式成为普遍的自然法则，人类当然还会安然无恙"，资本主义条件之下的人与人的关系的那种准则可以成为一条普遍的法则。不是有一句格言吗："人人为自己，上帝为大家"，每个人都为自己，那么这个社会就和谐啦。上帝为大家，也就是说，它的结果是好的，每个人都得利。每个人都自私，这个世界就会变得大公无私。相反，如果你老想去帮助人家，这个社会就为某些人的私利服务。这是西方的一种说法。就是说，人们的恶反而促成了社会的善。每个人都追逐自己的那点很卑微的蝇头小利，那么整个社会就繁荣起来了，大家都兴致勃勃地赚钱、享乐，大家都不帮助人家，但是每个人都过得很好。这个是资本主义社会的一种理想模式。所以人类当然还会安然无恙，这个是毫无疑问的。这个是可以存在的。康德甚至对这种情况还有点好感，至少比那种虚伪的社会要好。所以他后面讲了，"而且无疑比起每个人都奢谈同情和好意，哪怕尽量也把它们附带地付诸实行"，附带地大家都献出一点爱，大家都讲同情，讲慈善，有时候还到慈善机构去捐一点钱，甚至举办一场慈善义演，举办一场捐款；但是另一方面，只要有可能就欺骗人，或者在别处侵害他人的权利，侵权。这种情况很多。你不要看到这个人在遇到自然灾害的时候捐了一笔钱出来，但是在别的地方，他侵害别人的权利。捐几百万对他来说小事一桩，他可以出得起，甚至还有炒作之嫌，为了求名，也就是说，实际上是一种虚伪，一种欺骗。那么这样各顾各的一种人比起那些人还是要好一点，他们虽然只顾自己的利益，也不帮助别人。韩寒在网上说，汶川地震，我捐 0 元，一毛不拔，这也无可指责。谁能命令我一定要捐钱呢？我为什么要捐钱？四川的那些人跟我有什么关系？没有关系，我又不是四川人。那么我不捐钱也无可厚非。康德就认为，像这样一种人还是可以的。如果人类都是这样一些人，当然还会安然无恙。而且比起那种表面奢谈同情和好意，必要的时候捐点钱，但一有机会就要侵害人家，就要欺骗、就要说谎的那样一些人，要更好一些。你是自私自利，你就自私自利，你要摆在明处。我是不会捐钱的，你不要指望。但是这也没什么坏处，就是说，如果大家都是这样坦然的话，这个社会还是会相处下去的。但是康德又认为，这当然还是不够的。

所以他后面讲，

但是，尽管根据那个准则一种普遍的自然法则依然很好地存在是可能的；然而**愿意**这样一条原则作为自然法则而处处有效却是不可能的。

"愿意"打了着重号。尽管这样一个社会也许会存在，一个自私自利的社会，每个人都只顾自己的社会，有可能存在，甚至还可以发展得很好，可以处在资本主义的上升时期，经济大发展，一部分人先富起来，然后另一部分人也不会穷到哪里去，这种社会是可能的，作为一条普遍的自然法则是可以推行的。但是毕竟人们不会愿意这样一条法则成为自然法则，处处都有效。处处有效，就是说，没有任何例外，你愿意这样吗？没有人会愿意这样。

为什么？他说，

因为一个决心这样做的意志，将会是自相矛盾的，这是由于，他需要别人的爱和同情这样的情况毕竟有时是可能发生的，

就是说，即算是这些人，他也可能有陷入困境的时候，也有到活不下去的时候。现在你的境况很好，你可以自食其力，你可以自豪，但是有一天你落到一个需要人家帮助的时候，如果没有任何人来帮你一把，你也是不愿意的。当然你可以挺住，实在活不下去了，饿死就饿死，当然你可以这样，但是你愿意吗？不会愿意的。所以他这里强调的是"愿意这样一条原则作为自然法则而处处有效却是不可能的"，每个人都不会愿意这样一条自私自利的法则、每个人只顾自己的法则，能够成为一条普遍的自然法则。因为人总是有需要人家帮助的时候。你现在可以说，你不

需要人家帮助，但是难保你将来某个时候会落到那样一种处境，谁都不来帮你一把。所以，"一个决心这样做的意志，将会是自相矛盾的"，作为一条自然法则也许它是不自相矛盾的，但是作为一个这样做的意志，它将会是自相矛盾的。你现在愿意这样，你以后会后悔的。那么，这样一个意志呢，他会导致自相矛盾，他有时候也需要别人的爱和同情。

最后他讲，

而根据这样一条产生于他自己的意志的自然法则，他就会自己剥夺自己期望得到帮助的全部希望了。

这样一条自然法则当然有可能存在，资本主义的原则就是这样。每个人都是一个理性人，都是一个经济人，都是追求自己的最大利益。资本主义的原则里面没有包含每个人一定要帮助别人，它也可以运作得很好，这个世界也会很好地存在。但是，如果你把这样一个自然法则当作自己意志的准则，或者你把自己意志的这种准则变成一条自然法则，那么他就会剥夺自己期望得到帮助的全部希望了。就是说你既然选定了这条准则，并且你把它当作普遍法则，那你就要做好思想准备了。一旦你自己落到需要别人的帮助的情况之下，你就不得抱怨，你自作自受，自食其果。因为你自己选择了嘛。所以在这个时候，你就得认了。但我们知道，实际上，人到这个时候，没有人会认了。他都会抱怨这个时候没有来帮助我。如果这个时候有另外一个人对他说，你自己的法则不就是这样定的吗？你从来没有帮助过人家，你怎么能指望人家来帮助你呢？他当然就没有话说了。这个时候他就会感到一种内心的愧疚。就是说，自己的自由意志就跟自己的自由意志发生冲突了，当年的自由意志跟现在的自由意志发生冲突了，你就会尝到你亲手种下的苦果。这个时候你就会想到，我当年真的是不应该那样。别人有困难的时候我不去帮助，现在我有困难的时候也没有人来帮助我，这不就是我当时自己设定的吗？这就导致了主观自由意志的自相矛盾。这是第四个例子。第四个例子是对他人的义务，但也是不完全的，它不是在任何情况之下都必须要遵守的。

比如说，我现在没有能力帮助人家，我自己活得都很困难，那么就不要求。四川地震的时候，大家捐钱，有钱就多出，没钱就少出。或者你自己特别困难，你也可以不出。没有人强迫你，这个不是强制性的，根据个人的情况来定。你自己都活不下去了，你不捐钱，也没有人说你不道德，没有人说你违背义务。根据一定的情况，你能帮助人家就帮助，你看到人家要淹死了，你应当去救他一命；但是如果你自己也处在那种情况，你也可以不去救。一条船翻了，大家各自逃命，谁也救不了谁，每个都靠自己的本事，这个时候你没有救人家，不会有人怪你。你自己也不要有那种内心的愧疚。我自己都活不了了，我只能眼睁睁地看着人家去死。我先把自己救出来再说。所以，要帮助人家这种义务不是完全的。完全的义务就是不考虑任何具体情况，比如说，你不得骗人、不得自杀，在康德看来，这在任何情况之下，都是应该遵守的。如果你没有遵守，就会受到道德谴责。人家不谴责你，你自己也会谴责自己，你自己会觉得愧疚。完全的义务应该是这样。那么，不完全的义务，就是说，要尽可能地，在有条件的情况之下，你必须做的。如果你不做，那就没有尽到义务。这个是一种区别。再一个就是内在的和外在的。内在的义务就是对自己的义务，外在的义务就是对别人的。对自己的义务有两种，完全的，就是在任何情况之下都不能自杀，另外一种不完全的，就是要发展自己的才能，这是你自己的义务，但是是不完全的。在孔子那里也有"己所不欲，勿施于人"，这是完全的义务，任何情况之下你都不得违背。但是还有"己欲立而立人，己欲达而达人"，这个是不完全的义务，你自己"立"了、"达"了，才能够帮助人家"立"和"达"。这个是所谓积极的义务，是相对的；消极的义务则是绝对的，你不得怎么怎么样，这个是绝对的。所以，内外两方面都有积极的和消极的两层含义。消极的就是完全的义务，积极的就是不完全的义务，这个是他的这四个例子。

前面讲的这四个例子，康德后面多处提到。在下面讲到定言命令的第二种表达公式也就是目的的公式时，他又举了这四个例子。只有在讲到第三个公式——自律公式的时候，他才没有提，但是他加了一个注，就是说前面举的例子我们也可以用在这里，大家自己去看，不用一个一个的举了。所以这四个例子，他是有安排的。按照一种逻辑顺序把所有的义务类型大致上都概括在里面了，没有遗漏。它们是按照一种逻辑关系排列下来的。

所以他下面一段就这样讲：

424　这些就是许多现实的、或者至少是我们认为是如此的义务中的一些义务，它们的划分很清楚是由上面所述的同一个原则来着眼的。

"这些"就是我们上面举的这四个例子，它们是现实的，"至少是我们认为是如此的"，至少我们认为是现实的。"一些义务"具体来讲就是四个义务，"它们的划分很清楚是由上面所述的同一个原则来着眼的"，这四个义务都是由上面所说的同一个原则、也就是定言命令的原则来着眼的。定言命令的原则：你要仅仅按照你同时也能够愿意它成为一条普遍法则的那个准则去行动，这是定言命令的标准的、唯一的表达方式。那么，由这个唯一的表达方式派生出变形的表达方式，以便于用四个方面的例子来说明。这就是着眼于同一个原则而产生出来这样一种划分。这四个类别的义务是现实的，或者我们认为它们是现实的。我们在现实生活中都有这样一些义务，每个人都可以碰到。所以，康德的道德形而上学好像很高深，但实际上落实下来却很具体。它无非就是说，我们在现实生活中对人们做道德评价的时候，也是随时随地要做一些思想的试验的。如果人人都像我这样做，那会怎么样？这都是我们在思想里面所做的一种推理。这就叫实践理性。实践理性不是高高在上的，而是用来分析人的可能的行为，并且评价人的现实的行为。现实的行为是由可能的道德原则作为标准来评价的。所以，康德讲"现实的或至少我们认为是现实的义务"就是这样一个意思。它是现实的义务，并不是我们虚构出来的义务，但是它的标准是超现实的。是由上面所述的同一个原则来着眼的。

什么原则呢？就是：

我们必定能够愿意我们行动的准则成为一条普遍的法则：一般来说这就是对行动作道德评判的法规（Kanon）。

"法规"就是前面所讲的定言命令。定言命令只有唯一的一条：你要仅仅按照你同时也能够愿意它成为一条普遍法则的那个准则去行动。那么，它的第一条派生的表达公式，就是你要这样行动，就像你行动的准则应当通过你的意志成为普遍的自然法则一样。把"法则"加上"自然"，把"按照普遍法则"变成"好像是自然法则"，这是第一条变形公式对普遍法则公式所做的一点修改。为什么要修改？让它更加通俗，从形式上把它突出出来。就是说，在现实的日常生活中，你的行为要按照这样一条形式的公式来做。什么样的形式呢？你要想一想，你的行为的准则是否能够像自然法则那样成为一条普遍的法则，能够带有那种普遍性，能不能做到？这就更加接近于人们的现实的道德行为。所以康德讲"一般来说这是对行动作道德评判的法规（Kanon）。""Kanon"这个词在《纯粹理性批判》的方法论第二章谈"纯粹理性的法规"时已经提到了。纯粹理性的法规有两种，一种是在认识论领域里面，那叫知性的法规，就是知性的那些原理、范畴。那么，理性的法规在哪里呢？理性在认识上没有法规，只有理念。理念不是法规，而只是范导性的。而在实践领域里面，理性就有法规了，理性的法规也只存在于实践领域里面。法规是一条规律，除了认识的规律以外，还有行动的规律、实践的规律。知性在认识方面可以建立规律，那么理性在实践方面可以建立规律，建立法规，这就是定言命令。

有些行动有这样的性状：它们的准则就连无矛盾地被设想为普遍的自然法则也不可能；更不用说我们还会愿意它应当成为这样一个法则了。

这是从上面"一般来说的法规"里面作出更具体的区别。"某些行动有这样的性状：它们的准则就连无矛盾地被设想为普遍的自然法则也不可能；更不用说我们还会愿意它应当成为这样一个法则了"，这里有两种情况要区别对待。一般来说，道德律就是这样一个定言命令：我们必定能够愿意我们行动的准则成为一条普遍法则。但这里有两个层次，一个是普遍法则能不能做到，能不能成为普遍法则；另外一个是如果它能成为法则，我们愿不愿意。如果它根本就不能成为普遍法则，那谈何愿意不愿意？根本就不可能。这是一个基本的层次。所以，"某些行动有这样的性状：它们的准则就连无矛盾地被设想为普遍的自然法则也不可能"，那么这就谈不上愿意不愿意了。最基本的层次就是"无矛盾地被设想"，你通过思想实验去设想一下，它作为自然法则可能吗？首先把这一点确定。如果不可能，那我们谈都不用谈。如果可能，那么我们还可以进一步追究：你会愿意吗？那么，它就有两个层次了。一个是它不可能成为一条自然法则，这是客观上不可能。像前两个例子所讲的，一个是自杀，客观上不可能成为普遍的自然法则。如果成为普遍的自然法则，就大家都自杀了，就再没有人可以自杀了。所以它作为一条自然法则就终结了，就自我取消了，那就不叫自然法则了。这本身就不可能。再就是，不要做虚假承诺。如果所有的人都做虚假承诺，那么就没有人相信任何承诺，那么也就不会再有人做虚假承诺了。没有人相信了，你还去做虚假承诺干什么？所以就谈不上愿不愿意，它本身客观上就自我取消了。这是一个层次。有些行动的准则"就连无矛盾地被设想为普遍的自然法则也不可能"，这个还没有涉及你愿不愿意的问题，它本身就不可能。"更不用说我们还会愿意它应当成为这样一个法则了"。这又是一个层次。

那么，下面还有：

在其他一些行动那里虽然不会遇到那种内在的不可能性，但是却仍然不可能**愿意**它们的准则被提升为一条自然法则的普遍性，因为这样一个意志将会是自相矛盾的。

"在其他一些行动那里"，前面是讲，有些行动有这样的性状。这是分类啦。一般来说，对行动做道德评判的法规分两种情况。有些情况是行为本身客观上不可能被设想为普遍的自然法则,那么它就是自我取消的。只有那些客观上能够被设想为普遍的自然法则的准则,才能够符合义务。这是一个层次。另外一个层次,在其他一些行动那里虽然不会遇到那种内在的不可能性,也就是说,这样一条准则作为法则有可能被设想为一条普遍的自然法则。是有可能的,但现在问题就涉及到了,"但是却仍然不可能**愿意**它们的准则被提升为一种自然法则的普遍性,因为这样一个意志将会是自相矛盾的"。这个就涉及到意志本身了。同样是有可能作为普遍的自然法则,那么,你愿不愿意? 有些是你愿意的,那当然可以作为定言命令,也就是可以符合你的义务。但有些你不愿意,虽然它客观上有可能,但是你自己不愿意,不愿意呢,康德在这里把它归结到"这样一个意志将会是自相矛盾的"。你自己不愿意,或者说你现在暂时愿意,你将来可能不愿意,你将来可能会后悔。什么叫后悔? 后悔就是自由意志的自相矛盾。当初是你自己做出来的,如果不是你自由意志做出来的,也谈不上后悔。如果当时我没办法,当时我没有选择,我只能那样,虽然我现在不愿意那样,但是当时不是我的自由意志能够决定的,所以我也不会后悔。最能够后悔的是什么呢? 就是当时我有选择的余地,我可以选择,但是我的自由意志恰好选择了我今天不再会选择的事情,这就叫后悔。所以后悔恰好就是两个自由意志之间的自相矛盾、冲突。同一个人,以前的自由意志跟今天的自由意志相冲突,自由意志的自相矛盾就叫后悔。所以这里同样是自相矛盾。前一个自相矛盾是,作为一条自然律就会导致自相矛盾。这是一种客观的自相矛盾。那么自由意志、意愿本身的自相矛盾是一种主观的自相矛盾。一个是客观上会自我取消,一个是主观上会自我取消。这两种情况都是自相矛盾。所以我们在这里可以看到康德的定言命令的基础就是不自相矛盾。为什么叫作实践理性呢? 实践理性在康德那里基本上是一种逻辑理性,是符合同一律和不矛盾律。所以,康德的道德律,我们这个角度来看它,无非就是说,人们的意志、行为要能够不自相矛盾,要能够合乎理性。人是有理性的嘛。你既然有理性，你就懂得逻辑推理，你就懂得设想普遍法则。理性的最根本的一点就是能够不自相矛盾地设想，能够前后一致地设想。用这种实践理性支配自己的行为，那么你就要考虑到你的行为是不是自我取消，是不是自相矛盾。一个是客观上自相矛盾，一个是主观上自相矛盾。这两点都得避免。当然，客观上不自相矛盾是最基本的，如果客观上自相矛盾，那就谈不上主观上矛盾不矛盾。但是如果客观上不自相矛盾了，还有一个主观上愿意不愿意的问题，主观上的意志是不是自相矛盾的问题。

所以他的义务是按照这种方式提出来的，他下面一句就讲到了：

人们很容易看出，前者违背了严格的或狭义的（不容免除的）义务；后者只是违背了较广义的（值得赞许的）义务；这样，就责任的方式（而不是其行动的客体）而言，全部的义务就通过这些例子在它们对同一个原则的依赖中被完备地展示出来了。

这句话是端出他的体系了。他的体系是个逻辑体系，是很严密的体系，各方面他都考虑到了，各种情况都考虑到了，但是又很简洁。他是这样来划分的。"人们很容易看出，前者"，也就是那些在客观上就自相矛盾的例子，"违背了严格的或狭义的（不容免除的）义务"，严格的或狭义的义务，也就是完全的义务。这个"完全"不是从范围讲的完全，而是从性质上讲的完全，不是说无所不包就完全了，这跟以前的学院派的讲法完全不同，不是说什么都被包含在内就完全了，爱好肯定要被排除的。他的"完全"是不得有例外，无一例外，在任何情况下你都必须做。"严格的或狭义的（不容免除的）义务"，这就叫完全的义务。"后者只是违背了较广义的（值得赞许的）义务"，"后者"也就是那些虽然在客观上可以成立、但是主观上自相矛盾的、我不愿意它成为普遍的法则，一旦成为普遍的法则，它就会使我自己的自由意志发生自相矛盾。那么这样一些事就会违背广义的义务。广义的义务是"值得赞许"的，狭义的义务是"不容免除"的。不容免除就是消极的了，值得赞许的就是积极的。不容免除的义务就是你非这样做不可,你不这样做就是不道德。这是一种义务。那么,后面这一种较广义的义务,就是你这样做了值得赞许,但是你不这样做,在某些情况之下,可以原谅。当然,像《泰坦尼克号》里面,杰克把自己的木板让给他的女朋友,自己淹死,那就不光是一个道德义务的问题了,那是超出义务了。"舍己救人",把自己的命送掉,救回人家的命,这个不是义务,不能说他完成了自己的义务,这是一种崇高的道德风范,是超出义务之上的。所以除了道德义务之外,还有更高的道德楷模,已经超出一般的义务了。你能够完成任务,那么你无愧可击。人家说你是个好人。但是,如果你超出你的义务做了那样的好事,人家就说你是个英雄。那是把自己的肉体完全没有放在眼里,用圣洁的标准来衡量自己,用神的标准来衡量自己。神就是没有身体的,没有感性的嘛。你用这样一个标准来衡量自己,就是属于超出一般义务要求之上的更高的道德境界。这个康德在这里不谈。康德谈的是普通老百姓。普通老百姓能有几个做到那样的高尚呢?所以康德的这些道德学说实际上是非常通俗、非常平民化的。它只要求我们完成应尽的义务,那就够了,那就是道德上的善了。那么,这两种义务都有这个特点,就是应尽的义务。应尽的义务,前者是不得违背的,后者是你可以去做,但在某些情况之下你做不到,也没人怪你。当然,你自己可以怪自己。那是从更高的角度来要求自己了。我自己还顾不上的时候,我眼睁睁地看着别人送了命,我自己心里有愧。我为什么没有更大的能耐去拯救人家?那你就是从一个超出凡人的水平来要求自己了。当然,这种要求也是值得称赞的。但是,比起这个方面,康德更要求比较平实的一面。你救不了人家,那你就先救自己。你也不必有过多的愧疚。你做不到嘛,做不到的事情就谈不上愧疚。所以他讲,"这样,就责任的方式(而不是其行动的客体)而言,全部的义务就通过这些例子在它们对同一个原则的依赖中被完备地展示出来了。"就责任的方式,康德在这里谈的都是责任的方式,都是形式。我们讲,康德的伦理学是形式主义的伦理学,为什么呢?因为它仅仅是就责任的方式、就义务的形式而言，"而不是其行动的客体"，它把客体都撇开了。客体，就是说，我们在现实生活中的具体的需要，具体的对象，我们的爱好，感性的东西，这些东西都撇开了，我们只就它的形式而言。前面举的四个例子当然都涉及到客体，涉及到他人啊，涉及到自己的才能啊，涉及到自己的生命啊，等等，都要涉及到客体。但是，它不是仅仅就客体而言，而是就我们对待这些客体的方式而言。我们讲道德，当然肯定是这样的。道德不在于你做什么，而在于你怎么做。也许你做的好事不如别人做的多，但是你做的好事比别人做的要更道德。一个乞丐为四川地震捐一块钱，比一个亿万富翁捐一百万还要更道德，不在于是一百万还是一块钱，而在于他是在什么情况之下做这些事情。他是拿出了他全部的积蓄，所以主要在于这种形式。"就责任的方式而言，全部的义务就通过这些例子在它们对同一个原则的依赖中被完备地展示出来了"，这句话好多意思。"全部的义务"，也就是说，虽然只有四个例子，但是就形式、种类或类型而言，全部义务已经包含在内了。当然内容可以各不相同，可以针对不同的场合，不同的对象，不同的人。但是，从形式上来说，"全部的义务就通过这些例子在它们对同一个原则的依赖中"，它们都是依赖于同一个原则，这四个例子、四种形式里面包含了全部的义务，但是它们所依赖的是同一个原则，是一个唯一的原则，那就是定言命令，在对定言命令这同一个原则的依赖中"被完备地展示出来了"。"完备地"，也就是全部义务了，没有遗漏。虽然只是举了四个例子，但是所有的例子其实都可以纳入其下，加以展示。之所以"完备"、没有遗漏，是因为它是逻辑的、系统的。只有逻辑的、系统的才是完备的，才没有遗漏。你要是经验地去枚举，一个一个，那永远也完备不了。道德的情况何其多也！你能够数得过来？那是永远达不到完备的。所以这个"完备"实际上已经包含了它是一个逻辑体系的意思。只有逻辑体系才能完备。这四种类型在逻辑上是有一个层次关系的，这就构成了一个义务体系。这个义务体系，真正展示出来是在《道德形而上学》里面。但是这个体系不是这里要讲的。

我们再看下一段。

现在，如果我们在每次违背义务时观察一下自己，我们就会发现，我们实际上并不愿意我们的准则真能成为一条普遍的法则，因为这对我们来说是不可能的；

就是说，当你违背义务的时候，你当然知道自己违背义务了。那么你就要注意一下自己，我们就会发现我们实际上并不愿意我们的这种违背义务的准则真地能够成为一条普遍的法则，"因为这对我们来说是不可能的"。当我们违背义务的时候我们也是有准则的。那么这个准则，我们是不是真的愿意它能够成为一条普遍的法则呢？实际上是不可能的。为什么不可能？一个是，它本身就不能够成为一条普遍法则。我愿意没用。"宁教我负天下人，不教天下人负我"，这是我的准则，我知道它是违背道德义务的，但是它能成为一条普遍法则吗？不行。我自己也许愿意自己成为这一原则的奉行者，但是我不希望所有的人都这样。我希望所有的人都大公无私，都为了他人而牺牲自己。那么我就很占便宜了。所以，实际上这条准则一旦成为一条普遍法则，就会导致所有人变得像狼一样，人人都会损人利己。这个是我不愿意看到的。实际上也不可能，如果人人都像狼一样，都损人利己，那么这个世界将会同归于尽。霍布斯就讲过嘛，在原始状态中，人和人就像狼一样，人们终于发现，有一天我们会同归于尽。如果真的是这样，人类就陷入危机了。因为它客观上就自相矛盾嘛。我们当然不愿意自己同归于尽啦。另外一个就是说，即算不同归于尽，每个人都只顾自己，不去帮助别人，但是我们自己有时候也需要帮助，所以，有可能我们的自由意志会自相矛盾。当我们自己需要帮助的时候，我们就后悔自己当初是不是太过于自私了。所以，"我们实际上并不愿意我们的准则真的能够成为一条普遍的法则"，这一句话里面包含有这两层意思。所以他才讲，"因为这对我们来说是不可能的"。

毋宁说，倒是这些准则的反面应当普遍地保持为一条法则；只是我们自以为有这种自由，为了自己或者（哪怕只是这一次）为了有利于我们的爱好而**例外**一次。

"毋宁说"，就是说，我们实际上并不愿意它真的成为一条普遍法则。相反，倒是这些准则的反面，也就是说，我们在违背义务时的准则的反面，也就是遵守义务啦，这个反面应当普遍地保持为一条法则。我们反思一下自己就发现，当我们违背义务的时候，我们所违背的这个义务本身应该是一条法则。"只是我们自以为有这种自由，为了自己或者（哪怕只是这一次）为了有利于我们的爱好而例外一次"，"例外"打了着重号。我们知道我们所违背的这个义务本身是一条法则，它是能成立的，我们也会愿意它成立。但是，我们自以为有这种自由，什么自由呢？为了自己而例外一次，哪怕就这一次。这个例外就表现出我的意志的自由。就是说，虽然道德法则、定言命令摆在我面前，我明明知道它是我应该做的，但是我也有自由违背它。我有自由违背它，并不是说这种违背也能成为一条普遍法则。不是的，它不能成为普遍法则。但是，它可以成为例外，我只做这一次，或者说，我希望只是我做，而其他所有的人都遵守义务。这个世界很美好，但是我可以从中得点便宜。这是一种不能成为普遍法则的例外，但它可以让自己得利，哪怕只是这一次，下不为例，我也要为这一次违背一下义务。但是，义务是法则，是不能违背的，我是知道的。我也不是不愿意它成为一条普遍法则，我很愿意，我希望所有的人都去遵守。但是，我这一次特殊一下，例外一次。一般人违背法则的时候，他的私下里的想法就是这样。他明明知道有法则在那里，不可违背，因为这是你应该遵守的义务。但是他认为自己是一次例外。一次例外没关系，对别人的损害也不大，而我自己可以得到很多好处。

所以，如果我们从同一个视点、即理性的视点去衡量一切情况，我们就会在自己意志中发现一种矛盾，就是说，某一原则客观上必须要是普遍法则，然而主观上却不能普遍有效，而要允许有例外。

这是就这种违背义务的情况而言的。"如果我们从同一个视点、即理性的视点出发去衡量一切情况"，只有理性才能够从同一个视点去衡量一切情况，理性要追求"一"，要追求统一性。感性总是追求多样性，追求特殊性。一次例外，那就是完全服从爱好，服从感性了。但是如果你从理性的角度出发去衡量一切情况，我们就会在自己意志中发现一种矛盾。什么矛盾？你的意志是自由的，好，可以；但你今天是自由的，你明天还是自由的吗？你自己的意志会跟自己的意志发生矛盾。"就是说，某一原则客观上必须要是普遍法则，然而主观上却不能普遍有效，而要允许有例外"，在自己的意志中就是这种矛盾。就是某个原则你客观上明明知道它已经是普遍法则，但是主观上在你这里却不能够普遍有效，而要允许有例外。允许有例外，这本身就是自由意志的矛盾了。你的自由意志只行使这一次。你干坏事只能干一次嘛，你次次这样干，人家就把你抓住了，所以你只能干一次。那些人其实也就是抱着侥幸的心理，我就这一次，我以后不干了。我以后不但不干了，我还为自己的这一次感到羞愧。别人问起来我不承认，我隐瞒，见不得人，这就是羞愧嘛。所以我的自由意志本身包含一种自相矛盾。我现在的自由意志不承认我以前的自由意志，否认、贬低我以前的自由意志。明明是你自己自愿做的，也没哪个强迫你，你现在不承认了，因为有损于你的形象。自己内心里面认为，自己做那件事情是一次例外，那是不得已，只此一次，下不为例，也不值得宣扬。

　　然而，当我们一方面从某个完全与理性符合的意志的视点来考察我们的行动，接着另一方面却又从某个受爱好影响的意志的视点来考察这同一个行动时，那么这里实际上就不是什么矛盾，倒是有爱好与理性的规范的一个对抗，由此原则的普遍性（universalitas）就变成了单纯的普适性（generalitas），这样一来，实践的理性原则就会在半途与准则相遇。

　　这是讲的这种例外的情况。违背义务当然不能成为普遍的法则。但是我们在违背义务的时候有一种心理，就是要作为一种例外。那么，这种例外，当"我们一方面从某个完全与理性符合的意志的视点来考察我

505

们的行动,接着另一方面又从某个受爱好影响的意志的视点考察这同一个行动时,那么这里实际上就不存在任何矛盾,倒是有爱好与理性的规范的一个对抗"。自由意志在违背义务的时候,确实有一种自由意志本身的自相矛盾性,自我取消性,自我否定性。但是,当我违背义务的时候我援引的是另外一种意识的规定,那就是爱好。义务是我的一种意志规定,命令我应该这样做,也是我自己命令我自己应该这样做。但是我自己还有另外一种爱好,作为意志的规定。在两者之间有一种选择。我是选择服从义务呢,还是选择服从爱好?那么,在义务和爱好之间,相互倒不是什么矛盾,而是一种对抗。矛盾,我们知道,在逻辑学里面是指自相矛盾。所谓矛盾,就是自相矛盾。矛盾和对立不一样,对立不一定是自相矛盾。对立是两个东西的对立,矛盾是一个东西自己跟自己对立。这是不同的。所以康德这里也讲到了,当我们从与理性符合的意志的视角来考察我们的行动,另一方面,又从爱好来考察同一个行动,那么,这个时候实际上并不是矛盾。就意志本身来说,当然是矛盾。但是就意志所服从的两个不同的准则,一个来自于义务,另一个是来自于爱好,这两个准则之间并不存在矛盾。它们的来源就不同。义务是来自先天的,而爱好来自后天的经验。所以它们谈不上什么矛盾。倒是有爱好与理性规范的一个对抗。对抗就是对立、冲突,两个外在的东西相互斗争。我们中国人往往把矛盾和对立混为一谈,这使得我们无法理解康德这里所讲的话:"这里实际上就不是什么矛盾,倒是有爱好与理性的规范的一个对抗"。爱好来自于经验,理性规范来自于先天,来自于先验。那么两者之间在这里发生了一个对抗,一个对立。他说,"由此原则的普遍性就转变成了单纯的普适性",他这里又附了两个拉丁文,与 universalitas 对应的德文就是"Allgemeinheit",与 generalitas 对应的德文就是"Allgemeingül-tigkeit"。Allgemeinheit,就是我们通常讲的普遍性。Allgemeingültigkeit,其中"gemein"意思是共同的,"gültig"的意思就是适合、有效。我们把它翻译成"普适性"、"普遍适合性"。"由此原则的普遍性就变成了单纯的普适性","原则的普遍性"是超越于一切具体情况的,高高在上的原则;那么,"单纯的普适性",就是说,它要切合它的具体的情况,适合于具体情况,这就是一种经验的原则。你这个原则有没有普遍的适用性,那要通过经验来考察。原则的普遍性则不需要经验来检验,用逻辑就够了。在康德看来单纯的普适性恰好不能作为法则。你如果从经验的适合性方面来考虑,从这个角度把它仅仅变成一种普适性,那么就降低了普遍性的层次。普遍性的层次是原则的普遍性,原则的普遍性是来自于理性的。而单纯的普适性可以来自于爱好,普遍适用于爱好。所以他说,"这样一来,实践的理性原则就会在半途与准则相遇"。实践的法则和准则,在康德的定言命令里面应该把它们结合为同一条原则。但是如果爱好与理性发生一种对抗,那么来自于理性的原则就会与来自爱好的准则在半道上碰到一起,它就不是一贯的。准则本来是应该自行扩展为法则,自行成为一条普遍法则,这个就不是在半途上相遇,而是同一条原则。要使你的意志的准则成为一条普遍的法则,这个就不是半道上相遇,而是一开始就是同一条法则。但是如果你把两者对立起来,你的准则受制于爱好,那么,你同时又意识到实践的法则是你的义务,你的爱好和你义务碰到了一起,那就是在半道上相遇了,就是狭路相逢了。这个实践理性的义务不是出于你的意愿的准则,而是出于你知道它是一条普遍法则,是你的义务。但是你的准则又选择了爱好,那么这两者就会发生冲突了。

　　现在,虽然这不能在我们自己无偏颇地作出的判断中获得充分根据,但它还是证明了一点,即我们实际上承认定言命令的有效性,并且(带着对它的最大敬重)只是允许自己有一些在我们看来无关紧要和迫不得已的例外而已。

　　"现在",也就是说,当我们违背义务的时候。整个这一段一开始讲的都是"当我们违背义务的时候",那么在目前这种情况之下,"虽然这不能在我们自己无偏颇地作出的判断中获得充分根据",也就是说,我们违背义务的这种行为不能在我们自己无偏颇地作出的判断中获得充分根据。"无偏颇地作出的判断",也就是说,立足于理性。理性是最没有偏颇的。因为理性超越于感性的对象之上嘛。凡是偏颇都是由于我们的爱好,由于我们的感性的对象。对于某个客体的执着导致偏颇。那么我们无偏颇地作出的判断,也就是说理性的判断,不能为我们这种行为找到充分的根据,来偏袒自己。"但它还是证明了一点",也就是我们这种违背义务的行为还是证明了一点。证明了什么呢?即我们实际上承认了定言命令的有效性。康德的一个很奇特的地方就在于,定言命令的有效性不是在我们执行它的命令时,而恰好是在我们违背义务的时候被我们所意识到的。这个很奇特,这有一点辩证法的思想了。后来黑格尔把这点发展出来了。就是说,法、法律,只有在违法的时候才显示出来,才被我们意识到。你立一个法,这法表现在什么地方呢,就表现在违法上。如果大家都遵守法律,这个法律就不需要了,没有意义了。恰恰是在人们违背法律的时候,显示出了它是一条法。违背法律,按照法律你就应该受到惩罚,就要判刑,这个时候法的威力就显示出来了,人家就知道这是一条法了。但没有违背法的时候,好像没有法。老子说,"太上不知有之",最高的法,就是你不知道有法。如果你知道它有了,这已经降低层次了,说明有人违法了。那么,道德上也是这样。只有在我们违背义务的时候,我们发现我们实际上是证明了定言命令的有效性。我们知道自己违背义务。当然也有一种情况,我们不知道自己违背义务,我们很天真,我们还是小孩子,我们不知道这样做会损害他人。我们不知道说谎会损害他人,我们说着好玩。也许有这种情况。但是,一般来说,一个理性的人,当他用理性来支配自己的行为的时候,他是知道自己的义务的。他之所以违背义务,只是因为他认为自己可以有一次例外。而"例外"的前提,恰好就是有个"例"在那里。他在"例"外嘛。例是什么呢?就是规律,就是法则嘛。他属于法则之外,那么他已经意识到法则了,已经意识到这个"例"了。所以,它还是证明了这一点,即"我们实际上承认定言命令的有效性,并且(带着对它的最大的敬重)",这个"带着对它的最大的敬重"

是放在括号里面的。我们对于定言命令的有效性是带着对它的最大的敬重去违背它的。我们违背义务的时候是知道义务是好的。但是我们要违背它。我们违背它的时候，我们内心有愧。为什么有愧呢？因为我们有对这个义务的最大的敬重，"只是允许自己有一些在我们看来无关紧要和迫不得已的例外而已"。就是说，我这样做，当然是违背义务的，但是，或者是由于无关紧要，何必那么认真。再一个呢，就是迫不得已。就是说，实在是没办法，所以我要违背一下义务。这是两个最常见的借口。一个是无关紧要，这是小事，违背一点义务没关系。再一个呢，就是我实在迫不得已。所以我必须要做一个例外。但是就在你做这个例外的时候，已经表现出你对这个"例"，对于这个义务还是有敬重的。不管是什么小事，还是迫不得已，你总觉得自己做了什么不应该做的事情、不对的事情。这一点，你是意识到的。所以从这里反过来也证明了义务的崇高性。从人们在违背义务的行为里面恰好证明了，他们对义务的崇高性也是承认的。这就是我们所谓的"良知"。

第十七讲

我们上一次课讲了康德的定言命令所举的四个例子,用来说明第一个变形公式。那么,这四个例子,他也做了一些解释,基本上就是两个层次,道德律的两个层次,一个层次就是说,从客观的方面,定言命令就表明,有一种法则,是类似于自然法则那样客观的。如果它不能够自我维持,导致了一种自相矛盾、自我取消,那么客观上它就不可能成为普遍法则,那当然也就是不道德的。另外一个是主观上不自相矛盾,定言命令除了客观上不自相矛盾,必须是普遍法则,另一方面必须是主观上在人的意愿中,不会导致意愿的自相矛盾。虽然在客观上不自相矛盾,但是也有可能在主观上自相矛盾。那也不能成为道德法则。如果客观上你都不能够自圆其说,导致自相矛盾,自我取消,那就违背了完全的义务。如果客观上不矛盾,但是主观上是矛盾的,那就违背了不完全的义务。这个当然讲得很抽象,但是他讲的例子非常实在。前两个例子是完全的义务,就是你不能做什么。这个是绝对不行的。你不能够自杀。再一个你不能够欺骗人,或者害人。这个是完全的义务。不完全的义务是积极的,就是说你要发展自己的才能,或者说你要增进自己的幸福,这是一种道德义务。再就是你要帮助别人,你要与人为善。这个也是不完全的义务。就是说,你有条件的时候,你去做,你没条件做不了,也不会有人怪你。这是四个例子所展示出来的两个道德的层次。那么康德在这里经过分析认为,最重要的,就是要着眼于它里面的那种不矛盾律。一个是客观上的不矛盾律,一个是主观意志上的不矛盾律。这就是所谓的实践理性。我们上次已经讲到了这一点。所谓实践理性,它是一种理性,而理性的最基本的特点就是要逻辑上一贯。所以,后来黑格尔都把康德的道德律称之为形式主义的，也就是以形式逻辑上的不矛盾律为前提而建立起一种道德命令，这是他的一个特色。虽然他举了四个例子来说明问题，但他的重心不在于这些具体的场合，而是在于这些场合后面的那种逻辑原则。这个是最重要的。

425　　这样我们就至少已经说明了，如果义务是一个应当含有意义和含有为我们的行动现实立法的概念，它就只能以定言命令、而绝不能以假言命令来表达；

　　这个是从上面得出来的。只能以定言命令、而绝不能以假言命令来表达，也就是说它是无前提的。我们刚才讲的第二个层次的义务是不完全的义务，它也是有前提的，正因为如此，所以它叫作不完全的义务。但那个前提和这里讲的假言命令的前提不是一回事。这个不完全的义务作为义务本身来说还是无前提的。就是说你必须要客观上和主观上都不自相矛盾，这个是没有前提的。所谓没有前提，就是没有经验的前提。在任何经验的前提之下，都必须做到客观和主观上不自相矛盾。那么，如何能做到当然有前提。但这个命令是没前提的。它命令你这样做，不是说对经验世界的有些场合有所规定，它没有规定。它命令就是命令。但是，不完全的命令的这个"不完全"就是考虑到它在现实生活中的有效性，它有实现出来的客观条件。但它并不是"为了"这个条件而下命令的，定言命令本身是超越这一切的。因此，他这里讲到，"这样我们就至少已经说明了，如果义务是一个应当含有意义和含有为我们的行动现实立法的概念，它就只能以定言命令、而绝不能以假言命令来表达。"义务本来是这样一个概念，如果它应该有意义的话，那么，它就是应该包含有对我们行动的现实立法的概念，是要起作用的概念，而不是空喊的。什么叫义务？就是说，我们在行动的时候，在现实中应该有法可依。这个法，当然不是外在的法律，而是我们内心的法则。这个法，我们就把它称之为义务。如果义务是这样一个立法的概念，为了我们在现实中做事要有法则,这种行动的法则或者说行动的立法的概念,我们就可以叫作义务的概念。那么,这个概念至少表明了它只能以定言命令、而绝不能以假言命令来表达。如果是假言命令,那就不会叫作义务了。义务只跟定言命令有关,只能表达为定言命令。就是说,你应当怎么怎么样,你不要问为什么。我为什么一定要这样,这个是不能问的。你一问,那就是假言命令了。你为什么要"己所不欲,勿施于人"? 如果这还需要解释,那就是假言命令。

同时,我们还清楚地、通过为每一应用作规定而阐述了必须包含全部义务之原则 (如果一般来说有这类原则的话) 的那个定言命令的内容,这已经很多了。

前面讲的是,我们至少已经说明了,义务只能以定言命令来表达。根据前面列举的四个例子以及加以解释的这几段话,我们已经说明了这一点。那么,"同时",也就是说,除了上面至少有的那一点以外,我们还有一个收获。"我们还清楚地、通过为每一应用作规定而阐述了必须包含全部义务之原则……的那个定言命令的内容",这句话缩短一下就是:同时我们还清楚地阐述了定言命令的内容。第一个收获,我们至少已经说明了义务只能以定言命令来表达。第二个收获,定言命令的内容是什么呢? 我们也清楚地阐述了什么是定言命令。前面是通过四个例子,"通过为每一应用做规定"来阐述的。四个例子就是定言命令的四个方面的应用,这四个方面的应用层次是不同的,有一种严格的逻辑关系。正因为有这种严格的逻辑关系,所以它是无所不包的,具有概括性。虽然只有四个例子,但是这四个例子代表了定言命令的四种义务。"通过为每一应用做规定",所有的应用都包括在这里了。那么,所有的应用都通过这四个例子做了一种规定。"阐述了必须包含全部义务之原则的定言命令的内容",定言命令必须包含全部义务的原则。全部义务,我们刚才讲,无一遗漏,全都在这四个例子所揭示出来的四个层次的规范里面了。四种规定就是对定言命令的每一种应用做规定。定言命令的内容必须包含全部义务之原则，这样的定言命令才是唯一的，才是真正无条件的，才是绝对命令。括号里面讲"如果一般来说有这类原则的话"，这括号里面的意思是很微妙的。就是说，迄今为止，康德只是假设了如果有定言命令的话，应该是怎么样的，但是如何证明这个定言命令是现实的，是真实有效的呢？迄今为止，这个工作还没有做，就是说，定言命令作为现实的实践原则何以可能这个问题还未解决。他只是说，如果有可能的话，它应该是怎么样的。但是这些定言命令在现实中何以可能呢？这个问题他在这里还没有揭示。所以，括号里面有一个保留："如果一般来说有这类原则的话"，定言命令所包含的那些现实有效的原则如果真有的话，那么它的内容就是这样的，我们现在已经揭示出来了。我们要注意康德的思路是倒过来的。我们通常的思路是：有这个东西，然后去分析它，论证、研究、发现它的各方面的联系。这是我们一般人考察问题的思路。康德考察问题的思路跟我们一般人不太一样。他首先从逻辑入手，认为从逻辑上来讲，有两种命令方式，一种是假言命令的方式，一种是定言命令的方式。那么定言命令的方式体现在实践中就有四个方面，用四个例子来说明。但是这四个例子所说明的那些法则究竟在人类生活中是不是有效，或者说在实践中是不是真正有这么一种定言命令，这个现在还没有考虑。他仅仅是从逻辑上推出应该有这样一种、可以设想这样一种定言命令。一旦设想了定言命令的内容，那么就可以推出它的四种法则，这都是从逻辑上推出的。但是如何能够证明这样一种义务确实是人们在现实生活中已经具备、必不可少而且在发生作用的，这个还不是这里考察的事情。那么是在哪里考察的事情呢？是在下面第三章。康德是从逻辑上应该的东西然后推出它事实上有这个原则。"如果一般来说有这类原则的话"，如果根本就没有，那不是纸上谈兵，不是空谈吗？康德的思维方式是倒过来的，一种反思的、回溯的思维方式。当然，实际上康德已经从现实中看到了这样一个事实，看到了道德律、定言命令是一个理性的事实，已经有了，他才会讨论这样一些理性的概念。但是在论证过程中，他是先诉之于人的理性，而不是先诉之于事实。那么我们看这一句话。它分两个内容。一个是说义务只能以定言命令来表达，从上面所说的我们已经看出这一点，另外一个呢，就是说，包含全部义务的原则的那个定言命令的内容，我们已经通过这四个层次的规定对它加以阐明。就是说，一个是义务必须要表达为定言命令，第二个是定言命令的内容，我们已经对它进行了四个层次的分析、阐明。他说，"这已经很多了"，已经有丰富的成果了。

然而我们还未能先天地证明：这么一条命令实际上存在；有一种绝对地、无需任何动机而独立地下命令的实践法则；以及服从这个法则就是义务。

这就是我们刚才讲的括号里面的意思，就是说，如果一般来说有这类原则的话，也就是在这个时候我们还不知道一般来说有没有这类原则，我们只是对这个原则进行了抽象概念的描述。但这些描述的对象是否真的有，我们还没有讨论到。所以他接下来就讲到，"然而"，前面已经讲的很多了，然而还不够。"我们还未先天地证明"这类命令现实地存在。必须先天地证明这类命题是有的，道德律是有的，先天地证明它有，它是事实。但这个事实又不是后天经验的事实，你必须先天地证明，拿出先天的根据来证明这类命令现实地存在，在我们的实践活动中，它真实地起着作用，它在命令你，虽然有时候你看不出来。做一件事情，虽然绝大部分人都没有按照这个命令来做，但是它在你的内心是不是起作用呢？在康德看来，即算他没有按照这类命令在做事，这类命令仍然在起作用。它现实地存在。你没有做道德的事情或者说你做了不道德的事情，但是道德命令仍然在你心中，这是一个事实。但这个事实不是经验的事实，它没有表现为经验的事实，它是先天的事实，是理性的事实。这一点我们暂时还没有得到证明，没有证明"有一种绝对地、无需任何动机而独立地下命令的实践法则"。这个地方讲"动机"（Triebfeder），我们前面讲了动机是经验性的，是行动本身的机制，所以动机是属于现象界的；动因则可以属于本体界。他这里的动机就是指的现象界的冲动，或者说那种有具体的目的、具体的因果关系的经验性的出发点，你最初想要达到的那个目的。但是，"一种绝对地、无需任何动机而独立地下命令的实践法则"不需要任何动机，它没有在经验世界中的具体的目的作为你的动机，而独立地下命令，就是说，超出经验现象之外，完全凭借纯粹理性来下命令——我们还没有先天地证明有这样一种实践法则。这种实践法则是不能通过后天证明的，只能通过先天地证明，因为它本身已经超出了一切动机，超出一切经验现象。那么，这样一类独立地下命令的实践法则有没有，我们现在还未能加以先天证明。最后，"以及服从这个法则就是义务"这一点也没有得到先天证明。为什么服从这个法则就是我们的义务？这些我们都要留待后面第三章才能证明。而在这里，我们只是假定。我们先把它假定下来，看一看它是什么意思。这是他这一段所做的总结。他前面总结出来有两个方面的收获，但是还有一个方面的不足。两个方面的收获，就是提出了义务只能以定言命令来表达。同时它还对定言命令的每一种应用的规定做了清楚的阐述，这个已经很多了。但是还有一点不足。就是说，我们还没有先天地证明它何以可能有效。这样一种定言命令是可能的吗？更重要的是，它是现实有效的吗？就是说，它是不是在我们的实践活动中真正地起作用呢？你凭什么说它在起作用？你既然不能凭经验、凭他做的这件事情和他做这件事情给我带来的印象以及他的态度、事情的实际效果，凭所有这些东西都不能断言他就是按照定言命令在做事，那么，我凭什么能够断言有一种定言命令在起作用？把定言命令完全取消，我也可以解释他做的这件事情，用不着定言命令。为什么一定要有定言命令？定言命令为什么是人摆脱不了的？为什么甚至于在他违背定言命令的时候，我们仍然可以认定在他心里面有一个定言命令在起作用？这个就不能用经验来判断了，只能通过先天地来证明，但是我们还没有做。这是作为前面论述的一个缺陷，有待于后面来补充。那么，要达到这样一个意图，首先还要做一些外围的工作。所以，下面一段就是这样一个外围的工作。主要是清理的工作，你要进行先天地演绎，那么它的地基还有待于清理，必须把人们的思维层次从经验的、感性的立场上提升上去。

所以，下面一段就是这样讲的，

要达到这一意图，最为重要的是要警惕，千万不要有这样的想法，想要从**人类本性的特殊属性**中推导出这个原则的实在性。

"要达到这一意图"，什么意图呢？就是上面讲的，我们还没有做到先天地证明这类命题现实地存在和起作用，就是说，这类命令何以可能，你能不能先天地加以说明，使得它发生效力的那种先天条件是什么，这种先天条件是否足以使它发生效力，这个问题我们还没有涉及到。但是，要达到这样一个意图，要证明定言命令是现实地起作用的，"最为重要的是要警惕：千万不要有这样的想法，企图从**人类本性的特殊属性**中推导出这个原则的实在性。"我们要进行一种对定言命令的先验的演绎，证明它是现实地起作用的，那么我们首先要排除一种倾向，就是想要从人类本性的特殊属性中推导出这个原则的实在性。"人类本性"也可以翻译成"人类自然"。"人类本性的特殊属性"打了着重号。定言命令这样一种道德律的原则的实在性是不是能够从人类本性的特殊属性里面推出来呢？人类本性的特殊属性是一个经验的事实，有些人就想通过人类的自然属性推出人的道德律的实在性。要证明道德律的实在性有两种方式。一种是康德的方法，就是先天地证明、先验地演绎；另一种是经验派的方法，其中一个很重要的证明就是从人类天生的自然本性推出人的道德律是实在的。比如说，哈奇森就是这样。哈奇森讲"第六感官"，就是说，人天生就有这样一种道德的感官，人类的自然属性里面就包含有道德的根源。但是康德认为，我们要特别警惕这样一种倾向。他极力地把自己的伦理学和经验派的伦理学划清界线。因为在他看来，这个界线不划清楚，他的一切证明、他的先验的演绎也没办法进行。所以，他认为要达到对定言命令加以证明的意图，证明它现实地发生作用，那么首先要排除的是想要从人类本性的特殊属性中推导出这个原则的实在性。这是他的一个基本前提。下面是进一步的说明。

　　因为义务应当是行动的实践上无条件的必要性；所以，它必须适用于一切理性存在者（一个命令任何时候只能针对它们），而且**唯因如此**它也才是全部人类意志的一个法则。

　　这是他的一个说明。之所以不能够从人类的自然属性里面推出道德律，因为"义务应当是行动的实践上无条件的必要性"，也就是说，它不是以任何经验的条件为前提的。你要从人类的自然属性中推出道德义务的实在性，那么就有个条件，就是人的自然属性是这样构成的。如果不是这样构成的，可能人就不需要道德，或者说，没有道德。如果是另外一种构成方式，可能人类就有另外一种道德。这跟定言命令都是不吻合的。定言命令是无条件地在任何情况之下你都应该或者不应该这样做。如果说这个人很道德，是因为他天生就很道德，那个人不道德，是因为他天生就没有道德感官或者他的道德感官很弱，那么他就不负责任了，也就没有义务了。他天生就是这样，你也不能改变他，他自己也没办法，这样就没有道德律了。道德律是无论任何条件，你都应该这样做。无论你天生的素质、结构是怎么样的，但这件事情上你不能或者应该这样做。这个是没有价钱可讲的。"因为义务应当是行动的实践上无条件的必要性，所以它必须适用于一切理性存在者"。这是他的一个推论。不管是人类这样一种理性存在者，还是其他的理性存在者，比如说火星人、月球人，一切有理性的存在者，把他的条件撒开，那么义务都适合于他。因为它本身没有条件嘛，所以也就不看条件。只要是一个理性存在者，义务肯定都适合于他。这里康德有一个不太准确的地方。我们终于发现康德有一个不太准确的地方，就是，"一切理性存在者"这里是不是包括上帝呢？前面他已经讲过，义务不适合于上帝，义务只适合于有限的理性存在者。所以这里讲"它必须适用于一切理性存在者"，康德忘记加上一个限制语,"一切有限的理性存在者"。当然,这个小小的失误也有他的原因。就是说,在有限的理性存在者那里,义务只针对他的理性的那一部分,它是无条件的,所以它只是针对他的理性而言的。括号里面讲,"一个命令任何时候只能针对它们",也就是这个意思。只能针对"理性存在者",也就是说,只能针对有限的理性存在者里面的作为理性存在者的那一部分,而不能针对他的感性条件、自然的天生的条件。下面,"**而且唯因如此**它也才是全部人类意志的一个法则。""唯因如此",这个打了着重号。仅仅因为这一点,也就是仅仅因为这个义务的无条件性和普遍适用性,它才是全部人类意志的一个法则。正因为义务仅仅是针对一切理性存在者的,所以它才具有全人类的普遍性,它也才是全部人类意志的一个法则。不是说我们把全部的人类意志一个个都考察过来了,发现没有例外,不是这个意思。而是因为全部人类都是理性存在者,凡理性存在者都遵守义务法则;正因为如此,全部人类无一例外地要遵守这样一个法则。我们甚至还可以说,这个法则不是光针对人类的,而是包括人类在内的一切有理性的存在者的。包括外星人,包括一切有限的理性存在者,都必须遵守义务。所以它才能对于人类全体有效。你如果在全人类的内部去一个个调查,那它很可能反倒没有这种普遍性。正因为它超出全人类,只是就人类的一个特点——有理性这一点来进行规定,所以义务才是适用于一切理性存在者的。

下面康德反复纠缠这个问题:

相反,从人性的特殊禀赋、从某些情感和偏好,甚至如果可能的话,从人类理性特有的、并不必然对每个理性存在者的意志都适用的特殊倾向中推出来的东西,虽然可以为我们提供某种准则,但不能提供任何法则;只能提供某种主观原则,我们拥有可以据此行动的偏好和爱好,但不能提供某种客观原则,据此我们将**奉命**行动,哪怕我们的一切偏好、爱好和自然倾向都反对也罢;

这是纠缠来纠缠去的一句话,颠来倒去都是讲的这样一个问题。"从人性的特殊禀赋、从某些情感和偏好，甚至如果可能的话，从人类理性特有的、并不必然对每个理性存在者的意志都适用的特殊倾向中推出来的东西"，这样一些东西当然是康德要警惕的。"人性的特殊禀赋"，这指的是人的自然的天赋的一些生理的和心理的结构。休谟讲人的道德情感的时候，就诉之于这一点，也就是人天生就具有这样一种结构，哪里来的我们不管，我们不知道也没有兴趣去管它是怎么来的，反正人就是有这样一些天赋的结构、自然的禀赋。"某些情感和偏好"，就是像哈奇森、洛克、亚当·斯密他们所讲的，人们有道德情感，这种道德情感表现为同情心。同感、同情心、怜悯之心、恻隐之心，这都是人的道德情感，哈奇森把它归结为"第六感官"，这都属于"某些情感和偏好"。"甚至如果可能的话，从人类理性特有的、并不必然对每个理性存在者的意志都适用的特殊倾向中推出来的东西"，"甚至"，这个层次就比前面讲的更高了。前面都是按照层次从低到高来讲的。一个是人类本性的特殊禀赋，这是自然界赋予的东西。一个是人的情感和偏好。第六感官，与自然界直接赋予的东西不同，第六感官是内心的东西，是特殊的情感和偏好。那么，"甚至如果可能的话"，这就更高了，这是人类理性的特点。经验派也讲理性。经验派的伦理学也要从理性推出道德律，但这个理性是人类特有的，人类天生的。人的理性是这样，别的有理性的存在者的理性可能就不是这样。虽然同样讲理性，但他们把理性看作是一种经验的、后天的东西。大自然赋予人理性的时候，也给这种理性带来了一种特点，理性也是人的大脑的一种特殊结构，如果上帝在创造人的时候，不是这样构造人的大脑，那么，我们就可能不是这样思考问题，也许我们就会认为 2+2=5，也许我们就认为违背矛盾律也是可以的。但是正因为大自然在形成我们的头脑或上帝在创造我们的头脑的时候是这样创造的，所以我们认为 2+2=4，我们认为逻辑规律是不可违反的。这些东西都是由我们的大脑结构所决定的，所以是"人类理性特有的、并不必然适用于每个理性存在者的意志的特殊倾向"。这三个层次，一个是人的自然禀赋，一个是人的心理特点，情感和偏好,第三个是人的理性的自然特点。那么从三个特点里面推出来的东西,"虽然可以为我们提供某种准则,但不能提供任何法则"。准则,我们前面已经讲了,是主观的。法则是客观的。所以接下来讲,"只能提供某种主观原则,我们拥有可以据此行动的偏好和爱好,但不能提供某种客观原则,据此我们将**奉命**行动,哪怕我们的一切偏好、爱好和自然倾向都反对也罢"。总而言之,两个不同的思路。一个是,只能提供某种主观的准则,主观准则也可以叫主观原则。我们可以根据主观原则来行动,我们的那些偏好和爱好都是根据这些准则而来的,不管这种准则是出于我们的自然的天赋,还是出于我们的心理素质,还是出于我们理性的特质。这三个层次都提供准则。我们根据这样一些准则可以拥有行动的偏好和爱好,但道德律不仅仅是一个偏好和爱好的问题。当然,做道德的事情可以满足我某些方面的偏好和爱好,但道德律绝不是建立在偏好和爱好之上,不是建立在准则之上的。根据上面经验派的三个层次不同的根据,我们永远提不出某种客观原则。什么是客观原则呢?就是,按照这种原则我们可以"奉命行动",哪怕我们的一切偏好、爱好和自然素质都反对也罢。我们将奉命行动,把自己的一切爱好、偏好和自然倾向都撇在一边,这才是客观原则。但是按照经验派的思路,我们提供不了这种客观原则。客观原则是对所有的经验性东西的反对一概置之不理,一概不在话下的。

甚至主观原因对之越少赞成、越多反对,就越是证明一个义务中诫命的崇高和内在尊严,而且丝毫也不会由此削弱法则的强制性和对其效力有所剥夺。

"甚至",这是更进一层了。前面是讲,对于道德义务我们将奉命行动,哪怕我们的一切偏好、爱好和自然素质都反对,我们仍然要这样行动。那么,更进一步来讲,越是遭到情感、偏好的反对,越证明这样一种义务的崇高和尊严。它就是要你反对,你不反对它还显不出来了。就是要违背你的情感和爱好去执行义务才显出这个义务的崇高性和尊严。所以他讲，"甚至，主观原因对之越少赞成、越多反对，就越是证明一个义务中诚命的崇高和内在尊严"。主观的原因就是那些主观的准则由以建立的偏好、爱好和自然倾向。它们对这样一种义务的原则"越少赞成、越多反对，就越证明一个义务中诚命的崇高和内在尊严，而且丝毫也不会由此削弱法则的强制性和对其效力有所剥夺"。就是说，反对和不赞成只是衬托出义务的崇高性和尊严性，但是丝毫也不会削弱法则的强制性，不能剥夺它的效力，而是更加衬托它的效力，使人更加去尊重它，感到它的崇高性。

在此，我们看到哲学事实上被置于一个尴尬的立场上，这个立场据说是稳固的，尽管无论在天上或地下都没有使它得到依附或支持的东西。

"在此"，也就是根据上面的所有这些论述啦。我们看到哲学事实上被置于一个尴尬的立场上。这个地方已经进入了道德形而上学了。道德形而上学提出至上原理就是定言命令。定言命令是一个哲学原则，是一个道德形而上学的原则。那么，这个定言命令的提出使得哲学被置于一个尴尬的立场上。这个"尴尬"当然是对一般人而言的，在康德看来并没有什么尴尬。但是根据前面所讲的，哲学事实上被置于一个尴尬的立场，"这个立场据说是稳固的"。定言命令这个道德形而上学的最高原则据说是稳固的，但"无论在天上或地下都没有使它得到依附或支持的东西"。这个地方实际上是在说反话了，康德用人们的日常思维来旁观他所提出的定言命令。定言命令在他们看来处于一个非常尴尬的地位。这个立场在康德看来当然是稳固的了，但是，从别人的眼光来看，这个立场据康德说是稳固的，尽管无论在天上或地下，在整个现实世界中，都没有使它得到依附或支持的东西。康德在说这句话的时候，有一点小小的得意，就是说，你们认为没有任何支持的东西恰好反过来说明它是独立的，它不需要任何天上地下的东西来支持。这种尴尬的地位恰好是它的崇高的地位，它可以超越一切现实的、经验的根据，不需要任何经验的支持就能够提出来给人下命令。

所以下面他就讲他正面的观点了，

在这里，哲学应当证明自己的纯正性，证明它是自身法则的自持者，而不是这些法则的传播者，

我们看看这半句。"哲学在这里应当证明自己的纯正性"，这个纯正性是对那些天上地下的经验现象、经验事物来说的。它撇除了所有这些经验的因素，使自己变得无比纯正、无比纯粹。"证明它是自身法则的自持者，而不是这些法则的传播者"，证明道德哲学的法则是自身法则的自持者，它自身持有自己的法则，或者说，它自身支持自身的法则，不需要任何天上地下的外部事物来支持它，它自己就能够立起来。"而不是这些法则的传播者"，按照经验派的观点，人只能是自然法则的传播者或带有者。自然界把它的法则赋予了人，那么人就只好带着它，而这个法则不是由自身建立起来的，不是自持的，不是为自己立法，不是道德自律，而只是传播给人的。人在这个地方只起一个过渡的媒介的作用。

后面这种法则是由某种移植来的意义或谁知道怎样一种受监护的本性暗示给哲学的，

"后面这种法则"，也就是法则的传播者所传播的法则，是由某种移植来的意义，也就是，不是他自己产生的而是从别的地方移植到他身上的，"或谁知道怎样一种受监护的本性暗示给哲学的"。移植来的意义或者一种受监护的本性。人往往有一种受监护的本性，这是康德在《回答这个问题：什么是启蒙？》这篇文章里讲到的。所谓"启蒙"，就是走出自己的受监护的状态，在这种状态下，一个人不靠别人的引导就不能运用自己的理性。"受监护的状态"就是未成年的状态，未成年人的理性还不够成熟，他还没有成长为一个人，还不能成为一个独立的人格在法律上代表自己，他必须由他的父母或监护人来代表他说话。那么，"谁知道怎样一种受监护的本性"，就是说，人是不是有这样一种受监护的本性呢？或者说，人在提到这种移植过来的法则的时候，是不是出于某种受监护

的本性的暗示呢？这个当然可以这样解释，就是说，在康德看来，如果你把这种法则看作仅仅是由上帝或大自然移植过来的而不是你自己建立起来的，那么你仍然还处于受监护的状态、未成年的状态。你不能代表自己说话，你只能由上帝或者大自然代表你说话。你以为在完成自己的义务，但实际上这个义务不是你自己的义务而是大自然本身的强制，所以你没有承担义务的能力。那么这种法则就是由一种受监护的本性暗示给哲学的。当然，没有哪一个成年人会承认自己是受监护的，在法律上他们都是独立的人格，他们都能够代表自己说话。但是，有没有这样一种暗中受监护的本性，包括你自己都没有觉察到的一种潜意识暗示给哲学，使得你——一个哲学家，不由自主地把这样一种法则看作是移植过来的，看作是由上帝或者是由你崇拜的代言人或者大自然冥冥之中加给你的？所以他讲"谁知道怎样一种受监护的本性"，也就是说，受监护的本性不见得你都知道，你也许不自觉地有一种受监护的本性，但是它可能在哲学上暗中起作用，暗示给哲学。

426　　这些法则，尽管它们聊胜于无，却全都永远不能提供理性所颁布的原理，而这些原理绝对必须具有完全先天的来源，并同时由此拥有其颁布命令的权威：

"这些法则"，就是这些被移植过来的、被我们所传播的法则。"尽管它们聊胜于无"，当然康德也不否认它们还是有它们的作用的。经验派所讲的那些道德情感，同情心，恻隐之心聊胜于无，比没有要好，"却全都永远不能提供理性所颁布的原理"，这些法则永远不能提供理性从上而下所颁布的那些原理，"而这些原理绝对必须具有完全先天的来源，并同时由此拥有其颁布命令的权威"。这些原理必须要有完全先天的来源，不是从经验中来的，也不是什么自然天赋的，也不是什么人类特有的特点，而是完全先天的，完全是逻辑上自明的。逻辑理性的逻辑原则是不用证明的，特别是不用诉之于经验事实来证明，它就是一种纯粹理性的原则，那么，"由此就拥有其颁布命令的权威"。为什么由此就拥有其颁布命令的权威呢？因为它没有任何条件嘛。没有任何条件，就是在任何条件之下，它都要起作用的，它当然就是权威了，它自己就是权威而不诉诸别的东西。这些原理完全先天地颁布命令。这种权威当然不是那些被传播的法则所能够具备的。

这不能期望于人的爱好，而是一切都期望于法则的至上权威和对它应有的敬重，或在与此相违背的情况下就判处人以自我蔑视和内疚。

冒号之后这句主要是解释"权威"。"这"，就是这种权威，不能寄希望于人的爱好，而是把一切都寄希望于法则的至上权威和对它应有的敬重。爱好是各式各样的，可能某个人对它有敬意，但另一个人可能就没有，甚至还有人对它感到反感。诉之于人的爱好的，都是千差万别的，但人人都是有理性的，没有任何人会认为自己是没有理性的，否则就是对自己的贬低了。你既然有理性，你就会期望于法则的至上权威，一切都按照理性来做，那就是一个纯粹的人了。当然，人不可能做到这一点。正因为不可能做到这一点，他反而对法则有一种敬重。对于能够接近于这种理想的人，人们都有一种敬重。所以，理性的法则有一种至上的权威，超越于一切经验性的爱好之上。一切经验的理由，例如我喜欢这个，他喜欢那个，这些东西都不能导致一种至上的权威。只有超越于所有这些之上的理性的法则才具有这种权威。这样一种颁布命令的权威必然要引起一种对它应有的敬重。后面一句最有意思，"或在与此相违背的情况下就判处人以自我蔑视和内疚"。"或"，这是从反面来说。从反面来说更加有说服力。从正面来说，每个人都有理性，所以每个人都应该对理性的法则抱有敬重，由此也就带来了它的至上的权威。这是从正面来说的。从反面来说，"在与此相违背的情况下就判处人以自我蔑视和内疚"。这里用到一个法庭的术语——判处。就是说，在人的内心是有一个法庭的。人的内部法庭判处人以自我蔑视，人自己判决自己自我蔑视。人可以对自己这样说：你是个小人，并由此感到惭愧、内疚，我本来是一个人，为什么只能称之为小人，称之为一个不道德的人，导致一种自我蔑视？

每个人当然都不愿意自我蔑视，都愿意自我尊重，自重。那么，在"与此相违背"也就是与这种法则相违背的情况之下，人们就得不到自重，而是被判处了自我蔑视和内疚，就会感到有愧。这就反过来证明法则的至上权威和对它应有的敬重，从反面恰好说明它的权威是至高无上的。这个地方就是康德的深刻之处。我们前面也讲到了，只有在人违背义务的时候，他才能知道义务始终对他有一种权威。你再怎么违背义务，在违背义务时，仍然是带着对它最大的敬重。因为在这个时候，你会自我蔑视或感到内疚。你可以昧着良心、硬着心肠去做坏事，但是之所以需要你硬着心肠，恰好说明你有内疚。所以你才要蒙蔽自己的双眼，不让自己看。这是违背人的本性的嘛。这恰好说明人的本性就会为人的这种违背义务的行为感到惭愧。

　　［本讲为作者在中央财经大学的最后一讲，此处只选上半节，下半节向听众大致介绍康德整个哲学体系，不属于本书主题，因此未录］

第十八讲

我们已经把定言命令的第一条变形公式讲完了，那么，下面我们要做的就是过渡到第二条变形公式，它通常被称之为"目的公式"。第一条称之为自然法则公式，自然律的公式；第二条称之为目的公式，就是把目的引进来了；那么，第三条就是自律公式。三条变形的公式，它们都是从定言命令的普遍法则公式中派生出来的。

那么，我们翻到德文版第 426 页，最下面倒数第三行开始。这一段开始呢，它有个前提，这个前提是在前面，如果大家预习过的话，我们上次讲到，为义务而义务，在现实生活中是不可能的，你要从经验的角度来考察的话，可以说没有任何一个人是单纯为义务而义务去做好事的。即算他主观上有这个意图，那么在实际的行动中，他要么带来了一些好处，要么带来了一些坏处，都会对他的意志有影响。所以，他的这个为义务而义务是不纯粹的，不能够原原本本地去做，而如果没有这样一个前提的话呢，那这个道德行为就有污点，就不纯粹。但是虽然不纯粹，康德是非常现实的，你别看他是一个理想主义者，他讲道德律讲得那样的超然，好像是不食人间烟火。但是，对于现实的人类他看得非常的清楚，人类不可能到达那样一种理想的道德状况。但是他为什么要提出来？按照康德的意图，他之所以要提出来，就是为这些堕落的人类、有限的人类、感性的人类，在内心里面提供一个标准。人类虽然很堕落，虽然不可能完全做到为义务而义务，但是每个人都是有理性的，从这一点上说，他的纯粹实践理性是在那里的，他的良心是在那里的，再堕落的人也有良心，这个良心就是他的纯粹实践理性的法则。这样一个法则时时刻刻在他心里面，而且在起作用，哪怕在你做坏事的时候，它也在起作用。你做坏事的时候会发抖，我们经常说一个人心狠手辣，下得了手，其实任何人在做坏事的时候，他都还是有点犹豫的。一般来说，能够不这样做，他还是不愿意这样做的，但是他经常找一些借口：这个怪不了我啦，这个我只好这样啦，请你原谅啊，我要下毒手啦（笑）。一般人都是这样，不见得是说假话，不见得不是出于真心。每个人其实都知道自己这样做是不对的，但是他认为呢，我这次例外。如果不是因为这种特殊情况，我是愿意做好人的，但是这个环境逼迫我，没办法，我就例外一次。所以前面他讲到了一个例外的问题，这个问题非常有意思。就是说，这实际上是一种很高的道德境界，虽然在现实生活中并不是道德的，但是在境界上其实是很高的。因为当他意识到他的行为是一次"例外"的时候呢，他实际上是意识到了人的有限性，人不是圣人，人总有例外的时候；而例外有一个标准就是道德律。什么叫例外，例外就有个"例"，什么是"例"？通例，通例就是道德标准。当他说我这样做是一次例外的时候，实际上他心里有一个道德标准，那就是这个通例，但是我这个行为是一次例外。你没有克服内心的欲望冲动，这是通常的情况，这不足为奇，但是你由于没有克服这种欲望冲动，你会蔑视自己，那个"例"会使你感到内疚，你在做坏事的时候，你会有一丝惭愧。至少你不会把自己看作是一个值得敬重的人，而会自己蔑视自己。我们通常讲自暴自弃，什么叫自暴自弃，那些罪大恶极的人都是属于自暴自弃者，他们自己也瞧不起自己，没有东西他是瞧得起的，因为他认为世界上的人都坏了，都是坏人，我不过是坏人中的一个。但是即便这样呢，他也无法为自己辩解，你是坏人中的一个，那你还是瞧不起自己，叫自我蔑视，所以道德律是"判处人以自我蔑视和内疚"。这就是康德对于人心的洞察。人心都是这样的，一方面呢，当然他有追求道德的心；但是另一方面呢，实际上他追求不到，受到他的肉体的诱惑，往往陷于堕落；但是在堕落的时候他有内疚、有忏悔。这其实是基督教忏悔精神的一种折射。人都是有原罪的，人在世界上，你不要以为你可以做到圣人；不过，做不成圣人也不要紧，但你要有忏悔之心。那么，康德在这里把忏悔之心立足于道德上的纯粹实践理性，这就是你内心的良心。有这个良心在，它就使你感到自己的不足，使你谦卑，使你更加崇仰纯粹道德。当一个人意识到自己不好的时候，那么显然，他对于真正的道德就会提升他的崇敬之心，我都做不到，那这个道德肯定比我更高。所以一个人的谦卑恰好是一个人的道德境界提升的标志。如果一个人不懂得谦卑，不懂得自我反省，那他的道德水平是非常低下的，这是我们上次讲到的。

那么，今天我们打算接着这样一个意思讲下去。我们先看这一段，

这样，一切经验性的东西作为德性原则的附属品，不仅完全不适合于德性的原则，而且甚至极其有损于道德的纯正性，

我们看这半句。一切经验性的东西，根据前面所讲的，经验性的东西是人摆脱不了的，但是"一切经验性的东西作为德性原则的附属品"，经验性的东西，从等级上来说，它们是低于德性原则的，德性原则是至高无上的，高高在上，是绝对命令、定言命令。那么，一切经验性的东西是附属于其下的，它们"不仅完全不适合于德性的原则"，就现实的人类来说，它们总是这样。有一个德性原则在心里，这是毫无疑问的，每个人应该都有。但是附属于其下的是各种各样的经验性的东西，作为德性原则的附属品。这些经验性的东西不适合于德性原则，德性原则是抽象的，是普遍法则。即算是自然公式，它也只是一种类比，一种模型，你把它变成真正的自然法则，它就不是真正的德性原则了。自然法则公式只是为了让我们容易去思考德性原则，它有这个作用。但是往往经验性的东西甚嚣尘上，凌驾于德性原则之上，颠倒了它们的位置，这就带来了人性的恶。他说，这些东西"不仅完全不适合于德性的原则，而且甚至极其有损于道德的纯正性"。你把经验性的东西引进来以后，它就有损于道德的纯正性，就是说，它经常会凌驾于道德之上，来取代和遮蔽道德原则，在这里，康德跟经验派的道德学家是完全相反的，他批评那些英国经验派

的道德学家,把幸福、把经验看作本身就是道德的,在康德看来,实际上这是有损于道德的纯正性的。

在道德中,一个绝对善良意志真正的、超出一切价格之上的价值正在于:行动的原则摆脱了只能由经验所提供的偶然根据的任何影响。

这一半句解释,为什么有损于道德纯正性呢,就是在道德中,一个绝对善良的意志,它的真正超出一切价格之上的价值是摆脱了经验性的影响的。价格(Preis)就是金钱,用钱能够衡量的,能够取代能够交换的,那就叫价格,你标价多少?有人说袁隆平身价一点七个亿,袁隆平气死了(学生笑),说你把科学庸俗化了。科学的价值能够用一点七个亿来衡量?你用再多的钱也衡量不了。那就叫价格。科学怎么会有价格?它当然会带来很多经济效益,但是它的价值不能够用经济效益来衡量。哪怕这个效益非常大。你说它救活了多少人、养活了多少人都不足以评价它,袁隆平的价值超越于这些价格之上。那么超出一切价格之上的价值(Wert),康德认为,正在于"行动的原则摆脱了只能由经验所提供的偶然根据的任何影响"。你这个行动是按照什么原则去行动的?这个原则必须摆脱只能由经验所提供的偶然根据的任何影响。这个是说得很绝了,摆脱了只能由经验提供的偶然根据。比如说袁隆平,如果说他搞杂交水稻,他的行动的原则是要救活一些人,使天下老百姓都有饭吃,当然很崇高,这个是没有疑问的,但是在康德眼里,连这个都不足以衡量他的价值,仅仅是老百姓有饭吃,这太低了吧!呵呵!老百姓吃饱肚子,属于"只能由经验所提供的偶然根据的任何影响",你都要摆脱。那么,袁隆平为什么要搞杂交水稻?他有兴趣,他好奇,他觉得这个东西很好玩(笑),这就完全超越了那些由经验提供的偶然根据的影响,当然他也知道搞出来后可以养活很多人,这是第二位的,这是附属的,你不要把它当作为主的。那么,老百姓吃饱了以后,你还干什么呢?你就没事干了,你的价值就可以算出来了,多少个亿。但是袁隆平认为算不出来,就是因为他的科学研究是立足于科学精神之上的。什么是科学精神,科学精神就是好奇心,这是人的自由本性，理性的本性，好奇，想要搞清这个问题，想要探索宇宙的秘密。一个绝对善良意志也是如此，它的价值在什么地方？就在于要摆脱一切经验性的考虑，经验性的考虑都是偶然的，你生活在一个缺少粮食的社会，也许你就会想到要让广大老百姓吃饱肚子，但是如果大家都吃饱了肚子你就不研究了？你还是要研究，那是靠什么来研究呢，那就不是靠这些偶然的经验条件造成的影响，而是靠你的好奇心。当然康德这里没讲好奇心，他讲了为义务而义务，在道德上，做好事，从道德的角度来看，那就是仅仅是为义务而义务，不受任何这些经验的偶然根据的影响。

针对在经验的动因和规律中寻求原则的这种懒散的或者简直是低劣的思维方式，我们也不能太多或太频繁地发出我们的警告；因为人类理性在它疲倦时喜欢靠在这个枕头上休息，并在甜蜜欺骗的美梦中（它们让它拥抱的毕竟不是天后，而是浮云），把由完全不同出身的各种成份拼凑起来的混血儿偷换为德性，人们想在这个混血儿身上看出什么，它就像什么，只是对那些曾经一窥德行的真实形象的人来说，它绝不像是德行。

我们来看这一句。针对在经验性的动因，这个"动因"用的是 Bewegsursache，我们前面对动因和动机做了区别。动因它可以是现象界的、经验的，也可以是彼岸的、物自体的；而动机只能够是现象的，不能是彼岸的，它们的区别就在这里。那么在这个地方，他谈的是现象。"针对在经验性的动因和规律中寻求原则的这种懒散的或者简直是低劣的思维方式"，这是一种什么思维方式啊？这就是经验派的思维方式，在经验中，在经验性的动因和规律中寻求原则，这是一种"懒散的或者简直是低劣的思维方式"，这是偷懒。所以经验派的伦理学，幸福主义的伦理学，功利主义的伦理学，它们都是偷懒，不愿意动脑筋，就愿意通过归纳，通过收集例证，然后来寻求一种普遍的道德原则。这实际上是做不到的，归纳总是不完的，完全归纳是没有意义的，所以它是偷懒。你有本事你把所有的经验都收集过来,那也不可能。所以他们是以偏概全,搜集了几个经验的例子就以为是全部了。"或者简直是低劣的",不光偷懒,而且在层次上是低劣的,他们不愿意从经验上升到理性,不愿意上升到更高的层次来寻求原则,而宁可沉迷于那些五花八门的经验性的事物中,在它们的动因和规律中寻求原则。它当然也有一些经验的规律,"人不为己,天诛地灭"也属于经验的规律;大多数人都是自私的,这也可以说是一种经验的规律,但是没有普遍性。那么在这个里头去寻求原则,那就是懒散的,简直是低劣的思维方式。这里他没有点名,实际上是批评了英国经验派的道德哲学。但是他又说:"我们也不能太多或太频繁地发出我们的警告"。他对这种低劣的思维方式也基于同情的理解,说我们可以批评它,但是不要老是批评。因为这是人的本性,人就是这样的,人性本来就很低劣。那么,你从低劣的本性里面去寻求一种低劣的原则,也是可以理解的,这就是人的现状,没办法。所以他讲"人类理性在它疲倦时喜欢靠在这个枕头上休息,并在甜蜜欺骗的美梦中(它们让它拥抱的毕竟不是天后,而是浮云)",你以为天上的云是美丽的天后?其实是假的,"把由完全不同出身的各种成份拼凑起来的混血儿偷换为德性"。完全不同出身的各种成份,这是些什么成份呢?当然,首先是经验,各种各样的现象、经验的事实;同时也加入了一些理性,比如说"明智"。光是经验,为所欲为,每个人都自私,那也不够。经验派的伦理学也不是这样讲的,他们从经验出发,但是也运用了理性。比如说,你自私、利己,但要合理地利己,所谓合理的利己主义、功利主义,你要考虑后果,你要考虑你的自私是否能达到目的。这里头就要有理性,你不能凭自己的感性一时冲动,就去满足自己的欲望,你要考虑手段,就必须要考虑目的,就必须要考虑你这样做是否明智,这个明智里面就运用了理性,或者运用了知性。所以,英国经验派的这些伦理学家们呢,他们其实也运用了超出经验之上的一种能力,知性或理性,但是把它们混在一起。明智就是把理性和感性经验混在一起。合理的利己主义,你通过理性的算计懂得怎么样才能满足感性的需要。你如果一味的损人利己、自私自利，你将会吃大亏，你要懂得怎么样能够获取最大利益，那你还是要利他，至少要有一点利他的表示。虽然你的内心不是那样想的，但是你要作出一个姿态来，让人家认为你是利他，愿意跟你交往，那么你就会得利了。否则的话，人人都不理你、防着你，你怎么得利呢？所以，理性和感性在这里混杂起来了。再一个呢，甚至于康德所讲的，纯粹实践理性也可以混杂。有的人也可能想到了道德律，但是由于他有感性，所以他认为他自己应该例外，或者说他形成自我欺骗的人格，他把感性的经验的东西冒充为纯粹实践理性的法则。我按照纯粹实践理性法则去做了，但是我做的意图其实并不是为义务而义务，只是符合义务而已，我可以做符合义务的事情，但是符合义务的这个意图，可能别有来源。为了做一个左右逢源的人，为了吃的开，为了得到更大的利益，那么我做的事情都可以符合义务，但却不是为了义务。所以康德要把符合义务和为了义务严格区分开来，只有为义务而义务才是真正的道德。所以他这里讲到，"把由完全不同出身的各种成份拼凑起来的混血儿偷换为德性，人们想在这个混血儿身上看出什么，它就像什么"。这个完全是主观的，你认为你这个行为是道德的，那么它就很像是道德的；你认为你自己的行为是很利己的，那么它也会很像是利己的。一个人人都说他是道德的人，他是最能利己的。如果所有人都说他道德，他在这个社会上就很得便宜了，所有人都给他开绿灯，所有的荣誉他都能得到，随着荣誉而来的就是金钱和地位。所以在这样一种情况里面，你看它是什么，它就是什么，从这个角度看，它就是一个道德行为；从那个角度看，它就是一个真正的合理的利己主义者，一个聪明的利己主义者，他最聪明。这就是"乡愿"啦，乡愿之徒。但是，康德对这些东西都能容忍，他前面讲了，我们不能太多的或太频繁的发出我们的警告。下面说，"人类理性在它疲倦时喜欢靠在这个枕头上休息"，这都带有讽刺意味。但是最后这一句话我们要注意，他说："只是对那些曾经一窥德行（Tugend）的真实形象的人来说，它绝不像是德行。"就是说，对于那些曾经知道真正的德行是什么的人，那么他这种行为，这种合理利己主义的行为绝对不像是德行。只有严格按照纯粹实践理性去思考过的人，才能一窥德行的真实形象。你合理的利己主义只想得利，只想得更大的利，那怎么会是德行呢？虽然你的一切行为都符合德行、符合道德法则，但是你的行为并不是德行。最后这一点很重要，最后这一点把前面的反讽这些东西都超越了。一方面，康德对于人性的弱点是容忍的，是宽容的，人就是这个样子，但是也不是说人就毫无办法了，也不要悲观，曾经一窥德行的人一旦意识到他自己的本性，里面有德行的法则，那么他就会看出来，他的所有这些行为尽管是符合义务的，但并非真正的德行，那么他就会有一种忏悔，有一种谦卑。下面这个注释进一步说明了我们怎么才能一窥德行的真实形象。

我们看这个注释。

看到在其真正形象中的德行，这无非就是摆脱感性事物的一切混合以及摆脱报酬或自爱的一切不真实的饰物来表现德性。

这个德行和德性在德文中是两个词，即 Tugend 和 Sittlichkeit，我们在翻译时把它们区分开来，前面已经讨论过两个概念的区别。德行就是 Tugend，就是你的道德行为；德性就是你的道德的属性，层次更高、更抽象，它是属于彼岸的，德行呢，当然它的原则是属于彼岸的，但是它要在此岸表现出来，所以它的原则在德性那里。"看到在其真正形象中的德行，这无非就是摆脱感性事物的一切混合以及摆脱报酬或自爱的一切不真实的饰物来表现德性。"在德行中，它是要表现德性的。怎么表现德性？在你的行动中你要表现出摆脱感性事物的一切混合，这主要是指动机，在你的自由意志中，在你的动机中，摆脱感性事物的一切混合，摆脱报酬，摆脱自爱等一切不真实的饰物。所谓不真实是对于德性而言的，你把它装饰为德性，那就是不真实的，因为它是装饰物。感性事物的一切混合，报酬和自爱，奖金，你做了好事得到了奖励，等等，这一切都是不真实的饰物,都是道德的一种装饰物。那么真正的德行必须摆脱这些饰物,来表现德性,表现纯粹的德性,表现纯粹的道德法则。真正形象中的德行应该是这样的。

只要每个人稍稍尝试一下运用其抽象能力尚未完全被毁坏的理性,就会很容易看到德行是如何使得对爱好显得有吸引力的其余一切都黯然失色。

每个人稍稍运用一下他的理性,只要他的理性还没有完全被毁坏,这个理性就是他的抽象能力,这里特别指出来,"运用其抽象能力尚未完全被毁坏的理性"。理性它具有抽象能力,所谓抽象能力就是摆脱一切感性的考虑,上升到纯粹理性本身,这就需要一种抽象能力。那么每个人,如果他的理性还没有被毁坏的话,他只要稍微尝试一下运用他的理性,"就会很容易看到德行是如何使得对爱好显得有吸引力的其余一切都黯然失色"。他就会看出来,真正的德行使得对爱好显得有吸引力的其余一切,就是那些感性的诱惑,一切感性的许诺,你做了好事会得到夸奖,你会得到报酬,你会获得奖金,你会选上人大代表(笑),你会成为道德楷模,上新闻联播(笑),那对爱好当然显得有吸引力,但是跟德行相比,都黯然失色。其实这些东西有啥意思? 这些东西都没有意思,真正符合人的本性的就是,按照理性去做德性要求你做的事情,只要你使用一下理性,你就会很容易看到,德行一旦在你的心目中成为你的动机,那么其他的一切都不在话下。所以这个注释是用来解释上面这句话,就是"只是对那些曾经一窥德行的真实形象的人来说,它绝不像是德行"。如何一窥德行的真实形象? 抛开一切感性和爱好,尝试运用一下自己理性的抽象能力,就行了。这里有一种张力:在你的现实行动中,你的现实的动机,你的现实的自我辩解等等这一切,都是出自于那些爱好;但是你的内心的良心深处,仍然有个标准,对你所有的借口都加以否认。那么,是否有这么一个标准? 究竟是否有这么一个内心的道德法则?

下面这一段他提出的就是这样一个问题。

　　所以，问题就是这样的：**对所有理性存在者来说**，将其行动任何时候都按照他们自己能够愿意其应当用作普遍法则的那样一些准则来评判，难道是一条必然法则吗？

　　这个问话是紧接着上面而来的，上面讲到了，"只是对那些曾经一窥德行的真实形象的人来说，它绝不像是德行"，那么现在就有个问题，是否每个人都必然会一窥德行的真实形象？如果根本没有这种必然性的话，那经验派的那些伦理学讲的就是对的。没有什么真实的德行形象，一切都是根据经验而来的，根据利益而来的，人与人处在利益关系之中，合乎利益的就是好的，就是道德的，功利主义，最大多数人的最大幸福，这就是最高道德法则，其他再没有了。所以，康德想要在人心中造成一种张力，那么这个张力的基础就有问题，就是说是否每个人都会一窥德行的真实形象，也就是是否每个人内心深处都必然会有一条普遍的道德律、定言命令？是不是有？"所以，问题就是这样的：**对所有理性存在者来说**"，这个打了着重号，说明这是对所有理性存在者来说的普遍性。前面讲"对那些曾经一窥德行的真实形象的人来说"，对个别人也许会有，但是不是所有人都是这样？"对所有理性存在者来说，将其行动任何时候都按照他们自己能够愿意其应当用做普遍法则的那样一些准则来评判，难道是一条必然法则吗？"这么长的一个句子其实讲的就是定言命令："你要这样行动，使你的行为的准则你自己同时愿意它成为一条普遍法则"，这里重述了定言命令。那么，这里问的就是说，"对所有理性存在者来说"，遵守定言命令的那样一个准则，作为对行动"任何时候"的一个评判标准，难道是一条必然法则吗？是不是每一个理性存在者都会时刻用定言命令来衡量自己的行为呢？都必然会用这样一条定言命令来评判自己的行为呢？问题就在这里啦，你说有的人，"那些曾经一窥德行的真实形象的人"，会对自己的功利主义的行为作出否定的评价，那么，是不是所有的人都有这样一个普遍的法则，来作为他的评判标准，也就是说，是不是凡是理性存在者必然会有？这是一个很要命的问题啦！

下面讲，如果它是这样的一条法则，那么它必定已经（完全先天地）与一般理性存在者的意志这个概念结合在一起了。

这是一个推论。就是，如果它是（前面问题是：它是不是），如果它是这样的一条法则，"那么它必定已经（完全先天地）与一般理性存在者的意志这个概念结合在一起了"。如果每一个有理性的存在者都有这样一条法则，那么它必定是先天的，不是后天的，不是跟经验有关的，不是以经验为转移的，而与一般理性存在者的意志这个概念结合在一起了。假如确实所有的理性存在者都有这样一条评判的标准，都能够按照这样一条标准来评判自己的行为，那么，在他的意志的概念里面，就已经必然地包含有这样一条标准，这样一条道德命令，这样一条定言命令。这是一个推论，从前面推出来的，一个是有没有这样必然的法则在每一个有理性的存在者心里面，一个是如果有的话，那么这样一条法则必然会跟每一个理性存在者的意志结合在一起。

但是，为了揭示这种联系，人们不管有多么拒斥，都必须再跨出一步，也就是进到形而上学，尽管是进到一个与思辨哲学的形而上学不同的领地，即迈入道德形而上学。

就是说，为了揭示这种联系，什么联系呢？就是道德律跟人们的普遍的意志，一般理性存在者的意志这个概念，它们是一种什么样的联系？它们必然有联系，必然结合在一起。那么是一种什么样的联系呢？这种联系当然是很抽象的了，一方是抽象的定言命令的法则，一方是抽象的意志这个概念，一般理性存在者的意志这个概念，这两者都是很抽象的。那么，它们之间有一种联系，"为了揭示这种联系，人们不管有多么拒斥，都必须再跨出一步，也就是进到形而上学"，人们不管有多么拒斥，在康德时代，人们已经热衷于拒斥形而上学，讲到道德和意志的联系，一般人想到的都是功利、幸福、利益，都是很经验的东西。那么，你要从这么抽象的概念来讨论它们的联系，讨论道德律和这样一种意志的联系呢，那是非常惹人讨厌的，会有一种拒斥心理。因为要讨论这种联系，人们"必须再跨出一步,也就是进到形而上学"。当然整个第二章谈的都是怎么进到道德形而上学,那么在这里就讲到了,你要探讨这样一种抽象的联系,就必须跨出一步,进到形而上学。"尽管是进到一个与思辨哲学的形而上学不同的领地,即迈入道德形而上学",这个是点题了。整个第二章,就是要从通俗的道德哲学过渡到道德的形而上学。为什么要过渡到道德形而上学,在这里已经点出来了,就是你要探讨这样一个高层次的问题,你不愿意停留于那种低劣的思维方式。人类当然有这种低劣性,他总是希望在疲倦的时候,靠在枕头上休息;但是无论人们多么拒斥,都必须再跨出一步,来探讨道德律和自由意志的关系,它们到底是一种什么联系,这就进到形而上学了。当然这个形而上学跟思辨的形而上学是不同的领地,就是道德形而上学。我们前面也讲到过,康德的形而上学是两个概念,跟以往的形而上学不同,一个是思辨的形而上学,也就是自然科学的形而上学,这是一个方面;另外一个方面是道德形而上学。那么,这个地方就提出来要进入到道德形而上学,从通俗的道德哲学向道德形而上学过渡。

427　　在一种实践哲学中,我们所关心的不是**发生**之物的根据,而是即使从未发生却**应当发生**之物的法则,也就是客观的实践法则:

"在一种实践哲学中",这个地方讲的是对道德形而上学的一种解释,接着上面一句话继续解释,道德形而上学它是一种实践哲学,那么,在实践哲学中"我们所关心的不是发生之物的根据","发生"打了着重号,"而是即使从未发生却应当发生之物的法则","应当发生"也打了着重号。就是说经验的事物都是发生之物,而应当发生之物是非经验的、超经验的,它应当发生,但它是不是发生,这个它不管。它当然也可以发生,即算它发生,它也是超经验的,它在发生的事情里面根据的是超经验的东西,只根据应当发生之物的法则。应当发生之物是按照一种什么法则才是应当发生的?就是按照客观的实践法则。康德经常把他的道德律称之为客观的实践法则,什么意思呢?它跟主观的相对。康德的主观的就是你主观上经验的、偶然的，可以当作任意目的来追求的。主观的也有规则，但是那是主观的准则，严格说来不能称之为法则。那么客观的就是说，不管你主观的目的如何，你客观上按照你的普遍理性应当那样做，所以它这个客观的不是我们现实生活中所理解的客观，而是实践理性客观上要求你这样做的。一切人都具有的理性，你当然也具有，也是你内心里面具有的，但是它不管你的主观愿望如何，你的那些经验的爱好如何，而命令你、强制你，这就是一种客观的法则。所以，康德讲客观和主观的时候我们要特别小心，要琢磨他的意思。黑格尔曾经讲到，康德把客观和主观的含义都颠倒了，他那里讲的主观的东西恰好是客观的东西，比如说你的感性的需要或目的，它恰好就是受到客观物质的决定，它遵循一种客观法则，我们讲人像动物一样，那么他就像动物一样遵守自然的客观法则，生物学的规律，那不是客观法则吗？但是在康德看来这恰好是主观的，对于实践而言这是主观的。那么按照理性的法则，我们一般认为那就是主观的，主观上坚持你的理性对你的命令，但在康德那里恰好把它称为客观的。就是说它不论你的主观的意图、意向、爱好如何，而强迫你命令你，这就是一种客观的实践法则。

在此我们没有必要着手去探求这样一些理由，即为什么某物讨人喜欢或不讨人喜欢，单纯感觉的快乐如何不同于鉴赏，而鉴赏又是否区别于理性的普遍愉悦：愉快或不快的情感基于什么，由此而来的欲望和爱好又是怎么从这些情感中、但却通过理性的合作而产生出各种准则来；因为所有这些都属于一种经验性的灵魂学说，它将构成自然学说的第二部分，如果人们把建基于**经验性规律**的自然学说看作**自然哲学**的话。

这个长句子说的内容其实很简单，就是"在此我们没有必要着手去探求这样一些理由"，什么理由呢？"即为什么某物讨人喜欢或不讨人喜欢"，这个是很经验的，一个人喜欢食物，那很简单，他饿了，饿的时候他觉得那东西很好吃啊！他吃饱了以后就觉得不好吃了，再要他吃，他就不喜欢了。这是最低层次的，人的生理本能决定了人们的爱好。下面讲"单纯感觉的快乐如何不同于鉴赏",这个层次稍微高一点,这个"鉴赏"也可以翻译成"口味"、"趣味"、"Geschmack",它有很多含义。这个鉴赏在这个地方,根据上下文,我们恐怕更应该从比较低的层次来理解,"口味"、"趣味"。这个时候他的《判断力批判》还没有出来,甚至于还没有想到,他的《判断力批判》是在写了《实践理性批判》之后才想到的,而《实践理性批判》是在《道德形而上学奠基》之后,这个时间顺序我们要搞清楚。所以,这个地方翻译成"鉴赏"有一点不是很恰当,或者翻译成"趣味"、"口味"都可以,它与一般的讨人喜欢或不讨人喜欢不一样。一般的讨人喜欢,我们刚才讲了,肚子饿了就要吃,这完全是生理本能,他甚至不讲口味,只要能填饱肚子的他就拿来,他就喜欢。但是,没有饿肚子的考虑的时候,他就要考虑口味了,不光吃饱了肚子就算,还要讲究美食,还要讲究口味,甚至于更高的讲究趣味,要讲究排场等等。在饮食的时候,要讲究规矩,那就有一种鉴赏的味道,有一点点审美的味道。但这个地方还不是直接地谈到审美,因为他下面又讲到了,"而鉴赏 [或口味]又是否区别于理性的普遍愉悦"。普遍的愉悦这里头就有一点审美的意思了,那么鉴赏跟它又有什么区别呢,这里头又有一点细微的区别啊,理性的普遍愉悦当然也不是鉴赏,但是已经包含有一种鉴赏,比如说,科学美。在《判断力批判》里面,康德也承认,我们发现了一条自然规律,并且能够把几条自然规律联合起来,我们就会感到一种极大的愉快,科学发现的美,这也是一种鉴赏。这三个单句子都是处于不同的层次的,一个比一个更高,一个讨人喜欢或不讨人喜欢,就是单纯的快乐,"单纯感觉的快乐如何不同于鉴赏,而鉴赏又是否区别于理性的普遍愉悦",理性的普遍愉悦是最高的,这是三个层次。下面讲"愉快或不快的情感基于什么,由此而来的欲望和爱好又是怎么从这些情感中、但却通过理性的合作而产生出各种准则来"。愉快或不快的情感,在康德这个时候,基本上还是把它看作一种心理学的事实来加以考察的,还没有从《判断力批判》的角度、从审美的角度来考察。所以他在这个时候基本上认为他的批判哲学是不谈这些问题的，前两大批判都不谈愉快不愉快的情感，他认为这交给心理学家研究就够了，不必问哲学家。愉快、不愉快的情感基于什么？当然基于人的心理和生理的素质。"由此而来的欲望和爱好又是怎么从这些情感中、但却通过理性的合作而产生出各种准则来"，由这种愉快或不愉快的情感产生出欲望和爱好，欲望和爱好无非就是想获得愉快的情感，逃避不愉快的情感，趋乐避苦；那么它们又是怎么通过理性的合作而产生出各种准则来的？一个人趋乐避苦的时候，他可能是出于本能，比如他被火烧着了手，本能地把手缩回来，动物也会这样。但是加入了理性他就会成为一种准则了，那么这种准则就有一种表述方式了，就有一种公式了，就成为人生的一种指南了。比如说，两害相权取其轻，人为财死鸟为食亡，你把它这样表述出来，那就跟动物的本能不一样了，里面有理性，这就已经加入了理性的合作。但这些东西康德认为我们没有必要去探求，为什么呢？"因为所有这些都属于一种经验性的灵魂学说，它将构成自然学说的第二部分，如果人们把建基于经验性规律的自然学说看作自然哲学的话"。所有这些问题都属于一种经验性的灵魂学说，也就是心理学了，都属于经验的心理学，它将构成自然学说的第二个部分。第一个部分是物理学，牛顿物理学，第二个部分是心理学。在当时，所谓的自然学说，就是两个部分，一个是牛顿的物理学、自然科学，一个是心理学，就是这样划分的。后面又加了一个条件："如果人们把建基于经验性规律的自然学说看作自然哲学的话"。心理学构成自然学说的第二个部分，但是这两个部分构成了当时所理解的"自然哲学"，比如说牛顿就把自己的物理学称为"自然哲学"，牛顿物理学的代表作就是《自然哲学的数学原理》。那么，心理学也可以属于自然哲学的范围，这样呢，就可以用哲学把这两种自然学说统一起来，把物理学看作自然哲学的第一个部分，把心理学看作自然哲学的第二个部分。所以他在后面加了一个条件："如果人们把建基于经验性规律的自然学说看作自然哲学的话"，为什么要加上这个条件呢？就是因为这两个部分，一个是物理学，一个是心理学,本来是没有发生关系的,一个是外部世界,一个是内部世界,各搞各的;但是你为什么能够把他们称作自然学说的第一个部分或者第二个部分呢?是因为你用一个自然哲学的概念把它统一起来了,因为人的心理也是一种自然、nature,按照 nature 这个词的本意,它不一定是指物理学的自然,它也可以指人的自然,人的心理的自然。这样一来,就把自然学说提升到自然哲学的高度来加以考虑了,你就可以把这两部分作为统一体系的两个部分,作为自然哲学的两个部分来考虑了。

<u>但这里所谈的是客观的实践法则,从而是就一个意志只被理性规定而言它与自身的关系,在这种情况下与经验性的东西有关的一切都被自动地排除掉了;</u>

前面是讲了,在此我们没有必要着手去探求上述那样一些理由,为什么呢?因为那些理由都是属于自然哲学的,属于自然学说的第二个部分。"但这里所谈的是客观的实践法则",这个"但"就是说,你那前面谈的都是主观的,自然学说的第二部分心理学是主观的,但这里所谈的是客观的实践法则,"从而是就一个意志只被理性规定而言它与自身的关系",一个意志仅仅被理性规定,就此而言它是与自身发生关系,也就是说一个意志按照理性而自我相关,他这里探讨的是这样一个问题,这样一个法则。那么,一个意志按照理性的规定而自我相关,它的法则是一个客观的实践法则,而不是主观心理的法则,它不是心理学。尽管我们可以说每个人心里都有意志,都有理性,但是它不是心理学,它是"就一个意志只被理性规定而言它与自身的关系"。而在这种情况下,"与经验性的东西相关的一切都被自动排除掉了",当你上升到这个层面的时候,上升到客观的实践法则这个层面的时候,你已经自然而然地把经验性的一切东西都排除掉了,心理学的内容都被排除掉了。

<u>因为,如果**理性自己独自**规定行为(我们现在正是要探讨这种可能性),它必须先天必然地这样做。</u>

为什么要把经验性的东西都排除在外呢,因为,如果理性自己独自

规定行为，这个"独自"的意思就是"排除"的意思，理性不用任何经验的东西参与，它独自规定自己的行为，那么，它必须先天必然地这样做。它不能是后天经验的，按照经验的情况去做，因为它独自规定行为就已经排除了经验的考虑，那么在任何情况之下，它都必然这样做，那当然是先天的了。理性命令意志这样做，不以任何经验的考虑为前提，定言命令就是无条件的命令，那当然是先天必然的。括号里面讲"我们现在正是要探讨这种可能性"，点明了整个这一段的宗旨，就是说，探讨有没有这样一条必然的法则，或者这样一条法则是否先天必然的，就是每一个理性存在者都先天必然地受它的制约。这个是跟上面一段一脉相承的，上面讲到了曾经一窥德行的真实形象的人来说，就可以看出功利主义的行动绝不像是德行。那么，是不是只有偶然的个别人能够一窥德行的真实形象，是不是这样一种德行的真实形象在每一个人内心、每一个有理性者的内心都必然起作用？所以它接下来就写了这一大段，问题就在这里了：对于所有的理性存在者来说，按照这样一条准则来评判自己的行为，难道是一条必然法则吗？那么这一段呢，就是首先把这些不必然的东西排除掉，这个经验的东西，感性的东西，快乐、鉴赏、理性的愉悦，这些东西都属于心理学，而剩下来的，排除掉以后，理性自己独自规定行为，这样一种行为的法则，必然是先天的，或者说它是先天必然的。

我们再看下面这一段，前面的问题提出来了，他说："问题是这样的，对所有的理性存在者来说，他的行动任何时候都按照定言命令来评判难道是必然的吗？如果它是这样一条法则，那它就必定已经先天地与一般理性存在者的意志这个概念结合在一起了。"这个问题提在那里，就是有没有这样一种必然性，所有的理性存在者都会必然地用定言命令来评判自己的行为？如果有，如果它是这样一条必然的法则，那它就与一般理性存在者的意志这个概念先天结合在一起，这是上面一段提出的问题，并且进行了一番澄清，表明如果理性撇开经验独自地规定行为，他就必须先天必然地这样做，这是上一段所讲到的。

那么，下面这一段呢，就是要解决这个问题了，就是说，定言命令这样一条评判的法则，如果是一条必然的法则，那它就跟所有一般理性存在者的意志结合在一起。定言命令的法则跟意志结合在一起，那么它是一种怎样的关联呢，它的这样一种关系，究竟应该如何理解？那么这一段就是讲，这样一种关系，道德法则、定言命令跟意志的关系，跟意志概念的关系，只有引入"目的"概念才能理解。

意志被设想为一种自己按照某些法则的表象规定自身去行动的能力。

什么是意志？前面其实已经讲到过了，意志就是一种自己按照某些法则的表象规定自己去行动这样一种能力，用简单的表述方式可以这样说，意志就是按照法则的表象去规定行动的能力，这是意志跟自然事物不同的地方。人的意志行为跟自然界的过程是不同的，自然界是按照事物的"法则"去运行，而人的意志是按照"法则的表象"去行动的。人的行动有一个表象，这个表象就是说，当法则还没有起作用的时候，意志就已经把它预设为自己的表象了。这也就是一种目的性的行为，所谓目的，就是说事情还没有发生的时候，我就有一个目的的表象在这里，用这个目的的表象来规定我的行为。那么这个目的就是法则的表象。我的目的当然可以是追求某个具体的事物，但这个事物的表象预先就在我的头脑里面，那么它就是作为法则的表象，它和我的意志之间有一种法则的关联，我按照这个表象一贯地规定我的意志，直到把那个目的实现出来。这当然也是一种意志行为，但是还不是道德行为。道德行为的意志是把道德律作为法则的表象，它有一个表象在我的脑子里面，虽然我还没有做道德的事情，但是它时时刻刻命令我要按照它去行动。所以，"意志被设想为一种自己按照某些法则的表象规定自己去行动的能力"有两个层面的意思，即日常实践的意思和道德实践的意思。

而这样一种能力只能在理性存在者那里找到。

人为什么能够提出一个规律的法则的表象呢？就是因为他有理性，他有理性他就有超越性，他能够超越感性、超越本能、超越现实的经验，它能够用理性的法则来规范自己的行为。在行为还没有发生之前，他就作为目的提出来，应该这样做，按照这种法则去做，所以这样一种能力只能在理性存在者那里找到。

现在，用来作为意志自我规定的客观基础的，就是**目的**，而目的如果单纯由理性给予，就必然对所有理性存在者同样有效。

这个目的提出来了，而且打了着重号，前面那个"按照某些法则的表象"也打了着重号，这两个着重号是同一个事情，所谓的法则的表象就是目的，因为"用来作为意志自我规定的客观基础的，就是目的"。意志是一种主观的意志，主观的自发性，那么，意志要进行自我规定，它就有一个客观基础，意志它不是为所欲为，想干什么就干什么，它必须规定自己去干什么。当它自己这样规定自己的时候呢，就是用目的来规定自己，你这样做是为了什么。"而目的如果单纯由理性给予，就必然对所有理性存在者同样有效"。这是更进一层了。刚才讲目的有两个层面，一般的目的不一定对所有的人都有效，各有各的目的；但这个目的如果单纯是由理性给予的，如果没有感性的东西参与其中，如果他的法则的表现都是有关理性法则的表象，那么就必然会对所有的理性存在者同样有效。因为所有理性存在者都有共同的理性嘛，那么这样一个目的呢，单纯由理性给予，它跟感性没有关系，那必然会对所有的理性存在者都有效，这个是顺理成章的，在逻辑上非常严密的。这里看得很清楚，把"目的"概念引进来就是为了向第二个变形公式即目的公式过渡，这种过渡仍然是从普遍性公式中推导出来的，因为上一段和这一段所讨论的都是普遍法则和意志之间的结合问题，这种结合只有通过目的概念才可能。

相反，只包含行动的可能性根据的东西，就叫作**手段**，这行动的结果就是目的。

他说"相反"，跟什么相反呢，就是说，跟单纯由理性给予的那种目的相反。前面是讲，目的如果是单纯由理性给予，就必然对所有理性存在者同样有效，这实际上讲的就是那种定言命令，那种道德律了。那么，"相反，只包含行动的可能性根据的东西，就叫作手段，这行动的结果就是目的。"那么，有一种东西，它只包含行动的可能性根据，就是说，你要考虑你的行动是否能够实现出来，那要考虑很多条件。那么，这些条件，这些能够实现行动的可能性根据，就叫作手段。你要考虑手段的话，那么，你所考虑的是行动的可能性根据，它不是意志的自我规定根据。意志的自我规定根据只是单纯由理性给予，那么它就是普遍的、必然的，而相反呢，如果你考虑行动的可能性根据，那肯定就是偶然的了，它就不是必然的了。行动的可能性要取决于各种条件，自然条件、身体条件、偶然的条件，那么，这就叫作手段。你要达到一个目的，经常要考虑手段的问题。行动的结果，我们也把它叫作目的，这个目的跟前面所讲的那个目的是有层次上的不同的。这是相反的情况之下，它也有它的目的，就是这个目的作为行动的结果来考虑，它是要考虑它的手段的，要考虑你的行动的各种条件的，手段和目的是不可分。在现实生活中，你的具体的某个目的，你必须要考虑如何去达到它，这和前面讲的是不一样的。前面讲纯粹由意志、纯粹由理性来规定的目的是不考虑手段、也不考虑结果的，它只考虑动机。当然在动机里面也在设想结果，但是是不是会造成这个结果，这种技术问题它是不考虑的，它是为义务而义务。它不考虑手段，不考虑行动的可能性根据，也不考虑结果，所以跟这里讲的目的是有层次上不同的，这就是"相反"的含义。

欲望的主观根据是动机，意愿的客观根据是**动因**；因此就有建基于动机的主观目的和取决于对每一个理性存在者都有效的动因的客观目的的区别。

这里最明确地提出了动机和动因的区别。"欲望的主观根据"就是我们刚才讲的，从心理学上来说，一个欲望，它有它的主观根据，我为什么对这件事感到快乐，单纯的快乐如何不同于鉴赏，鉴赏又是否区别于普遍的理性的愉悦,等等。这些东西都属于欲望的主观根据,那么,这个主观根据就是动机,Triebfeder,我们前面讲了,它跟动因,Bewegungsgrund,有区别,动机不可能用在自在之物上。而动因呢,既可用于现象也可用于自在之物。欲望的主观根据是动机,意愿的客观根据是动因,动机是指主观中的现象,而动因在这个地方是在自在之物的意义上来用的。另外,主观根据用"欲望",客观根据用"意愿"。但这个地方他用词比较含糊,意愿,前面讲过,既有一般的也有高级的,高级的意愿就是意志。那么,意愿的客观根据,实际上指的就是意志的客观根据,它是动因,就是作为道德律可以支配意志。下面讲,"因此就有建基于动机的主观目的和取决于对每一个理性存在者都有效的动因的客观目的的区别"。在这个地方划分出了两个层次,一方面,从现象界,从人的肉体感性而言,它就是主观的目的,它是建基于动机之上的,所以它是非常感性的。动机是可以用因果律来解释的现象界万事万物的运动,互相推动。而在人身上的 Triebfeder,它就是主观动机、主观目的,它和"取决于对每一个理性存在者都有效的动因的客观目的"有原则的区别。而意愿的客观根据是动因,它是对每一个理性存在者都有效的,每一个理性存在者都有理性,那么,有理性,他就有他的客观根据,这个客观根据不属于现象界,而属于本体界,那就是自在之物。那么,由它发出的命令,就是由自在之物、由彼岸世界所发出的命令,那就是一种客观的命令了。而由这种命令所产生的目的就是客观目的,你要为义务而义务,按照彼岸世界的道德律所发出的命令来行动,这就是一种客观目的。在这里,目的公式马上要引出来了。这个地方先把目的这个概念搞清楚,有两种目的,一种是主观目的,一种是客观目的。现象界的目的、心理学的目的是主观的,纯粹理性的目的、道德目的是客观的。

实践原则,如果不考虑一切主观目的,就是**形式的**;当它们以这些主观目的、因而以某些动机为依据时,就是**质料的**。

一般的实践原则既包括主观目的,也包括客观目的,这是一般来说;

但是如果你把主观目的排除掉以后呢，它就只有形式了，实践原则中有形式的实践原则。而"当它们以这些主观目的、因而以某些动机为依据时，就是质料的。"形式的和质料的在这个地方加以区分，你排除了一切主观目的，那就是形式的；你以主观目的为依据，那就是质料的。康德的道德律就是排除了一切主观目的以后，它就是一种客观的命令，一种形式化的命令。定言命令是纯粹形式的，把一切质料都排除掉了，把一切主观的目的都排除掉了，下面加以解释。

　　一个理性存在者自己随意预设为其行动结果的那些目的（质料的目的），全都只是相对的；

　　一个理性存在者，比如说人，自己随意预设为其行动结果的那些目的，都是相对目的。人们在日常行为中，他的一切行为，他的一切合目的的行为、一切自觉的行为都是有目的的行为；那么，当他把某一个自己随意设定的目的当作行为的结果，这个"结果"打了着重号，你着眼于结果，那么呢，就只是相对的目的。你就是只考虑它的质料。你要实现一个什么样的目的，这个目的你是随意预设的，它也可以不预设，或者另外预设。不论如何预设，它完全是质料的，是在时间空间中可以感性地看得见摸得着的那样一些东西，也是变化不定的东西，所以这些目的全都只是相对的，是随着情况的变化而消失，随着条件的改变而变化的。这些当然也是理性存在者为自己设定的目的，但这些目的都是相对的。

　　因为只有它们仅仅与主体的某种特别形成的欲望能力的关系才给予
428 **了它们以价值，因此这价值不能提供对所有理性存在者乃至对每个意愿普遍有效的和必然的原则，即实践法则。因此，所有这些相对的目的都只是假言命令的根据。**

　　为什么说它们都是相对的呢？这个"它们"就是讲那些目的，这样一些质料的目的，全都是相对的，因为只有这些目的"仅仅与主体的某种特别形成的欲望能力的关系才给予了它们以价值"。这些目的和某种在特定情况之下形成的欲望能力发生关系，我要追求它，它肯定是和我的欲望的能力发生了一种关系。如果我现在急迫地想要解决的是吃饭的问题，那么食物就特别形成了和我的食欲的关系，这种关系就赋予了食物以价值。你在肚子饿的时候，你要金子银子都没有用，据说大饥荒的时候，金子是不值钱的，金子在那个时候是没有价值的，它和人们当时的欲望能力没有关系，只有馒头有价值。但在平时，金子当然比馒头更有价值啦。所以这样一种具体目的的价值，是跟具体的特别形成的欲望能力的关系有关，有这种关系才有价值，否则就没有。他说："因此这价值不能提供对所有理性存在者乃至对每个意愿普遍有效的和必然的原则。"既然这价值是相对的，因此它不能提供对所有理性存在者乃至对每个意愿普遍有效的和必然的原则，就是说，它都是随着环境、处境的不同而改变自己的价值，因此这样一种价值不能提供一种普遍有效的必然的原则。对什么普遍有效？对所有理性存在者普遍有效，乃至于对每个意愿都普遍有效，他这个地方用"意愿"这个词，这就把人们的那些感性的东西，那些欲望，那些任意全部包含在内了。就是说，相对的价值不能像实践法则那样，不仅仅规定自身，而且对于其他的那些意愿都普遍有效。当然实践法则的这个效果是限制性的，要求人们对感性的爱好加以限制，要使它服从道德律，要对它们起一种普遍的规范作用。但如果是相对的价值，那它就不能像这样提供对所有的理性存在者乃至对每个意愿普遍有效的和必然的原则。实践的法则就是道德律，它有普遍性和必然性。最后是做结论了，他说："因此，所有这些相对的目的都只是假言命令的根据"。所有这些目的都是相对的目的，它不能够提供实践法则，不能够提供对每个理性存在者和每个意愿都普遍有效的和必然的原则，因此它们都是假言命令的根据。

再看下面一段。

然而，假设有某种东西，**其自在的存有本身**就具有某种绝对价值，它能作为**自在的目的本身**而成为确定的法则的根据，那么在它里面，并

<u>且唯一地只有在它里面，就包含某种可能的定言命令的、即实践法则的根据。</u>

这个"然而"就是紧接着上面的语气来的，上面所讲的都是相对的目的，它们都只能够是假言命令的根据。那么，是不是超越这一切之上还有一种绝对的价值呢？是否有一种绝对的目的呢？下面就讲"然而"了，"然而，假设有某种东西"，就是假设那种绝对的目的，"其自在的存有本身"，这都是打了着重号的，我们这里用的是粗体字。"其自在的存有本身就具有某种绝对价值"，假设有某种绝对价值，也就是其自在的存有本身就有绝对价值。"它能作为自在的目的本身而成为确定的法则的根据"，如果我们假设除了那些相对的目的，相对的价值以外，还有一种绝对的价值，它能够作为自在的目的本身而成为确定的法则的根据，那么会怎样呢？"那么在它里面，并且唯一地只有在它里面，就包含某种可能的定言命令的、即实践法则的根据"。实践法则、定言命令的可能性根据是包含在某种绝对价值里面的，而绝对价值是自在的存有本身所具有的，自在的存有，也就是自在之物的某种绝对的价值。他这里不是用的Ding an sich selbst，而是用的Dasein an sich selbst，Dasein我们把它翻译成存有，存有跟Ding当然在含义上是不同的，但在这个地方起着同样的作用。其自在的存有本身，就是自在之物本身，它的自在之物本身就具有绝对的价值，它能作为自在的目的本身而成为确定的法则的根据。假设有这么一种具有绝对的价值的东西，那么这种绝对的价值就包含着某种可能的定言命令的根据。就是说，定言命令，它的可能性根据何在？当然这个问题是第三章所要探讨的问题，是纯粹实践理性批判所要探讨的问题，但在这个地方，我们不妨先做一种假定。我们假设有某种东西，它是某种定言命令的、也就是实践法则的可能性根据，它本身具有绝对的价值，或者它是绝对的目的，那就跟前面讲的相对的目的完全不同了。如果我们能够这样假设的话，一旦假设，将会有一些什么样的关联，它的逻辑关联将会是怎么样的？这就引入了定言命令的第二变形公式即目的

公式了。

这就是下面这一段的主题。

现在我要说，人以及一般的每一个理性存在者，都作为自在的目的本身而**实存**，**不仅仅作为**这个或那个意志随意使用的**手段**，而是在他的一切不管指向自己还是指向其他理性存在者的行动中，都必须总是**同时被看作目的**。

这个"现在我要说"，就是说前面是一种假设，假设有这样一种东西，看看会怎么样，既然人类所追求的一切目的都是相对的，主观的目的都是相对的，它的价值也都是相对的，人类的一切主观的目的都在现象界，都是现象界所追求的目的，那么在自在之物里面呢，我们假设有一种绝对的目的，我们看看会怎么样。而现在我就要说了，既然我们假定了这样一个东西嘛，那么现在我就要说了，"人以及一般的每一个理性存在者"，人是理性存在者的一个例子，比如说人，他就是一个理性存在者。当然理性存在者不仅仅是人，上帝也是理性存在者，我们不知道有没有上帝，其他的外星人，其他星球上也可能有理性存在者，这个我们先不说，但是至少我们所看到的人是一个理性存在者。由人而推及一般的每一个理性存在者，其实都应该是这样的，"都作为自在的目的本身而实存"。人就是这样一个理性的存在者，一方面，他具有主观的心理方面的现象，他生活在物理世界之中，在物理现象中，在经验现象中生存。但是，只要他是一个理性存在者，他就作为自在的目的本身而实存，这个"实存"（Existenz）打了着重号，Existenz（实存）跟 Dasein（存有）在康德那里是可以互换的，Dasein 是个德文词，Existenz 是个拉丁文词。凡是理性存在者，都作为自在的目的本身而实存、而存有，就是说每一个理性存在者，具体来说，他作为一个个体，他的存有，他的实存，都是作为自在的目的本身而实存的。如果有这样一个自在的目的，那么它就是每一个理性存在者都具有的一种实存。他说："不仅仅作为这个或那个意志随意使用的手段"，"手段"打了着重号，"而是在他的一切不管指向自己还是指向其他理性存在者的行动中，都必须总是同时被看作目的"，这"目的"也打了着重号，手段和目的在这里对应起来了。前面讲的两种不同的目的，一种是对所有的理性存在者他的意志，他的自我规定的客观基础的目的，还有一种是对它做自我规定的主观的目的。那么，主观的目的是依靠这个那个意志随意使用的手段，强调的是手段和目的的关系。这就是明智，你要达到那样一个目的，你必须采取什么手段，这样一种命令就叫作假言命令。但定言命令不考虑手段的可能性，它只考虑目的的应当性，它不考虑是否能实现，它只考虑应不应当。所以这个地方讲的，"不仅仅作为这个或那个意志随意使用的手段"，人以及每一个理性存在者，不仅仅是作为手段，作为别的意志随意使用的手段，只要他是一个理性存在者，他就不能够仅仅作为这个或那个意志随意使用的手段。人与人生活在同一个社会中，免不了要互相把对方当作手段，但是呢，不能"仅仅"把对方当作手段，所以他讲"不仅仅作为"，这个也是打了着重号的，"不仅仅作为这个或那个意志随意使用的手段"，不能够仅仅停留于此。他说："而是在他的一切不管指向自己还是指向其他理性存在者的行动中，都必须总是同时被看作目的。"这就引出来他的公式了，公式在这个地方虽然还没有表达为正式的公式，但是已经说出来了：人以及每一个理性存在者都不能仅仅被当作手段，而必须永远都同时被看作目的。这个"同时"也就意味着他并没有排除手段，但是必须同时被看作目的，不能仅仅是手段。你把别人当手段，别人也把你当手段，但是同时应该把别人也看作目的，别人也应该同时把你当作目的，这个是他所强调的。因为人跟物不一样，物你可以把它只当作手段，但是人，你在把它当手段的同时，也要把他看作目的。

一切爱好的对象都只具有某种有条件的价值；因为，如果爱好和建立在爱好之上的需要不存在了，那么它们的对象就不会有任何价值了。

这个地方又回到上一段所讲的那种相对的价值了，所谓相对的价值就是说，"一切爱好的对象都只具有某种有条件的价值"，有条件的价值也就是相对的价值了，"因为，如果爱好和建立在爱好之上的需要不存在了，那么它们的对象就不会有任何价值了"。这个我们刚才已经讲清了原理。相对的价值它是有条件的，它是假言命令，假言命令如果假言的前提不存在了，那么它的命令就没有任何价值了，也就不需要去遵守了。

　　爱好本身，作为需要的来源，远不具有它们被希求的那样一种绝对价值，毋宁说，完全摆脱它们倒必定是每个理性存在者的普遍愿望。

　　"爱好本身，作为需要的来源"，一切需要都是出自于爱好，你需要这个东西是因为你有这方面的爱好。但是呢，它们"远不具有它们被希求的那样一种绝对价值"，爱好被希求，爱好甚至于被当作最高的价值，我们在追求自己爱好的时候，在满足自己需求的时候，往往有这样一种倾向，就是把它当作绝对价值。我这个人一辈子只要能够吃一次美餐，像宫廷里面皇帝所享受的，那就死而足矣，（笑）有的人可能会这样想：某某漂亮的女孩，我只要娶她为老婆，我就死而足矣！（大笑）他当作绝对价值了，是最高的价值，其他一切都可以为它牺牲，但是呢，实际上"远不具有它们被希求的那样一种绝对价值"。我们经常看到，两个人自由恋爱结婚了，当时是信誓旦旦，我们天长地久、海枯石烂不变心，结婚以后呢，男的女的都有可能出轨，（大笑）为什么呢？因为情况变了以后，它的绝对性就不存在了，你当时希求的那种绝对性就下降了，就变成了相对价值，（学生："那是激情，不是爱情。"）（大笑）但是，还是你选择的，你的行为是有目的的，而且是有估计的，你可能当时觉得，我可以跟他生活一辈子。但到时候可能就变了，我们就说对方变心了，变心的可能性永远会存在的。所以，它们永远不具有它们被希求的那样一种绝对价值，"毋宁说，完全摆脱它们倒必定是每个理性存在者的普遍愿望"。这句话我们听起来觉得怪怪的，一种需求，一种爱好，我们要完全摆脱它，倒必定是每个理性存在者的普遍愿望，这是康德的一种观点。我们中国人讲"食色，性也"。追求温饱和追求爱情，这是人的天性，是不是要"摆脱"这种天性,我们中国人觉得绝对不可思议。因为中国人是天人合一嘛,你再高的愿望,再高的天理、天道,它也不能违背人的愿望,不能违背人的自然天性。但在西方它是有可能被理解的,古希腊就有可能这样,因为古希腊人把爱情看作是一个调皮捣蛋的小天使,他的箭射中了谁,谁就陷入到爱情里面,痛苦不堪(大笑)。所以,他们所想到的就是说,一个人要不迷失自己的本性的话,最好是不要被爱情之箭射中,爱情对他们来说是一种很难摆脱的愿望,但又希望摆脱,摆脱了就没有痛苦了。所以他们往往会有这种希望,能够摆脱这样一种需求,这种爱好,是每个理性存在者的普遍愿望。斯多亚派(Stoic)也是这样,因为人间的世俗的欲望是应该摆脱的,实在摆脱不了,就有一个办法,就是自杀(大笑),如果你实在摆脱不了,你就去上吊。很多著名的斯多亚派的理论家,都是用自杀来结束自己的生命。所以在西方人来说呢,并不是很奇怪的。康德是属于理性派的这样一个传统,所以他提出这个东西很自然。

这样,一切通过我们的行动所**获得**的对象,其价值总是有条件的。

一切通过我们的行动所获得的,"获得"打了着重号,表明是从外面获得的。你要向外面追求一个东西,那么你追求到了,追求到了当然有价值了,但是它的价值总是有条件的,总是相对的。

有些存在者,它们的存有虽然不基于我们的意志而是基于自然,但如果它们是无理性的存在者,它们就只具有作为手段的相对价值,因此而叫作**事物**。

在世界上有些存在者,跟人不一样的,它们的存有虽然不基于我们的意志,而是基于自然,基于我们的意志当然就是我们的手段了,但它们是基于自然,会怎么样呢? "但如果它们是无理性的存在者,它们就只具有作为手段的相对价值"。就是说,它们虽然还没有成为意志的手段,但永远只具有作为手段的相对价值,如果它们是些无理性的存在者的话。那些东西你去用它,它就是你的手段;你不去用它,它也只具有作为可能的手段的价值。这里讲的有些存在者就是自然物,非理性的、非人的存在物,"因此而叫作事物"。我们经常也说,"东西",东西是死的,人是活的,人"不是个东西"。东西就是事物。

与此相反,理性存在者就被称之为**人格**(Personen),

人格这个概念呢,它是双重的,人格这个概念既具有自然存在者的方面,但同时又具有彼岸存在者的方面,自在之物的方面,人格是跨两界的。一方面呢,人格,我们有的人把它翻译成"人身",像苗力田先生翻译的《道德形而上学原理》,就把人格翻译成"人身"。但这是不对的,翻译成人身是不对的,它决不只是指人的身体。有的翻译成"个人",翻译成"个人"还可以,因为什么叫个人,不光是你的身体,还包括你的灵魂。光是你的身体,你还不是个人,你只是家族中的一员,你的个人还没有独立。但是如果考虑到你的灵魂,那么你的个人就叫作个人了,就独立了。但是,个人这个概念翻译成中文太泛了,所以我们还是翻译成人格,翻译成人格不容易引起混淆。那么人格呢,它跨两界,包括人身,也包括人的灵魂,身体和灵魂的统一就称之为人格。所以,对于一个人尊重,尊重他的人格,也包括尊重他的人身,人身权,乃至于扩展到财产权,话语权,选举权。人的人身、人的财产都是人的人格的体现,也就是都是他的主体灵魂的一种体现。财产不仅仅是财产,不仅仅是物。我们讲打狗欺主,因为这个狗是它的主人所有,你打了狗以后,你就侵害了这个狗的主人的人格,同样的,你侵犯他的财产,侵犯他的人身,也就侵犯了他的灵魂、他的人格。所以人格这个概念,我们把它看作是跨两界的。

理性存在者被称之为人格,

因为他们的本性已经突显出他们就是自在的目的本身,即某种不可仅仅被当作手段来使用的东西,因而在这方面就限制了一切任意(Willkür)(并且是一个敬重的对象)。

为什么称之为人格呢?因为他们的本性,这个本性,Natur 这个词呢,可以有两种译法,一个是本性、一个是自然。那么,如果翻译成自然的话呢,就是说,它包括人的身体,人格包括人身,他们的本性也就是他们的自然，他们的人身已经突显出他们就是自在的目的本身。但这个本性不能仅仅理解为自然，更应该理解为本性，他的自然是由他的本性所支配的，自然当然也是他的本性的一部分，但他还有另外一部分，就是自在之物，在自然后面的那个主体，那才是他的本性，本质。nature 有时候也可以翻译成本质，就是除了他的表面现象以外，他是一个人，他的人身以外，他的本质就是他的灵魂、他的主体。所以这个本性是一个比较含糊的概念，既包括人身，也包括人的自在之物。但是在现象界呢，它就是体现为人身，体现为人的身体，这个张三、李四他有他的身体，你必须把他的身体当作是他的本性的一种体现，也就是当作他的主体灵魂的一种外在的表现，他的外在和内在是不可分的。如果没有他的内在，那就不是人身了，那就是一个尸体了，那就是一个物了，但是你必须把它当作他的灵魂的表现，一个统一体的这样一个本性。这样的本性"已经突显出他们就是自在的目的本身"，也就是突显出他的自在之物的那一方面，那一方面作为目的来说是绝对的目的。一个人格应该被当作是绝对的目的，理由就是在人格底下包含着人的本质、人的本体、人的自在之物。所以他讲："因为他们的本性已经突显出他们就是自在的目的本身，即某种不可仅仅被当作手段来使用的东西，因而在这方面就限制了一切任意（并且是一个敬重的对象）。"突显出他们就是自在的目的本身，突显出人的自在之物的那一方面，即某种不可仅仅被当作手段来使用的东西，自在之物是不能被当作手段来使用的。现象界的人，人身，你当然可以把他当作手段来使用，但是考虑到人的自在之物的本体，你不能够仅仅把他们当作手段来使用，至少他的自在之物的那一部分是绝对不可能当作手段来使用的，他的自在之物本身是绝对的目的。因此，整个的人你不能仅仅当作手段来使用，在现象方面，你可以把他当手段来使用，但在本体方面，你要把他当一个绝对的目的来加以尊敬。所以从本体上来看，从自在的目的本身来看，它"在这方面就限制了一切任意，并且是一个敬重的对象"，你不能仅仅被当作手段来使用，包括你自己也不能把你自己当作手段来使用,去服从某个任意的目的。"任意"和"意志"的区分,我在别的地方曾分析过。康德的"任意"(Willkür)通常指偶然的意愿或欲望,"意志"(Wille)则带有必然性、一贯性,是纯粹实践理性的体现。或者说,任意是不纯粹的意志,意志是纯粹化了的任意。我任意出卖我的劳动力,这看起来是把我自己当手段来使用了,因为我要维持我的生活,所以我就出卖我的劳动力,我的劳动力就是我谋生的手段,包括我的智力、我的体力都成了谋生的手段。但是,不仅仅是如此,我还有不可出卖的东西,就是我的人格,就是我的自由意志。我出卖劳动力是我任意的,但是我这个任意是有限制的,不能出卖我的灵魂,我的本体,所以在这方面限制了一切任意。出卖我的劳动力可以,但是我不能出卖我的人格。那么,这样一来,人格就成了一个敬重的对象,或者说,凡是敬重的对象,只能以人格为对象,敬重的对象就是人格,别的东西不能成为敬重的对象。

因此,这些不仅仅是主观目的,其实存作为我们行动的结果**对我们来说**有某种价值;而且是**客观目的**,即这样一些物,其自在的存有本身就是目的,

我们先看这半句,"因此,这些不仅仅是主观目的","这些"就是指上面所讲到的人格了,人格的目的,它们不仅仅是主观目的。"人格"在这前面用的是复数,Personen。他说:"这些不仅仅是主观目的",在主观目的中,这些人格的实存"作为我们行动的结果对我们来说有某种价值",它们是作为行动的结果来看的,那么,它们只是"对我们来说"有某种价值,也就是它们只有主观的价值。但是呢,它们不仅仅是主观目的,而且是客观目的。前面主观目的当然是相对的,是相对于我们来说才具有某种价值;这里讲"而且是客观目的",什么是客观目的呢,"即这样一些物,其自在的存有本身就是目的"。这样一些物,这个物跟前面讲的事物是不一样的,前面讲的是事物(Sachen),那是物理性的;而这里讲的客观的目的,即这样一些物,这些物就是 Dinge。Dinge an sich 我们翻译

成"自在之物",这样一些物,其自在的存有本身就是目的,也就是说这些自在之物本身就是目的。客观的目的就是自在之物 Ding an sich, Ding 这个概念跟 Sache 不同, Sache 概念是比较具体的,就是跟人不同的事物,万事万物都叫作 Sache, 而人呢,他不叫作 Sache, 叫作 Ding, 因为人是自在之物 (Ding an sich) 嘛! 包括上帝都是 Ding an sich, 所以 Ding 这个概念是比较泛的。人把自己的自在之物当作目的,那么这个目的当然就是客观的了。

也就是这样一种再也没有其他目的能替代的目的,其他目的应当仅仅作为手段来为它服务,因为否则任何地方都将根本找不到什么具有绝对价值的东西了;

自在之物作为一种客观目的呢,也就是这样一种再也没有其他目的能替代的目的,它是不可取代的,某某人作为他的人格来说,作为他的客观目的是不能取代的,你不能代替他做决定。任何一个人他有自由意志,他作为自在之物,他是一个行动的主体,你不能取代他的自由意志来强行规定他,说你只能这样做而不能那样做,你的目的要服从我的目的,你的意志要服从我的意志,没有任何人能这样做。所以他讲,它是不可取代的,这样一种人的自由意志的目的,人的人格,他作为自在之物的目的是没有其他目的能取代的。他说:"其他目的应当仅仅作为手段来为它服务。"这个其他目的呢,最根本地体现在同一个人身上,他的自由意志也不能用他的其他目的来取代。比如说,他为了达到某种现实的目的,出卖自己的人格,这也是不行的,这是这句话里面的另外一个层次。一个人的自由意志的目的,人格的目的,是绝对目的,那么其他还有一些目的,比如说要求得温饱,要求得幸福,要满足各种各样的需求、各种各样的爱好等等。所有这一切都是为你自己的人格这样一个绝对目的服务的,都是为了成就你自己,都是为了你的自由意志能够自由的伸展。所以其他的目的,感性的需要、爱好等等,仅仅作为手段来为他的最终目的服务。一个人的人格,它不是由手段来规定的,人格是至高无上的一个起点,然后为了人格,你可以考虑其他的东西作为你的手段,但是人格本身不能作为手段,人格本身是绝对的目的,其他的目的都可以作为手段,唯独人格是绝对的目的,不能再作为手段了。他说:"因为否则任何地方都将根本找不到什么具有绝对价值的东西了。"如果不是这样,如果人格不是绝对的价值,不是绝对的目的,那么,世界上再没有什么绝对价值的东西了,这个是将要推出的一个结论。那么有的人就会说了,世界上本来就没有什么绝对的价值,那有什么关系呢,我出卖自己的人格,反正这个世界没有什么绝对的价值,只要为了自己的生存,我出卖自己的人格也可以,能不能这样来看呢?康德最后一句话就讲了。

<u>但是假如一切价值都是有条件的,因而是偶然的,那么对理性来说就将无论何处都找不到什么至上的实践原则了。</u>

如果一切价值都是有条件的,因而是偶然的,那么对理性来说,就没有至上的实践的法则了,没有至上的实践法则,那么你的人的理性呢,其实也就不必要了。在这个地方康德还没有提出来,就是说如果那样的话,人的理性也就不必要了,人就跟动物一样了。理性一旦没有至上的实践原则了,它也就失去了评价一切相对价值的标准,一切相对价值也就没有标准了,没有标准,那就没有价值。因为价值是在一个标准的衡量之下才能看出来的,如果没有标准,那价值和无价值就没有办法区分,怎么都行,在动物那里就没有什么价值,它就是按照本能在生存,那么人的价值观念呢,也就整个崩溃了。好像还有相对的价值,但如果都是相对的价值,那就没有价值。这就是康德的所谓道义论的伦理学,或者是正义论的伦理学,它的不可缺少的作用所在。就说,如果完全是按照经验派的伦理学那样,否定绝对的价值,否定一个绝对的价值标准,那一切被称为价值的东西都等于无价值。所以罗尔斯提出正义论就是想把康德的这样一种先天的正义的标准重新引入到英美的经验主义伦理学里面来,因为他发现,如果没有一个绝对的标准,那么一切相对的东西就会自我毁灭,你就不需要谈什么价值了,也不需要谈什么价值高低,有道德和无道

德，正义和非正义，这些界限都没法划定，都是根据人的动物性的需要随时可以变动的。那还有什么伦理学，那就没有伦理学了。康德其实也已经有这个意思，在后面我们可以触及到的，但在这里，他还没有展开。好，我们今天就讲到这里。

第十九讲

我们上次已经讲到，康德的《道德形而上学奠基》里面已经谈到了定言命令，它的第一种变形的公式，就是要使你的行为准则成为一条普遍的自然律。这是定言命令的一种变形，它的标准的表达公式里面没有"自然律"这个概念，就是"成为一条普遍的法则"就够了。但是，引进自然律你就可以去考虑，当这条法则在现象界推行、实行的时候，它自然地会有怎样的后果，这就比较好理解了。那么除了自然律这样一个变形的公式以外，还有目的公式，目的公式也是一条变形的公式。我们上次讲到的后面一部分已经在推了，就是从定言命令中的意志和普遍法则的结合中推出目的概念，从目的概念推出"事物"和"人格"的区别。一个人格不同于一般的事物，它是有目的的，而且它不能仅仅当作手段而要当作目的，而且，即算你把他当成手段使用的时候，你也要同时把他当成目的，这是对于人格的一种目的论的观点。人格是目的，或者说，我们一般讲人是目的。我们今天讲的"人是目的"这样一种说法，本身要追溯到康德那里，康德对人是目的的意思做了一种最具体的、最深入的阐释。所以，上次我们讲到的这一段已经提到这个问题了，就是对于行动的主体——人格来说，它是一种自在的客观的目的，它不是主观的突发奇想，想到一个目的就去追求，它不是这样的，而是作为一切目的的可能性的条件，具有绝对价值的绝对目的。一切目的的可能性的条件必须要有一个主体，所有的目的都是为一个人格服务的，那么这个人格本身当作目的，这个是无条件的，你追求来追求去，无非就是为了你自己的人格的实现，人格的完成。所以，这个人格的目的不是你想去追求就追求的，而是一种客观的目的，它在那里，每一个人的人格已经在那里，具有绝对的客观的价值，所有的价值都要从这样一个目的的价值里面派生出来。如果人格都没有了，其他的目的也就没有任何价值了。所以，他讲到，这样一种客观的目的，它承担着一种绝对的价值，它不是那些相对的价值，这就是我们上次已经进到的一个思想。

那么，今天我们讲德文版第 429 页的第三段，他从前面这样一个铺垫里引出了他的目的公式，下面这一段就是具体的阐发他的目的公式了。

> 因此，如果应当有一种至上的实践原则和就人类意志而言的一种定言命令，那么它必定是这样一种原则，这一原则从某种**作为自在的目的本身**、因而对每一个人来说必然都是目的的东西这个表象中，构成意志的一种客观原则，从而能够充当普遍的实践法则。

429

"因此"，就是从前面进行推论了，前面已经讲到了，已经提出了这几个概念，这几个关键词，一个是意志和法则的结合，一个是目的，主观目的和客观目的、自在的目的，一个是人格，人格和事物的区别，还有一个是价值，客观的目的具有绝对的价值，主观的目的只具有相对的价值。那么，从这里就可以推出来："因此，如果应当有一种至上的实践原则"，注意这里一种假言式的说法，就是假设，如果应该有一种至上的实践原则，"和就人类意志而言的一种定言命令"，如果应当有的话。至于是不是真的有，它如何可能，这里尚未讨论。他在这个地方还采取一种假言的方式，是为了推出定言命令的第二种变形公式。定言命令的标准公式前面已经表达出来了，如果它应当有的话，那么把这种实践法则和意志结合起来，定言命令就必定是这样一种原则，也就是一种目的的公式的原则。"这一原则从某种作为自在的目的本身、因而对每一个人来说必然都是目的的东西这个表象中，构成意志的一种客观原则"。这样一种原则从某种表象中构成意志的一种客观原则，也就是把这客观原则和意志结合在一起。从什么样一种表象中呢？"从某种作为自在的目的本身，因而对每一个人来说必然都是目的的东西这个表象中"。作为自在的目的本身就是那种客观的目的了，自在的目的，自在之物，那是客观的，那不是你主观想出来的，不是说你在现象界、在心理学里面冒出来的一个什么临时的目的，而是它永恒地在你的本体之中。人以及人格、人性都是分两个层次的，一个表现在现象上，表现在肉体的生存、自然生存、动物性的生存方面；另一方面，存在于自在之物、它的本体、它的本质中。但自在之物不能认识，它不被拖入到你的认识所能够把握的那些变动不居的各种现象里面去，它永远超然于现象之外，所以它是一个绝对客观的目的。自在的目的本身"因而对每一个人来说必然都是目的"，为什么？因为对每一个人来说，他那种偶然的东西都是属于现象界的东西，每一个人的主观的目的都是各不相同的，虽然也可能有某种程度上的普遍性，但不可能找到一个完全绝对普遍的目的是所有的人都是一样的；但是客观的目的却是人人一样的，它不受主观各种各样的现象的干扰，它都是一个。每一个人都是一个人，它在客观的本体上来说，除了号数上的不同外，找不出与另一个人的任何的区别。在现象上我们当然可以作出张三和李四的区分，但是在本体上面你怎么区分，没办法区分。它是作为一个人的人格，张三作为一个人跟李四作为一个人，在人格上面他们是同样的，或者是平等的，没有任何东西可以把他们区分开等级，这个人格比那个人格要高一点，或者多一点或者要少一点，都没办法区分的。他说"因而对每一个人来说必然都是目的"，如果是自在的目的，那么对每一个人，每一个个人来说，它必然都是目的。所以从这样一个表象里面就"构成一种意志的客观原则，从而能够充当普遍的实践法则"。如果你从这样一个表象里面来构成意志的一种客观原则的话，它不是你的主观任意的、随意的这个那个原则，而是一种客观的原则，那么，这样一种原则肯定能够充当普遍的实践法则。普遍的实践法则跟准则就大不一样了，要使你的行为的准则能够成为一条普遍的法则，那么在这个里头，引入了目的这样一个表象，引入了自在的目的这样一个表象，就比较好理解了。这里要引出第二个变形的公式，首先就要加入自在的目的这个表象。

这个原则的根据是：**理性的本性是作为自在的目的本身而实存的**。

这个原则，也就是上面讲的这个意志的客观原则，也就是从意志和客观法则结合来看的定言命令，那么它的根据是什么呢，就是"理性的本性是作为自在的目的本身而实存的"，这句短语都打了着重号。这样一个原则它有它的根据，它不是凭空提出来的，就是按照理性的本性，它的实存。理性是如何实存的？它只能是作为自在的目的本身而实存，理性按照它的本性只能作为自在的目的本身而实存。这个地方提到实存就是说，作为一个人来说，作为一个实际存在的人来说，作为一个具体存在的人来说，理性就是他的自在的目的本身。你把一个具体的人当作自在的目的，这个时候，你就是从理性的本性来看他，那么反过来，一个人的理性的本性只能够作为自在的目的本身而实存，只能作为一个人格而实存。

人必然这样设想他自己的存有；所以就此而言，这也就是人类行动的一条主观原则。

这句话也可以说是对前面的一句话的解释。理性的本性作为自在的目的本身而实存，那么人必然会这样来设想他自己的存有，怎么样设想他自己的存有呢，就是把他自己当作一个自在的目的来设想，人在设想他自己的存有或实存的时候，他必然是把自己看作自在的目的本身的。"所以就此而言，这也就是人类行动的一条主观原则"。这个转过来了，大家要注意，本来是把自己当作一种客观的目的、自在的目的，从中引出一条客观的、普遍的实践法则，但是，这个实践法则作为实存来说，它是附着于人身上的，它是人的一条法则，人必然这样设想他自己的存有，所以，"就此而言，这也是人类行动的一条主观原则"。它是一条客观原则，但是就人必然会按照这样一种客观原则来设想自己的存有、设想自己的实存而言，它同时又是人行动的一条主观原则。这个已经回到标准公式即普遍法则公式上面去了：你要使你行动的准则成为一条普遍的法则。它是一条普遍的法则，也是一条客观的法则，但是准则是主观的，是你使自己的主观准则成为一条客观的法则，所以它同时又是主观的原则。主

564

观的准则跟客观的法则同一,是同一个原则,这个时候道德律就成立了,定言命令也成立了,所以主观的准则也是不可少的。虽然康德认为主观的准则一般不同于客观的法则,但是如果你能够把它变成客观法则,那就是道德律,那就是定言命令。所以他这里强调的是主观原则,下面呢,说明这个主观原则同时又是客观的。

但每一个其他的理性存在者,也正是这样按照对我也适用的同一个理性根据来设想其存有的;

这就是这个主观原则它的独特之处,它跟一般的主观目的是不一样的。一般的主观目的千差万别,每个人不一样,各人有各人的目的,心怀叵测,你不知道人家怎么想的,人家也不知道你怎么想的,各人心里都有自己的目的。但是,这里讲到的按照这样的方式设想自己的存有的时候呢,你自己可以把它作为一条主观原则,"但每一个其他的理性存在者,也正是这样按照对我也适用的同一个理性根据来设想其存有的",也就是说,这样一种主观的原则,你是可以把它设想为一条普遍的原则的,所有的人都会这样想,也能够这样想,也必然会这样想。所以他讲,每一个其他的理性存在者,包括其他的人,也包括上帝,也包括外星人,反正只要是一个有理性的存在者,那么,也正是这样按照对我也适用的同一个理性根据来设想其存有的。

这里有一个注释:

这里我把这样一个命题作为悬设(Postulat)提出来。对此人们将在最后一章找到根据。

这个注释是解释这样一个命题的:如果我们把这样一条行动的主观的原则建立在这样一个自在的目的身上的话,我们就可以设想"每一个其他的理性存在者,也正是这样按照对我也适用的同一个理性根据来设想其存有的",也就是断言每一个主观的自在目的都具有客观性和普遍适用性。这个命题是作为悬设(Postulat)提出来的。他这里提出了"悬设"。在《实践理性批判》里面有三大悬设:自由、上帝、灵魂不朽,但这个"悬设"的概念呢，在这里已经提出来了，只是这个地方用的这个"悬设"还是比较一般的。"人们将在最后一章找到根据"，最后一章就是第三章，我们可以翻到德文版第 447 页，就是第三章的第二个小标题："自由必须被预设为一切理性存在者的意志的属性"。他这里涉及到的是自由的"预设"。第 36 页这一段话就说明了上述命题这样断言的理由，就是每一个理性存在者，我们都必须设想为是自由的，因而与自由不可分割地结合着的法则对他们都会有效。从这个根据里面我们就可以推出来，当我们把自己当作自在的目的的时候，这样一个主观的原则，同时就是每个其他理性存在者的客观的原则。之所以能推出来，就是建立在每个人的自由之上。当然这一点在我们现在所读的第二章里面还没有展开，它是要在第三章里面展开的。

我们接着往下看正文。

因此，它同时也是一个**客观的**原则，从它这样一个至上的实践根据中必定能把意志的全部法则推导出来。

这个"它"呢，也就是前面讲的人类行动的一条主观原则，但它"同时也是一个客观的原则"，而这个既是主观的又是客观的原则就是一个"至上的实践根据"，从这里面"必定能把意志的全部法则推导出来"。前面一句话曾讲到，每个理性存在者都可以"按照对我也适用的同一个理性根据来设想其存有"，也就是把所有其他理性存在者也设想成，他的"理性的本性是作为自在的目的本身而实存的"。那么这样一个实践理性的根据，就是一个至上的实践根据，它不仅适用于我，也是所有的理性存在者都必然会具有的一种实存的根据。那么，从这样一个至上的实践的根据中，必定能把意志的全部法则推导出来。每个人的意志，凭借自己的意志做这样，做那样，都可以从最终的至上的法则里面推出来，无非就是为了实现自己的自由嘛，无非就是要把自己自在的存在、自在的目的当作最高的目的，当作终极目的。我们讲人生在世，有很多很多具体的目的，但是所有的千千万万的目的最后归总到你自己的目的，终极目的、终极关怀。那么反过来，你也可以从这个终极目的里面，把意志的全部法则推导出来。现实世界的相对的主观目的都是一个套一个的，实现这个目的是为了把它作为手段来达到另外一个目的，达到另外一个目的，又是为了作为一个手段，再达到另外一个目的。那么最终，你可以从这个终极目的里面把所有的这些目的链条推导出来，就像从一个终极原因推出因果链条一样，从终极目的也可以推出目的链条。所以它必定能够把意志的全部法则推导出来。那么，如何表述这条至上原则呢？

所以，实践命令将是如下所述，**你要这样行动，把不论是你的人格中的人性，还是任何其他人的人格中的人性，任何时候都同时用作目的，而决不只是用作手段。**

这就是目的公式了，上面这句话都是打了着重号的，人格中的人性（die Menschheit in der Person），它跟一般讲的人性不同，跟一般讲的人格也不同，是人格中的人性。我们前面提到过，康德的"人格"是跨两界的，一个是现象界，一个是本体界，本体界也就是自在之物了。从现象界来看的人格就是在时间中前后的一贯性，但是这还不足以支撑人的人格，在时间中前后的一贯性即算能确认，它也仅仅是动物性的，动物也在时间中有一贯性，这一匹马，从生下来到死，它还是这一匹马，你无法根据这一点确定它的人格性。人格性必须跨到彼岸世界去，它有一个本休，而且这个本体它有一种理性的自觉性，只有在理性中它才能成为本体上一贯的。作为人格来说，它对它的现象和本体的统一是自觉的。动物没有这种自觉，它现象就是现象，它不知道自己有本体。人有理性，所以他能够通过理性来思考自己的本体，他虽然不能认识人的本体，本体不在经验中，但他可以通过理性的抽象来思考自己的本体：我是一个人。这是人跟动物的区别。所以人格它跨两界，这个限定非常重要。人格中的人性，人性也有双重含义，一个是人的自然，人的自然性，一个是人的本质。我们上次讲到，nature 这个词在西文里有双重含义，一个是自然，一个是本性、本质。所以他讲到这个人格中的人性实际上都有双重含义。

我们说人是目的，什么叫人是目的？你把一个人照顾得好好的，像动物园里的动物一样，给它吃、给它喝、给它穿，就是以人为目的了？还不是。以人为目的，除了在现象界，你要与人为善，要增进他的幸福以外，在本体界你要把他当作一个人格，当作一个独立的个人，要尊重他。不是你恩赐给他生活，而是对他有一种人格的尊重。人不是你宠养的一个动物，你真正把他当人，就要尊重他的自由，尊重他的自由意志。而自由意志是彼岸的，自由意志不是经验的东西，不是说你拿个什么东西给他，就给他自由了，自由是不能给予的，自由是天赋人权。人生来就是自由的，你要尊重他，尊重自由，这才是以人为目的。所以，我们通常理解以人为目的，把它片面化了，好像为老百姓办实事、办好事就是以人为目的了，还不是的。办实事、办好事固然是其中的一个因素，但是你为什么要办实事、办好事，不是因为你心肠特别好，你施舍给他，而是，这本来就是老百姓该得的，因为老百姓是人嘛，他有最高的尊严。所以，"人格中的人性"是比较全面地考虑到了这两方面，一个是现象界的人，一个是作为人的本体。你抽象地讲人的人格、人的本体，如果在现象界什么也不干，还剥夺他的财产，甚至侵犯他的人身，那也是假的。两方面都要考虑，你要为老百姓做好事，同时你要尊重每一个人的人格。所以他讲，这样一个实践的命令，即定言命令，将如下所述："你要这样行动，把不论是你的人格中的人性，还是任何其他人的人格中的人性，任何时候都同时用作目的，而决不只是用作手段。"这就是定言命令的第二变形公式。决不只是用作手段，不是说不用作手段，那是不可能的，人生在世，都要把别人当作手段，你生下来你就把父母当作手段，父母抚养你，你没有父母，你就饿死了，你就长不大，肯定你是把父母当作手段；但是，不只是这样，而是同时要用作目的，你要尊重他们。这个第二变形公式是从普遍法则公式推导出来的，而且它自己也可以从意志的目的性的角度把其他的全部意志法则推导出来，例如把自然法则公式之下的四个例子的法则都推导出来。

　　我们要看一看，人们是否能做到这一点。

下面又来举例子了，举例子就是要证明第二变形公式是人人都能够做到的定言命令法则，而反过来看同时也是第二变形公式对意志的各种法则的一种推导。康德又举了前面已经举过的四个例子，前面在讲到自然律公式的时候，已经举了这些例子，这四个例子最早是在第一章里面首先提出来的，你通过这四个例子，就可以从一般的理性的道德知识，过渡到通俗的道德哲学，就是借用这四个例子来过渡的。那么在第二章，从通俗的道德哲学过渡到道德形而上学，也借用这四个例子。三个不同的变形公式，可以说三次都举了这四个例子，当然最后一次没有举出来，他只加了个注释，说明在自律公式里面，他同样地可以引用这四个例子，但他省掉了。所以原则上来说，在三个变形公式里面，他都用到了这四个例子来做一种思想实验，这个思想实验就是说，你是一个有社会经验的人，你在现实生活中去设想一下，当你的定言命令运用于现实生活的时候，是否可以成为一条普遍的法则，如果它能够成为一条普遍的法则，它就是定言命令，你就可以理解定言命令是怎么回事了。这四个例子前面他是用来检验一个准则是否能成为普遍法则，是否能成为定言命令的一种现实的标准。当然一般来说，你会说他是从经验的角度来看定言命令，其实不是，定言命令已经先天地定好了，四个例子只是为了理解。通过思想的实验，能够引入你的具体的理解，不是说要靠这个来证明。在理解中你可以非常实用、非常实际地用这条定言命令，来区分哪些行为是道德的，哪些是不道德的，如果它不能成为普遍法则，那它就不是道德的，如果它能够成为普遍法则，它就是定言命令，也就是道德律。经验的东西他并不完全排斥，但经验的东西是对先验的法则的一种验证，一种检验。在目的公式里面也是这样，同样采用了这四个例子，他就说："我们要看一看，人们是否能做到这一点。"定言命令的第二变形公式，我们能不能做到？我们通过例子来说明，在现实生活中我们确实是在这样做。

还是用前面的例子,那么:

第一,根据对自己的必然义务的概念,那个打算自杀的人会问自己:他的行动是否能与**作为自在的目的本身**的人性的理念并存。

还是用前面的例子,前面第一个例子就是不要自杀,不要自杀是一个定言命令,或者说是定言命令在现实生活中的一种体现,它是一个准则,同时也是一个法则,所有的人都不要自杀,为什么? 那么我们来看一看。"根据对自己的必然义务的概念,那个打算自杀的人会问自己:他的行动是否能与作为自在的目的本身的人性的理念并存"。"根据对自己的必然义务的概念"也就是根据定言命令,我们可以看到定言命令已经设定了,现在我们要用它来分析这样一个具体的事例,可不可以自杀? 用到这个上面,我们就可以看出来,一个打算自杀的人,他如果有了这样一条定言命令在心里面,就会用来对自己提问了,就会问自己"他的行动是否能与作为自在的目的本身的人性的理念并存"。如果你要自杀,那么这样一种自杀的行动跟作为自在的目的本身的理念是否能并存呢? 是否符合人性作为自在的目的本身呢? 是否符合这样一个理念,就是人是自在的目的? 人作为自在的目的本身这样一个理念与你的自杀的行动是不是能够相协调? 如果我自杀的话,是不是会违背我的作为自在的目的本身的人性的理念,也就是当我想自杀的时候,是不是还在把自己当作自在的目的呢? 你就会提出这样一个问题了。

如果他为了逃避难以承受的境遇而毁灭自己,那么,他就是把人格仅仅当作一个手段,用以维持某种可以忍受的状况直到生命的终结。

就是说当他这样问的时候,他就会得出以下的推论了:"如果他为了逃避难以承受的境遇而毁灭自己",也就是说如果他自杀,为什么自杀呢? 是因为太难以忍受了,他忍受不了了,他的精神崩溃了,他不能够承担他的处境,于是呢,他干脆就毁灭自己。如果这样的话,那他就是仅仅把人格当作一个手段,他毁灭自己,也就是把自己当作一个手段,一个什么手段呢? 当作一个逃避难以承受的境遇的手段。因为他毁灭了自己,也就毁灭了自己的人格，我们讲人格是跨两界的，它的肉体和灵魂缺一不可，光有肉体不行，光有灵魂没有肉体也不行，那样都不是人格，灵魂和肉体的统一才是人格。你把自己的肉体毁灭了，你也就把自己的人格毁灭了。所以，他就是把人格仅仅当作一个手段，通过毁灭人格来达到某种目的，那不是把人格当作手段了吗？"用以维持某种可以忍受的状况直到生命的终结"，他没有自杀的时候，他的人格也用来维持某种可以忍受的状况，他的目的就是可以忍受的状况，就是使他的状况不至于不能忍受，一旦不能忍受，就用人格的毁灭来结束。那么，他在活着的时候已经把人格当作手段了，没有把人格当目的。那么，他自杀的时候更加暴露出来他一直都在把人格当作手段，没把人格当目的。

　　但人不是事物，从而不是某种可以仅仅被当作手段来使用的东西，而是必须在他的全部行动中总是被看作自在的目的本身。

　　从这里就引出他的目的公式在里面起的作用了。当他这样想的时候，他就会发现自己把人格当作手段了。但是，按照目的公式来说，人不是事物，"从而不是某种可以仅仅被当作手段来使用的东西"。你把人格当作手段去达到别的目的，就是为了维持你的可以忍受的生活，当你的生活忍受不了的时候，你就毁灭自己的人格，这就是把人格当手段了。但是人格不是手段，不是仅仅可以被当作手段来使用的东西，"而是必须在他的全部行动中总是被看作自在的目的本身"。你的全部行动，在你没有死之前，在你还活着的全部生命之中，你的人格总是被看作自在的目的本身，应该把你的人格当作此生终极的一个自在的目的。当你要自杀的时候你就想到你的生命是你的人格的一部分，不可缺少的一部分，而你的人格是你的终极的自在的目的本身，任何其他的东西都可以当手段，包括你自己的生存的境遇，可以忍受和不可忍受的状况，这些最后不能够伤害你的终极目的，你不能倒过来把你的终极目的当手段，把你的有限的生存状况当目的，有限的生存状况最终还是以你的终极状况、终极目的为目的，还是以你的自在的目的本身为目的，你始终应该想到这一点。

　　因此，我根本不能支配我人格中的人性，

　　我们看这里就有"人格中的人性"了，人格中的人性成了一个惯用语了，成了一个惯用词组了，这个是不能分开的。

　　因此，我根本不能支配我人格中的人性，

　　将它摧残、伤害或杀死。

　　从第一个例子推出来，按照目的公式，我是不能够随意摧残、伤害或杀死我人格中的人性的，不能够随意的自己去这样做，因为这就是把自己人格中的人性当作了手段，而没有当作目的，是为了要满足自己主观的某种其他目的而把客观的、终极的目的当作了手段，那是不行的，是违背人的理性本性和至上实践根据的。

　　下面的括弧里面做了进一步的解释。

　　(为了避免一切误解而对这条原理作更进一步的规定，如为了保存自己而截肢、为了保存我的生命而使自己冒生命危险，等等，我在这里都不得不省略掉了；这些规定都属于真正的道德学。)

　　这里当然是讲的一些一般的道德法则，但是更具体的法则还有待于细分，有待于具体的研究。比如说你摧残自己，你截肢，截肢是为了什么，还是为了保存自己的生命，有时候要牺牲，一些壮士断臂、截肢，最后呢，还是为了保存自己的生命，有时候为了求生，你也必须冒生命的危险，你不冒生命危险，你反而就死定了。这样一些特殊情况，他说我在这里不得不省略掉了，但是这些规定都属于真正的道德学。真正的(eigentlich)，也可以翻译成本来意义上的道德学。道德学他用的是 Moral，Moral 在前面已经提到了，在前言里德文版第 388 页就提到："伦理学的经验性部分在这里将有可能特别地被叫作实践人类学，而合理性的部分有可能被严格地叫作道德学(Moral)。"所以他这里讲到真正的道德学，或者本来意义上的道德学，就是指这种严格意义上的道德学。严格意义上的道德学是什么样的道德学呢？在德文版第 412 页有个说法："而是由于道德法则应该一般地适用于每一个理性存在者，而就将它们从一般理性存在者的普遍概念中引申出来，并且以这种方式完备地……阐述全部道德学，这道德学在应用于人的时候需要人类学，但首先作为纯粹哲学，即作为形而上学，要独立于人类学。"因此我们可以推出来，康德用 Moral 这个词的时候呢，他指的就是道德形而上学。也就是说，那些东西我在这里都省掉了，但是它们都属于道德形而上学。康德的这个第二章就是讲道德形而上学嘛！当然还只是奠基。他在这里要说明的是，我把这些东西省掉了，但是这些东西还是属于道德形而上学之下的，我这里讲的道德形而上学是讲它的一般的原理，我还没有涉及到这些具体的场合，但是，它们仍然是属于道德形而上学之下的。在具体讨论道德形而上学的时候我要展开它们，但这个地方讲的只是道德形而上学的奠基，所以用不着谈它们。这是第一个例子。第一个例子就是不要自杀，在前面已经提到过的。

第二个例子就是不要做虚假的承诺，这也是前面提到过的，那么，这里从目的论公式的角度再一次提到。前面一次提到是从自然律的公式提到，说你如果这样做的话，按照自然律它就会自我取消，那就不能成为自然律了，所以，不能自杀，或者不能做虚假承诺，那是自然律的公式是这样解释的。那么，按照目的公式，他做了另外一层解释：你如果自杀或者做虚假承诺的话，它是不符合人是目的，不符合人的人格是自在的目的这样一个原则的。

第二，就对他人的必然义务或应尽的义务而言，那么一个正打算对别人作虚假承诺的人将立即看出，他想要把另一个人**仅仅当作手段**来利用，而不是把后者当作自身同时也包含有目的的。

从目的公式的眼光来看第二个例子，应不应该做虚假承诺，那么他马上就可以看出来，"就对他人的必然义务或应尽的义务而言"，这也是我们已经有了一个义务了，已经有了一个义务公式了，就对他人应尽的义务、也就是必然义务而言，"那么一个正打算对别人作虚假承诺的人将立即看出"，也就是说，如果你正打算对别人作虚假承诺的话，那么，你用这样一个义务的公式、变形的义务的公式来衡量一下自己，你就马上就可以看出，"他想要把另一个人仅仅当作手段来利用，而不是把后者当作自身同时也包含有目的的"，就说你想利用别人，你做虚假承诺，当然就是想利用别人达到你的主观目的，而达到你的主观目的的时候，你是把别人仅仅当作手段来利用，而不是把别人当作自身同时也包含有目的的。你把别人当物了，你没有考虑到他的目的会怎样，他的目的显然不会跟你的目的完全合拍，任何人都不愿意被欺骗嘛，当你做虚假承诺的时候，你是跟他人的目的相冲突的。

430　　因为，那个我为了自己的意图而想通过这样一种承诺来加以利用的人，不可能同意我对待他的这种方式，因而自身不可能包含这一行动的目的。

　　这个"因为"就是说，你做虚假承诺就是把另外一个人仅仅当作手段来利用，而不是把后者自身也当作同时包含有目的的，这是因为，那个我为了自己的意图而想通过这样一种承诺来加以利用的人，不可能同意我对待他的这种方式，也就是他不可能同意为了我的目的而受我欺骗。当然，"善意的谎言"他可能事后会同意，当时他不知道，事后呢，他可能觉得，这样对我也有好处，还是为了我。但是如果你利用他仅仅是为了你个人的目的，那他是不会同意的，你利用我来实现你的目的，而我在中间被你当枪使，违背我的目的，这个他是不会同意的。所以，他不可能同意我对待他的这种方式，因而自身不可能包含这些目的。

　　如果引入侵犯他人自由和财产的例子，这种与其他人的原则的冲突就更明显地引人注目了。

　　前面举的是作虚假承诺的例子，但是如果引入了侵犯他人的自由和财产的例子就更加直接了，你剥夺他的财产，为富不仁，来充实自己的财产，这个人家怎么会同意呢？你剥夺他人的自由，非法囚禁，这样一种

"与其他人的原则的冲突"就更加明显的引人注目了。欺骗还带有一层虚假的东西，你是背后搞鬼。但是明目张胆地剥夺他人的自由，那就是赤裸裸的犯罪了，这样的冲突就更加明显地引人注目了。

因为在此显而易见的是，践踏人的权利的人，是想把他人的人格仅仅用作手段，而没有考虑到他人作为理性存在者任何时候都应当同时被当作目的，也就是说，只当作必须能够对这同一个行动也包含目的于自身的理性存在者，而受到尊重。

"因为在此显而易见的是"，为什么它在此如此明显呢，为什么变得更加引人注目了呢，显然，他说："践踏人的权利的人，是想把他人的人格仅仅用作手段，"他明显是把他人的人格仅仅用作手段，侵犯他的人格，侵犯他人的财产，甚至于剥夺他人的自由和生命，来实现自己的目的。你就没有考虑到他人作为理性存在者任何时候都应当同时被当作目的。你可以利用他，但是你不能把他仅仅当作手段，来为你的主观目的服务。他也有他的目的，他的最高的目的是客观的，不仅仅在于他要坚持这个目的，哪怕他没有意识到这个目的，它也是客观的。就是说，不管是你还是他人，任何时候都应当同时被当作目的，他人的人格作为理性存在者，你要侵犯他的人格，你就侵犯了理性的普遍法则。任何人都必须被当作目的，"也就是说，只当作必须能够对这同一个行动也包含目的于自身的理性存在者，而受到尊重。"这句话简化一下就是，只当作理性存在者而受到尊重。当你跟他人发生关系的时候，比如说你采取侵犯他人的行动的时候，那么你忽视了、你没有考虑到尊重他人，即把他人"只当作必须能够对这同一个行动也包含目的于自身的理性存在者"，就是说你的这个行动，你要考虑到它能够被他人自身也作为目的包含于自身中，简单的说就是，你行动的目的也应当是他自己的理性的目的。你在做这个行动的时候，你要考虑，你这个行动的目的是否能够也是他的目的，不光是你的行动的目的，是不是也是他的目的。在"911事件"中，被劫持的飞机上有人试图采取制止行动，于是在全体乘客中进行投票表决，就体现了这种精神。我们在做一件事情的时候，要考虑到这件事情也是他人的目的，那么这就是把他人也当作目的了，不是仅仅当作手段。当然，也包含当作手段，我在做这件事情的时候，是在利用他人在做这件事情，但是我同时也考虑到这也是他的要求啊，那么这就对了，这就是一方面把他人当作手段，同时也把它当作目的。这种目的既是主观的，也是客观的，它所要强调的就是说，首先要以客观目的为原则，我们的主观目的要符合这个客观目的，要考虑，当你采取一个主观目的的时候，要考虑它是否也符合客观目的。如果这样的话，那就跟所有的人的目的都相吻合了。康德后面还要讲到这个关系，主观的目的同时又是客观的目的，就是说，他讲客观目的的时候并不是要绝对排斥主观目的，而是要立一个法则在那里，让我们的主观目的去适合，去和客观目的相一致，这就是道德律了。你光有客观目的，没有主观目的，那不是人的命令，那是上帝的法则，上帝只有客观目的，没有主观目的，因为上帝没有身体嘛，没有感性嘛，人有感性，有身体，但是这个感性的身体要跟客观的目的相符合，要跟理性的法则相符合，这个是第二个例子。

第二个例子也有个注释，你看下面就讲到了，他说：

人们不要认为，"己所不欲，勿施于人"（quod tibi non vis fieri）这种老生常谈在此可以用作准绳或原则。

引进"己所不欲，勿施于人"来解释定言命令有时是为了直观的理解，但是不是为了"用作准绳和原则"。因为"己所不欲，勿施于人"这样一条命题它本身还不足以成为一条原则，它可以是一种经验、一种实践智慧，可以是一种道德箴言，但是呢，它的理性的根据何在，这个里头还没有阐述出来。我专门写过一篇文章叫《金规则的三种模式》，就是儒家的"己所不欲，勿施于人"跟基督教的和康德的，有三种不同层次上的表述，是有理论上的层次不同的。那么，对康德来说呢，这种理论上的差异在这个注释里面就表现得非常充分。传统习惯性的这样一条规则"己所不欲，勿施于人"，被通称为"金规则"（golden rule），就是说，全世界所有的民族那里，所有的宗教信仰、所有的文化中都可以找到这样一条规则，不约而同。但对这条规则的理解是五花八门的，康德在这里特别批评了"己所不欲，勿施于人"，认为它作为唯一的道德原则的准绳是不够的。为什么？

<u>因为这句话只是从上述那个原则中推导出来的，尽管有各种限制；</u>

就是说"己所不欲，勿施于人"是从上述那个原则中推导出来的，上述那个原则是什么原则呢？就是目的公式，你任何时候都要把人当作目的，而不仅仅当作手段，是从这里头推导出来的。而目的公式呢，又是从定言命令的标准公式里边推导出来的。定言命令的标准公式就是说，"你要这样行动，任何时候都应当使你的准则同时也愿意它成为一条普遍的法则"，这个完全是从纯粹理性、自由意志推出来的。一个是自由意志，"你要"、"你愿意"，这是自由意志。纯粹理性就是说，使你的准则成为一条普遍的法则，它里面没有涉及到"己所不欲"，欲还是不欲，也没有涉及到己和人，它就是说，你要把你自己的准则变成一条普遍法则，它跟人、己关系无关。当然它实现出来时有关的，你要考虑把别人的人格也当作目的，但是在经典公式的表述里面跟人己是没有关系的。所以它比"己所不欲，勿施于人"要深刻，要更本原，由它的定言命令里面可以派生出"己所不欲，勿施于人"，而从"己所不欲，勿施于人"里面推不出定言命令。所以"己所不欲，勿施于人"是第二层次的，是表层次的，它里面可以隐藏着一些陷阱，它可以加上一些不道德的因素在里头。我们经常讲，好像孔子的"己所不欲，勿施于人"多么了不起，当然是了不起，在那个时候能够找到这样一条道德箴言，对于整个社会的秩序，对于人与人的仁爱，都起了非常重要的作用；但是在理论上，它是不精密的，它会一步一步地走向自己的反面。同样讲"己所不欲，勿施于人"的人，对于"己"的理解、对于"人"的理解、对于"欲"的理解都可以不同，因为它不是建立在理性之上，而是建立在感性之上，建立在同情心、甚至于建立在血缘亲情，这样一些传统习惯之上，那么一到情况有变，马上就会异

化。两个同样"己所不欲，勿施于人"的文化群体，比如说巴勒斯坦和以色列人，他们都讲"己所不欲，勿施于人"，他们认为他们做的就是"己所不欲，勿施于人"，但是他们那个"人"有特定的含义，都把对方不当人。在很多文化里面有些人是不被当人的，因为"非我族类，其心必异"，如果跟我的种族，跟我的文化不同的，那就不是人，不是人是什么呢，是"鬼子"（笑），我们把不同文化的人称之为"鬼子"、"洋鬼子"。就是说，"己所不欲，勿施于人"有很多解释，不要看到它表面上。当然它也可以做理性的解释，当你们把它植根于康德的这种纯粹理性的普遍法则之上的时候，它可以成为道德原则，但是它如果没有一个纯粹理性的法则做根据，那它有可能是不道德的，因为它的理解都是很具体的、千差万别的。为什么同样是儒教信徒，讲"己所不欲，勿施于人"，却有那么多己所不欲、强加于人的现象？君臣、父子、夫妇，都有一种压迫关系。那么康德在这个注释里面恰好点出了这一点，所以我觉得这个注释是非常重要的，对于文化之间的互相比较，互相理解，它都有关键性的作用。所以他讲："因为这句话只是从上述那个原则中推导出来的"，即从纯粹实践理性的定言命令里面推导出来的；"尽管有各种限制"，推导出来以后，它就有了各种限制。"己所不欲，勿施于人"，"己"和"人"已经是限制，在定言命令的标准公式里面是没有"人"的，只有"己"；在目的公式里边有了他人，你要把自己的和他人的人格中的人性当作目的，不仅仅当作手段，已经有了他人，所以他在这个地方引进了"己所不欲，勿施于人"。"人"、"己"关系，自己和他人的"所欲"关系在这个地方引进来了，但是它的根据还应该是定言命令的普遍原则，这个在"己所不欲，勿施于人"的命题中是看不出来的。

它决不可能是普遍法则，因为它既不包含对自己的义务的根据，也不包含对他人的爱的义务之根据。

"己所不欲，勿施于人"决不可能是普遍法则，这是康德的一个断言，为什么呢，"因为它不包含对自己的义务的根据"，一个是对自己的义务，

"己所不欲,勿施于人",你可以把它看作是我对自己的义务,但是根据何在? 没有说出来。你之所以有义务做到"己所不欲,勿施于人",是因为你自己要维持自己的人格,你才必须"己所不欲,勿施于人",这是对自己的义务的根据。"也不包含对他人的爱的义务之根据",就是"己所不欲,勿施于人"也可以是出于对他人的爱,这是孔子的意思,出于对他人的仁爱,"仁者,人也。"人都是有仁爱之心的,所以才"己所不欲,勿施于人"。你为什么要"己所不欲,勿施于人",因为"仁者爱人"嘛,你爱别人,你才不愿意人家受到你所不欲的那种伤害,这是出于一种爱心。但是这种对他人的爱心是不是一种义务呢? 没有人想到它是一种义务。当然"己所不欲,勿施于人"被当作是义务,但是为什么会有这种义务呢? 你为什么一定就要爱人呢? 如果是义务,它有普遍的根据的话,那你就要爱一切人。但是孔子又讲"爱有差等",不赞成爱一切人。你首先爱自己的父母,然后再爱自己的亲人,然后再爱自己的亲戚朋友,这样的一步步推出去,有些人你是不能爱的,敌人是不能爱的,敌人要恨。所以这个爱人呢,作为一种义务是没有普遍的根据的。

他在括弧里面做了进一步的解释,他说:

(因为有不少人会乐于同意,别人不应对他行善,只要他可以免除对别人表示善行),

这是康德特有的一种论证方式了,就是在康德那里,一个人的人格,它首先是立足于自己,出于对自己的人格的尊重,他也尊重别人的人格,它是有这样一个次序的。但是,"有不少人会乐于同意,别人不应该对他行善"。他不在乎人家对他的爱,他不需要人家对他爱,基督教的新教徒就是这样的,包括路德教徒和加尔文教徒,他们都是这样一种严峻主义者,这样一种清教徒的生活方式,就是他不稀罕人家对他爱,他也不爱别人,他只爱上帝。他爱别人也是因为他爱上帝,当然上帝要他爱别人、爱所有的人,所以他也就尽量做到爱所有的人。但是呢,不是因为他爱别人,而是因为他爱上帝才爱别人,所以他对别人显得情感上是冷漠的。那么这个"不少的人会乐于同意"，在康德这里是指那些新教徒，这种现象在德国，在新教地区很普遍。在天主教地区倒是比较主张同情啊、爱心啊，在新教徒地区呢，很多人甚至认为别人不应该对他行善。你对我做好事，我是不接受的，你要学雷锋帮助我，你凭什么来帮助我，你要帮助我我会生气的，（笑）因你把我看得太弱小太无能了，把我看成是一个需要帮助的人。只有那种独立的人，不需要任何人帮助的人才是一个真正的人，才是顶天立地的人。一个残疾人，在美国，如果你要去帮他，那你得小心，或者是他主动要求你帮助，或者是你获得他的同意去帮助他。只有在他真正需要你帮助，遇到生命危险需要你帮助的时候，你才可以不经他同意去帮助他。一般的时候你去帮助他，你会碰一鼻子灰，就是你把我看成是一个残疾人。我并没把自己看作残疾人，你凭什么把我看作残疾人，你帮助人，你就居高临下，对人家在人格上占了一个优势，就相当于你对人家的人格的不尊重。随意地去帮助人是不尊重人的表现。但是认为"别人不应对他行善"的人，却有这样的一个目的，"只要他可以免除对别人表示善行"。很多人是这样的，他拒绝别人对他行善，是为了他也可以免除对别人行善的义务。我从来不需要别人帮助，所以我看到那些叫花子我也不施舍，你自己可以自食其力嘛，你为什么要我的钱，我的钱那么好给的？（笑）不随意帮助人。即算他要帮助人，他也要以别的名义，比如以上帝的名义，捐给慈善机构，那是表示我对上帝的一种服从，而不是表示我对这个人的爱，这个人，你不需要我的爱，我也不需要你的爱，我们都是互相独立的。西方基督徒他们经常有这样一些表现，那么，康德在这里是充分考虑到这样一些情况的。就是说"己所不欲，勿施于人"是一个表面上看起来温情脉脉的原则，似乎如果大家都守这样的一条原则的话，那这个世界将多么美好，大家互相帮助啊，你帮我、我帮你啊，互相送温暖啊，（笑）这个社会就非常和谐了。但是在康德看来，一个社会的和谐不是这样的，如果是没有原则的和谐，如果没有普遍理性法则做根据，那么这种和谐没有也罢。如果大家都是出于情感，出于爱心，那么它是可以转瞬即逝的,你今天爱他,你明天可能恨他,你凭你的爱心,可以对他做好事,那你凭对他的不爱,你也可以冷漠无情,这是不足以形成一个和谐社会的。真正地,一个社会要和谐的话,必须要有普遍的理性法则做基础,才能够长久地有一个标准,有一个永恒的标准。这个是康德的一个立足点,就是说人与人当然应该互相帮助。但是互相帮助不是出于一种简单的情感,而是出于义务,而这个义务的根据是建立在理性的普遍法则之上的。

最后,也不包含相互之间应尽的义务之根据;

"己所不欲,勿施于人"它并没有包含相互之间应尽的义务之根据。

最后举了个例子,他说:

因为罪犯会从这一根据出发对要惩罚他的法官提出争辩,等等。

这个例子非常厉害,就是说一个罪犯在法庭上,法官要判他刑,他也可以从他的根据出发说,"己所不欲,勿施于人",你法官不愿意坐牢,那你也不要判处我坐牢,(笑)"己所不欲,勿施于人"嘛!有的律师在法庭上辩护的时候,也可能动之以情,对法官动之以情,对陪审官动之以情,你们在座的谁愿意坐牢啊?牢里面那么难受,那么这个罪犯多么可怜啊!罪犯自己也可以以这样的理由为根据,来要求法官不要判他的刑。那么这就很荒谬了,这就是完全从情感出发,完全从当时当地的情感出发,而情感是多变的,情感它没有普遍法则。当然法官也可以这样说,你现在知道坐牢难受了,你当初干什么去了?你当初犯罪的时候,你给别人造成了多少痛苦?这也是动之以情,所以你就争不清楚了,是当初的情感重要呢,还是现在的情感重要呢?是你的情感重要呢,还是别人的情感重要?情感是五花八门的,是多变的,它就没有一条普遍标准。那么,法官到底以什么为标准来判他的刑,要有一条普遍的理性法则,不能根据情感。所以法庭上,健全法制社会的律师,在法庭辩论的时候都是不动情的,都是冷冰冰的。他接这个案子绝对不是同情你,他是把它当作一种生意,生意来了,有案子接了。(笑)也许需要他辩护的这个犯罪嫌疑人是个罪大恶极的人，他厌恶得要命，也必须接，这是他的职业道德。职业道德不是因为你对这个人反感就不接他的案子，那是不行的，你就违背了你的职业道德。所以，我们武大的马克昌先生，当年为"四人帮"辩护，所有的人都骂他，你怎么能为"四人帮"辩护呢？（笑）马先生也觉得很冤枉，我对"四人帮"也是恨之入骨啊，但是我要为他辩护，为什么？法律是理性，它是不讲情感的，在法庭上是不能讲情感的，一讲情感就说明你是外行，法官是不采信你的。你当然可以鼓动那些旁听的人，那些老百姓，那个没用，法庭最后判他要按照法律条文，法律条文是由理性定下来的，不是根据你的情感。所以这个注释非常重要，对于我们文化比较非常重要。

我们再看看他的第三个例子。前面讲了两个例子了，一个是关于自杀的问题，一个是关于做虚假承诺的问题。关于自杀的问题是对自己的完全的义务，不要自杀，在任何情况之下，哪怕你活不下去也不要自杀，因为你有活下去的义务，你要把自己当目的。第二个例子呢，就是不要欺骗别人，不要伤害别人，这也是你的义务，是对他人的完全的义务，就是说你不要把别人当手段。这两个例子很有趣，第一个例子是你要把自己当目的，第二个例子是你不要把别人当手段，其实是同一个道德律，同一个定言命令，就是目的公式，目的和手段的关系。不要把自己当手段，也不要把别人仅仅当手段，你要把自己当作目的，也要把别人当作目的，这是前两个例子。

那么讲到后面这两个例子，第三个例子，

第三，就对自己的偶然的（值得赞许的）义务而言，行动不与在我们人格中作为自在的目的本身的人性相冲突，这仍是不够的，行动还必须<u>与它**协调一致**</u>。

"协调一致"打了着重号。他这第三个例子呢，就是对自己的偶然的、值得赞许的义务而言，这个地方讲了偶然的或者值得赞许的，他有他的特定的意思，我们马上要讲到。他说："行动不与在我们人格中作为自在的目的本身的人性相冲突，这仍是不够的，行动还必须与它协调一致。"就是光是与我们人格中的人性不相冲突，这还不够，这是针对什么来说的呢？是针对第一个例子来说的。第一个例子就是说，你要自杀的话，你就与你的人格中的人性相冲突了，你把自己的人格当作手段去达到某种别的目的，这就与你人格中的人性相违背了，所以不要自杀。这是第一个例子所得出的结论，你不得和自己人格中的人性相冲突。那么，第三个例子就是说，光是不与自己人格中的人性相冲突，这还不够，"行动还必须与它协调一致"，不相冲突和协调一致，这个有层次上的不同。你不违背它，这个当然是应该的，这是必须的；但是还有一个呢，你还应该跟他协调一致，也就说你还应该促进它，那就更好了。你不光是不要违背你的人格中的人性，你还要促进你的人格中的人性，要与它相协调，要注意与它保持协调一致，用你的力量去发展它，发展你人格中的人性。这是更进一步的、锦上添花的意思。

　　现在，在人性中有达到更大完善性的禀赋，这些禀赋就我们主体中的人性而言属于自然的目的；忽视这些禀赋，或许仍可以与作为自在目的本身的人性的**保存**相共存，但不能与对这个目的的**促进**相共存。

　　也就说，现在在人性中有一种达到更大的完善性的禀赋，任何人其实都是这样，从小到大，他的禀赋都在促使人达到更大的完善性。小时候肯定是不完善的，那么随着自己的努力争取，人们达到越来越高的层次，这样一种禀赋，就是使人越来越完善的禀赋，"这些禀赋就我们主体中的人性而言，属于自然的目的"。这个"自然的目的"也可以理解为本性的目的，这也是我们主体中的人性的目的，人从小到大，他的自然生长过程、发育过程，本来就有这样一个目的，就是要使自己变得越来越完善，这样一种禀赋是每个人都具备的。那么，"忽视这些禀赋，或许仍可以与作为自在目的本身的人性的保存相共存"，就是说你忽视这些禀赋，你不去发展这些禀赋，你不去使自己达到越来越大的完善，这个或许可以与人性的保存相共存,"保存"打了着重号。就是说一个懒人,他不去发展自己,他对什么东西都没有兴趣,什么东西都懒得去做,不学习,不读书、不学任何技能,无所事事,一天到晚就是游乐。这样的人当然仍可以与作为自在目的本身的人性的保存相共存,人性的保存是自在的目的,他仍然可以自在地活下去,这样一个人是可以活下去的,他每天赚来自己的口粮,然后其他时间他都去玩去了,他当然可以就这样维持下去,这个也是没有疑问的。"但不能与对这个目的的促进相共存","促进"也打了着重号。就是说你没有发展自己,你没有跟自己的人格中的人性协调一致,虽然也没有冲突。你不自杀,你吃喝玩乐,及时行乐,当然也可以过日子,也可以保存自己的人格中的人性,但是你没有对这个人格中的人性本来具有的那种完善性的禀赋作出任何努力,去促进它,所以它不能与对这个目的的"促进"相共存。也就是说,第一个例子和第三个例子有某种相重合的地方,都是指的对自己的义务。我们对自己的义务,首先一个你必须不能自杀,你必须要保存自己人格中的人性,自杀了,你的人性就不能保存了,就毁灭了。其次呢,你不但要保存你人格中的人性,而且还要促进你人格中的人性,使你人格中的人性的禀赋达到更大的完善性。你要努力这样做,不要偷懒。偷懒是基督教的一大罪恶,偷懒在我们中国人看来不算什么罪过,那只是一个人性格上的小缺点,我们说这个人就是太懒了,这个人什么也不想干。当然他的后果可能会是很严重的,败家子,倾家荡产、坐吃山空,自己一无所有,但是没有人说他是犯罪。而懒惰在基督教的眼光里面就是犯罪,你没有发展自己的才能,你就违背了上帝在创造你的时候的意志和目的。上帝创造你就是要让你发展,就是要让你摆脱你的有罪的状态,要赎你的原罪,你居然敢拒绝,你放纵自己,那就是一种罪过了。当然康德这里没有提到基督教,但有这个背景,就是说偷懒本身也是不道德的。我们中国人不认为偷懒是不道德的,只是认为偷懒是不好的,偷懒对你自己的发展不好,你将来一事无成。有时甚至还觉得懒惰是一种美德,说明你这个人清高。有的文化人就喜欢标榜自己是"散淡之人",啥事也不干就好。但是在西方人眼光里面,偷懒是不道德的,没有道德。但是这种没有道德,它不是绝对的,就是说至少他没有放弃自己生存的义务,他还是在活着,他没有剥夺自己的生命,他能够跟自己的人性的保存相共存。但是,他不能与对这个目的的促进相共存,这是更进一步的要求。当然,这种更进一步的要求在康德那里只是偶然的义务和值得赞许的义务。就是说,它不是必然要求、不可违背的。第一条义务是必然的,你不得自杀,那是下死命令,你就任何情况下都不能自杀。而在第三个例子里面,它有一定的处境、一定的条件,也就是说,你在有条件的时候你必须去促进你的人性的禀赋,但是有时候,没有条件怎么办? 比如说你生在一个穷乡僻壤,你没办法读书,你没有条件,你也没有钱去发展自己的禀赋,这个是带有偶然性的。但是如果在这种情况下,你仍然去追求自己的理想,追求去发展自己,那就是值得赞许的,那种义务是值得推崇的,但不一定要求每一个人都这样做。一定要这样做的就是你不得自杀,在任何情况下你不要自杀,那么在这个前提之下,如果你有条件的话,你应该尽可能地发展自己的才能、完善自己的禀赋。当然有些困难是无法克服的,你那个地方就没有像样的中学、小学,你就受不到良好的教育,你的英语发音就不标准,这个没办法。还有就是你自身的身体条件和智力条件,都是有差别的,所以带有一定的偶然性。但是你自强不息,你这方面没有条件,那方面发展,你总能找到发展自己的一种途径,这样一种义务也是人生的义务。但这个义务它不是绝对的,用康德的术语来说,它不是完全的义务,它是不完全的义务。完全的义务就是第一条和第二条,第三条和第四条都属于不完全的义务。也就是说,有条件的时候你要尽可能去完成它,但是没有条件的时候也不强求。它只是一种偶然的和值得赞许的义务。

那么第四条也是,他说:

第四，关于对他人的值得赞许的义务，一切人所抱有的自然目的就是他自己的幸福。

就是说，你要以一切人的幸福作为你的义务，造福于人类就是你对他人的义务，这是值得赞许的。

现在，如果没有人会对他人的幸福有所助益，但也并不故意地对这种幸福加以剥夺，那么虽然人性还会能够存在；但如果每个人也不尽其所能地努力促进他人的目的，那么这一种情况毕竟只是消极地、而不是积极地，**与作为自在目的本身的人性**协调一致。

第四条这个义务，就是说，显然可以看出来，每个人对于他人有一种值得赞许的义务，值得赞许的也就是说，它不是强求的，但是你如果做到呢，那就是值得称赞的。你不要伤害他人，不要对他人说谎，不要做虚假的承诺，这不是值得赞许的，这是必须做到的，做到了也没有什么值得赞许的。你没有对他人说谎，这个不值得赞许，这是你必须做的。你不要伤害他人，这个没有什么值得赞许的，你没有伤害他人，这个不是你的功劳，这是你必须做的，一定要做到的。那么，如果你对他人的幸福有所贡献，这就值得赞许了，因为你本来可以不促进他人的幸福，没有人说你，你对他人不带来好处，也不带来坏处，那么，你这个人是一个不好不坏的人，人家也不会骂你，也不会称赞你，本来也可以这样。所以第四种义务就是对于他人的值得赞许的义务。一切人抱有的自然目的就是他自己的幸福，它是落实在这个上面的，对他人的义务就在于一切人所抱有的自然目的就是他自己的幸福，你有义务去促进这种幸福。他说："现在，如果没有人会对他人的幸福有所助益，但也并不故意地对这种幸福加以剥夺，那么虽然人性还会能够存在"，如果一个社会中没有任何人去帮别人，但是，也没有人故意损害别人，这样的社会中人性也还是能够存在的。有的人就是这样的，你要求他帮个忙，他是不会帮的，但他也绝对不会害你，这种人在我们的社会里一般来说就应该算个好人了，因为他不害人。(笑) 但是，从道德上严格来说呢，不害人只能说是一个不坏的人，但是还不能算是一个好人，好人他应该助人为乐嘛。但是由这样的人组成的社会，虽然人性还会能够存在，"但如果每个人也不尽其所能地努力促进他人的目的，那么前一种情况毕竟只是消极地、而不是积极地，与作为自在目的本身的人性协和一致。"你不害别人，虽然人性还可以存在，但这个存在是消极的。如果每个人不尽其所能地努力促进他人的目的，如果不是努力地与人为善、帮助别人，那么，前一种情况，也就是并不对他人的幸福加以帮助，但是也不剥夺他人的幸福的情况，也能够与人性协和一致，但这种协和一致不是积极的，而只是消极的。就是我不危害人性，我不危害他人，这只是消极地和人性协和一致。但康德所要提出的第四个例子是一种积极的义务，值得赞赏的义务。当然这种义务也是属于不完全的义务，它不是完全的义务。不是说你非得帮助人。凭什么我要帮助你，没有一定要帮助别人的这种义务，但是如果你帮助了，那就是值得赞赏的道德，那就是积极地与作为自在的目的本身的人性协和一致。所以这种义务也是不完全的义务，你有条件的时候，你可以去帮助别人，你没有条件的时候，你也可以不帮助别人。比如说我也有困难，我的困难比你的困难还大，那我何必去帮助你呢？如果你能帮别人而不帮别人，那你就是违背自己的义务了；但是你尽最大的力量帮助了别人，那就值得赞赏。

因为作为自在的目的本身的主体，其目的也必须尽可能地成为**我的**目的，不论那个表象会对我发生**怎样的**结果。

也就是说，对他人的值得赞赏的义务，之所以是一个义务，之所以值得赞赏，是因为任何一个作为自在的目的本身的主体，其目的也必须尽可能地成为我的目的。也就是说所有的其他人，他们作为自在的目的本身都是一些主体，他们的目的也必须尽可能地成为我的目的。因为我的目的也就是自在的目的本身，其他的主体，他们的自在的目的本身，也必须尽可能地成为我的目的。注意这个地方用的"尽可能地"，"尽可能地"也就不是强制的，不是必须的，不是一定要，而是尽可能，在你能够帮助别人的情况之下,尽可能地去帮助别人,就像帮助你自己。"不论那个表象会对我发生怎样的结果",那样一个表象也许对我是不利的,但是我尽可能地去帮助别人,哪怕牺牲自己的利益,只要我能做到,我就去帮助别人,舍己为人,这是值得赞赏的。把他人的事情当自己的事情做,把他人的目的当自己的目的,这个是值得赞赏的,这是第四条。这四条都是从目的公式这个角度来分析的。当然这四个例子都是一种思想实验,都不一定是实际上发生的事情,但是你可以设想,设想这四种情况,一个是对自己的必然的义务,一个是对他人的必然的义务,第三个是对自己的偶然的义务,第四个是对他人的偶然的义务,它们有这样一种层次的划分,前两个是完全的义务,后两个是不完全的义务,前两个是必然的义务,或者说应尽的义务,后两个是偶然的或者值得赞许的义务,"尽可能"的义务。而每一种义务,不管是完全的还是不完全的,都有两方面,一个是对自己,一个是对他人,都要当作目的。

我们再看下面这一段,这一段是引出定言命令的第三个变形公式了。

431　**人性以及一般的每个有理性的自然,作为自在的目的本身(这是任何一个人行动自由的至上的限制条件),它的上述原则不是从经验借来的:**

我们先看看这半句。"人性以及一般的每个有理性的自然",我们知道,康德在谈道德的时候,他是着眼于一般的有理性的自然,他不光是着眼于地球上的人类。这是道德形而上学嘛,它不是人类学,人类是一个经验的事实,但是康德想要从这个经验的事实提升到一个形而上学的原则,那么这个形而上学的原则就是立足于一般的每个有理性者,每个有理性的自然的。那么,每个有理性的自然"作为自在的目的本身(这是任何一个人行动自由的至上的限制条件)",自在的目的本身我们刚才讲了,任何一个人的行动,自由意志,它的至上的限制条件,就是他的自在的目的,或者说他的自由意志的规定根据,就是以自在的目的本身来规定的,这就是他的本体,他的本体的实践法则。在主观中,在经验中,他可以有这样或那样的目的来规定他的自由意志,但是所有的这些规定归根结底是要溯源于自在的目的本身。所以自在的目的本身是任何一个人行动自由的至上的限制条件,终极目的。那么,"它的上述原则",也就是人性以及每个有理性的自然的上述目的公式原则,这个原则是从哪里来的呢?"不是从经验借来的"。他虽然举了四个例子,但是这些原则不是从这四个例子里面借来的,不是通过四个设想中经验的例子我们就归纳出来了上述的原则,因为他在这些例子里面已经应用了目的公式。他用目的公式来解释我们人在对待自己和对待他人的时候,应该有哪些义务,所以这些义务、这些原则不是从经验借来的,而是先天地运用于经验中的。下面说明它为什么不是从经验借来的。

第一是因为它的普遍性,既然它能一般地针对所有的理性存在者,而没有任何经验足以在这方面规定什么;

这是第一个理由,为什么他虽然讲到经验、运用于经验中,但该原则不是从经验借来的呢?第一是因为它具有普遍性。既然它能够针对一般的理性存在者,而没有任何经验在这方面足以规定什么,那么这个理由呢,就说明了上述原则它具有普遍性,这也就是他的自然律的公式所表达出来的,要使你的准则成为一条普遍的自然律,从这个里头已经表达出他的普遍性了;而目的公式里面也已经把自然律公式的这种普遍性包含于自身了,所以它不是从经验里面归纳出来的。经验永远规定不了,经验的例子无穷无尽,你举再多的例子,它也总有遗漏,也得不出这样一个普遍性来,所以它的普遍性不是从经验借来的。

第二是因为在这个原理里,人性不是(主观地)被表现为人的目的,即不是被表现为人们实际上自发地当作目的的对象,而是被表现为客观目的,这个客观目的不管我们可能想要有什么样的目的,都应当作为法则构成一切主观目的的至上的限制条件,因而它必须来自纯粹理性。

第一个原因是因为这个原则的普遍性;而"第二是因为在这个原理

里，人性不是（主观地）被表现为人的目的"，在这个原则里面，即在目的公式里面：你要把你的人格中的人性以及其他一切人的人格中的人性永远当作是目的，而不仅仅是手段。那么在这样一个公式里面，人格中的人性不是被主观地表现为人的目的，而且被表现为客观目的。你当然要把你的人性当作目的，但是你也要把他人的人性当作目的，所以它不仅仅是主观地表现为人的目的，"即不是被表现为人们实际上自发地当作目的的对象"。人们实际上自发地、偶然地，在经验中、在日常生活中自发地当作目的的对象，那个是主观的、经验的。我在不同的处境中，我就有不同的目的对象，我现在需要什么，我就想要求什么，想追求什么，当我不需要的时候，我也可以把它抛弃。所以这样一种目的是主观的。人们实际上自发地当作目的的对象，实际上也就是现实的经验中、现实的生活中自发地当作目的的对象。这个目的的公式，它不是讲的这方面，而是被表现为客观目的：不管是我自己，还是他人，你都要把人格中的人性当作目的。所以，这个"人格中的人性"，它是一个客观的目的，不是你仅仅个人主观自发地、偶然地提出来的一个目的。他说，"这个客观目的不管我们可能想要有什么样的目的，都应当作为法则构成一切主观目的的至上的限制条件，因而它必须来自纯粹理性。"在目的公式里面，这个客观目的是超然于我们的一切主观目的之上的，我们想要这个那个目的，当然你可以想要，在现实生活中，你总是自发地在追求这样那样的目的；但是这个客观目的，不管你想要什么目的，它都应当作为一种法则，构成一切主观目的的、也就是一切你想要的目的的至上的限制性条件。你不管做什么，你都应该以人为目的来做，包括以你自己的人格中的人性，以及以他人的人格中的人性作为目的，来做所有的你当作目的的事情。一切主观的目的都要以这个终极目的为归宿，为至上的限制性条件，因而它必须来自纯粹理性。为什么不能来自经验，理由就在这里。这个至上的目的，它已经超越于一切经验之上了，那么它只能来自于纯粹理性。所有的经验的主观目的都要受它的制约，那么它自己受什么东西的制约呢？它自己不再受任何经验的东西制约，它唯一地来自于纯粹理性。这个纯粹理性是超越于你个人之上之外的，是一切有理性者都固有的，你是一个有理性者，但是还有许许多多有理性者，他们也都有纯粹理性。那么，这个客观的目的必须来自于纯粹理性。

下面这一句话很重要了：

就是说，一切实践立法的根据**客观上就在**于使这种立法能成为一条**规律［法则］**（尽可能是自然规律）的那种**规则**和普遍性的形式（按照第一个原则），**主观**上则在于**目的**；

括弧里的"尽可能"他用的是"allenfalls"，有"充其量"的意思，还有"必要的时候"，还有"或许"，多种含义，我琢磨这个地方有"尽可能靠近自然规律"的意思，也就是以自然律为"模型"的意思。实际上这句话说的是，"按照第一个原则"，第一个原则就是第一个变形公式，就是自然律的公式：你要使你的行动的准则就像是一条普遍的自然律一样，以自然律为你准则的模型，这是第一条原则。这个原则他并不说它就是自然律，定言命令是道德律，它怎么可能是自然律呢？但是它要"像是"自然规律、自然法则一样。我们看看他的这个表述，在德文版第421页："义务的普遍命令也可以这样来表述：你要这样行动，就像你行动的准则应当通过你的意志成为普遍的自然法则一样。"要注意这个表述的口气，他用的是"als ob"，就"仿佛是"自然法则一样。就是说它其实还不是自然规律，只是好像是自然规律，尽可能向自然律靠拢，必要的时候，我们可以把它表述为自然规律。它采取一种类比的方式，一种比拟的方式，用这样一种自然律的模式来理解道德律。那么我们再看这句话："就是说，一切实践立法的根据客观上就在于使这种立法能成为一条规律［法则］（尽可能是自然规律）的那种规则和普遍性的形式（按照第一个原则）。"一切实践立法也就是定言命令啦，就是道德律了，他的根据"客观上就在于使这种立法能成为一条规律［法则］……的那种规则和普遍性的形式"，一切实践立法的根据在客观上，"客观上就在于"打了着重号，就在于什么呢？就在于那种规则和普遍性的形式，什么样的规则和普遍性的形式呢？使这种立法能成为一条法则的、尽可能是自然规律的那种规则和普遍性的形式。所以他这个括弧里面说"按照第一个原则"，也就是按照前面所讲的第一个变形公式，前面讲过它是着眼于普遍性形式，也就是客观法则的形式，这就跟这里讲的吻合上了。那么，一切实践立法的根据，主观上又在于什么呢？"主观上则在于目的"。这就和第二变形公式即目的公式吻合上了。第一个变形公式是从客观形式上来表述实践法则的根据。那么，主观上则在于目的，目的也就是你的准则的质料，而不是形式。第二公式是着眼于主观准则的质料即目的来表述实践法则的根据。第一变形公式里头已经有一个"准则"了："你要这样行动，就像你的行动的准则应当通过你的意志成为普遍的自然法则一样"，但这个准则主要是就其和普遍法则在形式上的同一性来理解的，还没有展示它的质料，没有理解为目的。那么第二个变形公式里面就把这个主观的目的突出出来了，就是你应当这样行动，任何时候都把你和他人的人格中的人性当作目的，而不仅仅当作手段。所以这个主观目的在第二个公式里面做了更深入的规定。

"然而，全部目的的主体是作为自在的目的本身的每一个理性存在者（按照第二个原则）：

主观上在于目的，主观上它的准则就已经引出了目的的概念，第二个变形公式里面已经引出了目的概念，那么，对这个目的概念加以考察，我们就可以发现，全部目的的主体，提出目的者，发出目的的主体，就是作为自在的目的本身的每一个理性存在者。也就是说每一个理性存在者都是提出目的的主体，不管是什么目的，所有的目的必须有一个提出目的的主体。那么，这个主体才是终极目的，这样一个提出目的者的主体，才应该被看作是终极的目的，它就是每个理性存在者作为自在的目的本身，这就是自在的目的。这是按照第二个原则、就是按照目的公式所已经阐明了的，这个自在的目的本身被表述为每个有理性者的人格中的人性。

接下来是一个冒号，然后他说：

于是由此就得出了意志的第三条实践原则，作为意志与普遍的实践理性协调一致的至上条件，即**作为普遍立法意志的每一个理性存在者的意志的理念。**

于是由此就得出了意志的第三条实践原则，也就是第三条变形公式。但是第三条实践原则并不像前两条公式那样构成一个命令式，而只是一个理念。他只是说"得出了意志的第三条实践原则，作为意志与普遍的实践理性协调一致的至上条件，即作为普遍立法意志的每一个理性存在者的意志的理念"。对照一下，第一条公式是意志要服从普遍自然法则的形式；第二条公式是意志在目的中自身成为了普遍法则，第三条实践原则是作为意志和普遍法则协调一致的至上条件，也就是作为一个理念，但第三条实践原则是什么，他并没有采取一种公式来表达，像前面两条变形公式一样。他是在后面偶尔才表达的，但在这个地方还没有这样表达，他只是引出来了，由此就得出了意志的第三条实践原则。当然里面已经包含着作为第三条公式的全部内容了，就是"作为意志与普遍的实践理性协调一致的至上条件"，意志与普遍实践理性协调一致，有一个至上条件。我们说了，康德的道德律是立足于两个基点，一个是自由意志，一个是实践理性法则，自由意志和实践理性法则结合起来才构成了道德律，才构成了定言命令。它通常采取的表达公式就是，你要怎么怎么样。"你要"这是一种命令式，"你要使自己行动的准则成为一条普遍法则"，所以"你要怎么怎么样"，这就是你的意志的要求，你的意志的命令，使你行动的准则成为什么什么。所以意志的准则成为普遍法则，就跟实践理性协调一致了。但是，这种协调一致有个至上条件，什么至上条件呢？即"作为普遍立法意志的每一个理性存在者的意志的理念"，他这里打了着重号，这就是它的至上条件。你要使任何一种自由意志与普遍的理性协调一致，就必须以这个东西为前提，以什么为前提呢？要以作为普遍

593

立法意志的每一个理性存在者的意志的理念作为前提。也就是说，这个自由意志应该是一个普遍立法的意志。意志可以不是普遍立法的，它可以是任意、偶然的，我今天想这个，我明天想得到那个，但是我今天想得到的和我明天想得到的往往不是一回事，所以它不具有普遍的立法性。再一个呢，这个意志可能不是立法者，它是被立法的，比如说，听从上帝的命令，或者说一个权威，一个我所信赖的人，他命令我这样做，那么我就这样做。那么这个法不是我立的而是别人立的，我只有服从。这些都不是属于意志与普遍的实践理性协调一致的至上条件，至上条件是什么呢？一个是普遍立法意志，再一个每个理性存在者的意志，这两者的同一是一个理念。就是说，你必须是自己的意志立法，而自己立的这个法呢，它当然具有普遍性，既然是立法就有普遍性。但是它又是自己立的，又是自由的，你自己立法，自己遵守，这就是所谓的"自律公式"了。"作为普遍立法意志的每一个理性存在者的意志"，这样的一个理念，实际上就是第三变形公式即自律公式。自律公式这里还没有直接的表述出来，但是他已经说出了自律公式的含义，它的内容。所以他打了着重号的最后一句是非常重要的，即"作为普遍立法意志的每一个理性存在者的意志"这样一个理念，才是"意志与普遍的实践理性协调一致的至上条件"，也就是他的定言命令，道德律，都是作为自由意志的自律而提出来的。康德的道德哲学跟以往的道德哲学一个最大的区别，一个最根本的区别，就在于他把道德建立在自由意志的自立法这个基础之上。以往的道德都是他律，要么出于功利，要么出于幸福的考虑，要么出于上帝的命令，出于宇宙的逻各斯命运，不管理性派还是经验派，还是古代的，还是基督教的道德学说，通通都是他律。自由意志是一个妨碍的因素，自由意志导致了原罪，导致犯罪，当然它也可能起积极作用，自由意志也可能导致信仰，信上帝，去追求，但是它毕竟是一个派生的东西，一个附带的东西，最终要靠上帝来拯救。而唯独康德开始把所有的道德律唯一地建立在自由意志的自律这个基础之上，所以康德的道德学说可以说是一种自由的道德学说。

　　<u>根据这个原则，一切与意志自己的普遍立法不能够共存的准则都要</u>
<u>被拒斥。</u>

　　这是进一步展开这个原则了。根据上面讲的这个原则，"作为普遍
立法意志的每一个理性存在者的意志的理念"这样一个第三条实践原
则，凡是与意志自己的普遍立法，与每个自由意志自己所立的法律不能
够共存的原则都要被拒斥。比如说你服从上帝的命令，这个在康德这里
也要被拒斥，当然后来他又把它重建了，这个再说。但是你不能一开始
就说这是上帝说的，这是圣经上说的，摩西十诫，你不得怎么样，不得怎
么样，你要怎么样，你要怎么样，这些命令都不是由你的自由意志普遍地
立起来的法，你先把它拒斥了再说。最根本的就是你要考虑你所遵守的
道德法则，是否建立在你自己的自由意志的基础之上，这是最根本的。

　　<u>所以意志就不是仅仅服从法则，而且是这样来服从法则，以至于它</u>
<u>也必须被视为是**自己立法的**，并且正是由于这一点才被视为是服从法则</u>
<u>的（对这一法则它可以把自己看作是创始者）。</u>

　　这儿说的很明确了，"所以意志就不是仅仅服从法则"，意志当然要
服从法则，但它不仅仅是服从法则，而且是这样来服从法则，同样是服从
法则，有的是因为它是上帝的命令，它是《圣经》上写了的，有的是因为
它是伟大领袖的号召，伟大领袖一挥手，亿万人民跟着走，他怎么说，我
们就怎么干，所谓"理解的要执行，不理解的也要执行"，林彪的话。这
个都是他律，不能这样，不能仅仅服从法则。"而且是这样来服从法则，
以至于它也必须被视为是自己立法的"，就是这个法则必须是自己立的，
不管是上帝的也好，领袖的也好，还是你所崇拜的人也好，他们都不能给
你立法，你首先必须自己立法。"并且正是由于这一点才被视为是服从
法则的"，你服从法则可以，但是你是不是自己立的这个法则呢？你如果
是自己立的这个法则，那么，你可以被看作是真正服从法则的。你服从

的是自己的法则，只有服从自己的法则才叫作服从法则，而不是服从莫名其妙的偶然的命令。因为在服从法则时你还是自由的，并且只有在服从这个法则时你才是自由的。你可以把自己看作是创始者。我是创建这个法则的，我按照我自己的原则去做，哪怕最后回过头来将要使自己受损，也要服从自己的法则。法律就是这样的，一旦立了法律，每个人都要遵守，包括立法者自己，立法者自己也要服从他自己立的法，这样他才是立法者，否则就只是独裁者。西方的近代以来的法学家们就有这样的说法，罪犯服刑是对他的意志的尊重，罪犯被判刑，我们通常说这个人完蛋了，他被判刑了，按照世俗的眼光是这样的，但是按照法学家来说，从法理上来说，他被判刑是他自己给自己判刑。因为这个法律是他自己承认的，他没有犯法之前是赞成这个法律的。你是知法犯法，你是同意了这个法又犯法，那就是你的自由意志支配你去违背了自己的自由意志，那你就只有用自己的自由意志来惩罚自己，所以犯罪被判刑是自己的自由意志惩罚自己。只有自己的自由意志能够摆平自己，用今天的自由意志去惩罚昨天的自由意志，以便恢复前天的自由意志。（笑）这是西方法理学的一个原则，康德在这一点上当然还没有进行深入的讨论，这是后来黑格尔讲出来的一个道理，他引用的是意大利的法学家贝卡利亚的一个观点，就是犯罪受罚是他的权利，你犯罪受罚是尊重你，你有权利受罚，别人不能剥夺的。所以西方人对待一个罪犯是非常尊重的，尽量不碰你的身体，让你自己上车，我们很多警察就是把你的手扭过来，把你的头按下去，（大笑）让你无法反抗，这个是不尊重人权的表现。我们很多观念都应该改了。

以前面的方式所表述的那些命令，即行动的那种普遍的、类似于**自然秩序**的合规律性的命令，或者自在的理性存在者本身的普遍的**目的优先**的命令，虽然正因为它们被表现为定言的，而从其颁布命令的权威中排除了作为动机的任何一种**利益的**全部混杂；

这句话是对前两个变形的公式的回顾，一个是自然律的公式，一个是目的公式，"以前面的方式所表述的那些命令"，这个是把前两条命令和这里的第三公式作一个比较，前面的跟我们现在讲的不同。"以前面的方式所表述的那些命令，即行动的那种普遍的、类似于自然秩序的"，注意这里"类似于自然秩序的"，不是真正的自然秩序。"类似于自然秩序的合规律性的命令，或者自在的理性存在者本身的普遍的目的优先的命令，虽然正因为它们被表现为定言的，而从其颁布命令的权威中排除了作为动机的任何一种利益的全部混杂"，前面那两个命令有一个共同点，就是它们都被表现为定言的，被作为定言命令来表述。并且从其颁布命令的权威中，颁布命令是有权威的，因为它们把任何利益都排除出去了，具有一种高高在上的超越性的权威。前面一个自然公式，就像一条普遍的自然法则一样，那就是不考虑任何利益关系，只看一个准则是不是能够永远一贯而不自相矛盾；第二个目的公式也是这样，凡是主观的个人目的，都被排除了，除非你能够跟普遍目的相协调一致，那也就是排除了具体的任何一种利益了，把任何一种个人的目的都排除了。"普遍的目的优先的命令"，这个"优先"可以解释一下，其他目的当然都没有完全否定，但是有一个优先的目的，就是普遍的目的，"人格中的人性"这是要优先考虑的目的，它具有一切理性存在者的普遍性。你所有的目的最后都要归结到它，都要以它为前提，才具有价值，才具有意义。如果没有这个前提，如果你不是一个人格，那所有其他的目的都没有意义。

<u>然而，它们只是被**假定**为定言的，因为人们如果想要说明义务概念，就必须作出这样的假定。</u>

尽管前面有两个这样的变形公式了，这些变形公式也是超越于一切利益之上的，也是表现为普遍的，但是它们只是被假定为定言的。这个假定，"angenommen"，它的原形是"annehmen"，假定、设定，或者接受、采纳，它有很多含义，但在这里他打了着重号，"假定"为定言的。就是说我们暂时把它们设定为定言的，而是不是真正的定言命令，还不清楚。

因为人心叵测,任何定言命令都有可能被人在假言命令的前提下加以利用,这就使我们在现实中连是否真有定言命令这回事都无法确定了。但仅仅是考虑到,"因为人们如果想要说明义务概念,就必须作出这样的假定",所以我们现在姑妄言之,只是为了要说明义务概念。义务概念他已经提出来了,已经从日常通俗的道德哲学中分析出来了,而为了说明它,为了要使它能够被理解,所以,我们就表述了前面两种定言命令的公式。但是这种公式作为定言命令是假定的,它们何以可能?还没有证明。

他必须作出这样的假定是为了说明义务概念,

但是,存在着一些定言地下命令的实践命题,这将不会独立地得到证明,正如这在本章这里也还根本不能做到一样。

就是说前面的两个变形公式,虽然它是为了说明义务而必须假定为定言的,但是,到底是不是有一些在定言地下命令的实践命题呢?是不是有,我们还没有独立地得到证明,也就是从这些定言命令本身中还没有独立地得到证明,必须通过引入别的概念,也就是把这些命令理解为先天综合命题,然后追问先天综合命题如何可能?这样才能得到证明。但这已经不是本章的任务了,这属于下面第三章的主题。本章所讨论的只是,如果有定言命令的话,如果我们假定了它们的话,那就会怎么样,它们就会解决哪些问题。比如说,你想要自杀,你引入自然律的公式或者目的论公式,引入这样一个定言命令的变形公式,那么你就会看出来,自杀是不对的,自杀是把人当作了手段,而不是当作目的等等。但是你引入的这个前提是不是真的有,是不是每个人在自杀之前都会用这些命题来考量自己,是不是存在着一些定言地下命令的实践命题,这将不会单凭这些命题本身而独立地得到证明,要能够证明有这样一些实践命题,它们现实地发生着效力,那必须要诉之于纯粹实践理性批判,也就是第三章。纯粹实践理性批判也就是追究"定言命令何以可能",在第二章里面还没有追溯,第二章只是找到这些定言命令,甚至于哪怕从经验中,从我们的日常生活中，从我们的道德生活中，去分析出这样一些定言命令，并把它们假定为定言的。但是，这些定言命令何以可能的，何以能够普遍地发生效力，这个没有证明，即算在经验中有，它也可以没有，它随时可以失掉，那就是一个经验的事实。很可能有些人具有道德命令，有些人就没有；我们说有些人有良心，有些人没有良心，但有些人说那个人没有良心，不是他没有良心，而是他的良心被狗吃了，或者说他昧着自己的良心，他把自己的良心遮蔽了。到底哪个说得对，人是不是有良心，这个没法证明。前面两个公式都是从定言命令的经典公式中推导出来的，但是它们都不能独立地证明它们本身，因为那个经典公式本身的可能性的条件还没有澄清，定言命令何以可能的问题还悬置着，在本章这里还不能解决。在第二章里面讲的是从通俗的道德哲学过渡到道德形而上学，从我们日常的经验里面去寻找道德形而上学的法则，那么，既然要从通俗的道德哲学出发，那就必须要举很多例子。这里举了四个例子，自杀的例子，说谎的例子，发展自己的例子和帮助别人的例子，四个例子都是经验的，从里面可以通过做思想实验，来说明定言命令的形而上学的原理。那么，对这些原理需要批判地考察，需要证明这些原理何以可能，那就是第三章的问题，第三章提出的问题就是要证明这个道德原理何以可能。

　　然而，有一件事还是有可能做到的，即：<u>在命令本身中，通过它可能包含的某一规定，将会同时暗示在出于义务的意愿方面排除了一切利益，以此作为定言命令区别于假言命令的特殊标志，而这件事是在目前这原则的第三个公式中做到的，即在每个理性存在者的意志作为**普遍立法的意志**这个理念中做到的。</u>　432

　　虽然前两个公式不会独立地证明有定言命令这样一种实践法则，但是有一件事情还是有可能做到的，即"在命令本身中，通过它可能包含的某一规定，将会同时暗示在出于义务的意愿方面排除了一切利益，以此作为定言命令区别于假言命令的特殊标志"。就是说，在一个命令本身里面，虽然我们无法确切地判断它倒底是不是定言的，但是我们可以抓住一个特殊的标志，即"暗示"在出于义务的意愿方面是排除了一切利益的考虑的，排除一切利益的考虑就是从纯粹实践理性来考虑的，那就是定言命令的标志了。在前面两个命令里，其实也已经暗示出了，我们完全是排除了一切利益，而是从纯粹理性的角度来考虑问题的，但是还没有把这一点明确表述出来，而只是"暗示"出来。那么这就还存在着可能的漏洞，就是前两个公式还没有彻底杜绝利益考虑。一个是你要像按照自然律一样行动，自然律当然跟经验的东西就混在一起了，虽然你强调"好像"是自然律，但是它毕竟有自然律在里头，你没有明确地划清界线。第二条目的公式，这个目的本身跟人的主观目的是分不开的，目的有主观目的，有客观目的，主观目的要符合客观目的，但是它毕竟有主观目的在里头，主观目的和客观目的的关系，要通过解释，你才知道它是排除了一切利益爱好的考虑的，你要加以解释，而在这个公式里面，还没有直接强调这一点。那么在第三个公式里面则是不需要解释而表明了这一点的。他说："而这件事"，也就是排除了一切利益、从而建立了区别于假言命令的一个特殊标志这件事情，"是在目前这原则即第三个公式中做到的"。第三个公式明确地表达出来："每个理性存在者的意志作为普遍立法的意志"，普遍立法就是纯粹实践理性了，只有纯粹实践理性才能普遍立法。凡是利益，凡是自然的东西，凡是主观目的的东西，都不足以成为普遍立法，这就在命令中直接把一切利益排除掉了。而前面两个公式是不完整的，是有缺点的，它有可能被作一种另外的理解。比如说目的公式，目的公式跟基督教的道德命令就划不清界线，基督教的道德命令当然是以人为目的，上帝要拯救世人，把世人当作目的，但是，上帝拯救世人，这毕竟是上帝的目的，不是我自己的目的，不是我的自由意志的命令。我要服从上帝的命令，我要把人当作目的，爱一切人，这是因为我听从了上帝的命令。这种把人当目的呢，最终是把上帝当目的，人还不是绝对的第一目的。这是目的公式有可能这样被误解。

那么自然律的公式更可能被作另外的理解，比如说"你要使你的行为准则好像一条自然法则那样"，那就很可能把它当成自然法则，变成"你要使你的行为的准则符合自然法则"，这样一来就麻烦了，那就是功利主义了。康德是批判功利主义的，当然他也没有完全否认功利主义的作用，但他认为应该改造一下，不是真正的成为自然法则，而是"好像"是一条自然法则。功利主义可以起这样一种引导作用，功利主义的伦理学认为道德律是自然法则，但这个自然法则在康德这里只是起一种引导作用，你要把你的行为准则看作好像是一条自然法则那样，你就可以找到人应该怎么做的道理。但它有缺陷，因为它也可能被误认为就是自然律，它跟功利主义就划不清界线了。所以，好多哪怕是研究康德的专家，都容易陷入到这样一种误导，认为康德实际上对功利主义和幸福主义也让了步。其实他是有保留的，他不是完全无条件地让步。他是力图把功利主义和幸福主义，包括基督教的道德学说，全部纳入到他的纯粹实践理性的道德形而上学里面。但是，纳入是有条件的，你不能真正把一个道德法则当作是自然律。但是当他这样表述的时候，他是为了通俗，为了把那些习惯于功利主义思维方式的人逐步引导到他的第三个公式。前面两个公式，目的公式和自然律的公式，都被很多人、特别是英美的康德研究者拿来大做文章，你看康德也讲了，功利啊，目的啊，这些具体的东西，经验的东西，康德也并没有排除嘛。康德是没有完全排除，但是他暗示了一种排除的可能性，所以他这里讲到："将会同时暗示在出于义务的意愿方面排除了一切利益。"而真正排除是在第三公式里面做到的，是"在每个理性存在者的意志作为普遍立法的意志这个理念中做到的。""每个理性存在者的意志"，这是自由意志，作为普遍立法的意志，普遍立法就要有纯粹实践理性，只有纯粹理性才能普遍立法。自由意志按照纯粹理性为自己立法，这就是他终极所要表达的。所以第三个公式是最重要的。我们经常把康德的定言命令，把康德的道德律称之为"道德自律"，把第三个公式称之为"自律的公式"。自律的公式是层次最高的，它把这样一个道德律的本质体现出来了。前面讲"在命令本身中，通过它可能包含的某一规定，将会同时暗示在出于义务的意愿方面排除了一切利益"，这个"可能包含的某一规定"就是指"意志自律"的规定，它就是"定言命令区别于假言命令的特殊标志"，自律区别于他律就标志着定言命令区别于假言命令。后面康德还讲到了这三条变形公式之间的关系。今天就讲到这里吧！

第二十讲

今天我们继续接着上一次，来讲康德定言命令的三个变形公式。定言命令的三个变形公式第一个，我们前面讲了就是关于自然律，第二个是目的公式，第三个是自律公式，它们合起来正式的表达公式叫作普遍性公式。所以一共有四个公式，普遍性公式是最基本的，然后其他三个是变形的。

我们上一次讲到第 432 页上面的那一段，实际上是在引出第三个变形公式。一个他讲到了"行动的那种普遍的，类似与自然秩序的合规律性的命令"，这就是自然公式。另一个是"或者自在的理性存在者本身的普遍的目的优先的命令"，这就是目的公式。但是它们是被"假定为定言的"，就是说，它们之所以称为定言的，还没有得到证明。但是否有这样的定言命令？他说，这样一些实践命题，将不会独立地得到证明，在本章这里也还根本不能做到这一点。也就是在第二章，从通俗的道德哲学过渡到道德形而上学，他暂时还不讨论这样一些命令何以可能的问题，这种定言命令包括它的变形公式，到底是建立在什么基础之上的，在这里还没有讨论。他只是从通俗的道德哲学中一步步分析出来，必须要假定这样一些命令才能使行为成为道德的。这样一些定言命令的公式何以可能，这个是在第三章，从道德形而上学过渡到纯粹实践理性批判这一章里才展开来谈的。但是他又认为，有一件事情还是可以做到的，就是，通过它可能包含的某一规定，将会同时暗示在出于义务的意愿方面排除了一切利益，以此作为定言命令区别于假言命令的特殊标志，就是说在前面的那些公式里面包含某种规定，"将会同时暗示在出于义务的意愿方面排除了一切利益，以此作为定言命令区别于假言命令的特殊标志"。

把假言命令和定言命令区别开来的标志就是排除一切利益。那么这个规定是什么？前面的那些公式都没有明确表达出这一点。只有在第三变形公式里面才直接地表达出这一点，就是说它是自己立法，也就是意志自律。所以他讲，"而这件事是在目前这原则的第三个公式中做到的，即在每个理性存在者的意志作为普遍立法的意志的理念中做到的"。做到什么呢？做到在公式里面直接表达出它是排除了一切利益的，它是完全区别于假言命令的。这是上次我们在最后的阶段已经读到了这样一个公式。现在三个公式都已经摆出来了。当然第三个公式在这个表述方式里面呢，还没有以公式的方式表述出来。他只是提出了一个理念，即每个理性存在者的意志作为普遍立法的意志，这样一个理念。但他提出了这个理念，我们就可以用这个理念做一个公式了。所以他把这个理念有时候也叫作或等同于一个公式。

今天我们看看他接下来对这第三个公式，也就是我们后面讲到自律的公式，看看他是怎样进行论述的。前面讲到了，在出于义务的意愿方面排除了一切利益，这是在第三个公式里面才做到的。为什么在第三个公式里面才做到的呢？所以我今天讲到的这一段，就是分析里面的原因，如何能够做到排除一切利益。

因为如果我设想这样一个意志，那么尽管一个**服从法则**的意志还可能借某种利益而受该法则的约束，然而一个本身是至上的立法者的意志就此而言却不可能依赖于任何一种利益；

也就是说，一个本身是至上的立法者的意志，也就是前面讲的，每个理性存在者的意志作为普遍立法的意志，这样一个理念，它是排除了一切利益的。为什么它是排除了一切利益的呢？如果我设想这样一个普遍立法的意志，那么就可以看出，"尽管一个服从法则的意志"，服从法则打了着重号，"还可能借某种利益而受该法则的约束"，也就是说，如果不是普遍立法的意志，仅仅只是服从法则的意志，那么它还有可能是通过某种利益而受该法则约束的。它服从法则当然要受法则的约束,但是它是通过某种利益而受该法则的约束。一种意志服从一种法则,它有两种情况,一种是它本身就是普遍立法的,这个法则是它自己立的,但是另外还有可能,它服从法则是出于利益,还可能借某种利益而受该法则的约束,但这个法则是别人给他立的,这个是有这种可能的。尽管有这种可能,但如果我设想了一个普遍立法的意志的话,那么这个意志尽管也服从这个法则,却不可能依赖于任何一种利益。一个本身是至上的立法者的意志,就是普遍立法的意志。那么这样一个意志"就此而言",就它服从法则而言,却不可能是依赖于任何一种利益的了。为什么不可能依赖于任何一种利益呢?

因为这么一个依赖的意志就会本身还需要另一条法则,来把它自爱的利益限制在对普遍的法则有效的条件之上。

它是至上的立法的意志,它当然不可能依赖于任何一种利益。如果它是依赖于任何一种利益的意志的话,那么它就会"本身还需要另外一条法则,来把它自爱的利益限制在对普遍的法则有效的条件之上"。也就是说,那它就不是至上的了,它上面就必须还有一个立法的原则,强制性地把它的利益限制在对普遍的法则有效的条件之上。那就会有一个比它更高、更普遍的法则。它就还需要一个更高的法则来强行把它的利益和它的法则协调起来,而它本身却无能力对利益加以限制。这就不是自律了,它实际上就是基督教的情况,人们服从法则遵守道德,克制自己的冲动和欲望,最终不是依赖于自己的意志,而是依赖于上帝的命令,上帝命令他把利益服从于普遍的法则。所以上帝对基督徒来说还是个他律。相反,第三公式作为自律则可以把定言命令和假言命令区分开来。也就是说,定言命令是一个至上的、自我立法的、自己普遍立法的意志;假言命令就是掺杂了各种利益在里面,虽然它服从于法则,但它服从于法则是听从于外来的意志,而不是听从自己的意志,所以他自己的意志还是借某种利益才受法则约束的。而普遍立法的意志这样一个理念它本身就是排除了一切利益的，并且以此可以使得定言命令明确地区别于假言命令，这一点在前面的几个公式里都还没有做到。虽然我现在还不能证明定言命令的可能性的条件何在，但我可以首先把定言命令和假言命令区分开来，你所讲的定言命令它是一种什么样的命令，这个区分在第三个变形公式即自律公式里面得到了最明确、最直接的表达。

所以，每个人类意志都作为**一个凭借其全部准则而普遍立法的意志**，这样一条原则，只要这种原则通常是对的，它就会由于下面这一点而**非常适合**于成为定言命令，即正是由于这个普遍立法的理念之故，它**不可能建基于任何利益上**，因而在所有可能的命令中只有它能够是无条件的；

在这里，"一个凭借其全部准则而普遍立法的意志"这个短语打了着重号，实际上也就是第三变形公式了，但多了一个"凭借其全部准则"。如果每个人类意志都作为第三变形公式的意志，即凭借其全部准则而普遍立法，他在这里为什么提到"全部准则"？其实就是"无一例外"的意思。在前两个变形公式中，那些准则是没有直接受到限制的，所以不管类似于自然律那样也好，选择了自在的目的也好，都只是某种准则作出的选择，而不是全部准则。它们只要求其他的准则服从被选定的准则，而不要求全部准则都是那样的准则。第三变形公式的原则却要求凭借其全部准则而普遍立法，把其他准则全部排除在外。所以他讲，这样一条原则，"只要这种原则通常是对的"，它就会非常适合于成为定言命令了，因为它不可能建基于任何利益上。也就是说，在第三公式中，只要它自己的原则通常都是对的，其他都是错误的，也就是它能够把全部准则都纳入到自己的原则中，没有留给任何利益以渗入的机会，那就会最适合于成为定言命令了。这整个一句都是用的虚拟式。"只要这种原则通常是对的"，sonst 可译作通常、向来；Richtigkeit 意为对的、正确的，就是说，假如每次的准则都是符合这个唯一原则的。这个还是从我们一般可以设想的经验中来进行推论，虽然并没有像前面那样举出四类例子来说明这个原则每次如何是"对的"。就是说，假如这样一条原则在通常的情况之下都是对的，每次的准则都只符合它而没有别的目的，那它就很适合于成为定言命令，因为，"正是由于这个普遍立法的理念之故，它不可能建基于任何利益上，因而在所有可能的命令中只有它能够是无条件的"。这是从通俗道德哲学的眼光来看的。就是说，我们这样做，在日常生活中，假如这条原则排除了所有其他利益原则而成为唯一正确的原则，那么，它就会非常适合于成为定言命令。也就是说，定言命令的那个要求是摆在前面的，我们现在来看一看是一种的什么样的原则适合于定言命令。这是一种带有偶然性的归纳，或者是寻找。我们在我们的行为法则中去寻找，一些什么样的命令适合于成为定言的。适合于，也打了着重号，适合于成为定言命令，定言命令已经在前面表述了，那么，我们现在就是要在日常生活中把适合于它的那种命令找出来。而我们经常看到那些做得对的事情，往往是因为每个人类意志都凭借其全部准则而普遍立法，而没有出自他律的任何准则，那么它就适合于成为定言命令，因为只有它能够成为无条件的。这还是一种在通俗道德哲学中的寻找，而且即使找到了，也还只是一种假定，所以这里要用虚拟式。但康德认为这种寻找在第三条变形公式中不必像前两个公式那样再逐一引入那四个例子，来说明在通常情况下哪些行为是对的，所以他不再一个个例子来分析，只是在这里加了一个注释，说前述例子在这里也同样适用，这就省掉了过于繁琐的分析。当然说康德在这里仅仅是为了避免麻烦，也太简单化了，他还有更深层次的理由，我们且把这个注释留到这段话的最后再来分析。这里我们只要知道，康德这句话是要从日常道德知识的那些经验中去寻求最适合于定言命令第三变形公式的例子。当然这并不是康德自己的论证方式，它只是一种说明的方式。就是说，康德早就心里有底了，他不是在经验中到处去搜罗哪一条可能的命令，在可能的命令中哪一条才适合于定言命令啊，我们去找吧，去归纳啊，这个一般来说不是康德的论证方式。这是康德为了通俗，说给一般的人听的。就是说，你们放开脑子想一想,有哪一条命令能像这条命令一样,完全适合于成为定言命令?其实他自己的思路不是这种自下而上的思路,而是自上而下的。

或者我们还不如把这个命题颠倒过来:

前面那种表述方式呢,不是康德自己的论证方式,他是为了别人能够更好地理解。但是按照他自己的方法,是应该颠倒过来讲的。怎么颠倒过来?

如果有某种定言命令(即一种对于理性存在者的每个意志的法则),那么它只能命令说:从自己意志的这条准则出发去做一切事情,如同这意志可以同时把自己当作普遍立法的对象那样;

这才是他的自上而下的方式。他说,"如果有某种定言命令",先从上面假定有定言命令,我们先把定言命令放在那里,不是说我们在经验中去寻找一个定言命令看它是否合适,而是我们就直接从定言命令出发来推演:如果有一个定言命令的话。定言命令是什么呢?"即一种对于理性存在者的每个意志的法则",定言命令是对于理性存在者每个意志的法则,每个意志都使自己成为普遍的法则,成为对于一切理性存在者普遍的法则,那当然就是定言命令了,定言命令就是"要使你行动的准则成为一条普遍的法则"嘛。如果有某种定言命令,即一种对于理性存在者的每个意志的法则,"那么它只能命令说:从自己意志的这条准则出发去做一切事情,如同这意志可以同时把自己当作普遍立法的对象那样"。这句话倒是可以充当第三变形公式的一个公式化的表达,前面所谓的第三公式其实只是一个理念,而不是公式。而这个命令式看起来好像和他的普遍公式差不多,他的普遍公式是说,你要使你的意志的准则成为一条普遍的法则。这里讲的是,从自己意志的这条准则出发去做一切事情,如同这意志可以同时把自己当作普遍立法的对象那样。不过这里表述还是有点不同,虽然也有普遍立法,也有准则,但是,它是"如同这意志可以同时把自己当作普遍立法的对象那样"。也就是说,意志本来是主体,在定言命令的公式里面,意志是主体。你要这样行动,这个"要"就是意志了。你要这样去行动,这是一个命令式,这个命令式的主体就是"你","你"是任何一个有理性者。你要这样来行动,这个意志是把自己行动的准则和法则当作对象来考察的,要使你行动的准则成为一条普遍的法则。这个意志的主体是把自己行动的准则当作一条普遍的法则来执行。但是现在这个表述方式反过来了:"如同这意志可以同时把自己当作普遍立法的对象那样"。现在呢,这个意志的主体回到了自身,他把自己当作了对象,不是跟一条其他的什么法则发生关系,如标准公式:使你的行动的准则成为一条普遍的法则;自然律公式:就像成为一条自然律那样;目的公式:你要把自己和他人人格中的人性当作目的,而不仅仅当作手段。你要这样做,当作目的而不仅仅当作手段,谁说的呢? 那可能是上帝说的,那不一定是你说的。但是现在在第三公式里,"把自己当作普遍立法的对象"的,是说话的那个人,他必须和自己发生关系,自己把自己当作普遍立法的对象。也就是说,普遍立法是他自己给自己规定的,是他把自己当作普遍对象,把普遍立法自己加在自己身上。这个表述就不一样了,虽然看起来好像区别不是很大。所以它这个命令,我们是可以看作第三变形公式的公式化的表达。前面讲的是一个理念,每一个有理性存在者的意志作为普遍立法的理念,一个理念还没有表达为一个公式、一个命题,那么这里就表达为了一个命题。就是说:你要从自己意志的这样一条准则出发去做一切事情,如同这意志可以同时把自己当作普遍立法的对象那样。也就是这样去行动,如同这意志自我立法。这里的"如同"(als) 不是"好像"(als ob),不是虚拟式,而是真地按照那样做的意思。按照这个意志对自己立法那样做,把自己看作对象嘛,也就是对自己立法,把自己、把这个意志自己看作普遍立法的对象。所以第三个变形公式,它具有一种反身性,叫作自律,叫作 Autonomie, Autonomie 就是自我立法。所以我们可以把他的这一条拿出来,作为他的第三公式的表达。前面的那个理念,还构不成和前面两条普遍性公式一种平行的关系,如果我们要构成一种平行的关系,我们可以把这一条拿出来。当然后面还有另外的表达方式，另外更加平行的，更加类似于前面的两条公式，我们后面再讲，但至少这一条是可以作为第三变形公式的一个表达公式了。如果有某种定言命令，从里面就可以推出来啦：从自己意志的这条准则出发去做一切事情，如同这意志可以同时把自己当作普遍立法的对象那样。

因为只有这样，实践原则和意志所服从的命令才是无条件的，因为它们能够完全不以任何利益为基础。

当你的意志同时把自己当作普遍立法的对象，那么，意志和意志发生关系，发生什么关系呢？发生一种普遍立法的关系。普遍立法，纯粹按照理性普遍立法，那么里面当然就没有利益插手的余地了，这个里头利益就完全插不进来了。"因为只有这样，实践原则和意志所服从的命令才是无条件的"，没有任何利益插进来，没有任何别的条件插进来，它自身是最高的。它自己给自己下命令，那它这个命令是无条件的，它的条件就是它自身。"因为它们能够完全不以任何利益为基础"。如果有任何利益为基础，那它就不是无条件的，那就还要以这个利益为条件，就是假言命令了。

那么现在，我们再来看他在这段一开头关于第三公式所做的那个注释，就比较好理解了。这个注释说：

我在这里可以不再用例子来说明这个原则，因为一开始用来说明定言命令及其公式的那些例子，在这里全都正好可以用于这一目的。

在第三个变形公式里面，他本来也可以用前面讲的例子来说明他的这个公式，也还可以做思想的实验。但他在这里就懒得做了，似乎仅仅是为了避免麻烦和重复。但可能还有一个更深的理由，就是在第三公式里面不像前两个公式，在这里已经用不着举例子了。因为第三个变形公式和前面的公式有一点区别，就是说，它是意志在实践中跟意志本身的关系，或者说，意志借助于纯粹理性跟自己打交道。所以它本身就够了，你再举其他例子就多余了。当然也可以举，比如你如果不自杀的话，那么你服从的是道德上的自律，而不是因为生活太痛苦了你难以忍受；如果你不骗人的话，也是这样，它是你的意志的自律，所有相反的选择都会是他律，等等。但在第三个变形公式里面，其实是用不着举那些例子的，它本身就可以说明了。自然律的公式就需要例子来说明，因为它只是说"好像"是一条普遍的自然律那样，要人去那样想，又告诫人们不能当真，多少有点扯不清。至于这个目的公式呢，也是这样，目的公式仍然可以设想为有一个更高的发布命令的上帝。上帝当然是以人为目的，上帝的目的也就是为了你自己人格中的人性和他人人格中的人性。你把这个当作目的，究竟是听从上帝的立法还是出于自己自由意志的立法呢？所以他不能排除用上帝来解释道德律的这样一个可能性。自然公式不能排除用功利主义来解释道德这种可能性；目的公式不能排除用上帝来解释人的道德的可能性。唯独这个自律公式，它是排除了一切他律的可能性的。所以前面的两个公式，都可以用通俗的道德哲学来加以引导，唯独这个第三公式，它就不再能做那样的理解。所以，为什么他在前面一个注释中提出了己所不欲勿施于人这样一条老生常谈加以批判，认为它还没有提供它最初的基础，因为实际上是有这样一种可能性的，就是人家会把目的公式和自然律公式混淆于己所不欲勿施于人。那么在第三个变形公式里面，他就可以不必加入这种解释了。因为，前面两个公式之所以和己所不欲勿施于人还有所区别，正是在于后面有第三个变形公式做它们的根据，就是它是自己立法的。比如说，孔子要你己所不欲勿施于人，是立足于"仁"的情感。但你有可能在情感后面还有利益，实际上是出自利益考虑：己所不欲勿施于人，如果你做到的话，那你就能搞好群众关系了，你就能够实现你的世俗抱负了。所以，己所不欲勿施于人单独来说有可能不一定是道德的，有可能是虚伪的，但是如果立足于自律公式的根据之上，它就可能成为道德的。己所不欲勿施于人，不是为了别的目的，而是它体现了自由意志为自己立法的普遍性，那才是真正的道德。只有第三公式，完全是不以任何利益为基础的，这个是突出了第三变形公式它的至高无上的地位。应该说第三公式是他的道德律的最根本的落脚点，最高的原理。前面的两个公式都是引导，里面可能搀杂了一些误解，虽然康德要不时地排除这样一些误解，但正说明它们是可能有误解的。只有自律的公式，他认为是最明确地表达出道德律的实质。当然，这三个公式到底各起什么样的作用，他为什么要用这三个变形公式来解释他的普遍性公式，他后面还有说明，我们现在暂时摆在这里。

现在，当我们回过头来看以往每次为揭示德性原则所做的全部努力，就毫不奇怪为什么它们必然全都失败了。

现在，他站在第三变形公式的至高点上，"当我们回过头来看以往每次所揭示出来的德性原则所做的努力"，这个"以往"就是历史上，历史上以往有很多努力都是为了揭示出德性原则的。道德学家为此作了很多很多努力。包括功利主义，包括基督教的那些神学家，包括古代的伊壁鸠鲁、斯多亚派，他们都是为了要揭示德性原则而作努力。那么，现在经过康德的这样一种阐述，提出了他的定言命令的体系，特别是第三公式的原则，那么，回顾以往为揭示德性原则所做的全部努力，就毫不奇怪为什么它们必然全都失败了。这个时候我们回顾以往，我们就洞若观火，知道他为什么都失败了。当然他在前面，只是提到了伊壁鸠鲁派和斯多亚派，其实包括基督教哲学家，以及包括在康德时代流行的法国的和英国的那些功利主义和经验主义的道德学家，他们全都不可避免地失败了。为什么呢？

人们看到，人通过其义务而受法则的约束，但未能想到他服从的**只是他自己的**、但却仍然是**普遍的立法**，而且他只受这种约束，就是按照自己的、但根据自然目的而普遍立法的意志来行动。

就是为什么全都失败了呢，是因为人们仅仅看到，人通过其义务而受法则的约束，这当然是每个人要探讨道德问题就必然会看到的。人跟动物不一样的地方就在于他有很多义务，他受到法则的约束。这个普天之下的人类社会都是承认的。中国古代的荀子，讲人跟牛群马群是不同的，为什么不同？是因为人有"分"，这个分，就是人是分层次的，分等级的，人是有他的"名分"的。你在这个群体里，你有你的名分，你有你的义务，这个分可以解释为名分，分在你名下的义务，这就是分。人跟牛群马群不同的地方就在于人有义务，这是古今中外，没有哪个道德学家不承认的。人们看到，人通过其义务而受法则的约束。但是他们却未能想到，"他服从的只是他自己的、但却仍然是普遍的立法"，这就是原因所在了。人们看到，在人类社会，每一个人都受义务的约束，但是没有看到他这个义务是他自己的立法。"而且他只受这种约束"，这个"未能想到"要管到后面这个"而且"，也就是他未能想到这两点：一点，他服从的只是他自己的、但却仍然是普遍的立法；另外一点呢，他只受这种约束，"就是按照自己的、但根据自然目的而普遍立法的意志来行动"。他所受到的约束只是那样一个约束，也就是，按照自己的普遍立法的意志来行动，但这个意志又是根据自然目的而普遍立法的意志。"根据自然目的"，这个自然目的（Naturzwecke）放在这里非常蹊跷，是第一次出现。什么叫根据自然目的？这个要联系到康德后面的论述才能明白。康德在下面讲"目的王国"的时候提到，"理性的自然区别于其余的自然，就在于它为自身设定了一个目的。这一目的将会是任何一个善良意志的质料。"（德文版第 437 页）所以这里的自然目的可以理解为理性在设想中的一个可能的目的王国。当然，这样一个"自然目的"概念还是由前面的自然公式和目的公式综合而来的，但它既不是自然法则，也不是主观目的，已经整个提高了一个档次。正如康德在第 436 页的那个注释中说的："目的论把自然当作一个目的王国来考虑，道德学把一个可能的目的王国当作一个自然王国来考虑。"这里的"自然"不是指自然界，而是指人的道德上的"自然"或"本性"。也就是说，第三公式是在更高的层次上综合了前两个公式的自然律概念和目的概念，并由此引出了自然目的即"目的王国"的概念。这里出现的"自然王国"概念就是预示着康德的"目的王国"学说将要出笼了。那么以往的道德学家，他们为什么所做的努力全都失败了，就是因为他们没有看到，人在服从义务的时候其实是在按照自己的、但根据自然目的、也就是目的王国而普遍立法的意志来行动。我们受约束不错，但是这个约束是我自己根据目的王国普遍立法的意志，我受自己的普遍立法的约束，不是受外来的另外一种法则的约束。

433　　因为当人们把自己设想为只是服从某条法则（不管是什么法则）时，那么这种法则必然会带有某种作为诱惑或强制（Zwang）的利益，因为它并不是作为法则从**他的**意志中产生出来，而是这个意志按照法则被**其他的东西**强迫着以某种方式行动。

　　这个"因为"，就是更进一步具体地解释那些人为什么都失败了。他们虽然看到人们受到了义务、法则的约束，但是没有想到所服从的只是他自己的普遍立法。为什么他们没想到，是因为当人们把自己设想为只是服从某条法则，不论是什么法则，不论是经验的还是道德的法则的时候，"那么这种法则必然会带有某种作为诱惑或强制的利益"。这种情况下，因为你仅仅只看到人们服从某种法则，仅仅只看到人是被迫的，要么就是诱惑，诱惑也是服从。要么是强制，出于恐惧，出于害怕。你不服从就会遭到惩罚，你就会遭雷打、下地狱；或者是你服从了也有好处，你服从了在天堂会有加倍的报偿，这就是诱惑。一种是诱惑，一种是强制的利益。所以他们失败的原因是，只看到服从某条法则，以及服从诱惑和强制，而没有想到我同时还是自己立法的。也就是人们忽略了，我们在服从法则的时候同时又是自己立法的，我不是服从别的法则，我是自己给自己下命令。如果没有考虑这方面，只是设想为服从某些法则，不管你这个法则是低级的还是高级的，哪怕是高级的，其实都不能称之为纯粹的道德法则、纯粹的定言命令。功利主义经常想把自己的法则提升到一个道德的高度，以把人类和动物区别开来。动物也服从某种法则，但动物服从的法则是低级的，人服从的法则是高级的。但康德在这里讲到，不管是什么法则，你在这里把你的法则提得再高，上帝的法则还不高？但如果这个法则不是你自己建立起来的，不是你自己的普遍立法，那么它就必然会带有某种要么作为诱惑、要么作为强制的利益，它就摆脱不开利益。如果你仅仅是服从，还没有意识到你在服从的时候你有一种自我立法，那么它就是服从利益的，它最终服从的就是利益。他讲，"因为它并不是作为法则从他的意志中产生出来"。你所服从的法则并不是作为法则从你的意志中产生出来的，它是带有许多利益才迫使你去服从的。这就是"这个意志按照法则在被其他的东西强迫着以某种方式行动"，这句话比较好理解。就是说这个意志，虽然是按照法则，但是被其他的东西所强迫着以某种方式行动，这些其他的东西，恐惧也好，诱惑也好，在强迫你按照法则来行动。

然而，由于这种完全必然的推论，为寻求义务的一个至上根据的全部工作都无可挽回地白费了。

这是一个必然的推论。如果你仅仅是把自己设想成服从某种法则的，那么这种法则就会必然带有某种利益，要么是强制，要么是诱惑，这种法则就不会是从你的意志中作为法则产生出来的，而是这个意志一定会被其他的东西强迫着来行动。正是由于这种完全必然的推论，"为寻求义务的一个至上根据的全部工作都无可挽回地白费了"，你最后归结到利益，那么你要追求一个至上的道德原则，义务的原则，不管你做了多少工作，那就都白费了。这就说明以往的这些寻求道德原则的全部努力为什么都失败了，原因就在这里，因为他们没有看到道德是意志的自律。忽视了道德自律以后，不管你怎么样论证，你的全部努力都白费了。

因为人们得到的绝非义务，而只是出自某种特定利益而行动的必然性。

人们在这里得到的绝非义务，而是出自某种特定利益而行动的必然性。它也有必然性，这种必然性是一种外在的强制，例如诱惑，重赏之下必有勇夫，人为财死鸟为食亡，这是有必然性的。人当然也是动物嘛，动物就有动物的必然性，有恐惧，你死后要下地狱，那么你就必然有一种恐惧，有一种害怕，于是呢，不得不服从义务，服从道德法则去行动。这样的行动就失去了它的至上的根据,道德律就失去了它的至上根据,只剩下利益的必然性了。

这种利益可能是自己的,也可能是其他人的。

这个地方把合理的利己主义和功利主义全部包括在内了。你可以为自己谋利益,你也可以为他人谋利益,你也可以为天下的劳苦大众谋利益,但你的道德律仍然没有至上的根据。不管是为你自己也好,还是大公无私为所有其他的人谋利益也好,你都停留在利益的层面,你把人仅仅看作动物,人都是像动物一样要追求利益。当然你可以不为自己谋利益,把自己当圣人拯救别人,但是你把别人看作是动物。你自己占领了道德上的制高点,但你把人类都贬低了,那么你自己也高不到哪里去。所以他这个地方讲,这种利益可能是自己的,也可能是其他人的。我们儒家的道德理想就是这样,从道德原理上来讲,这样一种道德理想它没有至上的根据,它的根据顶多就是利益。就是谋利益嘛,就是利害关系嘛。这个里头没有什么公平,正义,也没有纯粹的道德。所以为了给老百姓谋利益可以采取任何手段,比如说消灭一部分人,给大多数人谋利益,那少部分可以消灭掉的,消灭就是了。希特勒就是这样,我为大多数德国人谋利益,那犹太人是可以消灭的。所以在儒家看起来很崇高的道德理想,实际上它是有缺陷的,至少在它的理论根据上是不足的。

但这样一来,命令就必然总会是有条件地作出的,完全不可能适合于道德诫命。

这样的命令总是有条件作出的,总是有一个条件,就是利益。哪怕是为了最大的利益,为了老百姓最大的利益,我可以牺牲一部分老百姓,我们不怕第三次世界大战,我们可以不怕核战争,我们中国人可以作出牺牲,牺牲两亿嘛,我们还有四亿。罗马尼亚人听了就吓坏了(笑),你们还可以有三分之二,那我们就全完了,我们才几千万人。所以这是不道德的,为大多数劳动人民谋利益不见得是道德的,有可能是非常恐怖的。所以康德在这里提出这个东西,很值得我们思考。你把道德命令建立在利益之上，你就可以不择手段。既然是利益，你就可以两害相权取其轻，两利相权取其大，可以牺牲小的利益获取大的利益，可以不择手段，为所欲为，都有冠冕堂皇的目标：我们是顾全大局！顾全大部分人的利益，你应该认了，牺牲你一个，成全大多数，那是好事啊！康德非常深刻的地方，就是要追溯道德根本的根据，究竟什么是道德。

因此我想把这一原理叫作意志的**自律**（Autonomie）原则，来与任何其他的、我归之于**他律**（Heteronomie）的原则相对应。

这里第一次正式提出"自律"来了。自律，Autonomie，本来是希腊文，前面的 Auto 是自己，后面的 nomie 是法律、规范、法则。在古希腊就是这样一个意思，自己定的规律，自己立的法规，自己给自己立法，自我立法。相反，Hetero，就是异己的、异质的，Heteronomie，就是他律，异己的一种规范，他人所立的一种法则。这两者在康德那里是对立的，自律和他律在他看来是绝对不容混淆的。当然后来的人批评他，自律和他律怎么分得开，很多自律其实是他律，很多他律也可以作自律来解释，很多人都批评他，这个是可以批评的。但首先把这两个概念区分开来，这是康德的一个极大的贡献。这一段就是，对以往的这些道德哲学上的努力为什么全都失败了，他归结为，因为没有看到自律的原则，人把一切道德律都理解为他律。这是他指出的一个最深刻的根据。他的道德律的第三变形公式，恰好解决了这个问题，找到了道德律它最高的那个根据，就在于道德上的意志自律。

下面我们再看看，从意志自律的原则，他又引出了另外的概念，即"目的王国"概念。

每个理性存在者，都必须通过它意志的全部准则把自己看作普遍立法的，以便从这一视角出发来评判自身及其行动，

每一个理性存在者，他都必须通过它意志的全部准则把自己看作普遍立法的。这句话和从这里倒数上去第二段的第一句话几乎完全相同：

"每个人类意志都作为一个凭借其全部准则而普遍立法的意志"，也就是第三公式。第三公式所展示的正是每个意志和普遍立法的意志之间的同一性关系。这里讲每个理性存在者"都必须"，也可以译作"都必然"，通过或者凭借自己意志的全部准则，而把自己看作普遍立法的。通过意志全部准则，也就是说，在自己的全部准则上都用普遍立法来要求自己，在它的每一个准则里面都普遍立法。每一个理性存在者他都必然会这样。每一个理性存在者都有这样的道德律，"以便从这一视角出发来评判自身及其行动"，从这一视角出发，从自己普遍立法这一视角出发，来评判自身及其行动，来反思自身。我们刚才讲了，第三个变形公式，它是意志回到了自身，意志自己反思自己，它是意志通过理性为自己立法，回到自身。这也就是从这一视角出发来评判自身，评判自身也就是评判理性存在者的意志自身及其行动。所以第三个变形公式，它是一个回复到自身的圆圈。

这样一个理性存在者的概念，就引向一个依赖于它的、极富成果的概念，即**一个目的王国**（eines Reichs der Zwecke）的概念。

这样一个理性存在者的概念，他能够普遍立法，把自己看作是普遍立法者，这样一个概念，就引向一个依赖于它的、极富成果的概念，即目的王国。目的王国，当然它依赖于这个王国里的每一个成员，即理性存在者，它们每一个都是自我立法的，那么由这些理性存在者所组成的一个团体就称之为目的王国。也就是说，每一个理性存在者都是目的。那么，是如何"引向"的呢？在第三个变形公式里面，在自律公式里面跟前面两个公式结合起来看，我们就得出了目的王国这样一个概念。也就是第三公式回过头去把前面的公式纳入自身之下，这就造成了一个结果，前面讲过，产生了一个"自然目的"（Naturzwecke）概念，这个"自然"已经不是第一变形公式用来类比的那个"自然律"，而是理性存在者的共同"本性"；这个"目的"也已经不是第二变形公式中横跨现象和本体两界的"人格中的人性"，而是完全彼岸世界的理想。这种建立在彼岸的目的国就在于，每一个理性存在者都是普遍的立法者，因而他们既是以自身为目的同时又互为目的。从第二变形公式的横跨两界到向彼岸世界的提升是通过第三公式的意志自律做到的，因为意志自律纯粹是意志对意志本身的关系，与其他对象无关。这样一个世界就叫作目的王国，在其中，每个人都是目的，每个人不能够仅仅当作手段而要同时被当作目的，这样一个理性存在者的集合体，就叫作目的王国。这个"目的王国"的概念，有些研究者把它视为定言命令的"第五公式"，或者叫作"第四变形公式"，而与普遍公式、自然律公式、目的公式和自律公式并列。这是完全没有把握到康德这些公式之间的逻辑层次关系。目的王国概念是由康德的自律公式所推出的社会理想，它本身不是什么定言命令的公式。康德的定言命令是由普遍公式统领三大变形公式的一个命题系统，这三个变形公式之间有一种"正、反、合"的逻辑关系，不是随便可以插进一个或者减少一个的。

　　但我理解的王国，指的是不同的理性存在者通过共同的法则形成的系统的联合，

　　这就是刚才我们解释的，所谓王国，什么叫王国，是不同的理性存在者通过共同的法则形成的系统的联合。他在这里理解的王国不是世俗的王国，也不是自然界，他是在纯粹理性的意义上来理解的。也就是说，在理想中，由一些理性的存在者来组成的这样一个系统的联合体。这里讲的王国，Reich，在德文里面本来就是指传统的法兰克王国，德意志王国，普鲁士王国，又译作"帝国"。那么这样一个王国从封建制的理解上和康德的理解是不太一样的，康德的理解里面当然也有一个首脑，但这个首脑肯定跟以往的那些帝王是大不相同的，它代表一种精神上的层次。这个王国是靠理性的法则组织起来的，它是理性的王国，是不同的理性存在者通过共同的法则形成的系统的联合。所以他这个王国，我理解呢，似乎更应该叫作共和国。但是康德在这里仍然叫作王国，他可能还有他的用意，因为这个王国里面有一个王，有一个首脑，那就是上帝。所以他用王国这个概念，是为他的宗教作准备，他从这里可以通往宗教。在这个王国里面有一个上帝，而且所有人都服从上帝。当然这样一个理想的王国，在现实中是不可能的，是他设计出来的，类似于柏拉图的理想国。但是柏拉图的理想国是共和国，不过这个共和国里面也有一个"哲学王"。其实古希腊雅典共和国是没有"王"的，只有民选的执政官。那么康德在这里还是用的王国这个词，既然有哲学家或者纯粹理性当"王"，那就可以叫"王国"，即精神王国。

现在既然法则根据其普遍有效性规定了目的，那么，如果我们抽象掉理性存在者的个人的差异，同时也抽象掉他们的私人目的的全部内容，就将能够设想在系统联结中一切目的（既是作为自在目的的理性存在者，又是每个理性存在者可能为自己设立的特有的目的）的一个整体，即一个目的王国，这按照上述诸原则是可能的。

他前面提出了目的王国这个概念，他非常重视这个概念，目的王国，是不同的理性存在者通过共同的法则形成的系统的联合。"现在既然法则根据其普遍有效性规定了目的"，每一个理性存在者在王国里面，由共同的法则和他人联系起来的，就是说，这个法则维系王国里各个有理性存在者之间的关系，那么它就有普遍有效性了；既然每个理性存在者都服从这个法则，那么这个法则对每一个理性存在者都有效，也就是说，都规定了目的，每个人的目的都是由这个法则规定的。法则的普遍有效性就体现在这里，就是规定了每个人的目的，它就有效了。他说，"那么，只要我们抽象掉理性存在者的个人的差异"，每一个理性存在者的差异，如果说是作为人类来看待的话，有限的有理性存在者，那么他们肯定有个人的差异。那么我们把这些差异都抽象掉，"同时抽象掉他们的私人目的的全部内容"。私人目的，具体的个人想要做什么，想要达到的目的，我们把它们的全部内容抽象掉。这些有限的理性存在者要组成一个目的王国，这个时候我们必须把他们的有限性的内容全部抽象掉。这样，我们

"就将能够设想在系统联结中一切目的……的一个整体"。但是，所有这些有限的目的为什么能抽象掉呢，因为它们都是服从终极目的的。每个有限的理性存在者，他的所有目的都是为了服从终极目的，这个终极目的就是把他自己人格中的人性和他人人格中的人性当作目的，这是一个终极目的，这个目的抽掉了具体的目的。具体目的当然有，还在，由于你把它们都服从于你的终极目的，所以它们可以被抽象掉。每个人以自己的方式来达到这个终极目的，每个人以自己的方式成全自己的目的也成全他人的目的，那么这个自己的方式就被抽象掉了，就能够设想在系统联结中一切目的的一个整体。这个括弧里面讲："既是作为自在目的的理性存在者，又是每个理性存在者可能为自己设立的特有的目的"。在系统联接中的"一切目的"，其中包括自在的目的，每个理性存在者他自己都是一个自在的目的；同时呢，又包括每个理性存在者可能为自己设立的一个特有的目的，就是包括那些被抽象掉了的、每个人的不同目的。换言之，既包括客观目的又包括主观目的。那么这样一个整体呢，就是一个目的王国了。目的王国不是说把那些各种目的全部摒弃不要，而是可以把它抽象掉。从它的终极目的来看，我们可以把它们看作是一个整体，一个目的王国。这个目的王国，用我们比较能够理解的话来说，就是"人人为我、我为人人"。我们讲的共产主义的理想就是这样的。其实，马克思的共产主义理想在康德那里已经有所表述，当然不是按照马克思的科学共产主义那样表述，而是作为人类理想来表述。马克思的共产主义理想，就其最终的目的来说，就是人类的理想，就是康德所表述的理想。当然康德所表述的理想也还不是他第一次表示出来，在基督教里面也有，所以有的人把马克思的共产主义和基督教联系起来，不是完全没有道理的。康德所提出的这个目的王国，虽然上帝在里面作为首脑，但是实际上，这个王国是按照上帝的精神所建立起来的，就是我为人人，人人为我。每个人都为每个人，只要是个人，我们就为他，一人为大家，大家为一人，一人有难，全社会都来帮助他。如果你不尊重一个人的生命，那么所有的生命都失去了价值。所以一个目的王国必须要有一个普遍的法则作为它的原则，作为这个目的王国系统联合的根据。他说，"这按照上述诸原则是可能的"。这个目的王国按照上述原则，也就是按照自律原则，按照第三公式，是可能的。所以第三公式和第二公式是紧密结合在一起的，或者说，目的王国是通过第三公式回顾或容纳第二个变形公式而自然得出来的，第二个变形公式已经作好了铺垫，但是第二变形公式一旦获得了第三公式的命令，就会变成这个目的王国的理想，就导致了一个目的王国的理想。这个理想就是人类的理想。

刚才讲的最后一句要补充一下，他说，"这按照上述诸原则是可能的"。刚才讲的，把这个"诸原则"漏掉了，上述是指不仅仅按照自律的公式，而且按照目的公式，甚至于按照自然律公式，按照所有这些原则才是可能的。他实际上是按照自律的公式结合其他公式推出了目的王国这样一个理念，这按照上述诸原则是可能的。

我们下面再看看他的解释，他说，

因为所有理性存在者都服从这条法则：他们中的每一个都应当**绝不把自己和所有其他的理性存在者仅仅当作手段**，而是在任何时候都**同时当作自在的目的本身**来对待。

这个就明确说出来了，"因为所有的理性存在者都服从这条法则"，什么样的法则呢，就是第二公式的法则：他们中的每一个都应当绝不把自己和所有其他的理性存在者仅仅当作手段，而是在任何时候都同时当作自在的目的本身来对待，这就是目的公式。和目的公式稍微有点差别的表达是，"把自己和其他的所有理性存在者"，目的公式里面则是讲，把自己人格中的人性以及他人人格中的人性，不要仅仅当作手段而且要当作目的。其实意思是一样的。也就是说，在这样一个目的国里面，所有的理性存在者都服从目的公式。这就是上面这句话："按照上述诸原则是可能的",为什么是可能的呢,因为在这样一个目的国里面,所有的理性存在者都服从目的公式。第二公式在这里成为了目的国理念中的要素,是说在目的国中,所有的理性存在者都服从它。

但这样就产生出理性存在者通过共同的客观法则而形成的一种系统的联合,即一个王国,而由于这些法则的意图正在于这些存在者互为目的和手段的关系,这个王国就可以叫作目的王国(当然只是一个理想)。

就是说,每一个理性存在者都不把自己和其他的理性存在者仅仅只当作手段,而是任何时候都当作自在的目的,但这样一来,"就产生出理性存在者通过共同的客观法则而形成的一种系统的联合",这显然是从第二公式里面自然而然推出来的。就是说,如果你把自己人格中的人性和他人人格中的人性,都当作目的而不仅仅当作手段的话,那么就能设想这样一个目的王国了,它是理性存在者通过共同的客观法则而形成的一种系统的联合。共同的客观法则,就是说,不仅仅是你个人主观的法则,你要把自己和他人都当作目的,那这个目的就是客观目的了。当然它同时也是你的主观目的,也是他人的主观目的,是所有人的主观目的,那么这样一来就成了客观目的。通过共同的客观法则而形成的一种系统的联合,所有这些客观目的它都有一个共同的法则,这个共同的客观法则就是意志自律。通过这种自律形成了一种系统的联合,即一个王国,"而由于这些法则的意图正在于这些存在者互为目的和手段的关系",这些法则的意图,即这些共同客观法则的意图,就是你们为自己所立的那些法,你们的自律所立的那些法则。这些法则的意图正在于这些存在者互为目的和手段的关系,自律的意图就是要建立一个互为目的和手段的目的王国。所以"这个王国就可以叫作目的王国",当然这"只是一个理想"。康德并不认为这个理想就能在现实中实现,它只是作为一个理想,放在那里做标准,让人类意识到自己真正的本质,让人类意识到自己作为一个理性存在者应该怎么样。我们经常讲,康德的这个理论非常的宏大,非常的了不起,但是他最终带有一条庸人的尾巴,就是说他仅仅把这个理想当作一个理想,而不打算把它在现实中实现出来。但是康德并没有不打算实现它,而是主张要努力实现它,只是认为不可能实现。尽管不可能实现,但它作为一个理想的鼓舞力量仍然是巨大的,是很现实的。它可以导致我们积极地行动,而又保持清醒的头脑,意识到自己的局限性。理想一旦成为现实,就会变成漫画。康德在这里非常谨慎,他把这限制为只是一个理想,只是用来衡量我们的现实生活、使我们意识到现实生活不足的一个理想。但是你要按照这个理想实现出来,则不可能。这个西方的乌托邦,理想主义,是有传统的,从柏拉图开始。柏拉图的理想国,他就不打算把它实现出来的,他就是从一个学理的层面设立一个理想,认为一个好的国家、一个好的城邦,应该怎么样组成。但是他绝对没有想到,这个东西可以真正的在现实中建立起来。只是说,我们有了这样一个理想,有了一个追求的目标,我们就能够衡量我们与这个目标在距离上还有多远,意识到我们人类的有限性。但是这个理想提出来,是非常了不起的。这些理性存在者互为目的和手段的关系,这是人类的理想。人类作为一个社会,它是互为目的和手段的。你要把别人当手段当然也可以,但同时你要把别人当目的,不能仅仅当手段,最终你要把每个人当目的。"每个人的自由发展是一切人自由发展的前提",马克思的《共产党宣言》就宣布了这样一个人类的理想,实际上在康德这里也是包含着的。

我们再看下面一段,他说,

然而,如果一个理性存在者虽然在目的王国中普遍立法,但自己也服从这些法则,那它就作为**成员**属于目的王国。如果它作为立法者不服从任何一个其他理性存在者的意志,它就**作为首脑**属于目的王国。

在这个目的王国里面,既然属于王国,康德也分出两个层次。一个层次是一般的理性存在者,如果一个理性存在者虽然在目的王国中普遍立法,他具有普遍立法的尊严,但自己也服从这些法则,那它就作为**成员**

属于目的王国。一方面他普遍立法，但另一方面他又是有限的，所以他又要服从这些法则。要使自己有限的目的自觉地去服从这些法则，他就作为成员属于目的王国。但"如果它作为立法者不服从任何一个其他理性存在者的意志，它就作为**首脑**属于目的王国"。这是另一个层次。如果一个理性存在者作为立法者不服从任何一个其他有限的理性存在者的意志，只服从自己的意志，它就作为首脑属于目的王国。这就是上帝了。在这个目的王国里面应该有一个最高的立法者。每个人都是立法者，但是其他立法者都还要服从自己的这些法则、他立了这些法要服从这些法；唯有一个立法者他用不着服从，因为他没有别的目的。有限的理性存在者他就会有一些具体的目的，他就需要把这些目的都服从自己所立的法则，而最高的理性存在者他没有自己的目的，他可以不服从别人的意志。他也不必考虑别人的意志，他只要考虑自己的意志就够了，因为他的意志就是别人的意志，他没有自己个体特殊的意志，所以他的法就是他的意志。所以康德经常讲到，定言命令只是对有限的理想存在者有效，对上帝不需要命令。因为上帝没有有限的目的，他的目的就是无限的，就是普遍的。所以，他可以不服从其他理性存在者的意志，他是首脑。他不服从任何其他理性存在者的意志，他对自己的意志也不叫作服从，也无所谓服从。因为他也是自己给自己立法，但是他这个立法呢，并没有像有限的理性存在者那样对有限的目的加以限制，加以命令，他任何时候都不会自相矛盾。那么这样一个理性存在者，它就作为首脑属于目的王国。所以他所提出的目的国，最终是引出了上帝，引向了宗教，虽然这里还没有提到上帝这个词。

理性存在者任何时候都必须把自己看作在一个通过意志自由而可能 434
的目的王国中的立法者，无论是作为成员，还是作为首脑。

不论是有限的理性存在者还是无限的理性存在者，只要是个理性存在者，任何时候都必须把自己看作在一个通过意志自由而可能的目的王国中的立法者。凡是理性存在者都必须把自己看作是一个立法者。理性存在者嘛，从他的理性来看，他的行动就是按照理性的，他自己就是理性存在者，他自己就是理性，所以他的行动，必然就是立法的。理性本身就是普遍性的，普遍性就是法则，坚持普遍性就是立法。在什么地方立法呢？在一个目的王国中，任何一个理性存在者都必须在一个目的王国之中、在和其他的理性存在者互为目的的一个共同体中，才能普遍立法。那么这样一个目的王国是"通过意志自由而可能的"，因为目的本身就是意志的产物，对意志来说才有目的。目的王国中，每个人都出于这样的意志自由，那目的王国就成立了。目的王国也就是一个互为目的和手段的王国，每个人都把每个人的意志自由当作目的，当然同时也作为手段，但是最终是当作目的，所以这就叫一个目的王国。把每个理性存在者都当作目的的王国，这就叫目的王国。当然这也就是一个自由的王国，用马克思的话来说就是"自由人的联合体"，自由人的联合体把每个人都当作目的。理性存在者任何时候都必须把自己看作在这样一个目的王国中的立法者，"无论是作为成员，还是作为首脑"。也就是说，成员是立法者，首脑也是立法者，他们都是立法者，他们立的都是同一个法，就是纯粹理性的法。自由意志的自律不管对于上帝也好，还是对于每一个普通的理性存在者也好，都是自律，这就是他们立的法，他们通行的法。这样的上帝即使有，也是一个理性的上帝。

然而，对于后一种地位，它不能只凭其意志的准则来保持，而只有当它是一个完全独立的存在者，并不需要也不限制与其意志相符的能力的时候，才得以保持。

对于后一种地位，对于首脑来说，他特别加以规定，说明。对于首脑的地位，它，也就是一个理性存在者了，这样一个理性存在者的首脑地位，"它不能只凭其意志的准则来保持"。首脑的地位不是单凭意志的准则来保持的。意志的准则就是那种主观的准则，主观的目的。当然它可以成为普遍的法则，但也可以不成为普遍的法则，一个意志的准则你"应当"

使它成为普遍的法则，但也就意味着它有可能不成为普遍法则。所以这样一个首脑的地位它不能只凭其意志的准则来保持。实际上，对这样一个首脑来说，从严格意义上来说，它的准则不是准则，它的准则从严格意义上来说本身就是法则，它没有自己特殊的准则。所以它不可能只凭其意志的准则来保持一个首脑地位，"而只有当它是一个完全独立的存在者，并不需要也不限制与其意志相符的能力的时候，才得以保持"。只有当它是一个完全独立的存在者，上帝嘛，完全独立，不受制于任何人、任何感性事物。它并不需要也不限制与其意志相符的能力，它不需要这样一些能力也不限制这样一些能力。这个显然是指意志的准则里面所包含的那些感性的能力，它们是与其意志相符的能力，上帝则不需要这些感性的能力，它作为纯粹意志和纯粹理性，是完全独立的主体。反之，作为成员的地位，有限的理性存在者是凭借它意志的准则来保持的，这个准则必须要使它成为普遍的法则，要和意志相符、受意志限制，但是它还是主观的准则。而上帝呢，不需要，作为目的王国中的首脑，既不需要也不限制与其意志相符的能力，只有一个存在者是这样的时候，它才能保持它首脑的地位。当然这都是理想，应当有一个目的国，那么作为它的成员应该是什么样的，作为它首脑应该是什么样的，康德作了一种理想的描述。

所以，道德性（Moralität）就在于一切行动与立法的关系，只有通过这种关系，一个目的王国才是可能的。

这是用来解释道德性的，用目的王国来解释道德性。什么是道德，什么是道德性？道德性就在于一切行动与立法的关系；一种什么关系呢？只有通过这种关系，一个目的王国才是可能的。前面都是讲的定言命令，那么这种定言命令我们可以把它称之为道德律，因为所谓的道德性就在于，一切行动与立法处于这样一种关系之中，使得目的王国得以可能。一切行动和立法的关系导致一个目的王国，因而道德性就在于，你的行动和你行动的立法，可以导致一个目的王国。这句话的意思就在这里。能够导致目的王国的，那就是道德的，违背这个目的王国标准的，那就是不道德的，以此来区分道德和不道德。所以道德是建立在自律之上的，是建立在定言命令之上的，我们前面也讲了，这是康德在道德学说方面的一个极大的贡献，就是把道德第一次建立在自由意志及其自律这个基础之上，这是康德所做出来的，用这个理性的根据来解释什么是道德的。以往的道德都是先规定了，这个是道德的，那个是道德的，根据权威根据圣经，圣经上面是这样讲的，某某伟人是这样讲的，我们就无形中形成了一种通俗的道德眼光，凡是违背这些格言的那就是不道德的了，但是没有讲出理由来。康德第一次给它一种合理的理由，那就是意志自律，以及通过意志自律所建立起来的目的国。道德最终就是要追求目的国，合乎这样一个目标的，那就是道德的。

下面由这种关系制定了意志自律的原则，即第三公式的又一种表达：

但这种立法必定能在每个理性存在者自己身上找到，并能从他的意志中产生，因此意志的原则是：不要按照任何别的准则去行动，除非它能够同时作为一条普遍法则而存在，所以只是这样去行动，**这个意志能够通过其准则把自己同时看作普遍立法的。**

这句话把行动和立法的上述关系进一步摆明了。这个立法是一种什么样的立法呢，他说，它"必定能在每个理性存在者自己身上找到，并能从他的意志中产生"。这种立法虽然是普遍的立法关系，但它不是外在的法，而必定是每个理性存在者自己身上的法。只要你是理性存在者，你身上就有这种法，"并能从他的意志中产生"。从自己的意志中产生的法就是自律，这就是意志本身的原则。"因此意志的原则是：不要按照任何别的准则去行动，除非它能够同时作为一条普遍法则而存在"。这个就是普遍公式了，但是他这里是把它归结为"意志的原则"。定言命令、普遍公式，本来就是纯粹实践理性的公式，而纯粹实践理性的最高原则当然也是出于意志，你要怎么怎么样，当然是诉诸人的意志了。但是，他在这里强调的是意志的原则，意志本身的原则是这样的，就是不要按照任何别的准则去行动，除非它能够同时作为一条普遍法则而存在，这就回到了普遍公式。关键是下面这一句，即由前面的普遍性公式推出来，加上了"意志的原则"，把普遍性公式归结为意志的原则："所以只是这样去行动，这个意志能够通过其准则把自己同时看作普遍立法的"。这个意志不仅仅是按照普遍法则，而是自己普遍立法；不仅仅是按照普遍法则去行动，而且把自己看作是普遍立法的：这就是意志自律的公式了。由此可见，自律公式、第三变形公式，本身是普遍公式的展开，或者说，自律公式中蕴含着普遍公式，把它表达成了一个"意志的原则"，即意志本身的原则。因此第三公式在这里的表达是："只是这样去行动，这个意志能够通过其准则把自己同时看作普遍立法的"。这个就是第三公式的表达。前面提到的那个表达当然也可以："如果有某种定言命令，那么它只能命令说，从自己意志的这条准则出发去做一切事情，如同这意志可以把自己当作普遍立法的对象那样"。跟这里是一个意思，表达的方式略有不同。这里的表达是：这个意志能够通过其准则把自己同时看作普遍立法的；那里则是：这个意志的准则就是可以把自己当作普遍立法的对象。这就是自律公式。采取公式的方式表达出来应该是这样的。采取一个理念的方式呢，那就是"每一个有理性者的意志作为普遍立法的意志"，这是个理念，但它还没有形成一个判断，这个判断要采取一个命令式的方式表述出来，那就是：这样去行动，这个意志能够通过其准则把自己同时看作普遍立法的。

现在，如果这些准则不是由其本性已经必然地与作为普遍立法的理性存在者的这一客观原则一致，那么根据这原则行动的必然性就叫作实践的强制，即**义务**。

自律公式已经提出来了，他说"现在，如果这些准则"，——这些准则就是前面讲的，能够通过意志的全部准则把自己看作普遍立法的——但是，如果这些准则"不是由其本性已经必然地与作为普遍立法的理性存在者的这一客观原则一致",即如果这样一种一致由于其本性已经和这个客观性原则一致,那就是上帝了。但除了上帝能做到这一点,一般的理性存在者都做不到这一点。所以他讲,如果这些准则不是由其本性已经与客观原则一致,也就是说如果你是一般的理性存在者,有限的理性存在者,而不是上帝,"那么根据这原则行动的必然性就叫作实践的强制,即义务"。如果你做不到你的准则自发地已经与客观原则相一致,那么根据这原则行动的必然性,或者译作必要性,就叫作实践的强制,那就要强制你了,这就是义务。义务打了着重号。对有限的理性存在者来说,对那些做不到把自己的准则出于本性就与客观原则相符合的、相一致的理性存在者而言,也就是说对于人类而言。那么根据这个原则行动的必然性,就叫作义务。义务带有强制性。在上帝那里谈不上义务,上帝按照道德律行动,那不是他的义务,那是他的本性。人的准则就需要强制,你是有限的理性存在者,你的理性准则有可能是偏离了道德律的,所以道德律对你来说就是义务。道德律对于上帝来说是它的本性,你不能说上帝有义务去按道德律办事,上帝按其本性就会按道德律办事。但是对人来说,它就是一种义务,他是受束缚的,他是被动的,当然这个被动的根基还是主动的,是你的自由意志建立起来的。但是,作为有限的理性存在者,你还有别的方面,所以你的自由意志所建立的法则对你来说,就是你的义务,你必须用它来限制你别的方面、就是有限的那些方面,感性的那些方面。

　　义务并不适合于目的王国中的首脑,但它却适合于、并且完全在同等程度上适合于它的每个成员。

　　对于目的王国里面的首脑,对于上帝来说,谈不上义务,但是对于每一个成员来说,它都是义务,而且在同等程度上是义务。在义务面前人人平等,没有哪个人的义务比另外一个人多一些或者少一些,在同等程度上适合于它的每一个成员。因为你把每一个成员都当作目的,那么这样一个目的就是客观的普遍的目的,不是你个人的目的。所以,这样一条法则,在同等程度上要求到每一个成员,没有人例外。

再看下面一段。

根据这项原则行动的实践必然性,也即义务,完全不以感情、冲动和爱好为基础,而仅仅基于理性存在者相互之间的关系,在这种关系中,一个理性存在者的意志必须永远同时被看作**立法的意志**,因为否则这些理性存在者就不能被设想为**自在的目的本身**了。

这是对有限的理性存在者而言的。对于目的国的成员来说,"根据这项原则行动",也就是根据这项普遍立法的原则、自律的原则行动的"实践必然性",实践必然性也可以翻译成实践必要性,即义务,它是"完全不以感情、冲动和爱好为基础"的。感情、冲动和爱好都是属于人的有限的那些目的,人的准则里面包含着大量的这些有限的目的,但是你在衡量这些准则的时候你要看它是否能成为一条普遍的法则,这个普遍的法则是你自己所立的,而那些有限的目的都不具有普遍性。所以这样一个法则,它是完全不以感情、冲动和爱好为基础的,"而仅仅基于理性存在者相互之间的关系"。前面讲了,这种立法必定能在每个理性存在者自己身上找到,并能从他的意志中产生,所以它是每个意志的自律。但是从这个自律,我们可以推出来,当你做到这个自律的时候,你已经涉及到了一切理性存在者相互之间的关系了。所以说,这个自律并不是你个人的主观的准则,而是同时成为了普遍的法则,所以它基于各个理性存在者相互之间的关系。而"在这种关系中,一个理性存在者的意志必须永远同时被看作立法的意志",在跟其他理性存在者的这样一种关系中,任何一个理性存在者的意志都必须永远同时被看作立法的意志,"立法的意志"打了着重号。就是说,在这种关系中,你必须把任何一个理性存在者的意志都看作是自己立法的,都是立法的意志。都是颁布法律的,你颁布法律,同时你也把别人看作是颁布法律的,这个法律是我们共同颁布的。虽然是我的准则里面颁布出来,但别人也是,也是从他的准则里面颁布出来的。个人的准则在这种时候，都成为了一条普遍的法则，用来维系我们相互之间的关系。他说，"因为否则这些理性存在者就不能被设想为自在的目的本身了"，这是在第二公式、目的公式里面已经讲了的，每个有理性的存在者人格中的人性都必须被当作目的，那么这个目的就是"自在的目的"，也就是客观目的。尽管它有时候也许没有把自己当作目的，但它还是客观目的。你要把它当作目的，它自己也应该把它当作目的，而不是任何其他目的的手段，所以它是自在的目的本身。这就是康德当时的一种启蒙思想。反思一下中国五四以来的启蒙思想，我们的启蒙只是救亡的一种手段，不是以人格中的人性为目的，而是以治国平天下为目的。但是启蒙本来并不是为了这个。我们看到法国的启蒙也不是为了救法国，德国的启蒙也不是为了救德国，他们不是为了治国平天下，他是为了人性。他自己发现了人性的道理，每个人都可以借助于他来发现人性的道理，可以达到他的层次。所以，他不是有意识地去发动群众，他往往是躲起来，像卢梭他躲在乡下。这个康德呢，他躲在他的哥尼斯堡大学里面，他根本不和外界接触，他在探讨他的问题。他不是要发动群众。发动群众就麻烦了，(笑)他也承受不了，他是一个探索者。

　　从而理性把普遍立法的意志的每个准则都联系于每一个其他意志，也联系于每一个针对自身的行动，并且理性这样做并不是为了任何其他的实践的动因，或者未来的好处，而是出于一个理性存在者的尊严(Würde)的理念，这个理性存在者只服从那同时也是他自己所立的法。

　　理性把普遍立法的意志的每个准则都联系于每一个其他意志，普遍立法的意志，它所建立的每一个准则，当然是由它建立的，本来是它主观的，但是它同时联系于每一个其他的意志。也就是说，每个准则它都把它看作是其他的意志也能够建立起来的。不是我得到了这样一个法则有什么了不起，我只不过发现了每一个人心中本来隐藏着的那种可能性。我把这种可能性告诉人家，可以，这只不过是告诉人家你自己心里面有这样一条法则。就像苏格拉底的精神接生术一样，我告诉了你真理，不是我的真理，是每个人都有的真理，我把你的内心里面隐含着的这种真理接生出来，通过一种启发的方式。当然启蒙有这一方面，有教育的一方面，但是，教育不是说灌输给你某些观念，而是把你内心本身已有的东西汲取出来，把它明确出来。所以它是联系于每一个其他意志，你的意志跟其他意志都是有联系、都是相关的。你的意志立法，也是跟其他意志的自己立法相关的。"也联系于每一个针对自身的行动"，这一句更加重要。实际上，启蒙也好立法也好，都是针对自身的。启蒙是自己启自己的蒙，每个人都要自己启自己的蒙，他可能会借助于别人的思想，但归根结底他是自己建立起来的，要通过自己的理性建立起来。他不是崇拜某一个人，卢梭是圣人，康德是圣人，马克思是圣人，那么我就听他的，——这个你还是没有运用你的理性。圣人启发出来、宣示出来的那些道理，是人类普遍的，每个人都有，所以我服从这些道理，不是跟着某个人走，而是服从我自己，是跟着我自己走的。所以它是"也联系于每一个针对自身的行动"。每个人在立法的时候，都是自我立法，都是针对自身的。"并且理性这样做并不是为了任何其他的实践的动因"，包括治国平天下啊，包括搞好人际关系啊，获取更大的利益啊，等等这些实践的动因，都被排除在外了。"或者未来的好处"，我现在吃点亏，将来占大便宜。如商人薄利多销，我少占点便宜，将来可以占大便宜，有未来的好处。不是为了这些，"而是出于一个理性存在者的尊严的理念"，这个尊严的理念提出来非常重要，做道德的事情是为了人的尊严。每一个人他都有尊严。也就是说，"这个理性存在者只服从那同时也是他自己所立的法"，这就是尊严。什么是尊严的理念？这个理性存在者只服从那同时也是他自己所立的法，那就是有尊严了。并不是无法无天才有尊严，如皇帝有"九五之尊"；但单纯地服从他人也没有尊严，我不是五体投地崇拜某一个权威、救世主，我之所以要做我认为道德的和我认为正义的事情，是因为我服从自己的立法，是我自己的理性要我这么做的。这个理性我当然可以通过学习，从别人那里启发出来，但它还是我自己的理性。所以我在服从法则时是在尊崇我自己的理性,并没有丧失任何的尊严。我是理性存在者,理性是我的本质,我按照我的本质行事,那就是维护我自己的尊严。

在目的王国中,一切或者有价格,或者有尊严。

在目的王国中,目的王国刚才已经讲了,它已经把一切具体个人的目的都抽象掉了,但是,抽象掉了还在,只不过你不去考虑它了,它已经被隶属于绝对目的之下了。所以在一个目的王国中,一切或者有价格(Preis),或者有尊严。这个价格就很具体了,Preis,价格是可以交换的,交换价格、交换价值。我们说交换价值它体现为价格。你标价多少,那我可以在交换的时候,在出卖的时候,通过这样一种价格来跟人家互换。一切事物在目的王国里面,它或者有价格,但是,或者有尊严。在目的王国里面有价格的东西没有尊严,有尊严的东西没有价格。

一个有价格的事物也可被其他事物作为其等价物(Äquivalent)**而替换;**

这里引进了一套经济学的概念了,有价格的事物可以作为其他事物的等价物被替换,等价交换嘛,你给我一个东西,我换给你另外一个东西,价格相等。我给你多少钱然后你能给我多少货,这都是等价物,这个叫作等价交换、平等交换。在目的王国里面,也可能有这种价格的交换。

与此相反,凡超越于一切价格之上、从而不承认任何等价物的事物,才具有尊严。

在目的王国里面,虽然也有等价物的交换,但是要超越于一切价格之上,从而不承认任何等价物的事物,才具有尊严。人格就具有尊严,人格是不能交换的,是不能出卖的,按照法则每个人的自我立法那是不能出卖的,那才具有尊严。不卖的东西才具有尊严。买卖中我们也经常遇到,这个东西是非卖品。非卖品一下就把它的地位提高了,这个东西是不卖的,出多少钱也不卖,我给你看一看可以,但是你不能买。有的商人,借此提高他的尊严，当然不是他真正的尊严了，实际上还是提高了它的价格，没有什么东西是不能卖的，只有有尊严的东西才是不能卖的。超越于一切价格之上，这是对尊严的一种解释。什么是尊严？它是超越于一切价格之上的，没有任何东西能够交换。有理性的存在者，他的自由意志就是这样，他的理性的法则，理性的自我立法就是这样。意志对于意志本身的立法他就具有尊严，你如果按照这样一种立法来行动，那就具有人格的尊严。

下面进一步解释，他说，

与普遍的人类爱好和需要相关的事物，具有一种**市场价格**（Markt- 435
preis）；而甚至不以需要为前提，也适应于某种鉴赏力，即适应于我们内心诸能力在纯然无目的的游戏中的愉悦的事物，则具有一种**玩赏价格**
（Affektionspreis）；

我们看看这半句。价格有两种，有两个层次，康德在这里区分了。与普遍的人类爱好和需要相关的事物，一般人都具有一种爱好和需要，比如说饮食，吃饱穿暖，爱好，你想要求得美味，等等。这些是普遍的人类爱好和需要，这是人之常情。与此相关的事物，就具有一种市场价格。因为你的爱好是多方面的，你可以用这方面爱好的满足交换另外的爱好的满足，你这方面爱好的东西有多余的就可以用来弥补你那方面的不足。所以它具有一种市场价格，可以拿到市场上面去卖。但"甚至不以需要为前提，也适应于某种鉴赏力，即适应于我们内心诸能力在纯然无目的的游戏中的愉悦的事物"，鉴赏力，Geschmack，这个词我们前面讲过，有很多意思，我们可以翻译成口味，趣味，它本来的意思就是尝味道的意思，但是往往也把它用在审美上，用在审美判断上我们通常就翻译成鉴赏力。这个地方不能翻译成口味，因为他讲到了"不以需要为前提"，而口味还是以某种需要为前提，与爱好相关的。他这个地方与需要爱好都不相关，它是一种更高级的鉴赏力。这个里头，我们可以看到后来的康德的第三批判的影子，鉴赏力的原则，审美的原则，在这个地方他其实已经考虑到这些了，但是在这个时候他还没有考虑清楚。他是在写完《实践理性批判》以后才考虑成熟，确实需要写一部第三批判，《判断力批判》，来专门探讨鉴赏力的先天原则。而在这个时候，他还不认为鉴赏力真正具有先天原则，他把鉴赏力的问题看作是心理学的问题。所以他讲，甚至不以需要为前提也适应于某种鉴赏力，即"适应于我们内心诸能力在纯然无目的的游戏中的愉悦的事物"。康德后来在《判断力批判》里面讲到对美的鉴赏，就是这样规定的，就是，鉴赏是一种内心诸认识能力的无目的的自由游戏。就是内心的诸认识能力，感性、直观、知性、理性，这样一些能力，在内心里面互相之间游戏，但是没有目的，既不是为了认识也不是为了善，它就是为了引起一种感性的，情感的愉快。这样一种愉快他在第三批判里面为它找到了先天原则，那就是所谓的共通感的先天原则。它立足于人的先天情感能力，康德在第三批判里专门对鉴赏力作了一种先验的探讨。那么在这里，他还没有达到这种层次，还仅仅把鉴赏力看作是一种心理现象。有些心理现象，它给人带来愉快，但是，它没有目的，它和目的不相关，和利益不相关。它是无目的的、无利益的自由的愉悦，这也属于一种心理现象。那么这种心理现象它还不是尊严，它还是一种价格，他说，它具有一种玩赏价格（Affektionspreis）。Affektion 我们把它翻译成"玩赏"，它本来并不具有玩赏的意思，是指一种情绪，一种感染力。Affektionspreis，根据上下文的意思，我们把它翻译成玩赏价格。玩赏也是一种情绪了，玩玩而已，它没有目的，它就是游戏。在游戏里面它具有一种玩赏的价格。这个东西好玩啦，这个东西虽然没有什么用，但是很好玩，那么我也可以出让。你想玩吗，你想玩你也可以出点钱，(笑声)我可以卖给你。它也有一种价格，这当然比那种与爱好和需要相关联的事物，要更加高一个层次，超脱一些，高雅一些，但是它还是可以变成一个价格，可以出卖。像艺术品，艺术品是可以出卖的。但与这爱好和需要都不同的，是更高的。

　　但凡是构成某物能成为自在目的本身的唯一条件的事物，就不仅仅具有一种相对的价值，即价格，而是具有内在的价值，即**尊严**。

内在的价值就是尊严，相对的价值就是价格。这个地方出来了价值这个概念：Wert。价值这个概念和价格这个概念在经济学里面，是有区别的。我们说这个东西值多少，我们说这个东西太贵了，你的价格标得太高了，它不符合物品的价值。所以价值是比较内在的，而价格是外在的标价。但是价值又是和价格不可分离的。凡是有价格的东西它多少是有价值的，但是这种价值它是相对的，你觉得太贵可能又有人觉得不贵，这个都是相对的。"但凡是构成某物能成为自在目的本身的唯一条件的事物，就不仅仅具有一种相对的价值，即价格，而是具有内在的价值，即尊严"，内在的价值也可以看作是绝对的价值。它不卖嘛，它是不能卖的，它是有尊严的，人的尊严是不能够出卖的。而且尊严本身也可以说是一个绝对的价值标准，什么东西有价值，最终要用它来衡量，而它不能由别的东西来衡量。所以它是不能出卖的，它是至高无上的。唯一能够构成自在的目的本身的，那就是有理性的存在者，有理性的存在者本身，他的人格中的人性，它就是自在的目的本身。这个在第二公式里面已经讲到过了。这就是能够成为自在目的本身的唯一条件的事物，离开了这个事物，这个自在的目的本身就不存在了。而这个东西就不仅仅具有相对的价值或价格，而是具有尊严。有尊严，你才能够把某物看作是自在的目的本身。所以，它具有内在的价值，具有尊严。我们今天就到这里。

第二十一讲

上次我们已经讲到道德律、定言命令的第三个变形公式,就是关于普遍的立法者,每一个理性存在者都是普遍的立法者,就是自律。那么这种自律使得每一个理性存在者具有了一种尊严,具有一种超越于一切价格之上的价值,这就涉及到康德的价值理论,就是说一切价格它是相对的价值,但是绝对的价值就是尊严,每个有理性的存在者作为立法者的尊严。他不是服从别人的或者其他的外在的法律,他只服从自己给自己立的法,道德自律,这就赋予了每一个有理性者以尊严,它是一种绝对的或者内在的价值。价值是分等级的,比较低层次的是价格,是可以交换的,一种价格可以用另一种有价格的东西交换,只有内在的价值、绝对的价值它是不能交换的。

现在,道德性就是一个理性存在者能成为自在目的本身的唯一条件,因为只有通过道德性,理性存在者才可能成为目的王国中的一个立法成员。

道德性,前面我们也讲了,道德性就在于一切行动与立法的关系,只有通过这种关系,一个目的王国才是可能的。什么叫作道德性?道德性就是一切行动与立法的关系,而这种关系它是导致一个目的王国的。前面对道德性做了这样的规定,所谓道德性(Moralität),通常讲道德性,它到底是什么意思?康德在这里分析出来了,它只能是这样一个意思,就是一切行动它和一个立法发生了关系,而唯有凭借这种关系,才能够建立一个目的王国。这是他对道德性的一个规定。那么这里就讲到了:"现在,道德性就是一个理性存在者能成为自在目的本身的唯一条件"。前面讲道德性就是行动要合乎一种法则，并且这种合法则能成就一种目的国，那么顺理成章，唯有这样的道德性才使得一个理性存在者能成为自在的目的本身；自在的目的本身那就是有尊严的目的，客观的目的，这就使得一个理性存在者有尊严。所以反过来，我们说，这样一种自在的目的它本身的唯一条件，那就是道德性。他说："因为只有通过道德性，理性存在者才可能成为目的王国中的一个立法成员"。只有通过道德性——它导致了目的王国——，那么理性存在者才有可能成为它所导致的目的王国中的一个立法的成员，在目的王国中，每一个成员都是立法的。他们所立的法是一个普遍的客观的法，不是你的单个人的准则，你的相对的目的，而是一个普遍的客观的法则，在这样一个目的王国中，每一个成员都是一个立法者，这才叫作目的王国。这还是对第三个变形公式的一种解释，联系到道德性来加以解释。前面对道德性已经做了规定，这个人家就会问啦，你提出了第三个变形公式，每一个理性存在者都是立法者，那么这样一个立法者它跟这种道德性有什么关系呢？康德在前面讲了，道德性造成了一个目的王国，它是目的王国的条件，当然也是理性存在者成为目的王国中一个立法成员的条件了。

所以，德性和具有德性能力的人性，就是那种独自就具有尊严的东西。

由道德性又引出了德性，我们通常讲的德性其实就是道德性，你的行为具有德性也就是具有道德性。他这里讲，"所以德性和具有德性能力的人性"，具有德性能力的人性，你一般讲德性，它还只是讲一切有理性者，包括上帝或天使，那都是有理性者，但是德性和具有德性的能力的人性，表明人是具有德性能力的理性存在者之一，其他的还有上帝啦，其他一切可能的理性存在者。但这里只取人性中的德性能力来考察。那么这样一种德性以及具有德性能力的人性，"就是那独自就具有尊严的东西"，这个是逻辑上一路顺下来的，前面讲了，内在的价值是尊严，尊严就是从第三个变形公式里引出来的。你是自己为自己立法的，你就具有尊严。你要被迫服从别的法，那你就失去了尊严。所以你能够自立法，那你就"独自具有尊严"。独自，就是说不由别的东西来赋予尊严，你是终极的，你是终端。

下面就进一步展开解释了，他说：

工作中的熟巧和勤奋具有市场价格；机智、生动的想象力和诙谐具有玩赏价格；相反，信守承诺、出自原理（而非出自本能）的好意，才具有内在的价值。

工作中的熟巧和勤奋它具有市场的价值，你可以出卖你的体力和脑力，你起早贪黑，那么你就挣得更多，如果你睡懒觉，那么今天的一笔财你就挣不到了。所以工作中的熟巧和勤奋，一个是熟巧，同样的时间，你能比别人灵活，你能比别人敏捷，你就能比别人挣得更多，那么你的交换价值就更大。熟练工跟一般的不熟练工价格当然不一样。机智、生动的想象力和诙谐（Launen）具有玩赏价格，我们上次也讲到了，康德在这里已经有了第三批判的审美判断力的考虑，但是还没有追溯到它的先天的法则，在他看来这些都是心理学应该研究的领域。人的机智、生动的想象力和诙谐，某一个人的气质、天性，他就是这样的，他很外向，外向的人说话很幽默很风趣，他浮想联翩，妙语连珠，那么人性中的这样一些特征，它具有玩赏的价值。这里都是讲的人性，这里讲的勤奋、熟巧呀，机智呀，生动的想象力呀，也都是讲的人性，但是呢，跟前面讲的具有德性能力的人性是大不一样的。所以工作中的熟巧和勤奋具有市场的价格，机智，生动的想象力和诙谐具有玩赏的价格。"相反，信守承诺、出自原理（而非出自本能）的好意，才具有内在的价值"，这个就是具有德性能力的人性。什么是具有德性能力的人性？这个地方作了展开和解释：信守承诺，出自原理而不是出自本能的好意。好意（Wohlwollen）大致也就是善良意志（der gute Wille）了，但是，他这里用的词有些不一样，就是你是出自好意，但是这个好意要出自于原理而不是出自本能，比如他信守承诺，不是因为他天生不善于要猾，他是出自于原理，应该这样做。人们

641

通常说,我用人格来担保,什么叫用人格来担保?一个反复无常的小人,他的人格是没有担保的价值的,人家不会相信他。只有一个前后一贯,做事情可以很清楚的看出他是前后一致的人,他的自由意志是可以从普遍法则推出来的人,才能用他的人格担保。人们相信他在这件事情上决不会怎么做,而一定会怎么做,他不会违背他的原则。这就是出自于原理,而不是出自本能,这样一种好意才具有内在的价值,才具有尊严。

自然也好,技艺也好,都不包含能够在上述品质缺乏之处代替它们的东西;因为它们的价值不在于从中产生的结果,不在于它们所提供的好处和用途,而在于意向,即在于意志的准则,这些准则以这种方式准备好在行动中展现自己,哪怕结果未必有利于它们。

"自然也好,技艺也好,"自然就是天性啦,人性里面有自然的成分,或者人的本能,人天生就如此;技艺也好,技艺不是天生的,是通过训练出来的,通过学习得来的。不管是自然和技艺,"都不包含能够在上述品质缺乏之处代替它们的东西";上述品质,也就是德性和具有德性能力的人性,在这样一些品质缺乏的地方,你不能够用自然或者技艺来代替它。当然很多时候,往往我们有种误解,以为天性就是道德律,或者以为通过一种技巧可以做到道德律。用自然来代替道德,这是最常见的,有一些很淳朴的人,偏远的山区,封闭的原始部落,他那里面天性就是那样的,他天生就不会撒谎,天生就与人为善,我们就以为这就是道德了,但是这其实并不能取代真正的道德。技艺也是,你看到一个人,绅士风度、彬彬有礼,他长期训练出来懂礼貌,见人喊人,非常善于处理人际关系,这当然是一种技艺啦,但是它是不是能代替真正的道德呢?我们往往把这种人称之为伪君子,就是因为他人为的造出来的东西并不能成为真正的君子。人们往往把伪善当作就是善,就是不去追究他是不是真的出自本心地为善,反正只要你做到了,那你就是道德的。那么康德在这里都排除了,自然也好技艺也好,都不包含能够取代德性的东西。德性的价值"不在于从中产生的结果,不在于它们所提供的好处和用途,而在于意向"。这样一些德性行为，信守诺言、出自原理的好意的行为，它们的价值并不在于能够从中得到什么好处，不是从经济学的角度，从获利、盈利的角度，"不在于它们所提供的好处和用途，而在于意向"。意向（Gesinnungen）也就是行为的动机啦，行为的出发点，你的初衷是什么。在于意向，"即在于意志的准则"，意志的准则就是你个人的动机、个人的出发点。"这些准则以这种方式准备好在行动中展现自己，哪怕结果未必有利于它们"。一个人的意志的准则如果是出自原理，具有内在的价值，那么它就是以这种方式准备好了，要在它的行动中展现自己，也就是它的出发点就是准备这样来做的，它是按照这样一个准则来做的，使得它是出自原理的，来展现自己，哪怕结果未必有利于它。结果也许给自己带来不利，甚至于带来危害，如做生意赔了钱，或者为理想杀身成仁舍生取义，都是这样的，哪怕最后的下场是牺牲自己。但是，它的主观准则那是不能改变的，它就是必须要出自原理来行动，准备好、下决心要在行动中展现自己。

这样的行动既不需要由任何主观倾向（Disposition）或鉴赏力来推崇，以直接的偏爱和愉悦来评价它们，也不需要对它们有直接的偏好或情感：

这样的行动"既不需要……也不需要"。这里有两个层次，一个是主观倾向，主观倾向也可以译作主观的气质，就是低层次的，它属于本能，主观的气质禀赋，天生的自然的本能，或者天生的气质，他生来就是这样一种气质，这是爹妈给他的，很难改变的；鉴赏力就是更高层次了，前面讲到玩赏的价格，玩赏的价格不是天生的，它没有也可以，但是有了，就可以给人带来愉快。但是这样的行动既不需要由任何主观倾向或鉴赏力来推崇，来鼓动，不管是本能，还是对快乐的追求、对鉴赏力的追求；并"以直接的偏爱和愉悦来评价它们"。偏爱和愉悦跟前面的主观的倾向和鉴赏力是对应的，主观的倾向直接给人带来快乐，鉴赏力呢，给人带来愉悦。那么对于这样一种行动我们也许会要么从自己的偏爱来评价，偏爱就是主观的倾向、主观的气质啦，要么从愉悦来评价，愉悦是鉴赏力带来的，一种层次比较高的愉快，玩赏、游戏态度。但是康德把这个也排除掉了：以直接的偏爱和愉悦来评价它们，不需要。另一个，"也不需要对它们有直接的偏好或情感"。就是说不光是由主观倾向和鉴赏力来推崇，由直接的偏爱和愉悦来评价，这个不需要；而且，也不需要对它们直接的有偏好或情感。不光是推崇和评价的问题，而是它直接就带来偏好的满足或情感。偏爱和愉悦还有一点我站在它旁边来对它进行分析和估量的意思，而直接的偏好和情感那就是它本身了，这个行动本身，我天生就喜欢做这样的善事，我天性就喜欢慈善事业，我看到别人快乐我就高兴，有些人天性就是这样的，有些人看到别人受难，就站在旁边流泪，他心肠软。那是直接的偏好，他也没有对自己作出什么评价，这样好不好应不应该，那是他直接的偏好和情感。情感也对应于鉴赏力，鉴赏力带来愉快的情感，但是我不一定要对此有一种明确的意识，我就喜欢那样，我就喜欢"玩慈善"，这是另外一个层次。两个层次都不需要。那么它需要什么呢，

它们把实施这些行动的意志表现为直接敬重的对象，对此除了理性而外什么都不要求，以便把行动委托给意志，而非从意志中诱骗出行动，后面这种做法在涉及义务时终归会陷入矛盾。

它们，是指信守承诺、出自原理的行动，这个从上面一直贯下来都是主语。这些行动，把实施这些行动的意志表现为直接敬重的对象，它们不需要有什么愉快呀、偏好呀，这些东西都不需要。这些行动就是把自己的意志表现为直接敬重的对象，再不需要别的评价标准。在实施这些行动的时候，他起意要这样做的时候，他这个意志就是直接敬重的对象。他说，"对此除了理性而外什么都不要求，以便把行动委托给意志，而非从意志中诱骗出行动"。"对此"，也就是对这样一种敬重的对象，除了理性而外，什么都不要求，唯一的要求就是理性。就是说这样一个意志它是由理性而来的，它为什么是敬重的对象，是因为它所遵守的准则是一条普遍的法则，那么一条准则要成为普遍的法则，那就要有理性，要有逻

辑理性,要不自相矛盾,保持自身的同一律和人格同一性。除了理性而外,它什么都不要求,凡是涉及到天性呀、技艺呀、后果呀、偏好呀、情感呀这些东西,它都已经排除掉了,以便把行动委托给意志。也就是不把行动委托给天性和情感等等,只委托给意志,这行动是理性命令它、委托给它去做的。"而非从意志中诱骗出行动"。委托和诱骗都打了着重号,委托给意志,就是自上而下地给意志下命令,作出一种本源的无条件的规定,定言命令,而不是从意志中诱骗出行动。诱骗出行动,是说用日常生活中的实用后果,好处、利益来诱导意志,在很多情况下,你由于这样的好处,你做了道德的事情,很多人是这样。但是这样一种道德的事情实际上是被诱骗出来的。"后面这种做法在涉及义务时终归会陷入矛盾",你如果是诱骗出你的道德行为,借助于感性的东西诱骗你的意志,作出你的道德行为,那么在涉及义务的时候,你就会陷入矛盾。就是说你表面上好像是道德的,但是你的骨子里头,你并不是为了道德,你还是为了得到利益、荣誉等等其他的一切考虑,就会陷入矛盾,就是说它终归不是真正的道德。

所以这一尊重也给这样一种思维方式赋予了被承认的尊严这种价值,并使它无限地高居于一切价格之上,完全不可能将它与这些价格放在一起来估价和比较,仿佛不玷污它的神圣性。

所以这一尊重,这样一种对于道德律本身,对于理性存在者实施这些行动的意志的尊重,也给这样一种思维方式赋予了被承认的尊严,也就赋予了这样一种价值。这种思维方式就是前面讲的,把行动委托给意志,除了理性而外什么都不要求,排除了一切感性的、利益的和气质的等等考虑。这是一种纯粹实践理性的思维方式。这种思维方式具有了被承认的尊严这样的价值,"并使它无限地高居于一切价格之上",一切相对的价值在它面前都不值得一提,"完全不可能将它与这些价格放在一起来估价和比较,仿佛不玷污它的神圣性"。就是说你要把它与这些价格放在一起估价和比较,肯定就会玷污它的神圣性,不可能有好像不玷污它的神圣性而把这种内在的价值和其他的价格放在一起相提并论的情况。这种尊严、这种内在的价值是无与伦比的，你要把它比较就玷污了它的神圣性，就把它降低了。

我们再看下面一段，就是为这种神圣性找到理由：

那么，究竟是什么使道德的善良意向或德行有权提出如此之高的要求呢？这只不过是它使理性存在者参与到了**普遍立法**中来，并通过这种参与使这个理性存在者适于成为一个可能的目的王国的成员，

善良意向，在这个地方也可以理解为就是善良意志。道德的善良意向或德行，德行我们前面讲到了，它跟德性有一点小小的区别，德性更加抽象一点，德性是人和上帝都有的，但是德行它是更具体的，它着眼于人的行动，那只是人所具有的。什么使善良意向或德行有权提出如此之高的要求？这个如此之高的要求，就是要把你的那些天赋的倾向呀、气质呀，包括你的爱好呀，鉴赏力、愉快这些东西全部要排除掉，这是一个非常高的要求，要超越一切要求之上。那么它凭什么能够提出这样高的要求，凭什么要求排除一切感性的东西、经验的东西？"这只不过是它使理性存在者参与到了**普遍立法**中来，并通过这种参与使这个理性存在者适于成为一个可能的目的王国的成员"。善良意向或德行的这种高要求只不过是因为它使理性存在者成为了普遍的立法者，并因而使它具有了加入目的国的资格。这就使得它具有这种权利，有权、有资格提出如此之高的要求，就是说你必须排除所有一切爱好、本能这些考虑，而参与到普遍立法中来，这就使得这个理性存在者适于成为可能的目的王国中的成员。注意他这里讲了，它不是使这个理性存在者成为了一个目的王国中的成员，还没有成为，成为是一个理想，你可以参与，但是这个参与，只是使这个理性存在者"适合于"成为一个"可能的"目的王国的成员。但目的王国还没有实现，它是一个上帝之国了，它不可能在地上实现的，但是它是有可能的。那么你要做好准备，你在你的人世间，为此做好准备，

使自己适合于成为一个可能的目的王国中的成员。这个和基督教的说法非常接近了，就是说你在人间的生活要做好准备，使得你将来死后有资格上天堂。

对此理性存在者通过自己的特有本性本来就已确定了的，它作为自在的目的本身，同时正因此而作为目的王国中的立法者，在所有自然规律面前是自由的，它只服从它自己所立的、并据此能使它的准则从属于一种普遍立法（同时它自己也服从）的法则。

"对此"，对什么呢？就是对于理性存在者的参与及其使自己适合于加入目的国。当然是道德的善良意向或德行使得理性存在者参与到普遍立法中来，但是这种参与普遍立法呢，它也是理性存在者自己特有的本性本身已经确立了的，不是说它原来不具有这种资格，然后呢，德行和善良意向使得它具有了这种资格，那不是。德行和善良意向也是按照它的本性，"对此理性存在者通过自己的特有本性本来就已经确定了的"，也就是说德行的意向对于理性存在者的这种命令恰好是理性存在者自己的本性，也就是道德的自律，它不是什么他律。这个理性存在者"作为自在的目的本身，同时正因此而作为目的王国中的立法者，在所有自然规律面前是自由的"。也就是说理性存在者它特有的本性是什么呢？它特有的本性正是作为自在的目的本身，一个理性存在者按其特有的本性来说，它跟自然物是不同的，它就是自在的目的本身。"同时正因此而作为目的王国中的立法者"，它本身就是自在的目的嘛，它本身就是客观的目的，因此，它也是目的王国中的立法者。在目的王国中，人人都是目的，每个理性存在者都是目的，所以每个理性存在者都是这个目的王国中的立法者，它不用再服从其他的目的，它只服从它自身的自在的目的。所以它"在所有自然规律面前是自由的"，因为在自然规律面前它是一个自在的目的，是一个终极的目的。所以它是摆脱了一切自然规律的，对于一切自然规律而言，它是自由的。包括它自身的自然规律，如本能、天性、天赋、气质、主观的倾向，在这些规律面前它都是自由的。它自己可以不受这些规律的限制，克服这些规律的限制。"它只服从它自己所立的、并据此能使它的准则从属于一种普遍立法（同时它自己也服从）的法则"。它只服从一个法则，就是它自己所立的法则，这样一种法则，能够使它的准则从属于它的普遍立法，这就是它的定言命令的表达：你要使你的准则成为一条普遍的法则。这一条定言命令的法则是它唯一能够服从的，因为是它自己立了这个法则，同时它自己又服从这个法则。这就是自律，自己给自己立法。

436　　因为除了法则为它规定的价值，并无其他价值。

它，这样一个理性存在者，除了法则为它规定的价值，它并无其他价值。理性存在者本身作为一个自在的目的，它没有其他的价值，只有法则为它规定的价值，你按照理性去做，你就完成了自己的使命，你就实现了自身的本质，你的本质就是理性，你按照理性去做，你就实现了你自己的价值。所有的感性的经验的偏好，那样一些价值都是相对的价值，都不是理性存在者自身的价值，理性存在者既然是理性存在者，它只能由理性的法则来规定，不能由别的任何自然的法则来规定，它唯一的价值就在这里。

但这规定所有价值的立法本身，正因此必定具有一种尊严，即无条件的、无法比拟的价值；对此，只有**敬重**这个词给出了与一个理性的存在者应该给予它的尊重相称的表达。

但这规定所有价值的立法本身，这样一种自己给自己的立法本身，它是规定所有的价值的，那它的价值就更高了，正因此它必定具有一种尊严。它是规定所有其他价值的，那么它是至高无上的，那当然就具有了尊严，即无条件的、无与伦比的价值，它再也没有其他别的条件了，没有什么能跟它并肩而立，它是最高的价值。所以立法本身、自律本身的价值是规定所有价值的最高价值。对此，也就是对这样一个立法，"只有敬重这个词给出了与一个理性存在者应该给予它的尊重相称的表达"，对于这样一种规定所有价值的立法本身，我们只有用敬重这个词来表达对它的尊重。敬重和尊重在康德那里有一点区别，在他的用语中，敬重是我们在情感里面所能达到最高的敬仰，尊重还不一定，尊重比较泛，我们可以说尊重里面的最高层次就是敬重，敬重是它的最高点。只有敬重这个词给出了一个"相称的表达"，给出了对这个立法，对这个自律相称的表达。我们对自律只能够说敬重了，不是一般的尊重啦，这才相称。如果我们仅仅说一般的尊重，这个还不够，我们通常讲，我尊重你的选择，你不这样做而那样做，那是你的自由，那是你的权利，我们尊重你的权利，那也可以。但是尊重的最高层次就是敬重。我们不能说敬重你的这种权利，那不行。那要看你选择的是什么，你如果选择的真正是道德的，那么我们敬重你，但是一般来说，我们是表示尊重。只有敬重这个词给出了相称的表达，与什么相称呢？与一个理性的存在者应该给予它、给予自律的尊重相称。对于这种自律、自我立法，一个理性存在者应当给予最高的尊重，这个最高的尊重就是敬重，你必须提高到敬重的层次。

所以，**自律**是人性的以及任何理性的本性的尊严之根据。

自律（Autonomie），自己立法，自我立法，是人的本性以及任何理性的本性的尊严之根据。人的本性以及任何理性本性，不光是人，一切有理性者，它们的理性本性的尊严就是建立在这个之上的，就是建立在自律上的。人的"本性"（英文 nature，德语 Natur）这里不是指人的"自然"，注意康德用 Natur 经常是带有歧义的，他有时候在这个意义上用，有时候在那个意义上用，有时候在自然界的天生的这个意义上用，即天生的禀赋，自然的本能，但是有时候又认为理性也是人的本性而且也是更本质的。Natur 在西方本来就有双重含义，一个是自然，一个是本性或者本质，所以要根据上下文来翻译康德这个词。自律在这里被归结到了人的本性，以及任何理性本性的尊严的根据，人的尊严、理性的尊严何在？就在于他能够自律。

下面几段开始清理他的定言命令的三个变形公式之间的关系了。

　　但上面表述道德原则的三种方式，从根本上说只是同一法则的多个公式而已，其中任何一种自身都结合着其他两种。

　　前面说过，定言命令一共提出了四种表达，第一种是标准的或经典的，又称之为普遍性的公式，就是说你要使你的行为的准则成为一条普遍的法则，这是经典的表达公式，是最简明的。那么其他的三种，都是从这个最简明最经典的表达公式里面推演出来、衍生出来的。所以他讲，上面表述道德原则的三种方式，包括自然公式、目的公式和自律公式，这三种公式"从根本上说只是同一个法则的多个公式而已"。同一法则就是那个标准的表达公式，那么表现出来就是三种变形公式，而"其中任何一种自身都结合着其他两种"，就是这三个公式其实相互之间是不可分的或者相互之间是相互包含的。任何一种你拿出来，你都要从其他两者来加以理解，或者说，你都能够从其他两种来加以理解，如果离开其他的，你单独把它拿出来运用的话，如果你偏离其他的理解的话，那你就有可能把它误用了。所以很多人经常在研究康德的道德公式的时候，强调其中一种，把它加以无限的任意的扩张，而偏离了他的其他两种，最后偏离了他的经典的表达公式。有的从康德这里发现了很多矛盾，说他前后不一致，实际上是他自己分析出来的矛盾，你要那样理解，当然会矛盾了。比如说他的自然公式，那跟幸福主义、功利主义就没有什么区别了；目的论公式，那就是合理利己主义了。唯独自律公式他们没办法把它歪曲，自律公式是表达得最精确的。但是所有这三种公式都是互相包含的，每一种自身都包含着其他两种。我们要注意他这里的提醒。否则的话，我们很容易走偏。

　　然而在它们之中毕竟有一种差别，虽然这差别与其说是客观－实践上的，不如说是主观的，即为的是使理性的理念（按照某种类比）更接近直观，并由此更接近情感。

　　这句话非常重要，点出了他为什么要提出这三种变形的公式，提出这个普遍公式不就够了么？已经够说明问题了，但是他还是要用三种变形公式来反复的说明他的普遍公式。他说，"然而在它们之中"，也就是在这三者之中，"毕竟有一种差别，虽然这差别如其说是客观—实践上的，不如说是主观的"，就是说这种差别，它并不是客观—实践上的差别，在客观实践上没什么差别，甚至于这三种公式跟他的普遍公式之间，在客观实践上也没有差别，但是在主观上是有差别的。我们在主观上如何去考虑，或者说我们如何理解这个公式，它是有区别的，我们需要三种公式来作为它的补充。什么差别呢？他说："即为的是使理性的理念（按照某种类比）更接近直观，并由此更接近情感"。也就是说，这个普遍公式太抽象了，我们在实际运用的时候，往往容易迷失方向，不知道怎么用，所以他必须要使一个理性的理念，一个高高在上的、抽象的理念，按照某种类比更接近直观。通过某种类比，这一点尤其在第一个变形公式也就是自然律的公式里面，表现得比较明显，因为它已经明确表达出来了，就是要使你的行为准则"好像"是普遍的自然律那样。好像是，那就是类比了，但是它其实又不是自然律，它只是把自然律当作一种模型来作比拟，以便于思考。模型是一种类比，也可以说是一种类型，它是属于那一类的。按照某种类比，就更接近直观。本来康德把所有的直观都已经排除了，所有的感性直观都排除了，人又不具有理性直观，那么他这里讲到更接近直观，由此更接近情感，也就是更接近感性直观。他首先把感性直观都排除了，你不要考虑感性呀、利益呀、什么观赏价值呀，偏好情感呀，什么交换价格呀，你都把它排除掉。你都排除掉，那就很抽象了，这么抽象的一个定言命令怎么能够理解？所以他这里还是需要有三个变形公式，达到在实际操作中更接近于直观，使普通人能够把握。所以他在这里是策略上的考虑，他的三个变形公式严格说起来不能独立地当作他的定言命令，它只是定言命令的变形公式，这个他后面有说明的。

下面他逐条来解说，

这就是说所有的准则都具有：

1) 一种立足于普遍性的**形式**，于是道德命令的公式就是这样表述的：必须这样来选择准则，就好像它们应当如同普遍的自然规律那样有效；

所有准则都有一种"立足于普遍性的形式"，所谓准则，我们前面讲了，它是主观的一个规则，"人为财死鸟为食亡"，"人不为己天诛地灭"，这都是准则。当然道德律也是准则，是真正成为了普遍法则的准则。但我们讲人为财死鸟为食亡的时候，我们意识里面已经有了普遍性的形式啦，就是说所有人都是这样的，所以我这样做也是合乎准则的。凡是准则都具有普遍的形式，但是不是真正能够具有普遍性，或者是不是你就愿意它成为普遍的，那就另当别论了。人为财死鸟为食亡，我们前面讲了，要么它一旦成为普遍法则就会自相矛盾，人与人像狼一样，同归于尽；要么在现实中它是有可能的，但没有人真正愿意它是一切人的法则。一般说，凡是你提出一个行为的准则来，它就意味着具有一定的普遍性，至少你就是把它当作普遍性来看的。例如，当你指责一个人说，你这个人太自私自利啦！他就会为自己辩护：人为财死鸟为食亡嘛！人人都是如此，这就可以为他辩护了。当然这种"人人都如此"的普遍性并不真正是建立在理性上的普遍必然性，而是以经验条件为前提的。但毕竟不能否认，所有的准则都具有一种立足于普遍性的形式。这个"形式"打了着重号，意思就是这一条道德命令的变形公式是从形式上来规定的，就是要在形式上表明它具有一种普遍性。于是，"道德命令的公式就是这样表述的：必须这样来选择准则，就好像它们应当如同普遍的自然规律那样有效"。这就是他的第一个变形公式，就是自然律的变形公式。这个公式就是着眼于一切准则的普遍性的形式而推出来的。一切准则都是立足于普遍性的形式，所以道德律从这个方面来看，它就必须这样来选择行动的准则，使这些准则好像普遍的自然律那样，具有普遍的形式。普遍的自然律它是永远有效的，它不会因为某种情况而改变它自身，那么我们通过与自然律的普遍形式相类比，可以在形式上建立起一种定言命令的普遍性法则。

2) 一种**质料**, 即目的, 于是这公式就是: 有理性的存在者, 作为其本性中的目的, 从而作为自在的目的本身, 必须对每个准则充当在一切仅仅相对的和任意的目的上的限制性条件;

　　一种质料, 即目的, 这里有一个省略, 就是"所有的准则都有"一种质料即目的, 所有的准则, 例如人为财死鸟为食亡, 那么你有目的, 为财、为食, 追求个人利益, 这是你的目的。这里是"质料"被加了着重号, 说明这一条与前一条不同在于, 它不是从定言命令中准则所具有的形式、而是从它的质料来建立自己的变形公式。所有的准则都有目的, 不管是日常生活中, 你的生存需要, 你的本能驱使你去追求某种目的, 还是道德上去追求某种目的, 它都有质料。他说, "于是这个公式就是: 有理性的存在者, 作为其本性中的目的, 从而作为自在的目的本身, 必须对每个准则充当在一切仅仅相对的和任意的目的上的限制性条件"。这就是第二个变形公式, 就是目的公式。"有理性的存在者, 作为其本性中的目的", 有理性存在者可以去追求一些目的, 但是有理性的存在者他本身的本性也是目的, 他是追求一切目的的终极目的, 他追求一切目的, 无非就是为了他自身嘛。有理性的存在者, 为了保持他自身, 首先保持他的生命, 他必须追求这个目的那个目的, 但是所有的这些目的都是成全有理性的存在者的本性。所以有理性的存在者的本性就是自在的目的本身, 它必须对每个准则充当在一切仅仅相对的和任意的目的上的限制性条件。也就是说, 有理性的存在者的本性是终极的、自在的目的本身, 所以呢, 他对于每个准则都是限制性的条件, 用来限制一切相对的目的或者任意的目的, 使它们为自在的目的服务。这是第二条公式。

3) 通过那个公式给全部准则**一个完整规定**, 即: 所有出于自己的立法的准则, 应当与一个可能的目的王国——就像与一个自然的王国那样——协调一致。

这个跟前面两个公式的表达不一样了，不再说一切准则都具有一种形式呀，质料呀，它就是独立的一句话。他说，"通过那个公式给全部准则一个完整规定"，通过哪个公式？下面有说明，就是指下面的那个第三条公式。"给全部准则一个完整规定"，"一个完整规定"打了着重号；因为前面两条对准则的规定都不完全：第一条只是从"形式"上对准则作了规定，第二条则只是从"质料"上作了规定。而这个第三条是对全部准则的"完整规定"，也就是作了一个形式和质料统一的规定。所以这个第三条公式"即：所有出于自己的立法的准则，应当与一个可能的目的王国——就像与一个自然的王国那样——协调一致"。这实际上也是第三个变形公式的表达方式，但没有采取第三公式本来的形式，即"作为普遍立法意志的每一个理性存在者的意志的理念"，或者："只是这样去行动，这个意志能够通过其准则把自己同时看作普遍立法的"。这里采用的是一种把第三公式作为前两个公式的"合题"加以表述的公式，很容易被人误认为是提出了"第四个"变形公式。其实它不过是第三公式内涵的展开。我们来看看这里的表述。"所有出于自己的立法的准则"，所有自己立法的准则就是自律啦，第三公式的准则就是自律，所以又叫"自律公式"。出于自律的准则，"应当与一个可能的目的王国——就像与一个自然的王国那样——协调一致"。出于自己的立法的准则，这就是自律；所有的出于自己的立法的准则应当与目的王国协调一致，这就是自律公式中包含的目的公式方面，或者说，是从自律的高度对目的公式的再审视；而"就像与一个自然王国那样"协调一致，则是将自然律公式包括进来了。所以这个第三个变形公式是一个完整的规定，它把前两条规定都包含在内了，也就是说第三个变形公式应当与第二个变形公式以及第一个变形公式协调一致，这三个变形公式都是协调一致的。我们前面讲到由第三个变形公式推出目的王国概念时发现，第二公式、目的公式讲，每个人不要仅仅把自己和他人的人格中的人性当作手段，而且要当作目的，这固然使每个人都成为了目的,但还不足以提出目的王国;要成为目的王国,必须每个人自己立法,否则每个人最终免不了成为更高的理性存在者(上帝)的单纯的手段。每一个成员都是目的,都是自在的目的,那就必须是自己立法的。所以这个第三变形公式是一个完整的规定,它足以把前两个公式的规定都容纳到自身中来。

这里有一个注释,是针对"目的王国"和"自然王国"这两个概念的。

目的论把自然当作一个目的王国来考虑,道德学把一个可能的目的王国当作一个自然王国来考虑。

注意,他这里提到了"目的论"(Teleologie)。目的论在《纯粹理性批判》里面是作为对上帝存在的第三种证明,目的论的证明,自然目的论的证明。就是说自然界有一个目的,这个目的,肯定是上帝;万物都有目的,特别是在有机体身上看出来,在自然生态上看出来,它们都是有目的的;那么这个目的最终是通向上帝的。既然自然界是有目的的,那么整个自然界的目的肯定在这个自然界之外了,那就是上帝,这就是对上帝存有的自然目的论的证明。那么这种自然目的论的证明呢,它是从一个自然界的理论观念来加以证明的,所谓理论观念是当作一种对自然界的知识,目的论是我们看待自然界的一种知识。我们看待自然界光是用牛顿的物理学、机械论那是不够的,比如说有机物,我们用牛顿的物理学就没办法解释,所以我们必须用目的论来加以补充。所以在这方面,康德认为目的论是机械论的一个补充,这个在《纯粹理性批判》里面已经有了这样一个苗头。甚至更早,在他的前批判时期就已经有这个苗头了。在《宇宙发展史概论》里面就讲到过,你给我物质我就可以给你创造出世界来,但是他保留了一点:但是你不能说给我物质,我就可以给你创造出幼虫来,创造出一棵小草来,那是做不到的,那只有上帝能够做到。在前批判时期他就有这个思想,那么在《纯粹理性批判》中他也留了一点余地,就是说对上帝的自然目的论的证明方式,虽然我们认为它也是不成立的,但是它毕竟有一种补充作用,它毕竟是值得尊重的,因为它可以引导我们去思考对上帝的道德目的论。那么在这里，他说，"目的论把自然当作一个目的王国来考虑，道德学把一个可能的目的王国当作一个自然王国来考虑"。这是两个不同的立场，一个是把自然当作目的王国，一个是把（可能的）目的王国当作自然王国考虑。可能的目的王国也可以看作一个"自然王国"，当然这种"自然"是指人的道德本性，而不是指自然界。但它毕竟把目的王国"当作一个自然王国来考虑"了，也就是把它看作"好像"是一个自然王国那样。

在前者目的王国是解释现存事物的一个理论的理念。在后者，它是一个实践的理念，为的是使尚未存在、但通过我们的行为举止能成为现实的事物，恰恰按照这一理念实现出来。

目的论中的目的王国它是一个理论理念，一个准科学的理念。在康德时代，生物学还没有成为严格的科学，科学只是指物理学，特别是机械力学。在第三批判里面康德特别讲了目的论判断力，一个审美判断力、一个目的论判断力。目的论判断力既不是严格意义上的科学，也不是严格意义上的道德，但是它是从科学向道德的一个过渡。那么既然是一种过渡，它就跟严格意义上的道德不同。现在这里讲的目的论是把自然当作一个目的王国来考虑，而目的王国是解释现存事物的一个理论的理念；到第三批判才把它展开来，把它发展出来，就是说它虽然是一个理论的理念，但是它是通往道德理念的一个桥梁、一个过渡，它正好就是"把自然当作一个目的王国来考虑"，也就是立足于一种"反思性的判断力"，而把（本质上是机械的）自然物看作"好像"是有一个目的在支配它似的。"在后者，它是一个实践的理念"。在后者，也就是道德学反过来把一个可能的目的王国当作一个自然王国来考虑，那么这个目的王国是一个实践的理念。目的王国在前者是一个理论理念，在后者是一个实践的理念，实践的理念是用来干什么的呢？"为的是使尚未存在、但通过我们的行为举止能成为现实的事物，恰恰按照这一理念实现出来"。我提出这一理念不是为了认识，而是为了使尚未存在、但通过我们的行为举止能成为现实的事物可以实现出来,是为了实现这个目的王国。这个目的王国尚未成为现实,但是通过我们的行为举止,通过我们的努力能够成为现实。注意他这里说能够成为现实并不是说某年某月真的成为的现实,那个是算计不到的,所谓能够成为现实是指原则上能成为现实。我们可以按照目的王国的理念去做,它尚未存在,而且在人世间也许永远也不能存在。但是它原则上能够成为现实。当然那就需要再设定一个"灵魂不朽",所以他后来在《实践理性批判》中加上灵魂不朽,就是为了使这个目的国能够成为现实,具有一种保证,当然是很渺茫的。但是在这个地方,他这里讲能成为现实指的是原则上能成为现实,逻辑上能成为现实。凡是理性命令我们做的事情,原则上我们都是能够做的,但事实上没有一个人能做到,因为人他都是经不起诱惑的,人是有限的、软弱的,所有的人都是这样,事实上没有人能做到。但是原则上你是能做到的,只要你愿意,人是自由的,所以这个"能成为现实",涵义非常复杂,不要简单的对待。"使尚未存在、但通过我们的行为举止能成为现实的事物,恰恰按照这一理念实现出来",这个目的王国的理念就是为了做这样一个事情,使得我们的行为有了一个理想,一个追求的目标。这个注释实际上把目的王国和自然目国、也就是把第二变形公式和第一变形公式的核心概念之间的关系作了一个解释,这样来理解第三变形公式的"合题"性质就更清楚了。

再接着看正文。

这一进程在这里,就像通过意志的形式的**单一性**(它的普遍性),质料的(客体的,即目的的)**多数性**,和其系统的**全体性**或总体性这些范畴那样进行。

这样一个进程,这个进程,指的是上面这三个阶段,三个层次,三个变形公式就是三个层次。三个层次又可以看作一个进程,就是说你先从第一个变形公式入手,然后上升到第二个层次,然后上升到第三个层次,那么这是一个进程。这个进程在这里,就像通过意志的"形式的单一性"、

"质料的多数性"和"系统的全体性或总体性"这些范畴那样进行。这个地方康德用到了他的范畴表。《纯粹理性批判》里面知性范畴表中，第一类范畴就是量的范畴，就是单一性、多数性和全体性，全体性也可以叫作总体性。所以他这里把三个变形公式安排成一个不断上升的过程，是按照单一性、多数性和全体性的关系。单一性是意志的形式的单一性，也就是意志的普遍性；质料的即目的的多数性，也就是它的特殊性；和其系统的全体性即总体性。总体性是在更高的层次上回到了单一性，但是它的涵义已经很丰富了，它不是单纯一个人主观的意图，而是整个目的国的总体性。所以这里有一个逻辑的层次，一个是形式的单一性，一个是质料的多数性，还有一个是形式和质料相统一的全体性，系统的全体性或总体性。康德这里运用了"正反合"这样一个研究方式，所有的概念都是按照这样一个方式进行，这个里面有一个方法论的程序。这个程序我们还可以根据它的标准的"普遍性公式"本身的三个环节来理解，所谓普遍性公式就是：你要这样行动，使你愿意的行为准则成为一条普遍的法则，定言命令是这样一句话。那么这句话可以分解为三个环节，第一个变形公式是从最后一个环节来看的，"一条普遍的法则"，如果你仅仅着眼于普遍的法则，那么它就跟自然法则的普遍性有一种类似的性质。这就引出了：你要这样行动，就像你的准则应当成为一条普遍的自然法则那样。这就是第一个变形公式，它着眼于"普遍的法则"这个形式环节。那么第二个变形公式着眼于质料，着眼于质料就是着眼于准则，你要使你的"准则"成为一条普遍的法则，它既是普遍的法则，像自然律那样是一条客观规律，同时它又是主观的准则。主观的准则是有目的的，它涉及到一种质料，这个质料就在于你是使"你的准则"成为一条普遍的法则，而不是使别的东西。那么这个准则它有它的目的，也就是使你的准则的目的指向一个自在的目的，这就演化出来第二个变形公式。那么第三个变形公式，它立足于"你要"，或"你愿意"，这是你要的，你要使你的准则成为普遍的法则，它成为了普遍的法则，但是是你自己要的，你把你自己的准则当作了对象，也就是把意志本身当作了对象，是你自己的意志要使你的意志的准则成为一条普遍的法则，那就是意志自己为自己立法了。这就达到了第三个变形公式。当第三变形公式立足于"你要"时，它就把"你要……"这样一种表达形式扬弃了，而把一个命令式凝聚成了一个"理念"，即"作为普遍立法意志的每个理性存在者的意志的理念"。这就可以解释为什么第三公式一般不采取"公式"的形式。我们从普遍公式里面分析出三个环节：你要、使你的准则、成为普遍法则，一旦展开，强调某一个环节，就形成了某一个变形公式。当然这个是我分析出来的，他这个里面没有讲，好像其他研究者也没有这样讲。我们可以从他的普遍公式里面来考察他的三个变形公式是怎么形成的。而在康德这里他主要是通过单一性、多数性和总体性来给它划分层次的。

但如果人们在道德**评判**中，总是遵循严格的方法来处理，并把定言命令的这条普遍性公式作为基础：**你要按照同时能使自身成为普遍法则的那条准则去行动，那就会做得更好。**

这个里头非常明显的表明了康德真正的立足之处还是他的普遍性公式，就是说，如果人们在道德评判中，总是遵循严格的方法来处理，那就会做得更好。严格的方法就是普遍性公式，而三条变形公式都只是为了更接近于直观，接近于情感，那当然就不太严格了。三条变形公式都是不严格的，如果按照严格的方法来处理，那就必须回到他的普遍性公式，并把定言命令的这条普遍性公式作为基础，普遍性公式就是我们前面讲到的那条标准的表达公式：你要按照同时能使自身成为普遍法则的那条准则去行动，或者说你要这样行动，使你的意志的准则成为一条普遍的法则。这个地方讲了三个变形公式之后，他又回到了那个普遍性公式，认为这才是遵循严格的方法来处理道德评判，这样就会做得更好。也就是说在康德看来，本来我们是应该严格的按照定言命令的普遍性公式来处理我们的道德评判的，那是最理想的，但是一般人都做不到；所以，他就又变形出三条附带的公式来引导普通人进入他的经典的表达公式。但是如果不用这种引导那就更好。

437　　　但是,如果人们想同时给德性法则**提供一个入口**:那么引导同一个行动经历上述三个概念,并由此使它尽可能地接近直观,这是很有用的。

这是很有用的,就是说,他的那个普遍性公式虽然很好,但是呢,在运用的时候会遇到一些困难,一般人不得其门而入;所以他要提出三条变形公式来帮助普遍性公式的运用,它起这样一个作用。所以他这个地方讲到,如果人们想同时给德性法则提供一个入口,这个入口打了着重号,提供一个入门之道,就会很有用。你一下子接受不了,也理解不了,太抽象了,所以我给你提供一个入门之道,你先想一想,自然规律是怎么样的,那么我们的行动也应该像那样。当然它并不就是那样的,你不要误解,你不要以为那就是自然规律。但是它"好像是"自然规律,你先把它"好像"这个关系搞清楚,然后你按照那样去做。但是那样还不够,你必须进入到目的公式,你要把每个人都当作目的,不要当作手段。功利主义就容易把每个人当作手段,如果都是自然律,那么每个人都是每个人的手段,一切人利用一切人。所以你还必须进入到目的公式。但是目的公式又还不够,目的公式有可能是一个权威给你规定了的,那还是他律。比如上帝,上帝把每个人当作目的,上帝做到了,那么我们就服从上帝吧,我们听教会的话,那就够了。但是康德认为还不够,你还必须提升到第三个变形公式,那就是自律,不是上帝给你规定的,是你自己规定的,包括上帝,也是你出于自己的道德需要,你自己建立起来的。所以只有达到了第三个变形公式即自律公式,我们才算是回到了他的经典的普遍性公式。当然自律公式比起普遍性公式来又还更直观一些,因为它诉之于"目的国",一个理想的天国,就此而言它并不是那么严格的;但自律公式本身又具有和普遍性公式同样的严格性,它既可以作理想化的不严格的理解,也可以作逻辑化的严格理解。所以同一个道德行动,你要加以评价,你要有一个入口:首先你要看它是否具有法则的普遍性,类似于自然律那样的普遍性；再一个你看它的准则，也是看它的动机，它是不是以人为目的，最后你看它是不是自己给自己立法，是不是导致一个目的国。这些都是接近于直观的，跟那个经典的表达公式相比呢，它们是比较接近于直观的，但是它们只是一种有用的表达策略，严格的说并不是定言命令的经典表达公式。

通过前面一段我们可以看出来，康德的三个变形公式本身形成了一个正反合的关系，就是正题、反题和合题。合题是经过反题而在更高层次上回到了正题，它回到了正题，但是层次已经更高了，那么它就构成了一个上升的圆圈，后来黑格尔的辩证法制定了三段论的正反合圆圈式进展，就是不断地由正反合形成的三个阶段，但是第三阶段回复到了第一阶段。这种做法最早是康德开创的。所以我们看下面这一段，他就展示了这样一个过程。

我们现在可以在我们开始出发的地方、即一个无条件的善良意志的概念这里结束了。

经过了这样一个过程以后，我们回到了起点，开始出发的地方。我们可以回头看看第一章的开头一句话："在世界之中，一般地甚至在世界之外，唯一除了一个善良意志以外，根本不可能设想任何东西有可能无限制地被视为善的。"这是他的出发点。他一开始就提出，善良意志是唯一的可以无限制地被看作是善的，这个是属于普通的道德理性知识，就是一般的老百姓都会承认的，这是一个事实。所以他的第一章是从一个事实出发的，而后面的第二章，整个的都在分析这个事实，所以第一章和第二章采取的都是分析的方法，就是分析这个善良意志为什么能被称之为善良的呢？它里面有哪些原则使它成为善良意志的根据呢？那么我们就分析，分析道德行为，一层一层的剥离，最后露出来里面最深的根据，就是定言命令。那么定言命令它又有三种变形的公式。通过这样的层层剥离，最后达到了意志自律，而意志自律，又回到了善良意志。什么是善良意志？善良意志严格说起来就是意志自律，自己给自己立法，这就是无条件的善良意志。这个东西没搞清楚，那你还是容易陷入混淆，你说你是为义务而义务，为义务而义务体现在什么地方呢？就体现在自己给自己立法。那么在这个地方，我们就回到了起点，但是它的内容大大丰富了，已经远远不是通俗的道德哲学，更不是普通的道德理性知识，而是建立起了一套道德形而上学。所以他的第一章和第二章的关系，就是第二章的末尾又回到了第一章的起点，也就意味着他的道德形而上学基础已经奠定了，到这个地方我们已经结束了。

这个意志是绝对善的，它不可能是恶的，所以它的准则，如果被做成一条普遍法则，决不可能与自身冲突。

他这是分析出来的，或者是推导出来的。首先这个意志是绝对善的，善良意志要求它是绝对善良意志，它不能掺杂任何别的东西。我们每个老百姓都知道，你别有用心，哪怕你做好事，你也是伪善，只有意志的绝对善才是善良意志。那么从这样一个大家公认的前提出发推出来，既然他必须是绝对善的，所以他的准则如果变成一条普遍法则，就决不会与自身冲突，它应该就是合乎不矛盾律的，它不能自我取消，它必须自身一贯。绝对善的就不能自相矛盾。

所以这样一个原则也就是它的至上法则：总要按照这样一条准则行动，它的普遍性你同时也能够愿意作为法则；这就是一个意志在其下能够永远不与自身相冲突的唯一条件，并且这样一个命令就是定言的。

这是回顾他前面走过的历程：一个绝对善的意志，它如果当作一个普遍法则来衡量人的一切行为，那它就绝不可能与自身相冲突；而要它不与自身相冲突的唯一条件，那就是定言命令的标准的表达公式："总要按照这样一条准则行动，它的普遍性你同时也能愿意作为法则"。这是他的经典的表达公式的另外一种说法，他经常变化他的定言命令的说法，但是实际上意思都是一样的。下面讲，"这就是一个意志在其下能够永远不与自身相冲突的唯一条件，并且这样一个命令就是定言的"。一个意志在这样一个法则之下，就能够永远不与自身相冲突，这等于是同义反复了：这个法则本身就是讲的这个意思，要使你的准则成为一条普遍法则，那成为普遍法则，当然就不与自身相冲突了，如果与自身相冲突，那还是什么普遍法则呢？而"这样一个命令就是定言的"，所谓定言的就是再没有假言的条件，它就是绝对的，无条件的。绝对善良的意志就体现在这里。

由于意志作为对可能行动的普遍法则的那种有效性，与作为一般自然形式的那种按照普遍规律［法则］的物的存有之普遍联结有类似之处，所以，定言命令也可以这样来表达：**你要按照能把自身同时当作对于对象的普遍自然规律的那些准则去行动**。所以一个绝对善良的意志的公式就具有这种性状。

这个是从里面引出了第一个变形的公式。"由于意志作为对可能行动的普遍法则的那种有效性"，有效性是着眼于它的效果，当然这里不是什么具体的感性的效果，而是说你要使它成为一条普遍的法则，它作为一条普遍法则而有效，对任何有理性者都有效。立足于普遍有效这个环节，定言命令的普遍性环节，这是它的有效性的环节，你的意志的准则本身有效在哪个方面？必须体现为普遍有效的法则，也就是要立足于它的普遍性形式，这个有效性是作为普遍性形式的有效性，不是作为感性的质料。那么从里面就引出了第一个变形公式，也就是这种有效性与"作为一般自然形式的那种按照普遍规律［法则］的物的存有之物之普遍联结有类似之处"。这种普遍的有效性，既然是普遍有效性，那么跟自然界的那些到处都生效、放之四海而皆准的普遍自然规律就有类似之处。道德律也是放之四海而皆准的，当然这个放之四海而皆准是立足于人的实践，人在任何时候它都有效，在任何场合下都有效，都能够支配人的实践行动，是一种实践的有效性。但它跟自然规律的有效性有类似之处，因为讲到有效性，你必然要作用于自然界，你是要跟自然界打交道，那么你就可以跟自然界的自然规律相类比。"与作为一般自然形式的那种按照

普遍规律 [法则] 的物的存有之普遍联结有类似之处"，这句话有一点累赘，我们简化一下，就是"与作为一般自然形式的普遍联结有类似之处"。这个普遍联结是物的存有的普遍联结，就是自然万物的那种普遍联结，这种联结是按照普遍的自然规律的自然联结，但跟道德的那种普遍有效性有类似之处。下面讲，"所以，定言命令也可以这样来表达：你要按照能把自身同时当作对于对象的普遍自然规律的那些准则去行动"。"当作"，也就是说它不是真正的自然规律，但是你要把它当作那样去行动，好像它是自然规律那样。你设想一下，如果它能成为一条普遍自然规律，能否立得住脚？如果一个人对于康德的定言命令无法理解的时候，我们当老师的就要给他举个例子，就是说你做一个事情，你要考虑，人人都像你这样做，那会怎么样？你会怎么样反应？也就是己所不欲勿施于人的意思。这就使我们进入到道德的定言命令。但是，这只是初级阶段，我们这样说的时候，实际上还是用一种利害来解释，我们不太好跟功利主义划清界限。严格说起来，它不能取代定言命令，它只是可以作为理解定言命令的入口，因为我们这样的理解还是以功利主义为前提的。比如说，大家都说谎就没有人相信了，但为什么呢？是因为谎言使人们受到了财产损失嘛，如果财产不受损失那相信谎言也无所谓，庄子满篇讲的都是谎言，没有一句真话，但是我们看得津津有味，我们宁可受到他的欺骗，因为它不涉及我们的利益嘛。黑格尔指出来，康德的定言命令就是以私有财产为前提的，所以大家都不愿意上当受骗。如果有一天私有财产根本就取消了，那就不存在承诺不承诺的问题了，你的就是我的，我的就是你的。所以康德的第一个定言命令，他自己也意识到它是有缺陷的，但是他之所以要这样说，是先做一个入口，他并不完全否定功利主义、幸福主义伦理学，认为他们讲的有一定的道理。但是你把它当作终极的原则，康德是坚决不同意的。我们谁都不愿意生活在一切人对一切人战争的状态之中，霍布斯由此就推出来功利主义伦理学，英国经验论的伦理学基本上就是从这个思路进来的。但是他们到这里就为止了，认为这就是终极的。而康德认为这不够,这只是定言命令的一种初级的表达方式。这里首先把第一条变形公式引出来,下面一段就是把他的第二条和第三条顺着他的秩序再引出来。这两段都是讲这几个命令、这几个公式之间的关系,从普遍公式引出了第一变形公式,然后又从第一变形公式里面引出了目的公式。

这样看来,理性的自然区别于其余的自然,就在于它为自身设定了一个目的。

"这样看来",就是按照前面第一条变形公式看来,理性的自然跟其余的自然虽然"好像"相同,但却是不同的。不同在什么地方?"就在于它为自身设定了一个目的"。这个康德多次说过,就是人的实践跟自然过程的不同就在这里,自然过程是按照规律去运作的,而人的实践活动、人的意志活动,是按照规律的表象去行动的,所谓按照规律表象就是按照一个目的去行动的,它也有规律,但是这个规律首先还是规律的表象,它还没有实现出来,但是,我可以按照它去做,把它实现出来。这就是人的实践活动跟自然过程不同的地方,它是有目的的。"其余的自然"当然是讲的自然界,而"理性的自然"也可以把它翻译成"理性的本性",理性的本质,它当然是区别于自然界的。理性的本性就是要设定目的的,就是它的实践能力,不需要有其他的自然界的感性的、经验的条件,单凭理性独立地就具有实践能力。

这一目的将会是任何一个善良意志的质料。

为自身设定了一个目的,这个目的"将会是","将会是"这里用的是虚拟式,就是说善良意志如果有的话,那么目的就会是任何一个善良意志的质料。任何一个善良意志都有它的质料,因为任何一个善良意志肯定是有目的的。那么善良意志的目的跟其他目的有什么不同呢?

但是,既然在这个没有(实现这种或那种目的的)限制条件的绝对善良的意志的理念中,一切要起作用的目的(zu bewirkenden Zwecke)都必须被完全抽象掉（这样的目的只会使任何意志成为相对善良的），所以，在这里目的不是作为一个要**起作用**的目的，**而是独立自主的**目的，故而只是被消极地设想，亦即，绝不能和它相违背地去行动，因而这个目的必须绝不是单纯作为工具，而是任何时候都同时当作目的在每个意愿中受到尊重。

这就是第二公式，这个第二公式的表达是从第一个公式里面引出来的，就是说第一个公式里面讲：你要按照能把自身同时当作对于对象的普遍自然规律那些准则去行动。但是"当作"一个自然规律就隐含着一个区别，就是实际上还不"是"自然规律。理性的自然跟自然界的自然有类似之处，所以你可以拿来做一个类比，但是正因为是类比，就不是等同，它们有区别。区别何在呢？就是理性为自身设定了一个目的，而这个目的将会成为任何一个善良意志的质料。他说，"但是，既然在这个没有……限制条件的绝对善良的意志的理念中"，没有什么限制条件呢？就是"实现这种或那种目的"的限制条件，就是说你要实现这个那个目的你必须要有限制条件，有些东西你是控制不了的，至少你要按照科学规律办事，否则你就达不到你的目的。所以这个那个的具体目的，都是有限制条件的。但是"绝对善良意志"是没有限制性条件的，定言命令是没有假言条件的。在这样一个绝对善良意志的理念里面，"一切要起作用的目的都必须完全被抽象掉"。一切要起作用的目的，就是说这些目的它可以起作用，产生出它的结果。"起作用的原因"是亚里士多德提出来的，所谓"四因说"嘛，质料因、形式因、作用因、目的因。要起作用的目的是作用因，但是它也可以是目的因，对于生物界来说，要起作用的目的就是本能欲望等等。所有这些起作用的目的都必须被完全抽象掉，你做这件事情，就是出于绝对善良意志，那你就不要考虑它跟你的那些起作用的目的有什么关联，要起什么作用，或带来什么样的后果。一个出于绝对善良意志的行为，它是不考虑后果的，我在任何情况下，我的原则绝对不能违背，不管带来什么后果，在康德看来这就是一个绝对善良意志。在这个意志里面，一切要起作用的目的都必须被完全抽象掉，完全不考虑，括弧里讲"这样的目的只会使任何意志成为相对善良的"。要起作用的目的当然是善的好的，我们通常也讲，一个目的实现了就是好的，但由这样一种相对的目的去做好事，它所完成的只是相对的好。"所以，在这里目的不是作为一个要起作用的目的，而是独立自主的目的"，独立自主的目的，它跟要起作用的目的不一样，要起作用的目的它必须考虑它的效果，你要起作用，如果没有达到效果就是没有起到作用，就毫无价值了。但是真正的绝对善良意志它的目的是独立自主的目的，它不考虑所有这些条件和后果，它只考虑应该，我应该这样做，我应该按照这样一个目的去做，但要排除一切具体的目的。所以它有一种否定的意思，正如他讲的，"故而只是被消极地设想，亦即绝不能与它相违背地去行动"。不能和它相违背，但是要按照它去做成什么？这个没有包含在它里面，要去产生什么效果这个没有包含在里面。只是你不能与它相违背，不能违背基本的原则。它并没有积极地要你去做什么事情，哪怕是一件好事，但是之所以仍被认为是好事，是因为没有违背它自身的原则。所以它考虑的只有一条：你绝不能与它相违背。你办任何事情，都不能与它相违背，它是独立自主的，不取决于任何条件。他说，"因而这个目的必须绝不是单纯作为工具，而是任何时候都同时当作目的在每个意愿中受到尊重"。绝不能与它相违背去行动，这样一个目的必须绝不是单纯的工具，而是任何时候都同时当作目的而受到尊重。注意这个地方他没有完全否定它有可能被当作工具，或者别人会把它当作工具。你做了好事，当然对别人有利了，你为他人谋幸福了，所以他人也在一定意义上把你做的好事当作了他的谋生的工具，希望这样做好事的人越多越好，他的生活的压力就会减轻等等。但是你不要单纯把它当作工具，仅仅是为了得到了好处，你就感激他，那是不够的，而是要尊重他，因为他的行为任何时候都同时当作目的本身。你更要尊重他在创造这些东西的时候为道德而道德的那种思想境界，他的功德是值得感谢的，值得赞赏的，但是唯有他的那种道德的动机是值得敬重的。如果一个人为人们带来了很多好处，但是他是不道德的，比如说秦始皇，秦始皇也给人们带来很多好处，但是他不道德，所以我们在很多地方也许要感谢秦始皇，但是我们不敬重他，这样一个人不值得敬重，他就是为了个人的野心，为了一己的私利，不惜破坏道德律。当然他的客观效果也许是好的，但是，我们不敬重他。而绝对善良的意志呢，"绝不是单纯作为工具，而是任何时候都同时当作目的在每个意愿中受到尊重"，这个尊重就是敬重了。他这里用"尊重"是因为前面他讲了不单纯是作为工具受到尊重，而且是作为目的受到尊重，其实后一个尊重就是指敬重。

现在，这一目的只能是所有可能目的的主体本身，因为这一主体同时也是一个可能的绝对善良的意志的主体；这是因为，这样一个意志不可能无矛盾地追随于任何其他对象之后。

从这句话起，他就进入到第三个变形公式了，从第一个变形公式引出第二个，从第二个又引出第三个。这个一段和上面一段连起来看，就是对三个公式之间的关系一步一步加以推导。"现在，这一目的"，这样一个绝对善良意志的目的，它不是一个单纯起作用的目的，而是一个独立自主的目的，把人格中的人性在任何时候都要当作目的，而不仅仅当作手段，第二变形公式讲的目的就是这样一个目的。他说，这个目的"只能是所有可能的目的的主体本身"。你要把人格中的人性当作目的，那这个目的是什么目的呢？这个目的是不是上帝给你的目的呢？是不是上帝颁布的目的呢？不是的。只能是所有可能的目的的主体。所有可能的目的，人是理性的动物，而理性的本性就在于设定目的，那么设定目的的这个主体本身你要把他当作目的，那当然是最高目的了，就是所有可能的目的的主体或主宰。它是最高的目的，这个目的就是能够拥有一切目的的，那它就是一个主体，也就是所谓人格中的人性。所有可能的目的都是由你这个主体发出来的，都是由你的人格发出来的，都是由你的人格所支配的，那么这样一个人格就是你的目的本身。"因为这一主体同时也是一个可能的绝对善良的意志的主体",就是说这样一个主体是一切可能的目的的主体,因为他同时也是一个可能的绝对善良的意志的主体。可能的绝对的善良的意志,它有它的目的,而其他一切目的都是为它服务的,所以这个一切可能的目的的主体本身,当然就是最终的目的啦。所以这个可能的绝对善良的意志的主体,你要把他当目的,并不只是要为他谋利益,为他谋幸福,而是要尊重他。你要尊重每一个人的人格,你要尊重每一个人的人权,这才使他成为了绝对的目的。你单是为他谋利益,你还没有把他看作是一个绝对善良的意志的主体,但是他实际上是可能的绝对善良意志的主体。下面:"这是因为这样一个意志不可能无矛盾地追随于任何其他对象之后"。一个可能的绝对善良的意志不可能无矛盾地追随任何其他对象之后,它是绝对的,所以它是一个最高的目的,是一个可能的目的的主体本身,他拥有一切目的,但他本身是一个可能的绝对的善良意志的主体。因为这样一个意志不可能无矛盾地追随于任何其他对象之后,就是说你尊重他的人格,尊重他的人权,你就表明他是超越于任何其他东西之上的更高的尊重的对象。你尊重他的财产,当然是为他的利益的考虑,但是更重要的是对他的人格的尊重。我们通常把尊重他人的财产从经验的层面理解,你损害了他,使他无辜遭灾,这个不道德。但是我们很少从更高的层次上考虑,你损害了他的财产,你其实是损害了他的人格,损害他的人格也是损害你自己的人格。因为你把他的人格不当数,你就把一般的人格不当数,你也就不把自己的人格当数。你损害他的财产,哪怕没有什么好大的损失,但那是他的,那是他人格的一种外延,人格的一种表现,你侵犯了他的人格的外延,你就是侵犯了他的人格。所以这样一个意志不可能无矛盾地追随于任何其他对象之后,要提高到这样一种层次来理解一个绝对善良的意志,即提到人的主体性之上,提到人的人格之上。

因此这一原则:你在和每个理性存在者 (不管是你自己还是别人) 相关时,都要这样行动,使这理性存在者在你的准则中同时被看作自在的

目的本身,和另一原理:你要按照一个在自身中同时包含有其自身对每

438 个理性存在者的普遍有效性的准则来行动,这在根本上是一致的。

　　这个地方把两个定言命令的变形公式放在一起加以比较,说这两个公式实际上是一致的,就是第二个变形公式和第三个变形公式实际上是一致的。所以他讲,因此这一原则:"你在和每个理性存在者(不管是你自己还是别人)相关时,都要这样行动,使这理性存在者在你的准则中同时被看作自在的目的本身",这也就是第二个变形公式。这样一个变形公式和另一原理:"你要按照一个在自身中同时包含有其自身对于每个理性存在者的普遍有效性的准则来行动",也就是自律公式,则虽然不能互换,但"在根本上是一致的"。后一原理表明,你要按照这样的准则来行动,什么准则呢? "在自身中同时包含有其自身对于每个理性存在者的普遍有效性的准则",这个准则,是在其自身中包含有对于每个理性存在者的普遍有效性的。也就是说你自己在自身中要建立起行动的一个普遍的法则,这个普遍的法则,对于你自己和每个理性存在者都是普遍有效的。这就等于说,你要这样去行动,使你的意志能够通过其准则把自己同时看作普遍立法的。每个人都是立法者,每个人都是自己给自己立法,即给理性存在者立法,那就是自律公式。所以,"这理性存在者在你的准则中同时被看作自在的目的本身",这与"在自身中同时包含有其对于每个理性存在者的普遍有效性的准则",两者在根本上是一致的。这就意味着,第二个变形公式和第三个变形公式在根本上是一致的。

　　因为,在使用手段于每个目的时,我应该把自己的准则限制在它的普遍有效性对任何一个主体都可作为法则这一条件下,这就等于是说,目的的主体,即理性的存在者自身,任何时候都必须不单纯作为手段,而是作为所有手段使用的至上的限制性条件,也就是在任何时候都必须同时作为目的,而成为一切行动准则的根据。

　　为什么在根本上是一样的呢? 这里讲,因为"在使用手段于每个目

的时，我应该把自己的准则限制在它的普遍有效性对任何一个主体都可作为法则这一条件下"。就是说第三个变形公式中所包含的"目的国"表明，一方面，每个理性存在者都是立法者；另一方面，这样一些理性存在者组成一个目的国。在使用手段于每个目的时，也就是说我在做任何一件有目的的事情的时候，我都应该按照这样一种准则去行动，这种准则是具有普遍有效性的，而这种普遍有效性对于任何一个主体都可以作为法则，这一点是我选择这个准则的限制性条件。我要把自己的准则限制在这样一个条件下，就是它对任何一个主体都可以作为法则，那么这就是立法了。在使用手段于每个目的的时候，我都要服从我自己为一般理性存在者所立的普遍的法则，自己为自己立法。为什么是自己为自己立法？因为自己是一个理性存在者；但我的立法既然是立法，它也就是适用于所有的理性存在者、适用于任何一个主体、对任何一个主体都可以作为法则的。这就是第三条变形公式。那么这样一个变形公式的限制性条件同时也就是第二变形公式的限制性条件。因为第三个变形公式这样一个条件限制，"就等于是说，目的的主体，即理性的存在者自身，任何时候都必须不单纯作为手段，而是作为所有手段使用的至上的限制性条件，也就是在任何都必须同时作为目的，而成为一切行动准则的根据"。这就把第三个变形公式和第二个变形公式沟通起来了，它们在根本上是一致的。在哪一点上是一致的？就是在对目的的限制性条件这一点上是一致的。第二个公式是从质料上讲到人的具体的目的活动，在任何时候你要使你的行动把你自己人格中的人性及他人人格中的人性同时当作目的，而不仅仅当作手段。这是从质料上讲；当把这个质料提升为普遍法则、普遍目的，那就是目的国，它不单是你个人的目的，而且所有人都是这样的，每个人都是自立法。所以这就能形成一个目的国，在这个目的国里面，每个人都为一切主体立法，他立的法都是把他人当作目的，而不仅仅当作手段，以及把自己当作目的，而不仅仅当作手段：凡是有理性者都是当作目的，而不仅仅当作手段。这就是目的国的关系。只有建立在自律的基础上才能真正形成一个目的国的理念，在这个目的国里面每个成员都是目的而不仅仅是手段。这个是一个更高的层次。这两个层面是沟通的，它都是把人当作目的，而不仅仅当作手段。在自律公式里面，最后是一个目的国的道德理想，甚至你还可以把它扩展为一个社会理想。但是在康德那里基本上还是一个道德理想，就是这样一个目的王国是我们人类在道德上必须永远去追求的一个理想目标。

第二十二讲

上次我们已经把三个变形公式之间的关系把它理清了。前面几段话就是康德把这三个变形公式放在一个逻辑秩序里面来加以说明。这个逻辑秩序是按照我们对于道德律或定言命令理解的秩序，从外到内，从它的效果到它的动机，然后再到它的总体——效果和动机的一致，是采取了这样一种逻辑程序来排列它的三个变形公式。我们今天看第438页，这一段很长。我们来读一读它。那么前面已经讲到了，他推出的这个变形公式，就是意志的自律的公式。自律公式应该说是他推出的最高点了。就是按照这样一种进入的方式，从它的效果进入动机然后再进入到它的总体性，那么达到它的至上原则，在它的最高点上最后就推出了目的王国的理念。所以下面这一段就是讲这个至上的最高点，这个目的王国，它何以具有如此至上的尊严，它的地位如何以及它与其他那些目的的关系如何。

于是由此就无可争议地得出：任何一个理性存在者，作为自在的目的本身，不论它所服从的是什么样的法则，必须能够同时把自己看作普遍立法者，因为正是它的准则之适合于普遍立法，才使理性存在者作为自在的目的本身凸显出来，

这个表述，这半句，实际上表明了他的自律公式跟他的目的的公式之间的一种逻辑关系。从理性存在者这个自在的目的推出它必须是普遍的立法者，必须是自己把自己看作立法者。"因为正是它的准则之适合于普遍立法，才使理性存在者作为自在的目的本身凸显出来"，正是它的准则、也就是这个理性存在者选择的准则之适合于普遍立法，这就使得理性存在者作为自在的目的本身凸显出来。这是总结前面讲的这两个——第二

个和第三个变形公式之间的逻辑关系：正因为他是自在的目的本身，所以他必须是普遍的立法者；反过来呢，正因为它普遍的立法，所以才把理性存在者自己作为自在的目的凸显出来了。双方是一个相互依赖的关系。

与此同时，它的这种优先于一切单纯自然物的尊严（特权）使得它任何时候都必须从它自身的视角出发，但同时也要从任何其他有理性的、作为立法者的存在者（它们正因此也被称为人格）的视角出发来采用自己的准则。

与此同时，在自在的目的和立法者两者相互的一致性表现出来的同时，"它"，也就是这种理性存在者，这种作为自在的目的的理性存在者，具有"优先于一切单纯自然物的尊严"或者特权，由于有这种特权，所以它表现为一种尊严。这"使得它任何时候都必须从它自身的视角出发，但同时也要从任何其他有理性的、作为立法的存在者……的视角出发来采用自己的准则"。就是它正是由于优先于一切单纯自然物具有这样一种尊严，它不受任何自然物的支配，不依赖于任何自然物，这就使得它任何时候都必须从它自身的视角出发，它必须立足于自身，它不能立足于任何外在的对象、客观的事物，必须从自己独立的主体性的眼光，去看待其他的对象；但同时也要从任何其他有理性的、作为立法者的存在者的视角出发来采用这一准则，也要把其他立法者视为独立人格。一个是从自己的视角出发，一个是从任何其他的有理性的存在者作为立法者的存在者的视角出发。这在第二变形公式里面就是这样讲的：你要把自己人格中的人性，同时也要把他人人格中的人性，始终当作目的而不仅仅是手段。这跟这里是相对应的。既然你把自己和他人的人格中的人性当作目的而不仅仅是手段，那么在立法的时候，显然任何时候都必须从自身的视角以及同时从任何其他的立法者的视角出发，来采用自己的准则。你是这样一个立法者，你是自己立法，但是正因为你是自己立法，所以你一方面从自己出发，另一方面从他人出发。因为你是一个立法者，同时也就设定了他人也是一个立法者。你和他人之间的区别是一种自然的区别，但是作为立法者，它抽掉了、取消了这些自然的感性的差别，那么它们就是相同的了，就打通了。这个括弧里面讲，"它们正因此也被称为人格"。Person，人格就是这样一个作为立法者的存在者，因为它们是"作为立法者的存在者"，所以它们被称之为人格。这里对人格的这个解释，当然不是全部解释，但它是一种解释。就是什么是人格？人格就是作为立法者的存在者。人格是自己立法的，是自己给自己立法的。从这样一种普遍的视角出发来采用自己的准则，那当然就使自己的准则变成了一条普遍的法则。所以使自己的准则成为一条普遍法则的涵义，在这里就得到了更加明确的表达。最开始他的定言命令的普遍公式说出来好像很抽象。但在这里比较具体了。就是说实际上就等于你要使自己的准则既是从自己的人格出发，也是从他人的人格出发。因为每一个人的人格都是作为立法者的存在者，每个有理性者的人格都是立法者。

于是，一个理性存在者的世界（mundus intelligibillis [理知的世界]），作为一个目的王国，以这种方式就有可能，这就是通过作为成员的所有人格的自己立法而可能。

"于是"，就推出了，一个理性存在者的世界也就是目的王国是如何可能的呢？是以什么样的方式可能的呢？就是通过作为成员的所有人格的自己立法、也就是自律而得以可能的。我们理想中的一个目的国只有通过每个人格的自律才得以可能。那么当然还可以进一步追问，那么自律又是何以可能的？那就不是这一章的任务了，那就是下一章的任务了，在这个地方还没有讲到。但是作为一个目的王国，它的可能性就立足于作为成员的所有人格的自己立法。注意这里把理性存在者的世界或目的王国都归于"理知世界"，这是一个很有用的概念，后面有多处提到。但这里用的是拉丁文 mundus intelligibillis，对应的德文是 intelligible Welt。它是指物自体的世界，一个纯粹理性在设想中可能的世界，但决不能认识。

因此，任何一个理性存在者都必须这样行动，就好像它通过自己的准则任何时候都是普遍的目的王国中的一个立法成员一样。

因此，他这里是推断，进一步推论了。任何一个理性存在者都必须这样行动，就好像它通过自己的准则任何时候都是普遍的目的王国中的一个立法成员一样。这实际上就是对于第三变形公式的进一步表达。当然它不是独立的什么"第四变形公式"，它只是更加明确地把第三变形公式跟前面的两个变形公式结合起来加以表达。我们注意看，"任何一个理性存在者都必须这样行动"，"你必须这样行动"换成了"任何一个理性存在者必须这样行动"。如果你是有理性的话，那么你就必须这样行动。这个地方强调的这一点。"就好像"，这个地方也出现了"好像"。我们知道在第一个变形公式里面它是"好像"，就是要使你的行为的准则"好像"是一条自然律那样。这是自然律的公式，他用了好像（als ob）。而在这里好像什么呢？"就好像它通过自己的准则任何时候都是普遍的目的王国中的一个立法成员一样"。当然，通过自己的准则任何时候都是普遍目的王国中的一个立法成员，这个本身是第三变形公式的表达方式，但是加上了一个好像。为什么要加上一个好像？第三变形公式本来没有好像，就是每一个有理性者都是立法者，本来应该是这样的。为什么这里加上一个好像呢，我们要注意他这里讲到了"普遍的目的王国"。普遍的目的王国加进来以后，这个公式就有了"好像"的意义。为什么？我们可以翻开德文版第436页，这一页的"就像与一个自然王国那样"，他下面有一个注："目的论把自然当作一个目的王国来考虑，道德学把一个可能的目的王国当作一个自然王国来考虑"。我们前面讲过，这两个"当作"都包含有"好像"的关系。把自然当作一个目的王国，这是第一变形公式中已经这样做了，用自然规律充当道德法则的类似物；而把一个可能的目的王国当作一个自然王国来考虑，这在第二变形公式和第三变形公式的结合中也带上了"好像"的关系。第三变形公式本身没有好像的关系在里头，它就是直接定言命令，直接表述的，是以肯定的语气表述的，没有用自然王国来做类比。第一个变形公式是用自然律来做类比。由此引入的目的公式即第二变形公式，则并没有什么类比，第二变形公式因为讲的只是以人格中的人性作为目的而不仅仅当作手段,这是一个肯定性的断言,它也没有什么"好像"。但是涉及到目的王国,目的王国是一个理想,目的王国没有可能在人间实现,所以他还是要以自然王国来打比方。那么道德学把目的王国当作一个自然王国来考虑,这个就有"好像"了。只不过这里的自然王国与第一变形公式中讲的自然律还有层次上的不同,这个前面也已经讨论过了。所以凡是涉及到目的王国的时候,里面就有一种类比,就有一种好像。因此,哪怕是同一个第三变形公式的表述,它也包含有类比的和没有类比的。从它本身来说它是不用类比的,但是加入类比,它可以把前面的两个公式都包括进来用一个公式来加以表达。第一个公式是单一性,第二个公式是多数性,第三个公式是总体性,后者包含前两者在自身中。所以他讲:"因此,任何一个理性存在者都必须这样行动,就好像它通过自己的准则任何时候都是普遍的目的王国中的一个立法成员一样"。这是用这样一个目的王国来打比方,就好像你是针对一个目的王国那样,其实也就是说你好像是针对一个自然王国一样。这个自然王国其实就是理性本性(自然)的王国,但间接地通过一个自然王国来打比方,所以它就把第一个变形公式也包括在内了。第一个变形公式就是一种类比的表述方式,率先把自然王国的考虑纳入进来了。那么在这里又把目的王国的考虑纳入进来了,而目的王国它又是被当作自然王国来考虑的,因此他这个里头采取了这样一种类比的表达方式。

这些准则的形式原则是:你要这样行动,就好像你的准则同时应当用作(一切理性存在者的)普遍法则一样。

这些准则的形式原则,也就是在前一句所表述的第三公式里,讲到了"通过自己的准则……",那么"这些准则的形式原则是:你要这样行动,就好像你的准则同时应当用作普遍法则一样",这个基本上就是普遍公式了,即定言命令的标准公式,只不过这里面加上了好像(als ob),再就是加了一个括号,括号里面注明是"一切理性存在者的"普遍法则。如果没有这两点不同的话,那这句话就是定言命令的标准的表达公式,即普遍公式。但是加上这两点，这就是以普遍公式的方式表达了第三变形公式的内容，或者说，当普遍公式被包括在第三变形公式中的时候就是这样表达的。因为在这种表述方式里面加入了"一切理性存在者"，而拥有普遍法则的一切理性存在者就是目的王国，所以也等于加入了可能的目的王国，那么也就不能不加入"好像"了。这是跟原来的标准公式不一样的地方。普遍性公式只是说要使你的准则同时成为一条普遍法则，至于如何成为他还没有说。可以通过种种方式：一个是把它看作好像是自然律，一个是使它针对客观自在的目的，再就是通过自己立法，通过自己立法把这个普遍法则建立起来。那么在这里，在括弧里面讲"一切理性存在者的"普遍法则就把这一点突出出来了。但是这里说"好像……一样"，就是因为它的前提是一个可能的目的王国。那个可能的目的王国在现实世界中是实现不了的，只是一个理想，只是一个理念而已。所以我们看到第三变形公式康德一上来就强调它是这样一个"理念"，他表达为"每个有理性者都是立法者这样一个理念"，也就是作为立法者的每个有理性者的理念。第三变形公式首先采取这样一种理念的方式，当然后来把它展开了，我们在康德那里也找到了好几种公式化的表达，但是康德自己一开始是表达为一个理念，也就是说这个理念是追求不到的，它只是我们的一个遥远的目标，一面旗帜，我们要朝这方面努力。所以我们在行动中就没有什么依靠，我们只能够追求这样一个"好像"的目标，你要按照那样去做，就像那个目标在起作用、在实现一样。它里面包含有这样一些意思。第三变形公式加入了前面两个变形公式的内容以后，加入了目的王国这样一个理念以后，它是一个理想，所以这个地方就加进了"好像"。你把目的王国当作好像是一个自然王国那样去追求，目的王国本来是天上的目的，本来不是地上的，但是你要把它当作好像是地上的目的那样去追求。所以这个地方用这个"好像"的用意就在这里。

　　所以，<u>一个目的王国，只是依照和自然王国的类比才有可能，</u>

　　这句话比较明确了。目的王国如何才可能呢？只是依照和自然王国的类比才有可能,因此只能是"好像"。

　　<u>但前者只是按照准则、即自身担当的规则才可能,后者只是按照外在的强制起作用的原因的规律才可能。</u>

　　目的王国和自然王国它们互相之间有一种类比,这个我们在前面一页的那个注释里面已经看到了。目的王国是依照着与自然王国的类比才建立起来的,才能够设想。但是,两者其实又是不同的,前者,也就是目的王国,它只是"按照准则、即自身担当的规则才可能",也就是它按照自律才有可能。后者,即自然王国,只是按照外在的强制作用的原因性规律才可能。自然王国是按照外在的强制起作用的原因性的规律、也就是因果律才可能。自然王国和目的王国当然是不同的了。目的王国是基于自己立法的行为准则,那么自然王国是基于外在的强制起作用的原因,我们上次讲到"起作用的原因",它在亚里士多德那里已经提出来了。强制起作用的原因,它有它的规律。这就构成了自然王国。

　　<u>尽管如此,人们虽然把自然整体看成机器,但就自然整体与作为它的目的的理性存在者有关而言,却毕竟出于这个理由而赋予了它自然王国之名。</u>

　　这个"尽管如此"就是说,虽然自然王国只是按照外在的强制起作用的原因的规律才可能的,也就是"人们虽然把自然整体看成机器"。机器当然是外在强制起作用的,按照因果律一个导致另外一个,每一部机器都是一部因果链条的整体,它就是一种强制的关系。尽管如此,"但就自然整体与作为它的目的的理性存在者有关而言,却毕竟出于这个理由而赋予了它自然王国之名"。就是说这样一部机器,从整体上来看,自然界我们可以把它看作的确是一个无穷无尽的因果链条,每一步都不能缺少,没有任何缺环;但是整个自然界又怎么样呢?这个在《纯粹理性批判》的第三个二律背反里面就讲到了,这个世界这个宇宙究竟是只有自然因果律还是也有自由?康德在那里指出,如果说仅仅只有自然因果律的话,它是有矛盾的。如果一切都仅仅是自然因果律的话,那么我们就要问了,

最初的那个原因它又是什么原因产生的呢？整个宇宙从整体上来看，我们就会设想，哪怕我们接触不到这个整体、认识不到这个整体，但是我们总可以设想，全宇宙的原因又是什么呢？所以你要把宇宙看成一个整体、一个"自然王国"，你就必须要设想第一因，那么第一因肯定是不再有原因的，那就是自由。承认了自由就必定要承认宇宙的目的，承认了宇宙的目的也必定要承认建立这一目的的理性存在者，比如上帝，虽然这些在理论上都是无法证明的。所以赋予自然整体以"自然王国"之名的理由只能是作为自然的目的的理性存在者。正是这一点使自然王国具有了与目的王国相类比的可能性，虽然它作为机械的自然存在和目的王国是本质上截然不同的。所以哪怕你把自然界看作一部机器，你也离不了目的论。机械论和目的论的矛盾在康德的第三批判里面也是通过这种方式解决的，当然不是真正的解决，而只是反思判断力的一种"好像"的解决。自然王国这个名称，我们要注意，跟自然界的名称是不一样的。自然界的名称是泛泛而谈的，自然界就是自然界的那些事物的总和。但是自然王国，说明这个自然界里面是有秩序的，而且有一个王者，有一个目的。王国它是以首脑，以国王的目的为核心而组建起来的，它是以一个目的为核心组织起来的。王国跟一般的自然界是不一样的，一般的自然界不涉及有没有目的的问题，但是如果说王国，就不能把它看作是机械的了。

　　现在，这个目的王国将会通过这样一些准则——它们的规则是由定言命令颁布给所有理性存在者的——而实现出来，**如果这些准则被普遍遵守的话。**

　　他说现在，这个目的王国将会，"将会"当然是虚拟式了，一种虚拟式，将会通过这样一些准则而实现出来，如果这些准则被普遍遵守。这个"如果"后面都打了着重号，说明这是关键。为什么前面要用虚拟式呢？就是说它是取决于一个前提：如果这些准则被普遍遵守的话。要是做到了这一点，那么这个目的王国将会通过这样一些准则而实现出来。这些准则是什么准则呢？"它们的规则是由定言命令颁布给所有理性存在者的"。由定言命令颁布给所有理性存在者的这些准则,如何能够造就一个目的王国,取决于这些准则能否被普遍遵守。但是是不是真能遵守,这个我们不知道。我们在现实中没有看到被普遍遵守,也许偶尔有个别人是严格遵守的,但是我们也不知道。我们看到大量的是违背这些准则的。所以这个目的王国它是一个虚拟的理想,它不是现实的,它也不是自然界有可能具有的。他跟自然界的这个自然王国,跟自然规律都不一样,只是可以有一种类比。因此我们提出目的王国的时候,我们只是把它当作与自然王国的类比。但是这个类比是否真的能够实现,要取决于人人都遵守他自己所立的法则,但是不是这样呢?

康德下面就讲到了,

<u>然而,尽管理性存在者即使自己一丝不苟地遵守这些准则,他却不能指望其他每个理性存在者因此也同样信守这些准则,同样也不能指望自然王国及其合目的的秩序与作为一个合格成员的理性存在者在一个由它自身而可能的目的王国上达到协调一致,也就是说,不能指望自然王国有利于理性存在者对幸福的期待,</u>

从"然而"到"幸福的期待",这整个的半句都是"尽管",都是统在"尽管"这个限制词之下的,当然尽管如此,后面怎么样,它下面还有进一步说明。我们先来看这个尽管,尽管什么?尽管后面还有一个"即使":"尽管理性存在者即使自己一丝不苟地遵守这些准则",即使理性存在者自己可以完全遵守这些准则,"他却不能指望其他每个理性存在者因此也同样信守这些准则"。就是说哪怕是有个别理性存在者自己下了决心,首先从我做起,我来遵守,我希望别人也遵守,最后达到普遍遵守。但是,他实际上却不能指望其他每个理性存在者因为他的带动也同样信守这些准则,这就说明他原来的那种指望是不现实的。如果这些准则被普遍遵守的话,谈何容易啊,这些准则能够普遍遵守吗?即算你自己能够遵守,你"从我做起",但是别人会怎么样呢?你不能指望其他每个理性存在者和你一样。你不能从"我下决心遵守"而推出其他的每个有理性的存在

者也会下决心遵守。这是一个"尽管"。第二个"尽管"："同样也不能指望自然王国及其合目的的秩序与作为一个合格成员的理性存在者在一个由它自身而可能的目的王国上达到协调一致，也就是说，不能指望自然王国有利于理性存在者对幸福的期待"。这是第二个层次。第一个层次是指的你不能指望每个其他的有理性的存在者都像你一样严格遵守定言命令的准则。第二个层次就是说不但是其他的人，而且整个自然界，你都不能指望自然王国及其合目的的秩序能够与你这个理性存在者达到协调一致，而组成一个可能的目的王国。自然王国当然它有一个合目的的秩序，否则不能称为王国；但是这个自然目的是否就能够迎合你这个合格的理性存在者，能够配合你共建一个目的王国，在这个目的王国中和你达到协调一致，这个就很难断言了。自然界它自然的目的不符合你的道德目的，自然界的目的它有它的最终的方向，但是这样一个最终的方向是不是就是能够服从你的目的王国的方向呢？这个很难说。所以我们也"不能指望自然王国有利于理性存在者对幸福的期待"。理性存在者的目的王国是要以最高的客观目的统率一切可能的目的，但除了最高的客观目的之外，其他目的都是和人的主观幸福有关的，它们都依赖于自然界的配合和促成。但我们并不能指望自然王国能够主动地配合和促成我们的主观目的，满足我们对幸福的期待。自然王国不符合于我们的目的王国，那么它就不一定能给我们带来幸福。目的王国当然它是一个道德王国，但是它也包含着幸福在内。它是一切目的以道德目的为统率所建立起来的一个王国，是一个德福一致的王国，所以它也包含幸福在内。但是这个幸福跟自然王国中本身的目的秩序不一定合拍，不一定能够协调一致。所以他讲，"同样也不能指望自然王国及其合目的的秩序与作为一个合格成员的理性存在者在一个由它自身而可能的目的王国上达到协调一致"。目的王国是理性存在者由他自身而可能的，刚才讲了这个目的王国如何可能，它必须是建立在每个人自己的这样一种担当之上。那么这样一个目的王国里面应该是有对幸福的期待的，但是这个幸福不能由自然目的，或者自然王国来满足,而道德法则本身它又不考虑这些自然目的。它虽然可以用来统率幸福,但它本身是不考虑这些其他目的的。只有当它不考虑这些其他目的的时候,它才叫作道德目的。因此在这个方面呢,你不能指望自然王国有利于理性存在者对幸福的期待,这方面你不能指望。

但前面讲的都是"尽管",尽管你不能指望他人,也不能指望自然秩序,那么,

——尽管如此,那条法则,即你要按照一个普遍立法的成员为某种只是可能的目的王国所立的那些准则而行动,依然具有充分的效力,因为它是定言地下命令的。

尽管如此,尽管什么如此呢?尽管理性存在者哪怕他自己遵守道德律,但是他不能指望所有的人都遵守道德律;尽管他也不能够在自然王国里面去指望他在目的王国里所可能获得的幸福——这两条,尽管有这两条,但是,"那条法则,即你要按照一个普遍立法的成员为某种只是可能的目的王国所立的那些准则而行动,依然具有充分的效力"。这样一个法则在这里表述出来:你要按照一个普遍立法的成员为某种只是可能的目的王国所立的那些准则而行动,这又是第三个变形公式的另一种表达。第三变形公式有很多表达,它非常灵活。康德他的思想通了以后他可以用各种方式来表达他的一个公式。这个第三变形公式它在这里又是一个表达,就是:你要按照一个普遍立法的成员——这个已经把普遍立法包含在内了,每个成员都是普遍立法的——,为某种只是可能的目的王国——目的王国也包含在内了——所立的那些准则而行动。在目的王国里面所立的那些准则,当然也是主观的准则,但是这个主观的准则是在目的王国里面所立起来的,所以它又不仅仅是主观的,同时也是客观的,具有客观效力的。但是对于每个立法者来说它是主观的。所以这个地方讲到了你要按照那些准则而行动,也就是说每个作为普遍立法的成员的理性存在者,他在主观上是自律的,他按照自己的主观的准则而行动,而这个主观准则恰好是他自己给自己建立的规则,他自己给自己立法的一

439

条规则，那就是自律。而这样一条按照自律而行动的法则"依然具有充分的效力"。尽管你不能指望别人也会跟你一样，尽管你不能指望你这一做就会从自然王国中获得幸福，尽管如此，但是那样一条法则仍然有效，"因为它是定言地下命令的"，它是定言命令的自律公式，它是没有前提的。它对每个人依然会有效力，即算他人并不遵守，它也要对他人下命令。你可以不听，但是这个命令始终会向你发出，只要你是有理性者，你就会有这样一种内心的命令在向你发出，它依然具有充分的效力。这个充分的效力不是指的自然界、现实——你有了这个命令就可以改变自然因果关系、改变你的行为，甚至可以杀身成仁舍生取义，克服你的对死亡的恐惧，那倒不一定。但是它始终在你的心里下命令，如果你违背了它，你就会感到愧疚。你违背它多少，你的愧疚就有多大。它是定言地下命令的，在任何情况下它都在下命令，因为它出自于理性嘛，它出自于理性的普遍法则。这是康德对定言命令第三个变形公式的进一步的解释。

不过正是在这里就包含着一个悖论：仅仅这种作为理性本性的人性的尊严，不计由此而能达到的任何其他目的和好处，因而仅仅对一个单纯理念的敬重，却要来充当意志的一丝不苟的规范，并且，恰好在这准则对一切这类动机的独立性中，存在有准则的崇高，以及每一个理性主体成为目的王国的一个立法成员的这种尊严；

这是一个悖论（Paradox）。为什么是一个悖论呢？悖论这个概念在康德那里有他特定的含义，我们通常在逻辑上讲的悖论就是不成立的，一个命题如果是悖论，那就应该抛弃了。但是在康德这里悖论它并不具有这种逻辑上应当抛弃的意思，就是这是一个非常矛盾的事情，非常吊诡的事情，但是它事实上存在，有这么一个悖论，有这样一个非常奇怪的事情，看起来好象是自我冲突自相矛盾的东西。悖论也有的翻译成"似非而是"，康德主要是在似非而是这个意义上来说的。一个什么样的悖论呢？"仅仅这种作为理性本性的人性的尊严"，仅仅是这种尊严，"不计由此而能达到的任何其他目的和好处"，在人性里面只讲作为理性本性这一块，人性里面还有作为感性的那一块，都不计，把其他的目的和好处，把人性里面其他的感性这些东西都排除掉了；"因而仅仅对一个单纯理念的敬重"，作为理性本性的人性它是一个单纯理念，对这个单纯理念的敬重，仅仅是这样一种敬重，"却要来充当意志的一丝不苟的规范"。这就是悖论之所在。前面两个"仅仅"都是并列的，都是同位的。那么仅仅是这样的一个东西，却要来充当意志的一丝不苟的规范。意志的一丝不苟的规范那就是无所不包的了，是面对任何场合都不能动摇的了。凡是意志所意愿的东西，所规定的东西，所能支配的东西，都要由这样一个仅仅是作为理性本性的人性的尊严，仅仅是这样一种对一个单纯理念的敬重来加以规范，要规范意志的一切对象，这岂不是非常吊诡吗？这么一点东西要承担如此巨大的任务，它做得到吗？"并且，恰好在这准则对一切这类动机的独立性中，存在有准则的崇高"，就是除了前面讲的这种吊诡，一个这么狭窄的东西要充当这么宽泛的一个东西的规范，这是一个很大的反差；另外一个反差就是说，恰好在这准则对一切这类动机的独立性中，存在有准则的崇高，"以及每一个理性主体成为目的王国的一个立法成员的这种尊严"，这也是一个吊诡。就是说，这样一个准则对一切这类动机，哪一类动机呢？就是任何其他的目的和好处的动机，你把那些东西都撇开了，但是你又要用它来规定那些东西，并且还要在对一切这类动机的独立性中，表现出你这个准则的崇高，表现出每一个理性主体作为立法成员的尊严。这个准则恰好是由于撇开了所有这些目的和好处，独立于所有这一切日常的规范，日常的动机，而存在有准则的崇高。准则的崇高不是由于它高高在上，或它从来就是居高临下、超然世外，而是在与那些动机闹独立中，在不断地排除那些动机中，才显示出它的崇高；以及每一个理性主体成为目的王国的一个立法成员的这种尊严，每一个理性的主体都是目的王国的一个立法成员，他因此而具有一种尊严。这种尊严从何而来？也体现在它对一切其他目的、一切其他动机的独立性。这个里头很有一些辩证的关系，就是说这样一种准则，它的崇高性体现在对那些不崇高的东西作斗争之中，它独立于那些不崇高的动机，那么它就体现出它的崇高性了，就体现出它的尊严了，它作为一个目的王国的一个立法成员，它不为所动，它有所不为，这就体现出它的尊严、它的崇高性。并不是说它干出了什么惊天动地的大事，它就是不为所动，就体现出它的崇高性，它的尊严。

<u>因为若不然，理性主体就必将会表现为仅仅服从它的需要的自然规律了。</u>

因为如果没有这种独立性的话，那么理性的主体就必将表现为仅仅服从它的需要的自然规律。理性的主体就会仅仅服从自然规律了。理性的主体也有需要，理性主体的需要里面也有自然规律，但是理性主体它可以不服从这个自然规律，也就是不服从这类需要。不为所动，它对这些需要以及包含在这些需要里面的自然规律它有一种独立性，因此它有一种尊严，它有一种崇高性。若不然，那它就成了一个自然物了，那还有什么崇高性呢？那就没有崇高性也没有尊严了。

<u>虽然可以设想，不论自然王国还是目的王国，都将统一在一个首脑之下，这样目的王国就会不再只是单纯的理念，而将获得真正的实在性，</u>

我们来看看这样一个假设。虽然可以设想，这个设想就是我们在《实践理性批判》里面所读到的所谓的"悬设"。上帝是纯粹实践理性的一个悬设，在这里已经提出来了。"虽然可以设想，不论自然王国还是目的王国，都将统一在一个首脑之下"，就是统一在上帝之下。上帝既创造自然王国也创造目的王国，或者说上帝的自然王国就可以被包含在他所创造的目的王国之中，作为目的王国底下的一个成分。都是上帝创造的嘛，上帝创造的东西都是尽善尽美的，尽管在我们人看起来，也许自然王国根本不可能服从我们的目的，服从我们的道德，但是在上帝那里，他可以使自然王国服从于目的王国，他是做得到的。即算我们现在没有做到，但是在上帝的最后审判里他会摆平的，一切都善有善报恶有恶报。我们可以指望这样一个首脑。所以不论自然王国还是目的王国，都将统一在

一个首脑之下，"这样目的王国就会不再只是单纯的理念"。我们注意这个地方还是用的虚拟式："就会"。就会不再只是单纯的理念。当然它是单纯的理念，但是如果我们设想有一个上帝的话，那么目的王国就会不再只是单纯理念，"而将获得真正的实在性"。以虚拟的方式说出这句话来：它将会获得真正的实在性，所以我们不能把这个"真正的实在性"当真。他是在设想，设想一种真正的实在性。目的王国在上帝这样一个假设之下，就会获得真正的实在性。

<u>但这样一来，那个意志由此虽然将增加一个强有力的动机，却决不能有助于增加它的内在价值；</u>

就是在这样一种假设的情况之下，虽然我们可以解决目的王国的实在性的问题，当然是虚拟的了，如果假设了这样一个上帝，那么我们也许就可以解决它的实在性的问题，就不再仅仅是一个单纯的理想、一个单纯的理念了，它就会获得实在性了。但是这样一来那个意志，那个意志就是那个以人的理性本性的尊严充当一丝不苟的规范的意志，也就是立法的意志，"由此虽然将增加一个强有力的动机"——假设一个上帝来完成目的王国和自然王国的统一，使目的王国获得真正的实在性，这使得立法的意志增加了一个强有力的动机，也就是使它有信心实践自己所立的法规，但却"决不能有助于增加它的内在价值"。立法的意志唯一的价值取决于它的道德性，而不取决于它实现的后果。这里讲的还是德福关系的问题。在《实践理性批判》里面是用上帝的至善来达到德福一致，也就是目的王国和自然王国的一致；但在这种一致中，德始终是价值的根源，价值的标准，福的价值只能是依据道德而"配得幸福"的价值。康德认为，有了这种上帝悬设和德福一致的前景，我们就对于未来有了希望，但这种希望并不能成为我们遵守道德律的根据。不是说为了得到善报我才做善事，而是我出于义务而做了善事，就有希望得到善报。但得到善报并不能增加我做的善事的内在价值，它只是增强了做善事的动机和信心。这是《实践理性批判》中详细阐明的道理，我们可以参照着看。

　　因为，尽管如此，这位唯一不受限制的立法者自身，却仍然必须被设想为这样，仿佛它只根据其不自利的、纯然从那个理念出发而规范自己本身的行为来评判理性存在者的价值似的。

　　为什么不增加意志的内在价值，这个地方加以解释了。因为尽管如此，也就是尽管意志能够增加一个强有力的动机，增加一个德福一致的动机，但并不增加它内在的价值，这是因为，尽管上帝可以带来德福一致，但是"这位唯一不受限制的立法者自身"，也就是上帝，"却仍然必须被设想为这样，仿佛它只根据其不自利的、纯然从那个理念出发而规范自己本身的行为来评判理性存在者的价值似的"。也就是说它只是根据这样一种行为来批判理性存在者的价值，什么样行为呢？不自利的、纯然从那个理念出发而规范自己本身的行为。简言之，在上帝眼中，只有"为义务而义务"的行为才有价值，他只是根据这样一种行为来评价理性存在者，因此它是完全撇开幸福来对人的价值加以评价的。他只根据你的道德，你是出自于那个理念，唯一地从那个道德法则的理念出发来规范自己的行为，规范自己本身的行为，上帝唯一地根据你这样一种行为来评价你的价值。所以尽管他可以给你带来幸福的希望，但是他对你的评价仅仅根据你的道德。不是根据你的幸福。他给你带来的幸福也是根据这个道德来匹配的，你有多少道德，那么就给你多少幸福。但是幸福绝对不是评价的标准，唯有道德才是评价的标准。

　　事物的本质并不因外在的关系而改变，而且唯有那不考虑这些关系的东西独自构成了人的绝对价值，不论是谁，甚至于最高存在，都必须据此来评判人。

　　这是进一步加以解释。"事物的本质并不因外在的关系而改变"，外在关系就是你的理性的本质与你的感性需要的关系，你对外部自然界事物的这样一种外在的关系。这种关系并不改变事物的本质。你的外在的关系可以改变，你在现实生活中你没有得到幸福，而你在目的王国里面你可能会得到幸福，善有善报恶有恶报，你做了好事你可能会得到报偿；

但是尽管如此,你的这种关系的改变,并未使你的道德的本质、事物的本质因此而改变,并不因为你得到或者没有得到相应的幸福,你的这个行为就在道德性上有所增加或者有所减少。"而且唯有那不考虑这些关系的东西独自构成了人的绝对价值"。只有当你摆脱这些关系,不考虑这些关系,那么你才可以拥有绝对价值。"不论是谁,甚至于最高存在,都必须据此来评判人"。哪怕是上帝,都必须根据这样一种绝对的价值或者绝对价值标准,或者事物的本质,根据这一点来评判人,而不能根据外在的幸福、满足、感性的爱好、欲望,不能根据这些东西来评判人。

所以,**道德性**(Moralität)就是行动与意志自律的关系,这就是通过意志的准则而对可能的普遍立法的关系。

"道德性就是行动与意志自律的关系",这在前面第 434 页也有表述,说"道德性就在于一切行动与立法的关系,只有通过这种关系,一个目的王国才是可能的"。这些提法都是讲的同一种关系。在这里道德性最后归结到行动和自律的关系。那么要进一步解释,什么是行动与意志自律的关系呢?"这就是通过意志的准则而对可能的普遍立法的关系"。通过意志的准则,主观的准则。主观的准则在前面都带有一点贬义,就是说你仅仅是主观的准则,那么你要使它变成普遍的法则,那才是道德的。那么在这个地方,这个主观准则,意志的准则,反而成了一个褒义,因为它就是意志的自律,它就是准则,它是你自己立的,不是别人给你带来的。意志的准则对可能的普遍立法的关系。可能的普遍立法也就是目的国了。意志的准则,你的主观的这种立法,对可能的普遍立法之间的关系,你的准则对目的国的关系,这就是道德性。这样一种表述再次刷新了他对道德性的解释。

能与意志自律共存的行动,是**允许的**(erlaubt),不合乎意志自律的行动,是**不允许的**。

允许和不允许打了着重号。就是说道德性是这样一种关系,是行动和意志自律的关系。行动和意志自律的关系有哪些层次呢?他下面讲了两个层次。一个是行动能够与意志自律共存，并列。共存也就是不相冲突的，那么就是允许的。我们从道德性的角度来看，我们说在道德上这是允许的。相反，不合乎意志自律，也就是跟意志自律相冲突的行动是不允许的。所谓道德性，在一个层次上就是讲的这么一件事情。有的事情在道德上是允许的，有的事情在道德上是不允许的。这个不允许的比允许的要更严格。允许的里面当然包含有道德行为，但是也包含有不与道德律相冲突的行为，中性的行为，既不是道德的也不是不道德的，可以听便的，那是允许的。这是最初级的，我们有了道德性我们就可以衡量在这个标准之下哪些行为是不与道德律相冲突的，就可以去做，做了无关紧要，没关系。当然道德行为更加是允许的，甚至于不光是允许的，而是值得鼓励的值得敬重的等等。那么更重要的是，不合乎意志自律的行动是不允许的。这个就非常明确了。允许的比较泛，哪些东西是允许的你尽可以去做，但是重要的是我们要知道哪些事情是不允许的，通过不允许的我们对道德性有了更加确切的概念，知道哪些事情是不能做的。这些叫作完全的义务，而那些仅仅是允许做的事情即使是道德行为，也只是不完全的义务，这在前面已经讲过了。

那么更高的一个层次就是下面讲的，

其准则必然与自律法则协调一致的意志，是**神圣的**、绝对善良的意志。

这是一个更高的层次。用道德性来衡量，如果他的准则必然和自律法则协调一致，那么这样一种意志是神圣的，绝对善良的意志，那其实就是上帝了。上帝的意志才能够使他的准则必然和自律法则协调一致，而普通人的意志都是不必然的，都没有必然性，它取决于他的选择。他有他的选择，他必须作斗争，他能不能战胜还是个问题。所以我们只能用允许的和不允许的来对他加以规范。而对于上帝，他的意志必然和自律法则协调一致，那么他是神圣的意志。上帝不可能不道德，他是绝对善良的意志。以上三个层次都是讲的目的王国与自然王国的关系等级，也

就是德福关系的等级。最低级的是允许的层次，一个有道德的人也允许
追求自己的幸福，这并不违背义务；更高的是不允许的层次，一个有道德
的人不允许违背自己的义务，哪怕要失去自己的幸福；最高的是神圣的
层次，上帝的意志必然与道德一致，并能做到严格的德福一致。

一个并不绝对善良的意志对自律原则（道德强制）的依赖就是**责任**。

一个并不绝对善良的意志，就是我们人类普通的有限的理性存在者，
他的意志并不是绝对善良的，并不是神圣的意志。人的意志并不必然地
和自律的原则相一致，但是如果他对自律的原则有一种依赖，这种依赖
表现为他对自己的一种道德强制，那就是责任。责任就是 Verbindlich-
keit。前面讲过，这个词有一种束缚的意思，就是被束缚性，受束缚性，它
跟"义务"（Pflicht）这个概念还不太一样。我们看下面这一句话。

所以，责任是不能被归于一个神圣的存在者的。一种出于责任的行
动的客观必要性，称为**义务**。

这有两句话，前面一句讲，"所以责任是不能被归于一个神圣的存在
者的"。责任，就是受束缚性，那当然不能归于一个神圣的存在者，上帝
怎么能受束缚呢？没有什么东西可以束缚他。义务也是一样，责任和义
务都不能用在上帝身上。那么下面这句话就是把责任和义务之间的层次
表明了："一种出于责任的行动的客观必要性，称为义务"，Pflicht，义务
这个概念要更加抽象一点。它没有那么具体。前面那个责任的概念是把
你捆起来的意思，非常具体的。义务这个词更有主动性和能动性。康德
在表达道德性的时候，更多运用的是这个词。当然有时候也用责任，这
两个词往往也可以互相取代，差别很小，但是有差别。义务是"一种出于
责任的行动的客观必要性"，责任是主观上感到受到了束缚，较为被动；
义务则是把眼光转向客观必要性，更加主动。

我们再来看下面这一段。

从上面简短的论述，人们现在很容易解释这种情况是怎么发生的：

440　虽然我们在义务概念上，想到的是对法则的服从，但由此我们同时却又设想，那尽到了自己一切义务的人格，有某种崇高性和**尊严**。

　　从上面简短的论述，也就是上面一段有关意志自律的目的国对于其他目的的独立性和限制性的分析中，可以很容易引出这样一种解释，解释什么呢，解释下面的这样一种情况："虽然我们在义务概念上，想到的是对法则的服从，但由此我们同时却又设想，那尽到了自己一切义务的人格，有某种崇高性和尊严"。就是说义务这个概念我们所想到的就是一种服从，我们一般人通常都是这样想的：这是我的义务，我应该这样做，赡养老人抚养孩子，这是我不得不做的，谁叫他是我的孩子，谁叫他是我的父母呢？我必须得这样做。我们首先想到的是这样一种对法则的服从。但是由此我们同时却又设想那尽到了自己一切义务的人格，有某种崇高性和尊严。如果仅仅是你的必须服从的义务的话，那何来崇高性和尊严呢？这是你应该做的。这本来就是你应该做的，就像一个动物一样完成了它的生存的使命，它做了它的生命要求它所做的一切，繁殖，活下去，然后死了，这样一个过程哪里有什么崇高性和尊严呢？一个人受束缚嘛，他不得不如此。不得不如此的行为怎么会有尊严？一个人尽到了自己的义务，那么他就有某种崇高性和尊严，比如说他犯了法自己去投案，我们一方面恨他干了这一件缺德的事情，但是另一方面我们对他又有一种敬佩，这人一人做事一人当，好汉做事好汉当。为什么叫他"好汉"呢？就是他有一种尊严，有一种崇高性，有种一贯的人格。我们为什么会有这样一种感觉，通过上一段的论述我们就很容易解释了。因为这个道德的法则是他自己建立起来的，是他自己认可的，是他自愿地服从的；而这种自律是超越于一切具体目的之上的，是不计利害、超功利的。一个把遵守道德的义务看作是自己的自律的人他就会有某种人格的尊严，就有某种崇高性。是这样来得到解释的，如果没有自律的这个概念，即普遍的立法者这个概念，这是没办法解释的。

　　因为，虽然就他**服从**道德法则而言，实在谈不上崇高，然而就他同时

是上面这个法则的**立法者**、并且仅仅因此他才遵从这法则而言，他的确
是崇高的。

就他服从道德法则而言，服从打了着重号。一个人的行为要服从某
种法则，这个人的地位好像就被贬低了，至少那个立法的人比你高。我
立法你来服从，封建时代就是这样的，皇帝就是出口成宪，金口玉言，皇
帝说的话是圣旨，那是不能改变的，你必须服从。所以皇帝高高在上，这
些服从的人都是他的子民，都是他的臣民，都是他的奴隶。那么服从法
律一般认为都是没有面子的，是丢人的。你因为没有权力所以你只好服
从。"然而就他同时是上面这个法则的**立法者**、并且仅仅因此他才遵从
这法则而言，他的确是崇高的"。这个情况就完全不同了。不是说我发
命令你来遵守，或者你发命令我来服从，而是我自己发命令我自己遵守。
我自己立志我要按照一条法则去行动，哪怕我有一天违背了这个法则，
我也按照这个法则甘受惩罚，这就有一种尊严。他同时就是上面这个法
则的立法者。同一个法则我既是服从者也是立法者，我服从的是我自己
的法律。在一个法治社会里面，人人都有这样一种尊严。我们服从这个
法律，并不感到任何屈辱，并不感觉到自己就是动物了。恰好相反，这个
法律是我们大家建立起来的，我们当时每一个人投票都赞成的，这就是
民主制度它的好处就在这里，它给每个服从法律的人以立法者的尊严。
当然这在康德时代其实也还没有实现，在德意志当时还是从封建社会到
资本主义的过渡阶段，法治还没有健全，他依仗一个开明的腓特烈大帝
来贯彻他的这些启蒙思想，这些法治和宪政的思想。但是在当时仅仅是
一种思想而已，仅仅是一种开明的进步的启蒙思想。所以我们读他的东
西经常会发现他在说我们应该说的话，联系到现实的时候我们往往会觉
得康德是非常现实的，你不要看他是一个古典哲学家，他的很多论断都
是合乎他那个时代，也是合乎我们这个时代的。所以经常有的人不重视，
认为那都是古典过时的东西，每次开会我一发言人家就说你身上充满了
古典的气息 (在座学生笑)，我都觉得很好笑，为什么是古典的气息，它

非常现代啊,对我们来说是现代的,而那些人讲的什么后现代我觉得倒是很古典的(学生笑)。这个完全是一种文化错位。我们要回到古典,重新来考察它的理论价值。这就是讲服从一个法则为什么可能是崇高的,为什么能够给人带来尊严。

上面我们也已经指出,既不是恐惧,也不是爱好,而是唯有对法则的敬重,才是能够给予行动某种道德价值的那种动机。

这里再一次重复了。既不是恐惧,也不是爱好,既不是怕遭惩罚,也不是希望得到什么好处,而唯有对法则的敬重,只有敬重才是能够给予行动某种道德价值的那种动机。敬重是一种动机,是一种现实地推动人去采取道德行动的感性的要素,一种感性的动力。但是这种感性是独特的,独一无二的,它是否定一切情感的情感。所以在敬重上面可以看出康德对于这个感性做了一些必要的让步。但是如果不做这些必要的让步,所有那些情感都没办法清除。他让一步,然后把所有的东西都撇开了,这是很划得来的。所以他保留了敬重这种情感,认为可以作为道德的动机。前面讲过,敬重这种情感它虽然是动机,但是它不是背后的动因。我们前面讲到过动机和动因的区别,动机是在现象界的,情感,它是一种情感。动因它可以是在本体界的。一种感性的动机能够给予行动以某种道德价值,这个一般来说在康德那里是不可能的,但是唯有一个感性的动机是可能的,那就是敬重。为什么可能呢,因为不是敬重这种情感本身,而是敬重对所有其他一切情感的清除,才暗示了道德本身的动因。道德律是动因,自由意志是动因,它们都处在彼岸世界,但是在行动中是可以体现出来的,不是体现在一般的爱好或恐惧上面,而是体现在敬重上。敬重否定了一切情感,我们前面讲到过,所谓敬重就是一种卑贱,谦卑,面对道德律的时候你觉得自己所有的情感都不在话下,那么你就有了敬重感了。这样一种否定情感的情感就会油然而生,这本身也是一种情感,但是是一种谦卑的情感。人的行动是感性的,它必须要有一种感性的动机来推动它。那么唯有对法则的敬重才是能够给予行动某种道德价值的动机,其他的恐惧爱好都不足以成为这样一种动机,都不足以给予行动以道德价值。

我们自己的意志,就它将仅仅在通过自己的准则而可能的普遍立法这个条件下行动而言,这种在理念中我们可能有的意志,就是敬重的真正的对象,并且,人性的尊严正在于这种普遍立法的能力,虽然以自己同时也服从这一立法为条件。

"我们自己的意志,就它将仅仅在通过自己的准则而可能的普遍立法这个条件下行动而言"。把它缩短一下:我们自己的意志就它将在这个条件下行动而言;什么条件呢? 以普遍立法为条件,而这个普遍立法是仅仅通过自己的准则而可能的。也就是以自律为条件,因为通过自己的准则而可能的普遍立法,这就是自律了,不是别人加给你的,是由你的主观准则建立起来的普遍立法。在这个条件之下的"我们自己的意志",下面有个同位语,"这种在理念中我们可能有的意志"。这样一个意志我们有没有呢? 在现实中我们也许不可能,在感性生活中我们也许不可能,但是在理念中我们是可能有的。我们的一切行动都有可能朝着这样一个理念去不断地接近,不断地趋向这样一个理念。每个人心中都有这样一个理念,就是每个有理性的存在者都是立法的意志。这是一个理念,在这个理念中我们是有可能有这样一种意志的,就是按照自律来行动这样一种意志。这两个同位语讲的是同一个意志。这样一个意志"就是敬重的真正的对象"。我们敬重,敬重什么东西? 所敬重的对象其实就是我们的自律的意志,我们的自己立法、普遍立法的这样一种意志。敬重的对象前面也讲到过,道德律是敬重的对象,道德楷模是敬重的对象,但是在这里讲到呢,敬重的真正对象其实就是自律的意志,它和道德律实际上是一回事情,所谓道德法则就是自律的法则,就是自己给自己立的法则。纯粹实践理性自己给自己立的法则,那就是道德律。所以敬重的真正的对象就是自律的意志。一个人的意志由自律来加以规范,那么它就是敬重的对象,我们就可以敬重他的这种意志。"并且,人性的尊严正在于这种普遍立法的能力"。人性的尊严何在，就在于它能够自己立法，它具有这种普遍立法的能力，具有自己给自己立法的能力，它的尊严就此确立起来了。"虽然以自己同时也服从这一立法为条件"。自己立法自己遵守，这就叫自律。如果你仅仅是具有一种立法的能力，但是你让别人去遵守，那也还不足以导致你的人性的尊严。自己立法自己遵守，以这个自己也同时服从这一立法为条件，这就具有了人性的尊严。为什么是"虽然"？因为一般来讲服从立法似乎就是没有尊严了。但是在自律的情况下虽然你服从立法，你仍然有尊严，因为你是自己给自己立法，你服从的是你自己的法律。这个"虽然"是以通常的眼光来看的，而在康德自己的眼光看来，不是什么"虽然"，而是"正因为"。正因为自己同时也服从这一立法，所以才有人性的尊严，否则没有任何尊严。自己立法同时自己又服从，恰好是实现了你的自由意志。你服从自己立的法律恰好是你的自由意志的一种实现。不像那些开车肇事逃逸者，他认为那个法律不是他自己立的，或者他也没有意识到那是他自己立的法，所以他能逃得了就逃，这就是一种动物状态了，就毫无尊严了。他之所以服从这个法律是出于恐惧。但如果是自己立法呢，他就会意识到，哎呀我开车撞了人，这是不应该的，这是我的理性的立法所不允许的，我应该接受惩罚，我应该弥补自己所造成的一切过失。

正是在第三个变形公式即自律公式上，在自律公式所建立的目的王国的理想和人性的尊严上，现在就达到了第二章的终点。那么下面的三个小标题就是对这个所达到的终点作出的三点结论。这三个小标题。一个是"意志自律作为德性的至上原则"。第二章的目的本来就是要寻求德性的至上原则，也就是从这个善良意志开始，我们进行分析，从通俗的道德哲学提升到道德的形而上学，揭示道德形而上学的定言命令公式和三个变形公式，一层一层地剥离，剥离到最后我们发现归结到意志自律，这就是德性的至上原则。至于德性的至上原则何以可能，那是第三章的主题。那么第二个小标题是："意志他律作为德性的一切不真实的原则之根源"。你从正面确立了意志自律是德性的至上原则，那么从反面我们可以看出来，意志的他律就是德性的一切不真实的原则之根源。即所谓的伪善，所谓的假道德，所谓似是而非的那些道德，它们的根源就都是由于立足于意志的他律。这就需要对以往一切道德原则进行彻底的检查，从而确立唯有意志自律才是德性的至上原则，所有其他的一些误解，对道德的误解，都是出于意志的他律。第三个小标题："由他律的这一被假定的基本概念对一切可能的德性原则加以划分"。就是说，既然唯有意志自律是德性至高无上的原则，而意志他律又是一切其他的不真实的德性原则之根源，那么我们可以根据他律的原则对于一切可能的或者说曾经有过的德性原则，我们来加以划分，看它们是怎么样犯错误的，这是第三个小标题。那么讲完了以后就过渡到第三章。第三章是从道德形而上学走向纯粹实践理性批判。道德形而上学的至上原则已经建立了，但是还未经过批判。他建立了一个道德形而上学的至上原则，但是还要对这个原则的基础加以推敲，加以考验，那就是纯粹实践理性批判的任务。

我们现在看看第一个小标题的这一段，标题是：

意志自律作为德性的至上原则。

光凭这个小标题我们就可以看出它是第二章的结论，因为我们在德文版第 392 页可以读到："而当下这个《奠基》要做的，不过是寻找并确立道德性的至上原则。"也就是说《道德形而上学奠基》这本书，它的主题非常明确，它要做的不过是寻找并确立德性的至上原则。现在我们已经找到了，寻找这一步我们已经做到了，当然牢固地确立这一步是第三章的话题，找到了我们还要确立。但是现在我们还仅仅是找到了这样一个原则，那就是意志自律。意志自律把前面的两个变形公式全部包含在内，它又回到了标准的表达公式，即普遍性公式，但是比一般的普遍性公式更加具体。一般的普遍性公式是抽象的，但是以意志自律的方式表达出来，特别是把目的王国放在里面作为理想来加以表达，这就使得这样一个普遍性的公式变得更加通俗、更加丰满。

意志自律是意志的这种性状，通过该性状，同一个意志对于它本身(不依赖于意愿对象的所有性状) 就是一个法则。

意志自律是意志的一种性状，Beschaffenheit，这是非常泛的一个概念，也可以理解为属性，也可以理解为性质，但是我们把它翻译成性状，以便和其他的那些概念区分开来，免得混淆。意志的一种性状，意志的一种什么性状呢？"通过这种性状，同一个意志对于它本身……就是一个法则"。一个意志对它自己成了一个法则。它如何是一个法则的呢？是通过意志自律这样一种性状，使得意志成了它本身的一个法则。比如说，前一个意志对于现在这个意志就是法则。我前一个意志确立了法律，那么我现在犯了法，那么我就按照法律来遵守意志的法则。前面那个立法的意志对于我们现在这个违法的意志就成了一个法则。我要保持意志的一贯性和同一性，同一个意志嘛，我张三就是张三，我昨天是张三今天还是张三，坐不改名行不改姓，我当初同意了的事情我今天要遵守，我不能反悔。不能说昨天那个我不是我，或者昨天那个我喝醉了酒，那已经不是我了。那就是耍赖了。我不耍赖，我昨天是清醒的，我已经立了一个法，那么我今天要按照这个法则来处理，哪怕是我自己要因此而吃亏，我也义不容辞。这就是前一个意志对于同一个意志成为了法则。括号里讲"不依赖于意愿对象的所有性状"。意愿对象的性状它不是意志的性状，意志的性状是不依赖于意愿对象的所有性状的。我的意愿的对象、我的愿望、我的欲望，我所追求的所有对象，当然它们都有种种的性状，但是我的意志的这种性状是不依赖于所有那些事物的性状的，它使得同一个意志对于它本身就成了一个法则。

从而自律的原则就是：只能这样去选择，使自己选择的准则同时作为普遍的法则被一起包含在同一个意愿中。

这又是意志自律的原则、即第三变形公式的另一种表述。他经常灵活地变换同一个公式的各种表述方法，但是意思是同一个意思。"只能这样去选择，使自己选择的准则同时作为普遍的法则被一起包含在同一个意愿中"。你可以选择很多很多准则，但是不管你选择哪个准则，它都应该同时是普遍的法则，并且应该是你同一个意愿的选择，包含在同一个意愿中。意愿和意志，Wollen 和 Wille 有一点小小的区别。我们曾经讲到，意愿比较具体一点，意志更抽象一点。意愿包含任意，包含行为的动机，包含意向等等，它是一个比较泛的概念，但是也包含意志。一讲到意志就是比较强调它的抽象性了。那么这里讲到，一起包含在同一个意愿中，你只能这样选择，在同一个意愿中你包含了普遍的法则，你的准则作为普遍的法则被包含了。你在意愿一个事情，意愿一个对象的时候，你要考虑到它是否能够成为普遍法则，而且被包含在同一个意愿之中，也就是说，它是你的同一个意愿自己所建立起来的，是具有意愿的一贯性的。同一个也就是说再没有第二个，再没有第二个人来强制你了。你不是听了某某人的话，上了某某人的当，你自己给自己立法。而且你昨天和今天是同一个意愿，具有人格的同一性。这就是自律的原则。

<u>这个实践规则是一个命令，也就是说每个理性存在者的意志都将它作为条件而必然受它约束，这是不能通过单纯剖析在其中出现的概念就得到证明的，因为它是一个综合命题，</u>

就是说这个实践规则，就是上面表述的这个自律原则，它是一个命令，"也就是说每一个理性存在者的意志都将它作为条件而必然受它约束"。每一个理性存在者的意志都受它约束，它是命令嘛，命令就是说你要受它约束。而且它是必然的命令，它是定言命令，没有条件的。所以每一个理性存在者的意志都将它作为条件，它就是条件，它再没有别的条件了，所以你必然受它的约束。如果它还有条件的话，那你可以受它约束也可以不受它约束，你取消这个条件，你就可以不守它约束了。但是一个定言命令在任何条件下它都起作用，所以它是无条件的，你必然受它的约束。他说"这是不能通过单纯剖析（Zergliederung）在其中出现

的概念就得到证明的"，也就是说这种实践规则是每个理性存在者都必然将它作为条件而受到它的约束的，关于这一点，是不能通过单纯剖析在其中的概念就得到证明的。这个剖析，Zergliederung 就是分解、解析，也可以翻译成分析，但是为了要跟那个 Analyse 区分开来，译作剖析。就是说这样一个实践规则是不是一个命令，我们每个理性存在者的意志是不是必然受它约束，这是不能够通过单纯对其中的概念加以分析而得到证明的。迄今为止，前面的所有的论述都是通过分析，在导言里面，他对于他这三章的方法论上的规定，就是说前两章都是通过分析的方法，分析既有的概念。比如说分析善良意志，善良意志何以成为善良，那么我分析善良意志的概念本身，一步步地分析，分析出它的定言命令，定言命令里面分析出它的三个变形公式，最后分析出他的这个至上原则，就是意志自律。就像剥一个洋葱头一样，一层一层地剥下去，剥到最后剩下那个胚胎，那个胚胎就是意志自律。我们现在分析到了，分析完了，已经到了至上原则了，再没有什么可分析的了，它上面再没有东西了。那么它何以成为一个命令，它何以使得我们每个理性存在者的意志都必然要受到它约束，这个再不能通过单纯的分析来证明了。我们只能说它是德性的至上的原则，但是这个至上原则本身何以可能呢？这个你不能分析了。在它所包含的所有的概念里面，你都不能分析出它何以可能来，这已经到顶了。所以他讲，"因为它是一个综合命题"，其实也是说，它是一个先天综合命题。凡是到顶了的命题都是先天综合命题。意志自律它的原则只能这样去选择，使自己选择的准则同时作为普遍的法则被一起包含在同一个意愿中，这是一个先天综合命题，它不再能够通过分析来证明了，你要考察它何以可能，那就必须要对它的前提进行批判。所以在导言里面，康德对它的三章的方法论上的划分就是，前两章通过分析的程序，通过具体到抽象，通过表层到里层，一层层地剥进去，剥到最后出来了它的核心。那么到第三章他采取的是综合的方式，综合的方式是什么呢，就是根据这个核心，我们把所有的环节重新组合起来，把它综合起来，重构他的整个道德体系。但在这个转折关头，我们要对这个至上原则加以推敲，把它确立起来，解决它何以可能的问题；再根据这个已确立的道德至上原则，我们把以前通过分析所剥掉的东西一层层又复原起来，又恢复到一个洋葱头。那么在这个情况之下，这个洋葱头的里里外外我们都看得很透彻了。所以我们刚才讲的第三个小标题："由他律的这一被假定的基本概念对一切可能的德性原则加以划分"，那就是通过纯粹实践理性批判以后，我们把可能的一切德性原则加以划分，哪些是表层的，哪些是虚假的，虚假的当然也不能完全抛弃，它里面可能还是有一定的道理，那么我们把它安排在这个洋葱头的哪一个层面上。前面是对日常道德意识加以分析，最后分析出它的本质，后面加以综合，就是说我们从这个本质出发，来解释我们何以得出了日常的那些道德意识，哪些方面有偏差，所有这些东西都是从那个核心生长出来的，我们就可以解释我们日常的道德意识是如何形成起来的。一般的人日用而不知，他就是这样看问题的，他们这样看问题有道理，但是道理何在他们不知道。我们通过综合就可以知道了，知其然而且知其所以然了。这是他的下一步的工作。而现在我们达到这个至上原则的时候，我们已经发现它是一个综合命题，它是一个先天综合命题，这就为下一步打好了基础。

我们必须超越对客体的知识，进到对主体的批判，即对纯粹实践理性的批判，因为这个不容置疑地下命令的综合命题必须能够被完全先天地认识；但这样一件工作不属于当前这一章。

这个就讲得比较明确了。我们必须要超越对客体的知识，进到对主体的批判。所有以往的那些不太纯粹的道德知识都是因为掺杂进了一些对客体的知识，那么我们必须超越对客体的知识，进到对主体的批判，即对纯粹实践理性的批判。意志自律表达的是纯粹实践理性。那么纯粹实践理性何以可能？当然这个表述方式后来康德在《实践理性批判》里面有所改动，就是说他所提出的不是"纯粹实践理性批判"，而是"实践理性批判"。为什么有这个改动？也许有人会认为这是康德的不一致之处。

在《实践理性批判》里面,导言里面一开始上来他就提出,我们这里要进行的不是纯粹实践理性批判,而是实践理性批判,纯粹实践理性用不着批判。纯粹理性本身具有实践能力,这个用不着批判,这是一个事实,我们有理性的人都有实践能力,我们在实践中都可以通过纯粹理性支配我们的行动。所以这个是用不着批判的。但是他这里讲到对纯粹实践理性的批判,好像跟《实践理性批判》里面讲的有矛盾,而且他的第三章的标题也是纯粹实践理性批判,"从道德形而上学走向纯粹实践理性批判"。这个跟《实践理性批判》的表述有点差别。是不是康德在这个里头有一种概念的转换,或者有一种前后不一致的地方?我们在这里尽量地对他加以同情的理解。我们可以这样理解,就是说对纯粹实践理性的批判实际上只是有一种批判的态度,但最后批判的结果是不用再去追溯了,它只是一种事实的揭示。我们在第三章他的结论里面可以看出来,最后他得出的就是说,道德律以及自由意志何以可能,这再不能问了,它本身是一个不言而喻的前提,一种独断的设定。而且这种独断的设定不是独断论,它是有事实根据的,有理性的事实做它的根据。事实上人是有理性的,事实上人在根据理性行动,所以事实上人是有道德的,这又说明人是自由的。如果人没有道德那么人就是动物,人就没有自由。但是人既然有道德,他就不是完全按照自然规律来行动,凭这一点就说明他是自由的。所以他何以能够有道德、何以能够有自由,这个是不用问的,这个是不用批判的。尽管它是不用批判的,但意识到这一点就已经采取了一种批判的态度,这就是第三章的标题所表明的:从道德形而上学走向纯粹实践理性批判。他对自由意志何以可能、道德律何以可能还是做了一种批判的考察,考察的结果得出来是用不着考察。所以在《实践理性批判》里面他把这个问题排除了,他说我的实践理性批判所要考察的不是纯粹实践理性何以可能,而是一般的实践理性何以可能。一般的实践理性跟纯粹实践理性不同就在于它不纯粹,所以我是用纯粹实践理性来批判一般的实践理性,来看一看它里面哪些不纯粹,看看它里面包含着纯粹实践理性的怎么样一种可能性。一般的实践理性就是我们日常的实践理性,我们日常做任何事情都是有目的的,都是有理性的,这种实践理性成就了我们的日常的有目的的行为,但是它未经批判。我们承认了纯粹实践理性这一事实,我们就可以用它作标准,来对我们的一般的日常的实践理性进行批判。所以《实践理性批判》里面干的是这样一件工作,而不是对纯粹实践理性本身的批判。但是对纯粹实践理性是否要批判,在这个奠基里面他还是肯定的。所以他说,"因为这个不容置疑地下命令的综合命题必须能够被完全先天地认识;但这样一件工作不属于当前这一章"。在第三章里面他对这个不容置疑地下命令的综合命题,这个定言命令,这个意志自律公式作了批判的考察。它何以可能呢? 必须对这一点完全先天地加以认识。定言命令何以可能,必须要先天地加以认识;但是最后呢,他又没有做到先天地加以认识。所以后来有些康德研究者认为他的这个第三章,他的对纯粹实践理性的批判"失败了"。这是英美康德学界目前通行的一个看法,已成定论,就是他在《道德形而上学奠基》里面对于定言命令的演绎是一个失败的演绎。我认为不是失败,而是它的不同的层次。他是要对纯粹实践理性加以批判的考察,要问定言命令何以可能,他问了。问了以后他发现了这是一个事实,再不能往上推了,他的成功就在于他确定了这样一个事实,不是失败。他成功地确定了这样一个事实,就是人有自由,人有道德律,人有纯粹实践理性。这个再没有其他的前提了。因为这就是他的出发点嘛,他已经追到这个出发点,他已经确定了这个出发点再不能追了。这就是他的演绎。我们凭什么能够运用我们的自由意志? 最后他得出来,我们不凭什么,就凭我们有自由意志,就凭我们有道德,有道德律,这是一个事实,这个事实你要再为它找另外的根据你就把人贬低了。所以他的纯粹实践理性批判确定的是这样一个事实,不能说他是失败了,应该说他确定了这个事实,恰好是他的一个步骤。然后在《实践理性批判》里面这个步骤被当作一个前提确定下来,再去进行一般的实践理性批判。但是康德的这样一件工作不属于当前这一章，而属于第三章，它是要进行"纯粹实践理性批判"，这的确跟《实践理性批判》里面讲的内容不是一回事，或者可以说它们在层次上是不同的。这个批判应该说层次更高，它已经涉及到了无批判的批判，非批判的批判。他批判了，但是结论是不能再批判了，批判到顶，批判到了头，他确定了这样一个事实。

　　不过，上述的自律原则是唯一的道德原则，这一点通过对德性概念的单纯剖析倒是完全能够揭示出来。因为由此即可发现，它的原则必定会是一个定言命令，而这一定言命令所命令的，不多不少正好是自律。

　　就是说对一个综合命题来说，我们要进行一种纯粹实践理性的批判，这是下一章的话题；但我们这一章已经证明了，"上述的自律原则是唯一的道德原则，这一点通过对德性概念的单纯剖析倒是完全能够揭示出来"。这就是他在第二章里所做的一件工作，这件工作还用不着综合，只须通过对德性概念的单纯的分析，就完全可以揭示出来。自律是德性的至上原则，这一点已经揭示出来了。"因为由此即可发现，它的原则必定会是一个定言命令，而这一定言命令所命令的，不多不少正好是自律"。这个也是概括了他的第一章和第二章。"由此即可发现，它的原则必定会是一个定言命令"，这是第一章揭示的；"而这一定言命令所命令的，不多不少正好是自律"，这是第二章所揭示的。第一章就是要引出定言命令，德性的原则每个人都知道，只有善良意志才能叫作道德的，那么这个善良意志就是为义务而义务，它必定会是一个无条件的定言命令，其他的善的行为都是有条件的。这就是第一章所证明的。那么这个定言命令如何表述？第二章就干这个事情。定言命令一步步推出来，它应该是怎么样，应该是普遍性的公式。而普遍性的公式里面又分三个变形公式，最后推出来一定是不多不少正好是自律。这就是第二章所证明的。所以这一小节"意志自律作为德性的至上原则"，也可以说是一个总结和一个过渡，总结第一、二章，过渡到第三章。所以这一小节它带有一种枢纽的性质。

第二十三讲

好，我们接着上次的再来把这一章的最后这两节讲一下。上次我们讲到一个小标题，就是"意志自律作为德性的至上原则"。在《道德形而上学奠基》的第二章里面，康德的使命，他的任务就是要导出德性的至上原则。在第一章里面已经提出了，一般理解的德性就是善良意志，有善良意志就有德性，没有善良意志你可以做好事，但是做好事不等于做道德的事。康德把它区分开来，你做了很多好事，但你不是为义务而义务，那就还算不上是道德的事情。那么为义务而义务这样一个原则，我们要追下去就会追到定言命令，而在定言命令的表达方式里面最后追到了意志自律。所以他这个小标题讲到"意志自律作为德性的至上原则"，实际上表明第二章的终点已经到达了，追到意志自律，至上原则的根已经找出来了。找到根以后呢，他还没完，最后还要反过来讲，正面讲过之后反面也要讲，就是意志他律。意志自律与意志他律是相对的，我们找出意志自律，只有当我们把这个意志自律跟意志他律对照着来看时，才能准确地把握它的含义，它跟其他的一些非自律的行为的区别。所有我们今天讲的小标题就是：

意志他律作为德性的一切不真实的原则之根源。 441

我们刚才讲了，做好事不等于做道德的事情，但是我们在日常生活中通常就把做好事当作做道德的事情，在康德看来这里面就包含很多德性的不真实的原则。就是表面上看起来做好事，实际上他别有所图，他别有用心，都有可能的，但是一般人呢，把这就当作是德性。那么把意志自律区分开来以后，反过来看有很多所谓的好事实际上不是出于意志自律，而是意志他律。那么这些情况也需要做一番清理，所以他这一小节就是把意志他律作为德性的一切不真实原则之根源分析出来。德性的真正的根源当然是意志自律，德性的不真实的原则的根源就是意志他律。那么这是一种什么情况？

如果意志除了在其准则对它自己的普遍立法的适合性中以外，**在任何别的地方**，从而，如果它走出自身之外，在它的任何一个客体的性状中，寻求这个应当规定意志的法则，那么任何时候都会冒出**他律**来。

也就是说，"意志除了在其准则对它自己的普遍立法的适合性中以外"，即除了在自律中以外。这个适合性就是意志的准则适合于对它自己的普遍立法，意志自己适合于它为自己立的法，这就是自律。如果脱离了这样一种适合性，意志的准则不适合于普遍立法，那就是"在任何别的地方，从而，如果它走出自身之外"，这个"它"就是意志，主语还是意志，如果意志走出自身之外，"在它的任何一个客体的性状中，寻求这个应当规定意志的法则"，这是完全与自律相对立的。那就是用意志之外的别的东西为自己立法，而不是意志在自身之内给自己立法。意志要追求一个具体的对象，它不是追求自己给自己立法，而是要在那个对象的性状中，寻求这个应当规定意志的法则。这个应当规定意志的法则，那就是他律了。所以他讲，"那么任何时候都会冒出他律来"。走出意志自身之外，用自身之外别的东西来规定自身，那就是他律了。

在这种情况下就不是意志给自己立法，而是客体通过它对意志的关系给意志立法。

在这种情况下意志不是自己给自己立法，就不是自律了，而是客体，意志的客体，意志所针对的某个对象，通过它对意志的关系给意志立法。意志跟它追求的对象当然有关系啦，你要追求意志的对象，那么你怎么去追求，你通过一种什么样的关系去追求，那就是手段了，通过一种手段去达到客体，达到目的。那么通过这样一种手段和目的的关系对意志立法，你要达到那个目的，你就必须怎么怎么样采取手段，这就是假言命令，就是有条件的命令，就不是定言命令。而有条件的命令，当然就是他律，这个条件就是给意志立法的客体。

这种关系，不管它是基于爱好还是基于理性的表象，都只是让假言命令成为可能：我应当作某件事情，**是因为我想要某种别的东西。**

这句话也不难理解，这样一种关系，我们刚才讲到目的和手段，条件和命令本身，不管它是基于爱好还是基于理性的表象，都是导出假言命令的。在这里有两个方面，一个是基于爱好，一个是基于理性的表象。基于爱好，我们可以说就是幸福主义的伦理学，就是基于幸福，对幸福的追求，基于对某种快乐，某种舒适，某种快意的追求。基于理性的表象，这里还没有说，但他后面说了，什么叫理性的表象。比如说完善，理性有个概念叫作完善，追求一个东西，如果那个东西它是完备无缺，内在和谐的，是统一的，那么那个对象就是一个完善的对象，这是理性派的观点。我们在《实践理性批判》里面看到，康德列了一个表，"在德性原则中实践的质料规定根据表"，其中客观的内部根据就是"完善"。他还说明完善的原则"是建立在理性之上的"。[①] 那么康德说，"不管它是基于爱好还是基于理性的表象"，这里就把当时流行的经验派的伦理学和理性派的伦理学全部囊括进来了，他们都弄错了，不管是基于爱好还是基于理性的表象，"都只是让假言命令成为可能"。如果你信上帝的话，你应该怎么怎么样，如果你要求完善的话，你应该怎么怎么样，那就更不用说，如果你要得到幸福的话，你应该怎么怎么样。所有这些伦理学都是属于德性的一切不真实的原则，这个一切不真实的原则之根源就在于他律，所以他说，所有这些关系，不管它是基于爱好还是基于理性的表象，都只是让假言命令成为可能："我应当做某件事情，是因为我想要某种别的东西。"别的东西就是除了意志本身之外一切你所追求的对象，不管这个对

---

① [德] 康德：《实践理性批判》，邓晓芒译，杨祖陶校，人民出版社 2003 年版，参看第 53—54 页。

象是幸福也好，还是事物的完善也好，还是上帝的完善也好，都是别的东西，哪怕你追求的是上帝的完善，上帝高高在上，如果不是由你的自由意志的自律所建立起来，而是当作一个先天的条件来让你去追求，那仍然是他律。当然这里没有展开，我们下面可以看到他一步步展开。

相反，道德的、因而定言的命令是：即使我不想要任何别的东西，我也应当如此这般地行动。

相反，也就是与他律相反，"道德的、因而定言的命令"，这里直接把它们等同起来，道德的命令就是定言的命令，是什么呢？是"即使我不想要任何别的东西，我也应当如此这般地行动"，如此这般行动，也就是对任何其他的事物都不放在眼里，唯一的以意志本身的应当做为我行动的根据，这就是定言命令。这跟前面"我应当做某件事情是因为我想要某种别的东西"是截然对立的，当然，我也不是说我就不能想要别的东西，而是说，即使我不想要任何别的东西，我也应当如此行动。哪怕我不想要，当然也包括想要，不管想要不想要，这个不在话下，这个不干扰我、不影响我的决定，我想要还是不想要都不影响我应当如此这般地行动，这就是定言命令。它是无条件的，它不是以想要为条件也不是以不想要为条件。

例如，前者会说：如果我想维持我的声誉，我就不应当撒谎；后者则说：即使撒谎不会给我带来丝毫恶名，我也不应当撒谎。

这句就很通俗了，我不撒谎，作为在假言命令的条件之下呢，我是为了维护我的声誉，所以我不撒谎，我撒谎呢，被人揭穿就名誉扫地了。可是真正道德的不撒谎就是，即使撒谎不会给我带来丝毫的恶名，就是我撒谎没有任何人知道，哪怕在这种情况下，我也不应当撒谎。

所以后者必须从一切对象中抽象出来，以致这些对象对意志完全没有任何影响，因此实践理性（意志）并不只是要照管别人的利益，而只是要证明它自己作为至上立法的颁布命令的权威。

后者，后者就是这种定言命令了，即使撒谎不会给我带来丝毫恶名，我也不应当撒谎，这样一种定言命令，它"必须从一切对象中抽象出来"。正如前面所讲的，即使我不想要任何别的东西，我也应当如此这般地行动，这是道德的定言命令的情况，在这种情况之下，他必须从一切对象中抽象出来，或者说从它里面把一切对象抽象掉。抽象到什么程度呢，就是"以致这些对象对意志完全没有任何影响"。我的意志，我的决断，根本就不考虑对象的情况，对象对我没有影响，我只考虑自己，"因此实践理性（意志）"，注意这里的"实践理性"后面括弧里的"意志"跟它是同位的，也就是讲实践理性实际上就是意志，所谓意志就是理性的实践，意志跟一般的欲望冲动不一样就在于它是理性的实践，一般的欲望冲动也可能是感性的，也可能是本能的。"实践理性（意志）并不只是要照管别人的利益，而只是要证明它自己作为至上立法的颁布命令的权威。"实践理性当然有时候也要考虑别人的利益。撒谎对人家的利益有损害，你不应该害人，你不应该骗人等等，但是它的原则并不只是要照顾别人的利益，而只是要证明，归根结底只是要证明，它是至上立法的颁布命令的权威。在这种场合之下，意志的意向当然会照顾到别人的利益，因为它是道德命令嘛，道德命令当然不会损害他人，不会损人利己；但是就它本身而言，它并不只是这一方面。而只是，……这两个"只是"看起来逻辑上似乎有点问题。但是后面这一个"只是"是在更深的层次上面，前面一个"只是"是从后果上来讲，后果上来说它当然会照顾别人的利益，但是它不只是照顾别人的利益。第二个"只是"在更深层上，从动机上，说它只是为了要证明自己作为至上立法的颁布命令的权威。它只是自己给自己立法，每个意志都是至上的立法者，它都有权威，都有自己的尊严，这是我唯一考虑的。所以这里并不矛盾。下面，

所以，比如说我应当努力增进他人的幸福，不是因为我对他人幸福的实存有所关心（不管是通过直接的爱好，还是间接地通过理性获得某种愉悦），而仅仅是因为排除了他人幸福的那种准则，不能在同一个意愿中作为普遍法则来理解。

　　这句话也很明白。他这里打个比方，"比如说我应当努力增进他人的幸福"，我们说有道德的人都会增进他人幸福，与人为善嘛，这样的人是一个好人，是一个有道德的人。但是这里有个区分，"不是因为我对他人幸福的实存有所关心"，我对他人幸福的实存有所关心，他实实在在地获得了好处，从我这里他获得了帮助。实存就是具体的存在，他人的幸福得到了实利，你要帮人就要让他人得到实惠，而不是口惠而实不至，这就是对他人的实存有所关心。这种关心在括弧里面讲到，"不管是通过直接的爱好，还是间接地通过理性获得某种愉悦"。通过直接的爱好，那很简单，就是说你喜欢这个人，你不愿意看到他受痛苦，你希望他幸福，这是直接的爱好，你愿意帮助他，非常乐意。或者是间接地通过理性获得某种愉悦，间接地，就是说我不认识具体的某个人，只有"人民"、"普天下老百姓"这样一些抽象的概念，通过理性把"最大多数人的最大幸福"当作我的快乐，通过这种理性来获得某种愉悦。还有前面讲到完善也是这样，让人们在这个世界上的生活尽可能达到完善，由此获得某种愉悦，这必须通过理性。凭借一个理念，一个理想，一个抱负来做好事，这个当然层次更高一些。但是不管是出于爱好还是理性获得的愉悦，总之是对他人幸福的实存有所关心，那么这都不是我们应该抱持的目的。我应当努力增进他人的幸福，不是因为我对他人的幸福有所关心，或者是因为我跟他关系好，或者是因为我有一个理想——要拯救天下的人。他说，"而仅仅是因为排除了他人幸福的那种准则，不能在同一个意愿中作为普遍法则来理解。"这个是很典型的康德的道德观了，就是说我做好事不是因为我对天下人都有一种同情心，而是如果排除了他人的幸福，这种准则还能不能前后一贯，能不能在我的意愿中形成一个普遍的法则，也就是在逻辑上能否成立。这是康德的很怪的一个思路，把伦理的问题、道德的问题放到逻辑上来衡量，把理性的前后一贯的普遍性作为衡量的标准。也可以说这是康德独特的创造，在他以前没有这样的，他第一次把道德的问题放到逻辑的层面上来加以解决：你的主观准则能不能在客观上成为一个普遍的法则。所以从这里来看所谓他律，就是取决于一些偶然的因素，这些因素是不能用逻辑来规范的；而意志本身的自律就必须是意志本身的逻辑上的不自相矛盾性。你排除了他人的幸福那就会有逻辑上的矛盾，这样一条准则就不能成为普遍法则。我们区别他律还是自律，也可以从这个标准来看，自律是道德至上原则，就在于它符合逻辑理性，而他律形成道德上的不真实的原则，就在于它逻辑上不能贯彻到底。一切道德上不真实的原则，它的根源都在于他律。那么下面这一节，就是对这种不真实的原则全部加以展示，把它们构成一个等级体系，我们把它列举一下，看看在什么意义什么层次上的他律构成一种什么样的不真实的道德原则。

所以第三小节的小标题是这样说的：

由他律的这一被假定的基本概念对一切可能的德性原则加以划分。
由他律这一被假定的基本概念，我们就假定了我们先把自律撇开一边，我们假定我们的道德都是由他律当作基础的，可能有一些什么样的德性原则，我们把它列举出来作一个逻辑上的划分，就像范畴表一样，我们把它划分出一个等级出来，最初级的什么样，高级一点的什么样，最后再引出康德自己所提出的自律原则，他的自律原则在有关道德性的一切学说体系之中所占据的地位就清楚了，它是占据一个最高的地位。其他那些原则在某些具体的情况下也被人们当作德性，但它不能应付所有的情况，你稍微超出它的领域，它就不是德性了，它甚至会成为恶。只有康德自己所提出的至上原则是永远站得住脚的。所以这一小节就是专门讲这个问题，就是确定德性的至上原则在所有可能的德性原则中所占据的最高地位。其他的虽然是可能的德性原则，人们也可能会提出来的，但不管你提出什么，它们归根结底都是不真实的。

在这里和在任何其他地方一样，人类理性在其纯粹运用中，只要它还未经过批判，在成功地找到那条唯一真实的道路之前，都曾尝试过所有可能的歧途。

这开宗明义一开题就点出来了他这一节的宗旨，就是要展示人类理性在其纯粹运用中，还没找到他唯一的真实的道路之前，曾经尝试过哪些可能的歧途，走过哪些弯路。"在这里和在其他任何地方一样"，意思是《道德形而上学奠基》中和在别的地方一样，比如说在认识论上。康德在《纯粹理性批判》一开始就对以往的经验派和理性派所走过的歧路进行了揭示和批判。《纯粹理性批判》就是要批判那些独断论，当然也有怀疑论，要批判那些曾经走过的歧途。那么在道德领域里面和任何其他地方一样，在这里讲一切可能的德性原则，在《纯粹理性批判》里面批判了一切可能的认识原则。所以他讲在这里和在任何其他地方一样，"人类理性在其纯粹运用中，只要它还未经批判"，在纯粹运用中主要有两种纯粹运用，一种是运用在认识上，再就是运用在实践方面，也需要经过批判，否则就会从各个方面误入歧途。所以他在这里就是要清理在认识的纯粹理性和实践的纯粹理性这两方面，由于还未经过批判，所曾经尝试过所有可能的歧途。

人们出于这一视角所采取的全部原则，要么是**经验性的**(empririsch)，要么是**合理的**(rational)。

这里和《纯粹理性批判》里面批评经验派和唯理派是异曲同工，他讲到，出于这一视角，即出于道德的视角，所可能采取的全部的原则，只有两类，一类是经验的，一类是合理的，也就是一类是经验派的，一类是理性派的。经验派和理性派他们都曾经提出过各种各样的道德原则，从古希腊开始就是这样，从古代的伊壁鸠鲁和斯多亚派就曾经是这样，近代的经验派和理性派也是这样，它们无非就是这两种，要么是经验的，要么是合理的。

442　　**第一种**出自**幸福**原则，它们建立在自然情感或道德情感之上，**第二**

种出自**完善性**（Vollkommenheit）原则，它们要么建立在作为可能结果的完善性这个理性概念之上，

要么建立在作为规定我们意志的原因的某种独立自主的完善性（上帝的意志）这个概念之上。这个地方可以看作是列了一个表，这个表我们可以和《实践理性批判》中所列的那个表相对照。上次课我们也曾经提到过这个表，它叫作"在德性原则中实践的质料规定根据表"，分为六个栏目，即教育、公民宪法、自然情感、道德情感、完善、上帝意志。前两项是属于法权的形而上学的，后面四项才属于严格的德行。康德这里所列的两种也正好包括这四项，即两项属于幸福原则，两项属于完善原则，是对应于《实践理性批判》里那个表中的后面四项的，大家有兴趣可以对照一下。"第一种出自幸福的原则，它们建立在自然情感或道德情感之上"，这是幸福原则的两个层次。建立在自然情感之上就是建立在直接的本能的追求上，比如说快乐啊、舒适啊、爱好啊，建立在这之上。或者是道德情感，道德情感比这种本能要高，我对于道德有一种内在的感受，有一种内在的感官，比如说后面所提到的哈奇森。英国经验派的哈奇森，就把内感官、第六感官，也就是人内心的一种自我感看作道德的根源，它同时也是审美的根源。第六感官既起了道德判断的作用也起了鉴赏判断的作用，道德和审美跟那种简单的物质利益的享受相比层次要更高，但是它还是感官，还是感性的，这是经验派里面比较高层次的。所以在经验派里面立足于幸福，有两个层次，一个是本能的追求，一个是道德感的满足。"第二种出自完善性原则"，这当然是指理性派的了，理性派讲究完善，他们把善包括美在内都定义为完善，这是莱布尼茨和沃尔夫提出来的。那么完善性的原则也有两个层次，"它们要么建立在作为可能结果的完善性这个理性概念之上"，作为可能结果，就是说你做这件事情，它的结果是否完善。那当然要通过理性去推理，推出你的这个结果是不是完备无缺，是不是合乎这个事物的概念的完善。你要追求一个对象，这个对象的概念它要求你达到尽善尽美，像柏拉图的理念，每一个理念，

桌子的理念，马的理念，都有它的完善性，理念本身就是完善性。但是现实事物、感性事物往往总是达不到这种完善性，那你就要怀着完善的理念去追求，这种追求就是道德行为，这是可能结果的完善性。"要么建立在作为规定我们意志的原因的某种独立自主的完善性（上帝的意志）这个概念之上"，所有这些完善性归结到上帝的完善性。上帝的完善性那是更高的完善性，其他的完善性还有不够完善的地方，柏拉图的理念论，理念，也包含有一些不够完善的事物。比如桌子、马这些东西，它的概念本身可能是完善的，但是和其他概念相比较而言它可能又不是完善的。只有一种无与伦比的完善，那就是至高无上的、善的理念本身。后来经过基督教，到了近代就变成上帝的完善。基督教讲上帝是唯一的全知全能全善。全善是上帝的特点，他没有可以比较的，他就是独立自主的完善。理性派有一些是着眼于事物的完善，有一些是着眼于上帝的完善，不像经验派那样，着眼于某个事物带来的快感。所以理性派是出自完善性的原则，它也有两个层次，一个是对某个对象的完善性的考虑，另外一个是出自独立自主的完善性，那就是上帝。

经验性的原则在任何地方都不适于为道德法则奠基。

首先把经验性的原则拿出来做一番批判。一个个顺着来嘛，前面讲到有四种为道德奠基的方式，第一种是出自幸福的原则、也就是经验性的原则，它有两个层次。他说"经验性的原则在任何地方都不适于为道德法则奠基"。在任何地方，也就是说，在它的两个层次中，不管在哪个层次上都不适合为道德法则奠基。它们都是经验性的原则，归根结底都是出自幸福的原则，这是他的一个判断。为什么呢？

因为，如果道德法则的基础来自**人类自然本性的特殊结构**或者他身处其中的偶然境况的话，道德法则的这种应当借以无区别地适用于所有理性存在者的普遍性，以及这些道德法则因此而承担着的无条件的实践必然性，就消失了。

为什么经验性的原则不适合于为道德法则奠基呢,是因为,"如果道德法则的基础来自于人类自然本性的特殊结构或者他身处其中的偶然境况的话",这里有两个内容,一个是人类自然本性的特殊结构,这就是主观的,本能的,由于生存的需要所带来的一种特殊的结构;一个是他身处其中的偶然境况,那就是他的客观处境,他的这个环境条件。所以这取决于两方面的偶然性,一方面取决于你的身体结构,你主观的自然条件,一方面取决于客观的自然条件。主观的身体条件和客观的偶然条件,这个没有道德可言,都是不以人的意志为转移的一些偶然的条件。那么,如果道德法则的基础来自于这些偶然条件的话,那就会怎样呢?那么道德法则的这种应当"借以无区别地适用于所有理性存在者的普遍性",——定言命令的应当是无区别地适用于所有理性存在者的,所以它有普遍性,它的普遍性涵盖着所有的理性存在者,这种普遍性,——"以及这些道德法则因此而承担着的无条件的实践必然性,就消失了"。这种普遍性因为是无区别地适用于所有有理性的存在者,不管你的身体结构、体质的需要如何,也不管你所处的处境有多么特殊,定言命令都不允许你借此为自己的行为辩解,在任何情况之下,定言命令都必须遵守,否则就不存在这样的普遍性。"以及这些道德法则因此而承担着的无条件的实践必然性,就消失了",无条件的实践必然性指定言命令,只有定言命令才具有无条件的实践必然性。一旦你把道德法则建立在人类的主观和客观的那些经验性条件之上,那么道德法则,定言命令的那种普遍性和必然性就消失了。

毕竟,一己之幸福这条原则是最卑下的,这不仅仅由于它是虚假的,以及经验与这种借口——仿佛福利任何时候都是指向善行的——相矛盾,

我们先来看这半句,一己之幸福,这是经验性原则的第一个层次了,也是它的最低层次。我们讲经验性的原则有两个层次,它们都是出自幸福原则,但是,最低级层次就是一己之幸福,自己个人的幸福。幸福原则它可以是出自自己的幸福原则,也可以出自对所有人的幸福的同情感,一种道德情感,慈悲和怜悯之心。我看到别人受难我有种恻隐之心,这种道德情感比一己之幸福要更高一个层次,但他这里首先拿一己之幸福来开刀。他说一己之幸福原则是最卑下的,最低层次的,仅仅是为了一己之幸福,自己一个人的口福、快乐、爱好等等。它往往作出损人利己的行为,自私的行为。这样的幸福原则是最卑下的。为什么最卑下呢,"这不仅仅由于它是虚假的",这里讲"虚假的",是指它是带有欺骗性的;"以及经验与这种借口相矛盾",什么借口呢?这个破折号里面讲到,"仿佛福利任何时候都是指向善行的"。这是一种借口,那么是什么借口呢?就是伊壁鸠鲁的借口,伊壁鸠鲁的幸福主义有一个借口,就是说福利任何时候都是指向善行的,凡是使人幸福的都是善的,任何时候凡是给人带来幸福的那就是好的,幸福就是德性。这是伊壁鸠鲁的原则了。由此就可以说,一个人的幸福越多就越说明他在做好事,幸福本身就是好事嘛,它至少对你个人做了好事,你自己使自己幸福就是在做好事。但是经验和这样的借口是相矛盾的,我们在日常经验中每个人都可以看到,带来幸福的东西并不一定都是好事,有很多人搞歪门邪道,为富不仁而发了财。日常经验告诉我们,福利并非总是按照善心来定的。福利往往是按照恶来定的,有时候甚至成反比,你作恶越多,你就越有福,你就家财万贯,颐养天年,长命百岁,多子多孙。这是我们所看到的现实。在现实生活中,说福利总是按照善行来定的,这是没有根据的。但这条原则的卑下还不仅仅因为这一点。

也不仅仅由于它对德性的建立完全没有什么帮助,因为造就一个幸福的人和造就一个善良的人,以及使一个人明智并精于自己的利益和使他成为有德的,这都完全不是一回事;

当然,一己之幸福对德性的建立的确没有什么帮助,因为"造就一个幸福的人和造就一个善良的人"不是一回事,"使一个人明智并精于自己的利益和使他成为有德的",这也不是一回事情。一个有德的善良人完全不能通过使他幸福或者使他精于自己的利益来养成，这个大家都有目共睹，很容易承认的。但是呢，我们说个人幸福的原则是最卑下的，还不仅仅由于它对德性的建立完全没有帮助。一个是，不仅仅由于它是虚假的，经验和这种借口是相矛盾的，这是其一；其二，也不仅仅是由于它对德性的建立完全没有帮助。第一个层次说，福利和善行不能直接等同；第二个层次说，不能直接等同，是不是可以间接建立呢？是不是可以由福利建立起德性呢？也不行，这个层次就更加拉开一点距离了。前面就是直接的把自己的福利看作是德性，这个当然不对，但是，是否不那么直接还可以当作德性的基础，比如说通过功利主义，通过合理的利己主义？一般的利己主义不能成为德性的基础，那么合理的利己主义是否可以成为德性的基础呢？也不行。但还不仅仅由于这些。那么到底是由于什么呢？

　　而是由于，它为德性提供的动机毋宁说是损害德性和破坏其全部崇高性的，因为它把德行和罪恶的动因置于同一类别，并只是教我们进行更好的算计，但却完全抹杀了这两者之间的特殊差别；

　　最根本的原因，为什么要批判一己之幸福作为道德的基础，为什么要把一己之幸福作为道德的原则归于最卑下的层次，更重要的是由于它破坏了道德的全部崇高性。"它为德性所提供的动机毋宁说是损害德性和破坏其全部崇高性的，因为它把德性和罪恶的动因置于同一类别。"这个就很严重了。你把一己之幸福当作道德的原则，实际上你把道德跟罪恶混为一谈，置于同样一类动因了，"并只是教我们进行更好的算计，但却完全抹杀了这两者之间的特殊差别"。德性和罪恶这两者之间的差别被这样一条原则所抹杀了，它仅仅是教我们更好的算计。罪恶的目的与做好事往往通过这样的方式联系在一起，就是精于计算。例如秦始皇崇拜法家，法家就特别精于计算。你要想稳固你的统治，你就必须怎么怎么样，你就不能考虑任何道德，一切都是手段。这完全是功利主义的，完全抹杀了德性和罪恶的两种截然不同的动因。那么这里有一个分号，分号前面所讲的一己之幸福为什么是最卑下的,这是经验性原则的第一个层次。第一个层次就是出于我们一己之幸福。合理的利己主义它也可以标榜自己是为了大众的幸福,但是最终也是为了自己从大众的幸福里面获利,获得最大利益。那么这个分号后面讲的就是第二个层次:道德情感。

相反,道德情感(das moralische Gefühl)这个被以为是特殊感官的东西,

这里有个注释,我们先来看这个注释。

我把道德情感的原则归于幸福的原则,因为每一个经验性的兴趣,都是通过只有某物才提供出来的快意,而许诺对我们的福利有所贡献,不管这兴趣是直接地、不带功利企图地,还是经过功利的考虑而发生的。

这就是把道德情感的原则归于上面的幸福原则。也就是说道德情感的原则看起来要更高,比前面的出于直接的一己之幸福、一己之利益和功利来考虑问题更高。前面那种是最卑下的,那么从道德情感出发,它好像比前面那种要高级一些,因为它不是诉之于功利,而是诉之于人的第六感官,内在的情感。他看到人家受难就去帮助人家,他不是为了从人家那里得到什么好处,而是他情何以堪,看到人家受苦受难,他的内心情感受不了。这个当然要比那种完全的享乐主义和功利主义要高级一些。完全功利主义是冷心肠的,那么道德情感的学说是热心肠的、软心肠的。但是康德在这里把道德情感原则还是归于幸福原则。他说,"因为每一个经验性的兴趣,都是通过只有某物才提供出来的快意,而许诺对我们的福利有所贡献"。每一个经验性的兴趣在许诺对我们的福利有所贡献时,都是通过只有某物才提供出来的快意;而道德情感本身也是一种经验性的兴趣,它也是"通过只有某物提供出来的快意",来增加我们的福利的。道德情感它是针对某个对象,通过某个对象提供出来的快意,当然不一定是我的快意,也可能是别人的。"安得广厦千万间,大庇天下寒士俱欢颜",天下寒士都有了快意、都有了舒适,那么我出于一种同情感,对此

也有兴趣，我愿意大家都能有房子住。但我感兴趣的还是某物所能提供出来的快意，所以道德情感也是经验性的兴趣，经验性的关怀，它关心的是广厦，或者是衣食，关心的是这些具体的某物，它们所提供的舒适和快意。因为这些东西而许诺对我们的福利有所贡献、有所增加。他说，"不管这是直接地、不带功利企图地，还是经过功利的考虑而发生的"。道德情感是不带功利企图的，而前面讲的功利主义则是经过功利的考虑而发生的，但在最终落实在对我们的福利的贡献这一点上，两者殊途同归，都归于幸福的原则。就是说，你的这种同情感，所针对的仍然是人的幸福，也许不是你自己的幸福，是他人的幸福。

同样，人们必须像**哈奇森**那样，把对他人的幸福的同情原则归于他所接受的同一道德感官之中。

同样，我们都必须像哈奇森那样，哈奇森就是把对他人幸福的同情原则，我对他人的同情，归于他所接受的同一道德感官之中，对他人的同情是出于我自己的道德感官。哈奇森特别把它看作是像人的五官一样的感官，只不过是内在的，所以我们经常把它翻译成内感官。对他人幸福的同情原则最终归于他所接受的同一个道德感官，满足了这种感官就会感觉到内心的愉快。我虽然没有得到具体的功利，但是这种道德的愉快也可以看作是一种功利，也可以看作是幸福。所以正如一己的幸福一样，我去做慈善，帮助别人，最后还是为了我自己的幸福。当然一般说这种人很高尚，一个慈善家捐了那么多钱，去资助那些贫困的孩子。他感到非常满足，他有种幸福感。这个当然是值得鼓励、值得钦佩的。但这还是属于幸福的原则，他满足了自己的软心肠的需要。在康德心目中，这样的好人要真正成为道德的人，还有所不足。

我们再回到正文来看。这个注释是专门解释"道德情感"的。而在正文中说的是："相反，道德情感这个被以为是特殊感官的东西"。"被以为是"，也就是说这种特殊感官的东西只是一个假定。在当时就有人提出来，哈奇森你讲的第六感官到底在哪里，人的五官我们都可以在人身上找到它的位置,但是你的内感官在什么地方? 如果说在我们大脑里面,大脑里哪个位置? 我们在解剖的时候怎么没有发现第六感官? 这个第六感官无非是一个假设吧。康德这个地方也不做定论,他只是说,"被以为是特殊感官的东西"。这里有个长长的括弧,这个括弧里面实际上就是对道德情感的批评。

(尽管对它的援引是如此苍白无力,因为那些无能于**思想**的人,甚至在仅仅取决于普遍法则的事情上,也以为可以通过**情感来帮忙**,哪怕这些情感在程度上天然地相互具有无限的差别,而无法提供一个同样的善恶尺度,甚至一个人根本无法通过自己的情感对他人作出有效的判断),

我们先来看括弧里面的话。尽管对它的援引,也就是对第六感官的援引是"如此苍白无力",你用第六感官来解释人的道德性,这是苍白无力的。为什么苍白无力呢? "因为那些无能于思想的人","思想"打了着重号,在他心目中,哈奇森就是那种无能于思想的人,包括其他英国经验派都是无能于思想的人。他们只会感觉,但是他们不能够动脑,不能够用理性。"甚至在仅仅取决于普遍法则的事情上,也以为可以通过情感来帮忙","情感"也打了着重号。思想和情感在这个地方是相对照而言的。他们思想无能所以想通过情感来帮忙,帮忙干什么呢? "在仅仅取决于普遍法则的事情上"来帮忙。普遍法则需要用思想啊,需要用理性啊,但是哈奇森他们这些人缺乏思想和理性,在这些事情上也以为可以通过情感来帮忙,设想出一个第六感官来。第六感官是一种情感,一种同情感。每个人都有同情感。怎么解释每个人都有同情感? 所以经验派就设想出一个第六感官来,就是人跟动物不同,动物也许没有同情感,但是人有。人都有恻隐之心,孟子讲的四端,其实就是内感官的设定,假设内在情感的一种官能,专门管同情感这样一些高级情感的。他说,"哪怕这些情感在程度上天然地相互具有无限的差别",即算你可以假设一个同情感,但是这个情感在程度上天然地肯定具有无限差别的。因为感性的东西都是这样,人的视力是有差别的,人的听力是有差别的,人的所有的五官都有差别,为什么道德情感就没有差别呢?肯定也会有差别的。这种情感每个人都不同,你说人人都有恻隐之心,但是恻隐之心的程度每个人都不同,有些人甚至就没有,有些人已经等于零。他可以在岸边看着人家被淹死,他不但不去救反倒拍手称快,他觉得好看。人不一定都具有恻隐之心,你那个假设是大而化之的,也许大多数人多多少少都有一点,但是程度是大不一样的。你要把那一点点恻隐之心当作普遍道德的根据,那是非常不够的,所以"无法提供一个同样的善恶尺度"。所谓普遍的法则那就必须是同一个尺度,严格的,在逻辑上没有什么例外,没有什么特殊情况。下面,"甚至一个人根本无法通过自己的情感对他人作出有效的判断",一个人自己有内在的情感,有第六感官,有道德情感,但是我能不能凭借我自己的道德感官对他人作出有效的判断呢?因为这种内在感官千差万别,每个人都是不一样的,所以无法作出有效的判断。你知道他的内心感官跟你是不是一样的?人心隔肚皮,你凭什么断言人同此心、心同此理?你根本没办法来以己度人,用你的内在感官来衡量他人,作出有效判断。这个是对内感官的一种批判。但是在下面呢,在括弧外面,他又做了一种保留。

批判归批判,对于这种学说,他说,

<u>却毕竟还是更接近于德性及其尊严</u>,因为这种感官证明了德行的荣誉,即把我们对德行的愉悦和尊敬**直接地**归之于德行,而没有仿佛直言不讳地对德行说,这不是它的美,而只是把我们和它连结起来的好处。 443

这是对哈奇森内感官说的一种有条件的肯定。在括弧里面完全是否定的,但是尽管否定了,他还是承认哈奇森的看法有一定的道理,也不是完全没有可取之处。他说,道德情感的假定"毕竟还是更接近于德性及其尊严",比起赤裸裸的一己之幸福,比起完全是享乐主义和功利主义、幸福主义那样一种经验派的道德原则来说,哈奇森的道德情感虽然也是情感,虽然也不能形成普遍的法则,但是毕竟更接近于德性及其尊严。道德情感跟其他的情感毕竟不一样,它是高层次的,虽然它也是情感,但

它毕竟不考虑直接的功利，它考虑的是自己道德情感上面的一种满足，这种满足跟一般的享乐、功利的满足在层次上是有区别的，它更接近于德性及其尊严。前面的那种一己之幸福那是最卑下的，最远离德性及其尊严的。而道德情感开始有所提升，这个值得肯定。"因为这种感官证明了德行的荣誉"，这个地方是"德行"，跟前面的"德性"有点区别。德性我们前面讲到过，它更加抽象一些，德性可以是彼岸的，上帝的，都可以。但德行是指的人，人的道德行为。那么这种感官证明了德行的荣誉，德行它具有光荣，它不是那么卑下，它不是那么可耻。前面呢，它是可耻的，尽管给人带来福利，但是你把它作为道德原则，它就是损害了道德荣誉的。它对道德的建立不仅仅没有帮助，而且是破坏，也就是破坏了道德的荣誉。而道德情感的这种说法，却证明了德行的荣誉，证明德行还不是像唯利是图之辈或者是合理的利己主义者、精于算计之徒那样地可鄙。它有它的荣誉，"即把我们对德行的愉悦和尊敬直接地归之于德行"。"直接地"打了着重号，说明这种感官是直观感性的。对德行的愉悦和尊敬当然也是一种直接感性的满足，你也可以说它是一种幸福。但是这种幸福，这种满足，它直接归之于德行，而不是归之于功利。前面的合理的利己主义和功利主义都是把愉悦归之于功利——给我们带来好处，谁不高兴呢？钱谁不爱呢？谁都爱钱，你每个月都能给我增加几十块钱的工资，这当然没有人会拒绝的了。但这种愉悦是间接的，钱和物都是享受的媒介。而在道德感官这里，它是把这种愉悦和尊敬直接归之于德行，就是做这件事情本身就给我带来愉悦，并且给我带来尊严。就这一点上，道德情感学说比前面那种学说要高。"而没有仿佛直言不讳地对德行说，这不是它的美，而只是把我们和它连接起来的好处。"没有赤裸裸地说，这不是德行的美，而只是一种把我们和德行连接起来的好处。那种说法就是间接的关系了，是通过给我们带来愉快的东西而把我们和德行连接起来。这个是功利主义的观点，它把美否定了。美当然要比直接的愉快和直接的满足有更高的层次，哈奇森的第六感官不但是道德感官，而且是审美感官。前面康德也提到过美，美的这种愉快，鉴赏的愉快跟一般的享乐主义、幸福主义的愉快层次上还是有不同的。那么，内感官的学说毕竟没有仿佛直言不讳地对德行这样说，撇开它的美，这不是它的美，不是德行的美，而只是一种功利而已，毕竟没有沦落到这样一种卑下的地位。内感官的原则还没有到那一地步，或者它从那个地步上面已经超升了一点。当然，还超升得不够，因为它把情感的东西当作普遍的法则，以为可以通过情感来帮忙。但是情感呢，哪怕是内感官，实际上是不能成为普遍法则的，它本身是千差万别的。康德对哈奇森的内感官学说既有批判，也有肯定。他确定了这样一种道德法则在一切可能的道德原则的体系里面所处的位置，给它定了位。前面一个是最卑贱的，而这个呢，稍微要高尚一点。虽然他也批判它，但他还是肯定它有一定的价值，更接近德性及其尊严，当然还不够。

好，我们再看看接下来的。前面这一段已经把经验性的原则全部理了一遍，经验性的原则它有两个基本的层次，一个是出自于一己之幸福，这是最卑下的。另外一个层次呢，就是出自于道德感，道德感官，这是比较高级一点的。在经验派的伦理学里面，无非就是这两个层次了。当然还可以细分，一己之幸福主义里面还可以分成直接的享乐主义和精于算计的功利主义。但是大体上就是这两个层次。这个考察完了，接下来就要考察层次更加高的，那就是理性派的道德法则。

然而，在德性的合理的根据或理性根基中，完善性的本体论概念，（……）却还是要比从一个神圣的、全善的意志中引出德性来的那个神学概念好；

这个中间也有个很长的括弧，我们先跳过它，紧接着括弧后面讲，我们前面讲到理性派的道德原则，它也有两个层次，一个是一般的完善，概念的完善性。从柏拉图开始就讲到理念，每个理念在它那个类别里面都是最完善的，马的理念就是马的完善性概念。所有的马都达不到它的完善性，但是都趋向于那个完善性。达到那个完善性，对马来说，那就是最好的了。但是理念世界又有一个等级秩序，低级的理念又服从于高级的理念，最高的理念就是善的理念，善本身。柏拉图的理念世界基本上就是这样一个完善性的理念世界，它有一个完善性的等级，但它是抽象的理念。万事万物，现象世界的事物都是那个抽象理念世界的摹本，模仿。当然这种观念到了中世纪基督教就提升到了上帝的最高完善，那个最高的完善性理念就是上帝。这是经过新柏拉图主义，普罗提诺的"太一"说，太一是最完善的，是无所不在的，全知、全能、全善。那么这里面就有两个层次，一个是一般的完善性的本体论概念，一个是从神圣的全善的意志中引出德性来的那个神学概念。那么这两个概念中，康德比较倾向于前一个。神学概念则是从中世纪以来一直压抑着人性、一直扭曲了人的道德性的概念。康德立足于启蒙运动，又立足于大陆理性派的传统，他认为大陆理性派所提出的完善性的本体论的概念要比那个神学概念好。这里面体现出他启蒙的倾向。

那么我们看他的括弧里面，

（无论它如何空洞、不确定，因而对于在可能的实在性之不可估量的领域中发现适合于我们的最大总和如何没有用处；

我们先看这半句。本体论概念，也就是存在论的（ontologisch）概念，"无论它如何空洞、不确定"。这样的完善概念是空洞的，对任何事物你都要追求完善，但是这个完善把一切具体内容都抽掉了，所以它只是一个空洞的，抽象的"一"。从柏拉图开始，理念是一，这个一就是没有任何区分的东西，没有多，它就是一个抽象的统一性、单一性，没有任何确定的内容，所以它是空洞和不确定的理念。他说，"因而对于在可能的实在性之不可估量的领域中发现适合于我们的最大总和如何没有用处"。也就是说这样一个抽象的"一"，抽象的统一性、单一性，却自命为一个无所不包的"完善"的本体论概念，但如果它要想在"可能的实在性之不可估量的领域中"找到那个"最大总和"，从而变成一个具有实在内容的总体性概念，那是徒劳的。在理性派的道德原则里面提出完善的本体论概念，就是要运用于实在的领域。那么实在的领域不可估量地广大，它有各种各样可能的实在性，是无限广泛、不可估量的。但是在这些可能的实在性的不可估量的领域，我们要去发现适合于我们的最大总和，所谓完善就是完备无缺，在可能的实在性里面要有一个完备无缺的最大总和。而这个最大总和又必须是"适合于我们的"，也就是我们企图在这个上面来奠定我们的道德法则的基础。"完善"这个本体论概念必须作为道德法则的基础，因为你还是讲的人的完善性嘛，人所追求的完善性，我们要立足于完善性的理念去追求适合于人的最大总和的完善性。但是因为这个理念是空洞的、不确定的，所以没有任何用处。这个实际上是在批判它了。跟前面的哈奇森的内感官一样，康德在括弧里面进行批判，但是在括弧外面又对它进行某种肯定，所以他说"无论它如何……"，这个"无论"是让步，就是说尽管它没有什么作用，但是在括弧外面还是要对它进行某种肯定。

那么下面还有一个"无论"：

并且，也无论它为了从每种其他的实在性中特别地区分出我们这里所谈的实在性而如何具有一种不可避免的偏好，即纠缠于循环论证之中，如何不能避免把应由它来解释的德性暗中预设为前提)，

这也是对它的批判，是从逻辑上对完善的本体论概念的批判，前面则是从这个概念的作用和功能上对它进行批判。"无论它为了从每种其他的实在性中"，实在性有很多，从形形色色的实在性中，"特别区分出我们这里所谈的实在性"，我们这里所谈的实在性就是作为道德法则的实在性。作为道德法则，你把完善的本体论概念作为它的根据，是要用来解释我们的实践行为的。那么你要用它来解释我们的实践行为，那就必须要使我们的道德法则在这样一件实践行为上具有实在性，你用完善性的本体论概念来解释我们的道德行为，道德行为当然是一件实在的行为，但是它所具有的完备无缺只是特殊的。完善的概念太泛，是不是凡是完

善的东西都是道德的？我们经常讲，一个完善的盗贼、一个完善的土匪，他作为土匪来说也是符合于他的理念的。柏拉图就遇到这个问题，完善的蛆虫、完善的污秽，有没有这个问题？所以柏拉图到后期就放弃了这种认为每一种事物都有相应的理念的说法，不见得每件事物都有它相应的理念。真正的理念到他后期变成更具有道德上的善的含义。而在他前期只是一种宇宙论的含义，就是说完备无缺，种和类就是不同等级上的完善，这是他早期提出的，哪怕下贱的事物也有它的理念。后来经过亚里士多德的批判以后，他晚期有所改进，就是更加赋予了他的善的理念以道德的含义，不仅仅是完备无缺，完满，无所不包，而是首先要看什么东西没有缺陷。但是这样一来也有这个问题，就是以偏概全。他为了从每种其他的实在性中特别地区分我们这里所谈的实在性，也就是区分出道德的实在性，就会带有一种不可避免的偏好，即把本体论上的完善仅仅解释为我们道德上的评价标准；而为了避免仅仅以我们道德上的完善以偏概全，就必须把一般完善预先解释为道德性的，"即纠缠于循环论证之中"。这就是循环论证，因此就"不能避免把应由它来解释的德性暗中预设为前提"，这就是道德上的循环论证了：道德的前提，道德的标准到底是由完善而建立起来，还是把道德标准预先运用于完善之上，才建立起完善概念，这里有一个不可避免的循环。本来应该由它解释的德性，暗中已经预设为前提了，这是从柏拉图以来就存在的问题。所以在括弧里他对完善的本体论根基做了一番批判。但是无论它怎么怎么，也就是说尽管它应该遭到这样的批判，那么括弧外面却仍然对它做了肯定，他说认为"却还是要比从一个神圣的、全善的意志中引出德性来的那个神学概念好"。诉之于神的全知、全能、全善的意志，那就完全是一个神学概念了：上帝是全善的，上帝是一切善的标准，那么上帝作为善的标准，到哪里去找呢？那只有到圣经里面找，不需要运用自己的理性。所以本体论的完善性的概念它毕竟还是使用了理性，它和那个全善的上帝的意志相比还是要好一些。下面又来解释了，为什么要好一些呢？是因为神学的概念比它更差。

这不仅仅是因为，我们毕竟不能直观到这个意志的完善性，而只能从我们的概念中——在其中德性的概念是最首要的——推出它来，

这当然是个原因，为什么比神学概念好，是因为在神学中我们毕竟不能直观到这个意志——也就是上帝的意志、神圣的意志的完善性，不能够直观地把握它，"而只能从我们的概念中——在其中德性的概念是最首要的——推出它来"。我们不能直接把握上帝的全善，而只能从我们的概念中推出它来，而这些概念中首要的是德性概念。我们从神学概念即上帝的概念中推出上帝的德性的完善性，但是在这个概念里面已经有德性概念了。如果不包含德性概念，我们就不能说它是上帝，而只能说是"创世者"、"第一推动者"，只是一个机械的动因，但是没有道德含义。只有当我们说上帝创造世界是因为他觉得这个世界最"好"，所以他的意志是善良意志，这个时候上帝才成为上帝，但这时你已经把道德含义偷运到上帝的概念里面来了。上帝概念必然地要包含德性的概念，如果没有德性的概念那就还不是上帝的概念，那就只是一个创世者，如柏拉图的"造物主"（Demiurgos）。世界创造者的概念还不是上帝的概念，你要形成上帝的概念，除了他全知、全能以外还要有全善。但是你把德性概念放到上帝里面，你又从上帝概念里面引出德性概念，那岂不是循环论证吗？所以完善的神学概念不能当作德性的合理根据。当然不仅仅是因为这一点，这只是一个原因，就是逻辑上的不成立。

但是还不仅仅如此，下面讲，

而且是因为，如果我们不这样做（假如这样做了，那么将会是怎样一个拙劣的循环解释！），这个还留下给我们的神圣意志概念，就会不得不从荣誉欲和统治欲等属性出发，与权力和仇恨的可怕表象结合着，来为一个与道德性截然对立的规矩体系（ein System der Sitten）奠定基础了。

神学概念之所以更差，不仅仅是由于它完全是从概念到概念的循环论证，就像括号中所说的，一个拙劣的循环解释，而且是因为，如果我们

不这样做，"这个还留下给我们的神圣意志概念"，这就是说，如果我们不是事先把德性的概念放在上帝概念里面，又从上帝概念里面推出德性，如果我们不做这样的循环论证的话，我们还能做什么呢？这个还留下给我们的神圣意志概念，如果我们把预先放进去的德性概念清除掉，以避免循环论证，那么它里面还剩下什么呢？"就会不得不从荣誉欲和统治欲等属性出发，与权力和仇恨的可怕表象结合着"。这样一个上帝概念，神圣意志概念，它里面剩下的就只是荣誉欲与统治欲，以及对权力的滥用。康德在这里没有点明，实际上他这里讲的就是犹太人的旧约圣经，旧约里面的耶和华就有这么个特点。耶和华他无非就是权力欲与荣誉欲，耶和华的荣誉，耶和华的统治，耶和华的权威至高无上，不容挑战。而这种统治欲与荣誉欲是与权力和仇恨的可怕表象结合着的，耶和华是有仇恨的，你要违反了他的诫命，他就要报复，他就要毁灭人类。他经常说哪个哪个城里面，那些人都坏了良心了，我要把他们全部毁灭。然后里面就有一个义人求他，说只要有一个义人你就不应该把他们全部毁灭，于是，耶和华就说，看在你的面子上我可以不毁灭他们。这是很可怕的，他一时兴起就可以发洪水，整个人类都坏了良心，大大的坏了，然后他可以把他们全部淹死，只留下一个诺亚方舟，留下一个义人，然后再让他们繁衍子孙。所以对于毁灭人类他是不在乎的，那当然是与权力和仇恨的可怕表象结合着。有的人说康德有反犹主义的倾向，就是说在旧约圣经里面的上帝，通常被称为"愤怒的上帝"，康德是不赞成的。新约福音书里面的上帝是"慈悲的上帝"，这个是康德比较认可的，但作为道德的根据又有循环论证之嫌。旧约的上帝则只是"为一个与道德性截然对立的规矩体系奠定基础"。我们注意这个规矩体系，ein System der Sitten，Sitten 我们通常翻译为道德，比如《道德形而上学奠基》的这个道德就是Sitten。Sitten 是比较麻烦的一个词，它本来的含义是一种风俗、习惯、规矩，我们有时把它翻译成伦理，所以《道德形而上学》严格说起来应该叫作"伦理的形而上学"。但是它的根基还是道德，一切伦理的根基还是道德,比如说传统的习惯、风俗、所有这些规矩,在康德看来,你要追溯它的根基,那就要追溯到道德。所以伦理和道德在康德那里没有严格地区分开来,在黑格尔那里才开始严格地区分出层次。道德和伦理是不同的,道德立足于善良意志,而伦理里面不一定有善良意志。比如说法律,法律它不一定是出于善良意志,而是出于现实利益的考虑。还有家庭、市民社会和国家,这都超出了道德的范围。而在康德看来,法律也必须要从道德的角度来理解,他把法律也归结为道德,以道德为基础。所以在康德那里,这两个东西没有严格区分开来。所以我们把 Sitten 这个词还是翻译为道德。但是有时候又露出毛病来了,比如说在这句话里面,"来为一个道德性截然对立的规矩体系奠定基础",我们把它翻译为"规矩体系"而不是"道德体系",因为它是"与道德性(Moralität)截然对立"的,是不符合康德的道德概念的。那么这样一个体系通常也把它看作一个伦理体系,但是在康德看来,它只是一个规矩的体系。我们这个地方也可以把它理解为伦理的体系,Sitten,但是实际上它是更加浅层次的,就是说,风俗习惯。犹太教的圣经基本上就是一套传统、风俗、习惯的规矩。上帝规定了,只能这样做,不能那样做,那样做就是违背了上帝的意志,你就要受到惩罚。所以犹太教基本上是一套规矩。在康德心目中,甚至于他都不承认犹太教是一种严格意义上的宗教,它只是一个神学政治团体。在犹太教里面,律法也就是道德,也就是法律。你只能这样做,不能那样做。为什么,那是上帝命令的,没什么道理可讲。所以这个地方我们把它翻译为规矩的体系,有点无奈,其实它和道德就是一个词。道德性当然是另一个词,Moralität。Sitten 和 Moralität 实际上是不同的。与 Moralität 比较相近的是 Sittlichkeit,Sittlichkeit 是从 Sitten 来的,但是它更抽象,因为 Sitten 是个名词,Sittlichkeit 是一个变成了形容词以后又名词化的词。Moralität 我们翻译成道德性,但 Sitten 通常译作道德,有时候又翻译成规矩,有时候还翻译成伦理。康德的道德形而上学我们发现有的人翻译为"伦理的形而上学",也没错。康德的伦理和道德没有明显的区分，康德是把伦理归结为道德的，所以我们翻译道德形而上学也没错，也是可以的，因为伦理它本身约定俗成有道德的含义。虽然它最初的含义只是规矩、行为规范，甚至于礼貌、礼节，这都是 Sitten。总之，神学概念如果是从一个神圣的全善的意志中引出德性，那就还不如理性派的本体论的完善概念。本体论的完善概念还是比较着眼于人的，虽然它里面也隐含着循环论证，但是还是要比从圣经中取来的一个神学概念要好。这是对理性派的这两派他也作出了一种权衡，对完善的本体论概念他既有批判也有肯定，对理性派的启蒙的道德概念、完善，作出了一定的肯定。总的来说他对这四派的评价都是持否定态度，但是对第二、第三派，即经验派的道德情感和理性派的完善的本体论概念，他还保有一定程度上的肯定。

但是，如果我必须在道德感的概念和一般完善性的概念之间（这两者至少并不有损于德性，尽管它们完全不适于作为基础来支撑它）进行选择：那么我将选定后者，

这就是说，前面铺排了这四个流派，其中他有肯定的就是两个流派，一个是道德感的流派，就是哈奇森的那样一个流派；一个是一般完善的概念，也就是莱布尼茨—沃尔夫派的完善的本体概念，这两者是他做了一定的肯定的。括弧里面讲"这两者至少并不有损于德性，尽管它们完全不适合于作为基础来支撑它"。这两者是不损害德性的，尽管你要把它作为基础，那是不够的，但是它也不对德性作出直接的损害。而另外两个它们是直接损害德性的，一个是一己之幸福，它把德性和罪恶的动因放在同一个层次上，就是它里面埋藏着罪恶的可能性。一个是神学的概念，它与权力和仇恨的可怕表象结合着，与道德性是截然对立的。而道德感和一般完善的概念都不有损于德性。那在这两者之间要做个选择怎么办？康德说，那么我将会选定后者，就是说他更为欣赏的还是理性派的那种一般的完善性的概念，在所有的各家各派里面，他对这一派评

价更高。当然对这一派他也是不同意的，他认为它们都是错误的，但是在所有的错误里面，有一派错得不那么离谱。所以他讲"我将会选定后者"。

因为它不仅不损害德性概念，而且还有一个长处，这就是：

因为它至少使问题的裁决从感性脱离开来，并把它带到纯粹理性的法庭上，虽然它在这里并未裁决什么东西，但却因此而使这个未被规定的理念（一个自在地善良的意志）未经歪曲地保留着，以作更进一步的规定。

这个里头体现出康德的立场、他的思想渊源还是出自于大陆理性派，所以他选定后者，这是必然的。选择后者的原因是"它至少使问题的裁决从感性脱离开来"。理性派至少把感性撇开了，这跟康德的道德原则大方向是一致的。康德的定言命令、德性的至上法则，首先要从感性脱离开来，你不能纠缠在感性里面，你纠缠到感性里面就说不清楚了。"并把它带到纯粹理性的法庭上"，一般完善的概念是只能够用理性来把握的，所以通过这种方式至少把道德的问题带到了纯粹理性的法庭上，让纯粹理性来衡量。一般完善我们刚才讲到了，它就是带有普遍性的，它是"一"，它是统一性和单一性。一个法则能够包容一切，这就是完善性；因为它最完善，所以它无所不在，因为它是最高的统一性，所以它无所不包。这里头都要使用理性，那么这样一来就把德性的问题带到了纯粹理性的法庭上。"虽然它在这里并未裁决什么东西"，无所不在，在哪个层次上无所不在？无所不包，在何种意义上无所不包？到底什么样的东西才是道德的完善呢？一般完善还不是道德的完善，在一般完善里面，什么才是道德的完善呢？这里还没有作出决断，没有作出区分。"但却因此而使这个未被规定的理念（一个自在地善良的意志）未经歪曲地保持着，以作更进一步的规定"。这个未被规定的理念实际上是在自在地善良的意志，就是在一般完善的概念中还没有规定出一个自在地善良的意志来，它里面实际上包含有一个还没有反思自身的善良意志。善良意志被看作是一个完善性的概念，被看作是一个无所不包的，或者无所不在的，贯穿一切的这样一个概念，这种规定是在康德的《道德形而上学奠基》第一章开始对善良意志加以分析，才一步一步规定下来的。我们也可以说康德的这个善良意志在理解为自律的时候才达到了一种完善性。但是呢，理性派这个完善的理念还没有得到规定，在这里头还只是初步把问题提到了纯粹理性的法庭上。上了法庭还没有辩论，还没有辨析，还没有判定。所以它使这个未被规定的善良意志的理念"未经歪曲地保持着，以作更进一步的规定"。这是理性派的这样一个完善概念的功劳，在康德那里得到了某种程度上的肯定，他自己就是从这个传统发展来的。所以"进一步的规定"当然就是康德自己的规定了，也就是在这个基础上把这个未被规定的理念加以进一步的规定。

　　此外，我相信可以不必对所有这些学说作详尽的反驳了。这种反驳是如此容易，甚至那些被职务要求毕竟要对这些理论之一作出解释的人（因为他们的听众很可能不会容忍推延这一判断）自己大概也已经看出来了，这种解释将会是徒劳无益的。

　　他在这里非常自信，就说我在这里不必对前面所列举的学说，或者这些学说的概念，一一地加以反驳了，因为前面已经做了一些基本的反驳，他觉得已经足够了。他说这种反驳是如此容易，揭示出以往所流行的种种道德解释的毛病，那是太容易了。容易到什么程度呢？"甚至那些被职务要求毕竟要对这些理论之一作出解释的人"，也就是这些理论的提出者以及传播者，也就是通常的道德教师们，他们被职务所要求。你要当道德学的教授，你就要在课堂上作出解释啊，对这些理论之一，你是抱那一种理论，你赞同，比如说哈奇森的，比如说犹太教的，或者是莱布尼茨—沃尔夫的，鲍姆加通的，你持哪一派观点，你就必须对它作出解释。因为他们的听众可能不会容忍推延这一判断，他们急着要听你的解释，你不能够推脱。但甚至这些教师自己大概也已经看出来了，这种解释将会是徒劳无益的。连他们自己都发现自己的这些解释是站不住脚的，所以我也用不着去一个一个再加以详尽地反驳，他们的这些毛病太明显了。

但我们在这里更感兴趣的是，要认识到这些原则任何时候都只把意志他律设立为德性的第一根据，并正因此它们必然会错失其目的。

一个个地解释他认为犯不着了，这个理论已经暴露出他们的漏洞百出，但是我们在这里更感兴趣的是，所有这些犯了错误的道德体系，我们要找到它们的病根，"要认识到这些原则任何时候都只是把意志他律设立为德性的第一根据"。就是我们要注意的是，他们之所以犯这样的错误的根源在什么地方，根源就在于，任何时候，在任何一派中，在前面所举的这些道德体系里面，他们的毛病都只是在于把意志的他律设立为德性的第一根据。这就是他们犯错误的总根源，不管哪一派，他们都犯了这同一个错误。"并正因此它们必然会错失其目的"。康德站在道德自律的这个高度上，可以说洞若观火。所有这些人犯的错误，他们的毛病所在，都是把他律当作德性的第一根据，他们都没有看到康德所发现的意志自律这样一个原则，而是要么服从我们的本能，要么服从我们内心袭来的道德情感，要么服从一种抽象概念的要求，要么服从上帝。这是对上面四派的总的批判，点出了他们的要害。他们的目的本来是要证明道德律，但是往往最后证明了一种不相干的东西，甚至于是非道德的东西。因为他们的毛病都在于他律，只是他律中这个"他"的层次不同而已。这就是这一小节的标题上已经点出来的："由他律的这一被假定的基本概念对一切可能的德性原则加以划分"。那么这一句话就是点题了，通过列举所有可能的、曾经有过的各种道德学说类型，点出来所有这些学说都是把意志他律作为第一原则的不同方式。那么，为什么把意志他律设立为第一原则就会得出这样一些错误的观点呢？

凡是在必须把意志的某个客体当作根据，以便向意志颁布那决定意 444

志的规则的地方,这规则就只是他律;

　　凡是在必须把意志的某个客体,某个意志之外的对象,当作你的根据,不管这个对象是你的本能也好,还是你对幸福的某个目的的追求也好,还是你的理性所提出的某个完善的概念也好,还是上帝也好。凡是必须把意志的某个客体当作根据,"以便向意志颁布那决定意志的规则的地方",凡在这些地方,这规则就只是他律。就是说,意志以某个客体作为根据,那就只能是他律。

　　这命令就是有条件的,即:**如果**或者**由于**一个人想要这个客体,他就应当如此这般地行动;因而它永远不能道德地、即定言地下命令。

　　这规则只是他律,怎样的他律呢? 也就是有条件的命令,你把那个意志的对象、那个客体当作了你的条件。你不是立足于意志本身的法则,你是立足于意志的某个客体,不管这个客体是什么,那么你所下的命令就是有条件的命令。"即,如果或者由于",如果和由于都是打了着重号的,这就是假言命令了,它的假言就是条件,如果一个人想要这个客体,或者由于一个人想要这个客体,"他就应当如此地行动"。如果你想要幸福,如果你想要满足你的道德感,如果你想要你的行动合乎完善性,如果你想要使你的行动符合上帝的诫命,那么你就应该怎么怎么做,这都是一些假言命令。"因而它永远不能道德地、即定言地下命令"。道德地、定言地下命令是没有任何前提的,它没有如果,没有由于,它就是你应当怎么怎么做。无条件的应当。不管上帝怎么说,也不管你的本能和爱好如何要求,你的需要怎么强迫你自己,也不管你的理性有一个怎么样的美好的概念,这些都不管,你就应该这样做。这就是定言命令。

　　不管这客体是像在个人幸福的原则中那样凭借爱好,还是像在完善原则中那样,凭借一般地指向我们可能意愿的对象的那个理性来规定意志,意志都绝不是通过行动的表象**直接地**规定自身,而只是通过动机来规定自身,这动机以行动的预期结果来影响意志;

　　这是总结前面的了,不管这个客体,这个对象,这个对象是什么呢?

有可能是像在个人幸福的原则中那样凭借爱好，也有可能像在完善原则中那样凭借一般地指向我们可能意愿的对象的那个理性来规定意志，总的来说就是这两派了，一个是经验派的爱好，一个是理性派的完善概念，"一般地指向我们可能意愿的对象的那个理性"，指向我们可能意愿的所有的对象，也就是指向完善概念。不管上述客体中由哪一种来规定意志，那么"意志都绝不是通过行动的表象直接地规定自身"。总而言之，不管这个客体像在个人幸福的原则那样，包括哈奇森的道德感、内感官的原则，也是凭借爱好来规定意志；还是像在完善原则中那样，凭借一般地指向我们可能意愿的对象，这个可能意愿也许并不现实地存在，但是我们把它假定为是可以存在的，追求完善，包括追求上帝的完善，由这样一个理性来规定意志：在这两种情况之下，"意志都绝不是通过行动的表象直接地规定自身"。它们规定意志都是间接的，都是意志通过它的对象来规定自身，而不是通过行动的表象直接规定自身。行动的表象和意志的客体、意愿的对象这个是有区别的。意志的行动它一方面是指向一个客体的，行动当然要指向一个对象，但是意志的行动本身有一个表象，意志行动的表象，指意志本身的准则，它的行动方式或规则，这件事情的做法。做什么是一回事，怎么做，是另一回事。怎么做就是行动的表象，做什么就是行动的客体的表象。因此通过行动的客体的表象来规定意志那就是间接的了，你通过怎么做这一准则、这一行动本身的表象来规定意志，那才是直接的。那么在前面两种情况之下，意志都绝不是通过行动的表象直接地规定自身，"而只是通过动机来规定自身，这动机以行动的预期结果来影响意志"。我们前面讲了，动机是感性的，是现象界的，它撇开了本体界的自由意志。感性界的动机当然是对象性的，它是处在因果链条之中。它必须考虑到它的结果、效果。凡是动机，都有一个预期的结果，每一个具有动机的行为，他的动机就是他想要造成的结果，结果和原因在动机里面是同一的。所以在动机里面，以行动的预期结果来影响意志，哪怕结果还没产生出来，但它已经是行动的意志的对象了，意志已经是针对那个对象的结果去行动的,那个对象已经是他的动机了。所以这个动机是以行动的结果来影响意志的。

我应当做某事,是因为我想要某种别的东西,并且这里还必须有另一个在我主体中的法则被当作根据,按照这个法则我必然地想要这个他物,这个法则又需要一条限制这个准则的命令。

"我应当做某事,是因为我想要某种别的东西",这句话打了着重号,我应当做某事,这个当然是命令,但是它有个前提,是因为我想要别的某种东西,我才应当做某事,这就是假言命令。如果你不想要别的东西,你应不应当做某事那个就没有一定了,你也可以不做,那就没有应当的问题。但是因为我想要别的东西,所以我应当做某事,这就是一个假言命令。"并且这里还必须有另一个在我主体中的法则被当作根据",假言命令它也有法则被当作根据,这个法则,按照这个法则我必然地想要这个它物。这个法则当然不是自由意志的自律法则,而是他律法则,就是我作为一个自然的存在物,我必须服从自然法则。例如我必然会有一些需要,我必然要吃饱肚子,我必然要追求幸福,我必然要使自己活得舒服,活得自在,这里头有必然性,这是一种动物的法则,是自然的法则。而"这个法则又需要一条限制这个准则的命令"。这样一个法则在人的行为中又需要一个限制这个准则的命令,或者我们翻译成:这个法则又需要一条命令来限制这个准则。你要表达为一个假言命令,当然还要有一个命令的形式。我应当这样做,因为我想要别的东西。如果我想要别的东西,我就应当这样做,这个里头也有一种命令。这个法则要实现出来,就需要通过一条命令来限制自己的准则。因为人在现实生活当中跟一般动物、一般的自然现象不同,他的行为总是出于自己的意志,总是出于自己对自己的行动准则的命令,一般来说是假言命令:你想要达到那个目的,你就必须做这些事情。这就是限制:如果你不做这些事情,你的目的就实现不了。所以这命令所限制的准则就是实现这个自然法则的手段。他需要一条命令来限定这个准则、来指定达到这一目的的手段。

　　这是因为，由于借我们之力才可能的客体的表象应当按照主体的自然性状而影响主体的意志这一冲动是属于主体的自然本性的，

　　这句话定语很长，我们把它缩短一下：这是因为，由于这一冲动是属于主体的自然本性的。这一冲动当然是按照自然法则的冲动了，所以它是属于主体的自然本性的。什么冲动呢？"借我们之力才可能的客体的表象应当按照主体的自然性状而影响主体的意志这一冲动"。就是说，一种假言命令的方式也是一种冲动，是一种"应当"的冲动，什么应当呢？借我们之力才可能的客体的表象，它"应当"按照主体的自然性状来影响主体的意志。借我们之力才可能的客体的表象，是说这个可能的客体的表象是在我们力所能及的范围内的；那么它应当影响主体的意志，并且是按照主体的自然性状影响意志。那么应当按照主体的自然性状在主体意志上施加影响的这样一种冲动，也可以表现为一种命令，我命令你，要把你力所能及的客观的表象纳入到你的主体的意志中，在你的自然性状方面产生影响，根据你的脑力的和体力的状况要把它实现出来。这样一种冲动它本身是属于主体的自然本性的。

　　而"由于"它是属于主体的自然本性的，这句一直接到下面"所以真正说来……"但在此之前还有一个从句：

　　不论这是感性的（爱好的和鉴赏的）本性，还是知性的和理性的本性，它们都在按照自己本性的特殊构造在一个客体上带着愉悦来操练自身，

　　我们先来看这个从句。上面讲的"主体的自然本性"是很广泛的，包括感性的本性，感性里面又分两个层次，一个是爱好，一个是鉴赏。这个我们前面已经讲到了。在感性里面分两个层次，一个是爱好，是直接功利的，一个是鉴赏，是超越的。哈奇森提出的第六感官，它具有审美的功能也有道德性的功能，既是审美的感官也是道德的感官。所以这个地方要分成两个层次，一个是爱好，一个是鉴赏。鉴赏在某种意义上是超功利的，在当时的英国经验派美学那里已经达成了这样一个观点，就是审

737

美愉悦它是超功利的,它不在乎这个对象是否给我带来利益,我们仍然对它有一种玩赏的价值。这个前面已经讲到了,功利的价值和玩赏的价值。但是玩赏的价值还是一种感性的价值,我为了自己的愉快嘛。它还是感性的本性,属于自然本性。还有一种更高层次的,就是知性的和理性的本性。就是前面讲的理性派的道德学家他们提出的完善的本体论概念,这是立足于知性和理性的本性。知性是具体的,实在的,那么理性呢,是追求无限。完善你也可以把它看作是无限的一个概念,绝对的完善性作为一个本体论概念,它也是一个理性的概念。但是知性和理性同样都还是属于人的自然本性,因为它们也是大自然赋予人的,人天生就具有知性和理性。从这个角度来说,它仍然是属于主体的自然本性的,无论是感性的本性还是知性或者是理性的本性,"它们都在按照自己本性的特殊的构造在一个客体上带着愉悦来操练自身"。也就是所有这些本性,都在按照自己本性的特殊构造,不管是感性也好、知性也好、理性也好,它们都有自然本性的特殊构造。在一个客体上,它都是在追着一个客体,带着愉悦来操练自身。带着愉悦,这个愉悦可以是感性的愉悦,也可以是鉴赏的愉悦,甚至还可以是知性和理性的愉悦,你操练了自己的理性你也有一种愉悦。这个"操练自身"很有意思,就是说,你运用知性和理性,正如你运用感性一样,都会带来一种操练的愉快。在第三批判里面就讲到了,鉴赏力就是诸认识能力的自由协调的游戏,它们借助于某个对象的合目的性的形式而自由地互相协调一致地活动,这里头也带有这个意思。讲到愉悦,讲到操练自身,就是说,也许不是为了某个具体的目的,而是为了自身的愉快。知性、理性包括感性都有一种操练的愉快。

　　所以真正说来,这就会是自然本性提供了法则,这样一种法则本身,不仅必须只通过经验来认识和证明,从而自身是偶然的,并因此不适于成为如道德规则所必须的那样一类无可置疑的实践规则,

　　我们先来看这一部分。所以,真正说来,这就会是自然本性提供了法则,所有前面的那几派,不管是经验派的还是理性派的,它们归根结底

都是由自然本性、也就是人的自然本性提供法则的，不管是由人的感性的自然本性还是由知性和理性的自然本性来提供法则的。那么这样一种法则本身，自然本性所提供出来的自然法则本身，"不仅必须通过经验来认识和证明，从而自身是偶然的，并因此不适于成为如道德规则所必须的那样一类无可置疑的实践规则"。不仅仅是这样，怎么样呢？只是通过经验来认识和证明，包括理性派的也是这样，包括理性派的那些法则仍然必须只通过经验来认识和证明。所以理性派也好，经验派也好，他们的道德法则归根结底都是经验的，哪怕理性派也是经验的，他们无非就是对于理性本身的操练，要求得运用理性的愉快。比如说完善性，完善性可以带来愉快，所谓多样的统一，在自然科学里面就是要把很多条规则用一条规则来囊括，如自然科学里面的节约律、思维经济原则，美学中的多样统一原则。所以这样一条法则本身它必须只通过经验来认识和证明，从而自身是偶然的，"因此不适于成为如道德规则所必须的那样一类无可置疑的实践规则"。既然要借助于对象来论证自己，那它就不是无可置疑的，它肯定就是偶然的，因为这个意志的对象在你的意志之外，你要取决于它，受它制约。所以它不可能成为无可置疑的实践规则，它的法则不可能构成定言命令，因而不可能成为道德法则。

　　<u>**而且，它始终只是意志的他律**，这个意志并不给予自身以法则，而是某个外来的冲动借助于主体的一个在接受冲动方面已被规定了的自然本性来为它提供法则。</u>

　　它，这个自然法则，始终只是意志的他律，你要用意志的某个客体当作道德的根据，那么它始终只是意志的他律。"这个意志并不给自身以法则"，并不像康德的道德自律那样，自己给自己立法；而是某个外来的冲动借助于主体的一个自然本性来为它提供法则，而这个自然本性呢，是"在接受冲动方面已被规定了的"。在接受冲动方面你的这个自然本性已被规定了，比如说感官，感官它是已经被规定了的，根据你感官的性状，在接受哪些冲动方面已经被规定了。眼睛接受光线，耳朵接受声音，

你只能接受感性方面的这些冲动。那么在知性和理性方面也是，你已经被规定了你是有知性和理性的，那么也有一种冲动，要运用知性和理性来把握对象，来认识对象。这样通过对象来为意志提供法则，那当然就是他律了。而康德要求的就是意志的自律，就是不要考虑意志的对象，就考虑意志本身，或者就把意志本身当作唯一的对象。换言之就是你不要考虑意志的对象，就是意志自己给自己立法。唯有以这种方式才能摆脱他律的各种各样的谬误，才能超越所有以往的、不管是经验派还是理性派他们所犯的形形色色道德上的错误，而提升到康德的水平上来。

第二十四讲

上次我们讲到,康德对以往的所有各种可能的道德原则作了一个清理,作了一个编排,这个编排跟《实践理性批判》里面的关于"在德性原则中实践的质料规定根据表"有重合的地方。我们翻到《实践理性批判》中译本第 53 页的表格,表格里面把所有上面四种建立道德法则的他律的基础都提出来了。当然还有两种,一个教育,一个宪法,那是属于自由的外部表现,它不是涉及内在的自由即德行,而是涉及外在自由即法权。所以在那个表里有六种不同的质料法则,所有这六种法则都是以质料为根据,而没有考虑到它自律的形式,所以在康德看来它们都是属于他律的。那么在《道德形而上学奠基》里面,它列举了这四种德行法则,而且逐个地进行分析和批判,既肯定它们在这个道德体系里面所占据的一定的位置,同时又对它们的根本缺陷进行了批评,根本的缺陷就是它们全都是从他律的原则出发来建立道德法则的,而不是从自律。那么今天我们要讲的是,他最后提出了他自己的观点。他已经把所有以往历史上曾经有过的道德法则、道德学说进行归类,从低到高的加以编排,最后编排到了他这里,提出了他自己正面的观点。所以这一段就是讲他自己的正面的观点。

所以,绝对善良的意志,它的原则必须是一个定言命令,它就在一切客体方面不受规定,而只包含一般的**意愿的形式**,也就是作为自律,即每一个善良意志的准则在使自身成为普遍法则方面的适应性,它本身就是每一个理性存在者的意志自身所承担起来的唯一法则,不必以任何动机或兴趣作为它的基础。

这一段就是一句话。他说,"所以",为什么说"所以"?就是前面把所有那些不正确的或者不真实的道德法则都作了一个系统的批判,批判完了以后,那么这里就得出了他自己的结论:"所以,绝对善良的意志,它的原则必须是一个定言命令",绝对善良意志就是在他的第一章开始就作为出发点的,到了自律又回到了这个出发点,也就是说我分析了这么久,一直分析到最核心的地方,发现了所谓绝对善良的意志,人们一般认为一个道德必须要有的善良意志,这个善良意志是个什么东西,推到最后就是一个定言命令,而定言命令最后推到自律。所以他讲,这个善良意志的原则必须是一个定言命令,"它就在一切客体方面不受规定,而只包含一般的意愿的形式",意愿的形式打了着重号,"也就是作为自律,即每一个善良意志的准则在使自身成为普遍法则方面的适应性"。这里主语还是善良意志,我们经过分析发现,它的原则在根子里头是定言命令,而这个定言命令使得这个善良意志不受一切客体的规定,它没有假言的条件,而只包含一般意愿的形式。所有的意愿你都可以从它里面找到一种共同的形式,那么定言命令就是着眼于这个形式而言的,也就是着眼于这个自律的形式。所谓的一般意愿的形式就是自律的形式,只要你不把它拆散在质料中,它就是自己给自己立法,就是你要自己跟自己的法则保持一致,你用这个自己立的法来规范自己,即自律。这就是"每一个善良意志的准则在使自身成为普遍法则方面的适应性",每一个善良意志,当它的准则适合于使自身成为普遍法则时,就是自律。每一个善良意志的准则都适合于成为普遍法则,这就是他的定言命令的普遍法则公式,就是这样表达的;而这里强调落实在自身的"适应性"上,也就突出了自律公式。它本身,即善良意志的准则,"就是每一个理性存在者的意志自身所承担起来的唯一法则,不必以任何动机或兴趣作为它的基础"。一个善良意志的准则它本来是主观的,但是,你把这个准则当作一个法则,而且是它自己使自己成为了唯一的法则,这就是自律。在这个自律里面,它的准则和法则之间达成了这样一种直接等同的关系,准则本身就是法则，而且是由每一个理性存在者的意志所承担起来的，它不是把它推给外来的一个什么对象，不必以任何动机或兴趣作为它的基础，不必以任何经验的事物为基础。这是他的一个总结，就是说到最后，把所有可能的道德法则一个一个排列起来，最后还有一种唯一的可能性，就是康德所提出来的这样一个可能性：绝对善良意志它的原则必定是一个定言命令，而且它必定是自律。所以他这一段的标题就是"由他律的这一被假定的基本概念对一切可能的德性原则加以划分"，划分完了以后，最后显露出来他自己的唯一可能的道德法则，这就是作为定言命令的自律的原则。下面的最后这一段话，就是一个过渡，从第二章过渡到第三章了，我们来看这一段。

这样一个实践的先天综合命题是如何可能的，以及为什么它是必然的，这是一个课题，这个课题的解答不再处于道德形而上学的范围之内，我们在这里也没有断言这命题的真理性，更没有伪称在我们的权限之内拥有对它的一个证明。 445

"这样一个实践的先天综合命题是如何可能的"是打了着重号的，用着重号标出来的这个命题实际上就是下面第三章所要讨论的问题。实践的先天综合命题也就是定言命令，它是一个先天综合命题，但是，是在实践方面的，不像在《纯粹理性批判》的总问题"先天综合判断是如何可能的"，那个是在认识方面的。"先天综合判断是如何可能的"，是在那本书的一开始就提出来了；而这个问题在这里是在最后才提出来的，在前面都还没有。因为在前面都是采取分析的方法，而要解答先天综合命题是如何可能的，必须采取综合的办法。先天综合命题是如何能够综合起来的，在《纯粹理性批判》里面就归结到自我意识的本源的综合，是因为统觉的本源的综合，有一个先验自我意识在起作用，所以才构成了先天综合判断。那么在实践的先天综合命题里，他也要谈到这个问题，看它到底是如何可能的，"以及为什么它是必然的"。一个是它是如何可能的，

743

有什么东西使得这样一个命题成立？前面一直在回避这个问题，一触及到这个问题呢，马上又荡开了，就说这个问题暂时还不属于这里讨论的，我们留待以后再来讨论。那么现在第二章已经结束了，要进入到第三章了，第三章就是谈这个问题的。另一个是为什么它是必然的，这个涉及到他的"演绎"的问题。先天综合命题是如何可能的，它的必然性何在？一个可能性何在，一个是必然性何在。可能性你把它的根找到了，那么由于有这个东西所以它才是可能的。实际上他后面讲了，是由于有积极的自由，积极的自由使得实践的先天综合命题成为可能，使得定言命令成为可能。那么积极的自由使它成为可能，又如何使它成为必然的，为什么又是必然的呢？他后面也讲到了，要对这样一个定言命令进行演绎的话，那么我们就要追溯到这样一种自由是一种理性存在者的意志自由，理性存在者运用了理性，所以使得这样一个定言命令成为必然的，理性的运用具有必然性，这是他后面解答的。但现在还没有进入到这问题里面，他说这是一个"课题"，"这个课题的解答不再处于道德形而上学的范围之内"。那么要解答这样一个问题，它是属于什么范围的内容呢？它是属于"纯粹实践理性批判"的内容。道德形而上学只是把道德的至上法则展示出来，那么这个道德法则的根源是建立在什么之上的，它的根基是不是牢靠，这个要通过纯粹实践理性批判来加以验证，来加以检验。所以这样一个问题的解答它不再属于道德形而上学的范围，而是属于第三章，就是"从道德形而上学过渡到纯粹实践理性批判"，就是要把已经展示出来的这样一个道德原则体系，它的可能性和必然性加以论证和确立。他说，"我们在这里也没有断言这命题的真理性，更没有伪称在我们的权限之内拥有对它的一个证明"。我们在这里，也就是在第二章，在他前面所讲的所有这一切的论述中，他都没有断言这命题的真理性，都是把它空在那里。他一直都是说，为什么要假定这个命题，假定有这个命题的话那就怎么样，但这个命题到底是否真的，是不是有这样一个定言命令，都是悬而未决的。当然我们在日常的道德生活中每个人都会承认，凡是道德的事情都必须是具有善良意志的,而对善良意志一层层的分析,我们最后分析出了定言命令和道德自律,但是他这个前提毕竟是日常经验的,他是对日常的一个现象进行分析,那么这个现象如果从根本上就错了呢?这个现象有什么根据?我从日常道德生活中抓出一个现象,就是说所有人都认为凡是道德的事情都应该是出自于善良意志的,为义务而义务,那才是道德的,那么我就对这个善良意志进行一种分析的研究,最后分析出来它应该是定言命令。但是有没有定言命令?它是如何可能的?它的基础何在?这个如果不奠定,那么前面所有的分析都会作废,你建构起来的整个道德形而上学、哪怕你提出来自律的概念也只是一种设想。因为日常生活中,人们日用而不知的那些道德法则,它们本身是从经验中来的,你对它们进行分析,当然你可以发现如果它没有自律,如果它没有定言命令,它就不可能。你追溯到自律和定言命令,分析出它里面的内核,但是最后你还要把它加固,你要不加固,整个道德形而上学就会垮台,就会成为经验的一种偶然现象,连老百姓的道德经验都会成为一种幻觉。所以必须要对纯粹实践理性进行一番批判,这个跟《纯粹理性批判》是一样的道理。《纯粹理性批判》认为我们的理性建立起了理性的法庭,但是这个理性本身未经推敲,如果这个理性本身就是虚伪的,就是假的,而且通过休谟的怀疑论我们已经开始怀疑了,理性本身会导致二律背反,理性的自相矛盾如何消除,这都是问题;所以必须要对理性本身进行一番批判,使得它永远立于不败之地,这才能给我们的认识提供坚实基础,建立起我们人类的自然科学形而上学的科学大厦。那么道德形而上学也是这样,当然道德形而上学比自然科学的形而上学更通俗,因为它诉诸我们日常的道德行为,并且从中分析出它的道德原理。但是在这一点上,它是免不了的,它必须要对自己的原则进行一种纯粹实践理性的批判,要推敲它,把它加以固定。那么在此之前,他还没有走这一步。"我们在这里也没有断言这命题的真理性",断言是非批判的一种方式,我们不能够凭借一般的日常习惯的说法就断言这个命题具有真理性。

"更没有伪称在我们的权限之内拥有对它的一个证明"。在我们前面两章的权限范围内要对它加以证明,这个其实也是做不到的。

我们只是通过展现一度已经普遍通行的德性概念来表明:意志的自律不可避免地与这个命题联系在一起,或者毋宁说就是它的基础。

我们前此所做的工作仅仅在这一点,就是展现自古以来已经普遍通行、人们已经普遍认可的德性概念,这就是善良意志的概念了,要讲到一件道德行为,人人都会认为它必须是出于善良意志。普遍通行的这样一个德性概念,我们把它展现出来,借此来表明"意志自律不可避免地与这个命题联系在一起,或者毋宁说就是它的基础"。"这个命题"也就是前面讲的"这样一个实践的先天综合命题",意志自律与这个实践的先天综合命题是不可避免地联系在一起的,定言命令里面不可避免地包含着意志的自律作为它的核心,"或者毋宁说就是它的基础"。也就是说意志自律就是这个实践的先天综合命题的基础,就是定言命令的基础。定言命令有种种的表达,但是它最基础的表达就是自律公式,就是意志自律。但这并不是对定言命令的一个证明,定言命令也是不能证明的,要以通常的方式对它加以证明那是独断论的做法,我们只能对它进行批判,或者对它进行演绎。演绎不等于证明,你想要通过一个概念用通常的方式对另一个概念来加以证明,不管是实践的先天综合命题,还是理论上的先天综合命题,都是做不到的。通过证明的方式,通过哪怕是反证的方式,都不能证明这样一些最高层次的命题。因为它们是最高层次的、至上的原则,对至上原则我们不能证明,我们只能演绎。演绎不是证明,演绎只是展示它的必然性,说明它的必然性。康德的演绎跟通常的三段论的形式逻辑的演绎不是一回事。它就是指出这个命题它的权限何在,它凭什么能够具有它的有效性,这就是对它的演绎,把这个最高的东西把它指出来,就完了。如果你要证明的话,你就还要继续追问:那这个最高的东西又是从哪儿来的?那就到此为止。在《纯粹理性批判》里面它就会遇到这个问题:自我意识的统觉的本源的综合统一能力又是如何赋予人的主体的呢？这个问题属于自在之物的问题，再也不能回答了，只需要把它加以说明，说它是最高的、本源的，然后立足于本源的综合统一来说明所有的范畴能够具有客观有效性，就够了，这就是演绎。那么在实践的先天综合命题里面，也有类似之处。

因此任何人若把德性当作某种东西，而不是当作一个没有真实性的虚构的理念，就必须同时承认这里提出的德性的原则。

这就是在第一章和第二章里面所做的事情，就是说任何人如果你还把德性当回事，你还没有把它完全当作一个虚构的概念，没有当作胡说八道，在日常生活中普遍老百姓他们所遵守的道德法则、道德观念如果你还认真地对待它们，那你就必须同时承认前面所提出的德性原则。有些人也许会这样，他对道德绝望了后他就会认为什么道德都是胡说八道，良心几分钱一斤，他就会这样来看。但是只要你还没有到这一步，你还把流行的道德、德性当回事，那么，你就必须同时要承认我这里所提出的德性原则。一旦你承认了德性，那么你跟着我的思路来，一步一步地分析，你就会从德行里面分析出我的这个德性原则，那就是定言命令，那也就是实践的先天综合命题。

所以这一章正如第一章一样，仅仅是分析的。

这是采取的分析的进路，他前面一开始导言里面就讲了，我将从第一章到第二章采取分析的进路，在第三章我采取综合的进路。

既然德性绝非幻象，

这个既然就是说他假定了，只要一个人还把德性当回事，这是个前提，至于那些根本不承认德性原则的人，他这里暂时不谈。

由此也就得出如果定言命令以及与它一起意志自律都是真实的，而且作为一种**先天**原则是绝对必然的，**就需要一种对纯粹实践理性的可能的综合运用**，然而，如果没有预先准备好一个对这种理性能力本身的**批判**，我们就不可以冒险作这样的运用，关于这个批判，我们必须在最后一章中阐明对我们的意图是充分的那些主要特点。

　　这个就是一个过渡了,假如德性你还不是把它看作是幻象,那么由此就会得出,"如果定言命令以及与它一起意志自律都是真实的",既然德性绝非是幻象,那么定言命令当然也就是真实的啦,那么定言命令里面所包含的意志自律也是真实的,"而且作为一种先天原则是绝对必然的"。定言命令是先天的原则,它不需要任何后天的条件,是先天必然的,所以也是绝对必然。那么如果这样,"就需要一种纯粹实践理性的可能的综合运用"。前提是,首先你假定了德性绝非幻象,那么由此也就假定了定言命令和意志自律都是真实的,而且是先天必然的。如果这样的话,那就需要一种对纯粹实践理性的可能的综合运用,也就是说,这样一种定言命令以及意志自律作为真实的、绝对必然的实践命题,本身就是我们运用纯粹实践理性的结果,它要求这样一种对纯粹实践理性的综合运用。但是这又是"可能的综合运用",这个"可能的"是对应着前面讲的"既然德性绝非幻象",这个"既然"是假定的,就是说我们姑且承认,大多数人都承认德性绝非幻象,既然如此,那就怎么怎么样:那这个里头就有一种纯粹实践理性的"可能的"综合运用。但是因为你这个假定的前提也只是可能的,你并没有断言,你只是从现有的德性出发,现有的德性有人会否定,你可以撇开这种否定,你不谈他们,你谈你的,但是这里毕竟有一个漏洞在这里。你谈了大半天,谈完了,但是还有一个前提的问题。就是说,你在得出这个结论的时候,你已经运用了纯粹实践理性,但是纯粹实践理性的这种运用是可能的吗?你这样运用是因为你前面有一个假定,假定人们认可了这种德性,不是纯粹的虚幻的东西,你有这个假定在里面,所以你就运用了你的纯粹实践理性。但是如果有人否定你这个假定,那么你这个纯粹实践理性就无权做这个运用了。所以在这个地方我们需要一种纯粹实践理性的运用,但这个运用的可能性是未经批判地运用于我们日常的德性原则之上,那这个时候就需要一种批判了。它是一种可能的运用,但是它是如何可能的?你是否必然要把它运用于德性原则之上?那就需要经过批判。所以他讲,"然而如果没有预先准备

748

好一个对这种理性能力本身的批判,我们就不可以冒险作这样的运用"。前面两章讲的所有的都是在冒险,这种分析都是在冒险,就是讲了半天,你还是在冒险,你冒险把人们流行的这种德性概念当作你的前提加以认可,然后对这个德性概念加以分析,分析了半天,但是你冒了极大的风险,就是说一旦有人不承认这种流行的德性概念,因而它的这个纯粹实践理性的综合运用在这个方面是非法的,那你就前功尽弃,你所有的努力都白费了。因此在这个时候,已经急需对这种理性能力本身加以批判的考察。你这种纯粹的实践理性,你在进行综合运用,这种运用是合法的吗?当然它是可能的,但是可能的不见得立刻就是合法的,你必须要阐明它是如何可能的,你必须要批判,要加以演绎。如果这一步成功了,那么想要否定流行的德性概念的那些人就都没有道理了,就是违背他们自己的理性的了。所以他这个地方就引出了对纯粹实践理性能力的批判,如果没有这个批判我们不可以冒险对它作这样的运用。"关于这个批判,我们必须在最后一章中阐明对我们的意图是充分的那些主要特点"。这个批判只是一个大概,他讲的非常简略,我们发现这个第三章非常短,因此也就带来了它非常的晦涩。前面还是讲得很明白的,他举了大量的例子啊,但这个第三章是非常艰深的,很多几乎就是纯粹的思辨,从概念到概念的分析,而且点到为止。

那么现在我们要进入第三章了,这也是康德伦理学界聚讼纷纭的一个领域,康德的第三章的标题是:446

从道德形而上学过渡到纯粹实践理性批判。

我们前面已经讲过了,这个"纯粹实践理性批判"跟《实践理性批判》还不是一回事,《实践理性批判》这本书它一开始在导言里就做了这种区分,在《实践理性批判》里面,纯粹实践理性已经是一个事实,不需要再批判了,每一个有理性者都会承认这个纯粹实践理性。所以纯粹实践理性何以可能,这个问题不需要问,也没办法问。人为什么是理性的?人为什么是自由的？这个是不能问的。当然第三章的最后的结论，也归结到这一点，就是有两个东西我们是不能问的，就是人为什么是理性的，人为什么是自由的。人是理性的动物，人是自由的存在，这是我们一切的出发点。如果没有这个出发点，我们就什么都不用谈，我们的一切论著一切哲学都不用写。你一动笔就已经假定了这一点，你一写哲学就已经假定了这一点，你就在运用理性，而且在运用你的自由。你为什么要写这本书，写这本书不就是运用你的自由吗，你想要自由表达某种东西，你才会动笔。所以追溯到这一步，就没有什么可追溯的，你要再追溯，就像笛卡尔的我怀疑我自己，我在怀疑我自己，这一点不能再怀疑了，一怀疑就正好证明了我在怀疑。当然康德并没有说得这么明确，他只最后追溯到这一点，他就觉得他对纯粹实践理性的批判已经到头了，已经完成了。当然这个中间还确立了一些东西，除了说这两个东西是不能再追问的，那么以这两个东西为前提它还确立了一系列的关系，这就是他的纯粹实践理性批判。那么《实践理性批判》，就是基于这个纯粹实践理性的事实，无需批判的这个事实，来批判我们日常一般的实践理性，这就是实践理性批判，它跟纯粹实践理性批判不一样。所以有人说康德的纯粹实践理性批判失败了，在某种意义上当然你也可以这样说，但是你这样说他，是站在康德之外说他，站在康德之内他这个纯粹实践理性批判不是失败了，而恰好是展示了纯粹实践理性的本性，从而为后面的实践理性批判提供了前提。

我们看他下面这个小标题：
自由概念是解释意志自律的钥匙。
上一章的结尾就是意志自律，达到了意志自律这样一个至上的原则，定言命令本来就是至上的原则，但是定言命令的核心或者基础就是意志自律。意志自律的法则体现一个实践的先天综合命题：每一个有理性者的意志都是普遍的立法者，这是定言命令的第三个变形公式所表达的。因为每一个有理性者的意志的准则都是普遍的立法的准则，这个"准则"里头并不包含"普遍的法则"，也不包含"普遍的立法"，它的主词并不包含谓词，所以它是一个综合命题；但是它又是先天的，先天的综合命题。我们前面讲到了什么是综合命题，什么是分析命题，分析命题就是谓词早就已经包含在主词里面，你把它说出来而已，综合命题就是谓词没有包含在主词里面，你必须把两个本来不相干的概念综合在一起，这就是综合概念。通常是经验命题都是综合命题，玫瑰花是红的，玫瑰花有可能不是红的，它有可能是黄的，但是你说玫瑰花是红的，就提出了一个经验的综合命题。但是还有些先天的综合命题，你一旦提出来，比如两点之间的直线最短，这个"最短"的概念并没有包含在"两点之间的直线"这个概念里面，所以它是一个综合命题，但是它又是先天的，一旦提出来，人人都承认，一旦你认识到，它就放之四海而皆准。那么实践的综合命题也是这样，你要使你的准则成为一条普遍的法则，你的准则概念里面就没有包含普遍概念，它很可能是个别的，你的主观准则嘛，它可以是个别的也可以是普遍的。我的主观的准则我不考虑它是否普遍，但是你要使它成为普遍，那你就要综合。一旦综合起来，它就是一个先天的综合命题，放之四海而皆准，它是定言命令嘛，任何时候在任何条件之下，你都必须使你的行动的准则变成一条普遍的法则。那么这样一个定言命令的先天综合性如何解释呢？你凭什么能够把这两个不相干的概念综合在一起，并使这种综合成为先天必然的呢？这个意志准则怎么可能、怎么会必然地成为普遍法则呢？这里头要加以解释，那么解释的关键或者钥匙就是自由的概念。说白了，实际上他就是说，这样一个定言命令是由于人是自由的，所以才必然要造成的。一个自由的人他就可以而且他必然，如果他要保持自己的自由的话，他就必然把自己的行为准则变成一条普遍的法则，实现为一条普遍的法则，他就会按照准则成为一条普遍法则的那样去做，这立足于人的自由。所以他这里的小标题是：自由的概念是解释人的意志自律的钥匙。人怎么会自己给自己立法？自己本来是个别的,他怎么会给自己立一条普遍的法?普遍立法是因为他是自由的,所以这个自由的概念是一个关键,那么他这一个小节就是考虑这个问题,自由和意志自律,或者说自由和定言命令相互之间是一种什么关系。

意志是有生命的存在者就其是理性存在者而言的一种原因性(Kausalität),而自由就会是这种原因性当它能独立于外来的**规定**它的原因而起作用时的属性;正如**自然必然性**是一切无理性的、由外来原因的影响规定其活动的那些存在者的因果性的属性一样。

注意这里讲的原因性和因果性,这两个概念都是一个词,我们分别把它译成原因性和因果性。我们下面有一个注释:该德文词本义为"原因性",由于原因和结果不可分离而通常被汉译为"因果性";但在康德这里自由意志只强调其原因而不考虑结果,所以译作"原因性",而在其他场合下仍大多译作"因果性"。就是说当它运用到自由上的时候,我们把它译作"原因性",因为这个概念本身的意思就是原因,它来自拉丁文"原因(causa)"。因果性的理解通常是自然科学的理解,自然界万物都有因果性,有因就有果,有果就有因,是这样来理解的。但是当它用在自由的场合的时候,它是不考虑结果的,它只考虑它的自发性,只考虑它自己的那种自动性。因果性肯定是一个链条啦,但是原因性它不是一个链条,它就是一个点,它可以自行开始一个因果链条,但是它本身不是那个链条,它本身是那个开端,是那个能动的点。那么这里说,意志是一种原因性,是一种什么原因性呢?是"有生命的存在者就其是理性存在者而言的一种原因性"。一个是有生命的存在者,它必须是有生命的,比如说地球上的人;一个是,就其是理性存在者而言,就是除了有生命以外,它还有理性,它不是一般的动物。那么这样一个有理性的存在者它的意志就是一种原因性,它就是能够引起一个因果序列的那个开端,那个出发点。下面讲,"而自由就会是这种原因性当它能独立于外来的规定它的原因而起作用时的属性"，前面意志打了着重号，这里自由与规定打了着重号，自由与规定是相互对应的，什么是自由呢，自由就是前面这一句话讲的原因性，当它能独立于外来的规定它的原因而起作用时的那种属性。也就是说自由是意志这种原因性的一种属性，一种什么属性呢，就是这种原因性能独立于外来的规定它的原因而起作用，那么这样一种原因性或这样一种意志就是自由的，就具有自由的属性。所谓自由，就是意志不受外来的规定而起作用，是这样一种属性。所以自由是意志的一种属性，当然意志也可能受到外来的规定，比如说意志有可能是他律，它接受外来对它的规定，它受到了它的感性、它的意志的对象的限制，这都是外来的。它本身是主体，那么它就受到客体的限制，它这个时候就不是自由的，意志也可能不是自由的，或者说缺乏自由的属性。但是当意志独立于这些规定性而起作用的时候，它就具有了自由的属性。下面讲，"正如自然必然性是一切无理性的、由外来原因的影响规定其活动的那些存在者的因果性的属性一样"，这个"正如"当然不是说打比方的意思，而是并列的，一种并列句。就是说一方面，自由是意志的一种属性，这种属性表明意志独立于外来的规定；而另一方面，自然必然性是一切无理性的、由外来原因的影响规定其活动的那些存在者的因果性的属性。前面讲的是有理性的，这里是讲无理性，前面讲独立于外来的规定，这里讲由外来原因的影响规定其活动的，是那些存在者的因果性的属性。那就是自然必然性的属性，自然必然性跟意志的自由是对立的两个概念。也可以说，康德的整个哲学无非就是解决自由与必然的关系问题，康德的整个哲学就是要追求人的自由，追求人的自由就涉及到自由和必然的关系，从第一段话就体现出他的总的宗旨。

以上对自由的解释是**消极的**，因此对揭示其本质并无成效；但由它却引出了一个**积极的**自由概念，这个概念更加丰富和富有成效。

对自由的解释按照上面的这种解释是消极的，所以对揭示自由的本质,自由到底是什么并没有成效,它只是讲自由不是什么。自由不是什么呢? 自由不是受外来的规定而起作用的,受外来规定而起作用的那是自然必然性,但是自由不是自然必然性,它是独立于、也就是摆脱了外来的规定它的原因而起作用的。所以自由的这样的规定只是消极的,就是它不受外来的规定的影响,因此对揭示其本质并无成效。下面讲:"但由它却引出了一个**积极的**自由概念,这个概念更加丰富和富有成效"。你光讲它独立,那还不够,这只是消极的规定;但是正因为这种消极的规定,恰好能引出一个积极的规定,积极的自由的概念,这个概念更加丰富和富有成效。积极的自由的概念是讲它是什么,消极的自由概念是讲它不是什么,它不是自然规律,是独立于外在规定而起作用的。那么它本身的积极的概念是什么? 当然后来我们知道这个积极的自由概念就是自由的实践的概念,从消极的概念里面引出了自由的实践的概念。其实在他的《纯粹理性批判》里面讲到第三个二律背反的时候,既有消极自由的概念,也已经包含了积极的实践自由概念,但是没有展开。所谓自由的概念就是它自行开始一个因果序列,它有效,它的效果体现在它能自行开始一个因果序列,而不受其他的因果序列的限制。所以当你说它不受其他因果序列的限制的时候,你这种消极的意思里已经包含了你是自行开始一个因果序列的,那么这个里头已经隐含着意志自律,你自行开始嘛。所以它隐含着一个积极的自由概念,但是在纯粹理性批判里面,他还没有把它引出来,只是从消极的方面来说它,说它不受自然因果性的限制。消极的自由概念只是一个先验自由的理念,这个理念还是个空的东西,在《纯粹理性批判》里面提出来的时候,它还没有任何内容,只是说它跟自然规律不同,它不受自然规律的影响。但自由的理念在理论的意义上,它是空的,它不可认识,我们只能把它归于自在之物,存而不论。但是归入自在之物以后如何规定它,在《纯粹理性批判》里面还没有来做这个工作,在那个地方也用不着做那个工作,但是它已经留有了一个空位,虚位以待。就是说完全不受自然规律支配的这样一种原因性是有可能的，虽然我们还不知道它的可能性何在，但是你不能完全否认它，你不能排除在自在之物里面可能有这样一种自由的原因性。所以在那个地方只是留下了一个位子，留下了一个可能性。你必须留下余地，因为有些东西是你原则上不知道的，那就是康德的自在之物。那么积极的自由概念当然就更加丰富、更富有成效了，在康德那里它是在实践的意义上说的，我们在理论上不能认识，但是我们在实践上是可以自由行动的。我们人跟动物不一样，我们人可以自由行动，我们每个人都认为自己是自由的。首先我们每个人都有道德，至少有道德观念，怎么样做是不道德的，你是知道的。这一点就说明了人有自由，人可以按照一种超越自然规律之外的道德的规律来做事情，来自行开始一个因果序列，这表明人有自由。当然这里还没有展开讲，只是说这个消极的自由概念引出了一个积极的自由概念。

　　既然因果性的概念带有**规律**的概念，按照这些规律其他的东西即结果必须通过我们叫作原因的东西被规定；那么，尽管自由不是某种依据自然规律［法则］的意志的属性，但它并不因此就是无规律［法则］的了，相反，它必定是某种依据不变的、不过是特殊种类的规律［法则］的原因性；

　　既然因果性的概念带有规律的概念，规律 Gesetz 这个词前面讲过它在汉语里面有两种不同的翻译，一种是规律，一种是法则，必然的自然因果性，我们把它翻译成规律，那么相应地我们把自由的规律翻译成法则。但我们经常需要两个概念并用，就加一个方括号把它表示出来。"既然因果性的概念带有**规律**的概念，按照这些规律其他的东西即结果必须通过我们叫作原因的东西被规定"，这是通常的自然科学的规律的概念。什么是自然科学的规律，因果性是最主要的。科学家们不仅要确定这个事实那个事实，而且呢，要知其然还要知其所以然，要追究它的原因。从亚里士多德开始就追求四因，哲学就是要追究一个事物的原因，西方的科学精神就是要追求事物的原因，要追究原因如何导致结果，这个因果链条是如何构成的，这就形成了规律。所以"按照这些规律其他的东西即结果必须通过我们叫作原因的东西被规定"，"其他的东西"就是相对于原因来说的别的东西，一个原因规定了另外一个东西，那么这个其他的东西就是原因的结果，而这个结果是被原因所规定的，这是一种必然的关系。有因必有果，有果必有因，它里面有一种必然的关系，这是讲自然规律的关系。下面讲，"那么，尽管自由不是某种依据自然规律［法则］的意志的属性"，自由本来是一种意志的属性，但它不是某种依据自然规律的意志的属性。"依据自然规律的意志"，就是说意志有时候也要、也可能是依据自然规律的，或者说服从自然规律的。意志这个东西它既可以这样也可以那样，它有时候可以服从它的自律，它就是自由的；当然它有时候服从自然规律，那么它的属性里面就没有自由。自由不是那种依据自然规律的意志的所能够具有的属性。"但它并不因此就是无规律的"，自由虽然不依据自然规律，但是，自由并不因此就是无规律的。很多人把自由理解为无规律的，无法无天，为所欲为，想干什么就干什么，这并不是真正的自由。"相反，它必定是某种依据不变的、不过是特殊种类的规律性"，自由它也有一种自身的规律，它是这样一种原因性，依据某种不变的、不过是某种特殊种类的规律。它有自身的规律，这个规律是不变的，也是具有必然性的，但是它跟自然规律是完全不一样的。自由也有规律性，这个观点是非常重要的，对于西方的自由观，是带有根本性的。就是说自由是有自身规律的，但是这个自身规律它不同于自然规律，它是自己建立起来的。

　　否则一个自由的意志就会是荒谬之物 (eine Unding) 了。

　　一个没有规律的自由的意志那岂不是荒谬之物吗？它想干什么，是绝对不可能把握的，包括你自己，你自己也不可能把握你的自由意志，如果它没有规律的话，你就不能把握。当然现代的自由主义者恰好抓住这一点，说自由就是荒诞的，就是没有什么道理可讲，就是为所欲为，我要选择，为什么要选择？没有什么理由，我就是那一瞬间就选择了，你要追问我理由,我也说不上来。于是这样一种说法就给了弗洛伊德空子可钻,就是说你说不出来我可以帮你说出来,你之所以这样选择,你因为你小时候受到了心灵的创伤。这就又把自由的规律归结到自然规律上去了。你说你的自由没有规律,但是当你说你的自由没有规律的时候,你恰好把它归结到自然规律上去了,你恰好把自由本身取消了。你说你为所欲为,为所欲为是什么呢?为所欲为就是本能所支配的,本能难道不是自然规律吗?弗洛伊德这个潜意识也是本能,它也是自然规律。所以你要说一种完全没有规律的自由那是绝对没有办法理解的,它要么是自由本身的规律,那就是意志自律,要么等于自然规律,它总有某种规律。你说没有规律只不过是没有意识到规律而已。康德作为一个理性主义者,他绝对不认为自由意志就是荒谬之物,就是完全不可能解释的,自由意志是不可认识的,他是承认这一点的,但是不可认识的东西并不是荒谬的,不可认识的东西也可以在某种意义上对它作出解释,对它加以规范。

　　<u>自然必然性是一种起作用的原因的他律,因为只有根据这种由其他东西把这起作用的原因规定为原因性的规律,每个结果才是可能的;</u>

　　这是首先把自然必然性加以规定,当然他讲到自然必然性的时候都是将它跟意志自律相对并举来加以对比的,所以他这半句话先提出来自然必然性是怎么样的。"自然必然性是一种起作用的原因的他律",起作用的原因我们前面已经讲过了,它是从亚里士多德来的,所谓的动力因、致动因。致动就是起作用嘛,导致了运动,导致了动作。自然必然性是一种起作用的他律,致动因的他律,致动因总是一个导致了另一个,所以它是他律,两个不同的东西其中一个东西对另外一个东西发生了作用,比如说产生了碰撞,产生了摩擦,改变了另外一个东西的位置,改变了另外一个东西的状况,这就是起作用的原因。那么这种原因都是他律,"因为只有根据这种由其他东西把这起作用的原因规定为原因性的规律,每个结果才是可能的"。只有根据原因性的规律,每个结果才是可能的,这个原因性的规律就是:由其他东西把这起作用的原因规定为原因性,是

这样一种规律。而结果是由于这个起作用的原因的规律才可能导致的，才必然导致的。结果没有原因是不可能的，结果必然、肯定是由原因导致的。这后面是一个分号，下面就加以比较。

447　　那么，除了自律、即那种自身就是自己的法则的意志的属性之外，意志的自由还能是什么呢？

　　那么，意志自由还能是什么呢？前面讲了自然必然性，那么意志自由是什么呢，意志自由除了自律还能是什么？前面讲的自然必然性是起作用的他律，那么意志自由只能是自律，这句话的意思就是跟前面的他律相对比。意志自由就是自律，这是一个鲜明的对比。而且意志自由除了自律，也就是"那种自身就是自己的法则的意志的属性"，就什么也不是了。意志自由就是自律的属性，除了这个以外，意志自由不是别的东西。这是明显的对比，自然的必然性是他律，而意志自由是自律。

　　但是意志在一切行动中都是自身的法则这个命题，只是表达了这个原则：只按照也能把自身作为普遍法则的对象这个准则而行动。

　　意志在一切行动中都是自身的法则这个命题，也就是意志自律这个命题。意志在一切行动中都是自身的法则、都是自己给自己立法的这个命题，只是表达了这个原则，这个原则就是定言命令的第三变形公式：只按照也能把自身作为普遍法则的对象这个准则而行动。前面讲了，这也就是自律公式。定言命令的普遍性的公式是：你要这样行动，使你行动的准则同时也能够成为普遍的法则。而自律的公式则加了一个"把自身作为……对象"，也就是加了一种反身性。当然，两个实际上就是同一个定言命令。

　　但这正是定言命令的公式和德性的原则：因此一个自由的意志和一个服从德性法则的意志完全是一回事。

　　这个"正是"就点明了，这恰好就是定言命令的公式，并且是德性的原则："因此一个自由的意志和服从德性法则的意志完全是一回事"。也就是说所谓的自由意志就是服从德性法则的意志，所谓自由意志的原则就是德性原则，就是定言命令，这是一回事情。这是推出来的，前面讲到意志自由还能是什么呢？只能够是自身就是自身法则的意志的属性。但是这样一个命题只是表达了定言命令的这个公式，定言命令的法则，因此一个自由的意志和定言命令的公式完全是一回事。我们从一开始就讲到，意志就是这种原因性，而这种原因性就是自由的原因性，意志是自由的，而意志自由意味着什么呢？恰好就意味着它是能够独立于自然规律，而自己给自己建立规律，这就是意志自由的积极的概念，积极的自由概念就是自己给自己立法，那么自己给自己立法就已经是定言命令了，自由意志跟定言命令其实就是一回事情。

所以如果预设了意志自由，那么仅仅通过剖析它的概念就能从中得出德性及其原则。

这个"所以"就是进一步的推论了。我们先不讲有没有意志自由，我们先讲，就是在前面所讲的意义上，如果我们预设了意志的自由，也就是预设了意志它具有这样的属性，它能够独立于自然规律而自行开展一个因果序列，或者说能够自己给自己立法。如果预设了这样一种意志自由，那么仅仅通过剖析、分析它的概念，就可以从中得出德性及其原则，比如说定言命令。所以定言命令是当你预设了意志自由之后就可以把它分析出来的一个公式，一个原则。德性及其原则是从意志自由里面分析出来的，意志自由就是意志自律，也就是定言命令。

然而，该原则毕竟还是一个综合命题：一个绝对善良的意志就是一个其准则总是能把自身视作普遍法则而包括在自身内的意志，因为通过对绝对善良意志概念的剖析，不可能找到准则的那种属性。

就是说如果你预设了意志自由的话，这个预设当然还没有提供理由，你为什么要预设，你如何可能预设，你这个预设是有道理的还是错误的，这个都不谈。如果你预设了意志自由，那么你分析意志自由的概念，你就可以从中得出德性及其原则。但是，你所得出的这个原则本身毕竟还是一个综合命题，虽然你是分析出来的，但是你分析出来的这个命题它是综合的。他这里有一个冒号，一个什么样的综合命题呢？"一个绝对善良的意志就是一个其准则总是能把自身视作普遍法则而包括在自身内的意志"。这个命题是综合命题，它是从意志自由里面所分析出来的原则，一个什么原则呢，就是一个绝对善良意志，当你把它加以分析的时候，你就会发现，它实际上就是一个其（即意志的）准则总是能把自身视作普遍法则而包括在自身之内的意志，这样一个意志它的准则总是能把自身看作普遍法则而包括在自身之内。前面从第一章到第二章康德所做的全部工作就是得出了这样一个综合命题。那么这样一个命题为什么是综合的？"因为通过对绝对善良意志概念的剖析，不可能找到准则的那种属性"。它是从善良意志里面分析出来的，但是它又是一个综合命题，这个命题为什么是综合的？是因为这个命题中准则和法则两者之间的关系，你分析不出来。这个是需要综合的。你的这个概念不能解释这个命题两个要素之间的关系，不能解释为什么准则"总是能把自身视作普遍法则而包括在自身之内"。这个准则总是能够把自身看作是一种普遍的法则，这样一种关系是综合的，因为准则它并不意味着一定就是法则，它可能就是你个人主观的一个目的，你要它成为法则，那就必须把它和法则综合起来。通过对善良意志的分析我们得出来这样一个定言命令，就是你应该把你的准则变成一条普遍法则。但是这个普遍法则如何能够属于你的准则，这个在善良意志里面并没有包含，必须综合地把它联结起来。靠什么联结起来？靠善良意志肯定是不行的，善良意志只是分析出来的，它里面有这种东西，但是这个东西是如何可能的，善良意志没有办法解释。所以他讲，"因为通过对绝对善良意志概念的剖析，不可能找到准则的那种属性"，就是准则能够成为普遍法则的那种属性，不管你怎么分析，都是找不出来的。

<u>但这种综合命题只有这样才是可能的：两种知识相互之间，通过与某个在其中双方都能够被发现的第三者的联结而结合起来。</u>

　　这样一种综合命题如何可能的呢？你不能通过分析善良意志的概念就把它分析出来，要说明这种可能性，必须要引入一个"第三者"。对善良意志的分析，分析到顶了，就是这个定言命令的法则，但是这个定言命令的法则如何能够成立，它成立的根据是什么？就是说，凭什么把命题中的两个概念、两种知识联结起来？这个不能再分析，而必须引入一个第三者来综合。这个定言命令的两个成分，一个是准则一个是法则，这两者之间如何才能结合起来，两个知识相互之间，就是准则你已经知道了，法则你也知道了，但准则如何能够成为法则，两者如何能够联结？他说，"这种综合命题只有这样才是可能的：两种知识相互之间，通过与某个在其中双方都能被发现的第三者的联结而结合起来"。必须要有一个第三者，这个第三者，既可以在准则里面发现，又可以在法则里面发现，所以能够成为双方的中介。这有点像《纯粹理性批判》里面讲的图型，图型法也是找一个第三者来解决知性范畴如何能够运用于经验材料的问题，就是找一个既在感性里面有它的成分，但是它本身又是知性的东西，那就是时间的先验规定。时间本身是感性的，但是它的先验规定具有知性的综合能力，这样借助于它就能把范畴运用于感性的材料身上。所以需要引进一个第三者，这个第三者是在这两者之间，在双方中都有所包含的。这是康德一贯的思维方法，即首先把两者区分出来，然后再寻找一个第三者把两者联结起来，他经常是采取这种方法。那么，这个第三者究竟是什么？这是引起学者广泛讨论的问题。

　　积极的自由概念提供了这个第三者，这第三者不能像在物理原因的情形中那样，是感性世界的自然本性（在感性世界的概念中，作为原因的某物之概念在与作为结果的**其他某物的**关系中一起出现）。

　　积极的自由就是这个第三者的提供者，就是说准则虽然还不一定是法则，但是如果你是自由的话，你就能够把自己的准则建立为普遍的法则即立法。在《纯粹理性批判》里面，他是立足于先验自我意识的统觉这个"一切联结的可能性"，而提供了一个想像力的中介，即图型，来把感性和知性的范畴联结在一起。那么在这里,他是立足于积极的自由的概念来提供这个第三者,这个积极自由的概念在这里的地位就相当于先验自我意识的统觉在《纯粹理性批判》中的地位。但是它提供这个第三者并不等于它就是这个第三者,积极的自由概念促使我们去发现那个第三者。就像在《纯粹理性批判》里面,先验自我意识它本身并不是第三者,它是至高无上的,它只是提供了一个第三者。有了先验自我意识,它就可以把知性的范畴和感性的材料联结起来,但是具体联结的时候还必须提供出图型作为第三者。这里也有类似的情况,积极的自由概念提供了这个第三者,归根结底是积极的自由概念使得准则成为了法则,但是准则如何具体地成为法则的呢,还必须找到一个东西,它能够在两者之中都发现,都能够找到,因此它可以作为一个中介,把两者紧紧地结合起来。他讲:"这第三者不能像在物理原因的情形中那样,是感性世界的自然本性(在感性世界的概念中,作为原因的某物之概念在与作为结果的**其他某物**的关系中一起出现)"。"其他某物"打了着重号,说明因果关系是一个综合命题,但在物理学中是一种什么情形呢,是感性世界的自然本性充当了第三者,即把原因和结果作为"其他某物"联结起来的第三者。这个感性世界的自然本性就是指时间的先验规定,即时间图型,是它使得作为原因的概念在与结果的关系中一起出现,但仍然是某物和其他某物的外在关系。这是在《纯粹理性批判》中详细讨论过的。但这里的第三者不能像在物理世界中那样,表现为感性世界的自然本性,这个先天的综合命题不能诉诸经验的外在关系,不能诉诸感性世界中的自然本性,积极的自由概念所提供的第三者不是这样的情况。

自由向我们所指明的、对它我们先天地就有一个理念的这个第三者是什么,在这里还不能立即指出来,也不能说明自由概念从纯粹实践理性中的演绎、甚至连同一种定言命令的可能性;而是还需要做一些准备工作。

第三者在这里搞得神神秘秘的,我们不知道这个第三者到底是什么,他后面也没有直接地针对这个问题加以回答，我们只能够根据他的前后论述来加以揣摩。其实，根据他后面的论述，这个第三者就是指人的意志作为知性世界的一种主体，积极的自由的概念所提供的就是这样一个东西。就是说积极的自由概念之所以跟消极的自由概念不同，就是它把这个意志表现为有它自身的理性法则，而这个法则是属于彼岸知性世界的。因为这个自由是作为知性世界的自由，或者说它是意志的自在的本身。意志本身它是属于知性世界的，但是它经常受到感性世界的影响和规定，我们的意志也可以去服从感性世界，但是它本身是属于知性世界的。那么这个意志就是处于两界之间，它既在知性世界中有它的根基，又可以在感性世界中起作用，当你选择了服从感性世界的规律，那么它就体现为在感性世界中的准则。但这个准则，它同时也可以从知性世界来，当你服从知性世界的理性法则的时候，那么你这个意志就是自由的，就是普遍法则，那才体现了你的意志本身的本质。而当你服从这个感性世界的法则的时候，则没有体现出意志本身的独立的本质，你当然可以体现出来你是有意志的，但是这个意志的本质并没有在感性世界的准则里面体现出来。所以这样一种介于两界之间起作用的人的意志它可以作为第三者，第三者就是这种本质上是知性世界的人的意志。这是积极的自由概念所提供出来的，通过读他后面的文章我们可以去找他的答案，但在这里他卖了一个关子，"在这里还不能立即指出来"这个第三者到底是什么，他这里不说。为什么不说，是因为这时还有一个概念没有澄清，这就是"知性世界"的概念，它是理解意志的本质所必须的前提。所以他说，"自由向我们所指明的、对它我们先天地就有一个理念的这个第三者是什么，在这里还不能立即指出来，也不能说明自由概念从纯粹实践理性中的演绎、甚至连同一种定言命令的可能性；而是还需要做一些准备工作"。没有弄清知性世界的概念，我们不但不能说明自由所提供的这个第三者的理念，而且不能说明自由概念从纯粹实践理性中的演绎，以及定言命令的可能性。这里讲的"演绎"其实就是追溯"定言命令的可能性"，说的是一回事。我们刚才讲，纯粹实践理性就是从知性世界里面起作用的意志，那么它既然是从知性世界中起作用的这样一个意志，它的法则就是纯粹实践理性的法则，而不是感性的法则，不是自然的法则。意志就其是纯粹知性领域里面的起作用的原因而言，它就是凭借纯粹实践理性而有自己的权力，有自己的有效性，因为纯粹理性本身就具有实践能力。那么这个自由的概念，如何能够运用在人的实践行动中，也就得到了演绎，定言命令何以可能，也就由此得到说明。定言命令就是由于人的纯粹实践理性在实践中的运用，而使得它得以可能。这个运用即体现为意志的自律，意志自身给自身立法，而不是借助于外在的感官对象给自己立法，那么这就体现了它自身的本质了。它的本质是什么？它的本质是属于知性世界的，知性世界也就是理知世界，这两个概念我们后面还要辨析，就是说它完全是通过纯粹理性来支配自己的行为，来安排自己的意志，提出它的意向、它的准则。这是后面所要讲到的，所以他下面讲的就是这个准备工作。

我们来看下面这个小标题。前一个小标题讲的是：自由概念是解释意志自律的钥匙。他特别强调，要解释意志自律，要解释定言命令，你首先要把自由的概念搞清楚。自由的概念有消极的概念，有积极的概念，而积极的概念是更富有成效的。那么如何通过积极的概念来解释意志自律？意志自律作为一个定言命令它缺乏一个综合的第三者，它本身没有提供一个综合的第三者，而积极的自由概念则提供了一个这样的第三者，因此积极的自由概念成了解释定言命令、解释意志自律的关键性的钥匙。所以我们要从积极的自由概念里面进去，分析什么叫作积极的自由概念，以便解释意志自律。所以下面这一节就是设想这样一个命题，就是：

自由必须被预设为一切理性存在者的意志的属性。

这个标题里面关键词在于"一切理性存在者"，自由必须被预设为一切理性存在者意志的属性。自由是意志的属性，这个在上面一小节已经提到了，上面第一句话里就讲，"自由就会是这种原因性当它能独立于外来的规定它的原因而起作用时的属性"，也就是自由就是意志的属性。那么第二个小标题，自由必须被预设为"一切理性存在者"的意志的属性。一切理性存在者，这是这一小节所要讲的，一步步地归结，首先把自由归结为意志的属性，然后把自由归结为一切理性存在者意志的属性。

如果我们没有足够的理由把意志自由也赋予所有理性存在者，则我们不管出于什么根据，都不足以把自由归于我们的意志。

自由被归于我们的意志，自由就是我们意志的属性，前面一个小标题中已经讲了这样一个命题。但是这个命题一定有个前提，什么前提呢？就是我们一定要有足够的理由把自由也赋予所有的理性存在者。这样，我们才能够有足够的理由把自由归于我们的意志。这是反推上去的，你既然把自由归于我们的意志了，那么你肯定已经把自由归于所有的理性存在者了。把自由归于我们的意志不是归于你一个人的意志啊，你一个人的意志自由那是不够的。当你说你一个人的意志是自由的时候，你无形中已经表达了这样一种意思，就是所有理性存在者他们的意志都是自由的，否则的话你就不能把自由归于你一个人的意志。或者是任何意志。马克思在《共产党宣言》里也说，一切人的自由发展是每个人自由发展的前提。

因为，既然德性对我们来说，只是就我们作为**理性存在者**而言才被当作法则，它就必定也对所有的理性存在者来说都有效，

我们来看这半句。"既然德性对我们来说，只是就我们作为理性存在者而言才被当作法则"，这个"理性存在者"打了着重号。德性被我们当作法则，只是就我们这些理性存在者而言，我们作为理性存在者才会把德性当作法则。作为一个一个的感性存在者，我们不足以把德性当作法则，我们有普遍的理性，所以我们才会把德性当作法则。那么这样的法则"就必定也对所有的理性存在者来说都有效"。我们作为理性存在

者实际上也就代表着所有的理性存在者来承认这个法则，使它有效。一个理性存在者和所有的理性存在者在这方面是完全一致的。一个理性存在者就其作为理性存在者而言，他和其他的理性存在者之间再也没有什么感性的障碍，他们是相通的。例如说张三和李四既是感性存在者也是理性存在者，张三能把自己的原则、法则用于李四身上吗？如果你把张三和李四看作是肉体的存在，凭感性的肉体存在他们当然不能是相通的，人心隔肚皮，人的肉体把人与人隔离开来了。但是作为理性存在者，他们都是相通的，就他们都具有理性而言，每一个人的理性跟所有人的理性都是相通的。所以，你当作法则的东西，为什么断言别人也会当作法则呢？只有一个根据，那就是别人也有理性。只要有理性，那么他就会承认这些法则。因为这些法则它本身就是根据理性制定的。凡是有理性者他就会根据自己的理性自己制定这样一条法则，而且他制定的法则跟其他人制定的法则完全一样。因为理性就是普遍性嘛。理性的特点跟感性不同就在于它具有普遍性，所以一种普遍的法则对所有理性存在者都必定是有效的，这里有一种必然性。

同时既然它必须只从自由的属性中推出来，所以，自由也必须被证明是所有理性存在者的意志的属性，

它，也就是这个德性了，这个就是继续顺推，就是既然德性建立在理性之上，就对所有的理性存在者都有效，同时既然这个德性必须只从自由的属性中推出来，从这两条就可以推出自由是所有理性存在者意志的属性了。一方面，德性是理性的法则，这是对所有人都有效的；但是另一方面，德性这个东西只从自由的属性中推出来，所以，自由也必须被证明是所有理性存在者的意志的属性。德性已经被证明是所有理性存在者的有效的法则了，那么德性又是建立在自由之上的，所以自由也必须被证明是所有理性存在者意志的属性，这当然是顺理成章的了。

448　　而从关于人的自然本性的某些被以为的经验中并不足以阐明自由（当然这也是绝对不可能的，只能先天地加以阐明），相反，我们必须证明

自由属于有理性的和天赋有一个意志的一般存在者的能动性。

这句就是把经验排除在外了。自由必须被证明是所有理性存在者意志的属性，而"从关于人的自然本性的某些被以为的经验中并不足以阐明自由"。关于人的自然本性，从人的天赋、气质或者是感官、感觉，包括第六感官等等，从所有的这些自然本性的某些被以为的经验中，经验派往往以为就可以阐明自由，不管是积极的自由还是消极的自由，很多人都把它当作是一种经验的事实。从这个自然本性的某些被以为的经验中，人们以为这些经验就是自由的经验。但从这些被以为的经验中并不足以阐明自由。当然这也是绝对不可能的。一个是并不足以阐明自由，你说了很多理由，好像你已经阐明了，但其实是不够的；而括弧里面讲，这是绝对不可能的，这就是更进一层了。不仅仅是不够，而且是绝对不可能的，"只能先天地加以阐明"。自由的问题，作为所有人的意志属性的自由，只能够先天地加以阐明。你的任何经验都不能包括所有的人，你的经验只是你的经验他的经验或者大部分人的经验，但是你不能够武断地断言所有人的经验都可以为自由提供根据。只有先天地加以阐明才能够把自由归于所有的有理性的存在者的意志的属性。所以"相反，我们必须证明自由属于有理性的和天赋有一个意志的一般存在者的能动性"，一个是有理性的，一个是赋有意志的。这个"天赋有"，不能理解为自然天生的，这个天赋应该是先天的或者是先验的，先天就具有意志的。一般存在者的能动性，这个"一般存在者"就是超越于张三李四的了。自由属于一般有理性、有意志的存在者的能动性。我们必须证明自由是属于这种存在者的能动性的。

那么如何证明呢？下面讲了，

现在我说：每一个只能在**自由的理念**之下行动的存在者，正因此而在实践的眼光中是现实地自由的，

"现在我说"，我在这里提供这样一种证明："每一个只能在自由的理念之下行动的存在者，正因此而在实践的眼光中是现实地自由的"。就

是一个行动的存在者，前面讲了能动性嘛，自由属于有理性的和天赋有
一个意志的一般存在者的能动性，那么现在我就说，如果这样一个行动
的存在者只能在自由的理念之下行动，那么正因此，"它在实践的眼光中
是现实地自由的"。这是他的一个证明。他要证明自由是属于有理性的
和天赋有一个意志的一般存在者的能动性，如何证明呢？他现在就说了，
如果有一个行动的存在者，他只能在自由的理念之下来行动，那么因此，
在实践的眼光中他就是现实的自由的。自由的理念加上行动，就等于在
实践中现实的自由，这是他的证明。行动就是实践，一个人按自由的理
念行动，我们就通过他的实践活动发现他现实地是自由的。注意这里的
"现实地"，在现实的意义上面，这种自由已经不单纯只是一个理念了，不
仅仅是先验的自由，而且是实践的自由了，自由的理念通过人的行动而
具有了实践意义上的实在性。在自由的理念之下，他不是想想而已，他
是把这个自由的理念做出来，那么在实践的眼光下，这个行动者就具有
了自由的现实性。

这也就是说，一切与自由不可分割地结合着的法则对它来说都有效，
正仿佛它的意志即使就自在的本身来说并在理论哲学中也会被有效地宣
称为自由的一样。

这说明什么问题呢？自由的现实性已经摆出来了，那么更进一层，
"也就是说"，自由的现实性也就等于是"一切与自由不可分割地结合着
的法则对它来说都有效"，与自由不可分割地结合着的法则那就是道德
法则了，包括道德法则的各种变形公式，特别是它的自律公式。对它来
说，即对这样一个只能在自由理念之下行动的存在者来说，所有这些法
则对它都是有效的。因为它是现实地自由的，"现实地"就体现出它的效
果，体现出它的有效性了。自由的有效性必然带来了与自由不可分割地
结合着的一切法则的有效性。"正仿佛它的意志"，就是这样一个行动的
存在者的意志，"即使就自在的本身来说并在理论哲学中也会被有效地
宣称为自由一样"。这句话很重要。正好像他的意志，这样一个存在者

的意志,"即使就自在的本身来说"也会被宣称为自由一样。他的自由在实践中已经有了现实性了,他作用于现象界了,已经做出来了这个事情,所以我们把他的这样一种行为称之为具有一种现实的自由的属性。那么这是从现实性来讲的。但是就好像它自在地并在理论哲学中也会被宣称为自由的一样。当然这里用的是"仿佛",这是虚拟式,就康德本人来说,它并不认为自在的意志本身在"理论哲学"中也会被"有效地"宣称为自由。在理论哲学中我们不能够对于自在之物作出有效的宣称,作出判断,其实它只是在实践的意义上可以成立的一个命题。但是既然它在实践上已经成立了,那么我们也就可以把它看作是好像在理论哲学中也会被有效地宣称为自由一样。理论上的先验自由在实践中得到了证实,但这种证实并没有真正理论的意义,只有实践的意义。正是为了说明这一点,他在后面加了一个注释。

我们看看这个注释:

我认为把自由仅仅当作由理性存在者单纯**在理念中**为自己的行动所提供的根据,对我们的意图来说是足够的,我之所以选取这一道路,是因为这样我就可以不必承担在其理论方面也证明自由的责任了。

这里就说得很明确了,"把自由仅仅当作由理性存在者单纯在理念中为自己的行动所提供的根据",这就足够了。自由是什么?由理性存在者单纯在理念中,在理念中是打了着重号的,就是仅仅是在理念中,在思想中,在理想中,也就是说不是一种知识,与经验无关,只是我们推理出来的一个理念。在这种理念中为自己的行动所提供的根据,我的行动我可以在理念中为自己提供根据,这就是我的自由了。当然在实际上,我们的任何行动在现象界都是受制于因果律的,因此也有很多人认为世界上根本就没有自由。第三个二律背反的反题就是这样,世界上根本就没有自由,一切你以为是自由的东西实际上都是服从于自然因果律的。你的自由只不过只是你的想象而已,你想象自己是自由的,你用一个理念来支持自己,但是这个理念没有任何实在的理论根据,它只是你的一个理念。那么康德也是这样做的,就是说,康德不否认这种观点有它的道理,但是我们还是必须有一种自由的理念,只要你也不能从理论上否定人的自由,就不妨设想自己是自由的。比如说在实践中,我们通常讲知其不可而为之,明明知道没有希望,我们仍然要去做绝望的抗战,我们仍然要去做那些明知毫无效果的事情。出于什么? 不是出于自然规律,而是出于我应该,出于道德律,出于自己给自己立的法。那我们就可以把这种自我立法当作我们意志的规定根据,而赋予我们自由,赋予我们作为理性存在者的自由。所有的有理性的存在者都由此可以得出他在实践上是自由的。但是在理论的意义上,它只是一个空的理念,是既不能证实也不能证伪的。但能够假定这样一个空的理念,对我们的意图来说就已经是足够的了,只要我们把自由当作一个理性存在者在单纯的理念中为自己的行动所提供的根据,那就足够了,我们有这个空洞的理念,也就足以使我们在行动中为自己提供自由的根据了。既然你在理论中没有否定在自在之物中可能有自由,那我们就不妨在我们的实践行动中把自由当作我们行动的根据,所以这个对我们的意图来说是足够的。我们不需要去证明世界上到底有没有自由,而且也不可能证明,自然科学家根本就用不着这个概念,它只考虑自然必然性。你要把自由纳入进来那就是伪科学。康德认为,只要在理论中我为自由意志留下了余地,就可以了。你不需要去证明它。"我之所以选取这一道路,是因为这样我就可以不必承担在其理论方面也证明自由的责任了。"就是在理论方面我只是提供一个理念,一个空洞的理念,那么就足够了,用不着证明它。我在实践方面就可以用这个理念,就可以用另外一种实践的意义把实在性填充进去。当我按照自由的理念去做的时候,这个理念就具有了实在性,那就是实践的自由,那就是积极自由的概念。这是康德所发明的一个巧妙地办法,他既回避了对自由进行科学的规定,同时又为自由保留了在道德、法律、伦理、宗教等等方面的积极作用,没有取消自由。

因为,即令后一方面仍悬而未决,那些法则毕竟适用于一个只能在自己特有自由的理念下行动的存在者，它们将会对一个现实地自由的存在者加以约束。这样我们就能够摆脱理论压给我们的负担了。

这就说明他的道理，为什么我们可以摆脱在理论方面证明自由的责任了呢？因为即令后一方面，即理论方面，这个问题仍然悬而未决。自由的问题在理论方面永远是悬而未决的，因为它属于物自体嘛。但是"那些法则"，就是自由所带来的那一整套定言命令的法则，"毕竟适用于一个只能在自己特有自由的理念下行动的存在者"。道德法则毕竟适用于行动的存在者，因为这个行动的存在者只能在自己特有的自由的理念下行动。每一个意志，每一个行动者都有自己特有的自由的理念。这个自由的理念是他的自由，是他的准则，是他的意志所固有的属性。这样一个自由它当然是个理念，但是我可以凭借这个理念来行动。当我在凭借这个理念来行动的时候，就适用所有那些法则。他讲，它们，也就是这些法则，"将会对一个现实地自由的存在者加以约束"。在现实中、即在实践中它们会起作用的。在理论上你不能把握住这个自由的存在者，它只是一个理念而已，它不是现实的。但是这些法则将会对一个现实地自由的存在者加以约束，这个存在者是现实地自由的，他的自由在实践的意义上具有现实性和实在性。"这样我们就能够摆脱理论压给我们的负担了"。我们转到实践的领域来探讨自由的问题，那么在理论方面就不承担责任了。你说康德的自由完全是非现实的，这个概念有什么用？你要康德去证明，那么康德会说，不用证明，你说得对，这个概念在理论上没有什么用，在理论上我们不可能证明。但是在另一方面、实践方面它是有用的，是有效的。所以康德可以承认你对他的这种质疑，但是这个质疑根本不伤害他。他已经转到实践方面去了。

下面再看正文。

现在我主张，我们必须把**自由的理念**也必然地赋予每一个将只在这个理念下行动的具有意志的理性存在者。

现在我主张，这是康德正面提出自己的主张了，就是回到他的主题

771

了，他的主题不仅仅是行动者的自由具有现实性，而是说他的自由之所以具有现实性，是在于这个自由可以赋予每一个具有意志的理性存在者。这就回到他的小标题了，"自由必须被预设为一切理性存在者的意志的属性"。所以，"现在我主张，我们必须把自由的理念也必然地赋予"每个理性存在者，这个"必然地"里面包含着普遍必然性。就是说，为什么你能断言一切理性存在者意志的属性都是自由的呢？这个里头有种必然性，我要对它进行先天的阐明，我们不能在自然本性里面、在经验里面来阐明，那就必须要引入必然性。必然性是先天的，那么它就对一切有理性的存在者都是有效的了。所以他讲，我们必须把自由的理念也必然地赋予"每一个将只在这个理念下行动的具有意志的理性存在者"。这几个要素都是很重要的，一个是"只在这个理念下行动"的，一个是"具有意志"的，一个是"理性存在者"。他把自由这个理念看作他唯一的行动根据，只在这个自由的理念下行动。也就是说，一个理性存在者，如果他想要做自由人，他将只在自由的理念下行动；对于这样一个具有意志的理性存在者，那么自由的理念也必然地能够赋予他。我们必须把自由的理念也必然地赋予每一个这样的人，他一方面抱定了一个主意，要成为自由人，另一方面呢，他具有意志，同时具有理性，他是一个具有意志的理性存在者。我们必须把自由的理念扩充到每个这样的理性存在者身上去。为什么我们必须这样呢？

因为，在一个这样的存在者中我们设想有一种理性，这种理性是实践的，即具有对于其客体的原因性。

我们为什么必须把自由的理念赋予每一个这样的存在者，是因为在这样一个存在者里面我们设想他是有理性的，而这种理性是实践的，这种理性本身具有实践能力，它是实践理性。首先他有理性；再一个这种理性是实践的，它可以用在实践中；用在实践中也就是具有对于其客体的原因性。他之所以作出了这样的事情，造成了这样一些客体（对象），其原因在于他是出于理性的，他出于理性的动机，造成了这样一种客体，造成了这样的结果。也就是说我们必须把自由的理念赋予每一个理性存在者，是因为每一个这样的存在者都有实践理性，都具有对其客体的实践的原因性，那么这种原因性当然就是自由了。这个客体是我引起来的，是因我而生，是我造成了这件事情，那么这种原因性就是自由。

现在，人们不可能设想一种理性，它会在其判断上自己有意识地从别的什么地方接受操纵，因为这样的话，主体就不会把判断力的规定归于自己的理性，而是会归于某种冲动了。

他这里又有一个现在，他这个现在往往表示了一种语气的转折。那么，"人们不可能设想一种理性，它会在其判断上自己有意识地从别的什么地方接受操纵"，就是说既然人们对理性是这样来看的，这个理性不可能设想它的判断是自己有意识地从别的什么地方接受操纵的，比如说从感性那里。当然无意识地是可能的，它本来没有想从感性方面接受命令、接受操纵，但是实际上它受到了感性的操纵，那是有可能的。但理性自己有意识地要接受感性的命令那是不可能的，那就不是理性了，那就是感性了，理性之所以理性就在于它能够独立于感性，自己来进行判断推理。它不可能自己有意识地从别的什么地方、也就是从非理性的地方接受操纵。"因为这样的话，主体就不会把判断力的规定归于自己的理性，而是会归于某种冲动了"。如果理性本身它有意识地从非理性的方面接受指令，那它就成了一种冲动，就不是理性了。当然理性可以受冲动的影响，可以受感性的歪曲，但是理性之所以成为理性，就是它自己不会有意识地接受感性的操纵，接受非理性的操纵。人们不可能设想这样的理性，因为在这种情况之下，理性就遭到了歪曲，理性就会把它的判断力从自身的规定里面排除出去，说这不是我的规定，这是冲动，这是一个由冲动而来的规定。当然有可能是这样，理性无意识地，它不是自己自愿地受到了冲动的规定。但当它有意识的时候，它就会把这种规定从它自身的原则之中排除出去。所以它不会有意识地把这种规定当作自己的规定。

这种理性必须把自己看作它的原则的创制者，独立于外来的影响，

因此它作为实践理性、或者作为某个理性存在者的意志,必须被它自己看作是自由的;

理性和自由的关系在这里表明了。我们通常讲理性是理性,自由是自由,好像是两个完全不同的东西,但是在康德看来它们有联系,真正的理性就是自由的,真正自由的就是理性。这里有个证明,就是人们不可能设想别的理性,我们可以设想的只是这样一种理性,"这种理性必须把自己看作它的原则的创制者,独立于外来的影响",或者说,凡是理性都必须把自己看作它的原则的创制者。一个理性,如果要是纯粹理性的话,你要把自己的原则推到底的话,那你就必须把自己看作自己原则的创制者。理性跟感性是格格不入的,它不会从感性那里接受一些现成的前提,如果它接受这个前提,那么它马上就会意识到那不是理性的前提。那什么是理性的前提? 理性的前提必须是自己创制、创造出来的前提,那才是它自己的。它必须把自己看作它的原则的创制者,理性,就是理性原则的创制者,不能是由非理性来给它提供一种原则。"独立于外来的影响",这个外来的也就是非理性的。非理性的在理性之外。"因此它作为实践理性、或者作为某个理性存在者的意志,必须被它自己看作是自由的"。既然理性必须是把自己看作是自己原则的创制者,独立于外来影响,因此它作为实践理性,也就是因此理性在运用于实践的时候,它作为实践理性,或者作为某个理性存在者的意志,当然就是自由意志了,这是一回事情。你把理性运用在实践中,那就意味着你把理性作为某个理性存在者的意志了,就是作为意志的理性了。理性不等于意志,但意志是由理性而来的,当你把理性运用在实践中的时候,它就是作为意志的理性。那么理性作为理性存在者的意志呢,"必须被它自己看作是自由的"。或者说,作为意志的理性,必须被它自己看作是自由的,因为这个理性它是自己给自己立法的,它自己把自己看作原则的创制者。自由就是通过这种方式跟理性联结起来的,就是理性在运用于实践方面的时候它就是自由的。

774

也就是说，这样一种理性存在者的意志只有在自由的理念之下才能得到最终的归结，但我们本来就能够在实践方面使自由被赋予一切理性存在者。

这种理性存在者的意志、或者说作为意志的理性，只有在自由的理念之下才能得到最终的归结，它最后归结为自由的理念，自由是这个意志的最终的属性。这个意志当它受制于感性的事物的时候，它也可能不是自由的，但是意志的最终归结是自由的，或者意志本身应该归结到自由。当然这种说法在康德其他地方可能有些不太一样，比如说在《道德形而上学》的导言里面，他曾经讲到意志本身无所谓自由不自由。只有任意才体现了自由，他这个里头有一些不同的说法。他的意思是，意志只有体现了理性法则的时候才有一种自由，但在服从感性的时候则不自由，所以需要任意（Willkür）在其中选择。但从归根到底的意义上来说，意志还是自由的。不管如何选择，只要有一个自由的理念，我们就可以把意志归于其下。"但我们本来就能够在实践方面使自由被赋予一切理性存在者"。这个"但"字非常微妙。前面讲的这几句话都是表明，理性本身只能够设想为是自由的，它是自己给自己立法的，它是自己原则的创制者，它独立于外来的影响，而这一切都是以自由的理念为前提的，没有自由的理念，这些都谈不上；但自由的理念本身在理论的意义上只是一个空位，它可以作为实践自由的前提，自己却还不是积极意义上的自由；"但我们本来就能够在实践方面使自由被赋予一切理性存在者"。就是说，只有从实践方面才建立起了把自由赋予一切理性存在者的真正根基。前面是从理性推出自由，那么在这个地方，从人在实践方面现实的自由推出来，这个自由能够被赋予一切理性存在者。这两个方向是不一样的。一个是从理性的概念本身，我们能够设想的理性，是一种什么样的理性，就是我们刚讲的，理性作为意志必须被它自己看作是自由的，即通过自由的理念而得到归结。最后这个"但"则是一个转折，就是回到他的主题上去了，即回到了自由的现实性根据。自由在实践中它是一个现实的根据，那么从这个现实的根据，"我们本来就能够"，这用的是过去式，我们本来是，或者说我们原来是，这个"原来是"表明它是更早的源头。这一段话的标题就是"自由必须被预设为一切理性存在者的意志的属性"，那么为什么？它的最根本的依据就在于此，虽然自由的理念可以用来归结一切理性存在者的意志，但只有在实践方面，一切理性存在者才本源地被赋予了自由。这里体现了康德所主张的实践理性高于理论理性的说法。你从理性推出自由那还只是一种理论上的推理，理性必须自己给自己立法，必须被它自己看作是自由的，只有这样，一切理性存在者的意志才能得到最终的归结，这是一个视角；但是另外一个视角是说自由的现实性，我们本来就能够在实践方面使自由被赋予一切理性存在者。从自由的现实性我们推出来，既然自由在实践中具有现实性，那么自由所带来的一切法则，比如说定言命令，也就具有现实性，也就能够扩展到一切理性存在者的意志之上。这是从两个不同的角度来谈自由和理性之间的关系。他提出这个问题是为了后面做铺垫的，我们要注意他是有方向的，他不是随便说一说的。理性和自由的关系成为了他后面要论证定言命令如何可能的一个前提。定言命令如何可能，我们刚才讲到，所谓第三者，就是作为理性的意志，或者作为意志的理性，这就是第三者。作为意志的理性，也就是说自由的本质是理性，自由本身是在知性世界，是在理知世界里面的一个理念，意志本身是在理知世界里面的，但是它也能够作用于感性世界，它在实践中也必须作用于感性世界，所以它在感性世界里面有它的作用，而它的根却在理知世界里面，这就使得这样一种作为理性的意志成为了第三者，能够把我们个人的准则和普遍的法则联结起来，能够在我们的行动中把此岸和彼岸，把现象和物自体联结起来，因为它本身跨两界，它能够起到这样一种作用。今天就讲到这里。

第二十五讲

我们已经讲到了《道德形而上学奠基》的第三章，第三章是最困难的一章。上次我们讲到的是这样一个小标题："自由必须被预设为一切理性存在者的意志的属性"。这一段就非常难了，实际上他是从两个方向来证明，凡是理性存在者他就有这样一种属性，他的意志是自由的。一方面，就是从理性方面说，它必然会把自己看作自由的，因为理性摆脱了感性，能够在理论上为自己设定一个自由的理念，从而一切理性存在者的意志当其摆脱了感性的自然冲动时都必须归于自由这个理念之下；另一方面，他认为自由的行动必然属于理性，属于理性存在者，当自由的意志摆脱了感性而行动时，它也就只能按照理性的法则来行动，因此自由在实践中就是理性存在者的意志的属性。前一方面是从消极的意义上说的，理性把自由看作摆脱感性、摆脱因果律的，那么自由当然只能是理性的理念，一切理性存在者就其本身而言都是摆脱自然因果律而自由的；那么反过来说，从自由的积极意义上讲的，自由的行动必然是合乎理性法则的，唯有理性的法则是不受因果律所束缚的一种自由的法则，这就是道德自律，在这个意义上，作为理性存在者意志的属性的自由，或者说实践的自由，就是一种积极意义上的自由。所以上面这一段，绕来绕去地讲得非常的晦涩，但是我们把握这样两个基本线索，我们就可以大体地把握康德的意思。必须注意的是，上面一段讨论理性和自由的关系，到处都离不开一个"第三者"即意志的概念：他谈到"意志的自由"，谈到自由是"意志的属性"，以及理性在实践上体现为"理性存在者的意志"。不过，自由意志为什么能够成为准则和理性法则的纽带，在这里还没有点明，因为意志本身所属的领域尚未得到澄清。这个领域首先还必须和

777

一般"关切"的领域区分开来。这就是下一个小标题的主题。

那么今天我们来看一下这个小标题：
论依附于德性的各种理念的关切。

关切这个词德文是 Interesse，来自拉丁文。前面讲过，它的含义非常含糊，它可以翻译为利害、利益、兴趣和关切。那么这里凡是涉及到德性的，我们都把它翻译成关切。因为拉丁文"inter"就是在其间、在之中，"esse"就是事物。那么这个词就表示在很多事物之间的，具有相关性的东西，那就是关切，就是利益、利害，跟谁有关、有牵扯。这个词可以在不同的意义上来翻译，你要完全统一起来恐怕也做不到。我们只好根据上下文来选择不同的翻译。那么在这里，依附于德性的各种理念之上的那种关切，意思是德性有一些理念，其中主要的是自由的理念，以及在其之下随之而来的行动法则的理念，比如自律的理念。那么依附于这样一些理念上的关切，——这里关切本来有利益的意思，因此凡是关切我们可以把它理解为可能是利益，但是当它没有利益的时候，它可能只是某种目的，某种关心，所以关切、利益这个词有时我们也可以从目的这个意义上来理解，——依附于德性各种理念之上的目的，表示你是为了什么而要遵守德性的理念。这个标题的意思就在这里，到底是为了什么，你要服从德性的诸理念？道德律、自由意志、自律，这样一些理念都属于德性的理念，那么你在考虑这些德性理念的时候，你就要考虑这样一个问题，你为什么要服从它。当然我们一般来说，在康德那里没有为什么，就是为义务而义务，为道德而道德，这等于是说不为什么，就为了它本身。但是，既然是为义务而义务，为道德而道德，那还是有一个"为"的问题。你为什么要"为"，你为什么要为义务而义务、为道德而道德，仍然有这样一个问题。但这个问题就比较超越了，它不是利益也不是一般的目的，它是客观的目的，或它是一种超越的价值。从价值的角度也可以理解——值不值得，你为义务而义务值不值得，所以关切这个概念里面包含着很多丰富的内容，在下面的文章里面我们可以看到他很多地方都是谈的这个问题。

我们现在看正文：

我们已把确定的德性概念最终归结到了自由的理念；但就连在我们自身中，以及在人的本性中，我们都不能证明自由是某种现实的东西；我们只知道，如果我们要把一个存在者设想为理性的，并且赋有自己在行动上的原因性意识的、即赋有一个意志的，我们就必须预设自由；

我们先看这句话。"我们已经把确定的德性概念最终归结到了自由的理念"，这就是前面一个小标题下面所做的工作，就是把确定的德性概念一步一步的最后归结到自由的理念，如上一段最后一句说的："这样一种理性存在者的意志只有在自由的理念之下才得到最终的归结"。那么这个自由的理念就是我们的德性概念的最终归结点。他说，"但就连在我们自身中，以及在人的本性中，我们都不能证明自由是某种现实的东西"，我们归结到自由的理念，但是这个自由的理念是不是就是一个现实的东西呢？无法证明，它只是纯粹理性在理论上的一个假定的理念。就连在我们自身中，以及在人的本性中，我们都不能够证明自由是某种现实的东西。自由作为一种理念，它是一种假定、一种假设，我们不能证明它，我们也不能认识它，我们不能把它当作现实的东西加以理解。所谓现实的东西就是在时间空间中、在感性中、在现象界，我们把它把握为某种知识的对象。但自由这个东西你不能通过现象来加以把握。他说，"我们只知道，如果我们要把一个存在者设想为理性的，并且赋有自己在行动上的原因性意识的、即赋有一个意志的，我们就必须预设自由。"我们所知道的只是这一点，就是如果我们要把一个存在者设想为理性的，并且是意识到自己的行动意志的，我们就必须预设自由。这是我们上一次所讲的那一段里面已经提到这一点了。如果一个存在者是理性的存在者，那就必须设定他是自由的。理性的肯定是自由的，自由的也肯定是理性

449

的。我们上次讲到从正反两方面来证明它们的关系，来界定它们的关系，理性和自由是不可分的，凡是理性的东西都肯定是自由的，凡是自由的东西都必须能够赋予一切理性存在者的意志，它肯定是理性的。一个理性存在者必须要设定他是自由的，否则的话，你就不能设想他是理性的，也不能设想他是"并且赋有自己在行动上的原因性意识的、即赋有一个意志的"。其实这个"并且"是不用特别说出来的，它是题中应有之义。凡是理性存在者肯定也是具有行动意志的，是意识到自己在行动上的原因性的。也就是说它的行动是自觉的、有意识的、故意的，而不是无意识的、完全出于本能的，这是它与无理性的存在者如动物不同之处。那么这样一种意志，它就是实践理性，理性本身单独就具有实践能力，就是实践理性，或者说，凡理性必然体现为实践理性。如果我们要把一个存在者设想为理性的，那它就有实践理性，而实践理性就必须预设自由为前提。一个有理性的人肯定能把自己的理性运用在实践的方面，而不仅仅是理论方面。所以我们必须把自由赋予这样一个有理性者。

于是我们就发现，正是出于同样的理由，我们必须把在其自由理念下规定自己的行动这一属性赋予每一个具有理性和意志的存在者。

这是从反面来说的。从"我们只知道"开始，这一小段等于是重复了上面一节的论证：从正面来说，如果我们要把一个存在者设想为理性的，那么他必定是自由的，必须预设他自由；从反面来说，出于同样的理由我们必须把在自由理念下规定自己的行动这一属性、也就是自由行动这样一个属性，赋予每一个具有理性和意志的存在者，也就是从反面来说，自由必然是一切有理性存在者的意志的属性。简单说就是，我们只知道，正面来说一切有理性者都必须预设自由，反面来说自由归属于每一个有理性者的意志。前面一小节已经从正反两个方面证明了自由和有理性的存在者之间有一种必然关系，我们已经知道这一点，但是我们不能证明这个自由是某种现实的东西。自由它是一个假设的理念，说来说去，你还是假设：如果是有理性者，那么他就必须有自由，如果有自由的话，那么每一个有理性的存在者就一定具有这种属性。这还是一个假设——"如果"，但它是不是这样呢？这个还不知道。那么我们所不知道的这一点，恰好是我们所关切的。如果仅仅是一个假设的话，那么我们为什么要遵守这样一个假设呢？这个假设有什么价值呢？这个假设是否能够成为我们的目的呢？这就没有着落了。那么我们现在要考虑的就是我们的这种关切到底落实在何处。如果自由是现实的，那么我们就为了自由而遵守道德律，那就很实在啦。但现在我们不知道我们是不是自由的，我们只是假定如果我们是有理性者，那么我们就是自由的。这一段还只是引子。

<u>然而，从这些理念的预设也引出了这样一种行动法则的意识：行动的主观原理，即准则，任何时候都必须这样来选取，使得它们也能客观地、即普遍地作为原理而有效，从而能充当我们自己的普遍立法。</u>

这些理念主要是讲的自由的理念，当然还有行动的原因性、意志等等这样一些概念，目前都还是一些预设的理念，都还不是现实的东西。"然而从这些理念的预设也引出了这样一种行动法则的意识"，从自由意志的理念中我们引出了定言命令、道德自律的法则，对这样的行动法则我们有这样的意识："行动的主观原理，即准则，任何时候都必须这样来选取，使得它们也能客观地、即普遍地作为原理而有效，从而能充当我们自己的普遍立法"。显然，这样一个行动法则就是定言命令的自律公式，就是自己立法，自律。自律的公式就是这样表示的：要使你的行为准则任何时候都能够成为普遍地自己立法的法则。从上面这些理念就引出了这样一种法则的意识，那就是定言命令的意识。前面讲的定言命令的变形公式都是从这些理念，其中最主要的是自由意志的理念引出来的。自由的理念在《纯粹理性批判》中是作为一种先验的理念，一个假设概念提出来的，它有没有实在性我们还不知道。那么作为实践的理念，实践的自由，它应该是具有现实性、实在性的。但是这个实在性呢，在目前还有待于证明，有待于提供它的根据。到目前为止还没有提供根据，它本身还是

一个假设，还是建立在《纯粹理性批判》的第三个二律背反所提出的自由的理念这样一个假设之上，如何让它具有实在的关切，成为实在的目的，下面还要进一步来加以探讨。

但是，到底为什么我应当服从这个原则，而且是作为一般的理性存在者服从它，因而所有其他被赋予了理性的存在者由此也服从于它呢？我愿意承认，没有任何利益 [关切] **驱使**我这样做，因为那不会给出任何定言命令；

前面提出的这个原则就是定言命令，我们刚才已经讲了，但是到底为什么我应当服从这个原则？注意这个"为什么"（warum），也就是说我服从这个原则的目的何在？我服从这个原则的价值何在？它如果对我有价值，那当然我就可以服从它了；它是我的目的，它合乎我的目的，那么我就可以服从它了；它是我所关切的，或者说它在某种意义上是我的利益所在，它是我的关切所在，那么我就可以服从它了。但是这个问题在现在还没有解决。为什么我要服从这个原则，"而且是作为一般理性存在者服从它"，——这个里头把利益排除了，作为一般理性存在者，一切有理性者，都要服从它。凡有理性者，仅仅是因为他有理性所以要服从它，那就把所有其他的利益排除掉了。因而为什么"所有其他被赋予了理性的存在者由此也服从于它呢？"我仅仅是因为我的理性而服从它，如果我能证明这一点，那么我就可以断言，所有其他的有理性的存在者也会服从它，也应当服从于它。因为理性排除了任何感性的五花八门的需要或主观的目的，它是具有普遍性的，普适于任何有理性者的。当我是服从于理性才遵守这条原则时，那么我由此可以推出来所有的有理性者也会遵守这条原则。这是他所提出的问题，为什么我应该服从这个原则，而且任何一个有理性者都要服从这个原则？他说："我愿意承认，没有任何利益 [关切] 驱使我这样做，因为那不会给出任何定言命令"。我们把关切放在括弧里面，就是说在这个时候它的主要意思是利益；我们有时候把利益放在括弧里面，就说明它的主要意思在那里是关切。我愿意承认没有任何利益驱使我这样做,"驱使"打了着重号,驱使也就是说我是被动的、被迫的,是有条件的,我要实现这个条件,我就不得不这样做。如果是利益驱使的话,那就不会给出任何定言命令了,定言命令是没有条件的,是不受驱使的。但是没有任何利益作为假言的条件来驱使我,来强迫我,我是自己强迫自己,自律,我是在按定言命令行动。

<u>但我还是必须对此**抱有**某种关切,并弄明白这是怎么发生的;因为这个"应当"真正说来是一种意愿,这意愿对每一个理性存在者都会有效,其条件是只要理性在它那里没有阻碍地是实践的;</u>

虽然没有任何利益驱使我这么做,但是我仍然对此抱有某种关切,也就是说我到底是为什么要遵守这些法则,我要弄明白这是怎么发生的。我为什么要遵守这些法则呢?就是当理性在每个理性存在者那里"没有受到阻碍"而发挥它的实践作用的时候,也就是当纯粹实践理性起作用的时候,当一切感性的动机都不足以成为实践的阻碍的时候,那么它就有一种对每个理性存在者都会有效的"应当"的意愿。既然它是一种"意愿",它就有目的,凡是意愿它都有关切、都有目的。当然这种关切和目的不是感性的,而是以理性没有阻碍地实践为前提的。所以他说的是"我还是必须对此**抱有**某种关切","抱有"打了着重号,意思是虽然没有任何利益驱使我这么做,但是我自己内心还是怀有某种关切,这种关切不是外在的,外在的那就是利益驱动了。并且我必须"弄明白这是怎么发生的",这种关切是什么样的关切。作为一个理性存在者我有这种意愿,那么我的这种意愿的目的何在?这就把关切引出来了,就是说虽然我没有任何利益驱动,但是我仍然有某种关切。

<u>而那些像我们一样还通过作为另一类动机的感性受到刺激的存在者,在他们那里理性单单为了自己而会去做的事情并不总是会发生,对他们来说行动的那种必然性就只叫作应当,而主观必然性就区分于客观必然性了。</u>

这个半句是跟前面相对而言,就是说,这个应当真正说来是一种意

愿，意愿对每一个理性存在者都会有效，只要这个理性在他那里没有阻碍地就是实践的，那理性就是有效的。我们可以设想一个理性存在者，如果是一个纯粹的理性存在者，那么他的意愿就没有任何阻碍。因为一个纯粹的理性存在者没有肉体、没有欲望、没有感性。那么他的意愿肯定是可以无阻碍地实现出来的。但是，他说"像我们一样还通过另一类动机的感性受到刺激的存在者"，"像我们一样"，也就是说我们并不是一个单纯的理性存在者，我们同时还是一个感性存在者。他这里讲的是"像我们一样"，并不仅仅局限于我们人类，而且是一切包括我们在内的有限的有理性的存在者，也就是不纯粹的有理性的存在者。那么这些存在者除了有理性以外，他还有感性，还受到感性的刺激。作为另一类动机的感性。理性有一类动机，感性是另一类动机。如果是一个纯粹的理性存在者，比如说上帝，天使，那么他的意愿马上就可以实现出来，他不需要克服任何感性的阻碍；但是像我们人类这样一种有限的理性存在者，他同时受到感性的刺激，这就使我们受到限制了。受到什么限制呢？他说"在他们那里理性单单为了自己而会去做的事情并不总是会发生"。你要做一个纯粹的理性存在者，做一个圣人，但世界上并没有真正的圣人，凡是我们以为是圣人的，只不过是他的理性更多一些，感性可能克服得更彻底一些，但是完全彻底那是不可能的。因此他并不总是会仅仅按照理性去做事情，世俗的人，有限的理性存在者并不总是为了自己的理性去做事情，他往往是按照自己的感性刺激、感性的需要、按照自己的本能去做事情，按照自己主观的这个目的那个目的去做事情。那么"对他们来说行动的那种必然性就只叫作应当"，虽然总是不会发生，但却"应当"发生，它必然还是有一个应当在那里。他没有按照理性那样去做，但是他知道他是应当那样去做的，所以那种必然性只是应当的必然性。"必然应当"，每个人，每个有理性的存在者必然会应当作一些事情，但往往他不去做，因为他还受感性的偶然性的支配。理性是必然性，感性是偶然性，但是我们在行动中往往服从偶然性而放弃了必然性。但即算我们放弃了必然性，我们还是知道那是必然的，每个人只要有理性，他必然就有个应当在那里要求着他，虽然这只是一种主观的必然性。所以他说，"而主观必然性就区分于客观必然性了"。那么在这种情况下，就是说主观上我知道必然应当这样做，但是在客观上它并无必然性，客观必然性只有那种纯粹的有理性者、或是无限的有理性者才能做到，但是人并非那种有理性者。到了人这里，他必须通过自己的主观准则起作用，那么这个准则就有选择了，你是选择理性的法则呢，还是选择感性的刺激呢？即算你选择了理性法则，那也是一种主观的必然性，你如果选择了感性的刺激，那就是一种主观的偶然性。我们往往服从了主观的偶然性而撇开了主观的必然性。当然撇开主观必然性时，我们仍然知道它是必然的，所以我问心有愧，或者只得偷偷摸摸地做。但是你往往说下不为例，我这次是例外，因为这次刺激太强烈了，所以我必须去满足我的欲望，那就是一种主观的偶然性了。我没有把这种刺激当作主观的必然性，是因为"下不为例"嘛，它不能成为普遍法则，它只是我临时采取的一个准则，所以它是一种主观的偶然性。但是道德律是主观的必然性，它是由我主观的准则所选择的，是我主观上必然应当选择的。但是，我往往没有选择道德律，我选择的是感性的需要，是我的爱好。所以主观的必然性就和客观的必然性区分开来了。对于有限的有理性者比如人类而言，道德的必然性只能表现为主观的必然性，当然他追求的目标是客观的必然性，但他做不到，只是在主观中被命令做到。那么，既然只是主观的必然性，它的关切何在呢？

因此，看起来在自由的理念中，我们其实只是预设了道德法则，即预设了意志本身的自律原则，而未能证明这原则自身就有现实性和客观必然性，并且在此，虽然我们通过至少比以前所做的也许更为精确地规定了这条真正的原则，而越来越取得了某种十分可观的收获，但就这原则的有效性和人们服从它的实践必然性方面来说，我们还没有丝毫进展；

　　"看起来"当然是一种假设、一种虚拟的说法，就是一般人看起来表面上好像是这样的，好像是怎样的呢？就是好像我们其实只是在自由理念中预设了道德法则，或者说我们真正预设的只是道德法则，也就是预设了意志本身的自律原则，而未能证明这原则自身就有现实性和客观必然性。你从自由理念中引出自律的道德法则，其实只是在里面预设了这个道德法则，还没有证明它的现实性和必然性，我们还只是预设了自由的理念在有理性存在者的行动中必须以道德法则为前提，但这个道德法则本身只是一种预设，即预设了意志本身的自律原则，却未能证明这个自律原则自身就有现实性和客观必然性。我们所证明的固然有一种主观必然性，就是主观上如果你假设的话，那他就必然会这样做，如果有一个人认为自己是理性的，那么他就会这么做，但，是不是所有人都认为自己是理性的呢？很多人都认为自己是感性的，人和动物没有区别，人就是动物。即算理性也是感性的工具，人不过是一种更加厉害的动物，如此而已。那么，纯粹理性或者作为理性存在者的人究竟是否具有现实性呢？是否有客观必然性呢？如果他有现实性它就具有客观必然性，人就是理性存在者，那么他就有客观必然性了。但是在目前，他只有主观必然性，他有主观选择，如果你主观上假设了自己是具有理性的，那么这里就有一种必然性的强制，但是你也可以不服从它，因为它不是客观的强制，它只是你自己对自己的强制，你自己当然也可以不强制自己，所以它是没有客观必然性的。"并且在此，虽然我们通过至少比以前所做的也许更为精确地规定了这条真正的原则，而越来越取得了某种十分可观的收获"。就是前面从绝对的善良意志一步一步通过分析，分析出它里面的基本原则，德性的最高原理就是定言命令，又从定言命令里面分析出它的三个变形公式，以至于一直达到它的最高公式即自律公式，这当然是很大的收获了。"至少比以前所做的也许更为精确的规定了这条真正的原则"。康德以前的人们都在接近这条原则，但都是含含糊糊的，而康德自认为他的贡献就在于比以前都更为精确了，至少比以前所做的也许更为精确了,"也许"当然是一种谦词了,"某种似乎可观的收获",也是谦词。但他的确认为前面的那些收获都还只是铺垫。前面也多次暗示过,整个论证的基础其实还有待于奠定。前面两章所做到的,只是通过分析德性的概念而揭示出自律是唯一的道德原则,至于这一主观必然性原则如何可能发生客观必然的效力,这是第三章的任务。① 而第三章直到目前为止,对这一问题,"我们还没有丝毫进展"。就是说,把定言命令当作一个先天综合命题来加以批判的考察,来考察它何以可能的前提,在这个方面我们还没有进展。

更具体的说法是:

因为,如果有人问我们,究竟为什么我们的准则作为某种法则的普遍有效性,必须是我们行动的限制性条件,以及我们把赋予这种行动方式的价值——这种价值据说是如此巨大,以至于任何地方都不可能有什么更高的利益[关切]——建立在什么之上,还有,人们仅仅通过这些就相信他感到了他人格的价值,与这价值相比,某种快适或不快适状态的价值似乎都可以无足挂齿了,这又是如何发生的:那么,我们似乎无法给出任何使他满意的回答。

450

这一段话就是进一步说明我们在什么问题上没有丝毫的进展。他说"如果有人问我们,究竟为什么我们的准则作为某种法则的普遍有效性,必须是我们行动的限制性条件",也就是说我们的行动为什么必然要受到这样一种限制。我们的行动要受到什么限制呢? 就是让我们的准则限制在某种法则的普遍有效性上。定言命令不是讲吗,要使你的准则成为一条普遍的法则,那么这条对一切人普遍有效的法则,它的有效性必须是你的准则的有效性的一种限制,你的准则的有效性必须是作为一种普遍法则而有效。为什么定言命令必须有效? 换言之,为什么我们要实行定言命令,要按照定言命令那样去做,使它发生效果? 这个问题没有丝

① 参看德文版第 440、445 页。

毫进展，这个"为什么"我们没有回答。下面还有，"以及我们把赋予这种行动方式的价值……建立在什么之上"？即按照定言命令而行动的价值是建立在什么之上的，"这种价值据说是如此巨大，以至于任何地方都不可能有什么更高的利益"，也是更高的关切，也可以说是更高的价值。我们刚才讲了，利益、关切、目的，以及价值，都是连在一起的，有时候是可以打通来看的，在这里我们可以看作："以至于任何地方都不可能有更高的价值"。那么，这样一种至高无上的价值是建立在什么之上的呢？你为什么觉得这样做才是值得的呢？其他的那些价值都是不在话下的，只有这样做才是值得的，那是为什么？你的根据何在？这跟前面是同一个问题，但是他的表述有所不同，从不同的方面讲一个问题。下面是第三个方面："还有，人们仅仅通过这些就相信他感到了他人格的价值，与这价值相比，某种快适或不快适状态的价值似乎都可以无足挂齿了，这又是如何发生的。"这又是从另一个角度即从人格的角度来看，人们仅仅通过这些，也就是仅仅通过遵守定言命令，就相信他感到了自己人格的价值。当我们遵守定言命令的时候，我们感到了我们的人格的价值，而与人格的价值相比，其他的价值都无足挂齿了。其他的价值都是建立在快适与不快适的状态之上的，你感到快乐，你就觉得值得，这些价值都无足挂齿。只有当你实行了定言命令所要求你做的事情，你才感到了你的人格的价值。你的人格的价值是至高无上的，是超越于所有其他价值之上的。那么这个人格的价值又是建立在什么之上的？你会感到这种最高的价值，这又是如何发生的呢？也就是说它是根据什么发生的呢？所以这三问都是讲的同一个问题。如果有人问我们，究竟为什么我们的准则作为某种法则的普遍有效性，必须是我们行动的限制性条件，这是第一问；以及我们把赋予这种行动方式的价值建立在什么之上，这是第二问，涉及到价值；第三问涉及到人格的价值：人们仅仅通过这些就相信他感到了他人格的价值，这又是如何发生的。最后他讲，"那么，我们似乎无法给出任何使他满意的回答"。当我们追究所有这些德性的理念，它的关切何在？它的利益或者它的兴趣或者它的目的或者它的价值何在？当我们追问这些问题的时候，我们似乎无法给出任何满意的回答。这里"似乎无法"用的是虚拟式。康德后面当然是有确定的回答的，但在这里似乎还没有找到出路。康德对他前面的所有论证加以反思，他发现尽管我们在道德形而上学的这些原理以及这些原理相互之间的逻辑关系方面做了大量的工作，在这些方面他超越了前人，但是一个根本的问题他没有解决，就是说你的定言命令，你的道德形而上学的最高原理、至上原理，我们为什么要遵守它。作为一种主观的必然性，你可以采纳它，但是你也可以不采纳它，你也可以服从自己的感性，那么这些原理它的实践的必然性何在，它的有效性何在？我们甚至于可以永远把它摆在那里，我们永远服从自己的"人为财死鸟为食亡"的准则，不去做道德的事情，我们完全可以这样，它不具有任何约束力。那么你要为它找到一种约束力，你就必须为它提供根据。但是我们现在还没有，我们无法给出任何令人满意的回答。

下面这一段同样还是继续指出这样一个困境。

虽然我们确实发现，我们会对一种根本不带有任何利益状况的人格性状抱有某种关切，只要这种性状使我们能够在理性应当引起这种利益的分配的情况下，参与到这种利益中去，也就是说，只是配享幸福，哪怕没有分享这个幸福的动因，也会使人对自己感到关切；

"虽然"这个词当然是退一步了，就是说我们在这方面似乎也还是有某种进展，好像也有一点根据。一点什么根据呢？"我们确实发现，我们会对一种根本不带有任何利益状况的人格性状抱有某种关切。"我们在现实生活中确实的发现，我们对这样一种超功利的人格性状抱有某种关切；但是有一个前提条件，就是"只要这种性状使我们能够在理性应当引起这种利益的分配的情况下，参与到这种利益中去"，就是说，我们之所以对这种超越利益的人格性状抱有关切，是因为这种人格性状使我们能够在理性应当引起这种利益的分配的情况下，参与到这种利益中去。这就是"善有善报"的状况。按照理性来分配利益，就必须是善有善报、恶有恶报；而做善事的人也就可以对这种可能的利益报有希望，因为他会意识到自己"配享幸福"，尽管他不是为了幸福和利益而做善事。这种行动本身当然是与利益无关的，但是，它的道德性状能够引起我们参与到利益中去，当然这种参与是以理性为条件的，它不是以感性、以需要、以爱好为条件的参与，也不是以自然境况为条件的参与，而是按照理性的道德评判，在基督教中表述为上帝的最后审判。那么对于参与这种利益分配的资格，这种人格状况，我们也会对它产生某种关切。这种关切也就是所谓的希望，希望我们的幸福能够配得上我们的人格，这个时候我们也的确会对我们的人格有某种关切。基督教的上帝正义说也的确使基督徒们对自己的人格产生出某种关心。"哪怕没有分享这个幸福的动因，也会使人对自己感到关切"。分享幸福在这里只是一种希望，并没有任何"动因"，即没有任何导致幸福的事实根据。"善有善报"只是一种信仰，而不是一种现实的解释。我们的人格的性状如果能够达到配享幸福，哪怕没有分享这个幸福的动因，哪怕我并不能通过遵守定言命令就促使我得到相应的幸福，也会使人对自己感到关切。我们对自己的人格感到关切，是因为我们认为我们的人格配享幸福，在这方面呢，我们确实有一种关切。当然这是附带的，我们不是为了幸福，我们只是为了使自己配享幸福，但是它毕竟形成了一种关切，我们配不配享幸福，我们配享多少幸福？至少有这种关切嘛。

然而，虽然我们确实会有这种关切，他说：

但是，这个判断实际上只是道德法则的那个已经预设了的重要性的结果（当我们通过自由的理念，摆脱了所有经验性的利益 [关切] 时）；

这个"但是"后面就讲到了，这个判断，就是确实有人会出于配享幸福而对自己的人格状况加以关切这个判断，"实际上只是道德法则的那个已经预设了的重要性的结果"。重要性（Wichtigkeit）这个地方也可以理解为价值，重要价值，这个判断实际上只是我们已经预设了道德法则的重要性的结果。就是首先我们已经把道德法则预设为有价值的，甚至是有最高价值的，那么我们才会出于配享幸福而关心自己的人格。因为幸福是在道德本身的价值之下。最高的价值是道德性本身，你要设定了道德性本身有最高价值，你才能够得出我们配享幸福，其他的幸福对于道德的价值而言都只是附带的，都只是跟随而来的。所以它只是道德法则那个已经预设了的重要性的结果，也就是括号里讲的"当我们通过自由的理念，摆脱了所有经验性的利益［关切］时"的结果。我们的道德法则预设这样一个重要的价值是由于我们通过自由的理念而摆脱了所有的经验性的利益，达到了最高的关切，达到了最高的价值。那么结果呢，我们就可以把自己的人格性作为配享幸福的来追求，就可以对自己的人格有一种关切。所以这个"但是"就是说，实际上这样一种关切还是首先预设了道德法则本身的最高价值。而道德法则本身的最高价值又是基于什么，最高价值的根据又何在？这一点仍然没有解决。虽然在这一点被假定的情况之下，我们就会对人格的价值加以关切，我们确实有这方面的关切，但是这个关切的前提仍然没有解决。

　　然而，我们应当摆脱这利益［关切］，即应当把自己看作在行动中是自由的，尽管我们仍应坚持服从某些法则，以便发现一种只在我们自己人格中的价值，它能够补偿我们在给我们的状态带来某种价值的东西上的全部损失，而这是如何可能的，从而**道德法则何来约束力**，以这样的方式我们还看不出来。

　　这句话这么长，我们可以把最后这一个短语提到前面来。"然而以这样的方式我们还看不出来"：为什么我们应当摆脱这些经验性的利益，而应把自己看作在行动中是自由的？为什么我们仍然应该坚持服从某些法则，以便发现一种只在我们自己人格中的价值，它能够补偿我们在给我们的状态带来某种价值的东西上的全部损失？这是如何可能？从而道德法则何来约束力？这个我们看不出来，至少"以这样的方式"、就是以前面所说的这种方式还看不出来。前面说过，我们应该摆脱这些经验性的利益或关切，我们应当把自己看作是在行动中是自由的；但我们仍应该坚持某些法则，以便发现一种只在我们自己人格中的价值，它能够补偿我们在放弃经验性的利益时所带来的全部损失。但前面并没有证明这是如何可能的，而只是说到：我们应当把自己看作在行动中是自由的，尽管我们仍应该坚持服从某些法则；尽管应该服从某些法则，我们在行动中仍然是自由的。但是在一般人眼里，这两者是相反的，如果我们要服从某种法则，那么我们就不自由了，我们就受束缚了。所以他这里用了这个"尽管我们仍应服从某种法则"。这是从世俗的一般眼光来看，好像既然我们是自由的，我们就不用服从任何法则了，但实际上我们仍应坚持服从某种法则。康德实际上认为，正因为我们要坚持服从某些法则，来发现我们的人格价值，所以我们才是自由的。但是他在这里引用的是世俗的观点。我们应当把自己看作在行动中是自由的，尽管我们仍应坚持服从某些法则，以便发现一种只在我们自己人格中的价值，我的人格独立的价值。那么这是如何可能的？以这样的方式我们还看不出来。以什么样的方式呢？就是这一段前面讲的，以"我们会对一种根本不带有任何利益状况的人格性状抱有某种关切"的方式。因为前面那种我们对人格性状的关切呢，虽然能够从"配享幸福"中得出来，但配享幸福本身的标准仍然是预设的，它首先是预设了道德法则本身是最高价值。有这样一个预设的前提我们才得出这样一个判断，就是我们的人格具有配享幸福的价值。所以这个前提还是没有触及到，即我们为什么要把道德法则预设为具有最高价值的。我们从这里可以看出来，他这两段都在引向他的后面的问题，就是定言命令何以可能的问题。"一种定言命令何以可能"，这是下一节的小标题。他在这里一步一步引向这个问题，不过他还要做一些准备。这一段就是讲，我们对道德性的理念的关切要建立在什么之上。或者说，我们对道德理念的关切的根据何在，它凭什么约束我们？

显然，在此人们必须坦率地承认，这样一种循环看起来是无法摆脱的。我们假定自己在起作用的原因的秩序中是自由的，是为了在德性法则之下的目的秩序中设想自己，接着，我们把自己设想为服从这些法则的，是因为我们把意志自由赋予了自己；

这里提出了一个循环论证了，这个循环论证"看起来"是无法摆脱的，也就是说这是一种表面的循环论证。什么循环呢？他说，"我们假定自己在起作用的原因的秩序中是自由的，是为了在德性法则之下的目的秩序中设想自己"。这是一种关系，就是说我们首先假定自己在起作用的原因秩序中是自由的，起作用的原因秩序就是自然必然性的秩序，自然因果律的秩序。在起作用的原因秩序中我们是自由的，我们不受自然因果律的限制，或者说我们是摆脱了起作用的原因的秩序的。这就是第三个二律背反中讲到的自由的理念，先验自由的理念。先验自由的理念就是在起作用的原因的秩序中，我们必须要假定有一种原因性是摆脱了整个这种因果系列的，它本身不再是另一个原因的结果。但是这个理念是先验的理念，也就是它还是从理论的角度来假设的，从理论的角度我们只能够消极地假设，就是你不能否认有这样一种摆脱了因果律的自由的可能性。当然你也不能证明，所以它只是一种消极自由的假设。但我们假定这样一种消极的自由是为了什么呢，是要在德性法则之下的目的秩序中设想自己。我们假定有一种摆脱了自然因果律的这种自由，是为了在德性法则之下的目的的秩序中设想自己，为了说明我们处在德性法则之下这一事实，这就不是消极的自由了，这就是一种积极的自由。这也就是康德所讲的，我们要悬置知识，而为信仰留下地盘。我们要悬置知识，这就是消极的自由，我们把知识悬置起来，设想一种摆脱了一切因果律的在自在之物里面的那样一种自由是可能的。那么这样一种设想是为了留个地盘，留下什么地盘呢？在德性法则的目的秩序中来设想自己，我们可以解释我们为什么会处在德性法则的目的秩序中，解释这一事实。在理论理性里面，这样一种自由的理念没什么用，它不能解释任何自然规律,它跟自然规律格格不入,它唯一能够提出的理由就是自然规律不能穷尽一切原因性,只能够穷尽现象界的原因性,不能伸展到自在之物。所以这个自由的先验理念是可以作为假设而提出的,你不能否认它,因为你没有理由否定它。所以别人要是说在自在之物中有自由,你也没有办法,你不能用现象界没有自由来推翻他的这样一个假定,所以我们暂时就把它留下来,把它的知识悬置起来。悬置起来的目的,在第三个二律背反中已经讲了,这个自由的概念,在另外的领域是有用的,比如在道德、宗教、法律领域中自由的概念是有用的。那么这里是为了在德性法则之下的目的秩序中来设想自己。一方面我们设想自己属于感性的存在者,但是另一方面我们摆脱所有这些感性的因果律,我们还可以在道德秩序中设想自己是一个自由人,这就是为了在德性法则之下的目的秩序中设想自己。这是一对关系,就是说为了道德而为自由留下地盘。但这个自由还是一个假设,是第三个二律背反中的一个假设,一个空位,是为了运用于实践理性中的道德秩序而留下的空位。下面讲,"接着,我们把自己设想为服从这些法则的,是因为我们把意志自由赋予了自己。"这就是积极的自由。前面讲的是消极的自由,是为道德的秩序留下了一个空位。那么这个空位在道德法则中被理解为实践的意志自由,既然我们把意志自由赋予了自己,那么我们就可以把自己设想为服从道德法则的了,这就是积极的自由。自由从消极的方面来看,它是一个空位,在积极的方面看,它是一条法则。但是这两个关系,它是循环论证的,这个循环论证似乎是无法摆脱的。一方面,我们假定自由,是为了道德;另一方面,我们服从道德律又是为了意志自由。我们为什么要服从道德法则,是因为我们要保持自己的自由;但是这个自由最开始就是为了道德法则而留下的一个空位啊!这个自由本来是一个假设,现在你把它当作一个根据来解释这些法则,这不是一个循环论证吗?你本来留下一个自由的空位,就是为了给道德法则留下位置。它本来是一个空位,它本来没有任何内容,只是一种可能性,它就是摆脱一切自然规律,这是一种对自由消极的规定；那么你突然摇身一变，就变成了积极的规定了，我们把意志自由赋予了自己，所以我们才服从道德法则。这个转换何以可能？你把你预设的东西当作你推论的根据，我们为什么有道德法则呢？是因为我们有自由，但这个自由最开始就是为道德法则预设的，没有道德法则它就什么也不是，它的实在性只有通过道德法则本身作为一个事实，才能够得到证实，否则的话，它没有实在性的。你就必须用道德法则的实在性使自由的先验理念的这个空位具有实在性。本来是这样的，但是现在道德法则本身的实在性要由意志自由来解释。是这样一个循环论证：道德法则与自由究竟哪个是哪个的根据？本来道德法则是自由得以成立的根据，否则的话自由只是一个空位，只是一种消极的说法，即不受任何自然规律的限制，那么它是什么呢，它什么都不是。而有了道德法则它就开始是什么了，它是道德法则，自由在道德法则中得到了充实。但现在道德法则又是什么呢，你又用自由来加以解释，这个就是循环论证。所以他这里讲，这个循环论证看起来是无法摆脱的，而且人们必须坦率地承认在这里有一个循环论证。

　　这是因为，自由和意志的自己立法两者都是自律，因而是可互换的概念，但正是由于这一点，一个不能用来解释另一个，以及为另一个提供根据，而是最多只能是为了逻辑的意图，把同一对象的那些显得不同的表象归结为一个唯一的概念（如同我们把同值的不同分数化为最简式一样）。

　　为什么是循环论证？这是因为自由和意志的自己立法两者都是自律，是可互换的概念，自由和自己立法是一回事。这是康德在很多地方都强调的，真正的自由就是自己立法，就是自我立法。如果不是自我立法，那么自由是假的，那只是一种任意，表面上看起来好像是自由，马上就自我取消。自我取消肯定不是自由，一种自由的任意取消了它自己，那它就成立不了了，它无法成立。所以自由和意志的自己立法，两者都是自律，而自律就是道德律。所以这里讲的还是自由和道德律的关系。自己立法、自律既是自由也是道德律。所以两者是可以互换的概念，你讲自律就是道德律，你讲道德律就是自律，你讲自律也就是讲自由，真正的自由就是自律。在康德这里它们是可以互换的，但是正是由于这一点，一个不能用来解释另一个。它们不能用一个作为另外一个的根据，它们实际上就是一回事。一回事你怎么能把一个作为另一个的根据呢？那肯定是循环论证了。康德在这里也承认，这两个概念没有根本的区别。"而是最多只能是为了逻辑的意图，把同一对象的那些显得不同的表象归结为一个唯一的概念（如同我们把同值的不同分数化为最简式一样）。"只是为了逻辑的意图，只是为了讲得更清楚一些。把同一个对象的那些显得不同的表象归结为一个唯一的概念，归结为自律的概念，自律既是道德律也是意志自由。就像我们把同值的不同分数化为最简式一样。我们把 6/9、4/6 化为 2/3，化为最简的分数，把不同的分数化为最简式，它是同质的不同分数。那么我们把自由化为自律，把道德律也化为自律。我们在自律上面就可以把道德律与自由互换。也就是说它们不是一个根据的问题，不是一个是另外一个的根据的问题，从概念上来说它们是可以互换的。要注意这里讲的"为了逻辑的意图"一语后面隐藏的意思，这就是说所谓循环论证只是对于形式逻辑而言的，只涉及到概念之间的关系，而没有顾到概念底下的本体论的关系。形式逻辑上自相矛盾或者循环论证的命题在别的眼光下很可能是有意义的，这种情况在康德这里并不少见，例如在《纯粹理性批判》中，二律背反如果考虑到两个命题后面的对象（即现象或物自体）之不同，则有可能都是对的，并无真正的逻辑矛盾；又如"我的一切表象都是我的表象"这个同一性命题在形式逻辑上是分析的（同义反复），但在先验逻辑中却是综合的，具有重要的认识论意义 [①]。同样，在这里自由和自律（道德律）在概念上和形式逻辑上虽

---

① 可参看杨祖陶、邓晓芒：《康德〈纯粹理性批判〉指要》，人民出版社 2001 年版，第 150 页以下。

然可以互换，但在内容上和根源上却仍有不同。有很多研究者都指责康德的这一循环论证，既然康德自己也承认了，那么是不是就像阿里森、梯默曼（J.Timmermann）等人所说的那样，说明康德的论证失败了呢？道德律何以可能？本来是要用自由来提供它的可能性的根据的，那么是不是这种证明就失败了呢？但是康德在这里找到了另一条道路，就是说这种表面上的失败只是逻辑上的，在逻辑意图上我们可以说它们完全是可以互换的概念，但是还有另外一条道路。除了逻辑意义上的概念等同外，还有另外一种意义，我们还可以从现象和本体的区分上来看这种概念上表面的等同。

不过，我们还剩有一条出路，即研究一下：当我们通过自由把自己思考为先天地起作用的原因时，和我们按照作为眼前看到的结果的我们的行动来设想我们自己时，我们采取的是否是不同的立场。

这里是语气一转了，前面是讲我们似乎已经陷入了一个循环论证。但是这只是看起来是一个循环论证，就好像是"为了逻辑的意图把同一个对象的那些不同的表象归结为一个唯一的概念一样"。一般来说，从逻辑上、从概念上我们可以这样说，我们可以坦率地承认这里是有一个循环论证。但是我们还有一条出路，我们并不因为这个循环论证就无法解决关切的问题，也就是解决定言命令何以可能的问题，定言命令何以生效的问题。我们并非因此就对这个问题无能为力了，我们还有一条出路，也就是研究一下："当我们通过自由把自己思考为先天地起作用的原因时，和我们按照作为眼前看到的结果的我们的行动来设想我们自己时，我们采取的是否是不同的立场"。也就是说自由作为一种先天起作用的原因，作为一种先验自由的理念，作为自行开始一个因果系列的原因，或者是作为一个因果序列的第一因，这样一种看问题的立场，和按照它的结果的我们的行动来设想我们自己时的立场，是否有所不同。前者着眼于先天的原因这个自由理念，后者着眼于作为后天结果的这个行动，就是按照一种命令我们所作出的行动。按照一种命令行动就要克服一些障碍，这些障碍就表现在结果上，你克服了这些障碍没有，那么通过这些眼前看到的结果来看我们的行动，来设想我们自己。这些行动是我们造成的，是我们作出的行动。那么这个里头，是有两种不同的立场。一个是从先验自由的立场，作为先天起作用的原因性，引起这样一些行动，这是一个立场；那么在这个行动中，它带有不同的结果，它的每一步、每一瞬间都体现在现象界，这是第二个立场。起作用的原因的那样一个自由它是本体界的，它指向的是本体界，它本身跟现象界毫无关系；但是你一旦把这种自由付诸行动，那么在这个行动中它就跟现象界发生了关系，你是一个实践的行动，那么实践就不光是有它的动机，而且有它的结果，那么我们伴随这种后果来设想我们自己，来设想我们的整个行动的时候，我们的立场已经不同了。我们不仅仅是停留于自在之物的立场，我们还要结合这个自在之物在现象界所发生的影响来考察我们自己的行动。这两者在层次上是不同的，从概念上来说它们是一个概念，自由意志、积极的自由和消极的自由都是自由的概念，但是站的立场不同，一个是站在物自体立场上，一个是站在物自体对现象界的作用的立场上。康德在这里解决这个循环的办法和他在解决第三个二律背反时采取的办法完全是一样的。所以康德的有关定言命令何以可能的这样一个问题的回答，现在就引到了这样一个门口了。如何能够解决这个问题——定言命令何以可能的问题，就是说我们要从两个不同立场来考虑这个问题，而不能单纯从逻辑概念上的不矛盾律来看。

前面讲到他还留了一条出路。从逻辑的概念的相互关系上，他认为这个东西没办法证明。我们何以使定言命令有效或者定言命令为什么会对我们有一种约束力，也就是说定言命令作为一种命令何以可能，是没法证明的。这个问题根据道德律和自由的概念我们是没法解决的，但是对同一个概念我们可以有不同的立场，所以剩下了一条出路，即研究一下：当我们通过自由把自己思考为先天地起作用的原因时，和我们按照作为眼前看到的结果的我们的行动来设想我们自己时，我们采取的是否是不同的立场。也就是说在自由的理念上，作为先天的起作用的原因，我们要具体地考察，不仅仅是从概念上、形式逻辑上来看，而且是从它的内容上来考察它，我们把自由的理念思考为先天地起作用的原因，自由不仅仅是一个抽象的空位，而且它能够具体地起作用。那么作为一个原因和作为它的结果，我们按照作为眼前看到的结果的我们的行动来设想我们自己的时候，我们采取的是否是不同的立场。自由、自律和道德律在逻辑上是同一个概念，但是在内容上是有区别的，当涉及到它具体的运作方式的时候，我们就可以采取不同的立场，这有一点像康德的先验逻辑和形式逻辑的关系，形式逻辑是仅仅考察逻辑的形式，而先验逻辑要考虑这些逻辑的内容、它的知识对象。

下面我们就来看看，两种什么样的不同立场：

有一种意见，提出这种意见恰好不要求什么精细的反思，而是人们可以假定，最普通的知性也可以形成这种意见，尽管可能是按照自己的方式，通过他称之为感觉的那种判断力的模糊区分而做到的，

有一种意见其实就是康德的意见，但是他认为这是普遍老百姓都有的，人人都承认的，凡是一个有普通知性水平的人都可以承认的。他说"提出这种意见恰好不要求什么精细的反思，而是人们可以假定，最普通的知性也可以形成这种意见，尽管可能是按照自己的方式"，每个普通的人按照自己的方式也许说得不是那么精确，通过他称之为感觉、情感的那种判断力，这里感觉 Gefühl 翻译成情感似乎更好一些，这里好像是暗示了哈奇森的那种道德情感，至少是包含了哈奇森的第六感官在内。他们是按照自己的方式，"通过他称之为感觉的那种判断力的模糊区分而做到的"。这样一种从感觉中自然而然生出的区分，就是康德在《纯粹理性批判》中一开始就表明的现象和自在之物的区分。当然，尽管连"最普通的知性也可以形成这种意见"，这个意见在这里毕竟还是一个不确定

451

的东西。意见是泛泛而谈的，一般的老百姓都会有这种大致的共识，大家都这样认为的。当然认为的方式可以是不同的方式，有的人通过情感，或者是通过外来的感官刺激，这种判断力都会有种模糊的区分。那么是一种什么意见呢？

这种意见就是：一切无需我们的任意就获得的表象（如感官的表象），给我们提供认识的对象只能通过这些对象刺激我们，在此它们自在地可能是什么仍然不为我们所知；所以关于这类表象，即使带上知性哪怕总是能添加给它们的最辛苦的注意力和清晰性，我们由此还是只能达到关于**现象**（Erscheinungen）的知识，而决不能得到关于**自在之物本身**（Dinge an sich selbst）的知识。

这就是一种意见。一切无需我们的任意就获得的表象，如感官的表象。"无需我们的任意"就是说不是我们故意获得的，也就是被动获得的。感官的表象当然是被动的，而不是我们故意要获得的，比如我今天看到出太阳了，我不是故意要看到出太阳了，它就是出太阳了，太阳照在我们身上了，这就是无需我们的任意就获得的表象。那么这些表象"给我们提供的认识的对象只能通过这些对象刺激我们，在此它们自在地可能是什么仍然不为我们所知。"也就是我们一切所接受来的表象要给我们提供认识的对象，就只能够通过这些对象（由它们的自在之物）来刺激我们的感官才做得到，而这些对象的自在之物本身是不可知的。所以一切无需我们的任意就获得的表象，它可以给我们提供认识的对象，但是只能通过这种方式来提供，就是这样一些对象刺激了我们的感官，不过这些对象本身是不可认识的："在此它们自在地可能是什么仍然不为我们所知"。所以关于这类表象，关于我们的被动所获得的这些表象，"即使带上知性哪怕总是能添加给它们的最辛苦的注意力和清晰性，我们由此还是只能达到关于现象的知识，而决不能得到关于自在之物本身的知识"。就是说在这些感性的表象上，我们用知性给它们添加上了最辛苦的注意力和清晰性，我们用严格的范畴来清理、整理这些感性的表象。在《纯粹理性批判》中已经讲到，我们知性的作用就是在于给这些表象加上一些严格规定的范畴，使它们构成对象，认识的对象就是这样构成的。但即算是这样，"我们由此还只是达到关于现象的知识"，所有的这些关于自然科学对象的规定，都只是关于现象的规定，"而决不能得到关于自在之物本身的知识"。他认为这是所有人都会承认的。而且确实在康德的时代，从洛克开始，就有这种不可知论的倾向。洛克就提出了第一性的质和第二性的质、名义本质和实在本质之分。第一性的质是客观的，第二性的质是我们主观感官所感到的，带有主观性的。那么名义本质，我们通过所有这些性质所认识到的都是名义本质，而实在的本质我们是不能认识的。我们所认识到的都是我们感觉到的东西，所有在理性之中的无不先在感觉之中，那么脱离感觉的那个自在之物究竟是怎么样的我们不知道。休谟干脆就否定了，连有没有自在之物我们都不知道。现象和自在之物的区别他认为在当时已经是共识，就连普通老百姓的知性都会承认和接受这一点。但康德在这里指出，这还是一种意见，它广泛流行于普通老百姓之中，只是这种意见未经严格的证明，还是一种模糊的区分。所以在这里他就从认识论的方面首先把自在之物和现象严格区分开来，这就是他剩下的这条出路的出发点：首先要把现象和自在之物区分开来。

这种区分（充其量只是通过在从其他什么地方被给予我们的、我们在其中是被动的那些表象，和我们只从我们自身产生的、其中证明了我们的能动性的那些表象之间的这种被觉察到的差别来区分）一经作出，随之而来的自然就是，人们必须承认并假定在现象背后毕竟还有某种另外的并非现象的东西，即自在之物，

这句话我们把它缩减一下：这种区分（充其量只是通过这种被觉察到的差别来区分），充其量只是这样一种区分，什么样的区分呢？只通过在那些表象之间的被觉察到的差别来区分；通过一种什么差别来区分呢？在什么之间的差别呢？一方面是"从其他什么地方被给予我们的，我们在其中是被动的那些表象"，另一方面是"我们只从我们自身中产生

的、其中证明了我们的能动性的那些表象"，在这两种表象之间的差别。一个是从外面其他什么地方给予我们的、我们在其中是被动的那些表象，一个是我们只从我们自身中产生的、其中证明了我们能动性的那些表象，也就是说充其量只是从被动的表象和能动的表象之间的被觉察到的差别来区分。这种区分在洛克那里表达为"感觉的经验"和"反省的经验"之分，但洛克没有意识到，他的这种区分"一经作出"，随之而来的就会导致现象和自在之物的区分。因为"反省经验"的主动性和能动性恰好表明，并非"凡在理性中的，莫不先在感觉中"，人确实具有在一切经验之前的先天能力，这些能力不在感觉经验中，也就不能成为现象中的对象，它们的起源是不可知的。但洛克充其量只做到了第一步区分，而没有进一步明确地推出后面这种区分。他没有考虑到，我们主动的、主体这种能动性来自于何方呢？只有来自于自在之物。被动的方面我们是接受过来的，那它当然就是一种向我们显现出来的现象了，凡是我们的知识都必须建立在我们的经验之上，脱离经验没有知识，所以它只是现象。但是脱离经验我们还具有先验的主动性，正是这种主动性发挥自己的作用，才使经验现象构建为知识体系，它本身自在地是怎么样的，却不为人所知。所以这种区分一经作出，那么在知识里面，它有被动成分和主动成分，而被动成分构成现象，而主动的成分，它虽然也在现象的构成中起作用，但它本身是来自于人的主动性，来自于自在之物的。例如自我意识的统觉，它的这种能动性、自发性来自于自在之物，它本身不在现象中，它是构成现象界的。"随之而来的自然就是，人们必须承认并假定在现象背后毕竟还有某种另外的并非现象的东西，即自在之物"，就是说从我们能够自发地作用于现象界、建构成现象界，我们就可以看出来，在我们自发性的背后，有一个自在之物，它是我们自发性的来源，但是我们不能认识它。那么从被动性方面，其实我们也可以看出来，我们被动地受到刺激，那么那个刺激我们的东西也不在我们的现象里面，也是个自在之物。从两端我们都可以看出来，一端是感官受到刺激，另一方面，人从先天的自我意识来整理这些感官的材料,那么这两端的根源都属于自在之物,只有这个中间表现出来的才是现象。中间表现出来由自在之物刺激我们的感官产生的感觉表象,另一方面从自在之物产生了我们主体的能动性来整理这些感官的表象,这两者就构成了现象界。但是这两者后面都是自在之物,自在的对象和自在之我都属于自在之物。这都是他在《纯粹理性批判》中反复说明了的道理。

尽管我们自己安于这一点:既然自在之物决不可能被我们所认识,而是永远只能如它们刺激我们的那样为我们所知,我们就无法更接近它们,也决不能知道它们自在地是什么。

这个在《纯粹理性批判》中讲了很多,就是我们只能够安于这一点,我们不要想入非非,异想天开。安于哪一点呢?"既然自在之物决不可能被我们所认识,而是永远只能如它们刺激我们的那样为我们所知",我们所知道只是它们刺激我们的那个样子。自在之物刺激我们的感官是什么样子,我们就认识到什么样子。但是它本身是什么样子,我们不知道。所以我们就无法更接近它们,也决不能知道它们自在地是什么。这在《纯粹理性批判》中是作为基本的出发点。在康德看来,这个出发点应该是所有的老百姓都能接受的。当然其实没有一个老百姓愿意去看他的书,看不懂,但是他认为只要你把道理跟他讲清楚。他们都会认为这很自然:我所认识到的就是我所看到的,我没有看到的,就是我不知道的。这等于什么也没有说,同义反复。我看到的就是我看到的,我知道的就是我知道的,我不知道的就是我不知道的。这谁会反对呢?肯定是每一个老百姓都会同意的。

这就必然提供了一种**感性世界**(Sinnenwelt)和**知性世界**(Verstandeswelt)之间的尽管是粗糙的区分,其中前者,按照各种不同世界观察者的感性的差异,也可以是相当不同的,然而后者,作为前者的根据,则永远保持为同一个世界。

这就必然提供了一种尽管是粗糙的区分,在日常朴素的意识之中已经有了这种区分，一个是感性的世界，一个是知性的世界。感性世界是我所能感到的，知性世界是我所能思考的。我用知性来思考，思考在感性的世界后面有一个自在之物本身，这是我通过推理推出来的：既然有东西在刺激我的感官，那么那个东西肯定也是一个东西，你不能像休谟一样，对它是不是一个东西都加以怀疑。否则你的印象知觉从哪来的呢？肯定有一个地方来，因为不是你自己造成的嘛，你是被动接受的。你被动接受，那肯定有一个给予者，一个刺激者。我受到了刺激，这本身就证明了有一个刺激者，你不能否认。休谟是连这个都否认了，我没有看到那个刺激者，我就否认，我没有看到，我就不说，休谟很老实，太老实了。那么康德有一点不老实，他认为这个是很自然的，既然有发出刺激的东西在刺激我，你就必须承认它。我受到了刺激，你就必须承认有一个东西在刺激我，这个在逻辑上是成立的。有刺激就必有刺激者，有现象就必有显现者，显现者本身没有显现，但是它刺激我的感官，我得到了它的一些显现，当然这个显现不是它本身的样子，而是取决于我的感官，但它毕竟在刺激我。这个知性世界我们只能通过知性去思考去设想。于是就有了感性世界和知性世界之间的区分，尽管在日常意识里，比如在洛克那里，是粗糙的区分。他说："其中前者"，也就是感性世界，"按照各种不同世界观察者的感性的差异，也可以是相当不同的"，感性世界是五花八门的，每一个人眼里心中的感性世界都是不一样的，每一个人的世界观、世界感都是不一样的，每个人的经历都是不一样的。所以每个人对世界的看法都是不一样的。感觉是有个体差异的，情感更是如此。"然而后者，作为前者的根据，则永远保持为同一个世界"，后者也就是知性世界了，作为前者的根据，也就是作为刺激我们感官的那个的刺激者。我们的感官受到刺激，那么它的根据何在？我们就可以设想根据在于知性世界，在另一个我们不知道的世界。虽然我们不知道，但是我们知道一点，它是引起我们感官刺激的根据。我们为什么会受到刺激，就是因为它，它是我们感官世界的根据。它作为前者的根据则永远保持为同一个世界，在每一个人的心目中，尽管感性世界五花八门，知性世界却总是同样的，不变的。凡是变化都是因为有了感性，有了时间和空间，时间不断流逝，空间不断变换，那么我们就有了不同的世界，那就是感官世界。但是知性世界不以时间空间和感官为转移，它始终只是一个刺激者，只是一个引起感觉的根据，所以它永远保持为同一个世界。因此在感性世界和知性世界之间的区分中，我们要注意它是一个根据和由这个根据所产生的后果这样一个关系，有一种根据和后果的关系。这个是非常重要的，后面将以这一点为论证的最根本的出发点。定言命令何以可能，就是建立在这一点上，我们先把这一点记下来：知性世界作为感性世界的根据，永远保持为同一个世界。

　　一个人甚至对于他自身，也就是按照他通过内部感觉对自己所具有的知识，也不可以妄自宣称知道自己自在地本身是怎么样的。

　　这里着眼于主体的自在之物，就是人的自在之物是怎么样的，我们不可能通过他对于他自己的知识来加以断言。我的自我感觉就说明我是那样吗？我感到自己是怎样就是怎样吗？这在康德看来是不可能的，你断言不了，你断言的只是自己的通过内感官表现出来的现象，你在自己的自我感觉中不过是你的自我感觉而已，但是你能不能把握到你的本体呢？这是不可能的。这是自从基督教以来很重要的一个西方文化的原则，就是人不可能完全地认识自己。虽然从苏格拉底以来一直重视认识你自己，但是在基督教里面，人不可能完全认识自己，人要认识自己是一个漫长的历程，只有在他死后，在上帝面前由上帝来审判，你才知道你是一个什么人。只有上帝才是知人心者，这个在康德的《单纯理性范围内的宗教》里面也讲到这一点。人是不可能知人心的，包括他自己的人心。我们经常说人心隔肚皮，你不可能知道别人是怎么想的。但其实你也不知道你自己真正是怎么想的。弗洛伊德讲潜意识，也跟基督教有相通的地方，基督教就是讲人不可能把握人的本体。当然你可以把握自己的现象，你可以把自己当作心理学的研究对象来研究，你的气质如何，你的血型，你的习惯，你的教育，你的知识面，你内心的思想观点，这些都是可以把握的。但是你的自由意志没法把握，只有自由意志才真正代表了你的本质，你的本体，你的自在之物。所以这里讲，"一个人甚至对于他自身，也就是按照他通过内部感觉对自己所具有的知识，也不可以妄自宣称知道自己自在地本身是怎样的。"所以人在面对自己的时候也必须要谦虚，你不要以为你反身而诚，你就能够把握自己了，这跟中国文化完全是不同的。中国文化基本上就是说我只要没有私心，放弃一切私心杂念，我就可以把握自己，我的真正的自己就开显出来了，就"朗现"出来了，那就是天人合一了。人的心性跟天道是相通的，天道无私，"诚者，天之道也，诚之者，人之道也"。人之道与天道就是一个字——"诚"，只要你诚心诚意你就能把握自己。但西方的文化在这方面表示怀疑，一个人是否做到了真诚，这个是很难决定的，你以为你做到了真诚，但是过几年你回过头来看，你发现你一直生活在虚伪之中，生活在自欺之中。西方人特别重视自我欺骗，中国人就认为自我欺骗是不可能的，人怎么可能欺骗自己呢？只要你诚，你就把握自己了，是当下即得的。只要你没有私心杂念，你就可以立地成佛，满街都是圣人，每个人都可以成为圣人。至于你是否能放下私心杂念，在中国人这里是不怀疑的。而在西方文化中，这个是很难确定的，你以为你没有任何个人的考虑，但是背后是有的，因为人是有限的嘛。人不可能摆脱感性达到无限，人不可能当下成为圣人，死后也许可以。所以在此生这原则上是不可能的，不可以妄自宣称知道自己自在的本身是什么。这个是一个很重要的很有西方文化及基督教特色的命题，康德在这里做了一种思辨的论证，一种纯理论的论证。

因为，既然他毕竟并不是仿佛自己创造了自己，并且不是先天地、而只是经验性地获得他的概念，所以很自然，他也只能通过内感官，从而只是通过他的自然本性的现象以及他的意识被刺激的方式，来取得有关他自己的消息，

我们先看这半句。为什么人不能知道自己本身是怎样的，因为，他

毕竟并不是仿佛自己创造了自己。人的本性并不是他自己创造的，人是被造物，人是被造出来的，他的本性是他获得的。他怎么能知道他自己的本性呢？人只能知道他自己创造出来的东西，既然他的本性不是他自己创造出来的，那他就不能知道自己的本性，自己的本体。他说，"并且不是先天地，而只是经验性地获得他的概念"，我们自我的概念是经验性的，后天才获得的，我是一个什么人，我要通过我的经验，通过不断地反思、不断地考察自己、试验自己，拷问自己才能知道。小孩子很天真，以为我就是这么样的，但是小孩子将来会成为一个什么样的人，他的本性如何，要通过他长大了逐渐才显示出来，小孩子的一切可能性都潜在着。我们中国人喜欢强调童心，赤子之心，认为刚生下来那是最纯洁的，没有污染的，那就是人的本性，后来的那是加上去的，性相近习相染。在西方文化里恰好相反，小孩子是最模糊的，他的所有潜在的东西都包含着、都藏着，都还没有显现出来，所以是最不可信、最不能依赖的，你要依赖小孩子那你把他所有的可能性都抹杀了，小孩子可以成为一个好人，也可以成为一个坏人，他究竟成为什么人，那要看，那要走着瞧，要培养他，要引导他，把他的潜能发挥出来，在他没有发挥出来之前，你不能断言他。所以他只是经验性地获得他的概念，每个人都是在经验中才成为他自己。经验也可以理解为经历，在他的生活历程中，才逐渐展示他是一个什么样的人，才能获得他自己的概念。"所以很自然，他也只能通过内感官，从而只能是通过他的自然本性的现象以及他的意识被刺激的方式，来取得有关他自己的消息"。你要认识自己，你只能通过自己的自我感觉，但是所认识的只是现象。苏格拉底讲"认识你自己"，但是康德认为所有你认识自己所获得的都只是你自己的现象，你的本质究竟是什么，你始终是没法把握的，所以你不能凭借你的现象来断言你的本质。一个人是坏人，犯了很多罪，你也不能通过他曾经犯过很多罪，来断言他就只能犯罪，那很可能他突然一下做了一件很大的好事；或者一个一辈子没有做坏事的人，最后突然一下子做了坏事，都有可能。你怎么能断言这个人本质就是好的或者就是坏的呢？只能说他看起来是好人，或看起来是坏人，他在现象中显现为一个好人或一个坏人。但你永远不能断言他在本质上就是好的或坏的。所以他也只能通过内感官，我们所有有关自己的消息都是在经验现象中获得的。这就把"自我"的真正本质交给了自在之物，即知性世界了。

然而，在他自己主体的这些纯由现象复合起来的性状之外，他毕竟还有必要以必然的方式假定某种别的奠基性的东西，即他的"我"，不论它自在地本身会有什么性状，

前面讲的就是他的现象，我们所认识的只是我们自己的现象。"然而，在他自己主体的这些纯由现象复合起来的性状之外"，超过这些现象之外，"他毕竟还有必要以必然的方式假定某种别的奠基性的东西"。既然你承认，你所把握的你都是你的现象，那么在无形之中你就已经承认了，在现象之下还有一个现象的基础或根据。他毕竟还有必要以必然的方式假定某种别的奠基性的东西，即他的"我"。这个"我"严格说起来不是现象，应该是本体，因为我的现象都是由我的本体刺激起来的一些现象。那么，这个本体肯定不是现象，而是在现象之外，在现象的背后，那才是真"我"。所以你要认识你自己不是那么简单的，在你走完一生的路之前你自己是不能把握自己的真我的。如果你认为自己能把握到，你就太狂妄了，太骄傲了，你以为自己是圣人。但是这个"我"，你必须要以必然的方式假定，虽然是假定，但却是必然要假定的。认识你自己，虽然不能认识，但是你必须要去认识，你必须把你自己当作一个永恒的目标，去追求去认识。这个假定是逃避不了的，你如果说我反正都是一些现象，我就放弃了，放弃了那"我"就不是"我"了。我就成了动物了。我是动物吗？每个人都不会承认自己是动物而不是人，总还是觉得在人的动物性之外，还有一个不同于这些动物性的东西，他有一个真我，无论它自在地本身会有什么性状，虽然我不认识这个真我到底是什么性状，但是它有。

这样，在单纯的知觉和在感觉的感受性方面，他必须把自己归入感

性世界，但就在他里面可能是纯粹能动性的东西（完全不是通过刺激感官、而是直接达到意识的东西）方面，他又必须把自己归入**智性世界**（intellektuellen Welt），对这一世界他却并没有进一步的认识。

智性世界在此也就是知性世界，智性 intellecdtus 和知性 Verstand 一个是拉丁文，一个是德文，它们可以说是同义词。当然智性世界和知性世界严格说来也是不能完全等同的，这里是约定俗成地通用了。"这样在单纯的知觉和在感觉的感受性方面，他必须把自己归入感性世界"，这个感性世界打了着重号，以便与后面的智性世界相对比。人是属于感性世界，在他对自己的认识方面也是这样，在单纯的知觉和感觉的感受性方面，他必须把自己归入感性世界，我对自己的认识，肯定都是把自己当作感性世界的对象来加以认识，比如当作心理学和生理学的对象来加以认识。"但就在他里面可能是纯粹能动性的东西方面"，就在这方面可能是能动性的东西而言，就是在同一个"我"里面，那种可能是纯粹能动性的东西，这个"可能"也就是说它只是一种可能性，我们必须假定这种可能性，就是说我的这一切都是由一个可能的"我"本身所引起来的。而这个"我"本身呢，我们设想它可能是纯粹能动的，因为它不借助于被动接受的经验而能自己进行意识活动，即"完全不是通过刺激感官、而是直接达到意识的东西"，我们不是通过刺激感官来达到意识，而是直接达到意识。对我的现象的意识，比如说心理学，我分析出来，我在现象界是一个什么气质的人，这当然是可以的。但通过这些所达到那只是我的现象，但是对我的本体呢？它不是通过这个，而是直接把自己作为一切我的现象的根据来意识，作为自在之物来意识、来思考。我不借助于它对感官的刺激，而是直接直达它本身，那只能通过知性来思考。在这方面，"他又必须把自己归入智性世界"，也就是归入知性世界。而对这一世界，"他却并没有进一步的认识"，这就是两个世界的区分啦，一个是感性世界，一个是智性世界。那么这个智性世界，它是超越感性世界之上的，超越一切现象之上的，是我们所思考的世界。整个这一长段提出了一种看法，那就是感性世界和知性世界是有区分的。尽管在普通人那里，这种区分还是很模糊的，但是通过康德的分析应该可以把它搞得很清楚，这两者的区分可以作为两种不同的立场，来看待我们的行为。由此来解决前面那个循环论证的问题。

452　　进行反思的人必定会对一切可能出现在他面前的事物得出上述的结论；也许甚至在最普通的知性中也可以发现这个结论，众所周知，最普通的知性非常倾向于在感官的对象背后，总还期望有某种不可见的东西，自身能动的东西，然而，他们又立刻通过把这不可见的东西感性化，也就是说，想使它成为直观的对象，而败坏了它，从而他们并未由此而变得更聪明一点点。

　　这就是说，每个人都可以有反思的能力，但是只要你进行反思，你就可以对一切可能出现在面前的事物得出上述的结论。一切可能出现在他面前的东西不管是大自然，还是他自己经验的自我，只要你进行反思，你就可能得出上述结论。什么结论？就是说大自然也好，你自己也好，都是分属于感性世界和知性世界的，其中你所认识的都是感性世界的东西，都是你所看到听到感到的东西，都是在时间和空间中的东西，而时间空间都是你直观的表象；那么在此之外呢？是你不认识的东西。只要你反思，你就会得出这样一种划分。他说："也许甚至在最普通的知性中也可以发现这个结论"，进行反思的人主要还是指哲学家，但是在最普通的知性中，就是一般的老百姓，也可以发现这个结论。有时候他们不经意地露出来不可知论：有些事情看起来虽然是这样的，但是本来究竟是怎样的，谁知道呢？我所看到的都是我所看到的东西，我所没有看到的东西是不知道的。在最普通的知性中也可以发现这种结论。当然这种结论非常模糊，而且经常被搞混，被混淆。这就是下面所讲的："众所周知，最普通的知性非常倾向于在感官的对象背后，总还期望有某种不可见的、自身能动的东西"，比如说对上帝的信仰，比如说对自由意志和人的灵魂的猜测，相信冥冥之中有某种不可见的东西、自身能动的东西在支配着我们的感官，在使我们产生这样那样一些经验的知识。"然而，他们又立刻通过把这不可见的东西感性化，也就是说，想使它成为直观的对象，而败坏了它，从而他们并未由此而变得更聪明一点点。"这就是康德在《纯粹理性批判》的先验辩证论里面所批判的那样一些倾向。他们设定了灵魂不朽，比如说理性心理学，理性心理学设定人有一个灵魂，灵魂是不朽的，那当然是不可知的啦，你所知道的灵魂都是灵魂所显现出来的现象。比如说你的意志行为，你的决定，你的选择，这些都是灵魂已经表现出来的，至于灵魂本身是怎样的，意志是如何决定的，你当然是不知道的。但是一般人总是想用感性的方式对这些不可知的东西加以确定，把它感性化。比如说灵魂在笛卡尔那里就是一种精神实体，它还有居住的地方，它住在大脑里面的松果腺里，它从那里面发出指令，然后通过神经、血液进行传达，就是有一套系统来支配人的行动，这就把灵魂感性化了。灵魂受时间空间的限制、制约，凡是在时间空间中都是在感性中的。上帝也是，证明上帝存在于整个宇宙之外，宇宙论的证明，他是作为整个宇宙因果链条的最高环节，第一推动力。所有这些做法都是把不可见的东西感性化的做法，都试图把它变成一种知识。这些做法在《纯粹理性批判》里面都一一遭到了反驳和摧毁。因为在康德看来，你把它直观化，你就"败坏了它"。它本来是很有用的，灵魂也好，自由也好，上帝也好，这些东西都是很有用的，但是你把它变成直观的对象，你就败坏了它。长期以来，人们都在干这样的事情，把这些理念，把这些自在之物感性化，试图加以认识性的把握。他们并未因此而变得更加聪明，长期以来都在做蠢事。康德认为他做的最大的一件事就是把现象和自在之物严格的区分开来，不要把它们混淆。你不要混淆，你不要试图去用知识把握自在之物，你就让它在那里，然后它们会有用的，那就是聪明的做法。这是康德的一个区分。这个区分是非常重要的，就是他为解决定言命令何以可能，首先作了基本的准备。他前面讲，要解决这个问题必须要作准备嘛。做什么准备呢？主要就是这个准备。就是在自由和道德律之间的关系之中，他要解决这个所谓循环论证的问题，他就必须首先提出来两种不同的立场。你要从同一立场平面地看，它肯定是循环论证，从形式逻辑来看，形式逻辑是不管立场的，形式逻辑只管概念，从概念上说，这两个概念，道德自律和自由是同一个概念。形式逻辑上，没有办法区分开来，也不可能用一个去论证另一个。但是如果从实践的立场上看，那么它们是有区别的。作为一种消极的自由，它是停留在知性世界，而作为一种积极的自由，作为一种道德律来说，它是要影响感性世界的。它是要起作用于感性世界的行动，对感性世界产生影响的。那么作为感性世界的根据，由此，它就会提供定言命令。道德律作为一种定言命令何以可能？道德律作为普遍法则的可能性从理性本身能够直接推出来，但是道德律作为一个命令，那就必须有一个条件，就是人是有限的，人同时是属于感性的，所以道德律在人的生活中、在人的行动中要得到贯彻，必须要通过命令的方式，采取义务的形式。所以定言命令何以可能就在这里。就在于人既有理性，同时他又有感性。他只有通过命令的方式才能把理性本身的原则通过实践以发挥效力。那就要克服感性世界对这条命令的阻碍，要克服阻力，因此才成为一条命令。定言命令何以可能就是从这里得到解释的。

第二十六讲

　　上次讲到康德的这个小标题："论依附于德性的各种理念的关切"。那种关切不是世俗的关切，而是对彼岸的关切。康德讲到最普通的知性也可以形成这种意见，就是按照我们的能力，一方面我们具有感觉，另一方面我们具有理性；那么因此我们就认为，除了感觉到的现象界以外，我们还有现象背后的自在之物。自在之物我们只能设定它、思考它，我们不能认识它；但是我们必须要设定它，因而不能不关切它，因为我们的感觉必须要有一个刺激感官者。上次讲到在日常生活中，普通的老百姓观念已经自然会有这种区别，感性世界和知性世界的区别，当然老百姓的这种区分是粗糙的，他们没有很明显很精密的哲学论证。因此，他们经常容易搞混，走入歧途。当我们设想一个知性世界的时候，我们往往倾向于用经验、用感觉去把握它，去设想它，那么这反而堵死了这条道路，或者说是败坏了我们的知性世界。这是我们从最普通的知性、从一般的老百姓那里已经看出这样一种倾向，就是我们必须要设定一个彼岸、一个知性世界作为我们认识背后的自在之物，应当把它设定下来作为关切的对象。但是呢，最普通的知性因为没有经过训练，又经常会混淆这个界限。当然经过康德的《纯粹理性批判》把这个界限已经划得很精确了。他说你不能跨界，现象就是现象，物自体就是物自体。

　　那么我们今天要读的就是这个小标题的最后三段。最普通的知性那里已经有这样一种划分了，就是我们既属于感性世界同时又属于知性世界，两方面都存在，不能否认任何一方。那么，普通知性这种感觉、这种情感有没有某种根据呢？是不是完全属于迷信呢？康德认为它有根据，那就是在我们的主体，在我们的认识能力本身里面，已经包含有它的根据。所以他这一段德文版第 452 页，上面这一段就讲到了：

现在，这人在自身中确实发现一种能力，凭这种能力他把自己与一切其他事物、甚至与接受对象刺激的他自己区别开来，而这就是**理性**。

就是我们所认识的都是现象，而在我们认识的现象背后有一个物自体，这只是一种假设，这都是每一个人不由自主地要作出的一个假设，但是这种假设的根据何在？一般人通常没有去仔细地思考，那么哲学家就要做这样一种思考，就是我们为什么会作出这样一种假设。那么他这里就提出来了，人在自身中确实发现了一种能力，注意这个"发现"，就是说它是一个事实，我们人有各种能力，其中有一种能力叫理性。"凭这种能力他把自己与一切其他事物、甚至与接受对象刺激的他自己区别开来"。我们凭借理性可以把他自己，这个他自己是指拥有理性的他自己、或者理性存在者，把理性存在者与接受对象刺激的他自己区别开来，也就是与他自己的感性存在区别开来。当然也与其他感性存在物区别开来。但是最重要的康德想要说的，是凭借理性，他把他自己和他自己的感性存在区别开来。那么在这样一种观照下，他自己的感官就不是他自己了，就是异己的东西了。当然在某种意义上，那还是他自己，但是只是他自己的现象，而不是他自己的本质，不是他自己的本体。在这方面，有一个根据，有一个凭据，就是我们有一种能力叫作理性。那么理性凭什么能作出这种区分呢？

这理性作为纯粹的自动性，在下面这一点上甚至还是超越于知性之上的：尽管知性也是自动性，并且不像感官那样仅仅包含只有当人们受到事物刺激时（因而被动地）才产生的表象，然而从其能动性所能够产生的概念，却无非是那些仅仅用来**把感性表象置于规则之下、并由此把它们结合在一个意识中**的概念，没有对感性的这种应用，知性就根本不能思维什么东西；

这一段话就是突出了我们所具有的理性能力的特殊性，它的独特性，理性能力是跟其他的所有能力都不一样的。他说"这理性作为纯粹的自动性"，理性的特点就是纯粹的自动性，自动性我们也可以理解为能动性，自己运动，自己活动，作为纯粹的自动性，"在下面这一点上甚至还是超越于知性之上的"。理性是超越知性的，知性当然也是一种高级的认识能力，知性已经够高级的了，在《纯粹理性批判》里面就讲到了，知性，特别是它的最高原理，统觉的本源的统合统一，先验自我意识的统觉，它能够为自然界立法，整个自然界都是由它建立起法规的，因为具有高度的自发性、自动性。知性在广义上甚至经常也被称为理性。但是狭义的理性作为纯粹自动性在这一点上甚至是超越知性之上的，比知性更高。因为"尽管知性也是自动性，并且不像感官那样仅仅包含只有当人们受到事物刺激时（因而被动地）才产生的表象，然而从其能动性所能够产生的概念，却无非是那些仅仅用来把感性表象置于规则之下、并由此把它们结合在一个意识中的概念。"就是尽管知性也是自动性，并且它不像感官那样只包含被动的表象，它是能动的；"然而从其能动性所能够产生的概念，却无非是那些仅仅用来把感性表象置于规则之下、并由此把它们结合在一个意识中的概念"。这里"然而"就是说，知性在这点上，虽然有自动性，"然而"不如理性的自动性那么纯粹。也就是说从其能动性所能产生的概念却"无非是"，这个"无非是"把它限定了，它的能动性、它能产生的概念无非是那些仅仅用来把感性表象放在规则之下，并把它们统摄起来、统一起来的概念，它们仅仅是针对感性表象而起一种能动的综合作用。所以他这里把"感性表象置于规则之下"打了着重号，他说"没有对感性的这种运用，知性就根本不能思维什么东西"，它的那种能动性就无用武之地。所以它不是纯粹的能动性或纯粹的自动性，它的自动性是要受限制的。我们在《纯粹理性批判》中已经知道，概念无直观是空的，直观无思维是盲的。知性概念如果没有直观就是空的，它的作用就是要运用在经验的对象上，运用在感性之上。除了感性经验之外，它没有别的运用。范畴不可能有先验的运用，只能有经验的运用。这是在《纯粹理性批判》中反复交代过了的,康德在这里点了一下。这一点表明知性就明显的逊色于理性的那种自动性,知性还未能彻底超越感性经验,它只是先验的而不是超验的,我们的理性能力在这一点上就比知性要更高。

与此相反,理性在理念的名下表现出了一种如此纯粹的自发性,以至于它借此远远地超出了仅仅感性所能够提供给它的一切,并在把感性世界和知性世界彼此区别开来这一点上表明了它最重要的事务,但由此就为知性本身划定了其界限。

就是说我们在人自身中确实发现了这种能力,就是理性。理性超出知性之上,是最高级的一种认识能力,知性已经是高级的了,但理性比它更高。所以"与此相反",即与知性相反,理性在理念的名义下(知性是在范畴的名义下),"表现出了一种如此纯粹的自发性",如此纯粹的,那就是与知性的那种自发性不同的,知性的自发性还不是纯粹的,它离开不了范畴对感性事物的运用。那么,理性的这种自发性,可以超然于对感性世界的运用,所以它是如此纯粹的自发性,"以至于它借此远远地超出了仅仅感性所能够提供给它的一切,并在把感性世界和知性世界彼此区别开来这一点上表明了它最重要的事务"。一个是它远远超出了感性所提供给它的一切,这个是知性所不能企及的,知性不能超出感性所能提供的东西,而理性能超出感性所能提供的一切;并且另一个,在把感性世界与知性世界彼此区别开来这一点上,表明了它最重要的事务,这就点到了主题了。就是说我们为什么老是不由自主地要把感性世界和知性世界区别开来,连最普通的知性出于情感,都不得不这样做,它的根据就在这里。因为我们在自身之中,发现我们有一种能力,这种能力是超越于一切经验之上的,它是一种最高的自动性、自发性、能动性(这都是同一个意思)。有这样一种能动性,我们借此就表明了感性世界和知性世界彼此是区别开来的。而且理性在这一点上、在这种区别上表明了它最重要的事务。就是理性它是用来干什么的呢?就是用来把感性世界和理知世界彼此区别开来的,它就是起这种作用的。这就解释了我们为什么哪怕在日常最普通的知性中，总是不由自主地要区别开这是现象，在现象底下还有本质，还有自在之物，我们不由自主要这样来看，就是因为我们有理性。现象再多，感性世界能够提供给我们的一切，对于理性来说，都不在话下，都能够超越。不管你有多少现象界的知识，我们总是还要在这个底下去寻求一种本体的知识，一种彼岸世界、理知世界、知性世界的知识，这是这一段。这一段是为上一段提供根据的，就是说我们在日用而不知的时候，我们总是不自觉地把现象和本质区别开来，当然这种区别是不确定的，因此我们经常会混淆，总是想把这个本质也用现象的一些感性的、直观的东西加以解释，把本质，把不可见的东西感性化，变成可见的东西，这样我们实际上就败坏了它。这是以往的哲学家们都通常免不了的一种偏差。这个地方用的知性世界（Verstandeswelt），跟康德自己所用的理知世界（intelligible Welt）就是一个东西，但是它们的色彩不一样，知性世界更加通俗。以往的唯理论者他们强调知性，他们所理解的知性世界往往和康德所理解的知性世界不太一样，他们是等同于认识论上的智性世界（intellectuelle Welt），但是康德理解的知性世界其实是后面讲到的本体论意义上的理知世界（intelligible Welt），我们把它翻译成理知世界。这个是康德本人的用语，它更精确地表达了康德意思，即由知性思考并由理性推断的世界。而知性世界的表达是按照约定俗成，未作区分，是比较泛的意思。① 但理性最重要的一件事务就是把感性世界和知性世界区别开来，所以康德说："但由此就为知性本身划定了其界限"，这个就很容易理解了。知性与知性世界不一样，知性是划在感性世界这一方的，知性的界限不能超出感性世界的边界，它不可能撇开感性去单独形成一个知性世界。以往讲的知性世界其实是理知世界，凭自己的知性去思考一个对象。你可以去思考，但你不能认识，不能在理论上

---

① 康德在《纯粹理性批判》A257 即 B312 中，特别是在这页的一个注释中，区分了这两个概念，可参看。

运用。知性可以思考在所有的现象的底下还有一个物自体,有一个先验的对象,这个先验对象是知性思考出来的,但先验对象在它没有充实以感性材料之前,它是个空洞的东西,它是不能认识的。你把这些先验对象、自在之物,把它归到另外一个世界,我们当然可以把它称之为知性世界,因为它是知性本身所思考到的,但是它恰好说明了知性的边界。就是知性的运用,它不能运用于知性世界,只能运用于感性世界,知性世界是它想出来的,不是它运用出来的,是它思维到的,它可以思维到,可以想到在现象底下有一个物自体的世界,因为仅仅是知性想到的,所以我们也可以把它称为知性世界,但实际上它本身是理知的世界,它是由理性去推断的。

因为这个缘故,一个理性存在者必须把自己作为**理智**(因而不是从他的低级能力方面)来看待,不是看作属于感性世界的,而是看作属于知性世界的;

因为这个缘故,就是因为上一段的推论,所以一个理性存在者必须把自己作为理智来看待。Intelligenz,我们把它翻译成理智,或理智者,它是一个名词;它的形容词就是(intelligibel),我们译作理知的。它指一个理性存在者,一个理性存在者"必须把自己作为理智(因而不是从他的低级能力方面)来看待",就是说必须把自己作为一个独立于感性的理智者来看待,必须从自己的高级能力、包括高级认识能力和高级欲求能力两方面来看待,"不是看作是属于感性世界的,而是看作属于知性世界的"。由于你把感性世界和知性世界区别开来了,这一点是容易做到的。前面讲到,任何一个普通知性都可以把自己区别开来:我们所认识到的都是现象,现象底下还有我们不可认识的理知世界;那么作为我们自身也是这样,我们对自身也有经验的自我的表象,对经验的自我,我们每一个人都有自我体会,自我感觉,但是,自我感觉是不断变化的,它不是你的本体,本体是不变的。为什么变来变去,我还是我呢?肯定底下还是有一个一贯的东西在那里。你所有的经验的我，都不能够完全用来取代这个一贯的我，那么这个一贯的我，它肯定是超越于一切感性之上的，它是一个理智。你时时刻刻想到这是"我"，那么，你凭什么想到这个"我"呢，凭你的理性，所以你所想到的这个"我"就是一个理智，就是理性所思考的对象，那就是理智。所以我把自己作为理智来看待，不是看作是属于感性世界的，而是看作知性世界的，这样一个纯粹的理智，没有任何经验的感性的成分，而前后一贯，永恒不变。

因此，他具有两种立场，从这两种立场出发他可以观察自己，并认识他的能力应用的、从而他的全部行动的法则，

他具有两种立场，感性世界的立场和知性世界的立场，从这两种不同的立场，"他可以观察自己，并且认识他的能力的应用的法则，从而认识他的全部行动的法则"。他的能力要把它应用出来，这个应用就是行动啦，你要应用你的能力，这个应用本身就是行动，包括你的认识也可以说是一种行动，全部行动，包括你的认识和你的实践，所有这些法则，你都可以从这两种立场出发来加以认识，认识你的能力在应用中，你要遵守什么样的法则。

所以这法则有两类：

第一，就他属于感性世界而言，他服从自然规律（他律）；第二，就他属于理知世界（intelligiblen Welt）而言，他服从独立于自然的、并非经验性的、而只是建基于理性的那些法则。

这是两个对待自己的不同的立场，"第一，就他属于感性世界而言"，每个人都是属于感性世界的，这是毫无疑问的，就这方面而言他是服从自然规律的，他是服从他律的。感性世界有一些你不得已而为之的规律，一些法则，人有一些本能的需要，这些都是感性的法则，人作为感性世界中的一员不能不服从它们。这些法则都属于他律，它不以你的意志为转移，相反，你的意志要受到它的规律的制约，它对你的意志进行强制，这是一个立场。"第二，就他属于理知世界（intelligiblen Welt）而言，他服

从独立于自然的、并非经验性的、而只是建基于理性的那些法则"。理知世界在这里出来了。就他属于理知世界而言，他所服从的法则是独立于自然的，跟自然没有关系，摆脱了自然他律，摆脱了自然规律的强制，这些法则只是建基于理性之上的。那么这些法则就是理知世界（intelligible Welt）的法则。我们可以翻到前面一页倒数第四行，讲到"智性世界"（intellektuelle Welt）。他在这里是把它们作为同义的运用的，他在那里说："这样，在单纯的知觉和在感觉的感受性方面，他必须把自己归入感性世界，但就在他里面可能是纯粹能动性的东西（完全不是通过刺激感官、而是直接达到意识的东西）而言，他又必须把自己归入智性世界，对这一世界他却没有进一步的认识。"但这两个概念 intelligibel 和 intellektuell 是不是同一个概念？康德其实是做过区分的，我们可以看《纯粹理性批判》中译本里面 232 页（A257=B312）底下的注释 1："我们不必像人们在以德国人的表达方式通常习惯于做的那样，用智性世界（eine intellektuelle Welt）这个词，来取代理知世界（die intelligiblen Welt）这一术语"。也就是说德国人通常习惯于用智性世界去代替理知世界。他说我们不必像德国人那样总是用智性世界取代理知世界，也就是说康德原则上是反对把这两个概念等同起来的，为什么呢？他接着说，"因为只有知识才是智性的或感性的"，也就是说智性世界 intellektuellen Welt 这个词，是在知识论的意义上讲的。注释里接下来说，"然而只要是能成为这种那种直观方式的、因而客体方面的对象的东西，都必须叫作理知的或可感的。"也就是他这里有两套，一套是知识论方面的，那就是感性的或者是智性的 intellektuell，这是知识论上的用语。所以这个 intellektuellen Welt 是在知识论上面讲的；另外一套是在本体论意义上讲的，"只要能成为这种那种直观方式的、因而是客体方面的对象的东西"，这种那种直观方式，他这里隐含着要么是感性的直观，要么是知性的直观。知性直观人是不可具有的，但是我们可以设想，在理知世界里面有某个理智，它具有知性直观，比如说上帝，上帝就有可能有知性直观，他就可以直观到理知世界的对象，我们人不可能做到。所以对于我们人来说，这只是属于对象方面的而不是属于知识方面的一个用语，intelligibel 是属于对象方面的用语，也就是本体论方面的用语，自在之物的用语。所以他在《纯粹理性批判》这一页上的注释是非常重要的，我们要掌握康德的这套用语的微妙的区别，经常要参考这里。但他前面仍然用到了智性世界和感性世界的划分，这是按照约定俗成的，因为德国人经常用这个词来取代理知世界。为什么喜欢取代理知世界呢，是因为他们总是把事情搞混，总是把理知世界的本体论的概念偷换成认识论的概念，以便我们能够认识物自体。所以这个概念具有败坏的作用，康德后来把它摒弃不用。按照康德自己的说法，那就只能是理知世界（intelligible Welt），这是严格的康德自己的用语。由于划分不清，所以人们也经常把智性世界（intellektuelle Welt）和知性世界（Verstandeswelt）混为一谈，比如说我们在自然科学里面凡是尚待认识的东西，假设中的东西，我们也把它称之为智性世界或知性世界的东西。但是在康德看来，那不是知性世界的，只是智性世界的，即它还只是在可能经验的范围之内的一种理论建构。尚待认识的科学的话题，比如在现象底下寻求一种力或结构，[①] 这个时候还没有感性，但是我们可以设想它，可以用知性去建构它，我们可以从认识论上把它称之为智性世界，但不能从本体论上称之为知性世界。经过康德的严格的分析后，纯粹的知性世界只能是理知世界，就是仅仅能够凭理性去设想、但是永远不可能凭感官来认知的，那就是本体意义上的知性世界，那就是理知世界。而认识论意义上的智性世界，那只是你现在还没有得到感性材料的充实而已，于是你提出一个科学的假设。科学假设我们今天还在提出来，如爱因斯坦的"统一场论"，霍金的"黑洞理论"，都没有得到经验的证实，科学家们通常把它称之为知性世界，认为这就是本体，这就是本质，但是

---

① 参看《纯粹理性批判》A257＝B313，邓晓芒译，杨祖陶校，人民出版社 2004 年版，第 233 页。

就弄混了。它还是属于可能的现象，不是属于本质。真正的本质是原则上完全不可知的，它不仅仅是尚未认识的，而且是不可认识的。尚未认识的和不可能认识的有原则的区别，康德就是要把这点区别开来，就是说尚未认识的这些东西都属于现象，除此之外还应该有一个不可认识的，那就是本体。不过，康德在前面所做的区分还不很严格，因为他只是从日常的最普通的知性，就是老百姓的日常经验这类约定俗成的观念引出他的严格的规定的概念，其间有一个过程。而到了这里，这段话就把他的术语严格规定下来了，前面都是引子。当然知性世界他还在用，但是智性世界这个词，他就不再用了。代之以他自己的 intelligible Welt，因为智性世界太容易导致误解了。之所以要做这样区分，还是为了他这一节的小标题，"论依附于德性各种理念的关切"，它还是一种关切，虽然道德律本身是超越一切关切之上，但它本身还是有关切的，只是这个关切跟一切感性的利益是不同的，感性的关切都是利益，都是他律。德性本身是不需要关切、不需要利益的，但是依附于德性而来的就会有一种关切，就是说德性的定言命令的这套法则，它是属于哪一个世界呢？它在人身上是属于哪个世界的呢？它对人有一种什么样的根本关系，本质关系呢？当我们考察这样一个问题时，我们就会发现，人在日常生活中，经常会有一种关切，就是除了我们在自然界的动物性的生存这个领域中各种各样现象的关切之外，我们还要关切我们的理性，我们要关心我们理性所处的理知世界，那就是我们的本体。我们到底是什么？我们是不是就是动物？除了动物性的关切以外，我们还要关切我们的理性，关切它所处的那个世界的法则。但是要关切到这个领域，必须把所有那些感性的关切全部置之不顾，因为这个领域的法则，它是独立于自然的，并非经验的，只是建基于理性的。但既然我们有理性能力，我们每一个人都知道自己有一种理性能力，理性能力跟知性能力相比，它是一种推理能力，可以不断地推，从有限推到无限，从现象还可以推到物自体，当然不是认识，但是我们从现象界，我们可以推出来，我们有一个知性世界，那才是我们的本体。所以依附于道德性的我们有这样一种关切，就是因为我们同时又是属于本体的，属于知性世界的。

作为一个理性的、因而属于理知世界的存在者，人除了在自由理念之下，绝不能以别的方式设想他自己意志的原因性；因为对规定感官世界的那些原因的独立性（理性任何时候都必须把这样一种独立性赋予自身）就是自由。

那种独立性就是自由，这句话是从前面推出来的，我们把自己已经一分为二，划分了两个世界，一个是感性世界，我们当然要服从它，但是我们还要服从知性世界（或理知世界）。那么下面推出来的就是，"作为一个理性的、因而属于理知世界的存在者"，那么我们来考察一下，它会是怎么样的呢？既然你要关心自己的本体，那么作为这个理知世界的存在者的本体是怎么样的呢？是这样的："人除了在自由理念之下，绝不能以别的方式设想他自己意志的原因性"。我是作为一个理性的、因而属于理知世界的存在者，我的理性提醒我是属于理知世界的，那么，我要设想我的意志的原因性，我要把自己的本质实现出来，这样一种意志的原因性是一种什么原因性呢？只能是在自由理念之下设想的原因性，也就是说，只能是自由的原因性。作为一个理知世界的存在者的意志的原因性，只能够是自由的。为什么？下面讲，"因为对规定感官世界的那些原因的独立性（理性任何时候都必须把这样一种独立性赋予自身）就是自由。"这里阐明了什么是自由：对规定感官世界的那些原因的独立性就是自由。这就是对自由的消极的规定，或者对消极自由的规定。括弧里面讲"理性任何时候都必须把这样一种独立性赋予自身"，理性之所以是理性，之所以是最高级的认识能力，就在于它任何时候都把这种独立性赋予自身，也就是它是彻底地摆脱感性。知性还没有摆脱感性，知性虽然先于感性，但它离不开感性；而理性不但高于感性，而且它还超然于感性之外，它完全脱离感性。所以理性任何时候都必须把这样一种独立性赋予自身，有了理性，那么我们就可以设想它自己的意志的原因性是自由的。这个自由当然是消极的自由，就是除了在消极自由的理念之下，我不能设想意志的原因性了，如果意志的原因性在于理性的话，那么它就是摆脱感性的。这里第一句话就把自由引出来了，由于有理性，所以有自由，或者说理性本身就意味着自由的根据。这种说法在前面被当作是一种未定的假设，而在这里，由于有了两个世界的划分，由于确定了理知世界的概念，从而变得明晰起来。

现在，**自律**的概念与自由的理念不可分离地结合在一起，而德性的普遍原则又与这自律概念不可分离地结合在一起，这种德性原则在理念中为理性存在者的一切行动奠定了基础，正如自然规律为一切现象奠定了基础一样。

453

这是第二句话。第一句话从理性推论出自由；第二句话，"自律的概念与自由的理念不可分离地结合在一起"，也就是从自由推出了自律。自由就是独立于感官世界的规律，独立于感官世界的那些原因性，这是消极的自由。但是，自律的概念是与自由的理念不可分离地结合在一起的，自律的概念是积极的自由，它不但是摆脱感官世界，而且它自己给自己立法。它能够给自己立法，于是消极的自由通过自律概念就变成了积极的自由，这是进一步的推论。"而德性的普遍原则又与这自律的概念不可分离地结合在一起"，从自律中又推出了德性原则，也就是道德律，"这种德性原则在理念中为理性存在者的一切行动奠定了基础"，就是说理性存在者的一切行动都是建立在德性原则之上的，是以理念为根基的。"正如自然规律为一切现象奠定了基础一样"，他这里做了一个类比。理性存在者，在自由方面，他是通过德性的原则的理念为自己的一切行动奠定基础的；那么在自然必然性方面，他是通过自然规律为一切现象奠定基础，那就是在《纯粹理性批判》中讲的，知性为自然界立法。知性的法则为一切现象奠定了基础，现象界的那些对象都是人的知性利用经验性材料所建立起来的，是建立在知性的能动性法规上的。那么另一方面，在本体界是由于自由以及自律所建立的道德律为理性存在者的一切行动奠定了基础。这两者是可以对应起来的，但是属于不同的领域，一个属于理知世界，一个属于感性世界。但是它们有对应的关系，它们都是建立在人的同一个理性上面的。所以理性是我们在自身中唯一抓得住的、可以为道德法则奠定基础的能力。既然我们有理性，我们就能分出两个世界，既然有两个世界，那么我们在理知世界里面就可以有一种消极的自由，既然我们有消极的自由，我们就可以在实践领域建立起我们的道德法则，那就是积极的自由。那么，我们是否真的有理性呢？这个是不用怀疑的，每个人在自己的认识活动中已经看到了理性的作用，在感官世界我们已经在用我们的知性为自然界立法。所以前面曾说理性是我们人在自身中"确实发现"的一种能力。而一旦有理性，它也就可以有两种运用，理论的运用和实践的运用，也就有了两个世界的划分。由此就可以解开前面所谓的"循环论证"的结。

我们可以回顾一下，在前面德文版第 450 页，他说："显然，在此人们必须坦率地承认，这样一种循环看起来是无法摆脱的。我们假定自己在起作用的原因的秩序中是自由的，是为了在德性法则之下的目的秩序中设想自己，接着，我们把自己设想为服从这些法则的，是因为我们把意志自由赋予了自己；这是因为，自由和意志的自己立法两者都是自律，因而是可互换的概念，但正是由于这一点，一个不能用来解释另一个。"就是提出自由和自律，或自由和道德律，这两者之间到底是谁来解释谁，谁来证明谁？我们有了道德律，我们就必须设定我们是自由的，因为道德律本身是一种理性的行动法则；但是自由原来只是假设，仅仅由于有道德律这样一个事实，我们假定它底下肯定有自由，这才赋予了自由以积极的意义；但是道德律本身是什么东西？道德律本身就是自律，而自律也就是自由，你为了自由而假定自由，那岂不是循环论证么？道德律本身无非就是自律，而自律就是积极的自由，你本身是为了阐明道德律，你才引入了一个自由,但是道德律本身就是建立在自由之上的。所以这里面好像有一个循环论证,康德预料到别人会对他有这样的指责,所以前面他讲"这种循环看起来是无法摆脱的",就是说在人家看起来这种循环是无法摆脱的。康德承认,这个表面上看起来有一个循环,就是把要证明的东西当作了前提,你本来要通过自由来为道德律这个事实奠定基础,但是你在理解道德律的时候,你已经把自由放进去了。道德律本来就是自由的,那么你如何能够为它奠基呢?这就看起来有一个循环。这是我们在前面已经讨论过的。

但是,他在下面这一段里话头一转:

于是,我们在上面所挑起的这种疑惑就被消除了,即似乎在我们从自由到自律、又从自律到德性法则的推论中包含着一个隐秘的循环,也就是我们是不是把自由的理念仅仅只是为了德性法则才奠定为基础,以便然后再从自由中又推论出德性法则,因而对这个法则我们将根本指不出什么根据,而只能把它表明为对某种原则的祈求,好意的灵魂也许将乐意认可我们这条原则,但我们永远不能把它作为一个可证明的命题建立起来。

这就是当初康德所坦率承认的人们可能会有的这样一种疑惑,但是这种疑惑在这里被消除了。什么样的疑惑呢?"即似乎在我们从自由到自律、又从自律到德性法则的推论中包含着一个隐秘的循环,也就是我们是不是把自由的理念仅仅只是为了德性法则才奠定为基础",我们这里有一个德性法则,但是我们要寻求德性法则的基础,于是先假定了自由。就是说德性法则如果没有自由的话,那它就是不可能存在的,于是我们要假定它的自由基础。但德性法则本身是一个事实,《道德形而上学奠基》前面都是把它作为一个事实来加以分析,一直分析到最后,分析出来它肯定有自律作为它的根基,那么自律就是自由。所以说,如果没有德性法则的话,自由也是不可能理解的。一方面,"我们是仅仅为了德性法则才把自由的理念奠定为基础", 自由的理念没有什么别的用处, 唯一就是为德性法则奠定基础。"以便然后再从自由中又推论出德性法则", 注意, 这里的"推论出"不是通常的顺推, 而是反推, 也就是从自由中追溯到德性法则作为它的基础, 没有德性法则, 自由只是一句空话。本来自由是为了德性法则奠定基础而假定的, 但是自由又必须把德性法则本身当作自己的基础, 即只有自律才会是自由的, 那么我们对这个自律的德性法则"将根本指不出什么根据"了。你要证明德性法则是立足于自由的, 但是你这个德性法则本身就已经是自由的根据了, 你怎么能够证明呢? 所以, 现在对于自律或者德性法则, 我将根本提不出什么根据。"而只能把它表明为对某种原则的祈求", 也就是说, 我们在德性法则中所表明的只是一种劝告、劝导, 不是说, 每个自由人都必然遵守德性法则, 而只是说, 你只有先遵守德性法则, 才能成为自由人。但是, 我们能够遵守德性法则吗? 但愿如此! 所以我们只能把德性法则表明为对某种原则的祈求, 也就是对自由的祈求。"好意的灵魂也许将乐意认可我们这条原则, 但我们永远不能把它作为一个可证明的命题建立起来。"好意的灵魂, 就是说如果说灵魂本身已经有了善良意志了, 它的意志本身已经是善良的啦, 那么它也许将会乐意认可我们这条原则、道德律, 但是如果他不是呢? 如果他没有这种好意呢? 那就难说啦, 所以我们永远不能把道德律作为一个可证明的命题建立起来。如果想要证明的话, 你就会陷入到循环论证。这就是我们上面的疑惑, 但是这个疑惑现在被消除了, 整个上面这一句话所讲的这些疑惑, 经过上面几段的论证现在被消除了。为什么消除了? 下面就解释。

因为现在我们看到, 如果我们把自己思考为自由的, 我们就把自己作为成员置身于知性世界, 并认识到意志的自律连同其结果, 即道德性;

上面这个疑惑被消除了, 也就是这种循环论证被消除了, 通过什么被消除了呢? "因为现在我们看到, 如果我们把自己思考为自由的, 我们就会把自己作为成员置身于知性世界"。知性世界这个概念在这里就非常重要了，正是它的提出，使得我们单纯从逻辑上所分析出来的那种循环论证就消除了。就是说我们把自己思考为自由的，以往只是作为一种祈求，我们希望我们是自由的；但是我们现在把自己置身于知性世界，而知性世界如前面所说，是任何有理性者都不可否定的。我们把自己作为成员置身于知性世界，"并认识到意志的自律连同其结果，即道德性"。我们在知性世界中意识到了意志的自律以及道德性，道德性是作为意志自律的结果。就是说，在知性世界里我们有自由，自由虽未得到证明，但是知性世界已经被我们认可了，被我们承认了。前面讲过，我们如果有理性，我们就能够把自己一方面作为感性世界的成员、一方面作为知性世界的成员区别开来，我们划定了知性本身的限度，但是同时我们为理性开辟了新的天地。我们有理性就已经说明了我们有知性世界，那么我们所讲的自由，虽然我们不能认识它，但是我们可以把它放入知性世界里去，这样，我们在知性世界里就会凭理性自由地建立起意志自律，从意志自律必然会推出道德性。而这样一来，不论你是不是心怀好意，是不是乐意接受，一切有理性者都将不能不把自己的知性世界的本质当作道德性的根据，于是哪怕最坏的坏人，也都具备了改恶从善的契机。

然而，如果我们把自己设想为负有义务的，我们就把自己看作既属于感官世界、但同时却又属于知性世界的。

这句话就落实到他怎么样摆脱这种循环论证了。就是说我们在把自己思考为自由的时候，我们是把自己看作属于知性世界的，并且在知性世界里面，意识到了道德性。"然而，如果我们把自己设想为负有义务的"，这个义务的概念是一个完全不同的概念。我们通常认为义务和道德性的概念好像是一个概念，其实不一样，道德性是道德性，义务呢，还必须加上一个东西。就是说，你还必须要用道德律对自己形成一种命令。为什么要命令呢？因为你除了属于知性世界之外，你还属于感性世界，所以需要命令你。如果你只属于知性世界，那就不需要命令了，那通过理性就可以推出来了，我就必然会那样做了。但是我往往不按照道德律做，就是因为我还受到感性的制约，受到感性的强制，我还属于感官世界。那么这里头就有命令，道德性就变成了义务。因为人是双重的，这个命令就意味着双重世界之间的一种必然关系。我们要用知性世界的规律、法则去命令、去规范感官世界，这就成了义务。前面首先把自己归于知性世界，在知性世界里面，我们凭借自己的理性而有超越感性世界的自由；但是通过自由意志的命令，我们在实践中使自己的准则按照理性的法则来行动，来作用于感性世界，这种命令就是自律的定言命令。所以自由和自律的关系并不是同一层次上的两个概念之间的关系，而是知性世界与它在实践中对感性世界的决定作用之间的关系。而所谓的循环论证，就是因为我们没有看到我们自己的知性世界和感官世界的本质区别。我们混淆两个世界，把一切都放到同一个层次上面来讨论，我们就会形成形式逻辑上的循环论证，好像自由本身是为道德律奠定基础的，但是道德律作为自律，它本身又是自由的基础。我们把它们都拿到形式逻辑上来加以推导，说这个是那个的根据，那个又是这个的基础，这就是循环论证的产生。但是如果我们把它分成两个世界，我们不是要为它提供推导论证，而只是要提供阐明，那就没有循环论证。我们有理性，因而我们有理知世界，这个是不需要论证的，这是一个事实；理性在理知世界中假定了［消极的］自由的理念，那么我们的意志在行动中就可以按照这个理念，命令意志的准则提升为普遍法则，这就是意志自律或道德律，这也是一个事实，由这一事实我们确定自己实际上具有［积极的］自由。所以康德在这里不是什么循环论证，甚至于不是论证，他是解释这两个事实，并且这样来解释我们的义务。因为我们在理知世界里面是自由的，我们的行动都肯定要符合理性的法则，这个是事实，只要你承认人有理性，你就必须承认这个事实。那么我们用这个事实来解释，我们在现实生活中的感性的行为，它必然要受到我们的理性法则的制约、命令，这就是定言命令何以可能，这个问题现在已经做好了回答的准备。整个这一段，乃至这个小标题以下的整个这一节，都是为这个做准备的。当然上一节"自由必须被预设为一切理性存在者的意志的属性"也是做准备的,这是从概念上来讲的,就是自由和理性存在者相互之间有必然的联系。它是从两个方面来证明的:自由肯定是理性的,而理性肯定是自由的。从正反两个方面,这是第一个小标题下所做的准备。第二个小标题所做的准备就是"依附于德性各种理念的关切",就是把感性世界和知性世界划分开来了,我们除了感性世界的关切之外,我们还有知性世界的关切。而且这个关切是更高的关切,它超出一切关切之上,超越一切利益之上,那么这种关切就把我们引向了定言命令或义务的根据,即知性世界、理知世界。这个根据不是逻辑根据,而是本体论的根据。而这就为解决定言命令如何可能的问题做好了准备。

对于理性的道德律和自由的关系问题,康德在《实践理性批判》中说得更加明确。他在那本书中谈到:"但自由在思辨理性的一切理念中,也是唯一的这种理念,我们先天地**知道**其可能性,但却看不透它,因为它是我们所知道的道德律的条件。"并且在这里加了一个注释:"当我现在把自由称之为道德律的条件、而在本书后面又主张道德律是我们在其之下才首次**意识**到自由的条件时,为了人们不至于误以为在此找到了**不一致的地方**,所以我只想提醒一点,即自由固然是道德律的 ratio essendi [存在理由],但道德律却是自由的 ratio cognoscendi [认识理由]。因为如果不是道德律在我们的理性中**早就**被清楚地想到了,则我们是决不会认为自己有理由去**假定**有像自由这样一种东西的(尽管它也并不自相矛盾)。但假如没有自由,则道德律也就根本不会在我们心中被**找到了**。"① 这里的"不一致的地方"就是指上述所谓的循环论证。康德在这里确实提供了两方面的"理由"(或"根据"),但这两种理由并不处于逻辑上的互相论证的循环中,而是分别处于两个不同的层次上,一个是存在的层次即本体论层次,另一个是认识论层次。或者说,一个是立足于本体论而为

① [德] 康德:《实践理性批判》,邓晓芒译,杨祖陶校,人民出版社 2003 年版,第 2 页。

认识提供理由，一个则是立足于认识论而为本体提供理由。我们只有通过理性的道德律才能"意识"到我们的确有自由；但我们只有通过假定自由才能解释我们为什么会有道德律。显然，《实践理性批判》中这种解释是和《道德形而上学奠基》一脉相承的，但表述得更清楚。

我们再看下面这一节的小标题：

一种定言命令如何可能

这个就涉及到我们整个第三章的核心问题了。整个第三章就是要解决这个问题的，定言命令是如何可能的。这跟道德律何以可能还不一样，道德律只要有理性就可能，但是定言命令如何可能，就是说道德律如何能够命令感性的经验的实践行动。人除了属于知性世界之外还属于感性世界，那么对于感性世界来说，知性世界的道德律就变成了一种命令，这种命令是如何可能的？回答这个问题首先你要把感性世界和知性世界区分开来，才有了解释它何以可能的基础。

所以我们来看看这一段。

理性存在者把自己作为理智而归入知性世界，并且它只是作为属于那个世界的一个起作用的原因，而把自己的原因性称之为一个**意志**。

这是从理知世界而言的。前面我们把人这种理性存在者划分为两个世界，人作为有限的理性存在者，他除了有知性世界之外，还有感性世界的存在。那么这里首先从知性世界这一方面讲，理性存在者把自己作为理智而归入知性世界。这是前面已经做好了铺垫的，理性存在者有理性，那么我就可以把自己作为理智而归于知性世界，"并且它只是作为属于那个世界的一个起作用的原因，而把自己的原因性称之为一个意志。"就是说，理性存在者把自己的原因性称之为一个意志，理性存在者他要存在，他就必须要起作用，他就必须要有自己的原因性，这个原因性就被称之为一个意志。在什么意义上称为一个意志呢？是作为属于那个世界的一个起作用的原因，那个世界也就是知性世界、理知世界，理性存在者作为理知世界的一个起作用的原因性，把自己的原因性称之为一个意志，这个意志打了着重号。这个意志在这里很重要。前面我们已经讲到了，定言命令何以可能的解决的关键，即所谓的"第三者"，我们就要追溯到这个意志。什么是第三者，我们前面讲第三者就是意志，意志属于知性世界，但是它同时又是"作为属于知性世界的一个起作用的原因"，它能够在感性世界里面表现出它的"作用"。当然它也可以受到感性世界的规定或者束缚，你的意志本身是属于知性世界的，但它往往服从了感性世界的法则，比如说本能、欲望、爱好，这也是你的意志所选择的。当你的意志选择知性世界的道德律时，那是你的本性，你本来是应该这样选择的，但是你往往受到感性世界外来法则的支配。所以这个意志，它属于第三者，它是既有知性世界的本体，同时又能够在感性世界中表现出它的作用，它在两者之中都有自己的成分。当然它的根基还是在自己的知性世界中，所以它可以作为一个桥梁，沟通两个世界，从而也沟通行动的主观的准则和客观的普遍法则。

但是从另一方面，它却也意识到自己是感官世界的一部分，在其中它的行动只是作为那种原因性的现象而被发现；然而，这些现象的可能性却不能从这种我们并不认识的原因性中看出来，取而代之的是，这些行动作为受其他现象、即欲望和爱好所规定的，而必须被看作属于感官世界的。

这就是我们刚才讲到的理性存在者，一方面呢，把自己作为理智归入理知世界，在这方面，它的原因性就是意志；但是从另一方面，"它却也意识到自己是感官世界的一部分"。当然这里是讲的有限的理性存在者，不是讲的上帝，他这里没有说明，是不言而喻的。它也意识到自己是感官世界的一部分，"在其中它的行动只是作为那种原因性的现象而被发现。"哪种原因性呢？就是前面所讲的意志，把自己的原因性称之为一个意志。你在理知世界中你有你的意志，这是你的意志的本色；但是在感官世界中，你的行动，只是作为那种原因性、也就是意志的"现象"而被发现。你即使要严格按照道德律来行使自己的自由意志，你在行使的过程中，你的行动还是体现为感官世界的现象，这些行动、效果、措施都属于现象，它来自于你的原因性，来自于你的意志。这个意志如果没有感官世界，它是不能表现出来的，意志必须表现在实践的行动中，你的意志不能是空的意志，只有你已经做了，或者正在做，这才说明你有意志。意志和它的行动是不可分的，而一旦行动就进入到了意志，就表现为现象了。他说，"然而，这些现象的可能性却不能从这种我们并不认识的原因性中看出来。"你做好事，你做道德的事情，它表现为现象，但这种现象的可能性，就现象而言，却不能从我们并不认识的原因性即意志中看出来。这个意志作为理知世界的原因性，自由的原因性，我们并不能认识它，并不能从我们的自由意志中看出来它的可能性。作为一种现象如何可能，并不是说你有这种意志就有可能了，你做了一件好事，这整个过程作为现象还是符合自然规律的。那么这里面有什么自由意志呢？看得出什么道德法则呢？用一个医生或者生物学家的眼光是看不出来的。但是这个事情是你的自由意志引起来的，只是我们从现象上看不出来而已。它的法则即道德规律还在理知世界里面，它虽然产生为现象，但是这些现象并不能用你的道德法则来解释，这些现象还只能用生物的法则、自然规律来解释。你必须要改换你的立场，改换你的眼光，你把人不仅仅看作现象，而且看作是物自体，你才能想到，才能理解，他这个行为是有道德意义的。但是这种理解不是认识，你要认识你必须要有经验，那就是现象，而在现象里面你又看不出这些动因。"取而代之的是，这些行动作为受其他现象、即欲望和爱好所规定的，而必须被看作属于感官世界的。"取而代之，就是说你不能从中看出道德的涵义，相反，你只能从这些现象里面看出现象的涵义，这些行动必须被看作属于感官世界的。就是说，凡是表现为人的行动的现象，作为这些现象本身，你都必须从爱好、欲望这样一些自然规律方面，用感官世界的法则来规定它。所以杀身成仁舍生取义在一般人看起来就是不可理解的,因为它违背了生物学的规律,谁不怕死,谁不怕疼呢,他居然不怕死不怕疼,那他不是违背自然界的规律了吗?那就是不可认识的,这是一种怪异的愚蠢的行为。我们通常从现象界的角度把人看作是一个动物,他的行为总是为了获得某种好处,人为财死鸟为食亡。所以要认识这些现象的话,你只能把他当作感官世界的现象加以认识,如果你要从道德的角度来看待这些现象的话,那么你预先就已经把它置于不可认识的本体界,那你就不要谈认识。你要谈道德,你就不要追问他这样做是到底为了什么好处,符合哪条生物学规律。因为他仅仅是为了他的理想。理想当然是不现实的,不符合现象界的,但是他的后果是符合现象界的。他为他的理想牺牲了,牺牲本身是符合现象界的,但是他牺牲的动因是不符合现象界的。

因此,假如仅仅作为知性世界的成员,我的一切行动就会完全符合纯粹意志的自律原则;仅仅作为感官世界的一部分,则它们必然会被看作与欲望和爱好的自然规律、从而与自然的他律完全符合的。(前者将会建立于德性的至上原则之上,后者将会建立于幸福之上。)

这里有两件事情,一是"假如仅仅作为知性世界的成员,我的一切行动就会完全符合纯粹意志的自律原则",或者说,就必然会完全符合纯粹意志的自律原则。这是一个假设,假设我仅仅作为知性世界的成员,那么我的一切行动"就会"——这里是用的虚拟式——完全符合纯粹意志的自律原则,那我就是上帝了。至少,如果我完全是这个知性世界的成员,那我就是天使,我就是圣人了。那么另一方面,"仅仅作为感官世界的一部分,则它们必然会被看作完全符合欲望和爱好的自然规律,从而与自然的他律完全符合的"。假如我完全是动物,就必然会符合他律,这也是虚拟的。我也不是动物。任何人都不能仅仅被看作是动物,同时也不能被看作上帝或圣人。两方面都是虚拟的,但事实上人是这两方面的统一,任何一方面都是不能被抛弃的。括号里讲:"(前者将会建立于德性的至上原则之上,后者将会建立于幸福之上。)"前者也就是纯粹知性世界的成员，他的行为将会建立于德性的至上原则之上，他就是一个纯粹道德的人；而后者的行为将会完全建立在幸福之上，这就是作为一种动物、自然物的人，人当然是要追求幸福的。

下面这一句打了着重号，是关键的一句：

但由于知性世界包含着感官世界的根据，从而也包含着感官世界的规律的根据，因而就我的意志来说（它完全属于知性世界）是直接立法的，因而也必须被作为这样的来设想，

"知性世界包含着感官世界的根据，从而也包含着感官世界的规律的根据"，这是前面已经证明了的，我们前面有一句类似的话，讲到感性世界（Sinnenwelt，又译感官世界）和知性世界之间的"尽管是粗糙的区分"，其中后者"作为前者的根据，则永远保持为同一个世界"（德文版第451页）。这是因为，连最普通的人类知性都会同意，在我们所认识的现象事物底下，肯定还有不为人知的事物本身，甚至永远不可知的自在之物，它是我们所认识的现象的终极根据。这是从理论方面说的。那么从实践方面，由此我的理性也就可以完全摆脱感官世界的现象，根据我的自在之物的自由理念而自己立法，建立道德自律，然后用这种自己立法来命令和限制感官世界中的我自己，使我在行动中所遵循的感官世界的规律服从我的知性世界的法则，从而知性世界就成为了感官世界的规律的根据。他说，"因而就我的意志来说（它完全属于知性世界）是直接立法的，因而也必须被作为这样的来设想"。我的意志是完全属于知性世界的，它超越了感官世界，所谓直接立法的，也就是不借助于感官世界的目的而立法的，因而也必须被作为直接立法的来设想。"直接立法"和"作为直接立法的来设想"，这两者有些层次上的不同。前者是实践的层次，"存在理由"的层次；后者是实践知识的层次，"认识理由"的层次。所以我们一方面在行动中直接立法，另一方面我们也"知道"这种直接立法包含着感官世界的根据，也包含着感官世界的规律的根据。在知性世界和感官世界两者之间，我们的意志属于知性世界，是直接立法的，是作为我

的行动的直接根据；而我在感官世界中的行动则必须立足于这种直接立法来"设想"，从而形成一种道德的实践知识。

下面就是谈如何来设想：

454　　所以，我将把自己看作理智，尽管在另一方面我如同一个属于感官世界的存在者那样，我却仍然把自己看作服从知性世界的法则，即服从在自由理念中包含着这种法则的理性，因而服从意志的自律的，所以，我必然会把知性世界的法则视为对我的命令，并把符合这种原则的行动视为义务。

前面讲到了，知性世界包含着感官世界的根据这样一个命题我们已经设想到了，就像我们普通的知性也可以承认的，我们所认识到的一切都是现象，但是现象后面有一个根据，那就是自在之物，我们已经把自在之物当作我们现象界的根据来设想了。所以，既然实践行动中意志撇开感性世界已经直接为自己立了法，它在行动中涉及到感性世界的时候就能够支配感性世界，能够不受感性世界的干扰，它的行为如果按照意志的法则来实行的话，它也就成为了我们在感性世界中的行动的根据。这就是对定言命令何以可能的解释，最主要的解释。他说"我将把自己看作理智，尽管在另一方面我如同一个属于感官世界的存在者那样，我却仍然把自己看作服从知性世界的法则，即服从在自由理念中包含着这种法则的理性，因而是服从意志的自律的。"我将把自己看作理智，因为从根本上说，我的根据就在于理知世界里面，我的本体或说我的本质就是理智。虽然我在另一方面也如同一个属于感官世界的存在者那样，但是那不作数，那只是我的现象，不是我的本质。我是谁？我不是动物，我不是所有的现象界的事物。我跟那些东西不一样，我跟我自己感性经验也不一样。真正的自我就是我的知性世界的本体，所以我将把自己看作理智，我有理性，理性才是我的本质。我把自己看作是服从知性世界的法则的，因为那是服从我的本质，服从我的本体的。而服从知性世界的法则，就是"服从在自由理念中包含着这种法则的理性"，知性世界的法则是什么法则呢？就是在自由的理念中所包含着的这种法则，这种自由中的法则就是意志的自律，也就是纯粹实践理性了。我把自己看作是服从纯粹实践理性的，因而是服从意志自律的，"所以我必然会把知性世界的法则视为对我的命令，并把符合这些原则的行动视为义务"。知性世界的法则，也就是道德律或自律，要求我撇开感官世界的规律而按照它们去行动，所以它们必然会被看作是对我的命令，符合这些原则的行动则是我的义务。命令和义务是相关的两个概念，义务体现为命令。对人来说，道德性就成了他的义务，人必须要受到命令，人只有通过命令才能把道德变成他的必然性。因为一方面他的本性固然是知性世界，但是他还有感性世界的方面，所以他必须要被命令。既然这样，我必然会把知性世界的法则视为对我的命令。我的本性是知性世界的法则，但是，我又必然会有感性世界那一方面。"所以我必然会把法则视为对我的命令。并把符合这种原则的行动视为我的义务"。这个就解释了定言命令何以可能。定言命令必然会可能。

我们再看下面这一段。前面我们引到了这个问题：定言命令作为一种义务是何以可能的。又讲到，知性世界包含着感性世界的根据，这就意味着知性世界对于感性世界来说，它形成了一种命令，形成了一种义务。人是两个世界的统一体，人虽然有知性世界，但是他必须把他的知性世界的法则在他的感性活动中体现出来，如何体现？那只有通过命令，通过命令就形成了对人的一种义务。人必须遵守，人不得用感性世界的规律来扭曲知性世界的法则。对人的意志来说，这种法则就有一种强制性，所以下面这一段就是顺着这个思路下来的。

而这样一来，定言命令就是可能的，因为自由的理念使我成为一个理知世界的一员，因此，如果我只是这样一个成员，我的一切行动**就会**在任何时候都符合意志的自律了，但由于我同时直观到自己是感官世界的

成员，所以这些行动**应当**符合意志的自律，

这就回到他的主题了，一个定言命令如何可能，或者一个定言命令何以可能？那么根据上面那个说法，已经引出了这个结论。"这样一来，定言命令就是可能的，因为自由的理念使我成为一个理知世界的一员"。定言命令就是这样才可能的，即自由的理念使我作为理知世界的一员而起作用。自由的理念从何而来？从理性而来，最早从第三个二律背反的合理的解决而来。我们前面已经讲了，凡是有理性者，那么他摆脱感性而按照理性的法则行动，他的行动就必定是自由的，自由是有理性者的意志的必然属性。那么这样一个自由的理念就使我成为了一个理知世界的一员，因为自由的理念是从我的理性里面推出来的。我有自由的理念，那我就成为了理知世界的一员。"因此，如果我只是这样一个成员，我的一切行动就会"，"就会"打了着重号，"在任何时候都符合意志的自律了"，如果我仅仅是理知世界的成员，那么我的一切行动就必然符合意志的自律，那我就是上帝了。"但是由于我同时直观到自己是感官世界的成员，所以这些行动应当符合意志的自律"。"应当"也打了着重号，前面讲了"就会"，那是虚拟式，就是说实际上我不是的，我不可能仅仅是理知世界的成员。但是由于我同时直观到自己是感官世界的成员，通过我的直观马上就可以看到、马上可以承认，我当然是感官世界的成员，所以这些行动只是"应当"符合意志的自律，而不是"就会"。它的根据还是在于理知世界，但是由于这个理知世界还必须在感官世界里面起作用，发生它的原因性，所以，这种原因性就表现为应当符合意志的自律。我的感官世界的行动应当符合意志的自律。这个应当那当然就是定言命令了。

这个**定言**的应当表现为一个先天综合命题，因为在我的被感性欲望刺激的意志之上，还加上了同一个意志的理念，而这个意志却是属于知性世界的、纯粹的、对其自身来说实践的，它按照理性包含着前一个意志的至上条件；

　　这句话是很关键的。"这个定言的应当","定言的"打了着重号,应当有假言的和定言的,但是这里讲的是定言的,它是无条件的,始发的、原发的。所以这个定言的应当,它"表现为一个先天综合命题"。关键是为什么它是一个"综合命题"。至于"先天"的,它从理知世界而来,它当然是先天的。但是为什么表现为综合命题? 他这里解释:"因为在我的被感性欲望刺激的意志之上,还加上了同一个意志的理念,而这个意志却是属于知性世界的、纯粹的、对其自身来说实践的,它按照理性包含着前一个意志的至上条件。"我们注意这个地方出现了"两个"意志,就意志本身来说,它是一个意志的"理念",是自我立法的自律的理念,它是属于知性世界的;但是,同一个意志又能够被感性欲望所刺激,在这个"被感性欲望刺激的意志"之上,"还加上了"同一个意志的理念。为什么是综合的? 就因为这两个意志"加"在一起,也就是综合在一起。不是分析地推出来的,不是说从被感性欲望刺激的意志之中推出意志自律,那是推不出来的,它必须"加上"。经验派就以为我们从感性意志里面可以推出道德律,康德是坚决反对这个的。从感性意志里面推不出道德,必须加上一个意志理念。但是这个意志理念又是"同一个"意志,只不过是它的理念,是它的另外一种涵义,就是它的理念的涵义,它的纯粹意义。"而这个意志是属于知性世界的、纯粹的、对其自身来说实践的",对其自身来说实践的,也就是说,对它自己来说是能动的。它单独就可以实践,不需要任何假言的前提。就其自身而言,它可以单凭自己的意志自律,就可以起作用,在实践中可以决定人的行为。所以这个意志是属于知性世界的、纯粹的、对其自身来说实践的。这三个定语都是很有意义的。一个是它是属于知性世界的,另外一个是它是纯粹的,纯粹的意志和不纯粹的意志有区别的,不纯粹的意志,就是被感性欲望所刺激的意志。而这样一个意志的理念它是纯粹的、它对自身来说是实践的,"它按照理性包含着前一个意志的至上条件"。前一个意志也就是被感性欲望所刺激的意志。就是说,有纯粹意志的理念,这个理念呢,能够在你的行动中受到感性的刺激。受到感性刺激的意志也是意志，不过它已经不纯粹了；但是尽管它不纯粹，它还是意志，它还是意志的一种表现。人有了自由意志以后，你就可以把这个自由意志用在感性的方面，同一个意志你可以用在感性的方面；同时呢，你也可以从它的理念本身，纯粹的意志本身出发，来用在意志自律方面。它可以有两用，要么你用来接受感性欲望的刺激，这当然是一种意志，但是就意志本身来说，它是应该接受它自身的法则，就它的理念而言，作为纯粹的意志，它也必然会接受它自身的法则；但是这也不妨碍它受到感官刺激的诱惑或对感官刺激的接受。所以它表现为两用，而两用其实是一个，就是说，即使用在感官刺激方面呢，它还是以它自身的理念为条件的，是以纯粹的意志的理念作为至上的条件的，正是由于理念提供了纯粹意志，我才能把它转用于感官刺激之上。所以我们可以说作为同一个意志，它既可以用来接受感官刺激，同时也可以用来进行意志自律。那么，这样一个意志它是跨两界的。我们前面讲到，必须要有个跨两界的第三者才能说明综合命题的可能性，如德文版第447页说："这种综合命题只有这样才是可能的，两个认识相互之间，通过某个在其中双方都能够被发现的第三者的联系而结合起来。"但是，这个第三者是什么，当时还不能指出来。那么在这里现在就可以指出来了。就是说，积极的自由提供了这个意志的理念，那么这个理念，是在两个认识相互之间，比如说，我们对于感性世界和理知世界的划分，我们把自己划分为两个世界，当然在某种意义上可以说是两个"认识"。我们认识到自己既是感性的又是理智的，这两个知识相互之间，"通过某个在其中双方都能够被发现的第三者的联系而结合起来"，双方都能被发现，就是既在感性世界中被发现，又能在理知世界中被发现，那么这样一个第三者就可以把两方面联系起来、结合起来了。所以我们前面就已经讲到，所谓第三者其实就是指作为理知世界的理念的意志，它虽然作为理知世界的理念是属于理知世界的，但是它在感官世界中也有它的表现，而且它必然表现在感官世界。它如果不表现在感官世界中，那它就还不是实践的。实践肯定要对感官世界起影响,发生作用,这才叫实践。那么它一旦进入到实践,它就有可能受到感官世界规律的影响和制约,所以它就有可能成为被感官欲望所刺激的意志。当然你可以接受这个刺激,也可以不接受这个刺激,但是你总而言之受到了刺激。所以意志在两个世界里面都有所表现,它因此就有资格充当这个第三者。要作为第三者,它一定要是跨两界的才有可能,就像《纯粹理性批判》里面讲的时间图型、时间的先验规定,它就既是先天的又是在感性中,作为经验的条件,它是介于感性和知性之间的,那么它就可以充当第三者。在这里,同样的是这样一个关系,意志在理知世界里面是意志本体,是它本身的理念所在,但是它在感性世界里面也能够发挥它的作用,所以它能够充当第三者。定言命令为什么可能起作用,就是因为人的意志出自于理知世界同时又能够作用于感性世界,对感性世界发布命令,这就使得定言命令得以生效,也使得义务得以成立。所以这里虽然讲有两个意志,但其实是同一个意志,并不真正是两个意志,而是同一个意志跨两界的两种作用。在理知世界里面,它是意志的自律,纯粹意志;在感官世界里面,它可以受到感性欲望的刺激。当它受到感性欲望刺激的时候,它还是意志,那么这个意志跟前面那个意志就可以分成两个意志,但是在实质上,它还是一个,一身而二任,它跨两界而发挥它的作用。所以这里讲的有两个意志,这个意志里面包含着前一个意志作为它的条件,这就把它们综合起来了,形成了定言命令的综合命题。

这情况大致上就如同给感官世界的直观加上就其本身而言只是意味着一般法则形式的那些知性概念、并由此使一切自然知识建立于其上的先天综合命题成为可能那样。

我们刚才已经举了在《纯粹理性批判》里面先天综合判断如何可能,要把知性范畴加在感性经验之上,如何可能,它必须要有个第三者,这个第三者就是图型。这个情况跟这里有类似之处,康德在好几个地方把实践和理论加以类比。当然它们是完全不同的,属于两个完全不同的领域,一个实践领域，一个理论领域，但是它们的结构有类似之处。所以他这里讲，这情况大致上就如认识领域中使先天综合命题成为可能那样。这是在《纯粹理性批判》里已经阐明了的，就是"给感官世界的直观加上就其本身而言只是意味着一般法则形式的那些知性概念"，也就是加上知性范畴，而形成了先天综合命题。那么如何才能加上呢，要通过一个第三者，先天综合命题必须要通过一个第三者把双方联结起来，这个第三者应该在双方里面都已经包含着了，所以它才能把双方结合在一起。那么在《纯粹理性批判》里面，这个第三者就是图型，就是时间的先验规定；而在纯粹实践理性里面就是意志，意志就起到了一个第三者的勾连作用。他这个问题到此可以说就解决了：定言命令这样一种先天综合命题何以可能，就是通过人的自由意志在两界中起作用而可能。

普通人类理性的实践应用证实了这一演绎的正确性。

他这里正式提出来，前面所做的解释都是"演绎"，都是对定言命令的演绎。而这个演绎是正确的。定言命令何以可能？要通过演绎来证明，当然他这种证明不是形式逻辑的证明，我们注意康德所谓的先验演绎，他的涵义跟一般形式逻辑的那种演绎是很不一样的。他是寻求一个判断和一个命题的合法性，它的法律根据，或者说这个命题的有效性的合法条件，这是一个法律术语。比如你占有一块土地，你不能说这块土地我祖祖辈辈在这里耕作，所以它的财产权就是属于我的，那不行。你祖祖辈辈也许都是非法的，你必须要有法律上的根据，从这个根据才能够演绎出你拥有这块土地的合法所有权。那么这里也是这样的，我们在日常生活中，我们每天都在用道德律衡量自己的行为，也许我做了道德的事情，也许我做了不道德的事情，但是我们心目中总有一个道德律在衡量我们的行为。那么这个衡量的标准有什么权利？我们能不能用它来衡量？很多人就否定，说这个道德律、这个良心到底几分钱一斤。我们本来完全可以不用道德律来衡量，我们可以说人就是动物；但尽管他这样说，他心目中还是对道德律有一种敬重。那么道德律的这种权力、这种效力、这种有效性从何而来？它必须要有它的法律根据，才不至于成为某些人的偶然性状，而成为人性的必然本质。前面我们就已经提供了它的法律根据，就是说我们人是有理性的，理性是有它的法则的，而理性的法则呢，说明我们人在感官世界的动物性的需要或动物性的关切以外，我们还有超越感官世界的更高的关切。人跟一般的动物不同，人是有理性的动物，这是每个人都承认的一条法律，这条法律也可以说是自然法，不是人为法；人既然是有理性的，那么人就是自由的，这是一个事实，这个不用证明。人为什么是自由的，人为什么有理性，你要为它找到更高的法律，没有了，它就是最高的法律了。那么从这个方面，我就可以演绎出来，人既然有理性，有自由，那么按照他的本性来说，他是必然要按照道德律行动的；但是呢，他又具有感性，人除了理性之外还有感性，人是感性和理性的合体。由此我们就可以得出定言命令是必然有效的，我有权将我的道德法则实际运用于我在感性世界的行动中，这就是他的演绎。这一演绎应当说，在它所设定的目的上是成功的。阿利森指责康德"该努力已经失败"，说这是一个"有着严重缺陷的演绎"，并且还专门写了一节"四、演绎的失败"。[①] 这种指责是不靠谱的。英语世界的学者惯于用形式逻辑的眼光读康德的书，掌握不了康德的本体论和认识论的思想层次。康德本人从来没有承认过他的演绎"失败"，相反，他认为，"普通人类理性的实践应用证实了这一演绎的正确性"。就是说，这种演绎是从抽象的理论上所推出来的，但是普通老百姓他们的日常生活已经在运用着人类的理性，已经在实践应用中证实了这种演绎的正确性。换言之，我们人之所以有道德义务这一事实，如果用哲学的眼光来考察的话，恰好就证明了这样一个定言命令是放之四海而皆准、每个人都必然具备的，

① 参看 H.E. 阿利森：《康德的自由理论》，陈虎平译，辽宁教育出版社 2001 年版，第 322 页、第 343 页以下。

哪怕是混蛋,哪怕是恶棍,他也有道德意识。当然这种事实上的证明只是一种验证。真正的演绎必须要上升到纯粹实践理性批判才能完成。但是完成了之后,还可以回过头来诉诸我们的日常经验。每个人其实都能理解,都证实了、都验证了这样一个演绎的正确性。我们反过来验证,你不信,你可以看看。

　　没有任何人,哪怕是最坏的恶棍,只要他平时习惯于运用理性,不会在有人把心怀正直、坚持遵守善的准则、富有同情和与人为善 (为此还结合了对利益和安逸的巨大牺牲) 的榜样放在他面前时,不希望自己也能有如此意向的。

　　这是在日常生活中所看到的大量的这样的例子。康德对日常经验是深有体会的,因为他一生接触底层还是比较多的,他自己一开始生活也是非常困难的,他出身下层,他的家庭也是下层手工业者,他的兄弟姐妹都是非常艰难的。他对世俗生活非常了解。他说"没有任何人,哪怕是最坏的恶棍,只要他平时习惯于运用理性",——这里当然有一个前提啦,就是他习惯于运用理性——不会拥有道德意识的。最坏的恶棍,如果他还有理性的话。当然我们也可以说,有的人他已经坏到把理性都遮蔽了,已经不习惯运用理性,他已经把自己完全当作动物了。但实际上这也是不可能的,因为至少他做坏事的时候还是要运用理性的,否则他连坏事都会做不来。所以哪怕最坏的恶棍,只要他平时习惯于运用理性,都会 (我们在这里改成肯定句)"在有人把心怀正直、坚持遵守善的准则、富有同情和与人为善……的榜样放在他面前时",希望自己也能有如此的意向。他也想做个好人啊,哪怕是最坏的恶棍,只要他习惯于运用他的理性,或者说,只要他运用自己的理性,他也会希望自己做个好人,只要有人把这样一些榜样放在他的面前。之所以他成了恶棍,往往是没有榜样,所有的世上的人都坏了,周围一片黑暗,所看到的人无人不贪,无人不骗,到处都是陷阱。在这样一个社会里,他就会堕落,既然大家都这样,你坏我比你更坏。所以一个好的社会,能够造就道德的人,一个坏的社会，道德的人也会变坏。但是如果有榜样在他面前，有"哪怕还结合了对利益和安逸的巨大的牺牲"也要与人为善的那样一种榜样放在他面前，那么没有人不会希望自己也能有如此意向的。一个高尚的人在他面前就会使他感动。雨果《悲惨世界》里面的冉阿让就是这样。本来是一个恶棍，他在教堂里面，神父救了他，好吃好喝地招待他，他临走的时候把教堂里的金银器皿一袋子全部卷走了。后来被警察抓住了，警察把他送到神父面前来，神父说，那是我送给他的。冉阿让一下子被感动了，从此以后改邪归正。就是说有一个榜样在他面前，突然他就良心发现，他可以良心发现的，在日常生活中经常有这种情况。很多人为自己辩解也是这样的，这种辩解也有一定道理：人人都是坏人，我怎么能做好人呢，那我不被人家吃掉了，我必须要坏一点，不说比别人更坏，至少也要坏一点我才能保存自己。这是通常人辩解的借口，但是内心里面他还是这样想的，如果大家都是好人的话，那我也愿意做一个好人。从道德方面考虑，如果一个好人真的站在他面前，他会有一种敬重感，他会肃然起敬，只要他还能运用自己的理性。

<u>然而，只是由于他的爱好和冲动，他无法在自身中真地做到这一点；但与此同时他却仍然希望摆脱这些令他自己不堪重负的爱好。</u>

前面讲他肯定希望自己也能有如此意向，与人为善，心怀正直，他也希望做到这一点。"只是由于他的爱好和冲动，他无法在自身中真地做到这一点"。他有爱好，他有冲动，讲得极端一点，他也要活下去，这经常成为他们的借口。为什么抢劫，为什么杀人？我要活下去啊，我饿得受不了了，我还要养家，欠了债要还啊，于是就去骗去抢啊。总之都是出于他的爱好和冲动，所以他无法在自身中真地做到光明正大，做到诚信、诚实。"但与此同时他却仍然希望摆脱这些令他自己不堪重负的爱好"。就是说，如果他能运用自己的理性，他有时候晚上睡觉之前也许会想一想：哎呀，人要是不吃饭多好，人要是能够不吃饭，那就没有什么争斗了，那大家都可以和和平平的，都可以做到很道德了。当然那个时候道德也就

没有意义了。但是他就会这样想，要是能摆脱这些那就好了，所以与此同时，哪怕他做不到道德，"他却仍然希望摆脱这些令他自己不堪重负的爱好"。

这样，他就由此证明了，他凭借一个摆脱了感性冲动的意志，在观念上把自己置于一个与他的欲望在感性领域中的秩序完全不同的事物秩序之中，因为从那个希望中，他不能指望欲望的任何享受，从而不能指望任何一种使他的某个实际的或者通常想得出来的爱好得到满足的状态（因为那样的话，就会使引出他的希望的那个理念本身也会失去其优越性了），而是只能指望他的人格的某种更大的内在价值。

这一段话很长。"这样，他就由此证明了"，由什么证明了呢？由上面，如果一个人的良心未灭，还能运用自己的理性，他就会由此证明了，"他凭借一个摆脱了感性冲动的意志"（那就是他的良心），"在观念上把自己置于一个与他的欲望在感性领域中的秩序完全不同的事物秩序之中"。他良心未灭，他知道人应该做道德的事情，如果有面道德的镜子在他面前，他会感到敬重，他会有一种模仿的冲动。那么这种意向呢，它是服从于另外一套秩序的，这套秩序跟感性冲动的秩序是完全不一样的，感性秩序的冲动里面充满着尔虞我诈、欺骗、残酷、弱肉强食，它是自然的因果性、必然性对人的强制。那么另一套秩序是受纯粹意志、道德律支配的，与人为善，见到人家有困难你就要帮助人家，不要害人等等。这样一来，他就在观念上把自己置于另一套秩序里面。"因为从那个希望中"，那个希望就是前面讲的"仍然希望摆脱这些令他自己不堪重负的爱好"，他希望自己成为一个好人，从那个希望中，"他不能指望欲望的任何享受"，他不能够指望通过做一个好人得到任何享受，做好人总是吃亏的，至少是不能得利的。"从而不能指望任何一种使他的某个实际的或者通常想得出来的爱好得到满足的状态"，这是同样的意思，实际的也好幻想的也好，这些爱好的满足是不能从这样一种道德秩序中得到的。你要做一个道德的人，你就要服从道德的秩序，道德的秩序是不会满足你的不管是实际还是幻想的爱好的。括号里讲"(因为那样的话,就会使引出他的希望的那个理念本身也会失去其优越性了)",如果仅仅是为了满足某种爱好,那么使你向往的这个理念本身也就没有优越性了,那就仅仅是合理的利己主义,你为了利己而利他,你做了一种表面道德的事情,但是最后,还是为了你自己得到更大的利益,或者想象中的利益。那么这样一种行为,也就失去了它的道德价值。所以从那种希望中不能指望这些,"而是只能指望他的人格的某种更大的内在价值。"他在道德行为中,只能指望人格的某种更大的内在价值,比所有那些爱好的价值更大,它只是提升你的人格。我们讲无欲则刚,如果你做道德的事不追求任何爱好,那么你的人格就坚强了,你的人格就具有了价值,就刚健、刚正了,这就是内在的价值。

　　然而,当他把自己置于知性世界一员的立场上时,他相信自己就是这个更善良的人格,对此,自由的理念、即对感官世界的**规定性**原因的独立性,不由自主地对他加以强制,并且在这个立场上,他意识到一个善良意志,这个善良意志按照他自己的认可,为他的作为感官世界的成员的恶的意志制定了法则,他通过冒犯这一法则而认识到了这一法则的权威。 455

　　然而,"当他把自己置于知性世界的一员的立场上时,他相信自己就是这个更善良的人格"。这个"然而"有一种转义在里头,这是与前面一句相对照的。前面是讲一个哪怕最坏的恶棍,也会对成为好人有某种希望;然而,当他把自己置于知性世界的一员的立场上时,他相信自己就是这个更善良的人格,那就不止是希望了,而是他相信自己就是这个更善良的人格,他已经有了这个信心了。"对此,自由的理念、即对感官世界的规定性原因的独立性,不由自主地对他加以强制"。对此,也就是对这个人格,对这个他认为更善良的人格,那么自由的理念会不由自主地加以强制,这个好像有点矛盾。这个"不由自主"是说,不由他在现实中自主,不由他在现实中受感性所刺激的那个意志自主,他的意志是两分的嘛。上面我们讲了,意志是分裂的,他的意志是两用,他可以用在感性的爱好、欲望这方面，但是也可以用于意志本身的法则。那么当他把它用在感性的爱好方面的时候，这个自由的理念会对他加以强制，他会觉得这样一种强制是不由自主的，是一种义务。他一方面受到感性的诱惑，希望能够得到感性的满足，但是不由自主地有一种自由的理念对他加以强制，即独立于感官世界的规定性原因，就是要求他不要受到感官世界的规定，独立于感官世界的规定，自由的理念对他有这样的要求，对他加以强制。他说，"并且在这个立场上，他意识到一个善良意志，这个善良意志按照他自己的认可，为他的作为感官世界的成员的恶的意志的制定了法则。"这个里头出来了一个"恶的意志"。首先他是在这个立场上，即当他把自己置于知性世界的一员的立场，这个时候，他就意识到一个善良意志，而这个善的意志，按照他自己的认可，就为他作为感官世界成员的恶的意志制定了法则。作为感官世界的成员的意志是恶的意志，这个善恶两分，但在人身上是统一的。如果你认可自己是感官世界的成员，那么这样的意志是恶的意志；如果你立于知性世界的立场上，这样的意志就是善的意志，那么这个善的意志就是对恶的意志的强制性法则。人心中往往有两个意志在打架，善和恶的斗争，它们都是意志，它们的根源都是来自于人的知性世界，人的同一个自由意志。但是自由意志并不能决定他是善的还是恶的，要看他在行动中究竟做何种选择。那么在行动中他认可了善良意志，就可以为他在感官世界中恶的意志制定法则。那么制定了法则，是不是就没有恶了呢？也不是的。我们注意看这一句："他通过冒犯这一法则而认识到了这一法则的权威。"这一句很重要了，就是说善的意志为恶的意志制定了法则，是不是就能够遵守这个法则呢？不一定，而且往往是不遵守的。康德是非常世故的，他知道人性的劣根性，这是人的原罪，人肯定是不能够原原本本地遵守善良意志的法则的。但是希望在这个地方：就是他通过冒犯这一法则而认识到这一法则的权威。人性是恶的，但是人性并非没有希望，他的希望在什么地方，就在于他在作恶的时候仍然意识到这个法则的权威性。当他服从恶的意志而冒犯了善的意志的法则的时候，他恰好通过这个冒犯而认识到了这个法则的权威。这个是他非常重要也是非常深刻的一个对人性的辩证思维，就是说人性虽然本恶，但是人性本恶恰好体现出他有本善的一方面，因为他在作恶之中，恰好认识到他自己冒犯了这个法则，他为此感到羞愧，并且在同时承认这一法则的权威。他当然可以找种种借口为自己作为这一法则的例外而辩护，作为例外就是说我有我的特殊情况，我处在这样一个环境之中，没有办法。如果不是处在这样一种环境之中，如果我处在一个好的环境中，我当然可以遵守道德律。但是我现在没有办法，我只有冒犯，但是即算是冒犯，他也意识到自己是冒犯，他心怀恐惧，心怀内疚，因为这违反我的本性。只要他能够习惯于运用他的理性，他就会想到这一层，就会在他冒犯权威的时候，承认了权威，承认这是冒犯，有所畏惧，有所顾忌。所以康德的这个道德，不像一般所想的，完全是抽象的，他其实是在具体的里面看出抽象的东西，在具体的行动中，他很实在、很现实。我们说他是一个理想主义者，那只是就某一方面而言的，他对现实了解得是非常深刻的，一般人所不及。他看遍了所有世相百态，然而呢，他从里面进行反思，认为即算是如此，人心还是有希望的。康德的理想主义不是幼稚，他是很老练的，很世故的。但是，尽管他很世故，他还是具有一种理想主义。人们在干坏事的时候，已经体现了有某种希望，只要他在干坏事的时候，他知道自己是昧着良心，这说明他还有良心，说明这个良心还是一种权威。在适当的时候，也许他会表现出来。我们说有些坏蛋经常有良心发现的时候，这说明它还在起作用，并不是没有任何作用。理想的东西实际上就在现实之中，这个是他很深刻的一个观点，他是从令人绝望的现实中去寻求某种理想的踪迹。

所以，道德的这个应当是他自己作为理知世界的成员的必然的意愿，而且只是就他同时把自己看作感官世界的一个成员而言，才被他设想为应当。

道德的这个"应当"也就是定言命令啦，你应当使自己行为的准则成为一个普遍的法则。这样一种应当"是他自己作为理知世界的成员的必然的意愿"。作为世俗的人，作为有限理性的存在者的人类，他的这个应当是从他的理知世界而来的一种必然的应当。如果他仅仅是理知世界的成员，那这个意愿肯定就会实现了，就直接实现了，那就不存在应当了；但是之所以叫作应当，是因为"只是就他同时把自己看作感官世界的一个成员而言，才被他设想为应当。"可见"应当"这个概念本身就跨两界了，如果仅仅是知性世界，不存在应当，如果仅仅是感性世界，那也只有假言的应当，归根结底则没有应当。因为人是跨两界的，所以从彼岸世界即理知世界来的法则对于感官世界的规律来说，就成了应当，成了无条件的命令。这是他的定言命令如何可能的一整套演绎，应该说现在看得比较清楚了，他就是通过划分两个世界，然后在两个世界的关联中，找到一个中介：意志。意志跨两个世界，那么在这种关联中，定言命令才成为了可能。定言命令由此才成为了一个应当，成为了一种义务。如果是纯粹的感官世界，定言命令是不可能的，如果纯粹是理知世界，定言命令也是用不着的，只有当人同时具有两个世界的特点，两个世界的人性，这种定言命令才得以可能，才必然对每个人有效。最后我们要注意，这里讲的"如何可能"和《纯粹理性批判》中讲的先天综合判断如何可能还有一种意义上的微妙差别。后者的如何可能是就理论意义上说的，范畴的有效性的演绎也只是说它们在运用于感性经验上以获得知识时具有何种合法性资格；而这里的如何可能则是指定言命令如何能够必然地作用于感性世界，是指实践上的有效性。所以知性范畴如果没能证明它何以可能，它们还会存在；但定言命令如果不能证明它何以可能，它就根本不能存在，因为它的存在全系于它在实践中能否发挥效用。因此范畴如何可能的问题包含两层意思：它是如何构成的，以及它是如何起作用的（这分别属于"形而上学的演绎"和"先验的演绎"）；而定言命令的演绎则没有这种区分，它的构成方式就是它起作用的方式，因为它本质上就是实践法则而非认识法则。

我们看最后一个标题，就是

论一切实践哲学的最终界限

应该说在前面，《道德形而上学奠基》的第三章的任务在关于"定言命令何以可能"的这一节已经完成了，他已经证明了或者演绎出了定言命令的可能性。前面两章是把定言命令从德性中推出来，一步步推出来，推出道德形而上学的最高的法则，那么第三章就要阐明这个最高法则何以可能，要对它进行演绎。所谓阐明它何以可能，就是要为它提供它得以可能的条件。它得以可能的条件，就在于人的两重性，人具有两个世界的本性，那么就使得定言命令得以可能。到了这个第三章的这样一个问题解决以后，应该说他的使命就已经完成了。通过分析，最后得出了这样一个先天综合命题，而这个先天综合命题又得到了综合的演绎，说明了如何能够把这个命题综合起来。但是最后还必须要有一节来谈"一切实践哲学的最终界限"。这个一切实践哲学，包括所有他前面涉及到的实践哲学，如哲学的道德理性知识、通俗的道德哲学、道德的形而上学以及纯粹实践理性批判，也包括后来的"实践理性批判"。他这里讲的一切实践哲学的最终界限，就是包括所有这些实践哲学的最终界限。它们都是有它们的界限的，你不能超出实践的领域，比如说，你延伸到理论的领域，那不行。他要划定界限，就是要划分理论哲学与实践哲学这两种哲学之间的界限。在《纯粹理性批判》里面他已经划定了知性的界限，也就是作为一切理论哲学、作为思辨理性的界限；那么在这里，在"纯粹实践理性批判"里面，他要划定一切实践哲学的最终界限。这两种哲学，一种理论哲学一种实践哲学，它们各有自己的界限，互相不搭界。实践哲学也有它的限度，你不能把实践的命题当作理论的命题来看待；当然也不能把理论的命题充当实践命题。这是他在这一节要说明的，他的实践哲学最终的界限何在，跨出这个界限你就不能谈了。比如说实践的最后根据，你要想对它加以理论的证明，加以认识，那是不可能的。所以他的最终界限，就是指出来、展示出来，实践哲学最终是立足于什么之上的，立足于哪些事实之上的。《纯粹理性批判》其实也是立足于一个事实之上的，这个事实就是我们有科学。我们有两门被认可的科学，一个是数学，一个自然科学即物理学。这个事实是不需要证明的，这个事实是我们一切理论哲学的界限，我们的理论哲学就是在这个事实的前提下，把它拿来讨论，盘问它是"如何可能"的。我们把它何以可能讲清楚就够了。至于这个数学和物理学是不是科学，这个我们不用讨论，我们已经有科学了。休谟怀疑物理学是一门科学（休谟并不怀疑数学是一门科学），那么康德是不是要证明物理学是一门科学呢？不用证明。这是既定的前提，我要探讨的是自然科学何以可能，我不是要探讨是不是有自然科学。休谟是完全否定有自然科学的，那么你去跟他争，没有必要。所以康德并没有反驳休谟的基本出发点，休谟在这一点上是驳不倒的，他要否认，你一点办法也没有。所以康德恰好在这个既定事实的基础上来推演他的整个体系，我们都承认数学和自然科学是两门我们人类迄今为止已经到手的科学，休谟你去怀疑去吧，这个我们不用怀疑。这个是理论科学的最终界限，理论科学的界限就是我们有科学。然后我们将它加以分析，追溯到它的最高原理，演绎出它的范畴体系，就够了。那么实践哲学也有它的界限，就是我们有自由，我们有理性，我们有实践理性。既然我们有理性，我们就有按照理性行动的自由，这是个事实，这个不用怀疑。当然你要怀疑也没有办法，你要怀疑我们有自由，你要把自己当作动物，那我们也没有办法。但是我提醒一下你，你要是反思一下你自己，你会发现你自己是有理性的，一旦发现你是有理性的，你就会承认你是自由的。谁会认为自己没有理性呢？ 2+2=4 就运用了理性，从一个幼儿开始他就知道，最坏的坏蛋也知道 2+2=4，所以苏格拉底讲美德就是知识，有他的道理。你知道 2+2=4，说明你有理性，你有理性，你就会进一步反思了，就会运用你的理性在实践中。所以这个事实是最终界限。《实践理性批判》的导言中一开始就提出来，理性的法则是一个事实，道德律是一个理性的事实，它不需要什么证明，所有的人都会有道德律，以此对人的行为作出评价。没有任何一个人对人的行为不做任何评价的，他要做评价，他就有道德律的评价标准。你故意要怀疑，那我也没有办法，但是这是我们都承认的一个事实，这个事实是实践哲学的最终界限。

从意志来说，一切人都把自己设想为自由的。

这是一个事实啊，从意志来说，一切人都把自己设想为自由的。每个人都是把自己的意志设想为自由的，我可以这样做也可以那样做啊，我有选择啊。哪怕是他再没有选择的时候，他也实际上有选择，只不过有些条件使他无法选择，比如说，我这样做我就没命了，所以我无可选择，但这里有一个前提，就是你的生命是第一要紧的，你的生命是最高的，这也还是你的选择。你选择保住生命还是不要命，你还是有选择的嘛。所以我们通常讲的毫无选择其实都是借口、都是有条件的。从无条件的方面来说，人总是有选择的。所以他的第一句话就是说，从意志来说，一切人都把自己设想为自由的。这个不需要证明，这个是一切证明的前提。

由此得出关于那些本来**应当发生**、即使**并未发生过**的行动的一切判断。

这是第二句。既然你是自由的，那由此就得出来了那一切判断，一切什么判断呢？"就是那些本来应当发生、即使并未发生过的行动的一切判断"。你是自由的嘛，那么由这个自由，就可以得出一种判断，关于那些本来应当发生，"应当发生"打了着重号，即使并未发生过的行动，"并未发生过"也打了着重号。有些行动是应当的，而不是现实的。实际上就是由此得出来我们应当做什么的一切判断，我们是自由的，那么我应当做什么也取决于我的自由。至于你是不是做出来了，这件应当的事情是否已经发生了，那个是另外一件事情，那个我不管，即算是没有发生，但是应当发生，因为我是自由的。

尽管如此，这种自由不是经验概念，也不可能是经验概念，因为，即使经验表现出和在自由的前提下被设想为必然的那样一些要求的反面，这自由也仍然保持着。

就是说应当发生的行动是由自由加以判断的，尽管如此，这种自由不是经验概念，虽然一切人都把自己设想为自由的，但这自由并非经验概念。我们一切人当然都生活在经验之中，也都把自己设想为自由的，但是这个自由，偏偏它不是经验概念，也不可能是经验概念。为什么呢？"因为，即使经验表现出和在自由的前提下被设想为必然的那样一些要求的反面，这自由也仍然保持着。"这跟上面一句话是同一个意思，就是"由此得出关于那些本来应当发生、即使并未发生过的行动的一切判断"。"即使并未发生过"也就是即使是非经验的。所以自由它不是经验的概念，也不可能是经验的概念，因为即使自由所认为是必然的那些要求，在经验中不但没有表现出来，而且恰好表现出它们的反面，自由却丝毫不受影响，仍然保持着提出自己要求的自由。自由要求这样做，但是我在经验中偏偏没有那样做，而做了另外一件相反事情，即算这样，我这样做的自由也仍然保持着。因为自由本来就是设想那些应当发生的事情，即使并未发生。所以自由是超经验的，我把自己设想为自由，这种自由是超经验的。即算你并不去做，但是自由仍然保持在你的主体之中。你仍然有自由，你仍然有自由去做或者不做，不做也是你的自由，所以做和不做跟自由没关系，自由只是告诉你应当怎么做。

另一方面，凡是发生的事情都免不了按照自然规律被规定，这同样是必然的，而且这种自然必然性也不是经验概念，这正因为它带有必然性的概念，从而带有某种先天知识的概念。

这是另一方面，这个另一方面是相对什么而言的呢，是相对人的意志自由而言、相对人的实践行动而言的另一方面，所以这是理论方面，这个另一方面就是从理论方面讲的。"凡是发生的事情都免不了按照自然规律被规定，这同样是必然的"。这个同样是必然的，跟前面讲的"在自由的前提下被设想为必然的那样一些要求"都是必然，但两种必然有时可能完全相反。上面说了，在经验中我们往往表现出和在自由的前提下被设想为必然的那样一些要求的反面。那么另一方面，发生的事情都要按照自然规律被规定，这同样是必然的。但这个必然当然是另外一种必然，前面一种必然是自由的必然，而自然规律所规定的是自然的必然。自然的必然跟自由的必然只在这一点上是同样的，就是说凡是发生的事情，都免不了要按照规律被规定，而且这种自然必然性也不是经验概念。自由的必然性和自然的必然性都不是经验概念，凡经验概念都没有必然性，只有理性才有必然性。如他说的，"这正因为它带有必然性的概念，从而带有某种先天知识的概念"。这种自然必然性也不是经验概念，因为它带有必然性的概念，从而带有某种先天性的概念。必然性我们知道，它是康德十二个范畴中的一个，十二范畴里面有三个模态范畴：可能性、现实性和必然性。他的十二个范畴都是"带有某种先天知识的概念"，它不是经验的。范畴不是经验的，它必须运用于经验，但是它本身是先天范畴，是先天知识，所以自然的必然性也不是经验的。自由的必然性不是经验的，同样自然的必然性也不是经验的。

　　但是，关于一个自然的这个概念通过经验而被证实，甚至不可避免地必须被预设，如果经验，也就是关于感官对象的那些按照普遍法则关联起来的知识要想是可能的话。

　　前面讲的是自然和自由的同样的方面，下面讲的是它们不同的方面了。所以"但是"就是转过头来讲它们的区别了："关于一个自然的这个概念通过经验而被证实，甚至不可避免地必须被预设。"这种必然性，它跟自由的必然性就不同了，自由的必然性它是不可能通过经验而被证实的。而关于自然的这个概念通过经验而被证实，就是知性的范畴，它是先天的知识。它也不是经验的，但是它必须通过经验而被证实，甚至不可避免地被经验所预设。在经验的范围之内，经验的知识如果要成为知识的话，它就必须预设知性的范畴，预设这些先天的概念。后面讲，"如果经验，也就是关于感官对象的那些按照普遍法则关联起来的知识要想是可能的话"。经验要想是可能的话，它就必须预设先天范畴。关于感官对象那些知识，也就是经验，要想是可能的话，那就必须要有普遍法则使它们关联起来。什么东西使得感官的对象能够按照普遍法则关联起来呢？那就是范畴。所以范畴是关于感官对象的知识得以可能的前提，这是自然必然性它跟自由的必然性不同的地方。

因此，自由只是理性的一个**理念**，其自在的客观实在性是可疑的，但自然却是一个**知性概念**，它由经验的实例证明、且必须必然地证明它的实在性。

这就是它们的区别。他说自由只是理性的一个理念，理念打了着重号，"其自在的客观实在性是可疑的"，理念本身的自在的客观实在性是可疑的。它本身的客观实在性，你要按照经验的实在性的标准去衡量的话，它是可疑的，因为它的对象是不可知的。你要讲它的实在性的话，那要看你在什么意义上讲。你如果在理论的意义上讲，它是不可能的，当然如果你是在实践的意义上讲，它也可以表现为另外一种实在性，但是这种实在性又不是客观的，它是主观的行动所体现的实在性。所以这样一个理念，它的自在的客观实在性是可疑的，是确定不下来的，我们可以设定它，自由作为一个先验的理念，我们可以设定它。但是它有没有，能不能把握，这个我们把它存而不论，它只是一种可能性而已。"但自然却是一个知性概念"，知性概念也打了着重号，纯粹的知性概念也就是范畴，自然概念就是由诸范畴建立起来的。理念和范畴是分别属于理性和知性两个层次的。知性是用来把握自然知识的，所以自然是一个知性概念，这样一个知性的概念，包括它的十二个范畴，体现的是人为自然界立法。十二个范畴为自然界立了法，形成了自然的概念。那么这样一个自然的概念是"由经验的实例证明、且必须必然地证明它的实在性"。知性为自然界立法，这个法的实在性、有效性只能体现在经验之上，只能由经验的实例来加以证明。就像在法庭上打官司，你必须提供经验的证据，然后再用这个法来加以衡量，由此，就证明了这些法则它具有实在性，它具有实在标准的或者实在的法规的意义。它的法律效力就是把经验的材料纳入到法律条款,判定你这个经验的知识是对的还是错的,这个判定是可以在现实的经验中生效的。由此体现了它的实在性,体现了它的效果、作用。但是就它本身而言,它是先天的,它不是经验的。所以康德在《纯粹理性批判》中讲到,这些范畴具有先验的观念性和经验性的实在性。它本身是先验的观念,但是,它具有经验性的实在性,在经验中,它具有实在性,它能够作用于经验,在经验中体现了它的实效、它的实在性,这个在《纯粹理性批判》中已经讲过了。

第二十七讲

我们今天再接着讲这最后这一个小标题："论一切实践哲学的最终界限"。我们上次已经把第一段读过了，也就是实际上在这个《道德形而上学奠基》的第三章，前面的已经达到了它的这个最高点，也可以说已经了结了，任务已经完成了，他已经对定言命令做了一个演绎，并且找到了它的最初的，最终的那个基点。最终的基点就是自由意志和道德律。至于为什么有自由意志、有道德律，这个我们没法说了；但是我们对自由意志、对道德律有一种关切，这个是一个事实。我们作为人，作为有理性者肯定对于知性世界有一种关切，不仅仅是对于感性世界，我们服从我们的动物性的需要，而且我们对于理性的本分，它应该做什么，我们有一种关切。至于这个关切从何而来，我们不能够再往前探讨了，所以最后一个标题就是"论一切实践哲学的最终界限"。这个可以说是一个扫尾的工作，写上最后一笔，把最后一丝裂缝把它堵上，这个相当于一种方法论上的总结，就是实践哲学是有它的界限的。《纯粹理性批判》里面讲过，理论理性、也就是知性有它的界限，知性的界限就是经验的范围，它只能够在时间和空间以及经验所提供的那些材料的这样一个范围之内来发挥它的作用。那么实践哲学也有它的界限。实践哲学的界限，它只在实践的领域里面有它的运用，纯粹实践理性在实践的范围之内有它的运用。那么一旦涉及到理论的方面，就碰到了它的界限。为什么自由和道德律都不能再往前追究了呢？我们如何能够有自由意志，能够有定言命令？我们能否对它形成知识？这种追溯就是要求给定言命令和自由意志做一个知性的直观，从而做一种理论上的知识规定。但我们人类不具备这种直观。所以一碰到知识的领域、理论的领域，那就是实践哲学的界限。

所以康德的两个批判,纯粹理性批判和实践理性批判相互之间是划定了界限的,井水不犯河水,你不能干涉我我也不能干涉你。前面讲了纯粹理性批判它的界限在经验的领域,在自然界。那么实践理性它的界限恰好是在自然界之外,它不能伸手到自然界里面来,到经验的领域里面来。他为什么最后要划定这个界限,就是要从方法论上把这个格局定下来。一条鸿沟,两边互不往来,如果往来就是越界,那就会出问题了。所以上次我们讲到第一段也就是已经开始进入这个话题,就是自然的必然性必须被设定,而自由作为理性的理念也是必须要加以预设的。作为一个有理性者必然要预设他的自由。他摆脱经验,摆脱一切感性的对象,有他的理性的实践运用,所以他必然设定自己是自由的。这两个领域相互之间是一种辩证的关系。当然这个"辩证"是贬义,就是说你一旦把它们混淆起来,就会发生一种"辩证论"。所以下面第二段他就讲了这个问题。

现在,尽管从这里产生了一种理性的辩证论,因为就意志而言,被赋予它的自由看起来与自然必然性处在矛盾之中,并且在这个岔路口,理性在**思辨的意图**中发现自然必然性的道路比自由的道路要通畅和有用得多:

这个冒号我们可以理解为分号。也就是说尽管从这里产生了一种理性的辩证论,什么样的理性的辩证论呢? 就是就意志而言被赋予它的自由看起来与自然必然性处在矛盾之中,处在矛盾之中就产生辩证论了。你要从自然的角度来研究自由那就会产生辩证论:到底这个世界上有没有自由呢? 这就是第三个二律背反里面所产生的那种辩证论:有人坚持说自然界没有自由,一切都是按照自然因果律一环扣一环,没有自由存身的余地,这是经验派的观点。那么理性派认为应该有自由,至少作为"整个"因果链条的第一项应该是自由的;但是第一项它又追究不到,因为它已经超出了经验的范围。所以理性派也没有办法证明,经验派也没有办法否证,证实或者证伪都做不到。这两个方面都做不到,于是就产生公说公有理婆说婆有理的情况，谁也驳不倒谁，没有了标准。这就是理性的辩证论。他说"并且在这个岔路口，理性在思辨的意图中发现自然必然性的道路比自由的道路要通畅和有用得多"。就是在这个岔路口上，你如果是从思辨的意图来看待这个辩证论的话，那你就一定会站在自然必然性一边而否定自由。你一定会否定自由，因为你是思辨的意图，思辨的意图打了着重号，也就是理论的意图，也就是科学，自然知识的意图。你要想把自由变成自然知识那是不可能的，只有自然必然性、自然因果律这些东西才能变成自然知识。所以驾轻就熟，我们从自然科学里面已经看到了，自然科学运用因果律非常通畅无往不胜，任何发生的事情都有原因，任何原因都有它的结果，这是一条阳关大道。但是你要把自由挤进来那就没有余地了，你怎么给自由、一个没有原因的原因作出规定呢？这个我们没有办法来设定。所以发现自然必然性这条道路比自由的道路要通畅和有用得多。一个是通畅，我们很好想，凡是一个事情我们自然而然就会去为它找一个原因，这是很通畅的，而且你找原因肯定是对的；有用，你可以发现自然规律，你可以在现有的自然规律上增加新的发现，这就很有用了，掌握一条自然的规律，那就很有用了。这是在思辨的意图里面是这样的。

然而，在实践的意图中，自由的小径毕竟是唯一的、在它之上使得对我们的行为举止应用自己的理性成为可能的道路；

实践的意图也打了着重号，这是跟上面思辨的意图相对而言的。"然而"，这个然而是呼应着前面的。前面强调的是在思辨的意图中，自由和自然必然性处于矛盾之中，并且思辨的意图是更通畅的，尽管如此，"然而在实践的意图中，自由的小径毕竟是唯一的、在它之上使得对我们的行为举止应用自己的理性成为可能的道路"，自由的小径是唯一的道路，一条什么道路呢？就是在这样一个小径上，使得对我们的行为举止应用自己的理性成为可能。在自由的小径上我们的行为举止才有可能运用理性。在实践的方面，我们如何能够运用理性于我们的行为上呢？如果没有自由的话那我们就是感性的动物,我们就只能够服从这些感性本能了。所以自由的小径是唯一的这样一条道路,使得我们能够在我们的行为举止上运用我们的理性,直到能够用纯粹实践理性来支配我们的行为,那你就必须要设定自由。如果没有自由的话那是不可能的,你的行为总是被感性所支配,就像一般动物一样,那我们就既没有自由,也没有纯粹实践理性,也没有理性在我们的行为上的运用。尽管也有理性的作用,但是这个理性的作用是被当作感性的工具,只是在感性对象上的运用,那么这个理性就成了谋生的工具,也就是我们通常讲的工具理性。工具理性实际上是贬低了理性,没有实现理性本身的真正的使命。那么理性的真正使命应该是在这个实践的意图中能够直接把它运用于我们的行为举止上,而要使这一点成为可能就必须有一条自由的小径。

因此,最精妙的哲学与最普通的人类理性一样,都不可能靠玄想丢

456 掉(wegzuvernünfteln)自由。

最精妙的哲学,不管你形而上学玄而又玄,讲得多么高深莫测,但它和最普通的人类理性,就是普通老百姓的理性,在这一点上它们是一样的,就是不能否认自由。最精妙的形而上学,你在认识论方面不论讲得多么深奥,但是在实践方面你跟老百姓是处于同一水平。你有知识,你有哲学训练,你有大学教授的头衔,但是在实践方面,在做事方面行为举止方面,你不比普通老百姓更高。因为在这方面,思辨的意图是不起作用的,理论的意图是不起作用的,你再多的知识,你在行为中是不是能够运用理性,那还要看,你比老百姓在这方面没有什么优势。所以最精妙的哲学与最普通的人类理性一样都不可能靠玄想来丢掉自由。这个玄想,玄想本来就是运用理性的意思,玄想这个词 vernünfteln,与理性 Vernunft 它是同一个词根,但是用动词的形式我们把它翻译成玄想。它当然是运用理性,但是是技巧性地滥用理性,不看场合。vernünfteln 在康德那里多半带有贬义,也就是一个人的理性太过了,他什么东西都是凭脑子里面的推理,什么东西都可以推出来。前面加一个 wegzu,weg 就是去掉,

wegzuvernünfteln，就是通过滥用理性把它去掉。我们这里译作靠玄想去掉，靠玄想来去掉自由。这个最精妙的哲学和最普通的人类理性一样，都不能够单凭它的玄想，就把自由否定掉，把自由取消掉。因为自由的小径是唯一的能够使我们在行为举止上运用我们的理性的道路，如果取消掉自由了，我们在我们的行为举止上就等同于一般动物了。

　　所以，人类理性的确必须预设：在同一些人类行动的自由和自然必然性这两者之间并不会有任何真正的矛盾，因为人类理性既不能放弃自然的概念，也同样不能放弃自由的概念。

　　这是结论性的。所以，人类理性的确必须预设，预设什么呢？在同一些人类行动的自由和自然必然性这两者之间，那么在同一种人类行动里它有两个方面，一个方面我们可以从自由来看这个行动，另一方面可以从自然必然性来看这个行动，这两者之间并无真正的矛盾。我们一个人的行动，一方面它是自由做出来的，另一方面它是在自然必然性中做出来的，它是合乎因果律的。它有自由，但是这个自由不是天马行空的，它必须要借助于自然必然性。因为人生活在现实世界中，生活在时间空间中，他就要受到必然性的规范。一个自由的行为它有自然必然性的方面，例如一个道德行为你可以从一个医生的或者生理学家的眼光来看，你可以得出合乎医学和合乎生理学、合乎解剖学的一种结论。但是你也可以从道德的眼光来看这件自由行为，你可以对它作出道德的评价。这两个方面是并行不悖的，它们是不矛盾的，双方都可以承认对方。生理学家医学家都可以说我量了他的血压，我测定了他的肌肉的力量，我测定了他的脑电波、生物电，讲完了以后，人家说他这是一个道德的行为，医学家对这个观点可以承认的，没关系。他不会说，不，这不是道德行为而是一个生物过程，他不会这样说，因为那是另外一种标准。同样地，一个道德学家看了一个行为，人家对他说这个行为起源于他的生物电流的改变，或者导致了他的生命受到伤害等等，这个他也不否认。因为一个道德行为他就是准备好杀身成仁舍生取义，他恰好是把这样一种牺牲把这样一种伤害当作他的道德行为必须要付出的代价。这两者可以完全没有矛盾，甚至相互印证。他说"因为人类理性既不能放弃自然的概念，也同样不能放弃自由的概念"，这两个立场截然不同，但都是人类理性的两翼。凡是人的行为都可以从两个不同的角度来对它加以评价，加以分析，加以看待。这是康德的一个策略，就是说你只要把这两者区分开来，这个辩证论就不成其为辩证论，这个矛盾就是一种表面的矛盾。只要把两者隔开，现象和物自体，你不要混淆起来，混淆起来当然有矛盾了。对于有限的人来说，他只能服从自然必然性；但这并不妨碍从另一方面他可以完全按照自己的自由意志来设定自己的行为，他可以不管它在自然界如何表现出来，他只考虑他的自由意志的法则应该怎么样，这完全是可以做到的。

然而，即使人们永远不能理解自由如何可能，至少也必须以令人信服的方式消除掉这种表面的矛盾。

这个然而就是说虽然两者并行不悖，但是，我们还是必须要通过一种论证来消除这种表面的矛盾。"即使人们永远不能理解自由如何可能"，因为自由它在彼岸世界，它处于物自体的世界，你怎么能理解它如何可能呢？你要解释它如何可能那你就必须要应用因果性，是因为什么什么所以它才是自由的。那么你这样一解释，自由就不成其为自由了。自由如果能够说得出它的原因，如果你不把自由看作是终极原因，你把自由还看作是由别的因果性所导致的，那还有自由吗？那你就把它纳入到自然的因果性了。所以自由是永远不能理解它是如何可能的，它是由什么导致的。自由导致了别的，但是它本身再不能由别的来导致它，因为这就是自由的意思嘛，自由的本义就是自行开始一个因果序列，你如果把别的因果序列看作它的前提，那它就不是自行开始了，它就成了因果序列中的一环，那它就不是自由。所以永远不能理解自由如何可能，甚至于可以说这个问题提出来就是荒谬的。自由如何可能，这个问题就是不能问的,一问就说明你对自由的概念还没有搞清楚。但是,"至少也必须以令人信服的方式消除掉这种表面的矛盾"。前面讲了这种理性的辩证论,自由和自然必然性处在矛盾之中。我们虽然可以把它们区分开来,但是我们必须要通过一种说明来清除掉这种表面的矛盾。就是要解释这种表面的矛盾是如何产生的。

因为,如果甚至连关于自由的思想都与自身、或者与同样必然的自然相矛盾,那么,自由就会不得不在自然必然性面前完全被放弃了。

我们为什么要清除掉这种表面的矛盾,是因为"如果甚至连关于自由的思想都与自身相矛盾,或者与同样必然的自然相矛盾",那就要放弃自由了。如果你不清除掉这种表面的矛盾的话,那么关于自由的思想就会与自身相矛盾。也就是说你把自由看作是自然必然性里面的一种,它也在自然的因果链条之中,那它就自己消灭自己了。自由一旦被解释成自然因果性,你要去解释自由如何可能,那自由就是自相矛盾自我取消的这样一个概念。"或者与同样必然的自然相矛盾",同样必然,与什么同样呢? 也就是说自由本身是一种必然的设定,自然也是必然的设定,或者说这是两种同样的必要性。我们必须要设定这两者,我们必然会设定这两者。人类理性既不能放弃自然的概念,也同样不能放弃自由的概念,所以这两个概念都是必然的,都是必要的。那么自由如果与同样必然的自然相矛盾,——与自身相矛盾我们刚才讲了——但是,如果你不把它同化在自然里面,那它跟自然岂不是相互发生矛盾了吗? 那就相当于自然界里面的奇迹,自然界里面怎么可能有奇迹呢? 一切都是符合因果律的。你把自由插进来,你又不愿意放弃自由的概念,那这个自由的概念就是奇迹了。所以必须要以令人信服的方式清除掉这种表面的矛盾。前面已经讲了它是不矛盾的,但是还没有论证。其实他的论证就是说要把一切实践哲学的最终界限定下来,定下来就不矛盾了,因为它们各守其界限,井水不犯河水,它们才可能不矛盾。

但是，如果自认为自由的主体，当它称自己为自由的时候，**是在如同当它有意采取同一个服从自然规律的行动时的那同一种意义上或者同样的关系**中来设想自身的，那么，要避免这种矛盾就是不可能的。

这就开始论证了。如何避免上述这种矛盾？那首先就提出一个反证了：自由的主体当它看待自己的时候，"是在如同当它有意采取同一个服从自然规律的行动时的那同一种意义上或者同样的关系中来设想自身的"，那就不能避免矛盾。当它采取自由行动的时候，它一方面把自己想象为自由的，但是同时它又想象为自己是处在那样一种关系中，什么关系中呢？就是它有意采取同一个服从自然规律的行动，就是按照自然规律办事，我在同一个自由的行动中我是在按照自然规律办事，按照我自己的身体上的自然需要、自然能力和外部世界的自然环境的规律办事，而且是"有意"采取同一个服从自然规律的行动时，——无意的不算，因为人免不了要服从自然规律。这里讲我这个行动是一个"有意"的行动，但是它是有意要服从自然规律。你是在服从自然规律的"同一种意义上或者同样的关系中"来设想自身的。就是说如果你在进行自由行动的时候，把自身设想为跟它按照自然规律行动的那种意义或那种关系是一样的，这种自由的意义被你等同于服从自然规律的行动这样一种意义，而且这个自由意志它同时又是有意地去服从自然规律。如果是我采取一个自由的行动无意中符合自然规律，但我不管它符合什么自然规律，哪怕要杀身成仁我也去做，那倒还是自由行动，那个倒是没有矛盾。但是如果你把你这个行动，自由的行动，同时又考虑成、想象成有意地按照某种自然规律，按照客观的威胁，客观的利害关系，我来做选择，那你还能够把自己看作是自由的吗？你如果前怕狼后怕虎，你又害怕造成一种不良的后果，那你还能够自由地进行道德的选择吗？那就不可能了。所以他这里讲，当它这样做的时候，"那么，要避免这种矛盾就是不可能的"。就是说你的自由意志跟你有意采取一种服从自然规律的行动，这两者是不能相容的。自由意志的行动它就是撇开它的自然必然的后果的，它就是撇开自然规律的。它有后果这个不假，但是它不是有意采取一种服从自然规律的行动，它不是从后果出发来考虑它的动机的。一个自由的行动，它应该无意于服从自然规律。它知道自己客观上肯定会服从，人毕竟不能行奇迹，但是它不是有意去服从。它只是做了一个道德行为，至于后果怎么样，爱怎么办怎么办，这个我不考虑，大不了就是杀头嘛，呵呵，杀头我不怕，要杀就杀，要剐便剐，这个不考虑。你如果要考虑的话那你就是不自由了，你又怕这又怕那，那你的行动和自由就有一种矛盾了。所以在这种情况下，要避免这种矛盾那就是不可能的。

因此，思辨哲学的一项不容推卸的任务就是：至少指明它由矛盾而来的错觉是基于，当我们说人有自由的时候，我们是在一种另外的意义和关系中设想人，不同于当我们把作为自然的一部分的人看成是服从自然法则的时那样；

这是对上面一句话的解释。因此，思辨哲学一项不容推卸的任务，思辨哲学也就是理论哲学，在《纯粹理性批判》里面已经完成了这样一个任务，是什么呢？就是指出第三个二律背反所引起的错觉或者幻相是由于，人们没有严格区分开两种不同的立场，即现象和自在之物的立场，它们的意义和关系是完全不同的。就是说，"当我们说人有自由的时候，我们是在一种另外的意义和关系中设想人，不同于当我们把作为自然的一部分的人看成是服从自然法则时那样"，而没有意识到这一点并把两种立场区分开来，这就导致我们产生一种错觉了，也就是说这两种意义和关系我们很容易把它们混淆起来。而只要把这一点指出来，那么我们就可以清除这个矛盾了。要指明这个错觉它是基于这样一种区分的混淆，就是说当我们说人是自由的，这跟我们作为自然的一部分是服从自然法则的，这两种说法它的意义和关系是完全不同的。虽然是讲的同一个人，同一个人又是自由的，但是他又是自然的一部分，他是服从自然法则的，那么从这两种眼光来看同一个人的时候他的关系和意义是完全不同的，要分别对待。

这二者不仅**能够**很好地共存，甚**至必须被设想为必然地结合在同一个主体中**，因为否则的话，就不能给出根据来说明，为什么我们应该用一个理念增加理性的负担，尽管这个理念可以与另一个已充分证实的理念**无矛盾地**结合起来，却还是把我们卷进一桩使理性在其理论应用中大为窘迫的事务中。

就是这二者，同一个人的这两种不同的意义和关系，"不仅能够很好地共存"，他能够既是一个自由人又是一个自然人，当然前提是要划清界限，然后才能够很好地共存。他说不仅如此，"甚至必须被设想为必然地结合在同一个主体中"。这个"能够"和"必然地"都打了着重号，这是对应起来说的。不仅能够，而且必然，或者说必须，有必要。必然和必须、必要都是一个词。甚至必须被设想为、有必要设想为必然地结合在同一个主体中。为什么必然地结合在同一个主体中呢？"因为否则的话，就不能给出根据来说明，为什么我们应该用一个理念增加理性的负担"。因为否则的话，也就是说两方面谁也不能丢掉，你必须同时考虑两者，否则的话，如果你可以把一个人当作没有身体的自由的主体，或者你把一个人当作纯粹的动物、自然物，如果是这样的话，"就不能给出根据来证明，为什么我们应该用一个理念增加理性的负担"。"用一个理念"，这个理念就是指自由的理念，增加理性的负担，这个自由理念会给理性带来很大的麻烦。如果不把双方协调好，那么就理论理性而言，这个自由的理念就是多余的，你为什么一定要加一个自由的理念，来增加理性的负担呢？就实践理性而言，也会带来一个认识论上不能完成的任务。他说尽管这个理念可以"与另一个已充分证实的理念"无矛盾地结合起来，这另外一个已充分证实的理念是什么理念呢？这个地方没有说。结合上文，应该就是指道德法则的理念，即意志自律的理念。因为这句的前面说："当我们说人有自由的时候，我们是在一种另外的意义和关系中来设想人，不同于当我们把作为自然的一部分的人看成是服从自然法则时的那样"。在另外的意义和关系中设想人，就是把人设想为服从道德律的，并且是自己立法的，所以在这里，自由的理念当然就可以与另一个已充分证实的理念、也就是道德法则的理念无矛盾地结合起来。道德法则、定言命令或者说意志自律在前面通过演绎已经得到了充分的证实，而且也与自由的理念无矛盾地结合着（后面也讲到"唯一可与意志自由并存的意志自律"，见德文版第 458 页）。但尽管如此，自由的理念"却还是把我们卷进一桩使理性在其理论应用中大为窘迫的事务中"。这是因为，自由的理念尽管和道德法则无矛盾地结合着，但那是在另外的意义和关系中来设想的，也就是在实践的维度中来设想的；而理性"在其理论应用中"却仍然与之格格不入，不但把它视为多余的负担，而且导致了理性的二律背反的冲突。这一切矛盾都是由于我们片面地要么从理论理性出发，要么从道德实践的必要性出发，来看待人的两种不同的意义和关系的结果。所以思辨哲学的一项不容推辞的任务就在于，必须把这二者安排在一种既是界限分明、又能和谐共处的关系中，使它们成为同一个主体的两个不可分割的方面。

但是，这一义务仅仅是思辨哲学的责任，以便它为实践哲学扫清道路。

这一句是关键的了。前面说思辨哲学一项不容推卸的任务就是要至少指明它由矛盾而来的错觉是基于我们人有两种完全不同的立场，这是它的一项义务。但是"这一义务仅仅是思辨哲学的责任，以便它为实践哲学扫清道路"。这样一个义务的落脚点不在它自身之内，而在实践哲学之中。前面讲的是，自由的理念使得理论理性大为窘迫，但是它为什么还要承担这样一个多余的负担呢？就是因为它有责任为实践哲学扫清道路。它自称人为自然界立法，好像它无所不能，但是唯独在自由问题上它无能为力，使它感到很尴尬。为什么它要承担这样一种尴尬呢？就是因为它还有为实践哲学扫清道路的义务，并且这一义务仅仅是它的责任，责无旁贷。或者说整个思辨哲学、整个《纯粹理性批判》，它的任务就是为实践哲学扫清道路。当然它自己有它的任务，就是为自然界立法；

而为自然界立法，把知识限制在可能经验的领域之内，那么最后要落实下来就是为实践哲学扫清道路。就是当你为思辨哲学限定它的范围的时候，你已经留出了范围之外的范围，那个范围就是实践哲学的范围。你把理论理性、把思辨哲学限定在经验的范围之内，那么在经验范围之外的东西，那就是属于实践哲学的，双方不能越界。这就为实践哲学扫清道路了。

因此，并不由哲学家的随心所欲来确定，是要清除这个表面上的冲突，还是要原封不动地留着它；因为在后一种情况下，有关的理论就是 bonum vacans（无主的财产），宿命论者就能够理直气壮地占有这笔财产，并把一切道德从它的被以为是没有名目地占有的财产中驱赶出去。

这个因此也就是回答上面的问题了，"并不由哲学家的随心所欲来确定，是要清除这个表面上的冲突，还是要原封不动地留着它"。随心所欲也就是说他没有必然性，随他的便，可以清除也可以不清除这个矛盾。康德的意思是不能由哲学家随心所欲地确定是保留还是清除这个表面上的冲突，而是必须认真对待，要解决这种表面上的冲突。既然这种冲突只是"表面上的"，它就是可以澄清的，实际上双方并没有真正的冲突。我们完全可以而且必须把人看作既是自由的又是必然的，这两方面你都不能够丢掉，而必须把它们设想为必然地结合在同一个主体中。所以，我们是一定要清除这个冲突的。为什么一定要这样呢？他说"因为在后一种情况下"，也就是在原封不动地保留着这个矛盾听之任之的情况下，与此有关的理论就是"无主的财产"。"有关的理论"，也就是第三个二律背反的理论：世界上有自由，或者没有自由，一切都是自然必然的，这两个命题都可以成立，但又互相冲突。如果你不把它的表面矛盾清除的话，听之任之，那么这样一套理论就是无主的财产，就没有一个主人，就是一笔糊涂账放在那里。而这时"宿命论者就能够理直气壮地占有这笔财产"，宿命论者就会乘虚而入，就可以占有这笔财产了。就是说这个自由和自然必然性相互之间处于一种表面的冲突之中，那么宿命论者就可以理直气壮地说，那自由只是表面的，实际上还是自然必然性，自然必然性就可以把自由清除出去，也就"把一切道德从它被以为是没有名目地占有的财产中驱赶出去"了。就是这样一笔财产，它既包含有自由的理所当然性，也包含有自然因果律的自然必然性；但是你如果不去清理它的话，那么这样一个包含自由和自然必然性的理论就是一笔无主的财产，那么宿命论者就会来占有它，把它最后归结为自然必然性。我承认自由，但是这个自由最后可以用自然必然性来加以解释。你把自由消解掉了，道德就无主了，那你就可以把人仅仅从他的自然的方面，从他的不道德的方面来加以看待，来加以解释。这里他是打了一个财产的比方，就是说与此有关的理论还是一笔无主的财产，这是思辨哲学有义务去占有的，否则而宿命论者就可以理直气壮地占有这笔财产。如果我们不把这个矛盾清除掉的话，那么宿命论者就会利用这个矛盾来取消自由，取消自由也就取消了道德。所以这个任务是思辨哲学义不容辞的。

　　但是在这里我们仍然还不能说挨到了实践哲学的边了。因为对争执的那种调解根本不属于实践哲学的范围，相反，实践哲学要求思辨理性的只是，结束它自己在理论问题上卷入的争执，以便实践理性拥有宁静和免受外来攻击的安全，这攻击可能会对实践哲学想在上面定居的土地向它提出争议。

457

　　这一小段就是说，但是在这里我们仍然还不能说挨到了实践哲学的边了。因为他前面讲的都是思辨哲学的责任，思辨哲学有这样一个任务，必须把二律背反的表面的自相矛盾清除掉，以便为实践哲学留下地盘，扫清道路。讲的都是思辨哲学应该怎么样，这是在《纯粹理性批判》里面已经做过的事情，在这个地方重新提出来。但是，在这里我们仍然还不能说挨到了实践哲学的边，它本身还是属于理论哲学的，它的任务，还是属于这一方面的任务。在理论哲学这方面我们必须要做到，不仅一方面人为自然界立法，而且另一方面你也要为自由留下余地，留下余地就是为实践哲学留下地盘。但是留下地盘你还没有挨到实践哲学的边，实践哲学是另外一个领域。你在理论哲学的领域里面你做了你应该做的事情，实践哲学在你做完这一套事情以后就可以发展了，但是现在还没有发展。你不能在理论哲学里面去发展实践哲学的事情，这是两个完全不同的领域。所以他说，"因为对争执的那种调解根本不属于实践哲学的范围"。你要清除第三个二律背反的表面的争执，这个是属于《纯粹理性批判》里面所做的事情。思辨哲学应该做这件事情，也唯有它能够做这件事情，但是它不属于实践哲学的范围。实践哲学它没有必要也没有能力来做这件事情，它是另外一个范围的事情。他说"相反，实践哲学要求思辨理性的只是，结束它自己在理论问题上卷入的争执"。相反，实践哲学要求思辨理性应该做它自己的事情，当然实践理性要建立它的一套法则，但它必须要有前提，就是由思辨哲学为它扫清地盘。所以实践哲学要求思辨理性，要求它结束它自己在理论问题上卷入的争执，也就是二律背反。"以便实践理性拥有宁静和免受外来攻击的安全"。你把你的理论问题上的争执把它解决掉了，结束了，那么就保证实践理性有了一块宁静的地盘。它就可以不受思辨理性的骚扰。否则的话思辨理性会总是越界，越俎代庖。要解决二律背反就得划界，把现象和自在之物的界限严格划定，确定下来，思辨理性不能干涉自在之物的事情，自在之物不可知，你不能强不知以为知，那是不行的。那么留下一个不可知的地盘，那就是实践理性的地盘，它就可以安安静静地在那里做自己的事了，实践理性就安全了，它可以免受外来的攻击。外来的攻击对实践理性来说就是免受思辨理性的攻击，免受自然法则的攻击。思辨理性不要去干涉实践理性的事情，实践理性也不会去干涉思辨理性的事情，因为这个不属于实践哲学的范围，它就不去讨论这些问题。"这攻击可能会对实践理性想在上面定居的土地向它提出争议"。来自思辨理性的这样一种攻击，有可能会对实践哲学想在上面定居的土地提出争议。实践哲学想要定居的那个土地是什么土地呢？比如说知性世界、道德领域，这是实践哲学想住在上面的那样一个土地，这里是打比方了，实践哲学想要在那个土地上安居乐业，发展自己的事业，但是思辨哲学的攻击就可能会对它提出这块土地的争议。思辨哲学可能说，这块土地是我的。比如说经验派的道德哲学，经验派的伦理学，就把实践哲学的这样一块土地完全划归科学的经验知识的领域。也就是说经验派的道德哲学把人们的道德行为归之于人们对幸福和功利的追求，归之于对人的自然本性的理论知识。那当然就要借助于科学知识，借助于对自然科学的知识和对人的科学知识，对于社会科学的知识，来追求一个社会最大多数人的最大幸福，最大多数人的最大功利。那我们就把这样一种最大的功利称之为道德的，道德就变成了这样一种东西，就由思辨理性所占领了，人就被归结为自然必然性了。人总是要追求自己的最大利益的，人是自私的，人是一种高级动物，这是他们的出发点。这个出发点是思辨理性的出发点，理论哲学就对实践哲学在道德问题上提出了争议。实践哲学是不考虑自然必然性的，它只考虑自由，而理论哲学它不考虑自由，它只考虑自然必然性，那么道德究竟属于哪一方？如果你不划清这个界限的话，这个就说不清楚了。我们再看下面一段。

　　<u>但是，甚至普通人类理性对意志自由的正当要求，也建基于理性对单纯主观上进行规定的原因的独立性这种意识和这个被承认了的前提之上，这些主观上进行规定的原因共同构成了仅仅属于感觉、从而归在感性这个普遍名称之下的东西。</u>

　　前面是讲的两种哲学，一种思辨哲学一种实践哲学；两种理性，一种思辨理性一种实践理性，它们分别拥有自己的任务。思辨哲学的任务就是要为实践哲学扫清地盘，而实践哲学它是另外一种任务。思辨哲学扫清地盘以后还没有挨到实践哲学的边。那么这一段，"但是"，也就是说尽管思辨哲学还没有挨到实践哲学的边，这两者有不可逾越的鸿沟，但是，"甚至于普通人类理性对意志自由的正当要求"，普通人类理性，就是

普通老百姓,哪怕是一般老百姓他的理性对于意志自由的正当要求,"也建基于理性对单纯主观上进行规定的原因的独立性的这种意识和这个被承认了的前提之上"。这个但是的转折就是说,前面讲的思辨理性那都是哲学家们、形而上学家们所做的工作,他们应该做这件事情,应该为实践哲学扫清地盘,这是思辨哲学家必须要做的,也只有靠他们来做;但是,甚至于那些根本就不知哲学为何物的老百姓的普通理性,对于意志自由的正当要求,正当要求也可以翻译成合法要求,也建基于理性对单纯主观上进行规定的原因的独立性的这种意识。就是说普通老百姓已经懂得这一点了,懂得什么? 就是他要要求自己的意志自由,他就有一个前提,就是理性对单纯主观上进行规定的原因要有独立性。理性对于单纯主观上进行规定的原因,也就是对于那些任意的爱好,那些本能的需要,只是从主观上进行规定的那些准则,它要有一种独立性。这种独立性的意识,就是理性不受自己主观偶然一时冲动的支配,这是一个被承认了的前提。你有这种独立性,你才能有意志自由。所以对这样一些偶然的主观原因你要有独立性,这是自由意志的前提,这个就连普通老百姓都懂得这一点。我们有一种正当的要求,要求把自己看作是一个自由人,不仅仅看作是动物。普通老百姓你要说他是动物他也会感到不高兴的,他认为你在骂人,你说"你是一条狗"、"你是一只猪",他就会感到受到了莫大的侮辱,我是一个自由人,我怎么能跟猪狗相等同呢? 可见他对自由意志有一种正当的要求。那么你既然不等同于猪狗,你这个正当要求是建立在什么前提之下呢? 你就必须建立在理性对于单纯主观上进行规定的原因的独立性这种意识之上,就是说你既然不是猪狗,那你就要对你的本能,对你的偶然的那种爱好那种冲动保持一种独立性,这是一个前提。当你说自己是一个自由人的时候,你就已经承认了这样一个前提,你就不同于你的那些本能的冲动。下面这个是一个从句,就是对这个主观上进行规定的原因加以解释,什么叫主观上进行规定的原因?他说"这些主观上进行规定的原因共同构成了仅仅属于感觉、从而归在感性这个普遍名称之下的东西"。也就是说你必须独立于你的感性。你要是一个自由人，你要认为自己是一个自由人，你就必须要独立于你的感性。

以这样的方式把自己作为理智来看待的人，当他把自己设想为赋有意志、因而赋有原因性的理智的时候，他由此就把自己置入一个另外的事物秩序中，以及完全另一种方式的对规定性根据的关系中，即不同于当他知觉到自己像感官世界中的一个现相（Phänomen）（他也确实是这样一个现相）、并且其原因性在外在规定方面服从自然规律时的那种秩序和关系中。

这是进一步解释了。"以这样的方式把自己作为理智来看待的人"，一个人他自己有理性，他知道自己有理性，把自己作为理智来看待，也就是不把自己仅仅作为一个感性的存在者来看待。这样的人，"当他把自己设想为赋有意志、因而赋有原因性的理智的时候"，他把自己设想为赋有意志的人，也就是说他有理性，但是他这个理性不仅仅是思辨的理性，而且也是实践理性、意志。这个理智、这个理性它的意志要起作用，所以它是一种原因性，它要自行开始一个因果系列，这样一种意义上的原因性，实际上就是自由的原因性。当他把自己设想为赋有自由意志的原因性，赋有一个自行开始一个因果系列的这种原因性，这个时候，"他由此就把自己置于一个另外的事物秩序中，以及完全另一种方式的对规定性根据的关系中"。一个另外的事物秩序也就是知性世界、理知世界的秩序，他就把自己放在一个理知世界的秩序中了。理知世界是一个物自体的世界，它不是一个现象世界。理知世界有它的秩序，这个秩序是纯粹凭借理性的法规而建立起来的。使你行动的准则成为一条普遍法则，每个有理性者都是立法者，这个就是理知世界的秩序，它不以偶然的感性经验的东西为转移，而是撇开一切经验，单纯由理性自己规定自己的原因性，也就是规定自己的意志。"以及完全另一种方式的对规定性根据的关系中"，规定性根据就是规定意志的根据，意志有它的规定性根据。你根据什么来规定意志，是根据感性的冲动感性的需要呢，还是根据理知世界的法则？这是完全不同的关系。与规定性根据的关系有各种不同的关系，那么在这里，是完全另一种方式的对规定性根据的关系。这里讲了两个另外的、另一种，那么它们显然是针对什么东西而言的另一种。下面就讲了："即不同于当他知觉到自己像感官世界中的一个现相（他也确实是这样一个现相），并且其原因性在外在规定方面服从自然规律时的那种秩序和关系中"。这样的秩序和关系，一是不同于当他知觉到自己像感官世界中的一个现相时那样的秩序和关系，而是一种本体的、自在之物的秩序和关系。它当然不同于现相的秩序和关系，包括自己作为一个现象那样一种秩序和关系。二是不同于当他知觉到自己的原因性在外在规定方面服从自然规律时的那种秩序和关系。他知觉到自己是感官世界中的现相并且是服从自然规律的，他虽然一方面把自己设想为赋有意志因而赋有原因性的理智，认为自己是有自由意志的；但是另一方面，他又知觉到自己像感官世界中的一个现相，并且是服从自然规律的。这里有两种秩序和关系，前一种秩序和关系不同于后面这样一种秩序和关系。那么这里有一个词就是"现相"，Phänomen 我们把它翻译成现相。以往我们把它翻译成"现象"，但这个"现象"我们同时又用来翻译这个 Erscheinung，这两个词实际上是同义词。同义词我们为什么要把它区分开来呢，它有一个讲究在里面。就是这个词 Phänomen 是从希腊文来的，而 Erscheinung 是一个本土的德文字，它来自于 erscheinen，而 scheinen 就是照射、光照、显现。那么在德文里面就是用 Erscheinung 来翻译希腊文的 Phänomen，这两个词是可以互译的。但是为什么它们又有区别？就是希腊文的 Phänomen 它更加抽象一点，因为它是外来词嘛，它没有本土词的语感。而用本土词的时候一般比较具体一些。所以同样是现象，我们翻译这个"相"要抽象一些，这个"相"比这个"象"要抽象一些，虽然它们有相通的地方，但是也不太一样。形象你可以说是这个形象也可以说是那个形相，但是照相你就不能用这个"象"，你就必须用这个"相"。所谓这个"相"，它有一种意思就是"定形"，照相你把它定格了嘛，它就是那个相了，它就定在那里了，如果没有照相的话，你平时的这个形象你可以用这个"象"，它是不断地在变动的、比较具体的。所以 Erscheinung 这个词跟 Phänomen 这个词相比它比较宽泛，比较生动。在康德那里它可以是那些尚未规定好的一些现象，比如说感性的知觉、红色、声音、冷和热等等这样一些经验性的材料，都可以说是现象；但是这个"现相"就是指已经被整理好了的现象，我们可以理解为"现象界"。就是已经经过时间空间和范畴整理好了的，和盘托出的那样一种现象，就用 Phänomen 这个词，在康德那里经常是指已经定格了的，已经被科学知识当作对象了的这种现相；而后面这个现象它有一个出现的意思，显现、出现，定格不定格都可以，出现的东西你可以说它尚未定格、尚未被范畴所整理。所以我们讲范畴能够运用于现象，能够用来整理现象，那都是指的 Erscheinung。现象还未经整理，所以必须要由范畴来整理，整理好了以后它可以用 Phänomen，当然也还可以用 Erscheinung，整个现象界也可以说它都是 Erscheinung，都是显现出来的。那么在这个意义上面，这个 Erscheinung 就有两层意思，一种就是尚未整理的现象，一种是整理好了的，那就等于现相。所以 Erscheinung 它可以包括 Phänomen，但是 Phänomen 不能完全包括 Erscheinung，就是那些感性经验的材料不能说是 Phänomen，只能是 Erscheinung。以往的翻译都没有区分，因为它们是同义词嘛，通常用同一个现象（或者显现）来译。我们再来看这一句话，"不同于当他知觉到自己像感官世界中的一个现相（他也确实是这样一个现相）"，在感官世界中的一个经验的自我，或者说一个生理的自我，一个身体的自我，这都是现相，这都是显现出来的。他也确实是这样一个现相，一个整理好了的这样一个对象形象。"并且其原因性在外在规定方面服从自然规律时的那种秩序和关系"，这个现相的原因性，在外在规定方面是服从自然规律的，——当然在内在规定方面同一个原因性又是不服从自然规律的，是自由意志的自律，这方面没有说出来。总之，在他知觉到自己就像感官世界中的一个现相那样时，他是这样一种秩序和关系；而当他设想自己赋有意志并且赋有原因性的时候，他又是另外一种秩序和关系。这是这一句话。

现在他马上察觉到，**这二者能够同时发生，甚至不能不同时发生。因为，说一个现象中的事物**（它属于感官世界）服从某些法则，又说这同**一个事物作为自在之物本身**或**自在之存在者本身**独立于这些法则，这并不包含丝毫矛盾；

就是说这两者，即作为感官世界中的现象和作为赋有原因性的意志，能够同时发生，甚至不能不同时发生。因为我们说"一个现象中的事物"，一个现象中的事物打了着重号，与后面打了着重号的"自在之物"相呼应，这个现象是用的 Erscheinung。一个 Erscheinung 中的事物，它是属于感官世界的，它服从某些法则，也就是服从感性的自然法则；"又说这同一个事物作为自在之物本身或自在之存在者本身独立于这些法则，这并不包含丝毫矛盾"。因为我是在两个层次上面讲的，一方面从现象上讲它是服从某些感性法则，另一方面从自在之物来说它又不服从于这样一些法则，作为自在之物或自在之存在者本身，它独立于这些法则，而这两者丝毫也不矛盾。看起来好像是矛盾的，如果混在一个层次上就是矛盾的；那么只要我们把现象和自在之物区分开来就不矛盾了。它在现象界服从这些法则，它在本体界不服从这些法则而服从另外一些法则，这个完全讲得通，因为它们是两个不同的层次嘛。

只是，他就必须以这种双重的方式表象和思维自己，这就前者而言，是基于对他自己作为通过感官受刺激的对象的意识，就后者而言，基于对他自己作为理智的意识，即对自己在理性应用中独立于感性印象（从而属于知性世界）的意识。

前面讲并不包含丝毫的矛盾，是回答为什么说这二者"能够"同时发生，是因为它不包含矛盾。那么这一句讲："只是，他就必须以这种双重的方式表象和思维自己"，这句话是回答为什么它们甚至"不能不"同时发生。注意这两句中间有个分号，这个分号前面一部分是解答，为什么说这二者能够同时发生，后面一部分解决为什么说这二者甚至不能不同时发生，一个是可能性，一个是必然性。所以他这里讲，他"必须"以这种双重的方式表象和思维自己，因为人就是双重的，你不能忽略任何一方，这两方面可以并存，而且必须并存。而"就前者而言"，前者也就是作为现象，就现象中的事物而言，"是基于对他自己作为通过感官受刺激的对象的意识"。也就是作为现象中的事物，他思维自己的根据在于他对自己有一种意识，意识到自己是通过感官而受刺激的对象，也就是说自然对象。他意识到这一点，因此他可以把自己看作是在现象中的存在物。那么"就后者而言"，也就是就自在之物，作为自在之物本身或者自在的存在者本身而言，是"基于对他自己作为理智的意识"。就是说他对自己作为理智也有一种意识，他意识到自己是一个理智，他意识到自己有理性，是一个理性存在者。这种意识"即对自己在理性应用中独立于感性印象（从而属于知性世界）的意识"。他在理性的应用中，既然他有理性，那么他是独立于感性印象来应用理性的，他属于知性世界，并且只按知性世界的法则来应用理性。所以他是一个理智的存在者，或者说人本质上是理智的，在现象上当然他又是感性的。现象和本质有一个区别，那么你是服从自己的本质呢，还是服从自己的现象呢，这个由你的理性来决定来选择，所以最终理性或者理智才是人的本质。

我们再看下面一段。前面讲了，人的自由的方面和自然的方面这两者不仅仅是可能、能够同时发生，而且不能不同时发生，必须从两个角度来看待同一个人。这是上面已经得出的一个观点，一个结论。那么下面康德继续加以推演，他说，

由此得出：人自以为自己拥有一个意志，这个意志不把任何仅仅属于他的欲望和爱好的东西算在自己的账上；相反，他把只有不顾一切欲望和感性诱惑才能发生的行动设想为由自己而可能的，甚至由自己而必

<u>然的。</u>

由此得出，就是说从人必须把自己看作是两方面同时并存的，从这个结论里面我们可以引出，人是自以为自己拥有一个意志的，这个自以为康德在这里并没有贬义，就是人认为自己、人主张自己拥有一个意志，一个什么意志呢？"这个意志不把任何仅仅属于他的欲望和爱好的东西算在自己的账上"。这个意志在实际行动中，有可能服从了属于他的那些欲望和爱好的东西，但是这些行动，都不能算在我的意志的账上，所以这样一个意志、人自以为拥有的这样一个意志是这样一种特殊的意志，就是超越一切感性的欲望和爱好之上的，那才能算数，那才能算是我的意志。我如果做了什么完全是服从动物性的、服从自然规律的行动，那个不能属于我的自由意志，或者说那是由于我的意志受到了限制，受到了影响，但是不是我出自本心所要做的。出自我的本心要做的，我本来是要超越所有的感性的爱好和欲望之上的。所以他说"相反，他把只有不顾一切欲望和感性诱惑才能发生的行动设想为由自己而可能的，甚至由自己而必然的"。这都是他对自己的一种看法。只有不顾一切欲望和感性诱惑才能发生的行动，他才把它设想为由自己而可能的，由自己的原因性而带来的。就是把自己的身家性命全部置之度外，把自己的感性的享乐感性的爱好感性的诱惑全部置之度外，这样一些行动，他才设想为由自己而可能的，甚至是由自己而必然的。也就是说如果我能够按照我的自由意志去做事情的话，那么我必然会选择这样一种行动，不考虑感性的东西，而只考虑理性的法则，他有一种自由的必然性。就是说，他任何时候都能够按照自由意志行动，所以这里头有一种必然性，按照他的自由意志是必然会选择超越一切感性之上的理性法则的。当然实际上在现实生活中人们往往不去选择理性的法则，那只能够设想为是一种外来的影响，不是出自他的本性。

这些行动的原因性存在于他这个理智里面，也存在于按照一个理知世界的原则而起作用、而行动的那些法则中，对这个理知世界他知道的仅仅是：唯有在其中，理性，而且是纯粹的、独立于感性的理性，才提供出法则；

这些行动，这些行动就是那些不顾一切感性欲望和感性诱惑才能发生的行动，这些行动它被设想为由自己而可能的，由自己甚至是必然的。那么这些行动的原因性存在于什么地方呢？只能"存在于他这个理智里面"，存在于作为一个理智的他的理性法则里面。既然你是一个理智，那么这个理智他就会按照一个理知世界的原则而行动，这样建立起一套法则，那么你的原因性就存在于这样一套法则里面。这一套法则是实践的法则，是起作用的行动的法则，也就是理智的实践法则。就是说你的行动的原因要追溯到你的理智的行动法则，实践法则。那么"对这个理知世界他知道的仅仅是：唯有在其中，理性，而且是纯粹的、独立于感性的理性，才提供出法则"。对这个理知世界，当然他是推出来的，因为他有理智，每一个普通老百姓都知道自己有理智，那么从这一点他就可以推出来有一个理知世界。那么对这个理知世界他知道什么呢？他不知道别的，理知世界不可认识，但是可以照着去做。理知世界有它做的法则，这些法则不是认识的法则，而是行动的法则，是"应当"的法则。所以"对这个理知世界他知道的仅仅是：唯有在其中，理性，而且是纯粹的、独立于感性的理性，才提供出法则"。也就是在理知世界里面，只有纯粹实践理性才提供出法则，感性不起作用，感性已经完全排除了。唯有在这个理知世界中，纯粹理性才提供出法则。在感性世界中纯粹理性它不能够提供出法则，不是说你想应当怎么样这个世界就会怎么样，你想要这个世界是道德的，这个世界就是道德的，那不可能。所以只有在这个理知世界中，理性才能够提供出法则，而且是纯粹的、独立于感性的理性。现象界的理性是不纯粹的、依赖于感性的，虽然人为自然界立法，好像人凌驾于感性世界之上，但是他不能脱离感性世界，他只能为感性世界立法，他必须要有感性的经验、材料，才有用武之地，否则的话就是空的。所以对这个理知世界他知道的仅仅是这一点，就是唯有在其中，纯粹的实践理性才提供出法则。这个法则是实践的法则，不是认识的法则，不是为自然界立法，而是为自己的行为立法。

　　同样，由于他在那里只是作为理智才是真正的自我（与此相反，作为人只是他自己的现象），所以那些法则直接地和定言地涉及到他，以至于无论爱好和冲动（从而感官世界的整个自然）怎么引诱，也不可能对作为理智的他的意愿法则造成任何损害，

　　我们先看这半句。同样，由于他在那里，也就是在那个理知世界里面，"只是作为理智才是真正的自我"，这个提法比较明确了：真正的自我。真正的自我和表面的自我这里有一个区分，括弧里面讲："与此相反，作为人只是他自己的现象"。作为人，作为理智和作为人，在这个地方把它们对立起来了。其实按康德在别的地方的表述，"作为人"也不只是他自己的现象。作为人，作为人性，他本来就是两者的统一体，感性和理性，本体和现象的统一体。所以他这个地方的"作为人"，是指作为一般意义上所讲的人，普通常识所讲的人。那么这样一种人只是他自己的现象，而只有作为理智才是真正的自我。人本质上来说是一个理智存在者，理智才是他的真正的自我，而理智它又是普遍的，所以人的真正的自我是普遍的，人按照自己的本性，他必须把这样一种普遍的法则当作他自己的真正的自我，或者我们可以说把小我扩展成大我。他说，"所以那些法则直接地和定言地涉及到他"。所以那些法则，那些法则也就是理知世界的法则了，直接地和定言地涉及到他。"直接地"这个意思就是不通过感官，不以感性的东西作媒介，这个理性直接对他的行动下命令，也就是定言地涉及到他，而没有假言的前提。"直接地"和"定言地"在这里是一个意思，"定言地"本来也可以翻译成"直言地"嘛，直言判断，就是没有前提的，没有如果，没有假如，理性直接地对人的行动下命令，或者说纯粹理性本身直接地就具有实践的能力。这是康德在《实践理性批判》里面一开始就强调的，意思就是说它撇开感性，不需要借助于感性。我想做好事，不是因为想达到其他感性的目的。"以至于无论爱好和冲

动（从而感官世界的整个自然）怎么诱惑，也不可能对作为理智的他的意愿法则造成任何损害"。这个法则是超越一切爱好和冲动，超越于感官世界的整个自然，超越于一切感性的条件的。你不要用感性的条件做借口，无论爱好和冲动怎么引诱，也不可能对你的意愿法则造成任何损害。无论有多么大的诱惑力，你如果想要按照你的意志的法则、意愿的法则去做的话，那是可以做到的。你是完全可以克服感性的诱惑的，每一个人都可以克服感性的诱惑，每一个人都不能借口"诱惑太大了我不能克服"来摆脱自己的道德责任。只要你愿意，任何诱惑你都可以克服，因为你的本质，你的真正的自我就是理智，是理性而不是感性。感性只是你的现象，它怎么可能改变你的本质呢？所以你的本质是不受任何感性诱惑和损害的。

　　其至他也不为这些爱好和冲动负责，不把它们归于他真正的自我、即他的意志，倒是把他可能对它们怀有的容忍归于自己的意志，如果他承认它们对自己的准则发生了不利于意志的理性法则的影响的话。　458

　　最后这一句话很微妙了。甚至他也不为这些爱好和冲动负责，这些爱好冲动，他可以不为它负责。我有爱好有冲动，但是，我可以不为这些爱好和冲动负责，这个听起来有一些匪夷所思了，就是说一个人的爱好和冲动他可以不为它负责。但他这里的意思就是说，不把它们归于真正的自我、即他的意志，不为它负责。就是说我有爱好冲动，这个是我的自然本能所决定的，这不是由我决定的，我不能为此负责，我能够为此负责的就是我是否选择了我的爱好和冲动，我是否选择服从这些爱好和冲动，这个我可以负责。但是我有爱好和冲动，这个不由我负责，我生来就是这样的，每一个人生来就是这样的，就有他的感性的本能、天性。这个他不必自责，不必责备自己我怎么吃得这么多，我怎么需要这么多，我怎么这也想要那也想要，这个是人之常情，每一个人都受到自然的决定，我的自由意志不为这个负责。但是如果我选择服从它，那是要负责的。我"不把它们归于真正的自我、即他的意志，倒是把他可能对它们怀有的容

883

忍归于自己的意志"，这就是他要负责的地方了。你容忍它嘛，你接受了它嘛，爱好和冲动，你认为可以服从它嘛，那么你就要为此负责。你就要把可能对它们怀有的容忍归于自己的意志，"如果他承认它们对自己的准则发生了不利于意志的理性法则的影响的话"。就是说如果你因为容忍了，宽容了爱好和冲动，并且由此而影响到你的理性法则，那就有责任了。我们经常听到说，"人还是要对自己好一点"，"女人还是要对自己好一点"（学生笑），要容忍一点，要容忍自己的爱好和冲动，自己本能的需要，人何必什么都跟自己过不去呢？但是如果你容忍了这一点，并且由此而影响到你的理性的法则，你由此而作出了不道德的事情，那你就要负责。人可以不把自己的本能归于自己的意志，但是他必须把自己服从自己的本能归于自己的意志，特别是如果它影响到我的意志的本身的法则的话。如果不影响那当然就无所谓了，如果也没有造成什么不好的影响，那当然可以听之任之，它不是道德的但也不是不道德的。但是如果它跟道德法则发生冲突，那这个时候就看你怎么选择了。你是选择它，那你就抛弃了自己的意志的这个法则，你如果选择意志的法则你就必须拒绝它，不能容忍它。

实践理性通过把自己放进一个知性世界中来思考根本不会越过自己的界限，倒是当它想要进去直观自己、感觉自己的时候，它就越过了自己的界限。

这个回到本题了，也就是回到了这一小节的题目："论一切实践哲学的最终界限"。理论哲学有它的界限那就是不得超出现象界，只能在现象界内部干你的事情。那么实践哲学也有自己的界限，就是它只能在现象界之外，不得进入现象界之内。这两者是泾渭分明，不能混淆的。所以他讲"实践理性通过把自己放进一个知性世界中来思考"，放进一个知性世界中，就是把自己归到一个理知世界里面去，理知世界就是超越于经验的世界，完全跟经验世界无关，不考虑经验世界的事情，而是把自己放进一个知性世界中来思考，思考打了着重号。为什么要打着重号？就是说这个知性世界他不能认识，但是可以思考。康德多次提到过，就是认识一个世界和思想一个世界那是不一样的，我可以不认识自在之物，但是我可以思考自在之物。只要你仅仅停留于思考而不是求得认识，那么它根本不会越过自己的界限。实践理性的界限就在这里，就在知性世界中。所以他接着讲，"倒是当它想要进去**直观**自己、**感觉**自己的时候，它就越过了自己的界限"。它想要进去，想要跑到知性世界里面去直观自己、感觉自己，这个时候它就越过了界限。直观自己，如果你具有知性直观的话，那你当然可以直观自己；但是人恰好不具有知性直观，只具有感性直观。那么能不能用感性直观来感觉自己呢？那不行，因为知性世界已经不属于感性直观的领域了，所以你就越过了自己的界限。

前者只是对感性世界的一个消极的观念，即感性世界并不为理性在规定意志时提供法则，而只有在这一点上才是积极的，即作为消极规定的那种自由，同时与一种（积极的）能力，甚至与理性的一种我们称为意志的原因性结合在一起，也就是要这样行动，使行动的原则符合于一个理性原因的本质的性状，即符合于作为一个法则的准则之普遍有效性条件。

这一句也比较长。前者，也就是上一句一开始说的，把自己放进一个知性世界中来思考，这是前者。那么把自己放进一个知性世界中来思考，这"只是对感性世界的一个消极的观念，即感性世界并不为理性在规定意志时提供法则"。就是说我把自己放进一个知性世界中来思考，这只是对感性世界的一个消极的观念，也就是说知性世界是"非感性"的世界。只是消极地排除了感性世界，它只说明感性世界并不为理性在规定意志时提供法则。在知性世界中来思考而不越过自己的界限，这就只是一个消极的观念，就是不越过自己的界限到感性世界里面去寻求法则，这就是前者。他说："而只有在这一点上才是积极的，即作为消极规定的那种自由，同时与一种（积极的）能力，甚至与理性的一种我们称为意志的原因性结合在一起"。就是说前面讲的是一种消极的自由,即在知性世界中来思考时不会越过自己的界限,不会到感性世界里面去寻求自己的法则。那么它是不是有积极的方面呢?也有。就是要同时与一种积极的能力、与意志的原因性结合在一起。这个就是积极的自由了。也就是说,在一个知性世界中来思考,这对感性世界只是一个消极的自由观念,但是对理知世界本身,它有积极自由的意义。所以它同时具有消极和积极两个方面,对感性世界它是消极的,就是不做什么的自由;对理知世界则同时与一种积极的能力结合在一起,也就是要干什么的自由。以赛亚·伯林的著名的"消极自由和积极自由"的区分,其实他的源头是在这里,消极自由就是说不受什么的束缚的自由;积极自由就是你要去做一件事情的自由,那就有自由意志,就是通过自由意志积极地实现某种东西。康德也是从这个意义上面来讲的。积极的自由就是与理性的一种我们称之为意志的原因性结合在一起。那么结合在一起就会怎么样呢?他下面讲了,"也就是要这样行动,使行动的原则符合于一个理性原因的本质性状,即符合于作为一个法则的准则之普遍有效性条件",这就是他的定言命令了。定言命令在这里是这样来表述的,也就是要这样行动,这个"要"里面包含有意志,你要这样,你一定要这样行动,命令你的意志,使行动的原则符合于一个理性原因的本质的性状。一个理性的原因,那就是作为理智了,你的原因是在于你的理智,前面已经讲到了,这些行动的原因性存在于他这个理智里面。那么理性的原因它表现出一种本质的性状,它不再是现象界的感性的东西,理性的原因作为理智它是人的本质,它是人的真正的自我。那么使行动的原则符合于一个理性原因的本质的性状,也就是符合于作为一个法则的准则之普遍有效性条件。这就是使你的行动准则成为一条普遍法则,使得它普遍有效,这就是定言命令的公式。所以自由只有在这一点上才是积极的,只有当它体现为一条定言命令的公式,才是积极的自由。只有体现为道德的定言命令,这个自由才是积极的自由。我们再看下面。

　　但假如实践理性还从知性世界取来一个意志的客体，即一个动因，那么它就越过了它的界限，并自以为认识了某种它一无所知的东西。

　　这个地方就明确地讲到跨越界限了。"假如实践理性还从知性世界里取来一个意志的客体"，意志的客体打了着重号，"即一个动因"，一个意志的客体就是一个行动的原因，Bewegursache，Beweg 就是行动、动作、运动，Ursache 就是原因。那么你的行动的原因是从知性世界里面取来了一个意志的客体，意志的对象，意志要针对一个对象。你把一个意志的对象作为你的行动的原因，那么它就越过了它的界限。为什么意志的对象、意志的客体作为动因就越过了界限呢？因为在理知世界里面，意志只遵守它的法则，它是不管它的客体、不管它的对象的。它不管它的对象会怎么样，实现得了还是实现不了，或者后果、效果如何，因为这些都是属于经验的事情，它是不考虑的。意志的客体都是经验客体，意志在行动中、在实践中肯定要作用于一个对象，这个对象一定是在经验中的。实践理性法则、道德律它所针对的不是意志的客体，而是行动本身，它着眼于行动本身，或者说着眼于行动中的法则，它不管客体。纯粹实践理性它在行动的时候是不管它的客体的，它造成了什么它不管。它指向什么，也是按照它的法则来规定的。但是如果你从知性世界里面取来一个意志的客体，当然知性世界里面不可能有意志的经验客体，这种知性世界的客体只是你的一个空洞的概念，你设想假如你有知性直观你就会看见它，但是你没有知性直观。如果你想从知性世界里面去取来一个意志的客体，也就是设想这样一个客体作为你的动因，那么实践理性就越过了它的界限，并自以为认识了某种它一无所知的东西。越过了什么界限呢？就是越出了知性世界的界限，它自以为能够在知性世界中直观自己、感觉自己。由于人根本不具有知性直观，所以当意志想进入到知性世界中直观自己的客体时，它实际上是把感性直观带入了知性世界中，那么它就越过了自己的界限了。它对于知性世界中的客体其实一无所知，但它自以为可以用感性来设想知性世界的客体，比如灵魂实体，作为意志的动因，从而建立起一门"理性心理学"。这是康德在《纯粹理性批判》中已经批判过的。

因此，一个知性世界的概念只是一个**立场**，理性发现自己被迫在现象之外采取这一立场，**以便把自己思考为实践的**，而当感性的影响对人有规定作用时，这就会是不可能的了；

因此，这是从上面推出来的了。一个知性世界的概念，它不是一种什么客体，它只是一种立场，是我们所选择的一个立足点，Standpunkt，Punkt 就是那个点，Stand 就是站立，所站立的一个点。"理性发现自己被迫在现象之外采取这一立场，以便把自己思考为实践的"。"理性发现自己被迫"，也就是发现自己受到限制，不得不"在现象之外采取这样一种立场"，理知世界本来只是一个立场，而且这个立场不能不是超越于现象界的，是超验的立场。只有站在超验的立场，理性才能把自己思考为实践的，"以便把自己思考为实践的"，这个短语打了着重号。就是为了把自己思考为实践的，它就不得不跳出现象界之外，采取理知世界这样一个立场。他说，"而当感性的影响对人有规定作用时，这就会是不可能的了"。如果感性的影响对人有规定作用，比如说你设想一个意志的客体作为一个动因来规定意志，当你这样想的时候，那就是感性的影响对人有规定作用，那么这就会是不可能的了。什么是不可能的了呢？就是说理性在现象之外把自己思考为实践的，就不可能了。一个知性世界的概念只是一个立场，理性发现自己被迫在现象之外采取这一立场，以便把自己思考为实践的，这只有在不受感性的规定影响的时候才有可能。

但这终究是必然的，

"这"是指什么呢，就是说理性在现象之外采取这一立场，以便把自己思考为实践的。而这终究是必然的，必然会是这样，但有个条件：

只要人对自己作为理智，从而作为理性的、通过理性而能动的、也就是自由地起作用的原因这个意识不想遭到否认。

这是必然的，但这个必然是有这样一个前提的，就是："只要人对自己作为理智，从而作为理性的、通过理性而能动的、也就是自由地起作用的原因这个意识不想遭到否认"。当然并没有人想否认这一点，他其实是正话反说，他提出这个假设其实是指出一个事实，就是根本没有人、也不会有人愿意对自己作为理智，从而作为理性的、通过理性而能动的、也就是自由地起作用的原因这个意识加以否认。实际上是就连普通老百姓都不想否认这一点，都不想认为自己没有一种自由起作用的原因，至少是不想否认自己有这样一种自由的意识，作为理性的、自由起作用的原因的意识。否则的话你就把自己贬低为猪狗不如了。这是一个事实，这个事实作为一个条件句的方式提出来是很有力的，就是说这是终究是必然的，人必然会把自己思考为超越于现象界之外而按照理性的法则实践的。

这一观念诚然带来了不同于有关感官世界的机械作用的另一种秩序和立法的理念，

这一观念是指的哪一观念，就是前面讲的这个意识，也就是自由地起作用的原因这个意识。如果人们不想对它加以否认的话，那么这个意识就会带来"不同于有关感官世界的机械作用的另一种秩序和立法的理念"，也就是说一旦你有这个意识，你意识到自己作为理智，从而作为理性的、通过理性而能动的、也就是自由地起作用的原因，你意识到这一点，那么从这个意识里面就会带来不同于有关感官世界的机械作用的另一种秩序和立法的埋念，你本身就会有一整套另外的观念，这个作用就有它的一套法则。

并且使一个理知世界的概念（也就是说，理性存在者的整体，作为自在之物本身）成为必要的，但没有丝毫妄想在此走得更远，除了仅仅按照其**形式**条件，即依照作为法则的意志准则之普遍性，从而按照唯一可与意志自由并存的意志自律来思考；

也就是说这个观念不但带来了一整套不同于自然界的秩序和立法的理念，而且"使一个理知世界的概念（也就是说，理性存在者的整体，作为自在之物本身）成为必要的"。你一旦把自己设想为由于理性而具有一种独立于感性的自由的，那么你就必须和有必要设定一个理知世界的概念，设定这个理性存在者的整体、作为自在之物本身的概念。理性存在者一旦意识到自己的理性，就必须意识到自己的作为理性存在者的本质；你意识到自己作为理性存在者的本质，你就意识到这个理性存在者不光是你一个人，我们刚才讲的，就从小我变成了大我，那就是所有的理性存在者作为一个整体构成了一个理知世界。但是你不能认识它，它是自在之物。因为理知世界已经超出一切现象、一切感性、一切经验了，而超出经验那就不能认识。它不可认识，但是它是必要的，如果你不想否定自己有理性的自由，那这个理知世界就是必要的，这个概念就是必要的。"但没有丝毫妄想在此走得更远"，你意识到它是必要的，仅此而已，你不要妄想走得更远，"除了仅仅按照其形式条件，即依照作为法则的意志准则之普遍性，从而按照唯一可与意志自由并存的意志自律来思考"。你不要走得更远，你不要想要去认识这个理知世界，你能做的是什么呢？仅仅按照其形式条件，——"形式"打了着重号，跟质料无关，凡是涉及质料就会涉及到经验了，这个时候理性它只管形式——按照其形式条件，"即依照作为法则的意志准则之普遍性"，这个里头又包含着定言命令：按照作为法则的意志准则之普遍性，表明你要使你的准则成为一条普遍法则；"从而按照唯一可与意志自由并存的意志自律来思考"。你只能做到这一点，你只能够思考，你不能够认识。怎么思考呢？按照唯一可与意志自由并存的意志自律来思考，来思考这个理知世界。唯一可以意志自由并存的意志自律，意志自律实际上就是意志自由了，唯有设想为意志自律，那么这个意志自由才有可能存在。所以意志自律是唯一可以与意志自由并存的，意志自由你不能设想为你的为所欲为，你为所欲为并不是意志自由，真正的意志自由就是意志自律，就是意志按照自己的立法来行动。

与此相反，一切被规定到某个客体的法则都提供他律，这他律只能在自然规律那里发现，并且也只能关涉到感官世界。

与此相反，与前面讲的理知世界本身的法则相反，一切被规定到某个客体上的法则都提供他律。我们前面讲了，一旦你从知性世界里面拿来意志的客体，并且使它成为你的意志的动因，那你就是把自己的意志规定到某个客体上面去了，你的意志的客体成为你意志的动因，那么凡是这样一种法则都是他律。你要受客体的规范，而不是受到你自己主体的规范，那么这就是他律。这他律只能在自然规律那里发现。所以你从知性世界里面拿来这个意志的客体，这是不合法的，知性世界里面没有意志的客体。凡是意志的客体都只能在自然规律那里发现，都是自然界的，"并且也只能关涉到感官世界"，而不能关涉到理知世界或者知性世界。所以前面的那种做法完全是一种妄想，一种混淆，把现象和物自体混为一谈。你想从理知世界里面拿来意志的某个客体，然后把这个客体作为意志的规定根据，那意志就成了他律了，它就不能够自律了。

然而这样一来，如果理性胆敢去解释 (erklären) 纯粹理性如何可能是实践的，它就会越过自己所有的界限，而这就会与解释自由如何可能的任务完全是一回事了。 459

然而这样一来，由此就推出来了，如果你要越界的话，如果理性胆敢去解释 (erklären，有"澄清"之意) 纯粹理性如何可能是实践的——纯粹理性本身就是实践的，这是一个事实。凡是有理性者他就能够用理性来支配自己的行动，——它如何可能是实践的，你这样一问这本身就已经不对了。纯粹理性如何可能是实践的，你的意思无非就是在说它通过一种什么样的手段或作用方式或机制才能是实践的。但是实践理性，纯粹实践理性直接地就是实践的，它不需要通过任何手段，你要把手段插进来，那就是想要对它做经验的解释了，那它还是纯粹实践理性吗？那就成了理论理性了。纯粹理性如何可能是实践的，这是不能解释的，你一解释你就混淆了，你就把经验的东西掺进来了。像笛卡尔所讲的人的灵魂住在松果腺里面，它首先作用于松果腺，然后松果腺再影响到人的大脑神经,然后支配了人的肌肉,人的手脚就动起来了,——这样一种解释,就是解释人的纯粹理性如何可能是实践的。这种解释本身就是一种混淆,就是把经验的东西混进来了,都是一些经验的自然规律的解释,它们是服从自然必然性的。你用自然必然性来解释一种自由的现象,那怎么可能呢?所以如果理性胆敢去解释纯粹理性如何是实践的,它就会越过自己所有的界限,你就从理知世界越界到经验世界里面去了,"而这就会与解释自由如何可能的任务完全是一回事了"。要解释自由也是不可能的,自由如何可能,你一解释你就把自由取消掉了,你就把自由变成必然了。这个我们刚才已经讲到了,自由就变成一个自相矛盾的概念。自由本来是一切解释的前提,它自行开始一个因果系列。但是你要用因果系列来解释自由,你岂不是把自由取消了吗?所以这两者,一个是解释纯粹理性如何可能是实践的,一个是解释自由如何可能,这两者是一回事。纯粹理性是实践的,这是一个理性的事实,只要你不否认人有理性,你就必须得承认。自由如何可能的,自由也是一个事实。这个你如果不愿意承认自己是一个纯粹的动物,那么你就必须承认这样一个事实。所以这两者都是不能解释的。纯粹理性如何可能是实践的,或者说定言命令到底如何可能,这个是没办法解释的,定言命令本身就是无条件的命令,你要问它的条件是什么,这不是自相矛盾吗?所以道德律如何可能,这也是不能问的。当然这并不意味着定言命令的演绎就"失败了",对此前面已经说明了理由。

因为我们所能够解释的,只不过是我们能够回溯到规律上去的东西,这些规律的对象能够在任何一个可能的经验中被给予。

为什么不能问呢?为什么不能解释呢?因为我们所能够解释的,只不过是我们能够回溯到规律上去的东西,这些规律的对象能够在任何一个可能的经验中被给予。后面这个是一个从句,这个从句跟前面是不可分的,要合起来读。只不过是我们能够回溯到规律上去的东西,但不是任何别的规律,而只是能够在一个可能经验中被给予对象的规律。如果要不嫌句子长的话,我们可以这样来翻译:因为我们所能够解释的,只不过是我们能够回溯到其对象能够在任何一个可能的经验中被给予的那些规律上去的东西(笑),这样理解是比较准确的。如果你把后面的不管,哦,凡是能够回溯到规律上去的东西就是能够解释的,那这个道德律也是规律啊;然后你再往下读:这个道德规律的对象也可以在经验中被给予啊……,那就混了。所以,我们能够回溯到规律上去的东西,这个规律是特指,它跟后面这个从句是不能分的。只不过是这样一些规律,能够回溯到这样一些规律上去的东西我们才能够解释,这些规律,它们的对象是在一个可能经验中被给予的,它不能脱离经验,是经验的规律。我们所能够解释的只不过是我们能够追溯到经验规律上去的东西,就是这个意思。

但是,自由是一个单纯的理念,它的客观实在性不能以任何方式按照自然规律被阐明,从而也不能在任何可能的经验中被阐明;

这一句就比较明确了。我们要解释的话我们必须要引用自然规律,但是自由是一个单纯的理念,它的客观实在性不能以任何方式按照自然规律被阐明,从而也不能在任何可能的经验中被阐明。自然规律肯定涉及到可能的经验,自然规律它的范围就在于可能的经验,那么自由这样一个单纯的理念,它是不能在任何可能的经验中被阐明的。

所以,正因为它本身绝不能按照任何一种类比来配上一个实例,它就决不能被理解,或者哪怕只是被认出来。

正因为它本身绝不能按照任何一种类比来配上一个实例,它就决不能被理解。不能按照任何一种类比,这个类比呢,这个里头康德也是有所指的。因为在康德《纯粹理性批判》的范畴表里面第三类范畴就叫作"经验的类比",包括实体性,因果性和交互关系(协同性),这个都属于类比的范畴。就是说,我虽然没有把握在手的东西,但是我可以通过类比去推出它可能的实体、可能的原因或者可能的交互作用、可能的协同关系，这就是经验的类比。但是在自由的理念里面，它不可能按照任何一种类比来配上一个实例。因此"它就决不能被理解，或者哪怕只是被认出来"，就是在经验中你不能根据表面的现象的类比，举出一个榜样来，说你看这个行动就是来自于他的自由的，他的这个动机就是出于自由的。你认不出来的。任何榜样都难以确定他就是出于自由意志在行动，难以根据他的表现来理解自由是怎么回事。你想根据外在的经验的一些表征你想认出一个自由意志来，没门。它是彼岸世界的，是不可知的。

它只是作为在某个存在者里面理性的必要预设而有效，这个存在者相信自己意识到一个意志，即意识到一个与单纯欲求能力仍然不同的能力（也就是说作为理智、从而按照理性的法则独立于自然本能而规定自己去行动的能力）。

它只是作为，这个"它"还是自由的理念了。也就是说自由的理念在这里呢，"它只是作为在某个存在者里面理性的必要预设而有效"。在一个存在者里面理性的必要预设，也就是说这个存在这是一个理性的存在者，既然是一个理性存在者，他有理性，那么他就可以把这个理性设想为有它自己的法则，有一个纯粹理性的法则。这个纯粹理性的法则它不受感性的影响，它自己给自己立法，这样就把自由的理念预设了。但这只是一个预设，它无法证明，它只是推想我既然有理性那么我的理性就可以自我立法，它只是作为一个必要的预设而有效。它虽然是一个预设但是它有效，为什么有效呢，因为理性存在者他既然有理性，他就有可能而且有一种必然性，按照理性去行动。只有按照理性去行动他才是按照自己的本质在行动，所以它是有效的。不要以为它完全是一个空的东西，它是可以在实践中体现出来的，人有了理性以后他就可以把理性用在自己的实践中。"这个存在者相信自己意识到一个意志，即意识到一个与单纯欲求能力仍然不同的能力"。一个理性存在者他必然会有一种信念，对于自己的自由意志的信念。为什么要把知识悬置起来为信仰留地盘，或者为信念留下地盘？这个存在者"相信"自己意识到一个意志，这个意志就是一种信念了,我有理性那么我就相信自己能够按照理性去行动。"即意识到一个与单纯欲求能力仍然不同的能力",这个仍然不同是一个让步,就是说我当然有单纯的欲求能力,但是我仍然有一个与单纯欲求能力不同的另外一种能力,更高的能力。括弧里面讲,"也就是说作为理智、从而按照理性的法则独立于自然本能而规定自己去行动的能力"。这是一种高级的实践能力,高级的欲求能力,与单纯欲求能力不同的,就是作为理智,按照理性的法则独立于自然本能而规定自己去行动的能力。我意识到自己的这种能力,我相信自己有这种能力,我对自己的意志遵照这样一种法则去行动的能力有一种信念,有一种信仰。

但是,在按照自然规律[法则]所做的规定终止的地方,一切**解释**(Erklärung)也都终止了,剩下的就只有**辩护**(Verteidigung),即消除那些伪称更深入地看到了事物的本质、并由此大胆宣布自由不可能的人们的异议。

也就是说在按照自然规律,按照自然法则所做的规定已经终止的地方,这个地方是什么地方呢? 那就是理知世界或者知性世界。在知性世界里面,按照自然法则、按照自然规律来加以规定,这种做法已经终止了。它的边界已经划定了,也就是说自然法则不能够延伸到理知世界里面去,在这个地方,那么一切解释也都终止了。我们刚才讲,凡是解释都要引用经验的法则,既然它已经超出了经验的领域,超出了感性世界而进入到了知性世界,那么一切解释也都终止了。"剩下的就只有辩护",一切解释都终止了,但是还有一个没有终止,那就是可以辩护。积极的解释已经不行了,但是有消极的辩护。"即消除那些伪称更深入地看到了事物的本质、并由此大胆宣布自由不可能的人们的异议"。我虽然不能解释,但是我可以辩护。我不能解释纯粹理性如何可能是实践的,我不能解释自由是如何可能的,道德律是如何可能的,这个我不能解释,但是我可以辩护。就是说你要说道德律不存在,自由不存在,纯粹理性没有实践能力、不可能有实践能力,那么我就可以跟你辩一辩。你凭什么说这个话,你也没有根据啊，我不能证明，你也不能证伪。所以这个辩护就是"消除那些伪称更深入地看到了事物的本质、并由此大胆宣布自由不可能的人们的异议"。有的人伪称自己更深入地看到了事物的本质，其实他们只是看到了自然界、因果必然性，里面找不到自由，仅此而已。他仅仅在现象界里面通观了：所有的现象都是按照自然必然性、按照因果律而构成一个严密的链条，没有自由的余地。那么由此他就断言这就是事物的本质，大胆地宣布自由不可能。那么这样一些人，我们可以在他们面前为自由辩护，消除他们的异议。就是说我不能解释自由如何可能的，但是你也不能解释自由是如何不可能的。因为你也没有进入到理知世界里面去认识到任何东西嘛。你如果说你认识到了任何东西，那就是在感性世界里面而不是在理知世界里面。所以你的那些伪称是站不住脚的，没有根据的。

我们只能向他们指出，所谓由他们在其中揭示出来的矛盾不在任何别的地方，而仅仅在于，既然他们是为了使自然法则在人的行动方面有效而必须把人看作现象，而现在当人们要求他们应当把作为理智的人也思考为自在之物本身的时候，他们却一直还在这里把人看作现象，而此时人的原因性（即人的意志）与感官世界的一切自然法则的分离固然就会在同一个主体身上处于矛盾之中；

我们先看这半句。我们只能向他们指出，也就是我们来为自由辩护了。我们怎么样为自由辩护呢？我们不能解释自由，不能解释道德律，我们只能这样来辩护，就是"向他们指出，所谓由他们在其中揭示出来的矛盾"，也就是自由的矛盾，自由如何可能的矛盾，因为如果在自然界里面有自由的话那就会是一个矛盾，因为他们试图用因果律来解释自由，那就导致自由的自相矛盾了。这样一种矛盾在什么地方呢？我们可以指出来，不在任何别的地方，"而仅仅在于，既然他们是为了使自然法则在人的行动方面有效而必须把人看作现象，而现在当人们要求他们应当把作为理智的人也思考为自在之物本身的时候，他们却一直还在这里把人看作现象"。既然他们为了使自然法则在人的行动方面有效，人的行动在现象上是服从自然法则的，那么你就必须把人看作现象。你只有把人当作现象你才会断言人的一切行动都是服从自然法则的，因而是有效的。"而现在当人们要求他们应当把作为理智的人也思考为自在之物本身的时候"，就是说，人们就问他，那人有没有自由呢？人的现象服从自然法则，那人的自在之物又服从什么法则呢？在这个时候，他们却一直还在这里把人看作现象。你要问他人作为自在之物，作为理智的人究竟是怎么样的，他却仍然把人作为现象来加以解释，这就是他们的矛盾所在。并且他们还自以为自己已经从自在之物对人加以解释了，自以为这样就把人的理智和人的自由解释清楚了。"而此时人的原因性（即人的意志）与感官世界的一切自然法则的分离固然就会在同一个主体身上处于矛盾之中"。在这个时候，人的原因性，也就是人的意志、人的本体、人的理智、人的自由等等，与感官世界的一切自然法则的分离，就会在同一个主体身上处于矛盾之中。一方面人按照自然规律行动，另一方面人又有他的原因性，他的自由意志，作为另一种自然规律，这两者是分离的，不可调和的，因而在同一个人身上就分裂了，就不可能结合在一起了。因为你把它都看作是在现象中发生的事情，而不是在现象和本体中分别发生的事情，那么它就在同一个主体中处于势不两立的矛盾之中，就导致了二律背反。他说"固然"就会在同一个主体身上处于矛盾之中，这是说，虽然有矛盾，但并非没有挽救之法。下面就是讲这种矛盾还是可以挽救的。

但是，如果他们愿意想一想，并愿意公平地承认，毕竟在现象背后必须有自在的事物本身（尽管是隐秘地）作为基础，对于事物自身的作用法则，人们不能要求它们与事物的现象所服从的作用法则是一样的，那么，这种矛盾就消除了。

这就是我们的一个辩护了。就是说首先指出那些否定自由的人之所以要否定自由，是因为他们从现象界来解释自由而遇到了矛盾。如果你把自由仍然看作是一种现象的话，那么自由的现象跟必然的现象当然就处于矛盾冲突之中，这就是他们的之所以陷入矛盾的根源，也就不得不否定自由了。那么这个矛盾其实是表面的，只要他们愿意想一想，并且公平地承认，毕竟在现象背后必须有自在的事物本身。也就是说只要你能够把现象和自在之物区别开来，在现象背后留下一个余地，它还有自在之物，尽管是隐秘的自在之物，作为基础，它对于事物自身有一种作用法则，这就没有什么矛盾了。自在之物中的那个自由它是可以起作用的。它可以在行动中发生它的效力，但它本身不在现象中，而是服从另外一类法则，那么这样一来，这种矛盾就消除了。一个自在之物的这种法则跟事物的现象所服从的作用法则是完全不同的。事物的现象所服从的因果性法则你完全可以保留，你可以不受任何损害，自然科学、牛顿物理学完完整整都被保留下来了，不受影响；但是另一方面，道德和自由也可以完完全全地保留下来。它们没有矛盾。所有的矛盾只是表面的，就是因为你们摆不开现象界，你们不承认有一个自在之物，你们试图用现象界去包容自在之物，用现象界的规律去解释自在之物背后的那种规律，那么你就肯定遇到矛盾了。所以一旦把这两者，现象和自在之物区别开来，这种矛盾就消除了。这就是康德对于自由的可能所做的辩护。不是做解释，自由如何可能不能做解释，但是可以辩护。纯粹理性如何可能是实践的，也不能解释，但是也可以辩护。所以他在这个地方采取的是一种低调的姿态，他既不是高调地像理性派那样去肯定自由是这样可能的是那样可能的，但是也不像经验派那样去做一种高调的否定，不可能有自由。他采取一种低调的方式，一种保守的方式。我不能解释，你要我解释我不能，但是我可以辩护，我可以留下一个余地，这样就给自己有了转身的灵活性了，有一种机动性了，不至于陷死在那个矛盾里面。

第二十八讲

这是最后一讲。康德的《道德形而上学奠基》第三章的任务是对于定言命令也就是道德律何以可能进行一番演绎。这个演绎在这里已经完成了，并且由此得出了它的结论。这个结论就是说，在理论理性和实践理性这两大领域里面划清界限、各司其责。人的理性能力在认识方面有它的界限，就是不能超出感性的边界，不能超出经验的边界；那么在实践方面也有它的范围，就是说不能干预感性经验的边界，不能进入到感性经验的内容里面，它只能够超越于感性经验的范围之外，在理知世界里面去加以应用，加以理解。所以关于这个定言命令的可能性的前提是不能解释的，只能揭示。你可以追溯到定言命令的前提，追溯到定言命令的前提就是自由，自由意志，那么自由意志如何解释，那个没法解释。你要是想得出解释，那就是你做了犯了感性经验的内容。你要解释、要得出知识，要解释自由意志何以可能，它是因为一种什么机制、如何发生作用的，那么这就已经侵入到了感性经验的内容，那个是不可能的。所以凡是想要解释自由意志都是不可能的。这个我们上次已经讲到了，在实践理性方面呢看起来好像有个矛盾，就是想用自由解释道德法则，或者用道德法则解释自由，但是这个矛盾通过把这两方面划清界限，它也就不是什么矛盾了。这是康德一贯所采用的解决矛盾的办法。所谓二律背反，每当遇到这样一些终极的矛盾的时候，康德就认为这是你没有划清界限，你跨越了界限就会有矛盾；但是如果你把界限划清楚，那就没有矛盾了。理论是理论，实践是实践，它们互不干涉。理论方面你尽可以解释一切可解释的现象，一切经验的现象，而在实践领域里面你尽可以做一切按照你的理性认为应当做的事情。但是这两方面它不搭界，不能够互相交叉。在同一个人身上有两种不同的原则，在遇到理论问题的时候你运用理论理性的原则，在遇到实践问题的时候你运用实践理性的原则，那就没什么矛盾了。这是我们上一次课已经讲到过的。

460 　　**解释**意志自由的主观的不可能性，和找出并理解人对道德法则所能怀有的关切［利益］的不可能性，这二者是一回事；

　　"解释意志自由的主观不可能性"，这个上面一段已经讲到了，就是说你要对它加以解释，理性就会越过自己的界限，这是一种"主观的不可能性"。也就是说，这是主观上做不到的，解释自由意志在主观上是不可能的，那么这里有一个问题就是，是不是客观上可能呢？客观上也许是可能的，如果有一个知性直观的话。比如说如果上帝可能会具有知性直观，他就可以在客观上解释你的自由意志是如何可能的。但是我们人没有知性直观，我们只有感性直观，所以我们主观上没有办法解释自由意志的可能性。对我们来说自由意志问题是一个实践问题而不是理论问题。如果你有纯粹理性的话，如果你意识到你的纯粹理性的话，那么这个纯粹理性它有实践能力，它是可以做的，当你知道你应该怎么做的时候你肯定是可以做的，你知道你有这样做的自由意志。但是你如何得到了这种自由意志，那个是没有办法解释的。当然你决定了以后、你做起来以后的行动可以解释，但是你当初是如何这样决定，选择了这个行动，那是没办法解释的，那就是自由意志的可能性的问题。它涉及到这个纯粹理性如何可能是实践的，也就是问你如何可能是自由的，一个人如何可能是自由的，他的自由是一种什么样的机制所导致的，你要这样来解释的话那你就把自由给毁了，那就没有自由了。所以解释意志自由的主观的不可能性，这个前面已经讲了它是不可能的。他这里提出这个是要把它跟下一句联系起来："和找出并理解人对道德法则所能怀有的关切的不可能性，这二者是一回事情"。也就是既然你主观上不能够解释意志自由的这个可能性，那么你也不能够找出并理解人对道德法则所能怀有的关切,后面这个问题就是前一个问题。就是说要找出来你对这种道德法则所怀有的关切,并且理解这个关切,那也是不可能的。这里关切、Interesse 这个词,我们可以在大致上理解为目的,就是说你对这个道德法则你怀有一种关切,你把它作为目的,去追求它。你为什么把它作为目的,人为什么在行动中要把道德法则作为目的,对道德法则有一种关切?这个是没办法解释的,这就像人为什么有自由意志,这也没办法解释一样。我们的关切通常是对于有利的事情,对于利害对于利益我们有一种关切,这个很好解释,但是我们为什么会对道德法则有一种关切,这个我们没办法解释。如果你一旦解释的话那就只有追溯到自由意志,你说因为人不仅仅是动物,他可以除了对与他有利害的事情发生关切以外,他还可以独立于一切利害,自由地对道德法则本身发生一种关切。你只能这样来说明,就是说人跟动物不同,他有自由意志。但是你这等于没有解释,你就是说人为什么会选择道德法则来关切它,是因为人要关切它,这是他的自由,这个等于没有解释。那人家再问自由意志是如何可能的?你就没有办法解释了。所以这两个不可能性是同一个不可能性。你既然没法解释自由意志,那么人对道德法则所能怀有的关切你也就无法解释。这都是已经到顶了的问题。我们为什么有自由,为什么要关心道德法则,这个是没法解释的。

这还有一个注释我们来看看,它是专门注释这个"关切"的。

关切就是理性由之而成为实践的、即成为一个规定意志的原因的那种东西。

什么是关切?理性由之而成为实践的,理性由于这种关切而成为实践的那种东西,那就是关切。也就是理性要在实践中运用,理性本身具有实践能力,它就必须有关切,也就是必须有目的。必须要设立一个目的,我关心这个目的,我针对着这个目的去做,这才是理性的实践。"成为实践的、即成为一个规定意志的原因的那种东西",成为实践的是什么意思呢?就是成为一个规定意志的原因的那种东西。它能够作为一种原因,作为一种起作用的原因来规定意志。理性能够规定意志，那么它就是实践的了。你的意志由理性来规定，那么这个理性就是实践的理性。但是，它必须要借助于关切，必须要有关切在里面，必须要把一个东西设立为你关心的对象，也就是目的。我们借助于目的这个概念可以比较准确地把握关切，他实际上讲的是目的，但他不叫作目的，而叫作关切。这句话是对关切他做了一个定义。当然这个关切，理性由之而成为实践的、即成为一个规定意志的原因的那种东西，它也不一定就全都是道德的关切。当掺杂有客观的经验的目的的时候，它也可以成为经验的关切，那么我们就把它翻译成利益、利害或者兴趣。但是在这个地方，翻译成关切比较贴切一些。

<u>由此，人们说只有一个理性的存在者对事情怀有一种关切，而无理性的被造物只感觉到感性的冲动。</u>

这是援引人们一般的说法，就是一般说来，人们说只有一个理性的存在者对事情怀有一种关切，而无理性的被造物也就是说动物（植物更不用说了）只感觉到感性的冲动。动物只有感性的冲动，它没有一种目的性。虽然它也有目的，它的目的就是维持生存，这是从我们旁观者来看可以这样来设想，但是从动物自己来说，它并没有抱着这样一种目的来生存，那只是它的本能。所以它并没有怀有一种对事情的关切，只有有理性的存在者才会有这种关切。所以关切跟这个理性是分不开的。这个关切它可以是现实生活中的关切，那就是比如说对自己的利益的关切，这也是动物没有的。动物也不会有意识地去关切与自己的利益有关的东西，对自己有利害关系的东西，它只是一种感性的冲动，肚子饿了就要找吃的，找到了就扑过去，这是一种感性的冲动，就连贮藏食物，也不是出自理性，而是出自本能，它不是一种理性所引起的关切。那么这种关切呢，我们刚才讲了它有不同的层次，一般地来说在日常生活中那种关切它是跟一个对象相关的，与一个经验的对象、一个感性的对象相关的。再就是更高的关切，比如对道德法则的关切，这是两个层次。所以下面就进

行一种区分。

只有当行动的准则的普遍有效性就是意志的一个充分的规定根据的时候，理性才对行动有一种直接的关切。

这句话讲的就是道德律。前面讲的是一般的关切，这个不仅包含道德律也包含我们日常的利益、利害的考虑。对利益的追求里面也已经用到理性，这跟动物是不一样的。但是人的关切其中有一种叫作直接的关切。所有的算计都是间接的关切，你要找一个手段去达到那个目的，那么你这个手段又需要一个手段把它当作目的，这里头就是间接的关切，它是根据客观事物的因果链条来设计，根据你的感性经验来制定的。那么直接的关切就是不借助于感性的关切，只有当行动的准则的普遍有效性充分规定意志时，这才有直接的关切。行动的准则是主观的，主观的准则怎么会有普遍有效性呢？当然这就是指道德律了。只有道德律才能使一个主观的准则成为普遍有效的法则，所以他这个里头已经包含着定言命令的结构了："只有当行动的准则的普遍有效性就是意志的一个充分的规定根据的时候，理性才对行动有一种直接的关切"。我们注意，定言命令是意志的一个规定根据、而且是充分的规定根据，也就是说仅仅按照这种定言命令就足以规定你的意志，只要义务就已经充分规定了你的意志，不需要别的，不需要任何别的目的，别的关切。你的关切就是仅仅为义务而义务。在这个时候理性才对行动有一种直接的关切。为义务而义务当然是直接的，他不需要为了得到某种别的好处而遵守义务。其他的任何一种关切都掺杂进了经验对象，都已经是间接的了。只有从纯粹理性出发，从纯粹理性的普遍法则出发来采取自己的行动准则，那才是直接的关切。

只有这样一种关切才是纯粹的。

这个"直接的"和"纯粹的"在这里可以理解为同一个意思。直接的就是没有任何感性的东西掺杂在其中，它直接就能够导致行动，这种关切当然也就是纯粹的，是仅仅按照理性来采取行动，来决定你的意志。

但是，如果理性只有凭借另一个欲求客体、或者以主体的某种特殊情感为前提才能规定意志，那么理性对行动就只有一种间接的关切，

这是跟前面对照而言的。前面讲的只有一种关切是直接的，那就是为义务而义务。但是如果理性只有凭借另一个欲求客体来规定意志，或者以主体的某种特殊情感来规定意志，那就只能是间接关切。注意这个地方的"为前提"，表明这种命令是假言命令。你用理性规定意志去采取一个行动，哪怕是做一件道德的事情，它当然也可能会带来另外一个欲求客体，或者会满足你的某种特殊情感，这都是有可能的；但是呢，你都不能以它们为前提。你不能以这个获得某种物质利益的满足或者获得某种情感上的满足为前提。如果你以这些东西为前提才能规定意志，那么理性对行动就只有一种间接的关切。理性的关切要成为直接的，那就不要把这些东西放在作为前提的位置上。作为后果当然是有可能的，但是你不要去考虑它，你一考虑它你就把它当作前提了。你在行动的时候，决定你的意志的取舍的时候，你不要考虑这些东西，而要直接按照意志的法则来决定自己的意志。

同时，既然理性离开了经验单凭自身既不能发现意志的客体，也不能发现某种特殊的、作为意志根据的情感，那么这后一种关切就只会是经验性的，而不会是纯粹的理性关切。

这个"同时"的后面就是进一步比较直接关切和间接的关切。理性离开了经验它就不能够单凭自身来发现意志的客体，也不能发现某种特殊的、作为意志根据的情感。这些东西当然是要依赖于经验的了，单凭理性是发现不了的。你关心意志的客体，也就是以这个客体作为意志的规定根据；你关心作为意志根据的情感，那你就是把情感作为意志的根据了，这些情感是特殊的，你个人特有的情感。那么这些，都只有凭借经验才能发现。间接的关切是离不开经验的，所以他讲，"那么这后一种关切就只会是经验性的，而不会是纯粹的理性关切"。所以所谓理性的直接关切也就是纯粹理性的关切，纯粹理性的关切就是撇开了经验的关切。

理性（为提高其洞见）的逻辑关切绝不是直接的，而总是以其应用的意图为前提的。

这最后一句是提出了一个可能的反驳，他在这里进行防卫，康德的思想他总是力求做到滴水不漏，在这个地方他考虑到也许有人会提出一种反驳，比如说逻辑的关切。逻辑的关切也没有经验啊，形式逻辑把经验的那些东西都用符号代替了，它不管那些经验，它只管一个抽象的对象，即概念，研究这样一些一般抽象的对象概念之间，它们的那种可能的关系，这就是形式逻辑。逻辑学家们会对康德提出异议，就是你讲的这种关切，唯一的就是道德关切，就是定言命令的关切才是直接的，那么我可以提出一个形式逻辑的关切，不也是直接的吗？它也是直接运用纯粹理性，它也没有考虑到经验的对象或者情感，它岂不也是直接的关切吗？那么在这个地方康德把这个漏洞堵上了。他说理性"为提高其洞见"，理性运用形式逻辑是为了什么呢？理性运用形式逻辑它总是有一个意图的，至少它的这个意图为了提高其洞见，理性的运用形式逻辑它是对自身的一种训练，为了使自己能够打造得更加精确。打造得更加精确是为了什么呢？为了应付各种可能的情况。形式逻辑它看起来没有任何具体的客观对象，但是实际上它是面对一切可能的客观对象的。形式逻辑是可能有用，当然它自己不关心这个用处，它只是把自己打造得非常严密，就像数学一样。我们对这种逻辑有一种关切，一种兴趣，对于逻辑的严密性有一种兴趣，我们今天的逻辑学家现代的逻辑学家也有这个兴趣，把数理逻辑、现代逻辑搞得更加精确。现代的逻辑学家们有很多都不认为自己是在研究哲学了，他认为自己是研究逻辑。所以逻辑跟哲学不一样，逻辑是技术，你要谈哲学，他马上就揪你的技术上的毛病，就是你这个地方分析起来是不成立的，这个问题是假问题，那个概念是假概念，他可以把你全部拆开，但是你要问他，那你说是怎么样？他说，我不说（学生笑）。我只拆开，我只做一种技术处理，这就是逻辑学家的使命。我不是哲学家，但你提哲学我就对你进行质疑，从逻辑上来跟你清理，把那些假的概念清除掉。这是逻辑学家他们的关切，他们只关切逻辑本身。但是他只关切逻辑他还是要拿来用啊，"而总是以其应用的意图为前提的"。你拿逻辑来干什么？一般来说逻辑学家是要拿逻辑来进行一种更加严格的判断和推理，要用在理论上，用在认识上，还是用在知识方面。他不是说逻辑本身它就有它的这个关切的对象。逻辑本身没有它关切的对象，它就是一种游戏，类似于下棋的规则。但是逻辑学家们通常认为自己是一种知识，一种先天的知识。人的认识能力它可以运用于客观对象大千世界万事万物，当然它也可以运用于自身，那就是发现思维本身的方法、规律，逻辑学家是研究这个东西的。但是既然是思维本身的方法和规律，这个方法和规律它必定要有它的应用的意图，。你学逻辑学干什么？最终还是为了实现应用的意图，但是它单凭它自身是不能够实现它应用的意图的，它只是以那个应用的意图为"前提"，然后它充当这个前提的工具。所以在这个地方，康德对于这个形式逻辑的关切做了一种说明，他认为形式逻辑的关切绝不是直接的关切，只是把它当作一种工具。它是为了提高其洞见，以便更好地应用。至于康德的先验逻辑，它更加是以经验的知识为它的关切，它不能够超出经验的对象，所以在这个意义上它也不是一种直接的关切，或者纯粹的关切。科学知识它总是有它经验的对象的，所以它是一种间接的关切。他在这个注释里面对关切做了这样一些解释。

下面再接下来看正文。

尽管如此，人们对道德法则实际上抱有一种关切，我们把这种关切在我们之中的根基称为道德情感，它曾被一些人错误地说成是我们的道德评判的准绳，其实，它必须被视为法则施加于意志的**主观**效果，只有理性才提供了它的客观根据。

尽管如此，就是说尽管我们不能够找出这种关切的理由并且理解这种关切，或者说我们不能解释这种关切，但是，人们对道德法则实际上抱有一种关切。"实际上"，就是说每个有理性的人都会知道，他已经对道德法则抱有一种关切。我们不管你是否能够解释，但是我们在日常生活中，在道德生活中，我们总是会关心道德法则的。这个人做的事情，包括我自己做的事情，究竟合不合乎道德法则，我们总是要关心这个东西，我们几乎可以说不由自主地关心这个东西。这跟动物是不一样的，动物可以毫不关心这些事情，动物界的弱肉强食它没有任何负疚之心，没有任何顾忌，它就是按它的本能行事，它很坦然。它也不是故意去杀戮，但是它如果要杀死它的对象的话它是毫不犹豫的，没有任何东西可以约束它。但是人，人类社会的一种事实就是：人在做任何事情的时候他都对道德法则有一种关切，甚至于表现为有一种顾忌。哪怕他还没有做的事情，还没有把它实现出来，他自己也会意识到这一点，所以这是一个事实。实际上他是抱有一种关切的，这种关切怎么来的我们没有办法解释，凡是有理性者他就会有这种关切，这是一个事实。它甚至不需要经验，不需要经验的事实。我任何事情都还没有做，但是我知道如果我要做的话，我就要关心、就要关切道德法则。或者说哪怕我在经验中做的是违背道德法则的事情，但是我在思想上仍然关切道德法则，我知道我做得不对。所以它不是一个经验的事实，它是一个理性的事实。这个在《实践理性批判》里面一开始就讲到了，道德法则是一个理性的事实，只要是人，只要这个人有理性，没有疯掉，他就会把他的理性看作是可以实践的，把他自己看作是可以按照纯粹理性来做事情来行动的。他说"我们把这种关切在我们之中的根基称为道德情感"。一般来说，我们通常都把这种关切在我们之中的根基称之为道德情感。道德情感当然有，但是这个道德情感是不是就是这种关切的根基，或者在什么意义上是这种关切的根基，这个康德是有看法的。下面他说，它，也就是这种道德情感，"曾被一些人错误地说成是我们的道德评价的准绳"。就是说，把道德情感看作是这种关切的根基，如果是像经验派的伦理学家那样理解为道德评判的准绳，那就是错误的。经验派道德学家通常都是这样解释的。我们人为什么会有对道德法则的关切，为什么我们人会遵守道德律，他们就解释是因为我们有道德情感，有一种第六感官，我们觉得这样做不好，不美，我们觉得这样的做法是丑恶的。所以我们出于自己的情感，出于我们的不忍人之心，我们不愿意这样做，并且谴责这样做不道德。当然这种解释看起来是把人的这种遵守道德法则的行为解释清楚了，但是在康德看来，你这样一来就把人贬低了，把人等同于一种特种的动物，人不能不如此，人只能如此，那么人的自由意志何在？人就没有自由意志了。这是康德所不能同意的。所以他说它曾被一些人错误的说成是我们道德评判的准绳，用人的这种天生的情感、内感官等等来解释我们的道德评判，把它作为准绳。就是说这个事情道德不道德就看你受得了受不了，你的道德情感忍受不了的，那肯定是不道德的；你的道德情感觉得很愉快的，那就是道德的。把这种道德情感作为评判道德的准绳，这样来理解道德情感是我们道德关切的根基，就是错误的。那么应该怎么理解呢？康德并不否认有道德情感，也不否认道德情感在某种意义上是我们道德关切的根基；但是他对道德情感的理解跟经验派的理解是完全不同的。他说，其实"它"，也就是道德情感，"必须被视为法则施加于意志的主观效果，只有理性才提供了它的客观根据"。这个是否定了前面经验派的说法，提出了他自己正面的看法。道德情感"其实"必须被视为法则施加于意志的主观效果。这个法则它不是感性的，它是纯粹理性的，因此它是不可放在经验中加以认识的，它是彼岸的。但是，它本身具有实践的能力。这种法则虽然是彼岸的，但是这个彼岸不是说在遥远的彼岸，它就是人自身的那个物自体，就在人自身之中，是属于人的，只是对于人的感性来说它是属于彼岸，两者之间有一个鸿沟，不能够混淆。但是它又能够对人的意志起作用，它能够规定人的意志，能够作为人的意志的规定根据。因为人的意志是跨两边的，虽然中间有个鸿沟，但人的意志可以选择，他选择服从彼岸世界的命令还是服从此岸世界的诱惑。那么当他服从彼岸世界的命令的时候，我们就可以说彼岸世界的这个法则作用于人的意志，是人的意志的规定根据。而这个命令施加于意志，它在此岸世界也会引起一些效果，当你放弃此岸世界的欲望而服从必然世界的命令的时候，它在此岸世界不会引起效果吗？它也会。它有效果，首先有它主观的效果，而这个效果就是道德情感，用康德的说法就是"敬重感"。当我放弃了此岸世界的一切利益一切关切的时候，那么我就有一种更高的关切，有一种另外的关切，这种关切就是对彼岸世界法则的敬重。放弃此岸世界的一切欲望就是我的谦卑，谦卑的另一面就是对彼岸世界的敬重。所以我们可以把这样一种敬重感视为纯粹理性的法则施加于意志的一种主观效果，主观打了着重号。主观就是我们意识到的，我们主观上感到的一种效果。但这种主观感性的效果又只有理性才提供了它的客观根据。这种效果从哪来的，我们要追溯的话只能够追溯到彼岸世界的理性，理知世界的理性法则，只有这种理性法则"才提供了它的客观根据"，这个客观根据跟前面的主观效果是相对的。我们在主观上没有办法解释自由意志，但是客观上我们确确实实地受到了自由意志的法则的影响和规定，它造成了我们的主观效果。客观的根据造成了我们的主观效果，也就是说，客观的动因造成了主观的动机。在这个意义上把道德情感理解为道德关切在我们之中的根基，也就是理解为动机，是可以的。

为了使理性独自对受感性刺激的理性存在者的"应当"加以规范的东西成为所愿意的，无疑还需要理性的<u>一种**引起**对履行义务的**愉快感**或愉悦**情感**的能力，因而需要一种理性的原因性，来按照理性的原则规定感性。</u>

这句话看起来好像有一种让步。"为了理性独自对受感性刺激的理性存在者'应当'加以规范的东西成为所愿意的"，理性"独自对"某个东西加以规范，这个"独自"非常关键。就是说理性不是根据某种情感或者需要或者感性冲动而对那种东西加以规范，而是单凭自己就对某个东西加以规范。对什么东西加以规范呢？对受感性刺激的理性存在者的"应当"加以规范，也就是说理性存在者有两种，一种是受感性刺激的理性存在者，那就是人类，就是有限的理性存在者。还有一种是不受感性刺激的理性存在者，那就是上帝或天使。但是这个地方讲到的是受感性刺激的理性存在者，就是人。对人的应当加以规范，理性独自对人的这种应当加以规范的是什么东西呢？当然就是定言命令了，就是道德律了。所以这句话就可以理解为：为了使道德律或者使定言命令成为人所愿意的。这个所愿意的，这个愿意跟意志不一样，跟欲望也不一样。我们前面已经谈到过，愿意 wollen 这个词更广泛，可以翻成愿意、意愿、或者意欲、愿望、想要等等，这是比较泛的一个词。他这个地方为什么要用这个愿意呢？就是说理性加以规范这当然是意志了，这是理性独自做出来的，容不得半点感性的东西；而人的愿意，它是日常的。也就是说要把这样一种理性独自作出的规范变成日常我们所愿意遵守的，那这个里头就包含有感性了。这就不再是那种纯粹意志，完全撇开感性的东西直接来规定意志，这个地方已经有一个退让，有一种让步。就是说作出直接的关切是纯粹理性，但是它还要你愿意去做啊，你一个活生生的人，你在脑子里面想到了我应当这样做，但是你还要愿意去做。你一切行动如果没有愿意的话，没有一种感性的因素在里面促成的话，它怎么可能在感性的人身上实现出来呢？哪怕是纯粹实践理性的关切它要实现出来它还要诉诸人的愿意，也就是诉诸人的某些包含感性的东西。所以他说，为了使得定言命令成为人们所愿意的，"无疑还需要理性的一种引起对履行义务的愉快感或愉悦情感的能力"。讲到愿意的话，那么毫无疑问，愿意包含你在行动的时候必须要有的一种动机，你必须要有一种行动的动力，就是你要做这件事情必须心情愉快地去做，或者至少你要愿意去做，你不反感，你不反感你才做得下去，你才能够把这件事情做出来。所以无疑，还需要理性的一种能力，一种什么能力呢？一种引起对履行义务的愉快感或愉悦情感的能力，就是在人的愿意中能够引起对义务的愉快感和愉悦情感。我们讲为义务而义务这完全是一个理性的法则，但是在实行这个理性的法则的时候，你对这个法则还应该有一种愉快感你才做得下去，你才能够把这个事情做出来，你愿意去做，它才能够实现出来。因为人在行动中他是具有感性的，他的行动总是受他的情感所影响，肯定是离不开情感的。如果完全是一个机器，机械地冷冰冰地去做一件义务的事情，对人来说是不可能的。人在行动中、在履行义务的时候多多少少有一种愉快感，例如说敬重感，这种情感就是他行动的具体的推动力，使他愿意去做，使他义无反顾。那么这种愉快感应该是由理性引起来的，它不是因为你做了以后能得到什么好处，满足你的什么欲望，那不是。所以理性就应该有这样一种能力。理性本身当然不是愉快感，但它具有引起人的愉快感的能力，这主要是在人履行义务的时候。履行义务的时候人为什么有一种愉快感？我做了一件我应该做的事情，心里有一种满足，满足了对我所敬重的东西的渴望。那么这种满足是哪来的？这种满足就是从纯粹理性来的。它不是满足你任何别的感性需要。这就说明了理性它有能力引起你的这样一种愉快感，单凭理性就可以引起人的愉快感，它应该有这种能力。"因而需要理性的一种原因性，来按照理性的原则规定感性"。也就是说，理性必须要有这样一种能力引起你的愉快感，那么理性就需要有一种原因性，这种原因性能够按照理性的原则来规定感性。理性引起你履行义务的愉快感，这种愉快感是感性，但是它是按照理性的原则即义务来规定的。

　　但是，完全不可能看出、也就是先天地理解到，一个在自身之中不包含任何感性成分的单纯观念如何会产生出一种愉快或者不快的感觉；

　　虽然理性能够有一种原因性来引起感性，引起愉快感，但是我们完全不可能看出、也就是完全不可能先天地理解到，这里"看出"和"先天地理解到"是一回事，因为这是讲的理性，理性本身就是先天知识。完全不可能看出，也就是不可能先天地理解到，"一个在自身之中不包含任何感性成分的单纯观念如何会产生出一种愉快或者不快的感觉"。这个没办法解释了，就是说一个理性的法则，一个理性的观念或者一个理性的理念，它本身不包含任何感性的成分，它怎么会产生出一种愉快或者不

911

愉快的感觉呢？理性和感性本来是两个来源都不相同的能力，为什么从一种可以产生出另外一种？这个是完全不可理解的。那么前面又讲到了理性必须要有一种原因性，它必须能够用来规定感性，那怎么可能？一种理性的东西怎么可能规定感性的东西，可以引起感性的东西？理性本身又不包含感性的因素，它凭什么去引起或者规定感性的东西呢？

<u>因为这是一种特殊种类的因果性，对于它，和对于所有的因果性一样，我们根本不能先天地规定任何东西，因此必须仅仅询问经验。</u>

这是解释前面一句话，为什么我们不能先天地理解到或者完全不能看出这样一种可能性呢？是因为这是一种特殊种类的因果性，前面讲到它是原因性嘛，理性应该具有这样一种原因性，来按照理性的原则规定感性，应该发生这样一种原因的作用。那么这种原因的作用它是一种特殊种类的因果性，也就是说它还是一种因果性，只不过它是特殊种类的。他没有说出来的就是，它是一种自由的因果性，理性的原因性是一种自由的原因性。但是它还是原因性啊，只不过是特殊种类而已。就是说，这种特殊种类的因果性"和对于所有其他的因果性一样，我们根本不能先天地规定任何东西，因此必须仅仅询问经验"。对于经验的因果性、对于一切自然的因果性我们都是这样看的，就是说你不能先天地规定这个原因会产生什么结果，这不能先天地规定，必须要询问经验。康德在《纯粹理性批判》里面讲，范畴本身是先天的，它的确可以先天地规定一切经验事物都是有原因的，但它不能先天地规定这个原因是什么，对此它也必须要询问经验。所以因果性虽然是先天的范畴，但是所有的因果性我们根本不能先天地规定任何东西，而必须仅仅询问经验。这是因果性范畴是这样的。那么理性的原因性其实跟其他的因果性在这一点上没有什么区别，就是你如果要对它加以规定的话，它也必须要询问经验，否则是没法看出它是如何起作用的。

<u>但是，既然经验所能提交在手的因果关系只不过是两个经验对象之间的关系</u>，而在这里，纯粹理性单凭理念（这理念根本不为经验提供任何

对象) 却应当是某个固然处在经验之中的结果的原因，所以，对于我们人来说完全不可能去解释，**作为法则的准则的普遍性**、从而德性，如何以及为什么会使我们感到关切。

这句话更进一步指明，就是说理性的原因性如何能够规定感性，如何能够使我们关切，这是完全不可解释的。前面说了理性的原因性要得到说明也必须要询问经验，"但是，既然经验所能提交在手的因果关系"，也就是自然因果律，"只不过是两个经验对象之间的关系"。凡是自然因果律都是两个经验对象，一个原因一个结果，它们之间的关系，这两个经验对象都是在时间空间之中的，都是可以做经验的观察的，都是有感性的材料来充实它们的。"而在这里，纯粹理性单凭理念……却应当是某个固然处在经验之中的结果的原因"，也就是在这里，就是在理性的原因性或者说自由的原因性这种场合之下，纯粹理性不是两个经验对象之间的关系，而是一个是纯粹理性的理念，另外一个是经验之中的结果，这两者之间的关系。它只有一方是经验的，这个理性它规定了感性嘛，在感性上面它表现出了理性法则的后果，它的效果是经验的，但是它的原因并不是经验的。这跟自然的因果律就完全不同了。自然因果律原因和结果都在经验中，但是我们这里所讲的这样一种因果性却不同，括号里讲"这理念根本不为经验提供任何对象"。作为原因性的这一方，是纯粹理性单凭它的理念，比如说道德律，而成为经验中的结果的原因，这个理念根本就不为经验提供任何对象，它跟经验没有关系，它是非经验的；而另一方，却是某个处在经验之中的结果。为什么说"固然"处在经验之中？就是说理性本身不包含经验，它的结果固然是处在经验之中，但是它的原因仍然是不包含经验的，不处在经验之中。因此，即算它的结果在经验之中，那么它跟前面讲的那个两个经验对象之间的关系也是完全不一样的。下面，"所以，对于我们人来说完全不可能去解释，作为法则的准则的普遍性、从而德性，如何以及为什么会使我们感到关切"。既然自由因果性的作用只有通过询问经验才能得到规定，而它本身又不处在经验中，所以这就完全没有办法解释，"作为法则的准则的普遍性、从而德性，如何以及为什么会使我们感到关切"。如果要解释我们感到的关切，那你就要提供使我们感到关切的那个经验对象，你要用经验对象来解释我们为什么会对理性法则感到关切。但是理性，单纯的理念，它根本就不为我们提供任何经验的对象。那么你怎么去解释我们如何会对理性的法则感到关切呢？我们没法解释了。上帝也许可以解释，因为如果有上帝的话他也许就会有知性直观，无须感性也能提供直观的对象，但是人没有。所以，对于我们人来说完全不可能去解释，道德法则如何以及为什么会使我们感到关切。这里讲"如何以及为什么"。"如何"是讲的它的使我们感到关切的具体的机制，那种作用的方式，我们在感到关切的时候是如何感到关切的，这个过程；"为什么"是指这个关切所指向的目标，我对什么样的目标感到关切。如何以及为什么会使我们感到关切，这都是我们无法解释的。

　　<u>只有一点是肯定的：法则之所以对我们具有效力，不是**因为它引起**</u>

461　**关切**（<u>因为这是他律，是实践理性对感性的依赖性，即对某种作为根据的情感的依赖性，借此实践理性绝不可能在道德上是立法的），</u>

　　其他都不能解释了，只有一点是肯定的，什么是肯定的呢？法则之所以对我们具有效力，不是因为它引起关切，不是因为按照经验的因果律，由于某种过程、由于某种激发引起了我们的关切，它才对我们有效。如果是这样的话那就是他律，就是出于对利益的考虑才使法则生效，那就是他律，"是实践理性对感性的依赖性，即对某种作为根据的情感的依赖性"。这时这个法则先在感性上、在情感上引起了我们的关切，它以情感作为根据，这样引起了我们对某个事物的关切就是有条件的，那么这种有效性就是一种他律的有效性。所以这样一种关切就使得"实践理性绝不可能在道德上是立法的"。它不可能是一种纯粹实践理性，不可能是一种定言命令。

　　因此法则之有效性不是建立在关切上，相反，而是因为它对作为人的我们有效，由于它从我们的作为理智的意志中，因而从我们的真正自我中产生出来，它才引起我们的关切；

就是说，不是关切引起了有效，而是有效才引起了关切。前面一句话讲的，法则之所以对我们具有效力不是因为它引起关切，"因为它引起"这几个字打了着重号。也就是说不是因为它引起关切才使它对我们具有了效力。你把这个逻辑关系，先后关系搞清楚就明白了，就是不是因为它引起关切所以才对我们具有效力，应该反过来，是因为它对我们有效所以它才引起我们的关切。它肯定会引起我们的关切，但是如果是由于这种关切它才对我们有效，那么这就是他律了，那就是对于感性具有一种依赖性了。实践理性对感性有依赖性，那么实践理性就不可能在道德上是立法的。这是前面一种否定的说法。那么肯定的方面来说就是："而是因为它对作为人的我们有效，由于它从我们的作为理智的意志中，因而从我们的真正自我中产生出来，它才引起我们的关切"。后面这一句是肯定的，它们是首先对作为人的我们有效，是由于它从我们作为理智的意志中，因而从我们的真正自我中产生出来，所以它才引起我们的关切。这个"它"是指法则。法则之所以对我们具有效力不是因为它引起关切，而是因为它首先对作为人的我们有效，只要是一个人，它就有效，所以才引起了我们的关切。它是从我们作为理智的意志中，——我们作为人就是作为理智的意志，——因而是从我们的真正自我中产生出来的，我们作为人，真正的自我，真正的人或者人的本质，就是作为理智的意志。它从这个里头产生出来，它的效力也从这个里头产生出来，然后它才引起了我们的关切，是这么一个关切，不要搞颠倒了。我们追问这个关切，这个何以可能，我们追问到这一点，就是说那是我们人的本性，完了，再不能追了。

但是，凡是属于单纯现象的东西，都必然由理性置于自在的事物本身的性状之下。

就是说它引起了我们的关切，引起了我们的关切以后它就表现出种种现象了，表现出种种结果。那么这些结果是属于现象的东西。而"凡是属于单纯现象的东西，都必然由理性置于自在的事物本身的性状之下"。也就是说凡是现象，它后面都有一个自在之物，我们都可以把它看作是由这个自在之物所引起的，至于怎么引起的我们不知道，但是我们知道是它引起的。不管你多么五花八门的现象，都必然由理性置于自在事物本身的性状之下。或者说理性都会把现象界的东西归属于自在之物，因为自在之物才是事物的本质或者本体。我们所认识的只是现象，但是理性知道在现象底下，真正的那个事物本身是自在之物，一切现象都是在这个基础之上才产生出来的。就人来说，人的一切现象都可以归属于人的理智的本体之下，理智的本体我们不可认识，但是我们可以发现，比如说道德律。道德律就是理智的性状，就是人的本体的性状，就是定言命令，这都是属于你的自在的事物本身的性状。那么其他的，在现象中，包括它的后果，都必须要置于这样一种性状之下。这句话整个都打了着重号，可见是非常重要的，是理解康德的道德法则起作用的方式或者有效性方式的关键，它概括了现象和物自体的一般关系。

因此，一个定言命令如何会是可能的这个问题，虽然只能回答到这样的程度：人们能够指出唯一使它成为可能的前提，就是自由的理念，同样，人们也能看出这个前提的必然性，而这对于理性的**实践运用**、即对于**确信这个命令的有效性**，从而对于确信德性法则的有效性来说，就足够了，但这个前提本身如何会是可能的，这是通过任何人类理性都永远无法看透的。

这一长句分两个部分。前面这个部分就是"虽然"，后面这个部分就是"但"。虽然，这个部分就是讲一个定言命令如何会是可能的这个问题，虽然只能回答到这样的程度，就是人们能够指出唯一使它成为可能的前提是自由理念。就是说定言命令如何是可能的呢？是因为自由的理念。是由于有自由，所以定言命令才是可能的。定言命令讲的是什么呢？要使你的行为的准则成为一条普遍的法则，那么我们就会要问了，能否使一个行为的准则成为普遍的法则呢？行为的准则是个人的，而普遍的法则是客观的，是普遍的。一个个别的东西如何能够成为普遍的东西呢？那么只有一个回答，就是人有自由。人能够使自己的个人的准则的选择切中它的普遍性。就是说个人的准则可以有五花八门，准则是主观的嘛，可以有各种各样的准则，这种准则里面很多都是不普遍的，都是特殊的，但是其中唯有一种是普遍的；那么由于人有自由，我就可以自由地选择那个普遍的准则，我的自由使得我的个人的准则成为普遍的。离开这个东西你没办法解释。如果人没有自由的话，那准则是准则，普遍法则是普遍法则，这就没有可能使自己的准则成为普遍法则。就像动物一样。动物虽然由普遍法则所规定，即本能，但这不是它选择的啊，本能不是它可以选择的。它只能够按照本能去行动。所以动物它是没有准则的，它只有法则。但是人有自由，他可以设定自己的准则，他可以选择这个选择那个，那么有了这种自由他也就可以选择普遍法则作为他的准则，没有任何东西可以阻止他的这个选择。所以你要讲定言命令是何以可能的，那么唯一的解释就是人是自由的。他说，"同样，人们也能看出这个前提的必然性，而这对于理性的实践运用、即对于确信这个命令的有效性，从而对于确信德性法则的有效性来说，就足够了"。我们回答定言命令何以可能，我们追溯到自由的理念，同样也能看出这个前提的必然性，也就是自由这样一个前提是必然的。一个定言命令它必然会以自由为前提，它不可能以别的东西为前提，它只能以自由为前提，这个前提是必然的。把自由设定为定言命令的前提，这个是必然的，只要通过理性去思考一下就可以看出来的。因为定言命令是自由意志的一种自律，自由意志给自己的准则设定一条普遍法则，这个是具有一种必然性的。我们也可以看出这个必然性，而这对于理性的实践运用就足够了。理性在实践的运用中如何可能去遵守定言命令，那么我们理解到自由及其必然性就足够了。这里，"理性的实践运用"，被等同于"确信这个命令的有效性"、从而"确信德性法则的有效性"。为什么？因为定言命令能不能运用在实践中，也就是你是否确信定言命令在实践中有效，没有这种确信就不会有效，而没有效，那当然就还没有运用在实践中。运用在实践中，那它肯定就应该是有效的，你肯定是相信有它的效果、能够影响感性世界的。这个"确信"很重要，实践问题在这个最高层次上就是确信问题，信仰问题。道德的实践，你只要相信就可以去做，没有做不到的。当然它的后果你没法控制，但道德不计后果，只要做出来了，就算是做到了。所以它只是个信仰问题，信仰决定行动。而行动肯定也会影响世界，一个道德的人不能停留在口头上，他必须在他的日常行为中作出道德行动来。做出来了，就表明了定言命令的有效性啊，那么这个有效性如何解释呢？我们只要追溯到他是自由的，就足够了。并且，他必然会是自由的，一个人嘛，他必然会是自由的。他说，"但这个前提本身如何会是可能的，这是通过任何人类理性都永远无法看透的"。"这个前提"是什么前提呢，就是自由的理念。唯一使定言命令成为可能的前提就是自由的理念。但这个自由的理念本身如何会是可能的呢？人如何可能会是自由的呢？是怎么产生的呢？这个是没有办法解释的，通过任何人类理性都永远无法看透的，因为它属于物自体的问题。当然通过上帝的理性也许可以看透，但是通过任何人类理性永远也无法看透，因为人类的理性不具备知性的直观，所以他没有办法看出人的自由是从哪里来的，是怎么规定的，是从何处获得的。他只能承认这个事实：人有自由。这没法解释，一旦你想解释，那就不是自由了。

　　但是，在一个理智的意志自由的前提下，意志的**自律**，作为意志只有在其下才能被规定的形式条件，就是一个必然的结论。

　　就是说自由意志我们没有办法去探讨，但是在一个理智的意志自由的前提下，我们就可以探讨一些事情了。在这个前提下"意志的自律，作为意志只有在其下才能被规定的形式条件，就是一个必然的结论"。你一旦设定了自由意志这个前提，那么意志的自律就是必然的了。一旦设定了人有自由意志，他就可以把自由意志运用在任意的一个对象身上，任何对象他都可以运用，他是自由的嘛；但他首先能够运用于自身，因为这是自由意志的最不需要外部条件、最纯粹的运用，这就是意志自律。意志运用于任何别的对象都是偶然的、受制约的，唯独运用于自身才是必然的、独立自主的，因为这不需要任何条件而能够由自己决定，它只以意志自身的形式为条件。所以只有这种运用才是真正的自由运用，由此推出，在意志自由的前提下，"意志的自律，作为意志只有在其下才能被规定的形式条件，就是一个必然的结论"。意志自律是意志只有在其下才能被规定的形式条件，意志不受任何东西规定，但是唯一地受它自己规定。原则上说，自由只能受自由本身规定。当然你也可以选择别的东西来规定自己，但是那不是因为别的东西限制了你的自由，而是你自己限制了自己，你选择自己服从于动物的本能。但是你不能归咎于自己的动物本能，你说我生就是一个动物，但是你不是。因为尽管你是一个动物，但是是你选择了你成为动物，所以你还不是一个动物，至少不仅仅是一个动物。所以意志只有在其下才能被规定的形式条件，那就是自律。只有自律才是意志能够被规定的形式条件。之所以是形式条件，是因为这种规定不涉及任何内容，只涉及你应当怎么做的形式。这样一种形式条件就是自律，它把一切内容都撇开了，不管是动物本能还是感性需要还是情感冲动，这些东西都把它悬置起来了，我只考虑自由意志的形式。我是自由的。哪怕选择了别的东西，我也是自由地选择的。只考虑这个形式。那么这个形式条件就是自律。这是一个必然的结论。

　　预设意志的这种自由甚至不仅仅（如思辨哲学所能表明的那样）是完全可能的（不会陷入在与感官世界的现象联结时和自然必然性原则的矛盾），而且在实践上，即在理念中，把这种自由作为条件加之于意志的一切任意行动，这对于一个通过理性意识到自己的原因性、从而意识到一个（与欲求有区别的）意志的理性存在者来说，无须其他的条件就是**必然的**。

这一句话有两个段落，一个是"完全可能的"，另外一个是"必然的"。前半句是讲可能性，就是说预设意志的这种自由，就是把这种意志自由作为前提，是完全可能的。我们上面讲了前提，意志自由是一个前提，凡是有理性者都能够预设这个前提。我们预设的这种自由它是可能的，为什么是可能的呢？括弧里面讲，"如思辨哲学所能表明的那样"是完全可能的，而且"不会陷入在与感官世界的现象联结时和自然必然性原则的矛盾"。这就是说，在《纯粹理性批判》里面已经证明了这种可能性。《纯粹理性批判》里面讲到第三个二律背反，自由的理念，我们把它作为先验的自由理念来加以设定，这完全是可能的。《纯粹理性批判》里面已经解决了这个可能性。就是说我虽然不能够认识它，但是我也没有办法否认它；那么既然我不能够肯定它也不能否定它，那么它就是可能的。我没有说它是现实的，但是它是可能的，这是没法否认的。你要证明它不可能，那你去证明。你证明不了。任何人都证明不了自由是不可能的。既然你没法证明它是不可能的，那么我就有权设定它是可能的，当作一个理念，不妨设定它是可能的。而由于它只是一种可能性，所以不会陷入在与感官世界的现象联结时和自然必然性原则的矛盾。什么矛盾？就是自然界一切原因本身都是有原因的，唯独自由的原因是没有原因的，那么这两种原因就会打架，要么取消自由的原因，要么破坏和中断自然的因果链条。但一旦我把自由的原因性归于一种不可能在经验中出现的自在之物的可能性，这个矛盾就消失了。所以在康德看来，这就非常好地解决了自然的原因和自由的原因相互之间的冲突。这前半段话是讲的这个，就是在理论上，如同在思辨哲学里面所标明的那样，预设意志自由是完全可能的。下面他说，"而且在实践上，即在理念中，把这种自由作为条件加之于意志的一切任意行动，这对于一个通过理性意识到自己的原因性、从而意识到一个（与欲求有区别的）意志的理性存在者来说，无须其他的条件就是必然的"。前面讲了是可能的，是在理论上，在思辨的意义上，自由作为前提是可能的，当然这只是消极意义上的自由；那么在实践上，它就不仅仅是可能性了，而是具有积极意义上的必然性了。实践就是在理念中"把这种自由作为条件加之于意志的一切任意行动"，自由在实践中是理性的一切任意行动的条件。人有理性，那么他的意志的一切任意行动，哪怕是爱好冲动、感性的需求、具体的目的等等，都要把自由作为自己的条件，人的所有行动都是以自由为条件的。"这对于一个通过理性意识到自己的原因性、从而意识到一个（与欲求有区别的）意志的理性存在者来说，无须其他的条件就是必然的"，即对有理性者这是无条件的必然性。也就是说，只要是一个有理性者，他通过理性意识到自己的原因性，意识到自己是开始一个因果序列的第一因，只要有理性的人都会有这种意识，就是我做还是不做这件事情，我采取行动还是不采取行动，这都取决于我自己，我意识到我一旦采取行动它就会引起一系列的后果，这就是意识到自己的原因性。每一个有理性者都会意识到自己的原因性，从而意识到一个意志，这个意志是与欲求有区别的。对意志康德有时候把它称之为一种高级欲求能力，意志一般是属于欲求能力的，但是他这个地方打了一个括弧，"与欲求有区别的意志"。与一般的欲求有区别的，虽然它本身也是一种欲求，但它强调是与一般欲求有区别的意志。那么对于意识到意志的这样一个理性存在者来说，把这种自由作为条件，也就是作为一切行动的前提，这个"无需其他的条件就是必然的"。之所以是自由，就是它没有任何其他的条件，你把自由当作前提，这就无需其他条件而是必然的，对于人来说就是这样的。

但是现在，纯粹理性没有其他可以从任何别的地方取来的动机，**如何**能够单独就是实践的，也就是说，纯粹理性的**一切作为法则的准则之普遍有效性这一单纯的原则**（这无疑会是一个纯粹实践理性的形式），没有意志的一切质料（对象），以便人们可以事先对之怀有某种关切，又如何能够单独地自己提供出一种动机，并导致一种会被称为纯粹**道德上的**关切，或者换句话说，**纯粹理性如何可能是实践的**，对此一切人类理性都完全没有能力作出解释，而试图进行解释的一切辛苦和劳作都是白费力气。

这一句话很长。就是说前面讲到了，把自由作为前提预设下来，这不仅仅是可能的，而且是必然的。下面说，虽然如此，但是现在你要对它加以具体地解释，这却是不可能的，是白费力气的。这句话就是一个转折的意思，"但是现在，纯粹理性没有其他可以从任何别的地方取来的动机，如何能够单独就是实践的"。纯粹理性如何能够单独就是实践的，这是没有办法解释的，它只是一个事实而已。所谓"单独"，就是"没有其他可以从任何别的地方取来的动机"的意思，它单凭自身就可以有实践的效力。而这个问题也就相当于下面的问题："也就是说，纯粹理性的一切作为法则的准则之普遍有效性这一单纯的原则（这无疑会是一个纯粹实践理性的形式），没有意志的一切质料（对象）……又如何能够单独地自己提供出一种动机"。这里讲的"这一单纯的原则"，就是指定言命令，即"纯粹理性的一切作为法则的准则的普遍有效性"。所以括号里讲"这无疑会是一个纯粹实践理性的形式"，定言命令的形式是不掺杂任何质料的，所以是一个单纯的原则，即纯粹实践理性的形式。那么，既然"没有意志的一切质料（对象），以便人们可以事先对之怀有某种关切，又如何能够单独地自己提供出一种动机"？这个单纯形式没有意志的一切质料、一切对象，让人们可以事先对之怀有某种关切，那么它又如何能够单独地自己提供出一种动机，"并导致一种会被称为纯粹道德上的关切"呢？就是说这样一种定言命令的原则，它是一种普遍的形式，一种抽象的形式，它并没有意志的任何质料和对象，因此也不能够事先对它怀有某种关切。不是因为有某种对象在那里诱惑着你，所以你才去遵守道德律，才去关心道德律，不是的。它是为道德而道德、为义务而义务，它不可能事先对之怀有某种关切，那么它又如何能够单独地自己提供出一种动机，并导致一种会被认为纯粹道德上的关切呢？就是这种法则这种定言命令的形式，如何能够不靠感性的对象、不靠质料而单独提供出一种动机，提供一种关切，导致一种会被称之为纯粹道德上的关切？提供一种动机,这个动机也就是我们刚才讲到的道德情感。道德情感、敬重感作为一种动机是由道德法则引发出来的,是由此所引起的一种效果,所引起的一种感性的愉快。前面讲纯粹理性没有任何其他地方取来的动机,但它有它自身所引起的动机。这样一种动机是如何可能提供出来的呢?"或者换句话说,纯粹理性如何可能是实践的"。这又回到这句话开头了,所有这些问题都归结为这一个问题:纯粹理性是实践的,这是一个事实;但是它如何可能是实践的,这个是没办法解释的,你只能把它作为一个事实接受下来。人有理性,他就会意识到自己的理性,意识到了,它就具有实践能力。凡是有理性的人都会知道,理性既然它本身是超感性的,那么它就可以超越感性单独地自己决定自己应该怎么做,单独地就有实践能力。你有理性你就可以按照理性去做嘛,因为你是自由的嘛,你凭借你的自由意志就可以采取你的纯粹理性作为你的实践法则,而不必处处依赖于感性的对象。但这是一个没办法讨论的事实。"对此一切人类理性都完全没有能力作出解释,而试图进行解释的一切辛苦和劳作都是白费力气"。人类理性完全没有能力解释,它如何可能是实践的,也就是人如何可能是自由的。纯粹理性如何可能是实践的,也就是说你如何可能把它运用于实践中,那当然你要追溯的话你只能说我是自由的,我随时可以把它运用于实践中。所以如何可能是实践的无非就是问如何可能是自由的,人如何可能选择实践理性作为自己的实践法则,也就是说人如何可能自由地选择,这个人类是没办法回答的。以前人们做了很多解释,像这个理性心理学,康德对理性心理学作了彻底的批判,所有这样一些解释,一切辛苦都是白费力气。你只有从哲学上面划清界限,自由和自然这两者有不可逾越的界限,一个是本体一个是现象,你才能解释得清楚。这个解释已经不是那种对知识的解释了,而只是划清界限,这是康德的解决的办法。

我们前面讲到了,就是说定言命令何以可能的问题最后归结为自由何以可能的问题,定言命令我们把它追溯到自由,那么最后就要解决自

由本身何以可能，但是这个问题是不能解决的。所以下面一段康德讲，

　　这种情况就正像我仿佛试图探究自由本身作为一个意志的原因性如何可能一样。

　　前面是一直在探讨这个定言命令以及道德律，它是何以可能的。我们把它追溯到必须要假定一个自由才是可能的。定言命令何以可能的问题可以说是在这个意义上、在这个层面上我们把它解决了，所以他讲，只能回答到这样的程度，人们能够指出它的唯一可能的前提就是自由的理念。回答到这个程度就已经到顶了。所以定言命令何以可能的这个问题，康德是回答了的，你不能说他没有回答，你也不能说他失败了，他的这个演绎是完成了的。他没有完成的是解释自由何以可能。所以他这一段一开始就讲，这种情况就正像我仿佛试图探究自由本身作为一个意志的原因性如何可能一样。他说以往的一切劳作都是白费力气，就是你想要给定言命令彻底地解释它的可能性，那就像探究自由本身的可能性一样是白费力气的。

462　　**因为在这里，我抛开了哲学的解释根据，并且没有任何别的解释根据。**

　　为什么是白费力气，为什么探讨自由的可能性是白费力气呢？因为在这里我抛开了哲学的解释根据。所谓抛开了哲学的解释根据就是我们刚才讲了，你只能从哲学上对它加以解释，那就是划定物自体和现象的界限。这就是哲学的解释。其他的一切解释都是自然科学的解释，都是经验知识的解释。那么你划分清楚了本体和现象，我们就可以把自由的可能性划在自在之物的领域里面。自由之所以可能是因为它来自于自在之物的领域，如果它处在现象领域它就是不可能的，你想在现象领域来解释自由也是不可能的。作为一种现象它怎么能决定我们的意志、作为我们意志的原因性呢？那么作为自在之物它是可以的，只有这样才能解释自由如何可能；虽然这种解释恰好是说，自由不能解释，因为自在之物

是不可知的。但是一般人都抛开了哲学的解释根据，也就是说一般的人在解释这个问题的时候没有考虑哲学的解释根据，而只是想从思辨的理论角度来对它加以解释。而在这方面又并没有任何经验的解释根据，所以就更加不着边际了。

现在，我虽然能够在仍保留给我的理知世界中、在诸理智的那个世界中来回盘旋；但是，尽管我对此有一个具有自己很好的理由的**理念**，我对它却毕竟没有丝毫**知识**，而且即使通过我的自然的理性能力的一切努力，我也决不能达到这种知识。

现在，就是讲康德现在所面临的情况，以往的一切人之所以不能够解释这个问题，之所以他们的解释都是白费力气，是因为他们抛开了哲学的解释根据，而又找不到别的解释根据。"现在，我虽然能够在仍保留给我的理知世界中、在诸理智的那个世界中来回盘旋"。现在，也就是说我现在已经提出了一个物自体的理知世界了，这是哲学的解释根据了。现在我们在哲学的解释根据里面，仍然保留给我有理知世界，有诸理智的那个世界。诸理智也就是说的诸人，从本质上来看的人类，那就是诸理智的世界，也就是目的国。在这样一个世界中，我可以来回盘旋，我随便怎么样解释，我可以任意地去解释，只要我想得到。但是，"尽管我对此有一个具有自己很好的理由的理念，我对它却毕竟没有丝毫知识"。就是在诸理智的那个世界中来回盘旋，我可以不受约束地想出一个自由的理念，但始终停留在理知世界之中，并没有跨入到经验世界里面来，因为只有在理知世界之中这个自由的理念才有它的意义。所以，我能够在仍保留给我的理知世界中来回盘旋，但是，尽管我对此有一个具有自己很好的理由的理念，——这个自由的理念它具有自己很好的理由，当然这个理由它不是知识，它是实践的理由，我们在实践中可以找到它的理由——所以他讲，我对它却毕竟没有丝毫知识，它只是一个理念，但这个理念并不是知识。理念和知识都打了着重号。他说，"而且即使通过我的自然的理性能力的一切努力，我也绝不能达到这种知识"。即使通过我的自然的理性能力的一切努力，为什么说自然的理性呢，自然的理性也就是说是自然赋予我的理性，那也就是有限的理性。自然赋予人的理性那是受感性所束缚、所限制的理性，所以通过这种自然理性能力的一切努力，我也决不能达到对自由的知识。

它仅仅意味着一个某物，这个某物之所以剩余下来，是当我把属于感官世界的一切都从我的意志的规定根据中排除出去之后，为的只是这样来限制出自感性领域的动因的原则，即我给感性领域划定了界限，并且指出，它并没有把一切全都包括在自身中，而是在它之外还有更多的东西；

我们看这半句。这个自由的理念"仅仅意味着一个某物，这个某物之所以剩余下来，是当我把属于感官世界的一切都从我的意志的规定根据中排除出去之后"，这个是从实践的角度来看了。所谓剩余下来，是指在各种规定意志的根据中排除了他律的规定，只剩下自律的规定，只剩下自由。所以当我把属于感官世界的一切，包括我的本能，包括我的环境，包括自然界的万事万物，都从我的意志的规定根据中排除出去，就只剩下了自由这个"某物"。这样的排除，"为的只是这样来限制出自感性领域的动因的原则，即我给感性领域划定了界限"。就是我之所以把自由这个理念留下来，为的是这样来限制出自感性领域的动因的原则，我要用自由来限制出自感性领域的动因的原则。也就是说我的行为，我的意志行为有很多是出自感性领域的动因的，这样一些意志的原则就是一些主观的准则了，那么这些主观的准则在这里就受到自由的限制。出自感性动因的这些准则不是一切，不是全部，它是有限的，有限度的。这就是说，我给感性领域划定了界限，就是感性领域是感性领域，不管你出自什么样的感性领域的动因来支配、来规定我们的意志，它也只是一种可能性，不是全部。那么剩下的就是一种自由的动因，自由的可能性。所以他讲，"并且指出，它"——也就是这样的原则，出自感性领域的动因的原则，这样一个原则"并没有把一切全都包括在自身中，而是在它之外还有更多的东西"。我们人出于本能、出于情感、出于感性领域的一切动因，我们可以用来规定我们的意志，可以用来形成我们的准则，这些准则也可以叫作原则（所以原则这个概念在这个地方是非常广义的）。但是这些准则并没有把一切全都包括在自身之中，有些东西是它包括不了的，人出于感性、出于动物的本能所做的事情只是其中的一种选择，一种可能的选择，并不是全部，并不是只能如此，而是在它之外还有更多的东西可供选择，那就是人的自由。

<u>只是对这更多之物我并无进一步的认识。</u>

这个更多的东西也就是对这个自由，我保留了自由这个理念，使我意识到我们除了有动物本能以外，我们还有自由。但是对这个自由，我们并没有更进一步的认识。我们唯一的就是知道它有，它存在，但是是什么，我们没法规定。

<u>关于思考这个理想的纯粹理性，在剥离一切质料、即客体的知识之后，给我剩下的只是形式，即把准则的普遍有效性的实践法则，以及按照这一法则也把理性，放在与一个纯粹知性世界的关系中，而思考为可能的起作用的原因，也就是思考为规定意志的原因；</u>

这句话是讲的关于思考这个理想的那个纯粹理性，我们思考这个理想，思考自由意志，思考自由的理念，这都可以看作是一个理想了，一个永远抓不住的理想，永远认识不了但是可以照着去做的这样一个理想；那么我们思考这个理想的时候我们运用的是纯粹理性。自由的理念本来就是《纯粹理性批判》里面提出来的嘛，我们不能认识，但是可以思考，凭借我们的纯粹理性去想。而思考这个理想的那个纯粹理性，"在剥离一切质料、即客体的知识之后，给我剩下的只是形式"。这个纯粹理性在思考自由的理念，那么这个纯粹理性在思考这个理想的时候，它只剩下了形式。因为是纯粹理性嘛，它把一切质料和客体都剥离掉了，把一切知识都剥离掉了，它只是在思考这个理想，这样一个纯粹理性当然就只剩下了形式。什么形式呢？下面讲了："即把准则的普遍有效性的实践法则，

以及按照这一法则也把理性,放在与一个纯粹知性世界的关系中,而思考为可能的起作用的原因,也就是思考为规定意志的原因"。也就是说这样一种形式,即把准则的普遍有效性的实践法则,也就是把定言命令了,把定言命令,以及按照这一法则也把理性,定言命令和理性两者,都把它们放在与一个纯粹知性世界的关系中,就是放在与彼岸世界的关系之中。你不要从现象界来解释它们,你把它放在与一个自在之物的关系之中,与纯粹知性世界的关系之中,而思考为可能的起作用的原因。你把定言命令以及理性思考为可能起作用的原因,在自在之物的领域里面,在自在之物的底下可能对你起作用。也就是思考为规定意志的原因。这个原因不是任何质料,不是任何客观经验的对象,而是纯粹理性的法则从知性世界来规定你的意志,用一种完全形式化的东西来规定你的意志,有这种可能性。所以你可以把它思考为可能的起作用的原因。你就会使你的意志服从定言命令,按照定言命令来规定你的行动,这是一种可能性,这种可能性就是出自于自由了,它可以被思考为规定意志的原因。

在这里,动机必定是完全找不到的,

在这里也就是在这个纯粹知性世界里面,动机是完全找不到的。动机我们前面讲到了,Triebfeder,是一种感性的推动力,感性的机制,一种起作用的发条,那么这肯定是属于现象界的。在纯粹知性的世界,怎么可能找得到一种动机呢?你怎么可能用这样一种动机来解释人的自由意志呢?那是完全找不到的。

因为否则的话,一个理知世界的这一理念本身就不得不成为动机,或者是成为理性本源地对之怀有一种关切的东西了,

因为否则的话,如果你能找得到的话,他这里用的虚拟式,那么"一个理知世界的这一理念",也就是自由的理念,"本身就不得不成为动机",它本身就成了一种机制,"或者是成为理性本源地对之怀有一种关切的东西了"。理性是对自由怀有一种关切,但并不是本源地对它怀有一种关切。这个地方"本源地"这个词很重要。前面讲过,关切只是自由

意志本身所导致的，而不是这种关切导致了自由意志，这个不能够颠倒。由于自由意志才会有关切，而不是说由于关切我们才是自由的。但是如果"否则的话"，如果是在那种相反的、不可能的情况之下的话，那么这个理念本身就不得不成为动机了，那你就要考虑这个动机啊，你就要搞清它的机制啊，你受制于这个既定的机制，所以你就去做道德的事情，你就去服从道德命令啊，那它就成了有条件的命令了，它就不是定言命令了。那就成了理性本源地对之怀有一种关切的东西，就是最开始就是一种关切，才使得我们按照道德法则那样去做。而实际上应该是，因为我们是自由的，所以我们才对道德律抱有一种关切。关切不是本源的，是派生的。

　　<u>但是，使这一点可被理解正好是我们不能解决的课题。</u>

　　使这一点，这一点不是指的上面的这个"否则的话"，而是指更上面的那种正面的情况，就是说把定言命令和理性"放在与一个纯粹知性世界的关系中，而思考为可能的起作用的原因，也就是思考为规定意志的原因"。但是，我们如何能够做到这一点，这是不可理解的。"但是，使这一点可被理解，正好是我们不能解决的课题"。也就是说我们如何能够把这个自由的理念，把这个实践法则，把这个道德律的法则思考为可能的起作用的原因，使这个过程的隐秘机制揭示出来，这正好是我们不能解决的课题。我们再看下面这一段。

　　<u>现在，这里就是一切道德研究的至上边界；但规定这一边界也已经具有非常重要的意义了，一方面，借此理性就不会以某种有损道德的方式在感官世界中到处搜寻至上的动因，和某种虽然可被理解、但却是经验性的关切；</u>

　　前面已经讲到了，就是说使自由的规定根据可以被理解，使道德法则的可能性最终被理解，恰好是我们无法解决的。我们没有办法解决自由何以可能的课题。所以"这里就是一切道德研究的至上边界"，到了最

终的终极边界了，再没有什么可以往上面追溯了。自由这个理念是我们的一切道德研究的至上边界，或者说我们的一切道德研究都是建立在自由这个无条件的条件之上的。我们要研究道德，我们就必须首先假定自由，你不假定自由，那怎么研究道德呢？但是我们如何能够假定自由，这个是没办法解释的，这是至上的边界了。一切道德研究都要以这个假定为前提，但是这个前提本身再没有可以解释的前提了，它已经达到边界了。但是我们规定出这样一个边界呢，"也已经具有非常重要的意义了"。我们不是因为在这个边界上面遭到了失败，我们的解释失败了，然后我们就只有退回来了，不是的。康德认为指出这个边界是非常重要的，这重要性在于两方面。他说，"一方面，借此理性就不会以某种有损道德的方式在感官世界中到处搜寻至上的动因，和某种虽然可被理解、但却是经验性的关切"。一方面，借此，也就是借这个边界，借这个边界的确定，理性就不会在感官世界里面去到处搜寻至上的动因。这个至上的动因就是道德的动因了。理性不会到感官世界里面去搜寻至上的道德动因，道德的动因不在感官世界里面，道德的动因应该是在那个至上的边界之外，就是自由意志，自由的理念。你不能到感官世界里面到处搜寻至上的动因。这种搜寻是有损道德的，因为把道德贬低为感官世界中的一个事物了，当然是有损道德的。但是如果你在知性世界中确定了这样一个至上的边界，你把道德的动因放到这个至上的边界上面，你就不会到感性世界里面去搜寻了，你就不会作出有损道德、贬低道德的那些无聊的举动了。"和某种虽然可被理解、但却是经验性的关切"，理性也不会以这种有损道德的方式去为道德找到一个虽然可以被理解但却是经验性的关切，比如说这个敬重感，敬重感这样一种关切，它是可以理解的，但它仍然是经验性的，它仍然在感官世界里面。你就不会以某种有损道德的方式在感官世界里面去寻求这种道德情感。虽然这种道德情感可以被理解，你也可以理解，但是这种理解你必须要按照康德的方式来理解，就是说它的动因，归根结底它是在自在之物里面，它是由自在之物的自由的理念以及道德法则规定意志所引起的一个经验性后果，因此单是在感官世界中是搜寻不到的，搜寻到了也是不可理解的。敬重感是一种动机，在感性世界里面的动机，它可以理解，但是它不是本源的动因，它本身仍必须结合到知性世界才能理解。

除此之外还有一个重要性，他说，

而另一方面，借此理性也不会在名为理知世界的那些超验概念的、对它而言是空虚的空间中，无效地拍打自己的翅膀，却仍在原地不动，而迷失在幻觉中。

这是另一方面的重要意义。一方面它限制了理性在感官世界里面去寻求道德的动因，这个是一个方面的意义；另一方面，它也限制了理性在知性世界里面无效地拍打自己的翅膀，却仍在原地不动，而产生出种种幻觉。种种幻觉是如何产生出来的呢？就是说有人也讲撇开感性经验，理性心理学也是试图来这样解释，就是撇开感性经验，我们在理性的世界里面我们也可以解释道德啊，但是解释来解释去，其实什么也没有解释，他们只是给自己造成了一些幻觉，所谓理性心理学的谬误推理，它的那些推理实际上是一些幻相。我们在《纯粹理性批判》里面看到康德对理性心理学的批判，有很大一部分内容就是讲这个问题。无效地拍打自己的翅膀，就是因为在这个领域里面已经没有感性了，没有感性了就像康德在《纯粹理性批判》导言里所举的一个例子，一只鸽子在空中飞翔，它如果有意识的话，也许会考虑如果没有空气它就会飞得更快，因为它拍打空气嘛，空气对它形成阻力，所以它能够飞起来，它想如果没有空气的话我是不是飞得更快？但是如果没有空气它就会掉下来，它根本飞不起来。所以在这样一个没有空气的理知世界里面，它拍打翅膀是无效的。它以为自己前进了，其实还在原地；但是它之所以自以为自己前进了，都是因为它偷运进了感性经验的一些东西，一些只能用在经验对象上的范畴，它才能够以为自己是前进了。所以它其实还是带着经验世界的有色眼镜，沿用了经验知识的一套方法进入到知性世界中来，也就是它还是混淆了现象和自在之物的界限。如果它严守这个界限，它是一步也不能前进的。所以这两方面，一个是在现象界，我们不再去为道德寻求感性的动因；另外一个是在本体界，在理知世界，我们不再试图扩展我们的知识。你确定了道德研究的这样一个至上边界以后，它就会同时带来这两个方面的意义。这两个方面的意义都是非常重大的。

剩余下来的是一个纯粹知性世界的理念，即一切理智的一个整体这一理念，我们本身作为理性存在者（尽管在另一方面同时是感官世界的成员）属于这个整体，

剩余下来的，也就是说把这两种错误都排除了以后，那么"剩余下来的是一个纯粹知性世界的理念，即一切理智的一个整体这一理念"。剩下来的是一切理智的一个整体的理念，一切理智也就是一切作为本质来看待的人，人被称之为理智是就他的本质而言的，人的本质是理性，或者理智。当然也包括上帝，凡是有理性者都属于这个整体的理念。就是说一切有理性的存在者的一个整体，构成了一个纯粹知性世界的理念，这就是康德前面讲到的目的国了。他说"我们本身作为理性存在者（尽管在另一方面同时是感官世界的成员）属于这个整体"。我们作为理性存在者在本质上是属于目的王国的，尽管我们也是感官世界的成员，但那个不是我们的本质。所以剩余下来的就是我们的本质的世界，我们的本质构成了一个和谐的整体。

这个理念为一种理性的信仰起见，始终是一个有用的并且可以允许的理念，即使一切知识在这个理念的边界上都终止了也罢，

这样一个理念，这样一个一切理智的整体的目的国理念，"为一种理性的信仰起见"，理性的信仰，理性必须要相信这样一个理知世界，为了理性的这种信仰起见，为了给理性的信仰提供根据，这个理念"始终是一个有用的并且可以允许的理念"。它是有用的，作为信仰来说是有用的，它有什么用呢？在知识上无用，但在实践上有用，在道德方面有用，它可以影响人的道德实践，它可以使人的道德实践有一个终极的目标。人们在道德实践中今天做好事明天做好事,最终要达到什么目的呢?最终是要达到一个理知世界的理念,一切理智的一个整体,一个目的国,它是一个信仰的对象,在信仰方面它是有用的。并且可以允许,因为你没有办法否定它。它虽然不可认识,但正因为如此,你也没办法否定它。你否定它无非是凭借我们已有的知识来否定它,但是你所有的知识都是在现象界。本体界怎么能够由于你现象界的知识遭到否定呢?所以你的任何否定都不涉及它,都够不到它。所以它是可以允许的,"即使一切知识在这个理念的边界上都终止了也罢"。我们的一切知识都在现象界,都超不出现象的边界,都达不到理知世界,但这并不妨碍理知世界的理念始终是有用的和可以允许的,它只用在理性的信仰方面。

为的是通过自在的目的本身(理性存在者)**的一个普遍王国的美好理想——我们只有按照自由的准则谨慎行事,就好像这些准则就是自然规律那样,才能作为成员属于这个王国——在我们里面引起一种对道德法则的活生生的关切。**

为什么要有这种信仰?为什么要允许它,它有什么用?这样一个理念的信仰有什么用?这里就讲了,"为的是通过自在的目的本身(理性存在者)",——自在的目的本身就是理性存在者,也就是人了,也就是人是目的,人是目的是他的定言命令的第二个变形公式,——自在的目的本身的"一个普遍王国的美好理想"。自在的目的本身的一个普遍王国那就是目的国,目的国的美好理想。后面有一对破折号,德文中其实是一个条件从句,这个破折号里面、也就是这个条件从句里面,是讲"我们只有按照自由的准则谨慎地行事,就好像这些准则就是自然规律那样,才能作为成员属于这个王国"。这里包括进了定言命令的第一个变形公式,自然律的公式,就是说按照自由的准则谨慎行事,就好像这些准则就是自然规律那样,我们才能成为目的王国的成员。我们这样去谨慎行事,凡是违背自然律,自相矛盾自取灭亡的那样一种法则,那你就不要去做。这个里头也包含第三个变形公式,自律的公式,也就是我们按照自由的准则谨慎行事，谨慎行事就是自己约束自己，实际上就是自律了。这里把定言命令的三个变形公式都隐含在内了。那么，到底为什么我们要保留、剩余这样一个理念、这样一个理想呢？为的是通过定言命令的诸多公式所揭示的一个目的王国的美好理想，"在我们里面引起一种对道德法则的活生生的关切"。我们把前面的都排除了，我们既不能在现象界去寻求道德的根据，我们也不能把本体界的道德根据扩展为一种知识，我们剩下的只有一个目的王国的理念，我们留下这样一个人人在里面都是立法者的目的王国的理念，为的是什么？为的是通过这个目的王国的美好理想，在我们里面引起一种对道德法则的活生生的关切。"活生生的关切"当然也是跟感官世界相关的，但是它的原因是来自于彼岸世界，来自于本体世界，正因此它才是活生生的关切，才有现实生活的生命力，因为这种关切对我们的感官世界的生活是有持久不变的巨大影响的。道德律、自由意志、理知世界的理念，这些都是我们信仰的对象，能够在我们的活生生的道德生活中，引起我们的关切。所以我们保留这样一个理念，是为了一种信仰，而这种信仰是为了我们在日常生活中能够对于道德法则有一种活生生的关切。这个地方实际上就已经达到了康德的整个哲学的最终的目的。通过纯粹理性批判以及通过道德形而上学，它能够达到的目的，就是为人类的日常生活建立起一种信仰的对象，一个道德上的安身立命之所。在纯粹理性的基础上重建我们信仰的对象。这个信仰的对象是不包含幻相的，不会被推翻的，是永远可以有用的，永远可以相信的。这句话可以说是对他整个道德形而上学的一个总结。

最后他加了一个**总评**，我们来看看。他说：

理性的思辨运用，**在自然方面**，导向**世界的**某个至上原因的绝对必然性；理性**出于自由意图**的实践运用也导向绝对必然性，但却只是一个理性存在者就其本身而言的**行动法则**的绝对必然性。

理性的思辨运用，也就是理论理性、科学知识方面的运用，在这方面的运用是"在自然方面,导向世界的某个至上原因的绝对必然性"的。也就是说,我们在思辨运用中已经通过对一切自然知识的分析和推论,我们最后导向了世界的某个至上原因的绝对必然性。这就是在《纯粹理性批判》的先验辩证论中,在先验的宇宙论的第四个二律背反里面,康德已经讲到了这个世界的至上原因的绝对必然性,已经讲到这个世界是绝对必然的。当然另外一种观点认为世界是偶然的,世界本来也可以是别样,这两者相持不下,但是最后是假定了世界有一个至上的原因的绝对必然性,作为把握经验事物的偶然性的总体的一个调节性原理。康德在那里并没有讲上帝,他是讲的"宇宙论",整个世界总应该有一个绝对的至上原因。这是"在自然方面",康德已经从思辨的角度作出了这一导向。另一方面他讲:"理性出于自由意图的实践运用也导向绝对必然性,但却只是一个理性存在者就其本身而言的行动法则的绝对必然性"。理性出于自由意图的实践运用,自由意图打了着重号,与前面讲的自然方面(也打了着重号)相对照。出于自由意图的实践运用也导向绝对必然性,但这种绝对必然性却只是一个理性存在者就其本身而言的行动法则的绝对必然性。那就是自律的目的国理念了。也可以说理性的思辨的运用和实践的运用双方殊途同归,都导致了同一个绝对必然性。一个出于思辨的运用,在自然方面它导致了世界的某个至上原因,它有绝对必然性;那么理性在实践的运用方面也导向了绝对必然性,也就是导向了一个自律的目的国理念,它构成一个理性存在者就其本身而言的行动法则的绝对必然性。这个行动法则,它有一个绝对必然性,就是按照自由意志的自律来规定的一种法则。

现在,我们的理性的一切运用的一个根本的**原则**,就是把它的知识一直推进到对其**必然性**的意识(因为没有这种必然性,它就不会是理性的知识)。

这个是一个总结了,前面已从两个方面推进到了一个至上原因的绝对必然性,或者一个行动法则的绝对必然性,它们都是绝对必然性,再没有比它们更高的了。那么总结性的就是说，"现在，我们的理性的一切运用的一个根本的原则"，这个原则打了着重号，这个原则跟那个泛泛而谈的原则不太一样的了，它就是说理性的原则，——康德在《纯粹理性批判》里面用的是它的狭义，就是理性的原则跟知性的法则相比它是更高的——，那么这个"根本的原则"，也是用的狭义，指最高的原则了。我们的理性的一切运用的一个根本的原则，"就是把它的知识一直推进到对其必然性的意识（因为没有这种必然性，它就不会是理性的知识）"。这个在《纯粹理性批判》里面也已经讲到过了，在先验辩证论的导言里面，就曾经讲到过理性的纯粹运用和理性的逻辑运用。理性的逻辑运用就是说理性是管推理的，理性提出的问题就是"何以可能"，那么它就要建立起三段论式，在形式逻辑里面就是三段论推理，三段论的推理是从大前提，小前提得出结论，前提就是结论的可能性条件，这个里头有一种必然性。但这种必然性还不是绝对的必然性，它是一种相对的必然性。绝对的必然性就是说这个推理的大前提是设定的，它是一个前提条件，但它本身又是有条件的，你必须对大前提再寻求它的条件，设立另外一个更高的前提，把它推出来；所以理性的作用就是通过推理从有条件者追溯到条件，从条件追溯到条件的条件，一直往上追溯，最后一直追溯到无条件者：那才达到绝对的必然性。理性的功能就是要从有条件者通过对条件的不断追溯最后达到无条件者，无条件的条件，绝对的条件。最后达到的无条件者就是绝对必然的知识。它不是那种相对的必然性。相对的必然性还是偶然的，因为它的大前提是偶然设定的。只有绝对的必然性才是真正必然的，就是没有任何条件了，它就是必然的。括号里面讲："因为如果没有这种必然性，它就不会是理性的知识"，也就是说理性的知识就是依赖于这种必然性的。在形式逻辑上说就是依赖于推理和不断的追溯，这是理性的逻辑运用；理性的纯粹运用就是说把这些推理无限进行，最后你制定出一个理念，这个理念再没有条件了，它是一切条件的第一项。所有的各项都在经验中，但是这个第一项它不在经验中，它是无限的、纯粹的理念。如果没有这样一个理念，那么我们的知识就不会有真正的必然性了，我们的知识就不会是真正的理性知识，虽然我们运用了知性，但是它还是以感性为前提的。以感性为前提就不能够赋予它最终的必然性，只有理性的理念才能赋予同一个知识以最终的必然性。这是在《纯粹理性批判》里面交代过了的。

<u>但是，对这同一个理性也有一个同样根本性的**限制**，它既不能看出存有着的或者发生着的东西的**必然性**，也不能看出应当发生的事情的**必然性**，除非有某一**条件**作为根据，在这个条件下事物存有、或者发生、或者应当发生。</u>

就是对这同一个理性有一个同样带有根本性的限制，限制也打了着重号，就是说这样一个理性有一个限制。有一个什么限制呢？就是必须有某一条件作为根据，否则"它既不能看出存有着的或者发生着的东西的必然性"。这个限制就是说，它必须要有一个条件，这同一个理性，有一个根本性的限制，就是它必须要有一个条件，否则的话它既不能看出经验世界万事万物的必然性，如实体关系的必然性、因果律的必然性等等，这些必然性它都不能看出，它必须要有一个条件。你可以看出实体性，也可以看出因果关系，但是这些关系是不是必然的呢？那么你就必须要追溯一个条件了，你就必须要追溯因果律它的原因的原因的原因，一直追上去；当你还没有追到头的时候，所有的因果链条都是偶然的，你看不出必然性来，因为你的大前提是偶然设定的嘛，大前提是既定事实，我们这个地球上就是这样的。但是必须一直追溯到无条件者，那么你这个必然性才能够成立。"也不能看出应当发生的事情的必然性"，这是在实践上面讲的了。前面是讲的理论上自然科学方面，那必须有一个理念作为条件才能有必然性；在实践方面，应当发生的事情它也必须有一个必然性的条件，那就是自由意志的自律，这是一个绝对条件。所以，对同一个理性也有一个同样根本性的限制，就在于它必须要以这样一个理念作为前提、作为根据。这里讲"同一个理性"，"一个同样根本性的限制"，意

思是同一个理性在两个方面都有同样的限制，一个是理论知识方面，一个是实践的应当方面，这种限制都是同样根本性的。所以"在这个条件下事物存有、或者发生、或者应当发生"，就是这个条件是一切事物存有、发生、或者应当发生的限制，它对事物的实体性的存有、因果性的发生和道德性的义务，都是同样根本性的限制。所以这个条件是限制理性本身的。在自然科学方面你要再往上追溯，那就追溯到物自体了，追溯到自在之物了，那你就超出自己的限制了。这个限制就是限定可能经验的范围，它靠什么来限定呢，靠一个绝对必然性来限定。在实践理性方面它也有范围，就是限定在自由这个理念之下。你谈一切实践的法则，你谈道德律，你谈道德行为、道德研究，你都必须以自由为前提，如果你还想了解这个自由到底是怎么回事，你就越界了。你就从彼岸世界跨越到此岸世界来了。所以在实践方面它也有个限制，这两个限制它的方向是相反的。一个是限制人的认识不得跨出可能经验的范围之外，另外一个是限制人的实践不得进入到感性经验的领域之中，这两个限制都是由绝对必然性设立的。

但以这种方式，通过对条件不断地追问，理性的满足只会一直不断地被推延下去。

就是说在这个条件下，这样一种条件是理念了，理念就是通过对条件不断地追问，以这种方式设想出来的一种无限的概念，但是它永远不能够满足理性。理性可以设想出一个理念作为它的最高的条件，但是这个最高的条件它既然是一个无限的条件，那么理性永远得不到最后的满足。理性的满足只会一直不断地被推延下去。比如说在这个感性世界里面，你要追求自然科学知识的绝对必然性，你就必须不断地去追溯，理性引导你不断地去追溯，但是理性本身它是停不住的，它不能停留在任何一点上。你说这就是整个世界的必然性了，你走到牛顿了或者到爱因斯坦或者到霍金，你就到此止步了，你说这就是整个世界的真相了，那是不行的。没有任何一个地方是可以让你停留下来的，你只有不断地追溯下去，永不得满足。在道德上面也是，这个绝对的意志自律，那是永远都达不到的，你在此生都达不到，你只能向这个目标去努力。人要达到绝对的自由，只能够不断地努力，它只是一个目标，只是一个信仰的对象。你可以去做，但是这个做法只是一种接近，只是不断地靠近你的本性，不断地接近你的自由意志的纯粹的自律。要不掺杂一点感性的东西，这个对人来说是不可能的，因为人就是双重的存在嘛，他有感性，你要他不考虑任何感性，那是不可能的。所以它只是一个信仰的对象，一个理念。理性的满足只会一直不断地被推延下去，在《实践理性批判》中说到，只有推延到来世，设定灵魂不朽，设定一个来世，设定一个上帝的最后审判，这才能够达到理性的满足，但是这只是一种悬设，而不是现实。

因此，理性不知疲倦地寻求无条件必然的东西，并且发现自己被迫假定它，却没有任何办法使自己去理解它；

理性不知疲倦地寻求无条件必然的东西，无条件必然的东西是在彼岸世界，在自在之物那里。理性就是要寻求这个自在之物里面的东西，当然寻求不到，但是它可以去思考它，可以把它作为追求的对象，去追求它。"并且发现自己被迫假定它"，因为理性就是干这个的。你如果不追求绝对必然的东西，那要理性干什么，那就不用理性，有知性就够了，我们有科学知识就够了。我们在日常生活中，我们有日常的行为准则就够了，我们在功利主义和幸福主义那里都可以找到很多这样的准则，通过人类的教训所获得的一些经验性的法则，那就够了，那就不要去追究道德法则的根据。你既然有理性，你就必须要去假定它，所以我们发现自己被迫去假定一个无条件必然的东西，假定彼岸世界。但我们不能不假定彼岸世界，"却没有任何办法使自己去理解它"。必须假定彼岸世界，但是我们不能认识，不能理解，不能解释，你要理解它，你要解释它，你就必须要对它有知识。但是我们没有知识，我们对于彼岸世界，对于自在之物没有知识，我们只有假定，我们只有思考，但我们能够思考。

只要理性能够发现与这个前提相容的概念，就是够幸运的了。

我们不能认识，但是我们可以把与这个理念、与这个前提相容的概念把它找出来，整理出来。是什么东西跟这个理念相容，跟这个比如说自由的理念相容？那就是定言命令、自律、道德法则、道德性、人格性等等。这些东西我们都可以把它提出来，能够发现与这个前提相容的概念，那就是一种幸运了。这正是康德所做的事情。康德的《道德形而上学奠基》就是干这件事情的，就是要发现与这个前提，与自由这个理念相容的一系列的概念，并且把它们按照层次理出来，把它展示出来。做到这一点就是足够幸运的了，我们只能做到这一点。康德已经尽了最大的努力，他觉得他所做的事情已经够多的了，他能够做到这一点，他自己已经觉得很了不起了。你要他去理解或解释自由意志，它的构成，它的结构，它的作用方式，那个是太苛求了。

所以，对于我们有关道德性的至上原则的演绎没有什么可指责的，

就是有关道德性的至上原则的演绎，前面讲的定言命令何以可能，这个演绎并没有什么可指责的，这个演绎它本身它是无懈可击的。有些英美的康德学者总是喜欢指责这一点，认为他的演绎失败了，他的演绎不成功。但是他在这里已经明确讲到，就是这个演绎没有什么可指责的，甚至于他可能还会认为人们不会指责，没有人会指责这个有关道德性的至上原则的演绎。

相反，人们定会责备一般人类理性的是，它不能使一个无条件的实践法则（诸如此类的法则必定是定言命令）在其绝对必然性上能够理解；

这个是由"所以"带起的这样一个句子，就是说对于我们有关道德性的至上原则的演绎并没有什么可指责的，在这一方面没有什么可指责的；但是人们一定会指责，一般人类理性不能够使一个无条件的实践法则、也就是定言命令在其绝对必然性上能够理解。这就是我们刚才讲的，一方面，我们对道德性的这个至上原则进行演绎，把它归结到我们的自由意志，这就是对道德法则的演绎、对定言命令的演绎。它说明了定言命令何以可能，是因为我们假定了自由意志，把自由意志当作前提，所以定

言命令才有可能。而这个自由的假定是一切人类都实际上具有的,一切有理性者只要他有理性,他就具有这样一个前提。所以在这一方面,康德的论证没有什么可指责的。另一方面,可以指责的、而且人们必定会指责的就是,一般人类理性它不能使一个无条件的实践法则或者定言命令在其绝对必然性上能够理解。这个是可以指责的,这种理解倒的确是不成功的,但是这也没办法,人类理性因为不是上帝的理性,所以它是有限的,它只能够理解到这一层。在这方面你可以指责它,你必定会指责它。定言命令追溯到一个理念,这个没什么可指责的;但是使这个理念能够在其绝对必然性上被理解,这个是不成功的。你也可以说人类理性太有限了,它不能解释这个,这个是有道理的,因为人类理性就是有限的,这是一个事实。所以这不是康德的演绎的失败,而是人类理性的妄想的失败,康德自己并没有抱有这种妄想,他正是要揭示这个妄想。所以说康德的论证"不成功"或者"失败了"是没有根据的,是误把上述两个方面混为一谈了。

因为理性不想通过一个条件、即借助任何一种被作为根据的关切来做这件事,这一点是不能责怪它的,因为那样一来,这法则就不会是道德法则、即自由的至上法则了。

也就是说为什么人们会指责一般人类理性在这方面具有有限性,不能够使 个无条件的实践法则在其绝对必然性上被理解呢?下面的解释就是,"因为理性不想通过一个条件、即借助任何一种被作为根据的关切来做这件事情,这一点是不能责怪它的"。这意思就是说,理性做不到这一点是因为它不想通过任何一种被作为根据的关切而在这个定言命令的绝对必然性上理解定言命令,但这个你不能责怪它。因为它必须要站在一个超感性的立场上面,来看待这个定言命令的绝对必然性。当它涉及到定言命令的绝对必然性的时候,它已经站立在一个超感性的立场上面了,不能再利用一种间接的条件来理解其绝对必然性。它在这个立场上面只能归结到自由意志,即通过定言命令的演绎说明,定言命令何以可能，是因为它有自由意志。这是它在超感性的立场上得出的这样一个结论。那么你指责它，说它不能够最后对这样一个超感性的自由的理念作出理解和解释，这个当然是这样的。因为它本来就没有想依靠一个能够作为根据的关切来做这件事情，本来就不是通过一个可以作为根据的关切来演绎定言命令何以可能。它不是这样的演绎，不是通过现实经验世界里面的某一个条件，借助于任何一种被作为根据的关切，来做这件事情的。关切不是根据，关切只是后果，那么你在讨论这个自由意志作为至上的条件何以可能时，你不能把关切纳入进来。你既然不能把关切纳入进来，那你也就没有办法解释它了。你可以指责人的理性太有限了，但是它就是这么有限的嘛。所以这一点是不能责怪理性的，你不能说你干嘛不纳入一种关切，纳入一种感性的经验的东西来解释呢？你不能指责他这一点，因为它得出自由意志和定言命令的绝对必然性的时候就已经是把一切关切、一切经验性的东西都撇开了。它只有撇开，它才能够思考自在之物，才能思考自由的理念。如果你把关切纳入进来，"那样一来，这法则就不会是道德法则、即自由的至上法则了"，那这个法则就是自然法则了。由于这种关切，由于你对某某对象产生了关切，所以你才做道德法则命令你做的事情，那就是假言命令了，那就不是定言命令了。所以他把一切关切都排除掉，来看待自由意志的理念，这是不能指责的。但正因为如此他也就不能对自由意志加以解释了，所以人们必然会对此提出责备，这个责备是有道理的，但是也只能让人们去责备了。你不能把人当作上帝，人就是有限的，他只能够理解到此为止，他把自由的理念引出来就已经很不错了，引出这样一个前提，引出这样一个假设作为一切道德研究的前提，做到这一点就已经很不错了。你还要指责他不能够解释自由意志，那你就是把人当作上帝了。所以这个指责，如果是说承认人的有限性，那是对的，但是如果你这个指责后面还包含着一层意思：人怎么不是上帝，那你就错了，你不能做这种指责。人当然不是上帝，这个是不能责怪它的。

我们看最后一句，

这样，我们固然不理解道德命令的实践的无条件的必然性，但我们毕竟理解这命令的**不可理解性**，这就是对一门力求在原则中达到人类理性的边界的哲学所能公正地要求的一切。

这是最后一言了。如上所述，我们不理解道德命令的实践的无条件的必然性，当然我们可以思考，我们可以推出来道德命令的实践的无条件的必然性就在于意志的自律这样一个理念，但是我们不理解它。然而，"我们固然不理解这样一种无条件的必然性，但我们毕竟理解这命令的不可理解性"。道德命令的这种无条件的必然性这个是我们没办法理解的，但是我们毕竟理解这个命令它的不可理解性，也就是理解到它为什么不可理解。所以我们理解到这样一种不可理解性，这就是我们最终的理解。"这就是对一门力求在原则中达到人类理性的边界的哲学所能公正地要求的一切"。我们只能到此为止了，你要公平的话，那么你得承认，我们只能要求这一点。"公正地要求的一切"，你不能过分地要求，你不能要求人成为上帝，要求人成为无限的理性存在者，人不是。人就是有限的理性存在者，他凭借他自己的理性他只能理解到这样一个地步为止，而我们的这个哲学就是"力求在原则中达到人类理性的边界的哲学"。康德前面讲，我们如果抛开了哲学的解释根据并且又没有任何别的解释根据，那么我们就对这个问题没办法解释了。但是我们如果从哲学的角度来解释的话，我们也只有一种解释，那就是划定边界。所以我们毕竟理解这命令的不可理解性，这就是一种哲学的解释。我们划定了这样一个不可理解性的边界，指出它在哪一点上就不可理解了，这就是我们人类的理性在哲学上面能够做到的最高点，最大的极限。我们了解我们自己的极限何在。所以有很多对于康德的这个演绎，这个道德命令的演绎的指责，都是没有注意到康德对他自己所提出的任务的限度。他不想解决一切问题，他也认为人不可能解决一切问题，但是人可以知道自己的限度，自己能够解决什么问题，而不能解决什么问题，这就够了。他不是什么论证的失败,如果要说失败的话是人的失败,他指出了人的失败,他指出了人当他想要更加超越自己的有限性成为上帝,那么人肯定要失败。人必须要守住自己的边界,这是他的最后一言。好,今天就讲到这里。我们这个课到今天终于就把它讲完了,也算是幸运的,谢谢大家。

德汉术语索引

---

　1. 本索引所列页码是德文版页码，即本书边码。

　2. 凡在原书中过于频繁出现且译名基本定型的词条（如 Gesetz、praktisch、Vernunft 等），不再将页码一一列出，只将词条本身用黑体字排出。

　3. 某些词条有不止一种译名，译名以"／"号隔开，页码一起列出，不再按译名分列。

Empirisch 经验性的 387—389,408—410,412,418,419,426,427,441,442,450—452,460

Entschlossenheit 果断 393

Erfahrung 经验 387—389,391,406—408,409,410,412,418—420,426,427,431,441—443,444,455,458,460

Erfahrungsbegriff 经验概念 406,455

Erhabenheit 崇高／崇高性 425,426,434,439,440,442

Erklärung 解释 420,431,443,446,450,458—460

erlaubt 允许的 412,422,439,462

Erscheinung 现象 408,451,453,457,459,461

Ethik 伦理学 387,388

Existenz 实存 396,428,441

F

Fatalist 宿命论者 456

Form 形式 387,416,421,431,436,437,444,454,458,461,462

formal 形式的 387,388,427,438,458,461

Formel 公式 413,414,420,432,436,437,446

formell 形式的 400

Freiheit 自由 387,430,431,434,435,446—448,450,452,455—457,459—461,463

fremd 外来的／他人的 410,433,441,444,446,448

Freundschaft 友谊 408

Furcht 恐惧 398,401,419,440

G

Gebot 诫命 389,400,405,413,416,418,420,425,433

Gebrauch 应用／运用 391,392,395,404—406,412,415,416,421,425,428,429,438,441,445,452,454,456,457,460,463

Gedanke 观念 454,456,458,460

Gefühl 情感 401,410,411,425,427,436,442,450,451,460,461

Gegenstand 对象 387,400,427,431,432,435,437,440,441,447,450,452,457,459,460,461

Gemeingültigkeit 普适性 424

Gemüt 内心 393,398,411

generalitas 普适性 424

Genuβ 享受 395,399,423

Geschichte 历史 417

Geschicklichkeit 熟巧 415—419,435

Geschmack 鉴赏力／趣味／口味 388,427,434,435,444

Gesetz 规律／法则

Gesetzgebung 立法 403,406,425,431—433,438—440,449,450,453,458,461

Gesetzmäβigkeit 合法则性 390,402

Gesinung 意向 406,412,416,435

947

后　记

2008 年 9 月，我应我的朋友邹恒甫先生之邀，赴中央财经大学高等研究院讲学，主要给研究生开了一个学期的康德哲学课。所讲的内容，是康德的《道德形而上学奠基》这本小册子。当时考虑，康德的三个批判我大致都已经讲过了，而且大部头的书在一两个学期的时间内也不可能讲完，不如趁这个机会把我早就想讲的这本具有代表性的康德道德哲学的小书讲一讲。这本书我在 2004 年就发表过一篇评述性的文章《康德道德哲学的三个层次》，感到这是接近康德道德哲学最好的入门书。2008 年年初，我的博士生（已留校任教）杨云飞交来他对该书的一篇翻译稿，我从头至尾仔细地校过，当时就有把这本书做一次"句读"的想法。因为尽管该书在康德的理论著作中算是相当通俗的了，但仍然有不少地方扑朔迷离，怎么读也不得要领。所以这次讲课在我看来无疑是一次绝好的机会，我可以借此把康德的道德哲学的脉络好好地理一理。正好，这次讲课我用上了经我校过的杨云飞译本，虽然尚未出版，但以打印材料的方式发给听众，带来了很大的方便。讲课的方式还是采取我多年来的"句读"的方式，即一句一句地解释，类似于经院式的解经方式。虽然这样上课使课堂显得有些沉闷，但听众们兴趣盎然，听课人数最多时达到一百多人，最少也有二三十人。听众除本校学生外，还有来自北京其他高校和单位的人员，甚至有每星期从天津、保定、石家庄等地专程赶来听课的教师和研究生。

这次讲课共讲了 17 次，到结束时，康德这本小书才讲了过半。回到武汉大学后，2009 年下半年，我又有一个机会继续这个课程，因为这学期的康德《实践理性批判》句读课还剩下一个扫尾工作，那么余下的时间正好可以把《道德形而上学奠基》未讲完的部分讲完。这样，我在武大又讲了11次，最后终于把这门课拿下了。所以这门课共有28讲，前面部分只有录音，后面部分则全部由彭超当场录像，制成视频在网上传播。这次出书，把所有音像资料整理成文字的都是我的学生和忠实听众，其中有周雪峰、彭超、马涛、罗喜、童熹雷、黄甜甜、吴昊、龚元欣等。在此我对他们表示由衷的感谢。他们的工作完全是不要报酬的，纯粹出于学术的兴趣，这种精神在我们这个浮躁的时代已经不多见了。

在康德的道德哲学中，一般人们认为最重要的体系性著作是《实践理性批判》和《道德形而上学》，但实际上，影响最大的恐怕还要算这本总共只有中文6万余字的《道德形而上学奠基》。究其原因，可能与这本小书的写作方式和宗旨有关。该书采取一种从下而上逐步提升的方式，或者说从分析上升到综合、从具体提高到抽象的方式，从日常现实的道德经验出发，在适当的地方举出适当的例子，可以说是循循善诱，在三部著作中是最通俗的一部。其目的，不是要展示康德道德哲学的整个逻辑体系，而是要揭示这个道德体系的发生学，表明它的那些原理是怎么建立起来的。甚至可以说，它包含了康德道德哲学中许多难解之谜的谜底。正因为如此，这本小书就特别适合于初学者进入康德那莫测高深的道德哲学。近些年来，该书尤其在英语世界中影响广泛，人们仿佛从中突然发现了康德道德哲学的诱人的魅力。的确，在这本书中，康德表明了他的道德哲学并不是那么拒人于千里之外，他并不是像古代斯多亚派那样一类的道德严峻主义者和禁欲主义者，而是极富人情味的。他甚至和他所极力反对和批判的经验主义伦理学都有某种程度上的相通性。然而，要真正进入到康德道德哲学的殿堂，还得搞清楚既然他对经验主义的伦理学并不全盘否定，那么他与这种伦理学的区别究竟何在。而澄清了这一点，也就把握到了康德道德哲学的精髓。

也正是由于上述原因，康德这本书对于中国当代哲学界和伦理学界来说也就具有一种非常紧迫的现实意义。绝大多数的中国读者也许没有那么多时间和精力对康德的整个哲学思想进行深入的探索和研究，也很难适应康德那种高度抽象思辨的行文和思路，而这本书则可以为他们提供一个比较容易的入口，由此他们可以进入到康德道德哲学的内部结构和讨论问题的视角，甚或展示出一片在中国传统道德思想中从未想到过的新天地。这就是为什么我历时四年所做的康德《实践理性批判》句读完成在先，我却宁可暂时放下，先来整理这部《道德形而上学奠基》的句读的缘故。由于篇幅的关系，康德三大批判的句读我都未能真正做到从头至尾每句必读，而是按照杨祖陶先生和我合编的《康德三大批判精粹》中所选部分做了有选择的句读，其中《纯粹理性批判》和《判断力批判》的句读已部分问世（《康德〈纯粹理性批判〉句读》，人民出版社2010年；《康德〈判断力批判〉释义》，三联书店2008年）。唯有这部《康德〈道德形而上学奠基〉句读》是真正的每句必读，是从头到尾的通读。但这样做的结果是，这本只有6万多字的小册子，被我读成了这样一本70多万字的大书，与原著文本的比例甚至超过了《纯粹理性批判》的句读。后者的比例是将近"用十句话来解释康德的一句话"，这对于《纯粹理性批判》这样开创性的著作是行之有效的；但对于《道德形而上学奠基》而言却显得仍然不够，因为有太多的基础性、前提性的概念需要插进来解释，否则就看不懂。在《纯粹理性批判》中就没有这个问题，因为这些概念的解释本身就是书中内容的重要组成部分；而在《道德形而上学奠基》中这些解释只是脚手架而已。所以我所接到的整理初稿最初达到90余万字，令我自己都大为吃惊，经我大力压缩，删掉了不少预备性的概念说明，但仍然有目前的篇幅。当然，要把所有的概念都在这一本书里面讲清楚是不现实的，也是不必要的，有心的读者还必须参看其他的书，尤其是《纯粹理性批判》中相关的论述，才能真正把握康德思想的来龙去脉。本书稿经我自己两次通读修改，仍然可能有不少疏漏和误解之处，只有寄希望于方家的批评，以及今后自己继续精进提高了。

最后要说明的是，《道德形而上学奠基》这一书名，我以前从来都是译作《道德形而上学基础》，没觉得有什么不妥。但是在这次句读中，发现还是有些地方不好处理，例如我翻译的康德《自然科学的形而上学基础》，原文"基础"用的是 Anfangsgründe，与这里的 Grundlegung 不是一回事，一个是已然的基础，一个是正在奠基。特别是两本书放在一起谈的时候，没有办法区别开来。所以这次跟从李秋零先生的译法，还是改成了"奠基"。

本书所据康德文本译自德国普鲁士皇家科学院版《康德全集》第四　卷：Kants gesammelte Schriften, Herausgegeben von der Königlich Preußischen Akademie der Wissenschaften, Band IV, Berlin Druck und Verlag von Georg Reimer, 1911, S.387—463. 参照了 Felix Meiner 出版社 1999 年的单行本。参考了 Mary Gregor（Cambridge University Press, 1999）和 Allen Wood（Yale University Press, 2002）的英译本，个别地方参看过 H.J.Paton 的英译本（Routledge, 2002），并参看了苗力田先生所译《道德形而上学原理》（上海人民出版社 2002 年）和李秋零先生所译《康德著作全集》第四卷（中国人民大学出版社 2005 年）。书后所附"德汉术语索引"，是从杨云飞所译（我校）的《道德形而上学奠基》后面取来的，页码是根据德文版《康德全集》第四卷，在本书所引的康德文本中以边码形式标出。

邓晓芒

2010 年 8 月 2 日

于华中科技大学

责任编辑：张伟珍
封面设计：吴燕妮
责任校对：张红霞
版式设计：马月生　王　婷

图书在版编目（CIP）数据

康德《道德形而上学奠基》句读 / 邓晓芒 著 . —北京：人民出版社，
　2018.6（2022.1 重印）
ISBN 978－7－01－018808－9

I. ①康…　II. ①邓…　III. ①康德（Kant，Immanuel　1724—1804）-
伦理学－研究　IV. ① B516.31 ② B82－095.16

中国版本图书馆 CIP 数据核字（2017）第 328789 号

康德《道德形而上学奠基》句读
KANGDE DAODE XINGERSHANGXUE DIANJI JUDU

邓晓芒　著

人民出版社 出版发行
（100706　北京东城区隆福寺大街 99 号）

北京新华印刷有限公司印刷　新华书店经销

2018 年 6 月第 2 版　2022 年 1 月北京第 2 次印刷
开本：710 毫米 ×1000 毫米 1/16　印张：60.25
字数：792 千字　印数：3,001－6,000 册

ISBN 978－7－01－018808－9　定价：180.00 元（上下）

邮购地址 100706　北京东城区隆福寺大街 99 号
人民东方图书销售中心　电话（010）65250042　65289539

邓晓芒作品 · 句读系列

上册 康德 《道德形而上学奠基》句读

邓晓芒 著

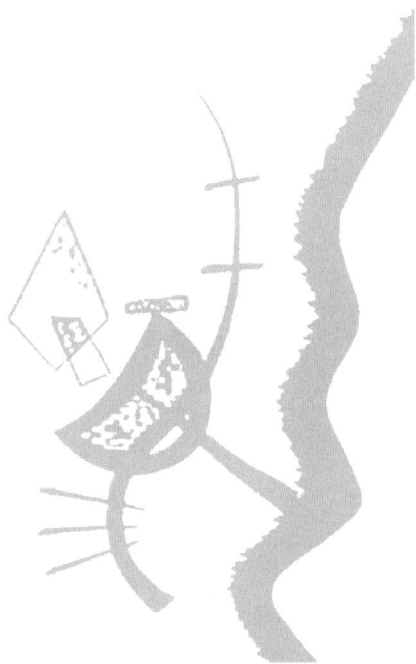

人民出版社

目　录

第 一 讲

这个课是关于康德《道德形而上学奠基》的一个解读课。

康德的《道德形而上学奠基》是为他的《道德形而上学》奠基的一本小册子，苗力田先生翻译为《道德形而上学原理》。苗先生的这个译本如果大家有的话也可以采用，但是我们现在把它重新译了一下，是武汉大学哲学学院杨云飞博士初译，经过我校的，还没有出版，现在作为打印稿发给大家，主要用这个本子①。还有一个文本就是李秋零先生翻译的《康德著作全集》，中国人民大学出版社，2005 年出的，在第四卷里面呢，收入了《道德形而上学的奠基》。李秋零先生翻译成《道德形而上学的奠基》，就是奠定基础的意思。"奠定基础"，苗力田先生翻译成"原理"，当然也可以，但是呢按照德文版原来用的这个词 die Grundlegung，这个词的本来意思就是奠基的意思，Grund 就是基础、地基，legen 就是放置、奠定。所以李秋零的这个译法应该说是最准确的，"道德形而上学的奠基"，应该是这样的。

康德准备写一部《道德形而上学》，当时还没写。1785 年，在写完了《纯粹理性批判》以后，在 1781 年出了第二版以后呢，他考虑要为《道德形而上学》这样一部道德哲学的著作奠定个奠基。于是他就开始考虑道德形而上学的奠基。道德形而上学奠基了以后呢，在 1788 年又写了《实践理性批判》。所以《道德形而上学奠基》是在《纯粹理性批判》和《实践理性批判》之间写的这样一个小册子。当他在写《纯粹理性批判》的时候，特别是在写到《纯粹理性批判》的最后方法论部分，这个时候已经在向道

---

① 该杨云飞译本已于 2013 年 7 月由人民出版社出版。

1

德哲学过渡了。《纯粹理性批判》是讲认识论的，但是从认识论必须要过渡到道德哲学，所以在《纯粹理性批判》的最后已经在向道德过渡。大家如果读过《纯粹理性批判》，读到它的方法论部分，就已经开始讲"纯粹理性的法规"。地盘已经扫清了，那么在这个地盘上面我们要建立起一种什么样的形而上学？康德认为呢，新的形而上学，未来的形而上学还没建立；但是一旦建立，按他的这个计划呢是两大部分，一个是自然的形而上学，一个是道德的形而上学。当然，他最看重的还是道德的形而上学。所以，康德最后写了一本《道德形而上学》。《道德形而上学》他写出来了，《自然科学的形而上学》他没写出来。《自然科学的形而上学》也有一个《自然科学的形而上学基础》，这里的"基础"用的是 Anfangsgründe，跟上面 Grundlegung 有点不同，是个名词而不是动词。这个也有中译本，是我在 1988 年就翻译出版了的，后来在 2003 年上海人民出版社又再版。但是自然科学的形而上学，他只写了个"基础"，他就没有再写"自然科学的形而上学"了。为什么没有写？可能是他认为那个太简单了，用不着他写。他已经把基础奠定了，那他的学生或者任何一个人如果接受了他的观点，自己就可以把自然科学的形而上学建立起来，无非就是把牛顿的体系形而上学化。牛顿不是有一部《自然哲学的数学原理》吗？他已经把自然科学的数学原理，其实也有哲学，把它树立起来了。但是在康德看来当然这还不够，因为他那个东西还是一条条的原理，按照康德的形而上学观点呢，应该是一个体系，应该是把自然科学的这些基本的东西、基本原理怎么来的，从纯粹理性批判的那些范畴表里面一条条地把它推出来。在《自然科学的形而上学基础》里面其实已经推了，比如说牛顿的这个"相互作用"，这个"运动的三定理"。"惯性定理"就是从实体范畴推出来的，"作用力和反作用力原理"就是从因果范畴推出来的，"万有引力"就是从协同性范畴或者是交互性范畴推出来的。他认为，按照范畴表上所提供的十二个范畴，把所有的自然科学原理一个一个的推出来，这就是未来的自然科学的形而上学，是康德的一个设想。

那么道德的形而上学，问题就更要复杂些，因为它涉及的不仅仅只是知识问题，如果仅仅只是知识问题，那《纯粹理性批判》里面已经搞得差不多了。人家说，你的自然形而上学没有建立起来啊？康德回答说，已经建立起来了，《纯粹理性批判》其实就已经是形而上学了。《纯粹理性批判》最开始康德不认为是形而上学，他认为在建立形而上学之前要进行一番批判，要首先批判我们的理性能力。你有没有能力建立形而上学？或者说要建立一门形而上学你的材料够不够？你手头有哪些材料可以利用？就像你盖一座房子，你要把材料收集够，你有多少砖瓦，多少木料，你都要搞清楚。那么我们人类都有哪些材料？我们人类的材料就是现象，现象就是我们建构自然形而上学的材料。至于自在之物，我们没有材料，自在之物的材料我们没有被给予，我们不知道自在之物在哪里，是什么？我们只知道我们的现象。他认为你要建立一门自然的形而上学，你必须在现象界的范围之内来建立。所以在《纯粹理性批判》里他实际上已经初步建立了他的形而上学，但是他不说，他说这个《纯粹理性批判》还是在打地基，做策划，但是还没有着手。当然，到了晚年他承认这个打地基已经进入施工了，这个策划已经有一个蓝图了，所以你说我没有形而上学，我当然不承认，我这个已经有了。所以《纯粹理性批判》它的地位是比较微妙的，一方面它是形而上学的一个前奏，另一方面它本身已经进入到形而上学了。康德在《纯粹理性批判》的第一版导言里面就讲了，以往的形而上学已经腐朽了，已经衰落了，已经成了个弃妇，就像特洛伊城被攻破以后，王后到处流浪，当奴隶，流离失所，没人尊重她。哲学、形而上学本来是一切科学的女王，但现在流落到这个地步。那么康德的这个理想就是重建形而上学，他要把它重新建立起来，建立在更加坚实的基础之上。这个基础以往没有达到，以往的形而上学都建立在沙滩之上，那么现在我们要把它建立在坚实的地基之上，那首先就要清理地基。这个地基究竟打多深，什么地方能够建立在坚固的岩石之上，上面的那些表土、浮沙我们都要把它们清除，那些东西都是不可靠的。

整个《纯粹理性批判》其实是干的这样一件工作。那么他的设想，未来的形而上学，当然首先是自然的形而上学。自然科学当然是真理，这个观点康德丝毫也没有否认，但是自然科学的真理何以可能？它的基础何在？要把它建立起来，那么首先要为自然科学奠定形而上学的基础。

但是除了自然科学的形而上学基础以外，未来的形而上学还应该有另外的一个部分，而不是更重要的部分，那就是道德形而上学。《道德形而上学》已经有中译本了，就是李秋零先生翻译的《康德著作全集》的第六卷，收进了《道德形而上学》。《道德形而上学》有两部分，一个是"法的形而上学原理"，一个是"德行的形而上学原理"。在九十年代初有一个译本，一个很薄的小册子，就是康德的这个"法的形而上学原理"。"法的形而上学原理"其实是他的《道德形而上学》里的第一部分，讲法律，讲法制，讲权利，讲自然权利和人为的权利，自然法和人为法，讲这些东西。中译本是从英文翻译的，然后请了一个学德语的老师来校了一下，那个应该说翻译的不是很准确，所以基本上不能用。一个是译者可能不太懂法律，再一个他是从英文本翻译的，请一个教德语的教授，他怎么能校对哲学文章呢，那是不行的。教语言的你让他校正哲学的文章，那是差得太远了，我宁可外语差一点，但是我哲学要强一点，这个对翻译哲学文章来说可能更重要一些。

我的导师陈修斋先生就讲过——他是个大翻译家了，他是国内有名的翻译家，现在已经去世了，——他当年就说，搞哲学翻译，第一是中文，要有好的中文和中文表达；其次是要有哲学的理解能力，那个句子摆在那个地方是个什么意思你要能够搞得通；第三才是外语，当然外语要好。但是一个好的翻译家他的翻译的素质第一是汉语的表达，第二是哲学的理解，第三才是这个外语的水平。当然这是指哲学翻译，文学翻译也许又有另外一种说法了。所以这个翻译呢，别人说你翻译了这么多康德的著作你是不是德文特别好，我老是否认，我说我的德文并不是很好，当然我比较仔细，但首先之所以能翻译出来还过得去，主要还是、首先是一个中文的表达水平，你懂了那个意思你怎么样能够把它顺畅地表达出来，让中国人能够看得懂。所以在哲学的翻译上，"达"是第一位的。严复讲"信、达、雅"，当然"信"也是很重要的，但是你作为一个翻译家，你自己能够准确地把握到，你能不能够把它表达出来？这个从另外一个方面来说，可能比"信"更重要。从哪一方面说呢？就是从创造一种汉语的学术语言这方面说的。当然我们讲翻译一般地都是重视"信"，这个没问题。但是如果仅仅是"信"，不"达"，就不行。如果你在翻译的时候，你自己理解到了，但是你说不出来，那等于没有说。或者你说出来，词不达意，你说错了，那就不"信"了。怎么才能"信"？只有"达"才能"信"，只有你能顺畅地把它表达出来，你才能够忠实地表达出来。当然，反过来说，你如果连它的意思都没有把握住，那你也没办法表达得准确。所以"雅"呢，是次要的，次要的并不是说它完全不重要，而是要把这个"雅"融合在"达"里面。真正的"雅"是什么？真正的"雅"就是"达"，你能够非常流利地把它表达出来，特别是哲学，——我这里讲的都是哲学、哲学翻译，你能够表达得非常顺畅，没有障碍，一路看下来，这就是顺达。哲学的"雅"就是这个，它是一种学术语言，你习惯了这种学术语言的话，你的行文，以至于你的口头表达，都会上升到一个"雅"的层次，人家一听，你这个人受过学术训练。你的每一句话，每一个用词，都是经过考虑的。不是说我有很深厚的古诗词的功底，我出口成章，我可以用很多成语，那就是"雅"了。有的人喜欢卖弄，翻译的时候喜欢卖弄一些古文，当然蓝公武他本来就是用古文翻译的，那个他还是用得比较好的。现在白话文里面，我的翻译一般不太讲究这些，如果必要的话我就用，但是没有必要的话，我尽量用通俗的、直白的这种方式，尽量减少它的障碍。因为康德这个东西障碍已经够多了，你再加一些中文的障碍放在里面，那人家怎么读，那太累了。我还想尽量地让中国的年轻人，迅速地、熟练地掌握现代汉语，并且体会到现代汉语的微妙之处、现代汉语的长处。

我曾经写过一篇文章，我认为现代汉语是有非常大的长处的，它是一个杂交品种，它既有西方语言的长处，也有中国传统语言的长处，尤其是现代汉语的翻译语言。当然我们的现代汉语，像王小波所讲的，是从小说、翻译家那里吸取了营养。我们看小说看得多嘛，当年看的古典小说，司汤达啊，巴尔扎克啊，托尔斯泰啊，陀思妥耶夫斯基啊，这些东西你看多了你会体会到一些东西，你以为那个东西是俄语，是英语，是法语的？不是的，那是汉语，他们翻译成汉语了。他们创造了一种新的汉语，你看起来才那么顺。当然那些翻译家本人个个都是诗人，都有非常深厚的文化功底的，他们本身是可以写诗，是可以写小说的。但是1949年以后他们不能写，没有那个环境，于是他们去搞翻译，他们在翻译上面所创造出来的这种奇迹，我认为至今都没有得到充分的估价。王小波算是第一个把这个话说出来了，我们这一代人所受的教育，所受的文化熏陶，所受的汉语训练、汉语熏陶，是从经典小说的中文翻译里面得来的，是从近代那些翻译大师那里，傅雷、王道乾、杨绛、穆旦（查良铮）、萧乾和文洁若、冯至等等，这一大批人，这些有名的翻译家，他们给我们输送了这样一种营养。这种营养是中西结合的，但是它又是汉语。你如果没有这个训练，你今天来搞翻译那是对付不了的。不管是文学翻译还是哲学翻译，你都需要有这个训练，你要看很多的小说。我们在座的不知道看过多少经典小说、古典小说，我想恐怕没有很多时间看，因为小学中学都要为高考奋斗，所以时间都蹉跎过去了。我们讲我们当年知青是"蹉跎岁月"，其实现在的中学生才是"蹉跎岁月"，我们当年是下放，修理地球，但是我们还有时间看小说。你们现在为了高考都没时间看小说了，现在还可以补一补，有意识的找一些小说来看一看，古典的、名家翻译的。你不是要知道有哪些外国人写了哪些书，而是要训练你的现代汉语的语感，这个语感很重要。

那么我的翻译呢，基本上是强调的这一方面，就是说，你首先翻译出来你自己要看得懂，或者你当时也许没有完全搞透，但是你知道沿着这条路是可以搞透的。你当时不懂，但是因为康德的这个东西你要反复看的，你不能说你一边翻译一边就懂了，那你是天才了。就是说你一边翻译你一边知道它这里头有一个思路，有一条思路可以把握住，我现在翻译了放在这里摆在这里，我将来还要回过头来看，我可以看下去，就把它搞通了。但实际上还是有些拦路虎，那是免不了的，你以为你通了，结果反过来看的时候你发现你自己搞错了也有。其实像康德这样的大家，要翻译他的东西是需要多方面素质的。越是要求翻译得明白、简单，好像大白话，其实越需要一种素质在里面，一个是现代汉语，一个是哲学。当然还有对德文的理解，而且康德那个时候的德文和现在的德文还不一样，它有个时代的差异。当时的德文有些词不是这样用的，很多写法也不是这样写的，这个是小问题了，慢慢地，你在翻译过程中搞多了就知道了，这个问题倒不大。

我们这个课我就用我们自己译的本子，这个文本不长，大概整个《道德形而上学奠基》一共是六万多字，包括前言和第一章。它一共三章，三章加一个结论。这个本子是我的博士生杨云飞译的（他现在已毕业工作了），然后我又仔细校过。如果大家手头上有苗力田先生和李秋零先生的译本，可以对照着看。再一个就是对照德文本，如果大家手头上有英文本也可以对照英文本。我们这个课堂上，如果大家发现有什么问题，尽可能马上当堂提出来，我们大家来推敲一下，看这个地方的翻译究竟还应不应该修改一下。不管这个问题提得对还是不对，哪怕你提错了，对大家都有很大的促进。所以我这个课主要就是带着大家一起读书，进行一种严格的学术训练。在国外，很多学校也是这样干的，国外的一些大学的哲学系，像德国的一些大学的哲学系，它就是读这些文本，而且也是一句句的读，我们可以看海德格尔，海德格尔的关于黑格尔的经验问题，在《林中路》里面的文章《关于黑格尔的"经验"概念》，他就是读《精神现象学》的导言，一句句地解释。我们这个课就是采取这样一种学院式的或者说经院式的"解经"的办法。在西方的神学院里面读圣经，圣经解经，这是一门必修课，耶稣基督说什么什么，那么这句话什么意思，神父、教授就给你解释，下一句又是什么意思。我看台湾有人翻译了一个托马斯的《亚里士多德形而上学注释》，2003年我在台湾买到了，也有将近两百万字，这么厚的两大本。买回来我当然也没有从头至尾看，我只浏览了一下他的那种方法。托马斯是中世纪经院哲学的代表人物了，他在解释亚里士多德的《形而上学》，他就是这样解释的：亚里士多德这一段话有三个句子，第一个句子有三重意思，第一第二第三，第二个句子有两重意思，……他就是这样一句一句干过来的。亚里士多德的《形而上学》翻译成中文只有二十万字，他搞了两百万字，所以我那个《康德〈纯粹理性批判〉句读》，我去年交给人民出版社的，现在还没出来，估计今年年底应该可以出来①，我也搞了两百万字，那个里头注释的《纯粹理性批判》不是全部的，只包括我们选在《康德三大批判精粹》那个选集里面的那一部分。那一部分《纯粹理性批判》选了二十万字，二十万字我注了两百万字，也是一比十的比例。当然我不是有意摹仿他，我从2000年就开始给学生上这个课，当时还没有这个录音笔，用的是那种大双卡的录音机，每天背一个特制的大包去上课。后来就换了一个比较小的录音机。后来又换了个更小的，最后才换成这个录音笔。一共讲了七年，十四个学期，一路讲下来，每次讲呢只能讲一点点，每个学期只能讲二十多页。讲了十四个学期才把那二十万字讲完，录音资料积累下来，有两百万字。后来我整理了一下删掉一些，还有180万字，就是逐句逐句地加以解释，介绍它的背景，解释它的文本，它的德文原文，讨论它的翻译，深入到康德背后没有说出来的那些话。我这个程序是从那个时候继承下来，形成起来的。当然我们这个课堂上可能没有条件做那么多讨论，因为我们只有一个学期，要把这六万多字能不能讲完，我估计讲不完，后面还剩一些，但是讲不完也不要紧。《纯粹理性批判》我讲了七年，那个是铁打的营盘流水的兵，换了不知多少届研究生了，有的读了硕士又读博士，读博士还

---

① 该书2010年4月已由人民出版社出版。

听这个课，后来留校当老师了还听这个课，这个是个别的了。但大部分都是来听一个学期，顶多听两个学期，就走了，就工作了，或者是到别的学校考了博士了，那主要是给硕士生开的课。但是你听了那一段也有好处。有的学生一开始就来问我，就是说，照你这个讲法，你一个学期能讲完吗？那怎么能讲完呢，《纯粹理性批判》五、六十万字，你要一个学期讲完那不就是大而化之了，大而化之当然也有必要了，你讲哲学史，你可以一个学期把整个哲学史讲完；但你现在是读文本，读文本就要采取这种方式。但是，我这个课，在读康德文本的时候并不是对康德的全貌完全不了解，因为我在解读这个康德的文本的时候，我总要联系到康德的体系，我把它称之为"全息式的教学法"。就是解剖康德的一个句子，就涉及到整个康德哲学，前后联系来讲。如果有问题不理解，学生们有问题，有时候提出来，我在讲的时候也估计到学生们对这个问题可能不熟悉它的背景，那我就讲背景。讲什么背景？就像我刚才讲的，我讲的是康德《道德形而上学奠基》，但是我刚才不是讲了《纯粹理性批判》吗？我刚才还讲了《道德形而上学》，《自然科学的形而上学基础》，我每个地方都这样联系着讲，你反反复复地这样熟悉，难道你还不能够举一反三吗？所以你听一个学期下来，你会对康德的整个体系有所了解，可能比一般的上哲学史甚至于上康德哲学的课可能还了解得更全面、更具体些，因为我是根据这一句一句的话来讲的。

所以我并不在乎一个学期讲了多少，而在于通过解读康德的这一句句的话，让大家对整个康德哲学有所了解有所熟悉。而且这个了解和熟悉，不是说大而化之的站在一个高处，"高屋建瓴"，随便几句话概括一下。那个谁都会说，哲学史上都有，甚至不用你说，你自己拿本书来看看，康德的生平，康德传，里面都讲了，不用我讲。我之所以要讲，是针对我现在面对的这句话。很多学生，有的是已经当老师了，有的是成为西方哲学史的这个专家了，你让他讲康德，大而化之可以，大而化之的他都可以讲，讲的头头是道。康德就那几个概念，他把那几个概念讲出来，就算是完成任务了。但是你拿一本书来,《纯粹理性批判》,你翻到其中任何一页,你放到他面前说,老师你给我解释一下这句话是什么意思,他就傻眼了。我们很多学过西方哲学史的学生也是这样,学了西方哲学史,有的还学了不止一遍,但是拿到康德的原著,不知道怎么入手,看不懂啊,觉得那又是另外一种天地。写在哲学史上面的东西,写在康德传上面的东西那些话很好懂,那都是大众化的通俗化的普及性的,但是一拿到原著,不知道怎么看。当然在很多场合之下是翻译不够好,比如说蓝公武的译本是文言文的,那当然很难进去,我们现在的年轻人,古文功底没到那个程度。但是,不是文言文的,你能读进去吗? 也很难,翻译有一定的问题。我们三大批判译本出来以后,在这方面扫清了很多障碍,当然也不是完全没问题,但是在文字方面,在现代汉语方面,应该是没有大问题的,但是还是看不进去。很多学生都反映虽然好得多,但是还是不懂它究竟讲了些什么东西。我这个课堂上就是要解决这个问题,就是你拿到康德的原著,只要不是翻译的问题,你是能读懂的,我告诉你怎么去读。有的学生听了课以后说,我们以前读书都不叫读书,老师我今天才知道我们以前的书都白读了,我今天才知道什么叫读书,原来的读书叫作看书,看看而已。那些字都认得,句子也没有不通的,但是就是不知道它什么意思。不知道什么意思当然有一个原因就是我们这个积累还不够,我们有些必要的基础没有奠定。我们今天在座的可能有一些还有这个问题,就是说,你没有学过西方哲学史,可能有的人听过,可能有的人没有听过、没有学过西方哲学史,或者说还没有看过西方哲学原著,不管是原文版的还是中文版的。通过中文版的来看西方哲学原著我相信绝大部分都看过一点,多多少少,不管是现代的还是古典的,但是没有深入进去。尤其是对于背景,比如说康德哲学,它有它的背景,一个最重要的背景就是当时的唯理论和经验论,它们的争论。你要有这个背景你才能够读得懂,你才知道康德这句话是有所指的,他针对的是什么样的一种倾向。那么这个呢,我在课堂上会给大家补上来,会介绍说康德的这句话是针对当时的谁，比如说休谟，比如说莱布尼茨，比如说牛顿，或者卢梭，我会给大家把这个背景揭示出来。

再一个就是对于西方人的思维方式，以康德为代表的西方理性派的理性主义的思维方式，要有所熟悉。很多人读不懂的一个很大原因就是不习惯读那种逻辑性很强、思辨性很强的文本，那些文本是要抠的，一个字一个字地抠，不是说你大而化之的看一下，然后闭着眼睛体会一下就能够掌握的。很多人读外国的这些经典著作采取这种方式，这是读老庄哲学的方式。他们读汉语的翻译本，我每个字都认得，读完了以后我闭着眼睛在那里冥思苦想，去体会，然后把自己的体会写下来，他就以为写了一篇学术文章了。其实那还不算。你真正要了解它，你必须要了解它的来龙去脉。所以我们这个课就会在这方面给大家做一种基本的训练。很多学生上了这个课以后一个很大的体会就是说，把康德的书这样读下来，我读其他人的书就势如破竹，很轻松了，至少不会感到恐惧了。比如说海德格尔，胡塞尔，这些人是现代西方哲学公认的难点，但是你如果把康德的书攻克了以后，你再去读他们的书，你会有信心。当然也不容易读，但是你会有信心，特别是胡塞尔跟康德非常相像的，你再去读胡塞尔的书，他就是那样一步一步逻辑地推出来的。胡塞尔的《逻辑研究》，《现象学通论》，就是《大观念》，还有很多书，一章一章、一节一节、一层一层的这样剥，这就是康德的方法，胡塞尔跟康德非常接近的，他就是从新康德主义来的嘛。所以这是一个基本训练，我们在读哲学书的时候，要有一本到两本书做这样的基本的训练。我们不可能把所有的书都像这样来读，但是对于经典的著作你至少要肚子里面有点存货，你精读过。学外语的有精读、泛读嘛，学哲学也是，你要有精读，要有泛读。你心中有了两三本书，精读过的，一句一句抠过，那就是一种基本训练，那对于你泛读其他的书非常有好处。我的体会也是，我读德国古典哲学，精读过几本，然后我再读现代西方哲学的书，我看书的速度非常快，有些地方它起个头我就知道它要说什么了，它所针对的是一个什么样的问题，因为以前的人都提过这样的问题，那么我的阅读就是看它是怎么来解决这个问题的。因为心里面有前面的垫底嘛，前人是这样解决问题的，康德是这样解决这个问题的，黑格尔是这样解决这个问题的，那么海德格尔是怎么解决这个问题，我带着这样的问题来读海德格尔，就不存在一种根本性的障碍。当然也要花很大的精力，但是原则上，只要我有时间我有精力，我就可以把他读懂。所以有的老先生说，读书就像灌溉一样，打一口井，这口井打得越深，你灌溉的面积就越大，如果你这个井打的太浅，你就只能灌溉周围一点点地方。读书也是这样，你精读的书把握的越深入，那么你读其他的书把握其他的书就越快。

　　所以现在我读书，我很多书已经不是那样一句一句的读了，有时候新出了一本书，拿来我翻翻，看几个标题，然后对有兴趣的标题再深入地去琢磨一下，就翻翻其中的某些章节，他要说什么意思，大体上就把握了，所以看书的速度大大提高。我们现在大家都很焦急，这么多书，我怎么能都看完。我自己家里书架上摆满了，我的女儿跑去翻一翻，咦，都没翻过啊，都是新书，没打开过，我说，到用的时候再去打开，到需要的时候。我在写文章写书的时候，这个地方好像德里达有这个观点，说过一句什么话，我把那本书找来翻一翻，你说要熟悉这本书，我把前言翻一翻后记翻一翻，中间翻一些感兴趣的章节，当然会有些漏掉的，不要紧，他有这个观点，因为你心里面有垫底的东西。这个其实做学问都是这样的，你不要以为什么东西都记在脑子里面的那就是大学问家。陈寅恪，晚年是双目失明啊，他知道哪本书，你翻到第几页，有一段话，叫他助手抄下来，助手一翻，果然那本书里面第几百几十页有一段什么话，给他抄下来。陈先生记性那么好，但陈寅恪有什么著作啊？《柳如是别传》，其他当然还有一些，但原创性的好像不多。很可惜啊，这样的大材小用，没有干出什么东西来。当然他在考据很多方面有他的贡献，这个不能抹煞。但是，作为哲学家，你总得对人类的哲学思想有所推进。我们中国的学问家，哪一个对中国的哲学思想有所推进？宋明理学像朱熹、王阳明这些人是有推进的,他们有著作留下来。现代有谁?我们几乎找不出来。胡适的《中国哲学史》,把中国历史,中国哲学的暮气,几千年的这种陈腐之气一扫而光,这个可以说是有所推进的,但是更多的成就好像没有。所以我觉得不必像一个电脑或者像一个图书馆一样,每一本书都从头至尾地去读。你要选中几本经典的,要读就要把它读透,而且要反复读,每读一遍都有新的发现。至今有些书,我每读一遍都有新的发现,马克思的《1844年经济学-哲学手稿》,那么薄的一个小册子,已经翻烂了,我准备去买一本新的。上面都批满了东西,但是很顺手,我要找哪一页,一翻就到,每一遍都有新的收获。所以应该有几本经典的值得自己去这样翻的书,不要赶时髦。有朋友对我说,最近几年出了不少好书啊,你都没看过吗?我说我一般不看,刚出的书我一般不看,因为它没有经过时间的淘汰,你去看不是浪费你的时间和精力嘛。你让别人去浪费去,你让别人把它淘汰了,一本新出来的书如果十年以后我觉得还有拿来翻一翻的价值,那个才划得来。所以赶时髦是划不来的,你一辈子都在赶时髦,结果一事无成。所以人家说,你搞那么久还在搞古典的东西,你身上充满了一股古典的陈腐之气,有人这样认为。但是我很坦然,这个哲学其实是永恒的,古典的亚里士多德,柏拉图,那么古典的,几千年前的东西,今天人们还在研究它。为什么要研究它?你说它充满了亚里士多德之气,柏拉图之气,那可以。因为哲学这个东西,它就是探讨永恒的东西,你今天探讨孔子、孟子、庄子、老子,不照样是这个样子,我们中国的传统也是这样。不在于你研究的这个对象是什么,它的时代有多久远,而在于你是以一种什么样的精神在把握它。你如果以现代人的精神、当代人的精神去把握它,你就没有陈腐之气;你如果还想回到古代人的气氛里面去,那你身上就充满着冬烘之气。所以我还是主张读经典,这些经过几百年,甚至几千年的时间的考验留下来的东西,是经得起推敲的。时髦的东西还没有经历这样一些时间的淘汰,所以是很划不来的,很危险的,它可能会把你引入歧途。有些东西是老生常谈,有些东西是早就讲过的,你如果有古典哲学的功底，你一看就知道，这个话黑格尔早就讲过了，它又换个方式再讲一遍。海德格尔里面有很多东西是黑格尔讲过的，但是海德格尔不露出来，有些没有受过黑格尔哲学训练的人，以为是新东西。当然他有他的创造，但是西方有些人也说，海德格尔太狡猾了，他把他的狐狸尾巴藏起来了，他的狐狸尾巴就是黑格尔，大量"偷"黑格尔的东西。当然哲学里很难说"偷"这个词，只要他有一点点改进，他的"偷"就是合理合法的，比如说黑格尔的东西，你要是仔细读它的话，大量"偷"亚里士多德的。亚里士多德早就讲过的，黑格尔又讲，当然黑格尔是在现代的语境下讲，讲的意思稍微有点不同。亚里士多德当年讲的时候是不自觉的，亚里士多德是大才子，是天才，但是他讲那句话是不自觉的，黑格尔把它提出来，用现代人的自觉的眼光来讲，这就是推进。当代的那些新思想，也就是后现代，德里达、福柯这些人，他们讲了些什么新的东西，如果你有古典哲学的功底，你就会看得非常快。为什么非常快？这个问题，前人谁谁讲过，那么我就只看他和前人讲的不同的那一部分，那多快！我不需要从头至尾去把握他了，我只需要看他在前人已经讲过的话里面增添了一点什么东西。增添一点东西很不容易的，非常难的，但是你只把握他增添的那点东西，你就把握到了他的精髓。你没有古典哲学的功底，你就往往把握错了，你把前人讲过的那些老话，你当作是他的新发现，而且呢你以为他就是这样了。其实你把他的真正的精髓的东西丢掉了，精髓的东西就是对于旧的东西有所改进的那些东西。所以你看得又慢又没有把握到精髓。我要有古典哲学的功底，我看得又快又能够把握到精髓。

所以，我们今天讲康德的《道德形而上学的奠基》，1785年写的，现在已经两百二十多年了，为什么要读他的书？他这个书是不是过时了？哲学没有过时的，老子、庄子、孔子、孟子，都没有过时，那么，亚里士多德、柏拉图、苏格拉底，也没有过时，康德更没有过时。问题是你能不能在他们的上面再增加一点东西，如果你不能增加一点东西，那是你过时了，不是他过时了。我们今天在读这个过时了的人物的时候，我们自己不要过时了。我比较强调的就是我们在读古人书的时候，不要以为它是古人的，我们要用现代人的眼光去读它，要有现实感。我强调读书要有现实感，失去了现实感，我们今天的人就不需要做学问了，你做不过古人的。搞国学的，你如果没有现实感，那么你搞不过古人，你想像古人那样去搞国学，那你永远赶不上。古人几千年都在搞啊，谁也不比谁傻，你就比古人聪明了？古人没发现的东西就被你发现了？那不可能的。所以你要用现实感去读，这个时候你才能把国学读成当代的学问。当然不像于丹那样，于丹那样的现实感太强了，她完全是一种功利的现实感，我拿来可以"受用终生"。于丹喜欢讲"受用终生"，读了这个东西就可以受用终身，就可以用来应付现在的一切现实。我觉得这个不叫现实感。真正的现实感，你要有现代人的情感，现代人的情感是什么样的情感？现代人的情感是打工仔的情感。打工仔到了城里面，你给他讲《论语》，讲《庄子》，没用。他现在要维权，他维权的时候能拿着《论语》和《庄子》去维权吗？不可能的。你要教给他一套维权的办法，一套法律程序。他辛辛苦苦干了一年，没有拿到工资，这是他们的困惑。他听了于丹的《论语》、《庄子》，就能够提高他的幸福指数吗？提高他的幸福感吗？不可能。你要把钱发到他的手里才有幸福感。所以我强调，我虽然搞的是德国古典哲学，既是西方的，又是古代的，但是我着眼于现代人，现代的历史趋势。现代人的历史趋势最集中表现在打工仔和打工妹身上，也包括在座的将来要找工作，也要加入到打工仔的行列。我本人自认为是一个打工仔，我为武汉大学打工。我从来没有把自己当作了不起的一个什么教授。用易中天的话说我们这些人都是"土匪"，易中天是"流寇"，我是"坐寇"。他这是反映我们这一代人的心态，当过知青的这一代人，从底层来的，我们的眼光始终放在底层。当然不是说一定要放在底层就怎么样，我们也批判那种民粹主义，我们也不是民粹主义，也不是这种狭隘的民族主义，我们是要为真理而真理，为自由而自由，这个当然是西方来的。就是说为探讨真理，那么真理是有历史性的，我们这个历史时期，我们当前的真理是什么，就是我们这个国家和民族发展的必然趋势，必然方向，改革开放。改革经济政治，政治体制改革，这是我们的当代的真理所在。探讨康德的哲学，康德的法哲学，康德的道德哲学，这个东西对我们是有启发的。所以我经常在课堂上突然冒出一句当代的流行语，学生都觉得一下子好像都豁然贯通。易中天其实也是这样干的，讲三国，突然冒出一句当代的流行语。其实我们都有一种现实感，我的意图呢，这一辈子也不想赚更多的钱，反正钱嘛，能够生活就够了，主要的是要在思想的建设方面，对我们中国人要有所增添，要有所推进。我曾经想要改变中国人的思维方式，当然这个胃口太大了，不可能，中国人的思维方式怎么可能改变？但是你至少要开一个天窗，让人家知道外面还有这么精彩的世界，这个大概可以做到。比如说我讲康德，康德是怎么讲的？康德的道德哲学，牟宗三讲了那么几十年，他没讲透，他没把握住。康德的道德到底是什么道德，我们中国人一直不了解，一直到现在不了解。我们不了解，我们就受到局限，我们对自己就缺乏反思。这个是题外之话了。

所以我这个课呢，大家不要以为又是古典的，又是西方的，没有什么现实意义，其实很有现实意义。我当然还是一个中国知识分子，中国士大夫情结还有，就是说我读书绝不会仅仅为真理而真理，只要是真理就去读，我还是优先选择那些跟中国的现实密切结合的那种真理，比如说康德。为什么选康德，而不去选比如说英美的分析哲学？英美的分析哲学，那当然也是学问，也有很多人到西方、到美国、到英国去学分析哲学，有的学得很不错的，像徐友渔啊、陈嘉映啊，这些人都是在国外学得很不错的，但是回来以后无用武之地，他们都转向了嘛，在中国搞分析哲学的往往出了一本书，然后就没有下文了，而且那本书也没有人看。中国人不喜欢那个东西。为什么不喜欢？我要考虑的正是这个问题，中国人为什么不喜欢分析哲学？儒、道、佛都不喜欢进行语言分析，都鄙视语言，儒、道、佛对语言都看不起，认为语言是可疑的，你去分析语言岂不是走偏了吗？中国人讲究的是内在体验，语言只是一个工具，这个工具把握了以后，"得鱼而忘筌"，"得意忘言"。你要把言忘掉，你死死的揪住这个言，那是你层次不高的表现。中国人搞学问的都不重视语言，所以你把语言分析哲学拿过来，目前还是个奢侈品。当然也许几十年以后，中国人会关心语言分析哲学，如果国民性有所改观，开始重视语言了。比如说法律语言，你没有分析的头脑，你这个法律永远是有漏洞的。为什么这么多贪污腐败？当然制定法律的目的不是让人腐败，它的目的是为了执政的人便于操作，不要被自己的法律捆住手脚，那当然就给腐败留下了余地了。如果有一天我们实现了健全的法制，强调法律语言必须严密，这个时候就会有更多的人来关注语言分析了，我是这样想的。它目前是个奢侈品。那么目前最急需的是什么？最急需的是大陆哲学。当然英美哲学，不搞语言分析，在别的方面还有很多的效用，比如说经验主义。顾准就讲，英美经验主义我们历来不重视，其实顾准没讲完全。大陆理性主义中国历来也不重视。其实是两个方面都不重视。并不是因为我们重视了理性主义，忽视了经验主义。当然我们的"革命"、"专政"这些词汇，都是从大陆哲学来的，都是从德国来的，但这就是理性主义吗？这不是理性主义。大陆的思辨理性，我们中国人照样没有吸收，你讲经验主义，中国也有经验主义，一个"经验主义者"搞出了1958年的"大跃进"，这是匪夷所思的。大炼钢铁，你怎么用经验来实证呢，像煮稀饭一样的煮钢铁，这是不行的。所以两方面我们都很欠缺，一个是英美的这种经验主义的实实在在的实证的倾向，我们今天讲实事求是，实事求是其实本来的意思是要回到经验主义，像顾准所讲的实事求是，有什么就是什么，要经过调查，要经过民意测验，要根据事实说话，这是一方面；但是另一方面呢，理性精神，其实英美的经验主义就是理性精神，它本身就是一种理性主义。并不是说理性主义不行，只有经验主义才行，顾准对我们中国思想界的误导也是很大的，很多人就排斥理性主义了，就只讲经验主义了，只讲事实。经验主义也不是说只讲事实，经验主义它讲实证，实证有一个程序，怎么实证？有个实证的逻辑，逻辑实证主义。但是我们中国人就只讲实证主义,不讲逻辑,我们的实证是没有逻辑的实证,对我有利的,那就是好的,讲实用。这个实用,完全的实用,这个实用也不是"主义",我们跟美国的实用主义也不一样。美国的实用主义是一个"主义",我们的实用只是一个方法,只是一个工具,我们拿来就用,然后用完就扔,它没有一个"主义",它只是一个"法宝"。所以杜威的实用主义它可以容纳宗教,宗教很实用啊。但是到中国来,我们就排斥宗教了,宗教这个东西,没用。没用,我们就不要听它的。美国的实用主义,宗教有用,宗教有用的"用"就不是实用的"用"了,那是精神上的用处,所以美国有实用主义,中国只有实用主义的徒子徒孙,但是没有实用主义,只是把实用的东西简单地拿过来了。

这个课开一个学期,每周一次,看能不能够把这六万多字讲完,我估计是讲不完的,根据我在武汉大学的经验,一个学期只能讲到书上页码的二十多页,二十多页不到就完了,二十多页只有两万多字,如果不行的话,我再讲一个学期。看看情况吧,先大致是这样一个计划。

现在我们进入到《道德形而上学奠基》的文本,先来看前言。康德在这个前言里是在介绍他的整个《道德形而上学奠基》的构架,但是这个构架不是在一开始就端出来的,而是引出来的,这个是康德的一个很重要的特点。它不是像一般的教科书,一开始就介绍这本书分几章,哪一章讲什么问题,这个就比较简单化了。康德的这个前言是从古代讲起,追溯西方哲学的传统,特别是西方道德哲学的传统,然后再引出他的话题,所以这个前言还是很值得重视的,虽然还没有进入到正文。正文就是三章,三章是三个层次,在前言的最后结束的部分它讲到了这三个层次之间的层次关系。一开始它讲的是历史,追溯历史,追溯哲学史。

我们来看前言的第一段:

古希腊哲学分成三门科学:物理学、伦理学和逻辑学。

387　　古希腊哲学分成三门科学,这样一种分法,物理学、伦理学和逻辑学,我们一看到就会想到亚里士多德，古希腊哲学的代表和集大成者。康德心目中肯定也是这样想的，这个划分的方式也是亚里士多德的划分的方式。当然还有"形而上学"，形而上学的意思康德在下面还有论述。形而上学在亚里士多德那里叫作"物理学之后"，就是"第一哲学"，第一哲学另外有一个名称，就是"神学"，它是关于上帝的，关于神的，关于神怎么样创造世界的，这就是第一哲学。先要把第一哲学搞清楚了，你才能够把握到物理学的根本的原因，根本的法则，所以它虽然是物理学"之后"，但是这个之后的，它其实是最先的。为什么物理学之后称之为第一哲学？它是一种倒过来的追溯法、回溯法。物理学（Physik），它的本来意思就是自然学，自然哲学，关于自然的学问，它的上面还有个第一哲学，那就是神学，因为在古代人那里，自然是神创造出来的，是上帝创造出来的。古希腊哲学里的物理学和逻辑学，它们都隶属于形而上学，形而上学高高在上，那么伦理学呢，其实也是隶属于它之下的。但是在亚里士多德那里的伦理学，还没有和形而上学直接地联系起来。亚里士多德的形而上学，基本上还是讨论物理学的基本原则，比如说本体论，是关于存在的学说，"作为存在的存在"，吴寿彭翻译成"作为有的有"。必须有一门科学专门讨论"作为有的有"，这就是形而上学，第一哲学。所以"作为存在的存在"，是万物之所以存在的根本，当然也可以说包括伦理学在内，人类社会也是存在，人的生活也是存在，但是亚里士多德考虑更多的是自然哲学，自然即万物的存在。伦理学是他另外讲的，《尼各马可伦理学》、《欧德米亚伦理学》，这是他写的两本伦理学著作。这个分类呢，就是物理学、伦理学和逻辑学。逻辑学是讲方法论的，亚里士多德的"分析篇"、"解释篇"、"正位篇"、"辨谬篇"，这个都是讲逻辑学的，后来那些编撰亚里士多德著作的人们把它编为一卷，叫作《工具论》。当时没有"逻辑学"这个词，逻辑学是在亚里士多德之后的斯多亚学派的罗马哲学家发明的，Logik 这个词是在亚里士多德之后才提出来的。亚里士多德当时没有这个词，他只有分析篇、解释篇、正位篇、辨谬篇，这些都属于一种工具，就是思维的形式和方法论。搞通了这样一套方法论，那么对于任何一门学问就可以掌握了。康德的这个划分和古代的划分是一脉相承的，他认为这个划分没有问题。所以他讲：

这个分类是和事情的本性完全适合的，而且除了增加这分类的原则，以便一方面保证这种划分的完备性，另一方面能正确地规定那些必要的分支，人们不需要对此加以任何改进。

古希腊哲学的分类，在他看来是和事情的本性适合的，合乎实际的，应该这样划分的，不需要增加任何多余的改进，除了对这分类的原则也许有所增加。比如说康德在后面就对这些原则有一点增加，但大的分类还是这样的，就是说物理学、伦理学和逻辑学这三个分类，但是对它的原则有所增加。在物理学里面就区分出来有形而上的原则，也有形而下的原则；在伦理学里也区分出来有形而上的原则，也有形而下的原则；在逻辑学里也区分出来有形式逻辑，也有先验的逻辑，这是康德自己的增加。康德对古代的划分方式有所改变，这个改变增加了一些原则，但是大的划分没有变，还是物理学、伦理学和逻辑学，在康德那里就是自然科学的形而上学、道德的形而上学和先验的逻辑学。与它们相应的部分，就是一般的自然科学、一般的伦理学和形式逻辑。接下来是说"以便一方面保证这种划分的完备性"，这种划分本来是完备的了，但是这种完备还没得到保证，还没成体系。比如说物理学，亚里士多德有形而上学，另外还有一本《物理学》的著作，但是他没有像康德那样形成一个完备的体系，他的物理学和形而上学究竟是一个什么关系，能不能从他的形而上学里推出物理学来，在亚里士多德那里没有做这个工作，而在康德这里他做了这个工作。那么这样一来，他的体系就成立了，一旦成了一个体系，他就能保证它的完备性。而完备性就是说都在这里面了，无一遗漏，所有的东西都在这里，都可以推出来。他这个体系是一个逻辑结构，逻辑结构的各个部分是互相有机关联的，从一部分可以推出另一部分，这样一种划分是完备的，没有遗漏的。你如果能够找出一个遗漏的，那他就可以把这个部分归入到他的体系之中的某个位置,它还是完备的。"另一方面能正确地规定那些必要的分支",必要的分支就是刚才讲的物理学,有高层次的形而上学,物理学之后的,以及物理学之中的,这个是一种分支了。伦理学也有,道德形而上学,这个是康德提出来的,以前的人没有提出来。以前的人讲到形而上学,那就是物理学之后,但是康德的道德形而上学,它是"伦理学之后"。当然康德并没有说这个词,但是他的意思是说,有一般的道德哲学,通俗的道德哲学,和道德的形而上学之分,这应该有分支。所以他讲"另一方面能正确地规定那些必要的分支"。这个工作是他自己做的,在古代亚里士多德那里并没有做这个工作。所以他把这个除外,也就是说,并不是古代建立了这个划分方式以后,后人就没有事情可干了,而是说一方面要保证划分的完备性,另外一方面要能正确地规定那些必要的分支,除此而外,"人们不需要对此加以任何改进"。这是第一段。他自认为他还是继承了亚里士多德的传统。西方哲学史上基本上都是这样,每一个人都要找一个古代的传统,哪怕全盘否定传统,像尼采,他也要找一个传统,如酒神精神和日神精神,他追溯到前苏格拉底去。那么康德这里说的很清楚,他是从古希腊的三门科学继承来的,但是他对这个分类的原则已经有所增加,这个增加在宏观上能够保证这种划分的完备性,在微观上能够正确地确定必要的分支。

　　所有的理性知识要么是**质料的**,即考察某一个客体 (Objekt);要么是**形式的**,即仅仅探究知性和理性自身的形式,以及一般思维的普遍规则,不涉及客体的区别。

　　我们先来看看康德的"理性"。康德是个理性主义者,他相信理性,这个也是从亚里士多德来的,亚里士多德就有一个命题,"人是理性的动物","人是逻各斯 (Logos) 的动物",逻各斯就是理性。有的人翻译成"人是说话的动物",但是翻译成"说话的动物"显现不出"逻各斯"的哲学含义,因为"逻各斯"虽然有说话的意思,但是亚里士多德那里的"逻各斯"已经不是一般意义上的言语,而是"神圣的逻各斯",它和上帝是相通的,理性和神是相通的。在西方人那里,人能说话,这个话不是人们日常的那种言语,而是普遍性的、超越性的语言。语言和言语不一样,言语是我们每天说的日常的话语,而语言是先验的。每个人生活在社会中,不是他在说语言,而是语言在说他,因为他必须按照语言本身的语法和语词来说话,这个语法和语词不是他规定的,而是先定的,对他来说是先验的。所以现代语言学的转向,特别强调"人是会说话的动物",把这个说话还原到语言它的本义。但是在亚里士多德那里,他不是还原,他恰好是要把语言提升到一个神圣的超越的层次,所以"人是理性的动物"这个翻译应该说更加准确,因为当时的"逻各斯"就是理性的意思。西方的理性有两个来源,一个是"逻各斯",一个是"努斯"。"逻各斯"是一种规范,语言是有规范的,按照语言的规范、规律,而规律是由神、由上帝规定的。另外一个是"努斯",Nous,"努斯"是一种能动性、超越性和自发性,我们也把它翻译成理性,因为它这种能动性是超经验、超感性的。如果一个精神它能够超越感性,那它就是理性,理性的一个很重要的特点就是超越,超越感性,就是说不要局限于那些特殊的具体情况,你要能跳出来,这只靠理性。所以西方的"理性"有这两个含义,一个是"逻各斯",就是要有规范,要有逻辑,后来发展成逻辑;另外一个就是它的超感性,超越那些局限性的东西,追求一个"一"。"一"就是普遍性,"多"就是那些感性的东西,将"多"统摄到"一"当中来,这就需要有理性的超越性。康德这里讲"所有的理性知识",包括"逻各斯"和"努斯",只要是用理性来掌握的任何一门知识,那么康德讲"所有的理性知识要么是**质料的**,即考察某一个客体 (Objekt)",这里的"即"实际上指的是同位的关系,就是说"质料的"亦即"考察某一个客体",理性的知识如果是质料的话,那么它肯定是和一个客体有关的,和一个对象 (Objekt) 有关,是关于这个对象的知识。下面"要么是形式的,即仅仅探究知性和理性自身的形式,以及一般思维的普遍规则,不涉及客体的区别",形式的理性知识在康德心目中就是形式逻辑,而知性(Verstand)和理性(Vernunft)是康德的一个区分,当然这个区分不是他第一个提出来的,古代柏拉图就有这个区分,但是真正严格区分开来的是康德。"知性"在蓝公武的译本里翻译成"悟性",很多人喜欢它,但是并不是很恰当。悟性有点禅宗的意味,"顿悟",好像不通过语言就可以悟到什么东西。可是它恰恰相反,不是不通过语言,恰好是要通过概念和逻辑。中国人讲悟,和逻辑是没有任何关系的,你如果通过逻辑,那你就没有悟道,"得意忘言"才叫悟。知性这个词恰好是要讲逻辑的。有的人翻译成"理解"或"理解力",我们翻译成"知性",现在基本上成为定译了,有的场合下也翻译成"理智"。知性和理性是不一样的,Vernunft 这个词更加内在一些,Verstand 这个词就比较外在一些,它要通过逻辑,通过语言。Vernunft 更加内在一些,它是来自于 vernehmen,vernehmen 在德语里的意思就是"觉察",一种内心的感觉,但是 Vernunft 不是一般的觉察,它比较高层次,它更具有超越性。所以知性和理性它们两者之间的关系,我把它们理解为大致相当于"逻各斯"和"努斯"之间的区别,相当于一种逻辑规范性和一种超越性之间的区别。超越的理性 Vernunft 更加高层次一些,它超越到上帝,超越到神那里去了,这就是黑格尔后来特别发展的辩证理性,特别强调 Vernunft 的超越性。黑格尔是很瞧不起知性的,他认为知性是比较僵化的,只知道死抠逻辑。像莱布尼茨—沃尔夫派,沃尔夫就很注重表面形式上推理的完美无缺,他就满足了,但是他没有发现矛盾,他认为矛盾是不可理解的。康德也是这样。在康德以前,当时占统治地位的就是沃尔夫派,沃尔夫是从莱布尼茨那里来的。沃尔夫当然是一个启蒙思想家,在当时德国起了很大的影响作用,但是他的思维方式是非常机械的,有点类似于法国哲学的那种机械论,那种理性的法庭。他强调理性,这个是启蒙的,但是他那个理性非常局限,什么东西都通过一种几何学式的论证来解决现实的问题。黑格尔认为这是低层次的思维方式,康德其实也是这样认为的。但是在形式逻辑里面,知性和理性有特定的分工,形式逻辑里讲概念、判断和推理三个层次，概念和判断都属于知性，推理属于理性。所以康德讲"要么是形式的，即仅仅探究知性和理性自身的形式，以及一般思维的普遍规则，不涉及客体的区别"，形式逻辑是这样的，它不区别客体，不管这个客体是虚假的还是真实的。"金山是金的"，这是一个形式逻辑的推理，符合不矛盾律，但是有没有金山？这个不是形式逻辑所关心的事情，后来有逻辑实证主义，除了有逻辑，还要有实证，认为严格的逻辑加上实证，这就是科学。形式逻辑只是保证科学的形式方面，所以形式逻辑的真理通常不称作"真理"，而是称作"正确性"。现代逻辑也探讨逻辑的"真值"问题，"真假"问题，但它和认识论上的真假问题是不一样的，逻辑上的真假问题其实只是正确性的问题。真理的概念严格讲来应该是传统的亚里士多德的经典的定义，就是观念和对象相符合，一种"符合论"的真理观。但是形式逻辑不管我的思维是否和对象相符合，它只管我的思维是否和思维自身相符合，是否能够自身一致。所以康德这里讲到"要么是形式的，即仅仅探究知性和理性自身的形式"。自身的形式其实就是一般思维的普遍规则，不是特殊思维，而是思维任何对象都有一种普遍的规则。康德经常把形式逻辑称作"普遍逻辑"，有的人翻译成"普通逻辑"，不对。allgemein 应该翻译成普遍的，不是普普通通的意思，而是具有普遍性的意思。他的先验逻辑恰好是不普遍的，先验逻辑其实是认识论，它讨论的是专门针对对象的知识何以可能，不是思维本身何以可能，而是和思维有关的对象的知识是何以可能的。所以先验逻辑才是探讨真理的问题，而普遍的逻辑、形式逻辑则只是探讨正确性的问题。当然它是前提，如果连正确性都不是，那肯定不是真理，但形式上正确是否就是真理呢？那还不一定，逻辑上正确但不符合事实，那还不是真理。所以康德的先验逻辑是探讨我们的思想是否能够符合对象，或者说对象是否符合我们的思想。康德是认为对象符合我们的思想才是真理，而正因为对象符合我们的思想，所以我们的思想才符合对象，所以亚里士多德的那个定义，康德也没有否定。他讲这是一场"哥白尼式的"

革命，以前都是讲我们的思想符合对象才是真理，现在倒过来，对象要符合我们的思想才是真理，他追溯到我们的思想之所以符合于对象，是因为这个对象本来是由我们自己的思想所建立起来的，他把认识的关系颠倒过来了。以前是讲思想要符合实际，符合客观，好像客观是摆在那里的东西，但是康德认为客观的东西不是摆在那里的东西，恰好是我们自己用我们的思想建立起来的，那这个思想当然符合对象了，符合对象就是符合它自己。康德的先验逻辑是做了一个颠倒，这个颠倒是非常伟大的，它强调了人在认识过程中不是被动的而是能动的，它能够把自己的对象建立起来。那么康德在这里对形式逻辑讲的是"一般思维的普遍规则，不涉及客体的区别"，形式逻辑是不区别客体的，客体从哪里来的形式逻辑不探讨。先验逻辑要探讨，但是先验逻辑要探讨的只是现象界的客体，而不是自在之物，这个也要区分。我们要注意客体它有两个层次，一个是我们认识的对象，一个是我们不可认识的对象，它这里讲的是我们可以认识的对象，不可认识的对象当然也在考虑之内，但是你要把它们区别开来。形式逻辑它完全不考虑客体，所以形式逻辑它也要面对对象，但是它不考虑对象是从哪里来的，它用同一个形式逻辑的不矛盾律去处理所有的对象。人家给它一个对象它就推理，然后人家给它一个物自体，比如说上帝，比如说灵魂，它也推理。于是它通过这种推理建立起了对上帝的理性神学，建立起了理性心理学、理性的灵魂学说，这个在《纯粹理性批判》里面已经批判过了，说这些东西都是伪科学，都不考虑这个客体是从哪里来的。如果你考虑客体你就会知道，你当作客体的那些东西，上帝也好，自由也好，都是自在之物，不是认识的对象，你能够用形式逻辑去推，但是不能把它当成知识。这样推也有用，比如在法律上面，在道德上面，在宗教信仰方面，也有用处，但是如果把它们当成知识，那就搞错了。形式逻辑在这方面它是知识的前提，但是它不是知识的充分条件，它只是知识的必要条件，而且是知识的消极条件，知识没有它不行，但是光有它也不行，因为它不区分各种客体，它不区别经验世界的各种客体，更不区别现象界和物自体这两种不同的客体，所以它不能建构知识。

形式的哲学就叫作逻辑学，

上面讲的"所有的理性知识要么是质料的，要么是形式的"，形式的理性知识里面最高的就是形式的哲学。理性知识分为质料的和形式的，那么形式里面的最高的就是形式的哲学。形式的哲学又是什么呢？就是逻辑学。逻辑学也是哲学，同时也是一种形式的理性知识，前面其实已经讲到逻辑学了，讲"一般思维的普遍规则"，但是还没有把它说成是哲学，那么这里就讲到了，"形式的哲学就叫作逻辑学"。

而处理确定的对象和这些对象所遵守的规律的质料的哲学，又有两方面。

形式的哲学他已经讲了，就是逻辑学，那么质料的哲学呢？理性知识要么是形式的，要么就是质料的，后者要考察客体。那么理性的质料的知识如果提升到哲学上来考察，那就是"处理确定的对象和这些对象所遵守的规律的质料的哲学"，这样一种哲学又有两方面。这里的"规律"也可以翻译成"法则"，Gesetze，在自然科学领域我们通常翻译成"规律"，在道德领域里，当然有很多也翻译成道德"规律"，自由的"规律"，法的"规律"，都是一个词。但是我们在不同场合把它区分一下，在自然科学里把它翻译成"规律"，它更带有客观性；在道德、社会和历史里面，我们把它翻译成"法则"，更加具有一种超越性的意思，"规律"是万物的规律，"法则"呢则是上帝的律法。当然你不区分也可以，把它们区分一下就更明显一点。那么"质料的哲学又有两方面"，有哪两方面？

因为这些规律[法则]要么是自然的规律（Gesetze der Natur），要么是自由的法则（Gesetze der Freiheit）。关于第一种规律的科学称为物理学，关于第二种规律的科学是伦理学；前者也称为自然学说，后者称为道德学说。

这也是他的划分，我们可以看到他还是三分法。前面讲了形式的哲学，就是逻辑学，那么质料的哲学分成物理学和伦理学，一共是三门。探讨它所处理的对象和这些对象所遵守的规律或者法则的质料的哲学，分成探讨自然的规律和自由的规律的两门哲学，这两门哲学都是质料的哲学，都是和对象有关的，一个是和自然对象有关，一个是和自由有关。自由也是一个对象，自由当然是一个物自体，自然是现象，所以这两门哲学一个是针对的现象界，自然的哲学，另一个是针对物自体的。当然这里还没有讲到形而上学，还只是一般的哲学，形而上学比一般的哲学概念更高。这里还只是讲到一般的哲学概念，质料的哲学，物理学也可以把它称为哲学，在康德的时代物理学也被称之为自然哲学，牛顿的《自然哲学的数学原理》就是这样来称呼的，康德也有这个说法。所以他讲"第一种规律的科学称为物理学，第二种规律的科学是伦理学"，这个伦理学在这里可以说是道德哲学，伦理哲学，但这个哲学还不是道德形而上学，它是一般的道德哲学。康德对《道德形而上学奠基》这本小册子的划分，就是首先从一般的理性知识，道德的理性知识，过渡到道德哲学，然后从通俗的道德哲学过渡到道德形而上学，这里头有层次区分的。通俗的道德哲学也是道德哲学，但还不是形而上学，那么必须要过渡到道德形而上学，这是第二章要讲的。第三章要讲的是从道德形而上学，进入到实践理性批判，那个层次就更高了，那就是要探讨道德形而上学何以可能了，这个是后话了。总而言之，这个地方讲到的质料的哲学，我们不要看到哲学就以为它是形而上学，它是不包括形而上学在内的通俗的道德哲学和一般的牛顿物理学或牛顿的自然哲学。所以他这里讲到"要么是自然的规律，要么是自由的法则。关于第一种规律的科学称为物理学，关于第二种规律的科学是伦理学；前者也称为自然学说，后者称为道德学说。"一般的自然也好，道德也好，称为学说了也就可以称为哲学了，通俗的来说，自然哲学，道德哲学。我们有时候很奇怪，哲学，道德哲学怎么是通俗的？它有通俗的道德哲学，这个层次是还没有上升到形而上学的道德哲学，叫作通俗的道德哲学。而通俗的道德哲学如果不上升到形而上学，那它就会走样，比如当时流行的莱布尼茨—沃尔夫派的那种道德哲学，它就没有一个道德形而上学，所以它后来就和一般的经验，日常的经验，一般的生活智慧划不清界限了。那么康德要致力的就是要把它提升到道德形而上学，这也是后面要讲的。

　　<u>逻辑不能有经验性的部分，也即不能有这样一个部分，在其中思维的普遍必然的规律建立在来自经验的根据之上；因为否则它就不是逻辑了，也即不是知性或理性的、对所有思维有效并且必须被演证的法规了。</u>

　　逻辑不能有经验，这个地方主要指的还是形式逻辑，康德在通常使用逻辑这个概念的时候，指的就是形式逻辑，而不是指他的先验逻辑，因为先验逻辑是他第一次建立的，是个新名词，所以他要谈自己的先验逻辑的时候，通常都会加上限定词，比如说先验逻辑，不加限定词所讲的逻辑，根据当时约定俗成的用法，指的就是形式逻辑。所以他讲"逻辑不能有经验性的部分"，逻辑是理性的，是超经验的，它"不能有经验性的部分，也即不能有这样一个部分，在其中思维的普遍必然的规律建立在来自经验的根据之上"，就是说它不能有一个部分是通过经验归纳出来的。我们通常都是说逻辑知识是从经验中总结出来的，但是在康德看来它不是。逻辑应该是先天的，"不能有经验性的部分"，也不能"建立在来自经验的根据之上"，"因为否则它就不是逻辑了，也即不是知性或理性的、对所有思维有效并且必须被演证的法规了。"如果它来自于经验，那它还是什么逻辑呢？现在我们有归纳逻辑，归纳逻辑好像是我们从经验当中得出来的，其实在亚里士多德那里，归纳逻辑已经不是严格意义上和本来意义上的逻辑了，归纳逻辑是要探讨逻辑之所以能够运用的前提，在亚里士多德那里属于"辩证法"。一切逻辑推理都有前提，而逻辑推理是不管大前提的，那么你要管大前提，那就是辩证法。那么什么东西要管大前提？一个是归纳，另外一个就是辩证思维，辩证思维要考验这个大前提究竟对或者错，那么有两种可能，是或者否。是和否之间的关系，你

单纯通过逻辑是解决不了的。那么逻辑不能"建立在来自经验的根据之上",它必须本身是自洽的,不能从外部拿来一个根据,这个根据又不在它之中。"否则它就不是逻辑了,也即不是知性或理性的法规了",下面还有一个定语,"对所有思维有效并且必须被演证的法规"。形式逻辑对所有的思维都有效,它是思维的普遍规律,并且必定会得到演证(demonstrieren)。这个词康德通常用在数学和几何学中,也可以翻译成"证明",像苗先生和李秋零的译本都翻译成"证明"。但"证明"这个概念很广,可以是用事实来证明,也可以是用逻辑来证明,也可以是用数学来证明,康德把这个词限定在数学意义上的演证,"演证"就是说不需要提供实际的例子,数学和几何学里是单凭时间和空间的直观的演证,直观是先天的,它不要后天的材料。几何学的证明是先天的,自洽的,逻辑学也是这样。亚里士多德已经提出来了推理里的四个格,这是很严密的,那么这种关系是一种"演证"的关系,形式逻辑是一种"演证"的关系,而不是证明的关系。证明要涉及到事实和经验,或者概念的语义,形式逻辑是演算、演证这样一种法规。这就是为什么现代的数理逻辑把逻辑数学化,从莱布尼茨开始,逻辑可以演算,把逻辑变成一种可以演算的科学。但是在康德看来还是不一样的,逻辑学毕竟是知性和理性的一种演证,而不是直观的一种关系的演证。数学则是一种直观的演证,几何学里的公理是通过空间关系直观到的。形式逻辑不是直观的关系,而是概念的关系,一个概念大,一个概念小。"人"的概念对"动物"的概念是小的概念,"动物"的概念对"人"的概念是大的概念,"动物"的概念对"生物"的概念又是小的概念,这些关系是不能颠倒的,它有一种必然的关系,概念之间的关系,也是一种演证的关系。

　　相反,自然的人世智慧和道德的人世智慧(Weltweisheit)一样,每一个都能有自己的经验性的部分,

　　Weltweisheit 这个词——Welt 是"世界"的意思,世界这个概念在德文里面有"世俗生活"的意思,有"人间"的意思——直译应为"世界智

慧"，苗力田的译本上翻译为"哲学"。这个词翻译成"世界智慧"或"人间智慧"是要表达它是和具体对象相关的，不是不管对象的思维规律，而是和人的世俗生活相关的。形式逻辑本身和人的世俗生活不相关，只讲思维的规律，不讲存在的规律；人世智慧它要讲存在的规律，所以讲"自然的人世智慧和道德的人世智慧（Weltweisheit）一样，每一个都能有自己的经验性的部分"。那么这个经验性的部分是什么对象呢？

因为前者必须规定作为经验对象的自然之规律，而后者，必须规定人在受自然刺激时的意志之规律，

前者也就是自然的人世智慧，后者则是道德的人世智慧。这两种人世智慧，它们的对象是不一样的，是运用于特定对象之上的。自然的人世智慧是以自然作为对象，像牛顿的自然哲学的数学原理就是对于我们现在所面对的这个自然界的，那么我们就要规定它的这些规律；后者就是道德的人世智慧，"必须规定人在受自然刺激时的意志之规律"，也就是说人世智慧是要对意志规定它的规律，这个意志是受自然刺激的意志。道德的人世智慧这里讲的还不是道德的形而上学，还是一般的道德哲学，通俗的道德哲学，它总是把人的自由意志结合着某种自然的刺激来看，当然这种意志也有它自己的规律。人都是要维持自己的生命，让自己过得更好，追求幸福，因为人是自然的，在经验中在生活中会受到很多刺激，于是他就要付诸意志；但这个意志有它的规律，人不是动物，人的意志和动物的任意性是不一样的，是有规律的。道德哲学对此加以探讨，但这还不是道德形而上学。下面会讲到的康德的道德理想就是要从通俗的道德哲学提升到道德形而上学，真正的道德根据何在，这在通俗的道德哲学里面还没有奠定，道德形而上学的奠基就是要找到真正的道德的根据何在。道德不是说前人留下的那些格言，《圣经》里面的摩西十诫，就是道德了；真正的道德是你自己建立起来的，是在你自己的理性的基础之上建立起来的，这样一种道德才上升到道德形而上学的层面。纯粹的道德哲学，不是通俗的道德哲学，那才是道德的形而上学。道德形而上

学的至上原理要奠定,这个是从你自己的自由意志里面建立起来的。任何有理性的人都会根据自己内心的理性的法则建立起自己道德的立法。一个人最根本的是有理性。如果要做一个道德的人,那么这个道德也应该建立在理性的基础之上,而理性就是自由的运用,自由的运用理性所建立起来的法则,那才是道德的。从别处接受来的,还不是真正道德的,或者说它也没错,但是它的根基还得自己通过理性加以建立。什么是道德的根基,怎么样才能不从通俗的道德落入到一种伪君子,康德在这里有他的想法。所以他讲道德的人世智慧还没有到达道德形而上学,还只是通俗的道德哲学,道德的人世智慧只是"必须规定人在受自然刺激时的意志之规律",意志受自然刺激时,它的规律如何,这个就是通俗的道德哲学了。道德形而上学是根本不考虑受自然刺激的,仅仅考虑理性本身的法则,纯粹理性本身的法则,它命令我怎么做,我受到自然刺激虽然做不到,但真正的道德就是要把自然刺激撇在一边的,我的意志不是受自然刺激来规定它的规律的,受自然刺激来规定它的规律,那只是一种世俗的智慧,人世的明智之举,而不是道德。

第一类规律是作为万物据以发生的规律,第二类规律则是作为万物应当据以发生的规律,但仍要考虑到那些经常令它不发生的条件。 388

这句话里面有两个层次,第一个层次,第一类规律是作为万物据以发生的规律,万物依据什么来运行,第一类人世智慧就要考虑这个,作为这样一种规律来加以研究;第二个规律就是道德的人世智慧,是作为万物应当据以发生的规律。这里有一个本质的区别:自然规律就是万物按照它发生的,而道德规律是万物应当据以发生的,里面有个"应当"的问题。"应当"有两个层次,一个是有条件的应当,一个是无条件的应当。这两种都是一种万物应当据以发生的规律,这里的万物不仅仅是讲的人类社会,也包括自然界,自然界的万物。为什么是"万物应当据以发生"?这个有他的伏笔在里头,就是说万物是上帝创造的,人不能控制整个自然界,人可以把握一部分自然规律,但是万物有没有一个应当发生的问题？在康德看来，在终极的意义上是有的，万物应当据以发生，有个应当的问题，但是不是在我们日常讲的应当的意义上，而是在宗教的意义上。自然界是上帝创造的，人也是上帝创造的，所以可以希望最终在上帝那里得到一种正义的审判。所以康德在这里提到"第二类规律则是作为万物应当据以发生的规律"，这个是要提到一个宗教的境界才能够完全理解。通俗的道德哲学在西方的基督教里面，它是跟信仰联系在一起的，当然康德在这里还没有把这些埋藏得很深的线索提取出来，而是一般地讲万物应当据以发生的。什么叫应当据以发生？一个是你做的道德行为应当实现出来，达到你预期的效果，另一个就是"善有善报，恶有恶报"，你做了好事应当得到好报。下面讲"但仍要考虑到那些经常令它不发生的条件"，这个补充就很重要了，就是说虽然在我们的希望中能够有一个这样的应当，道德行为达到了预期的效果，而且"善有善报，恶有恶报"，但是我们仍要考虑到那些经常令它不发生的条件，就是说道德行为未能成功，或者善没有得到善报，恶也没有得到恶报，那些经常令它不发生的条件是到处存在的。在通俗的道德哲学里面更多考虑的是，有些什么条件，它限制了人类实现自己的理想？有的考虑人的能力有限，有的考虑人有原罪，人的素质太低，人没有做到真正的道德，所以这种应当只是停留在应当之中，实现不了。就是说，你不要以为这个应当就可以实现了，一定要看到人的有限性，在通俗的道德哲学中总是要问它没有实现出来的原因：人是有限的。

第 二 讲

上次我们讲了三个自然段,主要是康德在序言里把《道德形而上学》的视野摆出来了,这个视野就是自古希腊亚里士多德以来对哲学的划分。哲学划分为三门科学,就是物理学、逻辑学和伦理学,这是过去传统的划分方法,西方两千多年的传统基本上就是这样的,没有超出亚里士多德的划分,包括中世纪。前面讲了,理性的知识要么是质料的,要么是形式的。质料的里面又分成两个部分,一个是讨论自然的规律,一个是讨论自由的法则,或者自由的规律,它们属于人世智慧(Weltweisheit);逻辑学是非人世智慧的,它只是形式的,只是讨论人的思维的法则,所以它和人世智慧没有直接的联系。当然它也可以用于人世智慧,不管是伦理学还是物理学,都要用到形式逻辑,但是它本身跟人世智慧没有关系,不是因对象之不同而不同,而是放之四海而皆准,所以康德在《纯粹理性批判》里面把形式逻辑称作"普遍逻辑"。认识论、本体论和伦理学,这些都是特殊的,都是针对着经验世界的人世智慧,这是他在前面三段的划分。那么下面两段是继续理清划分的概念,他究竟把道德形而上学基础建立在什么范围之内,它和其他的道德的非形而上学,以及非道德的形而上学和非形而上学之间处于什么样的逻辑关系之中?我们来看第四段:

所有的哲学就其立足于经验(Erfahrung)的根据上而言可以称作**经验性的**(empirische);

注意这里,经验的和经验性的是不一样的,经验性的这个词是从拉丁文转过来的,前面的"经验"是一个名词,后一个"经验性的"则是一个形容词,有必要把它们区别开来,康德说过它们两者是不同的。经验的里面当然包含经验性的东西，但是不仅仅包含经验性的东西，凡是经验的里面，都已经包含先天的东西；而经验性的东西本身是后天的东西。但是一谈到经验，康德认为里面既有后天经验性的东西，又有先天的、先验的东西。比如说物理学，它当然是经验性的，但是里面包含有先天的东西，像因果关系，因果性的原理。"一切发生的东西都有原因"，这个命题本身它不是经验性的，它是先天的。当经验还没有发生，就可以断言，如果有这样一件事情发生，它必定是有原因的。所以经验这个概念在康德那里是一个很重要的概念，在康德看来，一切知识都只能是经验的。当康德只是讲经验这个词的时候，我们要知道他讲的就是人类的知识，一切人类知识都是经验的。但是我们要注意，康德讲的这个经验和经验派讲的经验又不一样，当时的经验派所讲的经验，比如休谟讲的经验，就没有任何先天的东西在里头，完全是后天经验，知觉、印象、感觉。洛克所讲的经验，感觉的经验，反省的经验，这是通常经验派所讲的经验。但是康德所讲的经验里面已经埋藏着先验的东西，刚才已经讲了，经验的里面有先天的成分，那就是先验的范畴，因果性、实体性、单一性、多数性、否定性、肯定性等等，这些范畴都是包含在经验里面的，我们不觉得，以为全是后天接受来的。但是只要我们对经验加以分析，就会发现它背后隐藏着的、使之得以可能的，恰好是我们主体里面先天准备好了的一个范畴体系。除了范畴体系以外，还有时间空间，也是先天的直观形式。你能设想经验不在时间空间中发生吗？你能设想任何一个发生的经验，没有原因也没有结果？这都是不可能的。所以先验的东西是经验得以可能的条件。这里讲先验的，它和先天的这个概念有相通之处，但也有区别，这里不多说。当然，经验里面除了包含有这些先天的成分以外，还包含有经验性的东西，经验性的杂多也包含在经验里面。如果仅仅只是先天的那些框架，那还不是知识，那还不能构成经验，真正要构成经验，它还必须充实以经验性的材料，这个时候经验就成立了，它就具有先天的普遍必然性。所以经验和经验性的在这里是不一样的，我们"所有的哲学就其立足于经验的根据上而言可以称作**经验性的**（empirische）"，经验和经验性的有区别，但是又有联系。这两个词，一个德文词一个拉丁词，本来是同义的，但在这里又有区别，就是说经验知识里面固然包含有先验的东西，但是经验之所以是经验还是因为它里面所包含的那种后天经验性的东西。康德在《纯粹理性批判》和《未来形而上学导论》里面特别提出来这两个词是不一样的，一个"经验判断"和一个"经验性的判断"，这两个判断是不一样的。经验判断就是知识判断，"这朵花是红的"，这就叫经验判断；经验性判断康德又称之为知觉判断，"我觉得这朵花是红的"，这叫知觉判断，就是经验性的判断。所以经验性的和经验的是不一样的，它们所构成的判断也是不一样的，"这朵花是红的"它里头已经包含着先天的东西，比如说实体和属性或偶性，我们有了实体的概念，才能说"这朵花"，有了属性的概念，才能说"红的"，如果没有这些概念，我们是不能做这个判断的；经验性的判断可以没有这些，"我觉得这朵花是红的"，客观上是不是这样的，这个还不一定。所以经验性的判断它不追求客观知识，它只追求表达主观感觉，它也是后天的，但不包含先天必然性。这是经验和经验性的区别。"所有的哲学就其立足于经验的根据上而言可以称作**经验性的**"，把经验当作根据，实际上也就是把经验里面那个经验性的东西当成根据，这就是经验性的哲学。

　　<u>而就其只从先天的原则出发阐明其学说而言，可称作**纯粹的**哲学。</u>

　　所有的哲学一方面可以称作经验性的哲学，另一方面可以称作纯粹的哲学，纯粹的和经验性的是相反的。"纯粹的"在康德那里的用法往往是指排除了一切经验的后天的东西，纯粹先天的东西。理性派哲学家认为，最纯粹的就是逻辑和概念这样一些东西，经验性的东西掺杂进来就不纯粹了。这是我们要把握的康德的一个很基本的用法。什么叫"纯粹理性批判"？我把理性里面的那些后天经验性的东西全部排除掉以后，单独地来考察理性本身，来考察理性的能力，那就叫纯粹理性。他这里也讲了，"就其只从先天的原则出发阐明其学说而言"，先天的原则，包括

形式逻辑和先验的范畴、先验的逻辑。总而言之，只从先天的原则出发阐明其学说，这样的学说就可以称之为纯粹的哲学。所以哲学本身有两个层次，一个是经验性的有后天成分的不纯粹的哲学，更高的层次是纯粹的哲学。前面一开始讲哲学划分为三门科学，物理学、伦理学和逻辑学，这是横向的划分；在纵向的划分上，有些是不纯粹的，有些是纯粹的。逻辑学一般来说是纯粹的，但是也不一定，传统的形式逻辑里面也包含有应用的部分，在康德看来，真正能称得上是形式逻辑的就是那些纯粹的部分。物理学和伦理学里面就包含有两个层次，一个是不纯粹的，一个是纯粹的，也就是一般的自然哲学和自然的形而上学；一般的道德哲学和道德的形而上学。后面讲：

后者，当它纯然是形式时，就叫作**逻辑学**，

纯形式的纯粹哲学就叫作逻辑学。我们刚才讲了，形式逻辑本身在康德看来它是纯粹的，以往的形式逻辑学家们还要讨论不纯粹的逻辑。不纯粹的逻辑学怎么能够叫形式逻辑呢？形式逻辑应该是纯粹的。

而当它限于知性的那些确定对象时，就叫作**形而上学**。

知性这个词是他用得最多的，理性和知性的区别，我们上次已经讲了。"当它限于知性的那些确定对象时"，这种对象就是你的认识、认识能力能够想到的能够思维到的那些对象，这个知性是广义的，这个知性能够想到的对象，一个是现象，即自然科学对象，一个是物自体，如自由。自由也是知性想到的，尽管自由不可认识，是物自体，但可以思维，既然可以思维，它就也可以由知性来确定。这个地方讲的知性就是一般的认识能力，一种先天的认识能力，在一方面它是和感性、经验相对的，另一方面它又是和自在之物相对的，都有它的对象。那么你对知性确定的对象加以研究，就叫作形而上学，在这里它是和逻辑学不同的。如果它纯然是形式的，就叫作逻辑学，而当它限于知性的确定对象时，它就不是纯形式的了，它就有对象了，也就是说它就是质料的，这个质料是知性能够确定的，那么就叫作形而上学。当然这种形而上学康德也把它叫作一种逻辑，"先验逻辑"。

但通常他不带修饰地讲"逻辑学"就是指形式逻辑。那么,知性在形而上学这里能够确定什么东西呢? 一个是现象界的对象,那就是我们所看到的大千世界;另一个是物自体。物自体虽然不可认识,但是知性可以思维它,在这个意义上它也是知性可以确定的对象。在现象界里面,科学主义是有道理的,但是在物自体里面,它应该给道德、信仰留下余地。这两方面都是知性的对象,它包括现象界的对象和物自体的对象。所以知性它的思考的范围是很广的,可以在很广的范围里确定对象。有些对象可以称之为自然的形而上学的对象,比如说现象界,现象界也有形而上学,这个对象是知性除了思维以外还可以认识的,能够认识的前提是知性能够对它进行思维,能够把这个对象加以确定。涉及自在之物也有一个形而上学,讨论自由意志连同灵魂、上帝等,由这些构成自在之物意义上的形而上学。

所以康德的形而上学有两种:

以这种方式就产生了一个双重的形而上学的理念,一种是自然形而上学,一种是道德形而上学。

理念这个词,在康德那里有他特殊的用法,有的人翻译成"观念",但是观念这个词太泛了。因为理念这个词是从柏拉图那里来的,柏拉图的理念论。在康德那里理念就是理性的概念,而范畴是知性的概念,这是两个不同的层次。凡是涉及到理念,就涉及到无限。知性的范畴,像因果性、实体性这样的范畴,都是针对有限的对象而言的,涉及到无限的时候就没办法了。比如说整个的宇宙它的原因何在,整个宇宙既然也是一个对象,那么它肯定也有它的原因,我们说因果性范畴的先天普遍必然性就在于能够先天断言任何一个对象都是有原因的,那么现在我们提出一个对象来——宇宙整体,它也有一个原因,这个原因是什么你能不能推出来? 范畴对此无能为力。范畴是针对有经验内容的具体的对象,一个一个的对象,一条一条的物理学的规律,来加以制定的。凡是涉及到无限的东西，比如说宇宙整体，那就要靠理念。我们知道，理性是推理的能力，不仅仅能判断，还能够推理，而推理就有一种无限性的倾向，推理的大前提总是预设的，这个预设的大前提又需要推理，所以推理能够构成一个无限的链条，从有条件的东西推到更高的条件，从更高的条件一直往上推，最后推到那个无条件的东西，那就是理念。这里提出的是两种形而上学、双重形而上学的理念，这两种形而上学都涉及到无限，一个涉及到整个自然界，一个涉及到物自体，自由。所以他讲"一种是自然形而上学，一种是道德形而上学"，涉及到无限的东西，那就是形而上学了。

因而物理学将有其经验性部分，但也将有其合理性的部分；

经验性的部分，经验性我们刚才讲了，是后天的。物理学作为一种哲学，当然我们今天不把物理学称作哲学了，但是在当时，牛顿物理学被称作一种"自然哲学"。那么这个自然哲学它有经验性的部分，牛顿物理学的那些具体的概念和定理，都属于经验性的，后天的部分，都是涉及到我们这个地球上的物体运动的规律，万物运动的规律，这当然是经验性的，从后天得来的，而且永远可以不断地去发现。自然规律无穷无尽，今天掌握了这一些，明天又可以掌握另外一些，但不管何年何月，你所掌握的自然规律只是整个宇宙的极小的一部分，还有无限广阔的领域在等待着你。经验的物理学家他不从这个无限的整体来看，他是从一条规律一条规律、一个概念一个概念、一个对象一个对象地去认识，立足于经验和实证。但是如果你要从整个宇宙来对这种物理学加以规定，那么它就会有其合理性部分。rational，我们把这个词翻译成合理性，当然你也可以说理性的部分，但是这就跟另外一个词：理性，Vernunft，以及它的形容词vernünftig区分不开了。"合理性"这个词，在康德那个时代的唯理论——理性派哲学家称之为唯理论，也就是Rationalismus，——他们喜欢用这个词，这是个拉丁词，而理性Vernunft是一个德文词。康德以前的哲学家，基本上都是用拉丁文写作，他们讲理性的时候就用合理性这个词。康德是第一个绝大部分都是用德文写作的德国哲学家,莱布尼茨和沃尔夫,大部分是用拉丁文,莱布尼茨也有法文的,因为他经常在法国,但是主要的部分都是用拉丁文写作的。那么康德呢,只有很少一部分是用拉丁文写作的,大部分都是用德文写作的。用德文写不光是一个语言转换,而且他赋予它意义。rational 这个词在康德那里不常用,他是在批判当时的唯理论的哲学家的时候,才用到这个词,比如说"合理性的心理学",也可以翻译成"理性心理学",还有理性神学,都是用的 rational。他是带有一种批判的眼光的,他自己站在这个之外,认为那些东西都是旧形而上学的用法,那些人都用拉丁文写作,康德自己很少用这个词。他要用理性的时候,就用 Vernunft 这个词,rational 是一种旧的用法。那么他这里讲,"但也有其合理性的部分",是指以往的自然哲学和道德哲学,自然形而上学和道德形而上学,以往的经验派和理性派。"因而物理学将有其经验性部分,但也将有其合理性的部分",这个地方用的是虚拟式,就是说如果这样的话,就会有这样的划分。但是实际上它不是虚拟,而是有所指的,就是指当时自然科学中的大陆理性派和英国经验派,牛顿派和莱布尼茨派。当然没有明确的这样限定,他只是泛泛而言,但是他对当时自然科学中的这两种学说,已经追溯到它们的根基,这个根基就在他这里。如果有这个根基的话,就会出现这两种,既然有两种形而上学的理念,一种自然形而上学,一种道德形而上学,那么物理学也会有其经验性部分,但也会有其合理性部分。当时牛顿派的物理学主要是经验性的物理学,经验性的自然哲学,大陆以莱布尼茨—沃尔夫为代表的物理学和数学的观点,多半是合理性的部分。当然他也没有完全否认他们,经验派也好,理性派也好,康德都是把它兼容并蓄,纳入到他的体系里面。所以他的未来的形而上学,也将包含这两个部分,沿用了英国经验派和大陆理性派的这种划分,包括 rational 这个词,很少用做他自己的特殊的术语,但是这种划分他还是借用了。自然形而上学里面有两个层次,一个是经验性的层次,后天的;还一个是合理性部分,是先天的。

伦理学同样如此；不过伦理学的经验性部分在这里将有可能特别地被叫作**实践人类学**，而合理性的部分有可能被严格地叫作**道德学**（Moral）。

伦理学也有经验性部分和合理性部分，后天的部分和先天的部分。这里实际上已经涉及到他的本题了，他的本题是要讲"道德形而上学奠基"，那么道德的形而上学，也分成经验性部分和合理性部分。

实践人类学（praktische Anthropologie），这个词在别的地方好像很少看到，我们知道康德有本书叫《实用人类学》，实用人类学不是这个词，这个地方是 praktische，只能翻译成"实践的"，而"实用的"这个词是 pragmatisch，实用的和实践的还不一样。实践的人类学主要还是就它的实践的方面来谈人类学，所以它是谈有关人类实践方面的人类学，而实用的人类学（Anthropologie in pragmatischer Hinsicht）这个词是指的人类学在实用的方面的种种表现，包括在理论上的表现，在实践上的表现，在审美上的表现。所以实践的人类学和实用的人类学还是不一样的，你可以说在实用的人类学里面包含有实践的人类学的这一部分，但是除了这一部分，还包含有人的认识能力，人的审美能力，人的情感能力，就连心理学，病理学，精神病学都包含在内。而实践的人类学主要是伦理学的经验性部分，这两个概念有些不一样，但也有重合的地方。"而合理性的部分有可能被严格地叫作道德学（Moral）"，Moral 是最严格意义上的康德的道德，但我们讲的康德的"道德形而上学"用的不是 Moral，他用的是 Sitten。Moral 是拉丁词，Sitten 是德文词，意思是风俗，习惯，道德。Sittlichkeit 我们通常翻译成德性，它的法则我们通常翻译成德性法则，以和 Moral（道德）及 Moralität（道德性）区分开来。但是有时候又区分不开，因为这两个词本来就是同义词，只不过一个词是拉丁文，一个是德文。拉丁文 Moral，因为这是个形容词，形容词名词化，但是也可以把它用德语的方式变成一个形容词的名词化的东西 Moralität，通常翻译成道德性。Moral 它有道德的意思，也有道德学的意思。拉丁文肯定要比德文简单，词汇量要更少一些，因为它是一种死去了的文字，它就是那些。德文在不断的丰富,现代的西语,像德语、英语、法语都是在不断的丰富的。那么拉丁文呢,Moral 这个词一方面代表道德,一方面代表道德学,就像逻辑 Logik,可以翻译成逻辑学,用不着再讲一个"逻辑的学",Logik 就是逻辑学,也是逻辑。Moral 就是道德,也是道德学。那么"合理的部分有可能被严格地叫作道德学",所以这个 Moral 在康德那里是最严格意义上的用法的道德学,而 Sitten 还有可能包含后天经验的部分。所以"道德形而上学奠基"他这里用的是 Sitten,道德的、Sitten 的形而上学的奠基。Moral 是严格意义上的,它不可能是经验的,更不可能是经验性的,只可能是先天的,Sitten 还可能是经验的,还可以是经验性的。

以上哲学学科的划分我们可以用一个图表来表示(板书):

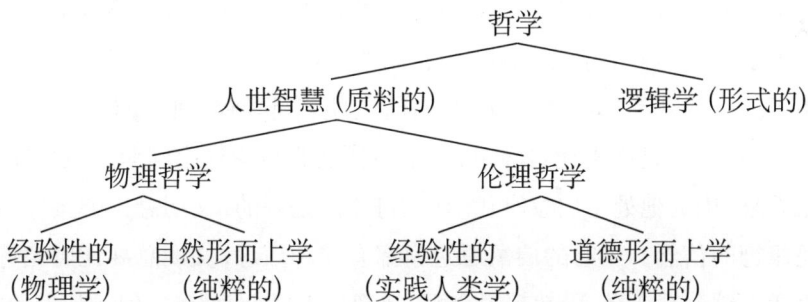

```
                          哲学
              ┌────────────┴────────────┐
        人世智慧(质料的)              逻辑学(形式的)
       ┌──────┴──────┐
    物理哲学        伦理哲学
   ┌────┴────┐     ┌────┴────┐
经验性的  自然形而上学  经验性的   道德形而上学
(物理学)   (纯粹的)   (实践人类学)  (纯粹的)
```

我们下面再讲一段,下面这一段比较大,它的困难主要在于语法上面,我们来抠一下。

一切行当、手工业、技艺都由于劳动分工而获益,

康德在这里涉及到分工的问题了,当然最先触及到这个问题的不是康德,而是卢梭。卢梭已经注意到劳动分工的问题,康德受卢梭的影响非常深的,那么他这里也讲到分工。一切行当、手工业、技艺都由于劳动分工而获益,

亦即不是一个人什么都做,而是每个人把自己限定在某件在操作方式上与别的工作有明显不同的工作上,以便能最完善和更轻松地完成这

项工作。

这句话没什么难度，是大白话了。

工作还没有这样划分和分配开来的地方，每个人都是多面手，那么这些行当就还处在最粗野的状态。

一件工作如果还没有经过分工，每个人什么都能做，多面手，但多面手好像是个褒义词，这个人什么都能干，是个人物，要他干什么就能干什么，但是就工作、就劳动本身而言，还是处于一种原始的状态。我们现在对原始人，一方面觉得他们很落后，但另一方面我们觉得很佩服他们，他们每个人都是多面手。你把他丢在一个荒野里面他就能够生存，他什么都自己干，他既是裁缝，也是农夫，也是猎手，也是渔夫，野外生存训练的话，你干不过他的，什么东西他都能做。我们现代已经严格分工了，我们大学生从小学中学就在那里准备高考，到了二十多岁除了读书啥都干不了。这当然是文明，文明就是这样，文明就是导致我们四体不勤，五谷不分，这到底是好事还是坏事，我们今天还在讨论这个问题。但是在康德看来，因为他处于启蒙时代，认为进步总是好的，文明总比野蛮好，这是康德的信念。当时的启蒙思想家都有这种信念，文明总要比野蛮好。野蛮人单个的来看，固然都很全面，比现代人要全面得多；但是从人的本质来说实际上处于沉睡的状态，潜力还没有发挥出来，他的每一方面的才能都没有发挥到它的极致。而文明社会就是说，在原始人那里已经具备的多样化的才能，一个一个的通过分工，把每一方面发挥到极致，这是现代文明的优势。下面这句话大家注意了，下面这一句话一直到这一段的最后，就是一句话，在德文版里面几乎就是一页，整个也就是一页。但我们可以把它简化，由繁到简，它这么繁琐，一句话里面结构这么复杂，我们可以把它简化为两句有关的句子，你看这里：

但是，虽然这本身也许并不是一个不值得考虑的话题，即问一问，

我们现在暂时在这里摆一下，看它到哪里。"即问一问"一直到下面第六行"不过我在这里要问的只是"，我们把它拦腰斩断。就是说，虽然

这个问题本身也许不是个不值得考虑的话题,也就是提出这样一个问题等等等等,一直到冒号下面讲:"不过我在这里要问的只是"。你这前面虽然也是可以问的,也不是没有意义的,但是我在这里关注的不是那个问题,而是下面这个问题。前面那个问题当然也很重要,但下面这个问题是我关注的重点。所以他前面,"不过"的前面打了个冒号,所有的前面都是逗号,逗到这个地方,冒号。也就是说前面那个就是为了引出这句话来,前面的那个"虽然"就是为了引出下面的"不过"。那么这两段,他是有深意的,我等下来给大家讲,我们先来看他的前面一段:虽然这本身也许并不是一个不值得考虑的话题,即问一问,

纯粹哲学在它的各种划分中是否需要它自己特殊的人士,而下述情况是否就会改进这个博学的行当的整体,即当那些习惯于按照大众的口味在他们自己不熟悉的各种各样关系方面将经验性的东西和理性的东西混在一起出售的人,他们却自称为独立思想家,而把另外一些只配备有理性份额的人称之为钻牛角尖者,这时他们就会受到警告,说不要同时从事两种在处理方式上完全不同的职业,其中每项职业或许会要求一种特殊的才能,而它们在一个人身上的结合只会产生出半瓶醋来:

就是说,这个问题并非不值得关注的,这个问题是值得关注的,什么问题是值得关注的呢?去问一下,纯粹哲学在它的一切划分中,是否要求有它的特殊的人士。也就是说,纯粹哲学它要把自己划分开来,是不是也需要它的专业人士。哲学分为纯粹的哲学和不纯粹的哲学,那么纯粹哲学是不是需要有一批单独的特殊的人来从事?你把纯粹哲学划分出来了,从一般的形而上学里面划分出来了,那么是不是同一个人既可以搞一般的纯粹哲学,也可以搞经验性的哲学?我两方面都搞,我是一个多面手,我既有经验实证的大量的材料,有足够具体的实证的研究,我也考虑那些纯粹哲学的批判,那些高层次的问题,那些纯粹概念的问题,还是必须分出一部分人来专门从事高层次的问题,这是不是有必要?纯粹哲学在其一切划分中,在任何地方,你要划分出一个纯粹哲学,你在自然

哲学里面划分出一个纯粹哲学,你在道德哲学里面你要划分出一个纯粹的道德哲学,这个时候,是不是要有一些专门的人士来从事一种纯粹的道德形而上学和纯粹的自然形而上学?"而下述情况是否就会改进这个博学的行当的整体,"就是说,当你把特殊的人士划分出来以后,是不是就会改进这个行当的整体呢?就是说在这个行当里面,你把这个分工严格地精确地规定下来,是不是对这个行当就有好处呢?在道德形而上学以及在自然形而上学里面,你通过严格的分工,分出一部分人来专门从事高层次的,是不是就会改进这个行当呢?当然他是指的下面这样一种情况,"下述情况"是否就会改进这个行当的整体,"即",这个"即"后面实际上也就是讲的分工。即当那些习惯于"按照大众的口味"在他们自己不熟悉的各种各样关系方面"将经验性的东西和理性的东西混在一起出售"的人,他们"自称为独立思想家",结果却"把另外一些只配备理性份额的人称之为钻牛角尖者"。"当……这时","当那些"后面一直到"钻牛角尖者",这是一个从句。也就是说当那些自称多面手的人,当那些不重视分工,不认为有必要分出些特殊专门从事于纯粹哲学的研究的人,他们自称为独立思想家,却把另外一些只配备理性份额的人称之为钻牛角尖者,——这在康德当时有不少这样的人,就是说认为康德是个钻牛角尖的人,他思辨太专注、太钻牛角尖了,一点现实感都没有,一个例证都不举。当然康德还是举了很多例子,但在《纯粹理性批判》里确实很少出现,受到了大众的指责。不光大众,也包括那些按照大众的口味在他们自己不熟悉的各种各样的关系方面,比如说在纯粹理性这方面,他们并不熟悉,特别是对纯粹理性的批判不熟悉,在这方面他们完全是外行,那么他们在这些方面将经验性的东西和理性的东西混在一起出售。他们所谓理性的部分实际上不是纯粹的理性,里面很多都是把经验性的东西当作理性的东西,把经验的概念当作纯粹理性的概念,由此又把理性的概念当成经验的对象。比如说"灵魂","灵魂"本来是个理性的理念,他们把它看成经验的对象;经验的对象当然在心理学上有它的表现,于是就把心理学上的各种心理现象和灵魂实体混在一起，贩卖他们的那一套形而上学，旧形而上学往往是这样的。康德在《纯粹理性批判》中做了很多批评，在这个地方再次提到，理性的东西和经验的东西都还没有分清楚，他们就大谈理性的形而上学、理性的心理学、理性的神学、理性的宇宙论。但是你首先应该通过这些分工，把这些东西严格区分开来。然而，"他们自称为独立思想家，却把另外一些只配备理性份额的人称之为钻牛角尖者"。他们自称为独立思想家，就是说我是个多面手，我什么都知道，我既知道经验的东西，我也知道最高层次的纯粹理性的东西，所以我是独立的，我不需要仰赖别人；而你们那些思辨哲学家，像康德这样一些人钻牛角尖钻的太深了，所以你还需要依赖那些从事经验研究的人，你没有能力把你那一套抽象的概念落实在我们人世间的经验生活之中，所以你是钻牛角尖者。这样一些人自称为独立思想家，自称为拥有"健全的理智"。当时很多这样的人，法国启蒙思想家、英国启蒙思想家都非常推崇"健全理性"，所谓健全理性就是理性的东西和经验的东西全知道。健全理性也叫作"常识"，我按照常识把理性和经验的东西、感性的东西混在一起，然后去解释一切，所以我是独立思想家，我凭常识什么都知道。这些人是反对分工的，反对在哲学领域里面严格的分工。但是这时他们就会受到警告，就是说有些东西你不分工是不行的，有些东西你混在一起会搞乱的。所以他这里讲，这时"他们就会受到警告"。这种情况就是强调，还是要有分工，那么这种分工的情况是不是会对形而上学这个行当的整体有所改善呢？这个问题值得去探讨。所以他讲"这时他们就会受到警告"，就是说"不要同时从事两种在处理方式上完全不同的职业，其中每项职业或许要求一种特殊的才能，而它们在一个人身上的集合只会产生半瓶醋来"。这样一种倾向当然是康德所赞成的，这个问题也是值得讨论的，是不是要分工，康德认为分工还是有必要的，那些否认分工的人会受到警告，这种警告对这门哲学行当的整体是会有所改进的，——这个逻辑在这里应该就比较清楚了。经验性的部分它要求的是实证的材料、经验的材料，感觉的敏锐性，发现问题而求证于感官，大量的实证材料，博学，这是一种才能。而另外一种才能呢，理性的严密，概念的清晰，推理的按部就班，判断的准确，思维的系统化，这是另外一种才能。那么它们在一个人身上的集合只会产生半瓶醋。我们今天也会发现，跟德国古典哲学比起来，早期的启蒙思想家都不是很深，都是谈比较大的话题，他们的激情可嘉，他们的意向也是对的，启蒙嘛。但是他们的概念不是很精确，他们的体系也不够，他们经常遇到这些矛盾还不知道。那么在这时候就需要分工，有一些人专门来从事像康德这样的纯粹理性批判。当然康德对于经验的、人世的东西他也是了解得非常多的，应该说在他这里也同时具备了两种才能。我们可以读一读他的《实用人类学》，《实用人类学》里面有大量实证的东西。尽管他的知识面很丰富，但是他认为他自己最有开拓性的还是形而上学。所以他主张分工，要有分工，要把你最拿手的东西拿出来加以创造，所以这个问题还是很重要的，需不需要分工，这是一个问题，是一个值得探讨的问题。但康德在这里主要关心的还不是这个问题。下面讲：

不过我在这里要问的只是，科学的本性是否要求任何时候都小心地把经验性的部分和理性的部分区分开来，

也就是说，把经验性的和理性的东西区分开来当然有利于这门科学的发展，就像一切行当，一切手工艺，劳动的分工都是有必要的，那么在哲学形而上学里边也是有必要的，这个当然没问题；但是我在这里要问的还不是这个问题，我要问什么问题？"科学的本性是否要求任何时候都小心地把经验性的和理性的东西区分开来"。要注意这个地方，它不同的地方就在于，不同的分工是出于科学的本性，而不是出于，仅仅是说我要发展这门科学，我要使科学的发展提高到一个更高的层次，摆脱野蛮状态，摆脱那种多面手状态，要成为专家。这个当然也可以探讨，他也赞成要成为专家，你要搞你就要搞得比别人行，你不要什么东西都能来两手，但是又都不精，那个不利于科学的发展，这个问题当然可以讨论。

但是他这里要问的是"科学的本性",科学是否有一种本性,要求任何时候都小心地把经验性的和理性的东西区分开来。这样就必须在本来意义上的经验性的物理学之前,先讲自然的形而上学;而在实践的人类学之前则先讲道德的形而上学,这是他要问的问题,核心就在这里。就是说不光是分工的问题,而是所分出来的两部分哪个在先的问题,这两部分的关系问题。不是说你分出一拨人来,你能搞抽象的你就搞抽象的,他能搞实证的就搞实证的就完了;而是科学的本性里面这两部分人哪个在先。康德是属于大陆理性派,他认为理性的东西当然要优先,理性的部分才叫形而上学。形而上学在亚里士多德那里叫作"物理学之后",但是这个"之后"的问题实际上在先,它叫"第一哲学"。物理学之后是第一哲学,在物理学之后再来讲这个东西。其实也不是亚里士多德这样认为的,是后来编纂亚里士多德文献的人把那些形而上学的东西编在物理学之后,是编完了物理学之后,还剩下一些,就放在物理学之后来编,我们今天叫作"形而上学"。但是那物理学"之后"绝不是说它比物理学更次要,放在后面的恰好是最重要的,恰好是作为前提最高深的学问,恰好是第一哲学。那么康德在这里也是这个意思,当然先要有自然科学知识,我们从小学受这样的教育,康德也是受这样的教育,牛顿、伽利略已经为人所熟知,凡是受过基本的知识训练的人都知道。但是到了后来才进入到形而上学,要到一定年龄才去学形而上学,你就会发现这个东西就是我们以前所学过的所有东西的前提。但是你开始不能学那个前提,那太抽象了,你必须要有物理学具体的知识引进门,你才能接近那个前提,而那个前提是第一哲学。所以他讲这是科学的本性。科学的本性是否要求任何时候都小心地把经验性部分和理性的部分区分开来,

并在本来意义上的(经验性的)物理学之前先讲自然的形而上学,

经验性的物理学是本来意义上的物理学,本来意义上的物理学就是自然学,physics 是希腊文,本来意思是自然之学,自然之学在本来意义上是经验性的。但是它之所以可能的那个前提是超经验的,或者说是先

验的。在本来意义上的物理学之前先讲自然的形而上学，先讲它之所以可能的条件、前提。

而在实践的人类学之前则先讲道德形而上学，这两种形而上学都必须与一切经验性的东西仔细撇清关系，以便知道纯粹理性在这两种情况之下有可能作出多大的成就，

——先打住，先看这一句，必须"小心地把经验性的和理性的东西区分开来，并在本来意义上的物理学之前先讲自然的形而上学"。康德的用意在这里，就是你把它简单地区分开来，要不要简单区分开来，这是很有意思的一个问题，但是更重要的是"并在本来意义上的物理学之前先讲自然的形而上学"，这是更重要的。他关注的是这个，康德为道德形而上学奠基，就是要干这件事情，在讲道德之前，先讲道德的形而上学，"在实践的人类学之前则先讲道德形而上学"，这是这一段话的核心。下面："这两种形而上学都必须与一切经验性的东西仔细撇清关系"，这两种形而上学当这样讲的时候，必须要把那些经验性的东西都清除掉。你既然讲道德形而上学、自然的形而上学，那么就必须要仔细，那些纯粹的形而上学，它是纯粹的部分，也就是合理性的部分，而不是经验性的东西。当然也有它的经验性的部分，但是道德形而上学主要是讲它的合理性的部分。他这里强调分成两个部分，而且特别强调把经验性的东西和纯粹的东西撇清关系，把它纯化出来，把它单独抽出来加以考察。这方面的考察不是为了分工以便于这门科学的发展，而是出于科学的本性。所以他叫大家特别注意科学的本性是否要求任何时候都小心地把两部分区分开来，并且先讲什么，后讲什么。科学的本性它是一个体系，它不是仅仅为了一些具体的目的的便利，就把两个区分开来，分工之后每一方就做的更精细一些，不仅仅是这些；而是出于科学的本性，把一方看作主要的目标，凌驾于另外一方之上，单独来搞清楚。纯粹理性在这两种情况下，在你把它纯化出来的时候，道德形而上学和自然形而上学把它们在纯粹的形式下加以考察，以便知道纯粹理性有可能作出多大的成就。你如果掺

389

48

杂了经验性的东西那就很难说了，掺杂了经验性的东西你就看不清纯粹理性究竟有多大能耐，它作出的成就你不一定认为是纯粹理性作出的，因为它有经验性的东西掺杂在里边，经验也起了作用。那么康德最重视的是纯粹理性，纯粹理性本身没有经验，要摆脱了经验以后，清除了经验的杂质以后纯粹地来考察。

以及它们本身将从何种源泉中吸取自己的这种先天的教导，

"它们"就是这两种形而上学：自然形而上学和道德形而上学。"将从何种源泉中"，当然这个源泉就是纯粹理性，它不能从经验中吸取自己这种先天的教导，经验的东西里面怎么能吸取先天的教导？当然只能从纯粹理性里面吸取先天的教导，这两种形而上学的源泉都是纯粹理性。最后：

此外，后一工作是可以由各种道德教师（他们的名字叫"匹夫"）来做呢，还是只能由一些受到这一使命感召的人来推动。

后一工作，即道德的形而上学是不是可以由各种道德教师来做，他们号称"匹夫"。匹夫这个词 Legion，它是个拉丁词，它原来的意思是军团、那些普通士兵，引申起来就是那些庸庸大众。我们译作"匹夫"，就是取"天下兴亡，匹夫有责"的意思，就是每一个普通人，但是这个普通人又自认为有特殊使命，"天下兴亡，匹夫有责"，是自认为有特殊使命的普通人，他们号称"匹夫"。在老百姓那里有各种道德教师，中学、小学里面都有一些道德教师，其实他们都是一些通俗的道德哲学家、民间道德哲学家，他们自认为有道德使命。可以由这些道德教师来建立形而上学，是不是这样？ "还是只能由一些受到这一使命感召的人来推动"？普通的道德教师他不见得有这些道德使命的感召，因为他们都是立足于日常的道德生活，举些道德的例子，解释一些道德问题，考虑一些道德上面的利害关系、利害冲突，立足于实践。在实践的人类学中他们可以提出一些通俗的道德哲学，因为这些通俗的道德哲学也可以解决一些问题，但是它们能不能用来解决道德形而上学的问题？当然康德的意思是说不可能,用一种通俗的道德哲学是不可能解决道德形而上学问题的,道德形而上学问题必须有一些受到使命感召的人来推动。这些人确实是脱离了一般的实践人类学、一般的通俗的道德哲学的语境,而超升到了一个道德形而上学的层次,单纯从纯粹理性这样一个源泉里面来吸取这样的教导,这种人就是受到道德形而上学使命感召的人,他们才能推动这样的事业。当然康德的意思很明确,虽然他以一种提问的方式,是这样呢?还是那样呢?但他的倾向非常明确,他就是要从普通老百姓日常的健全理智这样的基础上面上升到道德形而上学,乃至于上升到"批判"。

所以在这篇前言的最后他提出三个阶段,就是分成三章。我们看第四页,第一章"从普通的道德理性知识过渡到哲学的道德理性知识";第二章"从通俗的道德哲学过渡到道德形而上学";第三章"从道德形而上学过渡到纯粹实践理性批判"。这是非常明确的。在这里,根据我们前面讲的,它已经从普通的道德理性知识过渡到哲学的道德理性知识,它已经划分了层次。我们前面讲的划分层次、分工,就已经为这个过渡做了铺垫。那么第二章从通俗的道德哲学过渡到道德形而上学,就是我们这里讲的,能不能由各种普通的道德教师,他们通俗的道德教师所教导的是通俗的道德哲学,那么能不能由他们直接来建立道德形而上学?不行,必须有一些有特殊使命的、有更高层次的人来建立道德形而上学。这就是第二章的过渡。那么下面还有第三章,它也做了铺垫。这个前言整个就是为了这三章做铺垫,它的划分跟这三章的层次是一一对应的。如果仔细翻着书看的话,我们可以找出这样一种对应关系。

前面所讲的分工可以分为质料的和形式的两方面,质料讲的是人世智慧,形式的方面就是逻辑学。这是很清楚的,哲学一个讲形式,一个讲质料。那么人世这块呢,包括物理学和人类学,而物理学里面包含经验性的物理学(就是我们通常讲的物理学),再包含自然的形而上学,这是物理学里面包含的高层次的部分。人类学里面也一样,首先包含经验性伦理学—实践人类学,那么纯粹的部分就是道德形而上学,道德形而上学是这样来的。通过对哲学的一层一层细分,到了第三个层次就出来道德形而上学,大体上是这么一个关系。

　　既然我这里真正的意图是指向道德的人世智慧的,所以,我把提出的问题仅限于这一点:人们是否会认为极有必要有朝一日建立起一种纯粹的道德哲学,它将会把所有那些只要是经验性的东西和属于人类学的东西全部清除掉;

　　我们来看这句:"既然我这里真正的意图是指向道德的人世智慧的",为什么这里用"既然"?上面已经讲了,科学的本性不光是体现在自然的形而上学里面,也体现在道德形而上学里面,这两种形而上学都要服从科学的本性,就是把经验性和合理性这两个部分区分开来,然后把形而上学的部分先讲,要置于第一哲学的地位,在讲经验性的物理学和人类学之前先讲自然形而上学和道德形而上学。这个"既然"是从这里来的,就是说,前面讲的是两种形而上学,它们都要求"先讲",那么"既然我这里真正的意图是指向道德人世智慧的",就是说在这个《道德形而上学奠基》里面我的真正意图不是要讲自然科学的形而上学,而是针对道德的人世智慧的,所以我把提出的问题仅限于这一点,就是说自然的形而上学我这里就不谈了,我们这里要谈的是道德的人世智慧。仅限于哪一点?"人们是否会认为极有必要有朝一日建立起一种纯粹的道德哲学",就是说在道德哲学方面人们是否会认为极有必要有朝一日——目前还没有,——那么是否有朝一日必须要建立起一种纯粹的道德哲学?Moralphilosophie。这个词一般在康德那里代表纯粹的道德智慧,不掺杂任何经验性的东西。它将会"把任何只要是经验性的东西和属于人类学的东西全部清除掉"。是否有必要建立这样一种纯粹的道德哲学呢?这里面不包含任何一种经验性的东西和属于人类学的东西,不光是一切经验性的东西,而且凡是属于人类学的东西都要清除掉。这个有点匪夷所思,讲道德哲学把人类学的东西清除掉,你讲的不是人的问题吗?在康德就是这样认为的，他要探讨的不是人类学的问题，他当然包含有人类学的问题，但是他要探讨的是一般的"有理性的存在者"的问题，他的所有的三大批判真正的目标都不是仅仅限于人，而是有理性的存在者，他的主要目标是针对这个。所以有一点像现代的胡塞尔现象学，现象学就是反对人类学主义，反对心理学主义，反自然主义，胡塞尔现象学它所针对的不是我们人类所具有的意识，而是一般意识，不管这个意识是我们人类的，还是外星人的，还是上帝可能有的，只要你有意识，都会服从这样一个结构，这个思想是从康德来的。不要以为胡塞尔有什么特别了不起的创新，康德就已经是这样了。当然在胡塞尔看来康德并没有真正摆脱心理主义和人类中心主义，他最后仍然还是立足于人。那么胡塞尔是否就摆脱了呢，有人认为他也没有摆脱，或者说人类主义是否能摆脱，这本身也是一个问题。当然我们今天不能在这里探讨，但是我们要了解康德就有这个意图：我所讲的知识不是人的知识，它包括人的知识，但是人只是"有理性者"之中的一个部分，一个种类。我们人有知性，有理性，那么我们可以把握到普遍的知识，而这个普遍知识是指凡是有理性者都可以把握的。我们要把握的是这样一种知识，所以它是"先验的"知识，它不仅仅是限于我们人类，如果仅仅是我们人类，那么我们就可以根据我们对人类的研究，对人的身体结构、人的心理结构，去解决认识的可能性问题。比如大自然造成了我们人是这样一种身体，是这样一种头脑，所以我们认为2+2=4，所以我们有了牛顿的三个定律。如果自然所造的我们人的头脑是另外一种结构，那么我们也许可以认为2+2=5，那完全没什么矛盾，但现在我们是这样一种头脑，我们认为2+2=5是不可能的，这是由我们的大脑结构所决定的。人类学和心理主义就是立足于这一点，我们之所以认为矛盾律、同一律和排中律是天经地义的，那只是我们大脑的结构是这样的。很多人认为康德也是这样一种观点，他诉诸人的认识主体的先天结构，但是我们要注意康德的认识主体不仅仅限于人类，人类只是一般认识主体的一个例子，我们是人类，所以我们最好举这样一个就近的例子，我们举我们自己作为例子。但是我们的目的并不是要搞清人是怎么样的，而是要搞清一般的知识结构是怎么样。只要有一个有理性者，那么就会有知识，那么他只要认识，也要遵从这么一个结构，这是认识本身的结构。当然康德并不彻底，所以康德认为他的哲学归根到底最后可以归结到人是什么的问题。康德在他的给司徒林的信里面说哲学的三大问题：我能够知道什么？我应当做什么？我可以希望什么？第四个问题最后归结为人是什么？康德是有这个倾向，所以胡塞尔说他不彻底。康德基本上还是一个人类主义者、心理主义者，并没有超越，这是后话。但是就康德本人的意思来说，他还是想要超越心理学主义，超越人类中心主义，所以只有把经验性的东西和属于人类学的东西全部都清除掉，才能达到他的纯粹的道德哲学，这才能适用于一切有理性者。纯粹的道德哲学就是道德形而上学了。一般的道德哲学包括道德形而上学和它的不纯粹的部分，那么你把它纯粹的部分提取出来，那就是道德形而上学。

　　因为，必须有这样一种道德哲学，这从义务和德性法则的通常理念来看是自明的。

　　我把提出的问题仅限于这一点，人们是否会认为极有必要建立起一种纯粹的道德哲学；为什么要限于这一点？"因为必须有这样一种道德哲学，这从义务和德性法则的通常理念来看是自明的"。这当然本来是一个问题：人们是否会认为有必要建立起道德形而上学？而这一点从德性和义务的通常理念来看是自明的。当然也许从别的角度来看不是必要的，也许那些通俗哲学家认为不必要，何必钻牛角尖，分工何必那么细，我们能应付日常生活就够了，也许有这样一些观点。但是呢，从德行和义务的通常理念来看这是自明的，每个人其实都有通常的理念嘛，每个人都有德性和义务法则。德性法则，das sittliche Gesetz，也可以翻译成道德律。但是呢，"道德律"这个概念有很多词都可以这样译，为了区分，我们把它翻译成"德性法则"。从义务和德性法则的通常理念来看，所谓通常理念就是普通人都会有的，并不是只有特殊人才会有的，凡是有理性者他都会有这样一种理念。这样一种理念高高在上，因为它涉及自由，既然是自由就涉及到无限，它就是一个"理念"，它不是知识。如果你从这样一个立场来看，那么必须有这样一个道德哲学是自明，有理性者都有义务和德行法则，这是很普通的，甚至可以说是常识，当然不见得那些有这种常识的人都能够从这个理念的角度来看问题，而只要一个普通人他立足于他常识中这种理念，他就会认为有这样一种道德哲学是必须的。

　　每个人都必定会同意，一条法则，如果要被看作是道德的，即看作责任的根据，它自身就必须具有绝对的必然性；

　　"每个人都必定会同意"，我们这里要注意，康德在讲到道德形而上学的时候他往往诉之于普通人和每个人，不是那些钻牛角尖的专家们所独自拥有的，而是一旦做起来，每个人都可拥有。所以康德的道德哲学在某种意义上来说又是很"通俗"的，他自己也有这种说法，我们后面会接触到。他自己也说，道德哲学和自然的形而上学很不一样，很不一样的地方在哪里呢，就是它涉及到每个普通人的日常生活。《纯粹理性批判》讲的那些认识论、那些本体论、那些形而上学，范畴啊、什么原理啊，什么二律背反呢，那些东西不是每个人都能够懂的，每个普通人拿那些也没有用的，你不能用在日常生活中，那是给那些哲学家和高层次的自然哲学家他们考虑的问题。道德形而上学不一样，道德形而上学为每个人提供他们生活的准则。康德曾经自白，说他最初是想当一个大学教授，当一个科学家，研究真理，研究科学的规律，后来看了卢梭的书，"卢梭教育了我"，我的知识不能为普通广大的老百姓所用、能够有利于他们的日常生活的安身立命，那我就比一个普通的劳动者还不如，我尽管有那么多知识，那有什么用？所以康德是非常有现实感的，他的道德形而上学看起来玄而又玄，没人读得懂，我们今天读了这么久才读了一页，两次课才读了一页，老百姓绝对不会读他的书；但是他倒是自认为，道德原理一旦追溯出来了，每个老百姓都会受益，他要说出来是很简单很通俗的东西，虽然它的原理很复杂。所以他这里讲到通常的理念是自明的，每一个人都必定会同意，同意什么呢，这就很通俗了，我们看："一条法则，如果要被看作是道德的，即看作责任的根据，它自身就必须具有绝对的必然性"。这就很通俗。下面举了例子，

像"你不应该说谎"这样的诫命（Gebot），并不仅仅只是对人类有效而其他理性存在者却可以对之不加理会的；所有其他真正的德性法则都是如此；因而，责任的根据在此不能到人类的本性中或人类所置身的那个世界的环境中去寻找，而必须先天地仅仅在纯粹理性的概念中寻找；

我们先到这里打住。你不应该说谎，这样一个诫命，这个"诫命"也翻译成"命令"，Gebot 这是德文词的命令，但是康德常用的命令（绝对命令）是"Imperative"，Imperative 是一个拉丁词，拉丁词更抽象，一般的代表一种比较抽象的含义。所以我们把 Imperative 翻译成命令，Gebot 虽然是同义词，却翻译成诫命。"你不应该说谎"这样的诫命绝不只对人类有效，而其他理性存在者却可以对此不加理会。他为什么要说这个？就是我们刚才讲的，"你不应该说谎"，我们通常理解为我们在日常生活中为了我们人类生存的需要，我们要结成一个社会，于是呢我们要以诚相待，这个社会才能和谐。我们今天讲和谐社会，大家都要和谐，都要诚信，不应该说谎，这是一种低层次的理解。但是每一个有理性的人都必定会同意，这一条法则不仅仅是在我们人类现实的社会生活中有效，而且其他的理性存在者也应该适用。它绝不仅仅只是对我们人类存在者有效，而其他的理性存在者却可以不加理会，就是说它是普遍适用于有理性者的。为什么要这样说呢？就是说这是一条绝对的诫命，哪怕人类灭亡了，它也是一条诫命。只要还有有理性的存在者，或者说只要有朝一日又产生出另外一种有理性的存在者，那这条诫命就会起作用，它就不仅仅是为了我们这个人类社会，为了现在社会的和谐，不仅仅有这样一种公益的目的。我们讲诚信，不仅仅是为了我们社会的和谐，大家都能安居乐业，不仅仅是这个目的。这个目的当然也包含在内，但这个是低层次的。真

正的道德律,我们每个人想一想,都会承认它是超越这个之上的。比如说你做生意讲诚信,不卖假货,人家要问你讲诚信的目的是什么,当然就是讲诚信有好处,树立品牌嘛,人家知道你这个商店不卖假货,就会经常来,虽然你每次赚得少一点,但是你细水长流,薄利多销,你将来会赚大钱,这是有好处的。大而言之,对社会有好处,再大而言之,对整个人类有好处,"只要每个人都献出一点爱,这个世界将多么美好"。这是一个非常大的目标。但是尽管如此,这个目标对于康德来说还不够大,它不是绝对的。人类也可能会灭亡的,人类的那些利益,哪怕是全人类的利益都还是局部的。所以在这里,康德是反对那些功利主义者的,所谓"最大多数人的最大利益",道德就是满足了"最大多数人的最大利益",甚至道德就是满足全人类的利益,这些观点康德认为都是非常有限的。真正的道德不是满足某些人的利益,真正的道德应该是绝对的,哪怕是外星人,也是适用的,只要是有理性者都会适用。这个观点其实每个人都必定会同意的,我们通常如果不细想的话,也许认为这未见得,我就只考虑我的利益,我忧国忧民,我就只考虑我们国家的利益,我是个世界主义者,我就只考虑我们人类的利益,是不是考虑外星人的利益?这个好像过于宽泛了,一般人都考虑不到那里去。当然康德也不是这个意思,而是说不管你考虑多么广的利益,它都是有局限的,你要上升到一个更高的层次,就是说,不是考虑什么利益,而是考虑这个做得对不对,这个是一条原则,一条超验的原则,超越于一切利益之上,每个人对这一点只要他想一想,都会同意。就是说一旦到了这样一个更超越的层次的话,那么你就会把道德律看成是绝对的,所谓绝对的,也就是说它本身不是你为了任何利益,它本身就是目的。你的行为,不管是为了什么样范围内的利益,都还是不纯粹的,真正纯粹的是完全为道德而道德,这是一个道德的标准。所以他说:"所有其他真正的道德法则都是如此;因而,责任的根据在此不能到人类的本性中或人类所置身的那个世界的环境中寻找,而必须完全先天地到纯粹理性的概念中去寻找"。责任的根据,责任也就是义务，责任和义务有两个词，一个是 Pflicht，我们翻译成义务，一个是 Verbindlichkeit，其实两个都可以翻译成责任或义务，有的译法跟我们是颠倒过来的，把 Verbindlichkeit 翻译成义务，把 Pflicht 翻译成责任。Verbindlichkeit 来源于 verbinden，本来是"束缚"的意思，我是受束缚的，我是有责任的；Pflicht 也是个德文词，它来源于 pflegen，本来是"照看"的意思，所以 Pflicht 在德文里面的意思更主动一点，Verbindlichkeit 则比较被动，Verbinden 就是捆住了，不是自由身，我们把它翻译成"责任"，不做就会被追责的任务。义务呢，合乎正义的事务，汉语中好像更主动一些。"责任的根据在此不能到人类的本性中或人类所置身的那个世界的环境中去寻找"，比如说，人是自然的产物，人产生于大自然，人的需要都取自于大自然，人有什么义务，人对他人有什么责任，从他所处的自然环境中可以找到。一般的道德哲学都是这样来考虑问题的，特别是英国经验派的功利主义和幸福主义伦理学，从人的本性出发，人的本性就是喜欢安乐，寻找愉快，逃避痛苦等等，那么为了最大多数人的最大愉快最大幸福，那就应该怎么怎么样，这个是康德所不赞同的。你把责任的根据建立在人的生理和心理的本性上面，那它肯定没有绝对性，也没有普遍性。像这样一些本性是每个人都不太一样的，对幸福的理解是每个人不一样的，你认为幸福，他可能认为不幸福，每个人都有不同的理解。因为幸福它是建立在人的感性之上、经验性的东西之上的。不管是人类的本性还是人所置身的那个世界的环境，都不能为责任建立它的根据，严格说来是这样。当然日常生活中，我们有功利主义伦理学好像已经够了，但是在康德看来，这都还不能算是真正严格的道德，它只说明我们人类是有限的。但是人类除了有有限性以外，他还要追求无限，还要追求绝对，那么真正的道德就在这种追求绝对的过程中体现出来。所以他讲，必须完全先天地到纯粹理性的概念中寻找，仅仅在纯粹理性的概念中寻找责任的根据。我们真正的义务应该出自于纯粹理性，不出自于任何利益，也不出自于任何情感，只能在纯粹理性的概念中去寻找。概念很抽象，但是概念虽然很抽象，它却很严格，它有必然性。太具体的东西，太感性的东西，虽然很具体很生动，但它没有必然性，不严格。下面讲：

而任何其他的以单纯经验的原则为根据的规范（Vorschrift），甚至一个在某一方面看来是普遍的规范，即使它有一丝一毫，也许只是一个动因是建立在经验性的根据上的，那么它虽然可以叫作一条实践的规则（praktische Regel），却绝不能叫作一条道德的法则。

就是说，"任何其他的以单纯经验的原则为根据的规范"，有些规范在生活中是建立在经验的原则之上的，比如说功利，比如说幸福，这些都是单纯经验的原则，人的感觉、愉快和不愉快、快乐和悲伤、享受和折磨、痛苦、灾难等等所有这些概念都是一些经验性的概念，人就是要趋乐避苦，维持自己的生存，这些东西都是一些经验性的原则。这些经验性的原则看起来具有普遍性，人哪一个不趋乐避苦呢？哪一个不要维持自己的生命呢？看起来好像很普遍，但是它是经验性的，因为人类本身就是经验性的。人类是在宇宙自身发展的历史某一个阶段上产生出来的，在此之前没有，在没有人类的时候你这一套东西就没有用，或者说另外一种有理性的存在者，他们的感官和我们的不一样，也许你这一套东西就不适用。规范（Vorschrift），就是预先写在那里的东西，Vor 就是预先，schrift 是 schreiben、"书写"变化来的，先写在那里的一个东西，就是规范，规范好了的，通常用在人类社会生活中，包括伦理、道德、法律规范。"其他的以单纯经验的原则为根据的规范"，其他的，也就是说除了义务和道德法则以外的其他的规范，义务和道德法则本身也可以说是一种规范，当然它不仅仅是一种规范，而且它是一种法则。规范是比较泛的一个概念，包含有法则，这个我们下面还要讲。他这里讲，泛泛而谈的，任何其他的规范，除了义务和道德律以外，"甚至一个在某一方面看来是普遍的规范，即使它有一丝一毫、也许只是一个动因是建立在经验性的根据上的"，比如说幸福，谁都追求幸福，这个是一个普遍的规范，但是这里面是包含有经验性的东西的，每个人理解的幸福都是根据自己的身体条件，心理条件，当时处境，根据这些后天经验的东西和被决定了的自然条件而不同、而改变的。"即使它有一丝一毫、也许只是一个动因是建立在经验性的根据上的"，Bewegungsgrund，动因，Bewegung 是运动，grund 是原因和理由，这个词我们要注意。"动因"和我们后面要讲的"动机"是不太一样的，Triebfeder 是动机，其中 Trieb 是推动，在弗洛伊德那里我们翻译成"内驱力"，feder 就是发条，推动的动力来自于内驱力的那种动力，Triebfeder，这个我们翻译成"动机"，跟"动因"区分开来。这两个概念看起来很接近，但是有区别，这个后面再讲。他这句话讲："也许只是一个动因是建立在经验性的根据上的"，动因建立在经验性的根据之上，那么这个动因就很可能是表现为现象，哪怕是自由意志这样的动因，也可能表现出来是不自由的。自由意志本身是物自体，它是一个动因，但是这个动因如果你听从了感性的诱惑，比如说经验性的根据，那你就把自己的动因建立在现象的根据之上了。那么这个时候虽然是属于你的自由意志，但是你的行为像一个动物，你追求功利，追求幸福，这跟动物没有什么本质的区别。所以这种本体的东西，这种自在之物的东西就服从于现象了，这种动因就可以称之为经验性的动因，后面有时候也有这种用法。人本来有自在之物的东西，自由，这是超越于动物之上的，但是你这个超越于动物之上的万物之灵长，你跟动物没有什么区别。这样一来，"那么它虽然可以叫作一条实践的规则（praktische Regel），却绝不能叫作一条道德的法则。"实践的规则，Regel 是规则，这个概念也是一个很泛的概念，规则和法则（Gesetz）不一样。实践的规则，我们在实践中按照一条比如说实用的规则，也可以叫规则，当然道德法则也可以称之为规则，但它不仅仅是规则，道德法则它是法则。法则是有一种客观必然性的，道德的法则是无条件的，只要你有理性，你就必须要按照道德法则去做。而实践的规则它可以是有条件的，如果你想要达到这个目的，那么你就必须要按照这个规则去做。但是这有个前提，你有这个需要，你想得到什么，如果你不想得到什么，那么这个规则对你来说就没有意义。今天下雨，但是我明天本来就没想出门，所以我也用不着去看天气预报明天到底下不下雨，这个规则我不必要去掌握，它是有条件的规则；你如果明天想出门，那你要看看天气预报。所以有条件的规则可以称之为规则，但是不能称之为法则，道德的法则是无条件的。什么是有条件的呢？那就是也许只有一丝一毫，也许只有一个动因是建立在经验性的根据之上的，这个经验性的根据就是条件。当然你还是自由意志，是你的选择，但这个选择是根据经验性的东西、经验性的需要来决定的，这就不是法则，而只是一条实践的规则。一个人做道德的事情后果很好，这还不能说这个人的行为在严格意义上是道德的，只能说它是合乎道德的。但是要真正是出于道德的，那就要看他的动机，是否掺杂了经验性的根据。当然我们人类看不到，但应当有这样一个要求。这很有点类似于中国儒家的"诛心之论"，但是康德和儒家的区别就在于，康德认为对于人的内心我们看不到，而儒家认为看得到；他们的共同之点就是认为真正的道德必须是要动机好，为道德而道德。这是儒家和康德共同的地方。康德前面已经讲了："每个人都必定会同意，一条法则，如果要被看作是道德的，即看作责任的根据，它自身就必须具有绝对的必然性"；绝对的必然性就是不为了任何利益，就是为了道德而道德，把道德当作绝对的法则，这个是东西方一样的。不光是东西方一样的，哪怕有外星人，也是一样的。真正的道德，要看它的动机。康德当然不主张"诛心之论"，西方讲人权嘛，讲隐私嘛，你怎么能够把人家的内心作有罪推定，认为他出发点不好，他动机不纯，别有用心，你就否定他的行为呢？西方人一般不讲这个，即使算有这可能，这种行为也得许可，只要没有侵害别人。所以道德和法律是分开的，许可就体现在法律上面，凡是法律允许的，你都可以做。而道德在康德这里，他把它提升到不仅仅是一个法律层面，而且必须要动机纯，但是动机纯不是每个人都能做到的。虽然不是每个人都能做到，你也不能算定他就不能做到，你只能提出要求，你只能要求他动机好，但是你不能说他做这个事情动机不好，你怎么知道他动机不好？你怎么能算定他？你又不是上帝。只有上帝才是知人心者，你不能够知人家的心。你甚至不能够知自己的心,你自己的心你也不能够真正知道。所以"诛心"可以要求,但不可实现,更不可操作。我们中国人恰好相反,往往认为我可以掌握别人的心,至少可以掌握我自己的心,于是想了很多办法来操作"诛心"的事业。但严格说起来,没有人能完全彻底的把握自己,更遑论把握别人的心了。这就是为什么要"寻找自我"。"寻找自我"这个概念是从西方来的,中国人很难理解:自我已经在这里,为什么还要寻找? 就是说你并不知道,你在这里,但是你不知道自己在哪里。我在哪里,我是谁? 这些问题都是我们受了西方文化的"污染"以后才提出的一些问题,在中国哲学里面是没有这些问题的。

第 三 讲

前面两讲我们都是康德对《道德形而上学奠基》在康德的整个哲学体系中、以至于在康德的道德哲学中它的位置究竟怎么摆？《道德形而上学奠基》是为道德形而上学奠定基础，而道德形而上学又是什么呢？道德形而上学是道德哲学里的一个部分，或者说是一个高层次的部分。那么，上一次我们就讲到了康德对于道德哲学所进行的一种划分、所做的一种分工，也就是说，像任何行当里面都需要一种分工一样，在道德哲学这样一个行当里也需要这样一种分工。道德哲学里的分工，就是一般的道德哲学和道德形而上学，这是两个完全不同的层次。康德在序言的第一句话就讲了，古希腊哲学分成三门科学：物理学、伦理学和逻辑学。那么物理学和伦理学都属于哲学，伦理学的哲学那当然就是道德哲学。但是正像物理学作为自然哲学已经包含了经验的成分，伦理学作为一种经验科学，关于人生、人世智慧的科学也包含有经验的成分。那么，在这种经验的成分之上，它应该有一种更高层次的，那就是道德形而上学。这是我们上一次讲到的关于道德的人世智慧、人间智慧，里面当然包含有经验的成分，有日常从实践经验中得出的成分。但是人世智慧它有一个前提：我们何以可能建立一种道德的人世智慧？那就是因为我们先天的、纯粹的有一种道德的形而上学在为它奠定基础，这就是康德的道德形而上学奠基本来的意思。那么奠定基础的这一部分，它主要就是关于道德形而上学的最高原理，它的内容是讨论这方面的。那么一般的人世智慧可以有实践的规则，它在经验的基础上可以建立起实践的规则，但是实践的规则却绝不能叫作道德的法则。实践规则和道德法则是有层次的、不同的，实践的规则是我们为人处事、待人接物，在经验世界和日常生活中都有的一些规矩、礼节规范，这里面包含了经验的成分，但是道德的法则是纯粹的。

那么我们今天要讲的这一段它是这样开头的：

这样，在所有的实践知识中，不仅道德法则和它们的原则一起，与所有其他任何带有经验性成分的知识有本质上的区别，而且所有的道德哲学完全建立在它的纯粹部分之上，

这个地方就点到主题了，"在所有的实践知识中"，实践知识包括我们在日常生活中进行生产活动、社会活动、科研活动等等需要我们的目的性的种种活动，这些都叫作实践知识，那是非常广泛的。在所有的实践知识中，"不仅道德法则和它们的原则一起，与所有其他任何带有经验性成分的知识有本质上的区别"，也就是说道德法则也是属于实践知识中的一个部分。"和它们的原则一起"，也就是说道德法则和道德法则的原则一起，道德法则及其原则，这个"它们"还是指的道德法则。在这个地方道德法则的原则要比道德法则更高，原则在这里是放在道德法则之上，首先是道德法则，然后从道德法则里面追溯到它们的原则。当然这两个概念在康德那里的运用有时候也不是很严格的，Prinzip 和 Gesetz，原则和法则，在很多地方康德把原则放在法则之上，原则是理性的，法则是知性的。我们以前讲了知性上面还有理性，知性是进行判断、形成概念的能力，理性是推理的能力。形式逻辑讲概念、判断、推理，概念、判断层次稍微低些，但是推理是最高层次的，推理所得出的是原则，而知性、概念判断得出的是法则。在这个地方，它的原则被看作是比法则更高的。"道德法则和它们的原则一起"，这里都是用的复数，也就是说一些道德法则建立起来了，从这些法则推出去，追溯到它们的那些更一般的原则。但总的来说，它们"与所有其他任何带有经验性成分的知识有本质上的区别"，即在所有的实践知识中，道德法则和道德原则与含有经验性的知识是不同的，也就是说它们在所有的实践知识中是不含有经验性知识

的成分的。换句话说，在所有的实践知识中有两部分，一部分是不含有经验性的知识的道德法则和道德原则，另一部分是含有某种经验性东西的知识。这两种知识具有本质上的、等级上的、层次上的区别。"而且所有的道德哲学完全建立在它的纯粹部分之上，"前面讲的"所有的实践知识"和这里讲的"所有的道德哲学"当然还不一样。"所有的实践知识"也包括一些没有道德含义的，比如说我们日常生活的实践知识。那么这里讲的"所有的道德哲学"，"道德哲学"在"所有的实践知识"中占一部分，它也属于一种实践知识，像"己所不欲勿施于人"之类的具有哲学含义的命题，其中是含有经验性成分的，如情感之类。但道德哲学里面也包含了纯粹的部分，纯粹的部分就是没有任何经验性东西的部分，也就是道德法则和道德原则的总体。道德哲学有通俗的道德哲学，还有纯粹的道德哲学。这里讲"所有的"，也就是包括通俗的道德哲学和纯粹的道德哲学。通俗的道德哲学包含有经验的成分，而纯粹的道德哲学不包含有经验的成分，但所有这些都"建立在纯粹的部分之上"，也就是说它的不纯粹的东西是建立在纯粹的东西之上的。那么这些纯粹的东西是什么呢？那就是道德的形而上学。道德哲学里面包含有道德的形而上学作为它纯粹的部分，而其他的部分是通俗的，道德哲学里面包含有通俗的道德哲学也包含有纯粹的道德哲学即道德的形而上学。这是这一半句。要注意它的句式，这是两个进一层的层次，即首先把道德法则和其他的实践知识区别开来，然后把道德哲学的通俗部分和纯粹部分区别开来："不仅……而且……"这是有进一步含义的。为什么有进一步的含义呢？因为一般所讲的实践知识不仅仅是道德方面，也包括日常目的性方面；那么一讲到道德方面又有一层区别，即通俗的道德哲学和道德的形而上学，所以这里有递进的层次关系。下面：

　　<u>并且，在运用于人类时，不仅不需要从关于人的知识（人类学）借来丝毫东西，反而给予作为理性存在者的人以先天的法则，</u>

　　这个"并且"也就是更进一步的意思，更进一步地说明了道德哲学

是建立在它的纯粹部分之上的。并且道德哲学在运用于人类的时候，人类当然是经验的，人类是经验的对象，我们地球上几百万年以前才产生出人类，那么在运用于人类现实生活的时候，道德哲学不仅不需要向人的知识（人类学）借来丝毫的东西。道德哲学本身是建立在纯粹哲学之上的，它运用于人类之上的时候，它是不是从经验的人类学里面提取了某种东西呢？不是的。这样一种建立在纯粹部分之上的道德哲学，不需要从人的知识、也就是从人类学里面借来丝毫的东西，它是从上而下、居高临下、高屋建瓴地把纯粹的部分运用于人类的现实生活之中，而不需要从低下现实的人类生活中借来什么东西。"反而给予作为理性存在者的人以先天的法则"，"作为理性存在者的人"，人当然是经验的存在者，但是"作为理性存在者的人"，那就是人这种经验性的对象里面有非经验的、超经验的东西，"理性存在者"是超经验的，而人既有经验的后天的部分，也有超经验的先天的部分。所以道德哲学在运用于人的时候，不是在人身上吸取后天的经验的材料，而是从上而下地给予了人作为理性存在者以先天法则，因为人也有纯粹的、先天的部分，他也作为理性存在者，人是双重的存在者。那么在这里强调的是，道德哲学从上而下地给予了人作为理性的存在者先天的法则。人之所以能够接受这种纯粹的道德哲学的先天的法则，是因为人本身具有先天的成分，那就是他同时是一个理性的存在者，所以他能够接受上面赋予他的先天的法则。下面讲：

当然这些法则还要求有被经验磨利了的判断力，

"当然"在这里是退一步。"这些法则"本身就是道德的法则，前面所讲的道德法则和道德原则一起，它们不同于经验性的东西。但这些道德法则，也就是先天的法则，"还要求有被经验磨利了的判断力"。"判断力"这个概念需要解释一下，一般来说，知性是概念和判断的承担者，知性运用这些概念去做判断，但是这只是粗浅、大致、初步来说的。在知性和判断力之间还有一个微妙的区分。在《纯粹理性批判》中，知性提出这些原理，而判断力将这些原理运用到经验的对象之上。判断力在这里起到中介的作用，一方面它援引先天的原则、法则；一方面作用于后天的经验材料。你掌握了系统的先天法则，你会不会应用呢？你有了书本上的知识，系统的法则是可以通过读书、课堂而获得的，那么在实践的经验中你会不会正确的应用？这就是判断力所做的事情。判断力严格说来是不可教的，如果可以教那我们在课堂上就解决了。我们读医学就不需要临床实践了，读社会科学的也不需要社会实践了。但是不行，判断力不可教只能练习。你学了大量的书本知识，但是如何能够把这些书本知识准确地用于实践中、用在恰当的经验对象之上？我们经常说原理不错但是用错了地方，一个医生懂得了很多原理，面对一个具体的病人，这个病人究竟适合于哪条原理，这个需要判断力，这是预先没有准备好的。所以，判断力只能够不断训练和培养，而且有些成分是天生的。有的人天生就没有判断力，他只适合搞研究、教书，他就不适合动手，他缺乏动手的能力。这个是没有办法的，当然他长期参与实践也可以改进他的判断力，但是有一部分成分是天生的。所以判断力处在先天的法则、原则和后天的经验之间的一个中间地位，能够把二者结合起来。这个在认识领域里面有这样一种情况，在《纯粹理性批判》里讲到判断力的学说，也就是所谓的"原理分析论"。"概念分析论"讲的是知性，而"原理分析论"讲的是判断力，这是它们的不同。当然从某种程度来说它们都属于知性，细分的话还有一个更狭义的知性和判断力，这是它们相互之间的区别。在《纯粹理性批判》里讲认识的时候就讲到了判断力的作用，它能够通过纯粹知性的图型法，作为一种图型把普遍的一般的原则和具体的经验对象结合起来。那么在讲实践理性、道德行为的时候，又提到了判断力。当道德哲学已经提出了道德法则，当你已有了道德法则的时候，但是这些法则用来判断一个现实的行为在经验上是否符合道德，应不应该做，这个需要判断力，这个判断力和认识的判断力不同，它是实践的判断力。"这些法则还要求有被经验磨利了的判断力"，被经验磨利，被经验磨得锋利了的判断力，就是说判断力虽然是天生的，但经过后天培养训练可以对它有所改善。纯粹的道德哲学，或者道德哲学的纯粹的部分，提出了纯粹的先天的部分，但这些法则还需要有判断力去运用它们。所以判断力要在经验中不断打磨，我们每天都在进行道德判断，我们的生活都处于自觉或不自觉的道德判断之中，那么我们的这种经验对我们的判断力就有一种不断的打磨。我们讲一个人有社会经验，一个人熟悉人情世故，这跟初生牛犊、刚刚从学校毕业的学生那是不一样的。因为他的判断力经过了长期的打磨，具有了丰富的实践经验。不会看到一件事情，马上运用抽象的概念下判断，没那么简单，要体察这些事件的具体的场合和情景。"范跑跑"的事件一开始在网上公布出来，所有的人都断定他是"坏人"。但是不断地体会他当时的情景、意图和心情，有些人又慢慢对他有所理解，觉得不应该简单地说他是坏人。而简单地说他是坏人，这属于判断力未经打磨的状态，判断力还没有经过实践经验来磨利，不懂人情世故。你设身处地想，到那个时候你会怎么做？这个都需要一种判断力来起作用的。为什么需要这种判断力呢？

以便一方面区分在哪些场合道德法则有其应用，

这个是判断力的作用，区分在哪些场合道德法则有其应用，一条道德法则要运用在什么场合之下，这个是需要判断力的。一个道德法则是抽象的，那么我们在具体运用的时候把它安在什么样的场合之下才是恰当的，这需要判断力。

一方面，为道德法则找到进入人的意志中去的入口和实行的重点，

这个应该说更加根本。一方面，具体一个情况发生了，我们的道德法则适不适合这样一种情况？能不能就用一种道德判断对这种情况进行判断呢？这个是判断力的一种功能。另外一种功能是"为道德法则找到进入人的意志中去的入口和实行的重点"。道德法则和人的意志还不是一回事情，道德法则是一个抽象的普遍法则，而人的意志是每时每刻都在不断变动的。人的意志灵机一动，随时就有一种意象发生了，那么对于这样一种五花八门的、随时改变的意志，我们要为道德法则找到进入人的意志中去的入口和实行的重点，一个突破点。我们在日常生活中的很多意志往往是任意的、随机想到的，如果要把道德法则贯彻下来，那么就需要一种判断力。判断力抓住每一个意志，找到它的突破点、入口，怎么样来贯彻道德法则，因为意志本身瞬息万变，很难把握。但是如果你找到了它的重点、找到了它的入口，从哪个方面来判断他的意志，那么这个道德法则就可以一贯地贯穿在人的实践行为中。所以下面就讲：

因为人的意志本身受到那么多爱好的影响，他虽然能产生出某种实践的纯粹理性的理念，但要让这理念在他生命的历程中具体地起作用，却并不那么容易。

这就是我们刚才所讲的，人的意志为什么那么多变呢？是因为它受到了很多很多形形色色的爱好的刺激、影响。本来是下定决心要干一件事情，但是半途而废。为什么半途而废呢？因为很多爱好在引诱他。本来立志要把学习的事情搞上去，将来要当一名律师、一名经济学家，充分发挥自己的才干，结果呢，玩电脑游戏去了，没办法，总有一些东西把他诱向别的方向。所以他虽然有能力"产生某种实践的纯粹理性的理念"，每个人只要有理性他都可以产生出纯粹的实践理性的理念。比如说道德法则，我应该怎么做？在任何场合下我都应该怎么做，我不应该浪费光阴，要努力奋进、提高自己，以便为人类做贡献。这样一些观念人人都可以产生出来，都可以想得到，哪怕那些坏人，先前也不是坏人，你可以问问他，当初他也可以想到那些理念，只要他有理性，他就可以想到。但要让这些理念在他生命的历程中具体地起作用却很难，问题是怎么样找到进入人的意志去的入口？怎么样抓住重点？实际上在康德看来，就是你要排除那些经验性的事情。你要把道德法则看成是纯粹的法则，这就是重点。不管你的意志多么多变，你的意志里面都有一个纯粹的东西，你要守住这个纯粹的根基，这个是进入你的意志的入口，凡是有东西来诱惑你、刺激你，你马上就要抓住它，要想、要判断，这样一种诱惑是否偏离了我的意志的本性？是否偏离了我的意志的纯粹的法则？这就是重点，这也就是入口。如果没有偏离，你当然可以去做，但是你始终有一个重点，就是说我这样去做并不是因为那些外在的诱惑，主要是由于我的意志本身它有它纯粹的法则。我在日常生活中像一个普通人、平常人一样地生活，但是我的生活的理念比平常人要清晰，因为我牢牢地守住我的意志的根本、意志本身的纯粹的法则。当然守住这一点并不是把其他的东西都不要，采取禁欲主义，那也不是。我在日常生活中跟平常人一样，但我内心很清楚我要什么。所以每到关键时刻就显出他的不同来、显出他高人一筹的地方来了，在关键时候你就把握住你了，因为你把入口和重点牢牢掌握在自己的手里，所以在选择的时候可以看出，为什么有些人成了英雄、有些人成了狗熊？他的区别并不在于有些人有理性而有些人没有理性，而在于他牢牢地守住了纯粹理性这个根基，而别人被其他的东西带走了，区别就在这里。所以要让这些理念在他生命的历程中具体地起作用，要一贯地贯彻这些理性的法则，如果你不是很清楚地把握住重点、把握住纯粹的部分，那么你很可能很容易被那些后天的经验的东西裹挟而去。这是这一段。下面就引出了道德形而上学。前面讲的一般的道德哲学，道德哲学当然包含了道德形而上学，但是他也包括通俗的部分。那么这一段讲的是如何从通俗的部分过渡到形而上学，下一段讲的就是形而上学。这一段就正式进入了道德形而上学。

390　　　所以，一个道德形而上学是必要而不可或缺的，不单纯是出于思辨的动因（Bewegungsgrund），以便探究那些先天地置于我们理性之中的实践原理（praktischen Grundsätze）的来源，

也就是说，一个道德形而上学是不可或缺的，不单纯是出于思辨的动因。什么是思辨的动因呢？思辨的动因是为了探究"那些先天地置于我们理性之中的实践原理（praktischen Grundsätze）的来源"，这个从句是解释什么是思辨的动因。所谓思辨，在康德的用语里面主要指抽象理论的、认识方面的，思辨理性与实践理性对立，思辨的就不是实践的，实

践的就不是思辨的。思辨的在很大程度上相当于理论的,我们可以讲理论和实践这两个概念是对立的,讲理论就不是讲实践,讲实践就不是讲理论。思辨的就是理论的,"不单纯是出于思辨的动因"、出于理论的东西,理论的东西是什么呢? 为的是"探究那些先天地置于我们理性之中的实践原理的来源",也就是说探究实践原理的根源。实践原理从何而来? 这是一个客观的要解决的对象、一个事实。实践原理在这里,我们要探究它是来源于何处,这种探究是一种理论上的探究,而且是抽象的理论,它的来源已经到了非经验的层次,只能通过思辨,思辨就是从概念到概念。思辨 (Spekulation) 的原始含义是投机、经济投机,我们讲投机倒把,在做生意上投机。经济学里讲投机是什么意思呢? 事情还没有发生的时候我就预见到它可能会发生,于是就投机,就投下一笔财产,预计它会涨价,像我们买房子,买房子为了增值,这就是一种投机,是不是涨价这就不知道了。有的人买了几十套房子,惨了,现在卖不出去,所以这里有一定的风险。用在哲学方面,就是从概念到概念,它没有那种投机的贬义。投机本来也没有贬义,在经济学上很正常,抓住机会嘛;只是在中国人心目中投机才是贬义。思辨的意思是它不接受经验、不接受现实,而是从先天的概念进行断言,从概念到概念。我们经常鄙视说一种理论完全是从概念到概念,完全是概念的辨析,我们中国人很反对这个东西,但西方哲学里强调思辨哲学,思辨哲学是什么呢? 思辨哲学就是澄清概念,从概念到概念,并且不纯粹是一种语言形式的分析,而且要把这种形式的分析运用于预测它的对象,形而上学、存在论、本体论这些都属于思辨哲学。在传统中、在康德以前这些都属于思辨哲学,康德以后把实践哲学也放进来了,形而上学不仅仅是思辨哲学,而且也是实践哲学。在康德以前形而上学是思辨哲学,也就是说我通过概念的推理可以推出这个世界是个什么样的世界、推出本体论方面的知识。所以它不单纯是一种语词辨析,像现在的分析哲学的语言辨析,严格说来还不是思辨。所以分析哲学反对思辨,从概念到概念,分析哲学并不是要推出一个实在,而仅仅是进行语词的分析。古典哲学除了从概念到概念的分析以外，还要从概念的分析里面断定客观事物是怎么样的，客观世界、实体是怎么样的，这就是古典哲学。就像商业投机，不仅是脑子里面策划了我要买股票，这个股票肯定要涨，预测它要涨，于是我买了一大堆，买一大堆是为了赚钱的，并不是说买来好玩的。分析哲学相当于买股票买着好玩它不赚钱，思辨哲学相当于买了股票但它要赚钱，至于能不能赚钱这个很难说，两千多年来都没赚到钱，到了康德这里被推翻了，康德认为这样是赚不了钱的，所以这是需要批判的哲学，思辨的概念就是这样一个意思。"不单纯是出于思辨的动因，以便探究那些先天地置于我们理性之中的实践原理的来源"，也就是说不仅仅是从概念到概念的道德形而上学的分析，通过分析这个概念来探究我们的实践原理它的来源。这些实践原理的来源肯定就是到我们先天的理性中去找，由于我们先天地具有理性，所以我们才具有实践原理，事实上它不是从经验来的，而是从先天的理性里面推出来的。思辨的动因就要考虑它虽然是实践的原则，但是它是什么？它来源于什么？要把这个事实搞清楚。那么实践的动因就不一样了，实践的动因不是要把这个事实搞清楚，而是要把这样一个事实用于我们的实践里面，它们对我们有什么用处，不考虑它是什么，而考虑它应该怎么做？所以它不单纯是出于思辨的动因，以便探究那些先天地置于我们理性之中的实践原理的来源，

也是因为只要缺失了正确评价道德的那种引线和至上的标准，道德自身总是会遭到各种各样的败坏。

这个"也是因为"，就是指不单是刚才探讨来源的思辨的动因，也是因为我们应该如何来运用这些原理。"也是因为只要缺失了正确评价道德的那种引线和至上的标准，道德自身总是会遭到各种各样的败坏"，言下之意就是说，也是因为我们不能让道德自身遭到各种各样的败坏，这是一种实践的立场，不是理论的立场。思辨的立场是搞清一些知识性的东西，即使不是自然科学的知识，也是道德的知识，就是说我们的实践原

理来自于何处，根在哪里，我们要把这个事实搞清楚，这是一种道德知识。但是道德知识毕竟还是一种知识，它是从属于这种思辨的动因。动因和动机是有区别的，我们后面可以读到，康德讲的动因和动机是不同的。动因是更背后的东西。思辨的动因也就是说出于思辨的理由和目的，我们要搞清这些实践理性的来源，那么不仅仅是为了这个，而且是因为，只要缺失了正确评价道德的那种引线和至上的标准，我们如何评价道德就成了问题。我们要评价道德必须要有一种线索，必须有一个标准、准则，你按照什么样的一条原则来评价、判断道德，这个引线可以引导我们到一个至上的标准，自上而下地找到它最高的标准，然后我们就可以把它运用在具体场合之下了，但是如果缺失了这种引线和至上的标准，"道德自身总是会遭到各种各样的败坏"。为什么道德形而上学不可缺？一方面我们为了我们的道德知识，要想知道这些实践原理它是从何而来的，这是一种知识，这就是道德的形而上学。另一方面在实践中，我们不能够让道德遭到各种各样的败坏，而如果没有道德形而上学给我们提供的引线和至上的标准，那么道德肯定会遭到败坏。这个就是一种实践论的立场了：我们应该怎么样？我们不应该怎么样？我们如果不怎么样，那就会怎么样？而这样一个结果是我们不愿意看到的。知识论的立场就没有这个，如果道德败坏了，我们就描述道德败坏了，仅此而已，但这里的意思不仅仅在这方面，而是说，我们不允许道德的败坏，而且说，如果我们不怎么样道德就要败坏，那么这就是我们应当避免的。为了要避免道德败坏，我们必须要建立起道德的引线和至上标准，而为了要建立这个标准，我们必须有道德形而上学。这就回答了问题了，一个道德形而上学是不可或缺、必不可少的，为什么？一方面我们要在知识论上搞清楚实践原理；另一方面，在实践生活中，有了道德形而上学，就能避免道德的败坏，我们就可以很好地维护道德的纯粹性。道德形而上学有双重作用，一方面使我们头脑清醒，另一方面为防止我们堕入道德败坏提供了最高的标准、最好的准则。

因为对于什么才是道德上善的，仅仅是**合乎**德性法则是不够的，而必须也是**为了德性法则**而发生；

这个"因为"是承接了前面的"道德自身总是会遭到各种各样的败坏"，为什么没有那个至上的最高标准道德就会遭到败坏呢？因为"仅仅是**合乎**德性法则是不够的，而必须也是**为了德性法则**而发生"。什么是道德上善的？仅仅合乎德性法则这是不够的，合乎德性法则表面上看起来是道德的，但这种合乎并不是以最高的标准、至上的标准来加以衡量的。合乎德性法则的事情很多，我们每天做的事情，只要不损害别人的利益，只要得到大家的认可，那都是合乎德性法则的。但是，是不是为了德性法则？那个就很难说了。比如说一个商店从来不卖假货，大家都信得过，但是它是不是为了德性法则呢？一般来说都不是，而是为了一些感性利益的需要、为了赚钱。什么才是道德上善的，仅仅是合乎德性法则，那就是没有用最高的标准来要求自己。"而必须也是为了德性法则而发生"，那就是用最高的标准来要求自己，为了道德而道德。我之所以不卖假货，是因为卖假货是不对的，而不是说卖假货你就会倒台、你赚不到钱，临时可以赚到一点钱，但是长远来看你终究是亏了。如果这样一种观点、这样一种动机也被称为道德的，那岂不是对道德的动机的一种贬低和败坏吗？你把这个出于商业利益而不卖假货的行为称为道德行为，那就是一种混淆，并且是对真正道德的一种败坏。就好像不需要在动机上为道德而道德，只要我做出来的事情符合道德律，那就够了，这样造就出来的一些人都是假人，伪道德的人。当然我们对这样的行为可以赞赏，但是对那样一种道德评价我们不能那样赞同，因为他不卖假货我们就说他是一个道德上高尚的人？所以它讲"仅仅是合乎德性法则是不够的，而必须也是为了德性法则而发生"。下面讲：

否则，那种符合就只是非常偶然的和形形色色的，因为有时不道德的根据固然也会产生出合乎道德法则的行动，但更多时候是产生出违背道德法则的行动。

　　"否则"，也就是说如果不是为了德性法则而发生的话，那么"那种符合就只是非常偶然的和形形色色的"，"那种符合"也就是合乎道德法则，仅仅是符合道德法则，是"非常偶然的"，偶然他的行为符合道德法则，而且是"形形色色的"，也就是说，今天这样明天那样，今天出于这个考虑明天出于那个考虑，没有一个定准，没有一条贯穿的原则，这是乱七八糟的，各种各样的杂多考虑都混在里头。在现实生活中，有各种各样的现实的刺激、诱惑和影响，那么所有这些考虑都杂在里头，没有规律可寻，非常偶然的。这个"形形色色的"，mißlich，现代德语是"糟糕的"、"困难的"之意，古德语则是"各种各样"、"各不相同"的意思，可理解为"乱七八糟的"，一大堆的。这种符合虽然符合了道德法则，但是这种符合是无规律可寻的，一个人他今天可以符合明天可以不符合，即便是符合，他可以是各种不同的程度各种不同的形态，取决于他当时偶然的处境。所以下面解释了："因为有时不道德的根据固然也会产生出合乎道德法则的行动，但更多时候是产生出违背道德法则的行动"。不道德的根据有时候也符合道德法则，我们刚才讲的为了赚钱不卖假货，这个当然还不是不道德的，而是非道德的。那还有不道德的，比如说想挤垮别人，于是亏本出售，卖得非常便宜，人家都到你这里买不到别的地方买了，其实你是为了害别人。人家一看，你是赔本赚吃喝，赔了自己的本，对顾客有好处，把自己的钱送给别人，好像是道德的行为，还可以打出一些道德的幌子，什么免费赠送老人、残疾人等等。但实际上等把别人挤垮了以后，他形成了垄断价格，有一天突然一下提价，超出了这个价值的好几倍，那时没有其他商店卖给你了，你只能到他那里买。所以开始的时候好像是道德的，但是他的动机是不道德的，他"更多时候产生出违背道德法则的行动"，更多的时候，他的行动包括他的不道德的后果，最后是违背道德法则的。所以你不能根据他仅仅是符合道德法则的就判定他的行为是道德的，要判定一个行为是真正道德的、是道德上是善的，不能仅仅根据他的行为和后果，而必须根据他的动机。所以我们可以从后果和动机这两个层面来看他这里的道德，不能够仅仅从他造成了符合道德法则的后果，而要看他的动机是否为了道德法则。

现在，既然纯粹的和真正的（这在实践中恰好是最为重要的）德性法则除了在一种纯粹哲学之中，不可能在任何别的地方找到，所以这一纯粹哲学（形而上学）就必须走在前面，没有这个形而上学就根本不会有任何道德哲学；

这句话讲的是道德形而上学应该摆在一个什么样的位置上，它应该摆在一个在前的地位、一个先决条件的地位。你讲道德，你如果不首先有一个道德形而上学摆在那里，那么你如何能够区分真道德和假道德呢？只有道德形而上学提供了一个道德的最高原理、至上的原理、至上的标准，你才能够拿着这个至上的标准去判断道德是不是真的。所以它讲"既然纯粹的和真正的（这在实践中恰好是最为重要的）"，在实践中，他的德性法则是否纯粹，是不是真正的德性法则，这个才是最重要的，要把真正的德性法则和道德上的伪善区分开来，这在实践中恰好是最重要的。康德的道德哲学有一个很大的冲击力，就是把以往的、包括基督教的那些道德都放在了伪善的范畴之中，因为它们没有达到真正的道德标准，总是用现实的具体的考虑来取代真正的道德动机，所以它脱离不了伪善。而康德要把这个区分开来，纯粹和真正的德性法则，除了在"纯粹的哲学"之中，也就是说除了在道德的形而上学之中，"不可能在别的地方找到"，只有在道德形而上学里面，可以找到真正的、纯粹的德性法则、最高标准；或者反过来，道德形而上学就是为了确立真正的、纯粹的德性法则，就是通过道德形而上学来建立起这样一种最高的法则。道德法则也就是德性法则，但是它们用的是两个不同的词，"道德"一般用的是"Moral"，"德性"一般用的是"Sittlichkeit"，"Sittlichkeit"我们尽量把它翻译成"德性"，但有时也不能完全贯通，这两个词都是拉丁词、同义词，但是在用法上稍微有一点区别，"Moral"是抽象的，而"Sittlichkeit"可以抽象也可以具体，所以把"Sittlichkeit"翻译成"德性"，把"Moral"翻译成"道德"，把"Moralität"翻译成"道德性"。"Sitten"有时翻译为"德性"，有时也可以翻译成"道德"，比如说我们这本书的标题"道德形而上学奠基"，其实也可以翻译成"德性的形而上学基础"，为了区分德文的这几个词，往往用汉语的"道德"和"德性"这样区分，但总是不够用，不完全能够区分开来。那么，既然德性法则除了在一种纯粹哲学之中不可能在任何别的地方找到，这就显出了道德形而上学它的必要性和位置了。为什么一定要有道德形而上学呢？它是否不可或缺呢？如果它不可或缺，那么它的位置在什么地方呢？除了在一种纯粹哲学之中不可能在任何别的地方找到，"所以这一纯粹哲学（形而上学）就必须走在前面，没有这个形而上学就根本不会有任何道德哲学"，这就是它的位置、地位。道德形而上学、道德的纯粹哲学、纯粹的道德哲学，最高的法则是在它里面建立起来的，所以它就必须走在前面，必须走在一般的道德哲学、通俗的道德哲学的前面。通俗的道德哲学，也就是那些包含了经验性成分的道德哲学，那些东西要得到解释必须有道德形而上学为它奠定了最高的原则，如果没有这个东西，那它是一团糟，你想要在通俗的道德哲学里面解释清楚所有的问题，那是不可能的。你必须把道德形而上学放在前面，搞清楚概念以后，建立起了最高的道德法则、原则以后，那么其他的道德哲学的根基才能得到解释。所以它讲"没有这个形而上学就根本不会有任何道德哲学"，道德哲学包括通俗的道德哲学和道德形而上学，如果没有道德形而上学，就根本不会有任何道德哲学，这个"任何"也就是讲包括通俗的道德哲学也不可能存在。我们讲"通俗的道德哲学"，我们还是把它看作一种哲学，不是把它看作是实用的法则、规则，不仅仅是实用的规范，技术性的规范，还是把我们日常生活中所遵守的这一套道德规范看作是这样一种哲学。虽然它是通俗的，它含有经验性的成分，但是你要把它看作是道德哲学，你就已经预设了道德形而上学作为它的前提，它们才能称为哲学。如果没有这个前提，那就不会有任何道德哲学了，也就是既没有纯粹的道德哲学也没有不纯粹的道德哲学。下面就讲到这个意思了，它说：

甚至那种在经验性的原则中掺杂进那些纯粹原则的道德哲学也配不上哲学这个名称（因为把哲学和普通的理性知识区别开来的正是，哲学把后者只是混杂地把握的东西在这门单独的科学中阐述出来），更不用说配不上道德哲学的名称了，

来看看这一半句，这个"甚至"是更进一层的意思，前面讲的是根本不会有任何道德哲学，当然它指的首先是通俗的道德哲学、包含有经验性内容的道德哲学，"甚至那种在经验性的原则中掺杂进那些纯粹原则的道德哲学也配不上哲学这个名称"，就是说，这些通俗的道德哲学就连哲学之名都不配。即使它在经验性的原则中掺杂进了纯粹的原则，如果不掺杂纯粹的原则，它怎么能称得上是哲学呢？所以它必须要掺杂进一些纯粹的原则，才能够叫作"通俗的道德哲学"，但是康德在这里提出来，甚至就连这样一种道德哲学也配不上哲学这个称号，哪怕你在经验性的原则中掺杂进了纯粹的原则、道德形而上学的原则，但是也配不上哲学这种名称，为什么？凡是掺杂了的东西严格说来都不能叫作哲学。从古希腊开始，物理学、伦理学都可以称之为哲学，这是大致而言可以这样说，但是严格说来还不能这样说。康德当然从古代传统里吸收了这样一种说法，自然哲学、伦理哲学。物理学在亚里士多德那里其实就是自然哲学，但是实际上，这样一种道德哲学、伦理哲学其实也配不上哲学这个名称，原因就在括号里面："（因为把哲学和普通的理性知识区别开来的正是，哲学把后者只是混杂地把握的东西在这门单独的科学中阐述出来）"。也就是说，哲学和普通的理性知识有什么区别吗？有一个区别：普通的理性知识它是跟经验的东西没有划清界限的，它是混杂有经验性的成分的，普通的不是纯粹的，它没有提纯。我们在日常生活中都有理性，每个人都有理性，理性的运用往往是埋伏在大量的经验材料里面，情感的、感性的后天经验，所有这些东西里面掩埋着理性，在日常生活中是以这样一种混杂的形态出现的，普通的理性知识就是这样一种形态。哲学和普

通的理性知识的区别就在于，哲学把普通的理性知识只是混杂地把握的东西，在一门单独的科学即哲学中阐述出来。也就是说哲学把混杂的东西里面的纯粹的成分提取出来单独构成了一门科学。在普通的理性知识中，有后天的成分，也有纯粹的成分，也包含有形而上的成分，但是它日用而不知，它以为这样就是一个整体了。但是哲学的眼光比它更加锐利，它单挑这些纯粹的成分，把它从混淆的知识中分离出来，单独地建立起一门科学，这就是哲学。所以哲学要配得上这个名称，就要把它掺杂进来的经验性的东西剔除掉，全部排除在外，才能叫作哲学，严格说来就是这样。所以它这里讲，甚至那种在经验性的原则中掺杂进纯粹原则的道德哲学也配不上哲学这个名称。因为它虽然可以说在经验的原则里掺杂了纯粹的原则，但是反过来也可以说在纯粹的原则里掺杂了经验的原则。它是一个混杂的混沌体，这样一个混沌体怎么能叫作哲学呢？通俗的道德哲学配不上哲学这个名称，严格说来它不能称之为哲学，我们沿用约定俗成的说法可以这样说，说通俗的道德哲学也叫哲学、伦理哲学。亚里士多德的《尼各马可伦理学》就是一种通俗的伦理学，应该怎么样做？什么叫善？什么叫中道？什么叫合适？等等，举了大量的例子来说明。但是没有直接论证原理、或者说原理是隐藏着的，你要把它提取出来，你可以看出它里面是有原理的，但是你如果不提取出来，它就是混成一片的。我们把这种纯粹的东西提取出来才叫作哲学，如果没有提取出来只是大致而言、泛泛而言也可以称之为哲学。下面讲："更不用说配不上道德哲学的名称了"，道德哲学跟一般哲学还不太一样，更进一层了。在什么方面更进一层了？因为道德哲学比一般哲学更纯粹了，它完全是讨论物自体领域的问题。一般哲学如理论哲学讨论人为自然立法，涉及自然科学知识，与经验还是相关的；而道德哲学完全不管现象界的事，所以道德哲学是一般哲学中最"纯粹"的，比理论哲学更加纯粹。通俗的道德哲学一方面配不上哲学这个名称，另一方面更不用说它配不上道德哲学这个名称，因为它掺杂了经验性的成分，那就不但和经验划不清界线，而且

还会损害道德本身,对道德造成败坏,这个道理前面已经讲了。所以下面讲:

因为恰好由于这种混杂,它甚至损害了道德自身的纯粹性,并与道德固有的目的背道而驰。

这样一个"因为",这样一个"理由",不仅仅是从思辨的角度来提出的,而且是从实践的角度提出的理由。为什么它配不上道德哲学的名称了呢?因为恰好是这种混杂,不但使它赶不上思辨哲学的纯粹性,而且甚至损害了道德自身的纯粹性。思辨哲学不纯粹的话,那对自然科学的影响还不太大,仅仅是使之缺乏系统性和清晰性而已;道德自身的纯粹性那就不仅仅是一个缺乏系统性的问题了,那就是真道德还是假道德的问题。科学知识不纯粹,它还可以是科学知识,但如果道德不纯粹,那就不是真道德,而是假道德。这样一个判断是价值判断,它损害了道德自身的纯粹性,"并与道德固有的目的背道而驰"。道德是为了什么?道德就是为了让人做一个善人、好人。但是如果出于这种混杂的道德哲学来支配自己的行为、决定自己的判断,那么你的行为和你的道德判断与道德固有的目的就背道而驰了,这就不是叫人做一个好人,而是叫人做一个伪善之人了,你就违背了道德基本的法则。所以这里有这两个层次。

下面一段话是讲,根据上面所说的,人们很可能会以为没有什么新奇之处,这些东西沃尔夫早就已经讲过了。沃尔夫曾经在他的道德哲学里面提出过普遍的实践性人世智慧,这本书我们没有查到,大概是拉丁文写的。但是这里的意思是,沃尔夫已经有一本书讨论普遍的实践性人世智慧。实践性的人世智慧这个概念前面已经讲了,它属于一种道德哲学。一般人世智慧属于哲学,哲学分为三个部分:物理学、伦理学和逻辑学,除了逻辑学以外,物理学和伦理学都属于人世智慧,这是两种哲学,物理学属于理论的人世智慧,伦理学属于实践的人世智慧。所以康德一开始就讲:

人们不要以为，这里所要做的，著名的沃尔夫在他的道德哲学、即他所谓的**普遍的实践性人世智慧** (allgemeinen praktischen Weltweisheit) 的引论 (propädeutic) 中，都已经做过了，因而我们在此不可能涉入一个完全崭新的领域。

在他的导论里面，这些内容沃尔夫早就讲过了，都已经做过了。你讲的没有什么新鲜的，著名的沃尔夫早已把你讲的那些话题都讲完了。康德是说，人们不要以为这样，不要以为他讲的就是沃尔夫讲的那些东西，康德讲的和沃尔夫讲的有根本性的不同。那么，沃尔夫是怎么讲的呢？

正因为它据说是一种普遍的实践性人世智慧，它所要考察的，就不是任何一种特殊种类的意志，比如一种不须任何经验性的动因、完全为先天原则所规定，人们可以称之为纯粹意志的意志，而是一般的意愿，以及在这种普遍意义上归之于它的所有的行动和条件，

这句话很长。这里要关注的是"普遍"，allgemeinen，这个词用在这里是有它的用意的。有什么用意呢？"正因为它据说是一种普遍的实践性人世智慧"，我们强调"普遍的"这个修饰语在这里的作用。普遍性的人世智慧体现在什么地方呢？体现在"它所要考察的就不是任何一种特殊种类的意志，比如一种不须任何经验性的动因、完全为先天原则所规定，人们可以称之为纯粹意志的意志"。这里的用词与我们通常的用词有一些反过来的地方。普遍性人世智慧的意思是什么呢？就是说凡是实践性人世智慧它都要考察。所以它要考察的就不是任何一种特殊种类的意志，就是从普遍的、一般的人类意志里面分出一种来加以特殊地考察，这个是沃尔夫没有做过的。"不是任何一种特殊种类的人类意志"，而是泛泛而谈的，在普遍的实践性人世智慧里面包含有各种各样特殊种类的意志，但是沃尔夫没有把它们分开来单独加以考察。当然特殊种类的意志里面也有不同的，康德在这里要强调的是有一种特殊种类的意志，比如一种不须任何经验性的动因、完全为先天原则所规定，人们可以称

之为纯粹意志的意志，这是他所谓的一种"特殊种类的意志"，不需任何经验性的东西完全被先验性所规定的纯粹意志。纯粹意志是"特殊种类的"，这个提法有点怪怪的，为什么纯粹意志是特殊种类的意志，而其他的意志反而是普遍的意志？"普遍的"在这里不是讲纯粹的意思，我们通常讲的普遍、普遍性，只有概念上的抽象的东西才具有普遍性，但是他这里讲的沃尔夫的实践性人世智慧不是在这个意义上讲的，不是讲抽象的东西，而是凡是实践性的人世智慧都同等地包括进来，将它们平等、普遍、一律地看待。所有这些东西无所谓，反正只要它是实践性的人世智慧，我都加以考虑，对它们不做一种本质上的区别，顶多对它们分门别类：甲乙丙丁，它们不同，但是它们一般来说都是一种普遍的实践性人世智慧，因此对它们不做本质性的区分。那么在其中，"一种不须任何经验性的动因、完全为先天原则所规定，人们可以称之为纯粹意志的意志"，这就是特指了，就是说一般的普遍的实践性人世智慧里面特别有一种是纯粹的实践性人世智慧，或者说是一种纯粹的意志。这种意志在一般的意志里面就是纯粹的意志，这个纯粹意志对于一般的泛泛而言的意志而言它是特殊的。但这个特殊并不是说它是具体的、后天的、经验的，正相反，这种特殊就特殊在它是最纯粹的，它的特殊性在于它的纯粹性，它是不包含任何经验成分的纯粹意志。它的特殊性就在这里，唯独它是不包含任何经验性的成分的，就这一点它是特殊的。所以我讲它这里的"特殊"与我们通常的用法有点相反，它这里讲的"特殊"不是具体的感性经验的特殊，而是指的唯有它是最没有感性经验的成分的特殊。当然那些具有感性经验成分的特殊也是另一种特殊，它又是一种特殊。所以他这里讲，沃尔夫考察的不是一种特殊种类的意志，比如在各种各样的特殊种类的意志里面，有一个独一无二的特殊例子即纯粹的意志。当然其他的也是特殊的，如果你从特殊的角度来考察，跟它不同，都有特殊的区别，但是唯独这样一种，它的特殊性就在于它是纯粹的，不需要有经验性的动因，完全被先天的原则所规定的，这是一种特殊的意志。所以沃尔夫要考察的"不是任何一种特殊种类的意志",比如说"人们可以称之为纯粹意志的意志"。他不考察纯粹意志,那么他考察什么呢?"而是一般的意愿"。意志(Wille)和意愿(Wollen),这两个词在康德那里有一种原则性的区别。意愿从 wollen 变过来的,是泛泛而谈的,意愿是一个动词而意志是一个名词,动词也可以名词化,wollen 把第一个字母大写就是名词了,翻译成"意愿"、"愿望"、"愿意"、"想要",这是一个情态动词,我想要怎么怎么样;这两个词虽然有词源上的关系,但是 Wollen 这个词是泛泛而谈的,凡是我的欲望、想法、追求和目的都可以称之为 Wollen;那么意志就不一样了,意志有广义和狭义之分,狭义的意志跟一般的意愿不同,跟一般意愿里的另外一些成分也不同,比如说与"任意"(Willkür)也不同,任意主要是意愿里比较带经验性的成分,任意相当于为所欲为。任意当然也可以称为意志,我有我的意志,我想干什么就干什么,但是它更加具有一种专制的意思,Willkür 这个词也可以有专制的意思。我执意要干什么我就干什么,我不考虑任何法则的约束。但是意志是要考虑的,最狭隘意义上的意志与任意不一样,当然一般说来任意也可以把意志包含在内,任意的概念比意志更大。但是通常康德讲到任意的时候,它是指的那些后天经验性的东西。任意里面也有先天的理性的东西,任意实际上还是有一种目的和手段的考虑在里头的,我想干什么就干什么,怎么干呢?那么它就有手段的考虑,因此它也有理性的运用在里面。而意志就是把这些理性的东西单独提纯,提取出来,纯粹的任意可以说就是意志,一般任意则可以说是不纯粹的意志,这是从最严格意义上来讲的。当然在一般的情况来讲这些词可以换着用,我们要根据上下文判断康德在这个地方的意思是什么。那么在现在这个地方,他把意志和意愿区分开来了。意愿是一般的,它的范围相当于任意。沃尔夫在他的普遍性人世智慧里面考察的不是纯粹的意志,而是一般的意愿,"以及在这种普遍意义上归之于它的所有的行动和条件",说明沃尔夫的这个"普遍"就是"一般"的意思,一般的意愿几乎可以说无所不包,凡是人的行为都是出于意愿，不管是道德的还是不道德的，生物本能的还是情感本能所驱动的，幸福、快乐、享受的追求所驱动的，这些行为都可以称之为普遍意愿，所以它是普遍的一般的意愿，"以及在这种普遍意义上归之于它的所有的行动和条件"。沃尔夫所要考察的是这样一些东西，是在这个层次上来考察的，而没有把纯粹意志作为纯粹意志从里面挑出来做特殊专门的考察，他是泛泛而谈一般的意愿和它的一些规律。下面讲：

并且，它由此区别于道德形而上学，正如普遍逻辑区别于先验哲学一样，

这里就需要有一点储备的知识了。"它"也就是沃尔夫所讲的普遍的实践性人世智慧。"由此"，由什么呢？由于它不是作为纯粹意志的意志来考察，而只是一般的意愿，由于这点，它区别于道德形而上学。道德形而上学是要考察作为纯粹意志的意志，而沃尔夫不考察。道德形而上学专门考察道德哲学里面那些纯粹的部分，包括人们的一般意愿中的那些意志，一般意愿中的纯粹的部分就是意志，所以沃尔夫的道德哲学区别于道德形而上学。"正如普遍逻辑区别于先验哲学一样"。普遍逻辑和先验逻辑的区别在纯粹理性批判的导言里做了一种重要的区分。什么是普遍逻辑？什么是先验逻辑？《纯粹理性批判》的目录里就有先验感性论和先验逻辑，先验感性论和先验逻辑组成了先验要素论，最后是先验方法论，所有这些构成康德的"先验哲学"。先验逻辑是《纯粹理性批判》先验哲学的主体，讲范畴表、讲范畴所导致的原理，原理分析论讲图型法；然后讲辩证论，辩证论也属于先验逻辑。先验逻辑分为分析论和辩证论，这是《纯粹理性批判》的主体。所以康德的先验逻辑对于以往的逻辑概念做了重大的推进，以往讲逻辑就是形式逻辑，但是康德在《纯粹理性批判》里面提出一种先验逻辑。胡塞尔专门有一本书《形式逻辑和先验逻辑》，形式逻辑和先验逻辑的区分就是从康德来的。一个形式逻辑、一个先验逻辑，分析哲学、逻辑实证主义是不承认先验逻辑的，但是康德认为先验逻辑是一种特殊的逻辑，形式逻辑是一种普遍的逻辑。为什么呢？

这里讲普遍的逻辑区别于先验哲学，就是说普遍逻辑在康德那里它是带有一般性意义上的逻辑。所谓"普遍的"意思就是，不管对象是什么，毫无区别地用在它面前的一切对象身上，不区别这个对象，你给我什么对象，我都运用同一个逻辑。这种逻辑是一种思维的方法、思维的规律，而不是对象的某种结构、某种成分，因此它不管对象。形式逻辑不管对象，不管真理性的问题，只管正确性的问题，我推理推出来的东西，有没有这个东西我不管，你给我一个前提我就可以正确地不出错地推，哪怕前提是子虚乌有的。形式逻辑不考虑大前提的问题，那不是逻辑所要考虑的问题。"金山是金的"，完全正确，它符合逻辑的不矛盾律，但是有没有金山呢？这个形式逻辑不考虑。没有金山不要紧，我的推理没有错。所以它是普遍逻辑，它不仅仅可以用来认识，它也可以用来做游戏，它也可以下围棋、打桥牌，都可以用，它不管这个对象是否是真的对象，所以它是一种普遍性逻辑。而先验哲学中的先验逻辑，跟形式逻辑很不一样的地方，就在于先验逻辑要考虑对象，要考虑对象本身是怎么样的，这个逻辑应该本身就是对象结构的一种反映。所以先验逻辑实际上是一种认识论，它要管真理的问题，它考虑我的范畴跟对象之间是否有种相符合的关系，而形式逻辑不考虑这些。当然在康德看来，这个相符合不一定是概念符合于对象，而是恰好相反——对象符合于概念。我这个对象是由我的概念建立起来的，所以这些对象是符合概念的，而形式逻辑的概念是不用建立对象的。这个对象正因为是由主观的概念、范畴建立起来的，所以可以说主观的概念、范畴也是符合对象的，这也可以说概念符合对象，但还是因为对象先符合了概念。在这个意义上，康德认为先验逻辑就不是普遍的逻辑了，普遍逻辑不管对象的真假，一视同仁；而先验逻辑专门考虑真的这一部分。一个对象有真的、假的，有虚幻的、幻相的，先验逻辑对假的部分是要批判的。这些幻相它不真实，怎么克服它？先验逻辑要考察的就是那些真实的对象，看它何以可能。所以先验逻辑在康德那里实际上是认识论，或者说逻辑学跟认识论合为一体；甚至也是存在论，先验逻辑是有关世界、万物如何构成起来的知识，所以在这个意义上，先验逻辑又是存在论，也就是通常讲的本体论。先验逻辑是逻辑、认识论和本体论的统一，这跟形式逻辑完全不一样。到后来黑格尔由此发展出他的逻辑学，黑格尔的逻辑学跟形式逻辑相比就是不一样的，它既是逻辑又是认识论也是本体论，这是从康德来的，康德的先验逻辑就奠定了德国古典哲学这样一个传统。所以这个区分康德在很多地方都用，在这个地方也用上了，就是说沃尔夫所讲的实践性人世智慧跟道德形而上学两者之间的关系，类似于普遍逻辑和先验逻辑之间的关系，也就是说类似于形式逻辑和认识论之间的关系。所以他讲"正如普遍逻辑区别于先验哲学一样"，可以这么类比。那么下面接下来就讲，普遍逻辑区别于先验哲学，是怎么样区别的呢？它说：

在两者之中，普遍逻辑阐明**一般思维**的活动和规则，先验哲学则只是阐明**纯粹思维**的特殊活动和规则，通过这种纯粹思维，对象得以完全先天地被认识。

这就是我们刚才所讲的普遍逻辑和先验逻辑的区别。在两者之中，"普遍逻辑阐明**一般思维**的活动和规则"。形式逻辑是思维规则，思维规则是跟对象没有关系的，哪个对象都可以运用你的思维，哪怕是一个完全虚假的对象，这个是毫无疑问的。而"先验哲学则只是阐明**纯粹思维**的特殊活动和规则"，"纯粹思维的"在这个地方被划分到特殊活动和规则的范围，即它也是逻辑，但这个逻辑没有普遍逻辑那样普遍，它不是不看任何对象泛泛地用于一切对象之上的，而是只用于某些对象，即客观实在的对象，知识的对象，所以它是特殊的活动和规则。什么特殊活动和规则呢？就是认识一个对象，是这样一种活动和规则。认识一个对象当然首先这个对象必须是能够被认识的，不能被认识的、或者说完全是虚假的，那就谈不上认识，你把先验逻辑运用到错误的对象之上那就造成了一种幻相、辩证的幻相，二律背反、上帝的证明这些都是先验逻辑被误用了。所以先验哲学的纯粹思维的特殊活动和规则是这样的规则，"也就是通过这种纯粹思维，对象得以完全先天地被认识"，就是想通过这种纯粹思维认识对象。形式逻辑是思维的规律，当然也是纯粹思维，但是形式逻辑的纯粹思维它只是形式的、不管对象的；先验逻辑则是通过这种纯粹思维使得对象能够完全先天地被认识。那么怎样被认识呢？比如说先验逻辑里面提出了先验的范畴，如因果性范畴，通过这个因果性范畴对象得以完全先天地被认识：一切发生的事情都有原因。凡是一个现实的、经验的对象，我们都可以对它这样加以先天地断言，哪怕还没有发生。所以我们可以先天地认识一些东西，不要以为凡是经验的东西都是后天认识的，我们要认识一个对象，有些东西是先天的，那么这些先天的东西使得一个对象得以完全先天地被认识。像因果性范畴、实体性范畴等等都是属于纯粹思维，但是这些纯粹思维跟形式逻辑的纯粹思维是完全不一样的，它是指向一个对象，虽然它本身也是先天的、不是后天经验总结出来的，但是它是指向后天经验这样一个对象的，它针对于后天经验的对象，所以它属于认识论。这就是普遍逻辑和先验逻辑的区别，这样一种区别运用到实践哲学领域也有同样的关系。

因为，道德形而上学应该研究一种可能的**纯粹**意志的理念和原则，而不是一般人类意愿的行动和条件，这些东西绝大部分来自心理学。

为什么沃尔夫的普遍意义上的实践哲学与道德形而上学有区别？为什么它的区别就如同普遍逻辑和先验逻辑一样？是因为"道德形而上学应该研究一种可能的**纯粹**意志的理念和原则"，这是道德形而上学所研究的对象。"可能的**纯粹**意志的理念和原则"与先验逻辑有类似的地方。先验逻辑是认识论，它研究的是一个具体的对象的知识何以可能。先验逻辑在纯粹理性批判里面要研究一个具体的认识对象、经验何以可能，我们如何能够认识一个对象？那么在道德形而上学里面，它应该研究一种可能的纯粹意志的理念和原则，它也是很具体的，而不是泛泛而谈的一般人类意愿。一般人类意愿有点像形式逻辑的搞法，凡是人类的意愿，它的条件、动因和行动究竟是怎么样的，这些东西绝大部分来自心理学。

沃尔夫的那样一种实践哲学毋宁说实际上是一种心理学，从心理学上考察人的意愿。意愿当然是一种活动，我们有了这样一种意愿可以运用于任何一种场合，比如说我们在追求实际利益的、追求幸福的、功利的场合，那么我们可以利用沃尔夫这一套，我们在追求道德的目标的时候，也可以运用沃尔夫这一套，它是不加区别的，只是把心理学方面我们如何应对各种各样的选择，从这方面制定、形成一些规律。就像形式逻辑制定一些思维的规律，沃尔夫的实践性人世智慧制定一些意愿的规律。这不是思维规律而是人类意愿的规律，人类的意愿规律更多地是来自于心理学。而道德形而上学它不是这样的，它研究的是"可能的纯粹意志的理念和原则"，它把一种纯粹意志从心理学里面提取出来，排除它的所有心理学的成分。这也是一种实践，但是这样一种实践跟人们在日常生活中的实践有一种层次上的区别，它特指在道德的场合之下我们应该怎样选择的问题。沃尔夫的那一套东西是不区分的，当然道德场合也在他的考虑之中，但是他的道德的场合跟其他的场合是平列来考虑的，同一个意愿的准则可以运用于道德场合也可以用于其他场合，没有什么区分，有点类似于普遍的形式逻辑的搞法。所以沃尔夫的道德哲学相当于心理学。

391　　<u>在普遍的实践性人世智慧中，（尽管超出了它的一切权限），</u>

也就是在沃尔夫那里，在沃尔夫那里他是无权谈论道德法则的，但他也谈及道德法则和义务，实际上在沃尔夫那里只能谈我们用什么样的意愿的规则、准则来面对包括道德法则在内的所有一切场合、包括经验性的和超经验的场合，把超经验的场合放在经验性的场合一起进行平列、平列来加以讨论，所以他是无权谈及道德法则和义务的。但他在这种普遍实践性人世智慧中也谈到了道德法则和义务，尽管它无权谈论，但是它也涉及到了，

<u>但这一点并不能反驳我的主张。</u>

"我的主张"是什么呢？就是康德自己对法则和义务的观点。而沃尔夫并不是着眼于道德法则和义务，而是着眼于意愿的心理学，意愿的

心理学当然可以触及道德法则和义务，就像我们也可以把形式逻辑用于人类的认识，但是形式逻辑本身并不是要讨论认识论，而是要讨论思维本身的规律、思维本身的法则。当然思维本身的规律和法则一旦运用于人的认识，就涉及到人世的事情，因而它往往造成另一种错觉，好像它是讨论认识问题的，但实际上不是。在康德看来，只有先验逻辑是讨论认识问题的，形式逻辑本身是不在乎认识问题的，它不在乎真理问题。沃尔夫的体系同样也有这样一个问题，他也谈及道德法则和义务，但他实际上并不在乎道德法则和义务，把道德法则和义务跟其他的功利、幸福的追求放在一起来加以同等的考察。所以，"这一点并不能反驳我的主张"，因为它虽然谈及了道德法则和义务，但是本身还不是道德法则和义务的一种形而上学，它还只是一种通俗的道德哲学。在康德以前的那些道德哲学，严格说起来都只能算是通俗的道德哲学，在它们建立起道德形而上学之前，它们都还只是普遍的实践性人世智慧。当然，形而上学可以包括在实践性人世智慧里面，但形而上学是更高层次的，它使得实践性人世智慧得以可能。实践性人世智慧本来就是有所指的，是与我们的现实生活密切相关的，但是你把它仅仅理解为心理学的问题，那就脱离了人世智慧了，那就有点像形式逻辑了，形式逻辑和人世智慧是完全不同的。形式逻辑是形式的，人世智慧是质料的。所以如果把人世智慧仅仅局限于心理学，那对于现实的道德行为它就只是相当于形式的东西了。所以，它虽然涉及到了这样一种道德法则和义务，但是并不能反驳我的这样一种主张，沃尔夫的人世智慧仅仅是心理学的，而不是道德哲学的，与康德的道德哲学不处在同一个层次上。

因为这门科学的制定者们在此仍然忠于他们的这门科学的理念；他们没有把那些本身完全先天地仅仅由理性提出来的、真正是道德性的动因，与那些经验性的、知性只是通过比较经验而提升为普遍概念的动因区分开来，

我们先看这里。"这门科学"也就是普遍的实践性人世智慧这门科

学。"制定者们"其中的代表人物就是沃尔夫，当然这门科学不是他一个人制定出来的。哲学史上有一个大陆理性派即莱布尼茨—沃尔夫派，莱布尼茨是大陆理性派最重要的代表，沃尔夫是莱布尼茨的弟子。沃尔夫是把莱布尼茨的思想普及开来的启蒙思想家，他也是理性派的。"这门科学的制定者们在此仍然忠于他们的这门科学的理念"，大陆理性派的道德哲学家们忠于他们对这样一门科学的理念。这门科学的理念，上面已经讲到了，是普遍的实践性人世智慧、普遍的道德哲学。普遍的实践性人世智慧当然也包括纯粹的道德哲学，但是也包括另外一些非道德的哲学，比如实用的、技术的、政治的、人际关系的哲学考虑。这就是这门科学的理念。而"他们没有把那些本身完全先天地仅仅由理性提出来的、真正是道德性的动因，与那些经验性的、知性只是通过比较经验而提升为普遍概念的动因区分开来"。他们没有区分两者，哪两者？一个是仅仅由理性提出来的、真正道德的动因。动因在这里可以粗浅地理解为包括动机在内，也就是行为有两种动因：一种动因是完全先天地仅仅由理性提出来的，也就是排除了一切后天的经验性考虑、排除了一切环境、刺激、个人心理素质、个人生理条件、性格倾向以及一切外在的需要、条件的限制等等，这些东西都不考虑，而仅仅由理性先天地提出来的，这样一些动因当然是真正道德性的，由纯粹理性提出来的道德的动因，那就是道德动因，后面马上要讲到，这些道德动因那就是道德律、康德所提出来的定言命令。他们没有把这样一些动因和经验性的动因区分开来，经验性的动因，知性只是通过比较经验而将它提升为普遍概念，这实际上只是动机。大陆理性派的道德哲学当然有普遍概念，但是这些普遍概念是通过比较经验而提升上来的，通过对经验进行分析比较、总结归纳，它们没有把这些动因和前面那些动因区分开来。康德并没有完全否认这些动机：功利主义、幸福主义、享乐主义。它们都是从人的经验性的生活中归纳出的普遍性的概念，对这样一些概念性的动因或动机当然也可以加以承认，康德并不是禁欲主义者，他也承认人肯定要追求幸福，也肯定要追求功利的；但是要把这些跟真正的道德区分开来，你不能说所谓道德就是最大多数人的最大幸福、最大功利，这个就搞混了，应该把它区分开来。沃尔夫派恰好没有把这个东西区分开来，尽管他们也不赞成功利主义和幸福主义的伦理学，他们跟英国经验派的伦理学也是完全不同的，他们是大陆理性派；但是他们的毛病就在于他们没有把他们的体系里的纯粹的部分跟经验的部分区分开来，他们搞着搞着就把这些混同于英国经验派的那些原则了。比如说莱布尼茨、沃尔夫他们提出来的最高的善就是"完善"，什么叫完善？完善当然是一个抽象的概念，无所不包，上帝的全知、全能、全在、全善，这些都是完善，但是这样一种无所不包到底是一种什么样的无所不包？里面的道德性究竟在什么地方？这个他们没有作出明确的区分，所以他们抵抗不了英国经验派那些更为实在的道德原则，而且本身还要由那些功利和幸福来衡量。莱布尼茨的"庸人的乐观主义"就是这样，他认为上帝创造的这个世界是一切可能世界中最完善的，最好的。康德恰好把这两者严格区分开来了，他并没有完全否定英国经验派的道德原则，但把他们的道德原则建立在更扎实的基础之上，给了他们一定的地位。功利和幸福都是人所要考虑的，但是一个行为之所以称为道德的，不在于功利和幸福的考虑，而在于它的道德动因。对功利和幸福的考虑是不是就是不道德的呢？那倒不一定是不道德的，但至少是非道德的。如果你没有道德的动因而单纯从功利和幸福来考虑，那肯定会滑落到非道德，这是康德对他们的评价。但是如果有了为道德而道德的最高动因作为标准，那么功利的考虑也可以成为走向道德的一个阶梯，但是你要摆正它的位置，你要知道你的道德不是因为它给你自身带来了福利、带来了功利，而是你的道德行为本身它有它的特征。这是康德的解释，他的道德哲学最重要的就是要把这两个东西严格地区分开来。

　　相反，他们不注意这些动因在来源上的差异，而只从总量的大小上面考察它们（因为所有的动因都被看作是同质的），

　　"相反"即与康德所要求的相反。沃尔夫他们的毛病就在于他们不

注意这些动因在来源上的差异，这些差异来源于何处？这些来源上的差异是不是本质性的？就是说，对他们的道德原则是否要追溯一下"如何可能"呢？是什么东西使得它成为道德的？是什么原则使得这种行为配得上称为道德的原则？沃尔夫派没有考虑这些东西，他们本身就区分不清楚，所以他们不注意这些动因在来源上的差异，而只从总量的大小上面考察它们。各种各样的动因，不管是道德的动因、幸福的动因和功利的动因，他们把这些都搅在一起，只从它们的总量的大小来考察它们。"总量的大小"这是一个形象的说法，他们只从量上面来考察而不从质上面来考察，不是从性质上面来考察。括弧里面讲："(因为所有的动因都被看作是同质的)"，所有的动因为什么都是同质的呢？从心理学上看都是同质的，正如所有的命题从形式逻辑来看都是同质的。关于客观真理，你讲得再好，只要逻辑上错了，那就一切都错了。逻辑上的错误，不管你是对着一个现实的对象做出来的，还是对着一个虚幻的对象做出来的，都是一样的。在道德评判上面也是这样，他们不注意这些动因在来源上的差异，而只从总量的大小上面考察它们。"完善"的概念就是一个最大总量的概念，"总量的大小"，一个行为可能是出自于好的动因，也可能出于不好的动因，这种好和不好是不能计算或者抵消的，因此也不能计算总量的大小。只有后果才能计算总量大小，所以完善的概念只能从后果来计算，或者说把动因也化成后果来计算。如果你既符合了道德又为自己获得了利益，这个总量中有一部分是属于道德的动因，那么就可以计算了，是30%？还是50%出于道德的动因？最好是100%出于道德的动因，就达到完善了。一个行为有30%出于道德的动因，那它就有30%的道德；如果有50%出于道德的动因，那就是半道德的。所以各种不同层次的动因都被他们平列地看待：一个道德的行为，它里面不可能是100%道德动因，它里面掺杂有很多其他的动因，他们可以对一个道德动因加以分析，通常一个道德的行为，有百分之几十出于感性，有百分之几十出于理性？他们可以这样来加以计算。

他们用这样的办法形成自己的**责任**（Verbindlichkeit）的概念，这个概念当然不折不扣是道德的，但它毕竟有这样的性状，这种性状只有在一种哲学中才能被要求，这种哲学对于所有可能的实践概念的**来源**（Ursprung），不论它们是先天发生的、还是仅仅是后天发生的，根本不作判断。

他们用这样的办法形成责任，"责任"这个词是 Verbindlichkeit，有人翻译成义务。我们上堂课讲了，义务在康德这里是 Pflicht。我们把Verbindlichkeit 翻译成"责任"，把 Pflicht 翻译成"义务"，"责任"相对于义务更加具体、更加外在一些，有一条一条的责任捆住你；"义务"更抽象一些，是内心的一种关切。你有责任、这个是你的责任，具体你有责任你就必须管、负责，"义务"是比较抽象一些、比较高一些。沃尔夫他们所形成的义务的概念，实际上是责任的概念。而康德更强调的是义务的概念，Pflicht，这个概念更高、更抽象一些，而且更具有道德的主动性；责任更具有日常性和被动性，日常也有责任，它不一定是义务，专人负专责不一定是义务，他只是被捆住了、被制约住了而已。而 Pflicht 特别注重道德上的主动性。"他们用这样一种办法形成自己的责任的概念"，当然这个概念"不折不扣是道德的"，在他们那里当然是道德的。但是"它毕竟有这样一种性状，这种性状只有在一种哲学中才能被要求"。我们要注意这个动因，只有在"一种"哲学中才能被要求。在什么样的一种哲学中才能被要求呢？"这种哲学关于所有可能的实践概念的来源，它们究竟是先天发生的、还是仅仅是后天发生的，根本不作判断"。"这种性状"实际上是一种非道德的性状，它只有在这样一种哲学中才能被要求，或者它是这样一种哲学的性状，这种哲学对于所有可能的实践概念的来源，——"所有可能的实践概念的来源"，那就不仅仅是道德的实践概念，也包含非道德的实践概念，甚至包含不道德的实践概念，例如黑社会的实践概念，黑社会也有它的实践概念，既然你入了黑社会，你就应该忠于老大，你就应该守住你的职责，你是偷包的，他是抢劫的，你们各守其责，这也有它的实践原则，但它来源于什么呢？来源是对金钱的贪欲——

但是这样一种哲学关于所有可能的实践概念的来源究竟是先天发生的、还是仅仅是后天发生的，根本不作判断，也就是说这样的实践哲学它没有办法区分道德和不道德。只有从先天的概念的来源，才能为道德提供依据，那么后天的来源它不能够为真正的道德提供根据，它很可能会滑入不道德。沃尔夫派的道德哲学它没有区分这两者，它甚至根本不做判断，没有把实践理性的来源问题放到他的意识层面、进入他的视域，也就是说他没有对实践理性进行批判。

所以我们讲这一段主要是要引出纯粹的实践理性批判，它的第三章所要讨论的问题就是从这里引出来的。前面这一段是引出了道德哲学。我们注意它这里有三个层次，第一个层次是一般的道德哲学；第二个是道德哲学里的形而上学；第三个是对道德形而上学作纯粹实践理性批判，这是康德的道德形而上学的三个主题，也就是他的三章所要讨论的主题。当然这里都是一个过程，从一般的道德知识怎么引出来道德哲学？一般的道德哲学就是从普通的道德理性知识过渡到哲学的道德理性知识、道德哲学。这是第一章的标题，有必要建立一门道德哲学，而不是普通的、散漫的道德理性知识。只要有人类，就有道德理性知识，但是只有亚里士多德，第一个把道德理性知识构成了一种系统的道德哲学。在亚里士多德以前，很多人谈到道德，也谈到哲学、道德的哲学命题，例如赫拉克利特、苏格拉底。自柏拉图就已经开始有一种道德哲学了，但是在此之前还没有。亚里士多德建立起了道德哲学。但是道德哲学还不够，所以从通俗的道德哲学过渡到道德形而上学，这个是很有必要的，这一步严格说起来应该是康德所做成的。亚里士多德建立道德哲学，到了康德才真正建立起了道德形而上学，在此之前道德哲学都有，如基督教的道德哲学，但是没有纯粹的道德哲学。什么是纯粹的道德哲学？或者说是从纯粹理性、纯粹从理性建立起来的道德哲学，在以前都没有做到过。以前要么建立在别的东西如信仰、概念、经验、日常需要、幸福、功利等等之上，所有这些都建立起了一种道德哲学，但是都不是真正的道德形而上学，到了康德才开始建立。到了道德形而上学还要追溯它的根据,道德形而上学之所以建立起来,它的根据何在? 那就是要建立纯粹的实践理性批判。要用纯粹的实践理性来批判一般的日常的实践理性。沃尔夫派的道德哲学只是一般的实践理性、普遍的实践性人世智慧,它有待于用一种纯粹的实践理性来进行一种批判。所以《实践理性批判》这本书一开始就讲这样一个问题,就是说纯粹实践理性本身不需要再批判了,那么为什么要讲实践理性批判呢? 就是要用纯粹的实践理性来批判一般的实践理性。纯粹实践理性本身不是批判的对象,而是批判的前提,所以它的标题用不着说是"纯粹的实践理性批判",只要说是"实践理性批判"就够了,因为纯粹实践理性不用批判,我们只用拿着它来批判一般的实践理性。所以它这里处处都讲纯粹实践理性,但在《实践理性批判》里面没有"纯粹"这两个字,这本书的书名没有"纯粹"两个字。因为它要批判的就是像沃尔夫这样一些人的一般的实践理性、他们在一般的实践理性上所建立起来的普遍的实践哲学,这个是需要批判的。当然还有其他的实践理性,比如英美的功利主义、经验主义的实践理性,这些也是值得批判的。

第 四 讲

上次我们讲到康德对他的道德形而上学与沃尔夫派的传统道德哲学进行了比较，并且突出了他对传统的道德哲学增加了一些东西。到底增加了什么东西，他这里做了一个类比，就像传统的形式逻辑跟康德的先验逻辑相比。沃尔夫派的在康德看来甚至根本不能称为真正的形而上学，只是一种实践性的人世智慧，这也是沃尔夫自己的说法，这种人世智慧充满着一种心理学上的东西，现实生活中人们应该做什么，不应该做什么，不过是经验之谈。而这个有点类似于形式逻辑的东西，它实际上是不管道德行为应该这样做的根据何在，而只是从经验里面、从心理学里面找到一些临时的根据。至于它也谈道德、道德法则，也谈义务，这个在康德看来它是没有资格谈的。因为道德法则究竟是一种什么样的法则，有什么样的普遍性，道德义务建立在什么样的根据之上，在形而上学上，沃尔夫派没有作出任何发现，而且，他们对此根本就不关心。上次讲的最后一句话：这种哲学对于所有可能的实践概念的来源，无论它们是先天发生的还是后天发生的，根本不做判断。它可以适用于先天发生的，也可以用于后天发生的，这就像形式逻辑一样，甚至还可以适用于虚构的东西。沃尔夫派的道德哲学也是这样，不管这种实践概念的来源是先天的，还是后天的，根本不做判断，将它们搅在一起。而这就突出了康德的特点，康德的形而上学是要区分先天和后天的，并且他唯一地把自己的根据立足于先天的奠基之上，因为立足于后天都是暂时的，有条件的，都不是绝对命令，而是假言命令。下面我们看第四页，他是这样说的：

因为打算将来出版一部《道德形而上学》，我以这部《奠基》作为先导。尽管对于道德形而上学，除了**纯粹实践理性**的批判以外，严格说来并没有其他的奠基，就像已经出版的纯粹思辨理性的批判对于形而上学所提供的一样。

康德这部道德形而上学奠基就是为未来的这部道德形而上学打基础的。这个"奠基"是个动词。"尽管"，也就是说对前面那种说法可能会有疑义，尽管有这种疑义，但我们还是要以这部《奠基》作为道德形而上学的先导。那么有什么样的疑义呢？就是说对于道德形而上学，除了纯粹实践理性批判外，严格的说并没有其他的奠基。我们知道，《实践理性批判》作为康德三大批判之一，本来就是为未来的形而上学打基础的。康德写了一部《一切作未来可能的科学的形而上学的导论》。形而上学的导论就是通过对人的理性进行批判，然后为信仰留下地盘。而这个信仰就属于道德形而上学的领域。所以《未来形而上学导论》就是《纯粹理性批判》的一个缩写本。而《纯粹理性批判》实际上是为这两个形而上学做奠基，一个是自然科学的形而上学，一个是道德形而上学（这两门合起来成为未来的可能的科学的形而上学）。这里的"科学"是广义的，不仅仅讲自然科学，也包括道德哲学。当然，首先是自然科学，将自然科学的形而上学基础奠定了以后，道德形而上学的基础也就包含在里面了。但是如果你单独要对道德形而上学进行一种奠基的工作，按理来说应该就是《实践理性批判》的任务。这两大批判，《实践理性批判》是接着《纯粹理性批判》来的，它们是衔接的。《纯粹理性批判》的后面一部分已经触及到了实践理性的批判了，但它的主体部分还是纯粹思辨理性批判。康德重建形而上学，目的在于把形而上学建立在真正牢固的坚实的基础之上，成为永恒的。《纯粹理性批判》主要为未来的自然科学形而上学奠定基础，《实践理性批判》则是为未来的道德形而上学建立基础，而这两个形而上学就是康德所设想的未来形而上学的体系。但在这两大批判之间，康德还写了一个《道德形而上学奠基》（1785年），是从具体的道德例子引入形而上学原理。所以它也可以看作《实践理性批判》的前奏。

但奇怪的是,《实践理性批判》前面并没有"纯粹"两个字,为什么? 在《实践理性批判》导言的一开始他就说明了这个问题,就是一部实践理性批判并不需要加上"纯粹"两个字,因为纯粹实践理性的能力本身是不需要被批判的,这是一个每个人都会承认的事实。这个事实可以用作一个标准,来批判其他的一般的实践理性。"纯粹"实践理性跟"一般"实践理性是有区别的,一般实践理性包括纯粹的实践理性,也包括一些不纯粹的实践理性,比如说日常的实践理性。所以《实践理性批判》实际上是从一个纯粹实践理性的角度来批判一般的、特别是那些日常的不纯粹的实践理性,所以称为"实践理性批判",而不叫"纯粹实践理性批判"。纯粹实践理性是不需要批判的,因为它是一个事实,是个出发点。应该批判的是一般的实践理性,一般实践理性含有许多不纯粹的东西,所以要用纯粹实践理性去批判地考察我们日常实践中各种各样的实践活动,看看它们在什么意义上能够成为道德的或者不能成为道德的。但《道德形而上学奠基》这本书里还提的是"纯粹实践理性批判",它最后一章的标题就是"从道德形而上学过渡到纯粹实践理性批判"。于是有人猜测康德的纯粹实践理性批判没有成功,所以后来转而从事一般的实践理性批判。但这种猜测是没有根据的。我们在该书的最后部分可以看到,其实康德的"纯粹实践理性批判"的结论正是纯粹实践理性不再需要批判,因为这一批判揭示出纯粹实践理性是一个理性的事实,这就构成了《实践理性批判》这本书的出发点。但不经过对纯粹实践理性的这番批判,怎么能够揭示出这一事实呢? 因此我们不如把"纯粹实践理性批判"看作《实践理性批判》的前奏,或者其中的一部分,作为它的引子。这在本书最后我们会通过对康德自己的文本的分析来证明这一点。所以康德在这里并没有什么矛盾之处。但仍然存在一个问题:为什么不干脆用"纯粹实践理性批判"来充当这个奠基,而是把"道德形而上学奠基"先提出来作为道德形而上学的"先导",这样做有什么必要?

他的解释是:尽管道德形而上学除了纯粹实践理性批判以外严格说

来并没有其他的奠基，

但一方面，前者不像后者那样具有极度的必要性，因为人类理性在道德的事情方面，甚至凭借最普通的知性也能够很容易达到高度的正确性和详尽性，相反，理性在理论的、然而纯粹的运用上，却完全是辩证的；

"前者"是指纯粹实践理性批判，"后者"是指纯粹思辨理性批判。纯粹思辨理性批判即《纯粹理性批判》对于形而上学的奠基是极其必要的，刻不容缓，所以要先出来，然后再写《自然科学的形而上学基础》。因为当时已经造成了极大的混乱，特别是休谟以后，休谟把一切自然形而上学的基础都摧毁了，而自然形而上学的基础一旦被摧毁，整个科学都成了问题。我们纯粹理性在认识方面究竟何以可能，它的条件是什么，范围是什么，它是如何应用的，这些问题必须首先解决；形而上学中的辩证论必须得到克服。但是用纯粹实践理性批判来为道德形而上学奠基并没有那样极度的必要性，"因为人类理性在道德方面甚至凭借最普通的知性也能够很容易达到高度的正确性和详尽性"。道德形而上学如果没有纯粹实践理性的批判还不要紧，即使是它的辩证论，也都不会导致像自然科学领域那样极度的混乱。比如说像休谟，休谟一方面给自然科学造成了极大的混乱，另一方面也撤掉了道德的先天命题，而这是没有关系的。因为人类的纯粹实践理性是一个事实，已经在那里，人们哪怕不认识它，不知道这个事实后面有什么样的根据，也不要紧。实际上人们每天都在做，因为它不是根据系统的知识，它只要凭借最普通的知性就行，这个知性是非常日常的。就连休谟本人，也坦承在日常道德实践上自己和普通人并没有什么两样。而纯粹思辨理性则比较容易掉进玄想里面，造成对科学的怀疑和破坏。最普通的知性则不需要高深莫测，不需要思辨，只要凭最普通的、健全的常识就很容易达到高度的正确性和详尽性。普通老百姓不自觉地就会运用道德形而上学里最抽象的原理。一些村夫村妇一论起道德的事情就特别地会讲道理，甚至对高层人士，不管是知识分子还是国家领导人，他们都有一种很精确的见解，进行道德的评价，他们总是能够凭借自己的健全的知性发现某某人道德上的缺陷。所以康德有时候引的例子我们都会觉得太通俗了，康德并不歧视市井小人，哪怕是平常那些我们很讨厌的喜欢嚼舌头的人，他也认为他们有一定的道理。那些人为什么嚼舌头，挑人家毛病，因为他们总是不满意，觉得你的道德还不完善，你稍微有点绯闻他就要缠住你。我们说这种人看人的眼光总是很卑下，热衷于传播流言蜚语，其实他们也是有道理的。他们之所以看待人很卑下，是因为他们自己心中有一个普遍的标准，在这个普遍标准的面前，所有人都是卑下的，没有人能够真正达标，这是对的。人性是有缺陷的，你不要自己觉得自己道德很高尚就觉得自己已经达到了圣人的境界，与这种最高的道德标准相比，所有的人都是可以质疑的。这是一个理由，人类理性在道德方面凭借最普通的知性也能达到高度的正确性和详尽性。所以不像《纯粹理性批判》那样具有极度的必要性。当然也有必要，但这个必要不是刻不容缓的。相反，理性在理论方面，在思辨理性方面，在纯粹思辨理性应用方面则"完全是辩证的"。"辩证的"在康德这里是个贬义，也就是说完全自相矛盾。这个在康德《纯粹理性批判》的"先验辩证论"里面讲的很清楚。这样，对理性在理论上纯粹的运用就必须要加以批判。《纯粹理性批判》在纯粹思辨中考察理性究竟能达到何种地步，它的范围在什么地方，它的限度，它的之所以可能的条件，它的运用方式，这些都要做一个批判探讨，否则的话我们会得出一系列的伪科学。所以理性在理论的应用方面亟待批判，如果不批判，整个自然科学就没有根基，而且会被大量的伪科学混淆界限。反之，纯粹实践理性批判它就没有这样极度的必要性。这是一个方面的理由，就是说现在以这样一部《道德形而上学奠基》、而不是以"纯粹实践理性批判"来作为道德形而上学的先导是有理由的，就是说，虽然纯粹实践理性批判是道德形而上学的奠基，但目前还不一定需要这样做，还不是像《纯粹理性批判》为认识论的形而上学奠基那么紧迫。我们可以比较从容地先从日常的道德知识开始，逐步提升到道德形而上学的最高原理，最后才过渡到对纯粹实践理性的批判，这就是《道德形而上学奠基》的工作。而纯粹实践理性批判呢，虽然从道理上说是奠基，但实际上没有那么紧迫，它只是《道德形而上学奠基》里面最后一个环节，而且是从通俗的道德哲学里面一步步引申出来的。这是第一个理由。

另一方面，对于纯粹实践理性批判，我要求它，如果它要彻底完成的话，就必须能够同时体现出与思辨理性在一个共同的原则之下的统一，因为最终它们其实是同一个理性，只是在运用中必须被区别开来罢了。

这是第二方面，当然第二方面还不仅仅是这句话，这句话还只是个前提，要把这句话和下面这句话结合起来才知道第二方面，为什么在这里暂时不谈纯粹实践理性批判，而要先谈《道德形而上学奠基》。第二条理由是，实践理性和思辨理性都是理性，它们是如何统一的？这是必须专门由纯粹实践理性批判来完成的任务。这两种理性最终"其实是同一个理性，只是在运用中必须被区别开来罢了"，这就必须要跳出纯粹实践理性的范围之外，并对之运用批判的眼光才能说明。因此这个任务更高，它是纯粹实践理性批判的一项极限任务，如果纯粹实践理性批判"要彻底完成的话"，就不能不涉及这一任务。所以它的难度更大，因为这个，我们在这里还不能谈它。前一个理由是它不紧迫，所以我们在这里不必谈，后面这个理由则是它很难，暂时不能谈，这两个层次应该很清楚。下面就讲得更明确，

但在这里我还无法把这件事做得如此完备，而不夹进一些完全不同种类的考察并引起读者的混乱。由于这个缘故，我不采用**纯粹实践理性批判**这个命名，而采用**道德形而上学奠基**这个名称。

就是说纯粹实践理性批判如果要彻底完成的话，它有更高的要求，它必须要放在跟一般理性的关系之中加以展开，但在这里，"我还无法把这件事做得如此完备，而不夹进一些完全不同种类的考察并引起读者的混乱"。这句话反过来说就是，如果我现在就企图把这件事情按照这样的完备性做出来的话，那么就很可能要夹进一些完全不同种类的考察并

引起读者的混乱。所以这还不是时候，这个问题很难很高，要做得如此完备的话我目前还做不到，不可能不夹进一些完全不同种类的考察并引起读者的混乱。夹进一些什么不同种类的考察呢？比如说通俗的道德哲学那样一些考察。通俗的道德哲学，包括人的情感、需要、利益、幸福、功利，等等，这些东西，如果现在就要把这个纯粹实践理性批判做得彻底的话，很难不夹进这些完全不同种类的考察并引起读者的混乱，所以还要做一些前期准备工作。比如说《道德形而上学奠基》实际上就是在做这样的工作，为纯粹实践理性批判做一种前期的工作，或者说它既是道德形而上学的奠基，也是纯粹实践理性批判的前期工作。我首先把一些外围的东西扫清，以便进入到实际性的问题。前期工作比那个真正奠基的工作更靠前，你不把前期工作做好，奠基无从着手。我们在《道德形而上学奠基》这本小册子里面也看到，它的三部分其实也包括纯粹实践理性批判。它不是有三章吗？它第三章就是过渡到"纯粹实践理性批判"了。这是他的一个程序。他说："由于这个缘故，我不采用纯粹实践理性批判这个命名，而采用道德形而上学奠基这个名称。"他已经有"纯粹实践理性批判"了，第三章就是这个："从道德形而上学过渡到纯粹实践理性批判"。对于纯粹实践理性批判，如果它要彻底完成的话，"就必须同时能够体现出它与思辨理性在一个共同的原则之下统一"，在《道德形而上学奠基》里这个工作还没有做好，没有做完。要说明这一点不是这本小册子的任务，真正完成这一任务的是《实践理性批判》这本书。所以严格说起来，纯粹实践理性批判这个命名不适合这本小册子，这个小册子还没有把纯粹实践理性批判这件事情做的如此完备，而不夹进这些完全不同种类的考察并引起读者的混乱，没有达到这一步。它还有许多不同种类的考察，在《道德形而上学奠基》这本书里面考察了各种各样的道德上的他律，功利主义，幸福主义，这些东西都夹在里面，当然他的工作是要把这些东西排除掉，化解掉，但是如果说这就是"纯粹实践理性批判"，那就会引起混乱，所以他不采用纯粹实践理性批判这个命名，而采用道德形而上学奠基这个名称,这是他的第二个方面。

第三方面则跟上面两个方面对应起来,

而第三方面,也由于道德形而上学尽管有吓人的题目,但却能够有程度很高的通俗性及对普通知性的适合性,所以我发现把这项奠定奠基的准备工作从中分离出来是有利的,这样将来我就不用把在这里不可避免的精细的探讨附加到那些较易理解的学说上去了。

392

第三个理由解释为什么要讲"道德形而上学奠基"而不讲"纯粹实践理性批判",是说道德形而上学这个题目似乎很"吓人",形而上学,科学的女王,最高层次的原理,好像很吓人,但是呢,它却有"很高程度的通俗性及对普通知性的适合性",这是康德的一个很重要的特点。他虽然讲道德形而上学,但他认为这种道德形而上学实际上具有很高程度的通俗性及对普通知性的适合性,它跟人们日常生活中的道德行为是紧密结合在一起的。他不像那些理性派,沃尔夫派,莱布尼兹派,中世纪的托马斯,他们那些道德哲学,讲的那么玄而又玄,从上帝,从自然法,从完善概念,存在和一,一路讲下来,讲得晕头晕脑,人们在生活中不知道按什么法则来做了。其实按照康德的看法,道德形而上学应该是很通俗很简明的,一切都可以清晰地表达,只要你肯动脑筋,在日常生活中想一想,就会发现你对任何一件道德行为,都是按照这样一条道德法则在行动的。所以它不需要有高深的道德、宗教、哲学、神学知识,只要是一个有健全理智的老百姓,他都可以理解,都可以把握。2004 年我在西安交大,他们说你能不能给我们本科生讲一次康德的道德哲学,我两个多小时讲下来了,他们都说康德"很通俗"。我们读到后面也会发现,其实康德在道德问题方面他尽可能地通俗,当然实际上你要搞清那些细节并不容易,但是你要讲他的大道理,那完全是通俗的。下面讲:"所以我发现把这样一项奠定基础的准备工作从中分离出来是有利的",就是说道德形而上学实际上是具有通俗性的,我在这里把它单独分离出来讲一讲是有利的。为什么有利呢？"将来我就不用把在这里不可避免的精细的探讨附加到那些较易理解的学说上去了。"这些精细的区分往往涉及到一些更高层次的抽象的东西，应该说《道德形而上学奠基》比《道德形而上学》来说比较的不那么通俗，最通俗的其实是道德形而上学，尽管它听起来很吓人，好像是最高层次的，其实它的抽象程度不如《奠基》；而最抽象的还是《实践理性批判》。《道德形而上学》本身有 30 万字，篇幅很大，但实际里面的内容非常通俗。例如"德行论"的部分，它的基本的内容是：论自我戕害，论自我玷污，论自我陶醉，论谎言，论吝啬，论阿谀，都是一些非常具体的课题。论为善的责任，论感恩的责任，论在人的生活中反对人的怨恨恶习的责任，骄傲自大，恶意中伤，冷嘲热讽，这些都是很通俗的，都是我们日常生活中遇到的一些现象。我们如何对这些进行道德评价？我们在老百姓那里每天都可以听到类似这样的种种议论，种种评价，可见《道德形而上学》是很通俗的，但是要为这个《道德形而上学奠基》却不那么通俗，它有一些抽象的东西。《实践理性批判》就更不通俗了。《道德形而上学奠基》里还有一些通俗的东西，比如说一开始就从这个普通的道德理性知识过渡到哲学的道德理性知识，从通俗的道德哲学过渡到道德形而上学，他有一些过渡。但过渡的目的是引出一些"不可避免的精细的探讨"，按照他本人的说法是："这样我将来就不用将在这里不可避免的精细的探讨附加到那些较易理解的学说上去了。"我们翻开《道德形而上学》就会发现，这里很少有那种"不可避免的精细的探讨"，那些非常抽象的思辨的，从概念到概念，从逻辑到逻辑的那些分析，在《道德形而上学》里面基本上就没有了，他谈的都是生活中一些非常常见的例子，这样一些话题比较容易理解。我们在《道德形而上学奠基》里面把这些精细的探讨做过了，我们引出了道德形而上学的至上的原理，以后呢，我们就不用论证了，我们可以拿来就用，用来分析，就分析日常生活中那些例子就够了，这样带来一种便利。所以为什么这个地方还是要有一个《道德形而上学奠基》，有这样一层便利。总之这三点，为什么在这里不用纯粹实践理性批判,而要用道德形而上学的奠基这样一种说法,是因为纯粹实践理性批判在目前一方面还不着急,另一方面要做的很完备暂时还做不到,第三方面,道德形而上学奠基这个工作,是有利的。第三方面与前两方面不同,它是从正面来说的,前两方面是从消极的方面来说的,说纯粹实践理性批判暂时不用搞,第三方面则说现在要做的就是道德形而上学奠基。这样是有利的,我做了这样一项工作以后,将来要建立一个道德形而上学就比较好办。所以这两段话它们的逻辑关系是这样的。将来要出版一部道德形而上学,现在我们就要为它奠定基础。那么奠定基础要干什么呢,就是下面这段要讲的了。

而现在这个《奠基》要做的,不过是寻找并建立道德性(Moralität)**的至上原则**,这单独就构成一件在其意图中完整的、并且和所有其他的德性研究都不同的工作。

这个是讲《道德形而上学奠基》的中心工作了。前面讲过,**道德** Moral,这个拉丁词是比较抽象的,比较广义的,指道德、道德学。那么未来要建立的《道德形而上学》这本书,包含两部分,一部分是法的形而上学,一个是德行的形而上学,法和德行都包含在道德里面,这个道德一般来说是 Moral。**道德性**是 Moralität,道德的一种性质,凡是以 tät 结尾的都是一种属性、一种特性的意思。当然《道德形而上学》这个标题用的不是 Moralität,而是用的道德的另一个词 Sitten。我们上次也讲过了,它跟这个 Moral 非常接近,它是一个德文词。应该说 Moral 更抽象一些,另外它还有"道德学"的意思。Sitten 是比较具体的,它是一种风俗、习惯、礼仪,当然也有道德的意思,但没有"道德学"的意思。而 Sittlichkeit 比 Sitten 也要抽象一点,因为它是一种道德"性",keit 这个词尾呢也是代表一种性质,跟这个 tät 有类似的地方。Sittlichkeit 是 sitten 的一种性质,道德性。康德在那里用的是 Sitten,而在这里,"建立道德性的至上原则",用的是 Moralität,它可以为将来建立道德形而上学包括法的形而上学和德行的形而上学奠定基础。这个奠基要做的，"不过是寻找并建立**道德性 (Moralität) 的至上原则**"，一个是"寻找"，我们每天都在用它，但是我们不知道它，日用而不知，所以我们要把它找到，它到底是什么，是一条怎么样的原则？这条原则能不能找到，能不能说出来？"并建立"，说出来还不够，你还要论证它是至上的，所有其他的原则都在它之下。他说"这单独就构成一件在其意图中完整的、并且和所有其他的德性研究都不同的工作。"寻找和确立道德性的至上原则，这是一件单独的工作，是一件特殊的工作，它在其意图中是完整的，他就是为了找到这个原则，不是为了别的。我们能找到这样一个至上原则，那么这个《奠基》的任务就完成了。其他的工作有当然更好，但这件工作在它本身的意图中就已经完成了，并且是一件与其他的德性研究都不同的工作。我们还可以找到很多其他的原则，但是这样一种至上原则的寻找和确立和所有其他的德性研究都不同，其他都是具体的。我们特别要把这个至上原则寻找和确立起来，孤立出来，突出出来，加以独特的考察，个别的研究，这是跟沃尔夫派的哲学完全不同的。沃尔夫派是一切都平等对待，不管至上与否，只要是德性原则，都拉进来，都加以考察。但康德这里他首先要确立一个至上的东西，他只做单独的考察工作，跟所有其他的德性研究都不同。不同就在于它是至上的，它的解决对其他的德性研究具有决定意义，抓住这一点就能解决所有问题。而其他所有的研究都不能做到这一点，都不能像至上的原则那样解决所有问题，这是不能颠倒的。所以在康德的哲学里面是非常讲究体系性的，首先要有个最高原则，然后其他东西都一路贯下来，迎刃而解，都可以得到合理的贯通。

　　虽然我对这个重要的、至今为止还远未得到充分讨论的根本问题的主张，将会通过把这个原则应用到整个体系中而获得很好的阐明，并通过这个原则随处可见的充分性而获得高度的确认；只是我不得不放弃这个好处，

　　到这里停一下。这里出现了一个虽然，这跟前面是紧密相联的，前

面讲了这样一个至上的原则的寻找和确立单独就构成完整的、和所有研究不同的工作，它是唯一突出的。虽然我把这一原则运用到其他的德性研究里面去是有益的，我在道德形而上学奠基里面，如果我不仅仅单纯是为了寻求这样一个至高无上的道德原则，同时我还把这个至高无上的原则应用到整个体系中，岂不是可以获得很好的阐明？这个至高无上的道德原则要让别人信服，你必须要设想那些所有的具体的成分，比如在嫉妒的情况之下，在骄傲的情况之下，在冷嘲热讽的情况之下，你能够把它应用到这里面去解决一切问题，那岂不是更好吗？但是这个主张、也就是这个至上性的道德原则"至今为止还远未得到充分讨论"，所以虽然"将会通过把这个原则应用到整个体系中而获得很好的阐明，并通过这个原则随处可见的充分性而获得高度的确认"，这是会带来好处的，然而，"只是我不得不放弃这个好处"，仍然把这个至上的原则跟所有的德性研究都分离开来，单独地加以考察。也许有人会建议康德将这个原则在未得到充分讨论之前就应用到所有德性研究里面去，就像沃尔夫一样，沃尔夫就把所有东西都搅和在一起，最高的东西，次高的东西，低等的东西，都平列对等，就像形式逻辑对待所有东西都一视同仁。能不能像他们一样呢？当然这样做是很有好处的，你的至高无上的原则通过一些具体的东西就得到了高度的确证。但康德说我不得不放弃这个好处。为什么？

这个好处从根本上说会更有利于自己而不是公众，因为一个原则在应用中的轻便和它表面上的充分性，不能为它的正确性提供任何可靠的证明，相反会引起某种偏见，使人不能就其本身而不顾后果地进行最严格的审查和思量。

放弃上述好处所带来的毛病是它就显得比较晦涩，没有那么明确。如果每个地方你都将抽象原则和例子结合起来，当然就很通俗，很容易获得确证，但是这个好处从根本上说会更有利于自己而不是公众。这个对我自身有好处，我这样一说大家都会说我说的对，很明确，就像人们说沃尔夫很通俗一样。他说："因为一个原则在应用中的轻便和它表面上的充分性,不能为它的正确性提供任何可靠的证明",在应用中很轻便,道德至高原则在应用中随时可以用,表面上看有充分的例证可以证明它,但是不能为它的正确性提供任何完全可靠的证明。你可以把这个最高原则混在低层次的原则里面互相认证,举大量的例子,但人家追问,你这个最高原则到底是最高的呢还是由其他低层次的东西推出来的呢?还是建立在其他低层次的原则之上的呢?如果是这样,那它岂不是并非最高的原则了?将它和其他通俗的例子混在一起,别人就会注意那些通俗的例子了。通俗当然很容易理解,但是如果别人注意到那些通俗的东西,就会认为那些是根基,而这至上的原则只不过是从通俗的原则里归纳出来的一种通俗的说法而已,而不会把它看成是高屋建瓴的,给所有低层次的东西提供根据的。所以它不能为它的正确性提供任何完全可靠的证明。而提供完全可靠的证明才是康德所看重的。从康德看,任何一个原则要获得完全可靠的证明,必须要从纯粹理性出发,不能从大量通俗的例子出发。通俗的道德哲学就是从通俗的例子出发的,这是不够的。因为道德的形而上学不应该是这样的,这样做当然对我个人有利,马上就获得老百姓的通俗的理解能力的拥护和赞同;但实际上对公众并没有好处,相反会引起某种偏见,"使人不能就其本身而不顾后果地进行最严格的审查和思量"。那些低层次的例子都是这个至上原则所推出来的,而这个至上原则并不依赖于它所推出来的后果,相反这些后果要依赖于它,它可以用这些后果。所以它本身是不顾后果的,这些原则可以不计后果的进行审查和思量,才能具有完全可靠性,否则的话它就只是有大量的例子,通俗的理解,对公众来说没有真正的好处。对我个人当然有好处,我马上就可以像沃尔夫那样获得巨大的名声,人家都说我的话解决问题,解渴,是"心灵鸡汤"。但实际上它的原理何在,你凭什么这样说,它的纯粹理性的根据何在?没有纯粹理性的根据,那么换个场合就可能不适用了。这样的一种道德原则能具有什么样的可靠性呢,它随着时代的不同、处境的不同而不断地变化。康德要找的是道德的至上原则,那是永恒的，不光适用于人类，而且适用于一切有理性者。就其本身不计后果地进行审查和思量，这才是康德所要做的工作，在《道德形而上学奠基》里面，就是要找到道德性的至上原则，它本身的原理，而不管它的后果。它的后果也许很难看到，也许人们在现实生活中根本就不遵守它，也许它的后果是完全相反的，这个都不要紧，但它本身是独立的。一个人类社会只要理性在，这个东西就不会丢失。这是他的一个主题，就是《道德形而上学奠基》中所要做的不过是寻求和确立道德的至上原则。我们要牢牢把握住这点，整个这本书就是寻求和确立道德至上原则。当然要确立道德至上原则不是一两句话可以说清楚的，他还有些论证，他还有些区分，自律和他律，道德的和非道德的，合乎义务的和出自义务的等等，所有这些区分都要加以展开。但最终目的不过是要寻找和确立道德至上原则，这个是为道德形而上学打基础的。而将来的道德形而上学就能够拿来用于我们日常的道德行为之中，指导我们的道德行为，完成康德毕生从事哲学的使命，就是为普通的老百姓提供一种作为人的地位、人的使命的根据的这样一种理论，这是他哲学的最终归属。

下面我们再看序言的最后这几句话。前面是讲了道德形而上学的奠基，他要干什么，为什么要写一部《道德形而上学奠基》，他的主要目的在于寻找并确立道德性的至上原则，这个道德性的至上原则当然不是康德强加于某些人的，不是说他找到了这个，然后加之于每个人身上。他是在寻找道德，在每个人那里寻找道德，在普通老百姓那里，只要是个人，我们讲人是有理性的动物，只要是人，他就有理性，就有健全的理性，他就会有这样一些至上的道德原则，但是他们不知道，日用而不知。因此，他要把它找到，在人们的日常生活中把这些先天的东西找出来，把它确立起来，经过论证。这个是他的《道德形而上学奠基》的工作。那么最后这几句话呢，讲的就是方法。我要干什么呢，就是要找到道德的至上原则；那么怎么去寻找？方法是什么呢？

　　我相信,我在本书中所采用的方法是最合适的,只要人们愿意沿着这条路来走,即分析地从普通的知识进到对这种知识的至上原则的规定,再反过来综合地从对这个原则的检验和它的来源,回到它在其中得以应用的普通知识。因此,本书划分为如下几章:

　　第一章:从普通的道德理性知识过渡到哲学的道德理性知识。

　　第二章:从通俗的道德哲学过渡到道德形而上学。

　　第三章:最后一步从道德形而上学过渡到纯粹实践理性批判。

　　这是他的方法。"在本书中所采用的方法是最合适的,只要人们愿意沿着这条路来走",你跟着我来。什么样的方法呢,"即分析地从普通的知识进到对这种知识的最高原则的规定,再反过来综合地从对这个原则的检验和它的来源,回到它在其中得以应用的普通知识"。一个是分析的,一个是综合的。这两者的区分,我们读过《纯粹理性批判》的人都应该清楚。什么是分析的,用康德的简明的话来说,所谓分析的,就是一个判断中谓词已经包含在主词里面,你做分析判断,无非是把主词里面已经包含的内容说出来而已,对于这个主词而言,并没有增加任何新的知识,所以分析的判断,是先天必然的。比如说"物体是有广延的",我既然说出"物体"的概念,我就已经把"广延"的概念包含在里面了,否则你怎么会有物体的概念呢? 这就是分析判断,其好处是有先天必然性,不可能有一个物体没有广延。那么综合的判断就与此相反了,你说这朵玫瑰花是红的,这是综合的,因为玫瑰花不一定就是红的,可以是黄的,也可以是白的,你说这朵玫瑰花是红的,那我就获得了一种新的知识,原来这朵玫瑰花是红的,而不是白的或黄的,这是一种知识,一种新的知识。综合,就是谓词没有包含在主词里面,综合判断的特点是它可以获得新的知识。综合判断又有两种,一种是经验的综合判断,就像说玫瑰花是红的,这是经验的判断,你不信,就可以自己去看一看;另外一种是先天综合判断。这就很怪了:一种综合判断能够增加知识,但它又是先天的,所谓先天的就是说它可以先天地断言,它具有普遍必然性,哪怕你没有看到你也可以断言它一定是这样的。有没有这样的判断呢,康德认为有,整个《纯粹理性批判》要探讨的核心问题就是"先天综合判断如何可能"。康德认为,有一些范畴就是先天的,它们能够形成先天综合判断,比如说因果性原理:任何发生的事情都有原因,就可以看作是先天的。当然现代哲学有很多人反对他这个区分。比如说奎因,奎因出名的文章就是对经验主义的两个教条的批判,对分析的与综合的区分的批判,他认为分析和综合的不是绝对的。很多分析的东西是综合的,很多综合的东西也是分析的,而且很多分析的东西是后天的。所以后来的人把康德这个区分打破了,但是也有人认为你那个好像是打破了,其实并没有打破,有的人认为康德还是对的。这是目前还在争论的一个问题。这个我们暂不去管它。总之我们知道,康德认为一个分析的命题就是从一个既定的东西分析出它已经包含的东西,而综合的命题就是把两个本来是不相干的概念联结起来构成一个判断,这就叫综合判断。那么在这个地方呢,他讲:"沿着这条路来走,即分析地从普通的知识进到对这种知识的至上原则的规定",这就是一个分析的程序。现在有一个普通的知识在眼前,我们对它进行分析,比如说通俗的道德哲学摆在我们面前,我们就要对它进行分析,看看这种通俗的道德哲学里面包含有什么样的一种至上的原则。寻找道德性的至上原则是第一步,怎么寻找? 通过分析现有的道德命题,在里面去寻找它之所以可能的那些至上的道德原则。这些原则你常用而不知,那么我就帮你找:你刚才说的这些话里面,包含有一个前提,什么前提,我给你分析出来,那就是道德的至上原则:你实际上是在希望你的道德准则能够成为一条普遍的道德法则。这就是康德的"定言命令",或者叫绝对命令:你要使你行为的准则成为一条普遍的法则。任何道德准则里面实际上都隐含着这样一条法则,但是你要去寻找,因为你在日常使用道德格言的时候是不自觉的。所以要经过分析,把那些具体的东西、具体的场合、具体的对象,某个人,是你自己还是他人,等等等等,从你的道德知识中全部一个一个地排除掉,使得它后面隐藏的那个至上原则显露出来。我们日常的许多具体的东西经常掩盖了底下的那个至上原则，我们要通过分析把它提取出来，即"分析地从普通的知识进到对这种知识的至上原则的规定"。当然这个地方讲的是普通知识，他还不是讲道德知识，因为他这个地方是一般地讲方法论。不管是普通的自然科学知识还是普通的道德知识，都适合于这种方法，从具体的东西深入到抽象的东西。分析法就是排除法，把那些偶然性的因素都排除掉，剩下抽象的成分，从具体深入到抽象。那么下一步，他说："再反过来综合地从对这个原则的检验和它的来源，回到它在其中得以应用的普通知识。"这是一个相反的过程，从具体到抽象，再从抽象到具体。这个原则已经找到了，再对这个原则加以检验，它的来源，我们要检查它的来源，要把它固定在某个层次上面，也就是说它来源于先天还是后天。我们前面讲了，沃尔夫不管你的知识是先天的还是后天的，他就把所有的知识放在一起平列对待；而在康德这里就不同了，他要检验这些知识这些原则，分清它的来源，加以验证。怎么验证？"回到它在其中得以应用的普通知识"，从至高无上的原则下降到那些普通知识，把这些普通知识看作是至高无上的原则的应用，将它们编织成一个完整的体系。这就是从抽象到具体，这实际上已进入到《道德形而上学》的范围了，《道德形而上学》整个就是对道德至上原则的具体运用和展开。

　　这个方法是康德有意识地应用的，后来被黑格尔提到一个非常重要的地位，从具体到抽象，再从抽象到具体，黑格尔在《精神现象学》中就是这样做的，从感性确定性出发，上升到自我意识，上升到理性，再从理性出发，下降到各种各样的精神现象，艺术、宗教、道德、哲学，再下降。这个方法后来被马克思、恩格斯接受，用在《资本论》里面，用在《政治经济学批判》里面。马克思在《政治经济学批判》导言里就讲过，研究的方法跟叙述的方法不一样，在资本论第二版的跋里面也谈到，研究应该从大量的事实出发，从中抽象出一般规律，但是如果这步达到了以后，你要把它展示出来，展示成为一个体系，你就必须反过来，从抽象到具体，或者提升到具体。下降与上升都是相对的，后来的具体跟前面的具体已经不一样了，它经过抽象以后再上升到一个更高的具体。这个是从抽象上升到具体，那么追根溯源追溯到康德。康德最早有意识地将这两个途径——上升的路、下降的路，并列起来作为他的方法论，分析法和综合法。在《纯粹理性批判》里面，使用的是综合法，在《未来形而上学导论》里面使用的是分析法，这是康德自己说的。所以《未来形而上学导论》只是《纯粹理性批判》的一个通俗版，因为分析是比较通俗的，分析要从大量的例子出发，从普通的知识入手，进到对这种知识的至上原则的规定，这是分析法的入手方式。那么综合法呢，要从对这个原则的来源的检验回到它的在其中找到应用的那些普通知识，综合法也就是说先把最高的法则提出来，对这个概念加以检验，规定它的来源。比如说在《纯粹理性批判》第二版的演绎跟第一版的演绎就不一样，第一版的演绎采用分析法，分析人们的意识，我们人的认识有三重综合，一种是直观领会中的综合，一种是想象力中再生的综合，一种是概念中认定的综合，从第一种方法一路上升，最后达到了认定的综合，达到了自我意识，最高的境界。那么在第二版的演绎里面是反过来的，首先就谈自我意识，什么是自我意识，什么是联结，你把两个概念联结起来是什么意思，只有在自我意识的前提之下你才能进行这种联结。把自我意识的意思搞清以后，再降下来，用以解释一切范畴，包括范畴的应用，所有这些范畴，无非就是这些自我意识的本源的综合统一的一种表现。统觉的本源的综合统一，我们读过《纯粹理性批判》，应该对这个不陌生了。那么在这里，他把这个方法提到一般方法的层面，沿着这条路来走，即从分析普通的知识进到至上的原则的规定，再反过来经过对这个原则进行检验，考察它的来源后，用它来解释它在其中得以应用的普通知识。当然《道德形而上学奠基》主要还是分析的，就是从普通的知识进到对这种知识的至上原则的规定，从它的第一章，普通的道德理性知识到哲学的道德理性知识，从通俗的道德哲学过渡到道德形而上学，这两章都是从下而上的分析。那么

第三章，从道德形而上学过渡到纯粹实践理性批判，这个还不是"回到它在其中得以应用的普通知识"，还没有走到这一步，还只是综合地对这个原则加以检验和对它的来源加以考察，就是上面这句话："反过来综合地从对这个原则的检验和它的来源，回到它在其中得以应用的普通知识。"那么在《道德形而上学奠基》里面是不是回到普通知识了呢？还没有，只有到《道德形而上学》中才回到了普通的道德知识。第三章最后一部分，"从道德形而上学过渡到纯粹实践理性批判"，纯粹实践理性批判所做的工作就是对这个原则加以检验并且确定它的来源。那么在《道德形而上学》里面，前面已经奠定了基础，这时就可以回到它在其中得以应用的普通知识了。所以我们在《道德形而上学》里就看到道德形而上学这条至高原则它是如何起作用的，如何用这条原则来衡量和评价所有那些道德或不道德的现象，这就回到具体场合了。但是这个时候回到的具体场合，跟《道德形而上学奠基》最初从普通的道德知识开始，这两者之间已经有了很大的区别，这时是从上而下返回到普通的道德知识，这时候普通的道德知识已经有了它的先验的内涵，有了明确的至上原则，这些道德知识被看作是至高无上的道德原则的应用。这个时候"回到它在其中得以应用的普通知识"，这个普通知识就跟我们借以出发的那些经验、那些例子不一样了，这些例子经过至上原则的安排，已经是有意的，作为典型的例子被举出来的，是为了突出它里面的那些道德原则才举那些例子的。并且这些例子被安排在一个体系里面，不像最开始我从通俗的道德哲学出发时那样，那是广泛的搜罗搜集各种各样的说法、例子，是偶然的，再从偶然的里面发现它含有某种原则、某种规律，再从这种规律里面经过精细的分析，找到最高的至上原则。沿着这样一条路来走，从分析普通的知识上升到对这种知识的至上原则的规定，我们可以理解为这就是第一章和第二章所走过的路；然后对这个原则加以综合的检验和确定它的来源，这个就是第三章讲的，从道德形而上学过渡到纯粹实践理性批判。这个要加以批判，批判就是检验，就是追问它的来源，何以可能？至于回到它在其中找到自己应用的那些普遍知识，这是在《道德形而上学》中讲的，不要搞错了。

所以现代西方研究康德，更重视的是他的《道德形而上学》，对《实践理性批判》就比较忽视。《实践理性批判》太思辨，太抽象，人们不是很认真研究它，倒是他的《道德形而上学》里面有很多具体的东西很有用，拿来就可以用。但是他们完全误解了，《道德形而上学》里面那些拿来就可以用的东西，并不是拿来就可以用的，而是高屋建瓴地从道德性的至上原则里推出来的，它有它先天的条件，不是一种经验的规律的发现。当然你也可以把它跟经验的规律挂起勾来，这是英美那些学者们喜欢这么做的。英美哲学家很多都对康德感兴趣，但是都把他歪曲了，都把他改造得适合英美人的经验的头脑。英美历来强调经验主义，他们很实际，德国人很思辨，在英美人看来这是个缺点。康德也是一个缺点，康德的缺点也在于他太思辨了。康德之所以可以用，是在于他的哲学里面还有一些可以拿来就用的经验的东西。所以英美国家最近几年有一个小小的康德热，一个共同的倾向是力图把康德经验化、日常化。当然康德能够日常化的地方也有，比如说《道德形而上学》，就很日常化，《道德形而上学奠基》前面部分也很日常化，还有他的一些文章，像《永久和平论》等，这些可以解决现实问题，欧盟的问题，美国孤立主义的问题，世界和平的问题，文化的冲突问题，所有的这些问题都可以到康德的书里面去找答案。但是英美哲学家们有一个致命的弱点，就是他们不耐烦去探讨那些抽象的东西。所以他们一说，就是经过歪曲的，德国教授不能容忍，就要批评他们。

这些都是题外话，回到文本："因此，本书划分为如下几章：

第一章：从普通的道德理性知识过渡到哲学的道德理性知识。

第二章：从通俗的道德哲学过渡到道德形而上学。

第三章：最后一步从道德形而上学过渡到纯粹实践理性批判。"

普通的道德理性知识就是凡有理性者都知道在什么场合之下应该怎

么做，包括那些本身没有道德的人，不讲道德的人，他也知道本来是应该有道德的。所以我们看到有些没有道德的人拼命去指责那些有道德的人，说他们道德不完善，去苛求那些道德君子，那么他们用什么去苛求那些道德君子呢？还是用他基本具备的道德理性知识，那些道德理性知识是普通人都具备的。当然他们的这种苛求并不是为了形成道德，而是为自己辩护，我没有道德，你也没有，大家都没有，所以我就心安理得。这个当然不对。但是他用这种道德标准来衡量别人，这个做法正好说明他是有普通的道德理性知识。一切人，一切有理性者，都自然具有这种知识，只是还不够，必须要过渡到哲学的道德理性知识。哲学的道德理性知识就是我们通常所说的道德箴言，像"害人之心不可有，防人之心不可无"啊，"相逢好似初相识，到老终无怨恨心"啊，"得饶人处且饶人"啊，"一日夫妻百日恩"啊，"举头三尺有神明"啊，这种知识还有很多。包括"己所不欲，勿施于人"，也是属于哲学的道德理性知识，在某种意义上说也是一种道德哲学。但是这种道德哲学是通俗意义上的道德哲学。《论语》里面就是通俗的道德哲学，《增广贤文》里面就有大量的通俗道德哲学，因为很有哲理。孔子讲的话很有哲理，《增广贤文》里的话也很有哲理，都讲的是一些从社会现实里总结出来的哲理，但又赋予了它一定的普遍性。所以第一章也可以看作是从普通的道德理性知识过渡到通俗的道德哲学，就是从普通的道德理性知识上升为一种哲学，上升为一种世界观，那就是通俗的道德哲学。这是第一步。第二章从通俗的道德哲学过渡到道德形而上学。通俗的道德哲学当然已经很不错了，但是如果没有道德形而上学，它仅仅是通俗而已。所以孔孟的道德哲学，我们可以说是通俗的道德哲学，但是还不是道德形而上学。到了宋明理学，程朱理学，陆王心学，就有那么点道德形而上学的意思了。"形而上者谓之道，形而下者谓之器。"它已经从器上升到道了。当然孔孟里面已经有道德形而上学的隐含的成分，但是还没有展示出来，到了朱熹那里，到二程那里，到王阳明那里，就展示了一个体系，那就可以称之为道德形而上学了。但宋明理学的形而上学并没有和通俗的道德哲学严格区分开来，而是始终捆在一起，甚至混沌不分，所以我说它还只有点形而上学的意思，天人合一，道器合一，天道与日用合一，还不是严格的形而上学。康德的道德形而上学则是超验的纯粹理性法则，提升到这一至上原理，这就是第二章，也就是第二步。这两步都属于分析的，从普通的道德知识中通过分析进到对这种知识的至上原则的确立，从具体深入到抽象。具体的东西都是经验性的东西，那都是不够的，如果没有普遍的抽象的法则，那么你在具体的道德生活中碰到问题还是不知道怎么解决，因为你没有原则，没有标准。只有上升到道德哲学，通俗的道德哲学，你才有了一些原则；而只有上升到道德形而上学，你才有了一条至上的普遍原则。通俗的道德哲学也有一些原则，比如我们以前在农村里面发生纠纷，就要讲理，要打官司，当时没有健全的法律，就要通过氏族族长来处理问题，你们两家有什么问题到族里去讲，就要摆酒，族长就让你们讲理。听你们双方说了自己的道理以后，族长就讲出一两条格言出来，凭这两条格言就可以判断谁有理谁没有理。那么，这样一种通俗的道德哲学实际上已经起到了提供一种道德标准和道德原则的作用。但是这个理是不是普遍的理呢？那就很难说了。族长有时候是很偏心的，他在很多很多的道德箴言里面就挑出这一条来说，他不挑别的；但是如果换一个族长，他也可能维护另一方，用另外一条格言，这是可以灵活掌握的。因为他没有一种至上的普遍道德原则。所以以前我们讲理的时候往往是公说公有理，婆说婆有理，谁也说不清楚，虽然我道理上说不过你，但是我口服心不服。你讲的都挺有道理，都是你讲出来的，我也可以讲别的道理，但是我没有那个权威，也没有口才，就不会被采纳。所以这里就需要一个道德形而上学。道德形上学的法则是绝对的，放之四海而皆准。不管你哪个来讲，你都得服从最高的道理，小道理要服从大道理。所以必须要过渡到道德形而上学，要寻求、寻找到道德的至上原则，这是一个更高的过渡。

所以从具体到抽象要分两步走，第一步，是收集大量的道德知识，找到那些通俗的道德理性知识，从中形成一种通俗的道德哲学。然后第二步，就从通俗的道德哲学过渡到道德形而上学，就是在所有这些通俗的道德哲学里面，把它的内容撇开不管，看它们从形式上遵循的是什么样的普遍法则。我们要把这个法则找到，把它阐明出来，这就可以建立一个道德形而上学，这就不是通俗的了。并不是每一个人都可以想到它，而是要通过教育，通过那些懂得的人去告诉大众：你们所讲的道理，最后来看，都要有这样一条道理在里头。当然他不是强加于人的，而是从普通的、通俗的道德哲学里面引申出来的、抽象出来的。这个抽象出来的，在康德看来还是人们的理性先天固有的。只是你没有发现，你从大量的道德实践中，通过你的理性能力加以思索，你就可以发现这一条道德形而上学的至上原理。每个人都是可以发现的，所以这也不是强加于人，而是发现你本身固有的原理。这就过渡到了道德形而上学。第三章"从道德形而上学过渡到纯粹实践理性批判"，道德形而上学和纯粹实践理性批判是什么关系？道德形而上学的至上原则本身需要加以确立。前面是"寻找"，上面一段不是讲么，"寻找并确立道德理性的至上原则"，前面两步都是在寻找，找到了，找到了以后还要确立啊，怎么确立呢？要对这个原则加以检验，综合地对这一原则加以检验，对它的来源加以考察，这个一定是综合的。当然考察了它的来源以后，确立了它的有效性以后，还要回到那些普通知识，那些应用这些原则的普通知识，还要回到那里去，把那些知识综合起来，所以是综合。但是前面这个检验和确立它的来源，也是综合，这个不是分析。至高无上的原则，何以可能？来源于何处？相当于问，它的有效性根据何在？回答是，来源于先天，来源于人的自由，来源于人的自由意志。这个不是分析出来的，这个是综合的，因为这个最高法则本身就是先天综合命题。要检验它，这样一个原则是否能成为普遍原则，是否具有普遍有效性，要经过检验。这个也是要通过先天综合命题才能得出来的。所以第三步、最后一步是从道德形而上学过渡到纯粹实践理性批判，检验也好，确定一些来源也好，都是纯粹实践理性批判的工作。纯粹实践理性批判它要做的就是这样一个工作，就是道德原则、至上原则提出来以后，来对它加以"演绎"。在《实践理性批判》中也特别讲到了纯粹实践理性原理的"演绎"，即对道德法则的演绎。所谓"演绎"，就是说要对它加以检验，它的合法性根据何在？它的来源何在？在《道德形而上学奠基》这本书里面，也提到了对定言命令的演绎。第三章对定言命令的检验和追溯来源，其实就是对它的演绎。在《实践理性批判》里面是正式作为一个小标题展开对道德法则的演绎。这种演绎就是要确定道德法则的来源，对它的可能性和普遍有效性加以检验，这和《道德形而上学奠基》中是一致的。在定言命令中，一条个人行为的主观的准则如何能够成为一条普遍的法则？有没有可能成为一条普遍的法则？这一先天综合命题如何可能？如果你建立在自由意志的基础上，那就是有可能的。自由意志正是普遍道德法则的来源，它不是后天的，也不是外来的，不是上帝给你的，也不是大自然给你的，不是经验的，而是道德自律。从道德形而上学过渡到纯粹实践理性批判，就是对这个至上的法则加以敲打，加以检验，加以考察，加以确立，经过这种检验和考察以后，它才能够确立起来。我们在这里可以看得出来，康德的用词是非常讲究的，他每一个词语都不能随便对待的。我们刚开始读到"不过是寻找并确立道德性的至上原则"，"寻找"和"确立"好像随随便便说的，但是它有意思的，什么是寻找？第一章、第二章就是寻找。什么是确立？第三章就是确立。最后一步从道德形而上学过渡到纯粹实践理性批判。这是《序言》。我们就讲到这里。

第 五 讲

下面我们开始进入到第一章。看标题：

第一章：从普通的道德理性知识过渡到哲学的道德理性知识。 393

这一章的主题我们上次已经充分的展开了。现在可以进入到文本。

在世界之中，一般地甚至在世界之外，唯一除了一个**善良意志**以外，根本不能设想任何东西有可能无限制地被视为善的。

这句话，"在世界之中，一般的甚至在世界之外"是什么意思？"在世界之中"很容易理解，除了一个善良意志之外，根本不能设想任何东西是有可能无限制的被视为在世界上是善的。在世界之中，也就是在社会之中，在人类之中，在现实生活之中，其他的东西都不能无限制地被看作是善的，只有善良意志可以没有限制地被看作是善的。那么，为什么加一个"世界之外"？这就是康德的观点了，他所探讨的不仅仅是人类的问题，他所探索的是一切有理性者，就是一般的有理性者，那就包括外星人，也包括上帝。上帝在世界之外，是世界的创造者。在世界之中，一般地甚至在世界之外，那么唯一除了一个善良意志以外，根本不能设想任何东西有可能无限制的被视为善的。其他一切被视为善的，也就是被视为好的，都是有前提的、有限制的，即对什么好？对什么而言好？我们在日常生活中说这个东西很好啊，很可能别人会说，那只是对你而言好，在我看来没什么好，甚至在我看来是坏的。甚至是同一个人认为是好的东西，也可能在下一瞬间认为是坏的。朱元璋早年人家拿猪潲水给他熬的汤，说是"珍珠翡翠白玉汤"，他当了皇帝之后人家给他做的同样的汤，总觉得不是这个味道。他当年吃的那么香，为什么现在吃得一点味道都没有？

就是说当时认为是好的，现在情况变了，他口味已经没有了。所以那个好是相对的。一切好都是相对的，只有一种好是绝对的，那就是善良意志，就是好的意志。当然什么是善良意志，这个还没有说。但是有一点可以确定，凡是好的行为都是有一个好的意志，也就是善良意志。而善良意志本身它是没有任何别的条件的。如果有别的条件，那就不是善良意志了。善良意志本身是一切好的出发点。但是绝对不能以其他的东西作为前提。凡是以其他的非善良意志作为前提的都不是真正好的。比如说你做好事，但如果你做好事无非是为了得到奖金，无非是小恩小惠想拉拢人，这就不是真正做好事了。当然，我们跳不出这个社会，经常有人讲，人难有真正的自由意志，所有人的自由意志都是有前提的。那么言下之意呢，真正的好事是不存在的，真正是出于自由意志去做的好事是不存在的。所有你认为是出自于自由意志所做的好事都是有所求的，都是受别的东西的限制；即使不是你主观意愿受限制，也是由别的东西所决定的，有你的环境，有你的能力，有你所受的教育，有你当时所处的处境和你当时的情感冲动等等，由这些东西决定的。所以人没有自由意志，也没有真正的好事。这是太悲观了，对人的评价太悲观了。但是在康德看来，唯有一件东西可以被称之为好的，就是善良意志。人是可以从自由意志出发做好事的，这个自由意志不需要任何其他解释。不是说你生活在一个什么家庭里，受到什么影响，从小受到了谁的教育，受到了谁的关怀，于是你就做了好事。没有！哪怕你十恶不赦，你这一瞬间做了好事都是有可能的，你做了很多很多坏事，但是这一件事情你是出于自由意志，那都是有可能的。自由意志嘛，它不以任何东西为前提，包括你的前科，你以前犯过罪，这都不能限制你在此时此刻能够做一件好事。康德是持这样一种理念的。而且他认为唯有这样一种自由意志才能真正称之为无条件的善，没有任何附加，无条件的善才是真正的善。凡是有附加条件的都不是真正的善，要么是出于环境所迫，要么是出于别的考虑，至少不是出于道德本身。

下面举了一些例子。他说：

知性、机智、判断力及像通常能够被称作精神上的**才能**的东西，或下决心时的勇敢、果断、坚毅，作为**气质**上的属性，无疑从很多方面看是善的、值得希求的；

所有这些东西都可以看作是好的，我们也可以把"善的"（gut）翻译成"好的"。无疑很多东西是好的、值得希求的，所有这些东西，机智啊、判断力啊、才能啊、勇敢、果断、坚毅啊，所有这些属性都是好的属性。我们从小培养小孩无非就是培养这些东西，培养他的机智，培养他的判断力，他的能力。我们现在高考都是智力第一，所有这些讲的都是智力，包括判断力，包括勇敢、果断、坚毅、坚持不懈地去学习，最后归到培养智力。所以很多家长从小就是培养他的孩子的毅力，打磨他，训练他，不给他有一点时间放任自流，每一点时间都充分利用。假期带他去学钢琴，学小提琴，这个班，那个班，不给他有空余的时间，训练他，磨砺他，以便将来应付更沉重的压力。所以他这样训练出来能耐就很大了，中国人在这个世界上可能是最有能耐的民族了，诺贝尔奖我们拿不到，但是奥林匹克数学竞赛、物理竞赛我们都可以拿金牌。这些品质从很多方面看是好的，值得希求的。

但是它们也可能成为极其恶劣和有害的，假如想运用这些自然禀赋并由此而将自己特有的性状称为**性格**的那个意志并不善良的话。

所以我们今天光是注重智育，不注重德育，不注重美育，甚至于不注重体育，当然就使得我们的青少年畸形发展了。所以康德这里面就讲到了：如果那个意志并不善良，这些素质都有可能是恶的。因为所有这些能耐，你都要诉诸意志去运用它们，你拿那些东西来干什么？你拿那些东西来高考，好，可以，考上大学怎么办？为什么要考大学？就是说你总要有一个目的，而这个目的是否善，这个还没有定。你这个意志是否是善良意志？你用这个意志是不是为人类谋福利？是不是为自己将来成为一个好人？这个都还未定。你光注意这些东西，它们也可能成为极其恶劣和有害的，很危险的。你越有能耐，你可能就越有害。很多高科技犯罪的，那个搞"熊猫烧香"电脑病毒的青年，当然他没有考上大学，但是他智商非常高，他能够造出一个"熊猫烧香"的病毒，谁也破不了，最后他被抓了以后叫他自己去破除的。这个就是越是有能耐就越有害。因为他的意志并不善良，他给国家和人民造成多大的损失，他这是犯罪。

对那些<u>由**幸运所赋予的东西**</u>，情况同样如此。权力、财富、荣誉甚至<u>健康，以及生活状况整个的美满如意，也即所谓的幸福，会使人骄傲，因</u><u>而经常使人狂妄，如果没有一个善良意志在此纠正它们对内心的影响，</u><u>同时也由此纠正行动的整个原则，使之普遍合于目的的话；</u>

这是第二种例子。"对那些由幸运所赋予的东西"，前面说的是由训练，精神上的才能、机智、判断力、勇敢、坚毅、果断这些东西也有天生的，但要训练出来才行。所有这样一些气质上的属性，都是一个人的素质，我们今天讲素质教育，素质教育如果缺了善良意志的话，那是很危险的。那么，其次呢，除了素质以外就是由幸运所赋予的东西。不是由你自身，不管是天生的，还是通过后天的训练得来的，不光是这样一些主体的东西，而且由外界，由你的运气所赋予的，你的机遇，你的境况，你的出身，你爸妈你的家庭带给你的，情况同样如此。比如权力、财富、荣誉甚至健康，这些东西都要靠幸运。权力，身居高位，你父母都身居高位，现在不是有"太子党"吗？太子党就有很多机遇，很多幸运，他们至少比一般老百姓当官的机会要多得多。财富，大款家出生的，"富二代"，他通过继承平白无故的就可以获得大笔的财富，他不需要自己做任何努力。荣誉也是这样，荣誉也需要运气，你恰好在那个时候碰运气你获得了你的荣誉。甚至于健康，你处于一个什么样的生活环境中，你没有碰到一些损害健康的事情发生，比如说"三鹿奶粉"。这些都是运气，我们小时候没有喝三鹿奶粉，所以我们现在都很健康，我们要感谢我们的运气。以及整个生活状况的美满如意，你建立的美满的家庭，有一个可爱的孩子等等，也就是所谓的幸福。所有这些东西，"会使人骄傲，因而经常使人狂妄。"这些东西可以使人骄傲，财大气粗，位高权重，这些东西都可以使人骄傲。荣誉也可以使人骄傲，在荣誉面前也可以骄傲。健康，你鄙视那些残疾、不健康的人，都有可能。各种骄傲经常使人狂妄。"如果没有一个善良意志在此纠正它们对内心的影响，同时也由此纠正行动的整个原则，使之普遍合于目的的话"，不要骄傲，不要狂妄，有个前提就是善良意志对于内心的影响。不是所有有钱的人、有荣誉的人都会骄傲，有的人就没有。为什么呢？他有善良意志，他有一颗善心。这些权力、这些金钱对于他内心的影响，可以受到善良意志的纠正，可以不受影响。"同时也由此纠正行动的整个原则"，就是说你做人的整个原则，"使之普遍合于目的"，要使它普遍地合于目的。就是说你拥有这些偶然的东西，它们本身是没有目的的，偶然得到的。但是你如果有一个善良意志的话，你可以把它用于符合于某个目的。比如说你有钱，你用它享乐，享乐也享乐不完，你用它传给子孙，传给子孙害了他。比尔·盖茨就很有目的，他不传给子孙，他用来做慈善。他用来合于某个目的，把所有钱财，他有那么多钱财，他把他所有的钱用来合于某个目的地来运用。所以他有一个目的，就是说，取之于民，用之于民，要让它普遍的合于目的，不是为了自己个人的目的。普遍的合于目的就是说要合于一个普遍的目的，不是你突发奇想的目的。这个就是善良意志，只有善良意志才能做到的，其他的都做不到。其他的通过动物的本能所产生的一些需要，通过虚荣、通过贪欲、通过野心所产生出来的一些具体的需要，都做不到使它们合于一个普遍的目的。这是第二个层次。第一个层次呢，就是说人的素质，第二个层次是人的运气。那么第三个层次，

更不必说，一个有理性的无偏见的观察者，看到一个绝无丝毫纯粹善良意志遮羞布的人却无休止地享有康乐。绝不会感到愉悦，于是善良意志看起来就甚至构成了配享幸福的必不可少的条件。

这是他的结论。第三个层次实际上是从消极的方面讲的，前面都是从积极的方面讲。你有了什么，如果没有善良意志，那么它们都不会成

为好事。它们本身也许可以是好的，但是如果没有善良意志，它们都可能变成是坏的。"更不必说"，从消极面讲，"一个有理性的无偏见的观察者，看到一个绝无丝毫纯粹善良意志的遮羞布的人却无休止的享有康乐，绝不会感到愉悦"。凡是有理性者，稍微有理性的观察能力的人，看到一个坏人，连丝毫的善良意志的遮羞布都不要了，这样一个人却无休止的享有康乐，坏人得不到恶报。当看到一个坏人得不到恶报的时候，一个普通的具有理性的人都不会感到愉悦，都会感到不快，都会觉得不舒服，他为什么做了那么多坏事居然没有得到惩罚？我们说你这样做你不得好死，他没有不得好死，他最后还享尽天年，还得到和享有很大的荣誉，但实际上他坏事干尽。当你看到这一点的时候，我想任何一个有理性的人都会感到不公。上帝为什么不公？应该是善有善报，恶有恶报。但是往往呢，那些善人遭到恶报，那些恶人得意，一辈子得意。这个是不合理性的。为什么不合理性？理性的观察者必须要把一个善良意志作为他配享幸福的必不可少的条件，就是你想幸福，这个没有人指责你，但是值得指责你的是：你凭什么配享幸福？如果你没有任何道德观念，你享幸福，那人家就会说你不配。尽管拿你也无可奈何，但是人们的心里是不平的。如果一个人，他通过自己的能耐，通过正当的善的这个意图，他绝不坑害别人，他诚实劳动，诚实经商，像比尔·盖茨通过他的诚实劳动，发挥他的聪明才智，他赚了钱，他享了福，没人嫉妒他，因为他配。所以比尔·盖茨这样的人，他再怎么样的享乐，哪怕他挥霍，人们都不会嫉妒。所谓嫉妒，所谓眼红，主要是对那些为富不仁者，像这样勤劳致富、勤劳发家的人，人们不会嫉妒他，觉得他是配的，而且觉得他还享受得不够。据说比尔·盖茨是非常吝啬的，他会不惜开车几十公里另外找一个更便宜的地方去停车，他连8个英镑的停车费都不愿出，他有那么多钱，他抠住每一分钱。所以我们也觉得他也太没必要了。这就更突出了他的道德境界，我们就更加敬仰他。就是说这么一个人，他在个人生活方面如此节俭，这是美德，因为这种美德他就更加配享幸福。所以，从以上三个层次都可以看出来，善良意志是享福的必不可少的条件，所有的享福因为有了善良意志作为前提它才是善的。所以这三条，前两条从正面，最后这一条从反面，都说明了同一个问题，就是说所以这样一些好的东西都必须是建立在善良意志的前提之下才能称之为好的；否则的话，好的也可能成为坏的。

我们来回顾一下上面一段。我们在日常生活中有很多东西是善的，"工欲善其事，必先利其器"，我们要做好一件事情必须要找到好的工具；我们要达到一个好的目的是为了把这个目的作为手段，用来达到更好的目的，我们日常生活当中，是从目的到目的不断追求，每一个目的，都仅仅是对于另外一个更高的目的而言，是好的，也就是善的。那么，有没有一个东西是最终的好的？就是说，它不需要再从其他的目的来考虑，它本身就是最后的目的。如果能找到这样一个东西，那么它就可以作为我们好和坏、善和恶的绝对标准。当然我们在日常生活当中，一般觉得这个东西是不可能的。一切善恶好坏都是相对的。但是，有没有一个东西是绝对好的？康德在日常的、普通的道德理性知识里要寻找的就是这个东西。那么，第一段开宗明义，其实就提出了这样一个东西，那就是善良意志。好的东西很多，但是都是相对的。但唯有一个东西是绝对的，那就是善良意志。善良意志是无条件地被看着好的。那么，以它为标准、以它为前提，其他东西才可以进行好坏善恶的衡量，或者说，其他的好的东西，只有在以善良意志作为前提的情况之下，才能称之为好的。否则的话，好的东西也会变成坏的东西。我们日常日用不知的其实就是这个东西。我们经常说这个东西好，那个东西好。可是后面有一个东西我们没有说出来，或者甚至于想都没想到，就是说它有个前提，必须是善良意志，必须是你的意志、你的动机是好的，所以这个东西才能被称之为好的。

那么下面第二段也是从另外一方面来继续深化这个课题。

有些属性甚至是对善良意志自身起促进作用的，并且能大大减轻它　394

的工作；然而即便如此它们也没有内在的无条件的价值，而总还是以一个善良意志为前提，这个善良意志限制了人们在一般情况下有理由作出的对它们的高估，并且不允许把它们看作是绝对善的。

那么，这句话跟前面相比，更进一层，前面就是说有一些品质，有一些善的事物，如果没有善良意志、如果失去了善良意志，这些品质、这些事物它们本身就可能不是善的，甚至于，或者说是恶的。那么，有一些属性，这些属性很可能就是前面那些品质，但这时是作为善良意志的属性了，它们对善良意志自身能够起促进作用，有了这些东西，善良意志就会更加方便的、更加强有力地实现出来，"并且能大大减轻它的工作"，减轻善良意志的工作。他说："然而即便如此它们也没有内在的无条件的价值"，就是说善良意志所伴随着得以实现出来的那些条件，那些属性，即便是附着于善良意志身上，但你如果把它们单独地加以考察，单独来看的话，它们也没有内在的无条件的价值，它们总是有条件的。这个条件"总还是以一个善良意志为前提"。善良意志"限制了人们在一般情况下有理由作出的对它们的高估"。"在一般情况下"，这个一般情况就是不去考虑善良意志的情况，他运用于善良意志就是特殊的情况，但是如果撇开善良意志而作为一般来看的话，那么也有理由作出对它们的高估，这也是有理由的。有这些品质，比没有这些品质，通常要好一些。通常是这样。但是，善良意志限制了人们的这样一种高估。在一般情况下，本来是有理由作出的高估，但是不一定，不一定就是好的。如果它运用于别的方面，别的方面也许并不是不道德的方面，但是也不是道德的方面，可能是无所谓道德的方面。有些事情无所谓道德不道德。有些事情是中性的，你不能说它是不道德的、也不能说它是道德的。但是，这些属性在这种情况下对于人达到的目的是有用的，所以人们对它们进行较高的评价。但是，善良意志限制了人们这样一些高估，"并且不允许把它看作绝对的善的"。有善良意志在，这样一些评价、这样一些属性就不是绝对的善。它总是要以善良意志作为前提，才能称之为善。在其他情况之下，虽然有时候也可以评价为善的，但是它都是相对于某个目的而言的。当这个目的还没有考虑它是善的还是恶的还是非善非恶的时候，我们考虑它只是对于某个目的而言是好的，它还不涉及道德不道德的问题。那么，即便是有好的评价，我们也不能把它看作是绝对善、绝对的好的，只是相对于某一个目的是好的。

在激情和情欲方面的适度、自制、冷静、审慎，不仅对多种意图来说是善的，而且看起来甚至构成了人格的内在价值的一部分；

这是一个很典型的例子。在激情和情欲方面的适度，掌握一定的分寸，不要让它过度的燃烧，控制它的一个度。我们说这个人很有自制力，他这个人的气质，他这个人的修养，表现在他非常冷静、审慎，不是贸然就作出一个行动。他必须是考虑再三，考虑周全，在任何情况下保持一种冷静的头脑。这个当然是非常好的，不仅对多种意图来说是善的，而且看起来甚至是构成人的内在价值的一部分。对各种各样的意图，它们都需要这样一种冷静、适度、自制。古代的斯多噶派就推崇这样一种适度，他们称这样一种适度为美德，克制、刚毅、坚定、冷静，不受情欲控制，满脑子里想的是逻各斯、宇宙理性。对个人的情欲、冲动，在斯多噶派的心目中是不值一提的，甚至于个人的痛苦，肉体上的痛苦，他们也不屑一顾，强调要忍耐，要坚毅等等。那么，康德在这个地方虽然没有点明，实际上他心里想的是斯多噶主义。斯多噶主义它是这样一种人格、一种性格的代表。斯多噶主义一个非常重要的特点就是禁欲主义，这是它的标志性特点。你不要把自己的欲望看得太重，重要的是一个人的行为要合理，要有美德，要冷静，要体现出一个人的人格力量，人不是动物。这当然很高尚，斯多噶主义所标榜的那种高尚、超越一切人世的世俗情欲，这个是有他一定的人格力量的。这个不仅对多种意图来说是善的，而且看起来是构成人的内在价值的。按照斯多噶派的观点，它就是绝对善，甚至构成人的内在价值的一部分，就是说一个人的人格就体现在这个上面。人格的一贯性是根本性的，感性和情欲都是暂时的，如果你能克制这样的一些冲动，那么你就体现出了你的人格的一贯性，你的人格就具有一种尊严，就具有一种高贵性。这是斯多噶派他们标榜的一种价值，内在的价值。外在价值就是财富啊、地位啊、幸福啊等等，所以这些东西在斯多噶派看来，不在话下，无足挂齿。这是康德在这里所暗指的一种观点。我们如果熟悉哲学史的话，一看就知道他指的是谁，是哪一派。与当时的伊壁鸠鲁派的享乐主义比起来，斯多噶派是更加高贵的，层次更高的。但是即便如此，康德指出：斯多噶派的这样一种禁欲主义，这样一种高贵精神，这样一种自制、冷静、审慎、刚毅、坚忍精神，仍然不是绝对善的。

不过要把它们无限制地宣称为善的，那还差得远（即便它们被古人无条件地颂扬）。

这里就有一个转折了。姑且承认斯多噶派他们说的有一定的道理，对于多种意图来说，这样一种适度、自制、冷静、审慎是善的，而且看起来构成了人的内在价值的一种体现。"看起来"、显得像是，这语气就已经是抱有一种怀疑了。下面就讲了："不过要把它们无限制地宣称为善的，那还差得远（即便它们被古人无条件地颂扬）"，这里古人就是指斯多噶派。即使它们被斯多噶派无条件地颂扬，说这就是人之为人的价值，人之为人的价值就体现在人超越感性、激情之上的一种独立人格。但是这个独立人格还不是建立在理性的一般法则之上的，而是建立在一种素质和气质上，这种气质具有超越感性，超越情欲之上的力量，他是在跟自己的情欲作对。这仍然只是一种身体上的天生的气质，或者即使不是天生的，也是长期训练出来的一种气质。那么这还是从肉体上来看的，还没有把它归结到善良意志上面来，它的超越性还不够。我们在现实生活中，也有一些超越，比如说身外之物，我们能忍受，我们有极强的忍耐力，忍受痛苦的能力。斯多噶派经常标榜这种忍受痛苦的能力。这样一种人格还是一种肉体上的素质，没有能够摆脱人世间天生的那种气质。把人格建立在这种气质之上显然是不够的。当然也可以体现出他们的独立人格，他们讲道德，有所不为，能够忍耐酷刑，你对他动刑他不怕。因为在日常生活中他天天在对自己动刑,奉行禁欲主义甚至苦行主义,天天在忍受痛苦,越是痛苦他越是高兴,越是痛苦越显示他人格的高尚。这个在古代是被人传颂的,但是在康德看来,层次不高。基督教就已经超越了这样一个层次。基督教的教义有些来自斯多噶派,但是,基督教教义、它的道德观已经超越了斯多噶派,就是不再以这样一种气质作为标榜自己人格的标准,而是诉诸另外的一种德性,比如说基督教的信、望、爱,即信仰、希望和博爱。这就超越了肉体上的忍耐力。肉体机能说明不了问题,有些人他就是特别不怕疼,你怎么掐他他也无动于衷。基督徒不怕死,并不是说他们生来的体质跟别人不一样,而是因为他们心中有信仰。心中有信仰那就跟一般人不一样,即便他很怕疼,他也能够忍受。这个是后来的基督教对斯多噶派的超越。那么,康德的伦理学从基督教里面吸收了很多东西。或者说,康德的伦理学是基督教伦理的提升。他对基督教有批判,但是很大程度上也是延续。首先他要把这些肉体上的忍耐力、这样一些素质加以超越。所以,看起来构成人的内在价值一部分的那样一些东西,要把它们无限制的宣称为善的,那还差得远。即便古人是无条件颂扬它们为善的,但是作为绝对善的东西,它们还不够。

因为没有善良意志的诸原理,这些属性极有可能成为恶,一个恶棍的冷血不仅会使他变得更加危险,而且会使他在我们眼中直接变得比他不是如此冷血将会被认为的要更加令人憎恶。

这句子绕来绕去的,很讨厌。但是它的意思在这里还是很明确的。就是说:真正能成为善的就是善良意志。如果没有善良意志诸原理,——善良意志诸原理是什么,这个后面要讲,——如果没有善良意志诸原理,那么这些就极有可能成为恶。冷静、坚忍、自制、审慎啊,所有这些好的品质,如果没有善良意志,如果你动机不纯,居心不良,别有用心,那么,你运用这样一些素质,很可能本身就是恶的。康德举例说:"一个恶棍的冷血不仅会使他变得更加危险",一个恶棍如果他又冷静、又自制,又能够审慎,审时度势,那岂不是更危险?那给公安机关的破案带来很大的麻烦,他有很强的反侦察能力。你用测谎器测他,也测不出他说谎。他很冷静,测谎器主要是对那种素质不太强的人。但是如果你遇上这样一个恶棍,他是冷血的,他不管你如何审讯,我自岿然不动,那么不仅会使他变得更加危险,"而且会使他在我们眼中直接变得……更加让人憎恶",比什么更加呢? "比他不是如此冷血将会被认为的要"更加让人憎恶。就是说一个恶棍他不是如此冷血,如果他还有一点点感情,如果他还有一点点人性的弱点,那么在审讯他的时候公安机关就很方便了,就可以"攻心"了,就可以讲讲你的家人、你的妻子啊、你的孩子啊,用来打动他,动之以情,做思想工作嘛。那么这样一些人就可以被感动,他可以被教育,他可以被改造,那么他就不是那种十恶不赦的恶棍了。如果是十恶不赦的恶棍,那根本就无动于衷,那他就非常令人憎恶。这个意思很明确。有些素质它本身对善良意志是可以起促进作用的,但是如果被坏人所利用,如果它的出发点本身就是恶,那么它就使恶变得更加危险。所以它们本身是没有善恶的,没有固有的无限制的善和恶,当然也谈不上是绝对的善了。下面我们再看一段。

善良意志不是因为它产生了什么作用或完成了什么事情,也不是因为它适合于用来达到某个预定的目的而是善的;而只是因为它的意愿而是善的,即它自在地是善的,

我们看看这半句:善良意志它是善的,它是因为什么才是善的呢?它并不是因为它产生了什么作用,或完成了什么事情,也不是因为它适合于用来达到某个预定的目的,而是善的。这实际上是上面的一个结论,就是善良意志之善,完全不看它是否达到好的目的,或者适合于用来达到某个预定的目的。他说:"而只是因为它的意愿而是善的",善良意志作为意愿,它就是善的。"意志"的"意愿",我们上次已经讲到了,"意志"(Wille) 这个词是从"意愿"(Wollen) 来的,"意愿"比"意志"要更具体更感性一点。那么,意志因为它的意愿而是善的,就是说意志在表现为

现实的意愿时就是善的，它的这个出发点、它的动机是善的。我们日常讲的动机，说这个人的动机不纯，那个人的动机很好，他最初的那个起意或者初衷，他是为了什么：善良意志就是由于这样的意愿而是善的。至于这个意愿实现了没有，达到了什么目的没有，这个它不管，这是另外一回事情。首先是它的出发点本身要是好的，所以他讲，"而只是因为它的意愿而是善的，即它自在地是善的"。"自在地"（an sich），所谓"自在之物"（Ding an sich）就是用的这个词，意思是"在自身"。自在地是善的，也就是说，它不需要别的东西，不需要外在的东西，它本身就是善的，它本身在它自身就是善的。这个是前面半句。就是说：善良意志它自在地是善的，不是因为它完成了什么事情，它成就了什么事情，它对于某个目的是善的；而是就属于它自在的意愿，它已经是善的了。

并且，就其自身来看，必须被评价为比任何仅仅只是有可能用它来实现有利于某种爱好的东西，甚至可以说有利于所有爱好的总和的东西，都无可比拟地要高得多。

这是康德特有的句式了。那么，"并且就其自身来看"，它自在地是善的，自在地如何善呢？"它必须被评价为比任何仅仅只是有可能用它来实现有利于某种爱好的东西……都无可比拟地要高得多"，它必须被评价为什么呢？比另外一些东西要高得多，比哪些东西要高得多呢？一是"仅仅只是有可能用它来实现有利于某种爱好的东西"。就是善良意志它当然也有可能用来实现有利于某种爱好的东西。对某种爱好有利的东西，它也可以将它实现出来。善良意志，比如我们讲的"为人民谋幸福"。幸福是什么？幸福当然是有利于某种爱好的了。这个爱好是广义的，"爱好"（Neigung）这个词，在康德这里是指一般的任何感性倾向。一个人要维持生命，这也是一种爱好，幸福，追求幸福，这也是爱好，趋乐避苦，这也属于爱好。那么"有利于某种爱好"，我们可以用这种善良意志来实现有利于某种爱好的东西，比如说提高生产力、发展生产力。发展生产力有利于我们解决温饱问题，有利于"奔小康"。善良意志当然可以用来做这些事情,实现那些有利于某种爱好的东西。但是就其自身来看,必须被评价为比任何这样一种东西要无可比拟的高。善良意志比那种仅仅只是用它来实现有利于某种爱好的东西,用它来实现人们的幸福,比这样一些东西更高。而且比"甚至可以说有利于所有爱好的总和的东西"都高得多。"总和",那当然就是我们通常所讲的,为全体劳动人民谋利益,为全体中国人,甚至于为全人类谋利益。为全人类谋利益还是谋利益啊,还仅仅是幸福啊。但是善良意志是不是就因为这个就是最高的评价了呢?还不是。善良意志甚至比这些东西都无可比拟地要高得多。它仅仅是立足于善良意志。就是说:一个人的善良意志比所有的这些谋利益的总和都要高。这个"高"当然是讲的在善的评价方面,在善的估价上面要高。如果你想给全体人民带来利益,但你的动机是不好的,比如说希特勒,他也许诺:我要给德国人民带来利益。但是你的动机是什么呢?你的动机是不好的。他给德国确实带来了利益,德国的经济一下子就发展起来了。他为全体德国人谋利益,除了犹太人以外。那么他是不是就是好的呢?他的动机是不好的,他的动机是最后要称霸世界,压迫人民。我给你带来利益,你就要把我视为救世主,我就能为所欲为,那么他的行为就不能视为善的。所以在这里,康德就认为:善良意志并不是它产生了什么作用,或者完成了什么事情,也不是因为它们能用来达到什么目的,不是因为它能治国平天下,不是因为它能导致社会稳定,人民安居乐业,不是因为它把人民的生活水平提高了多少,而是由于它本身就是善的。这个善要比那些所有爱好的总和都无可比拟的要高得多。当然,这个"高得多"不是从量上面来判定的,应该是从性质上、等级上面来判定要高得多。

即使由于特别地时运不济,或者由于无情自然的苛待,这个意志完全丧失了实现其意图的能力,假如它尽了最大的努力对此仍然一无所获,只剩下这个善良意志(当然决不是一个单纯的希望,而是用尽了我们所能支配的范围内的一切办法):然而它毕竟会像一颗珠宝一样独自闪闪发光，它是某种在自己自身内就拥有其完全价值的东西。

这个里头谈到了我们通常讲的"失败的英雄"，就是说一个人他也许没有干成他所要干的事情，为什么没有干成呢？我们设想：由于特别的时运不济，条件不凑合，我们讲天时地利人和，也许他既没有天时，也没有地利，也没有人和，命运对他不公。命运不公，你能怪谁呢？谁也怪不了。我们讲"谋事在人，成事在天"，你尽了人事，尽了人力，成不成，那只有天晓得。成也好，败也好，那你怪不了谁。或者由于无情自然的苛待，这个"无情"本来的意思是继母一般的苛待，后母一样的苛待，看来西方人和中国人一样，对于后母感觉都是不好的。像后母一样的苛待，自然对他像后母一样，他被自然所抛弃，比如他生来就有残疾，很多事情他做不了，非常困难。自然对他不公，命运对他不公。他说："这个意志完全丧失了实现其意图的能力"。他有很好的意图，但是由于没有碰到好的机会，或由于他天生的限制，他不能实现他的意图。当然还有一个条件，他下面讲："假如他尽了最大努力，对此仍一无所获，只剩下这个善良意志"。他尽了最大努力，一个是对命运进行抗争，他要扼住命运的咽喉。贝多芬晚年双耳失聪，但是他仍然要创作音乐，为了扼住命运的咽喉，他尽了最大的努力，仍然上台去指挥，指挥到中间就出乱子了，因为他听不见，指挥的乐团一塌糊涂，但在场所有的人仍然对他非常尊敬。就是因为他这个人表现出了他的崇高人格，虽然他指挥不成功，但是人们把这传为美谈，尊敬他的善良意志。这种自由意志尽了最大努力，却对此仍然一无所获，只剩下这个善良意志。这个括弧里面我们要注意："当然决不是一个单纯的希望，而是用尽了我们所能支配的范围内的一切办法"。这个补充很重要，有利于避免我们对康德的某些误解。我们对康德通常的误解好像是他是一个唯动机论者，只要你动机好，你就可以什么都不干；不论有没有效果，你都可以坐在那里说我的动机是好的。这个不是康德的意思。康德的意思就是说：你的动机就表现在你的行动上面。你的动机不是躺在床上，坐在那里想一想就是动机了。动机是开启实践的钥匙,实践理性的一种行动的要素。动机不是想一想的事情,想一想是理论理性的事情,理论理性你可以坐在那里想一想,冥想。你可以看书,看了书以后,你可以躺在被窝里面去冥思苦想,这是怎么回事,可能怎么样,然后构想出一个体系,一个美好的想法。但是,实践理性不是这样,动机不是你心里想我应该这样做或者我要这样做,但是又不去做。这个不叫动机,动机是在做当中运用的,不用就不是动机。所以他这个括弧里面讲:当然决不是一个单纯的希望。只坐在家里希望,你想这样做,那个不是。善良意志不是一个单纯的希望,而是用尽了在我们可能支配的范围内的一切办法。我不能支配那当然怪不得我了,只要我能支配,包括支配我的身体,包括我支配我能支配的我周围的一切事物,来实现我这个动机,实现我的意志的目标。那么,即使我仍然一无所获,因为我掌握的手段有限,我碰到的时运不济,机会不好,或者我身体上有局限,我身体很弱,没有力气,没有精力,我不能几天几夜不睡觉,或者我甚至于有残疾,但是我尽了最大努力。我尽力了,虽然一无所成,所要做的事情都没有做成,都失败了,只剩下这个善良意志。那么,它也"必定会像一个珠宝一样独自闪闪发光,它是某种在自身内就拥有其完全价值的东西"。也就是善良意志必定会像珠宝一样独自闪闪发光,这是康德的一个有名的比喻。把人的善良意志比作一颗珠宝,独自闪闪发光,是某种自己在自身内就拥有其完全价值的东西。这样一个善良意志它具有完全的价值,不需要它成为成功者才获得某种价值。康德在这里是提出了价值判断的一个上限。我们讲底限,还有就是上限。这个就是上限,上限就是必须要有善良意志。善良意志本身独自就拥有完全的价值。就是说,只要有善良意志,一个成功的英雄跟一个失败的英雄是完全一样的,具有完全一样的价值。不因为你成功了,就比那个失败者的价值要高。我们常讲"成者为王,败者寇也",成者为王,你成功了,那你就是王,就是圣王,你就是先王;失败的呢,那就是匪,那就是寇,那就一点价值都没有,就只有负面价值,成功的一切都是正面的价值。但是在康德看来,一个人之所以有价值完全在于他的善良意志。

不论有效还是无结果，对于这个价值既不能增添什么，也不能减少什么。

这个说得非常绝对了，不管你的效果如何，这就是人们所指责康德的，只管动机不管效果。不管是有效还是无效，对这个价值既不能增添什么，也不能减少什么。你给老百姓带来了很多好处，但是所有这些好处都不能为你的善良意志增加什么价值；或者你好心办了坏事，甚至办了天大的坏事，也不能给你的好心减少什么，完全靠个人的善良意志来决定它是否具有价值。这是人们对康德指责最多的地方。当然，实际上我们要体会康德在这里讲的这么绝对呢，它只是一个上限，他并不是说完全不看效果。在其他的很多著作里面，特别是他晚年的《道德形而上学》里面，他很多地方就讲到了效果的问题，在这本书里面，他也讲到了效果的问题，我们在后面再给大家指出来。所以说他的这样一个判断：善良意志自身就具有完全价值，不论它是有效还是无效，对这个价值既不能增添什么，也不能减少什么，这样一种观点是它的上限。康德的思维，我们要把握它的一个模式。康德的思维模式是什么？首先把上限找到，把最高的东西找到，找到以后就有最高的标准；然后从这个上面再降下来，回到现实的世界、回到世俗的世界。有了这个标准以后，我胸有成竹了，再回到现实世界，我并不是不管效果，我当然还要看效果。在日常生活中，当然要看它的后果，要根据它的后果来判断是否合乎善良意志的法则。但是最高的标准是无所增减的，善良意志是最高的，是第一的。所有的事，因为它有善良意志，我们才评价它为善。如果你有了这个标准在内心，那么你就可以不为一些假象所迷惑。不是因为你生活改进，不是因为你生活水平提高了，原来饿肚子，现在不饿了，于是我就对这个事情本身的评价是绝对的善，这个不是绝对的。绝对的善还是要从善良意志出发。就是说你最初的那个动机是不是善的，这不是一个历史的评价，而是个道德的评价。历史评价能够取代道德的评价吗？不行。历史评价，历史上的人物，有很多出于不见得是善的动机，但是做了有利于人民的好事、善事。从历史来说，我们对他的评价是正面的。但是除此而外，我们还应该有道德的评价，还应该有纯粹的道德评价。我们经常习惯性地认为这些道德的评价是空话，我们可以不理它。我们只看一件事情是否促进了历史、表现了历史发展的规律。但是如果把这个东西绝对化，把道德的评价完全撇开，那就是道德虚无主义，最后也会导致历史虚无主义。因为历史是进步还是退步，最终还是要有个道德标准。我们不能单纯地用它来评判历史事件，但是这个评判标准是需要的。你不能完全沉迷于现实，还要有超越。那么，康德为这种超越提供了一个终极的标准，善良意志就是一个终极标准。当然这个终极标准受到很多人的批判，但是我们今天看来仍然有它的价值。为什么今天康德的伦理学、康德的哲学仍然具有它的生命力？有些东西确实是这样，你暂时看起来，它好像一无所是，一无所用，它那些东西完全没有用，是不现实的。但是从一个历史的长时段来看，你会发现，所有现实的东西都过去了，它还在，它还保持在那里。当然康德有他的抽象的方面。这个我们要有清醒的认识。我并不是一个康德主义者，但是我在读康德的书的时候，我发现他说的有些还是有一定的道理的，不要以为他完全是胡说八道。

既然效用或结果对于这个价值，既不能增添什么，也不能减去什么，那么

<u>有效性仿佛只是为了能够在日常交往中更好地运用这颗珠宝，或者为了吸引那些还够不上是行家的人去注意它，而为它镶嵌的边饰，但却不是向行家们推荐它，并确定它的价值。</u>

刚才讲了，他提出了闪闪发光的珠宝这样一个比喻。下面就继续利用这个比喻。他说：有效性，善良意志有效或者是没有效，这个完全不损害、也不增加善良意志本身的价值，而是"仿佛只是为了能够在日常交往中更好地运用这颗珠宝"。有效性，它能够做出来有好的效果，一般来说，我们通常认为，一个人有好的动机，他做出来的事情就是好的，一个

人如果没有好的动机,肯定做不出好的事情来。人的行为是由动机决定的,他有好的动机他就会作出好的行为,作出好的行为,一般来说它就会有好的效果。在日常生活中,往往是这样。当然也不尽然。有时候,好心办坏事,也有。但是好心办坏事毕竟是少数情况,通常善良意志可以达到它的有效性。但是,"有效性仿佛只是为了在日常生活中更好地运用这颗珠宝",这颗珠宝就是善良意志了。善良意志有效,但有效不是用来衡量善良意志的标准,而仿佛只是为了能够在日常交往中更好地运用这颗珠宝。就是说如果我的善良意志经常是有效地,可以实现它的效果,那么我就更加有信心了。在日常交往中,我就能更好的运用这颗珠宝,我就会得心应手。如果我的善良意志总是导致了好心办坏事,那我就没有信心了。虽然我有善良意志,是不是能够把事情办好呢?如果通常我都能把事情办好,那么就当然顺利地促使我行使善良意志。有效性仿佛只是为了起这样一个作用。当然如果是一个人的层次很高,他不会为日常生活中的这种有效还是无效所动,仍然是从自己的善良意志出发。但是一般人往往做不到这一点,他要看效果。所以有效性就起到这样一个作用,它可以让一般的人在日常生活中能够坚定他的信心,更好地运用这颗珠宝。我们要注意这个"在日常交往中"。一般来说,康德是不太看重日常交往的,特别是在谈到善良意志的最高原则的时候,他不是从日常交往出发,不是从这里出发的,他是要建立道德形而上学。所以他是超越日常交往之上的。但是一旦这个善良意志的至上标准建立起来了,他还是要考虑日常交往的,他从上而下地考虑。那么他就会发现,有效性在日常交往中它能够起一种好的作用。善良意志对于一个在日常交往中的人来说不是那么容易找到的,找到了也不容易坚持。所以日常生活中我们往往要借助它的有效性来促使我们上升到善良意志,上升到纯粹理性的至上法则。所以它能够起一种好的作用,但是善良意志它本身的价值不会因为这个有效性而有所增减。所以有效性呢,一个是它能够促使在日常生活中更好地运用这颗珠宝,再就是"为了吸引那些还够不上是行家的人去注意它，而为它镶嵌的边饰"。有效性是为了吸引那些还够不上是行家的人，所谓"行家"就是珠宝的行家，珠宝行里面有一些珠宝鉴定家。但是，对于善良意志，要成为珠宝鉴赏家，一般的人还够不上。一般人，都是隐隐约约知道一点，但是分不清到底哪些是善良意志，到底哪些是后面隐藏着不良的动机，他区分不了这么多。所以有效性做出来了，对大家有好处，这个可以吸引那些还够不上是行家的人去注意它，去注意它后面的这种善良意志。一件好事做出来了，大家都得到好处了，大家都拥护了，那么除了拥护，我们还要看他后面的动机是不是善的。一般的够不上是行家的人，他们自己不能一下子作出这样的区分，但是有效性可以吸引他去注意这样一些好事和后面的好的动机。首先对于好事，一般普通人、老百姓都是这样的，先不管你的动机怎么样，首先看你做的事情对我有没有好处，现在广大老百姓都是这样。你做的事情首先我要看是不是对我有好处，你讲的再好，再好听，我不管。那么首先拥有好处了以后，我就注意到了你这个人，这些好事是你这个人带来的，那么你这个人是个什么样的人，你的意志是否善良，如果经常做好事，那么我就注意了，这个人是个好人。他不是偶然作出一两件好事，他是一贯地在做好事。那么从这就培养了我的注意力，并且从他所做的好事中生出对这个人的善良意志的某种尊敬。我尊敬不是尊敬他做的好事，他给我带来好处我就尊敬他，不是的，而是对他人格的尊重。那么有了对他人格的尊重，才谈得上以后这个人也许有一件事办坏了，不怪他，而同时还是尊重他，因为他是出于好心。虽然他这个事情没办好，但是他还是出于好心。老百姓的这个眼光就会逐步的提高，从注意好事到注意好人，从注意好人到注意好人的善良意志，好的意志。它就是起这样一个作用的。这种效果，这种外在的好处、这些利益它是起一个引导的作用，是为了吸引那些还够不上是行家的人去注意它，而为它镶嵌的边饰。这颗珠宝，这个善良意志闪闪发光，但是一般人不去注意它。于是除了它自身闪闪发光以外，还要为它镶嵌些边饰。就像一颗珠宝，珍珠，单独一颗珍珠人们可能就忽视了，你给它镶嵌一个很漂亮的边饰，你在珠宝行里面看到，珠宝镶嵌在一个纯金的套子里面，那它就更加金碧辉煌了，那你就会注意它了。不然的话，它显得太孤零零的。他打的这个比方就是说：善良意志这样一个本身有价值的东西，在日常生活当中它还需要有它的效果，但是这样的效果是为了吸引一般的老百姓去注意到它，给它做的一种装饰，只是装饰而已。但是它的真正价值不在于它的装饰，你不能买椟还珠，你把那盒子买走了，把珠子还给别人，把珠宝还给别人，那你就搞颠倒了。所以最后他讲："但却不是向行家们推荐它，并确定它的价值"。这种效果它只是一种边饰，只是一种装饰而已。所以效果并不是向行家推荐的，是向那些并非行家的老百姓推荐的，行家不需要它。康德自己就是行家，他能够懂得一个行为它的真正价值、道德价值在于它的善良意志，而不在于它做出来多大的成就。

接着往下讲，刚才这两段讲到了：善良意志它本身是一颗珠宝，它不以它的效果、它的目的为转移，它的价值就在它本身。这是康德道德形而上学的出发点，是康德在第一章就提出的。善良意志是绝对价值，或者说是绝对的价值标准。没有善良意志就没有道德价值。当然没有道德价值也就没有其他的价值。其他的所有价值，包括我们日常生活的价值，都要以道德价值作为最高的标准和前提，因为它们总是可以追究的。比如我们在日常生活中间，你为什么要这样做？你是为了得到幸福的生活，那么你为什么想要得到幸福的生活？你这样的人配不配得到幸福的生活？这都是可以追究的。所以它们的价值是依赖于其他的东西，依赖于更高的东西。唯有善良意志是不能够再追究了，我们不能再问为什么要有善良意志？善良意志又是为了什么？当你问善良意志是为了什么的时候，你就把善良意志降低了。比如说，善良意志是为了治国平天下，我们说"半部《论语》治天下"，好像是把半部《论语》提得很高，把孔子提得很高，其实是把孔子降低了。《论语》只是为了你治天下的一个工具啊？你读《论语》仅仅是为了将来治江山啊？那岂不是把孔子降低了吗？所

141

以你不能问道德是为了什么。你只能问别的东西是为了什么，然后最后归结到道德，最后归结到善良意志。所以善良意志是最高的价值，再没有更高的。凡是你要把它归结为其他的价值，都是把它降低，都是把它视为一种工具。前面三段都是讲这个问题。

下面一段就转向另外一个话题了，或者是转向一个更深层次的话题。我们要高度注意了。前面你都可以一般的看过去就知道了。

<u>然而在这个单纯意志的绝对价值的理念中，不算在其评价中的效用，仍然有某种奇怪的事情，以致于哪怕通常的理性都完全同意这个理念，</u><u>却还是会产生一种怀疑，即或许暗中作为根据的只不过是不着边际的幻想，而大自然为什么要把理性赋予我们的意志来做主宰，它在这种意图中也有可能会被误解。所以我们要从这一观点来检查一下这个理念。</u>
395

这个理念也就是善良意志的绝对价值的理念。善良意志的绝对价值这是一个理念，理念就是理性的概念。我们前面已经提到过，理性它所提出的就是理念，理念是什么意思呢？理念跟范畴有点类似，范畴是知性的纯粹概念，理念是理性的纯粹概念。它们都是纯粹概念，就是没有掺杂任何经验的东西，没有掺杂经验的成分。但是理念比范畴更高，理念是涉及那些无限的东西，无条件的东西；而范畴呢，总是涉及到具体的东西。所有范畴都是涉及到具体的经验世界中的某个经验对象的。所以范畴是一切科学知识的一个框架。而理念呢，它跟科学知识无直接关系，科学知识都是有限的，都是就具体的某个对象来制定一条规律，但是理念是针对无条件者的。凡是涉及无限的概念的就是理念。那么，"单纯意志的绝对价值"，这也是个理念，也就是说我们在日常生活中，任何行为都不可能是单纯的意志，都不可能是绝对的善良意志。有善良意志，但是还有别的。我们在日常生活中间，我们做一件事情，当然你可以说我这件事情完完全全是出于善良意志，我没有任何其他的动机。但是，你拿到康德的天枰上来衡量一下，你会发现，你还是有一些别的东西。比如说情感性的东西，同情心、怜悯之心。你做一件好事你总会带有一定的情感吧，你作为一个人，你又不是天使，你又不是上帝，你做一件好事，总有一定的情感在里面。"哀民生之多艰"，屈原是个好人，但是呢，他有悲哀在里面，他有同情心在里头。所以一般的人做一件好事不可能是纯粹的善良意志，"人非草木，孰能无情"，他总有一点情感的东西夹杂在里头。甚至于还有功利的考虑，比如我们刚才讲的治国平天下，或者不说治国平天下吧，我是不是可以从里面获得某种荣誉？当然有些人不讲荣誉，做了好事不留名，但是他至少求得了一个心理安慰吧？心里舒服啊，我做了好事，心里爽快啊，钱花的是地方啊，有一种心安理得，要的就是这种感觉。所以一般人做不到单纯善良意志。尽管做不到，我们知道，纯粹的善良意志是一个理念，在我们心中，它是我们不断地去追求的。他说："然而在这个单纯意志的绝对价值的理念中，不算在其评价中的效用，仍然有某种奇怪的事情"，就是说刚才讲的那几段都涉及到效用，"然而"，就是把这些效用全部清除掉以后，在这个纯粹价值的理念中，"仍然有某种奇怪的事情"。哪怕有一个单纯的善良意志，对它的绝对价值我们已经获得了这样一个理念，我们不管它的效用如何；但是仍然有解释不通的东西、奇怪的事情。奇怪的事情，也就是说很值得思考的事情，有某种我们平时没有考虑过的事情。是什么呢？"以至于哪怕通常的理性都完全同意这个理念，却必定还会产生一种怀疑，即或许暗中作为根据的只不过是不着边际的幻想"。什么奇怪的事情？就是这样一个奇怪的事情，在康德看来，通常的理性，只要有理性的人都会同意我的理念，哪怕一个没有知识、没有文化的村妇、村夫、市井小人，只要他有理性，那么只要你跟他说，你的思想中能不能找到一个善良意志的绝对理念？他们都会同意。康德相信每一个小小老百姓通常的理性都会完全同意这样一个理念，"却必定还会产生一种怀疑，即或许暗中作为根据的只不过是不着边际的幻想"。这个我们看得太多了！小小老百姓，你跟他讲善良意志，讲只有善良意志才具有绝对价值，他不会反对你，但是他会怀疑你。

他会提出一种怀疑，就是你说话虽然说得很对，我也同意，但是哪里有？哪里有完全凭善良意志做事的人呢？你做好事难道没有任何非理性的考虑吗？没有感性的、情感的、利益的考虑吗？我承认你是个好人，但是你这个好人也不是完全能够由纯粹理性造就的。他还需要通过教育，家庭教育、学校教育、社会教育，通过各种各样的影响，然后形成他的这种气质、一种个性、一种素质。他具有同情心，富有同情感，他看到人家受苦心里不安，所以他做这个好事呢，你也可以说他是为了心安。他并不是出自完全的纯粹理性。因为纯粹理性有什么用呢？你那个由纯粹理性所得出的善良意志的理念有什么用呢？所以这"必定会产生一种怀疑，即或许暗中作为根据的只不过是不着边际的幻想"。我们今天很多人指责康德也是这样，你讲了半天，你讲的那些东西难道不是不着边际的幻想吗？你所设想的那种纯而又纯的善良意志，那种纯粹的实践理性，难道不是幻想吗？没有，在现实生活当中，没有一个人有你所设想的那种善良意志或者纯粹实践理性。那么你以它作为根据，难道不是不着边际吗？这是必定会产生的一种怀疑。注意这个地方用的是"一种怀疑"，就是说它只是一种怀疑，但是它也不能断定为没有。我们没有看到过，但是是不是根本就不可能有，一般人都不会断然作出这样的判断，它只是一种怀疑。人心不可测嘛，人心是各种各样的。也许会有，在什么地方有一个人他完全出于纯粹的善良意志，但是我没见过。虽然我没见过，但是我没见过不能作为根据。我没见过的东西多了，所以你也不能说完全没有。只不过是一种怀疑：或许暗中作为根据的只不过是不着边际的幻想？康德所设想的这样一种善良意志、绝对的价值到底有没有？这个还在未定之中。或许它是不着边际的幻想，这种怀疑，这种可疑性很大。因为我们在现实生活中没见过嘛，但你也不足以断言：绝对不可能有这个东西。下面讲："而大自然为什么要把理性赋予我们的意志来做主宰，它在这种意图中也可能会被误解"。前面是产生一种怀疑，后面半句是讲到一种误解。怀疑是怀疑这样一种理念是否真的有，是不是完全是一种幻想呢？这个是怀疑；那么误解呢，就是说，大自然要把理性当作我们的主宰，主宰就是最高的原则，理性是最高的原则，善良意志作为一个绝对的理念，拥有绝对价值的理念，它当然是由理性推出来的。我们刚才讲了，理念是由理性推出来的一个概念，一个纯粹概念。那么理念里面肯定就有理性了，而大自然为什么要把理性当作一个主宰，当作一个具有最高价值的东西来赋予我们的意志？"意志"这个概念跟"任意"这个概念不一样的地方就在于它是由理性做主宰的。意志是有理性做主宰的，我们通常讲一个人为所欲为，这个人就缺乏理性的控制能力，缺乏理性，其实不是没有理性，而是理性在其中没有成为主宰；但是我说这个人具有意志，这个人具有意志就是这个人具有理性的一贯性，他能够坚持达到他的既定目标，他在达到他的既定目标之前，不会为一些枝节的问题、其他的诱惑转移他的视线，这就是由理性主宰了他的一切行为。所以有理性做主宰跟有意志是紧密结合在一起的。或者说理性在实践方面的最高表现就是意志。所以"意志"这个词在康德那里的意思一般来说是非常确定的。"意志"（Wille）就是指能够一贯坚持下来的那种意愿。那么，大自然为什么要把理性当作主宰来赋予我们的意志，"它在这种意图中也有可能会被误解"，这就是在这个单纯意志的绝对价值的理念中仍然有某种奇怪的事情的第二个方面。第二个方面就是，大自然把理性赋予我们意志的那个意图可能会遭到误解。它到底是为了什么？这是很奇怪的。即使我们不管它的效用，我们就看善良意志本身，那么它也有很难理解的地方，比如说，大自然为什么要把理性和意志结合起来？这个是很难解释的，它的意图也可能被误解。所以他说："所以我们要从这一观点来检查一下这个理念。"这就是一方面看它是不是不着边际的幻想，另一方面，假如它不是不着边际的幻想，那么它的作用是什么？大自然为什么要这样安排？一个是消极的方面，就是说它容易被怀疑为"不着边际的幻想"，或者甚至于是子虚乌有的，这是否定这样一个理念；第二个方面就是说，从积极的、肯定的方面，我们不否认有这个理念，但是它是起什么作用的？容易产生误解。那么这个理念究竟是一种什么样的情况？下面一段就来具体解释了。

在一个有机体，即一个合于生命目的而构造起来的存在者的自然结构中，我们假定为原理的是：在这里面除了对于某个目的也是最为适合并最恰当的器官之外，不会发现任何用于这个目的的器官。

这个里头，大家要注意了，就是说他要来解释这个由理性主宰的单纯意志为什么被安排在我们里面，但是他不从这个里面出发，他首先从有机体出发。这种安排是一种与整体的目的不可分割的有机的安排，有机体代表"合乎生命目的而构造起来的存在者"。我们知道一切机械的事物都是没有目的的，有机体跟所有的无机的东西，一个最根本的区别就在于它的合目的性。它是有目的的。那么"在一个有机体即一个合于生命目的而构造起来的存在者的自然结构中"，例如我们在自然界中看到的有机体，它有一个合目的的结构，这个结构是合于生命的目的而构造起来的。从这个最通俗的例子出发，从我们每天都可以见到的植物、动物、人出发，那么我们来分析一下它们的自然结构，我们就发现，我们在其中假定的是这样一条原理："在这里除了对于某个目的也是最为适合并最恰当的器官之外，不会发现任何用于这个目的的器官。"在这里所有的器官都是对于某个目的最为适合并最恰当的。在有机体里面，你分析任何一个部分，它都是最适合它的目的的，也就是它的每一部分的每一个器官都是有助于它整个的生命目的，有助于它的生存方式，而且是最适合的。当然每个有机体的目的不一样。蝴蝶和蚂蚱不一样，马跟牛不一样。但是马的每一个器官都是最适合于马的生存目的，牛的每一部分都是最适合于牛的生存目的。马没有角，但是它用不着角，它有别的办法；牛没有马的那种跑得快的蹄，但是它也不用跑得马那样快，它也有它的办法。每一个动物，每一个生物体它的生存目的不一样。但是它的器官都是最适合于它的那个生存目的的。为什么要拿有机体说事？因为有机体里面所体现的是一种合目的性。而人的实践最大的特点也是合目的性。所谓实践跟一般的自然过程的不同之处就在于它是有目的的。康德在很多地方都谈到过,自然界它是按照规律而运作,而实践活动是按照规律的表象而运作。什么叫"规律的表象"?规律的表象就是目的。一个规律,我对它有个表象,这个事情还没发生,但是我对它的表象已经有了,于是我就按照规律的表象把它当作一个目的来支配我的行为,最后呢,直到把这个表象实现出来。所以有机体的合目的性跟实践行为的合目的性有一种内在的相通性。当然层次是不一样的。《判断力批判》里面讲的合目的性跟道德的合目的性中间有一个高低层次的不同。但是它可以看作是从低层次向高层次过渡的一个中介。自然界的合目的性可以有助于我们理解道德的合目的性,在这一段话里面就体现出来了。

那么由此就引申开来了,

现在,假如在一个拥有理性和意志的存在者身上,他的**养生**、他的**安康**,一句话,他的**幸福**,就是大自然的本来目的,那么大自然选择这种被造物的理性来作为它的这一意图的主持者,就是对此作出了它的一种很糟糕的安排。

前提是,凡是有目的、合目的的过程,它的每一部分的器官、每一个手段都是最适合于它的目的的,自然界就是这样。我们看到的自然界那样一些有机物都是这样的。那是自然安排的,自然总是安排得最好的、最恰当的。但是现在假如在一个拥有理性和意志的存在者身上,也就是在人身上,人的养生,人的幸福,假如这些就是大自然的本来目的,如果大自然创造出人来就是像创造出任何有机体一样,就是为了维持他们的生命,就是为了把他们的生命作为目的,他的养生,他的安康,他的幸福就是大自然的本能,大自然把人这个有理性的存在者创造出来,假如本来的目的就是为了满足他的本能,——如果是这样的话,"那么大自然选择这种被造物的理性来作为它的这一意图的主持者,就是对此作出了它的一种很糟糕的安排"。也就是说,大自然为什么要赋予人理性呢?如果是它的目的仅仅是为了人的自然生存，他的生命本能，那么它赋予人理性就是作出了一种很糟糕的安排。大自然用理性来赋予人以一种能力，也就是获得这些幸福，这是很糟糕的。人也是一个有机体，人身上不应该有多余的、不合目的的东西。当然很多人认为这不糟糕，认为是很绝的：人没有牛的角，没有老虎狮子的爪牙，但是人有理性，因此人就超出于动物之上，比动物更聪明，人就可以抓住狮子老虎，可以套住野牛，可以让它为自己服务，那就比牛的角，比狮子老虎的爪牙要更厉害得多。很多人是这样看的。就是人有了理性之后，人在为自己谋生方面远远超出了一切动物，超出了整个生物界。但是康德的评价是，这其实是一种很糟糕的安排。要用理性来为人谋安康，谋取幸福，那是一种很糟糕的安排。为什么很糟糕？

因为比起每次都通过理性才能做到来，这种被造物必须在这一意图中实施出来的所有的行动，以及他的行为的全部规则，若由本能来给他拟定，将会更为准确得多，而那个目的借此本来也能够更可靠得多地维持下来；

这里康德提出了跟上面讲的完全相反的看法。他认为理性对于人们追求自己的幸福并没有起到很好的作用，如果每次都要通过理性才能做到人必须在这一意图中所做的所有行动，——这一意图就是指上面讲的养生、安康、幸福，他本能的目的，为此而实施出来的所有行动，——那就还不如诉之于本能。不光是这些行动，还有"以及他的行为的全部规则"，这些规则主要是那些技术性的规则，我要追求我的幸福，我就要采取一些什么样的手段。理性的手段嘛，当然是发展科学技术，科学技术是第一生产力，我们必须发展科学技术，我们才能获得幸福。那么科学技术就是我们行为的全部规则。这种被造物以及他的行为的全部规则，"若由本能来给他拟定，将会更为准确得多"。如果由本能来制定这些规则，来实施自己的行动、追求自己的幸福的话，那就会准确得多。这也是当时的一种思潮，也可以说是从卢梭开始的浪漫主义思潮，康德深受影响。在此以前人们都以理性为自豪，认为人是理性的动物，人高出于动物体现在什么地方呢？就是体现在人有理性，所以人是万物的灵长，人可以主宰万物，那么人就可以利用万物来为自己谋幸福。人可以利用牛来耕地，利用马来乘骑，利用羊，取得羊皮或挤奶等等，人就可以比其他动物都生活得更好。这是传统的观点。但是，自从卢梭以后，人们发现其实不是这样的，在很多情况下理性是坏事的。如果没有理性，凭自己的本能，人类本来可以生活得更好。卢梭讲到了人类的自然状态，自然状态下人类理性还不发达，在自然状态中人类其实生活得非常自在的，很自由的，天赋人权、天赋自由，人天生是自由的。"人生来自由，但无往而不在枷锁中"。为什么在枷锁中？就是因为人有理性。卢梭还讲：上帝造出来的东西都是好的，但是一到人手里就被败坏了。为什么被败坏了？还是因为人有理性。人有理性，人就变得狡猾，变得狡猾，就把他的好的东西败坏了，把他的自然本性都败坏了。所以卢梭主张退回到自然状态中去，退回到人类的原始状态，那时候人是自由的，又有道德的，生活也很自在，他凭借自己的本能就可以应付所有各个方面的需要，这是卢梭所强调的一种观点。那么康德在这里也是同意这种观点的。所以他讲，为了这些幸福所采取的所有行动和行为的全部规则，如果由本能来给他拟定，将会更为准确得多。所以他讲："而那个目的"，那个目的也就是幸福，"借此也能够更可靠得多地维持下来"。追求人的养生、追求人的幸福、追求人的安乐，本来通过他的本能，可以更加可靠得多地维持下来。比什么可靠得多呢？比你运用理性要可靠得多。理性固然可以以这些幸福、安康为目的，但是那还是不可靠的，凭借本能大概更加可靠。这是对于理性的一种批判的眼光。近代启蒙运动认为理性的法庭给人类带来了一个启蒙，带来了更高层次的生活，但是有一种倾向认为：人的生活如果仅仅是为了追求幸福，那么他们用不着理性，用本能就够了。

　　<u>而且，如果理性真的应当被赋予这个得天独厚的被造物，那么它本来必定会仅仅在这方面给他以帮助，以便对他本性的这种幸运的禀赋加</u>

以思考，为之惊叹，为之欣悦，并为此对那个仁慈的原因感恩就行了；

这是第二个层次。第一个层次就是说：如果仅仅是为了人类的幸福，那么他凭借本能完全就足够了，而且比理性要做得更好。这是第一个层次。这里有一个分号。那么第二个层次："如果理性真的应该被赋予这个得天独厚的被造物"，就是说，大自然赋予了人理性必然不是为了人的幸福。那么是为了什么呢？既然它不是为了人的养生、为了人的安乐、为了人的幸福，那么它有什么用呢？"得天独厚"这里带有一种讽刺意味，得天独厚，唯有人具有理性，"那么它本来必定会仅仅在这方面给他以帮助，以便对他本性的这种幸运的禀赋加以思考"，理性本来必定会，也就是说它本来不是为了幸福，那它是为了什么呢？它本来必定会仅仅在这方面给他以帮助，在哪方面？就是"对他本性的这种幸运的禀赋加以思考"。也就是说它不是为了促进人的幸福，但是，它是为了对他的本性、他的自然本性的这种幸运的禀赋加以思考，"为之惊叹，为之欣悦，并为此对那个原因感恩就行了"。理性的作用在什么地方呢？它不是为了追求人的幸福，追求人的幸福有本能就够了。但是理性赋予人就是为了对这种禀赋加以思考、加以感叹、加以感恩，因为这是上帝在创造我们的时候赋予我们的能力。通过理性可以对人的理性这种禀赋加以思考，为之惊叹，为之欣悦，并为此对那个仁慈的原因感恩，就是说，理性的作用就是为了思考理性。人是理性的动物。人赋有理性就跟动物不一样了。但是理性仅仅是为了对一个仁慈的原因加以感恩，由此导向宗教，导向信上帝。理性的作用就在这里。理性既然不能对人的生命的目的有更多促进，那么至少它对于人赋有理性的最终目的有所思考，理性可以起这样一个作用，可以反思，可以从中反思到造成它这样一种禀赋的那个更高的原因。由此可以导致他们趋向于上帝，对上帝感恩。这是第二个层次。就是说理性如果没有那个具体的生存上面需要的原因，那么至少他有一个超越的原因，就是可以对它自身的创造者加以感谢。

但却不是为了使自己的欲求能力服从这个薄弱而带欺骗性的指导以

干扰自然的意图；

这句话也带分号，分号后面讲的就是另外一个意思。你赋有了理性，你就感恩，可以，你可以感谢上帝的仁慈的安排，但是这种理性对于指导自己的欲求能力毕竟是薄弱而带欺骗性的。那么你对上帝的感恩是为了什么呢？上帝对你的恩在哪里呢？"但却不是为了使自己的欲求能力服从这个薄弱而带欺骗性的指导及干扰自然的意图。"虽然你可以反思你的理性禀赋，但是这并不是为了使自己的欲求能力服从理性在这方面的富有欺骗性的指导，而导致干扰自然的意图。人对自己的理性思考和感谢仁慈的上帝，不是为了请上帝出来为自己谋幸福。大自然有自己的意图，通过人的本能来实现，而不是理性所能够规范的，理性的筹划往往干扰了大自然的意图。这是第三个意思。下面是总结了。

总之，自然原本会防止理性在**实践的运用**中偏离方向，胆敢用它薄弱的洞察力为自己构想出获得幸福的计划和实现计划的手段来；

"总之"，就是上面提出的三点的总结，可以总结为："自然原本会防止理性在实践的运用中偏离方向"，也就是说，大自然赋予人理性，它本来是有它的方向的，它自然就会考虑到防止理性在实践的运用中偏离方向。偏离到哪里去呢？就是"胆敢用它薄弱的洞察力为自己构想出获得幸福的计划和实现计划的手段来"，这就是偏离了理性在实践中的正当的方向。就是说你老是想用理性的那一点点薄弱的洞察力为自己的幸福构想出一个计划，从而设想出实现这个计划的手段。你那种薄弱的洞察力怎么能透视大自然的意图呢？你想用理性在自然界里面想看透自然的意图，那是非常弱的。理性所掌握的自然界的知识都是很有限的，你怎么能够构想出一种幸福的计划和实现计划的手段来？所以你在自然界中，你要单凭你的理性来构想出获得幸福的计划及实现计划的手段来，这是大自然本身就防止你那样去做的。因为大自然已经向我们显示了，你与其费尽心思，机关算尽，来设计你的幸福，你不如顺其自然，不如按照你的本能去做，还做得好些。在现实生活中，你真的要获得现实生活的幸福的话,那你就按照这样一些本能去做,那比你机关算尽,用了一大堆计算要更好,"人算不如天算"嘛,你算得再好,你算不过大自然。所以大自然一向显示了这一点,就是说你不要以为你自己自作聪明,你可以改造大自然,你就可以改天换地。大自然本来要怎么样的,你把它完全改变方向,为自己谋幸福,你会遭到报复的。我们今天的环境问题就是这样带来的嘛,我们自以为了不起,可以支配大自然,实际上我们真正需要的很少,大自然已经完全赋予了我们这样一种能力,就是本能。按照你的本能就可以准确地拟定自己的行为规则,不需要理性去制定全盘的计划。这是大自然本来就会防止的。下面一句更加强调这一点。

自然自己原本不仅会选定目的,也会选定手段,而且会以明智的审慎把这两者只托付给本能。

这是把前面的这个主题点出来了。自然自己它本来就选定目的,人需要什么?人的目的是什么?人为了维持自己的生活、生命、养生,为了得到幸福,该怎么做?大自然已经给你选定了目的和手段。有些目的是理性想出来的,那其实是人不需要的。包括我们今天住的现代化的房子,带空调的房子,包括我们的汽车,包括我们的大马路,包括我们这么大的街,这些本来都不是大自然选定的,都是你的理性构想出来的。其实按照大自然给人的本能所规定的那个目的很简单,也很幸福。可见康德那个时代已经有环保意识了,已经有"不发展"的意识。自然的目的只能用自然的手段来达到。你不要人为地、人工地去设计一些古里八怪的手段。"而且会以明智的审慎把这两者只托付给本能"。手段也好,目的也好,只托付给本能,不用理性去干预。这是这一段。

实际上,我们也发现,一个有教养的理性越是处心积虑地想得到生活的享受和幸福,那么这个人离真正的满足就越远,

这个是在卢梭那里说得最多的。卢梭有本书:《科学和艺术是否有助于敦风化俗》,中文的翻译是《科学和艺术》,卢梭的《科学和艺术》是

他的获奖论文。卢梭通过这篇小文章获得当时巴黎科学院的奖,他讲得非常有道理。这个就是对西方文明的整个的反思了。科学和艺术从古希腊以来就是西方文明的两个车轮,一个是科学,一个是艺术,当然艺术也包括技术。科学和艺术(技术)是否有助于敦风化俗?在卢梭看来这完全是人类的堕落,由于有了科学,所以人类有了奢侈;由于有了艺术,所以人类有了虚荣,有了贪欲,所以人类进入到文明社会以后,道德上就堕落了。这个连马克思恩格斯都不否认,就是人类要进入文明社会,它的代价就是道德上的堕落,从原始时代的那种原始道德过渡到文明社会的这样一种阶级斗争的历史。那么康德在这里讲的呢,他没有点名,实际上他是重复卢梭已有的发现。"实际上我们也发现,一个有教养的理性越是处心积虑地想得到生活的享受和幸福",发展科学啊,发展技术啊,我们今天讲"科技",科学技术是第一生产力。为什么?它可以得到幸福啊,可以得到生活的享受啊。但是没有人指出来,越是想得到生活的享受和幸福,越是想通过"有教养的理性"、通过科学技术来发展生产力,来得到幸福,那么就离真正的满足越远,他的幸福指数就越低。

由此就在许多人那里,尤其是许多在运用理性时这样尝试过的人那里,只要他足够坦白地承认,就会产生一定程度的**理性恨**,即对理性的**憎恨,**

卢梭就是一个典型的例子。卢梭把自己的怀表给砸了,然后躲到森林里面去住,跟外界断绝联系,隐居起来,他对理性已经失望。卢梭是启蒙思想家啊,启蒙思想的一个主旨就是建立"理性的法庭"嘛,但是,他对于理性已经失望,产生出一定程度的理性恨。"在许多人那里,尤其是许多在运用理性时这样尝试过的人那里",卢梭肯定是尝试过的,对于运用理性能否达到人类的幸福做过很多尝试,但是后来绝望了,就躲起来了。但是躲了很久,又耐不住寂寞,又跑出来了,又跟伏尔泰啊、狄德罗啊这些人交往,因为人毕竟是社会的嘛。他自己想了很多,很好的思想,不能都憋在那里,一辈子不发表啊,他总要让人家知道,要宣传,要扩展自己的思想嘛。所以他的这种行为表现了人类不由自主地对理性的憎恨。太理性了，人的理性太机关算尽，当然这种理性是指那种工具理性，或者说逻辑理性，当作工具来使用的理性，机关算尽的理性。为什么有理性恨？为什么对理性开始讨厌起来了？

　　因为在估算了得到的所有的好处之后，我且不说他们从日常奢侈的一切技术发明中所能得到的好处，而是甚至就连从各门科学中所得到的好处（科学在他们来看，最终似乎也是知性的奢侈品），他们却发现，实际上只是给自己招来了比所获得的幸福更多的麻烦；

396

　　理性当然可以得到很多好处，科学、技术都能得到好处，那么在估算了得到的所有的好处之后，"我且不说它们从日常奢侈的一切技术发明中所能得到的好处"，这完全是卢梭的口气啊，从日常奢侈的一切技术发明中得到的好处，不光解决了温饱问题，解决了小康问题，而且满足人的奢侈的贪欲。你可以得到一切好处，"而且甚至就连从各门科学中所得到的好处"，科学和技术是不一样的，技术可以得到一些实际的好处，而科学也能得到好处，比如说提高人的智慧，提高人的眼界啊，把人从蒙昧中解脱出来啊，等等。所以括弧里面讲，"科学在他们看来最终似乎也是知性的奢侈品"。这些理性恨的人，这些憎恨理性的人，在他们看来，连科学也是知性的奢侈品。科学要搞得那么精细干什么？只要有健全的知性就够了。这是当时在欧洲，特别法国、英国流行的健全知性的学说。科学已经搞得钻牛角尖了，已经不是很健全了。牛顿、伽利略那些科学的道理不是一般老百姓能够问津的。当然今天已经成了普通常识了。在当时牛顿他们争论不休的时候还是尖端的科学。那些东西在健全知性的人看来都是多余的。我没有受过教育，我没有受过系统的科学知识的训练，但是我有健全知性，那就足够我应付日常生活了。所以当时法国的思想家和英国的思想家都有这样的说法，健全知性是最重要的，健全知性是每一个普通老百姓的生存之本。至于尖端的科学知识，那是奢侈品。当然有了似乎也更光彩，你这个人知识很全面，你什么都知道；但是老百姓在日常生活中应付人际关系、应付日常生活的需要,用不着那些东西,你要知道那些东西干什么?地上的事情你还没有搞清楚,你还管天上的事情。人用不着知道天上的东西。这是当时流行的看法。科学在他们看来最终也是知性的奢侈品。所以,"他们却发现,实际上只是给自己招来了比所获得的幸福更多的麻烦"。科学也好,技术也好,技术也就是艺术,"科学和艺术是否有助于敦风化俗?"没有!不可能有助于敦风化俗,不可能有助于我们的日常生活,它只是给我们带来更多的麻烦。当然你也可以从里面获得一些幸福,但是更多的是麻烦,所以总体上来说我们的幸福指数是下降了。

<u>并且在这方面,他们最终对那些宁可服从单纯自然本能的引导而不愿意让理性对自己行为举止有很多影响的人的更粗俗的举动,与其说是轻蔑,不如说是羡慕。</u>

并且,在这方面,"他们",就是这些人,包括卢梭在内,"最终对那些宁可服从单纯自然本能的引导而不愿意让理性对自己行为举止有很多影响的人的更粗俗的举动",比如说在自然状态中的那些原始野蛮人的举动,他们就是宁可服从单纯自然本能的引导而不愿意让理性对自己的行为举止有很多影响的,所以他们的举止粗俗,没受过教养嘛。特别是进入贵族的沙龙,他们就傻眼了,人家谈的东西他们都不懂,墙上挂那么多名画,他也不知道这是谁画的,那是谁画的,走廊上摆的雕塑是谁雕的,这个名字没听说过,那些贵妇人谈论这个小说家,那个诗人,他也没听说过,所以举止粗俗。卢梭当年在贵妇人的沙龙里面就会被评价为举止粗俗,因为卢梭没受过系统的教育嘛,他的一些知识完全是通过自学。而且行为猥琐,不像一个上流人士,说话唐突,一下子就得罪人了,也不会对那些贵妇人彬彬有礼,也不会女士优先,所以人们都瞧不起他。但是这样一些人,在卢梭眼里,却是最本色的,你那一套繁文缛节都是虚伪的。所以在他们这些人看起来,对那些更粗俗的举动,与其说是轻蔑,不如说是羡慕。卢梭羡慕那些原始人,羡慕当时从很多地方传来的,由一些传

教士、还有一些探险家到原始部落里传回来的一些信息。当时卢梭、康德他们都获得了很多这样的信息，18世纪嘛，全球探险，他们得到了很多信息。那么他们对这些原始人的这些粗俗举动，并不感到轻蔑，而是感到羡慕。你看这些人多么本色，多么无拘无束，他们想什么就是什么，从来不掩饰自己，这些人应该说是最真的，人本来就应该是这样的。

就此而言我们必须承认，那些对于理性在幸福和生活的满足方面据说给我们带来的好处所做的大言不惭的吹嘘大加克制、甚至贬低为零的人的看法，绝不是抱怨，或对世界主宰的善意的忘恩负义；

这个句子也是蛮讨厌的。"就此而言，我们必须承认"，承认什么呢？"那些对于理性在幸福和生活的满足方面据说给我们带来的好处所做的大言不惭吹嘘大加克制甚至贬低为零的人的看法绝不是抱怨"，把这个句子缩短一下，"那些对于理性的好处所做的吹嘘加以克制的人的看法绝不是抱怨"，就是说，那些人，什么样的人呢，就是对于这样一种好处的吹嘘加以克制和贬低的那些人，他们的看法绝对不是抱怨，绝不是抱怨理性。他们对于理性有一种看法，有一种什么看法呢？当理性在幸福生活方面据说给我们带来了什么好处而作出大言不惭的吹嘘的时候，他们对这种吹嘘大加克制，甚至贬低为零。当时很多人吹嘘理性的作用。理性有什么作用啊？理性可以在幸福生活方面给我们带来很多很多好处，这些好处呢，很多是夸张的；那么有些人呢，对这种夸张、这种吹嘘大加克制，甚至于贬低为零。那么这样一些人的看法"绝不是抱怨，或对世界主宰的善意的忘恩负义"。也就是说，对于理性的这样一方面的作用加以克制甚至加以贬低的人，他们的看法绝不是抱怨理性，也不是对世界主宰的善意的忘恩负义。世界主宰的什么善意呢？也就是赋予了人以理性。这个当然还是一种善意，大自然赋予人理性是一种善意。那么"理性恨"是不是对上帝主宰的这种善意忘恩负义呢？上帝赋予你理性，你还抱怨理性，还恨理性，这不是忘恩负义吗？康德认为不是。也就是说，理性在幸福生活方面据说给我们带来很多好处，这其实是一种大言不惭的吹嘘，理性没有那么多的效果，没有那么多成就，它是吹出来的，——那么对于这样一种吹嘘甚至加以贬低，贬低为零，一点好处都没有的那样一种人，比如说卢梭，他绝不是抱怨理性，虽然说理性在幸福生活方面并没有给我们带来它所吹嘘的那么多好处，但是这种对理性的批判绝不是抱怨。卢梭当然还是一个启蒙思想家，他对于理性的抱怨不是对理性本身的抱怨，而是对理性在给我们带来幸福生活这一方面的吹嘘加以批判。理性是好的，但是理性没有人们所吹嘘的可以给我们带来幸福的生活的好处。那么，由此自然引向了理性到底是为什么的呢？它的好处在哪一方面呢？

毋宁说，这些看法背后隐藏的根据是他们的实存之另一个更有价值得多的意图这一理念，

就是说，他们抱怨理性，"理性恨"嘛，憎恨理性嘛，憎恨理性并不是憎恨理性本身，而是憎恨理性被人们所误用，被人们用于追求自己的幸福。在这方面要憎恨理性。但是理性本身有另外一个意图，

所以他讲："毋宁说这些看法背后隐藏的根据是它们的实存之另一个更有价值得多的意图这一理念。"也就是说，这些看法背后，这些抱怨呐，这些克制啊，贬低为零啊，他们的这些看法背后，隐藏着一个理念。隐藏着什么理念呢？就是他们的实存实际上有另一个更有价值得多的意图。人作为有理性的动物，他们的存在有另外一个意图。当然这是康德对"理性恨"的一种有意的解释，为的是引出他自己的观点来，而实际上他并不赞成理性恨，而是说理性恨后面隐藏着一种真正的理性爱。人的理性的使命不在于完成他的幸福生活，而在于一个更高的意图。这个意图是一个理念，它隐藏在这些抱怨的后面。这些人不断地抱怨理性，但是在这些抱怨后面，实际上是讲理性不应该用于这样的方面，而应该运用于另外一个更高的意图。

理性的全部使命真正说来就在于这个意图，而不在于幸福，因此这意图作为至上的条件必定是人类的私人意图绝大部分所比不上的。

157

理性的全部使命真正说来就在于这个意图，就在于这个更有价值得多的意图，而不在于幸福。理性对幸福没有什么促进作用，往往适得其反，你想要追求幸福，最后发现理性在这方面一无所获。你越是追求幸福，你就离真正的满足越远。所以就产生"理性恨"了。但是理性恨呢，所说的并不是完全否定理性，而是说你应该把理性的使命转移到另外一个更有价值的意图上面去。"所以理性的全部使命真正说来就是为了这个意图，而不在于幸福"，这是康德要点出的一个关节点。"因此这意图作为至上的条件必定是人类的私人意图绝大部分所比不上的。"这样的意图不在于幸福，所以它不是私人意图。私人意图那就是幸福，每个有机体它都要养生、维持自己的生存、追求自己的幸福，那么它是私人的。每个人都拼命追求自己的生存嘛。但是这个意图更高，它作为在一切幸福之上、一切意图之上的条件，必定是人类的私人意图绝大部分所比不上的。"私人意图的绝大部分"，为什么这里讲"绝大部分"？我们刚才讲，私人意图主要是那些追求个人的幸福、追求自己的养生、维持自己的生命的那种意图，但是也有一小部分可能不限于此。它是私人意图，但是它又不完全是私人的。每个人的私人意图当然一般来说它是追求自己的幸福，但是也可能某些个别的人，他的私人意图中有一个意图，或者有一部分意图，它同时又是公共的，它同时又是人类的目的，是具有普遍性的。后面要讲到康德的道德律："你要使你的行为的准则成为一条普遍的法则"，如果用在这里就可以说：你要使你的私人意图成为公共意图。成为一条普遍的法则嘛，成为普遍法则它还是你的私人意图，只不过你把公共意图作为你的私人意图了。但是在人类的私人意图的绝大部分里面它是非公共的。你要为了追求自己的个人幸福，那当然是非公共的，那么绝大多数是这样一些意图。所以他这里讲：人类理性的全部使命，它的这个意图作为至上的条件必定是人类的私人意图的绝大部分所比不上的，它高高凌驾于人类绝大部分的私人意图之上。这是这一段的主要意思。就是理性作为大自然赋予人的特有的禀赋，它的真正的使命何在？

或者说它的目的、它的终极目的何在？人为什么要有理性？人赋有理性不是为了仅仅追求自己的幸福，应该是有更高的目的。这里"更高的目的"究竟是什么，还没有说出来。当然在康德看来，实际上就是人的道德，或者说人的自由意志，善良意志最后归结为人的自由意志。所以讲康德哲学整个来说归根到底就是一个人的自由问题，归结为人的自由意志。但是这个地方只是一个引子，我们读到后面可以看到，康德是怎样一步步把自由的问题引出来，并且把道德建立在这个自由意志的基础之上的。他是一步步来的，这只是一个开头。

第 六 讲

　　我们上次已经讲到，就是理性与人的自然天赋是一种什么样的关系。那么在康德看来，理性它有两方面的作用：一方面，它可以用于认识，那叫作理论理性；另一方面，它可以用于实践，那叫实践理性。那么理论理性，它是诉之于人的知识，用来形成人的知识，科学知识、经验知识。而实践理性，它是用于人的意志。也就是说，人的意志行为、人的有目的的行为、人的实践行为，这里头肯定是贯穿有理性的——肯定是有理性在里面起作用的，而且是起指导作用。所以康德经常讲，纯粹理性本身就有实践的能力，不需要别的条件，单凭它自身就有实践能力。人有了理性以后，只要他活着，他肯定会把这种理性贯穿在实践活动中，所以理性具有实践能力。这就引起了一个问题。从亚里士多德开始，人们说，人是有理性的动物。那么，人的理性，与他的动物性的生活，这个之间到底是一种什么样的关系？在康德的时代，有一些人已经发现了，如果没有理性的话，人可能还生活得好一些。动物就没有理性，但是它们各自按照大自然赋予它们的目的而生活得很好。大自然是如此的和谐，反而人类社会却充满着不和谐。人的社会的不和谐，很多人认为这就是人的理性导致的。那么理性对人的这样一种动物性的生活，包括人追求自己的幸福，追求自己的爱好，满足自己需要这方面究竟起了一种什么样的作用？康德认为，在这方面理性的作用很小，有时候反而起反作用。人有了理性以后，他就对自己的生活提出了一些超乎自然的要求。自然界本能本来没有赋予他的要求，但是有了理性以后，人就可以提出这样一些要求。而反过来对于人的自然本能所需要的那些方面，理性并没有给予满足。人的理性所提出来的各种各样超乎自然的要求越来越膨胀，而人的自然本能所规定人的需要，反而得不到满足。这就是康德在当时的思想。不光是他的思想，当时的浪漫主义，以卢梭为代表，都有这样一种理性恨的思想：讨厌理性，觉得理性碍事，不如回到蒙昧时代，回到史前时代，回到自然状态去，自然而然。自然而然的状态是最好的。上帝创造的东西都是好的，但是人把它败坏了。人为什么把它败坏了呢，就是因为人的理性，这是当时比较流行的一种观点。那么上次我们讲到，康德在上面两段里面都谈到这样一个观点，就是说人如果仅仅是为了满足自己动物性的需要，那么他可以没有理性。人的自然本能往往比理性更直截了当的就满足了他的需要。人的自然状态活得很好啊，也没有灭亡啊。如果不发展文明社会，那么人类就这样自自然然的过下去，那多好啊！哪怕你说他们很粗俗、很野蛮、很不开化，但是他们自己，能够满足大自然赋予他们的那些需要，就够了。这个是我们上一堂课讲到的。

那么这就引出了一个问题，就是既然人能够凭借自己的本能很好的满足自己的自然需要。那大自然究竟为什么要赋予人以理性呢？大自然赋予人理性岂不是多余的嘛？有什么仁慈和恩惠呢？大自然赋予人的东西应该说都是有目的的。但是在理性这件事情上，好象理性并不合乎大自然的目的。那么从这里，我们就要思考了，就是说大自然的目的是不是就仅仅是满足人的动物性需要，是不是还有更高的需要。动物是为了自己本能的满足，但是人，他应该满足更高层次的需要，理性是为了这个做准备的。是不是有这样一个方面的考虑？这就是我们今天要讲的这一段。这个问题已经提出来了：人有他的本能就够了，为什么他还要有理性？

这是因为，既然理性远远不足以适合在意志的对象及满足我们所有的需要方面（理性甚至部分地增加了这种需要）可靠地指导意志，而当根深蒂固的自然本能对于导向这个目的也许更确凿无疑得多时，理性却仍然作为实践的能力、即作为这样一种应当影响**意志**的能力而被赋予了

<u>我们：</u>

这个半句话都是在"既然"这个前提下讲的。既然有这么一个事实，一个什么事实呢？"理性远远不足以适合在意志的对象及满足我们所有的需要方面……可靠地指导意志"。这就是我们刚才讲的，理性远不足以适合在意志的**对象**方面以及满足我们所有的**需要**方面运用。在这两个方面，一个是在意志的对象方面，意志对象其实也就是满足我们的需要嘛。意志当它指向一个对象的时候，当它要追求一个物质的目的的时候，这个时候当然就是为了满足自己的需要了。我们称之为"物欲"，意志的对象就是"物"，对它的追求也就是"物欲"，追求物质的那种欲望。在这方面再补充一下，即"满足我们所有的需要方面"，不光是我们眼前看到的物，而且是我们所有的需要，比如说我想休息一下，睡上一觉。这当然是进一层了，不光是对象，而且是满足我们所有的需要。那么理性远远不足以适合于在这两个方面**可靠**地指导意志。理性并不可靠，在什么方面不可靠呢？在我们的日常生活中要满足自己的需要时，理性往往是不可靠的。一个有理性的人，有时候要碰得头破血流。有时候生活中的事情是要碰运气的、要靠本能、要靠直觉的。我们很多学经济学的，将来在工作的时候也许会碰到这种情况，就是说你的学历越高、你的成绩越好，你在商海中也许越不成功；反而那些没有读过大学的、或者只有小学毕业的，他比你成功得多。就是说在商海中、在日常生活中往往有些事情它不是凭知识来的，它是凭本能的，它凭直觉；它凭天生的那种活动能力、那种经历。所以理性在这方面远远不适合于在意志的对象即满足我们所有的需要方面，可靠的指导意志。当然也不能一概而论的，就是我们中国的这种社会更加适合于这种情况，就是说你的理性越充分，但是你在满足我们的各种需要方面，也许越不成功。即算成功，也不一定是你的理性所带来的——很可能是你的直觉或者你的本能带来的。你天生的素质，你就适合于经商，你这人很机灵，于是你就成功了。不需要理性的。这括号里面讲，"理性甚至部分地增加了这种需要"。理性并不仅仅

无助于在满足这些需要方面可靠地指导意志，而且还带来些麻烦，它增加了我们的需要。有些需要是理性带来的。本来人凭自己的自然本能、自然禀赋，他不需要这些东西。但是理性带来了一些需要，比如说讲体面，讲排场，出去要穿得整整齐齐的，女孩子出去要化妆打扮，不化妆打扮出不了门。为什么？理性带来的，考虑这个社会会怎么看，自己的形象会怎么样。如果效果不好，那就会带来一些麻烦，等等。所有这些都是理性增加的一些需要，其实按照自然人，这些都是不需要的。自然的需要是很容易满足的，他凭借自己的本能就可以满足。下面还有一个"既然"："而当根深蒂固的自然本能对于导向这个目的也许更可靠得多时，理性却仍然作为实践的能力、即作为这样一种应当影响意志的能力而被赋予了我们"。这也是"既然"，这个"既然"要管到这一句话——管到这个从句。既然，理性一方面远远不足以在日常生活中可靠的指导意志；另方面当那与生俱来的自然本能对于导致这个目的也许更可靠得多时，理性却仍然作为实践的能力而被赋予了我们：既然如此，那就会怎么样呢？即使我们的本能已经足以满足我们的自然需要了，但是大自然仍然把理性赋予了我们，——既然如此，那就必须为理性寻求另外的使命了。这是这个"既然"条件从句里面的第二个意思。有的人也许会说理性在指导我们日常实践的时候并不可靠，但是在理论方面还是有用的。但是问题是说，它在实践方面，仍然被赋予了我们。大自然赋予我们理性，不光是要我们去从事理论活动，而且是赋予我们一种使命，要用它来进行实践活动，也就是说它是一种应当影响意志的能力，理性作为这样一种行动被赋予了我们。这两者之间肯定有一种冲突，有一种不和谐，怎么解释？理性既然在日常生活中间没有什么用处，但是大自然又赋予了我们，要我们用理性去实践。既然如此，下面有个冒号，就是来解释了，如何解决这样一个表面看起来的矛盾？

　　那么，理性就必定具有其真正的使命，这决不是产生一个<u>作为</u>其他意图的**手段**的意志，而是产生一种**自在地本身就善良的意志**（an sich selbst guten Willen），

　　我们看了前面这个从句，再来看后面这个主句，就是前面讲"既然"理性在满足需要方面没有什么指导作用，但是又必须在实践中影响意志，"那么，理性就必定具有其真正的使命"。理性的真正使命不是在于指导我们的日常生活实践中需要的满足，而是另有所图。他讲，"这决不是一个作为其他意图的手段的意志"。理性作为实践的能力，它不是要产生一个作为其他意图手段的意志。它不是要产生一个意志，一个什么意志呢，作为其他意图手段的意志。我们的意志有两个层次，一个层次是作为别的意图的手段。我要达到一个目的，然后为了达到这个目的，我必须要获得达到这个目的的手段。工欲善其事，必先利其器，我必须要利其器，这个意志就是一个"器"，一个有利的武器。但是利其器的目的，不是为了这个器的本身，而是为了工欲善其事，要达到另外一个目的。那么这样一个意志，也是一个意志，我要利其器，我要获得一把利器。利器只是一个工具，它本身不是目的。所以这样一个层次上面的意志，它是一个作为其他意图手段的意志，其他意图也是意志，那是一个更高的意志。我归根结底要达到另外一个更高的目的，那么我就用我的意志首先来获取一个手段，而获得手段是要服从那个更高的意志的目的的。如果我们本来就没有想要那个更高的目的，我的意志没有指向那个更高的目的，那么我的意志指向这个手段就没有任何意义了，我也就不会去取得这个手段了。那么理性是不是要产生这样一种意志呢？当然不是的。理性之所以产生出来，它决不是为了产生一个作为其他意图手段的意志，"而是产生一种自在的本身就善良的意志"。理性必定具有这样的使命，就是产生出一种自在的本身就善良的意志。"自在的"也就是自在之物，这里实际上是已经跟这个自在之物的概念相通了。产生一种自在地善的意志，这个自在的，an sich selbst，也就是在 Ding an sich selbst 上的，就是在自在之物方面是善的。但现在谈的是一个自在地善的意志。自在地善的意志也是一种自在之物，意志本身是不可认识的，自由意志本身是不可认识的，它是自在之物，但是它所做出来的事情，它的后果是可以认识的。那么在实践中我们不管它是否能够认识，一个自由意志产生出来了，我们只管它是不是自由的，我们不管它是不是能够认识。这个意志我们不需要知道它是一种什么样的作用机制。用现代医学的机制我们可以发现这个意志产生出来的时候，他的大脑里面发生了一些什么事情，原子、分子、电子、神经元是怎么样活动的。这个在实践中我们是不考虑的。作为医学的对象我们要考虑，但是在实践中我们不考虑。我们只知道这件事情是他决定的，在他清醒的时候决定了做这件事情，那么他就要为他的行为负责。从实践的角度来讲只关注这方面。所以我们把意志看作一个自在之物。那么这个自在之物本身就是善良的，或者说本身就是好的。这个善良的我们也可以翻译成好的。Gut, guter Wille，好的意志。这个"好"的评价呢当然不是一种理论上的、知识论上的评价，它是一种实践的评价。所谓好，一般来说都是有目的的。我们相对于某个目的来说好，好就是达到了目的。我们凡是达到目的的时候我们就拍手，好！在道德上我们就说是善，在日常生活中是好。但是不管是善良也好，好也好，都是从实践的角度来评价的，而不是从知识和理论角度来评价的。所以自在的好的意志，我们不能从理论上说它是一个什么样的意志，但是我们能从价值上，从实践的角度，说它是好的意志还是坏的意志。这个好和坏也有两个层次，一个就是日常生活当中的好，相对于某个具体的目的，那么它的手段就有好不好的区别。当然这个具体的目的本身也有好不好的区别：动机不好，或者你的动机很好。但是之所以有好和坏的区别呢，它又是相对于一个更高的目的而言的。那么最高的目的是什么呢？最高的目的就是就其自身而言，不是相对于别的目的而言，就是好的，或是善的。所以自由意志，也可以说涉及到的是最高的目的，它是本身就善良的。自在地本身就是善良的意志，再没有别的目的了。那么理性呢，它所必定具有的真正的使命就在这个方面。为什么说理性必定有它真正的使命呢？它不是那些表面看的使命，好象是改善人们的生活，获得巨大的物质利益，文明，科学和技术。像卢梭所讲的，科学和技术无助于敦风化俗，无助于人们在实践中运用他的理性。你把理性用错地方了，理性本来的使命不在这方面。老子不是反对人们有心机吗？人不要有太多的算计嘛。总想偷懒，总想用最小的力气获得最大的收获，这就败坏人心了。而理性的真正使命就是产生一种本身就是善良的意志。它的使命在这里。

对这样一个意志来说，理性是绝对必要的，而在别的地方自然在分配它的禀赋时到处都是合目的地进行工作的。

对这样一个自在地本身就善良的意志来说，理性是绝对必要的。就是说在日常生活中理性当然也可以产生一些需要，也可以满足一些额外的需要，比如说我们求温饱，温饱解决了还要小康，小康解决了还要富裕，还要共同富裕。这个对一般人来说，这是值得追求的，这是一个目的呀。在这个过程中间当然都要发展科技，科学技术是第一生产力，必须要发挥人的理性在这方面的作用。科学不仅要探索大自然的秘密，而且要把这样一种探讨应用于实际生活中，达到我们在生存中的理想。但是这些东西在卢梭和康德看来都不是绝对必要的。什么是绝对必要的？温饱就够了。吃饱肚子当然是必要的，穿得暖和也是必要的，这是用不着理性的。但是更高层次的其他的追求就不必要了。理性在这方面花心思其实都是不必要的。那么什么是绝对必要的？只有对于这个自在地本身就善的意志来说，理性才是绝对必要的，这样一个意志不是作为别的意志的手段而是善的。我们刚才讲在日常生活中所有的善、好，都是作为手段相对于某一个目的而言的。我们对这一个手段称之为好，我们对那一个目的称之为好也是因为它能够适合于一个更高的目的，成为更高目的的手段。那么最高的目的就是自在地本身就善、本身就好的意志。自在的，就其本身而言就是好的意志，这是最高的善，所有其他的善都是针对它而言才得以说是好的，都必须作为它的手段，它本身则不再作为别的东西的手段。所以在这方面理性就是绝对必要的。那么这样一个最高的自在地本身就善的意志，你没有理性，你怎么能够产生出来呢？没有理性你怎么能够拥有呢？理性是用在这方面的。它的真正使命是在这方面，不是用在其他的那些并非绝对必要的方面。下面讲"而在别的地方自然在分配它的禀赋时到处都是合目的地进行工作的"。这一句话可以说是对前面的一个结论。就是说，你说理性在日常生活方面不能可靠的指导意志，但是呢，它仍然被大自然赋予了我们。那么，赋予我们是为了什么目的呢？它不是为了我们日常生活的目的，而是有它真正的使命，也就是设立一个自在地本身就善良的意志。那么既然理性有了这样一个更高的目的，它就并不干扰大自然在别的地方的合目的性的安排，它的目的和大自然的目的可以并存。这样，我们就可以理解为什么大自然要把理性赋予我们了。所以这句话的结论就是说，"在别的地方自然在分配它的禀赋时到处都是合目的地进行工作的"，而在这里也不例外。既然在任何别的地方，大自然都是合目的地进行工作的，大自然中没有不合目的的东西，一切都是有目的的，总之你可以为它找到目的，那么大自然为什么要把理性赋予人呢？它也有自己的目的。虽然表面看起来好像不合目的，人没有理性也可以活得很好，去掉理性，对人的生存完全没有影响。好像大自然在这里犯了一个错误，造出了一个没有目的的东西。但是通过前面的分析呢，这里作出结论：正如在"别的地方自然在分配它的禀赋时到处都是合目的的"，就是说在别的地方大自然都是合目的的，而在这里呢，理性也有它的正当作用，由此就得到证明了，前面讲的那个表面上看起来矛盾的地方就被解决了。就是说，你不要把理性看作是应用于日常生活中的具体的某种目的，那个当然理性的作用是很可疑的，是很不可靠的。但为什么自然还要在人的实践中赋予人理性呢？如果你把理性的真正的使命提升到要产生一个自在地本身就善的意志，那么大自然把理性赋予人的目的就很明确了。它不是无目的的。

所以，这种意志虽然可以不是唯一的、完整的善，但它却必定是最高的善（das höchste Gut），并且是其他一切东西的条件，甚至是对幸福的所有要求的条件；

　　那么由此就推出了这样一种本身就善的意志，它的最高地位。我们刚才讲了，这样一个意志有最高的地位。它是最高的，它超越于所有其他的目的之上。它不可能作为一个手段去达到别的目的，它本身就是绝对的目的，你不能把它当手段。否则它就不是最高了，你就把最高的东西降低成为更低的东西服务的一个手段了。所以他讲"所以这种意志虽然可以不是唯一的、完整的善，但它却必定是最高的善"。它不是唯一的完整的善，有很多其他的都可以是善的，比如说幸福、功利，工欲善其事，必先利其器，你达到一个目的，要善其事，这个事很具体，那么你必须要利其器。利其器以后才能够善其事，这当然就是善的，这个事情就是善的啊，在你看来就是好的。这样一些善都是存在的，康德并不否认。幸福主义的伦理学，功利主义的伦理学，康德并不一口否认，而是认为它们都有一定的道理。善一般来说不仅仅是只有道德是善的，而且实用、幸福，日常生活中一些具体的目的都可以是善的。所以善的意志，本身就善良的意志，虽然不可能是唯一的完整的善，但是呢，它是最高的善。最高的不一定是完整的，在所有的善里面它最高，但是离开了其他的善，它就不完整。它仅仅是最高而已。我们说一个好人他的道德极其高尚，但是好人没有得到好报，这在我们一般人看来终归是不完善的。最完善的是什么呢，好人有好报。一个好人，要得到好报，那就是至善或者圆善啦。牟宗三把"至善"翻译成"圆善"，这个有他一定的道理。圆满，它不圆满，就像好莱坞的电影，我们看了以后都觉得很舒服，就是因为它最后总是一个大团圆的结局，总是得到圆满，好人得到好报，坏人得到了惩罚。这是一般大众、老百姓希望看到的。但是这个地方讲到呢，这种本身就善良的意志，就是最高的善。das höchste Gut 这个词，康德的有些地方不是这样用的。康德在《实践理性批判》里就讲过 das höchste Gut 这个词有两个含义。一个是最高的、至上的善，就是这里讲的，那是不完满的。另外一个就是至善，至善就是完满的善。他这个词有两个用法，这个康德自己把它区分开来了。在完满的善的意思上，牟宗三把它翻译成圆善，我们通常翻译成至善。但是要看情况，要看上下文，在这个地方，他讲到最高的善，也可以译作至上的善，但还不是完满的，它不是圆善，不是至善。那么至善在后面康德有他具体的讨论和分析，我们暂时放下。至少这里讲到了本身就善的意志。也就是一个道德性的意志，它是最高的，但是并不是唯一的，也不是完整的。下面讲，"并且是其他一切东西的条件，甚至是对幸福的所有要求的条件"。一个呢，它是最高的善，再一个呢，它是其他一切东西的条件。其他一切东西当然是指其他一切被视为善的东西。最高的善虽然不是完满的善，但是它是一切其他东西的善的条件，一切其他的东西都要靠至善作为它们的标准，作为自己的条件。如果没有至善，没有最高的善，那么所有其他的善，都不是善，甚至会成为恶。这个我们开始就讲到了，第一章的一开始我就讲到了。这个最高的和其他并不是最高的善之间并不是脱节的。康德并不否认其他的善都可以称之为善，但是严格说起来，其他的善要称之为善的话，它必须以最高的善作为它们的条件。"甚至是对幸福的所有要求的条件"，这个就更进一层了，这个意思更进一层，就是对幸福的所有要求你都要有个条件。也就是说我们人生来都有对幸福的要求，但是这种对幸福的要求，有一个条件，就是说你是一个好人。我们说好人一生平安。好人要得到好报，我们没有人说坏人要得到好报。所以必须要有善良意志才是你追求幸福的条件。当然坏人也追求幸福，坏人之所以坏，就是想通过一种坏的手段去追求幸福嘛。但是我们通常认为，坏人在这方面是不具备追求幸福的条件的。这个条件当然是一种价值上的，价值评价上的条件。坏人不配得到幸福，坏人就该下地狱，就该受到惩罚。只有好人才有资格追求自己的幸福，才配得到自己的幸福。所以它甚至是对幸福的所有要求的条件。在幸福方面你有你的要求，前提就是你要做个好人。所以这种意志、这种本身就善良的意志必定是最高的善，一方面它使得一切其他的东西成为了善；另一方面呢，他使一切追求其他善的要求得以成立，具有了资格。

在这种情形下，就可以与大自然的智慧完全一致了，只要人们注意
到，对第一位的和无条件的意图所要求的理性的培养，至少在此生以各
种不同的方式限制了任何时候都是有条件的第二位的意图、即幸福的实
现，甚至有可能使它本身变得一文不值，

我们首先看看这个半句。"在这种情形下，就可以与大自然的智慧
完全一致了"。意思是说，原来好像大自然犯了一个错误，把理性赋予了
人类，又不让它有什么实际的作用，反而让它在人的生活中起一种干扰
作用，使得人偏离了他的自然本性。初看起来是这样。但是大自然绝对
不会这样，大自然赋予人以理性肯定是有它的目的的，大自然做的一切
事情都是有目的的。那么在赋予人的理性这件事情上面，它的目的是什
么呢？如果你想到，它不是用来满足人的本能，自然的需要，而是用来达
到更高的目的，那么这就可以和大自然的智慧完全一致了。所以大自然
还是有智慧的，这个智慧跟我们在动物身上、或者有机体身上所看到的
智慧相比，层次更高，更带有智慧。理性和什么目的相适合呢？如果你
从本能这个角度来看，它并不合目的，但是你从本身就善良的意志这个
角度来看，它就是最合目的的。唯独理性，能够达到这样一个目的。所
以这就和大自然的目的完全一致了。那么下面有个限定语，有个条件从
句，"只要人们注意到，对第一位的和无条件的意图所需要的理性的培养，
至少在此生以各种不同的方式限制了任何时候都是有条件的第二位的意
图、即幸福的实现"。这"第一位的无条件的意图"也就是这样一种最高
的善的意志，这样一个意图，这样一个最高的善的意志，它要求理性的培
养。那么你要把这样一种适合于最高的善的意志的理性培养起来，那么
至少在此生，就必须以各种不同的方式限制任何时候都是有条件的第二
位的意图，即幸福的实现。比如我们从小受教育，老师和家长教育我们，
要有理性，为什么要有理性呢？是为了要有善良意志，一个人要做好人，
要做一个善的人，只有理性才能产生出一种本身就善的意志。这不是为

171

了别的目的。那么在培养这种理性的过程中，至少在此生，就会以各种不同的方式限制任何时候都是有条件的第二位的意图。也就是说一个人要做好人的这样一种意图，往往会限制了第二位的意图，就是对幸福的追求，对幸福的实现。就是说，你要做个好人，你就要舍得吃亏啊，简单地说就是这样。你要做个好人你就要舍得吃亏，你就不要斤斤计较。好人就是要吃亏的——至少在此生是这样。来世可能得到补偿，在上帝那里，在天堂，但至少你在此生，在没有死之前，你是得不到补偿的。你要做好这种思想准备。当然也不一定啦，但是一般的情况下都是这样的。你要培养孩子这样一种理性，至少在此生，以各种不同的方式，就限制了任何时候都是有条件的第二位的意图的实现，也就是对幸福的实现。对幸福的实现是第二位的，任何时候都是有条件的。而做个好人是第一位的，做个道德的人是第一位的。康德的思想都不难理解，但是他的句子太讨厌了，一下子还嚼不透它。其实很简单，你要为了更高的使命培养这种理性，那么你要吃得起亏。下面讲"甚至有可能使它本身变得一文不值"，也就是让这种幸福的意图变得一文不值。注意康德这里的用语："本身"，它本身变得一文不值。他不是说这个幸福就一文不值了，幸福还是值得重视的。幸福之所以值得重视，是因为它对于促进人们最高的目的，促进人们向善的意志，是有作用的；但它本身，可能会变得一文不值。孟子也讲熊掌和鱼嘛，在熊掌和鱼之间，在义和欲之间，要进行选择，杀身成仁舍生取义。孔子讲"不义而富且贵，于我如浮云。"这就有可能使得人们对幸福的追求本身变得一文不值。所有的幸福都可以丧失掉，但是我的道德原则是不可违背的。视金钱如粪土嘛，幸福的东西在道德面前，它会变得一文不值。

而大自然在这里的处理方式并非不合目的的，因为理性认识到自己最高的实践使命是建立一个善良意志，它在实现这一意图时，只能按照自己特有的方式，也就是由于实现了一个仍然只由理性所规定的目的，而获得某种满足，哪怕这也许会和爱好的那些目的所遭受到的不少破坏联系在一起。

就是说大自然在这里的处理方式，也就是这样一种关系，最高的善，善良意志，理性，这是一个层次。而幸福，意志的对象，具体的一些意图，这是另外一个层次。那么这两个层次之间，有一种从属的关系、目的和手段之间的关系。个人的幸福，个人的欲望追求的东西，必须以最高的善作为它的前提条件。这是大自然的一种处理方式，这不是人为的，不是哪个想出来的，不是哪个规定的。这是人的本性，人的天性。自然赋予了人以理性，就是为了建立起这样一种存在模式，对于幸福的追求服从于最高的善，服从于善良意志。这是大自然的处理方式。那么大自然在这里的处理方式呢，并非不合目的的，它是合目的的。这种处理方式是适合一个最高目的的。"因为理性认识到自己最高的实践使命是建立一个善良意志，它在实现这一意图时，只能按照自己特有的方式"。为什么他说并非不合目的呢？换句话说，为什么它是合目的的呢？它合什么目的呢？大自然绝对不会毫无目的地、毫无理由地就把理性赋予人。那么它把理性赋予人，合了什么目的呢？这里有解释了："因为理性认识到自己最高的实践使命是建立一个善良意志"。也就是说，理性认识到自己的最高的实践使命，也就是最高的实践目的，使命也就是目的啦，最高的目的、最高的使命是什么呢？是建立善良意志。理性单凭自身就认识了这一点，它就是要建立一个善良意志的。理性本身具有实践的能力，理性当它就其本身、单凭自身来实践的时候，撇开一切经验的和现实的考虑，那么这个时候它的使命，就是建立善良意志了。善良意志超越于一切具体的目的、具体的经验事物之上，那么它在实践这一意图时只能按照自己特有的方式来实现。它不允许有任何经验的考虑，也不允许用自己的善良意志来为某个经验的对象、某个经验的目的服务。理性在实现自己的意图的时候，有自己特有的方式，这个跟其他的方式是完全不同的。其他的实现自己的目的的方式都是一个以另外一个为前提，都不是以自身为前提，都是以别的经验目的为前提。你采取这个手段，是为了达到那个目的；而你要达到那个目的又是为了达到另外一个目的。都是在经验中达到一个目的的手段链条。但是理性在认识到自己最高的使命的时候，它的这个目的有它自己特有的方式，这就是："由于实现了一个仍然只由理性所规定的目的，而获得某种满足，哪怕这也许会和爱好的那些目的所遭受到的不少破坏联系在一起。"理性要建立一种最高的善，它的特有方式就是这样一种方式。就是说，理性的目的一旦实现当然就会得到满足了，那么它所获得的满足，是由于实现了一个只由理性所规定的目的。它不是任何别的东西，不是由任何自然界经验的事物所规定的目的。就像后面康德所讲到的，这就叫"纯粹实践理性"。所谓纯粹就是排除了一切经验的考虑。我们说这个人不现实，这个人是天上人，这个人完全生活在理想中，就是这样一种方式。理性在规定它的至高无上的目的的时候，规定它的至善的时候，它就是采取这样一种方式，完全不考虑现实的利益，功利，幸福，而仅仅由它的理性来规定一个目的。仅仅由理性所规定的目的，那就是至善，那就是最高的善。"哪怕这也许会和爱好的那些目的所遭受到的不少破坏联系在一起"。简单的说就是哪怕牺牲了很多的个人利益，但是，我为了理性所规定的那个目的，我可以不顾这一切。哪怕这一切和所遭受的不少的破坏，不少的损失挂在一起，我在所不惜。这个就是理性按照它自己的方式实现它的意图。这段已经把大自然为什么要把理性赋予人这一点交代得清清楚楚了，大自然赋予人理性不是为了人们的日常生活更好过，而是为了更高的使命，就是要建立起一个善良意志。哪怕牺牲人世的一切幸福都在所不惜。看起来好像不合目的，人要做个好人就必须要牺牲自然赋予他的那些需要的满足，那岂不是违背自然的嘛？但是在康德看来并不违背自然，因为大自然本来就是要把人提升到其他的自然物之上。要把人提升到万物之灵长，要超越于所有感性的经验的东西之上。所以它仍然是有目的的，而且是一种更高的智慧。它为了使这样一种更高的目的、最高的目的成为其他目的的衡量标准和条件，所以不得不作出牺牲，你要成为标准，那你就必须超拔于所有的幸福的目的之上。

但现在，为了阐明这个自在的本身就应受到高度评价而没有其他意 397
图的善良意志的概念，就像它已经为自然的健全知性所固有，并且无须
教导，只需要得到解释那样，为了阐明这个在评价我们行动的全部价值
时总是居于首位并构成所有其他事物的条件的概念：

这个半句我们先看看。这个接下来的这一段，实际上是要从这里头
引出一个概念出来，要从前面讲的大自然的这样一种智慧，这样一种设
计，为什么要赋予人理性，从这个里头，来引出一个概念。所以他讲，"但
现在，为了阐明这个自在的本身就应受到高度评价而没有其他意图的善
良意志的概念"，为了阐明这样一个概念，就应该做什么呢？现在还没有
说，还要有一些补充，"就像它已经为自然的健全知性所固有，并且无须
教导，只需要得到解释那样"。这里这个"就像"是用来修饰前一个"阐明"
的：为了阐明这个善良意志的概念，如何阐明呢？就像它已经为自然的
健全知性所固有那样去阐明，要像这样去阐明。这样的善良意志的概念，
它实际上已经被自然所赋予了我们了，自然赋予我们每一个人有一个善
良意志的概念，通过理性啊，赋予了我们理性么，理性就自然产生一个善
良意志的概念，就像它已经为自然的健全知性所固有那样。我们每个人
都有健全知性，健全知性这个概念我们前面已经讲过了，就是普通知性，
我们也翻译成常识。每个老百姓都有善良意志这样一个概念，而不需要
受到很多的教育，他说"并且无须教导，只需要得到解释那样"。每个普
通老百姓都具有健全知性，因而也具有善良意志的概念，不需要你去教
他。但是需要解释。老百姓有但是他不知道，日用而不知。每个老百姓
都知道怎么样做才是真正的好的，就是你做一件好事，你必须要出于善
良意志才是好的。你不是出于善良意志做了一些好事老百姓当然也很高
兴，可以伴着你得点便宜，但是老百姓不会说你这个人是个好人。这个
人只是给我带来好处的人，但这个人是否道德上就是好人，是否道德上

值得敬重,只要凭他的理性想一想,就会留一个疑问。甚至于哪怕他没有给我带来好处,比如说他救人,没救成了,人死了,他也死了,老百姓还是很赞扬他,敬重他。这个每一个有健全理智的人都会知道,善良意志的概念是很清楚的。但是老百姓在这样做判断的时候呢,没有像康德那样把这个问题分析出来,解释出来。所以在老百姓那里,这一点需要解释。但是不需要教导,每一个老百姓自然就会知道什么是真正的好人。这个是一个内容,为了阐明这个,但是还不够,还有一个阐明:"为了阐明这个在评价我们行动的全部价值时总是居于首位并构成所有其他事物的条件的概念"。这两个句型都是为了阐明同一个概念,为了阐明什么概念呢? 一个是阐明善良意志的概念;一个是为了阐明"在评价我们行动的全部价值时总是居于首位,并构成所有其他事物的条件"的概念,其实这是针对同一个概念,但是从两个不同方面的表达。前面的一个表达就是善良意志的这个概念,联系到一般老百姓的健全知性。那么后面这个"为了阐明"就是说,同样的一个概念它是作为评价我们的行动的全部价值时,总是居于首位的,并且还构成所有其他事物的条件。把这个带进去了,就是说善良意志的概念,在评价我们行动的全部价值的时候,它总是第一的,它构成所有其他事物的条件。所有其他的事物要是善的,你都必须以自在的善、以这样一个善良意志的概念作为条件。

那么我们愿意设想一下义务 (Pflicht) 这个概念,

为了阐明这样一个善良意志的概念,义务,Pflicht,这样一个词我们前面已经谈到了。义务的概念在康德的伦理学里面是最核心的概念之一,这个时候就引出来了。最高的善是什么? 是义务,最高的善就是义务,我们愿意设想义务这样一个概念。这个是本书里面第一次正式提出这样一个概念(前面只在序言中顺便提到过两次),是从善良意志这样一个概念里面引出来的。善良意志是人的一种义务,善良意志不是人的现实的目的,现实的目的可以不是义务,你要实现一个目的你就必须采取一种手段,这个不一定合乎义务,你要实现的目的你也可以不实现。现实的

目的你都是可以取得，也是可以放弃的。这个都不叫作义务。什么才叫
作义务？由善良意志提出来的，才叫作义务。所以为了阐明这样一个善
良意志的概念，这个善良意志一方面为所有的老百姓所固有，另一方面
它总是居于所有价值评价的首位，并且作为其他价值评价的标准或者条
件：那么从这里头，我们就必须提出义务的概念了。义务概念是为了阐
明善良意志的概念所必须提出来的，所以"我愿意设想一下义务这个概
念"。

这个概念包含了一个善良意志的概念，虽然处于某些主观的限制和
障碍之下，但这些限制和障碍毕竟远不能把它掩盖起来，使它不被认识，
反而通过对比使它更为凸显，并且更加光辉灿烂。

义务的概念，他说包含了一个善良意志的概念，只有善良意志提出
的一种目的才能叫作义务。其他的爱好，或者日常的需要，所提出的目
的，都不能叫作义务，那是你的需要，它怎么叫义务呢？你可以说是权利，
权利和义务是不同的。你可以说我有权利提出这样一种要求，达到这个
目的，那是不同的，义务是一个更高的追求，它包含了一个善良意志的概
念。"虽然处于某些主观的限制和障碍之下"，善良意志你应该这样做，
那是你的义务，当然你是不是能够做到，那还处于某些主观的限制和障
碍之下，它有些主观的限制和障碍，我想要这样做，但是我做不到。为什
么做不到呢，是因为我还想达到别的目的，我是一个人，我有人的自然欲
望和需要，我受到爱好的诱惑和驱动。所以我如果要完成我的义务的话，
首先必须克服这些爱好需要，它们是我的主观限制和障碍。"但这些限
制和障碍毕竟远不能把它掩盖起来，使它不被认识，反而通过对比使它
更为凸显，并且更加光辉灿烂"。义务可以说就是善良意志加上这些主
观障碍，如果没有主观障碍，只有善良意志，那我就是上帝了；但作为人，
我免不了有主观的障碍，只有克服了这些主观障碍我才能实现善良意志。
善良意志只有加上了主观障碍，才能叫作义务。但这样一来，善良意志
并没有因此而被掩盖起来，反而得到了衬托。我宁可牺牲那么多的个人

爱好也要坚持自己的善良意志,这样的善良意志该是多么光辉灿烂啊!
我不大会游泳,但是我看到人家快淹死了,我想去救他,我有可能牺牲自
己的生命,但是我仍然奋不顾身,扑到水里去救人。这样一些限制和障
碍远远不能把我的这样一种善良意志掩盖起来,反而通过对比使它更突
显出来。一个会游泳的人当然可以去救人,也是一种道德行为,他的目
的就是为了救人,但是,这样一个目的还不够突显,因为他的障碍还不够
大。他去救人不是一定要付出很大的代价的。因此他的这样一种善良意
志还不够突显,人家觉得很自然,他是游泳冠军么,他去救人那还不是十
拿九稳? 也没有什么威胁,顺手的事情,就把人拎出来了。如果是一个
不会游泳的人跳到水里去救人,那就更加突显他的道德性。那这个人的
道德真是太高尚了,他宁可牺牲自己的生命,冒着生命危险去救人,这个
代价就很大了。通过对比,他自己都不会游泳,他都可以去救别人,这就
更加突显了他的义务的光辉灿烂。所以在义务中主观的能力的限制并不
会掩盖善良意志的光辉,反而使它更加突显出来。

好,我们再继续往下看。前面一段我们刚才已经讲了,它把义务这
个概念引出来了。既然引出了这个概念,我们就要来讨论一下这个概念
了。义务这个概念究竟是怎么样的。前面已经讲到,这个概念包含了一
个善良意志的概念,但也包含某些主观的限制和障碍,不过这些限制和
障碍毕竟不能掩盖它,反而通过对比使它更为凸显。

<u>我在这里不谈那些已被认作违背义务的、尽管可能对这些那些意图
是有用的行动;因为它们完全与义务相冲突,所以在它们那里也就连是
否有可能**出于义务**而发生这样的问题都根本不存在。</u>
我们要考虑义务的问题,那么就有必要把跟义务有关的那些问题首
先提出来。一个出于义务的行为究竟是一种什么样的行为,我们要来加
以分析,但是首先要把一些其他的情况排除掉。比如说那些并非出于义
务的情况,我们要把它排除掉。我们不能打乱仗。在这个时候我们要清

楚我们所指的义务究竟是一种什么样的场合。所以在这里我们"不谈那些被认为是违背义务的、尽管可能对这些那些意图是有用的行动,因为它们完全与义务相冲突,所以在它们那里就连是否有可能出于义务而发生这样的问题都根本不存在"。首先要排除的就是那些违背义务的行动,我们既然讨论义务,我们就要把那些出于义务的场合确定下来,那么首先要排除的就是那些违背义务的行动。这些行动尽管可能对这些那些意图是有用的,就是说,对各种具体实际的意图是有用的,正如我们刚才说的,"工欲善其事,必先利其器"。你要做好这个事情,达到这个目的,那么你就首先应该把工具准备好。只有当你树立了你的目的,那么你才可能为了这个目的去准备你的工具。但是在这个地方,如果这些目的被认作是违背义务的,那就根本不能谈。如果你想投机取巧,你想损人利己,那么这样一些行为尽管对这些意图是有用的,"人无横财不富"嘛!但是它是违背义务的,尽管很有用。"因为它们完全与义务相冲突,所以它们在那里就连是否有可能出于义务而发生这样的问题都根本不存在"。因为它一开始就没有义务这样一种动机,相反,它恰好是违背义务的动机。所以没有是否出于义务而发生这个问题。出于义务, aus Pflicht,这是个很重要的概念,是康德特别重视的一个概念。义务有两种情况:一种是合乎义务,一种是出于义务。合乎义务当然也很好,但是还不如出乎义务。也就是说你做的事情没有违背义务,这个当然也可以,但是更重要的、更深层次的就是出乎义务,你本来就是为了义务而做这件事情的。现在你首先违背义务了,连合乎义务都没有做到,那还谈什么出乎义务呢?在这里当然连这样的问题都不存在了。在其他的情况下可能有这样的问题,比如说你合乎义务了,但是是不是出乎义务,这个问题是可以讨论的。但在违背义务的情况下呢,连这个问题都没有,不需要讨论。总之,我们不谈所有那些已被认作是违背义务的行动,这个首先把它排除了。我们来谈义务的问题,首先把那些和义务相违背的场合把它拎出来,把它排除掉,这是一个意思。下面讲的是合乎义务、但并非出于义务的情况。

　　我也把那样一些行动排除在外，它们实际上是合乎义务的，但人们对它们直接地并无**任何爱好**，不过由于被另外一个爱好驱使之故却仍然对之加以实行。

　　我们也要把那样一些行动排除在外，除了前面那些完全与义务无关的、违背了义务的情况以外，还要排除一些情况，它们实际上是合乎义务的，但人们对它们并无直接的爱好，不过由于被另外一个爱好驱使之故，也就是由于间接的爱好，却仍然对之加以实行。这种情况你也要排除在外。我们刚才讲了出乎义务与合乎义务是有所不同的。合乎义务是就效果上而言的，你没有违背义务。你合乎你的义务，你该做的都做到了，这叫合乎义务。你该做的事情你都做了，当然不一定成功了，但是你是这样做了。义务规定你该怎么做，你都做了。做得怎么样不管，但是你的行为是合乎义务的。但人们对它直接的并无任何爱好，事情是合乎义务的，但是你并不是特别喜欢做这件事情，做这件事情本身并没有什么愉快，"不过是由于另外一个爱好所驱使之故却仍然对之加以实行"。你对这件事情本身没有爱好，但是有另外一个爱好，它驱使你做这件你本来不愿意做的事。你有别的爱好，你把这件事当作满足你别的爱好的手段。这个手段是合乎义务的，不错，值得鼓励，值得赞赏。但是你做这件事情不是出于义务，只是合乎义务，而且虽然你对它没有直接的爱好，但是你有间接的爱好。什么是间接的爱好？就是你做了这件事情以后，你可以得到别的好处，虽然这件事情对你而言并不能带来直接的好处。你并不直接的喜欢它，但是它可以带来另外的、满足你爱好的一些好处。例子下面马上就可以举到。

　　因为很容易区分出，人们做这些合乎义务的行动是**出于义务**，还是出于利己的意图而做出来的。

　　为什么要把上述情况排除掉？是因为合乎义务的行动有可能是"出于利己的意图而做出来的"，并且到底是出于义务还是出于利己的意图，这两种情况是很容易区分的。我们还是举刚才那个救人的例子，我去救人,救人并不是天生的爱好,并不是说有人天生就喜欢救人。但是你被另外一个爱好驱使,或者说它能给你带来荣誉,或者给你带来满足,或者人家看到你会表扬你,甚至给你奖金,你会得到人家家长的感激等等。你于是出于另外一个爱好之故却仍然对之加以实行,那么人们很容易区分这些行动是出于义务还是出于利己的意图而做出来的。这种场合下我们还是很能够区分的,比如说一个人救人不留名,或者是在没有人看到的情况下,他救了人就走了,这个就很容易区分出来。如果他不留名我们就可以判断他是出于义务的,实际上这个合乎义务的行为没有给他带来任何的好处,也不是出于这个人天生就喜欢救人,救人这个事情并没有什么乐趣可言,特别是冬天那么冰冷的水,要跳到水里去,那有什么乐趣呢? 但是如果他计较于名利,甚至于事后向这个孩子的家长要钱,我救了你孩子的命,你得给我补偿。这个一下子就体现出来了,虽然做同一件事情,但是我们很容易区分它是出于义务还是出于利己的意图才做的。他可能出于利己的意图才做,虽然他做出来的事情是合乎义务的,但是他不是出于义务,他是出于利己的动机。这是一种情况,我们这个时候也可以把这种情况排除在外,也不讨论这种情况。

下面要讲的是还有一种情况:

远为困难的是,当一个行动是合乎义务的、并且此外主体还对之有直接的爱好时,能够看出上述区分。

也就是必须去分辨那种合乎义务、并且此外主体义对之有直接的爱好的行动。你要区分一个行动到底是出于义务还是出于爱好,有种情况很难区分,这种情况当然也要排除在外,但远为困难。前面讲的都是要排除的,不能当作纯粹的义务的例子来加以讨论的。一个是违背义务的例子,一个是同一件事情它可以是合乎义务的,但却不是出于义务的,而是出于间接的爱好,我们很容易把它分辨出来,你到底是出于义务,还是你想得利。所以这就有两种可能了,我们把这两种情况都要排除掉。而这里讲的第三种情况则是很难区分的:当一个行动是合乎义务的并且此外主体还对此有直接的爱好时,如何能够分辨到底是出于义务还是仅仅是合乎义务。

下面举了几个例子,这些例子不是针对上述第一种情况即违背义务的情况,那个是不用谈的;它只是针对后面两种情况,首先是上面讲的第二种情况,即"实际上是合乎义务的,但人们对它们直接地并无任何爱好,不过由于被另一个爱好驱使之故却仍然对之加以实行"的,用这个例子来说明如何区分合乎义务和出于义务:

比如说,一个小商贩不向一个没有经验的顾客索要高价,同时,在生意很好的时候,一个聪明的商人也不这样做,而是对所有人都保持一个固定的一视同仁的价格,以致于一个小孩子从他那里买东西也是和别人一样的便宜,这无疑是合乎义务的。这样,人们由此就会得到**诚实的**服务;但这远远不足以使我们因此就相信,商人之所以这样做是出于义务和诚实原则;他的利益就要求他这样做;但要说,他除此之外还会对顾客有一种直接的爱好,仿佛是出于爱而不让任何人在价格上比别人占便宜,这一点在这里是不能假定的。这样,这种行动之所以发生,既不是出于义务,也不是出于直接的爱好,而仅仅是由于自利的意图。

"比如说",他这个"比如说"除了管本自然段以外,一直还要管到后面三个自然段。本自然段讲的是上面第二种情况,后面三个自然段都是讲的上面第三种情况,这就表明了第三种情况的区分"远为困难"之处。我们先看这里。一个小商贩不向一个没有经验的顾客索要高价,这个顾客可能是小孩子,或外国人,他对中国的情况不了解,你看到这样的顾客是不是要敲他一把呢?"同时在生意很好的时候一个聪明的商人也不这样做",也不索要高价。生意很好的时候,大家都抢购他的商品,他是不是可以趁机抬价?一个聪明的商人也不会这样做。他非常明智、他有远见,你赚了一时的小利结果丢了大利。你一时多赚了几块钱,结果你的牌子倒了。你本来生意在欣欣向荣、蒸蒸日上,本来是可以逐渐逐渐的薄利多销,甚至是可以发大财的,但是你贪小利,把自己的路子给断了,这是不明智的。当然他如果是面临倒闭的话，他最后捞一笔就算了，店倒了他尽量的减少自己的损失，这个情况就完全属于功利了。但是在上升的时候他用不着这样做，他在赚钱，在赚钱的时候一个聪明的商人也不会这样做，而是对所有的人都保持一个一视同仁的固定的价格，老少无欺，以至于一个小孩子从他那里买东西也是和别人一样的便宜，这无疑是合乎义务的。他没有敲诈别人，他一视同仁，谁买他的东西都是一个价。这样人们由此就会得到诚实的服务。但这还远远不足以使我们相信，"商人之所以这样做是出于义务和诚实原则"。当然这样也很好，百城万店无假货，每个商店都能够做到这一点诚信，这就是商业兴隆的表现。我们现在讲要诚信，三鹿奶粉不诚信，吃了大亏了，实际上是不明智的。你这么有名的一个厂家做假，总有一天会被人发现的，一旦发现你的牌子就倒了，彻底完蛋，你图什么呢？所以诚信是合乎义务的，而且也合乎你的利益，人们由此就会得到诚实的服务，这样你就可以树立起你的品牌，有了品牌就给你带来效益。所以我们一般来说在这种情况下对诚实和诚信是比较赞成、比较称赞、比较鼓励的，因为人们由此得到诚实的服务，人们得到好处。厂家、卖方、买方都得利，这有什么不好呢？但这远远不足以使我们相信，商人之所以这样做是出于义务和诚实原则。即使所有的商家、所有的厂家都诚信，我们也不足以相信商人这样做是出于义务、出于诚信原则，他的利益就要求他这样做。那么，是不是出于对这样做的直接的爱好呢？也不是。"但要说，他除此之外还会对顾客有一种直接的爱好，仿佛是出于爱而不让任何人在价格上比别人占便宜，这一点在这里是不能假定的"。就是说他的利益就要求他这样做，只有诚信这个商业社会才能运作下去；但是除此之外，说他对顾客有一种直接的爱好，他就喜欢顾客，他看见人家踏进他的门他就有一种好感，跟他的这种直接的爱好联系在一起，仿佛是出于爱而不让任何人在价格上比别人占便宜，这一点在这里是不能假定的。你不能假定他是出于爱人、爱顾客、把顾客当作上帝，满脸堆笑，你以为他喜欢你呀，他喜欢你的钱包。这个在国外的商店你可能感觉得更加明显。国外的那些售货员满脸堆笑，而且做的非常熟练，你一看就觉得他是发自真心的，你以为他喜欢你，实际上不是的，那是他的职业性的微笑。你已经区分不出来他到底是真心的，还是出于一种职业的要求，分不出来了。也许他是出于真心的，也许他这个人天性善良，对任何人都是抱着善心，也有可能，但是你就分不出来。所以这一点在这里是不能假定的。那么这种情况你要把它排除掉，就是说他到底是出于义务还是出于直接的爱好。当然爱好是有的，商人爱钱，不爱钱做什么生意嘛。但那个不是直接的爱好，而是间接的爱好。所以"这种行动之所以发生，既不是出于义务，也不是出于直接的爱好，而仅仅是由于自利的意图"。自利的意图当然也是一种爱好，但不是直接的。所以这样一种情况也是要排除的。这一段讲的是上述第二种情况，即没有对合乎义务的事情的直接爱好，但是受另外的爱好所驱使而做符合义务的事。你爱好的是钱而不是那个顾客。整个这一段排除了这种情况。

下面这一段排除了第三种情况，这其实是很难区分的，就是"当一个行动是合乎义务的、并且此外主体还对之有直接的爱好"这种情况。他说：

与之相反，保存自己的生命是一种义务，同时每个人对此都还有一种直接的爱好。

在合乎义务的行动中，"同时每个人对此都还有一种直接的爱好"，这种情况也要排除。保持自己的生命是一种义务，每个人活在这个世界上都有义务保持自己的生命，同时每个人对此都还有直接的爱好。每个人出于自己的本能他就要维持自己的生命，爱好生命，你说他是一种义务吗？这个一开始很难看出来。每个人保持自己的生命是一种义务，我们有时候听起来甚至很荒谬，保持自己的生命是什么义务呢？它是本能嘛。人都有一种生命本能，都要活下去，而且是一种根本性的本能，说什么事情说到最后，就是说我还要活下去。我实际上做了那么多坏事，但是说到这句别人就没办法指责你了：我要活啊，我没办法啊。所以你可以谴责他这、那，但你总不能说你不必活了。一个人为了自己活下去，好像是什么都能干的。只要他是为了自己的活，你就没有权利去指责他。这个好像不是什么义务。但是在康德这里，我们可以把它看成是一种义务，同时每个人对此还有一种直接的爱好。就是说保存自己的生命也有两个层次，一方面它是一种义务，另一方面它是一种本能的爱好。人都热爱生命，都想活下去，这个是一种直接的爱好。活着就很快乐，不愿意死、不愿意面对死亡。但是在康德那里这两个层次是不太一样的，而在一般的时候人们看不出来，看不出它有一种义务的成分在里头。康德这种说法有基督教的背景，基督教就把人生看作一种义务，为上帝而活；但康德显然不是指为上帝而活，而是说，既然你作为一个有理性者降生人世，那么你的理性就成为了你的义务。这一点是我们缺乏宗教背景也缺乏理性精神的中国人所难以理解的。我们想不到自己的生命本身也有两个层次，我不仅是受本能驱使而活，而且是为理性而活。只有为理性而活才能把生命看作一种义务。但往往这两种活法很难区分开来，一般人都不作这种区分，他们活着只是因为爱好生命。

但康德就是要把这两者加以区分：

<u>但为此之故绝大部分人对此所抱的那种经常的恐惧战兢，却是没有任何内在价值的，他们的准则也没有任何道德内涵。</u>

398

这个是要排除的。"为此之故"，就是为了保存自己的生命之故，"绝大部分人对此"、对自己生命的保存"所抱的那种经常的恐惧战兢，是没有任何内在价值的，他们的准则也没任何道德内涵"。就是为了保存自己的生命，小心、谨慎，出门的时候非常注意，过马路的时候先看看两头，车多的时候就站在那里等，不要去冒险，恐惧战兢，那么这个是出于人们保持自己生命的一种本能的考虑，这种考虑是没有任何内在价值的。你出于保存自己的生命当然无可非议，但是没有任何内在价值。因为什么

185

人都希望保持自己的生命，哪怕所有的人都认为这个人该死，他也希望保持自己的生命。他保持自己生命的这个愿望有什么内在价值呢？它本身没有内在价值。或者你认为这个人是好人，它当然有内在价值，但是就保持生命本身而言，它没有内在价值。他们的准则也没有任何道德内涵。保存自己的生命在通常情况下是没有任何道德内涵的，既不是道德的，也不是不道德的。所以我们也不能说它就是一种义务。说单纯出于爱好而保存生命就是一种义务，在我们的日常生活中听起来觉得是很荒谬的。

<u>人们保存自己的生命，虽然**合乎义务**，但并不是**出于义务**。</u>

这个就把里头的理由说出来了，为什么没有任何道德内涵？因为保存自己的生命虽然是合乎义务的，这里仍然强调它是合乎义务的，但是不是出于义务的，因为它出于本能嘛。绝大多数情况下人们都是出于自己的本能而保存自己的生命。虽然在康德看来保存自己的生命是合乎义务的，例如人的理性只有活着时才有，但是好像没有人是出于义务才去保存自己的生命、出于义务才活着。人是出于本能在活着嘛，虽然它也是一种义务。出于义务的活着只有在一种情况之下会出现，这个时候就把保存自己的生命是一种义务这一层面给突现出来了。什么情况之下呢？

<u>相反，如果厌憎和悲伤绝望已使生命整个地索然无味；如果这个不幸的人意志坚强，面对他的命运奋起抗争，而不是怯懦或消沉地想要去死，却仍保持他所不爱的这个生命，不是出于爱好或恐惧，而是出于义务：这时他的准则就有了道德内涵。</u>

这个时候他的生命的义务性质就被突现出来了。只有这种场合才能够突现我们义务的本性。前面排除的那种情况是我们在讨论义务的时候一开始就可以排除的，但这里这种情况在初看起来好像是不可思议的，然而你把它放到一个特定的情况下，就是你对生活已经非常厌倦、悲伤、绝望，使生命整个的索然无味，不光索然无味而且非常恐惧，这时事情的

性质才能得到暴露。比如说"文化大革命"的时候,那么多知识分子挨整,每天去游街,去遭受侮辱、遭受践踏、遭受肉体上的痛苦、精神上的折磨,这种生活还不如去死,死了还干净些。所以"文化大革命"的时候那么多人自杀,一死了之,摆脱一切痛苦,结束自己的生命。既然生命就是折磨,我何必留在世界上受折磨呢?人生在世不是为了受折磨的,人生在世本来应该是有快乐有希望的,如果没有快乐和希望那活着干啥?如果没有尊严那活着干啥?所以很多人自杀是出于这个原因。当然他们是值得同情的,但是在这种情况下如果有这么一个人,这个不幸的人他意志坚强,面对他的命运奋起抗争,而不是怯懦、消沉的想要去死,却仍保持这个他并不爱的生命。这种抗争并不体现在他要做什么事情,而是体现在他要坚强地活下去,他并不去对抗压迫,或者是去捣乱,或者去破口大骂,他也许这些事情都不做,他就是活着。你们想要我死,我偏活下去,跟他的命运抗争。在这种情况下他的活着就具有道德价值。而那些自杀的人,虽然没人会说他的自杀是怯懦的,甚至也有人会说他这也是一种抗争,一种勇气,但是在康德看来他确实没有勇气面对他的生命、面对他的生活,在这个意义上呢,他是放弃了他的义务。当然我们不能指责他说你怯懦,这个时候你指责他是残酷的。只有在"文化大革命"的期间,组织上会说这叫"畏罪自杀"、"自绝于党、自绝于人民",会用这样的判词,我们在今天看来是非常残酷的。但是毕竟他选择死亡是一种逃避。当一个人在这种情况下不是怯懦、消沉的想要去死,却仍保持这个他并不爱的生命,这生命没有什么可爱的了,但是仍然要保持它,为什么要保持它?因为活着是一种义务,这个时候是一种义务。只有当你把生命当作义务而活着,这个时候你的活才有道德价值。不然一般的活着,人人都想活着,那有什么道德价值?那没有什么道德价值,或者说即使有也看不出来,无法区分。余华的小说《活着》,那样活着有什么幸福?所有的尊严都没有了,所有的幸福快乐都失去了,他还活着。但是余华笔下的福贵就因为还"活着"所以快乐。在康德看来这个也没有道德价值,这只是一种动物的本能，就像牛和马活着，虽然活着没有一点乐趣，但是它也不会去自杀。所以人在这方面就跟动物差不多了。这种活着它不是出于义务，所以就没有道德价值。但是从"文化大革命"活过来的人，有些是出于义务的。他活着已经没有任何感性上面的需要了，相比之下死已经很容易了，但他仍然活着，不是出于爱好和恐惧，不是出于他爱生命或者怕死，而是出于义务，这是他的准则：这就具有了道德的价值。这是涉及义务的第三种场合所提出来的一个例子。第一种场合是违背义务的；第二种虽然是合乎义务但是不是出于义务，而是出于间接的爱好；这第三种是虽然合乎义务，但也不一定是出于义务，他有可能出于直接的爱好，当然不能断定他是出于直接的爱好，还是出于义务，这个很难区分、很难断言，只有在某些极端的情况下才能看出来。

当然第三种义务的情况除了自杀这种例子还有其他一些情况，除了面临生活没有乐趣的时候仍然不自杀，把自杀当作是违背义务的情况，这是一种消极的情况，即不自杀；但还有积极的情况。不光是不做什么，而且是要做什么。下面就讲了，他说：

在能够做到的情况下做好事，这是一种义务，另外也有一些灵魂如此易于为同情心所打动，以致他们不带虚荣或利己的其他动因而对于在周围播撒欢乐感到由衷的愉快，而且他们能够对别人的满足感到高兴，只要这满足是他们造成的。

在能够做到的情况下做好事，力所能及时我去做好事，这当然是一种义务。我发财了，看到乡亲们有困难，我有义务去救济他们。但是另外也有一些灵魂如此具有丰富的同情心的人，不是一般地做好事，而是绝无虚荣或利己的动因，对在周围播撒欢乐感到内心愉快，并对自己给他人带来了满足而感到高兴。就是说一个人在力所能及的情况下完成一种做好事的义务，他有可能是出于这样一些易于受感动的灵魂、富有同情心的灵魂。我去救济别人，我去帮助别人，没有什么虚荣也没有其他什么动因。我不是为了获得什么更高的荣誉,大家都称赞我说我是好人,我心里得到享受,不是,我就是因为同情他人,就是由于我这个人看不得人家流眼泪,看不得人家受苦。人家有难我就有一种几乎是本能的冲动去帮助别人。有这样一些人,热心人、软心肠的人、乐于助人的人,他的性格如此,他具有如此丰富的同情心,由于给他人带来了欢乐,给他人带来了好处,也就使自己感到愉快,这种情况它是合乎义务的。

但我认为,在这种情形下的这样一种行动,无论多么合乎义务,多么值得爱戴,却还是没有任何真正的道德价值,而是和其他的爱好同一层次的,比如,对荣誉的爱好,如果它碰巧实际上符合公共利益,并且是合乎义务的,故而是值得赞赏的,那么它应该受到表扬和鼓励,但不值得非常尊重;

大家注意,这是康德的特点了。在这种情况之下我们通常说这个人是好人,而且当我们说他是好人的时候,我们给予他的是道德上的极高的尊重。一个慈善家,他之所以成为一个慈善家是因为他天性乐善好施,这个时候我们当然会说他是道德的。他出于一种同情心,他没有任何的虚荣,也没有任何利己的动机,他甚至于都不留名。有一个慈善家他资助了好几百个贫困学生,但是都是采取匿名的方式,用汇款的方式但是不留名,也不留地址,但是后来还是被人发现了,被人查出来是他干的,问他,他就是出于同情心、出于好心嘛。他看到谁处于贫困之中他就于心不安,别人受苦他自己发了财就于心不安,他认为所有人都应该像他一样过上好日子、受高等教育。这样的人能够对他人的满足而感到高兴,他甚至晚上睡觉都会因为解决了别人的困难而笑醒来了。但是康德认为在这类情况下的行动"无论多么合乎义务,多么值得爱戴,却还是没有任何真正的道德价值"。所以这是康德非常突出的一个怪论,他跟所有人的评价几乎都要相违背。但是我们要注意他这个里头提出的理由,就是说出于同情心、出于天生的气质这些东西都不足以成为道德尊敬的理由,都没有真正的道德价值。如果你是仅仅出于同情心、出于为了你自己内心的心安理得，出于平抚自己看到人家受苦时所产生的痛苦、同情和怜悯，那么这并没有任何的道德价值。他说这是"和其他的爱好同一层次的"，什么爱好呢？比如说爱好荣誉，做好事就是为了得到荣誉，得到荣誉使你心里非常快乐，就像使他人快乐你也感到快乐一样。这都是属于感性层面的，属于气质。"对荣誉的爱好，如果他碰巧符合公共利益，并且是符合义务的或值得赞赏的，那么他应当受到表扬和鼓励，但不值得非常尊重"。我们一般人都喜欢跟这样一种人打交道，都赞赏这样的人，在康德看来也是值得鼓励、值得表扬、值得赞赏的，但是不值得非常尊重。他这里说"非常尊重"，也就是不值得最高的尊重。最高的尊重是道德上的，你把他当一个好人来尊重，那仅仅是比较低层次的，不是最高层次的。因为他天生是个好人，他就是那样的人，他做不出坏事来，他爹妈生他就决定了他这么个气质，他一家都是好人，他爹妈、他祖父都是好人。这是由遗传得来的，不是由理性决定的，而是由感性决定的，由气质、由体质、由家族遗传的这种性格所决定的。只是这种气质"碰巧"符合了公共利益、合乎了义务而已，没有必然性的。同情心有时候也会坏事的，会违背义务的，例如关公在华容道上由于心软放走了大奸雄曹操，为私人情感而违背了国家大义。富有同情心这是优点，但有时候也是人性的弱点，有可能被坏人抓住和利用。但如果这种气质正巧符合了义务，他就是值得表扬和鼓励的，一般人做不到，一般人总有些多多少少利害的考虑，但是这些人，一个是富有同情心，再一个富有荣誉感，觉得自己在这种行为上面有一点点能够被人指责就受不了，他必须要使自己的行为完完全全的合乎社会道德，没有任何能够被人家说三道四的地方，符合公共利益。当然一般的社会道德就是符合公共利益的啊，那么我在这方面要求荣誉，我们家世世代代都没有做过亏心事，没有什么让人家可说的，这是一种家族荣誉。我这个人从小到大没有做过亏心事，这是种个人荣誉。总而言之这些东西都是属于一种情感性质的东西，所以它们与其他的爱好属于同一层次。那么这种性格的人当然对人类对社会是很好的，可以给他人带来快乐，对促进人类的幸福和谐都是有帮助、有贡献的，但是他不具有普遍必然性。一个人生来是怎样这个不由你决定啊，你生来是好人，你就可以做一个道德的人。但是这就容易把人分为，一些人生来就是道德高尚的，另一些人生来就是道德低下的，这个在康德看来是不行的。用今天的话来说就是种族主义，某些人是劣等种族，某些人出生于劣等家庭，他遗传基因里就有问题。希特勒就会说把这些人都消灭掉，那社会就好啦，纯种的雅利安人他基因里是不会带有这样一些劣等基因的。这个当然是违背启蒙运动以来的启蒙精神的。启蒙精神是人人平等，人人都有理性，所以必须建立在理性的基础之上才能真正达到人人平等。你不是因为你这个人天生富有同情心你就高人一等，就占据道德至高点，我们当然都很尊重你，你给大家带来了好处、带来了快乐，大家都希望跟你打交道，这种人是具有一定的社会融合性的，所以一个有是非观的人他起码对这种人是表扬和赞赏的。但是是不是在道德上就非常尊重，康德认为还不是这样。

因为这种准则缺乏道德内涵，也就是说具有道德内涵的行动不是出于爱好，而只是**出于义务**去做。

这个地方把义务所相关的情况明确讲出来了。因为这种准则出于同情，或者说出于荣誉、出于爱好去做好事的这样一种准则，缺乏道德内涵，它还没有道德内涵。那么什么才是具有道德内涵的呢？不是出于爱好，而只是出于义务去做的，才有道德内涵。同情心和荣誉感都是好的，但是它们都还是属于一种爱好，是低层次的，都不是最高层次的。或者说它们要成为道德的，必须要以最高层次作为前提和标准。那么最高层次是什么呢？就是仅仅出于义务。单纯合乎义务它还不一定是最高层次的。当然出于义务都是合乎义务的，但合乎义务的并非都是出于义务。他可能是出于自己受不了，他看到人家哭、流眼泪，他自己就受不了，有人是这样的。特别是有些妇女看到人家受苦她的眼圈就红了，这是人的一种天性嘛，这种人当然是好的，我们说他心肠软，这人做不出伤天害理的大坏事，所以他是值得表扬或者鼓励的。但是是否值得特别尊重，那还要看他的行为是不是单单出于义务。真正具有道德价值的仅仅是、只是出于义务去做，而不是出于爱好。即便有爱好的成分也是附带的，他的真正的动机仅仅是出于义务。他当然可以同时带来爱好方面的满足，他做了好事当然会高兴，人都是有感情的，我做了一件好事自己心里当然也会得到一种满足。但是我不是出于这种满足、追求这种满足去做这种好事的，我是出于义务去做这件好事的，这个要分清楚。如果做了一件合乎义务的事情，又是出于义务去做的，那这个就有道德价值了，如果仅仅是出于爱好、出于同情或者出于荣誉去做的，如果还没有出于义务，那这个还不具有道德价值的。这个是康德一个非常极端的说法，后来受到席勒的讽刺。席勒在一首诗里讽刺康德说，我想做一个好人但是又不愿意是出于爱好，那就只能忍着厌恶去做好事。我非常厌恶这件事情，但是出于义务我还必须去做。这样的人有点人格分裂了，又想做好事但是又非常厌恶去做好事，尽管非常厌恶但是又要出于义务去做，要把自己情感上的好恶全部排开去做一件好事，这个人哪里能够做到呢？人非草木嘛，哪里能够做到完全不带感情去做一件好事呢？当然我们说席勒的这种讽刺虽然有他的道理，但也是一种误解。康德虽然提出了这样一个标准，什么才是真正具有道德价值的。但是他并没有完全排除人们的情感，他提出了一个道德价值的上限，一个最高要求、最高标准。最高的善是衡量其他一切善的标准。最高的善本身它就是这样的，不带任何感情的。但他实际上并不否认你可以带感情，但是是在这个最高的善的前提之下。而且所有这些带感情的行为它的道德价值不在于你的感情，而在于这个最高的善。他不是说要你只有忍着厌恶去做合乎义务的事情才是道德的，而只是说，要真正显露出来这种合乎义务的事情的道德价值，只有在你极端厌恶的情况下，只有这时才赤裸裸地暴露出你真是出于义务。这个时候就突出了这种最高的道德价值了，最高的道德标准这个时候才现出来。但是康德并不是说只有这种情况才是道德的，而是说这种情况是一种试金石，只有这种情况才显出你的行为是纯粹道德的，在别的地方显不出来，要区分非常困难。所以我们说席勒的那种解释有种误解在里头。康德有他自己的解释，就是说出于义务在一般的情况下看不出来，但是在某些特殊的场合之下就看出来了。所以这句话是关键性的，具有道德内涵的行动不是出于爱好而只是出于义务去做。什么是具有道德内涵的行动？就是这一点。

那么假设那位爱人类者的内心笼罩着自己忧伤的阴云，这种忧伤熄灭了他对别人命运的一切同情，这时他仍然还有能力改善他人的困境，但别人的困苦打动不了他，因为他对付自己的就够麻烦了，而现在，由于再没有什么爱好来诱惑他，但他却使自己从这死一般的麻木中挣扎出来，不是出于任何爱好、仅仅是出于义务而作出了这一行动，这时他的行动才首次具有了自己真正的道德价值。

在这种情况下才会显出行动的真正的道德价值。就是他假设了这样一种情况，做一种思想实验：我们想一想假设有这样一种情况，那位爱人类者，那个极其富有同情心的人，爱人类者（Menschenfreunde）也可以翻译成博爱者，他的内心笼罩着自己忧伤的阴云，他的命运非常痛苦，他有过很多的不幸的遭遇，这种忧伤抹去了他对别人命运的一切同情。就是他自己已经走进最底层了，我的痛苦比你们的痛苦都大得多。你受到了一种不幸的灾祸，你失去了一条腿等等，我比你的痛苦大得多，所以你那种忧伤、你那种痛苦跟我比起来根本不算什么。我甚至觉得你还比我幸福一些，你仅仅失去了一条腿，我什么都失去了，我要有你那样就好了。在这种情况下，我们经常说一个人他走投无路、走到绝路的时候他就没有任何同情心了。看到一切不幸的事情他都有一句话：你总比我好。你再怎么着总比我好。这时候熄灭了他对别人的一切同情。假设在这时候他还有能力改善他人的困境，但不是由于同情，因为别人的困苦打动不了他。这个时候他还可以有这种能力，他还可以去帮助别人、解除别人的痛苦，那么这时他解除别人的痛苦就不是为了他受到别人痛苦的打动，不是为了他对别人产生了同情和怜悯，他已经没有资格怜悯别人了，他比别人遭遇了更多的不幸，他怎么有资格去怜悯别人呢？"因为他对付自己的就够麻烦的了"。这是设想的这样一种情况。他说在这个时候，再没有什么爱好来诱惑他，"但他却使自己从这死一般的麻木中挣扎出来，不是出于任何爱好、仅仅是出于义务而作出了这一行动"。作出了什么行动？就是有能力改善他人的困境。他自己如此不堪，他仍然帮助别人、扶危救困，改善他人的境况。这个时候不是任何爱好能够诱惑他的，他不是出于同情，他同情别人干啥？他首先应该同情的是他自己，如果他同情自己的话那他就应该让别人来帮助他，而不是他去帮助别人。所以同情心在这个时候已经不起作用了。再没什么爱好来诱惑他。但他却使自己从这死一般的麻木中挣扎出来。一个人处于最底层的时候，他的感情会麻木的，甚至于伤天害理的事情他都有可能干得出来。我们现在看三鹿奶粉抓了一些人，抓的都是一些很普通的老百姓，当然有一些不法奸商，但是有些奶农，有些底层，比较基层的养奶牛的人。他们养奶牛也很可怜，赚的也很少，长期的贫困使他对其他人的健康完全麻木了，你的婴儿买得起奶粉，总比我强吧。所以他们这些人的同情心已经处于麻木的状态。但是如果有这样一种人，从这种死一般的麻木中挣扎出来，不是出于爱好而仅仅是出于义务而作出合乎义务的行动，那就有真正的道德价值了。我还有一点能力帮你，我尽我的能力帮你，不是出于情感、不是出于对你的同情。因为你比我还好，我怎么可以同情你呢？你比我还好我都可以帮你，那么这就是纯粹出于义务、完全出于义务。他说："这时他的行动才首次有了真正的道德价值"。这个时候哪怕他自己已经走投无路了，但是他宁可自己更加走投无路，他也要帮别人一下。比如说奶农已经活不下去了，他也坚持不把三聚氰氨掺进去，不把那种有毒的东西掺进去，以免害了人家。这个时候他的行为就具有了道德价值。他不是由于他处于最底层就麻木了、就伤天害理。他不，他认为这个是做不得的。不管人家是穷人还是富人，吃了这个东西一样都要得病，我不能做这个事情。那么这样一个奶农的行为就具有了真正的道德价值。

下面还说了一种情况，他说：

更有甚者：如果大自然在这个或那个人的心中注入的同情心根本就不多，如果这个人气质上很冷漠（在别的方面他倒是个诚实的人），对他人的痛苦无动于衷，也许这是由于，他自己对于自身的痛苦天生具备特别的耐受力和持久的坚忍，他假定甚至要求每个其他的人也有同样的能力；

这又是一种设想。刚才是那种设想，一个人处于那种情况之下，他本来有一种同情心，但是这时已经被他自身的痛苦浇灭了、麻木了，他什么事都干得出来了，这个时候他仍然不干坏事，他帮助人家，这就有一种真正的道德价值。这是外在的环境的影响所造成的使他的感情麻木了。还有一种情况是天生的，他就是缺乏情感。这里讲到"更有甚者"，这种情况就更加说明问题了。"如果大自然在这个或那个人心中注入的同情心根本就不多，如果这个人气质上很冷漠（在别的方面他倒是个诚实的人）"。天生气质上冷漠，这不是他的错，但是他诚实，他有一说一，有二说二，他不搞鬼不骗人，虽然他很冷漠，但是他不害人，是个诚实的人。但气质上的冷漠使他对他人的痛苦无动于衷，他天性就如此。"也许这是由于，他自己对于自身的痛苦天生具有特别的耐受力和持久的坚忍，他假定甚至要求每个其他的人也有同样的能力"。这样一个人他本身在情感方面就没有什么要求，他天生冷漠，虽然他很正直很诚实。但是他天生不具备同情心。那么这个人在看待他人的时候，也许会说这点痛苦你都受不了，我受的痛苦比你多，我都还没有大喊大叫、哭哭啼啼，人就应该能忍受痛苦。他根据自己的气质去衡量别人、要求别人、判断别人。有痛苦有什么了不起，人人都有痛苦，人人都应该能够忍受痛苦。我就准备忍受，我就觉得这个没什么，你为什么这么哭哭啼啼呢？他具有天生的耐受力，持久坚韧，因此他对于其他人也要求有同样的能力。我也是人，你也是人，我能做到，你为什么就做不到？每个人都是以己度人嘛。

如果大自然本来就没有把这样一个人（实在说他也不会是大自然最坏的作品）构造成一个爱人类者，

假设在这里还没有完。这样一个不爱人类者，他连自己也不爱。他没有什么情感，他的情感很冷漠，他既不爱人类也不爱自己，由于他不爱自己所以他也不爱人类，这么一个怪人。但是康德认为这"并非大自然的最坏的作品"。这种没有情感的人你不能说他是坏人，他不干坏事啊，他不骗人，他很诚实啊，你能说他是最坏的作品吗？虽然说他没有情感，虽然说他不可理喻，人人都有情感为什么他那么冷漠，他那么的硬心肠，但是他不是一个最坏的作品：假如有这么一个人。

那么，难道他就不会在自己身上还找到一种来源，自己给自己带来一种远远高于一个天生好脾气的人所可能具有的价值？

如果有这么一个人，他天生就缺乏情感，翻脸不认人，没同情心，但是他也没做过什么坏事，他很诚实，那么他就不会在他自己身上还找到一种来源，就是除了自然给他那么少的之外，难道他就不会在自己身上找到另外一种来源，什么来源呢？"自己给自己带来一种远远高于一个天生好脾气的人所可能具有的价值"的来源。这样一个缺乏情感的人在他身上是不是有这样一种来源，能够给他带来一个更高的价值呢？人家的情感比他丰富，同情心比他多，多愁善感、多情易感。那个人大家都觉得很好，很值得鼓励。而这样一个冷漠的人，大家都觉得不堪忍受，和他在一起没有什么乐趣，他不懂得感情，更没有人跟他结婚，结婚就糟了。但是他身上是不是还能找到另外一种来源，能够给他带来更高的价值呢？通常认为跟这种人打交道没有价值，跟有同情心的人交往才有价值，因为他会在你危难的时候帮助你，他有同情心嘛。他讲信誉讲荣誉，要面子，他害怕别人说他，所以他不会做那些伤天害理的事情，他会热心快肠、乐于助人。人们一般都把那种人看作是有交往价值的。那么这样一种冷漠的人是不是也有这样一种价值呢？是不是有更高的一种价值在他身上？当然这种价值必须要有一种另外的来源。

　　当然可以！那种道德的、无与伦比地最高的品格的价值恰恰由此开
始，因为，他做好事不是出于爱好，而是出于义务。

　　当然可以找到一个来源，一个缺乏感情的人仍然可以在他身上找到
道德价值的来源，那就是理性、那就是实践理性、那就是善良意志、好的
意志。好的意志不是说有善良的同情心的意思，我们看善良意志好像把
它看得非常软，善良意志就是同情心，不是的。通过这个例子就可以说明，
善良意志就是按照理性所颁布的法则办事，这就是善良意志。你的意志
不是出于任何爱好，而就是出于义务，义务就是理性颁布的法则，理性对
你提出的命令，纯粹理性对你的行动提出的要求，那就是义务。所以"那
种道德的、无与伦比地最高的品格的价值恰恰由此开始"。从你失去了
一切情感上的天赋，大自然没有给你那种多愁善感的性格，从你失去了
一切同情心，这个时候才开始了道德的无与伦比的最高的品格的价值。
你如果能够在你的内心找到一种这样的来源的话，如果你做好事不是出
于爱好而是出于义务，那么这将会赋予你的人格以一种最高的无与伦比
的道德价值，而且从这个地方才开始了最高品格。当然在此我们也要防
止一种误解，以为只有做到这一点，只有使自己的心冷漠，才是一个具有
最高品格的人。他只是举个例子，就是说在这种情况之下，我们才开始
看出真正能够赋予人道德品格的价值是来源于何处。并不是说一个人只
有消灭了自己的感情才具有那样的来源，才具有义务的根源，而是说只
有在这种场合之下才能够更清晰的看出人类的道德价值是纯粹地来自于
善良意志，同情心则是可有可无的。他的意思是在这里，不要走偏了。

第 七 讲

我们继续从上一次讲的地方引申。上次已经讲到了第八页的上面一段。这前面好几段都在讲这个问题，就是从第一章开始，一直到现在，一直在讲什么问题呢？就是在讲真正的道德应该是出自于义务，而不是出自于爱好；要出自于原则，而不是出自于感情。这个是上一段末尾的时候点出了这一点。他说他做好事不是出于爱好而是出于义务，点出了义务这个概念。这是他第一章开始一直到现在强调的一个原则。我们通常讲康德的伦理学为义务而义务。为义务而义务才值得尊敬，如果你是为了其他的东西而完成这个义务，那只是合乎义务，但还不是出乎义务，那是可以鼓励的，但是还不值得敬重。这是康德伦理学的一个很重要的特点。现代以来的所有的伦理学可以分为两个方向，一个是功利主义或者幸福主义的；一个是理想主义或义务论的。那么康德代表后面这样一个方向。那么下面一段呢，就是继续在延伸这样一个主题，我们今天来看一看。

保证每个人自己的幸福是一种义务（至少是一种间接的义务）；因为身处一个各种焦虑的交织及各种未获满足的需要之中，对自己这种状况缺乏满意就会很容易成为一个巨大的**违背义务的诱惑**。

他这里把保证每个人自己的幸福称之为一种义务，但是括弧里面又讲至少是一种间接的义务。也就是在康德看来，每个人追求自己的幸福，这不是什么义务；但"保证"自己的幸福则不同于光是"追求"自己的幸福，它本身也是一种义务，但是是一种间接的义务。也就是说，追求幸福这件事情不算是义务，但是保证自己能够追求到幸福，这就有义务的问题了。这个保证你就要加以理性的考虑啦，怎么样能够保证自己追求到幸福，而不是出于本能盲目地去追求幸福。每个人都要追求幸福，这是人的本能，怎么能说是义务呢？但是你保证自己能够追求到幸福，这就是一种义务了。下面讲了原因，"因为身处一个各种焦虑的交织及各种未获满足的需要之中，对自己这种状况缺乏满意会很容易成为一个巨大的违背义务的诱惑"。为什么说是一个间接的义务？这里给出了理由，也就是说如果你的幸福追求不到，就会容易受到诱惑，去做违背义务的事情。所以为了不违背义务，你必须事先考虑，让自己能够有保证获得幸福。这个就不是一种本能的追求了，这就是一种非常理智的，非常理性的考虑。我为了不违背义务，为了成为一个有道德的人，不至于陷入一种禁不住要去犯罪的境地，不让自己有"饥寒起盗心"的可能，那么我首先使自己的生活有保障，使自己的基本的满足摆脱它的焦虑、摆脱它的未获满足需要的那种状态。这是一种非常理性的考虑，所以它可以称之为义务。我们看到康德其实跟幸福主义伦理学、功利主义伦理学并没有绝对的对立，他是把功利、幸福纳入到他的义务论里面来加以考虑了。他不是一个禁欲主义者，他认为禁欲主义者是危险的。你长期禁欲，那就很有可能禁不住诱惑，作出犯罪的事情来。我们在《巴黎圣母院》里面也可以看到，那个富娄罗神父长期奉行禁欲主义，过分压抑了自己的欲望，所以最后呢，反而成为了一个罪人，一个邪恶的人。那么康德在这里，也是提醒人们，说禁欲是要不得的，为了义务你也得满足自己的一般需要，要使自己的幸福得到满足。否则的话很容易成为一个巨大的违背义务的诱惑。当然他提出这一点来是考虑到人的有限性。人还是一个动物嘛，因此从人的有限性这方面考虑呢，你要想遵守义务，你就必须在这些方面预先有所准备，有所考虑。否则的话就很容易成为一个违背义务的诱惑。很容易，不是讲绝对。讲到人，讲到现实的人、有限的人的时候，康德的口气不是那么断然的。很容易，不是说凡是没有得到满足的，就一定会去犯罪，一定会违背义务，那倒也不是。有些人就没有，像斯宾诺莎这样的人康德是非常推崇的。斯宾诺莎一生穷困潦倒，海德堡大学聘他去当教授他不去，他要保持他思想的自由，靠磨镜片为生，然后得了肺病，四十多岁就死了。像这样的人还是可以保持他的道德原则。他可以抗拒那种违背义务的诱惑。但是一般人做不到，有几个斯宾诺莎呢？所以很容易成为巨大的违背义务的诱惑。

但这里即使不是着眼于义务，一切人自发地已经有了对幸福最强烈、最内在的爱好，因为一切爱好正是在幸福这个理念中结合为一个总体的。

这后面有个"但"，前面讲保证每个人自身幸福这本身是一种间接的义务。下面一转，"但"即使在这里不是着眼于义务，就看我们幸福这一点，那么他讲"一切人自发地已经有了对幸福最强烈、最内在的爱好"。我们刚才讲了，保证每个人自己的幸福才可以说是一种间接的义务。但毕竟追求幸福不是义务。所以我们在这里即使不是着眼于义务，一切人，任何人，就已经自发地对幸福有了最强烈，最内在的爱好。人是动物嘛，人有他的本能，有他的欲望。所以在这方面呢，他自发的有了爱好，他不需要去进行一番理性的考虑，一番推理。"对幸福最强烈、最内在的爱好"，幸福和爱好在这里还是两个层次，爱好是出于本能的，幸福呢还是有一些出于理性的考虑。虽然不是出于义务的考虑，但是还是有一些理性的作用的，有目的和手段的考虑，而爱好呢是出于本能的冲动。所以下面这句话就讲这两者的区别，就是说，"因为一切爱好正是在幸福这个理念中结合为一个总体的"。爱好和幸福一般来说他是属于一类的，属于一个范畴，但是幸福的概念要比爱好更高。爱好完全是生物性的，动物性的，属于感性的这个层次；那么幸福还可以称之为一个"理念"。所以他讲一切爱好正是在幸福这个"理念"中结合为一个总体的。幸福是一个理念，它是由人的理性推出来的。当然它不是纯粹理性，它是由人的理性加在人的各种爱好之上，使它们构成一个总体。人的爱好，就是他的欲望，人的欲壑难填。人欲横流，欲望是无穷无尽的。那么要把这些无穷无尽的欲望统一起来，结合为一个整体，那就必须要有一个理念。

我们前面讲到，所谓理念，就是理性的概念。理性通过推理，从有限推到无限，推出的那个概念，那就称之为理念。那么在这里，幸福也是个理念。幸福是一切爱好的总和，一切爱好的总和有多少呢？那当然是无限的。我们没有一个人能够把一切爱好的总和统计出来有多少，但是它还有个总体概念，那就是理念，我们把所有这些爱好统称之为幸福。所以从这个角度讲，一切人已经自发的有了对幸福最强烈，最内在的爱好。我们那种爱好，归根结底是对幸福的爱好。爱好是出于本能，出于情欲，出于情感。但是它也合目的，它的目的就是幸福。"自发地"，为什么是自发地？因为它出于爱好。一切幸福都是因为里面有爱好，而爱好是出自于本能，所以是自发的。是自己有了对幸福的一种爱好，一种追求。人跟动物不同就在这个地方，动物呢爱好就是爱好，动物不懂得什么幸福。但人呢，他的爱好被纳入到幸福这样一个总体理念之下来加以追求，所以人可以为了更大的幸福而牺牲较小的幸福。这个是动物做不到的。人对幸福的追求是有计划，有步骤，有远见，有理性的设计，手段、目的，一步，二步……人比动物算得更远。动物是凭本能，人呢，凭借理性在算计，可以权衡大小利弊，争取最大的幸福总量。所以这句话就是说，即算是不是着眼于义务，但是已经有了对幸福的一种追求，而幸福是一种理念，是一切爱好的总和、总体性的一个概念。

　　不过，对幸福所做的规范大都具有这样的性状，即它会对某些爱好造成很大的损害，而人们又毕竟不可能对归于幸福名下的所有爱好的满足之总体制定出任何确定可靠的概念来；

　　这又是一个转折了。前面讲的是幸福和爱好之间的统一性，一切人对幸福都有一种自发的、强烈的爱好，这个没问题。并且，一切爱好都在幸福的理念中结合成一个总体。那么这个地方转一下："不过对幸福所做的规范大都具有这样的性状，即它会对某些爱好造成很大的损害"。对幸福所做的规范，什么是幸福，幸福是一个理念，那么它就有它的规范。它是含有理性的，这跟爱好不大一样，爱好是不讲什么规范的，有就有，没有就没有。但是幸福呢，它是有一种规范，我们要问什么是幸福，我们从来不问什么是爱好。什么是爱好？什么是你的需要？不用说，如鱼饮水，冷暖自知，你指出来就是了。但是什么是幸福，你就得考虑考虑了。因为它是一个理性的话题，幸福是一个理念。所以对幸福所做的规范，大都具有这样一种性状，幸福虽然是一切爱好的总和，但是，你对幸福要加以规范的时候，要用理性加以思考的时候，它就具有这样一种性质，即它会对某些爱好造成很大的损害。当你规定幸福的时候，需要牺牲某些爱好。所以幸福主义不等于纵欲主义，追求幸福不等于纵欲。古代的伊壁鸠鲁，我们称他为幸福主义者，但是后来的人把他曲解为纵欲主义者，好象伊壁鸠鲁认为凡是你觉得需要的，感觉舒服的，你都要去追求。其实伊壁鸠鲁也不是这样的人，伊壁鸠鲁是幸福主义，是讲究克制的，你要追求最大的幸福，你就必须有所克制。就像你喝酒一样，你要在喝酒里面获得最大的快乐，你就必须有节制，否则的话，你醉过一次，你就把幸福破坏了，它会带来相反的后果，所以不要贪杯。伊壁鸠鲁的生活是非常有节制的。它绝对不是纵欲的，有些事情该做，有些事情不该做，为什么该做，是因为可以增进幸福；为什么不该做，是因为它虽然出于一时痛快，但是它会破坏你的幸福。"幸福的规范大都具有这样的性状，即它会对某些爱好造成很大的损害"。如果你真的考虑你的幸福的话，为你的幸福着想，那么你最好不要做这些事情，虽然你很想做。"而人们又毕竟不可能对归于幸福名下的所有爱好的满足之总体制定出任何确定可靠的概念来。"这又是一个转折。就是说幸福它有些规范，对幸福所做的各种各样的规范，通常都要牺牲某些爱好。但是，人们毕竟又不可能对归于幸福名下的所有爱好的满足的总体制定出确定可靠的概念。就是说究竟怎么样才能够使你的爱好的总体、也就是幸福能够得到充分的满足，在这方面又没有一个确定的概念。你说不要好酒贪杯，这个当然你还可以大致上有那么一个度，你可以把握。但是所有那些爱好，它们相互之间，往往有时候发生冲突，那么你怎么样处理，如何对满足所有爱好之总体制定出一个可靠的概念？也就是说什么样的生活才是幸福的，什么样的生活才是把所有爱好的总体发挥到最大，在这方面，你能不能有一个确切的概念呢？没有。也就是对人的幸福，它是一个理念，但是这个理念并不是一种确定可靠的概念。它是一个飘忽不定的东西，把握不住的东西，很难一下子用一个确定的概念把它规定下来。"归于幸福名下的所有爱好的满足之总体"，归于幸福名下的：就是说在幸福之下的所有爱好满足的总体，所有的爱好的总和，当然把那些有损于幸福的爱好把它剔出去了，剩下的那些爱好的总和到底有哪些？你不可能制定出任何确定可靠的概念。也就是说幸福虽然要牺牲某些爱好，但是幸福需要保持哪些爱好，这个你没办法加以确切的规定。需要牺牲的爱好，和需要保存的爱好之间的比例你也没有办法确定地规定，只是一个笼统的说法，就是说一切爱好的总和。如果这个总和把它发挥到最大，那就是幸福了。

因此，不必感到奇怪，为何一个单单在预示着幸福的事情方面以及可以得到幸福满足的时间方面都被确定了的爱好，可能会胜过一个摇摆不定的理念，

因此不必感到奇怪，奇怪什么呢？根据上面讲的，对于幸福这个理念，虽然你可以把它推出来，但是它究竟有些什么样的爱好做为它的内涵，这个概念你没有办法确定。它是摇摆不定的，他说"因此不必感到奇怪，一个单单在预示着幸福的事情方面以及可以得到幸福满足的时间方面都被确定了的爱好，可能会胜过一个摇摆不定的理念"，一个单单在预示着幸福的事情方面，以及可以得到幸福满足的时间方面，都被确定了的爱好，这句话非常拗口。就是说，一个被确定了的爱好，一个什么样的、在什么方面被确定了的爱好呢？单单是预示着幸福的事情方面，就是确定了你将得到什么样的幸福；以及可以得到幸福满足的时间方面，也就是确定了你对幸福的满足可以在什么时候得到，在这两个方面被确定了，就是这样一个爱好。那么仅仅是这样一个爱好，也就是一个被确定了的、非常具体的爱好，可能会胜过一个摇摆不定的理念。如果要简化这句话

的意思，那就是：一个具体的爱好要胜过摇摆不定的幸福的理念。幸福的理念作为理念是不确定的，指向不确定的未来。我们讲了，所谓理念就是无限的东西，无限的东西是没有限定的，没有确定下来的。这个康德说得还不太清晰，下面举了个例子，就比较清晰了。

　　并且这个人，比如说一个痛风病患者，很可能会选择享受他觉得美味的东西，而承担他所能承担的东西的做法，因为他根据自己的估算，觉得在这里，至少犯不着为了对一个据说包含在健康中的幸福的那些也许毫无根据的期望，而放弃当下瞬间的享受。

　　这个例子就很明确了，前面讲的那句话什么意思，在这里做了一个说明。为什么一个很具体的爱好要胜过一个摇摆不定的理念呢？比如说一个痛风病患者，很可能会选择享受他觉得美味的东西，而承担他所应承担的东西的做法。痛风病患者有很多东西是不能吃的，我们知道，首先海鲜是不能吃的，有很多痛风病都是吃海鲜引起的。再就是豆制品是不能吃的，啤酒是不能喝的。痛风病患者有很多禁忌，因为他体内尿酸过多嘛。那么一个痛风病人很可能会选择享受他觉得美味的东西，而承担他所能承担的东西的做法。就是说，我先吃了再说，痛风病有的东西医生说你不能吃，但是有的人呢，他很可能选择，我不管那么多，我想吃就吃。为了通风病，有些东西不能享受了，不能吃了，那太难受了。所以我宁可承受我所能承担的东西，那就是痛苦了。哪怕有痛苦，我吃还是要吃的。那么加重自己的痛风病的症状，加重自己的病情跟享受当前的美味之间有个选择。但有的人很可能选择他当前所享受的美味的东西，而承担他的后果，就是损害自己的健康。"因为他根据自己的估算，觉得在这里，至少犯不着为了对一个据说包含在健康中的幸福的那些也许毫无根据的希望，而放弃眼下的享受。"痛风病患者，他估算了一下，他也不是完全凭本能的，他也有理性的思考，就是说犯不着为了对一个幸福的毫无根据的希望而放弃享受。为了一个什么样的幸福呢？据说包含在健康中的幸福，这个幸福据医生说是包含在健康中的。就是说你没有健康哪里来的幸福呢？只有健康才会有幸福啊。你为了对健康中的幸福的一种期望，但是这个期望也许是毫无根据的。在康德的时代，人们对痛风病的认识也许不像今天这么清晰。可能人们隐隐约约觉得有些东西是不能吃的，吃了就会加重病情，但是还没有说出它的道理来。只是有些医生是这样说，所以痛风病患者不相信，认为这些幸福、对于健康所期待的幸福也许是毫无根据的。你保持你的这种健康，里面就会有幸福吗？这个幸福就是因为你不吃某些东西带来的？这个毫无根据的。简化一下这句话，犯不着为了对一个幸福的期望，一个包含在健康中的期望，一个也许是毫无根据的希望，就不吃不喝了。何苦为了这样一个还不能肯定、至少还没有到来的期望，放弃当下的瞬间的享受呢？我现在面前摆着一盆海鲜，引起了人的食欲，我克制着不去享受，而去希望保持我的健康以后有别的享受，那何苦呢？那个享受还是不确定的。我是否能保持健康，这个还是不确定的，所以那种幸福也许是毫无根据的希望。为了一个毫无根据的希望，来放弃当下确确实实的美味，那是划不来的。我犯不着那样做，我先享受了再说，过把瘾就死。所以幸福跟这个爱好之间呢，虽然它们是统一的，但是它们也有一些区别，并非所有的爱好都是幸福。有些人宁可放弃某些对幸福的期望，而享受当前的爱好。这是一种情况，把义务的眼光去掉以后，在幸福和爱好之间，仍然有一种选择。当然这种选择就不是什么道德不道德的问题了，这是实用的问题，实际的问题。你这个人要更实际一点，为你自己着想，你得克制一下在这方面的爱好。你那么喜欢喝啤酒，可是喝啤酒对你的痛风病不好，所以你要戒掉。但是德国人对于啤酒那是不能戒的，那戒掉太难受了，所以他不管，我不管怎么样，你那个东西没有什么道理的。我不信，我先喝了再说。所以这样一种选择也是理性的选择，也有理念在里头，但是这个谈不上什么道德不道德的问题。

下面又转了一下了，就是说前面讲的这些虽然都不涉及到道德的问题，他说，

　　但甚至在这种情况里，如果对幸福的普遍爱好没有规定他的意志，如果健康对他而言至少并非如此必要纳入这种估算，那么在这里，就如在所有其他的情况下一样，仍然还剩下有一条法则，即并非出于爱好而是出于义务去增进自己的幸福，并且正是这样，他的行为才首次具有了真正的道德价值。

　　后面这个转折就是他要说的本题啦。他讲了那么多，绕来绕去，他要绕到什么上面来呢？还是要绕到他的义务上面来。这一段话就是讲这个问题，他说，"但甚至在这种情况里"，在什么情况里呢？他说"如果对幸福的普遍爱好没有规定他的意志"，痛风病患者他的幸福并没有规定他的意志，他还是可以选择的，他选择享受当下的爱好。在长远的幸福和眼下的享受之间，你不能说一个人肯定会选择将来的幸福，或者说肯定会选择当下的享受，这个都是不确定的。"如果健康对他而言至少并非如此必要纳入这种估算"，健康，一般认为健康是幸福的必要条件。你要追求更大的幸福，你至少要保持你的健康，有了健康的身体你才能享受。但是人甚至对于这一点，也并非如此必要纳入他的估算。他甚至可以对健康都不考虑，他为了当前的享受，他可以抛弃对健康的考虑。就是说当他在追求幸福和爱好的时候，他甚至于可以不考虑他的总体的幸福，而满足他瞬间的爱好。在这种情况之下，"那么在这里，就如在所有其他的情况下一样，仍然还剩下有一条法则，即并非出于爱好而是出于义务去增进自己的幸福"，也就是说，一个人哪怕对于幸福都不在乎，他只看重当下的享受，完全立足于当下瞬间的爱好，并且要急于去享受。这样一个人我们通常就认为连动物都不如了，完全是一个感性的动物了，及时行乐，过把瘾就死。我们通常认为这种人连自己的幸福都不懂得如何去追求，他损害自己的健康，像那些吸毒的人，他明明知道对自己的身体不好，但是还是去做，他出于一时痛快。但是康德认为呢，这种情况就跟所有其他的情况一样，"仍然还剩下一条法则，即并非出于爱好而是出于义务去增进自己的幸福"。这条法则不是出于爱好，出于爱好已经没办法了，这个人就是出于爱好，他就是讲眼前的享受。这样的人已经非常低级了。但是，在他心目中，哪怕长远的幸福已经抛弃不顾了，他的健康都抛弃不顾了，然而在他身上仍然还有一条法则，一条什么法则呢？就是出于义务去增进自己的幸福。你增进自己的幸福不是为了你的更大的享乐，而是为了你的义务，你的道德义务。这样一个人，即算他不考虑自己的前途，自己未来的健康，但是仍然有一条法则他是不能不考虑的，就是不能不考虑义务的问题。为了义务，你也得增进自己的幸福。如果你说服这样一个人，这样一个已经什么都不顾的人，一个过把瘾就死的人，如果你要去劝这样一个人的话，你当然可以用"长远的幸福"去劝他。但这个已经失败了，长远幸福那是不确定的，你不要骗我，我现在最实实在在抓住的就是目前的享受，我要抓住。这个你已经没办法说服他了，但是仍然有一个法则你可以用来说服他，就是为了义务。不是出于爱好，而是为了义务去增进自己的幸福。那么他讲，"并且正是这样，他的行为才首次具有了真正的道德价值"。如果你劝了半天，劝不转他，但是你用义务来劝他，使他能回心转意，他的行为就有道德价值了。他是为了义务而保持自己的健康，而增进自己的最大的幸福。为什么是为了义务，前面第一句话就讲了，保证每个人自身的幸福是一种义务，为了免得自己成为一个违背义务的诱惑的牺牲品。你缺乏幸福，丧失了幸福，比如你贫病交加，甚至于面临死亡的威胁，这个时候你就很容易违背你的义务，饥寒起盗心，甚至作出一些伤天害理的事情来。所以你保持一个健康的身体，当然一方面保持你有享受幸福的能力，另一方面呢，更重要的，你有了享受幸福的能力，有了更多的幸福，你就更加容易抗拒那种作恶的、违背义务的诱惑，这个是你的义务。如果你是出于这样一种义务，而拒绝某些爱好，保持自己的健康，保持自己未来的享受更大更多的幸福的能力。那么这样一种行为，就是道德的。因为他是出于义务来维护自己的健康，而不是出于爱好。当然他有爱好，但是这种爱好现在是为义务的，他的根本动机是为了义务的。这是康德一个非常奇特的论证，奇特之处在于，他用这样一种方式把功利主义，幸福主义的伦理学纳入到他的义务伦理学中来了。你为了义务而去享受，而去追求幸福，这是道德的。当然反过来，功利主义伦理学也有它的办法把义务伦理学纳入到功利主义的伦理学里面去。功利主义的伦理学它讲的功利不仅仅包括我们的享受，我们的幸福，也包括道德。道德上所带来的荣誉感，那也是一种功利。我们追求功利并不仅仅像一个动物一样追求吃得饱，穿得暖就完了，我们还要有尊严，还要有荣誉，我们还要人家瞧得起。有道德本身就是一种成就感。所以这也是一种值得追求的功利。功利主义伦理学也把义务的伦理学纳入到自己的考虑里来了，那么康德在这里是反过来的，他把功利纳入到义务的伦理学里来加以考虑。这个是可以多讲一下的，就是说康德也不完全是人们所说的抽象的形式主义。为义务而义务，好象太抽象了，没有人能做到。其实他也考虑了幸福主义和功利主义，他也有他的道理。人是有限的，你完全考虑为义务而义务，那人不就成了一个上帝了，成了天使了。那是不可能的。那么人把两方面很好的结合起来，把追求幸福也当成自己的义务，在这个里头提出了一个很好的方案。

请注意，上面几段话中举了好几个例子来说明什么是真正的义务，归纳起来共有四种例子。第一是童叟无欺，不骗人；第二是把生命看作义务，不自杀；第三是从义务出发关心别人的幸福；第四是把保证自己的幸福当作义务。这四个例了看起来似乎是顺手拈来的，其实里面有一种逻辑的安排。康德在后面多次引用了这四种类型的例子，有时说得不一样，如把童叟无欺换成了不做虚假承诺，把保证自己的幸福换成发挥自己的才能。但实质上并无不同。这四种类型的例子究竟是什么关系，后面我们还会专门分析。

无疑，由此我们才可以理解《圣经》上的经文，里面命令我们要爱邻人，甚至要爱我们的敌人。

这里头康德把圣经引进来了，它基本上属于上面讲的第三种例子，即从义务出发关心别人的幸福。圣经上面有一个非常奇怪的命题，耶稣基督对人类的命令，一个是我们要爱我们的邻人，爱你的邻人如爱己，就像爱你自己那样爱邻人；一个呢甚至是爱你的敌人。这个是基督教特有的，在所有的宗教里面只有基督教提出过爱你的敌人。儒教里面是没有的，佛教里面讲慈悲。对你的敌人要慈悲，但是没有讲爱。爱你的敌人，这个是基督教特有的。那么这样一个命令如何来理解，康德认为用他上面的这种解释可以来理解。

因为爱作为一种爱好是无法被命令的，但是出于义务的善行，即使根本没有任何爱好驱使我们去实行之，甚至还被自然的、难以抑制的反感所抵制，却是**实践性的**而非**病理学的**爱，它在于意志，而不在于情感偏好，在于行为的原则，而不在于温柔的同情心；但唯独这种实践性的爱能被命令。

很奇怪的是什么呢？命令我们要爱你的敌人，爱你的邻人如爱己，甚至于爱你的敌人，这是命令。爱怎么能够被命令呢？耶稣基督的这样一种要求不是太过分了么？命令一个人去爱一个人，耶稣基督有这个权力，有这个能力么？我们都知道，爱就是爱，不爱就是不爱，这个没有什么道理可讲的。你也不可能听从某一个人的命令就去爱一个人。我们以前讲父母之命，媒妁之言，但那是讲的婚姻，不是讲的爱。你可以命令我和他结婚，但是你绝对不可以命令我爱他。父母也做不到，在基督教里面其实耶稣基督也做不到，要命令一个人去爱一个人，而且这个人是他的敌人。本来就充满了厌恶，充满了憎恨，你要我去爱他，怎么能做得到？所以康德讲，"因为爱作为一种爱好是无法命令的"。爱就爱不爱就不爱。爱好有就有没有就没有。怎么能命令呢？爱好是无法被命令的。"但是出于义务本身的善行，即使根本没有任何爱好驱使我们实行之，甚至还被自然的难以克服的反感所抵制，却是实践性的爱，而非病理学的爱"。这里区分出了两种爱。"出于义务本身的善行"，也就是为义务而义务去做好事,即使根本没有任何爱好驱使我们去实行它。为义务而义务,当然不是出于任何爱好了,它就是为了义务去做一件好事情。没有任何爱好使我们去做好事。甚至——不光是没有任何爱好——还是相反的爱好,甚至还被自然的难以克服的反感所抵制。爱你的敌人嘛。要爱你的敌人,你马上想到这个敌人是我憎恨的,反感的,我肯定要对这种爱加以抵制。你要命令我爱他,但是呢,我恰好在恨他,这是很自然的。但是,"却是实践性的爱"。所以康德讲的是 praktische Liebe,实践性的爱,而非病理学的爱。pathologische 在字典上的意思就是病理学的,pathos 这是个希腊字,就是激情,情欲,情感的意思。pathologische,就是对激情加以研究,对人的情欲加以研究,所以后来在医学中把它用作一个专门术语,就是病理学的。我们中文翻译成病理学的,就是可以通过医生加以研究加以诊断的那样一种现象。当然有的翻译成感性的,感性的又太泛了,很多词都可以翻译成感性的。但这个词它比较特殊,康德很多地方都用到这个词。它是一个特指,什么特指呢,就是说它不仅仅是感性的,而且是作为一种可以用科学研究的对象、用医学研究的对象来加以规范,加以考察的。康德有一本书叫作《系科之争》,好象李秋零已经把他翻译出来了,在《康德著作全集》的不知道第几卷。①《系科之争》是讲哲学系,医学系,神学系,它们所分担的任务。有些问题是由神学家来解决的,有些是由哲学家来解决的,有些是由医生医学家来解决的。那么 pathologische 就是由医生、医学家来解决米诊断的。这个问题要问医生,医生能够使它得到最彻底的解决,因为医生他可以有各种仪器,各种专业知识,他可以测定你在什么时候就会有什么爱好。比如说你在饿急了的时候你就会有进食的爱好。这个是医生就能够确定的,人饿了要吃饭,当然一般人也能确定。但是医生能够得到更加确切更科学的解答,人为什么饿了要吃

---

① 见《康德著作全集》第七卷,李秋零译,中国人民大学出版社 2008 年版,译作"学科之争"。

饭。他就可以分析你在饥饿的时候你的胃里面会怎么样，所以这是一个病理学的问题。当你爱的时候，医生也可以加以解释，一般爱情产生的时候，我们今天讲荷尔蒙，雄性激素，这个都是医生说出来的一番道理。爱如果没有这些东西，当然也不可能有。柏拉图式的、理念式的爱那是不可能的，那是虚假的。真正的爱肯定有这些医学上面的反应，化学上的反应，生物学上的反应。所以爱又分两个层次，一个是病理学上面的，可以由医生来加以考察；另外一个是实践性的，实践性的就是很抽象的了。康德讲实践性的，很抽象；我们讲实践性的是非常具体的，我们讲实践是检验真理的标准，实际上讲的是实践的后果成了检验真理的标准，后果是实实在在的，可以拿到手里来看。但是康德讲的实践不是这个意思。康德讲的实践和自由意志有关，所谓实践性的，就是跟人的意志是相关的，跟人的实践理性相关的。那么它不是病理学的，"实践性的爱，而非病理学的爱"。实践性的爱，它撇开那些病理学上的反应，你要医生来确定，他为什么做这件事情，那是永远确定不了的。医生可以确定你在做这件事情的过程中，体内有些什么反应，有些什么变化，导致什么后果，这个医学家可以研究，可以测量；但是有一点他是无法测量的，就是你为什么要做这件事。你做这件事出于你的自由意志，你的自由意志的动机是什么，这个医学家没有办法解决。他可以解决过程和后果，究竟是怎么样发生的，但是他没法解决你的动机是从哪里来的。医生可以断言一个人饥饿的时候他体内会有种反应，但这种反应会使他产生一种动机，比如说去抢劫，去抢面包吃，这个他没法断言。有的人就是饿死了也不会去抢，他不食嗟来之食。呵呵，你给他，他还要看你怎么给。这个医生就没办法断言了。医生不能解决这样一些问题，这些问题属于实践性的问题，属于实践的层次。所以爱也有这样两个层次，有一种病理学的爱，在日常生活中的都属于病理学的爱，都可以由医生来加以诊断。但是有一点是不能诊断的，就是实践性的层次。康德这里讲的爱你的敌人，那就把所有的病理学的爱全部排除了。爱敌人没有任何道理，你要爱这个敌人，他有什么地方值得你爱呢？没有，他是你的伤害者，他是你的祸害者。这个耶稣基督，被钉上十字架的时候，他恳求上帝，"上帝饶恕他们吧！他们做的事情，他们不知道"。这在圣经里面是非常感人的一句话。就是他自己被钉上十字架了，他还要上帝饶恕那些钉他在十字架的人，他爱他们，他爱那些人。这个爱绝对不是日常的，病理学上的爱，因为那些人有什么可爱的呢？那些人是他的仇敌，他为什么要为他们祈祷，那是出于一种实践性的爱。实践性的爱是完全出于义务，把所有的内容、感性的具体的动机全部排除掉了。所以康德下面讲，"它在于意志，而不在于情感偏好，在于行为的原则，而不在于温柔的同情心；但唯独这种实践性的爱能被命令。"实践性的爱，出于义务。出于义务也就是出于理性。理性告诉他，那些人哪怕是敌人，也是人，也有理性。根据理性的普遍性，人人都应该互相爱。这个是在圣经里面这句话的意思。就是说它在于意志，这种爱是出于意志，而不是出于情感偏好。从情感上来说，我对那些人没有任何爱的情感；但是出于意志，我应该爱他们，我虽然事实上爱不起来，但那只说明了我的有限性。我为什么爱不起来，那是因为我是有限的，我是有身体的，有欲望的，是因为对方伤害了我的身体，压抑了我的欲望，所以我爱不起来。但是我不出于情感爱好，我出于意志。这种爱在行动的原则，而不在温柔的同情心。温柔的同情心你已经不存在了，在敌人面前有什么温柔的同情心呢？但是在于行动的原则，做事要有原则。上帝教导我们，普天之下皆兄弟，博爱。博爱那就是对任何一个人，只要是人，就要爱。那么按照康德的解释呢，只要是有理性者，就要爱他。这种爱不是出于情感，而是出于意志，出于理性的普遍性原则。情感是没有普遍性的，顶多有相对的普遍性；但是意志在理性的法则之下是有绝对普遍性的。理性就是一种普遍性，而且只有理性具有一种绝对的普遍性。理性没有界限，所有的人，不管哪个民族，哪个阶级，哪个国家，哪个人种，贫富贵贱，所有这些东西在理性面前都不存在，一视同仁。那些都是具体的、感性的区别。而理性是打破所有区别，成为一种普世性的东西。所以爱会成为一种原则，按照这种原则来行动，这就是耶稣基督所教导的爱的真正的意思。当然耶稣基督本人可能没这个意思，这是康德的解释，所以康德可以说刷新了基督教的一些教义。很多基督教圣经里面的意思，在康德那里都赋予了它新的意义，赋予了它启蒙的意义。他借助于基督教圣经里面的一些说法，但圣经里面的一些说法也确实隐含了这方面的意思，至少有这样解释的可能性。我们从解释学的角度来看，即算以前人们不那样认为，但是它是可以这样解释的。这种解释非常有效，因为如果没有这种解释，这个命题在基督教里面是一个谜。谁能做得到呢？为什么耶稣基督讲要爱你的敌人，这个始终人们解释不清楚，但是经过康德这样一解释呢，非常清楚。就是爱有两个层次，这种爱不是一般的爱，是理性的爱。当然理性的爱不是康德最先提出来的，原来斯宾诺莎也提出来过，上帝的爱是一种理智的爱，而不是一种感性的爱。康德在这里进一步提出来是一种实践的爱，而不是一种病理学的爱。实践的爱在康德这里意味着一种实践理性的爱。所以他讲，"但唯独这种实践性的爱能被命令。"这是可以被命令的，日常的感性的爱是不能被命令的，唯独这种实践性的爱它是普遍的，每个人都可以命令。为什么可以命令，因为他在每个人里面都同等的具有，只是人们不去遵守它。人们受到感性的局限，不去遵守内心的这种对一切人的爱。那么耶稣基督出来说，你们应该爱一切人。这个是可以命令的，因为这样一种爱本来就在每个人的心中，它就是理性，只是被人自己的爱好遮蔽了。理性在每个人的心中，人是有理性的动物，有理性的存在者，这是人的本质。人们凭借理性是可以相通的，可以站在每个别人的立场上思维，这就是理性的、实践性的爱。但是人们往往忘记了这一点，或者人们往往有意无意地不遵守这一点。那么耶稣基督可以命令你遵守，这个命令就是对有限的人发布的命令，使你的有限性服从于你的无限性，使你的感性服从于你的理性，使你的情感服从于你的意志。当然这种实践性的爱也就具有了道德价值。一般的爱不具有道德价值，你爱一个人那是不具有道德价值的，有时候往往是违背道德的。但是唯独这种实践性的爱它是道德的，它是出于义务。

前面我们讲了康德的一个基本的原则，基本的出发点，就是一件道德的事情必须是出于义务来做的，而不仅仅是符合、合乎义务来做的。也就是说要是为义务而义务的，才具有道德价值，才具有道德性。那么合乎义务做的，但并非出于义务来做的，这些事情当然都是好事，但是本身不具有道德价值，好事都值得欢迎，但是不值得敬重。这是前面讲的第一个意思，也可以说是第一条原理。虽然康德没有明确标明"第一条原理"，但从意思上来看这就是第一条原理，这条原理就是讲，道德必须是出于义务，而不是出于爱好，这样的行为才具有道德价值。可以看出，这条原理完全是从普通的道德理性知识中分析出来的，是一种剔除了一切经验性的东西、带有哲学意味的原理，因而已经从普通的道德理性知识过渡到了哲学的道德理性知识，也就是关于义务的原理。这就是第一章的标题中所讲的主题。但哲学的道德理性知识还不只是这一条，一共有三条。

那么下面讲了第二条关于义务的原理，是这样表述的：

第二条原理是：一个出于义务的行动，其道德价值**不在于它所应当**借此来实现的**意图**，而在于它据以被决定的准则，因而也不取决于行动 400 对象的实现，而仅仅取决于行动无关乎欲求能力的任何对象而据以发生的**意愿的原则**（Prinzip des Wollens）。

第二条原理是从第一条原理推出来的。出乎义务的行动才是具有道德价值的，那么这个道德价值在什么地方？"不在于它所应当实现的意图，而在于它据以被决定的准则"。一个出乎义务的行动，当然它的目标是瞄准着义务的，但是在现实生活中，一个出乎义务的行动总有它具体的目标。他是为义务而义务，但是为义务而义务不是一句空话，这个行动还有它具体的目的。比如说做好事，抽象的来说，你说"我做了一件好事"，别人就会问你"你做了什么好事?"你说我帮助了一个穷人，使他的儿子上了大学。实现了这个目的，这当然是件好事。但是我做了这件好事不是为了满足其他的爱好，仅仅是出于义务，这就是一件具有道德价值的行为。那么这个具有道德价值的行为，它的道德价值在于什么地方呢? 不在于它应当借此来实现的意图。"不在于它"，也就是这个行动，"所应当借此"，借这个行动，"来实现的意图"。就是说借我做的这件好事最后导了贫困学生上了大学，那么它的道德价值并不在于最后这个结果。这个意图实现出来，那就是结果;或者说还没有实现出来，是将要达到的结果。那么它的道德价值都不在这些地方。一个贫困学生上了大学，这个本身没有什么道德价值。或者说你使一个贫困学生上了大学，这个本身也没有什么道德价值。当然这个是好事，贫困学生当然应该上大学，他考上了，但是没钱上，你资助他，这是一件好事。但是还要看你是为了什么目的资助的，你的动机是出于义务还是出于别的考虑? 那才具有道德价值。所以它的道德价值不在于这样一个行动所应当借此来实现的意图。通过这个行动最后导致这个贫困生上了大学，它的道德价值不在于这一点，而在于它据以被决定的准则。也就是说你所下的这个决心，凭借的是一种什么样的准则。是为义务而义务，还是为了达到某些其他的另外的目的，为了满足你其他的爱好，为了使你赚了钱能够心安理得，为了满足你的同情心等等等等，所有这一切都没有道德价值，而唯有它据以被决定的那个准则，如果它能够是一条普遍的法则，是一条理性的法则，而不是感性的，那么这样一个行动就具有道德价值。所以它的道德价值在这里，它取决于它的准则，不在于它的意图的实现。有这个准则，哪怕你的意图没有实现，你的行为也是道德的。你资助贫困生上大学，结果因为某些原因没有成功，你这个行为还是值得尊敬的，还是道德的，具有道德价值。下面继续延伸:"因而也不取决于行动对象的实现，而仅仅取决于行动无关乎欲求能力的任何对象而据以发生的**意愿的原则**。"道德价值不取决于行动对象的实现，不要以成败论英雄，不要说成功了就是道德的,不成功就不是道德的。不对,它"仅仅取决于行动无关乎欲求能力的任何对象而据以发生的意愿的原则"。道德价值仅仅取决于你的行动的意愿原则,而无关乎任何欲求对象。意愿当然也是一种欲求能力了,但是它在这里跟它所实现的对象没有关系,它只跟它本身的原则有关。意愿的原则在这种情况下也就是意志的原则,也就是:取决于它在发生这个行为时当作根据的它的意志的原则。所以这句话它主要的意思就是说,出于义务的行为才具有道德价值,而这个道德价值不在于这个行为的后果、对象,而在于它据以发生的准则和原则,即超出这些感性的对象的后果之上来加以考虑的原则,它是一种形式化的东西。我们讲康德的伦理是形式主义的伦理学,就是从这里来的,它要超越于质料,上升到形式,上升到一种形式化的准则或者是一种意愿原则。

<u>我们在行动时可能具有的那些意图,以及它们的那些作为意志之目的和动机的结果,不能赋予行动以任何无条件的道德价值,这一点从上面所说的来看是很清楚的。</u>

就是说,我们在行动时可能具有的那些意图,以及它们的结果,就是作为意志的目的和动机的结果,并不能带来道德价值。目的其实就是动机了,我们有一个目的,也就是我们有一个动机。Triebfeder 这个词,我们把它翻译成动机,这个词是带有感性色彩的,我们上次提到过,它跟"动因"是不一样的。Trieb 就是冲动,在现代佛洛伊德那里我们把它译作"内驱力",就是内部的冲动,本能的冲动。Feder 就是发条,就是用一种机械的眼光来看我们生物的本能。好像有一个发条,这个发条最初是出自于人的内驱力,内在的冲动。人有生命力,就像一个拧紧的发条,由它发出人的动作,这是非常形象的,所以翻译成动机。一切行为都像有一个发条在里面推动、驱动,内驱力在驱动。动因就比较抽象了:Bewegungsgrund,动因,我们曾经解释过这个词,动因就是运动的原因,这就比较抽象了,在康德那里,它可以运用于物自体。比如说这个事情、这个东西刺激了我们的感官,我们就产生了一些感性的表象,并且通过我们

用范畴来把握这些感性的表象，我们就形成了关于这个对象的知识，但是这只是关于现象的知识。现象后面的动因，它刺激我们的感官，它肯定本身有一个作用，那么这个动因是一个物自体，是不可知的。所以动因它可以包含物自体的意思在里面，物自体是我们某种行为的动因。比如说自由意志，我作出一个自由的行为，这个行为在现象世界中会产生它的后果，我们意识到了，但是我们只能意识到它的后果，它的行为最初的自由意志，你能不能对它加以规定呢？你规定不了，如果你一旦把它规定了，那就成了现象，那就成了科学。即使你把一切现象都规定了，但是还有东西不能规定，那就是自由意志。你规定得再过细，你为什么选择这个而不选择那个，为什么做了这件事情而没有做那件事情，这个你是没办法去规定的。所以自由意志可以说是运动后面的根据，运动后面的原因、根据、理由，Bewegung 就是运动、推动，Grund 就是理由，我们把它翻译成动因，和动机区别开来。还有一个相近的词 Bewegursursache，也可以翻译成动因。为了区别开来，我们把 Triebfeder 翻译成动机。在英文里面没有这种区分，大家要注意这两个词在英文里面都翻译成 motive，motive 是从拉丁文里面来的。英文里面没有德文这两个词，所以都译作 motive，我们都翻译成"动机"。所以你要读英文本的时候很可能把康德的这个区分忽略了。康德明确区分了这两个概念。而在英文里面都是一个词，这就很麻烦了。动机是感性的，而动因呢，当然它有时候也用在感性方面，但是它可以用在物自体方面，它比较宽泛。运动的原因，可以指因果系列中运动的原因，也可以指物自体的原因。总而言之，"它们那些作为意志之目的和动机的结果"，这些都属于现象界。这样一些东西"不能赋予行动以任何无条件的道德价值"，这就是康德的所谓的"唯动机论"。"唯动机论"严格说应该是"唯动因论"。"唯动机论"，一般这样讲可以的，但实际上他讲的是"唯动因论"。动机里面只有一种动机可以是道德的，那就是敬重，敬重感，其他的都没有道德价值，这个下面还要讲。"我们在行动时可能具有的那些意图"，是指在现象界我们要实现出来的那些意图。我们要在现实生活中把它付之于实现，在经验中能够到手的那样一些意图、那样一些动机，"以及它们那些作为意志之目的和动机的结果"。"以及它们"，也就是那样一些行动，作为意志的目的和动机的结果，这个结果是可以作为行动意志的目的和动机的。结果和动机好像是两回事情，但实际上可以是一回事情。就是说你动机何在，你干这些事情的动机是什么，那么就意味着双重含义，一个是，他起意是什么，他最初起的这个念头是什么，这是动机的一个意思。另外一个意思呢，你要达到什么目的，你指向什么目的，要取得什么结果。你起意的这个念头就是你要达到的这个目的，这是一回事情，但是处于两种不同的形态之中，一种是处于观念的形态，一种是处于现实的形态。一切目的活动都是这样的。目的就是原因和结果的统一。它既是原因，同时这个原因又是结果。这就是目的因果性跟自然因果性的不同之处。自然界的因果性，原因就是原因，结果就是结果，你不能倒因为果，但是在目的因果性中恰好就是倒因为果。在一切目的活动中，就是把自己要达到的结果当作原因。你做这件事情是为什么呢？引起你做这件事情的原因就是你的动机，也就是你想达到的结果。所以在目的活动中因就是果。那么康德在这里也讲到："我们的行动可能具有的那些意图，以及它们的那些作为目的和意志动机的结果"，意志的目的和动机本来是你的原因，你的行为的原因，作为这个原因的结果，那就是你最后所要达到的目的。在这种意义上，在康德看来效果论和动机论就是 回事，他自己则既不是效果论者，也不是动机论者，而是"动因论"者。所以他认为效果也好动机也好，都"不能赋予行动以任何无条件的道德价值，这一点从上面所说的来看是很清楚的"。这个地方有个限定："无条件的"。有条件的道德价值能不能有呢？有条件的可以。前面讲了，增进你的幸福，要保证这一点，这本身是一种义务。当你增进幸福的时候，有这么一个条件，如果你是为了你的义务而增进你的幸福，那么这件行为是有道德价值的。你增进了幸福也具有道德价值。但是它不是无条件的道德价值。在这个里面有个条件,就是你必须是出于义务的。所以它自身没有它固有的道德价值,它是附属于别的东西才具有了道德价值的。这个康德在这里留了余地。

那么,如果道德价值不应当在与意志所期望的结果相关的意志中,它可能在什么地方呢? 它不可能在任何别的地方,只能**在意志的原则**中,而不必考虑通过这样一个行动所能够实现的目的;

这是推出来的了。如果道德价值不应当在与意志所期望的结果相关的意志中,也就是说,如果道德价值不应该在结果中,也就不应该在与结果相关的意志中。这个结果是意志所期望的,意志期望这样一个结果,但是期望这个结果的意志又不具有道德价值。如果一个意志只是期望一个结果,那这个意志是不具有道德价值的,因为它不是为义务而义务,而是为了它的结果。它可以是符合义务,但是它是为了它的结果,为了一个具体的对象。为了发财,或者为了自己快乐,这个当然可以,值得鼓励,但是它没有道德价值。意志当然可以期望结果,但是意志它也可以不期望任何结果,为义务而义务。那么如果道德价值不在于这样一个你期望结果的意志中,那它可能在什么地方呢? 它不可能在任何别的地方,只能在意志的原则中。注意这个地方的区别,一个是与意志期望的结果相关的意志,一个是意志的原则。与意志期望的结果相关的意志,那就是把意志寄托于别的上面了;而意志的原则,那就没有把意志寄托于别的上面,而是意志本身的原则。意志是实践理性,实践理性它就有它的原则。而道德价值只能在意志的原则中,而不必考虑通过这样一种行动所能够实现的目的。意志的原则就具有道德价值,当然在这样一种具有道德价值的意志中,它也有一个它要实现的目的,但是它把道德价值寄托于它所要实现的目的。当然它尽量要使它实现,否则就不是意志了。但是最后能不能实现,它没法掌握。万一实现不了,也无损于它的道德价值,实现了,也增加不了它的道德价值。因为它的道德价值不在这个方面,而在意志的原则之中:你是根据一种什么样的原则来实现你的目的的。意志当然不仅仅有原则,它当然也有它的目的、也有它的对象,否则它怎么叫意志呢？但是它的道德价值不在于它的对象，而在于它的原则。

因为意志就像站在十字路口中央一样，正处在本身是形式性的先天原则和本身是质料性的后天动机之间，

这就是我们刚才讲的，意志它本身有它的原则，然而它同时有它的对象。那么意志在它下决心的时候它就是站在一个十字路口。一方面它具有它本身的形式性的先天原则，另一方面它具有它质料性的后天的动机。动机这个地方还是用的 Triebfeder，就是我们刚才讲的，它属于现象界。后天动机当然是现象界的。你在现实世界中要实现一个什么样的目的，这个目的只能是后天提供的，它不可能是先天提供的。你是根据我们的需要，根据现实的可能性，根据各种经验的关系、条件来确定你的目的，想把它实现出来，它当然是后天的。但是它是质料性的，而意志本身的原则是形式性的先天原则。它是形式的，与质料无关，把质料都排除掉了，因此也是先天的。意志当它排除掉任何质料的时候它就是先天的形式，就是意志本身的理性的形式。纯粹理性它本身赋予了意志以原则。所以意志本身的原则就是纯粹实践理性的原则。意志要合乎理性，因为意志本身就是理性的实践运用，所以它应该合乎理性的本性，而把所有质料的后天因素全部排除掉，那就成了一种实践原则的形式了。所以形式和质料在康德这里是个非常重要的区分，也非常源远流长，它可以一直追溯到古希腊亚里士多德。亚里士多德最早提出了形式和质料这对范畴，用来解释很多问题。康德在实践活动中用来解释实践的质料和实践的形式原则，用来解释你做这件事情和你怎么做这件事情。我们讲道德就是这样的，道德不在乎你做了什么，而在乎你是怎么做的，是如何做的。如果你把道德仅仅限于你做了什么，那就是完全功利主义了，你做了好事就是道德的，你做了不好的事就是不道德的。但是实际上之所以有道德和不道德的区分，就在于同一件事情它可以是道德的，也可以是不道德的，看你怎么做。要讲究形式，你做了好事不一定是道德的。很多坏人也做了好事，很多好人做了坏事，这是完全有可能的。但是对一个人

道德的评价不在于对后果的评价，他做了好事就是好人？那难说；他做了坏事他就是坏人？那也难说。你要对一个人的好坏、善恶进行评价，那就必须要看他的动机，看他是出于一种什么样的动机来做这件事情。这就涉及到你是怎么样来做这件事情的，那就是形式了。至于做成了没有，做了一件什么样的事，这个倒在其次。所以康德在道德上的形式主义有它一定的道理，不是完全没有道理。就是说我们通常评价一个人道德不道德的时候，我们就是看它的形式。不但看他做了什么，而且看他是怎么做的。当然怎么做的也离不开他做了什么。所以如果一个人出于好的动机，所干出来的事全是坏事，那么我们就怀疑他的动机了，我们也不能评价他是一个好人了，你全干坏事你怎么是一个好人呢？如果偶尔一次你办坏了，我们还能承认你好心办坏事。所以康德的形式主义伦理学它的局限性也在这个地方。他是不管你干了多少坏事，他只看你的动机。当然这种说法也是对他的一种偏离，他真正的意思也不在这里。他真正的意思只是提出了一个上限，不是用来评价现实中的人，而是为评价现实中的人提供一个框架。就是我们普通人，他的动机到底是出于义务还是仅仅合乎义务而出于爱好，这个我们是猜测不了的，人心不可测。所以我们只能抽象地从理论上来说，如果一个人纯粹是出于义务做好事，那才是具有道德价值的，只能抽象的这样来断定。但是具体指的一个人，他是不是好人，他是不是出于义务，那我哪知道？连他自己也不知道。连他自己也不知道自己是完全出于义务，还是有一点什么别的想法。西方基督教有原罪意识，就体现在这里，它是说人不可能把握自己，人是有限的，这个有限性就体现在他不可能把握自己，只有上帝才能把握他。别人更加不用说了，他连自己都不能把握，怎么能把握别人？人心叵测。所以他并不是用这样一个标准来评价现实生活中的某个人。具体某个人要加入大量的其他的东西。但是在所有这些评价里面，有一个上限的标准是免不了的，就是说看你是否是真的出于义务。所以意志就像是站在十字路口中央一样，一方面有形式方面，另一方面有质料方面，这两方面如何取舍,这是意志的问题,意志所面临的选择。

　　而由于它毕竟总须为某种东西所规定,所以当一个出于义务的行动发生时,它就必定是被一般意愿的形式原则所规定,因为所有的质料原则都被从它那里抽掉了。

　　这都是讲的意志了。意志就像是站在十字路口一样,自身处在本身是形式性的先天东西和本身是后天性的东西之间。而意志本身毕竟总要为某种东西所规定,就是说意志作为一种行动的、一种实践的活动,它必须在现实生活中实现出来,如果你躺在床上只是脑子里想一想,那个不叫意志,凡是意志都必须要在现实生活中做出来。而你要做出来,你毕竟都要为某种东西所规定,你的这个做、这个行为,它是属于现象界的,它受到诸种条件的规定,包括外在条件和你本身的能力、天赋等等,所有这些东西都要规定你。所以它毕竟总须为某种东西所规定。如果没有这些规定的话,意志就根本不能发生,意志之所以发生就是给它自己加上了种种规定。所以他说,"当一个出于义务的行动发生时,它必定是被一般意愿的形式原则所规定"。它,意志,总需要被某种东西所规定,但这个某种东西是什么东西呢? 如果你是出于义务而行动,那么这个规定就仅仅是一般意愿的形式规定,规定你的意志的就是一般意愿的形式原则。意志本身的原则、它的形式抽象的原则规定了你应当做什么。这才是出于义务的行动。所以出于义务的行动它没有任何的其他的考虑,它就是考虑我这个意志既然是个意志,它应该怎么做。因为所有的质料原则都被从它那里抽掉了,包括你要实现一个什么样的对象、你要资助一个什么样的人、你搞得成搞不成、你选择什么样的手段,所有这些质料的东西都被从它那里抽掉了,问题只归结为应不应该做。不是为了别的东西你应不应该做,而是按照绝对的命令、无条件命令,你应该或是不应该,仅仅是意志本身根据理性来考虑你应不应当这样做。这才是出于义务的行动,这样的行动才具有道德价值。这是他的第二条原理,它强调一个出于义务的道德行为,其价值在于意志本身的形式原则。第一条原理是说,必须是出于义务而不是出于爱好的行为才是道德的。那么第二条原理就是说，这个道德的行为它的道德价值就在于这个意志行为本身的法则，它是意志本身的准则、本身的原则，而不在于所有的爱好、对象和质料。所以第一条原则是指的一个人的行动的自发性，他是出于义务呢，还是出于爱好。第二条原则是讲的它的普遍性，就是出于义务它就必须有义务本身的法则。所以第一条原则可以说是个别性原则，第二条原则可以说是普遍性原则。

那么下面讲到第三条原则。第三条原理是个别和普遍的统一。三条原理之间有一种逻辑关系的，正反合，康德的思维已经到达黑格尔的边缘了，正题、反题、合题，康德已经有这种思维习惯了。他在很多地方都是这样的，他的范畴表就是这样的。四大类，十二个范畴，每一类范畴是三个，每个范畴都是正反合。那么在这里也是，三条原理，第一条原理是讲的你的行为的出发点是出于义务，这才是道德的；第二条是讲出于义务它的道德性就在于意志本身的普遍的法则而不在于那些个别的动机，在于它的抽象的一般的形式而不在于它具体的质料；

第三条原理是前面两个原理的合题。这些总的来说都属于哲学的道德理性知识。他说：第三条原理，作为以上两个命题的结论，我将这样表述：**义务是由敬重法则而来的行动的必然性。**

敬重是道德的动机。当然动机还有别的非道德的动机，但是在道德方面只有一个动机，那就是敬重。敬重有的翻译成尊敬、尊重，都可以，我们翻译成敬重，更加强调它的道德性。我敬你，我把你看得很高。"义务是由敬重法则而来的行动的必然性"，这个里头把动机和法则都包含在内了：敬重就是动机，就是出于义务的那样一种主观情感，那叫敬重感。敬重感不是出于任何爱好，而仅仅是出于义务的情感。出于其他的情感那就不是敬重感了。爱好或者是喜欢、舒适等等，那都不叫敬重感，唯独出于义务才有敬重感。那么敬重感是敬重什么东西呢？就是敬重法则本身，所以它是为义务而义务的一种表现，就是出于对义务法则的敬重而做义务的事情。而法则就是第二条原理所讲的那种意愿的原则。对这种意愿的原则产生一种敬重。所以义务就是出于敬重的法则而来的"行动的必然性"。出于敬重的普遍法则就会产生出行动的必然性，而出于任何爱好都只能产生行动的偶然性。必然性也可以翻译成必要性。这就是义务，我们谈到义务所联想的就是你必须去做的，你有必要做的，你有必要去履行的，这就叫义务。第三条原理作为合题，一方面包括个别性，即敬重感；另一方面包括普遍性，就是敬重的对象、意志的普遍法则；而个别和普遍之间是通过必然性联结起来的，这就把必然性引进来了。那么这种必然性是由于敬重法则而来的，是出于对法则的敬重，而不是出于任何别的，比如说爱好也有必然性，你如果想达到这个目的你就必须去做什么事情，这是有条件的必然性。而义务它的必然性是无条件的，它就是出于敬重法则，它把一切质料都排开了，没有任何质料，没有任何外在的条件。它只有出于自己的敬重之感，对法则的敬重、对普遍性的敬重、对这种形式原则的敬重。它只敬重这种形式。这就是义务。前面两条原理都涉及到了义务，但是对义务没有加以解释。那么经过前面两条原理的展开，这里可以对义务进行解释了。因为义务这个概念本身是连接这三条原理的一个中介，一个贯通的中项，就是义务的概念。在这里对义务的概念做了一个定义：什么是义务？义务就是由敬重法则而来的行动的必然性。必然性在实践方面就相当于必要性。当然在自然界的必然性没有什么必要性，只有在人的行动中必然性才被理解为必要性。你必须要这样做，你应当这样做。在这里我们还是把它翻译成必然性，没有把它翻译成必要性。因为必要性把它另外一重意思给丢掉了，它实际上是一种客观的必然性。我们翻必然性已经把必要性包含在内了。它实际上在实践中理解就是必要性，但是最一般的理解它是必然性，它们都是从同一个词 Notwendigkeit 翻译过来的，必要性或者必然性。这个定义是作为对以上两个命题的综合结论。以上两个命题把义务的概念已经展示清楚了，那么在第三个原理里面把它综合地表达出来。这个命题既表达了为义务而义务的自发性，又表达了义务的普遍法则，但是它引出了敬重这样一个概念。敬重这个概念是非常重要的一个概念，可以说是第三原理的核心概念。就是说当我们把这样一条义务的法则运用到实践行为中的时候，我们要接触现象界，但是我们又不能局限于现象界，我们要跳出来，但是我们又要在生活中、实践中与现象界打交道。那么借助什么来跟现象界打交道？那就是借助于敬重、敬重感。

下面就来解释这个敬重了，他说：

对于作为我计划的行动之结果的客体，我虽然可以有**爱好**，但**绝不会敬重**（Achtung），这正是因为它仅仅是意志的结果，而不是意志的能动性（Tätigkeit）。

这个是他对敬重的解释，首先排除对于作为我计划的行动的客体，也就是我想要做一件事情，要达到一个目的，这个客体就是我要达到的目的、我要实现一个东西，他说对此我虽然可以有爱好，但绝不会有敬重。为什么要得到那个东西？是因为我喜欢那个东西，但是我不需要敬重那个东西，对那个客体，我绝不会有敬重。所以敬重在他那里是个非常高的东西，非常高超的一种情感，它超出任何对象。对任何对象我都不会有敬重。在现实生活中，一个人有钱、有上亿资产，我们会羡慕，但是我们绝不会有敬重，因为那只是我们行动结果的客体。我虽然可以有爱好，我也想有他那么多钱，但是我对钱本身产生不了敬重感。这正是因为它仅仅是意志的结果，而不是意志的能动性。它只是意志产生的结果，而不是能够产生这种结果的意志本身。意志是有能动性的，所有的结果都是意志产生的。但是所有的结果都不是意志本身，都不能等同于意志的能动性，它一旦产生出来就成了被动性的了。钱谁都可以用，财富在人与人之间过手。人生不满百年，就算你活一百岁，钱也只是从你身上过一下。它并不能代表你，你可以获得钱，发挥你的能动性，但这个能动性本身并不等于钱。所以我对于这些客体虽然有爱好但绝不会有敬重。但是我对于意志的能动性是不是会有敬重呢？下面有他的说明：

同样地，我也不可能对一般的爱好表示敬重，无论它是我自己的爱好还是别人的爱好，顶多在第一种情况下我是批准它，而在第二种情况下我有时甚至会喜欢它，这就是当我把这种爱好看作是有利于我自己的时候。

意志的能动性跟意志的结果不同。但意志的能动性也有两种情况。我的意志具有能动性，我所有的钱都是通过我的能动性赚回来的，那么我们对这种能动性是不是能够有敬重呢？有两种情况，一种情况是爱好。爱好也可以是能动性。我选择了爱好，人跟动物不同，动物爱好了就爱好了，但是人在爱好面前他有一种选择。我喜欢这个那么我就选择了这个，我把它当作一个有意识、有目的、有计划的行动实现出来。这是人的特点。所以人的爱好他是有意志的能动性来作为前提的。我可以说我不考虑它的结果，但是我考虑它的过程。这过程是我喜欢的，"不求天长地久，只要曾经拥有"。我有过，我经过了，这是我喜欢的，我享受了，那么这也是我的一种选择，也可以体现我的能动性。我可以选择这个爱好，也可以选择那个爱好。我还可以选择没有爱好，而选择更高的东西。那么现在讲的是爱好，他说同样地，我也不可能对一般的爱好表示敬重。爱好本身也是我的能动性选择，甚至于是能动性本身，是意志的实现过程本身，它不是结果。我不考虑钱，我只考虑我用这些钱来干什么，或者我只考虑赚钱，我在赚钱的过程中有一种成就感、一种快乐，那么这个爱好是不是能够使人敬重呢？他说同样的，我根本不可能对爱好表示敬重，无论它是我自己的爱好还是别人的爱好。他说顶多在第一种情况中我就批准它，如果是我自己的爱好我就批准它，我的自由意志在这里是起作用的。起什么作用呢？就是批准它，当然这种批准也是一种能动性，也是一种 Tätigkeit。而在第二种情况下我有时甚至会喜欢它。第二种情况就是别人的爱好，大概别人有爱好的时候我很高兴，我甚至会喜欢它，这就是把这种爱好看成是有利于自己的时候。当一个人他有一个爱好，而这种爱好恰好是有利于我的时候，我当然会喜欢啦，我很高兴。但是不管是喜欢也好还是批准也好，这都引不起敬重。某个人有一种爱好，是有利于我的，我很喜欢，但是我不可能敬重。不可能你有这种爱好我就很敬重你啊，这个是不可能的。这就从能动性里面把这种爱好的能动性排除掉了。一个是把结果排除掉了，一个是把爱好的能动性本身给排除掉了，那么剩下的是什么呢？

只有那单纯作为根据、而绝不会作为结果与我的意志相联的东西，那不是服务于我的爱好，而是战胜我的爱好，至少是把我的爱好从选择时的估算中全然排除出去的东西，从而单纯的法则自身，才可能是敬重的对象，因而也是一条诫命。

剩下只有一种能动性可以作为敬重的对象，就是只有那单纯作为根据、而绝不会作为结果与我的意志相联的东西，这是一个表述。单纯作为根据，根据也可以翻译成原因。单纯作为原因而不会作为结果与我的意志相联的东西。我们刚刚讲了作为人的实践活动，结果和原因是一个东西。但是作为结果和作为原因它确实可以是两个东西。一个东西作为结果那就是已经实现出来的一个目的，目的实现出来就是结果，没有实现出来就是你的一个意念、一个观念，那就是原因。作为结果和作为原因是不一样的，但是结果和原因作为目的是同一个。所以说你实现出来的结果应该就是你的动机、就是你的目的、就是你的原因。但在这里，"单纯作为根据而绝不会作为结果"，这就把原因给强行的割裂出来了。有一种目的它单纯是作为原因、作为根据而绝不会作为结果而与我的意志相联。这个绝不会作为结果当然是在一定条件下，就是在现象界作为现象界的结果。它只是意志的原因而不是意志的结果，你不能把它混同于现象界的结果。但是康德在后面有的地方提到了，在某种意义上它也可以作为意志的结果，那就是在物自体的意义上，在理知的世界里面，这个理知的世界也就是理性所设想出来的一个世界里面，那就是目的王国，它可以作为意志的结果，但是那跟现象界没有关系。凡是实践的活动原因跟结果都是统一的，你不能够把它割裂开来。但这个地方割裂开来，康德是要引向另外一个结果，超越现象界之上的一种可能的结果。我们的意志行为与道德行为是指向那个结果的，并不是完全没有结果，而是指向一个"应当的"结果。这个应当的结果在现象界中根本就不可能实现出来，但是它是应当的。所以这个应当是在一个理知的世界里面，这个我们在后面要涉及到这个问题的。所以从这个意义上讲，他并没有把意志行为看作是只根据原因而不考虑它的结果。他是考虑它的结果的，但是他只考虑它的应当的结果，而应当有的结果是在彼岸，在上帝那里。在上帝那里它是会有结果的，但是在现实生活中它是不可能有结果的。所以在这里他只是在一定条件下说：只有那单纯作为根据而绝不会作为结果与我的意志相联的东西。我们不要看到这句话就想到，单纯作为原因不作为结果，那还是目的活动吗？不是目的活动那又怎么能叫作实践活动呢？凡是实践中要做的事都是有目的的，凡是目的其原因和结果都是一致的、是统一的，你怎么能把它割裂开来。割裂开来那岂不成了自然界的因果律了吗？原因是原因，结果是结果，不能混淆。但是在目的活动中，在实践活动中，你怎么能把它们割裂开来呢？那么我们预先交代一下，实际上这里康德在背后还有没说出来的话，他并没有真正把它割裂开来。他只是把它跟现实的结果割裂开来，但是没有把它跟应当的结果割裂开来，它还是有个应当的结果的。所以我们经常把康德讲得很可笑，说他只像一个顾开药方、而不管这个药方治不治得好病的医生。这是通常对康德的指责，但这种指责实际上对康德是有点不太公平的，就是实际上康德并没有说不管治不治得好病，只不过他把这个治好病推到了彼岸世界。在现实世界中你不管治得好治不好，但是它是应当能治好病的。你的动机里面就应该考虑到这个结果，你的这个药方是应该治好病的。你应该从这个动机出发，至于它在现实中是不是治得好，那康德确实不管，只要你有这个好的愿望，应当，就够了。他认为这还是一种实践行为，一种目的的行为。所以他讲，只有那单纯作为根据、而绝不会作为结果与我的意志相联的东西，这是一个表述。"那不是服务于我的爱好，而是战胜我的爱好，至少是把我的爱好从选择时的估算中全然排除出去的东西"，这是第二个表述。前一个表述是讲到了后果，讲到结果，第二个表述是讲到爱好。不是服务于我的爱好，而是战胜我的爱好，凌驾于我的爱好之上，至少是把爱好从选择时的估算中全然排除出去。这是第二个表述。第三个表述："从而单纯的法则自身，才可能是敬重的对象，它同时是一条诫命"。这三个层次和前面讲的三个层次是相应的。前面不是讲了么？这个第三条原理这一段，里面讲到了第一个，"我虽然可以有爱好，但决不会敬重"，因为它仅仅是意志的结果，而不是意志的能动性。这是第一个层次，讲结果。我要敬重的不是结果。第二个层次，在意志的能动性里面有一种是对爱好的选择，要加以战胜，这是第二个层次，对爱好的选择也要把它排除出去。最后归到第三个表述，就是"从而单纯的法则自身"。所以康德的行文你看起来好象很随意，其实他非常严密的。他的表述是非常严密的，有层次感。只有"单纯的法则自身，才可能是敬重的对象，因而也是一条诫命"。诫命，Gebot，它跟这个命令，Imperative，这两个词基本上是同义，Gebot 是一个德文词，Imperative 是一个拉丁词。都是命令的意思，但是 Gebot 本来是要求，语气严厉一点，我们把它翻译成诫命，以示区分。诫命包含了"诫"的意思，告诫的意思，"命"包括命令的意思，既包含正面的命令，也包含反面的禁止，包含命令你做什么，也包含命令你不要做什么，都包含在内了。这就是敬重的对象。我敬重它，我们经常讲，敬而远之，你要敬重一个对象，你就不可能倾注你自然的全部情感，你就对它具有一种距离。因而它是一条诫命，敬重的对象是一条诫命，你跟这个敬重的对象是有距离的，它命令你做什么，不做什么，你不能通过情感去感动它，没有价钱可讲，只能服从。正是敬重的这种强制性体现了义务的必然性、必要性。

于是，一个出于义务的行动，应该完全摆脱爱好的影响，并连同爱好一起完全摆脱意志的一切对象，从而对意志来说剩下来能够规定它

的，客观上只有法则，主观上只有对这种实践法则的纯粹敬重，因而只有 401
这样一条准则（Maxime），即哪怕损害我的全部爱好也要遵守这样一条
法则。

这个"于是"是做总结了。"一个出于义务的行动，应该完全摆脱爱
好的影响，并与爱好一起完全摆脱意志的一切对象"。这个还是前面讲
的两个层次，一个是爱好，一个是对象。但是这个地方阐述了康德的联
系，一个完全摆脱了爱好的影响，一个是连同爱好一起。这里头有一种
因果关系。一旦完全摆脱了爱好的影响，那么连同这个爱好一起你就肯
定会完全摆脱意志的一切对象。因为爱好是着眼于对象的，你摆脱了爱
好的影响，你当然就会摆脱意志的一切对象了。一切在现实中，经验中，
现象中所出现的对象，这是爱好所关注的，你摆脱了爱好，这些对象你也
就摆脱了。这就把前面的两个层次结合起来了，它们是一路的，爱好也
好，爱好的对象也好，意志的对象也好，它们都是一路的，都属于感性世
界。那么"从而"，摆脱了前面两种情况以后，"对意志来说剩下来能够
规定它的，客观上只有法则"。剩下来能够规定这个行动的，这个"它"
就是指出于义务的行动。从而对意志来说，剩下来能够规定这个出于义
务的行动的，客观上只有法则。这个引到法则了，前面已经讲了，单纯的
法则自身才可能是敬重的对象。单纯的法则自身，这是剩下来的，把前
面的东西都排除掉了以后，把所有的感性的东西，不管是爱好也好，还是
对象也好都排除掉以后，剩卜来，客观上只有法则才能够规定这个行动。
"对意志来说"能够规定这个行动的，就是说你这个意志要用来规定这个
行动的，客观上只有法则。你的意志要规定这个行动，用什么来规定它
呢？不能用爱好，也不能用意志的对象。"客观上只有法则，主观上只有
对这种实践法则的纯粹敬重"。这一句很重要。这个是前面都没有出现
的，前面都讲法则，但没有讲"客观上"的法则，都讲这个行动据以被决
定的准则，但并没有说它是客观上的法则。这个准则不是你的爱好，一
时兴起，而是意志本身固有的形式原则，但并不是指客观自然界的法则，

而是在自在之物领域中的法则。康德用客观这个词非常微妙的,我们要注意。他讲的客观,多半都是讲的一种普遍必然性的东西。他甚至于把普遍必然性等同于客观,认为这两个概念是可以互换的。但他的客观还有别的意思,绝对的客观就是自在之物,一般来说的客观就是普遍必然性,又被称之为先天的必然性。凡是法则都具有普遍必然性,康德就称之为客观的。而在这里,义务的法则既具有普遍必然性,作为实践法则又属于自在之物,在双重含义上是"客观的"。那么"主观上只有对这种实践法则的纯粹敬重",除了客观上有这样一条法则,还有主观上。这个主观上跟客观上有一种区别,客观上普遍必然性是代表先天的方面,先天的东西都是客观的,都是普遍必然的,凡是先天的东西你都可以放之四海而皆准。比如说 2+2=4,数学原理,放之四海而皆准,而且是必然的,2+2 不可能等于 5。这就叫客观的法则。那么主观的呢? 在很多情况下,就是后天的。它不是先天的,它是后天由我们人的气质、禀赋所带来的。所以客观上它可以涉及到自在之物,而主观上,它多半是在现象界。康德的用语有很大的浮动性,在这个地方,在这种场合下,我们可以这样来理解。这里讲的主观上,就是指现象界。我们主观上,我们每个人,张三、李四,他的主观,主观上干什么呢? 主观上要规定出于义务的行动。在客观上当然有个法则规定它,在主观上我要规定这个行动,我要作出这个行动来,我要把这个行动在现实生活中做出来,那么要用什么来规定它呢? "只有对这种实践法则的纯粹敬重"。所以纯粹敬重是一条主观的原理,或者说是一种主观的情感。在后面康德讲到了,敬重实际上是一种敬重的情感。虽然康德从义务中排除了一切情感,但是唯独一个情感他不排除,他认为这就是敬重感。敬重感在一切情感里面是独一无二的,因为敬重感是否定一切情感的情感。在法则面前,在实践法则面前,人的一切情感都是微不足道,敬重感否定了一切情感,所以才有敬重。凡是人性所自然而然拥有的东西,在道德律面前,在道德法则面前,都太渺小、太渺小了。但是这种太渺小太渺小的情感,也是一种情感,即谦卑感，谦卑就是敬重的一个成分了，唯独这种情感它是出于义务而产生的。只有你出于义务才能产生，但是一旦产生，它就属于现象界，属于人的心理活动。所以在主观上只有对这种实践法则的纯粹敬重，这种纯粹敬重是对实践法则的敬重，而实践法则它是客观的，并且它是属于自在之物的。对于一个属于自在之物的实践法则加以敬重这种情感，则属于现象界。所以自在之物与现象界在这个里头就有某种关联了。在人的道德行为、出于义务的行为中，一方面它是出于这种普遍的客观法则，这个客观法则当然是不可认识的，只是应当，它是属于自在之物的世界。但另一方面，由这种物自体的法则而产生出了现象界的人心中的一种敬重感，产生了一种主观的敬重感，他称之为"纯粹敬重"，就是敬重里面还不要包含其他的情感在里头。这样一种敬重，它属于现象界，但是它是现象界中唯一的一个跟所有其他的情感不同的情感。这种情感我们可以把它称之为道德行为的动机。Triebfeder，这是属于现象界的，甚至于属于可以从心理学和生理学来加以考察的一种现象。但是同时它的内容恰好是指向实践的法则，它是对实践法则的敬重感。它是由实践法则这样一个动因所引起的一种动机，是由自在之物所引起的一种现象。当然这些在后面以及在《实践理性批判》里面讲得更详细，在这个地方，还刚刚出现，我们预先给大家先交代了，以便大家把握。最后讲，"因而只有这样一条准则，即哪怕损害我的全部爱好也要遵守这样一条法则"。客观上只有法则，主观上只有对这条法则的纯粹敬重，因而只有这样一条准则，也就是说对意志来说剩下的能够规定它的只有这样一条准则，一条什么准则呢？即哪怕损害我的全部爱好也要遵守这样一条法则。准则跟法则不一样，我们前面已经交代了。准则，Maxime，这是主观的，但是主观的准则也可以成为一条普遍的法则，可以把它当作一条普遍的法则来看，这个就是道德律了。如果仅仅是主观的准则，那还不足以成为道德律。但是这个时候讲的这样一条准则，即哪怕损害我的全部爱好也要遵守这样一条法则。这样一条准则，就是要你去遵守法则的这样一条准则，那它本身也是一条法则了。这条准则命令我去遵守一条法则，那这样一条准则本身也就成了一条法则。这就是道德律，后面康德讲的道德律就是：要使你行动的准则成为一条普遍的法则。这样一来道德律既是主观的准则，也是客观的法则。因为他要使你的主观的行为的准则成为一条普遍的法则。这样一条命令，既是主观的，也是客观的，它把主客观统一了。那么这样一条准则才是意志剩下来能够规定我的出于义务的行动的，只有这样一条准则能够使我的行动成为出于义务的行动。那就是，哪怕损害我的全部爱好，我撇开我的爱好，在所不惜，杀身成仁，舍生取义，也要遵守这样一条法则。这当然就是出于义务的，也就是道德的，也就是具有道德价值的。排除了所有那些考虑以后，剩下的那些，就是这样一条准则了。这条准则表达的是义务的强制性，它没有任何例外，代价巨大，更突出了它的绝对必然性。

下面我们看看康德的这个注解，是解释上一句中的"准则"的。

准则是意愿的主观原则；客观原则（即，如果理性能完全控制欲求能力的话，也能在主观上用作所有理性存在者的实践原则的那种原则）就是实践**法则**。

准则是意愿的主观原则，这我们刚才讲了，准则 Maxime 是主观的，法则 Gesetz 是客观的，法则也可以译作规律，但是在道德实践中我们把它译作法则。准则是意愿的主观原则，主观的意愿它有一个原则。原则在这里是中性的，Prinzip，我们前面讲，Prinzip 有时候康德把它看得很高，但在这个地方看得很一般，有时候康德把 Prinzip 看得比 Gesetz，法则还要高。它相当于理性的法规，法则相当于知性的法规。但是在这个地方，Prinzip 成了一个一般的概念。准则是意愿的主观原则。客观原则就是实践法则。这个里头有个主客之分。我们看括号里面，什么是客观原则？"即，如果理性能完全控制欲求能力的话，也能在主观上用作所有理性存在者的实践原则的那种原则"。如果理性能完全控制欲求能力的话，理性在有限的理性存在者身上，是不能完全控制欲求能力的，因为欲求能力出自感情，出自于本能。一个人怎么能用理性来控制所有的欲求能力呢？当然意志也是一种欲求能力，高级欲求能力，但是还有低级的，有限的理性存在者他有感性的身体，所以他还有低级的欲求能力。所以理性实际上是不能完全控制人的欲求能力的。但是设想一种理想的状况，假如理性能完全控制欲求能力的话，也能在主观上用作所有理性存在者的实践原则的这样一种原则，就叫客观原则。如果理性把所有的欲求能力都控制了，包括它的本能，它的欲望，它的爱好，全都在理性的控制之下，如果是这样的话，那么它也能在主观上用来作为所有理性存在者的实践原则。也就是说，主观上，这样一种具有全面控制能力的理性也能够成为所有理性存在者的实践原则。每个有理性的存在者，他在实践中都能够运用这样一种理性作为自己的实践原则。他们都是在主观中把它采纳为自己的实践原则，所以它是客观的。客观原则并不是说不是主观的了，它也是主观的。所谓客观原则就是说所有理性存在者共同的主观原则，人人都如此的原则。如果理性能够控制他的所有的欲求能力的话，一切欲求能力都放在理性之下加以控制，那么这些欲求能力在各个个体之间就不会相互冲突了。如果没有理性来控制，那欲求能力是各个人不一样的，人们的爱好是各不一样的，这些爱好很可能发生冲突，那就一团糟了，那怎么还可能有客观原则？理性能够成为他们的主观上的一种实践的原则，也能在主观上用做所有理性存在者的实践原则，这样一种实践原则，就是客观的。它不是非主观的，而是把所有的主观都包含在内，通过理性协调起来了。所以这样一种原则就是客观的，它意味着主观的准则和客观的法则统一在一起了。它也是主观的，你的意志当然要出自你自己的欲求能力，意志本身就是一种高级欲求能力，你必须要出于自己的主观，没有主观，你完全要靠外来的命令，那个不叫道德。道德就在于你是出于主观，但是你既是出于主观准则，同时又使它成为了客观的。这种客观原则，就是实践法则。我们讲 Maxime 的时候我们还不知道它是否能够成为客观的，我们只知道它是主观的。但讲到法则的时候，我们肯定，凡是讲法则都是客观的。当然它也可以包含主观，所有人的主观准则如果是同样的，那就是客观的法则。这个是他的注释。

总之前面讲的就是三条有关"哲学的道德理性知识"的原理，三条原理一条一条摆出来。前面一条摆的不明确，但是我们可以体会到。因为从第一章开始到这里，以前都是讲一个问题，就是唯有出于义务，而不是出于爱好，也不是出于爱好的对象，这样的一种行为我们才能称之为具有道德价值的。只有出于义务的行为才是具有道德价值的，这是第一条原理。第二条原理就是讲，出于义务的行为的道德价值在什么地方呢？在于它的准则是意愿的普遍的形式，而不是任何质料。第三条原理，就是把上面两条原理结合起来，就是强调了义务就是由敬重法则而产生的行动的必然性。也就说这种义务的准则具有一种必然性，即通过敬重而对人有一种强制性，从而强行把人的主观准则提升为客观法则，把个别的意愿提升为普遍的形式。这是第三条原理所强调的。敬重是主观的，你也可以说敬重是属于一种准则的东西，但是它是出于对于客观法则的敬重，所以它能够把主观和客观这两者结合起来，而且是必然地、强制性地结合起来。到此为止，其实康德在第一章中的任务已经基本完成了，就是"从普通的道德理性知识过渡到哲学的道德理性知识"。这一章的后面几段则是对于这种哲学的道德理性知识的进一步展开，并且已经涉及到第二章所要讲的内容了，也就是点出了这三条原理后面所隐藏着的那种道德形而上学的原则，只不过尚未展开论述，只是点到而已。

第 八 讲

我们上一讲已经讲到康德的三条哲学的道德理性知识原理。简单来说就是，第一条原理，就是凡是道德行为要出于义务而义务，出于义务而行动，而不是出于任何别的东西，甚至于不是仅仅符合义务而行动，这是第一条原理。当然第一条原理康德没有把它列出来，但实质上前面讲的都是这个意思。第二条原理就是既然这样，那么出于义务行动的道德价值就与任何行动的质料没有关系，而在于行动的一种普遍性的形式，也就是仅仅是这个合乎法则，要使你的行为仅仅是合乎法则性，而不是所有这些法则所带来的后果，或者是爱好。这就是第二条原理。第二条原理强调它的形式性，强调它的普遍法则。一方面要出于义务，排除所有其他的具体的目的，把义务本身当作目的；另一个就是要把义务本身理解为一条普遍的法则，排除一切质料以后他就剩下形式了；那么第三条原理是比较难以理解的，第三条原理他引入了一个敬重的概念，义务是由敬重法则而来的行动的必然性。这个敬重的概念从哪里来的？这让人们百思不得其解。而且这三条原理按照康德的说法，他是一条一条连着来的，第三条原理是作为以上两个命题的"结论"。如果按照三段式推论的话那么结论里面的东西必须在大前提里面已经有了，加上一个小前提，然后才能得到结论。但是这个敬重（Achtung）概念，在大前提里没有，在小前提里也没有。所以国外的某些评论家，比如说这个 Paton，在苗先生翻译的这本书里面附了 Paton 的一些解释，解释到这个地方的时候他也感到疑惑：这怎么可以说是一个结论呢？这个结论从哪里来，敬重这个概念为什么突然冒出来了？所以他认为康德在这个地方是很模糊，很含糊的。当然康德在这里的表述是不太清楚的，但是康德自己并不认为这是模糊的。比如说,在这个我们今天我们要读的这一章,这个末尾有一个注,即德文版第401页(指本书边码,下同)的注释。注释里面就专门讲到了敬重这个词是怎么想到的,怎么会在第三条原理里面把敬重这个词引进来的。实际上这个注释,我觉得应该放在上面这段话的末尾,它跟今天要读的这段话的末尾其实没有直接的关系,是不是康德放错地方了我不知道。但是我感觉他这个注释就是为了解决Paton所提出来的那样一种疑惑:为什么在第三命题里面,把敬重这个概念引进来了。本来只有一个义务的概念和一个法则的概念。但是唯独这个敬重的概念是引进来的,前面没有。义务的概念和法则的概念前面都有,所以这个引起了一些困惑。我们现在只要知道,这三条原理是康德的出发点。首先是为义务而义务;然后为义务而义务是一种形式,一种普遍法则;第三,既然如此我们在行动中对这种普遍法则的遵行就是出于敬重的,是敬重使前面两项的结合有了必然性。至于敬重是什么,康德自己有解释,为什么为义务而义务,遵守一种形式法则就是出于敬重而必然要遵守这样一种法则,就有这样一种必然性?这个康德在这个注释里面有说明,我们后面马上要解读这个注释,这个注释是很重要的。

但在此之前我们要读的正文,是第401页的最后一段。它是接着上面三条原理的阐述而来的。

所以,行动的道德价值并不在于由这行动所期待的结果,因而也不在于其动因需要借自这种被期待的结果的任何一条行动原则。

这个"所以"也可以说是一个总结性的概括。所以行动的道德价值,当我们要谈到道德价值的时候,行动的道德价值在哪里,"并不在于由这行动所期待的结果"。一个行动你期待结果,你以成败论英雄,你做成功了没有,这个跟道德价值没有关系,道德价值不在这里。因而,"也不在于其动因需要借自这种被期待的结果的任何一条行动原则"。这也是从前面一直推出来的,既然道德价值不在于行动所期待的结果,那也就不在于它的动因需要从这种被期待结果中借来的任何一条行动原则。压缩一下：因而也不在于任何一条行动原则，当然这个行动原则是有限定的。怎么样的一个行动原则呢？就是它的动因，这个原则的动因，——"其"这里代后面的"原则"——需要借自这种被期待的结果，即我是为了这个结果才采取这一行动原则的，是这样一个行动原则。那么行动的道德价值并不在于这样一个行动原则，这个行动原则的动因是从被期待的结果来的，是指望着它的结果而来的。一方面道德价值不在于期望中的行动结果，另一方面也不在于借这个结果作动因的那种行动原则。这个地方的"动因"是广义的，实际上指的是现象界的动因，被期待的结果嘛，当然是现象了。也就是说这样一条行动原则的动因需要借自这种被期待的结果，那么它也不能带给我们道德价值。因为它的动因是现象那里"借"来的，不是它自身的纯粹的动因。这种原则没有道德价值。一个是结果本身没有道德价值，再一个为了结果而采取的行动原则，也没有道德价值。

　　为什么？下面就讲了，

　　因为，所有这些结果（自己境况的舒适，乃至于他人幸福的促进），本来也都可以由其他的原因所产生，所以为此不需要一个理性存在者的意志，虽然最高的无条件的善只能在这样的意志中找到。

　　理由就在这里，就是说所有这些结果，包括自己境况的舒适啊，对他人幸福的促进哪，也就是幸福主义和功利主义者所着眼的具体的对象，那些后果，那些效益，不光是自己要追求舒适，而且对他人、乃至于对全民幸福的促进，所有这些结果本身都没有道德价值。为什么？因为这些结果本来也可以由其他的原因所产生，"所以为此不需要一个理性存在者的意志"。也就是说，除了一个理性存在者的意志之外，其他的原因也都可以产生人的幸福，自己的幸福和他人的幸福，不需要理性，有时候只需要情感就够了，只需要本能就够了，甚至于通过非理性的东西、恶的东西也有可能产生出来。恶的东西，它的效果并不是往往都是坏的，并不是所有出于恶的意志的行为都是坏的。有一些出于恶的意志的行为也可能带来好处，你看希特勒上台以后德国的经济就振兴起来了，结果人民的生活水平提高了，这种情况是有的。至少它不一定需要一个理性存在者的意志，可以由其他的原因产生。但是他又说，"虽然最高的无条件的善只能在这样的意志中找到。"这个就跟前面不一样了。前面都是有条件的善，具体的结果，人们对幸福的追求，境况的舒适，这些东西都是有条件的善，它们用不着理性存在者的意志。而最高的无条件的善，则只能在这样的意志中找到。所以这里是一个让步从句，"虽然"，但是这个让步从句里面包含了他真正的目的。就是说其实，这样的一个理性存在者的意志是用来、仅仅是用来追求最高的无条件的善的。最高的无条件的善，那就是道德。当然其他的结果也可以称之为善的，那是有条件的，最高的善和那些有条件的善加在一起，就是完善，就是康德后面所讲到的至善了。

所以，当然只有**在理性存在者身上才发生的对法则的表象**本身，只要是它而不是预期的结果作为意志的规定根据，它就能构成我们称为道德的那种首要的善，

我们先看这半句。他说，"所以"，也就是说从前面推出来，"当然只有在理性的存在者身上才发生的对于法则的表象本身"，这是一个名词性的词组，就是说对法则的表象本身，什么样的法则的表象呢？当然是只有在理性的存在者身上才能发生的了，在无理性的或者是非理性的存在者身上是不能产生的。因为康德说过，只有人这样一种理性的存在者，才具有实践的能力，而所谓实践的能力跟这个自然过程不一样的地方，就在于它是按照法则的表象来运作的。一般的自然现象，包括动物，包括植物，包括无机物，都是按照法则来运作的，只有有理性的存在者才能够按照"法则的表象"来运作。这个法则的表象也就是一个目的，即一个目的表象。你有了理性，你就可以设立一个目的，然后把它作为准则，用你所能想到的，你所能思考到的手段把它实现出来。而在它还没有实

现出来之前，它只是一个表象；虽然它只是一个表象，但是它是对法则的表象，因而是你所有前后行动的一个一贯的目标。是这个表象支配了你的行动，使你选择相应的手段，作出相应的行为来，最后把这个表象的目的实现在现实中，实现在对象上。这就是实践活动。实践活动跟一般的动物行为和自然现象的不同之点就在这里。这个康德在很多地方都提到了。所以当然只有在理性存在者身上发生的对于法则的表象本身，也就是这个目的，怎么样呢？接下来讲，"只要是它"，也就是这个法则的表象本身，"而不是预期的结果作为意志的规定根据，它就能构成我们称为道德的那种首要的善"。只要是这种对于法则的表象本身，而不是通过这个法则所预期的结果，来作为行动的规定根据，那就构成道德的善。我们在行动中当然有意志啊，这个是不用说的。但是用什么来规定意志呢？用法则，用法则的表象来规定意志，这个是一般的实践活动的结构。这个被法则规定的意志当然也有它预期的结果，但是呢，把预期的结果从这个表象本身里面排除出去，仅仅着眼于这个法则的表象的本身，而不是这个法则所预期的结果，这就能构成道德。这还是前面讲的意思，跟意志的结果没有关系。它的结果也许本身是由法则来的，人的实践活动就是由法则的表象来规定的；但是如果你把这个联系切断，它的结果你不管，你只管你的出发点，这个表象，法则的表象本身，用这样的表象来规定你的意志，那么它，也就是这个法则的表象，就能构成我们称为道德的那种首要的善。用法则的表象本身来规定意志，也可以说是为法则而法则，那么这样一种就法则谈法则，就能够构成我们称之为道德的那种首要的善。道德是一种首要的善，也就是最高的善，第一的善。这种善，由什么构成的，就是由那种理性存在者的对于法则的表象本身，而把所有的附带的后果、结果全部不加考虑，这就构成道德。而这种道德也就是首要的善。

　　这种善在根据这种法则而行动的人格本身中就已经存在于当下了，却不可从结果里才去期待它。

这种善，也就是首要的善，在根据这种法则而行动的人格本身中，根据这种法则而行动，也就是为义务而义务的行动着的这个人格中。Person，人格，也可以翻译成个人，有时候翻译成人身。这个概念是从拉丁语来的，它原来的意思是面具，就是古罗马人在演戏的时候，每一个角色戴一个面具，代表他是一个什么样的角色。这个面具当然是不可以混淆的，他之所以戴面具就是要把这个角色和那个角色区别开来，所以它是有个体性的。为什么 person 这个词又可以翻译成个人呢？就是说每个人都是一个角色，跟任何他人都不同，一个人的人格跟所有他人都是不一样的。张三就是张三，李四就是李四，在身份证上面区分的很严格的，号码必须不同，在号数上他们是单一的。哪怕他们同名同姓的，但是这个张三跟那个张三，这个是一号，那个是二号，在号数上是不同的。所以 person 这个词也可以翻译成人身，个人或者人身，但是我们把它翻译成人格。这个概念是西方特有的概念。当然后来我们把人格翻译过来以后呢，在汉语中间赋予了它一些不同的含义，加了一种道德的含义。一个人有人格，我们就说这个人是道德的。有时候也讲一个人丧失了人格，没有人格。人格怎么可能丧失呢？人格是一个人固有的东西。不管他是健康人也好，残疾人也好，好人也好，坏人也好，十恶不赦也好，判了刑也好，人格他总在那里。这是一个客观事实，没有道德含义的。但是我们讲到一个人有人格，好象是对他的一种称赞，一种夸奖。这个人很有人格，这是在汉语里面的一种变化，就是把人格和人品、人的品格混为一谈了。所以我们有时候要注意这种变化，要把它分清楚。那么康德这里讲的人格就是西方意义上的，就是一个人，他的代表性的标志，这就是一个人的人格。或者是通过代表性的标志所表示出来的这个人的主体，主体性。我们可以这样理解。那么他这里讲到，"这种善在根据这种法则而行动的人格本身中就已经存在于当下了，却不可从结果里才去期待它。"就是说道德这样一种最高的善，它在人格里面，只要这种人格是根据法则而行动的，为义务而义务，为法则而法则而行动的，那么它已经存在于当下了。就是这个人，他的这种个体性、主体性，当他在按照义务、按照法则行动的时候，已经有道德了，已经有最高的善了。不需要等待它的结果才来证明他有最高的善。意思其实很简单，就是看他的动机，看他是为义务而义务，还是为了结果而义务。看他是为法则而行动，还是为法则的结果而行动。如果他是为法则而行动，这个本身就足以判断他是善的，他具有最高的善，结果只是附带的。我们在考虑他的道德性的时候，不必考虑结果。哪怕他这件事情搞砸了，他没做成，甚至于得到了不好的结果，但是他这个人的人格本身中当下就已经有最高的善了。这个是康德的一个基本的道德特点，康德的伦理学就是唯动机主义，只看动机，不看结果。简单来说可以这样看。但是我们前面已经多次提到了，这种简单化的方式不能概括一切。康德其实在很多地方是考虑结果的，在动机里面他已经设想了结果。如果一个完全不考虑结果的动机，能说是好动机吗？能说是合乎义务的吗？能说是法则吗？那就不是法则了。所以结果已经在动机里面；不过这个结果不是现实的结果，而是应当的结果。真正在我们这个现实世界中间实现出来，不太可能，也不必去考虑。所以我们不需要把眼光放在现实世界的结果身上。我们可以把眼光放在可能世界中的结果身上。这个是对康德的更深一个层次的理解。他其实也不是不看结果，只不过对于现实社会中的结果，他是比较忽视的。而人从道德法则所设想的应当的结果，又只是可能世界中的，实现不了，因为人有他的有限性。他在《实践理性批判》里面就假设了一个上帝，一个来世，可以保证你在动机里面所设想的那个效果实现出来。人类的大同啊，德福一致啊，目的国的实现啊。这个都是在彼岸世界里面我们可以希望的。这个是康德对他出发点的一个补充。他的出发点当然还是为义务而义务，不考虑结果。至少在这里他还不能考虑结果，不能考虑《实践理性批判》里面讲的"至善"或"圆善"问题，而只考虑到"首要的善"或最高的善的问题。但这种考虑已经不属于第一章本来拟定的主题了，因为它不但不是"普通的道德理性知识"、而且也不是"哲学的道德理性知识"所能够包容进来的。

但现在我们来看看第 401 页上的注释，这个注释主要是解释"敬重"这个词。所以我认为这个注释应该放在上一段的后面。上一段，第三条原理，他把敬重提出来了。既然提出来了，就要加以解释，但是在正文里面他没有解释。我怀疑这个注释是后来补上去的，结果补错了地方，应该在上面一段的结尾。因为刚才读的这一段中他并没有谈到敬重，只有上面那一段才谈到。我们看这个注释。

也许人们会指责我，说我只是在**敬重**这个词背后，在一种模糊的情感中寻找逃路，而不是通过一个理性概念对这个问题作出清晰的解答。

"也许人们会指责我"。康德当时已经预见到了，比如说，Paton 的那种误解，那种困惑。Paton 曾把康德的《道德形而上学奠基》翻译成英文。在苗力田先生的中译本（译名为《道德形而上学原理》）后面的附录里面，有 Paton 对这本书的逐段解释。不完全是逐段的，但是逐个意思的解释。解释到这个地方的时候，Paton 提出他的困惑，就是这个敬重从哪里来的？三条原理里面前两条都没有提到敬重，但是康德却说，第三条原理是前面两条命题的"结论"。前提里面，大前提里面都没有提到，你的结论与前面两条原理有什么相干呢？你从外面加进了一个东西，一个对法则的敬重嘛。[①] 康德预见到人们对他的误解，所以在这里加了一个注释。"也许人们会指责我，说我只是在敬重这个词背后，只是从一种模糊的情感中寻找逃路，"敬重这个词是一种情感，康德也不否认敬重是一种情感。按照康德历来的说法，像情感，感觉这类东西都是一种模糊的表象，所谓的模糊的表象这个说法在莱布尼茨那里就有，莱布尼茨有"模糊知觉"这样一种说法。那么康德在这里提出了一种敬重感，是不是也是在一种模糊的情感中寻找逃路呢？就是说，你的那套抽象的法则、义务，好象都是玄而又玄的东西，那么你为了避免人们对你的这种抽象思辨的不切实际

---

① 参看苗力田译《道德形而上学原理》，上海人民出版社 2002 年版，第 102 页。

的指责,你就引进了一种情感,从中寻找逃路,来解释义务的现实作用。他讲,"而不是通过一个理性概念对这个问题作出清晰的解答。"你要想保持理性主义的一贯性,能不能通过一个理性的概念对敬重作出清晰的解答:什么是敬重感。作为一种情感,你能不能把它还原为理性概念?就像莱布尼茨讲的,把"模糊知觉"还原为微知觉,然后通过微积分把它们算出来?这就是理性对这种模糊的情感作出清晰的解答。这是康德所预料的人们将会对他所作出的一种指责。但是康德有他的回答,

不过尽管敬重是一种情感,但它却不是通过受影响而**接受到的情感**,而是通过一个理性概念**自己造成的情感**,

这个地方他对敬重这种情感做了一种解释。它跟其他的情感不一样,它不是通过受影响而接受到的情感,受影响也就是受刺激,也就是说康德所讲的这种敬重感不是由于受到感官的刺激而被动接受到的情感,被刺激起来的情感,而是通过一个理性概念自己造成的情感。我通过一个理性的概念,也就是通过义务,法则,这样一种概念,在自己内心所造成的。

并由此与所有前一类情感,即可以归于爱好或恐惧的情感,具有特殊的区别。

敬重感跟其他一切情感具有特殊的区别,其他一切情感都是通过这个外感官或者是内感官,归于爱好,或者是归于恐惧。你要么去追求它,要么逃避它,积极的也好,消极的也好,这两种情感都是归于爱好或是恐惧。那么敬重感与这两种情感具有特殊的区别。什么样的特殊区别?就是所有的爱好和恐惧都是通过受影响、受刺激而从外面接受到的情感,这是被动的;唯有敬重感,它是主动的,它是通过一个理性的概念,自己主动造成的情感。这是它们的根本区别。

凡是我直接认作是我的法则的东西,我这样看都是怀着敬重的,这种敬重仅仅是指那种不借助于其他对我感官的影响而使我的意志**服从于**一条法则的意识。

　　"凡是我直接认作是我的法则的东西"，这个不需要任何爱好和恐惧，不需要任何感官的，感性的东西，直接就认为是我的法则，这当然是理性了。人是有理性的存在者，作为有理性的存在者，通过他的理性直接就可以认定，这是我的法则。康德讲的所谓义务，所谓实践法则，就是这个东西。就是直接通过理性，不通过感官，不通过外界客观对象，由主体自己马上就可以断言的这样一种东西。凡是我直接认作法则的东西，"我这样看都是怀着敬重的"。当我直接认作是我的法则的时候，我这样的一种认可都是怀有敬重的。每个人的理性，当他应用来直接认定一个法则、无须任何其他条件的时候，这种认定，这种看，就是敬重，因为他毫不犹豫地把一个东西认定为自己的法则。敬重是一种什么东西？虽然它是一种情感，但是它来自于我们的理性的直接的认定、看法。这样的看法，出于如此直接的信任，难道不是怀着敬重吗？这种敬重无非是指，无需以对我的感官的其他影响为中介，就"使我的意志服从于一条法则的意识"。这种敬重仅仅是指"不借助于其他对我感官的影响"而服从法则。敬重感本身当然也是对我感官的影响，对内感官的影响，内感官也是感官。康德也承认这个当时英国经验派，像这个哈奇逊他们所提出来的内感官的学说。但是这种敬重排除了其他影响，"而使我的意志服从于一条法则的意识"。也就是这种敬重仅仅是指那种意识，——这个"意识"当然是非常广义的，人的知、情、意都可以说是有意识的，都可以看作一种意识，敬重感这里也看作一种意识。是一种什么意识？就是使我的意志服从于一条法则的意识。我的意志当我想到一条法则的时候，就服从这条法则了。怎么样服从？通过敬重。敬重感就是这样一种意识，我的意志服从一条法则采取一种敬重的方式，或者说唯独这样一种对我感官的影响，对我内感官的影响，才能产生出敬重这种意识。我的意志服从一条法则，这样一件事情就在我的内感官里面产生了一种影响，这种影响就是敬重。所以敬重还是属于现象界的，就是人的内心世界，内在的经验。我经验到一种敬重感油然而生。我在一种道德行为面前，我在我自己的道德法则面前油然产生一种敬重。这是一个现象,但是这个现象跟所有其他的情感现象都不一样。它不是由外部刺激我的感官而产生的,而是仅仅是通过我的理性认定的一条法则,从而对我的内感官产生的影响。

通过法则而对意志的直接规定以及对这种规定的意识就叫作敬重,

这个地方,康德的这个说法有些模棱两可。通过法则而对意志的直接规定,"以及"对这种规定的意识,就叫作敬重。到底是这种规定叫作敬重,还是对这种规定的意识就叫作敬重? 这个里头也是打不清的官司,后来的研究者有很多讨论。有人说,康德的这个说法太模糊了。要么你就直截了当的说,通过法则而对意志的直接规定,就叫作敬重。要么你就说对这种规定的意识才叫作敬重。我们可以说康德在这个地方说话不是很清楚。为什么看起来是两个完全不同的说法,他把它们并到了一起? 能不能并到一起? 法则对意志的直接规定,和法则对意志的直接规定的意识是不是一回事? 字面上看完全是不可混淆的。一个是法则对意志的规定,一个是法则对意志规定所产生的意识。到底哪个叫作敬重? 但是我们要考虑到,在康德那里,他在实践理性里面所讲的意识,跟理论理性里面所讲的意识已经不同了,它是一种实践的意识。实践意识有个特点,它跟它的对象不是截然对立的。理论的意识作为认识,意识跟对象是对立的。而在实践中,意识跟对象是统一的。所以从这个角度来看,作为实践意识的一种结构来说,康德在这个地方说的也并不错。也就是在头践的意识里面,法则对意志的直接规定,同时也就是对这种规定的意识;而这种意识本身也同时就是一种直接规定。因为实践在行动中,它本身同时就是一种意识的活动;而意识作为一种实践的活动,它本身就在行动中,它本身就有这种规定。它不是说有个对象在那里了,然后我再意识到它,而是这种意识本身就是进行规定的意识,就在进行规定。或者说实践是知行合一的,不是知行相分的。你要认识,作为理论认识,科学研究的对象,那是知行相分的,那是主客相分的。但是在实践中,主客体是同一的。所以康德在这里的说法，只要你考虑到他讲的不是理论理性，而是实践理性，那么也说得通。虽然在字面上，你完全可以揪他的辫子，你说他逻辑不严密，说的什么东西啊？前言不搭后语！读康德的东西要体会，而不能仅仅从字面上去揪他。从字面去揪他你可以发现他到处是混乱，到处充满着矛盾，甚至于觉得他很低能，康德能力很差。但是我们在读康德的书的时候，我们一方面要发现矛盾，一方面要解释他的矛盾：他的这个矛盾是怎么来的？他是不是也有他的道理？你要这样理解才能够深入到康德的深处。不然你就在表面上滑来滑去。像那个康浦·斯密的《纯粹理性批判解义》，韦卓民先生翻译的。那本书应该说是一个失败的例子。康浦·斯密的基本的眼光就是那种实证主义的眼光，分析的眼光，那你就只能在语言的表面上滑来滑去。你当然能找到一些不一致的地方，但是你进入不了康德哲学的最内在最根本的东西，在语言底下所运行的、所潜行的那种思想，你把握不到。上面讲的帕通（Paton）也有这个毛病。所以我还是主张，一方面要发现矛盾，另一方面要解释他的矛盾。康德绝对不是一个傻瓜，他怎么会搞出这样低级的错误？在逻辑上，康德是讲过逻辑学的么，他有一本《逻辑学讲义》，我们有中文译本。他为什么会连这种逻辑错误都犯下了呢？他有原因的，并不是一种逻辑上的低能。所以这句话逻辑上是有问题的，但是它的意思我们是可以解释出来的。

以至于敬重被看作是法则作用于主体的**结果**，而不是法则的**原因**。

以至于，就是说，既然通过法则对意志的直接规定或者是这种规定的意识就叫作敬重，那么敬重就被看作法则作用于主体的结果，而不是法则的原因。这是康德为自己辩解了，别人说你把敬重这样一个模糊的情感，当作是好象是法则的原因了。但是根据康德的规定，敬重是法则对意志进行直接规定的意识，在情感上产生出一个意识，这个意识就叫作敬重。所以敬重是由法则对意志直接加以规定所产生出来的结果，而不是导致法则的原因。康德在《实践理性批判》里面把敬重称之为动机，而不是动因，不是原因，而只是一个发条。或者说，原因是法则对意志的规定,这种原因是在物自体层面上发生的,它归根结底来自于人的自由意志,来自于人的自由。人有了自由,他就可以摆脱感性的束缚,仅仅用法则来规定自己的意志。这是康德所理解的自由,这个叫动因、原因。但是敬重这个动机只是这种动因在现象界、也就是在人的心理层面所产生的一种结果,产生了一种现象,这就引发了人的敬重。当我用我的法则来规定我的意志的时候,我对这种法则本身油然产生一种敬重感,这种敬重感也是我在现实的实践活动中的一种动机、发条。人除了是物自体的存在以外,他还是感性的、现象界的存在。在物自体里面他是由自由来作为他的动因,那么在现象界,他是由敬重感给他提供一种动机,提供一种发条。在现象界,我们作为一种动物,一种有理性的动物,我们的行动需要有一个动机,因为物自体的自由意志虽然是一个原因,但是不能直接表现为现象,表现为现象时它必须通过动机来表现,那就是敬重感。一个道德的行为,在感性的方面它是出自于敬重感。我是出自于对法则的敬重做这件事情的,我不是出自于任何其他的感性的需要,感性的诱惑。所以敬重在这个意义上是法则作用于主体所产生的结果,而不是法则的原因,不是动因。下面继续展开敬重的含义。

敬重本来就是对一种有损于我的自爱的价值的表象。

敬重这个情感,它本来就是对一种"有损于我的自爱的价值的表象"。一般人们对敬重的理解本来就是这个意思,这里的解释当然是根据人们对这个概念日常的理解来的。敬重的日常意思是一种对于有损于我的自爱的表象,每个人都可以想一想,当你心中有这种敬重的表象的时候,它是不是有损于你的自爱?肯定是有损于你的自爱的,你平时把自己看得很高嘛,你非常自负,甚至于非常自恋,觉得自己是一个很好的人。但是在道德法则面前,在道德的光辉形象面前,在一个道德楷模面前,你突然一下觉得自己渺小了。鲁迅的《一件小事》就是讲的这个事情,一个人力车夫,鲁迅是因为急着赶去有事情,所催他赶快走,结果人家车夫根本不理他,就去扶那个老太太,所以鲁迅一下子就觉得这个光辉的形象"榨"出他的皮袍下面的"小"来了，觉得自己非常渺小。面对一个普通的人力车夫，他自己的道德显得多么的渺小，这就是一种敬重。敬重感非得要你自己觉得渺小，觉得自卑，才有敬重感。所以敬重感本来就是这个意思，就是一种有损于我的自爱的表象，它是一种价值的表象，这种价值的表象它是有损于我的自爱的。

所以敬重乃是这样一种东西，既不被看作是爱好的对象，也不能被看作是恐惧的对象，虽然它与这两者都同时有某种类似之处。

敬重感是这样一种东西，它既不是爱好的对象，为什么？跟它一相比，我的自爱毫无价值，所以我的一切爱好，也毫无价值。我的一切爱好，最后归根结底是自爱，无足挂齿。我平常那么样孜孜以求的那些对象，那些爱好，在敬重面前，在敬重的对象面前，都变得多么的渺小。也不能看作是恐惧的对象，这个也好理解，敬重也不是恐惧的对象，虽然它把我的一切爱好都贬低了，但同时也使我的恐惧消失了。既然一切爱好都无足挂齿，那我还害怕失去什么呢？当然就没有恐惧了。当我把一切爱好都比下去以后，敬重就不是爱好的对象，那么同时它也就不是恐惧的对象了。它跟爱好没有关系，也就是跟恐惧没有关系了。恐惧无非是怕失去爱好嘛，怕失去自己的自爱，怕失去自己的所爱。把一切所喜欢的东西都放在不值一提的地位，那你就没有什么可以恐惧的了。但是，下面讲，"它与这两者都同时有某种类似之处"，它既不是爱好的对象，也不是恐惧的对象，但是又与爱好恐惧有某种类似之处，在这个意义上面，它也是某种情感。那么有什么类似之处？

所以敬重的**对象**只是**法则**，而这法则又是我们自己**加于自身**、但毕竟是作为本身必然地**加于自身的**。

敬重的对象只是法则，这是从前面来的，它既不是爱好的对象，也不是恐惧的对象，所以敬重的对象只是法则。对一个法则，我们既不爱好，也不恐惧。既然敬重的对象既不是爱好，也不是恐惧，那么敬重的对象只能是法则了。而这法则又是我们自己加于自身的，毕竟是作为本身自然地加于自身的。这句话里面有两个层次，一个是我们自己加于自身，另外一个毕竟是作为本身必然地加于自身的。那么这里头就隐含着前面所讲的，敬重与爱好和恐惧两者都有某种类似之处。这法则是我们自己加于自身的，这个和爱好有某种类似之处；但毕竟是作为本身必然地加于自身的，这个与恐惧又有某种类似之处。它好象是我们不得不承受的，作为必然的加于我们的自身的，好象某种命运，你必须逆来顺受，这就与恐惧有某种类似之处。这种解释我们在下面一句话看的更加明确。

作为法则，我们无须征求自爱的意见而服从于它；作为由我们自己加于自身的东西，它却是我们意志的后果；并且在第一种情况下类似于恐惧，在第二种情况下类似于爱好。

这个就是我们刚才提示的。作为法则，我们无须征求自爱的意见而服从于它，在这种情况之下，它类似于恐惧。我们不需要征求自爱的意见，必须无条件的遵从法则，它是作为必然的加于我们自身的，在这种情况下，它类似于恐惧。敬重就是要服从法则，要把你的一切爱好撇开，哪怕有损你的一切爱好，你都得服从：这不是类似于恐惧么？要求你把一切爱好都抛开，来服从一个高高在上的法则，那么敬重感在这个时候类似于恐惧，当然它不是恐惧，只是跟恐惧有某种类似之处。那么，"作为由我们自己加于自身的东西，它却是我们意志的后果"，也就是说好象是服从一个外在的法则，但其实不是外在的，而恰好是由我们自己加于自身的，是我们意志的后果，在这一点上与爱好有类似之处。爱好就是自发地喜欢，那么服从法则，表面上看好象是服从一个外在的法则，但因为这个法则是你自己要求的，是你自己的意志的后果，自己加于自身，不是由别人加于你，也不是外在的环境使你服从这个法则，所以在这一点上又类似于爱好。它是自己要那样的，它自己要服从法则。所以康德讲在第二种情况下它又类似于爱好。

对一个人格的一切敬重其实只是对法则（比如正直等等的法则）的敬重，他在这方面给我们提供了榜样。

对于一个人格的一切敬重，其实只是对法则的敬重，比如说对正直等等的法则的敬重。那么对一个人格，在这个地方也可以翻译成对一个人，对一个个人。我们对一个个人的敬重，我们敬重他什么呢？我们决不说敬重他身上的这个那个气质，这个那个情感，所带来的这个那个好处，他对我有好处，或者说他喜欢我，他对我有感情，我就敬重他，那肯定不是的。所有这些东西都不足以引起我对他的敬重。那么当一个人引起我对他的敬重的时候，其实只是对法则的敬重。他是这个法则的体现者，比如说正直，他这个人很正直，唯有像正直这样一类道德的法则，才使得我能够敬重一个人，其他的都不足以使我敬重他。所以我对他的敬重其实只是对法则的敬重。他在这方面给我们提供了榜样，提供了一个例子。他只是正直的一个例子，一个典范，我在他身上看到了正直。所以我对他的敬重，不仅是我对他这个人的敬重，而是对他所体现的法则的敬重，对正直本身的敬重。下面又举出了一个例子。

<u>因为我们也把增长自己的才能看作一种义务，所以我们把一个能干的人仿佛也设想为一个**法则的榜样**（在这方面通过练习将和他类似)，而这就构成了我们的敬重。</u>

前面讲的正直等等这样的法则，那么还有一种情况就是增长自己的才能。一个人身上如果体现出一种高度的才能，也会引起我们对他的敬重。这又是怎么回事呢？因为我们把增长自己的才能也看作一种义务。这个康德在后面讲到了，就是说有一种义务就是你要增长自己的才能，你不要浪费你自己的才华，不要浪费你天赋的能力。既然这也是一种义务，所以，"我们把一个能干的人仿佛也设想为一个法则的榜样"。一个能干的人，一个很有能力的人，当我们把他看作一个法则的榜样的时候，他也能构成我们对他的敬重。一个正直的人我们可以对他产生某种敬重，一个很有才华的人，体现出某种高度才能的人，我们也对他有一种敬重。比如说奥运冠军，我们对他的这种高度的才能也会有一种敬重感。这看起来好像不是对一种道德法则的敬重，是对他的一种能力的敬重，

但是也包含对道德法则的敬重，因为道德法则里有一条，就是增长自己的才能，这是一种义务。我们通过自己的练习，也将和他类似，这是在括号里面讲的，他们能做到的，我也能做到。所以我们对他的才能的敬重，是对他长期通过练习、刻苦的锻炼所达到的高度而产生的敬重。你知道他达到今天的高度流了多少汗，需要多大毅力长期坚持？而不是对他的那种天生的身体素质的敬重。当然他们，像刘翔这些人，他们有天生的素质，天生适合于跨栏，或者适合于打篮球等等，但是我们对他的敬重还不是这些方面，如果他仅仅是天生的适合于干这些，我们还不足以引起敬重。而是由于这些人把发挥自己的才能当作自己的一种义务，你不要荒废了你的天赋的才能，你要尽可能地把它发挥到极至。这是一种道德命令。他们服从了这种道德命令，从这个方面来说我们才对他产生敬重。"所以我们把一个能干的人仿佛也设想为一个法则的榜样，……而这就构成了我们的敬重"，这个地方说"仿佛也设想为"，这个和前面那个地方有所不同，前面讲我们对一个人格的敬重其实是对正直等等法则的敬重，这个里头没有仿佛，也没有设想，但是为什么面对一个能干的人我们要"仿佛设想为"一个法则的榜样呢？也就是说在这个时候，他的能干是不是通过法则来的，这还有疑问。有的人天生就是能干，有的人要通过长期训练。我们在一个通过长期训练，刻苦训练的人的身上看到了天才来自于勤奋。天才来自于勤奋就给人带来很大的信心了，一个没有什么天才的人，他有了这句话，他也可以变成一个天才，也可以达到那样的水平，"将和他类似"。也许达不到他那样的水平，但是会和他类似，在我现有的水平之下，我把我的天赋的能力也可以发挥到极至。所以一个能干的人给人产生了一种道德上的敬重，是来自于这方面。当然也可以是你自己想的，你设想这个人肯定艰苦训练了不知多少年，实际上他只在短时期内就训练上来了，他有天赋么。但是我们把他设想为仿佛通过长期训练，我也能够做到像他那样，这个时候我就可以对他产生敬重了。而有的运动员确实通过长期训练，他的天赋条件并不是特别好，但是他特别刻苦,通过长期训练他能达到很高的水平,这个就构成了我们的榜样。并不是说我们要像刘翔那样跨栏,要像姚明那样打篮球,去参加 NBA 的比赛,当然一般来说我们不能做到。这个是天赋决定的,但是正因为如此,这一点并不构成我们对他敬重的原因。我们对他敬重的原因恰好是由于这个人把发挥自己的天赋才能当作一种义务来刻苦训练。这个是我们可以学他的。他的天赋我们学不到,但是他的这种精神我们学得到。所以这就构成了我们对他敬重的根据。

一切道德上所谓的关切,只在于对法则的**敬重**。

最后一句话,一切道德上所谓的关切,这个关切:Interesse,也可以翻译成兴趣,道德所谓的兴趣,也可以翻译成利益,实用的利益,但是这两个意思在这里都不合适。Intresse 是一个非常多义的词,很难办的。很难办的原因在于,其他的多义词总是相互可以通的,相互可以代替的,也许可能不那么准确,但是不至于产生误解。但是这个词很容易产生误解,它有关切的意思,有兴趣的意思,还有利益的意思。这三个意思的含义都完全不一样,甚至于相反。道德上的关切与利益是对立的。你必须把利益排除掉,你才能有道德上的关切。苗先生是把它翻译成关切,它有这个意思,我们也觉得在这个地方只有表达成关切才能表达康德的意思。就是一切道德上所谓的关切,只在于对法则的敬重。对法则的敬重也是对法则的关切,但是决不是对法则的利益,也不是仅仅对法则的兴趣,而是对法则的关切,是关心法则,是对于法则的敬重。这个是康德一个结论,就是一切道德上所谓的关切,只在于对法则的敬重。前面他举了两个例子,一个是很直接的,一个人他很正直,他身上体现了正直的法则,于是我们对他的人格油然产生了一种敬重;另外一种间接的情况,一个人他很能干,他的全面发展,他的能力发挥到了极致,这个时候我们也可以对他产生一种敬重,但是不是出于对他的天赋的素质,而是出于他要作为义务来增进自己的能力这样一条道德法则。康德故意在这里使用一个多义的 Interesse,也正是为了区分这个经验概念的两层不同意思,说明同

样是情感,敬重感和其他一切情感都不同,是对更高层次的法则的情感,
不具有一般情感的那种模糊性和含混性。

　　总的来看,康德为他使用"敬重"这个概念所做的辩护,主要是说敬
重并不是一种模糊的情感,而是法则对意志作直接规定而产生的意识,
它即使是情感,也是完全理性化了的情感,只和感性挨着一点边。如果
这样来看,那么帕通的那种疑惑就消除了,即"敬重"并不是另外从什么
地方引入到康德的第三条原理里面来的,而是本身就已经包含在法则对
意志的直接规定中,也就是包含在第二条原理中。第二条原理讲义务行
动的道德价值不在于那些具体意图和动机中,而只在规定行动的那个意
志的形式原则中,这就已经说出了,义务行动是排除了一切爱好而由普
遍法则规定意志的意识来执行的,这个意识就是敬重。所以第三条原理
才点出:义务是由敬重法则而来的行动的必然性。帕通只看到字面上康
德的不一致处,却没有深入到康德思想的内部,所以才导致了疑惑。

　　好,我们再继续往下讲。前面着重讲了这个敬重的问题,并且讲到
了敬重就是根据法则来规定自己的意志,而且不是根据任何一种法则的
结果,而是根据这个法则本身的表象来规定自己的意志,这个才具有道
德价值。

　　但是什么样的一个法则有可能成为这种法则,它的表象即便对那从　402
中期待的结果不加考虑,也必定能规定意志,以便这意志能被绝对地、无
限制地**称为**善的?

　　这是一个问题,提出这样一个问题实际就是触及到了康德的本题了,
康德《道德形而上学奠基》无非就是要确立这样一条法则。敬重是对法
则的敬重,那么这是一条什么样的法则呢?他讲一条什么样的法则有可
能成为这种法则,即"它的表象即便对那从中期待的结果不加考虑,也必
定能规定意志,以便这意志能被绝对地、无限制地称为善的"。这样一种
法则是很不一般的,它的表象即使对它的任何结果都不加考虑,——法

255

则肯定是有结果的,因为它是实践的法则嘛,实践活动肯定会在现实中造成结果,——但是即便是对所有这些期待的结果都不加考虑,你做一件好事,做不做得成,当然是你期待的,你首先要把它做成,你首先是确确实实想要做这件好事的:但是对这个结果即使我们不加考虑,也必定能够规定意志。这个法则哪怕不成功,它也能够规定意志,"以便这意志能被绝对地、无限制地称为善的"。它能够规定意志是为了什么呢? 是为了使这意志能被绝对地、无限制地称为善的。如果你考虑到它的结果,那这个前提,这个意志的法则就不能够绝对的称之为善的了,因为它没有实现出来。你要以它是否成功作为条件,只有成功了才是善的,那就不能称为绝对的善的。只有你把它的结果全部撇开,不管它成不成功,那么这个意志才是能够绝对地无限制地称之为善的,因为它仅仅出于法则,不在乎法则的结果。对法则的这种要求都是上面讲的三条原理中已经表明了的,这些要求已经构成了"哲学的道德理性知识",但是还没有达到道德形而上学的层次。道德形而上学不仅要从外围规定这个法则应该是什么样的,而且还必须直截了当地规定这个法则本身。

既然我从意志那里排除了所有可能会由于遵守任何一条法则而从它产生出来的冲动,那所剩下的就只是一般行动的普遍的合法则性,唯有这种合法则性才应该充当意志的原则,也就是,我决不应当以其他方式行事,除非**我也能够愿意我的准则果真成为一个普遍的法则**。

什么样的法则可以成为这样一条不管任何结果必定能规定意志的法则? 这里这句话就是解释,什么样一条法则呢? 要从这里分析起:"既然我从意志那里排除了所有可能会由于遵守任何一条法则而从它产生出来的冲动",也就是说我从意志那里排除了冲动,什么冲动呢? 所有那些可能会由于遵守任何一条法则而从它、从这个意志产生出来的冲动。我遵守一条法则,不管是什么法则,那么从意志里面就可能产生一种冲动,就是要使这个法则在后果中、在结果中实现出来。我针对着这个结果,当然是有一种冲动的,我要以结果来看看我的成绩,我遵守这条法则成功,还是不成功，这个必然会带来意志的冲动。这里讲遵守任何一条法则，包括道德法则，也包括我们通常的其他法则，那么道德法则也有一种冲动，就是要把它实现出来，遵守这样一条法则也必然会从意志里面产生出冲动来。但是既然我从意志那里排除了所有这样一类冲动，那么所剩下的就只是一般行动的普遍的合法则性。我把冲动都排除了，那么剩下的是什么呢？那就是那个行动的合法则性，那就是一种形式了。它的质料我都把它排除掉，那么就剩下来一种形式，就是这个行动的法则，这行动是具有普遍的合法则性的。"唯有这种合法则性才应该充当意志的原则"，我的意志仅仅是着眼于这种合法则性。就是说，我这种行动是否合法则的？如果合法则，我就去做，如果不合法则，我就不做。至于它的结果，我合法则这样去做了，它结果怎么样，这个我不用考虑。当然我是想要达到这个结果，否则我就没有实践的目的了，这个实践活动也就产生不出来了。我是想实现这个后果，但是这个结果是被纳入到合法则性里面才成为我行动的目标的。我不是着眼于这种结果本身，我要实现它，但是我最后能不能够实现它，这个我不考虑。我之所以要实现它，是因为它是符合法则的。所以我实际上规定我的意志的，不是被实现出来的或是不被实现出来的结果，而是当我实现这个结果的时候，我的这个行动的合法则性，仅仅是这一点规定了我的意志。所以唯有这种合法则性，才应该充当意志的原则。这个是进一步解释了，这个解释就接近于康德的目标了，也就是说"我决不应当以其他方式行事，除非我也能够愿意我的准则果真成为一个普遍的法则"，这个"除非"后面都加了着重号。这里其实已经把康德的道德命令、道德法则颁布出来了，这就是康德的"定言命令"，这是在康德第二章中讲道德形而上学时着重讲的主题。就是说我决不应当以其他方式行事，除非我也能够愿意我的准则可成为一个普遍法则。用他后面道德形而上学的语言、公式来表达，就是"你要这样做，使你的行为的准则你愿意它成为一个普遍的法则"。康德的道德律简单说来就是这一条。你应当这样行动，使你的行动的准则成为一条普遍法则。或者说，你要按照你能够愿意你的行动的准则成为一条普遍的法则那样去行动。这个"愿意"有时候加到道德律里面,有时候不加,不加也是有这个意思在里头。因为是"你要"的么,你要这样行动,使你的行动的准则成为一条普遍法则,"你要"里面已经包含着你愿意了。但是把"你愿意"突出出来也是有好处的,这是强调"你要你愿意",或者"你愿意你愿意",就是二阶的愿意,可以用来解决更复杂的问题。这个我们后面还要讲到。他这里的表述是"我决不应当以其他的方式行事",这个是否定的,但是里面有肯定,把"其他的方式"排除了,那么剩下的就是:"除非我也能够愿意我的准则果真成为一个普遍的法则"。我的准则、行动的准则成为一个普遍法则,当然是不是能够成为普遍法则这个还不一定,但是我愿意,我希望,我想要我的准则成为一个普遍法则。这就是道德律,这就是合法则性。所谓合法则性,就是我的准则有合法则性,准则和法则我们前面谈到了,是两个不同的概念,准则是主观的,法则是客观的。法则是普遍的,准则可以是个别的,个别的爱好啊,功利啊,利益啊,这些东西可以建立起自己的准则,但是它是否具有普遍性,这个就难说了,不一定了。当然它也可以成为普遍性,比如说这句话里面,我能够愿意我的准则成为一个普遍的法则。准则可以成为法则,但是它也可能不是法则,这就要意志来选择了,这个就区分出善和恶了。如果准则成了一个法则,那它就是道德的,如果成不了一个法则,那它就是不道德的,或非道德的。

  <u>如果义务不应到处都是一个空洞的幻想和荒诞的概念,那么现在单纯的一般的合法则性(无需以任何一个被规定在某些特定行动上的法则为基础)在这里就是那种充当意志的原则的东西,并且也必须充当意志的原则;</u>

  请看这半句,"如果义务不应到处都是一个空洞的幻想和荒诞的概念",当然有些义务是空洞的幻想,虚构的荒诞概念。我们对义务,历来都有很多,比如神喻,那就是你的义务,这个神说你应该怎样,你就要怎样。空洞的幻想和荒诞的概念,这个荒诞的 chimärisch 我们有时音译成

"喀迈拉"。喀迈拉就是希腊神话里的怪物，但是这个词已经被一般化了，就是荒诞的，喀迈拉，像喀迈拉那样荒诞的东西。如果义务不应该是一个空洞的幻想和荒诞的概念，或者说不应该是一个非理性的概念，"那么现在单纯的一般合法则性在这里就是那种充当意志的原则的东西"。这是从正面说的，用来规定意志的原则是一般合法则性。这个是康德典型的抽象形式主义的说法。什么是义务，义务你可以预先给它规定很多很多具体的内容：不要杀人，不要自杀，要帮助别人，要怎么怎么……这些东西都是日常生活中规定下来的。但是这些规定是建立在什么之上的呢？有的是建立在神谕之上的，有的是建立在上帝的戒命，摩西十戒等等所有这些具体的东西之上，也有可能是比如说邪教啊，或者说一些莫名其妙的概念啊，都可以用来规定义务，只要是一个有权力的主体，神，怪物，妖怪，先知，圣人，上级，他都可以给你规定义务。他的权力比你大么，你就得服从。如果义务不应该是这样一些低层次的东西的话，那么现在，我们所理解的义务就应该是单纯的一般合法则性。我们应该以这种单纯的一般合法则性来充当规定意志的原则，"并且也必须充当意志的原则"，不光是可以，而且是必须，是只能用这样一种单纯的一般合法则性来规定我们的意志。这就排除了一切非理性的东西，一切低层次的东西，一切感性的经验的东西，就有了真正的普遍性。我们看这个括弧里面，"单纯的一般的合法则性（无需以任何一个被规定在某些特定行动上的法则为基础）"，某些特定的行动上的法则，某些具体的法则，为了一些具体的目的，不需要任何一个被规定在某些特定行动上的法则为基础。比如说，为了家庭，为了国家，治国平天下，或者为了某些特定的具体的目的，为了满足某些需要，为了解决温饱问题，而制定的法则，这些都是具体的行动的法则。那么这些东西是不是能够成为基础呢？不行，也不需要。这些东西都不能够充当规定意志的原则，只有单纯的一般合法则性才能够充当规定意志的原则，其他的都是有局限的。当然其他的那些东西，如果是建立在单纯一般合法则性这样一个基础之上，那也未尝不可以成为规定意志的一个理由，但是它的根本的动因就是这个单纯一般的合法则性。你爱国主义也好，集体主义也好，如果你没有这种普遍的一般合法则性，那就很容易变味。如果你把它建立在这种普遍的一般合法则性之上，它是可以成为道德的。否则的话，它也可以是不道德的。这种一般合法则性必须充当意志的原则，这是康德的一个推断。

<u>而普通的人类理性在其实践评判中也与此完全一致，并在任何时候都着眼于上述原则。</u>

普通的人类理性，我们注意这个普通的，也就是康德在这里所讲到的不是什么高深的道理，而是一般普通老百姓他们在实践的评判中，实际上所做的，与我这里所讲的是完全一致的，并且任何时候都着眼于上述原则。当然一般老百姓不见得有这么清晰的分析。他们是日用而不知，他们是模模糊糊的，但实际上是遵守了上述的原则的。任何一个只要有理性的普通人，普通老百姓都可以作出推断，你这个行为到底是不是道德的。如果你这个行为不是以单纯一般的合法则性作为基础，而是以别的东西作为基础，那道德就有问题。之所以我们还把这些行为作为道德的，就是因为最终归根结底可以归结到一般合法则性。如果没有这个根据的话，那你那个道德是很可以质疑的，甚至是站不住脚的。本章的主题是从普通的道德理性知识过渡到哲学的道德理性知识，而既然谈到哲学的道德理性知识，就不得不谈到道德形而上学，因为哲学的道德理性知识并不是可以随便拼凑起来的，必定会追究其最高原则。从这里我们可以理解，为什么康德在第一章中自然而然地要延伸到第二章中所讲的内容。其实他在这里已经从"普通的道德理性知识"向"道德形而上学"过渡了，因为他已经指出，普通的人类理性在其实践评判中必定与道德形而上学的最高原则完全一致，而且初步表达了这一原则的命令公式。当然要完全展开这一公式，还必须等到下一章。下面他举了这样一个例子，他说，

<u>例如，有这样一个问题：当我处在困境中时，可否作出不打算遵守的</u>

诺言?

这是他经常举的一个例子,当我处在困境中时,能不能向人家许诺,但是又不打算遵守,也就是骗人,或者说借钱打算不还的,有这样的人,多得很。我跟你借钱,有的人就知道,你借钱? 我送给你吧。你反正也不还的,也没指望你还。你需要钱,你需要多少我给你,下不为例,就一次。我这是出于同情,我可以给你,但是没指望你还,你自己看着办。这是看穿了骗人的把戏。那么骗人是否道德? 康德就喜欢举这个例子,当我处在困境中时,可否作出不打算兑现的诺言呢?

在此我很容易作出这个问题的含义所可能有的区分,即:作出一个虚假的承诺是否明智? 或者,这样做是否合乎义务?

这样一个问题,能否作出一个不打算遵守的诺言,在这里有两层含义,一个是作出一个虚假的诺言是否明智,如果不明智,你就不要做,如果明智的话你可以做。这是一层意思。有人说,你这样做,你很狡猾么,你很聪明么;另外一个人说,其实你这样做,很不明智。这是一个问题。这个问题第一层意思就是功利性的,你做这样一个诺言是否明智? 第二层意思,或者这样做是否合乎义务? 如果合乎义务,你可以这样做;如果不合乎义务你不应该这样做。这个问题本身就有两层意思。

第一种情况无疑是可能经常发生的。虽然我完全看到,凭借这种借口来摆脱当前的困窘是不够的,我还必须仔细地考虑,与我现在所摆脱的麻烦相比,这种谎言是否会有可能在以后给我带来更大得多的麻烦,

第一种情况,也就是说提出这样的一个问题是要问,作出这样一个虚假的承诺是否明智? 这种情况是可能经常发生的,应该说是最常见的,人们通常都是采取这样一种方法来问一个人或者来劝导一个人,你这样扯谎,是否明智? 大部分人其实都是这样看问题的,你最终还是害自己嘛。虽然我看出以这种借口来摆脱当前的困境是不够的,"我还必须仔细地考虑,与我现在所摆脱的麻烦相比,这种谎言是否会有可能在以后给我带来更大得多的麻烦"。就是说,作出这样一个虚假的承诺是否明智,

要从长远看，我完全看到，这样做很有可能是不明智的，所以我还得更仔细地考虑问题。因为用这种借口来摆脱当前的困境是不够的，与我现在所摆脱的麻烦相比，这种谎言是否会在未来给我带来更加大得多的麻烦，你必须要考虑。就是说你现在一时摆脱了困境，但是为你以后埋藏了祸害的种子。你说过一次谎，就有了不良记录，有可能在以后带来更大的麻烦，这就不明智了。如果考虑到这一点，出于明智，最好还是不要说谎。下面还有一个必须仔细考虑的。

并且，因为哪怕我自认为**机关算尽**（Schlauigkeit），这些后果都是很不容易预见到的，以致于一旦失掉信用，就有可能给我带来更多不利，远远大于我现在想要去避免的一切祸害，是否**更明智**的做法是在这里按照普遍的准则行事，并且养成除非有意遵守否则不作承诺的习惯。

就是我出于明智必须考虑，一个是你说了谎在以后会有可能带来更大的麻烦；再一个，你自以为聪明，可以预见将来的后果而预作防范，但是哪怕我自认为机关算尽，这些后果都是很不容易预见的，不知道一旦失去信用会带来什么麻烦，可能给我带来更多的不利，远远大于我现在想要去避免的一切祸害。你会自食其果，你会得不偿失。而更明智的做法也许是还是按照普遍的准则行事，不要说谎，"养成除非有意遵守否则不作承诺的习惯"。对上述两点必须考虑周详，否则一个人说谎，总有一天要倒霉的。更明智的也许还是你按照普遍的准则行事。所以第一层次的这个情况是说，在这里虽然我完全看到，做虚假的承诺没有那么简单，是否真的明智还要考虑更多的情况，计算更长远的得失，而最好还是不要说谎。但是，……但是什么呢？

但在这里我很快就看出，

这个"但"和上面的"虽然"是相应的。前面讲虽然我完全看到了，一直到"更明智的做法是，在此按照普遍的准则行事，并且养成除非有意遵守否则不作承诺的习惯。"虽然如此，也就是虽然我看出最明智的做法就是遵守诺言而不撒谎，最好是不要作出不打算遵守的诺言，但在这里

我马上就看出，

　　这样一个准则毕竟仍然只是建基于所担心的后果之上的。

　　也就是说，不说谎当然在康德看来是一条道德命令，我们出于明智虽然也可以得出这样一条命令，不要说谎，或者最好是不要说谎，但是这一劝告仍然只是建基于所担心的后果之上的。劝人不要作出那些不打算承诺的诺言，既然你没有能力还钱，你就不要借那么多，这是出于明智，大家都知道的，这是生活的常识了。你借了钱不还，你是一次性的，你以后怎么办啊？你要别人怎么相信你？没人相信你了你在这个社会上怎么立足？出于明智的考虑，你肯定也会得出我们不应该做那种不打算遵守的诺言这样一种准则，遵守这样一种生活的准则。我们的准则就是不做那些不打算遵守的诺言。但是马上就可以看出，这样一个准则必然还是只建基于所担心的后果之上的。我们说这样一个人是有道德的，通常这样说没问题，但是严格考察起来，他只是出于对行为后果的担心，他不是真正出于道德。所以这个人你说他是有道德的，其实是很难说的。

　　但现在，真正地出于义务的情况，与出于对不利的后果的担心的情况，毕竟有某种全然不同的地方：因为在前一种情况下行动的概念自在地本身已经包含了一种为我设立的法则，而在后一种情况下我必须先去别处搜寻，看看对我来说与此结合着的可能会是什么结果。

　　出于义务和出于明智的考虑是全然不同的情况。前一种情况下，也就是真正出于义务的情况下，"行动的概念自在的本身已经包含了为我设立的法则"。这个我不需要去看当时的处境，周围的人，经济状况等等，这些都不需要去看，就是出于我自己的行动的概念，我这个行动如果是出于义务的，那么它本身自在的就已经包含了一种法则。这个法则是为我设立的，也是我自己设立的，是我自己的理性为我自己设立的。那么这种法则它独立于所有的周围的现实情况，在任何情况下，不管任何情况，我都不说谎。不说谎不是出于任何情况，而是出于我这种行动的概念。我就是尊重这个义务，我敬重这样一条义务的法则，我出于这个法则而不说谎。哪怕我陷入了经济上的困境，哪怕我的店子倒闭了，我衣食无着落，我流落街头，我也不做那种虚假的承诺。有什么我就承受着，但是我首先要按照我自己的行动的这种法则来为自己的意志立法，这是前一种情况。他说，"而在后一种情况下我必须先去别处搜寻，看看对我来说与此结合着的可能会是什么结果。"在出于明智的情况之下，出于对不利后果的担心的情况之下，那么你就要看看是不是会有不利的后果。那取决于周围的环境和处境，而不取决于你的行动的法则本身。你处于某一种环境下，可能会带来不利的后果，在某种环境下可能会带来很严重的后果，但是在另外的环境下，也可能不会。比如说像三鹿奶粉这样的问题，那些人当初都是认为这个不会有什么后果的，大家都这么干。发现了也是那么回事，长期以来就是这样。那些大企业都是这样干的，没有出过事，我这个小小的奶农搞一点，那会有什么后果呢？既然没有很严重的后果，那就做吧，我现在先解决我的生活问题。在中国，往往就是这种情况。一个人做事总是考虑周围的后果，总是一种明智。所以说中国人很精那！中国人特别精！他总是能够考虑到周围的环境能够给他带来什么样的后果，然后钻那些没有严重后果的空子。交通规则，没有人监视，红灯他就闯过去了，会有后果么？这个美国人、欧洲人就比较傻，周围明明没有一个警察，也没有车，他看到红灯亮了，他也站在那里等着。所以中国人做事情总是考虑它可能的后果，如果没有那种担心的后果，或者可能的后果的代价很小，那他就什么事情都干，只要可以逃避后果。康德讲的义务是出于一种纯粹实践理性的规范，它本身对意志发出命令，而与周围的情况没有关系，跟你所可能带来的后果没有关系。所以在后一种情况下"我必须首先去别处搜寻，看看对我来说与此结合着的可能会是什么结果"。如果没有什么结果，那就不要紧。你也可以说谎，说谎不会受到惩罚。比如说你有钱，你可以封住人家口，人家不敢做声，那就得了。很多人发财就是通过这些明智的考虑而获得的，但是往往是不道德的。虽然是不道德的，但是他为之自豪，觉得自己很精明，道德有什么用呢？如果不用付出代价，或者代价可以承受，代价和所得相比小得不成比例，那我就干，而且有一种挡不住的诱惑。

因为，如果我偏离了义务的原则，那就完全肯定是恶的；但如果我背离我的明智的准则，这对我却仍然可以是很有些好处的，尽管固守这条准则无疑更加保险。   403

这还是讲的上面两种情况全然不同的地方，即在后一种情况下，我必须首先去别处搜寻等等。这里又是一个"因为"，这个"因为"更加本质。他说，"因为，如果我偏离了义务的原则，那就完全肯定是恶的"，也就是说在后一种情况下，就是偏离了义务的原则，那肯定是恶的了，毫无疑问。恶的也就是不是善的。只要我偏离义务的原则，那就肯定是恶的。但是如果我偏离了我的明智的准则，那情况就不是很明确了，就很模糊了。这对我仍然是有些好处的，不明智的人不就是因为贪图眼前的好处么？所以善恶在后面这种情况下是不明确的。如果偏离了义务的原则那就肯定是恶的，但如果我背离我的明智的准则，这对我却仍有可能是很有些好处的，尽管遵从这条准则无疑更加保险。固守这条准则，也就是明智地不说谎，尽管它更加保险，但是得牺牲眼前的好处。就是说你说谎得到的好处是眼前的，以后就未必，所以为了明智起见，你最好还是不要说谎，更加保险一些。什么叫保险呢？就是说从长远利益来看，你可能更少受到损失，你不会受到大的损失，反而可能会吃小亏占大便宜。所以在后面这种情况下，好、坏是不明确的，好坏也是一种善恶，所以这里没有一个固定的善恶标准。明智的标准是很不确定的，它要根据当时当地的具体情况，以及它在现实的发展过程中所冒出来的情况确定，到底你这样做是明智还是不明智。一个人不可能把所有的情况都考虑在内，所以它始终是模糊的。善和恶的界线是模糊的。而在前一种情况下，善、恶界线分明，善就是善，恶就是恶。你出于义务去做那就是善；你违背义务那就是恶。

然而，为了以一种最简短却又可靠的方式在欺骗性的诺言是否合乎义务这个问题的回答方面开导自己，于是我自问：假如我的（通过一个不真实的诺言使自己摆脱困窘的)准则将被当作一个(对我自己和对他人同样有效的)普遍法则,我对此真的会感到满意吗?

他这句话就是说,前面讲的如果出于明智,那善和恶的标准就是很模糊了。然而,为了要不模糊,要直截了当的回答究竟是善的还是恶的,为了以一种最简短却又是可靠的方式在区分一个虚假诺言是否合乎义务这个问题上,在回答这个问题时开导我自己,"于是我自问",这个时候我提出这样一个问题,这个问题是能够最简短最可靠地加以回答的:我把自己这样做的准则当作一个普遍法则,是否会感到满意? 要回答你这样做是否明智的问题,这是很难简短又可靠的回答的。是否明智? 有的人说我很明智啊,我到手了么,我获得了么。另外一个人说,你暂时获得了,以后怎么样,还不知道。那么这个人也可以回答,以后的事情谁能说得定呢? 远得不如现得,我只要当下获得就够了。的确有的人屡次得手,没有看到什么严重的后果。所以这个界线是很不明确的,是很不直截了当的。但是在这里,你只要问这样一个问题,我们就能够找到一种最简短、又是最可靠的方式,在这个行为是否合乎义务方面作出回答。这就是问自己:假如我的准则,什么准则呢? 就是说谎,通过不真实的诺言使自己摆脱困境,说谎在这里被当作准则;假如我把这个准则当作一个普遍法则,当作一个对我自己和对他人同样有效的普遍法则,会怎么样呢? 你的准则本来只对你自己有效,通过一个不真实的诺言使自己摆脱困境,只对我自己有效,别人没有这样的困境。或者说我摆脱了困境,把别人又陷入了困境,踩着别人的身体往上爬,把自己的幸福建立在别人的痛苦之上,这本来是我个人的准则。那么如果被当作一条普遍的法则,也就是当作对他人同样有效的普遍法则,我对此真的会感到满意么? 你愿意么? 你作出不真实的诺言使自己摆脱困境,这样一条准则,你愿不愿意它成为一条普遍的法则? 如果人人都这样干,你愿不愿意? 你自己扪心自问,你是否能够愿意每个人都像你一样为了摆脱困境,就撒谎。如果你碰到这样一个人,你会怎么样?

　　而且,我真的会有可能对自己说,如果发现自己处于无法以其他方式摆脱的困窘中,则每个人都可以作出不真实的诺言?

　　这个当然是虚拟式,它是对"我对此真的会感到满意吗"这句话更进一层。一个是我真的会对此满意吗? 再就是我真的会对自己说这样一句话吗? 说什么话呢? "如果发现自己处于无法以其他方式摆脱的困窘中,则每个人都可以作出不真实的诺言?"也就是说,一方面,我们可以问自己,如果我的准则变成一个普遍法则的话,如果所有人都是像我一样做的话,那么我是否能够满意;而且,更进一层,我真的会有可能对自己这样说,如果发现自己处于无法以其他方式摆脱的困境中,则每个人都可以作出不真实的诺言吗? 我能不能对自己这样说,我这次是撒谎了,但是每个人如果处在我这种情况下,都可以撒谎,我能不能这样说? 这是一条普遍法则啊! 每个人当他处于我这种情况之下的时候,别人处在我这种情况之下的时候,他也可以撒谎。我能不能够这样说,把它变成一条普遍的法则? 首先是我愿不愿意,其次是能不能承认这样一条法则,每个人都可以像我一样的撒谎。

　　这样我马上就会察觉到,我虽然可能想要说谎,但是决不可能想要一条说谎的普遍法则;

　　这样,也就是这样一问,我马上就会发现,就会察觉到了,我虽然可能想要说谎,但是决不想要一条撒谎的普遍法则。也就是说,我的想要说谎,是把它当作一次性的,下不为例,或者别人不能像我一样,我特殊。这个我特殊,可以是我比别人更聪明、更狡猾,说谎你们说不过我;再一个就是我比别人有钱有势,我说谎你们也无可奈何,我说了谎你们可不能照此办理,我可以对你们撒谎,但是你们得对我老实,因为我有钱有势嘛,我高高在上。所以我虽然可能想要撒谎,但是决不想要一条撒谎的普遍法则。你把自己摆在与其他人不同的一个特殊的地位之上,你不能把你的准则变成一条普遍的法则。

　　因为根据这样一条法则,真正说来将会根本没有任何诺言存在了,

因为假装我在未来的行动方面有自己的意志，对于另外那些本来就不会相信这一假装的人来说，这种做法将会是徒劳的，

根据这样一条法则，也就是说当你把你的准则变成这样一条普遍法则的时候，真正说来将会根本没有任何诺言存在了。如果大家都来说谎，都来打假广告，那就没有任何诺言存在了，也就是说没有任何东西可信了。你广告打得再好，你的奶粉拼命的宣扬我们现在已经经过了多次的质检，已经没有三聚氰氨了，还是没有人买。为什么？前面已经做了那么多的诺言了，吹嘘这个奶粉是经过了一千多道检验的关口，经过一千多道的关口还是有三聚氰氨，你现在又再经过一次，那有什么区别呢？肯定还是谎言，谁都不能够相信诺言了。如果你把说谎当成普遍的法则，那就根本没有任何诺言存在了。因为假装在未来的行动方面有我自己的意志，在未来的行动方面，也就是说在履行诺言方面，我会有自己的意志的。广告上面也是这样讲的，这个买一赔十，如果你买了一个假货，我就赔你多少多少，这是我的意志。但是当你发现上了当，你去找他，他不见了，人间蒸发。他假装我在未来的行动方面有自己的意志，对于另外那些本来就不相信这些假装的人来说，这种做法将会是徒劳的。这种做法是什么做法呢？就是你假装你会履行诺言，对于那些不相信你的假装的人来说，你这种假装也是没用的。所以这种假装、承诺都会消失。假装是没用的，没人相信的，那谁还去假装呢？假装不就是要人相信才能骗人么？人家不相信了，你骗不到人了，你那个假装还有什么用呢？你广告打了那么多，花那么多钱打广告不就丢到水里了？所以假装、诺言这些都将不存在了，一旦你把它们普遍化，它们就会自我否定，自我取消。查三聚氰氨那一阵子，没有人打奶粉广告。你总得作出一点真货来，才能够继续骗人。你本来是作出虚假的诺言，但是你一旦把它们普遍化，就会把诺言本身取消了，没有人再做诺言了。现在就属于这种情况，现在这些奶粉商，厂商都不敢做诺言，不敢保证了，你越保证，人家越觉得你虚假。所以现在的奶粉广告倒是少多了，也比较朴实了，没有以前那

些虚假成分了,但是人们还是不相信。所以虚假的诺言也就跟着不存在了,所以虚假的诺言一旦普遍化,它自己就不能存在,这是一条自我否定的法则,如果你把它当作法则,它就会自我否定,自我取消。

或者,如果他们轻率地相信了这种假装,最终也会用同样的方式回敬我,因而我的准则一旦被做成普遍的法则,就必定会自我摧毁。

或者,这个或者后面讲了一种现实的情况,就是说一旦他们轻率的相信了我,最终也会用同样的方式回敬我。就是说你这一次骗了我,我下次再骗你。因为这是普遍法则么,大家都骗人。把大家都骗人当作一条普遍法则,那大家都回敬么。你骗我一下,我骗你一下。那么你骗我所获得东西,在我骗你的情况下你又全部失去了,甚至失去的更多。那是一个人骗人的世界,大家彼此彼此,大家都不要说被骗。都是自己骗自己,你哄我,我哄你。所以我的准则一旦成为普遍的法则,就必然会自我摧毁。大家都彼此彼此了以后,就不用说什么了。两个骗子在一起就不用骗了,我们两个相视而笑,心领神会就够了。我们都是骗子,就不用骗了。你说那么多废话干什么?反正也没人相信。所以这样一个说谎的普遍法则就搞得大家都不说谎了,都不用说谎了,说谎没用了。原来说谎是有用的,因为还有那么一些傻瓜,他们不骗人,他们又造就了另外一些傻瓜,他们轻易相信人。一旦大家都精了,大家都明智起来了,那么大家都不用说谎了。因为大家都很聪明,没有傻瓜了。这就是康德这个道德律的本来的意思。如果一个行动的准则,你设想一下把它变成一种普遍法则,那就像自然淘汰一样,有些准则在自然的环境中就会被淘汰掉,没有人再这样做了,那就是不道德的准则。这里讲的正是康德在第二章中所展开的定言命令的论证,他在那里多次举了说谎的例子,指出凡是一旦普遍化就会自我取消的行为都是违背定言命令的,因而是不道德的。这个是康德的思维方式。为什么他的道德律是这样建立起来的,我们觉得很奇怪。我们通常讲,你要说一个命题是道德律,你必须要从多方面证明它能够带来多少多少好处,它能够给多少多少人带来利益。一个是功利、多数人的幸福,再一个是爱国主义,治国平天下,这些前提都放在那里,于是你要说哪一条原则是道德的,你就用这个标准去衡量。但是在康德那里,这些前提都不存在。那么如何重建道德律?就从逻辑,如果你按照理性去设想,你这些行为的准则,一旦在逻辑上被普遍化,它就会自相矛盾,自我取消,它就会成为一个自相矛盾的东西,在逻辑上不能成立的东西。凡是在逻辑上不成立的东西,都会被消灭。只有在逻辑上成立了,才能是道德的。在人与人之间的关系中,我们要遵守理性,遵守逻辑,这个逻辑不是用在认识方面,而是用在实践方面。实践上面应该合逻辑,你这行为要他人也能够遵守,你跟他人都是同一个原则,那就是道德法则。当然他这样说其实也有前提,这就是人都是有理性的,因而人是平等的。作为有理性的存在物,每个人都有理性,每个人的理性都是平等的,这当然是一个启蒙运动的前提。但是理性也好,平等也好,这还不是道德,要从这里头建立起道德。所以康德是通过逻辑来建立道德的,或者说他是从一块平地上面来建立道德。把人人都同样具备的理性能力、逻辑能力作为道德的基础,这就是他的实践理性,它没有任何别的前提。至于道德这个概念也是建立在逻辑之上的,我们把它叫作义务,叫作道德。你不叫道德也可以,道德这个东西不是一个先定的东西,它是合乎逻辑的,我们才把它叫作道德。这是康德道德哲学的在我们看来一个很奇特的思路,它就是西方理性精神的一种彻底化。西方理性精神在以往总是在科学的、认识的层面伸展。而在康德这里,第一次彻底地伸展到道德实践的根基上面来了,一切道德都是建立在理性之上。在以前是建立在信仰之上,但是康德首次把道德的根基完全建立在理性之上。这个是我们要好好揣摩的。因为我们有一些根深蒂固的东西,一讲到道德我们就想到一些先定的东西,天理天道等等。但是我们从来没有想到道德其实不是什么先定的东西,它是由理性所建立起来的东西。康德就做了这样一项工作。人的理性为人自己立了法,就是道德,我们把它叫作道德,你也可以叫作别的什么,但是我们通常讲的道德,本质上就是这些东西,它的根基就在这里。

第 九 讲

我们上讲已经讲到，康德通过一个例子，实际上已经提出了道德律的普遍法则。他的那个例子讲：当我们处在困境中的时候，我们是否可以作出一种我们不打算遵守的诺言？也就是我们是否可以许诺虚假的东西？按照康德的方法，这个问题比较容易解决。只要想一想：如果每个人都可以许诺虚假的诺言，那将会是什么情况？我们就会发现，当每个人都许诺虚假诺言的时候，诺言自身就不存在了。因为一旦它成为一条普遍法则，每个人许诺的就都是虚假的了，世界上就没有人相信任何诺言，那许诺就没有用了。因为一个人许诺虚假的诺言是想让别人相信，从中获得某种好处，如果根本就没人相信，那许诺就没有什么用了。许诺虚假诺言这件事情也就会因此而自我取消、自我摧毁，就会被淘汰掉。因为它在逻辑上就自相矛盾，就是说它是不符合理性的。所以上次讲到的这个例子，是可以用来说明所谓的道德律的。当然在这个时候康德还只是从我们日常的普通理性的道德知识方面来提请我们大家注意一下，即当你要做一件事的时候你把它设想为普遍的，你就很容易断定这样一个事情是否能够持续下去。这个例子是从消极方面说的，他还可以从积极方面设想，如果每个人的许诺都是能够履行的，那将怎么样？如果这样一条准则变成了一条普遍的法则，即人人都许诺诚实的诺言，那将怎么样？那这样一条准则就可以良性循环，从而不断地持续下去了。如果人人都诚信，这个世界就非常好了，就没有矛盾了，就会不断地越来越诚信，那诚信这样一个准则就会变成普遍的法则。所以，如果不诚信，许诺就会自我取消，而反过来如果诚信，它非但不会自我取消，还会发扬光大。但是康德的这个例子还只是有关日常道德的，顶多是哲学的道德理性知识，还不是道德形而上学，他还没有从中抽出一个定言命令，还没有采取道德律的最高法则的形式。康德只是一步一步的把人们引进道德形而上学的门槛。

以上是回顾上周的一个例子，已经引到了这一步，今天要讲的这一部分是进一步的向道德形而上学过渡。第一章后面的这几段话都是向第二章道德形而上学的过渡，第二章的标题是"从通俗的道德哲学过渡到道德形而上学"，实际上在第一章的末尾已经开始过渡，它跟第二章的开头是衔接的，我们今天就看一看这几段。

因此，为了使我的意愿成为道德上善的我必须做什么，对此我根本用不着远见卓识的机敏。

"因此"，指根据他上面举的那个不要做虚假诺言的例子，从这个例子里面我们已经发现有一种必然性的东西，即"为了使我的意愿成为道德上善的我必须做什么"。前面那个例子虽然非常通俗，但它已从一般的普通的理性的道德知识进入到了一种通俗的道德哲学。在日常生活中，我如果想知道一个行为是否能够成为善的，那么我只需要设想成它为一条普遍的法则会怎么样就可以了。这就成了一种通俗的道德哲学了，而不再只是一种日常的普通理性的道德知识。譬如不要杀人、不要放火、不要欺骗等等只是一些普通理性的道德知识，但是如果我设想一下抢劫、杀人、骗人等等会怎么样，我们就可以找到某种规律性的东西，这就进到了一种道德哲学。但这种哲学是通俗的，它还没有形成一条法则，没形成原理，而只是设想。譬如当孩子吵闹影响别人休息时，我们通常会这样教育他说："你自己也要休息啊，当你自己休息的时候别人大吵大闹你会怎么样啊？你想一想，别人妨碍你休息你会有意见，你妨碍别人休息别人同样也会有意见啊。"其实这也就是孔子所说的"己所不欲，勿施于人"，它是最通俗的道德哲学。对孩子也可以用这样的教育，这正是康德所讲的"对此我根本用不着远见卓识的机敏"。

　　在对世事缺乏经验，无力把握世上一切眼前突发的事件的时候，我只要问自己：你也能够愿意你的准则成为一条普遍法则吗？如果不愿意，那么这个准则就是卑鄙的，虽然这不是由于从中会对你或者还对他人冒出某种不利的缘故，而是由于这个准则不能够作为原则而适合于某种可能的普遍立法；

　　"在对世事缺乏经验，无力把握世上一切眼前突发的事件的时候"，就是说哪怕你没有任何为人处世的经验，对世界上的事情将会导致什么样的结果不能够充分地把握，这也是无关紧要的。康德认为在这方面我们用不着老谋深算的经验，只要有普通的理性能力，只要能问自己："你也能够愿意你的准则成为一条普遍的法则吗？"就足够了。人的行动与动物的行动不同就在于，人是按照准则来行动的，而动物是由本能支配。人是有理性的动物，他的行动总有自己的规则，也就是准则。但准则是主观的，它可以是道德的也可以是不道德的。如何区分，就看它是否能成为一条普遍的法则，即不但你愿意自己遵守，并且其他人都能遵守。曹操讲"宁叫我负天下人，不叫天下人负我"。其实"宁叫我负天下人"如果变成普遍的法则，就会变成"宁叫天下人负我"，因为你要负天下人，如果每个人都这样想的话，他们个个都会来有负于你，那么天下人都要负你，如果按照普遍的法则的话就应该这样推。曹操当然不愿意这样，他是对自己"宁叫我负天下人"，而对他人则是"不叫天下人负我"，他运用的是双重标准。所以曹操也有准则，但他的这条准则是绝对不可能成为普遍的法则的，一旦成为普遍的法则就会自相矛盾，自我取消。所以，我只需问问自己"你也能够愿意你的准则成为普遍的法则吗？"就足以判定我的意愿是不是道德的。这是一个试金石，而且它里面实际上已经隐含着康德的道德律。康德的道德律是在第二章才提出来的，但是在此他仅仅是让我们去扪心自问，从而引导我们去想问题。"如果不愿意，那么这个准则就是卑鄙的"，如果一个人不愿意他的准则成为一条普遍的法则，那是因为一旦成为普遍的法则他自己就会取消掉这个法则，所以他只愿意它成为个人私下的甚至是秘密的准则。我们的社会自古以来就有许多伪君子，他们为什么要伪装呢？因为他自己私下的目的是见不得人的，更不能公开地把它实现为普遍的法则。但是究竟是什么原因使这个准则成为卑鄙的呢？康德接着讲："这不是由于从中会对你或者还是对他人冒出某种不利的缘故，而是由于这个准则不能够作为原则而适合于某种可能的普遍立法。"之所以认定一条准则是卑鄙的，倒不是因为它会带来什么样的好处或坏处，从中会对你或者还是对他人冒出某种不利。当然也会造成某种不利，从功利主义的角度看，如果一个人不愿意把他私下的准则变成一条普遍的法则，那肯定是因为一旦变成普遍的法则它会给他带来不利的结果。并且，在功利主义者看来，最大多数人的最大利益就是道德律，如果只有一个人得利使所有其他人都受害，那就是卑鄙的。而康德是另外一种标准，康德认为它之所以是卑鄙的不是因为利益的问题，而是由于"这条准则不能作为原则而适合于某种可能的普遍立法"。"某种可能的普遍立法"，实际上就是他后面讲的道德律、定言命令，他在这里只是采取某种间接地，暗示的方式，到底是什么样可能的普遍立法还没有说。但是有一点是确定的，即这种立法一定是普遍的。所以康德的标准和功利主义是大不一样的，通常我们是站在功利主义立场上来衡量一个行为是否道德的。譬如我们评价一个不道德的行为，主要考虑的是它使很多人受害。一个人杀了一个人，我们说他是罪大恶极的；而如果一个人杀了几个人或者十几个人，那就是更加不可饶恕；甚至有的独裁者杀了几百万人，那就是滔天大罪了。所以我们一般是从后果上、从它给人类带来的利害上来衡量一件事情是否道德。但是康德在这里提出的标准不是这样，他认为有一个普遍的标准，就是看它是否适合于人类普遍的实践理性。如果它自相矛盾就是不符合实践理性的，如果它能够成为普遍的法则且不自我取消，且能够良性循环，那么它就符合人类理性在实践方面的应用。所以从康德以后，义务伦理学或实践理性的伦理学（规范伦理学）与功利主义的伦理学就分成了两支。但它们之间不仅仅局限于对立，康德的义务伦理学也吸收了功利主义的一些东西，但是把它作为低层次的加以吸收。康德也没有否认功利主义的那些标准，只是认为功利主义后面还有更高的标准，真正的本质的东西要通过纯粹的实践理性加以衡量。一个行为究竟是道德的还是不道德的，根本上说要看它是否符合实践理性的基本法则，这才是最本质的。至于它带来的后果那是下一级的事情，是第二位的。道德的东西在通常情况下会带来好的后果，但是也不一定。如果完全从后果上去考虑一个行为的道德或不道德，就会陷入到迷宫，有些不道德的事情反而会使很多人得利。这种事情在日常生活中见得很多了，三鹿奶粉的事情使很多人得利，使许多企业都发展起来了，甚至那些受害者也可能间接地得到了利益，但是它造成了人民的生命的丧失。也许会有人说，只有几个婴儿死了，我们大家多数人都得利了。但是我们不能够这样来衡量，这是把人的生命不当一回事。哪怕是没有死一个人，这样做也是不道德的，它损害人们的身体健康，在做法上就错误的，是违背实践理性，违背义务的。为什么他自己生产的奶粉他自己不吃，这就是两重标准，即别人可以受损害，我得先保住自己得利。所以我们不能完全用功利主义去衡量一件事情道德还是不道德。康德在这里提出的标准非常鲜明，每个日常生活中的普通老百姓，都可以运用，而不需要有很高深的哲学知识，只要有普通理性就够了。

但理性迫使我对这立法给予直接的敬重，虽然我现在尚未**看出**这敬重基于什么根据（这尽可以由哲学家来研究），但至少我知道了这么多：它是对远远超过一切由爱好而被称颂的东西的价值之上的那种价值的尊重，

"但"就是说，根据前面讲的，卑鄙的行为虽然不是由于它和我有什么利害关系，而是由于它违背了普遍的立法，但我对这样一个立法却有一种"直接的敬重"。这个敬重不是对功利的敬重，不是因为它给我带来很大的利益或者没有给我造成很大的损失，我就敬重它，而是理性迫使

我对这样一个立法给予直接的敬重。所谓"直接的",就是没有任何经验的或功利的东西介入其中,我直接就对这种法则产生敬重。那么这种敬重是出于什么根据呢?他说"虽然我现在尚未看出这敬重基于什么根据","现在"就是指在通俗的道德哲学这个阶段,就是说在这个阶段尚未看出这敬重基于什么根据。老百姓没有经过哲学训练,他们虽然在生活中有对道德法则的敬重,但这种敬重是出于什么根据他们还不能知道,对敬重根据的严格论证不也是老百姓的事情。老百姓没有时间也没有必要对他的这种感情去加以论证。所以他说"这尽可以由哲学家来研究"。这是哲学家的事情,康德就是要对那种日常的一般的实践理性进行一种形而上学的论证,这是他《道德形而上学奠基》一书的主题。他并不是发明一种道德,而是对老百姓日常的道德提供一种形而上学的根据,使它更加清晰。但是我们对道德法则究竟为什么会有这种敬重感呢?这是因为理性在里面起作用,理性超越一切功利、经验,迫使我对这种普遍的立法产生直接的敬重。虽然我还没有看清到底这种敬重从何而来,如何证明它,这些我都没有做过,但是我由衷地敬重那些有道德的人,哪怕他没有给我带来什么好处,我也很敬重他。因为我敬他是一个君子、一个高尚的人,虽然我不认识他,也没有跟他见过面,但是我听说他是这样做事情的,我就敬重他,这是理性迫使我这样敬重的。所以下面讲:"但至少我知道了这么多:它是对远远超过一切由爱好而被称颂的东西的价值之上的那种价值的尊重"。就是说我在这种敬重之中虽然没有搞清楚我敬重的根据究竟何在,但我至少这一点是清楚的,即这种敬重远远超出一切功利之上。一切功利就是一切被爱好所称颂的价值,比如说带来了多少的经济效益。现在社会好像所有的价值都可以被归结为经济效益。市场经济的基本原则就是一切都要市场化,教育、医疗等都要市场化。所谓市场化实质上就是指能带来金钱,金钱是一切爱好最为称颂的东西。但是对道德法则的敬重是对远远超越被一切爱好所尊重的价值之上的那种价值的敬重。超越一切功利价值之上的那种价值,就是道德价值,它是最高的价值。我对道德法则抱有敬重态度的时候我至少知道这一点，我对它的敬重不但没给我带来任何好处，而且哪怕是给我带来功利上的坏处，我也敬重它。

而且，我那些出自对实践法则的纯粹敬重的行动的必要性，就是那构成义务的东西，所有其他的动因都必须在它面前让步，因为它是一个自在的善良意志的条件，其价值超越一切。

以上已经讲了敬重是什么，那么出于这样一种敬重产生一些什么样的行动？这些行动有没有必要性？我的一些行动是纯粹出于敬重而发生的，由于不想违背道德法则，由于想对道德法则表示敬重，所以做了这样一件事情，那么这件事情就是有必要的。出于对道德法则的纯粹敬重来行动，这样一种必要性，就是那构成义务的东西，也就是说出于敬重做一件事情，这就是你的义务。我们通常讲的义务，含义很肤浅。比如别人对我有什么好处，我就有义务去报答他，如果没有对等的报答我就过意不去。这种义务是非常肤浅的，这是完全从功利的方面考虑的一种义务，而不是出于对道德法则的一种纯粹的敬重，所以这种义务就不能叫作真正的义务，它们都是有条件的。真正的义务只是出于纯粹敬重的必要性，是纯粹属于道德的"应该"。这就把义务的内涵定在这样一个范围之内了，即哪怕你要报答人家，也要出于义务，出于敬重，而不是因为人家给了你多少好处而做的交易。"所有其他的动因都必须在它面前让步"，"其他动因"当然康德也没有完全否定。譬如礼尚往来这些日常生活中的一般的法则是很实用的，你按照这种道德规范去做事，可以左右逢源。这些功利方面的考虑，康德并没有完全的否认，但是所有这些动机都必须在构成义务的东西面前让步。为了义务这些东西都可以不考虑，当它们与义务发生冲突的时候，要以义务为先。因为义务"是一个自在的善良意志的条件，其价值超越一切。"善良意志是自在之物，自在之物也就是物本身，所以"自在的善良意志"也可以翻译为"善良意志本身"，它跟现象无关。所有的功利、幸福、好处、利益这些东西都是在现象界发生的事情，而善良意志本身作为自由意志是在本体界发生的事情，所以它凌驾于所有的现象之上，其价值超越一切现象界所显现出来的价值。义务"是一个自在的善良意志的条件"，也就是说自在的善良意志本身就是按照义务来实行的意志，否则根本没有什么善良意志。自在的善良意志是一种纯粹实践理性，它的实践行动的条件就是：你的行动的准则要成为一条普遍的实践法则，而这就是义务，也就是"构成义务的东西"。当然成了一条普遍的法则，也不一定能在现象界表现出来，因为它是本体界的法则。我们看到现象界绝大多数人都不是按照这样一条纯粹的法则做的，多多少少都掺杂了一些不纯粹的东西。但也还是有一种命令，命令一个人应当如何做，哪怕他没有这样做的时候他也清楚，他本来应当怎样做。这一段讲到了我们根本用不着远见卓识，我们在日常的普通理性里面就能够意识到对道德法则的敬重。这让我们在日常生活中就已经知道：有一种绝对的值得敬重的价值。同时在通俗的道德哲学里，我们已经知道了这一点：有一种超越一切之上的价值，那就是义务。下面一段进一步引申这个意思，就是说这样一种义务是我们在日常生活中间，在普通的人类理性里面，已经发现了的，并不是康德才发现的，康德只不过是把人们已经发现的东西提取出来加以分析而已。

　　<u>这样，我们就在普通人类理性的道德知识中直抵了它的原则，虽然这理性并未想到把这个原则以如此普遍的形式分离出来，但实际上总是念兹在兹，将其用作自己评判的准绳。</u>

　　这就是我们刚才讲的，在我们的日常生活中，用作评判他人或自己的道德准绳，老百姓日用而不知。"我们就在普通人类理性的道德知识中直抵了它的原则"，即不但是"从普通的道德理性知识过渡到哲学的道德理性知识"，从中总结出三条道德原理，而且也已经从这种哲学的道德理性知识中"直抵了它的原则"，就是我们在普通的人类理性知识里面分析它的原则，一直抵达了道德形而上学的最高原则：要按照你愿意你的

准则能够成为一个普遍法则那样去做。这是普通老百姓没有想过的事情。普通老百姓不研究哲学,但是他要在日常生活中随时作出判断,那么他作出的判断用的什么标准呢?他说:"虽然这理性并未想到把这个原则以如此普遍的形式分离出来,但实际上总是念兹在兹,将其用作自己评判的准绳。"也就是说虽然普通的日常的理性并没有想到把义务的原则以如此普遍的形式单独加以考察,而是常常把它们与功利的考虑混在一起,但是在作道德判断的时候,确确实实的有一个道德准绳,只要凭借我们的道德知识想一下就知道怎样做是不对的,我们本来应该怎么做,哪怕实际上我并没有做,我心里也会问心有愧。那么有愧的标准是什么?是什么使你有愧呢?我们其实是知道的,只是我们还没有把这个标准单独的抽出来加以研究,但它"实际上总是念兹在兹",即是说这个准绳其实一直在我们心里面,时时刻刻都在提醒我们,作为我们衡量一件事情是否道德的标准。这是一个事实,普通老百姓只要他还有一般的普通理性知识,他就会是这样。在这一章里面其实还是在讲老百姓的日常道德理性,并没有真正展开道德形而上学,只是点出在这种日常道德中已经隐含了道德形而上学原理的标准了。

　　这里就会很容易指出,手持这个罗盘,人类理性就会在所面临的一 404切情况下很好地懂得去分辨,什么是善,什么是恶,什么符合义务,什么违背义务,

　　罗盘就是指准绳。手持这一罗盘人们就会在无论多么复杂的情况下,不论有多少偶然的因素掺杂其中,人类普通的理性都会懂得去分辨、去判断什么是善、什么是恶、什么符合义务、什么违背义务。

　　人们即使不教给理性任何新东西,只要像苏格拉底所做的那样,使理性注意自己固有的原则,因而也不需要科学和哲学,人们就知道如何做才是诚实的和善良的,甚至才是智慧的和有德的。

　　这是说普通的人类理性是足以承担这样一种道德准绳的功能。但是普通人类理性毕竟是老百姓过于日常化的浅层次的理性,是需要提高和

训练的，但是就算不提高，"即使不教给理性任何新的东西，只要像苏格拉底所做的那样，使理性注意自己固有的原则"，在日常生活的道德问题上就已经够用的了。康德在这个地方提到的是一个关于苏格拉底的典故。苏格拉底认为每个人都有自己的理性，哪怕最不起眼的奴隶也有自己的理性。在《美诺篇》中，苏格拉底找了一个十二三岁的小奴隶，对人们说他能够把这个小奴隶头脑里的理性知识开发出来。苏格拉底让没有学过几何学的小奴隶自己来证明一条几何学的原理，但是他不教他任何正面的积极的原理，而只是向他发问，让他回答。苏格拉底提出了一个问题——比一个边长为 2 的正方形的面积大一倍的正方形，边长应该是多少？小奴隶最初以为是 4，苏格拉底于是就假定小奴隶的答案是正确的，给小奴隶在地上画了一个边长是 4 的正方形，小奴隶一算不对，便修正自己的观点，说大概是 3。苏格拉底又画了一个边长是 3 的正方形，一算还不对，小奴隶就傻眼了。苏格拉底就把那个边长是 4 的大正方形分解为边长是 2 的四个小正方形，再在四个小正方形里面作了四条对角线，用对角线为边长来组成一个正方形。小奴隶马上看出，每条对角线都将小正方形平分为两个三角形，而由四条对角线组成的正方形包括四个三角形，它们的面积之和就正好等于小正方形的一倍。苏格拉底仅仅通过提问，一步一步地把小奴隶的思想引向了正确的结论：所求的那个正方形的边长应该是原来那个正方形的对角线。在今天来说，这个结论是很复杂的，一个正方形和一个面积两倍于它的正方形的边长之比是个无理数。这就是苏格拉底的方式，即精神的接生术。苏格拉底的母亲是一个产婆。正如产婆不能代替产妇生孩子，而只能帮助产妇把她体内已经孕育成熟的孩子接生出来，苏格拉底认为哲学家也只能帮助把已经存在于每个人心中的理性知识慢慢引导出来。苏格拉底的方式是一种非常高明的方式，他与人讨论问题总是先不把答案说出来，有时明明他自己知道答案，但是他不说，他让对方说出来。人们称苏格拉底有一种讽刺精神，他只是进行提问，让对方自己发现矛盾，自己修正自己的观点，然后对这种修正又再次加以修正,从而逐渐接近正确的答案。康德在这里说"要像苏格拉底所做的那样,使理性注意自己固有的原则",苏格拉底使理性注意到自己固有的普遍原则,这个先天固有的原则只有经过引导,它才能显现出来。当然在康德看来即算是显现不出来,固有的原则依然在暗中起作用,"因而也不需要科学和哲学,人们就知道如何做才是诚实的和善良的,甚至才是智慧的和有德的"。就是说人们在道德生活中不需要科学和哲学,只要使普通的人类理性注意到它自己固有的原则就够了。这个原则不是科学的原则,而是人们在日常的道德实践中无形中采用的原则。人们采用它的时候往往是模糊的,他们可能自以为是根据功利的或幸福主义的原则。但是如果稍微提示他一下,他就会意识到其实真正评价一个人是否是道德的,还不是这些东西。所以科学知识对人的道德觉醒并没有很大的帮助。我们今天也讲智育和德育是两码事情,一个学生的智力高、学习成绩好,不等于他道德高尚。另一方面,甚至连哲学都不需要。老百姓不懂得哲学,但他们知道"如何做才是诚实的和善良的,甚至才是智慧的和有德的"。"诚实的和善良的"是最基本的,是一般老百姓都能做到的,而"智慧的和有德的"就是更加富有积极性了。"诚实"就是不说谎,对一切人都要忠厚老实;"善良"就是与人为善;"智慧"则专指实践的智慧,不包括科学知识。亚里士多德曾提出有两种智慧:一种是理论的智慧,一种是实践的智慧。理论的智慧,主要指哲学智慧;实践智慧则告诉你怎么样做才是道德的,怎么样做才是合目的的。这就是实践智慧和有德的(tugendhaft)。有德的(tugendhaft)与德性(Sittlichkeit)是需要区别开的。Sitten 这个词原来的意思是伦理、风俗或习惯,笼统地也可以译作道德。Tugend 完全是另外一个词,本意是"合适的行为",它与 Sitten 没有词源上的直接联系,我把它翻译成德行。也有些人把它译成美德,这是通俗的译法,古希腊文献里的美德的概念在德语里面通常是用 Tugend 这个词来翻译的,这样翻译也可以,但它并没有"美"的意思,它原来的意思是合适。德行与德性的区别在于,德行指人们在实践中的一些比较具体的品质，它更加日常化、通俗化。所以康德的《道德形而上学》的"道德"是比较广义的，其实是伦理，应该是伦理的形而上学，它包括两个部分，第一部分是法的形而上学原理，第二部分就是德行的形而上学原理。德行和法是相提并论的，法的形而上学讲法律讲权利，德行的形而上学就讲日常的道德规范。所以德行的概念与德性的概念相比更加具体。tugendhaft 是从 Tugend 来的，haft 是个形容词尾，意思是"带有某某性质的"，所以我们把它翻译成"有德的"、"带有德行的性质的"。有德的与道德的层次是不一样的，有德的是非常日常的。当我们说一个人是有德的时，我们是着眼于他的具体行为，所以它还是与日常的普通的实践理性相关，而不需要科学和哲学的支持。在日常生活中间，我们凭自己就能区分什么是道德或不道德，什么是义务或违背义务，并且有了这些基本的东西，我们就可以做到有德的。这与前面讲的智慧的是一样的，就是说在日常生活中我们自己就会有实践智慧并且会有德。我们要注意的是，所有这些词都是用来形容人们在日常的道德生活中所表现出来的属性，老百姓不需要懂哲学，甚至于也不需要多少科学知识，但是他们能做到道德上的严格，让人肃然起敬。这是康德非常重要的一个方面。康德的道德哲学非常思辨，晦涩难懂，有些专业哲学家一辈子研究他还要出错，那么他这些东西有什么用呢？难道老百姓能够懂得他的这些东西吗？当然不懂。但是康德并未因此就贬低老百姓的道德，恰好相反，他认为他的这套高度思辨的道德哲学，就是要为老百姓日常采用的道德原则提供形而上学基础。但老百姓并不知道康德的哲学，他只是按照自己的道德法则行动。

由此也已经很可以预先猜到的是，对每一个人有责任做、因而也有责任知道的事情的知识，也将是每个人、甚至是最普通的人的事业。

"由此"即通过上述看法的意思。"每一个人有责任做、因而也有责任知道的事情"当然就是义务。即有关道德的事情我们不但有责任去做，还要有责任去知道。道德也有道德的知识，所以道德教育通常有两种方法,一种是以身作则,潜移默化;另一种则是传授道德知识。他说"这将是每个人、甚至是最普通的人的事业",即是说不需要成为哲学家或道德学家,作为一个最普通的人我都有责任做并且知道道德的事情。哪怕你不是从事这方面的研究,而是当蓝领、搬运工或农民,也需要知道这些东西,这是你的"事业"。要成为一个人,要与动物不同,一个人就必须要知道这些知识,就应该有这方面的责任,要把它当作"事业"来做。康德的道德哲学就是告诉我们应该去做什么事,我们的责任和义务是什么,它为最普通的老百姓服务,为其生存提供论据。

在这里人们倒是可以不无惊讶地看到,在普通的人类知性中,实践的评判能力竟会远远超过理论的评判能力。

在理论的评判能力上老百姓可能没有发言权,这是因为老百姓没有受过高深的教育。但令人惊讶的是,尽管在哲学和科学问题上没有发言的资格,但是他们的"实践的评判能力竟会远远超过理论的评判能力"。如果一个人想要了解太阳系的某个天体的运行法则,他要去问科学家;如果他想知道人类的知识的构成,人类知识何以可能? 他就要去问哲学家。但是如果他想知道一件事情是否道德,他只需问问自己身边每个普通的老百姓,便能得到正确的回答。我们常常讲"群众的眼睛是雪亮的",这种"雪亮"主要体现在道德方面,群众能够分辨出哪些行为是道德的,哪些是不道德的。

在后一种评判能力中,一旦普通的理性冒险脱离了经验规律和感官知觉,就会陷入到纯然不可理解和自相矛盾之中,至少会陷入到一种不确定、模糊和反复无常的混乱之中。

"在后一种评判能力中"也就是在理论评判能力中,"一旦普通的理性冒险脱离了经验规律和感官知觉,就会陷入到纯然不可理解和自相矛盾之中",这在《纯粹理性批判》中康德已经多次提到过并且多次论证过。普通的人类理性,在理论的事情方面即在科学和哲学的事情方面,一旦它脱离了经验规律和感官知觉,就会陷入到自相矛盾,陷入到二律背反和谬误推理中去。在《纯粹理性批判》的"先验辩证论"中，康德专门讨论了这些问题。在先验分析论中也讲到知性的这些法规，这些范畴，不可能有一种先验的应用，只可能有一种经验性的应用，脱离了经验想得到科学知识是不可能的，那只会陷入到一系列的先验的幻相之中。所以在理论的评判能力中，普通理性是不能够超出感觉和经验束缚的。

但在实践的评判能力中，却正是在普通的知性把一切感性动机都从实践法则中排除掉时，这种评判能力才开始显示出自己真正的优势。

我们由此可以看出，实际上有两个方面的东西引起了康德的惊讶。一方面是上面讲过的，普通的老百姓对于实践的判断能力要远远超过理论的判断能力；再一个就是理论的判断能力脱离不了经验，一旦脱离经验就会产生幻相，而在实践的判断能力中，"却正是在普通的知性把一切感性动机都从实践法则中排除掉时，这种评判能力才开始显示出自己真正的优势。"也就是说实践的判断能力与理论的判断能力恰好相反，前者必须束缚于经验，而后者必须摆脱经验，只有在摆脱经验的情况下它才能真正显示出自身的优势，才是真正纯粹的实践判断能力。在道德的问题上作出判断，我们必须从实践的法则中排除一切感性经验东西，一切功利的动机，完完全全地从超现象的、也就是自在之物的层面来讨论问题。人既属于现象又属于自在之物，人的感性的东西都属于现象，但人的自由属于自在之物。在进行道德判断的时候你必须立足于人的自由，即自在之物的层面，而不能掺杂丝毫现象的东西。一旦把现象的东西如利害、爱好、情感等等考虑掺杂进来，我们作出的实践判断就不纯粹了，到底是出于对道德律的敬重还是出于利害关系来做好事就纠缠不清了。这是与理论的判断结构完全相反的另一种结构。只有当一个人纯粹出于道德律做一件好事，才是真正道德的，才是合乎义务的，只有在这个领域里面，这种评判能力才有自己"真正的优势"。所谓的优势就是说它立足于本体，而理论的判断立足于现象，本体对现象当然具有优势，它是更本质的东西。人的本质不在于他的现象，而在于他的本体，即他的自由，这就是它的优势。而且不需要哲学家，普通老百姓都能做到这一点，即排除一切功利的感性的考虑，仅仅从道德上评价和衡量一个人。

　　这样一来，普通知性甚至有了敏锐的分辨力，不论它是想要在与那些据说是正当的事情相关时都以自己的良心或者他人的要求加以挑剔，还是也真诚地想要规定这些行动的价值来使他自己受教，

　　"这样一来，普通知性甚至有了敏锐的分辨力"，就是说普通知性可以非常细致地把一个人的行为的感性动机和他出于对义务的敬重的动机区别开来，只要发现你有一点感性的动机，对你的道德评价就会打折扣。"不论它是想要在与那些据说是正当的事情相关时都以自己的良心或者他人的要求加以挑剔"，就是普通老百姓可以对任何道德楷模进行挑剔。这里点明了挑剔的两个依据，一方面就是自己的良心，人人都具有良心。如果一个人做一件好事完全是出于自己的良心，没有掺杂任何别的目的，他的动机就是纯粹的，否则就是不纯粹或不太纯。另一方面，即使你自己不挑剔，别人也可能这样要求你，这就是出自"他人的要求"。一个人做了好事，总是会有人来对他提出要求。如果这种要求完全是从道德上提出的，那么它就是"为义务而义务"的要求。虽然这种要求他人也不一定做得到，但还是可以对每一个自认为是道德的人提出这样的要求，即如果他认为自己的行为是道德的，那么他是否真正做到了为义务而义务？所以"与那些据说是正当的事情相关时"，即是说，你的行为"据说"是正当的，也就是合乎义务的，合法的，但还不一定就是道德的，即出于义务的，这时我就可以用良心或者一般人的要求来对它加以挑剔，普通知性的敏锐的分辨力就表现在这一方面。当然这种分辨力不仅表现在这一方面，而且还表现在"想要规定这些行动的价值来使他自己受教"。前一个是自己或他人对一件合法行为加以挑剔；但在另外一种场合，我不是要挑剔这件行为，而是要通过这件事情使自己受到教益，即真诚地规定这些行动的价值，并不追究他人的内心，而是一厢情愿地把他人的合乎义务的行为想象成出于义务的，来为自己树立一个榜样，从中获得一

种道德形而上学的知识。这就是从普通的道德哲学向道德的形而上学的冲刺或过渡了。当然一般老百姓做不到这一点，他们通常只是对别人的合法行为进行挑剔。但一旦他想要通过规定这些行动的价值来使自己受教，来获得某种更高的道德知识，他就能够凭借自己这种敏锐的分辨能力而提升到道德形而上学。

　　而在大多数场合，它在后面这种情况下恰好可以如同一个哲学家总是可以指望的那样，有希望作出正确的判定，甚至在这里几乎比哲学家本人还要更可靠些，因为一个哲学家毕竟不能拥有与普通知性不同的原则，他的判断倒容易被一大堆陌生的、不相干的考虑所扰乱，而可能偏离正确的方向。

　　就是说如果一个人不是去挑剔英雄模范，而是积极地思考英雄模范的行为为什么值得自己敬重，从而使自己获得教益，那么他的敏锐的分辨力"恰好可以如同一个哲学家总是可以指望的那样，有希望作出正确的判定"。即在这方面老百姓像哲学家一样，我们总是能够指望他对一个行为究竟有哪些价值是值得人们敬重的作出正确的判定。"甚至在这里几乎比哲学家本人还要更可靠些"，即是说普通老百姓的判断比哲学家更要准确些。我们固然可以指望哲学家作出正确的判定，但他是不是能作出正确的判断，我们还不能确定。但在这方面老百姓却比哲学家还要更可靠些。"因为一个哲学家毕竟不能拥有与普通知性不同的原则"，就是说一方面哲学家所拥有的原则是和普通老百姓是一样的，他在道德上并不比普通老百姓更高明；另一方面"他的判断却容易被一大堆陌生的、不相干的考虑所扰乱，而可能偏离正确的方向"，这就是哲学家的不利之处了。"陌生的、不相干的"是相对于道德判断来说的，它们可能是科学的，如心理学，生理学，医学等。哲学家在科学知识方面是超出老百姓之上的，但这些知识对道德判断来说是"陌生的、不相干的"。另一方面尽管它们是"陌生的、不相干的"，它们却可以干扰他的道德判断。除了科学的知识以外还有哲学的知识，比如说上帝、灵魂、来世等等。当哲学家作道德判断的时候这些东西都有可能渗入进来,比如说他做这件事情是因为听从了上帝的命令,上帝通过一种神秘的方式启示了他,使他知道这个时候应该怎么做。这就使他的道德价值大打折扣了。所以哲学家的判断往往还不如普通老百姓。老百姓当然也信上帝,但是他没有关于上帝的种种知识,所以他的信仰不会对他的道德判断产生干扰。他也不会有关于灵魂的知识,不会有足够多的心理学和生理学的知识,所有这些知识对道德判断来说都是不相干的。反过来理论也可以干扰道德的事业。哲学家自以为有丰富的知识,可以运用它来全面地探讨道德问题,这是哲学家的一种骄傲。但是他们恰恰没想到那所有的知识其实对道德的判断毫无作用,在这方面他们或许还不如一个无知无识的老百姓。在这里康德实际上持一种平民主义的立场,就是说一般的平民虽然没有丰富的知识,但是他们作出的道德判断比哲学家还要更可靠,而一些哲学家由于有太多的不相干的知识,造成了扰乱,反而有可能偏离正确的方向。当然这并不是说哲学家就无用了,哲学家在理论方面的作用显然要大大高过老百姓。当然经过康德的批判,一个哲学家也可以为知识划清界限,保证自己不受其他知识的干扰,从而作出正确的判断,他可以知其然同时知其所以然。所以在这方面经过批判的哲学家就比老百姓更高了,他能够把老百姓日用而不知的原则揭示出来。

那么下面就提出一个问题了,

这样一来,难道不可以建议在道德的事情上只要有普通的理性判断就行了,顶多把哲学搬出来使道德体系表述得更加完备、更加易懂,并使其规则表述得更适合于应用(但更多的是更适合于争论),但决不是让普通的人类知性即使是为了实践的意图而偏离其幸运的单纯,并通过哲学把它引向一条研究和教导的新路?

整个这样一句话就是一个反问,这个反问是一个转折。前面所讲的都是普通知性的敏锐的判断力,那么自然而然就会有一个问题了,"难道不可以建议在道德的事情上只要有普通的理性判断就行了"。当时也有这种风气，英国和法国的哲学家，包括德国的沃尔夫派的哲学家，他们都推崇健全理智，就是普通知性。普通知性只要它没有生病，只要它是健全的，足以应付日常生活，那就足够了。那么在道德的问题方面是否不需要做精确的哲学分析仅凭健全的理智就够了呢？"顶多把哲学搬出来使道德体系表述得更加完备、更加易懂"，也就是说哲学的作用仅在于把老百姓感觉不清晰的东西通过哲学表述得更加完备，并从各个方面把它构成一个体系，使之更加易懂。"并使其规则表述得更适合于应用"，即是说哲学家把什么是人们应该做的用一种通俗易懂的规则表述出来，使得它更加适合于应用。比如我们通常讲的"己所不欲，勿施于人"，"己欲立而立人，己欲达而达人"，这样的规则就非常通俗易懂而且很实用。我们在日常生活中只要记住这句话就够了，就可以做一个道德的人。对日常的健全知性来说，这是很有用的，这是一种通俗的道德哲学。是不是停留在这里就可以了呢？括号里讲"但更多的是更适合于争论"，这才是康德的意思。康德其实在这里提出了一个异议，而前面只是他提出的一个反问。其实他认为不是"更加适合于应用"，而是"更适合于争论"。这就是说在这种健全理智的前提之下，把哲学搬出来表述一些普遍适用的规则，其实并不是为了"更加适合于应用"，而是为了"更加适合于争论"。对高于普通理性之上的道德原理的表述都会造成争论，造成后面所讲的一种辩证论，"从这里就产生了一种自然的辩证论"（见下一段），就是说产生了一种自然的二律背反。所以在这样一种未经哲学批判的前提之下，把哲学拿来只是当作一种工具使用，把日常的道德规则变得通俗化，变的更适合于运用。这往往会导致一种纠缠不清，比如功利主义和其他的义务论之间就是因为这一点争论不休。这就像在《纯粹理性批判》里面讲的一样，有的人出于现象，有的人出于本体，对整个宇宙的有限还是无限、单纯还是复杂、自由还是必然的问题都会产生种种不同的意见，并且永远争论不清，因为它们是未经批判的。所以他在这里讲"更加适合于争论"。这些未经批判的意见提出来产生争论当然也是有益的，产生争论比没有意识到争论要强。"但决不是让普通的人类知性，即使是为了实践的意图而偏离其幸运的单纯，并通过哲学把它引向一条研究和教导的新路？"这个"但决不是"后面是康德真实的意思。有些人会建议在道德上只要有人们日常的知性就够了，普通人类知性没有必要偏离他"幸运的单纯"。"幸运的单纯"是偶然的经验的结果，因为一个人如果没有受过教育就会很单纯。在科学方面人们都会认为普通的人类知性应该提高到超出他的"幸运的单纯"之上，但在实践的方面是否也有必要超出"幸运的单纯之上"，大家是有异议的，所以这里他讲到"即使是为了实践的意图"。有些人建议我们老百姓还是停留在普通的知性的单纯上面，而没有必要"通过哲学把它引向一条研究和教导的新路"，哪怕是为了实践的意图。前面对普通老百姓能够靠这种单纯保持敏锐的判断力，已经多有赞扬；那么一旦接受了科学和哲学的训练，即使是为了实践的意图，是否反而会让这种敏锐的分辨力受到损失？所以绝不能让普通人的知性偏离其幸运的单纯。这是康德设想的可能有人会提出的一种建议，这种建议是康德所不赞成的。他所赞成的是，恰好应该引导人类的普通知性从它的幸运的单纯里面走出来。当然这里的走出来不是像以往的道德哲学那样，用科学和哲学知识去干扰道德判断，而是经过康德批判哲学批判之后，出于实践的意图把哲学知识运用于道德生活中，哲学的这样一个弊病就会避免了，哲学的长处就得到了发挥。哲学的长处就是把普通的人类知性引向一条研究和教导的新路。普通的人类知性通过哲学训练，可以走向研究，也可以得到教导，这不会干扰和违背他的健全的道德判断。虽然不一定每个普通老百姓都去看康德的书，但是有了康德的书，如果他愿意受教的话他可以到里面去寻求道德判断的道理，把自己提升到更高的层次，这是一条以前的哲学所没有走过的新路。以前的哲学在道德问题上的发言往往是干扰人类健全知性的判断力的，而康德的经过批判的哲学消除了这个弊病。他把理论和实践严格区分开来，两者不能相互干扰，在未受理论干扰的实践领域里面，普通知性的那些道德法则究竟是怎么建构起来的,这只有在康德的道德哲学里面才能找到答案。但这一句的关键是一个反问句,康德在此提出,既然普通知性就足以应付老百姓的日常道德判断了,难道更高的道德哲学、道德形而上学就是多余的了吗?所以下面两段话就是提出过渡到道德形而上学的必要性。

现在我们看下面一段,康德开始为道德形而上学的必要性辩护了。

405　　清白无暇是美妙的事,不过从另一方面看也很糟糕,它不能维持自己,很容易被诱惑。

就是说,普通人类知性的道德判断是一种朴素的道德知识,未经道德形而上学的深思熟虑。它固然可以在日常道德生活中应付一般的道德评价,但由于没有上升到最高的普遍性的道德法则,所以这种日常通俗的道德知识只是就事论事的,它的原则很容易受到当时当地的具体情况的模糊,也可能被自己的各种爱好和偏见扭曲。从这方面说也是这种道德知识的不足之处。它固然常常能够达到比哲学家的繁琐论证更为直截了当和精准的道德判断,但"它不能维持自己,很容易被诱惑"。我们经常看到很多农村偏僻地区来的小保姆,刚来的时候是那么清纯和朴实,但不多久就学会了城里人的一套虚荣和狡诈,很少能够一直保持当初的那种淳朴和天真的。所以老百姓那种自发的淳朴道德风尚本身是不能过分依靠的,它没有强有力的实践理性原则作为道德背后的支柱,一个本来道德上很纯洁的人也可能堕落。

正因为如此,智慧自身——它原本更多地倒是在于行为举止而不是知识——毕竟也需要科学,不是为了从中学习,而是为了使自己的规范为人接受和保持长久。

"智慧自身",这里指实践智慧,实践智慧更多地在于行为举止而不是知识。我知道应当如何做,但是我不一定知道为什么应当这样做。所以在亚里士多德那里,实践智慧是比理论智慧较低的一个层次。而康德这里也说，实践智慧自身也需要"科学"。但他这里的"科学"不是亚里士多德意义上的科学，在亚里士多德那里科学就是物理学，它的层次还在实践智慧之下；也不是亚里士多德那里的"理论智慧"，因为亚里士多德是把理论放在实践之上的，这与康德的次序是相反的。康德的"科学"指作"任何一种可能作为科学出现的未来形而上学"，也就是他的《未来形而上学导论》的书名中提到的科学。这种科学包含两种形而上学，一种自然形而上学，一种是道德形而上学。前者是理论理性的形而上学，后者是实践理性的形而上学，而实践理性高于理论理性。所以这种"科学"虽然也着眼于某种知识，而不仅仅着眼于行为举止，就此而言它超出了普通人类知性的那种通俗的道德知识；但这种科学"不是为了从中学习，而是为了使自己的规范为人接受和保持长久"。就是说，这种科学是一种特殊的知识即道德知识，它不是为了学到一些单纯理论性的知识，而是加固人的实践规范，以便人们在实践中能够前后一致地遵守这些规范而不受诱惑。这就是实践理性的道德知识和理论理性的自然科学知识的区别，它们虽然都可以称为"科学"、"知识"，但含义是很不相同的。我知道这是什么，和我知道我应当怎么做，这是两种立场。这里用的"规范"（Vorschrift），前面已经说过，是一个比较宽泛的概念，大致相当于"规则"；但不是一般的规则，而是指社会生活中的规则，尤其指人际关系的规则。

　　对理性如此值得高度敬重地向人展示出来的那个义务的一切诫命，人在需要和爱好方面在自身中感到一种强有力的抗衡，他把这种需要和爱好的全部满足总括到幸福的名下。

　　这里是说，人的义务的诫命之所以容易受到诱惑而不能维持自己的根源，就在于这些道德命令虽然值得高度敬重，但却遇到了人的爱好和需要的"强有力的抗衡"，这些需要和爱好往往出自于本能，充满着经验性的欲求，但它有一个冠冕堂皇的名头，那就是"幸福"。没有人会愿意宣称他生来就对幸福不感兴趣，而顶多只是对幸福的理解和解释有所不同。幸福作为一个人类值得追求的理念还是很有诱惑力和说服力的，正因此它也就具有了向道德诫命相抗衡的力量。所以"理性如此值得高度敬重地向人展示出来的那个义务的一切诫命"就总是面对着一个强大的对手，那就是幸福。正因此理性不能掉以轻心，以为凭借自身的朴素的日常规范、通俗的道德哲学，而不必认真探求道德形而上学的至上法则，就可以维持自身法则的一贯性。

于是，理性不妥协地发布命令，却决不同时对爱好预约某种东西，因而仿佛是带着对那些如此狂烈、同时又显得如此有理的要求（这些要求不愿自身被任何命令取消）的冷漠和蔑视而颁布它的规范的。

理性在幸福的强有力的抗衡面前"不妥协地发布命令"，按照自己的法则我行我素，而"决不同时对爱好预约某种东西"，即不许诺会带来与爱好相适合的效果。理性在这样做时对那些"如此狂烈、同时又显得如此有理的要求"抱一种冷漠而蔑视的态度，虽然并非禁欲主义地对爱好加以克制，但却更为高傲，不加理睬。这些要求之所以显得如此有理，是因为它们打着追求正当的"幸福"的旗号，而这在康德看来也的确有其正当性。但它们正因为这种正当性而"不愿自身被任何命令取消"，而且如此狂烈，似乎有权盖过理性的命令。但理性对这种要求丝毫也不妥协，这样，这两股力量同时并行，每个都有它自己的正当的理由，由此就导致了一种实践理性中的"辩证论"。

所以康德说：

但从这里就产生了一种**自然的辩证论**（natürliche Dialektik），即针对义务的严格法则进行玄想、对其有效性至少是其纯洁性和严格性加以怀疑、并且尽可能使义务更加适合于我们的愿望和爱好这样一种偏好（Hang），也就是说，从根本上败坏它，取消它的全部尊严，这种事情即便是普通的实践理性最终也不能将它称之为善的。

所谓"辩证论"，康德在这本小册子里只有两处提到，一处是这里，另一处是在最后一个小标题"论一切实践哲学的最终界限"底下。这个话题本来不是这本书要谈的，而是在《实践理性批判》中专门讨论的，这里只是提到而已。但这里的意思和《实践理性批判》中的意思是一致的，就是指实践理性中的二律背反：到底是幸福本身是道德的（如伊壁鸠鲁派）呢，还是道德本身就是真正的幸福（如斯多噶派）？而这种二律背反是在讨论"至善"即德福一致的问题时出现的，道德和幸福如何才能达到统一？康德认为，这两种统一道德和幸福的方式都是辩证的幻相，因为双方都是把道德和幸福的关系错误地理解为分析性的关系，即不是从幸福推出道德，就是从道德推出幸福，力图把一方归并到另一方中。而真正的关系恰好应该是综合性的，作为至善的德福一致是一个先天综合命题。至于这个先天综合命题之所以可能的条件，则必须设定上帝和灵魂不朽才能成立。这是在《实践理性批判》中所展开的讨论，因为如同我们在解释序言中对本书的程序安排时所指出的那样，正是在纯粹实践理性批判中才对道德形而上学的至上原理进行了一番"检验"。所以本书在最后也初步谈到了一种"理性的辩证论"，即自由和自然必然性的矛盾（德文版第 455 页），实际上也是道德和幸福的矛盾。它后面还隐藏着自在之物和现象的矛盾。这些矛盾的说法本质上都是同一序列的表达。那么在这里谈到"自然的辩证论"，也就是实践理性自然而然、不可避免地产生出来的辩证论。根据康德下面的解释，"自然的辩证论"正是试图把道德法则归并到自然必然性里面去，即："针对义务的严格法则进行玄想、对其有效性至少是其纯洁性和严格性加以怀疑、并且尽可能使义务更加适合于我们的愿望和爱好这样一种偏好"。这就是《实践理性批判》中二律背反的伊壁鸠鲁派一方的观点，即幸福就是道德。至于另一方即斯多噶派的观点在这里却没有提到，这不太好理解。因为二律背反的辩证论必须要双方一起才能构成。但康德在《实践理性批判》中重点批判的确实就是伊壁鸠鲁派，认为它一无是处；而对斯多噶派则网开一面，认为只要换一个角度，即把"道德推出幸福"的命题理解为一个先天综合命题，而不是一个分析命题，则这种说法倒是可以成立的，它将把我们引向上帝和理性范围内的宗教。这可以理解为什么康德在这里不提斯多噶派的观点。正如康德在《实践理性批判》中对幸福主义的观点进行了摧毁性的批判一样，他在这里照样毫不留情，指出这种观点将对实践理性的义务法则造成极大的破坏："也就是说，从根本上败坏它，取消它的全部尊严"。所以康德说："这种事情即便是普通的实践理性最终也不能将它称之为善的"。就是说，不要以为老百姓大众层次不高，就会赞同这种幸福主义和功利主义的伦理学，其实只要有最普通的实践理性，也许暂时不能识破这种观点的荒谬，但"最终"也不会上当，不会将"这种事情"、也就是使义务适合于爱好这种做法称之为善的。当然，要完全避免这种事情，还必须进行一番道德形而上学的追溯，找出义务的至上法则，以此来坚定义务的行为规范，不至于受到爱好的诱惑而遭到败坏。

下面一段也是继续这个话题。

如此看来，普通的人类理性不是由于某种思辨的需要（这种需要，只要人类理性满足于只是健全理性，就永远也用不着它），而是本身由实践的理由所推动，从自己的范围走出来，迈出了进入到**实践哲学**领域的步伐，

看这半句。这是接着上一段的话头：普通的人类理性由于要避免遭到败坏，就必须上升到道德形而上学，以便为义务法则找到坚强的支撑；所以，"如此看来，普通的人类理性不是由于某种思辨的需要……而是本身由实践的理由所推动，从自己的范围走出来，迈出了进入到实践哲学领域的步伐"。就是说，由普通人类理性的通俗的道德哲学过渡到道德的形而上学，从而进入到"实践哲学领域"，不是为了思辨的需要，不是为了获得某种理论知识，而是由实践的理由所推动的，是为了在道德实践中能够更加坚定、更加一贯地坚持自己的道德原则，不受爱好和感性需要的诱惑，不屈从于功利的压力而扭曲或放弃自己的义务。应当说，《道德形而上学奠基》从第一章过渡到第二章，以及从第二章到第三章，都是

从实践的理由出发所作出的提升，而不是单纯为了想要从理论上搞清楚实践理性本身的客观层次结构。这是很多研究康德哲学的人，特别是英语世界的学者都未能充分注意的，他们通常习惯于仍然停留在理论的思辨的立场上来看待康德实践哲学中的过渡和证明，没有意识到康德在这里已经不是立足于"是什么"，而是立足于"应当做什么"。这就往往产生一些本来不必要的误解和指责，后面有机会将会酌情指出一二。再看括号里的话："这种需要，只要人类理性满足于只是健全理性，就永远也用不着它"，即用不着某种思辨的需要。这里同样也表明了康德的过渡仅仅是出于"实践的理由"。本来人类理性只要有健全理性就足以应付日常的道德生活了，老百姓哪怕无知无识，但在道德上他们具有天然的判断力，这个不需要思辨的知识，只要有健全理性就够了。这个"健全理性"，就是前面提到过的"健全知性"，或"健全理智"，都是一个意思，在法文里面就是 bon sens，通常也译作"常识"。这是当时欧洲启蒙运动中非常流行的一个概念，用来反对宗教迷信和非理性的狂热。启蒙运动崇尚理性，但是同样是崇尚理性，有各种不同的派别，如经验论和唯理论，唯物论和唯心论，感觉论和先验论等等；然而不论哪派，似乎都不否认人们应该具备健全理性，这一点是将各个哲学流派联结起来的纽带。健全知性不主张过于钻牛角尖，在知识方面够用就行，在行为方面不走极端，合乎常情常理。当然在康德看来，健全理性不追求思辨的需要是可以的，但仅仅满足于常识却是不够的，因为实践的要求本身会推动它向更高的实践原理攀升。因此健全理性或者普通的人类理性有必要走出自己狭隘的范围而迈入实践哲学的领域。这里的"实践哲学"包括通俗的道德哲学和道德形而上学在内，它比一般普通的"道德理性知识"要高，甚至也比"哲学的道德理性知识"要高。哲学的道德理性知识只是使道德理性知识带上了哲学的色彩，但本身还未成为哲学，而实践哲学则已经是一种系统的道德哲学，它最终将提供出道德哲学在实践理性中的形而上学原理。

下面半句话就是点明了从健全理性进入到实践哲学的必要性何在：

以便由此而通过与立足于需要和爱好之上的准则相对立，而对其原则的来源及其正确的规定获得了解和清楚的指示，理性由此将走出由双方的要求而来的困窘，不致面临由于它容易陷入的模棱两可而丧失一切真正道德原理的危险。

这仍然是一种实践的必要性。为什么要进入到实践哲学呢？是为了"由此而通过与立足于需要和爱好之上的准则相对立，而对其原则的来源及其正确的规定获得了解和清楚的指示"。这里"对其原则"的"其"，还是指前面的"普通的人类理性"。就是说，在普通的人类理性和爱好的对立中，人们更加能够清楚地看到普通人类理性的那些道德法则的来源和它们的正确规定，更加严格地表达自己的命令形式。"理性由此将走出由双方的要求而来的困窘"，双方，指普通人类理性的原则和爱好的准则，它们各自同时对人提出一些相互冲突的要求，使人陷入窘境：我究竟是遵守我的义务法则呢，还是服从爱好的准则？只有当我提升到实践哲学的层次，我才能走出这种困窘，坚定地用我的道德形而上学的至上原理来指导我的实践行为，而"不致面临由于它容易陷入的模棱两可而丧失一切真正道德原理的危险"。为什么在这种模棱两可中我们就容易丧失真正的道德原理？因为在这种情况下我们很难摆正义务原则和爱好准则的位置，而容易用爱好的准则冒充或取代义务原则。且不说那些伪善之徒别有用心地借"合乎义务"的表象来标榜自己是"出于义务"的，而且即便主观上想要真诚的人，当他在义务的动机中掺杂了爱好的动机时，他就已经对义务的原则作出了扭曲，使得义务概念模糊不清了。这就导致一种自欺，因为他由此就使得他每次的合乎义务的行为里面都没有清晰的义务概念，而是一种模棱两可，一种有意无意的混淆，而他自己却自以为完全是按照义务的法则在行事而"问心无愧"。更不用说那些干脆把道德原则归结为幸福原则的伊壁鸠鲁主义者了。所有这些做法都将导致同一个结果，那就是面临着"丧失一切道德原理的危险"。人们所面临

的这种困窘,就是所谓的"辩证论"。所以接下来他说:

所以,恰好就是在普通实践理性中,当它得到培养的时候,同样会不知不觉地产生出一种**辩证论**,这种辩证论迫使它在哲学中寻求帮助,正如理性在理论的运用中所遭遇到的一样,并且前者也正如后者一样,除了在对我们的理性的一个彻底的批判中,在任何别的地方都找不到安宁。

就是说,普通的实践理性,即前面讲的普通的人类理性,它在实践方面的运用得到培养和发展,这时它就会面临一种辩证论,"这种辩证论迫使它在哲学中寻求帮助"。正是为了解决义务和爱好、自由和自然必然性、理性法则和感性需要之间的辩证论,普通的人类理性才要求助于哲学。注意这里讲的"哲学",也就是前面讲的"实践哲学",包括整个第二章标题"从通俗的道德哲学过渡到道德形而上学"。而这种辩证论是"不知不觉地产生"的,也就是必然要产生的,不是哪个人有意搞出来的。所以从第一章到第二章的这种过渡就带有一种必然性。在第一章中,最初并没有意识到有什么困窘,而是十分自信和自在的,有一种"幸运的单纯",因为健全知性使每一个普通老百姓都能够有把握地判断道德上的事情,不需要有什么高深的知识。但当普通的道德理性知识过渡到了带有哲学意味的道德理性知识时,问题就出现了,就是我们追溯我们的道德义务的动机,究竟是立足于爱好需要之上呢,还是另有完全超然于经验的义务法则? 这个问题不解决,就不能确保我们一贯地行使我们的道德义务,甚至有可能导致道德的败坏和虚伪化,而丧失一切真正的道德原理。这就是使我们感到动摇不定的那种辩证论。这是实践理性方面的辩证论,康德由此也对比了一下在《纯粹理性批判》中所遭遇到的那种理论上的辩证论:"正如理性在理论的运用中所遭遇到的一样,并且前者也正如后者一样,除了在对我们的理性的一个彻底的批判中,在任何别的地方都找不到安宁"。《纯粹理性批判》中的辩证论包括理性心理学的谬误推理、宇宙论的二律背反和理性神学对上帝存有的证明,它们产生出一批幻相以构成所谓的"形而上学"。康德解决这一系列辩证论的办法就是进行纯粹理性的批判，指出纯粹理性在为科学知识奠定基础时有它先天规定的范围，这就是以先天时空为条件的经验现象，超出这一范围的一切尝试都是非法越界，所建立的一切"知识"都是伪科学。所以解决理论理性中的辩证论的办法就是首先区分自在之物和现象两个不可混淆的领域，并把知性认识能力限制在现象界，这就不至于跨界进行理性推断而产生幻相了。而在实践理性的辩证论的情况下，解决的办法也有相同之处，这就是严格划清自在之物和现象的界限，不要用现象界的爱好和需要来冒充本体界的道德法则。而这就同样需要一个对实践理性的彻底批判。当然，在《实践理性批判》的导言中，康德指出两个《批判》的程序是不一样的，但大的框架则是一致的。它们都是"对我们的理性的一个彻底的批判"。而为了完成这个彻底的批判，首先必须确立起道德形而上学的至上原理，即纯粹实践理性的道德法则；然后用它去批判地检验一般的实践理性，进入到纯粹实践理性的批判和实践理性批判。这就是后面第二、第三章所展示的程序。

第 十 讲

从本讲起我们进入第二章的讲解。该章是本书三章中分量最大、篇幅最长的一章。前述第一章是比较容易的,它从普通的道德理性知识过渡到哲学的道德理性知识,哲学的道德理性知识一旦把自身构建为道德哲学,也包含有两个层次,一个是通俗的道德哲学,一个是道德形而上学。我们已经通过对日常的道德理性进行分析的方式一步一步地推出来,它必须要有一个道德哲学作为它的前提,那么在道德哲学里面也应该有一个过渡,通过分析通俗的道德哲学知识,我们就进一步上升到道德形而上学,这就是康德在第二章里面所讨论的问题。所以第二章的标题就是"从通俗的道德哲学过渡到道德形而上学"。通俗的道德哲学来自普通的道德理性知识,我们在日常生活中可以遇到的,如民间智慧、经验之谈等等,都属于普通的道德理性知识。当一个历尽沧桑的老人对一个不谙世事的年轻人谈他的生活阅历的时候,他总是会讲出一些道德知识的,如人不应该做亏心事、评价一个人不能看他的表面,也不能看他的后果,要看他的动机,等等。在其中,已经有人意识到了所包含的丰富的哲学意味,如康德在第一章中总结出来的三条原理;但还只是一种"哲学的道德理性知识",还够不上是道德哲学。哲学家则把这些日常人类道德生活的经验之谈总结为一套哲学,这就构成了通俗的道德哲学,如幸福主义、功利主义伦理学,以及建立在宗教信仰之上的完善论的伦理学,都属于此列。道德的形而上学则要更高一个层次,它是从这样一种通俗的道德哲学中撇开大量经验性的成分,区分了各种概念的混淆,而凭借纯粹实践理性本身提供的线索提升到它的最高原理。整个第二章就是要寻找我们在道德生活中的最高道德原理。我们要一步一步地把它找出来,这是比较困难的。日常通俗的道德哲学大家比较容易接受，每个老百姓有了健全的知性就可以把握到，他甚至不需要有科学的、哲学的和神学的知识。他每天都在做道德评价，并且往往非常准确，虽然他知其然但不知其所以然，不知道他做道德判断的原则是什么。所以第一章的末尾就谈到这个问题：如果是这样，我们是否就不再需要道德形而上学，仅仅日常的道德理性知识就完全够用了呢？康德对此持否定态度，他认为，尽管我们在日常的道德生活中有了健全理性就能对付了，但是这样一种运用是偶然的，它不能够保证它的普遍必然性。当我们想到普通的道德理性知识的时候，我们固然可以按照它的那些正当的要求去做，可是有时候这种要求会被一些别的可能对你更有诱惑力的东西所遮蔽。所以如果没有一条原则，我们往往会陷入到一种辩证论的两难处境中，即我究竟依照道德的义务去做，还是按照自己的爱好去做？因此有一种强烈的实践必要性要求我们从日常的道德哲学提升到道德形而上学，只有我们这样彻底地把人类行为的准则里里外外清理出来，我们才能在每一种情况下都会知道怎么去做，我们才会有信心并且目标明确地去做一个好人，才能够发挥善良意志而成为一个自由人。这也是康德写本书的根本目的。可以说前面一章是在做铺垫，说明了道德形而上学提出来的必要性。其中所提出的三条通俗的道德原理，它们是一般老百姓都知道的。一是为义务而义务才是真道德的，为了别的东西而合乎义务只能是伪善。第二个是道德价值在于义务所具有的形式的普遍性，而不是某种目的的一次性工具。第三是只有出于对法则的敬重才能把为义务而义务的动机加以普遍地实行。这就是我们在普通的道德理性中所获得的哲学原理，但尚未构成一种道德哲学。我们今天就讲

第二章：从通俗的道德哲学过渡到道德形而上学。

当我们已经从我们的实践理性的普通运用中引出了我们前述的义务概念之后，绝不能由此推出，我们是把它当作一个经验概念来处理了。

这一段是承接上面一章的。本句开宗明义，把前面谈到的问题定了位。就是说上一章是讲我们从日常的实践理性中引出了义务的概念，但我们绝不能由此得出"我们是把它当作一个经验概念来处理了"。虽然我们是从普通老百姓的道德经验中推出了我们前述的义务概念，包括义务的三条原理，但决不能认为我们把义务概念当成了一个经验性的概念来加以理解。从经验中引出义务概念是适合于一般老百姓的理解力的，只有从日常经验开始我们才能一步一步地接近道德形而上学。但这不等于说我们引出的东西都是经验概念，都要加以经验的处理。从经验的东西里面引出的恰好是一个超经验的概念，即超验的概念；反过来，所有这些经验活动之所以可能倒是以这个超验的概念作为它们的条件。我们从经验生活中引出这个概念只是为了更好理解这个经验的道德生活，把它视为这个概念在经验的实践行为中所做的一种普遍的"内在的运用"。所以上一章从日常生活中引出义务的概念，只是为下文做铺垫。现在我们开始正式进入到这些超验的理念，即纯粹实践理性的理念。道德形而上学可以说是在一个超验领域展开的哲学，但是它也有内在运用的意义，就是说它可以应用到我们日常生活之中，当然是在实践的意义上，而不是在理论的意义上。康德在《实践理性批判》中说，对于思辨理性来说是超验的东西，在实践理性中就成了内在的，但只是在实践的意图中。① 有了这个概念之后，我们在日常生活中就知道该怎么做了，在这个意义上它是一个内在运用的超验概念，而不是一个经验的概念，它是先天地决定我们在实践活动中应有的行为的，而不是仅仅从实践行为中抽象出来的一个概念。它是先有的，即使我们没有作出道德的行为，那个道德的义务概念依然在我们心中。所以这第一句话就把我们从前一章的层次里面提升出来，前一章主要讲我们从日常的道德实践中，逐步的抽出义务的概念，那么第二章就是要分析这个义务概念究竟有些什么原理，它的

---

① 参看《实践理性批判》，邓晓芒译，杨祖陶校，人民出版社 2003 年版，第 182 页。

最高原理是什么。

相反地，当我们注意人们的行为举止方面的经验时，我们就遇到了经常的、也是我们自己承认为正当的抱怨，即根本不可能援引任何可靠的实例来说明那种出于纯粹的义务而行动的意向，尽管有些事情的发生可能会与**义务**所要求的相**符合**，但它是否真正出于义务而发生，从而具有某种道德价值，却始终还是可疑的。

上述第一句讲义务概念不是一个经验性的概念，那么它究竟是一个什么样的概念呢？所以他讲"相反地，当我们注意人们的行为举止方面的经验时"，这里的"经验"不是指我们认识的经验，而是日常的道德经验。"经验"有两种用法，一是用在认识上，一切科学的知识都必须有经验的内容，这是《纯粹理性批判》里面反复讲的。所以"经验"这个词在《纯粹理性批判》里面是认识论的含义。而在这里用的"经验"是实践论的意义，"当我们注意人们行为举止方面的经验时"，"行为举止"也就是指实践，"我们就遇到了经常的、也是我们自己承认为正当的抱怨"，也就是说如果我们考察我们日常的实践经验，我们就会经常遇到一种抱怨，而且我们也承认这种抱怨是对的。这种抱怨就是"不可能援引任何可靠的实例来说明那种出于纯粹的义务而行动的意向"，就是说在日常生活中没有一个例子能可靠地说明我们的行为是出于纯粹的义务的。我们放眼世界和历史，却找不出任何一个人的行为可以让我们可靠地断言完全是出于义务而没有任何别的动机。道德固然被说得很高超，但是在现实生活中没有人是完全能够做到为义务而义务的。所有的好事，哪怕是最光明正大，最感人的事迹，也不能完全保证它的纯粹性，它里面总有一些别的算计。当然人性不能相通，任何人都不可能知道他究竟是怎么想的，但是我们总是可以设想他除了为义务而义务以外的其他动机的可能性，这是我们经常有的抱怨。所以"尽管有些事情的发生可能会与义务所要求的相符合，但其是否真正出于义务而发生，从而具有某种道德价值，却始终还是可疑的"。前面已经讲了，唯有出于义务的行动才具有道德价值，仅仅符合义务的行动，还不见得具有道德价值。当然出于义务就会符合义务，但符合义务不一定出于义务。一个人按照义务的要求去做了，但是他另有所图，除了完成义务的法则所要求的以外，还要借此获得别的好处，这种情况多得很，是我们没有办法排除掉的。所以在现实生活中任何符合义务的行动是否完全出于义务而发生，却始终都是可疑的。有一件事情发生了，譬如说杀身成仁舍生取义，我们说他这样做完全是出于道德而没有任何其他的企图，当然这些仁人志士，我们都认为他们是出于义务的。一个人如果他连命都可以牺牲，我们就会说这个人就彻底了，生命的牺牲可以作为一个人是否真正出于义务的一个标准，因为即便这样会有什么好处，没有命了他也就不能享受得到，所以可以由此来确定他是为了义务而义务的。但是这在康德看来还是可疑的。杀身成仁舍生取义当然是值得鼓励和赞扬的，但这是否值得敬重，还是不一定的，至少还可以有某种怀疑。因为连命都不要了，在康德看来还不是一个底线，自杀也是连命都不要了，那是因为这个人再也无法忍受痛苦了，所以他选择自杀，对他来说自杀比活着还要好些，这种情况是有的。还有一种情况，一个有头脑的人想到，也许自己年纪太大了，再活也活不几年了，这个时候用他的一死来换取某种名声，这都是有可能的。当然我们不能指着某个古人说他就是这样，因为你也不能断言他是否真的就是这样。康德在这里的用词是很讲究的，他只说是可疑的而没有作断言。确实，对于历史上的任何一个道德君子，我们都可以提出某种疑问。当然这不是对他作出判断，因为谁也没有资格对一个伟人，哪怕是一个普通的人作道德判断，因为我们不可能真正的知道他究竟是怎么想的，特别是一个人死了之后，就更加没办法印证了。但至少他是可以被怀疑的，他没有任何外在的标志可以让我们断言他的内心就是这样想的，所以这样总是留有一种余地。我们现在有很多为历史上的坏人同时也有为好人翻案的文章，所谓好人即那些历史上留下美好的道德名声，作为我们楷模的人。这些人在道德上是不是就无可挑剔呢？这方面的文章还值得做，有些人按照当时的道德标准也许是够格的,但是按照今天的道德标准来看就不够格了。而有些即使按照今天的道德标准也够格,是否就值得无条件地推崇,也有可以怀疑的余地,还可以找到其他的解释方式来解释他的行为。所以康德相信我们没办法断言任何一个人的内心动机,包括当事者本人都没有办法对自己的动机加以断言,这在后面马上要讨论。真正知人心的只有一个,那就是上帝,只有上帝知道一个人的内心是怎样想的。一个人自己也不能断定他自身的行为是不是完完全全的出于纯粹的义务,后来像弗洛伊德讲潜意识,康德虽然没有讲过,但他也有这个意思,下面两段他就提到这个问题。

"因此,任何时代都有哲学家们全然否定在人的行动中这种意向的现实性,并把一切都归于或多或少精致化了的自爱,却并不因此而怀疑德性概念的正当性,反而带着由衷的惋惜谈论人的本性的脆弱和不纯正,

"这种意向"就是为义务而义务的意向,是纯粹道德的意向。它虽然是好的,但是许多哲学家在现实中都否认它,我们现在批评康德也是如此,因为在现实生活中单纯的为义务而义务根本就不存在,所以他那一套东西完全是虚无缥缈不切实际的。其实康德自己也承认他提出的这个为义务而义务实际上在现实中根本就不存在,所以他说"历来有很多的哲学家都完全否认这种意向的现实性,并把一切都归于或多或少精致化了的自爱"。就是说自爱有两种,有一种粗俗的自爱,即自私自利;而我们通常把道德行为归于一种精致化的自爱,它摆脱了粗俗性,而成了一种高级趣味。但是高级趣味也还是一种趣味,功利主义、幸福主义也可能变得很高尚。我们常以为幸福主义讲利益、讲得失,它必定就是粗俗的了,其实它完全可以变得很高尚。我们刚才讲的历代的仁人志士,他们遵行的有可能都是一种精致化了的自爱,他们爱惜自己的名誉,他要在世人中间造成一种道德君子的形象,所以那只是一种精致化了的自爱。所以以往的道德哲学家们将一切都看成是自爱,只不过自爱有粗俗和高级之分,那些高级的精致化的自爱我们就称之为道德的。"却并不因此

而怀疑德性概念的正当性，反而带着由衷的惋惜谈论人的本性的脆弱和不纯正"，这个地方转了一个弯。就是说以往的哲学家虽然否定了纯粹义务的现实性，把德性概念看作是一个不切实际抽象概念，却并不怀疑这个概念自身的正当性。古代很多哲学家都是这样的，像柏拉图、苏格拉底等都承认人们在现实生活中并不真正的能够做到"向善"。柏拉图认为人都是有肉体的，肉体拽着人拼命地往下降，灵魂拽着人拼命地往上升，他在一个比喻中讲到，人好像一个驾着两匹马的马车，一个要往这边跑，一个要往那边跑，但到底要往哪面跑，在现实生活中人只有折中。所以在现实中尽管没有那种纯粹的道德行为，但他们并不因此否定和怀疑道德概念本身的正确性，"反而带着由衷的惋惜谈到人性的脆弱和不纯正"。这个"反而"就是说，哲学家如果怀疑德性概念的正当性，他就用不着去惋惜人性的脆弱和不纯正了。如果人性本来就是这样没有德性的概念，德性的概念不过是人们设想出来的，把它丢掉，一切就会回到现实，那现实就用不着去惋惜了，它本来就是这样，你承认就可以了。如果没有德性概念高高在上对人提出要求，就谈不上人性的软弱和不纯正。人性之所以软弱是和德性概念的坚强相对而言的，之所以不纯正是和德性概念的纯洁性相对而言的。哲学家们并没有否认德性概念的正当性，所以反过来他就由衷地惋惜人的本性的脆弱和不纯正。就是说尽管哲学家们把一切都归结为一种精致化的自爱，但是这种自爱并没有让这些哲学家们洋洋得意，而是看到了一个更高的德性概念，于是或多或少对这种精致化的自爱表示惋惜，搞了半天还是个自爱，这说明人的本性是多么的脆弱和不纯正。要注意康德这里所提出的是他在本章中的出发点，即通俗的道德哲学，也就是这里所指的那些功利主义和幸福主义的哲学家，但就算是他们，也不甘心把人当作一种完全的动物来看待，所以还是保留了对德性概念的基本信念，这就为过渡到道德形而上学埋下了伏笔。

　　人的本性固然高贵得足以给自己树立一个如此值得敬重的理念来作为自己的规范，但同时却过于软弱而无力遵守这规范，并把本来应当用来为自己立法的理性仅仅用来操心爱好的兴趣，无论是个别地操心，或者提高来说，以这些爱好相互之间最大的相容性来操心。

这半句是进一步解释前面的意思。"人的本性固然高贵得足以给自己树立一个如此值得敬重的理念来作为自己的规范"，"一个值得如此敬重的理念"就是指义务的理念，这也就是上面讲的"并不因此怀疑德性概念的正当性"，也就是承认德性概念的纯粹性和正当性作为一个标准。一方面人的本性很高贵，这使他足以给自己树立一个如此值得敬重的理念来作为自己的规范，并时时刻刻都把这个标准放在心里面来衡量别人和自己的所做所为；另一方面，当他要自己的行为遵守这些规范时又显得"过于软弱无力"，这就形成了人类本性中的一对矛盾。一方面他够高尚的，他很有理想，但一方面他也够卑贱的，他的行为却叫人失望。他讲"并把本来应当用来为自己立法的理性仅仅用来操心爱好的兴趣"，就是说理性本来应该用来为自己立法，前面讲大自然赋予人类以理性决不是为了人的动物性的生存，为了人的动物性的生存有本能就够了，理性被赋予人类是本来应该用于人给自己立法的，但是人们却将之用于操心自己的兴趣和爱好，"无论是个别地操心，或者提高来说，以这些爱好相互之间最大的相容性来操心。""个别地操心"就是人们把理性用于自私的唯利是图的目的，当然实际上人在这方面也超出动物，但在康德看来这并没有把人提升到动物之上，相反的很可能把人降低到了动物之下，连动物都不如。人如果使用自己的理性仅仅是为了自私自利、设计圈套去坑害人、去损人利己，那他就连动物都不如，所以当理性被滥用的时候，表现得非常卑贱。他讲"或者提高来说，以这些爱好相互之间最大的相容性来说"，这就比前面那种高尚多了。"提高来说"也可以说是为了最大多数人的最大利益，人与人之间可以订立契约，和谐共处，这是功利主义的一种理想。这种理想比那种自私自利高。我们通常认为自私自利是不道德的，而为了大多数人的利益是道德的。但是理性的作用终究还是为了利益。我们常讲"科学技术是第一生产力"，而生产力的提高是为了最大多数人的最大利益,这在我们看来就是道德的,但是在康德看来都还不是理性真正的使命。如果理性的作用仅仅用来操心爱好的兴趣或利益,那么同样表现了人性的软弱和无力,它没有能力来遵守纯粹的道德法则。"以这些爱好之间最大的相容性",就是说这些爱好之间能够相容,西方法制社会就是这种相容的体现,每个人都能够在法制的状态下获得自己最大的自由,但是又需要容忍别人的自由,这样互相的自由、权利和幸福都能够被容纳,这也就是理性所操心的事情。但所有这些在康德看来都还没有达到纯粹的道德。本段的根本问题就是把义务概念从一个经验性的概念提升到纯粹的层次来谈。虽然人们在现实生活中间看不到纯粹的义务到底有什么意义,但并不否认这个超现实的概念是每个人心中固有的。他在这里提到任何时代都有哲学家完全否认这种意向的现实性,但并不因此怀疑德性概念的正确性,最典型的例子就是亚里士多德。康德在其他的文章里提到过亚里士多德的一句名言:"亲爱的朋友们,朋友是不存在的!"就是说虽然朋友是不存在的,但他还是要称大家为"朋友们"。虽然真正的朋友是不现实的,没有人完全出于朋友义气与人打交道,每个人都抱着自己的利益,都是功利的朋友,但是朋友的概念还是值得追求的,它并不因为现实中不存在就作废了,否则大家就完全与动物一样了,人就不是人了。

实际上,绝对不可能凭借经验完全确定地断言一个单个事例,说其 407
中某个通常合乎义务的行动的准则是仅仅建基于道德的根据及其义务的
表象之上的。

这是康德根据上面所提到的这样一种单纯义务表象的非现实性或它的超现实性而作出的断言。"绝对不可能凭借经验",也就是说在现实生活中绝对不可能完全断言一个单个事例,"说其中某个通常合乎义务的行动的准则是仅仅建基于道德的根据及其义务的表象之上的"。我们可以举出历史上的道德实例,比如说文天祥宁死不屈,我们可以断言他的行动是合乎义务的，但是我们不能同时断言他的准则是出乎义务的，是"仅仅建基于道德的根据及其义务的表象之上的"。我们不能通过一个人外在的行为去断言他内心的准则。外在的行为是表现出来的，但同一个行为可以出于不同动机。一个人可以出于好的动机，同样也可以出于一个不太纯粹的动机来表现一件合乎义务的行为，所以我们凭借经验只能去断言一个单个的事例是否合乎义务，因为这是有外在标准的，但是我们不能断言一个人的准则是仅仅出于义务而没有任何其他的可能。这是康德一个很重要的观点，他认为人性其实是一个自在之物，人心是猜不到的。不论是一个人的书信，还是他遗留下来的日记，还是他和他最亲密的人的谈话，我们都不能绝对的相信。人心是多层次的，有些思想是要带到坟墓里去的，他不愿意和任何人谈论，也不写在任何纸上，所以我们没有办法猜到，这完全是有可能的。这也就是康德为什么把人的自由意志当作自在之物的原因，人不能断言另一个人，甚至也不能断言自己。在西方文化中，只有上帝才能断言人性，人的灵魂是属于上帝的，只有上帝才能对人作出公正的评价。人虽然可以接近上帝，可以对自己作出越来越客观的评价，但是终审权是在上帝手中，所以我们绝对不能凭经验断言单个人的单个行动仅仅是出于义务而发生的。

　　虽然有时有这种情况，我们通过最严厉的自省，也无法找到任何东西，除了义务的道德根据之外，能有足够的力量推动我们作出这样那样的善行、付出如此巨大的牺牲；但由此我们根本不能有把握地断定，确实完全没有任何隐秘的自爱冲动，藏在那个理念的单纯假象之下，作为意志真正的规定性的原因；

　　康德在此举的是一个极端的例子，我们通常认为人最了解的是自己，但实际上每个人最不了解的也是自己。有时即使"我们通过最严厉的自省，也无法找到任何东西，除了义务的道德根据之外，能有足够的力量推动我们作出这样那样的善行、付出如此巨大的牺牲"就是说我们现在似乎已经到底了，通过最严格的、铁面无私的自省，在我们的行动底下仍然找不到别的什么东西，只找到一样东西，那就是义务的道德根据，因为除了义务的道德根据之外，没有一样东西能有足够的力量推动我作出这样那样的善行、付出如此巨大的牺牲。也就是当我做了一件非常好的事情，为之我宁愿牺牲我的事业、爱情和生命，这个时候我严厉的反省为什么要做这件事情，我找不到任何别的东西，好像唯有出于道德的根据才是可能的。"但由此我们根本不能有把握地断定，确实完全没有任何隐秘的自爱冲动，藏在那个理念的单纯假象之下，作为意志真正的规定性的原因"，就是说即使有上述情况我们也不能"有把握地断定"。注意康德这里的用词，他总是抱一种怀疑的态度，他也不作绝对的断定，而是认为我们也不能"有把握地断定"。虽然这时弗洛伊德还没有出世，但康德在这里的意思实际上已经承认了人有潜意识。"尽管通过最严厉的自省我们也不能发现有任何其他的动机，但这并不能使我们断言我们真的就没有其他的动机隐藏在那个理念的单纯假象之下"，这里的"理念"也就是道德的理念，如果有自爱的冲动隐藏其下的话，它的表象就是一个单纯的假象了，这也就是弗洛伊德所言，自我里面还有一个本我。当然我们没有办法断言有这个东西，同时也没有办法断言没有这个东西，也许有种潜意识的东西藏在那个理念的单纯假象之下，作为意志的真正的规定性根据的原因。弗洛伊德分析了很多原因，比如俄狄浦斯情结等，他认为一个人的行为表面上看起来是为了正义，俄狄浦斯情结实际上是一种在里面起作用。所以我们也不能断言一个人的道德的行动的背后是否有一种隐秘的潜意识，有一种隐秘的自爱冲动，比如说内驱力、性爱的冲动或者死本能在起作用。

为此我们倒是乐于用表面上适合我们的更高贵的动因来迎合自己，但事实上，即使进行最严格的审查，我们也绝不可能完全走进背后隐藏的动机，

就是为了解释这样一个合乎义务的行为，"我们倒是乐于用表面上适合我们的更高贵的动因来迎合自己"。道德的动因是更高贵的动因，

我们以此来迎合自己，就能说明我们人与动物是不一样的。比如说我做了一件正义事情，为此我付出了巨大的牺牲，这就证明了我不是像动物一样活着的，我是高于动物的，我维护人类的尊严和体面。我们常说仁人志士维护的不是自己的体面，而是整个人类、人性的体面，所以人们在这方面是"乐于用一种表面上更适合我们的更高贵的动因来迎合我们自己"的，由此我们觉得自己一下子就高贵起来了。其实康德这里是在嘲讽那些自以为是的人，人总是倾向于把自己想得比实际上更好，有种自恋的倾向。"但事实上即使进行最严格的审查，我们也不能走进背后隐藏的动机"。这里的动机和前面动因是两个词，我们前面已经谈到过这两个词了，Triebfeder（动机）是能够感受到的，它属于现象界；Bewegungs-grund（动因）是有可能属于本体界的，但有时候也用于现象界的动机。人的自由意志、道德律是动因而不是动机，情感则是动机，人活在现象界中就有情感，但这种情感不一定马上被觉察，有可能是隐藏的。所以"即使进行最严格的审查，我们也绝不可能完全走进背后隐藏的动机"，即表面上抽象的来说我们用一个理念来解释自己行为的动因，这个理念是为义务而义务的，是一个高贵的动因，我们以此来解释自己的行为也就会自觉高贵起来。但其背后到底隐藏着一个什么样的动机，它究竟真的是一种纯粹的敬重感还是只是一种爱好，是不可能完全被知道的。对一个人内心的深入是无穷无尽的，弗洛伊德给我们作出的榜样就是你没有办法深入到你完全意识不到的地方。但是如果真的完全意识不到，那也就是隔绝了，所以弗洛伊德的精神分析学的潜意识是处在意识和无意识之间。俄狄浦斯情结实际上是处于一种半意识状态，一方面他是无意识作出来的，另一方面通过精神分析又能够把它引出来。这说明当初他还有朦朦胧胧的意识，如果当时完全没有意识到，那他后来也就回忆不起来，也就没有办法给他治病了。之所以能够治病，是因为我们能够沿着一条隐秘的线索进入到他的潜意识底下，把底下隐藏的东西抖出来。所以它还属于现象界，只不过是朦胧的、隐藏着的现象界，这样一些动机是背后隐藏的动机。当然康德还没到弗洛依德这样一个层次了，他只是进行一种猜想，就是人心从心理学的角度上看是分层次的，有很多隐藏的东西是无法完全知道的，我们实际上做不到通过最严格的审查把所有内心的东西都调出来，加以客观地考察。

　　<u>因为，如果谈论的是道德价值，那么问题就不取决于人们可以看到的行动，而取决于人们看不到的那些内部的行动原则。</u>

　　即是说人的行动的道德价值不是取决于外在的表现，而是取决于内部的自在之物，它根本不表现在现象中，而是在事物背后，它是物本身的行动原则。"内部的"（inner）不同于"内在的"（immanent），后者在康德那里有其特定含义，"内在的"就是在经验范围之内的，但是这里不是指在经验范围之内，而是之外，但是又是"内部的"，即是属于物自体的，是属于人的本质的。"问题不取决于人们可以看到的行动"，即是说这些外部可见的现实的东西都不足以评价人的道德价值，只有那些看不见的内部的行动原则，即物自体的原则，也就是自由的道德法则，才能用来评价人的道德价值。这是进一步的对人心作出规范，就是说不能从心理学的眼光来看待人的行为的道德价值，心理学仍然是对外在的行动加以解释，但是一个行为的道德价值仅在于在所有这些行动、包括那些心理活动底下最终起作用的内部行为原则，也即作为自在之物的自由意志，唯有凭这种原则我们才能评价一个行为的道德价值。

　　下面一大段进一步解释上面所提到的这样一些看法，即认为只要一个人通过最严格的自省也未能对自己的行为从经验中或心理学上作出彻底的解释，于是他就肯定其行为只能是出于道德的动因，所以在这种情况下他就断言他是出于为义务而义务的动机来做一件好事的。但是康德在上面已经把这种看法否定了。但这样就可能会堕落到另一种情况，即否定一切道德的动因。因为无论什么行动我们都可以怀疑它有一种自爱的动机在里面隐秘地起作用，那么由此是否就可以把所有的道德都看作仅仅不切实际的幻影加以否定呢？

　　对于那些把一切德性嘲笑为某种由于自命不凡而过分自夸的人类想象力的单纯幻影的人，人们能为他们提供的他们所希望的效劳，莫过于向他们承认，义务的概念（就像人们出于懒散也乐于置信其余所有概念也莫不如此那样）必须仅仅从经验中引出来；因为这样人们就为他们准备了一场十拿九稳的胜利。

　　这就是从另一个角度来看了。前面一个角度讲到有些人之所以认为自己的那些善行，比如说自我牺牲，是出于纯粹的道德，是因为他通过严格的自省在自己内部找不到任何其他的动机了，他已经"尽天理之极而无一毫人欲之私"了，所以他就认为那只可能是出于道德的动因。这另一个角度就是说，没有任何道德是真正没有私心的，一切纯粹德性都是幻影，这样一些人的理论根据就是"义务的概念必须仅仅从经验中引出来"。经验主义的伦理学一般倾向于这后一个角度。"那些把一切德性嘲笑为某种由于自命不凡而过分自夸的人类想象力的单纯幻影的人"，即是指经验主义伦理学家，他们对真正的德性已经失去了信念。他们认为一个人做好事肯定有他的自爱动机，只不过这个自爱是精致化了的，只要它比那种单纯的自私自利要高尚，这就够了；而那种单纯的为义务只是一些幻影，是由于人们自命不凡，想跳出经验的范围去设想一个单纯的理念，这种人在经验派看来是很可笑的。经验派哲学家和伦理学家只是执着于经验，有什么就说什么，从不谈论离开经验或超出经验之上的东西。"人们能为他们提供的他们所希望的效劳"，无非是认可他们经验论的基本原则，即"向他们承认，义务的概念（就像人们出于懒散也乐于置信其余所有概念也莫不如此那样）必须仅仅从经验中引出来"。对经验派的那些哲学家来说，这种承认就是对他们的观点的最大的肯定。括弧里面"就像人们由于懒散也乐于置信其余所有概念也莫不如此那样"，是说除了义务的概念外，还有许多概念在经验派看来仅仅是从经验中引出来的，这是最不费力气的看法。在经验派看来一切都来源于经验，一切都止于经验，没有任何超于经验的东西，这是出于懒散的看法。当然康德在认识论上吸收了经验派的东西，他认为一切知识都从经验开始，但是并不都来源于经验，有些是来源于先天的，这两者合起来才构成了知识，这是康德在《纯粹理性批判》中的一个基本原则。所以括弧里就是暗指除去义务的概念以外，其余的许多概念比如认识论上的因果性，实体性这样一些范畴，在经验派看来也莫不都是从经验中引出来的。经验派认为所有的概念都是从经验中引申出来的，义务的概念也是如此。只要人们承认这一点，他就向经验派提供了一个很有力的论据，他就在为经验派效劳。"因为这样人们就为他们准备了一场十拿九稳的胜利"，就是说只要你承认一切概念、包括义务的概念都是从经验中引出来的，那么经验派在有关德性概念的论战中就稳操胜券了。

出于爱人类，我愿意承认，我们的大多数行动还是合乎义务的；但如果人们更切近地看看这些行动孜孜以求的东西，就会到处遇到那个总是赫然醒目的心爱的自我，这些行动的意图正由这自我出发，而不是出于多半会要求自我克制的那个义务的严格命令。

"出于爱人类"，康德在此带有一点调侃的味道，我还是挺爱人类的，我并不愿意把人类贬得一钱不值，由此康德承认"我们的大多数行动还是合乎义务的"，就是说日常生活中人们的大多数行为还是合乎义务的，如果有一个人的行为不合乎义务就会遭到人们的谴责，但这种情况毕竟是少数，大多数人的行为还是中规中矩的。尤其在和平时代，人们往往能安居乐业、和睦相处。人类之所以绵延几百万年，人类文明史也绵延了几千年，与这种情况是有关的。"但如果人们更切近地看看这些行动孜孜以求的东西，就会到处遇到那个总是赫然醒目的心爱的自我"，就是说如果人们更贴近或是更深入地去了解这些合乎义务的行动在追求什么，他就会发现人们最终还是为了"心爱的自我"，这是经验派也同意的。人们之所以要做合乎义务的事还是要维护自己的生存，比如说如果一个人让别人无法生存，那他自己也会无法生存，所以他为了让自己也能生存就必须要遵守对别人的某些义务。并且有些事情是一个人不得不去做的，虽然他并不想去做，而有些他很想去做的事情却不能做，这些界限每个人都要守住。守住的目的不是为了义务本身，而是为了只有这样做人们才会认为他是个正常人，或者说是一个可以相处的人，他的"心爱的自我"才能得到满足，才能得到实现。"这些行动的意图正由这自我出发"，就是说这些行动的动机就是从这个自我出发，就是为了维护他的自我。我们通常讲人首先是自私的，这是经验派伦理学家的出发点，也是他们的基本原则。他们虽然并不否认人们会作出道德的举动，但认为那只是精致化了的自私行为，"而不是出于多半会要求自我克制的那个义务的严格命令"。当然他的行动可能是符合严格的命令的，但他的意图并不是出于严格命令的，而是出于自私的意图。义务的严格命令多半是要求自我克制的，这与自私的动机是相反的。义务就是要克制自我，把自我限制住，只有在很少的情况下它与自我的爱好是同时并进的，在许多情况下它要取消你的爱好，甚至要压制你的爱好。但是有时候人即使按照义务而压制自己的爱好，他也只是为了另外一些更大或更高级的爱好。

　　一个人，甚至根本不用与德行为敌，只须成为一个冷静的观察者，不至于把对善的最热切愿望立即看成善的现实，就会（尤其是随着年岁的增长，同时判断力通过经验变得更加精明、更加敏于观察）在某些时刻怀疑：这个世界上甚至是否确实能见到任何真正的德行。

　　也就是说任何一个人如果要否认德行，根本用不着故意去反对德行，他"只须成为一个冷静的观察者"，也即"不至于把对善的最热切愿望立即看成善的现实"，这是对冷静观察者的说明。只要一个人能做到这一点，他就会"在某些时刻怀疑：这个世界上甚至是否确实能见到任何真正的德行"。括号里面"尤其是随着年岁的增长，同时判断力通过经验变得更加精明、更加敏于观察"，就是说一个冷静的观察者，随着年龄的增长，阅世越深，他就会越世故，越精明。年轻人很容易把善良的愿望当作现实，以为那就是真的。譬如年轻人喜欢说："如果人人都献出一点爱，这世界会变得多么美好"，好像一个善良的愿望就足以改变社会，改变历史。但是老人就不会说出这种话。不是说人人都不能献出一点爱，即使每个人都献出一点爱，这世界也不会因此变得更美好。因为你爱一个人，并不一定能给他带来美好，也许正因为你的爱而毁了他，更不用说为了爱一个人而损害其他人了。所以一个饱经世故的老人就会更加敏于观察。而这样一个冷静敏锐的观察者就会在某些时刻怀疑起这个世界上是否能见到真正的德行？德性的概念是否仅仅是人们想象出来的？所以，只要一个人成为一个冷静的观察者，用一种客观的态度来看待这个社会的现实，就会导致一种怀疑：这个世界上是不是所有的道德都是骗人的呢？

　　而在此，没有什么东西能防止我们完全背离我们的义务理念，也不能在灵魂中保持对其法则的已经建立的敬重，除了这种明白的确信：

　　这句话要和后面的联系起来看，但我们先看这半句。"而在此"后面的两个方面是并列的，即在此"没有什么东西能防止我们完全背离我们的义务理念"，在此"也不能在灵魂中保持对其法则的已经建立的敬重"。"而在此"，就是根据前面讲的，当一个人抱有一种冷静的观察的态度时，他就会对这个世界上是否真的会有德行产生怀疑。这种对道德的怀疑主义将导致道德虚无主义，即认为这个世界上根本没有道德，一切都是凭利害，一切都是利益，一切都是斗争。阶级斗争学说主张：一些阶级胜利了，一些阶级灭亡了，这就是历史。难道这就是真的历史吗？历史上就真的没有公义了，没有道德了吗？所以，一方面如果冷静观察的话，就很容易导致一种道德的虚无主义，那么就"没有什么东西能够防止我们完全背离我们的义务理念"，我们就会把义务抛在一边，仅仅埋头现实的利益就够了。而另一方面就是"也不能够在灵魂中保持对其法则的已经建立的敬重"，就是说如果主张这种道德虚无主义的话，我们就不能保持在日常生活中本来已经建立的对义务法则的那种敬重。义务的理念我们可以说它虚无缥缈，我们把它抛开，不相信它就行了，于是对它的法则的敬重也就随之而坍塌了，即使它在我们的日常生活中已经建立起来，在这个时候也再不能坚持下去了。这就是"在此"会出现的两种情况。那么有没有办法解救呢？下面讲："除了这种明白的确信"，即只有一种东西可以把我们从这两种绝望中解救出来，那就是"这种明白的确信"。"确信"后面有一个德文，Überzeugung，它与前面的置信 Überredung（本段上面讲的"就像人们由于懒散也乐于**置信**其余所有概念也莫不如此的这样"）意思相近，都有"相信"的意思。但是 Überredung（置信）含义比较弱一点，有姑妄信之、姑且相信之意，而 Überzeugung（确信）是确定的相信。这在《纯粹理性批判》的"先验方法论"部分讲"意见、信念和知识"的时候已经做了这样的区分。置信通常是用在经验派身上的，经验派总是诉诸置信，即模模糊糊的相信就够了，如果能够举个例子说服别人就够了，所以这种说服是一种懒散的不求甚解的相信。但是康德所代表的纯粹理性派是推崇确信的，确信来自于理性法则，而不是千变万化的例子。所以这两个概念在这里是对照着用的。本句的意思就是说，按照经验派的那种观点，我们肯定会导致一种道德的虚无主义，会背离我们义务的理念，摧毁我们已经建立的对道德法则的敬重，而唯一能拯救我们的就是这种明白的确信。

那么这种明白的确信是什么呢，所以下面接着解释这种确信：

408 哪怕从来没有过从这样纯粹的来源中产生的行动，但在这里所说的完全不是这件或那件事是否发生，而是理性单独地、独立于所有现象，而要求什么应当发生，

也就是说在现实生活中我们可以做最坏的设想，即从来都没有过从纯粹的义务概念中产生出来的行动。康德在这里并没有做断言，他只是说"哪怕从来没有过"。"但在这里所说的完全不是这件或那件事是否发生，而是理性单独地、独立于所有现象，而要求什么应当发生"，也就是说我们在这里所强调的并不是在历史上是否确实有一件事情是完全出于义务的，这个无关紧要。即算真有这样的事情发生又怎么样呢？我们还是不能确定地断言这就是真的，却总是能够挑剔它这也不是那也不是，所以它并不能够给我们提供被所有的人认可的真实的榜样。反之，即使

根本不存在这样的事,也无损于道德法则本身的尊严。所以根本问题不在这里,"而是理性单独地、独立于所有现象,而要求什么应当发生"。在这个地方重要的不是这件事情是否真的是出于义务而发生的,而是理性要求什么应当发生。人既然是有理性者,那么他的理性就能够超出一切现象对他提出要求,这才是关键。

因而,迄今为止世界上也许还没有过先例的那些行动,把一切建立在经验之上的人甚至会怀疑其可行性,但却正是由理性锲而不舍地要求的,

"因而"是进一步地引申了,"迄今为止世界上也许还没有过先例的那些行动",就是指那些纯粹为义务而义务的行动。"也许",表明康德不作断言,有没有我不知道,我不作断言,我不是上帝,我不能深入到每个人的内心。也许还没有过先例,有可能所有那些道德楷模都有私心,所以相信经验派哲学的那些人"甚至会怀疑其可行性",因为他们认为一切都从经验中来,一种从来没有在经验中表现过的行为,其可行性就是值得怀疑的。"但却正是由理性锲而不舍地要求的",即是说尽管如此,理性却仍然要求这样一种为义务而义务的纯粹理性的实践活动。

比如说,尽管可能直到现在还没有过一个真诚的朋友,但每一个人还是有可能不折不扣地要求在友谊中要有纯粹的真诚,

康德在这里暗示我们上面提到的亚里士多德的那句名言:"亲爱的朋友们:朋友是没有的!"。交朋友就要有纯粹的真诚,哪怕到头来我们发现在被以为是纯粹的真诚里面每个人其实都有他的私心,但这是理性对我们的要求。也就是说在现实中做不做得到和理性要求我们应当怎么做是两回事。

因为这一义务,作为一般的义务,先行于任何经验,而存在于一个通过先天根据来规定意志的理性的理念中。

为什么人们做不到还要求那种不折不扣的真诚呢?这是"因为这一义务,作为一般的义务,先行于任何经验",而且所有那些道德经验都要

以一个理性的义务作为其前提,这个义务"存在于一个通过先天根据来规定意志的理性的理念中"。对朋友的真诚是一个理性的理念,它不依你是否做到了真诚,是否交到了真诚的朋友为转移,它是一个先天的理念。所以经验派的证据固然很有力,但是人们仍然要追求这样一种理性的理念,并且作为一个有理性者,这样一种理念就对他的实践活动提出一种要求。这种要求与经验没有关系,即使经验完全不符合它,它依然可以不断地要求人们应该做到,如果做不到就应该忏悔,这就是理性的作用。所以有研究者认为康德的道德原则在生活中没有积极的作用,但是有消极的作用,就是它总是使人感到惭愧。人总是不能完全做到纯粹实践理性的要求,所以他永远都会感到惭愧。这种忏悔精神也是西方文化的一个特点,西方人比较强调人的原罪,所以人总是需要忏悔的。而东方人则比较注重经验现实,就事论事。很少真正地忏悔。比如一些日本人对于侵华究竟是侵略还是"进入",究竟有没有南京大屠杀,过去的事情嘴巴一抹就不承认了,反正经验的事情过去了,在当前现实中已看不到了,只要不承认就等于不存在。所以日本人总是不肯承认过去,因为他们没有一个更高的理性原则或法则对他提出要求,作为衡量现实的标准,他们的一切判断都根据现实的需要而来。下面一段把问题引向深入。

　　进一步说,如果人们毕竟不想怀疑德性概念的一切真实性及其与任何一个可能客体的联系,人们就不能否认其法则具有如此广泛的含义,以致于必定不仅对人,而且对**所有一般的理性存在者**都有效,不仅在偶然条件下并例外地有效,而且**绝对必然地**有效:
　　"毕竟",就是说哪怕有经验派证明在人类历史上迄今为止还没有过任何一件纯粹德行的事实,但我们"毕竟不想怀疑德性概念的一切真实性及其与任何一个可能客体的联系"。德性的概念既然是一个实践的概念,如果不否认它的一切真实性它就肯定有一个可能的客体,因为实践不是躺在床上想一下的事情,它必须要在现实中做一件事情出来,这件事情就是实践的客体。这个客体在没有实现出来的时候是可能的客体,它也许永远只是可能的客体,因为它在人类历史上可能从来没有真正实现过,但是这不要紧,一个真实的抽象概念可以有它可能的抽象客体。"人们就不能否认其法则具有如此广泛的含义,以致于必定不仅对人,而且对所有一般的理性存在者都有效"。也就是说如果你不想怀疑德性概念的真实性,那么你就不能否认德性的法则具有广泛的含义,即它"必定不仅对人,而且对所有一般的理性存在者都有效"。人也是一种理性的存在者,但他是一种特殊的、有限的和带有感性的理性存在者,然而对人有效的理性的法则,又是不以人的感性经验为转移的,因为它的根据不在于人的感性方面,而在于理性方面。所以不能否认它对所有"一般的理性存在者"都有效。"一般的理性存在者"打了着重号,它指所有的理性存在者,包括上帝、天使及当时设想可能存在的外星人。这些其他的理性存在者与人的感性可能完全不同,或者它有另外一种感性,或者它完全没有感性,人只是一般理性存在者中的一个特例。德性法则的有效性不是体现在人的特殊性之上,而是体现在人的一般理性之上,所以它才具有如此广泛的含义。康德在这里超越了人类学和心理学,至少康德在这里有一种意图,就是要超出有限的人类,他在很多地方都谈到"一般的理性存在者",这个概念可以包括人类、上帝、天使和外星人。康德在其他地方提到外星人也许与我们的身体素质、经验感觉完全不同,但是在这一点上他们与我们是完全一样的,就是他也有理性、有义务、有道德法则。"不仅在偶然条件下并例外地有效,而且绝对必然地有效","偶然的条件"比如说人类产生的条件,在某个历史阶段产生了具有某种道德的人,不仅是在这个意义上有效,不仅是一个例外,而且是"绝对必然的有效"。就是说不管在什么历史场合,不管在什么情况之下,德性法则都绝对必然地会起作用,这作用也可能只是消极的,但它是"绝对必然有效"的。人们如果不怀疑德性概念的真实性,就不能否认它的法则具有对一般理性存在者的普遍有效性。

冒号后面的一句话是接续前面"进一步说"的：

那么就很清楚，没有任何经验能够提供哪怕只是推论出这样无可置疑的法则之可能性的理由。

就是说当人们毕竟不想怀疑德性概念的真实性，因而德性法则不仅对人有效，而且对一般理性存在者都有效，"那么就很清楚"，即这样一种无可置疑的法则的可能性的理由不是来自于经验，不是人类经历了几千年的历史就可以证明的。义务概念绝对不是从经验中得到证明的，经验中不但没有义务的事实，而且也不能从经验中推论出来，所以他讲"没有任何经验能够提供哪怕只是推论出这样无可置疑的法则之可能性的理由"，这就进一步把义务的法则完全从经验中提升出来了，摆脱了经验的根据。下面对此加以解释。

因为，我们有什么权利把或许只是在偶然条件下对人类有效的法则，当成适用于每一理性存在者的普遍规范，加以无限制地敬重？

"偶然条件"有两个方面，一方面指历史上的偶然条件；另一方面，从更大的范围上看，人类作为一种现实的感性的存在物本身就是一个偶然的条件。"或许只是在偶然条件下"，这是经验派的一种猜测。经验派把义务的法则当作只是在偶然条件下只对人类有效的法则，它们是由人们的天生气质造成的。天生的当然是偶然造成的，幸好我们大多数人偶然都有道德情感，于是我们就有了道德。但是这种"或许只是在偶然条件下对人类有效的法则"怎么能够"当成适用于每一理性存在者的普遍规范，加以无限制地敬重？"也就是说如果按照经验派的解释的话，我们就根本不可能对这种义务的法则作为普遍的法则加以无限制的敬重。前面讲了所谓对道德律的敬重就是把道德律作为一个普遍的规范，超越于一切爱好之上。如果我们把人之所以有道德法则归结为自然的安排，而跟人自身没关系，一个人不是自己要做一个有道德的人，而是大自然偶然把他造成了一个有道德的人，那么我们对这种人也就不会有敬重，而只会赞叹他的运气好；相反另外一个人成了罪犯，我们也不能谴责他，而只能说他运气不佳。康德在这里实际上进行了一个反驳，就是按照经验派的观点，人的道德既然被归结为天生的偶然性的幸运，那无可置疑的道德法则就不可能由具有偶然性的经验提供出理由，人类对道德法则的敬重就不可能了，但实际上在广大老百姓中这种敬重是存在的。这是第一个反驳，它是接着上一句话讲的，即之所以"没有任何经验能够提供哪怕只是推论出这样无可置疑的法则之可能性的理由"，正是因为我们没有权利"把或许只是在偶然条件下对人类有效的法则，当成适用于每一理性存在者的普遍规范，加以无限制地敬重"。下面还有一个证明，他采取的是一种反问的、质疑的方式。

而且，规定**我们**的意志的法则如何应当被看作一般地规定某个理性存在者的意志的法则，并只是作为这样的法则也被看作我们意志的法则，如果这些法则只是经验性的，而非完全先天地源于纯粹的、但却是实践的理性？

"我们"打了着重号，是与"一般的理性存在者"相对而言的，意在强调我们人类这些有限的理性存在者。"规定我们的意志的法则如何应当被看作一般地规定某个理性存在者的意志的法则"，就是说人类既然只被看作是一个经验的偶然的存在者（经验派就这么认为），那么这个只是适合于我们人类的意志的法则，又如何同时应当被扩展为规定某个一般的理性存在者的法则，"并只是作为这样的法则也被看作我们意志的法则"？这句话就反过来了，就是说不是因为我们人类的意志法则里面可以抽象出某个一般的理性存在者的法则，而是我们人类的意志法则是作为某个一般的理性存在者的法则才是我们的法则。但"如果这些法则只是经验性的，而非完全先天地源于纯粹的、但却是实践的理性"，那么这就是不可能的。就是说如果这些道德法则都是经验的"而非完全先天地源于纯粹的、但却是实践的理性"，那么仅仅从经验上规定我们人类意志的法则，就不可能被看作规定某个一般的理性存在者的意志的法则了。

康德真实的意思是说，先有一般有理性的存在者的法则，然后我们人类在多少万年以前产生了，那么我们人类也接受了这样一种法则作为我们的法则，因为我们人类也是属于一般有理性的存在者中的一员，这样我们才有了这样一种普遍的道德法则；而不能反过来，从我们狭隘的人类经验里面推出一般有理性的存在者也有这样的法则。我们从人类的经验里面能够推出的只是人类的活动，而推不出和我们有不同感觉的外星人的道德法则，更推不出没有感觉经验的上帝和天使们的道德。所以经验主义者们不能把我们的道德的义务的法则看作是适用于一般的理性存在者的普遍的规范，而只能看作是我们人类特殊的一种规范，这也就是康德对经验主义者的第二个反驳。本段的意思就是说如果要承认德性的概念还有他的无可置疑的必然性，有它的普遍有效性，那么我们就不能给它提供经验的根据。而如果这些法则只是经验性的，并非完全先天地源于纯粹的实践理性，那么我们就不可能从仅仅是人类意志的法则推出一般的某个理性存在者的法则，把我们意志的法则看作某个一般的理性存在者的法则的表现。唯一的能够做到这一点的就是把这种法则看作是完全先天地源于纯粹实践理性，这样才能使一切有理性存在者都会这样，人之所以会有这样的法则，只是因为我们分有了一般有理性存在者的法则。"分有"是柏拉图的理念中的概念，每个事物之所以成为它自身，是因为它分有了这个事物的理念。从柏拉图一直到康德的理性派传统都坚持这个原理，都是这样思考问题，他们总是先定出一个一般理念，然后把现实生活看作是对这个一般理念的分有，道德问题也是如此。

第十一讲

我们上讲已经谈到了，康德对于德性概念究竟出自于何处，进行了一番考察，一个是德性概念肯定不能从经验中来。人们的日常经验，从那里头要寻求某种规律、某种义务，那是不可能的。也就是，德性概念作为一般义务，必须是先行于任何经验的。人们在日常生活中，在现实中所经验到的那些道德生活，从这个里头不可能归纳出一般义务的原则。这是康德的一个基本法则，前面一直在强调这一方面，就是先行于任何经验。我们要寻求义务法则的话，必须把经验撇开。那么上一次又谈到了，不仅仅是我们日常生活的经验要撇开，而且我们要把人类本身也撇开，这个就是一个非常极端的说法了，就像我们上次讲的最后这一段：如果你不想怀疑德性概念的真实性，那么这样一个法则就不仅仅对于人类，而且应该是对于一般的理性存在者都能够适用、都有效的。这个就是超出人类学了，人类在世界上是在一定的时候产生的——康德已经意识到了这一点，康德的星云说认为整个宇宙起源于原始的星云，这样的一种说法本身就把人类的产生看作是在一个历史中经验地、后天地逐步发展出来的过程。那么你既然要把道德律从一切经验里面排开，这些经验里面就包括一个最大的经验，那就是人类的产生。要超越一般的人类学的观点，凡是有理性者——也许现在世界上还没有，甚至于哪怕世界上从来还没有过，但是从概念上来说，一个有理性者，他就必须有他的义务概念，只要有一个有理性者，那么这个有理性者的概念里面，逻辑地就包含着道德的概念和义务的概念，也包含着道德义务的法则——康德是从这个角度来看问题的。这个很重要，特别重要，尽管康德也说过，他的所有一切研究，最后都归为人类学——"人是什么？"——的问题，但是那是就事实而言的，就是说，研究来研究去，最后康德发现，他所研究的事实上都关系到人类学。但是在研究有关人的问题的时候，康德所要提升到的那个最高的原则，本身却是超人类学的，他是把人的问题放在理性的一般原则之下来加以探讨，理性的一般原则高出地球上的人类的原则。地球上的人类的原则是经验的，在某个世纪、某个年代有了人类。但是理性的原则必须是永恒的，普遍的原则是永恒的。

今天我们接下来看这一段，他继续地申述、展开他的这样一个原则。既然要撇开一切经验，甚至于撇开人类本身这样一个经验，那么我们在看待道德概念和道德法则的时候，应该怎么看？下面就讲这个。

甚至人们对德性所能提出的最糟糕的建议，莫过于想把德性从实例中借来了。

前面讲德性是超越于经验之上的，也就是超越于实例，超越于实在的例子之上的。我们的德性既然是如此，那么我们对德性能够提出什么样的建议呢？他说："甚至人们对德性所能提出的最糟糕的建议，莫过于想把德性从实例中借来了。"就是说，德性本身不是来自于实例，甚至于你要对德性提出个建议，你都不能从实例中借来。想把德性从实例中借来，这个实例（Beispiel），这个词也可以翻译成"榜样"，实例——榜样、例子，也就是说对德性人们经常会提出这样的建议，就是你能不能参考一个榜样，来树立你的道德楷模，树立你的道德法则？道德法则说不清楚，那你就拿一个榜样来说，比如说雷锋。"什么是道德的？""像雷锋那样就是道德的。像某某人那样就是道德的。"能不能这样来引出德性呢？康德认为不行，"甚至于"，就是说，不仅仅是德性本身是超越于经验之上的，甚至于你要把德性用来做一个榜样，来对德性提出这样一种建议，建议德性把一个实际的例子当作自己的榜样，这都是最糟糕的建议。前面是讲这个德性它不是来自于后天经验，而是先天的，那么既然如此，你就不能用后天的东西作为它的榜样和例子。

　　因为，每一个摆在我们面前的这方面的例子，本身都必须先根据道德性的原则加以评判，看其是否配作本源的例证，也就是说，配作楷模。但它绝不可能提供出道德性的至上的概念。

　　为什么不能用例子、用榜样来做你的楷模？"因为每一个摆在我们面前的这方面的例子"，你要评价说它是道德的，那么"它本身都必须先根据道德性的原则加以评判，看其是否配作本源的例子"。就是说，这些榜样之所以是道德的，是因为你首先用道德原则对此进行了评判。雷锋为什么可以作为道德的楷模？是因为我们用道德原则对他进行了评判，才判定雷锋是个榜样，是道德的，而不是反过来的：你觉得雷锋这个人很好，你就把他作为一个道德的楷模，用他作为标准来衡量别的人——不是这样的。当你面对雷锋这样一个榜样的时候，你已经预先必须根据道德性原则作了评判，如果他确实是道德的，是配做本源的例子的，你才能把他作为标准。但是这个标准也是一个二级的标准，用雷锋作为标准来判断其他人的行为，这已经是二级的标准。一级标准是你开始你只知道雷锋这个人，有大量的例子摆在你面前，他做了很多事，那么这些事是不是好事？你得有一个先天的道德标准来评价。然后你才能把这个榜样判定为配做"本源的例子"。所谓本源的例子就是说，很多人把一个实际的榜样看作是道德的本源、道德的标准——最好的人，我们要像他那样，才能成为最好的人，这就是本源的例证。每一个例子都是这样，它本身必须预先根据道德性的原则来加以评判，"但它绝不可能提供出道德性的至上的概念"。任何一个例子，哪怕我们把它评判为配得上当作道德的楷模，配得上当作本源的榜样，但是这个榜样本身绝对不可能提供出道德性的至上的概念。道德性至上的概念那是抽象的，不是在这个例子里面可以说得清楚的。这是康德的一个很基本的观点，就是说它跟我们日常所理解的完全不一样。我们日常所理解的，特别是中国人所理解的所谓道德，那就是从楷模里面来的，从楷模里面也可以归纳出一些通俗的道德法则："己所不欲，勿施于人""己欲立而立人，己欲达而达人"这样一些原则，但是它都只是从一些具体的例子里面引出来的,它也有很多历史上的榜样:伯夷叔齐不食周粟,屈原爱国,二十四孝;三皇五帝文武周公都留下了大量的事迹。我们现在一讲道德就要学习英雄模范、道德榜样,学雷锋。雷锋为什么是道德榜样我们不去分析,我们只知道像他那样就行了。我们的道德基本上就是这样的,就是用大量的例子去感动人,以情动人,感动中国。但是这些例子相互之间究竟有没有一种逻辑关系,是不是会自相矛盾发生冲突,它们有没有普遍性的规律,这个我们从来没有探讨过。比如说雷锋的例子,雷锋的例子非常自相矛盾。一方面他讲对阶级敌人要像冬天一样冷酷无情,另一方面他讲对同志要像春天一般温暖。但是对同志,谁是同志?你到大街上看到一个老人过街你扶他,你知道他是什么出身吗?你知道他是什么阶级吗?他可能刚从牢里放出来,你到街上去扶他不是丧失阶级立场了吗?对于这些阶级性、人性这东西都混在一起,根本就没有理清过。什么是雷锋精神?雷锋精神有阶级意识在里头,解放前"夺过鞭子揍敌人",对敌人要恨,所以你要发扬雷锋精神,前提是你要划分清楚阶级界限,所以在爱里面就要以恨为前提。那么它有没有一种普遍法则?在这里我们是找不到的。它可以在各种场合下提供怎么处理事情的一些例证,从这些例证里面能不能提取出普遍的道德法则?在康德看来是绝对不可能的,也不可能提出道德性的至善的概念。

<u>即便是福音书中的圣徒,在人们把他们认作圣徒之前,也得先和我们那位道德完善的理想进行比较,甚至他都对自己这样说:为什么你们把(你们看见的)我称为善的?除了(你们看不见的)唯一的上帝,没有谁是善的(善的原型)。</u>

当然这是康德的正面的说法,就是说,即便是福音书中的圣徒,在圣经里面,新约里面的圣徒,那当然是道德楷模了。在基督教里面历来就把圣徒当作是道德的楷模,做了很多好事,他们如何如何地信仰坚定,如何如何爱上帝,爱人。他说在人们把他认作圣徒之前,也得先和我们那位道德完善的理想进行比较。道德完善的理想就是耶稣基督了,圣徒是

追随耶稣基督的。我们学习圣徒是因为圣徒在学习耶稣基督。圣徒在学习基督,我们去学习圣徒。所以在基督教里面,道德楷模还有一个上溯的过程,有一个回溯的过程。你要追溯到根本,回溯到原型,原型是什么呢? 原型就是耶稣基督,道德完善的理想,用他作为楷模来衡量我们世俗生活中的每一个人。首先是衡量圣徒,他们之所以能够称为圣徒,不是因为他们本身所作出的那些事情,而是因为这些事情和耶稣基督这样一个理想相比较。耶稣基督就是介于神和人之间的,就是沟通神人之间的一个中介。那么借助于这个中介呢,我们实际上还要继续往上追,继续往上追溯。所以他继续讲: 甚至他,也就是耶稣基督,都对自己说:"为什么你们把我称为善的?"括弧里面的话是康德加的。耶稣基督讲你们为什么把我称为善的,你们只看见作为榜样的我,但看不见作为原则的我,就是上帝。"除了唯一的上帝,没有谁是善的",看得见的榜样不是善的,只有看不见的原则才是善的。这就是在圣经里面讲的,出自《马可福音》第 10 章第 18 节:"你为什么称我是良善的? 除了神一位之外,再没有良善的。"它实际上进行了一种追溯,但是它没有解释。圣经里面并没有自觉地这样解释,康德是拿圣经来做一个例子,来说明这个意思,就是说,福音书里面的圣徒你们把他当作是榜样,但是他们之所以是榜样,是因为有一个标准来对他们加以衡量,那就是耶稣基督。而耶稣基督之所以能够作为标准,按照他自己的说法,是因为他也有一个标准,那就是上帝。当然耶稣基督本人就是上帝,三位一体嘛,但是耶稣基督这个上帝是介于上帝和人之间的,他是上帝和人沟通的一种媒介。上帝和人在耶稣基督身上直接地统一为一个人,一个形象,一个人格。因此在圣经里面,那些道德楷模实际上都已经预先设定了一个道德概念,一个道德性的至上的概念,那就是上帝。上帝是没有任何经验内容的,在耶稣基督身上好像有了一定的经验内容,但是这个经验内容是由上帝来衡量它的道德性的。耶稣基督是人们可以看见的,他是一个凡人嘛,他是圣母玛利亚生下来的,木匠约翰的儿子。这个是很世俗的。那么看不见的上帝在康德这里也就相当于彼岸世界的法则，抽象的法则，超越了一切世俗经验的这样一种法则。应该从这个角度去寻求道德的至上法则，至上的原则。所以这一段康德已经点出了他这一章的意向。这个第二章要过渡到道德形而上学，就是要寻求道德的至上法则。怎么寻求？首先把经验从这样一个道德的法则里面排除掉。你在经验里面找，那是缘木求鱼，那是找不着的。其次，从这个地球上的人类里面，从他的自然本性里面，从他的经验生活里面，你也找不到。再次，如果你想在我们日常生活里面找一个例子，以为这个例子就是可以作为我们的道德原则，然后把道德性从里面借来，这也是不行的，甚至是不可能的。你必须从这个例子回溯，上溯到它的本源、它的原型，我们关注的是这个善的原型。所有世俗生活的善的行为、善的榜样都是由这个原型派生出来的。

409　　但是，对于作为至善的上帝，我们从何处得到他的概念呢？只能出于那个由理性先天地对道德完善性所拟定的、并与一个自由意志的概念不可分割地联结着的理念。

　　这就超出了基督教了。基督教就到上帝为止，对于基督教来说就够了，追溯到上帝就已经超越于世俗生活了。从世俗生活中，不管是榜样、经验例子还是一个具体的人，甚至于整个人类，你都不可能引出道德的至上法则，只有在上帝那里才能够找到道德的至上法则。那么上帝已经是超越于人世的，超越于一切世俗生活的，但是还不够。康德认为对于作为至善的上帝，我们从何处得到他的概念？上帝是至善的，上帝是善的原型，这个原型是至善的，一切善都是以他为楷模的。至善也就是无所不包的善，所有善的东西都包含在里面了。那么对于至善的上帝，我们能从何处得到他的概念呢？你要把上帝看作是圆善，看作是善的原型，那么这样一个上帝概念从何而来？当然他是信仰的对象，但是信仰的对象也是一个概念，这个概念建立在什么上面？你不能建立在日常生活之上，不能建立在幸福之上，恐惧之上，具体的要求需要目的欲望上面。我们从何处能够得到上帝的概念作为至善的上帝概念？那么在康德看来，还是只能从理性那里得到这样一个概念。所以他讲："只能出于那个由理性先天地对道德完善性所拟定的、并与一个自由意志的概念不可分割地联结着的理念"。也就是说上帝的概念它是出于理性先天地对道德完善性所拟定的一个理念，也就是至善的理念。上帝是一个道德完善性的概念。何谓道德完善性？那要靠理性来拟定，要靠理性来引出，要从理性里面先天地引出什么是道德的完善，什么是至善，并且"与一个自由意志概念不可分割地联结着"的这样一个理念。道德完善性它不仅仅是一个道德诫命，道德的戒律，而且这些道德戒律和道德诫命是和自由意志不可分割的诫命。也就是说这样一些道德诫命是自由意志本身建立起来的。不可分割的原因就是它不是外来的，不是他律，而是道德自律。这一点在后面讲得更详细，在这里还是刚刚提到。就是它必须是对道德完善性所提出的一个理念。道德本身是最高的善。那么作为完善的这样一种善或者至善，除了道德上最高尚以外，还应该有相应的幸福。所谓至善的概念是德福一致。德福一致才完善，如果仅仅是道德善，得不到相应的幸福，那虽然是最高的善但还不是完善，还不构成圆善。我们通常讲善有善报恶有恶报，这才是最完善最完满的，道德最高的人得到了最大的幸福，这就是完善性。道德能否具有这样一种完善性？虽然它具有最高的善这是毫无疑问的；但是并不能达到完善。达到完善那就要靠上帝，上帝才能够保证善有善报恶有恶报，最道德的人获得最大的幸福。那么上帝概念就是从这里引出来的。所以"我们从何处得到上帝的概念？只能出于那个由理性先天地对道德完善性所拟定的并与一个自由意志的概念不可分割地联结着的理念"。只能从这个理念里面得到上帝的概念。总而言之上帝的概念必须从理性里面引出来，而不是凭借上帝在人世间所显示出来的种种榜样，耶稣基督啊、以及他的那些圣徒啊，那些都是可以看得见摸得着的，都是有历史记载的，都是当时的人得到他好处的。他们行奇迹嘛，然后你当然在经验上面可以留下一种好感，但是康德认为这些都不足为凭。真正说来，他们都出自于上帝的概念，而上帝的概念是来源于理性。这在康德的《单纯理性界限内的宗教》这本书里面说得很清楚。康德是从理性界限内、理性范围之内来谈宗教的。至于世俗宗教，教会的宗教，启示的宗教，或者说历史的宗教，康德不谈。当然他也没有否定，但是他说我在理性范围内谈宗教，抓住了宗教的根本。那些宗教当然也可以谈，历史的宗教，奇迹，教会的仪式，那些都可以谈，但是我要谈它们，我必须首先具有对教会对宗教的理性概念。我从理性上把宗教信仰的这些概念搞清楚了，那么其他的那些我就知道怎么对待了。所以，对上帝概念他也是从理性的理念里面引出来的。在《道德形而上学奠基》这本书里面他还没有作出这样一种具体的论证，但是在别的书里面，在《纯粹理性批判》后面的方法论的部分，以及在《实践理性批判》里面他都做了这样的论证。还有在《判断力批判》的最后的几节（§85—§92），康德也对道德宗教是怎么样证明的，怎么样引出来的，做了一番论证。所有这些论证都是要从理性中，通过纯粹理性的理念推出上帝。

模仿在德性中根本无立身之处，而各种榜样则只是用作鼓励，即把法则所命令的东西的可行性变得毫无疑问，把实践规则更普遍地表达出来的东西变得可以直观，但它们绝不可能使我们有权把存在于理性中的真正原型放在一旁而按照榜样行事。

这一段应该说主要是针对所谓的模仿，所谓的榜样。他说"模仿在德性中根本无立身之处"。从前面所论述的来看，既然连圣徒、连耶稣基督本人都不足为凭，你必须超越世俗生活到上帝那里去，才能找到道德的最高的法则，道德的至上的概念，而德性的至善概念，你必须到上帝那里超越整个世俗生活才能找得到，而上帝又来自理性的理念，那么显然，模仿在德性概念中力量不够。模仿就是在现实中经验中有一个对象，有一个榜样在那里，有一个楷模标兵在那里，然后他怎么做你也怎么做，这就是模仿。那么这种模仿在德性中根本无立身之地。模仿在德性中，当然你也可以说在某种意义上也是需要的，比如对小孩子来说，他们的理性还没有成熟，那么你只能让他去模仿。他不自觉地也要模仿，模仿大人，大人也会教他：你学学隔壁的孩子，你学学你班上那些好同学，你为什么要学坏样不学好样呢？这就是模仿。但是这种模仿在德性中根本无立身之地，模仿本身它就没有立身之地。你要运用模仿，它有另外的用处，在德性中有另外的用处。什么用处呢？"而各种榜样也只是用作鼓励，即把法则所命令的东西的可行性变得毫无疑问，把实践规则更普遍地表达出的东西变得可以直观。"它本身是没有立足之地的，但是呢，我们当然可以利用它，就是各种实例各种榜样，只是用作鼓励。它能够来运用，用作什么呢？用作鼓励，用作进一步加强德性的力量。也就是说把法则所命令的东西的可行性变得毫无疑问。法则是可以提出命令的，命令你怎么做。法则是来自于理性的，那么法则通过理性所提出的命令能不能做到？道德律令能不能做到？那么你在榜样上面就可以看到：你看某某人就做到了，它的可行性是毫无疑问的。某某人能做到，你也能做到。人家是人，你也是人，为什么人家能做到，你不能做到呢？但是这样一种模仿只是对于法则已经提出的命令来证明它的可行性，使你在按照法则而行动的时候更加有信心。既然已经有人做到了，我为什么不做呢？所以它只是用作鼓励人的信心，给人显示出道德法则的可行性。"把实践规则更普遍地表达出来的东西变得可以直观"，实践规则是在一种更加普遍的层面上面来表达这些理念的。你要使你行为的准则变成一条普遍的法则，这是在一种极其普遍的层面上面来讲的，但是只有通过例子才变得可以直观。某某人，一个道德楷模，他们就做了这样一些合乎道德的行为，那么你从他们身上可以直观到实践规则所普遍表达出来的东西。实践规则更加普遍地表达出来的东西，这个"更加"是相对于例子、榜样而言的。榜样当然也有普遍性，我们中国人的榜样就是雷锋，外国人也有他们的道德楷模，道德榜样，它也有一定的普遍性。但是实践法则、实践规则是更普遍地表达出来的，只有在这些榜样上才变得可以直观。抽象地讲，你当然可以讲，但是你没有直观，你这样的道德法则就会变得过于抽象。但是如果你脑子里面有一个榜样，像某某人那样，他已经体现出这个道德法则，那么这样一种道德命令就变得直观化了。所以它是起这样一个作用的，能够对人们的道德行为进行鼓励，能够使它变得直观，或者说能够使得道德法则从一种抽象的原则达到普及化，让广大老百姓都能够很容易接受。下面讲"但它们绝不可能使我们有权把存在于理性中的真正原型放在一旁而按照榜样行事。"所有这些例子绝不可能使我们有权把理性中的真正的原型放在一旁，撇开理性中的真正的原型，也就是抽象的道德律、义务，把那些一般的理性法则撇在一边，而完全按照榜样行事。如果只是把那些榜样拿到面前，按照他那样做，他怎么做你也怎么做，这就不是出于自由意志了，就完全是出于他律了。而且呢最根本的是，把真正的原型撇开了。那些榜样之所以成为道德的，是因为最终的原型，而不是因为他们做的那些具体的事情。所以你把榜样看作绝对的道德楷模，那你就是捡了芝麻丢了西瓜了，舍本求末了。你所模仿的只是那些表面的东西。你模仿人家怎么穿衣服怎么打扮怎么说话，模仿、引用他的那些语录，模仿他说话的口气，但是把他为什么是道德的根据完全抛开了。他之所以被称为道德的，有更高的理性的法则，如果你掌握这个理性的法则，哪怕没有任何榜样，你也可以做道德的事情。道德在你自己心中，不在人家身上，不在你的楷模、对象身上。相反你如果丢了这个最根本的东西，你对别人的仿效就失去了理由，就流于表面的模仿。你模仿得再惟妙惟肖，你也不是道德的。所以康德对于榜样楷模这些东西，一般来说是比较反感的。我们说榜样的力量是无穷的，但是在康德看来榜样的力量之所以有力量，是在于理性。每个人都有理性，并不是你模仿的对象才有理性，正因为你有理性，所以你能觉得这个对象是值得模仿的。所以理性的力量才是无穷的。

如果的确没有任何德性的真正至上原理不是必须独立于所有经验而仅仅建基于纯粹理性之上的话，那么我相信，没有必要哪怕去问一问，如果这种知识应当与普通知识区别开来并被称为哲学知识的话，把这些概念就像它们连同隶属其下的那些原则一起先天地确立那样普遍地（抽象地）阐发出来，是否是件好事。

这个是归到他本章的正题上了，第二章主要的意图就是要把这样一些道德的概念和它的原则先天地阐发出来，这实际上也是整个的《道德形而上学奠基》的意图，就是要确立道德形而上学的至上的原则。为什么叫"道德形而上学奠基"呢？你找到这个至上原则，道德形而上学就奠定基础了。这是他这本书、也是这个第二章的主题，在这一段里面就开始提出来了。他说"如果的确没有任何德性的真正至上原理不是必须独立于所有经验而仅仅建基于纯粹理性之上的话"，这是康德自己的观点，如果的确是这样的话，那么会怎样呢？如果任何德性的至上原理都必须独立于所有的经验，而仅仅建基于纯粹理性之上，如果这一点确定了的话，"那么我相信，没有必要去哪怕去问一问，如果这种知识应当与普通知识区分开来并被称为哲学知识的话，把这些概念就像它们连同隶属其下的那些原则一起先天地确立那样普遍地（抽象地）阐发出来，是否是件好事"。就是说，如果你承认康德的前提，那么康德就相信没有必要再问一问，问什么呢？是不是我们还要把这种知识和普通的知识区别开来，并且，把这些概念和它的原则先天地确立起来、普遍地阐发出来，是不是一件好事？当然是件好事了，如果你承认了他的前提这就不用问了。就是说，下面这件事情肯定是件好事，什么事情呢？就是如果这种知识应该与普通知识区别开来并被称为哲学知识的话。如果这种知识——道德知识，道德形而上学知识，如果应该把它和普通的知识区别开来。普通的知识也包括那些普通理性的道德知识，像日常生活中所建立起来的道德知识，它们和道德形而上学知识当然应该区别开来，道德形而上学的知识则应称之为哲学的知识，那么，"把这些概念就像它们连同隶属其下的那些原则先天地确立起来那样普遍地（抽象地）阐发出来"，是不是件好事？把这些概念普遍阐发出来，如何普遍地阐发出来呢？"就像它们"——也就是这些概念——"连同隶属其下的那些原则一起先天地确立那样",也就是"这些概念和它们隶属其下的那些原则",凡是概念都带有它的原则,或者说每一个理性的概念都是作为原则提出来的,概念和原则是不可分的,概念就是为了当作原则来使用,一般来说就是这样。这些概念和这些概念下属的那些原则都是先天确立的,也就是由纯粹理性先天确立的,都是撇开了一切经验,撇开了一切经验内容,在先天的层面上得到确立的。那么我把这些概念就像这样普遍地阐发出来,既然它们是先天地确立的,那么我们就应该把它们照那样普遍地阐发出来。它们当初是如何确立的,我就如何阐明它,也就是按照它们的本性阐发出来:那么这是否是件好事?这是不用问的。你如果接受了康德的前提,这当然就是件好事。这件好事还没人做过,康德是第一个这样做的,就是把这些道德的至上原则的概念,就像它们被先天地确立那样地普遍地阐发出来。这件工作还没人做过,一般人们都是把先天的道德概念和后天的经验的东西混在一起,没有系统地根据先天原则把这些概念阐发出来。那么如果这件事应该做,如果道德形而上学应该和普通的道德理性知识区别开来,也就是如果你要建立一门道德形而上学,那么就不用问,把这样一些道德的概念先天地阐发出来、普遍地阐发出来是不是一件好事。当然是一件好事了,如果不这样做,道德形而上学根本就建立不起来。所以这是必不可少的。

但在我们的时代这样问,倒可能是很有必要的。

这里是转了一下,本来是不用问了,你接着它的前提这个就不用问了。你单独地对道德概念进行一种形而上的研究,当然是好事了。但是在我们的时代,这样问倒可能很有必要,为什么很有必要呢?因为这件事情是不是好事,是很不清楚的。因为广大的老百姓、包括那些学者们,都还没有接受康德的前提,所以这样问一问,倒是很有必要的。

因为假如人们收集一下意见,看是脱离一切经验的纯粹的理性知识、从而道德形而上学受欢迎,还是通俗的实践哲学受欢迎,那么马上可以

<u>猜出哪一方将会占优势。</u>

这地方又是一个谜语了，就是要你自己去想一想的。其实很明显，在康德看来很明白，不用明确点出来，假如人们收集一些意见，去看一看是脱离一切经验的纯粹的理性知识、道德形而上学受欢迎呢？还是通俗的实践哲学受欢迎？那马上可以看出，哪一方会占有优势。那肯定是通俗的实践哲学受欢迎，占优势。道德形而上学肯定不受欢迎。道德形而上学脱离了一切经验，作为纯粹的理性知识，是很难把握的。你要问一问普通老百姓——假如是广泛地收集一些意见，搞一个问卷调查——不光是康德的时代，今天你去搞一个问卷调查，那肯定还是一样的结果。通俗的实践哲学当然受欢迎，于丹的"心灵鸡汤"更受广大老百姓欢迎。康德的东西没几个人看得懂，所以我们今天这个课堂上。能够到这里来听康德哲学的就很少了。所以道德形而上学肯定是不受欢迎的，人们更习惯于经验的，跟日常生活紧密结合在一起的那样一种通俗的道德哲学、通俗的实践哲学。正因为如此，所以这个问题还值得提出来：我们有没有必要去建立一门纯粹的道德形而上学？这个还有必要提问。

如果先有向纯粹理性原则的提升，提升到完全令人满意，那么这种向民众的概念的下降当然就是很值得称赞的了，这将意味着，先将道德的学说**建基于形而上学之上**，待其稳固之后，再借助于通俗性使它**可被接受**。

这就是康德要回答前面那个问题，就是说这样的问话康德觉得在我们今天、也就是康德的时代是很有必要的，就是到底把道德形而上学的抽象原则首先加以阐发是不是一件好事？那么他这一段就是回答。我们来看一看，"如果先有向纯粹理性原则的提升，提升到完全令人满意"，如果你先把道德原则建立起来了，如果你先有这些道德形而上学的提升，向纯粹理性原则的提升直到完全令人满意，完全令人满意就是道德形而上学建立完备了。他说"那么这种向民众概念的下降当然就是值得称赞的了。"就是道德形而上学虽然它本身是超越于经验之上的,但是它一旦建立起来以后,它是可以向民众概念下降的。也就是它要回到我们的日常通俗的道德经验,要回头指导到我们日常的道德生活。如果你先有了道德形而上学的至上原理,那么下降就是很值得称赞的,顺理成章的。你之所以建立道德形而上学的最高原理,无非是为了把它运用到现实的道德生活中去,它怎么可能完全脱离经验呢? 它本身的原则是完全脱离经验的,但是它之所以要建立起来,恰好是为了下降到日常的道德知识,下降到经验。所以康德并不反对这种下降。很多人都有误解,认为康德高高在上,他只管形式,他只管他那些抽象的原则、法则、道德律,而不管现实事物,这是一种误解。他之所以建立这种抽象的、玄而又玄的道德法则,最后还是为了在日常生活中我们有一个主心骨,有一个标准能够指导我们日常生活。所以他讲"这将意味着,先将道德学说建基于形而上学之上,待其稳固之后,再借助于通俗性使它可被接受。"一个"是建基于形而上学之上","建基于"打了着重号的,那么"待其稳固之后,再借助于通俗性使其可被接受","可被接受"也是打了着重号的,说明这是两个不同的层次。一个是你首先要奠基,道德形而上学奠基这是很有必要的,为了奠基你就必须超出一切经验;那么这个基础打牢固了以后,"待其稳固以后,再借助于通俗性使其可被接受。"你奠基了以后,道德形而上学已经建立起来了,那么人们要接受它,当然你就必须是通俗的东西,你必须举大量的例子来说明你这样一个道德形而上学的抽象原理是普遍适用的,这有利于它的被接受。道德形而上学有一个被接受的问题,康德他并不是高高在上,他还是想使他的这个道德形而上学原理、最高的原则能够被广大老百姓所接受。但这两个层次是不同的。

但前一种研究决定着诸原理的一切正确性,在这种研究中,就已经想要满足这种通俗性,这却是极其荒谬的。

这句话是两个意思,"但前一种研究决定着诸原理的一切正确性"这是一个层次,道德形而上学的研究是决定性的,它决定着道德的各原理的正确性，一切正确性都由它来，而在经验中是没有正确性的根据的。这是前一种研究，就是道德形而上学研究。下面讲"在这种研究中就已经想要满足这种通俗性，这却是极其荒谬的。"我还在进行道德形而上学研究的时候，你就要求我来满足通俗性，这是很荒谬的，因为这是另外一个层次的。首先是奠基的层次，这个时候不能考虑通俗性；那么我们把奠基做好了以后、稳固了以后，我们回过头来想要这个通俗性，那是可以的，那甚至是值得称赞的。我当然要把我的抽象的原则通俗化，但是现在不行，在为道德形而上学奠基的时候还不能这样，我们必须要提高，提到最高，超越一切经验，甚至超越于人类之上，我们着眼于一切有理性者应该是什么样的，那么在这个时候呢，不能把它通俗化。

这样的做法，不仅绝不能对真正的**哲学通俗性**这种极为罕见的功劳提出要求，因为如果人们在此放弃了一切彻底的洞见，就完全不存在任何进行普及的技巧，同样，这使得一种由拼凑起来的观察和半是玄想的原则混合起来的令人恶心的大杂烩暴露无遗，

先看这半句，"这样的做法"就是上面讲的，在道德形而上学的研究中就已经要求满足通俗性这种荒谬的做法，"不仅绝不能对真正的哲学通俗性这种极为罕见的功劳提出要求"，这是一方面，它并不能具有一种真正的哲学通俗性的功劳，并不能获得这样一种名声，好像它已经做了对哲学通俗性的普及。真正的哲学通俗性是极为罕见的功劳，它不是在进行道德形而上学奠基的时候表现出来的，而是在把基础奠定稳固了之后，我们才能进行哲学的通俗化，这才会有功劳。康德所要求的哲学通俗性——"哲学通俗性"打了着重号——是极为罕见的。以往人们的那些通俗性都只是通俗而已，通俗易懂而已，但不是真正的哲学通俗性。哲学通俗性应该建立在哲学本身的纯粹性之上，有了纯粹的哲学，然后你再把它通俗化，普及化，那是可以的。但是当还没有真正的哲学，没有纯粹的哲学的时候，你想把哲学通俗化，来达到一种哲学通俗性，那是假的。那只说明你的头脑还没有达到哲学的层次，还是一锅粥。所以哲学

通俗性至少在康德以前他认为是很难做到的，很少有人做到，基本上没人做到，因为纯粹理性还没有经过批判嘛。只有经过康德的纯粹理性批判以后，我从纯粹理性的高度再降下来来达到通俗性，这才是真正的哲学通俗性。但是那种荒谬的做法呢，不能要求有这样一种名声。下面解释为什么，他说"因为人们如果在此放弃了一切彻底的洞见，就完全不存在任何进行普及的技巧"，如果人们在此放弃了从形而上学的高度，从理性的理念，理性的普遍性这样一个彻底的高度所获得的洞见，仅仅从那些榜样例子上面去找一些道德的楷模，那么就完全不存在任何进行普及的技巧了。如果你放弃了一切彻底的洞见，那么你如何来普及呢？普及什么呢？也就完全不存在任何进行普及的技巧了。要进行普及，必须你所普及的这个东西它本身是靠得住的，它本身是经过了彻底的洞见的，也就是说它已经到底了，什么是底呢？就是它追溯到了纯粹理性的根本。这个根本是在所有的经验世界之上，在所有的榜样之上，它是统管一切的。你只有把握了这样一个统管一切的洞见，你才能够谈到如何把它普及开来，要采取什么样的技巧，比如说榜样，提供一些榜样，提供一些实例，在这方面有一些技巧。但是如果你连这样一个彻底的洞见都没有，那就完全不存在任何普及性的技巧了。不仅不能对哲学通俗性提出要求，同样呢，"这使得一种拼凑起来的观察和半是玄想的原则混合起来的令人恶心的大杂烩暴露无遗"。一方面你失去了普及性的技巧，你没有做到真正的哲学通俗性，你想在奠定道德形而上学基础的时候就要求通俗性，你反而欲速则不达，做不到，这是一方面；同样另一方面，这使得一种由拼凑起来的观察和半是玄想的原则混合起来的大杂烩暴露无遗。一方面你没有做到通俗性，另一方面你搞出了一个大杂烩。什么大杂烩呢？由拼凑起来的观察，所谓通俗性，你要通俗性，你把那些观察到的实例凑在一起，堆积在一起，和半是玄想的原则混合起来——玄想，vernünfteln，这个概念，就是完全凭这个理性的形式的推理去决定一切事情，把一切都混在一起，不考虑它的对象的性质，仅仅从字句上面、形式上面进行推理。康德把玄想有时候称之为"驾着理性狂奔",本来玄想跟推理都是理性,但是它这个动词带有一点贬义。就是说你完全凭头脑里那点东西进行推理,不看对象也不看层次,你只要语词上面能说得通就推过去,这就是迷思,这就是玄想,就是滥用理性的形式推理,滥用形式逻辑。那么这里讲"拼凑起来的观察和半是玄想的原则",半是玄想的原则,一方面有它的经验的例子凑在一起,另一方面有一半是出于一种滥用形式逻辑的玄想而来的,这样混合起来的令人恶心的大杂烩——所有这些东西混在一起。康德认为当时的道德状况,欧洲思想界的以及日常生活中的道德状况,就像令人恶心的大杂烩,一谈到道德问题,一下子所有的议论都出来了,甚至于一个人自己的议论自相矛盾他还不知道,反正是各种东西都拼凑在一起,这样一种令人恶心的大杂烩暴露无遗。这是另外一方面的毛病,这种荒谬的做法,不仅不能够真正达到通俗化,而且会产生这种怪胎,就是一切都是拼凑起来的观察和半是玄想的混合。

头脑肤浅的人对此津津有味,因为它毕竟可以用作日常闲聊的谈资,而有洞察力的人则感到困惑和不满,但却得不到帮助,就会掉转自己的目光,

我们先看这半句。"头脑肤浅的人对此津津有味",一般老百姓没有考虑那么多,想得很浅很表面,但是很有味,因为很多东西都拼凑在一起,信息量很大:哪里又发生一件什么事情,哪里又杀了人,哪里又出现了什么案子,拼凑起来的观察,然后就加以玄想,滥用理性,抓住一个案例就进行推理。那么头脑肤浅的人对这方面是津津有味的,因为它毕竟可以用作日常闲聊的谈资,茶余饭后我们可以打发日子。但是"有洞察力的人则感到困惑和不满",但得不到帮助,就会调转目光。头脑清醒的人就会感到困惑,感到不满,这么多的信息未经证明,你晓得它真的假的?但是得不到多少帮助,即是说,这样一种荒谬的做法其实恰巧提供不了帮助,因为它不能上升到道德形而上学嘛。即算他有洞察力,但是他面对这些眼花缭乱五花八门的信息,他也感到困惑和不满,但是又得不到帮

助。"就会调转自己的目光",就不看了。所有的乱七八糟的东西,不看了,浪费时间。

410　　虽然完全看穿了这些把戏的哲学家们,当他们暂时撤回这种假冒的通俗性,只是为了可以争取在确定了洞见之后再正当地进行通俗化时,也很少有人听他们的。

　　就是说在所有这些人里面,一个是头脑肤浅的人,一个是有洞察力的人,这两者都会陷入到一种荒谬的处境:要么就是满足于茶余饭后的闲谈,要么是掉转自己的目光,根本不讨论这些问题了。"虽然"——这是第三种情况,虽然有一些有识之士完全看穿了这些把戏,就是哲学家们,这些人他们会提出一种正确的思路——这其实就是康德自己了,康德本人就是这样的——虽然像我这样一些人,他说"当他们暂时撤回这种假冒的通俗性,只是为了可以争取在确定了洞见之后再正当地进行通俗化时",也很少有人听他们的。我说话也没有人听,就是说有些哲学家们他们已经完全看穿了这些把戏,他们所提出的主张就是暂时撤回这种假冒的、虚假的通俗性,为了媚俗、哗众取宠而搞的那种通俗性,"只是为了争取在确定了洞见之后,再正当地进行通俗化"。正当地进行通俗化是必须在争取到确定的洞见之后,这才是一种真正的哲学通俗性。但这个时候呢他们也难以得到支持,也很少有人听他们的。这是康德对当时的一种估计。普及化不是庸俗化,通俗不是庸俗,真正的通俗应该是有原则的,应该是在通俗化里面能够表达出确切的洞见,能够表达出道德的至上的原则,这才是真正的通俗化,才能够对老百姓有一种提高的作用,庸俗化就是迎合老百姓,那就没有什么提高的作用。所以康德所要求的是这样一种通俗化,但是没人理睬。

　　我们看下一段。前面康德已经讲了,想在为道德形而上学奠定基础的时候就顾及到通俗性这是不可能的,要分清层次。在谈到道德形而上学奠基的时候顾不上通俗性,只有当你奠基了以后,你才能考虑通俗性的问题,那才是真正的哲学的通俗性。但人们一般都不听康德的这种劝告，于是就会出现一些现象，头脑肤浅的人就会流于庸俗，而有洞察力的人就会陷入绝望。康德的话没人听。那么下面这一段就是描述一般的这种情况，他说，

人们只需看一下在那种随心所好的趣味里对道德的探索，他们就会见到：一会儿是人类自然本性的特殊规定（但有时也是关于某种一般的理性本性的理念），一会儿是完善性，一会儿又是幸福，这里是道德情感，那里是对上帝的畏惧，在一个奇怪的混合体里，从这里弄一点，又从那里弄一点，

我们先看这半句，就是说"人们只需看一下在那种随心所好的趣味里对德性的探索"，这是具体地来阐明前面所讲的那种荒谬的做法。荒谬的做法会导致什么样的结果呢？就是一般的人特别是头脑肤浅的人，对德性的探索都是随其所好的，因为他们只能理解那些通俗的东西，当你探讨道德形而上学的那些高度抽象的原理的时候，他仍然要求你要通俗化，那么按照他们的这种趣味，那就是随心所好了。哪怕是对德性的探索，他们也是一种随心所好的对德性的探索，是一种趣味，是一种兴趣。对德性的探索对他们来说只是一种兴趣而已。这个趣味（Geschmacke），在第三批判里翻译成"鉴赏"、"鉴赏力"，但实际上它本来是"趣味"、"口味"、"味道"的意思，在这里它是一个通俗的概念，一个日常经验的概念。在第三批判里面，趣味才有了它的先天原则，但是在这个时候还没有，等到五年以后，它才会找到它的先天原则。随心所好的趣味，就是人们日常的一种心理上的需要，感性的需要，要对德性加以探索。那么这会造成什么后果呢？他说"他们就会见到，一会儿是人类自然本性的特殊规定"，人类自然本性，我们翻译成"自然本性"这四个字，实际上在德文里面就是一个词，Natur，也就是 nature，有"自然"的意思，也有"本性"的意思。这两个意思在这里都不能丢。"人类的自然"，你光说"人类的自然"，不行；你光说"人类的本性"，也很模糊，所以我们就把这个词翻译

成"自然本性"以保留它的双重含义。自然本性这个概念既然很含糊，所以它也可以被理解为比如说理性——理性当然也是自然的。理性当然也是本性，也是"Natur"。那么在这里，人类的自然本性它的"特殊规定"，特殊规定那就是比较具体的了，就是那些人的本能啊、人的需要啊、人的欲望啊、人的情感啊情绪啊等等，这些都是人的自然本性的特殊规定。但括弧里面讲也可能包含别的东西，他说"但有时也是关于某种一般的理性本性的理念"，这就可见"Natur"这个概念的宽泛性和含混性。理性也是人的一种自然本性，某种一般理性本性的理念也包括在里面。这种理念当然是康德所主张的，但这时候是混杂在其他的自然本性的特殊规定里面，被遮蔽了，夹杂在一起，不能凸显出来。康德所要求的就是要把这种一般理性本性的理念把它从里面挑出来，单独加以考察，而一般的人在对德性加以探索的时候，是把所有这些东西搅成一锅粥，放在一起。一会儿是人类自然本性的特殊规定，"一会儿是完善性"。完善性是大陆理性派所提出来的，你要追究道德的本原，那你就要追究完善，完善就是完备无缺的意思，什么都在，什么都有。比如说上帝，上帝的完善，上帝是大全，什么都不缺，全在。"一会儿又是幸福"，又谈到幸福了，所有这些东西都是一个大杂烩。康德前面讲了"令人恶心的大杂烩"，那么这就是大杂烩。"这里是道德情感，那里是对上帝的畏惧，在一个奇怪的混合体里，从这里弄一点，又从那里弄一点"。这就是康德当时面临的现状，当时欧洲思想，欧洲学术界对道德哲学的探索、对于道德性的探索就是这样一种状况。什么都混在一起分，不清楚，虽然大致上有一个大陆理性派和英国经验派的划分，但是这个划分也是很模糊的，互相都有对方的因素在里头，但是所有这些东西都是杂乱无章地把它混在一起没有清理。上面所提到的这几种成份，包括幸福、道德情感、完善和上帝，在《实践理性批判》的"在德性原则中实践的质料规定根据表"里面都列入了，可以参看。

他们从来不会突然想到要问一问，是否能够哪怕在任何地方，从关

于人类自然本性的认识中（我们毕竟只能从经验中获得这样的认识）找到德性的原则，

就是说他们从来不会，哪怕是突发奇想，哪怕是偶然地，他们都不能够想到要问一下，"是否能够在任何地方，从关于人类自然本性的认识中……找到德性的原则"，从关于人类自然本性的认识中，括号里讲"我们毕竟只能从经验中获得这样的认识"，也就是从关于人类自然本性的经验性的认识中，找到德性的原则。你要寻求德性，你要探索德性，你首先要找到德性的原则，你不能这里弄一点那里弄一点，把它们加在一起，混在一起，这就丧失了理性了。你能不能想一想，从你提供的所有这些知识里面，关于人类本性的自然知识里面，经验知识里面，到底能不能提取出一种普遍的德性原则呢？他们从来没想过。

若非如此，如果这些原则能独立于一切经验，完全先天地在纯粹理性概念中，而丝毫也不能在任何其他地方找到，那就考虑一下最好把这种研究称为纯粹的实践人世智慧，或者作为道德的（如果可以用一个如此声名狼藉的名称的话）形而上学，而完全孤立起来，使其独立自为地达到自己全部的完备性，并劝那些要求通俗性的公众等到这一工作的完成。

"若非如此"，若非什么呢？若非"他们从来不会突然想到要问一问"，如果不是这样，如果他们真的想要问一问的话——这个"若非如此"的意思就是这样的：如果他们真的想要质问一下，"哪怕在任何地方"，是否可以从关于人类自然本性的认识中找到德性的原则，并转而考虑，"如果这些原则能够独立于一切经验"，尝试去找到那些独立于一切经验的原则，这些原则是"完全先天地在纯粹理性概念中，而丝毫也不能在任何其他地方找到"，——如果这样的话，他说"那就考虑一下最好把这种研究称为纯粹的实践人世智慧，或者作为道德的……形而上学而完全孤立起来"。这就是说，这还只是他的一种设想：如果我们不是那么样完全靠碰运气这里弄一点那里弄一点，把所有知识混杂在一起，而从来不问从这里是否能抽象出、能否找到德性的原则——如果不是这样的话，那么，如果你想找的德性原则独立于经验，完全先天地在纯粹理性概念里，而不能在任何其他地方找到，那么就考虑一下，最好就这种研究它称为纯粹实践认识智慧。这是康德的一种劝告，我劝你，如果是这样，如果这样一些原则独立于经验，仅仅在纯粹理性概念里去找的话，那么最好把这种研究称为纯粹的实践人世智慧，或者作为道德的形而上学而完全孤立起来，哪怕形而上学这个词如今如此地声名狼藉。这就是康德的劝告，在所有这些形形色色的考虑之中，在这个大杂烩里面，其实已经包含有康德所要追求的那种道德形而上学原则了，但是一般人总是把它笼而统之地混杂在所有其他的领域里面，搞成一个大杂烩，一锅端出来，使这个道德形而上学的法则隐而不显。那么康德采取的办法，就是把它单独地孤立起来，把它挑出来看，对它做一种纯粹的专门的考察，所以他讲"最好把这种研究作为纯粹的实践人世智慧"，重点是在"纯粹"，你最好把这种研究作为纯粹的实践人世智慧。实践的人世智慧（praktische Welt-weisheit）这个词我们前面介绍了，它来自亚里士多德的"实践智慧"，ph-ronesis。亚里士多德讲智慧有两种，一种理论智慧，一种实践智慧。这样他先于康德已经划分了人的智慧的两个领域。那么康德就提出来理论理性和实践理性，那么在这里主要是严格地把纯粹的实践的智慧——纯粹的而不是通俗的、不是普通的实践智慧——孤立出来，"或者作为道德形而上学"孤立出来。在康德时代，"形而上学"已经成了一个名声很臭的概念了。康德在《纯粹理性批判》的第一版序言里面就讲到这种情况。但康德的意思正是要重建形而上学。而且他的形而上学比以往任何时候都更加庞大，包括道德形而上学和自然形而上学，这是他的两个目标。这里"形而上学"后面还有一个康德自己的注释，我们等下再说。所以他要求把道德的形而上学"完全孤立起来"。"完全孤立"这个用词是非常关键的，就是要从所有的五花八门的各种知识里面把道德形而上学单独提出来、孤立起来加以研究，作为一种纯粹的实践智慧。下面"使其独立自为地达到自己的全部完备性，并劝那些要求通俗性的公众等到这一工作的完成"。这是康德的劝告,也是他的《道德形而上学奠基》第二章的主旨,就是要单独地把人类的纯粹实践理性纯化出来,建立一门道德形而上学,单独加以打造,"使其独立自为地达到全部的完备性"。也就是道德形而上学这一部分看起来好像只是一部分,还有很多别的,还有人的感觉、情感、情绪、功利、幸福,这都得考虑。那么这样一加起来这就是个大杂烩了。而康德的意思就是,你先把纯粹实践理性孤立起来看,挑出来,就可以"使其独立自为地达到自己的完备性"。也就是说道德形而上学它的理性法则不是其他领域中的一个因素,而是全部原则。它是最高层次的,所以它囊括一切,所有其他道德意义都要放到这个下面才能阐明,所以道德形而上学可以达到它自身的完备性,不是说不够。很多人说你康德讲的自然不错,但是你讲的那些只是一部分,人当然是有理性的,但人还有感性,人还有需要,人还有本能,这个都应该考虑。但他认为道德形而上学法则不是不够,而是足够了,纯粹实践理性本身就有它全部完备性,多一点都不行。你把任何一个东西、功利原则幸福原则或者爱好加进去,就多了,没有这些东西它自身是完备的。所以你首先必须达到道德形而上学的完备性,你要把它独立地单独地构建成一个体系,然后再把这样一个体系用来笼罩所有这些带有功利化的例子。所以他讲:"并劝那些要求通俗化的公众,等到这一工作的完成。"他把它孤立起来了,人们就性急了,你讲了半天还没有涉及到我们最关心的问题!康德说别忙,你等我把我这个体系讲完,我这个体系是最完备的,你所有考虑的那些东西都会在里面找到它的根据。所以他劝告大家不要着急,等到道德形而上学完成以后,完了以后,你所有的东西都要考虑进去,无一遗漏。他的完备性就在这里。相反你那种经验的完备性,这也不能丢,那也要考虑到,你把所有东西都收集拢来,你总还有考虑不到的地方,你永远会不完备,那才是真的不完备。所以你要追求通俗化,可以,康德说我并不反对,但是你要注意,你哪怕要追求通俗化,追求完备性,你也得等到我把这个体系建立起来以后,你掌握了我这个体系以后你才能做到真正的完备性，才能把你考虑到的所有的通俗性，这一点那一点都纳入到里面去，这才是确实的完备性。这是康德所致力的一个工作，就是把纯粹实践理性作为一种道德形而上学的考察主题，把它从大量混杂的道德知识里面提取出来单独加以考察，把它打造成一个完备的体系，然后再从这里下降到普通的道德实例，下降到道德经验。

现在再来看他对"形而上学"的那个注释。他说：

如果愿意的话，我们也可以（正如纯粹数学区别于应用数学，纯粹逻辑学区别于应用逻辑学一样）把纯粹道德哲学（形而上学）与应用道德哲学（即应用于人类自然本性的道德哲学）区分开来，通过这一命名，人们也会马上回想起，德性原则并非建基于人类自然本性的特点之上，而必定是先天独立存在的，但它们必定能够从那些特点中如同为每个有理性的自然本性引出来那样，因而也为人类的实践规则引出来。

这实际上就是指出了本章标题中的"通俗的道德哲学"和"道德形而上学"之间的区分。你要从通俗的道德哲学向道德形而上学过渡，首先必须把这两个概念区分开来。如何区分？康德这里举了个例子："正如纯粹数学区别于应用数学，纯粹逻辑学区别于应用逻辑学一样"，我们也可以把纯粹道德哲学即道德形而上学区分于应用的道德哲学，即"应用于人类自然本性的道德哲学"，也就是通俗的道德哲学。所以，通俗的道德哲学和道德形而上学的关系就如同应用数学和纯粹数学、应用逻辑学和纯粹逻辑学的关系一样。应用逻辑学康德曾在《逻辑学讲义》中说过，说它其实是一种心理学 [1]，就是把逻辑学看作人的一种心理活动。同样，通俗的道德哲学也可以看作一种人类学，"即应用于人类自然本性的道德哲学"。纯粹数学和应用数学，纯粹逻辑学和应用逻辑学的这两个不同的层次，在《纯粹理性批判》里面也做过这样的区分。《纯粹理性批判》导言里面谈到数学，数学如何可能？那么康德马上就说，数学，我这

---

① ［德］康德：《逻辑学讲义》，许景行译，杨一之校，商务印书馆1991年版，第8页。

里讲的是纯粹数学,先天综合判断使得数学得以可能,但是他讲的是纯粹数学,至于其他的应用数学这方面,不在他的考虑之列。纯粹逻辑学区别于应用逻辑学,在《纯粹理性批判》的导言里面也做了这个区分,纯粹的形式逻辑和形式逻辑的运用也做了区分。亚里士多德的《分析篇》讲的是纯粹逻辑学,那么《辩谬篇》讲的是应用逻辑学,就是说,形式逻辑的原则在分析篇和这个《正位篇》里面都讲了,那么如何应用?应用的时候不要出差错,出了差错怎么办?这个差错从哪儿来的?我们分析这些差错它来自于各种各样的误解或者心理学上面的不谨慎等等,或者是来自于不同的经验等等,那么这个都属于应用逻辑学。应用逻辑学主要是一门心理学,你在应用这个逻辑的时候,你的心理学上面要注意哪些问题。那么同样的道理,道德的哲学、道德形而上学和应用的道德哲学,也就是通俗的道德哲学,即应用于人类自然本性的道德哲学,也是两码事。你从人的自然本性,比如说人的爱好、幸福和人的欲望这些方面来建立一门道德哲学,当然也可以,那都是属于通俗的道德哲学。但是你道德形而上学它就不仅仅是应用于人类的,它适合于一切有理性者,也就是它是通过纯粹理性建立起来的,把人类的特质都撇在一边了,所以这里有两个层次。但是正是"通过这一命名",人们马上会"回想起"德性原则本身不是建立在人类自然本性之上的,而一定是先天独立存在的。为什么说"回想起"(erinneren)?这里用了柏拉图的"回忆说",柏拉图认为先天的知识都是回忆起来的,回忆就是反思。就是说,既然你说了"应用道德哲学",或者说"应用于人类自然本性的道德哲学",那么这本身就说明了道德哲学的原则是从上面应用到人类的自然本性上来的,而并不现存于这种自然本性中,否则怎么说"应用"?只要你好好回想一下,你是怎么得出这个说法来的,就知道它必须以承认道德法则的先天性为前提了。回想就是回溯、追溯,就是反思,对通俗的道德哲学本身进行深入地反思。所以从通俗的道德哲学过渡到道德形而上学,并不是从一个过渡到另一个,而是对同一个东西进行反思的深入和回溯,发现其中所包含的更深层次的原则。所以"德性原则并非建基于人类自然本性的特点之上，而必定是先天独立存在的"；虽然如此，"但它们必定能够从那些特点中如同为每个有理性的自然本性引出来那样，因而也为人类的实践规则引出来"。就是说，德性原则的基础并不是人类自然本性的特点，但却可以从这些特点中引出来，追溯出来，再反过来用来指导这些自然本性。因此道德形而上学的原则可以从通俗的道德哲学中引出来，一直达到先天的高度，再反过来自上而下地指导人类日常的道德生活。当然首先是指导"每个有理性的自然本性"，正因此也指导建立"人类的实践规则"。通过先是回溯到先天原则，再从先天原则下降到自然本性的这种一上一下的反复，康德就澄清了通俗的道德哲学和道德形而上学的关系。这就是这个注释要说明的意图。

那么下面就讲，这样一种道德形而上学应该具有一种什么样的性质呢？我要建立的这样一种形而上学是独立的，是成体系的。

但这样一种完全孤立的道德形而上学不能与任何人类学、神学、物理学或超物理学（Hyperphysik）相混淆，更不能与隐秘的质（我们或许可称之为准物理学（Hypophysik）的性质）相混淆，它不仅是理论上有更可靠规定的全部义务知识之不可或缺的根基，而且同时是对于现实地执行这些义务规范而言最为重要的必备条件。

这样一种完全孤立的道德形而上学，也就是独立于一切经验对象之上，独立于一切其他的五花八门的道德思想材料之上，仅仅唯一地建立在纯粹理性的实践原则之上的这样一种道德形而上学，它"不能与任何人类学、神学、物理学和超物理学相混淆"。不能与任何人类学——人类学我们在这里看到，康德还是从一般的经验的人类学，也就是实用人类学的角度来谈的。康德的《实用人类学》是非常世俗的，非常精通人情世故的，非常亲切的。对于社会人与人的关系，包括对于民族、法律、国家等等所有这些事情，他都有他的具体分析，这就是他的"人类学"。一般通常人讲人类学,他也在这个意义上讲的。但是在康德的《逻辑学讲义》里面他提出来所谓第四个问题也是人类学问题,这已经不是实用人类学的问题,而是总结康德所有的三大批判的主题,知、情、意这都属于人的先天能力,那么三大批判就是解决人的知情意三大能力的先天原则问题的。那么这些先天原则一旦被澄清,它们就构成了一种人类学,这种人类学我把它称为"先验的人类学",和经验的人类学、实用的人类学是完全不同层次的。当然这是我提出的一个看法。我这一观点在康德未发表的手稿里面得到了印证,他也曾使用过"先验的人类学"这一说法,用的是拉丁文。那么这个地方讲的人类学还是经验的、实用的人类学。所以完全孤立的道德形而上学不能与任何人类学、神学、物理学或超物理学相混淆,神学不用解释,物理学也不用解释,"超物理学"——比物理学更高的一种物理学,比如说宇宙学,莱布尼茨派的形而上学的一个重要知识就是宇宙学,宇宙的构成,它已经超出一般物理学研究了。牛顿物理学虽然也有上帝的第一推动力,但那只是一个大胆的假设,除了这个假设以外牛顿物理学是排斥一切假设的,所以牛顿曾经发出警告:"物理学要当心形而上学啊",不要搞什么假设。那么莱布尼茨单子论就是一个超物理学的假设。莱布尼茨单子论,前定和谐学说,这是莱布尼茨的超物理学。前定和谐也是一种完善学说,那么这种完善理论用在道德上面,就是莱布尼茨所说的,上帝在一切可能的世界中选择了一个最好的世界,由此来解释道德。那么道德形而上学能不能跟他们掺和在一起呢?当然不行。康德就是要从他们那里走出来。所谓完善,用完善的概念来为道德奠定基础,那是一种超物理学的做法。下面"更不能与隐秘的质(我们可以称之为准物理学的性质)相混淆",隐秘的质是中世纪的托马斯·阿奎那所提出的一个概念,就是托马斯要解释万物的原因,万物的原因都是在于它本身有它内在固有的质。有的事物它的原因找不到了,那么托马斯就归结为一种"隐秘的质",事物里面有一种看不到的隐秘的质在决定它的性质和功能。这是一个很有意思的哲学史上的公案:什么是隐秘的质？找来找去也找不着，他就把它命名为"隐秘的质"，好像这样就解释了，其实根本没有解释。一个事情为什么要这样？托马斯解释说它有"要这样"的质，这就解释了。一种药为什么能治病？它有"能治病"的质，这就把这个药为什么能治病解释了，实际上等于什么也没解释。那么"我们或许可以称之为准物理学的性质"，它不是超物理学的，它是准物理学。就是说它好像是一种物理学的解释，但是这种物理学又没有任何物理学的经验在里头，隐秘的就是你感觉不到，你发现不了的，但是它也是一种质，用一个"质"的概念把它代替了，所以可以称之为一种准物理学的性质。那么道德形而上学能不能跟这样一种性质相混淆呢？也不行。有人以为根据某种隐秘的质可以建立一种道德形而上学，譬如说人性，人性就是有一种道德的性质，至于道德性质是一个什么样的性质，没有解释，只是说人性有一种道德的隐秘的质，每个人心中都有道德隐秘的质，我们把它命名为"道德感官"，第六感官，我们不能解释它的作用方式，但是可以看到它的效果。那么道德形而上学也不能在这个方面和隐秘的质相混淆。这就是康德所谓道德形而上学的独特性，完全孤立的道德形而上学不能与任何其他的领域相混淆，什么人类学、神学、物理学、超物理学或者是准物理学，都和它不相干。下面讲"它不仅是理论上有更可靠规定的全部义务知识之不可或缺的根基"。"它"，也就是道德形而上学，道德形而上学是全部义务知识的不可或缺的根基，一切义务知识都是要基于道德形而上学才得以成立，才能在理论上得到更可靠的规定。义务知识也可能是经验的。比如人家给我一点好处，我就有义务报答他，通常我们把它理解为经验的，滴水之恩必当涌泉相报，这都是义务法则、义务知识。但是这里讲的义务知识在理论上有更可靠的规定，不仅仅是经验上的那些规律，经验上的那些规律往往是不可靠的。那么在理论上应该有更可靠的规定，应该有非常明确的理性法则和理性规定。这样的义务知识的不可或缺的根基就是道德形而上学。这是道德形而上学的一方面的作用，但不仅是如此。在理论上是这样的，那么在实践上呢？他讲："而且同时是对于现实地执行这些义务规范而言最为重要的必备条件。"一方面理论上它使那些义务知识有更可靠的规定，把它建立在道德形而上学基础上，使得全部义务知识在理论上有了更可靠的规定，这是不假；但这只是一个方面。另一方面更重要，"同时是对于现实地执行这些义务规范而言最为重要的必备条件"，你要在现实中执行这些义务规范，就实践方面而言，它也是一个最为重要的必备条件。这就如同前面讲的，如果你在实践中做一件义务的行为，如果不是为道德而道德、为义务而义务，而是还掺杂有其他的经验爱好需要，那么在实践上你就不能被评价为道德的。最重要的必备条件必须到道德形而上学里找，你是为义务而义务，那么这个义务是什么？必须到道德形而上学里面去找，必须由道德形而上学把这个最高的原则、至上的原则建立起来。那么你手持这样一个最高原则，在实践活动中你就能够作为标准来衡量你的行为是否真正够得上道德。"最重要的必备条件"就是这样一种标准，如果没有纯粹实践理性的道德形而上学标准，那么你在实践中所做的任何一件行为都不能说是真正道德的，它可能掺杂有很多其他的东西。或者说即算你想要为道德而道德，但是你对道德没有明确的概念，很可能这个道德律是他律。孔子讲"七十而从心所欲不逾矩"，从心所欲不逾矩，这个"矩"从哪儿来的？这个矩是否经过了道德形而上学的推敲？孔子这个"矩"其实是从三皇五帝周公那里传下来的，所以不逾矩只是因为他习惯了，习惯了不违背这个礼的规范，不违周礼。但是这个周礼是未经推敲的，它是拿过来的，他觉得这个很好，于是就把它接受了。那么康德在这里说，现实的直接的义务规范最重要的必备条件就是必须要有一个道德形而上学的清晰的原则，道德形而上学的最高法则你必须成立在先。这就是最重要的必备条件，你有了这样一个标准，你才能够在现实的实践活动中有意识地坚持，并且力图把它实现出来。执行这些现实的义务的必备条件，就是在道德形而上学方面你要有个清醒的意识。

因为,这种义务的和一般来说德性法则的纯粹表象,不混杂有经验性刺激的任何外来附加物,只通过理性之途(理性由此第一次觉察到它自身独立地也可以是实践的)对人心具有如此巨大的影响,远比可由经验性领域所调动的其他不论什么动机都强得多,以致它凭其对自身尊严的意识鄙视来自经验的动机,并能逐渐成为它们的主宰;

我们看这句话,"因为"——这是解释前面的,前面的就是说它不仅是理论上能够更可靠的规定全部义务知识的根基,同时在实践中它也是现实地实行这些规范所必备的条件,为什么这样呢? "因为这种义务和一般来说德性法则的纯粹表象,不混杂有经验性刺激的任何外来附加物"。德性法则的纯粹表象对义务来说更加一般化些,它里面当然有义务,但是不仅仅包含义务。我们知道所谓义务只是对人类而言的,对上帝而言没有义务,但是对上帝而言有德性法则,上帝是按照德性来创造世界的。义务则是有限的人类因为他的有限性,所以就被义务所强制,被命令按照德性法则行动。所以义务和纯粹德性法则是不同的,但是它们两个都"不混杂有经验性的任何外来附加物"。这些德性法则的表象它是没有任何经验性混杂的任何外来附加物的,至于义务,当然是因为有经验性、有限性,才会有义务,但是这个命令本身同样是没有混杂任何经验的,是纯粹的,所以在这一点上它是跟德性法则一样的,都是不混杂有经验性的任何外来物的。它们"只通过理性之途……对人心具有如此巨大的影响",只通过理性之途,我们注意括弧里的话:"理性由此第一次觉察到它自身独立地也可以是实践的"。通过理性之途影响人心,理性第一次觉察到它自身独立地就是实践的,如果没有这种作用,理性还意识不到它的这种实践性。在《实践理性批判》序言的一开篇,康德就提出:"纯粹实践理性是否单独地就是实践的?"这样一个问题,当然在康德看来,纯粹实践理性单独地就可以是实践的,这是一个"事实"。什么意思呢? 就是纯粹实践理性不需要任何经验的理由、爱好的理由、感性的理由,不需要利用其他的动机,它单独就可以造成你的实践,也就是说为义务而义务是可能的。人们单凭纯粹实践理性就可以造成实践活动，不是想想而已，而是可以支配你的行动，可以让你去做一件事，这事情是出于唯一的为义务的动机而发生的。那么康德把这样一个事情，称为"一个理性的事实"，因为这的确是可以做的一件事，每个人凭自己的实践理性就可以去做，不需要任何经验性的理由，也没有任何经验性的障碍，就可以决定他的行动。当然在绝大多数时候，人们并不是完完全全地按照纯粹实践理性，按照这些原理去行动的，还有多种成分掺杂，一些别的东西，比如情感爱好等等的。但是人们仍然会意识到，纯粹理性本身是具有实践能力的，撇开所有的经验，所有的爱好，单独由它自身支配人的行动，这是完全可能的。人时刻意识到这样一个可能性，只要他愿意就能够做到，这就是一个事实。当然这不是经验的事实，这是理性的事实。那么这个理性的事实从哪里呈现出来，从哪里获得呢？就是由这样一个事实呈现出来的：只有通过理性之途，德性的法则对人心具有如此巨大的影响，"远比可由经验性理由所调动的其他无论什么动机都强得多"。经验领域的其他动机当然对人心也有影响，甚至很强烈的影响，但是所有这些影响都比不上纯粹理性的这种义务、这种德行法则的纯粹表象，因为在任何情况下，哪怕人已经完全被欲望所控制了，他仍然意识到只要他愿意，就可以按照德性法则去做。这里"动机"后面还有个注释，我们等会儿再讲。有的人会反驳康德：你说只通过理性对人心所产生的巨大的影响比经验的那些动机要强得多，强得多表现在什么地方呢？那不是强得多，是弱得多，一个人在行动的时候，有几分是考虑到他的义务或者道德？尤其我们今天腐败遍地横行的时候，物欲横流，追求金钱至上，理性的影响在哪里呢？康德在下面就解释了："以致它凭其对自身尊严的意识鄙视来自经验的动机，并能逐渐成为它们的主宰"。这个意思并不是说，你在实践中真的有多少行动是从纯粹的义务出发的，康德的着眼点不在这里；而在于，哪怕你每次都是从经验出发，每次都是为了满足你的欲望、你的爱好，但是"它"，也就是这样一种纯粹表象，德性法则的表象，

"它凭其对自身尊严的意识鄙视来自经验的动机"。它有尊严，就是一个人他内心的这种道德法则的纯粹表象，它凭其自身的尊严对那些来自经验的动机加以鄙视。尽管你在日常生活中，你可能百分之九十九的行动都是来自经验的动机，但是你心中的那个道德动机会鄙视你的经验动机。你会知道，我的这些层次太低，我赚了一辈子的钱，我发了大财，我成了亿万富翁，层次仍然太低。这个是巨大的影响，它的巨大影响不是表现在经验的量的方面，而是表现在内心的层次方面，这个方面要比所有其他经验性的动机要强得多。这里康德表现了他的一种信心：尽管人们在日常生活中都是从经验性动机出发来支配人们的日常行为，但是只要有这种道德的尊严在内心里面对人性作出批评，作出批判，来鄙视它所有的那些经验动机，那么就有可能逐渐成为它们——经验动机——的主宰。康德并不否认经验动机有其正当性，但是跟道德相比，确实人们有理由鄙视这些经验动机，那么长此以往，道德动机就会逐渐成为经验性动机的主宰，它并不是要排斥、而是要支配经验性的动机。为义务而义务并不是要禁绝经验性的东西，禁绝人的一切欲望，而是要摆正你的道德动机和经验性动机的位置。你在做一件道德行为的时候你要出自于义务，而不仅仅是出自经验性动机，其他动机都要服从你的这个义务，以至于义务"逐渐成为它们的主宰"。所以即算一个人没有以道德动机作为自己唯一的动机，他也会鄙视他的经验性动机，也会认为自己层次不高，感到惭愧。那么长此以往他就可能提高自己的层次，一个时时刻刻意识到自己层次不高的人，他是有可能提高自己的层次的；相反如果一个人觉得自己的层次已经很够了，人就是这样了，人就是一个动物，那他很难提高。当然真正这样的人在康德看来是极少极少的，一般的人都有他们的良知，只要良心没有被狗吃了，他都会有这样一种为义务而义务的纯粹道德表象在心中，那么它既然在心中，它就会居高临下地评判，他只要反躬自省，就会发现他的行为是有待提高的，那么长此以往就可能真的提高自己的层次。

　　与此相反，一种从情感与爱好的动机中，同时又从理性概念中复合起来的混杂的道德学说，必定使内心（Gemüt）在不能纳入任何原则的那些动因之间摇摆，这些动因只能非常偶然地导向善，但更经常地也能导致恶。

　　前面是讲道德的动机对人心的影响有如此巨大，远远强过经验的动机，那么下面"与此相反"，就是说你对于道德的探索不是建立在道德形而上学之上，而是从你的经验的动机、从你的情感、从你的利益，从这些方面再加上一点理性概念来建立的话，如他讲的"那种从情感与爱好的动机中，同时又从理性概念中复合起来的混杂的道德学说"。从情感爱好的动机中，同时又从理性概念中复合起来的，这种说法针对着当时经验派和理性派、包括法国哲学家卢梭这些人的道德学说，这都是一些混合性的学说。他们觉得人不应该走极端，应该有健全理智，应该有常识，那么这种常识就是一种混合的东西，就是什么东西他都考虑到了，一方面考虑到了情感爱好，另一方面又考虑到了理性的概念，所以这样一种道德学说是一种混杂的道德学说。"它必定使内心在不能纳入任何原则之下的那些动因之间摇摆不定"，这些动因也包括动机，因为感性的动因也可以理解为动机，只有理性的即物自体的动因不能说是动机。这些动因里面，既有感性的爱好的动机，也有理性的动因，但是所有这些动因和动机在这种情况下都不能纳入任何原则之下，就连其中的理性动因在这种情况下也不能纳入原则之下，因为它不能涵盖那些感性的东西。你把理性和感性在同层次上混杂起来，那理性如何能够涵盖那些感性呢？如何能够超越那些感性呢？所以理性在这种情况之下也不能形成原则。感性当然更不能，感性是五花八门的，它不能形成普遍原则。所以内心就一定会在"不能纳入任何原则之下的那些动因之间摇摆不定"，有各种各样的动因，有感性的、利益的、爱好的，也有理性的概念，但是人的内心就在这些动因之间摇摆，形不成一个普遍的法则。"这些动因只能非常偶然地导向善，但更经常地也能导向恶"。这些动因混杂在一起，只能非常偶然地导向善，当然它可以在某些情况下导向善，比如出于理性的动因，出于义务的概念。但是在康德看来这是偶然的，因为它没有形成一条原则，而是分散杂处于经验的爱好之中。你也不能说它没有考虑到理性，但是它和经验性的东西混杂在一起，那么理性就往往敌不过情感的诱惑，敌不过感性的诱惑。所以虽然也可能偶然地导向善，但是往往，甚至于更多地会导向恶，这是康德对社会现实的一种评价。如果人们不建立起一种真正的形而上学，道德形而上学，仅凭单纯从一种感性的、爱好的、理性的等等混杂的道德学说来规范自己的道德行为，那么虽然有时候也能够起到一点作用，但是归根结底是摆脱不了恶的诱惑，更经常地会导向恶。

现在我们来看看上面跳过去的这个注释。注释上面一段中"远比可由经验领域调动的所有其他无论什么动机要强得多"，注释其中的"动机"一词的。道德的动机，德性法则的纯粹表象对人心具有如此巨大的影响，远比经验的动机要强得多，这里有一个注释。

我收到过已故的、杰出的**苏尔策**的来信，他在信中问我，为什么那些德行的说教，即使对理性而言有如此大的说服力，却收效甚微，其原因究竟何在。为了准备给出圆满的解答，我推迟了回复。

这是苏尔策来信问他了：你讲的那些德性对于理性有如此大的说服力，比一切经验的动机都强得多，但却在现实中收效甚微，这岂不是自相矛盾吗？康德对这个问题呢要想得仔细一点，所以他推迟了回复。

答案仅仅在于，说教者自己还没能把这些概念弄得纯粹，并且在他们想通过从各方面找到德性上善的各种动因而痛下针砭，以便做好这件事情时，他们就败坏了这些概念。

康德的答案就是这样：就是说德行的说教它本身应该是有巨大的说服力的，但问题是这些说教者、这些教师们自己还没有把德性概念弄得很纯粹，"并且在他们想通过从各方面找到德性上善的各种动因而痛下针砭，以便做好这件事情时，他们就败坏了这些概念"，也即是这些德性的教师,他们的主观意图是想从各方面找到德性上的善的各种动因,就是我们前面讲的,他既要顾到这方面也不能放弃那方面,他要求全面,各方面都要考虑到,通过找到各方面的动因而痛下针砭,开出药方,去做好这件事情,以便教给学生纯粹的道德:那么他们恰好就败坏了道德概念。恰好因为他寻求各种动因,想要各方面完备、不要有遗漏,各种情况都要考虑到,这些道德的说教者他们自己没有把这些概念弄得纯粹,没有上升到纯粹实践理性的道德概念,那么他们就把纯粹实践理性的概念败坏了,掺杂了很多不应该有的经验的爱好、感性的东西在里头,所以这个说教者的道德说教没有几个人听,就在于你的道德说教本身太庞杂了,本身就是一个大杂烩,谁听呢?即算听也是各取所需,你听了这一部分,他听了那一部分,所以他的说教很差。

因为最平常的观察都表明,当人们把一个正直的行动表象为像是摆脱了对此岸或彼岸世界的任何一种好处的愿望那样,哪怕在需要和诱惑的最强烈的吸引下,也被以坚定的灵魂来实行时,这个行动就把每个类似的、哪怕受到丝毫另外的动机影响的行动远远抛在后面,并使之黯然失色了,

"因为最平常的观察",不需要你深思熟虑,你最平常的观察都可以表明,"当人们把一个正直的行动表象为像是摆脱了对此岸或彼岸的任何一种好处的愿望那样",当人们把一个正直的行动、道德的行动,"表象为",注意这个"表象为",就是你把它看作是、想像成是——至于它是不是,那个先不说——"当人们把一个正直的行动表象为像是"——好像是"摆脱了对此岸或彼岸的任何一种好处的愿望",排除了一切利益爱好;而且"哪怕在需要和诱惑的最强烈的吸引下,也被以坚定的灵魂来实现之",哪怕这个欲望很强烈,强烈的吸引,有强烈的诱惑要他偏离,但是他还是以坚定的灵魂来实行这样一个正直的行动,还是坚持原则,坚持要做这件正当的事情:那么,他说"这个行动就把每一个类似的哪怕受到丝毫另外的动机的影响的行动远远抛在后面,并使之黯然失色了。"这

样一个行动就使得所有其他的稍微掺杂一点点另外动机的行动黯然失色了。就是说，一个没有一丝一毫感性、爱好的考虑的纯粹为义务而义务的行动，就把所有那些掺杂有丝毫爱好在内的动机的行动抛到后面，使之黯然失色了。人们对于一个行为的道德评价，本来就是从为义务而义务出发的，从纯粹实践理性出发来评价的，这是一个很平常的考察就可以看出来的。最平常的观察都可以表明：如果你把一个正直的行动表象为为义务而义务的，那这个行动就比其他所有掺杂有私心杂念的各种行动要高。当然这个行动是不是为义务而义务，我们且不说，至少我们是这样评价的，我们把一个可以被看作是为义务而义务的行动评价为远远高于任何掺杂有丝毫的爱好的行动，这是日常普通老百姓都能理解的。这是康德在这里提出的一个论据，为什么为义务而义务这样一种道德法则的表象有巨大的影响力呢？就是在每一个类似的行动中，哪怕受到丝毫另外的动机的影响，都会失去灵魂的坚定性；这些动机不管多么强烈，都只是一时的，不能一贯到底的，而唯独道德法则才是摆脱了对此岸和彼岸世界的一切好处而一直坚持下来的，是永恒的。

<u>它将提升灵魂，并且激起人们也能够如此行动的愿望，即便中等大的孩子也感觉得到这样的印象，人们绝不应以任何其他的方式向他们表象义务。</u>

灵魂总是渴求永恒和自身一贯性的，它不会总愿意陷在外在的需要和本能爱好的支配之下，而是向往自由。而义务法则就给它提供了这种可能，使它超越于感性的束缚之上，提升到一种令人敬重的高尚境界，这就"激起人们也能够如此行动的愿望"。而"中等大的孩子"正是接受道德教育的最好时机。孩子太小，理性尚未成熟，你说了他也不懂；年龄太大，受到劣习的感染太深，要克服不良习惯将更加困难；只有在中等大的孩子这个年龄，理性刚刚发展起来，但可塑性还很强，就应该及时地向他们实行这样的教育，即启发他们内心的理性能力，引导他们对自身这种高超的能力产生由衷的敬重，也就是感觉到了一个出于义务的行动将在

道德价值上把其他受另外动机影响的行动远远抛在后面,形成这样一种印象。联系到前面康德对实例和榜样的看法,我们可以看出他这里有一整套关于道德教育的方法。对于少年来说,最糟糕的建议就是把德性从榜样中向他们提供出来,而忽视了他们对自身理性的关注和培养,也就是忽视了对自身灵魂的提升。所以康德在这里再次强调:"人们绝不应以任何其他的方式向他们表象义务",包括仅仅依赖榜样的力量来造成孩子的一种从众心理。这样做也许能收一时之功效,但其实后患无穷,因为这将使孩子失去个性和独立思考的能力。

第十二讲

我们上一讲已经讲到，康德在第二章里面到这个时候才进入了他的道德形而上学。在此之前他都是过渡，从日常的通俗的道德哲学过渡到道德形而上学。现在道德形而上学已经开始，那么它大致是一个什么样的形式，前面已经讲了。它跟人类学、神学、物理学、超物理学、准物理学等等这些东西都不能混淆，要跟它们划清界限。就它本身来说它唯一的基础是纯粹理性，要从这个角度来建立一门道德形而上学，那才叫道德形而上学。不然的话就是一般的通俗道德哲学，里面有经验的成分、人类学的成分、或者其他的物理学的成分，那就不叫道德形而上学了。所以下面这几段就是进一步阐明道德形而上学的性质，它的范围。

<u>由以上所述可知，所有的德性概念都完全先天地在理性中有自己的位置和起源，这无论在最普通的人类理性中还是在最高程度的思辨理性中都同样是如此；它们绝不能从任何经验性的、因此只是偶然的知识中被抽象出来；</u>

这一段很长。这一段整个就是一句话，中间没有句号，全是逗号，夹着几个分号。所以我们只好一点一点来抠它。"由以上所述可知，所有的德性概念都完全先天地在理性中有自己的位置和起源"，也就是说道德形而上学它要把德性概念纯粹地从理性中引出来，完全先天地，也就是排除了后天经验的。所有的德性概念，你都要追溯它的起源，以及它在理性中所占的位置，要把这样一套德性概念的结构、它们的来龙去脉搞清楚。所谓"在理性中有自己的位置和起源"，一个是"位置"，也就是说它从哪儿来的，它又将引出哪一个，这些概念之间有一个位置摆放的

关系，哪个在前，哪个在后；"起源"——它们最终起源于什么？这个要到纯粹理性里面去找，不能到经验里面找。那么这样一个结构，他说"这无论在最普通的人类理性中还是在最高程度的思辨理性中都同样是如此"，这个话分两个线索，一个是"在最普通的人类理性中"，哪怕是最日常的，我们日用而不知的道德理性，只要有人类理性，只要有普通理性，那么这个道德知识它就在纯粹实践理性里面有它的位置和起源。当然老百姓他不知道这一点，他只知道用。这是一个观点。那么另一个观点，就是"在最高程度的思辨理性中"，不管你在思辨理性中达到如何高的层次，你把概念分析得精而又精，都是如此。思辨理性本身就是从概念到概念，超越于一切现实经验之上的纯粹概念分析，这个就叫思辨理性。这又是另外一个观点了。一方面是最现实的人类普通理性，日常道德知识，另一个是最高程度的概念知识，概念之间，你没有经验，你只有凭思辨了。那么在这两极之间，不管是在哪一极，"同样如此"，就是实际上你离不了在纯粹实践理性中为德性概念去寻找它的位置和起源，都是一样的。所以你知识分子哲学家也没有理由去傲视那些老百姓，他们的理性根源跟你是一样的，他们跟你是平起平坐的，虽然他们日用而不知。下面："它们绝不能从任何经验性的、因此是偶然的知识中被抽象出来"，"它们"也就是这些德性概念，"绝对不能从任何经验性的因此是偶然的知识中被抽象出来"。有些道德哲学家是这样看问题的，就是我们之所以有德性的概念，是因为我们老百姓在日常生活中根据自己的利益来确定彼此之间相互的道德关系，那么长此以往久而久之，习惯了，我们就把这些习惯性的法则抽象出来，从具体现实的道德生活中抽象出了普遍一般的规律。那么这个普遍一般的规律当然是经验性的规律，因此只是从偶然的知识抽象出来的，老百姓的生活就是这样的，所以就抽象出了这样的道德规律，如果换一种生活方式，他们就可能抽象出另一种道德规律。但是康德认为，这是决不可能的，这些德性的概念决不能从任何经验性的因此是偶然的知识中被抽象出来。

　　它们的尊严正在于其来源的这种纯粹性，值得被用作我们至上的实践原则；每次有人添加进任何经验性的东西，也就在同等程度上剥夺了它们对行动的真正影响和不受限制的价值；

　　"它们"，这里还是讲德性概念。"它们的尊严正在于其来源的这种纯粹性"。这个地方提到"尊严"的问题，康德道德哲学一个很重要的主题就是强调道德的尊严。什么叫道德的尊严？就是一个有道德的人高出于一般动物之上，他超出于一般动物，如果它等同于一般动物，那他就没有尊严了，他跟动物有什么区别？他之所以超出于动物之上，就在于他超出了那种经验性的偶然的知识之上，他超出了感性生活之上，他有纯粹理性作为他的原则。所以他讲"它们的尊严"——这些德性概念的尊严——"正在于其来源的这种纯粹性，值得被用作我们至上的实践原则"，"至上的实践原则"，永恒不变的最高实践原则，在任何情况下都不动摇的实践原则，就只有出自于纯粹理性才做得到。任何偶然的经验，条件一改变，马上就得改变，那就没有什么尊严，那跟动物差不多。动物也是适应环境，被动地接受它的环境，有什么环境它就在那个环境下生活，如果没有那个环境的话它就生活不了，生活不下去，它就得转移或者灭绝。那么人呢，他的尊严就是这个意思，他不受任何外在环境、经验条件的限制，他超然于所有这些条件限制之上，能够按照自己的理性所规定的法则行动。所以他的尊严就在这里，它值得被用作我们至上的实践原则。这就是康德的观点，他强调道德对于人来说是　件有尊严的事情。古罗马的一条人生格言就是"有尊严地活着"。人跟动物的不同就在于他能够有尊严地生活。那么什么叫有尊严地生活？就是超出这些经验条件之上。所以他讲："每次有人添加进任何经验性的东西，也就在同等程度上剥夺了它们对行动的真正影响和不受限制的价值"。就是说，康德走得比较极端，他否定在道德概念中加进任何经验性的要素，否则"也就在同等程度上剥夺了它们"——也就是这些德性概念——"对行动的真正影响和不受限制的价值"，也就是剥夺了它们的尊严。也就是说，你要彻底地干干净净地把这些经验的东西清除出去，这些德性概念才具有最高的尊严，才能够体现出"它们对行动的真正影响"。这些德性概念对行动的影响在什么地方？你如果加一点经验性的东西，那就体现不出来了，也就剥夺了它们对行动的真正的影响。只有当不考虑任何经验性的东西，才能够恢复它们对行动的真正影响，那就是令人敬重。纯粹为义务而义务，为道德而道德，这才是令人敬重的，这就是它们的真正的影响。和"不受限制的价值"——它的价值不受任何经验条件的限制。这些德性概念对行动的真正的影响和不受限制的价值，就在这方面，就在于它超越于一切经验的东西之上，能够决定和影响人的行为。

<u>不仅在事情只取决于思辨时，在理论的意图上要求最大的必然性，而且也具有实践上最大重要性的做法是，从纯粹理性中汲取这些概念和法则，使之纯粹而不混杂地阐述出来，乃至于规定这全部的实践的或纯粹的理性知识的范围，也即规定纯粹实践理性的全部能力，</u>

我们先看这一半，就是说这些德性的概念对行动的真正影响和不受限制的价值，就是离开经验的那些因素，"不仅在事情只取决于思辨时，在理论的意图上要求最大的必然性，而且也具有实践上最大重要性的做法"，就是有一种做法，它是在理论上可以要求最大的必然性，同时在实践上也具有最大的重要性的，什么做法呢？就是"从纯粹理性中汲取这些概念和法则，使之纯粹而不混杂地阐述出来，乃至于规定这全部的实践的或纯粹的理性知识的范围，也即规定纯粹实践理性的全部能力"。就是说有这样一种做法，一方面在事情只取决于思辨的时候，在理论的意图上它要求最大的必然性，另一方面它也具有实践上的最大重要性。什么样的做法呢？就是从纯粹理性中汲取这些概念的做法，让它们从这种经验性的东西里面提升出来，超拔出来，超越到纯粹理性的层面来汲取这些概念的法则。这样一种做法，它一方面在思辨的理论层面可以叫纯粹理性，在理论的意图上追求的是最大必然性，如对灵魂、宇宙整体或上帝的设定中就是如此；另一方面，它又有实践上最大的重要性，就是

说，你上升到纯粹理性的角度来谈那些道德概念，在实践上具有最大的重要性，因为只有这样才能凸显实践的道德价值，道德尊严，所以在实践上是最重要的。这同一个做法体现在两个方面，在理论上它要求最大的必然性，在实践上它具有最大的重要性。前者是自然形而上学的做法，后者就是康德道德形而上学的做法。这就能够"规定这全部实践的或纯粹的理性知识的范围，也即规定纯粹实践理性的全部能力"。但为什么规定了全部实践的或纯粹的理性知识的范围，就等于规定了纯粹实践理性的全部能力？因为在康德那里，实践理性高于理论理性，因而实践理性知识也要高于思辨理性知识；"全部实践的或纯粹的理性知识的范围"虽然包括了实践理性的知识和思辨理性的知识，但"纯粹实践理性的全部能力"是把这两方面都包括进来了的，它最终达到的是实践理性和理论理性的统一。而这一切都要靠道德形而上学来奠立，所以上述做法归根到底是建立道德形而上学的方法。

但在这样做的时候，不是使这些原则依赖于人类理性的特殊自然本 412
性，就像思辨哲学或许会允许的、有时甚至会认为是必要的那样，而是由
于道德法则应该一般地适用于每一个理性存在者，而就将它们从一般理
性存在者的普遍概念中引申出来，并且以这种方式完备地（这是用这种
特殊的认识方式很容易做到的）阐述全部的道德学，

这句话有个"但"，就是说你要建立一个道德形而上学的体系并且划定它的范围——这个道德形而上学讨论什么呢？是规定全部实践的或纯粹的理性知识的范围，它的纯粹实践理性的全部的能力——这是它的范围。但是在这样做的时候呢，"不是使这些原则依赖于人类理性的特殊自然本性，就像思辨哲学或许会允许的、有时甚至会认为是必要的那样"。不要使那些道德形而上学的原则依赖于人类理性的特殊的自然本性。人类理性当然也是理性，但是作为人类所拥有的这种理性来说，它有它特殊的自然本性，它不是一般的理性。理性体现在人类这个特殊物种身上，就具有它自身的特殊的自然本性，比如说它离不了直观，人类的

认识离不了经验，离不了感性，这个是属于人类理性特殊的自然本性的。人类有五官，所以人类理性的运用取决于人的感官的范围，由此我们才能获得经验的知识。这是康德在《纯粹理性批判》里面已经说明了的，就是人类理性知识能力的运用它受制于人的自然本性，所以我们人类眼睛所呈现出来的，只是我们所看到的现象，这个是依赖于人类理性的特殊自然本性的。这种情况"就像思辨哲学或许会允许的、有时甚至会认为是必要的"。这里说的思辨哲学，也就是指《纯粹理性批判》。这个思辨哲学是和实践哲学相对而言的，就是我只讲知识，只讲思辨，但是我不把它付诸行动，这就是思辨哲学。思辨哲学或许会允许、甚至认为是必要的是，你要构成知识，你必须依赖于我们人类现有的感觉、经验、感性直观，这样一些特殊的自然本性。我们人类只有感性直观，我们没有知性直观，我们只能看到五官感觉所感到的那些东西，我们看不到物自体。所以这是人类特殊的自然本性。那么思辨哲学"也许会允许"理性的这些原则依赖于人的特殊的自然本性，而且对此"有时甚至会认为是必要的"。"有时"，也就是当你要求得到科学知识的时候，那你就离不了感性、离不了经验，这就是"必要的"。当然如果你不求知识，你仅仅是运用你的逻辑把握这些概念，那也就可以不管经验知识，我们可以用形式逻辑来做游戏，来下象棋，来幻想，当然也不排斥感性经验，所以只是"允许"。但是如果你要用它来达到知识，那就离不了感性经验，那就"会认为是必要的"，即必须要使纯粹理性原则依赖于人类感性经验。但是在道德形而上学看来，如果它要依赖于人类理性特殊的自然本性，那就不是道德形而上学了，那就是一种人类学了。那么道德形而上学是怎么样的呢？他说"而是由于道德法则应该一般地适用于每一个理性存在者，而就将它们从一般理性存在者的普遍概念中引申出来，并且以这种方式完备地（这是以这种非常特殊的认识方式很容易做到的）阐述全部道德学"。由于道德法则"应该适用于每一个理性存在者"，就不是仅仅适用于人类，人类理性当然有他的自然条件、自然构造，有他的有限性，那么道德形而上学所适用的范围不仅仅是人类，而是一般的有理性者这个概念。这是与人类理性相比更广阔的一个概念，就是一般理性存在者，当然人类也属于其中，但不仅仅包含人类，它可以包含外星人、天使或上帝。所以他这里讲的"道德法则应该一般地适用于每一个理性存在者"，由于这一点，我们就将"它们"——这些道德法则——"从一般理性存在者的普遍概念中引申出来，并且以这种方式完备地阐述全部道德学"。这是康德一个基本思路，就是说我所谈的道德形而上学，不仅仅是人类的道德形而上学，而是一般有理性者的道德形而上学，唯有如此，它才配得上称之为道德形而上学。你如果仅仅是就人类来看人类，它就仅仅是经验性的东西，一种通俗的道德哲学知识，还不能上升到道德形而上学。那么"我们必须把这样一些道德法则从一般理性存在者的普遍概念中引申出来"，凡是理性存在者，只要它有理性就够了，其他都不管，我们要从它的普遍概念中引申出道德法则，"并且以这种方式"完备地阐述全部道德学。他在这个括弧里面讲，这个完备性"是以这种特殊的认识方式很容易做到的"。以这种非常特殊的认识方式，也就是把它限制在一般理性存在者的普遍概念这样一个层面来认识，我们把它高高悬起，在纯粹的理性范围内，在一般理性存在者这个范围内看问题，那么我们就非常容易做到全部到位，达到全部道德学的完备性。我们提得越高就越完备，我们要降下来，降到人类，那你就不完备了。只有当你上升到一个一般有理性存在者的普遍概念，那就很容易做到完备性，不就是几个概念嘛。上升到那么抽象的层次，那我们就只讨论概念了，那些具体东西就可以不考虑了，它在人身上怎么表现出来，在具体道德场合怎么表现出来，这些都不是我们要讨论的对象。如果我们陷入到这些细枝末节，这些支离破碎的知识里面，那么我们永远也求不到完备性，因为那要靠经验归纳。你抓住总纲，那就完备了，无一遗漏，因为在概念上面，它可以概括一切。所以道德形而上学就要建立在这个基础上面，要成为一个完备的体系，无一遗漏。康德是很有自信的，他认为他所提出的这一套道德形而上学是完备的，无一遗漏，在道德学上也很容易做到这一点。但如果像经验派或者是功利主义的伦理学，那肯定做不到这一点，他们层次太低。

这道德学在**应用**于人的时候需要人类学，但首先作为纯粹哲学，即作为形而上学，要独立于人类学，

这句话很重要。我们由此建立一种完备的道德学，它在应用于人的时候，是需要人类学的，从那上面降下来，我把道德形而上学降到人的一些道德法则，降到人的道德生活，这个时候我们需要人类学，包括人的有限性、人的经验、人的利益、人的性格甚至于人的生理本能，我们都要考虑这些具体的问题。这个时候，我们需要人类学，你有了道德形而上学，你在生活当中怎么做啊？你是人，你就得按照人的特点去运用这些道德形而上学法则。在具体的运用的时候你可以考虑根据人的特点，人的有限性，人都是自私的，人都是有贪欲的，人有权力欲，有统治欲，有占有欲，那么这些欲望相互之间怎么处理，这要根据人类的特点来加以具体的规定。所以它在运用于人的时候需要人类学，"但首先作为纯粹哲学，即作为形而上学，要独立于人类学"，也就是说在应用于人类学之前，你必须要有一个形而上学，道德形而上学。而这个道德形而上学，它是独立于人类学的，它不是根据人类学的特点而建立起来的，它是根据纯粹实践理性而建立起来的，所以它首先是作为纯粹哲学，即作为形而上学。当然康德这里讲的人类学主要是经验的人类学或者实用的人类学。康德通常讲到人类学的时候，都是低层次的，人类学是低层次的，我要讲的不是人类，而是纯粹理性。康德终身的事业是要阐明纯粹理性，而纯粹理性不光是人类有，凡是有理性者都有，所以他不是为人类来讨论，而是超越于人类之上，为人类之所以可能的条件来讨论问题。有了纯粹理性才有人类理性，有了人类理性才有人类，这是他的一个想法。但是有时候他又讲，他所有的学问都可以归结为人类学：三大批判，包括他的宗教，知情意，还有人的希望，所有这些东西，最后都归结为人类学——这个人类学，我前面讲了，应该属于先验人类学。当然从技术的层面来看，他是撇

开人,先谈纯粹理性这样一个角度,但是谈完纯粹理性他还是最后归结到了人,他是为了搞清人的各种先天的能力,当然是为了人类本身。但他这里讲的这个人类学我们要理解为通常在经验的层面上,在心理学、生理学和生物学这个层面上的。我们再看下面,所以形而上学必须独立于人类学。

要知道,如果我们不占领道德形而上学,那么不要说在所有合乎义务的事情中对这义务的道德性在思辨的评判上做精确的规定是白费力气,就连在单纯普通的和实践的运用中,尤其在道德教导中,也将不可能把道德建基于其真正的原则之上,由此产生纯粹的道德意向,并把它们作为世界上最高的善而灌输进人的心灵。

就是说,为什么要独立于人类学?为什么道德学在应用于人的时候需要人类学,但是首先作为道德形而上学要独立于人类学?下面就解释了,"要知道,如果我们不占领形而上学"——也就是说如果我们不占领道德形而上学的制高点,那么"不要说在所有合乎义务的事情中对这义务的道德性在思辨的评判上做精确的规定是白费力气",也就是说如果我们不占领道德形而上学这个制高点,提纲挈领,居高临下,那么"不要说",就是说一方面,在"所有合乎义务的事情中对这义务的道德性在思辨的评判上做精确的规定是白费力气",就是说它带来的是这样一个毛病:如果你没有这个制高点的话,那么在合乎义务的事情上对它的道德性加以精确的规定就做不到了。这个地方"思辨的评判"就是说,从纯粹概念的关系方面来加以评判,来加以精确的规定,那是白费力气,那是做不到的,因为思辨是从概念到概念,它已经撇开了经验的东西,如果你没有道德形而上学这个至高无上的标准,没有这个层次,那么你怎么可能对行为的道德性在概念上作出精确的规定呢?在这方面是做不到的,不要说在所有的合乎义务的事情上面做精确的规定,你是做不到的,这是一方面;而且另一方面,他说"就连在单纯普通的和实践的道德运用中,尤其在道德教导中,也将不可能把道德建基于其真正的原则上"。在思辨的评判方面是第一方面，在实践方面是第二方面。思辨的和实践的是相对而言的，在思辨的方面就是说，不要说"什么是义务"你从概念上你就不能精确地规定，这也是道德知识嘛，道德性到了什么程度，一件合乎义务的事情它的道德性何在，这个是以什么做标准呢？你必须要有道德形而上学那些纯粹实践法则做标准，才能够对这些行为的道德性在思辨的方面做精确的规定，在思辨的评判上面，也就是说从概念的相互关系这个角度来考察：这个合乎义务的行为的道德性它在哪个层面？在概念上你要给它归个类，你要把它划入到哪一类，把它归入哪个概念之下，搞清这些概念和概念之间的关系就是思辨的任务。所以在这方面你要作精确的规定那是白费力气，这是在思辨的方面；那么更重要的是就连在"单纯普通的和实践的运用上"，单纯普通的，普通老百姓，普通老百姓不懂这些思辨，不懂这些理论，他们只知道做，而且他们做的往往是对的，他们并不比那些拥有大量的思辨知识的学者们做得更差，所以他说"就连在单纯普通的和实践的运用中"，也就是普通的运用，老百姓的日常运用，没有思辨但是有道德，在行动中它用这些概念法则，"尤其在道德教导中"，道德教育，对小孩子，小孩子比普通老百姓就更加低层次了，要从最起码的东西教起。一方面是高层次的知识分子那里，在思辨的评判方面，如果没有道德形而上学，你是难以评判的，另一方面如果没有道德形而上学，那么在单纯普通的实践运用中，尤其在道德教导中、道德教育中，"也将不可能把道德建基于真正的原则之上"。道德教导，你怎么教育小孩子，怎么教育青少年，告诉他什么是道德的？这个你必须要在运用中，不仅仅是在课堂上教他一些书本知识，而且在实践中告诉他们怎么应用，这就是道德教导，那么如果没有道德形而上学，就不可能把道德建基于真正的原则之上，就不可能有真正的原则，尤其你在道德教育中也不可能把真正的道德原则教给他。在道德教育中，如果你说"你要做道德的事情，如果你做了道德的事情，你就无往而不胜，你就可以治国平天下，你就可以左右逢源，你就可以在社会中立足。"这个就是误导了，这样教出来的学生还能是有道德的吗？只能是有野心的，或者是有功利心的。所以撇开一切经验的考虑的道德形而上学对道德教育是非常重要的，教给孩子们一种真正的原则，把道德建基于真正的原则之上。那么在老百姓的日常实践中也是这样的，老百姓即使每天都在做合乎道德的事情，但是你如果没有道德形而上学，他就不知道什么是真正出于道德的。老百姓知道，只有出于道德的才是真正道德的，每个人都知道这一点：一个人的行为如果他的动机里面有别的东西掺杂进来，比如有野心或者有媚俗之心，尽管他做的事情是道德的，他也不是道德的。你必须是有道德的动机，才是道德的，这个老百姓都知道。但是什么是真正的道德动机？那就需要有道德形而上学作为标准，如果老百姓深入想一想的话他就会知道，所有那些带有经验性因素的动机都不是真正的道德动机，只有超越一切经验的因素，上升到一个纯粹实践理性层面的，才是真正道德的动机。在实践中如果老百姓没有道德形而上学，他虽然知道只有为义务而义务才是道德的，但是什么是义务？它有哪些原则？那就要靠道德形而上学把这些法则理清楚，交到老百姓手里面，告诉他们什么才是为义务而义务。当然这个论证过程老百姓是搞不清楚的，他也没有心情去搞清楚，他们是日用而不知，但是如果他们要搞清楚，他们就会找到线索，康德认为自己所起的作用就在这里。一个哲学家不可能是万能的，把所有老百姓都提高到和他同样的层次，但是他可以提供一个线索，提供一个道德形而上学摆在那里，你如果愿意去寻求它的根源，那就可以根据这条线索去寻求。康德这里就把这条线索提出来了，对于道德形而上学法则的体系，怎么论证，从日常的道德生活里面逐步追根溯源，追溯到它何以可能的前提，这就是康德所做的工作。那么下面他讲"也将不可能把道德建立于其真正的原则之上，由此产生纯粹的道德意向"，纯粹的道德意向就是建基于真正的原则之上所导致的，只有明确了道德形而上学，我们才能产生纯粹的道德意向，"并把它们"，也就是道德意向，"为了世界上最高的善而灌输进人的心灵"。就是说一方面产生纯粹的道德意向,老百姓那里没有,但是如果他愿意去追求,那么你这里的道德形而上学可以给它提供一种根据。当他把握了这个依据以后,他就可以产生纯粹的道德意向,就是这种道德意向是真正地不包含任何经验的考虑的,并把这些道德意向"为了世界上最高的善而灌输进人们的心灵",这就是真正的道德教育。真正的道德教育应该是这样的,就是从纯粹的道德意向出发,为了世界上最高的善,也就是道德,当然道德还不是最完满的善,但是它已经是最高的善了。那么从这种纯粹的道德意向出发就可以进行道德教育了,就是把这些纯粹的道德意向,为了世界上最高的善而灌输进人们的心灵。道德教育应该是从一个道德形而上学出发,通过为义务而义务的纯粹理性法则,撇开一切经验的动机,就是为了完成你的人格,完成你的理性的使命。人都是有理性的,那么纯粹理性是你真正的使命所在,你要小孩子懂得这一点,让青年人懂得这一点,每个人都有的纯粹理性才是你的本质。你把这种思想灌输到人们的心灵里面,那才是真正的道德教育。这种道德教育其实严格说起来不能说是灌输进去的,因为人本来就有纯粹实践理性,但是缺乏对纯粹实践理性的道德意向(Gesinnungen),这种意向需要灌输。人们日常受种种意向的缠绕,有各种各样的需要、爱好、本能都可以成为人的意志的规定原则,这些规定要素都可以影响他的意志。而一个纯粹的道德意向,虽然在里面也起作用,但是平时被淹没了,所以我们要把它提炼出来,以纯粹的方式灌输进人们的心灵。这样才能够为了一个人世上最高的善而努力。这一段已经提出了他的道德形而上学的基础,怎么样进入,怎么样切入道德形而上学。

但为了在这一加工过程中,通过各个自然的阶段,不仅从普通的道德评判(它在此是很值得重视的)前进到哲学的道德评判,像已经做过的那样,而且从某种除了通过实例来摸索就不再往前走一步的通俗的哲学前进到形而上学(这形而上学可以不再受任何经验性的东西所阻碍,并且,由于它必须测定这类理性知识的全部总和,必要时就直达连实例也离开了我们的那些理念那里），我们就必须把理性的实践能力从其普遍的规定规则一直追踪到义务概念由之发源的地方，并对之作出清晰的描述。

这一整段也是一句话。"但为了在这一加工过程中"，讲的都是一个加工过程，就是怎么样从我们日常的道德实践里面把经验的东西排除掉，使纯粹实践理性显露出它的形而上学的法则，这就是一个加工过程。加工的材料就是我们的日常实践，你对什么加工？我们不需要涉及另外一个加工的材料。有人说康德的道德原则天马行空，跟现实没有关系，其实不对。康德的道德法则就是对现实加工而得出来的，当然不是归纳，不是从现实中归纳道德法则，而是从现实中去分析、追溯它的前提，从现实中，从感性生活中追溯它何以可能的前提，这跟一般的经验主义的伦理学思路是完全不同的，甚至可以说是完全相反的。经验主义伦理学所得出的道德法则都是归纳的结果，都是依赖于那些经验的东西，康德则从经验的道德生活追溯它之所以可能的前提，那么反过来这些经验的道德生活恰好是依赖于它的前提的，这个依赖关系是完全相反、完全颠倒的，所以他是追溯，对于经验的事情进行加工，就是追溯它和何以可能的前提，使它纯化。在经验的道德生活中已经包含纯粹的道德原则，但是没有显露出来，那么我们要做的工作就是把那些表面覆盖着的经验材料把它剔除掉，使它本质的东西能够显露出来。"但为了在这一加工过程中，通过各个自然的阶段"，这个加工过程有它的一些步骤，这些步骤是自然而然的，从我们日常的道德理性知识，上升到道德的哲学知识，通俗的道德哲学，再从通俗的道德哲学上升到道德形而上学——这不是很自然的吗？所以这里实际上是描述了或者是复述了康德前面所做的工作以及所走过的道路，也就是，"从普通的道德评判……前进到哲学的道德评判，像已经做过的那样"。从普通的道德评判开始，康德特别在括弧里面指出"它在此是很值得重视的"。康德并不脱离实际，他非常重视日常生活中的普通的道德评判。在这里它们也值得重视，因为这是他唯一抓得到的一个加工的材料，你要加工出道德形而上学来，你用什么加工呢？你首先要拥有你的材料，所以普通的道德评判在这些地方很值得重视。由普通的道德评判提升到哲学的道德评判，上升一个层次，哲学的道德评判，那就是要从普通的道德评判里面发现有些一般性的规律作为评判的根据，这些一般性的规律可以构成一种哲学的道德评判，"像已经做过的那样"，前面第一章就是这样做的。下面"而且从某种除了能够借助于实例来摸索就不再往前走一步的通俗的哲学前进到形而上学"，这就是在本章康德正在做的工作。通俗的道德哲学是必须借助于实例，也就是榜样来回摸索，否则就不再往前走一步。那么道德形而上学就是再往前走一步，往前跨出一大步，撇开那些实例，不借助于实例来摸索，这就到了形而上学了。当它已经奠定了道德形而上学的原理，要用例子来对它加以说明，那当然也可以，但是那就是道德形而上学下降到通俗的道德哲学，然后再下降到我们的日常的道德评判。这个康德在前面已经讲了，我所做的工作首先是对普通的生活、人类心理加以分析，通过分析里头的那些纯粹实践理性的原则，上升到一个道德形而上学的至上原理，一旦达到这个至上原理，我就可以从这个至上原理下降，来综合地把握在日常生活中遇到的种种现象，这当然可以。但是首先要完成这一步，要跨出到道德形而上学。这个括弧里头讲"这形而上学可以不再受任何经验性的东西所阻碍"，在道德形而上学里面它的论证不会受到任何经验性的东西的阻碍，它已经超越经验性的东西了。"并且由于它必须测定这类理性知识的总和，必要时就直达连实例都离开了我们的那些理念那里"，它一方面不受任何经验性东西的阻碍，它可以在经验性的东西里面穿行自如，这个"并且"就是更进一步了，更深一层了，"并且由于它必须测定这类理性知识的总和"，"这类理性知识"也就是包括普遍的道德理性知识和哲学的道德理性知识，形而上学必须测定它们的全部总和，它居高临下，它要划定它的全部范围。它不能遗漏任何一个道德概念，所有的道德概念都被它组织在一个体系里面，这类理性知识的全部的总和，所有的概念、所有的法则都必须包括在里面。那么"必要时就直达连实例都离开我们的那些理念"，"必要时"，也就是说，当它在道德形而上学上升过程中，最后就逼出来了那个至高无上的原则，直接达到了那些理念，这是最高的层次。在道德形而上学中有高层次的，也有低层次的，最高层次就是那些理念，比如说意志、自由，这都是一些理念，在这些理念中"就连实例都离开了我们"。在自由意志这样一个理念那里我们已经没有实例了，任何一个实例，都不是自由意志。这就是康德这一章所要达到的目的。这句话的前面的意思把它简化一下就是：为了通过各个自然阶段前进到形而上学。那么下面，"我们就必须把理性的实践能力从其普遍的规定规则一直追踪到义务概念由之发源的地方，并对之作出清晰的描述。"理性的实践能力有它普遍的规则，这个在道德形而上学里面当然要阐述这些规则，但是它们的发源地在什么地方？道德形而上学是有结构的，是一个金字塔的体系，这些一般的普遍的规则后面还有更高的东西，我们必须要进一步追踪，"追踪到义务概念由之发源的地方"。那就是前面括弧里面讲的"理念"，必要时就直达连实例都离开我们的理念那里，那就是义务法则的来源，必要时我们最终要追溯到那里。当我们要最后确立这个形而上学体系的时候，我们就有必要追溯到它的至上的原理，而道德形而上学的至上原理的根源就是自由意志。他这里没有明确点出来自由意志，也没有明确点出来是什么样的理念，但是已经呼之欲出了，要这个发源的地方作出清晰的描述。

前面一段我们已经对康德的道德形而上学究竟要干什么有了一个大致的了解，就是他首先要跳出一切经验的层面，跳到一个纯粹实践理性的层面谈问题，再一个他要在纯粹实践理性的这个层面上从那些普遍的规定规则一直追踪到义务概念发源的地方，也就是追溯到那些完全没有任何实例给我们的理念，那就是要追溯到道德形而上学的顶点，制高点，然后从上而下，再往下降。那么这个制高点是什么？下面实际上就是来讨论这个问题了，我们来看这一段。

自然的一切事物都按照规律发生作用，唯有一个理性存在者才具有按照对规律 [法则] 的表象、即按照原则去行动的能力，或者说它具有意志。

"意志"这个概念出来了，这个规定应该说是康德在很多地方，在《实践理性批判》里面，在《判断力批判》里面反复提到的一个观点，就是说自然界的一切事物，都是按照规律发生作用，只有理性的存在者才"按照规律的表象"，也就是说按照原则去行动，这个就是人跟自然物不同的地方。在这里，一切自然事物都是按照规律，它们是完全被动的，它们没有任何主动性，规律已经规定了一切事物的命运、轨道，它是这样，那它就是这样了，它是这样，它就该这样。它就是按照规律来运作，如果它不按照规律来运作，那就很奇怪了。但是唯有理性存在者才有这样一种能力，也就是"按照对规律的表象，即按照原则去行动的能力。"我们看看这几个概念。"规律"我们有时也将它译成"法则"，前面讲过意思稍有区别，有时候它有双关意的时候，我们就打一个括弧。在这里就是这样，"规律"后面我们打一个括弧"[法则]"。那么对于有理性的存在者，他有按照对规律的表象，也就是对法则的表象，去行动的能力。规律在有理性的存在者的行动中也起作用，但却是按照"对规律的表象"起作用的，自由就是按照对于规律的表象去行动。康德没有说这里是什么规律，他没有限定是社会法则还是自然规律，反正只要是规律，那么我就可以按照规律的表象去行动。包括按照对自然规律或对道德法则的表象去行动。那么，"即按照原则去行动"，原则（Prinzip）跟法则或规律（Gesetz）有层次的不同，这个我们已经讲过了。康德在《纯粹理性批判》里面曾经把 Gesetz 设定为知性的最高层次的法则，而原则（Prinzip）是理性的法则，所以 Prinzip 应该是更高的，是统摄法则的。所以按照规律、法则的表象去行动，也就是按照 Prinzp 行动，它是超越于一般法则之上的，它可以对一般法则形成表象，也就是把它作为一个对象。"表象"Vorstellung，就是"放在前面"，"放在前面"就是表象。"表象"是一个心理学的概念，在康德这里也是用得最广泛的一个概念。但是它本来的意思是"置于前面"，凡是出现在我面前的，都是表象，包括直观、感性的表象、知觉印象，也包括理性的概念、理念，也包括知性的范畴、自我意识，甚至包括上帝这样的理念，通通都称之为表象。所有这些东西都称为表象，因为它都是在我们面前摆出来了的，我可以拿来加以谈论、加以考察、加以研究。那么对于法则、规律的表象，一旦建立了表象，我就可以按照它去行动，那么也就是按照原则去行动。我对于一个事物有了表象，我可以自觉地按照这个表象去行动，那就是一种原则了，那就提升到理性的层次了。有了表象人的行动就有了目的。所谓"目的"跟这个"表象"有类似的地方，目的就是眼睛所看到的对象，"目"就是眼睛，"的"就是对象，眼睛所看到的对象，也就是在我眼前的一个对象，所以它跟这个 Vorstellung 非常类似，也是放在我面前的意思。所以这里讲的"按照对规律的表象去行动"，也可以理解为把规律作为一种目的，或者是用目的和手段的关系来规定我的行动。所谓目的活动、实践活动都是这样的，都是按照规律的表象去行动。一切实践活动、一切意志活动都是有目的的，都是按照规律的表象去活动。"具有按照规律的表象即按照原则去行动的能力，或者说它具有意志。""意志"打了着重号。为什么"意志"打着重号呢？说明现在到了一个关键时刻，前面讲了所谓的"理念"，所谓的"义务概念由之发源的地方"，等等等等，这些东西最后都追溯到意志，意志就是一个理念。那么什么是意志呢？这里说"或者说它具有意志"，也就是说，意志就是它前面讲的"按照对法则的表象而行动"、或者"按照原则去行动"这个能力。按照原则去行动，原则是理性的法则，那么按照法则的表象就是按照理性原则，而这样一种行动的能力就是意志。也就是说所谓的意志，它跟动物的欲望不同，当然它也是一种高级欲望，但是它跟动物的欲望不同的地方就在于它有表象。动物它还是按照规律在发生作用，而人可以按照规律的表象发生作用，去行动，那么这种能力就是意志。换言之，意志就是一种合目的地行动的能力，一种按照目的行动的能力，这是唯有理性存在者才具有的。

既然从法则引出行动来需要**理性**，所以意志就不是别的，只是实践理性。

就是说，按照法则的表象去行动，那么对法则形成表象就需要理性，原则是理性的能力。为什么按照法则的表象就是按照原则呢？也就是说按照法则表象行动这已经是理性了，理性当然就是原则了。"既然从法则引出行动来需要理性"，从法则引出行动来需要一个表象，而这个表象就需要理性，你要对法则进行表象那就需要理性了，"所以意志就不是别的，只是实践理性"。这就是对意志的本质规定。在意志里面已经就有理性了，里面必须要有理性，因为你要从法则引出行动来，你要对法则形成一种表象，从而来指导你的行动，那么这就需要理性。讲得通俗一点，你的一个合目的的活动，你的这个目的的设立就需要理性。目的和手段的设立就需要理性，后来黑格尔把目的和手段的关系称之为一个"推论"，你从这个手段可以达到那个目的，这个是可以推论出来的，只有理性才能够设立这种关系。单纯知性不行，知性只能够造成一个判断，理性才能形成推理。那么在实践上，你按照规律去行动，那你还是一个自然物；如果你按照规律的表象去行动，那你就已经上升到人了。因为你是有目的的活动，你设立了目的和手段的关系，你对目的和手段的关系有推理的思考，你相信这样一个手段必然会达到那样一个目的，这个时候你就有了理性了。所以意志不是别的，只是实践理性，当你有了目的，并且你找到了手段，这就有一个意志问题了。你用你的目的来支配你的手段，你的所有行为都是为那个目的服务的，都成了那个目的的手段，这就是意志。为什么这就是意志呢？因为你在行为中时时刻刻用那个目的来支配你自己，我们就说"这人很有意志力"，"意志坚强"，有毅力，能够坚持不懈地去达到一个确定的目的。如果一个人朝三暮四，想要达到目的，明天又忘记了，一下子被别的东西吸引走了，又受到各种诱惑，我们就说这个人"意志薄弱"。所以意志跟理性是相关的，意志活动总是有一个目的在那里悬着，不达目的誓不罢休，把所有的行为都看作达到目的的手段，有强烈的目的手段意识，这个就有理性。所以意志不是别的，只是实践理性，这个理性不是认识的，不是理论的，是用在实践上的，把理性用在实践上，那就是意志。意志无非是在实践中所运用的理性，当然严格区分起来，意志和理性之间还有一些问题，会有一些冲突。在康德这里有些说法也有不太一致的地方，意志和理性究竟能不能等同？意志是不是就能等同于实践理性？实践理性是不是就能等同于意志？如果等同的话，那为什么需要两个词？这都还是问题，但是大致在这里讲的就是，意志跟实践理性是不可分的。我们谈到意志，它跟动物的本能、冲动、感性的欲望、情欲都不一样。不一样的地方就在于，它里面贯穿着实践理性。就意志本身来说，它是一种欲望，它跟动物的欲望在这点上是一样的；但是它跟动物不同的就是，这种欲望能力贯穿着实践理性。这就使他这种本来是动物性的欲望，变成了实践的欲望，变成了人的有目的的实践活动，而人的欲望能力就体现为意志能力，因为里面有了实践理性，可以设定自己的目的和手段的关系。所以在这个意义上，意志就是实践理性。

　　如果理性免不了要规定意志，则这样一种存在者的行动，作为客观必然的来认识，也是主观必然的，就是说，意志是一种只选择那种理性不依赖于爱好而认为在实践上是必然的、也就是善的东西的能力。

　　这里有一种情况，就是"如果理性免不了要规定意志"，理性和意志当然还是不一样的，虽然前面讲了"意志不是别的，只是实践理性。"但是这里又讲到"如果理性免不了要规定意志"，或者说如果理性必然要规定意志，那么会发生什么情况呢？下面说，"则这样一种存在者的行动，作为客观必然来认识，也是主观必然的"，就是说一个意志，如果时时刻刻都必然由理性来规定的话，那么这样一种存在者，这样一个意志主体，他的行动作为客观必然来认识，也就是主观必然的。客观上是必然的，因为有理性来规定它；主观上也是必然的，因为意志作为一种主体的决定能力，毕竟是由它选择按照理性的法则来行动的。"如果理性免不了要规定意志",意思是如果有理性者的意志必然要用理性来规定自己,在这种情况之下,那么这种存在者的行动就可以当作一种客观必然的来认识,因为有理性在规定它。从理性上面你可以看出一种客观的必然性,那么从意志方面来说呢,它同时也有主观的必然性。这里的主观的必然性同时就是客观必然性,这两者是没有什么区别的。下面,"就是说意志是一种只选择理性不依赖于爱好而认为在实践上是必然的、也就是善的东西的能力。"就是说,如果理性必然要在意志的决定中起规定意志的作用,那么在这种情况下,"意志是一种只选择那种理性不依赖于爱好而认为在实践上是必然的、也就是善的东西的能力。"意志是一种"只"选择善的东西的能力,它在这种情况下不会选择别的东西,因为理性认为这种善的东西在实践上是必然的,而且是不依赖于爱好的。这种必然的东西,也就是善良意志,所以如果由理性来规定意志,意志就只是善良意志,它必然会只选择那种不依赖于任何爱好,在实践上是必然的东西,也就是道德的东西。不依赖于任何爱好而在实践上是必然的,在实践上是必须的,在实践上是应该的,那岂不就是道德吗?道德那当然是善的了。这是一种情况,即理性免不了规定意志的情况。

413　　但如果理性凭自己单独不足以规定意志,如果意志还受到那些并不总与客观条件相一致的主观条件(某些动机)的支配,简言之,如果意志不是**自在地**完全合乎理性(这就像在人身上现实地发生的那样):

　　这就点出来,这是指"人身上现实地发生的"情况了。前面那种情况实际上是指的一般理性存在者的情况,除了人以外也包括非人的理性存在者,上帝啊天使啊这些存在者,那么这个地方则只是指人。前面一种情况是理性免不了要规定意志,这里的情况是理性单凭自己不足以规定意志,因为在现实的人身上,理性不是单独就可以规定意志的,意志还受别的东西影响,那意志和理性就不是一回事情了。前面讲意志无非是(不是别的,只是)实践理性,这个定义就有问题了。那么在这里就是涉及到现实的人的情况下,理性单独凭自己不足以规定意志,这是从消极意义来讲，不足以规定意志；那么还有什么能规定意志呢？下面从积极方面讲："如果意志还受到那些并不总与客观条件相一致的主观条件 (某些动机) 的支配"。一个是理性单独不能规定意志，另一方面意志还有一些别的东西来规定它、来支配它。别的东西是什么东西呢？"并不总与客观条件相一致的主观条件"，客观条件包括那些法则，这个意志本来是受理性的法则所支配的，理性如果免不了要规定意志的话，那么就是通过法则来规定人的意志，那么我们按照这些法则的表象来行动，那就是意志了。但是意志还受到一些主观条件 (某些动机) 的支配，这些主观动机并不总是与客观条件相一致的，或者说并不总是与法则与规律相一致的，它是主观的。主观的动机我们上次讲了，这个"动机"Triebfeder，主要是同人的现象界，同人作为感性的存在者这方面相关，感性的人有一种动机，有一种生理学的或者心理学的"发条"。就是人作为生物，他有感性的东西促使他去采取一个行动，那么这种东西它可以完全是主观的条件，而并不总是跟客观条件相一致的。我突然有个欲望，这个欲望不能持久，也许过一阵子就没有了。我要追求一个对象，追求到了，也就觉得没意思了，再没有原先那种强烈的愿望了。这些都是很偶然的，它跟这个客观的条件，跟那种规律法则并不完全相一致。但是意志也还受到这些的影响，除了理性的因素，感性的东西、一个突发的经验的东西，都可以支配意志。下面讲"简言之，如果意志不是自在地完全合乎理性 (这就像在人身上现实地发生的那样)"，"自在地"就是说意志本身按照它的本性是应该完全合乎理性的。"自在地"就是说意志，作为自在之物，本身自发地就应该超越一切感性现象，为义务而义务，按照纯粹实践理性来行动。前面讲意志不是别的，只是实践理性，这是就"应当"而言，或者说，这是就意志的本性而言。但是在现实中意志总是受到迷惑，受到各种欲望的干扰。所以意志就不是像它自在的情况那样完全合乎理性了。意志作为自在之物，那是什么呢？那就是自由意志。真正的自由意志是完全合乎理性的，但是在现实生活中的意志要和现象打交道，所以它的这个意志就不一定完全合乎理性了,这就像在人身上现实地所发生的那样,他的意志并不完全体现它自在的本性。如果这样,就会怎么样呢?

那么被认为客观上必然的那些行动就是主观偶然的了,而按照客观法则对这样一个意志的规定就是**强制**,

也就是说如果意志不是完完全全按照它的本性、也就是按照实践理性来行动,而是受到种种主观的动机的干扰,那么"被认为是客观上必然的那些行动",也就是说,你本来就应当或者必须按照道德所要求的那样去行动,这个是必然的,客观上你的意志就其自在之物、就其自在的本身来说,本来就应该是这样的。每个人都有意志,而每个人意志的本性在客观上都必然按照理性的规律、按照理性法则的表象去行动。那么客观上必然的这些行动对于现实的人来说反而成为主观偶然的了,就是我想选择按照我意志的本质来行动,还是服从那些偶然的诱惑、那些主观的动机来行动呢? 这个就取决于偶然性了。虽然客观上有这种必然性,他知道自己应该做什么,不应该做什么,但是我真正选择的,我服从它,那还是偶然的。我也可以不服从它,我可以不做道德的事情,服从于欲望,那么在现实生活中我做了一个道德选择就会是偶然的。偶然的当然也是故意的,我是有意的,但是我这个有意还是偶然的,我不见得每次都能有意地选择做好事。"一个人做一件好事不难,难的是一辈子做好事,不做坏事。"这个是毛泽东说的,做一件好事不难,做一件好事是偶然的,能不能一辈子做好事,能不能把它变成必然的,对于现实的人来说是很难做到的。因为人在生活中受到种种限制、种种诱惑,几乎必然要受到干扰,那么坚持做一个好人反而是主观偶然的了。而"按照客观法则对这样一个意志的规定,乃是强制",道德律在这个情况之下,对于这样一种意志的关系就是强迫关系,就是命令:你必须这样做,你应当这样做。你不是本来就会这样做,本来会这样做那是上帝,上帝本来就会这样做,而人呢就必须强迫,必须加上"应当这样做",必须要对人下命令。

所以客观法则对这样的一个意志就是强迫,

就是说，客观法则对一个并非绝对善良的意志的关系可以被表象为对一个理性存在者的意志的规定，

也就是说，客观法则对于一个有限的人来说，"一个并非绝对善良的意志"——有限的人他的意志并不是绝对善良的，并不是绝对好的，它受到很多并非绝对善良的东西的干扰。那么客观法则与这样一种意志的关系可以表象为"对一个理性存在者的意志进行规定"，"一个理性存在者"在这里就是人了，你这样一个理性存在者的意志需要用客观法则来规定。对于上帝来说就不需要这样的规定了，上帝自然而然他就会这样做，而对于一个有限的人来说，就可以表象为对他的意志进行规定。

这"规定"也可以理解为命令、强制、强迫：

虽然是通过理性的根据来规定，但这一意志按照其自然本性而言并不是必然服从这些根据的。

虽然这种规定是通过理性的根据来规定，但是"这样一个意志按照其自然本性而言"——"这样一个意志"也就是有限的理性存在者这样一个意志，它按照它的自然本性而言，不是按照自在的本性而言，自然本性不等于自在之物，它有很多自然的考虑，感性冲动、感性的需要啊、爱好啊、欲望的满足等等。"按其自然本性而言，它并不是必然服从这些根据的"，这些根据是理性的根据，人也有理性，但是在进行规定的时候，它并不必然服从，他要选择服从，那是偶然的，在一种情况下我选择了服从道德的命令，那是一种偶然的情形，那并不是必然的情形。每一次我都得下很大决心才能做到服从道德命令，我稍微一放松就做不到了。所以我做到了按照道德律办事是偶然的，我也可以按别的，欲望的命令、情感的命令来办事。所以要它服从理性的根据，就要强制，因此才有命令。所以理性要对人的意志起作用，必须采取强制的办法，必须采取克制的办法——克制那些感性的冲动，克制那些有限的冲动——才能在人的行动中贯彻自己。这一段作者主要是这个意思，就是说理性对于人来说，本来按照他的自在的本性来说，人的自由意志就是必然要按照对于法则

的表象也就是按照理性、按照原则去行动；但是在现实生活中，人除了有理性之外他还有动物性，他还有像自然物那样按照规律发生作用的这一面，按照他的本能、按照心理的规律去发生作用。那么这两种规律，一种感性的规律，一种理性的规律碰到一起，双方都成为了偶然的，对人来说双方都是偶然的，你究竟选择这个还是选择那个，这是偶然的。正因为是偶然的，所以理性不能满足于偶然，它要凌驾于偶然之上，那它就必须强迫命令。下面这一段也是一句话，他说：

一个客观原则的表象，就其对一个意志有强制性而言，可称为（理性的）诫命，而这诫命的形式，可**称为命令**。

这里引出了上面这一段所要引出的一个关键词，这就是"命令"，"命令"打了着重号。就是说，"一个客观原则的表象"，既然是客观法则要对一个有限的意志来采取强制，那么"就其对一个意志有强制性而言，可称为诫命"。"Gebot"就是"命令"，而且有"戒律"的意思，德文《圣经》中的"摩西十诫"就是用的这个词，所以译作"诫命"。"而这诫命的形式被称为命令"——"Imperativ"。这是个拉丁词，原来是形容词，意思为"命令式的"，名词化后，有人也译作"令式"，把"定言命令"译作"定言令式"。这种译法应该是比较准确的。但我们这里还是译作"命令"，是考虑到"令式"的译法在有些场合下不太适合。但它与 Gebot 相比，的确更加抽象化和形式化一些。一般来说，德文词比拉丁词要具体一些，而拉丁词作为外来词，意味着比较抽象的、比较形式化的内涵。所以他说"这诫命的形式，可称为命令"，诫命是有内容的，你要做什么，不要做什么，这是有具体内容的，比如摩西十诫：你不得杀人、不得奸淫，不得谋财害命等等，这些都是诫命，它是非常具体的。那么 Imperativ 是比较着重它的这种"命令式"，在语法上面有"命令式"，从形式方面来看它是采取一种命令的形式，所以他讲诫命的形式就是命令。理性的法则作为一种客观的原则，就对人形成了一种强制，"命令"就带有一种强制的意思。

那么下面就来讲这个命令了，他讲：

所有的命令都用"应当"来表述，并由此表示出理性的客观法则对一个意志的关系，这个意志按其主观性状来说，并不必然地由此被规定（并不成为一种强制）。

"应当"的问题和"是"的问题，是现在哲学界讨论的一个问题。从休谟就开始把"应当"和"是"区分开来，讲"应当"要做什么和"是"什么，这是两个完全不同的事情。你不能把"应当"来取代"是"，也不能用"是"来取代"应当"。那么康德这里讲："所有的命令都用'应当'来表述，并由此表示出理性的客观法则对一个意志的关系"，就是说，你命令谁，就是说他应当怎么样，而应当怎么样就意味着有可能他不愿意怎么样，这个"应当"就和他的意志发生了一种强制关系。而用来强制的，就是理性的客观法则，因为说你应当怎么样做，肯定是从理性方面来规定意志，而不是从感性方面来规定意志。从主观感性没有什么命令，"你应当爱一个人"这是不可能的，爱就爱，不爱就不爱；"你应当感到舒服"，这也不行，"你应当喜欢这个味道"，这也是说不通的，喜欢就喜欢，不喜欢你"应当"也没用。从客观感性也没有什么命令，一件东西太重了，迫使你搬不动，压弯了腰，这并不是说你"应当"弯腰。所以"应当"只是对理性而言才起作用，对感性来说是没有办法"应当"的。所以他讲"由此表示出理性的客观法则对一个意志的关系"，你的意志应当服从于一个理性的客观法则。那么，"这个意志按其主观性状来说并不必然地由此被规定（并不成为一种强制）"，应当这样，但是它是不是这样呢？"按其主观性状来说"，这个难说，它也许服从，但是也可能不服从，"并不成为一种强制"。"应当"当然是一种强制，但是就其主观性状来说，并不成为一种强制，你这个"应当"对我无效，你想要强制我，但是我可以不服从，我自己不强制自己，那你也没办法，这取决于我的自由任意。老师对学生总是恨铁不成钢，你们应当好好学习，你们应当考上名牌大学，然而学生就是贪玩，打游戏机去了，所以它可以完全不成为一种强制，就他的主观性状来说，并不必然由此被规定。它的强制性仅仅表现在，当你选择了理性的客观法则，那么这种法则对你的意志就有一种强制。但是你是不是这样选择，这个并没有什么强制。

这些命令说，做某件事或不做某件事就是善的，但却是对某个这样的意志说的，该意志并不总是因为设想做某件事会是善的就去做它。

一个命令教导你应该做这件事情或不应该做这件事情，因为这才是好的、善的，但是这个教导的对象是这样一个对象，什么对象呢？"该意志并不总是因为设想做某件事会是善的就去做它"，也就是这个意志，你对他说应该做这个事情，但是听你说的这个人、这个意志并不是一旦设想到这件事是善的，就会去做它，就必然去做它，不是的。他听不听，那是非常偶然的事情。他可以听了你的话去做，他也完全可以不听你的话，更重要的是，他"并不总是因为设想做某件事会是善的"才做它，有可能他知道这是善的却不去做它，还有可能是他做了这件事却不是因为设想做它就是善的。这就是你所要教导的对象。如果一个对象凡是你说这个事情是善的，或者他知道这是善的，就去做它，这个人就不用你去教导他。我们经常碰见一些非常乖的孩子，他根本就不用你教导他怎么做，他自己就知道该怎么做。当然那只是因为他早已被教育好了。上帝也不存在"应该怎么样"的问题，凡是上帝认为是善的，他就会去做，因为上帝没有感性的要求，他只有理性。但是对于人来说呢，由于人的有限性，所以人并不总是因为设想做某件事是善的，就去做它。这个时候对于人来说，就有必要提出"应当"的问题，这个时候我所面对的被命令的那个对象，那个意志，正是因为它并不总是知道是善的就会去做它，所以我告诉它这是善的，并且告诉他因为是善的你应该这样做，这才对他形成一种命令。他可以不服从，你才能命令，如果他不存在服从的问题，那就不存在命令了，那是他的本性。对于一个人的本性你怎么能命令他呢？"我命令你吃饭"、"我命令你活着"，这个都不存在，因为一个人他本能地就要吃饭，就要活着，你就不能命令他。正因为他可以这样做，也可以不这样做，所以我才能命令他，所以命令的意思就是在这一点上发生作用。我们之所以能够对一个意志下命令，就是因为一个意志可以不服从这个命令，所以这个命令才是命令。

但凡实践上善的就是那种东西，它借助理性的表象来规定意志，从而不是由于主观原因，而是客观上，即出于对每一个这样的理性存在者本身都有效的根据。

就是说，对于人来说，我们把一件好的事情告诉他，并且命令他去做，是因为他可以不这样做；但是这里转过来说，"但凡实践上善的就是那种东西"，什么是实践上善的？我把实践上是善的告诉他，但什么是实践上善的呢？"它借助理性的表象来规定意志"——凡是善的东西都是借助于理性的表象来规定意志的，也就是前面讲，意志本来自在地就是实践理性，就是按照法则的表象来规定自己的行为，按照理性的原则来规定意志。本来人心是善的，人按照他的自在本性来说是善的，按照他的自由意志来说是善的。实践上是善的是这样一种东西，它借助于理性的表象来规定意志，"从而不是由于主观原因，而是客观上，即出于对每一个这样的理性存在者本身都有效的根据"。凡是善的东西，都是这样一种东西，不是出于主观原因，不是由于你个人特殊的某种原因来规定的，而是"客观上出于对每一个这样的理性存在者都有效的根据"。"客观上"就是对于每个有理性的存在者的本体都有效，不光是对你。对你肯定有效，但是是对你自在地有效，所以对别人也有效。因为意志客观上作为自在之物，作为自由意志，它就是要按照实践理性办事的，它就是要按照法则的表象，按照原则去行动，它客观上就是实践理性。从自在的本体来说，人的自由意志就是实践理性。如果没有感性的话，它就会按照实践理性办事，这就会具有客观普遍性。但由于人有了感性，所以这样一种客观上的本性对于人的意志来说反而成了一种主观选择的偶然的东西。本来是他客观的本性，但是他接受这个客观的本性要靠他主观的选择，他选择了按照他客观的本性去做事，反而成了一种主观的原因了。但是尽管如此，不管是你个人的意志还是他人的意志，如果我们把感性的东西撇开，那么一切人的意志都是同样的。你有自由意志，他也有自由意志，如果撇开感性的东西，那么每个人的自由意志都是服从理性的法则的，我们每个人的自由意志从本体上来看都是一样的，"人同此心，心同此理"，都是要服从理性的实践法则。这种法则在这个意义上就是客观的。所以这种实践上的善就是出于客观原因，出于对每一个这样的理性存在者本身都有效的根据，能够对每个人的本体产生同样的作用和效力。

这与**快适**不同，快适只是通过感觉的方式，出于单纯主观的原因而对意志产生影响，这个主观原因只对这个人或那个人的感官适用，而不是作为理性的原则适用于每一个人。

Angenehmen 翻译成"快适"、"惬意"，这个词在第三批判里一开始就讲到了，美感、鉴赏力和快适是不一样的，快适主要是指的身体的舒服，感性的舒服，鉴赏力的愉悦则是情感上的交流畅达。实践上的善也与快适不同，虽然快适也是一种善，当我们吃了一顿美餐的时候，我们就说这顿美餐"好"，"善哉！"这就是快适了。但是实践上的好和快适的好是不同的，他说"快适只是通过感性的方式，出于主观的原因而对意志产生影响，这个主观原因只对这个人或那个人的感官适用，而不是作为理性的原则适用于每一个人。"这一段应该没什么难理解的。快适通过感性的方式出于单纯主观的原因对意志产生影响。这个饭合乎你主观的口味，你就想吃，不合口味就不想吃。这是出于单纯主观的原因，它会对你的意志产生影响。"这个主观原因只对这个人或那个人的感官适用，而不是作为理性的原则适用于每一个人"，人的感官，人的快适只对每一个人的感官适用，它没有普适性。你的口味不同，你喜欢吃辣的还是甜的，喝什么酒，或者另外一个人不喜欢喝酒，这个都是各人不一样的感觉方式，它不能作为理性原则适用于每一个人。

这段话后面有一个康德的注释，是用来解释上述主观原因的，我们来看看：

欲求能力（Begehrungsvermögen）对感觉的依赖性就叫作爱好，因而它总是表现出一种需要。

"欲求能力"这个词，其实也包括意志在内，康德把意志称之为"高级欲求能力"，而一般的欲求能力是低级的。

"对感觉的依赖性"，依赖感觉，也就是需要感觉了，也就是对爱好的欲求，它是一种需要，欲求一个东西也就是需要一个东西。这个地方加的这个注释就是要解释，"快适"这种主观欲求能力跟实践上的善有什么区别。正文上面这一段就是讲的实践上的善跟快适不同，实践上的善是作为理性原则适用于每个人的，那么这里加一个注释就是说，欲求能力对感觉的依赖，就是爱好，"它总是表现出一种需要"，这就是一种主观的原因了。

而某个可以偶然规定的意志对理性原则的依赖性叫作兴趣，

"兴趣（Interesse）"也可以翻译成"关切"，在高级的情况之下我们把它翻译成"关切"，比如道德的关切，对理性的关切。而在低级的情况之下，我们把它翻译成"利益"、"利害"。那么"兴趣"则是比较中性的翻译，凡是你关心的都是兴趣，你关心什么，都叫作兴趣。对物质利益也会有兴趣，而利益一来，就有"利害"，那就是更低层次了，那就是限定在一些本能的物质需要方面了。"某个可以偶然规定的意志对于理性原则的依赖叫作兴趣"，这个兴趣是不高不低的，比如我做一个道德的事情，我对这个理性的原则有一种兴趣，但是这个兴趣不是作为一种原则，而是作为一种偶然的规定。我偶然遵守了道德法则，是因为我对道德法则产生了兴趣，我偶然产生了兴趣。或者我这个人就是有一种兴趣，就是有一种道德情感。有的做慈善事业的，就说"我这人生来就有同情心，我看人家受罪我受不了，我要捐助那些受苦受难的人。"这是一种兴趣，但是这种兴趣是偶然的，因为我是这样，别人可能不这样，或者我有一种特殊的经历才有这种兴趣。那么偶然规定的意志对于理性原则也可以产生一种依赖性,叫作兴趣。当然是一个比较高尚的兴趣,它和那种低层次的利害关系不一样,但又还没有达到对道德法则本身的关切。

因此,只有在并非任何时候都自发地合乎理性的一种依赖性的意志那里才会发生兴趣;

并非任何时候都自发地与理性相符合的依赖性的意志,那就是人了,只有在人那里,才会发生兴趣。哪怕是对道德兴趣,也只有在人那里才会发生,因为人并非在任何时候都自发地合乎理性。他是有依赖性的,只有人才会出于对道德的兴趣去做道德事情,当然这在康德看来还不是真道德。刚才讲这个做慈善事业的,是不是道德呢? 还不一定,当然他做的事情是道德的,他的行为是符合道德律,但是他不是出于道德律,不是为道德而道德。所以他有一种偶然的兴趣,当然很好,但是还是说明了人的有限性,只有在人那里才会发生兴趣。

而在神的意志中人们不能设想有任何**兴趣**。

在上帝的意志里面,我们不能设想有兴趣,上帝是出于对人类的怜悯还是出于好的意志? 莱布尼茨讲上帝出于善良的意志,所以在一切世界里面选择了一个最好的世界,好像上帝是有兴趣的,对于好不好有一种关切。在康德看来不是的,上帝根本没有任何兴趣,因为上帝创造世界不是按照偶然的兴趣来创造的,是按照理性来创造的,按理性的法则来创造的。

但即使人的意志也可以对此**感兴趣**而不因此就**出于兴趣而行动**。

人的意志也可以"对此感兴趣",对理性的法则感兴趣,"但并不因此就出于兴趣而行动。"这个做慈善事业的人,他是对此感兴趣,但是不一定他就出于兴趣。他对于做好事感兴趣,他确实如此,但是他做这件好事也有可能并不是出于兴趣。他有可能这样。按照那个慈善家自己说的,他就是出于兴趣,于是很多人就很能解释了,原来他自己有过一段受苦受难的经历,他以这件事情来还愿,那当然就可以理解了。但实际上,真正使他的那个行为成为道德的，还是出于别的东西，不是出于兴趣，而是为道德而道德。当然他也考虑这个，但是他主要考虑的是什么？那就要看了。按照康德的说法，你首先要考虑这是一件好事，然后才考虑，顺带地也考虑兴趣——这个就是道德行为，你要摆正它的位置。当然人完全没有兴趣也不可能，但是问题是，你不是仅仅出于这个兴趣去做这件好事。他可以感兴趣，但却并不是出于兴趣去做这件好事，在康德看来，这一点人是可以做到的。

前者意味着对行动的实践的兴趣，后者则意味着对行动对象的病理学的兴趣。

前者指"对此感兴趣"，后者指"出于兴趣而行动"，这是人的意志与兴趣的两种不同的关系。那么前者对这个事情感兴趣，就仅仅是感兴趣而已，这个兴趣当然是好的，它是对行动的一种实践的兴趣，是出于比较高的层次。"实践的"就是出于人的行动本身的，是对做这件事本身所带有的兴趣，但是不是出于兴趣来做这件事；"后者仅仅是对行动对象的病理学的兴趣"，那就意味着对行动的对象的兴趣，而不是对行动本身的兴趣。这个"行动的对象"就是行动的结果，着眼于功利，在乎成功和收益，在这种情况下就可以把"兴趣"译作"利益"。在这种情况下这件事情的成败对他的心理有很大的关系，如果不成功则需要在心理上作某些弥补，这个从病理学上、心理学上我们都可以对他加以考察。"病理学的"（pathologisch）在康德那里跟道德上的原则相比，它层次是比较低的，它针对的是行动的对象，可以在对象身上找到现象的原因。实践的兴趣它针对的是行动本身，至于它的对象，做成了还是没做成，这个不要紧，我做的这个事情是好事，这就够了。至于它最后命运怎么样，这个是人不能支配的。所以前面这个实践兴趣是比较高层次的，我有兴趣，但是我的兴趣主要是着眼于行动本身。但是后面这个出于兴趣而行动呢，他着眼于对象，因为兴趣意味着利益，意味着利害，它是在乎它的效果的。

前者只表明意志对理性自在的原则本身的依赖性，后者表明意志是为了爱好的需要而依赖于这样的原则，即在这里理性只提供爱好的需要如何被满足的实践规则。

实践的兴趣表明了意志对理性原则本身的依赖；病理学的兴趣也依赖于理性原则，但不是依赖原则本身，而只是"为了爱好的需要"，这样，理性的原则在这里就成了满足爱好的手段，它就成了"爱好的需要如何被满足的实践规则"，也就是技术性的规则。技术性规则当然也是一种理性的原则，它要求设计目的和手段的合理关系，要求善于推理和计算，从这方面说它也依赖于理性原则。而如前面讲的，某个可以偶然规定的意志对理性原则的依赖性叫作兴趣，所以它在这里也可以有一种兴趣。但是这只是一种病理学的兴趣，这种对理性原则的兴趣最终是为了感性的爱好。相反，意志对理性原则本身的依赖则是把这种原则当作目的，为原则而原则，这种兴趣就是对于由理性原则而来的这个行动本身而发的，没有任何其他的对象。

在第一种情况里我感兴趣的是行动，第二种情况下感兴趣的是行动的对象（只要它使我快适）。在第一章我们已经看到，在一个出自义务的行动那里，我们必须不是着眼于对对象的兴趣，而仅仅是着眼于行动本身和它在理性中的原则（法则）。

这就说得很清楚了。就是说，一个出于义务的道德行动也是有兴趣的，并不是完全冷漠的；但这种兴趣所针对的就是这个按照理性原则来规定的行动本身，而不是任何行动的对象，这是在第一章中讨论"为义务而义务"的三条原理时就已经表明了的。但和那里有所不同的是，此处是从"兴趣"这一角度来谈论为义务而义务的问题，而在那里则是落实到为义务而义务的动机，即"敬重"。一般说来，兴趣的概念要更宽泛，它大致相当于"动机"（Triebfeder）。例如康德在《实践理性批判》中就说："从动机的概念中产生出某种兴趣的概念，这兴趣永远只能赋予一个有理性的存在者，并且意味着意志的动机，只要这动机通过理性表象出来。"① 由兴趣与动机的这种关系也可以引出兴趣与目的的关系,这句话中讲的"在第一种情况里我感兴趣的是行动,第二种情况下感兴趣的是行动的对象",我们也可以理解为:在第一种情况里我撇开了一切目的,或者说只是以行动本身为目的,这就是为义务而义务;在第二种情况里则是把兴趣寄托于外部要达到的目的。敬重是一种特殊的动机,也是一种特殊的兴趣,它超越于一切外在的目的、对象的目的,而只针对行动的法则形式,"仅仅是着眼于行动本身和它在理性中的原则(法则)"。这就是这个注释所要注明的。

---

① [德] 康德:《实践理性批判》,邓晓芒译,杨祖陶校,人民出版社 2003 年版,第 108 页。

第十三讲

我们上次已经讲到康德的"命令"这个概念。命令也就是你应当做什么，"应当"这个概念就代表了命令的意思。我们上次也讲了，人跟动物不同的理性的实践法则不光是地球上的人类所遵循的法则，而且是一切与人类处于同一层次的有限的有理性者本身必须遵守的法则。对于有限的有理性者，这种法则就必须以命令的形式提出。因为其有限性，所以需要用命令对它加以限制，才能保持理性的一贯性。所以康德的法则的对象不仅仅针对地球上的人类，而且包括一切可能的有理性者。但如果是无限的有理性的存在者，超感性的有理性的存在者，需不需要命令？我们今天要讲的这一段就是分析这个问题：

因而一个完全善良的意志，尽管同样也会服从（善的）客观法则，但 414 却不能由此将它表象为**被迫**按照法则行动，因为它自发地按其主观性状只能为善的表象所规定。

也就是说，所有的命令都是对于感性的人、有限的理性存在者而言的。因为他的感性、欲望、欲求能力，与普遍实践法则的内容可能不一致。实践的法则是普遍性的，而人的感性欲望是个别的、特殊的，可能会偏离实践法则。所以普遍的实践法则对有限的人而言体现为一种命令，一旦发生冲突，就可以把感性的东西排除在外。如果一个意志是完全、绝对善良的，不可能有这些感性的东西来干扰它，那就用不着命令了。这样的意志也会服从实践的客观法则，但是不是被迫服从。所谓被迫服从就是这样一个意志可能不完全是善的，所以需要克服那些不善的意志。但如果是一个完全善良的意志，那么它的主观和客观在这里是完全等同的，它主观地就是按照客观法则行动，按照一切有理性者必然遵循的法则行动。所以对于它来说就不存在"应当"的问题。当然这里讲的就是上帝了。一个完全善良的意志就是上帝。上帝没有感性欲望和爱好，不存在实现实践法则的障碍，因此也不存在应当。

所以下面就点明了：

故而，没有什么命令适合**上帝的**意志、或者一般地说，**神圣的**意志；

从前面讲的就可以推出来了，任何命令都是对于人、对于有限的理性存在者来说的。对于上帝来说，他是一个绝对无限的理性存在者，没有限制，也就没有一种比上帝更高、更无限的实体来命令它，它本身就是最高主体。"一般地说"，就是更扩展开来看，比如天使，天使也是神圣的意志，或者不用基督教的语言，一般的绝对善良的意志。如果有个圣人，设想他绝对善良，那他也不需要命令，比如孔子的"从心所欲而不逾矩"，孟子的"仁义行，而非行仁义"，都不需要命令。其实当然没有什么圣人了，设想这样的圣人他也有神圣的意志，他不需要命令，而是自发地就按照道德律行事，这只是一个理想。在康德那里有限的人类是不存在这种神圣意志的，当然康德也并不真地相信上帝和天使，他只是一种逻辑假设。在逻辑上必须有一个前提：如果存在上帝那样的绝对存在者，那么这个命令就不适合于他了。虽然这不存在，但是我们要假设他，把他作为一个标准来看到我们人类的有限性。所以康德那里的上帝和天使都是一种假设，不能当真的。并不是康德就真的相信上帝，这里实际上是讲的理念之间的一种思辨的关系，理念之间应该有的一种概念的关系。

在这里不是这种应该所呆的地方，因为**意愿**自发地已经必然与法则相一致了。

在这里，也就是在上帝或者一般神圣的意志这里。所谓的"应该"，不是针对上帝或者神圣的意志而言的，而是针对人或者有限的有理性的存在者而言的。在上帝或一般神圣的存在者那里，如果他有意愿，那么这种意愿已经自发地必然与法则相一致，主观的意愿与客观的法则完全等同，其实就是一回事情。因为上帝的主观意志完全是有理性的存在者的意志，已经没有感性在里面起作用了。因此如果他有意志的话，他肯定就是按照普遍必然的法则行动，不可能是按照感性的规则而行动，因为他完全是理性存在者。

　　由此，命令只是表达一般意愿的客观法则与这个或那个理性存在者的意志的、比如人类的意志的主观不完善性之间的关系的公式。

　　刚刚提出的命令、"应该"表达为一种公式，即"你应该……"这样一条公式。这种公式是表达一种关系的，什么关系？一方面是"一般意愿的客观法则"，所有的理性存在者都会一般地具有的普遍法则；另一方面，它与这个那个理性存在者的意志的主观不完善性之间有一种关系。这个或那个，就个别的理性存在者的意志而言，它具有一种主观不完善性。"这个或那个"，就是说它们不是普遍的，一种非普遍的理性存在者的意志在主观上有一种不完善性。某个人的意志不能变成另外一个人的意志，不能和另外一个人的意志相通，有时候可能完全相冲突。而普遍的客观法则具有完善性，如果以它作为意志的规定根据就是完善的意志，它本身没有什么欠缺。所有的有理性的存在者都会这么想，都会这样来规定自己的意志。但是这个那个理性存在者个别的意志则不能推广到所有人。而命令就是在这两种意志之间表达一种关系的公式。所谓的命令，这里当然首先是指道德命令，表达的就是普遍的道德法则和个人的准则的不完善性之间有一种关系，什么关系？就是命令的关系，你应当服从什么，你应当使你的个人不完善性服从普遍的法则，命令就是代表这样一种公式。但不光是定言命令，凡是命令这个概念都具有这样一种性质，就是客观法则与个别意志的不完善性之间应该建立一种关系，这种关系就是一种命令关系。个别准则的不完善性必须服从一般法则，这个在道德中看得最明显，但实际上不光是道德，而且在日常实践中也是这样。当我们说你应该怎么样做的时候，你就是拿一般的法则来限定目前的行为，你不能为所欲为，你想达到你的目的，就得按照法则办事。凡是讲命令都有一种关系，就是普遍法则和你为所欲为的冲动之间必须确定一种关系。命令又分好多类，前面讲的是一般的命令，我们特别举道德命令作为例子来说明，下面就来分门别类了。

现在，一切命令要么是假言的（hypothetisch），**要么是定言的**（kategorisch）。

这是从逻辑上来讲的。命令的公式也是一个命题，这个命题是命令式。一切命题都有三种形态：命令式、疑问式和陈述式，这三态都有自身的语法结构。命令式的语法结构和陈述式有一种类比。在陈述式里头，比如判断，有假言判断和定言判断，还有选言判断。推理也有假言推理、定言推理和选言推理。"定言"也可以翻译成"直言"，就是没有前提的、直接说出来的；假言是有前提的；选言是在几个前提里面任选其一。命令的分类按此办理，也有假言命令和定言命令，但是这里没有提选言命令。也许他把选言命令归于假言命令了，都属于有条件的命令。

前者把某个可能行动的实践必要性，表现为达成人们所**想要的**（或至少可能这样希望的）其他某物的手段。

前者就是指假言的：如果你想达到什么目的，那么就应该怎么做，这是假言命令。那么这种假言的命令涉及到某个可能行动的实践必要性。必要性（Notwendigkeit）也可以翻译成必然性，但是在实践中我们把它理解为必要性。这个词本身有两种含义，一种是陈述句的含义就是必然性，另一种是命令句的含义即必要性。假言的就是有条件的，什么条件呢，就是人们想要的其他某物，或至少有可能这样希望的其他某物。做这一件事的目的不是它本身，而是为了达到另外的目的。所以假言命令是把某个可能行动的实践必要性表现为一种手段，一种达到另外目的的手段。括号里面的话表明，另外的目的一方面可以是人们目前想要的，一方面也可以是目前还不现实，但是人们可能这样希望的。这两种情况都是你设定了一个目的，然后你应当有必要怎么样。这样一种必要性就是假言的必要性。

定言命令则把某个行动独立地就表象为客观－必要的，与其他目的毫无关系。

定言命令与假言命令的不同就在于它没有那个如果，没有那个假如，而是直接地就说你应当怎么样，无前提地你应当怎么样。这样一个行动既然没有前提，所以它"独立地就表象为客观必要的"。不是你现在有了一个目的，你想要达到什么样的目的，所以才应当怎么样，这个"应当"只是主观的；如果这个主观目的一去掉，或者一变化，这个应当就不存在了。定言命令则是一种客观必要性，不在乎主观上想要达到什么目的，你就是应当这样做。这样一种法则对你是一种客观的命令，与其他主观目的毫无关系。我们也可以说，定言命令所表达的行动本身就是目的，与其他的目的没有关系。凡是实践活动都是有目的的，问题是在这里没有其他的目的，就在于你做的这件事情本身，这就是目的，以自身为目的。这是定言命令与假言命令之间的一种划分。

由于每个实践法则都把某个可能的行动表象为善的，并因此表象为对一个可以被理性在实践上规定的主体来说是必要的，所以一切命令都是规定那种行动的公式，这行动按照一个以某种方式是善的意志的原则是必要的。

这个地方讲的实践法则不是特指那种普遍的道德的实践法则，当然也包括那种普遍性的，但是这里是泛指。"每个实践法则"，包括准则，包括规则，反正你在实践的时候总是有章法的。人的实践活动与动物不同的地方就在这里，因为人有理性，所以他的实践活动都是有章法和规矩的。这里讲的"每个实践法则"其实就是任何实践规则，包括你的准则，也是一条规则。"可能的行动"，虽然还没有做出来，但是实践法则把那个可能的行动"表象为善的"，这个善是广义的善，就是好的。你之所以要实践，做一件事情，总是因为你觉得这件事情好。没有人专门去做那种被他表象为坏的事情，从苏格拉底开始就已经这样认为了：他之所以做坏事，是因为他以为那是好的。康德在这里也是沿用了这样一种说法。由于你的行动被表象为善的，所以对于一个可以被理性在实践上所规定的主体，也就是说既然你具有实践理性，那么你就会认为这个行动是必要的。因为所谓善的就是合乎实践理性的。凡是一个有理性者，他就会知道某个行动是好的，是恰当的，是合目的的，也就是善的。善只是人们的实践理性所提出来的一个理念，动物没有善，动物没有好坏的问题，只有人有了实践理性，用他的实践理性来规定他的主体，这样一个主体才会把他的行动看作是善的。既然是好的，那么对他来说就是必然的或者必要的。因为他通过理性一衡量，就发现这里面有种必然性：一个好的目的必须要有好的手段，所谓好的手段，就是适合于这个目的的手段。比如说明智的。如果明智，就是经过理性考虑的；如果不明智，那就是非理性的，这样一种行动就不能说是好的，因为它不适合于你的目的，你将达不到你的目的。你要用恰当的行动去达到你的目的，你的手段才能称之为好的手段。只有理性才能看出这样一种必然性，这种必然性就是必要性。"所以一切命令都是规定那种行动的公式，这行动按照一个以某种方式是善的意志的原则是必要的"，一切命令都是行动的公式，这样一种行动按善的意志的原则是必要的。"以某种方式"，埋藏着两种情况：一种情况是有限的方式，另外一种是绝对的方式。一种是相对的有限的善的方式，比如我要达到一个具体的目的，我们在日常生活中有善的意志，有好的意志。我要实现一个好的目的我必须采取一个好的手段。这个里头有一种应当，好的手段对好的目的来说是必然的，或者说是必要的，这是一种方式；还有另外一种方式就是绝对善的意志，普遍的善良意志，按照这样一种方式它也是必要的或者必然的，按照普遍的实践法则或者道德律。道德是一个最高的善的意志，它跟一般的实用的意志，也可以说是好的意志，是大不一样的。实用的善的意志是非常有限度有条件的。这里这两种情况都包括在内，从理性的设计、谋划来说，就是必然的。理性就是在两件事情之间看出一种必然性。你要达到那个目的必然要采取那个手段才能做得到，这是理性的功能。一切命令都是这样的。

现在，如果这行动唯有作为**实现他物的**手段才是善的，那么这命令就是**假言的**；如果这行动被表象为**自在地**就是善的，从而在一个本身就符合理性的意志中，作为其原则，乃是必要的，那么这个命令就是**定言的**。

把假言的和定言的再次区分。前面已经做了区分，这里从一切命令里再根据手段关系区分出假言和定言两种命令。一种是，只是作为实现他物的手段才是好的，如果你没有那个他物作为你的目的，那么就不需要这个手段，这样的命令就是假言的。另一种是，自在地就其本身而言这个行动就是善的，这就是好的行动，不是为了其他目的才是善的，不能被用作其他目的的手段，而是这件行动本身就是善的，"从而在一个本身就符合理性的意志中，作为其原则，乃是必要的，那么这个命令就是定言的"。这就是道德命令。为什么康德讲道德必须是为义务而义务？不是为了义务所能产生的结果或目的，而是把义务本身当作目的，把合乎义务的行动本身当作你的动机，这个行动本身自在地就被看作是善的。"一个本身就符合理性的意志"就是这样一个意志，它不是通过理性来达到感性的欲望，而是本身就符合理性。意志当然有可能不是符合理性的，有时候会符合感性和本能。人有理性，但是人有时的行为并不符合理性，只是把理性当作一种工具，当作用来实现他的本能欲望的手段。但是一个本身就符合理性的意志，是把理性当作原则，我按照理性的原则就是这样行动，我这样做就是我的原则。我出于原则做生意不能够昧良心、卖假货，欺负老人和孩子，这是我的原则，这乃是必要的，按照理性是必要的，没有前提。这样一个行为本身就是目的，不是为了别的目的，这样就把假言的"如果"去掉了，成了定言的了。这是进一步的区分。下面就是更深层次的区分。

所以命令表明，由我而可能的哪个行动会是善的，并表现为与某个意志相关的实践规则，这个意志不会因为某个行动是善的就马上实施这一行动，

一般讲命令的时候，肯定与善的概念，好的概念是相关的。"应当"里包含着好的意思。为什么应当？是为了好。不管是你好还是他人好，如何好，总而言之是与好相关的。而这个好是"由我而可能的"，也就是由我的意志有可能做出来的。命令就意味着我的哪一个行动会是善的，自由意志所决定的哪个行动会是善的，你应该做哪件事情，或者你应该不做哪件事情。命令有一种规则在里头，你要做这件事情，要达到什么目的，行动的意志和目的之间有一种规则的关系。你这个行动要达到善的目的，肯定里头有一种必然的联系。但是命令并不见得会使得意志马上去实习。命令我也可以不遵守。命令归命令，但是意志是否接受命令，并不在命令本身里头表达出来。所以这个意志不会因为某个行动是善的就马上实施这一行动，这跟苏格拉底就不太一样了。苏格拉底说，一个人如果知道这个行动是善的，那么他马上就会去做。没有人故意作恶，这是苏格拉底的一条原则。人们之所以作恶，是因为他不知道那是恶，他以为那是善。但康德这里有所不同，认为人并不会因为一个行动是善的就马上去做。

这部分是因为主体并不总是知道这个行动是善的，部分是因为即使知道这点，该主体的准则还是可能会违背实践理性的客观原则。

在前一个"部分是因为"中，康德没有完全否认苏格拉底，他说"主体并不总是能够知道这个行动是善的"，人们之所以作恶，有一部分是因为他不知道那是恶，人们之所以不去行善，也有一部分是因为他不知道那是善。但重要的是后面这点：即使知道其为善，"该主体的准则还是可能会违背实践理性的客观原则"，这就与苏格拉底不同了。即算他内心的理性已经对他明确发布了命令，但是他也不一定会那样做，这是有可能的。准则就是主观的，客观原则就是客观的。主观的准则有可能不符

合客观原则的要求或者命令,这是有可能的。因为准则有可能出于别的非理性的感性的原因,出于本能和爱好,这时就有可能会违背实践理性的原则,也就是可能作恶,或者即算知道是善的事也可能不去做,因为还有别的规定意志的准则在干扰或者强迫他。这个还是讲的一般的命令,包括定言的和假言的在内。这两种命令都有可能即使知道是好的也不实行,定言命令可能是由于其他爱好的干扰,假言命令则可能是由于别的爱好的竞争。下面一段就是具体来讲这两种命令的区分。

所以假言命令只是表明,行动对于某种**可能的**意图,或**现实的**意图而言是善的。前一种情形中它是**或然的**(problematisch)实践原则,后一种情形中它是**实然的**(assertorisch)实践原则。

这个与上一段:"所以命令表明,由我而可能的哪个行动会是善的"是很不一样的。假言命令表明,行动当然也是善的,但只是对于某种意图而言是善的。假言命令加了一个条件在那里。一般讲命令就是说,我的哪个行动会是善的;假言命令就是说,这个行动对于某种意图来说会是善的。假言命令把某种可能的或现实的目的摆在前面了。这个行动对于那个目的,作为手段才是善的,这是假言命令和一般的命令的不同之处。一般的命令不管它是作为目的还是手段,但是假言命令加了一个条件:这个行动之所以是善的,是因为有一个目的在要求它,善取决于它适不适合这种目的。假言命令也有两种情况:一种是可能的意图,一种是现实的意图。前一种情形中它是**或然的**实践原则,后一种情形中它是**实然的**实践原则。或然的是可能的意图,实然的是现实的意图。可能的目的不一定是现实的,你可能有这种目的,也可能没有,在这种情况下,就是可能的意图。这种可能的意图所表现出来的实践规则就是或然的,它的或然的规则可以表述为:**假如**你想要这个的话,那就应当怎么做。在后一种情形下是实然的实践原则,也就是就现实的意图而言是善的。实然的意图比如追求幸福。你可以追求这个或者那个目的,别人追求的目的你也可能不屑一顾，你有你的目的，这个都是或然的，但是有一个目的是大家都在现实地追求的，那就是幸福。这个层次更高。你追求一切形形色色的目的最终不就是为了追求幸福吗？当然对于幸福的理解也可能不一样，但是对于幸福的感觉是人人一样的。我们每个人心中的幸福度标准都是一样的，这对于我们每个人来说都是现实的意图。这样的实然的实践原则可以表述为：**既然**你想要这个，那么你就应当怎样做。现实性相对于可能性层次更高，这里又要用到康德的范畴表，康德在《纯粹理性批判》中提出的可能性、现实性和必然性这样三个层次的范畴，在假言命令里面占了前两个：一个是可能的意图，一个是现实的意图。可能的意图是或然的，现实的意图是实然的。

定言命令则属于必然性的层次：

定言命令，宣称其行动不与任何一种意图相关、甚至没有任何别的什么目的，自身就是客观必要的，这种定言命令就被看作**必然的**（apodiktisch）实践原则。

在这种情况下，定言命令自身就是客观必要的、客观必然的目的，没有别的目的，以行动自身为目的。我的目的就是要做这件事情，哪怕结果根本就不可能，知其不可而为之，也就是知其没有结果而为之。为义务而义务，要尽义务。结果怎么样先不管它，也没有别的目的，只问这件事情你做了没有。这就是定言命令了。我们看到康德哪怕是在道德命令的分类里面，他也处处是按照逻辑、按照范畴表来分类。这里讲到可能的、现实的和必然的就是按照模态范畴来分类的，有逻辑层次。

人们能够把只是通过某个理性存在者的力量而可能的东西，设想为对于任何一个意志也是可能的意图，从而，行动的原则只要被表象为对于实现某种由此而得以可能的意图是必要的，实际上就是无限多的。

这一段一开始，就是更加详细地来解释他前面所提到的假言命令前面的那一种，就是或然的、可能的意图。接下来一段是讲实然的意图，再下面讲必然的,这三段是依次来解释三类命令。先看这一段。"人们能够把只是通过某个理性存在者的力量而可能的东西……",理性存在者的行为是由理性来设计的,通过他的力量、也就是通过理性的力量而可能的、即有可能做到的,——这样的东西我们可以"设想为对于任何一个意志也是可能的"。既然对他可能,那么对于其他的意志也是可能的,其他的人也可以去追求。他为了这样一个目的而努力奋斗,其他的人也可能跟他一致。但是也可以不去这样选择,这只是一种可能性。我理解他但是我也可以有自己的目的和追求,但是他的那种追求是可以理解的。我设想一下如果我有他那样的条件和处境,我也可能会有与他同样的目的。每个人都是根据自己的力量去追求自己的目的,根据自己的特长和实现的可能性来定目标。由上面可以推出来,行动的原则实际上是无限多的,你有你的原则,我有我的原则,你的原则可能成为我的原则,但是我也可能有别的原则。这个无限多有一个前提:"只要被表象为对于实现某种由此而得以可能的意图是必要的"。也就是说必须要采取这种行动才能实现某种意图。这是什么前提呢?这当然就是实践理性的前提。实践理性就是干这个事情的,你的手段对于这个目的是否适合,对意图是否必要,这个手段能否达到那个目的,只要能够达到,那么它就是一个行动的原则。这样的行动原则当然是无限多的,因为意图或目的是无限多的,你有你的目的,我有我的目的。只要我的行动的原则对于我的目的是合适的,对于我来说就是一种可能的意图。我提出一个意图,就必然有它相适合的行动。你要用恰当的行动去实现与之相关的目的,所以行动的原则只要被表象为对于实现由此而得以可能的意图是必要的,或者说是必然的,必然只有这样的行动才能实现目的,那么就是无限多的。为什么是无限多的呢?前面讲了,凡是一个理性存在者就其力量是可能的,那么对于任何一个意志也是可能的。这样一种意图当然就是无限多的。因为按照理性来分析,我能够做到,按照这种行动的原则去实现那个意图,那么就有可能有一个或者很多意志会来把它当作自己的意图。理论上成立，就会有人去做，理论上目的和手段相适合的这样一个意图，就有可能有某个意志去采取它，或者有很多意志去采取它。在理性的这种设想中，那样一种意图是无限多的。因为意图的可能性是无限的，有限的人类会有无限的意图，欲壑难填，五花八门，各有各的兴趣、关注点和目的。只要是适合这个目的的，按照你的理性去设计一种手段，那么它就可以成立，就可以作为一个意图，因此这样的意图实际上是无限多的。

下面进一步解释：

所有的科学都有一个实践的部分，这个部分由以构成的是这样的任务，即某个目的对我们来说要是可能的，以及这样的命令，即如何能够实现这一目的。

这里讲了科学。我们刚才讲的都是日常实践，日常实践要凭知识。手段和目的的关系就是知识，一个人的手段和目的不适合我们就说他缺乏知识，缺乏常识或者经验。他采取了不适合目的的手段，我们就说他不明智，也就是没有充分运用自己的理性。而一个具有科学头脑的人往往就会比较明智，他有丰富的知识，各方面的关系都考虑得非常周全，因此能够采取比较恰当的手段去实现他的目的。科学和技术在这方面是不可分的，有了科学肯定就会提高你的技术和实践能力。科学是有实践的部分的。虽然康德在讲《纯粹理性批判》的时候，把实践排除在外了，但是并没有否定科学有一个实践的部分作为它的附属。任何科学都有它的实践的部分，比如对几何学来说作图、测绘，但是正式的几何学体系中不必把作图法纳入进来。当然很多几何学的定理是把作图法加入进来的，比如说你能不能用圆规和尺子等分一个角，这个涉及到作图法，但是不属于几何学的纯粹部分。科学也是这样，技术属于科学，但是不属于科学的纯粹部分，是属于附带的部分。所有的科学都附带有一个实践的部分，"这个部分由以构成的是这样的任务，即某个目的对我们来说要是可能的，以及这样的命令，即如何能够实现这一目的"。是什么东西来构成科学的这个实践部分呢？是这样一些任务，以及这样一些命令。什么任务？即某个目的对我们来说要是可能的。在实践的领域中，要解决的就是，一个目的对我们现有的科学来说是否可能。有一些根本就不可能，比如在康德的时代，你要到太空中去航行是不可能的，因为没有手段，那时候飞机还没有发明出来，虽然当时可以设想月球上有月球人，火星上有火星人，但是我们没法证实。那么这是一个任务，就是要区分哪些东西是不可能的，哪些具有可行性，哪些不具有可行性，具有可行性我们可以去研究，不具有可行性那些幻想我们要把它们排除。这是实践的部分的一个任务，以及这样的命令，什么命令？如何能够实现这一目的，即为了这一目的而命令你采取什么手段。我们已经有了一个可能的目的，但是我们要为它想到一种办法，如何把它实现出来，这样的命令也包含在科学的实践中。比如命令科学家去探险，去勘探全球每一个角落，如何实现这个目的，那时有的手段就是可以坐船或者乘热气球，这都是一些命令，你要去探险，就应当准备什么样的设备。任何科学的实践的部分一是确定我们可能的目的，一是确定实现这个可能目的的手段，这是实践部分的两大任务。

所以这些命令一般说可以称为**熟巧**（Geschicklichkeit）的命令。

所谓熟巧就是恰当地符合他的目的的那样一种技巧。如何实现这一目的，应当采取这样一些命令，采取非常巧妙的办法，非常省事的办法，不要拖泥带水，事倍功半。我们经常看到一个人做事很笨，这时就有人教导他：你应该这样做。这就是一种熟巧。这个里头有一种应当，这个应当是当你设定了你的可行性的目的以后才提出的，你要达到你的目的，那么你要怎样做才是最熟巧的。

至于这目的是否要是理性的和善的，这里完全不问，而只问为达到这一目的必须做什么。

科学的实践部分是没有价值取舍的，因为他在科学的领域，只问技巧不问价值，虽然也讲"应该"，但是这个应该不是指的道德价值，而是指的你有一个目的,那么你就应该怎样才能达到它。当然这也可以说是一种价值,一种工具理性,但是这种价值是非常有限的。目的本身是不谈价值的,只谈对于这个目的而言,什么样的行动和手段才最有价值。至于你这个目的有可能是突发奇想,完全没有必要,完全是浪费财产,那科学的实践部分不管。当然从好的方面来说这也是科学本身的一种探索精神。我不问目的的善或者功利效果,就是突发奇想,就是突然想到要到月球上面绕一圈,没有功利的目的,当然我们现在知道任何科学的实践都隐含着未来功利的目的,但是我在做这件事情的时候没想到。这就是科学的实践,只是对于他要达到这个目的需要做什么进行论证。

下面举了两个例子是非常典型的:

医生为使其患者完全康复的处方(Vorschriften),与投毒者为了保证致人于死地的处方,就其用来完全实现各自的意图而言,具有同样的价值。

医生要治病开处方,与投毒者要置人于死地开处方,这个毒药多大剂量可以毒死人,也要有技术性的考虑,有一番精密的计算,这是完全一样的,具有同样的价值。这个价值就在于是否能更好的达到他的目的,在这方面是完全相同的。当然这个价值是低层次的,技术性的价值。曾经有人把价值分了好几个层次,一个是技术性的价值,一个是善的价值,还有最高的价值,就是道德和信仰的价值。技术的价值就是不管对于什么目的,我们如何促成它的实现。这是一个手段对于目的而言所具有的价值,是最低层次的价值。因为他完全不考虑意图本身是否是善的合理的,而只考虑工具。如果你要毒死一个人,那你就得放足够量的毒药,这是一个假言命令。

下面的例子有很大的现实意义:

由于人在年幼时还不知道,在生活中我们会碰上哪些目的,于是父母就试图先让孩子学**各种各样的东西**,并为运用这些针对各种各样**随便什么目的的手段的熟巧**而操心,

　　小时候还不知道将来长大了会碰到什么目的，比如要当什么人，要做什么人，那么父母就让孩子多受些训练，多掌握一些技能，包括搞好成绩，成绩也是一种技能。语文数学外语，你总是要学的。技能多多益善，比如绘画、钢琴啊，我们今天叫作素质教育，所谓素质教育就是各方面的技术培训。孩子就没有呆在那里无事可做的时候，不让你有空闲的时间，不让你有发呆和无聊的时间。其实这对孩子是非常不好的。为了将来各种可能的目的我们现在进行技能训练，以便能够应付我们将来能够碰上的随便什么目的，在熟巧方面操尽了心。

　　<u>这些目的他们并不能确定将来能否现实地成为被他们养护者的目标，但却是他有一天**可能**会拥有的目标，</u>

　　也就是针对各种随便什么目的的手段而操心，比如弹钢琴，很多人论证，弹钢琴对于孩子的智力发展很有好处，手指的运动对于数学成绩的提高很有好处，而数学成绩提高对于你将来在各行各业都会有好处，你会有一个灵活的大脑。我们经常说这个孩子脑子"很好使"，那么他将来在社会就可以立足了。这些熟巧可以针对各种目的，但是究竟哪个目的是你父母现实的培养目标，是一个音乐家还是一个银行家，这些问题还没有考虑，但却是他有一天可能会拥有的目标。

　　<u>这种操心是如此迫切，以致于父母们普遍忽视了训练他们对也许有可能会成为自己的目的的那些事物的价值作出判断，并校正他们的判断。</u>

　　对孩子的熟练技巧的操心有可能忽视了，你将来当音乐家，那么当音乐家的价值何在？你将来当商人企业家，企业家的价值何在？你当政治家，政治家的价值何在？你要当学者，学者的价值何在？在这些方面，父母一般都是很忽视的。这都是在社会上受人尊敬的职业，那么我们就不用去判断了，而只考虑如何达到它。至于这些职业对于社会、对于个人究竟有什么好处，这个层面父母们一般不会关心，也不会培养孩子对这方面的关注，反而认为多加思考是分心的，影响他们的技能训练。可以看出当时的德国与我们现在的中国有很多类似之处。康德多年担任家

庭教师，就发现了这个问题。对于职业本身的意义一般家长不会注意，要矫正孩子的判断就更难了，这要求父母本身有正确的判断。比如孩子认为当企业家是赚大钱，父母如果有足够高的眼界的话就会校正他：当企业家不仅是赚大钱，赚钱是为了什么？如果仅仅是为了享受，那是不值得的。赚钱有更高的意义。当政治家也不仅是为了有权有势能支配人，而有更崇高的目标。所以对这些孩子所产生的自发的价值判断要能够校正，这是一个称职的父母应该做的。这是就或然的意图、可能的应当作出一种批评性的考察，说明这是很局限的，当然一般来说这还是很必要的。科学本身是有价值的，它的实践部分当然也有价值，但是这个价值是最低层次的，虽然不可抛弃，是基础，但是层次很低，所以这段后面就是对其局限性加以批判。就是不考虑目的本身的价值，只考虑手段对于目的是否符合，也就是所谓工具理性。马克斯·韦伯讲的目的理性其实是工具理性，对于目的本身并不进行价值评价，只对导致目的的工具进行价值评价。这个工具是否好，包括你要毒死人的话这个毒药是否好，我拿来一个好的毒药只要一丁点就可以致人于死地，你就可以说这个毒药是好的。有一些农村的妇女要自杀，喝了一大瓶敌敌畏还没有死，那就是不好的毒药。从这个角度来说当然也有价值，但是这个价值是最起码层次的，不是我们讲的那些价值，甚至是一些负面的价值。父母在教育孩子方面的一些歧途，仅仅在最低层次方面教育孩子，训练他们的理性，但是只是把理性当作工具，而没有用理性进行一种目的上的价值判断，当然也不是可以取消的，但是它是有限的。

　　前面这一大段就是讲的可能的目的。假言命令分两种，一种是对于可能的意图，一种是对于现实的意图。可能的意图，究竟是什么意图，我们现在还没有确定。将来究竟是要当一个商人还是音乐家、政治家都没有确定，我们只是把我们的规则训练出来，那就是熟巧和工具理性，这是第一个层次。假言命令还有另外一个层次：

　　然而，仍有一**个**目的，是可以在所有理性存在者那里（就命令适合于他们，即适合于有依赖性的存在者而言）被预设为现实的目的的，

　　仍然有一个目的，尽管前面讲的都是可能的目的，都还没有实现，都只是为了达到一切可能的目的我们先进行一种技能的训练，当然不是无目的的，是有目的的，但是还只是可能的目的，这是前面一段讲的。这一段讲有一个目的是现实的，要去为之而奋斗的，不管你将来干什么。这里对于理性存在者作了一个限定，就是说所有的理性存在者，除了上帝以外，除了神圣的理性存在者以外，一个理性存在者"就命令适合于他们"而言，——前面讲了，命令是不适合于上帝的，不适合于神圣的理性存在者，人作为一种有限的有理性存在者，是有依赖性的，他依赖于他的自然天性，——他就预设有一个现实的目的。

　　从而是某种他们不只是**可能**具有、而且是人们能够有把握预设他们根据自然必然性全部都会**具有**的意图，这就是对**幸福**的意图。

　　这样一个现实的目的现在出来了，什么是现实的目的？可能的意图就是那种我可以去做，但是也可以不去做的意图，比如我现在学习弹钢琴是不是就是为了成为音乐家，那倒不一定。我可能成为一个音乐家，但是也可能只是作为一种爱好和训练，没想当音乐家。那么唯有一个目的是一切人都会预设为现实的，我们能够有把握预设所有的人，所有有限的有理性存在者，根据他们的自然必然性，根据他们的本能、爱好和需要，全部都会具有的意图，那就是对于幸福的意图。凡是人都要追求幸福，人生在世，没有哪一个人是不追求幸福的。任何一个人，追求幸福，总是他的现实的意图。通过什么方式追求幸福，那是有各种可能的，也可以是通过当音乐家的方式，也可以通过当企业家的方式，但是追求幸福总是很现实的，这是个有把握的预设，不管他将来干什么，你都是为了追求幸福。这是进入到另外一个更高的层次了。刚才讲的科学的实践部分是属于附属的部分，是最低层次的价值，最低层次的善和命令。那么较高层次的就是追求幸福，幸福是一个比较高的层次，甚至于在很多情

况之下我们把它当成最高的层次。比如英国经验派的幸福主义伦理学，就把最大多数人的最大幸福，当作整个社会、整个人类所追求的最高目的。每个人都在追求幸福嘛，那么什么是应该做的事情？只有一件事情，就是为最大多数人谋福利、谋幸福。没有人说不要幸福，所以你要说为了大众谋幸福，总是会得到一切人的拥护的。

把行动的实践必要性表象为促进幸福的手段的那种假言命令，乃是实然的（assertorisch）。

这是从上面推出来的，正因为追求幸福是所有有限的理性存在者都必然设定的目的，所以为这样一个目的设定手段的假言命令乃是实然的。它不是可能的，而是实实在在地应该做的。你为了人们的幸福应该做什么，这是实实在在应该做的，不是让你当音乐家，我不想当就可以不做，因为我没有当音乐家的愿望，但是你不能说我没有追求幸福的愿望。那么追求幸福的手段我就不可以不做。每个人都追求幸福，如果你父母说这样做是为了你的幸福，如果你相信这句话，那么你要为此而准备手段的命令就是实然的。你实践中必须这样做，因为它是你将来幸福的手段。这样一种假言命令就是实然的，因为幸福的目的本身是实然的。

人们不应把这种命令表现为仅仅对某种不确定的、只是可能的意图来说是必要的，而应把它表现为对某个人们可以肯定地和先天地在每个人那里都预设的意图来说是必要的，因为这属于人的本质。

它是实然的，所以人们不可能把这种命令表现为仅仅对某种不确定的、只是可能的意图来说是必要的，这就是跟前面的层次有区别了，前面的层次仅仅是对于可能的意图是必要的，你可能当一个音乐家，所以你必须要练习钢琴，这是可能的，但是也可以不当，也可以放弃。小孩子开始想当音乐家，但是一遇到困难，就不想当了。这就是可能的或然的假言命令。在这里就完全不一样了。你不想当音乐家，但是你总要追求幸福吧，你将来总要过一个幸福的人生吧，你不会愿意把自己搞得很惨。那么你将来要幸福总得要做一些什么，这是实然的命令，是对人们可以肯定地和先天地在每个人那里都预设的意图来说是必要的，幸福这个概念属于人的本质（Wesen）的概念。人的本质当然还有别的，但是幸福是属于人的本质的。我们知道在康德看来人的本质是双重的，一方面是感性的，另一方面又是一个理性的存在者，所以一方面表现为现象，另一方面又被规定为自在之物。幸福也属于人的本质，而且在人的现象里是一个最高的理念，人的一切现象最终要归结为幸福，归结为人要谋求自己的幸福。当然最理想的就是好人得到与他的道德相配的幸福。这种理想就反映了人的全面本质。但至少幸福这方面是属于人的本质的。这样一种实然的假言命令就表述为：既然你要追求幸福，那么你就应该如何做。"既然你想得到幸福"当然还是一个假言命令，但不仅是从技术考虑，而且对目的本身的价值也有所判断，不仅仅是可能的意图，而且是现实的意图。每个人都逃不了，每个人都在这样的意图之中，人生在世就是为了追求幸福，从小到大都是为了追求幸福，那么你就应当怎样安排自己的生活，这里就有假言命令了。当然这种预设人们也可以违背，如果一个人对自己的幸福绝望了，他也就可能不去追求了。所以这还是一种假言命令，如果你对于幸福还抱有希望，那么你就应该，比如说，保存自己的生命，"留得青山在，不愁没柴烧"，你就必须接受一些最起码的命令。

于是，在最狭隘的意义上，人们可以把选择实现他自己最大福利的手段的那种熟巧称为**明智**。

在最狭隘的意义上称为明智。熟巧通常被称之为明智，即他懂得用什么手段实现自己的目的。通常我们还会说这个人虽然很聪明，但是并不明智，因为都是小聪明，很多具体的事情搞得非常好，但是没有大聪明，最后损害了自己的幸福。这个人是不明智的，他能够掌握非常熟练的技巧，能够懂得用什么手段达到什么目的，但是最后这个目的他往往忽视了。最后目的是什么？你得到幸福没有？你在官场、商场、人际关系里面混，你算计这个算计那个，每次你都赢了，但是最后你得到幸福没有？

最后人家算来算去，发现你亏了。你这一辈子是不成功的，虽然你有小聪明，在很多情况下没人难得倒你，但是你为了争强好胜，最后人家没有斗过你，你自己也没有斗过你自己，没有得到好处，很多人都有这样一种毛病。所以这里康德特别限定：在最狭隘的意义上，人们可以把选择实现他自己最大福利的手段的熟巧称为明智。这也是一种熟巧，但是这种熟巧跟那种单纯的技巧是不一样的，跟作为科学实践部分的技术是不一样的。有的人没有什么技术，但是他非常明智。我们把这种人称为有大智慧。大智若愚，具体事情上面他也许不会怎么去考虑，但是大事不糊涂，怎么样才能使自己获得最大的幸福，这也是一种熟巧。这种熟巧是最狭隘意义上的明智。一个明智的人懂得在哪怕是逆境中，哪怕是很艰难的时世条件之下，能够尽可能追求自己最大的幸福。过去封建时代，我们说一个人全身而退，那是有智慧的，你官当得再高，你有再大的权势，你能够红极一时，但是大部分没有好下场，你爬得很高，你得罪的人就多，你权力越大，伤害的人就越多，那么你的对立面就越多，最后未见得能够全身而退，这种人就是不明智了。

这种明智下面有个注释：

明智这个词有双重意义，第一层意义可称为对世故的明智（Weltklugkeit），第二层意义可称为私人的明智（Privateklugkeit）。前者是指一个人影响他人、以将他们用为自己的意图的熟巧。后者是指把所有这些意图结合成他自己的长远利益的洞见（Einsicht）。

这就是区分了双重意义了。第一层意义可以称为世故的明智，就是我们讲的这个人很聪明，在社会上左右逢源，善于跟各种各样的人打交道，各种场合处理得很圆滑。世事洞明，人情练达。第二层意义称为私人的明智，这是康德比较推崇的。世故的明智把自己完全融化在人际关系的勾心斗角之中，甚至于过于聪明，损害了自己的私人利益。私人的明智层次更高，立足于个人，立足于个人自由。那么前者是指一个人影响他人、以将他们用为自己的意图的熟巧。怎么样支配人，怎么样利用人来达到自己的目的，玩政治手腕，这种技巧也是一种熟巧，当然和科学技术的熟巧不同，是政治上的技术，人际关系上的熟巧。后者是指结合所有这些意图为他自己的长远利益服务的洞见，你用他人实现你自己的意图，但是你的意图本身能不能结合成自己长远利益的洞见。能不能真正看透？我们讲看破红尘，中国人讲看破红尘就万事皆休了，不用干什么事情了。但在康德看来，有一种人能够洞见，但不是什么都不做了，而是把所有这些意图结合成自己的长远利益，也就是最终达到幸福。你不要把自己牺牲在某些局部的意图之上。对这些局部的追求你全力以赴，把所有的东西都抛弃，不顾一切地追求那个目的，到头来会发现自己失去了更多。真正能够看破的就是知道人生在世最后到底需要什么，如何达到自己一生最大的幸福。

后者是真正的意义上的明智，甚至前一种明智的价值也要归结于它，

后者也就是私人的明智了。康德推崇的是这样一种明智，能够把所有的意图结合成一个总的意图。一个人人生在世不要白活了，要尽可能追求自己最大的幸福，这才是真正的明智。你跟人家勾心斗角，能够应付各种场合当然也是一种明智，但是这些生活经验、人情世故的价值最后要归结为后一种明智。你不懂人情世故当然会失败，你在世界上沉浮，世态炎凉，你总结了各种各样的经验，你懂得了如何与他人周旋，但是这样一种技巧的价值何在？最后要归结为私人的明智。不能为了一个一时的观念就把自己的幸福牺牲了。

而如果某人在前一种意义上、但不在第二种意义上是明智的，对他我们能够说的毋宁说是：他是聪明的、狡猾的，但总的来说还不是明智的。

这就是我们刚才讲的，有的人在这个世界上混了一辈子，非常机灵、狡猾、聪明，谁都扳他不倒，但是总的来说是不明智的。在第一种意义上是明智的，在第二种意义上是不明智的。真正的明智就是对自己的幸

福有成熟的考虑，人生在世最后是为了追求自己的幸福，这才是现实的。至于那些技巧，那些技术性的聪明，有时候往往是不现实的。你去害人，踩着人家往上爬，这当然可以显出你的能耐，你有这方面的小聪明，你可以投机，你投机往往投中了，这都是一些实用的技巧，但是最后达到什么目的呢？最后你四处树敌，并没有得到幸福。真正的明智，最狭隘的意义上的明智就是达到你的幸福。

再回到正文：

所以，关系到选择实现自己幸福的手段的命令，即明智的规范，就总还是**假言的**；

这个"所以"是对于前面两段的一个总结。就是所有这些，不管是可能的意图也好，还是现实的幸福的意图也好，所有这些东西，都是假言命令。前面熟巧的是假言的，这里选择幸福的手段的命令，也还是假言的。

这种行动并不是绝对地、而只是作为达到其他意图的手段被要求的。

你要达到幸福，那么你的行动该怎么怎么做，这个行动里面包含有明智，但是也不否认包含有狡猾、小聪明这些。这些都是熟巧，但最终是为了达到幸福。而达到幸福与熟巧之间并非等同，你可能很聪明，但是你最终没有达到幸福。但是要达到幸福，你就必须选择自己的熟巧。这个里面就有命令，你应该用什么样的熟巧达到你的幸福，幸福的目的在熟巧之外。熟巧离开了幸福，本身毫无价值，只有结合了幸福的目的，它才有价值。所以这是达到其他目的的手段而被要求的，虽然其他的目的是一种实然的目的，每个人都可以先天地预设他肯定有这种目的，但这种目的和他行动本身的法则是不一致的，行动是行动，目的是目的，是用手段来达到别的目的。从这个意义上来说，它也是一种假言命令。所以前面两段讲的都是假言命令的两个不同的层次。当然实然的假言命令比或然的假言命令的层次要更高一点，但还是假言命令。我们看看第三种：

最后还有一种命令,它并不以任何一种必须借某种特定的行为才实现的其他意图为根据,而是直接地命令这种行为。

这就是讲定言命令了。三种不同的命令,前面两种都是假言的。假言命令里面分成或然的和实然的。定言命令则是必然的。定言命令并没有那个假言的条件,不以其他的意图为根据:如果你想要怎么样,那么你就要如何,如果你想要求得人生的幸福,那么你就应当明智地选择你的生活方式,这还是假言命令。但是定言命令是并不以任何一种必须借某种特定的行为才实现的其他意图为根据。这个其他的意图有可能是一种可能的意图,也有可能是实在的意图,现实的意图,总而言之,这种意图是其他的意图,它和这种特定的行为是完全不一样的。但是定言命令并不以这样一种意图为条件,而是直接命令这个行为:你必须这样做,无条件地应当这样做。

这种命令是**定言的**。它不涉及行动的质料和应当由此而来的结果,而是涉及行动的形式及原则,这行动本身即由此而来;

行动的质料就是说你采取的那种技巧,它的手段,里面包含的那些经验性的东西。你要做一个行动你必须要算计,要根据现实情况确定自己的行为方式,灵活权变,采取不同的手段去对付不同的场合。这就是行动的质料,但是定言命令不涉及行动的质料。定言命令也讲应当,但是由此而来的结果它也不考虑,因为它没有"如果"的这个前提。如果是为了达到这个前提才去采取手段,那么采取手段的结果当然就是前提的实现了。如果你要幸福,那么你就应当怎么样做,那么这样一种做法,它的结果就是幸福。如果你没有得到幸福,那么你就会评价这样的生活方式是错位的,不对的,因为得不到幸福。所以"如果"这个假言的条件一方面是你的动机,另一方面也包含你的结果。动机既是你行为的原因,也是你行为的结果。因果关系在这里是一致的,是同一件事情。定言命令是没有这样一个动机的,没有这样一个预设的目的。它一方面不考虑行动的质料,另一方面也不考虑行动的后果,那么它考虑什么呢?"而是涉及行动的形式及原则"。我在形式上是这样做的，什么质料都可以，但是这些质料在这些行动里面必须安排成这样一种形式，安排成定言命令所要求的那种形式。定言命令只考察它的形式，形式就体现为原则，这种行动的形式是一种普遍原则，你应该按照一条普遍原则去行动。所谓普遍原则就是超越一切质料之上，只有上升到了形式才具有普遍性。这行动本身是由这个形式和原则而来的，为义务而义务，并不是因为那个义务会带来什么好处，也不是那个义务在特定条件之下是针对某个人而形成的，而是义务本身是原则。这个行动本身就是由这个行动的形式而来的，这个行动本身有一种义务的形式，那么这个义务的形式就是我行动的动机。如果说这个行动有目的有动机的话，那就是这个行动的形式本身。至于这个行动的质料和后果，我们不考虑。如果考虑的话，就是把别的目的当作行动的动机了，那就不是定言命令而是假言命令了。我们经常讲，康德的道德是一种形式主义的道德，其实这有它的道理。一切道德都不在于你做了什么，而在于你怎么做，本质上都有一种形式化的倾向。同样一件事情，你做的方式可以是道德的，也可以是非道德的，你在商业中讲诚信，可以是道德地讲诚信，为道德而道德，也可以是非道德地讲诚信，就是为了赚钱，当然赚钱不能说是不道德的，但至少它是非道德的。但是道德本身就是着眼于形式，诚信本身是一种形式，你不骗人，不卖假货，当然有它的内容，但是你着眼于它的形式，那就是道德的。我就是把它当作原则。我就是因为卖假货不对，所以我不卖假货，不是因为我卖假货就会倒牌子。你要把它当成原则，这个行动本身即由此而来。你的行动本身的动机就是建立在形式的原则之上，而不是建立在它的质料之上。

　　而行动中本质性的善在于意向，至于结果怎样，可听其自便。这种命令就可以叫作德性的命令。

　　行动中根本性的善在于意向，也就是在于动机，定言命令就有这个特点，就是它只管在行动中它的意向，意向是本质性的善。结果也是善，但是结果的善是表面的，不是本质性的。定言命令要考虑本质性的善，就是要考虑他的意向和动机，不考虑它的结果，这种命令就可以叫作德性的命令，或者说叫作道德命令。定言命令一开始康德没有说它是道德的，它是要**建立**道德，所以你不能开始就**预设**道德，他开始预设的只是实践和实践理性。纯粹实践理性在行动中采取命令的方式来规定人的意志，这个命令分了这几个层次，最高的层次叫作定言命令。这些都是很客观的分析。把定言命令分析出来以后，康德说这种命令就可以**叫作德性命令**；但是康德最开始并不是从德性来考虑的，他是从理性来考虑的。康德作为一个道德哲学家，他不是一开始就进行道德上的教训，他是立足于人人皆有的理性。理性有它自己的法则，一步步把这个法则建立起来以后，你可以把它"叫作德性的命令"。其实你不叫德性也可以，你就只叫定言命令也可以，但是我们通常称之为德性的那些行为，如果分析一下就会发现，它恰好是因为符合了纯粹实践理性的这种基本法则、这种定言命令才称为德性，所以我们可以把它叫作德性命令。这是康德伦理学、道德学的一个重要特点，就是不是一开始就摆出几个道德的教条：你应该做什么，不该做什么，我们传统中历来认可什么美德，等等。相反，康德首先是诉诸人的理性，然后在理性的基础上把德性建立起来。所以这个道德是有基础的，所谓道德形而上学奠基，说明道德形而上学是有基础的，它的基础就是纯粹实践理性。所以康德从来没有以一个道德家的面目道貌岸然地去训斥人、强制人，而是循循善诱，诉之于人自己的理性，然后一步步把道德建立起来，把道德建立在理性和自由意志的基础上，没有任何强制性。我们经常说康德的形式主义伦理学对人有强制性，但是从他论证的程序来看是没有强制性的。只要你认为自己是自由人，是有理性的，那么你就跟着康德走，你会发现一步步就会走到这一步，就会建立起道德。你的理性本身就会建立起道德。包括你追求幸福，康德并不反对，但是追求幸福要靠理性啊，那么理性自身的法则是什么，就是定言命令，而定言命令就是道德。我们经常讲幸福和道德好像是对立的，那么这两者之间能不能调和？康德通过一个理性，把它们看作是实践理性的命令的不同阶段，不同层次，这就把它们调和起来了。追求幸福当然也是理性，但是更高的理性是道德。这是他三种命令的分析。

第十四讲

上次讲到康德对命令这个概念作了一个层次上的划分,总的来说是两个层次:一个有条件的命令,一个是绝对的无条件的命令;或者说假言命令和定言命令这两个层次。在假言命令里面又分出来两个比较小的层次,一个是技术性的,另外一个是对幸福的追求,所以一个问题有三个层次,这三个层次是从低到高,从或然的到实然的到必然的三个不同的层次。这三个不同的层次到底是什么样的关系前面已经大致上罗列了一下,那么下面就是进行更加细致的区分。我们今天要读的这几段就是做这样的一个区分。下面这四段可以说就是对三个层次作出更加细致的区分。第一段就是对于技术层面的加以更加细致的规定;第二段和第三段是关于幸福,关于幸福所带来的这种假言命令究竟应该怎么理解;第四段就是关于道德方面的。那么我们今天来看一看这几段。

  <u>基于以上三类原则的意愿也可以借对意志的强制性的**不同**(Ungleichheit)而作明确的区分。</u>

  以上三类原则就是我们刚才所讲的三个层次:一个是技术的层次,一个是对于一般幸福的假言命令,再一个就是对于德性的命令,也就是定言命令。那么以上三类原则的意愿也可以借对意志的强制性的不同而做明确的区分。这里"意志"(Wille)的词根就是意愿(Wollen)。前面讲过,这个 Wollen 是比较宽泛的,你想要什么,你突发奇想都可以,但是如果你要成为 Wille,那么你的这样一个想法就要能够一贯下来、坚持下来。在汉语里意志也有这个意思,就是说你能够坚定不移的贯彻你的意志。一般的意愿则是不太可靠,不太稳固,不太定形的。"基于以上三类

原则的意愿",这三类原则都有它的意愿:你想要干什么,你应当做什么,基于你应当做什么你就想要做什么,既然我应当这样做,那么我就想去做,这样的意愿可以作出明确的区分。根据什么来明确区分呢? 根据对意志的强制性的不同而做明确的区分。前面实际上已经区分了:或然的、实然的和必然的,那是就以上三类原则本身的这种模态,本身的这种形式。那么在这里要区分,就是借我们在执行这样一种应当的命令的时候,这些命令对我们的意志所产生的强制性,也就是对我们的理性的动机产生一种强制性。一个应当的行为它是一个过程,它有它的结果,但是我们现在对它加以区分不是从它的结果来区分,我们要从它的意志所受到的强制来加以区分。这三类不同的应当它的意志的出发点,它受规范的强制性是有不同的。所以下面这四段的区分实际上是从意志方面来加以区分。就是说这个意志的强制性到底有哪些不同? 最终是要归结到一个行为的意志的动机。你从结果当然可以作出区分,你从过程也可以作出区分,但是我们现在要从它的出发点来加以区分。当你遵守这些命令的时候,看你的出发点是怎么样的。

为使这种不同更加显而易见,我以为最稳妥的是按照它们的次序来为之命名,这时我们就会说,它们要么是熟巧的**规则**、要么是明智的**建议**(Ratschläge)、要么是德性的**诫命(法则)**。

从这个角度来看,对意志是产生一种什么样的强制性? 在这里就可以作出三种这样的区分,这三种区分是为了更加显而易见,突出它们的不同之处。"最稳妥的是按照它们的次序来为之命名",就是按照从低到高、从弱到强的这样一种次序来为它们命名。"这时我们就会说,它们要么是熟巧的**规则**、要么是明智的**建议**(Ratschläge)、要么是德性的**诫命(法则)**。"这三个词都打了着重号,一个是规则,一个是建议,一个是诫命。规则我们前面讲到过:Regel,是比较泛的。凡事都要有规则,你要做成一个事情,你就必须讲规则;你要达到目的,你就要按一定的步骤去做,有一定的程序,有一定的操作性,这就是规则。规则是比较广泛的一个概念，它包含我们这里讲到的法则，也包含原则，原理，包含定理，凡是形成一定的程序的，我们都可以包括进规则，这在康德这里是一个比较宽泛的词。它跟原理、原则、法则都不一样。正因为它泛，所以它基本上是一种带有形式逻辑的必然性的操作性规则。在这个地方，如果它跟其他的，比如跟法则相比较而言，就带有操作性，形式逻辑不管大前提，都是一些规则。那么科学技术也不管大前提，你拿科学技术来干什么，这个不管，但是你要做成一件事情，你就必须这样操作，这就是熟巧。科学技术有没有普遍性呢，它也有普遍性：凡是你要做这件事情，你就必须这样做，但是它这个普遍性是有前提的，就是你要做这件事情，如果你不做这件事情你当然可以不这样做。所以规则有一定的普遍性但没有绝对的普遍性，它跟法则不一样。在规则和法则的中间是明智的建议，建议（Ratschläge）这个词也可以说是劝告。我觉得你这样做比较明智，那么我劝你这样做。这是第二个层次。第二个层次比前面的规则要高级一些。为什么要高级一些？因为我这样建议你是有道理的。前面的规则不讲道理：你如果愿意做你就做，你如果不愿意你就不做，爱做不做，不跟你讲道理，只看你怎么选择，你想要达到一个什么目的，那么我就告诉你，要达到这个目的必须遵守哪些规则。但是建议就加上一层：就是我是为你好，我看你应该做，因为你所有的目的最后都是一个目的，就是幸福，为了你的幸福，为你好。这个建议的条件是有普遍性的，就是不管你是好人还是坏人，不管你的动机如何，你最终是为了自己的幸福，这个准没错。所以根据这一点我就可以给你建议。你既然是想要追求幸福，那么为你着想我建议你怎么做，这是明智的建议。所以这个地方明智的建议比规则要更带普遍性一些。规则是每次当下使用，用完就可以丢，而且当下是不是用，那还要看你当下的心情，你当时的选择，你愿不愿意。但是建议带有一点强制性，当然不是硬性的强制，而是告诉你，你要实现你最终的目的，你要达到幸福，那么我劝你那样去做。这是对每个人都适用的，不管你具体的目的是什么，它是从你最后的目的来为你着想，那就是建议，就是明智的建议。这个比规则更高，规则不管明智不明智，它只管是否奏效；建议则要管到是否明智。第三个层次是德行的诫命，这个就是最高层次，这就是法则了。法则和规则就不一样了。规则是很局限的，就事论事的，法则具有一种绝对的普遍性，就是每个人在他的行动中都必须遵守，这种强制性就是最强的了，所以它是德性的诫命 Gebot。诫命也可以翻译成命令、要求。这是三个层次，从低到高，是按照对于意志强制性的不同来分的层次。规则它摆在那里，没有强制性，你的意志可以采纳它，也可以不采纳它；建议你的意志可以采纳它，但是当你不采纳它的时候，它以明智的名义劝告你，你不听我的话你要吃亏的，所以对意志有一定的强制性，它希望你要求你去做，有一种希望被采纳的压力。至于诫命那是一定要执行的，这是一种明确的压力，当然最后你也可以不去执行。因为意志的特点就在于没有任何东西可以真正地强制它，可以支配它。如果有一个东西可以完全支配它，那它就不是意志了。意志是自由的，如果有一个东西可以真正强制它，那它还是什么自由呢，那它就是一种必然现象了。所以这里讲的对意志的强制性不是说它可以支配意志，而是说它可以对意志发出命令，这个命令有强有弱：规则的命令是最弱的，建议的命令稍强一点，诫命的命令是最强的。

　　<u>因为只有**法则**才带有某种**无条件的**、也就是客观的从而普遍有效的**必然性的**概念，而诫命是必须服从的法则，亦即哪怕会有与爱好相冲突的后果也必须服从。</u>

　　这里特别提到法则，前面一句讲"要么是德性的**诫命（法则）**"，那么就要把法则和诫命的关系讲清楚。为什么要在括号里带一个法则呢？"**因为只有法则才带有某种无条件的**、也就是客观的从而普遍有效的**必然性**的概念"。这四个修饰语放在一起，一个是无条件的：法则是无条件的定言命令。所谓法则就是超越一切经验的条件之上，经验的条件、经验的处境、当时的情况，我们说具体情况具体分析，这些在法则面前全都是无效的。没有什么具体不具体，法则就是法则，法律面前人人平等。无条

件的也就是客观的。为什么超越一切经验现象、无条件的就是客观的呢？康德这里的客观的就是讲不由你主观的感觉、一时的突发奇想而改变的，法则、法律不以你的意志为转移，你不能改变它，在这个意义上它是客观的。从而普遍有效的，既然你动不了，既然是客观的，所以它放之四海而皆准。它本身没有任何削弱或打折扣，在这个意义上它是一个**必然性**的概念，必然性打了着重号，前面的或然性、实然性、可能性也打了着重号。在这里必然性打了着重号。这是法则。那么，"诫命是必须服从的法则"。诫命也是法则，但比法则多了一个要求就是必须服从。当然法则也必须服从，但是必须服从的含义在这个词里没有体现出来，还没有直接表达出来，那么诫命就直接表达出来了。诫命是要求，跟法则的侧重面不一样。诫命当然也是法则，但是是要求执行的法则。所以诫命是必须服从的法则。必须服从是什么意思呢？"亦即哪怕会有与爱好相冲突的后果也必须服从"。诫命这个概念就比较具体了，有它具体的含义了。一般法则的概念是抽象的，法则定在那里，应该怎么做，无条件地应该怎么做，你不应该伤害他人，不应该损人利己等等，这些从形式上来说都是法则，但是这些法则有一个意思就是说，所谓不应该是哪怕与你的爱好相冲突也不应该，你不能借口你有爱好就违背这个法则，这就是诫命的意思。诫命的意思比法则更具体丰富，多了必须服从这一层，它把命令的意思表达得更加具体。我们前面讲所谓命令就是因为人的有限性，因为人的感性和经验的东西在里面起着扰乱的作用，所以命令的意思就是针对人而言。它本身是理性的法则，但人不完全是理性的，所以要有理性的法则对人的感性下命令。诫命这个词就包含这层含义。法则这个概念是既可以适合于人，也可以适合于上帝的，而命令或者诫命这个概念只适合于人而不适合于上帝。因为只有人是有限的，而上帝是无限的；只有人有感性，上帝没有感性，所以上帝按照法则办事不会遇到任何阻碍，人按照法则办事会遇到感性、爱好的阻碍，这个时候就需要命令、诫命。所以诫命和法则虽然在人这里讲的是同一个东西，但是层次不一样。

提供建议（Ratgebung）虽然包含必然性，但这必然性只是在主观的、偶然的条件下，在是否这个那个人把这件那件事视为他的幸福的条件下，才能有效；与此相反，定言命令不受任何条件限制，并作为绝对必然的、尽管是实践上必然的命令，可以名副其实地称之为诫命。

这个是跟诫命相比较而言，提供建议当然不是无条件的命令，而是按明智的考虑你有必要这样做，应当这样做，凡是讲应当里面就包含一定的必然性或必要性，提供建议也包含这样的必要性。提供建议的前提就是为你好，为你的幸福着想，那么我劝你，如果明智的话，你应当这样做。但是有一个前提，就是在主观的偶然的条件下，这个那个人把这件那件事视为他的幸福，这是一个条件。就是说你认为是明智的建议，他是否这样认为还不一定；或者他认为的幸福跟帮他设想的幸福不是一回事。很可能他觉得你说的不对，每个人有每个人的幸福观。所以这里的条件还是一种主观的条件，抽象来说大家都追求幸福，但是每一个人对于幸福的理解都不一样。只有你的建议恰好吻合了他的主观对于幸福的理解，这个时候你的建议才能有效，否则的话他就认为你在出馊主意了。"与此相反，定言命令不受任何条件限制，并作为绝对必然的、尽管是实践上必然的命令，可以名副其实地称之为诫命。"与建议相反，定言命令不受任何限制。这里特别把建议和定言命令两两相互比较。前面的规则不用谈了，主要是谈建议和诫命之间的区别，这是最重要的区别。为什么最重要，因为它涉及到经验主义伦理学和康德形式主义伦理学之间的区别。经验主义和幸福主义的伦理学特别看重建议、明智。认为人们只要有了对自己幸福的明智的考虑，他们的建议就可以成为道德的。所谓道德就是对于幸福的明智的考虑。幸福主义、功利主义的道德观跟康德的道德观是完全不同的，不同就在这个地方。至于规则，幸福主义和功利主义的伦理学也不认为它是道德的，那是实用的技术性的规则，道德的法则比技术性的规则还要高一个层次，这是功利主义和幸福主义也承认的，但是他们不承认的就是有一种诫命更高。所以这里主要是区分建议和诫命：提供建议虽然包含必要性，但只是偶然的主观性条件之下的必然性；定言命令则不受任何主观条件、偶然条件、经验条件的限制，它超越于所有这些条件之上，所以我们讲它是无条件的命令。"并作为绝对必然的、尽管是实践上必然的命令，"绝对必然的后面为什么要有个让步句？绝对必然的，人们可能马上想到的是理论上必然的。通常讲必然性大家都会想到自然科学，只有自然科学才有必然性。但是这里讲的绝对的必然性是实践上的。所以他这个让步句就是说，我们讲的不是自然科学意义上的必然性，但它仍然是必然性：作为绝对必然的尽管是实践上必然的命令。只要是理性就要讲必然性，在这里康德为了反驳功利主义和幸福主义的伦理学，特别强调了在实践上有一种绝对必然性。如果按照功利主义和幸福主义的伦理学我们都听从明智的建议，那就没有必然性了。我们所有的道德都无非是一种明智的建议，你最好这样做，这样做比较明智，大家都能得到好处等等，所有这些劝说最后将导致道德的崩溃。道德没有必然性，都是临时采取的措施或者建议，道德的尊严就失去了，道德服从于感性的需要。人的理性在这种关系之中，它只是作为人们为了满足自己的幸福、需要、爱好而采取的一种手段，只是作为一种明智的手段，那么人在这种意义上也不过是一种高级动物。这就是康德所要强调的，人的道德使人具有了超出一切动物界的尊严。这个高不是一般意义上的高，不是人比动物更强，更聪明，而是人有道德，人跟动物是不能同日而语的。诫命的意思就在这里。功利主义的建议是不能称之为诫命的。当然可以称之为假言命令，但是名副其实的命令就只有道德命令、定言命令。

　　人们可以把第一类命令也称为**技术的**（属于技艺），第二类称为**实用的**（属于福利），第三类称为**道德的**（属于一般的自由行为，即属于道德）。 417

　　这是又重新命名了一次。前面是讲熟巧的规则、明智的规范和德性的命令。这里更加明确地加以命名，就是把第一类称为技术的，所谓的熟巧的规范就是技术的。你掌握了技术，至于你要用这个技术去干什么，

427

你可以干好事或坏事，全凭你偶然的需要而定。技术也可以翻译成艺术。第二类称为实用的，属于福利。实用的跟技术的有什么不同？有一点不同，因为技术是比较狭窄地考虑到客观自然对象之间的相互关系，自然规律给这个对象和那个对象之间安排了一种关系，这种关系当然也是一种实践的关系。你在实践中把某个自然对象视为目的，把另一个自然对象视为手段，它们的关系是你必须按照客观自然规律来规定的，但是这个目的和手段都是由你自己来选定的。当然你也可以不选这个目的，那么这种实践关系也就不会存在。所以它可以成为实用的，也可以成为不实用的。为什么不实用？因为我没想达到那个效果。它所规定的规则固然没错，但是不实用，没人去选。搞得再精确，也只是屠龙之术。第二类他称之为实用的，属于福利。只有属于福利的我们才能说它是实用的。所谓福利就是幸福，这是从根本上而言的。在具体的技术的场合之下的命令有可能不属于福利：我做一件事情可能既害人也害己，虽然这件事做得很成功，但是那不属于福利。那么属不属于实用呢？虽然你也实现了你的目的，应该说归根结底是不符合实用的，为什么呢？因为人归根结底是为了追求自己的幸福，结果你伤害的正是自己的幸福。尽管你也成功了，达到了自己的目的，但损人而不利己，是违背实用的，归根结底是违背福利和幸福的，所以一切实用的命令归根结底是属于福利的，是在福利的统管之下的。所以第二类称之为实用的。

在"实用的"一词下面有一个注释：

在我看来，**实用的**一词的原本的含义这样才能得到最准确的规定。因为**法纪**（Sanktionen）被称为实用的，它们并非严格地作为必然的法则来源于国家的法制，

也就是说把"实用的"在第二类的意义上划归到福利之下，这样才能得到准确规定。

法制是 Recht，也可以翻译成法权，法律，正义，正当，相当于英文里的 right。也有权利的意思，但国家谈不上权利，当然也有相对于其他的

国家的主权，但是这个地方讲的不是这个意思。国家的法制是作为必然的法则。Recht 这个概念：法权、法制跟 Gesetz 即法律、法则是相通的。但是 Sanktionen 是比较形式化的，操作性的法规，比如在一些单位墙上贴的几不准，几要几不要，这些都是实用的，不是严格地来自于国家的法律，

　　而是来源于为普遍福利所做的**防护**（Vorsorge）。

　　普遍福利就是幸福。在某些具体情况下你要防止对幸福有所伤害，所以就要订出一些法纪来，一般讲的法纪都是实用的，与定言命令很不一样，不是来源于更高层次的法则，而是来自于一些虽然出于普遍的福利和幸福的要求、但是在具体情况之下所制定的法纪。在这种情况下如果福利受到威胁，我们就订一个法纪出来，这个跟法律还不大一样。中国传统有律、禁、令、例，这个层次都不一样。法律、法令、法规、政策都不一样，中国更多的是一些法纪，就是防患于未然，防范某些事情发生，但是不考虑普遍的法律。中国人考虑的法都是一些临时应付的东西：法案、案例。案例是榜样。以前是怎样判的，那么我们现在遇到这样的案子就怎样判。这些都是属于法纪，但是不是严格作为必然法则来源于国家的法制，而是来源于为普遍福利所做的防护。这个就是在实用的层次上所规定的法纪。至于在道德的层次上要规定国家的法制、法令，那就是更高的层次了。所以康德认为国家的法律、法哲学是更高的，应该是在道德的层次上规定的，他的《道德形而上学》中就纳入了"法权论的形而上学基础"作为第一部分。而幸福主义功利主义的伦理学就尽量想把它们拉回到实用的层次，拉回到人们的日常需要，或者经济生活或者政治关系等方面的实用的需要。这只是被动地防护，防止人与人之间的侵害，划定"群己权界"，个人之间划清界限，免得大家互相伤害，这样一种出于功利主义的安排作为法律思想来说是不够的，是低层次的。康德所谓"实用的"一词的意思就在这里，指的是功利主义、幸福主义的法纪，当然也是命令，不过是有条件的命令：为了最大多数人的最大幸福。

一部**历史**的编写是实用的,如果它使人**明智**,即能够教导世人如何去更好地、或至少与有史以来同样好地照顾到 (besorgen) 他们的利益。

一般来说,康德是瞧不起历史的。他跟黑格尔不一样,黑格尔是历史主义,历史理性。康德首先要求一种纯粹理性,然后用纯粹理性去编纂历史,但历史本身完全是偶然决定的,是在偶然的经验世界中所发生的事情,这是没法用纯粹理性去完全加以解释的,或者说历史本身是不能够还原为纯粹理性的。我们只能从历史中去发现、去启示纯粹理性,看出历史向纯粹理性前进的脚步。历史当然也不是完全看不出规律的,康德也有历史目的论,但历史目的论最后是要人用道德的眼光去看,你才能看出历史有一个目的。如果你只是用自然科学的眼光去看,历史没有任何的目的,只是一大团偶然现象。所以康德在这里提出历史的编写是实用的。法的历史学派就是要用历史来证明法,当然法的历史学派那时似乎还没有形成,到胡果那里,在马克思恩格斯的那个时代,才成了气候。但康德的时代还没有形成,只是已经有萌芽。康德在这里讲到历史的编写里面可以看出很多实用的东西来。胡果就自认为从康德那里可以引出法的历史学派,其实是相对主义和实用主义的法律观。历史的编写只是实用的,我们从历史里面要归纳出一种普遍的法来是不现实的,它仅仅是使人明智,能够教导世人如何去更好地照顾自己的利益,至少跟有史以来同样好地照顾自己的利益,接收历史的教训。历史就相当于一个老人,不听老人言,吃亏在眼前。历史的经验值得注意,历史给我们带来了如何去追求自己的利益,如何照顾自己利益的宝贵经验。历史的作用仅此而已。但是历史仅仅在实用的方面,不能在道德的方面给我们提供更多的东西。当然康德自己也讲了一切历史都是道德史,但是那是因为你已经提升到道德的层次上了。你用道德的眼光去看你才能在历史中看出道德史。历史本身没有什么道德不道德,只是你看出来的,你在里面用你的目的论的眼光,你相信历史是会越来越进步,但前提是你已经是个道德的人。如果没有这个前提,历史无所谓进步,用自然科学的眼光看就是一大堆偶然事件。人与人之间就跟动物与动物之间没有什么区别。这是这个注释，就是把实用的概念隶属于福利之下，隶属于幸福之下。这样一类命令都属于实用的命令，为了人的福利。

再回到正文："第三类称为**道德的**（属于一般的自由行为，即属于道德）。"道德的是属于一般的自由行为。这里讲的道德行为实际上是最高的自由行为。一般的自由行为包含有道德行为这种最高的自由行为。在实用的活动中我们也可以说人有自由：我们为所欲为，任意，这当然也可以说是自由，但实际上你这个想干什么就干什么里面已经包含了不自由的东西，它取决于那些对你有利的东西，就是由你的动物性的身体所决定的，由你的本能、爱好和需要所决定的东西。所以当你为所欲为的时候，你固然有自由的成分，但是也有不自由的成分：你受到你的感性的束缚，你受到你的爱好的限制。当然，里头也已经有摆脱所有这些东西的自由的因素。比如说这是你自己的选择，你选择哪怕是动物式的生存，也是你选择了动物式的生存。所以这个你选择本身是不受这些动物式生存所限制的，因为你也可以另外选择。既然你选择，不是完全动物一样被迫决定，那么这里头就有自由的因素。道德就是把这个自由的因素单独提出来，加以规定，作为它自己的基础。所以这里第三类称为道德的命令，道德的命令是属于一般的自由行为中绝对的自由行为：你应该，没有任何前提。你应该怎么样，绝对无条件的应该，那就属于道德。道德和自由在康德这里是非常紧密地联系在一起的，当我们谈到康德的道德的时候，我们时刻都要注意到他里面讲到的实际上是一种自由的理解，不是外来的束缚。只有道德律才能真正做到完全是你的自由选择，只有这样做你才永远是你自己。如果你按照爱好去做，今天是这样一个人，明天是那样一个人，你的人格将会遭到摧毁。我们经常看到唯利是图的人是没有人格的，只有一个道德的人才维持自己一贯的人格，才是真正的自由。这一段是对这三类原则做了更具体的划分：熟巧的规则，明智的建议和德性的诫命，强制性越来越强，一个比一个更不受限制地

431

强制，更没有条件地强制。技术的、实用的和道德的，这就是他的三个层次简单的一种分类。这一段就是划分，下面三段就是分别来讲每一种的特点。

我们看下面一段：

现在产生了这样一个问题：所有这些命令是如何可能的？

如何可能的是什么意思呢？其实就是讲的上面那一段的意思：这三类原则意愿可以借对意志的强制性的不同而作出区分，那么对意志的强制性是如何强制的？这三种情况下都有意志在起作用，都是命令人的意志，那么它们是如何强制的？

这个问题并不指望弄明白，怎样才能够设想命令所要求的行动的实行，而只是怎样能够设想命令在任务中所表达出来的对意志的强制性。

三种命令是如何可能的这个问题，突然看到这样一个问题大家可能感到迷惑，琢磨不透。他说，这个问题并不指望弄明白，怎样才能设想命令所要求的那些行动是如何实行的。命令所要求的行动如何实行，这是个技术性的问题。这里问的不是这些命令如何可能做到，如何可能实行。我们在《纯粹理性批判》里也看到这样的提问：先天综合判断是如何可能的？如何可能不是说它如何可能做到，而是说它的可能性的条件是什么，它是由什么决定的？如何可能是回溯先天综合判断的可能性条件，而不是顺推先天综合判断可能的后果，不是顺推而是反推，因为可能性在先，现实性在后，如果顺推的话就是如何实现、如何实行了。但是康德要讲的是如何可能。在现实性之前首先有可能性。如果这个东西根本就不可能，谈何现实？我们现在要问的不是它的现实性的后果，而是它的可能性的前提。这里所要表达的就是：这个命令对意志是如何强制的？这个是在先的，实行是由于对意志进行了强制性以后，我们才把它付之实行。对意志的强制性，这是我们需要追问如何可能的。这样一个命令如何可能强制意志？

下面就一个一个讲，首先讲熟巧的规则：

一个熟巧的命令如何可能，大概无需特别探讨。

康德认为这个太简单了，用不着谈，所以他上面一段主要是从建议和德性这两种命令的比较来谈。

任何人想要达到某个目的，也会（只要理性对他的行动有决定性的影响）要求对该目的不可或缺的那个必要的、在其控制范围内的手段。

熟巧的命令如何可能，也就是熟巧如何对人的意志产生强制性，这个很简单。只要你想要达到这个目的，你就会强迫自己去采取那个手段，这个是毫无疑问的。任何人想要达到一个目的，他就会寻求那个目的的手段。所以这个手段这时对于他的意志有一定的强制性。这个当然首先取决于你想不想达到这个目的。一旦你想达到这个目的，那么客观上有一系列手段可以达到这个目的，你如果不采纳你就达不到你的目的，在这个意义上它对你的意志有强制性。当然这里有一些条件：首先"不可或缺"。还有没有别的手段？如果还有别的手段，那么你当然可以采取别的手段，那么这个手段对你可能就没有那么大的强制性。你可以选择，可以用不同的手段达到同样的目的。而且是否"必要"？如果你不采取它也能达到你的目的，那当然你可以不采取它。再一个："在其控制范围内的手段"，这个手段是否在你的控制范围之内，你做不做得到？如果做不到，你也可以放弃。你虽然有那个目的，但是你达不到，那么它对你也就没有那么大的强制性。当然你也可以说达不到你也可以去努力啊，但那就比较弱了，达不到去做不是白费了吗？在所有这些条件都已经有了的情况下，比如说它是必要的手段，不可或缺的而且是你可以掌控的手段，那么这个时候它就对你提出命令：既然你想达到那个目的，你就应当采取这个手段。这个是毫无疑问的。括号里讲："只要理性对他的行动有决定性的影响"，这个也是必须考虑进去的。就是说我们所谈的这些东西都是在理性必须对行动有决定性的影响这个前提之下的，一个能够理性思考的人才会想到这些。一个非理性、情绪化的人就另当别论了。

一个不会理性思考的人,凡事都从冲动出发的人我们就不用跟他谈这些。只要他愿意用他的头脑想问题的话,那么你要达到一个目的,你就必须采纳相应的手段。工欲善其事,必先利其器,必先利其器就是一种命令。你如果想要达到一个目的,你就必须首先把你的工具准备好。这是必须的,但是这个命令的条件就是"工欲善其事",你要达到你想达到的那个好的目的,那么你就要把你的工具准备好。这个是一般人只要用自己的理性稍微一想就会知道的。

这一命题就意愿而言是分析的;

我们刚才讲了,意愿是比较广泛的,跟意志还不太一样。意愿包括意志,也包括你的目的,包括你的动机,包括一般而言的你愿意这样做。在这个范围之内这样一个命题是分析性命题。分析命题和综合命题康德在《纯粹理性批判》中一开始就提出来了,这是一个很重要的区分。分析和综合的区分主要是对判断而言:分析判断和综合判断,分析命题和综合命题,主要是在知识论的意义上。在这里把它用在道德,用在实践理性上面。命题跟判断相比较而言的意思更加广泛,除了包括知识性的判断,陈述性的判断,也包括命令式。命令式就不是判断了,但是它还是命题,所以这里讲这一命题就意愿而言是分析命题。不是分析判断,但是是一个分析命题。

为什么是分析命题?

因为在把某个客体作为我的结果来意愿时,我的原因性就已经被设想为行动的原因,即设想为手段的应用了,

为什么这样一个命题就意愿而言是分析的呢?就是说,当我想要一个客体作为我的结果,我要把这个客体变成我行动的结果,这个时候,我的原因性已经不言而喻地包含在这个命题中了。Kausalität我们把它翻译成原因性。也可以翻译成因果性,但这里并不是自然的因果性,是自由的原因性。自由的原因性是一种自发的原因性,不是因果性。自由当然也有它的结果,但是自由本身不在乎它的结果。我的原因性、自由意

志不是空的,就体现在人的行动上面。我的意愿既然已经体现为行动,那我就是在应用手段了。所谓应用手段就是说你就在运用客观对象来影响客观世界,这就叫实践。所以这个熟巧的命令是个分析命题:我应当做什么来达到一个目的,这个意愿里面已经包含有达到这个目的的原因性、即我运用手段的行动了。如果你说我有个目的但不去实行,只是想想而已,那就不叫命令,那也不叫实践。实践的自由就体现在实践中,你不去做就没有,你只有在做的时候才表现出它的作用。在行动中你的意愿就是这个行动的原因,而这个行动的原因就体现为对于手段的应用,当然它最后也会体现为后果,在技术性的熟巧里面它是要考虑后果的,但是作为它对意志的强制性这方面还没有涉及后果。所以它如何能够强制意志这样一个问题是一个分析命题。一个熟巧的命令能够通过手段强制人的意志,这是一个分析命题,是题中应有之义。既然你把这个东西作为目的,那么你也就肯定必须为这个目的去采取它的手段,用这个手段规定自己的意志,迫使意志去运用这个手段。你的意志肯定要服从目的和手段的关系。如果你的意志不服从目的和手段的关系,你又要想达到那个目的,从理性的角度来看是自相矛盾的、不可能的。因为只有当你采取手段去做,你才证明你真的想要达到那个目的,否则的话就是口头上说说而已,你去做你就必须规定你的意志,对你的意志有一定的强制性。所以在熟巧的命令里面,这一点是不言而喻的,这个是分析命题,我们用不着讨论,我们只要搞清概念,它自然就出来了。分析命题的谓词已经包含在主词里面。

并且,命令正是从对这一目的的意愿的概念中,就引出达到这一目的所必要的行动的概念了,

既然你想要达到这个目的,那么你就去做啊。只有通过做,才证明你真的想达到这个目的。你不通过任何行动,那么你是不是想要达到这个目的就有问题了,或者说你只是想到了这个目的,但是你的意志还不足以推动你去做,去实现这个目的,那么这个目的是不是你的目的呢?

所以一个目的如果真的是你的意志的目的，那么这个里头就已经包含了达到这一目的所必要的行动的概念。真的是你的意志的目的，你就当然会用这个目的支配你的行动。把你的意志表现在你的行动之中。

（把手段本身规定为是针对既定目标的，这当然包含有综合命题，但这些综合命题并不涉及根本，即意志活动，而只涉及使客体实现出来）。

这里作了一个补充。前面讲是分析命题，好像只要我有意志，就能够把这个目的实现出来，好像会有这样的误解，但是他这里排除了这种误解。就是说并不是我对这个目的有意志，就可以把这个目的实现出来，而只是讲，我有了这个意志，我就会朝着这个目的去做，至于是否能够实现出来，当然只能是综合的，那还不一定。谋事在人，成事在天。我只能谋事，但是否能够成功，要取决于很多我未曾预料到的条件，各种环境，各种处境。一个手段把它规定为针对既定目的的，这当然是综合的，一个目的要通过什么手段来实现，这个你不能从目的本身中分析出来。目的本身没有包含手段。你要找到手段你必须有广博的科学知识，熟练技巧，这个都是经验中所形成的。你不能凭一个概念就达到熟巧。所以手段是否能达到目的，还取决于各种各样外在的条件，包含有综合命题。综合命题的谓词没有包含在主词里面，要取决于各种不同的情况。他说："但这些综合命题并不涉及根本，即意志活动，而只涉及使客体实现出来"。这里康德的意思就比较明确了，我这里讲的分析命题并不涉及到你的目的在现实中是否能实现出来，而是说你的意志一旦确立，你就必然把它付之行动。至于成功与否，这是另外一个问题。这里讲的对意志的强制性，就是熟巧这样一种命令，这样一种规则的命令何以可能？追溯他的意志如何能够受到这种命令的强制，而不涉及它的后果。它的目的最后是不是能够达到，它的手段是不是适合实现出这样的目的，这是另外一个问题。这个问题当然是综合的，是一种综合的知识。但是这里只涉及到意志活动。综合命题则不涉及意志活动，只涉及使客体实现出来，得到后果。

　　为了按某条可靠的原则把一条直线分为两个相等的部分，我就必须从这直线的两个端点画出两条相交的弧线，这当然是数学家仅仅通过综合命题来教导的；

　　这个是进一步解释了，就是说分析命题和综合命题相互之间既有区别又有联系。当我们要用一个命令来规定自由意志的时候，在熟巧的情况之下，这是一个分析命题。但是涉及到这个自由意志所产生出的后果，那当然是一个综合命题，它取决于各种经验的条件。下面举了一个例子：为了按某条可靠的原则把一条直线分为两个相等的部分，我就必须从这直线的两个端点画出两条相交的弧线。还有一句没有说出来，就是再从这个交点引一条对这直线的垂直线。你从这个交点引出一条垂直线，那么这个垂直线就把这个线段平分成两等份。这当然是数学家仅仅通过综合命题来教导的。这是康德的一个观点，就是说：纯粹数学，几何学，它的基本命题是综合的，不是分析命题，它通过直观来综合。你光从概念上推不出为什么要这样做，为什么这样做就是两等分。它是根据欧几里得几何的五条公理设定的，而五条公理都是根据直观设立起来的。除了五条公理，还有一些别的，都是通过直观，一看而知。通过直观建立起来的那些命题都是综合命题。但这些综合命题都是先天综合命题。象几何学数学这些命题，一旦确立就放之四海而皆准，所以它是先天的，但是它又是综合的，它的谓词没有包含在主词里面。那么欧几里得几何的这样一个作图，如何把一个线段分成两个相等的部分，这个命题可以通过欧几里得的五条公理加以证明。但是这五条公理本身是综合命题，是直观的，这是数学家仅仅通过综合命题来教导的。一切纯粹的数学命题都是综合命题。

　　但是，如果我知道只有通过这个做法所设想的结果才会发生，那么当我想完成这一结果，我也就愿意作出这一结果所要求的行动，这就是一个分析命题了；

　　前面的作图法是综合命题，取决于直观，不是取决于概念的分析。

为什么这样做就能把一条线段分成两个相等的部分，这个通过概念是证明不出来的，只能通过直观的教导。但是，另外一种情况就是，如果我知道，只有通过这个做法，所设想的结果才会发生。比如说，通过你划分了一个线段的两个等分，你原来所设想的那个结果才会发生，那么如果我想要这一结果，我也就愿意完成这一结果所要求的行动，这就是一个分析命题了。就是说如果我知道只有这样做我的目的才能达到，我最初设想的结果才能实现，一旦我把这个选定为我的目的，我要想来完成这个结果，那么，这一结果所要求的行动当然也要实行。至于这一行动是否符合那一结果，是否能够达到那个结果，那是一个综合命题。这个我不能控制。我知道这样一个行动能够达到那个结果，我才去选择它。至于这个行动为什么能达到那个结果，这个不是由我所决定的，这个当然是综合命题。目的和手段的关系是综合命题，但是我选择了目的我就必然要选择手段去实现它，这是分析命题。熟巧当然是综合命题，但是熟巧的命令对于意志而言是分析命题。熟巧的命令要规定意志，它本身就包含在熟巧的目的性里面了。你要选定一个目的，你就必须选择能够达到这个目的的手段。至于这个手段是否能够达到这个目的，那是另外一回事。所以他的分析命题经过这样一澄清，就是仅仅限于对人的自由意志所做的规定。熟巧的命令对于自由意志所做的规定是一个分析命题，它已经分析地包含在你所选定的这样一个目的、这样一个意志本身之中。你选定了这样一个目的，本身就是你的自由意志的选择，它也就包含了你必须服从这样一个目的所要求的手段。这是不言自明，毫无疑问的。

因为，把某物表现为通过我以某种方式才得以可能的结果，与把我表现为考虑到结果而以这种方式行动，完全是一回事。

把某物，也就是你的目的，表现为通过我以某种方式才得以可能的结果。你把这个某物当作你的目的，意味着你把某物当作以某种方式才得以可能的结果。那么，这样一个命题已经包含着后面这个命题，就是：把我表现为考虑到结果而以这种方式行动，这是一回事。这就是分析命题,这两个命题互相包含,或者说,谓词已经包含在主词之中。在这里就是说,把某物表现为我的某种手段的目的,与把我的行动表现为针对那个目的而采取这种手段,这是一回事。你把一个对象当作目的,也就意味着你决定采取实现这个目的的行动或手段。这是一个分析命题,没有增加任何多余的内容。

上面一段讲的是熟巧的规则,下面来讲明智的建议,即幸福的实用规则。

只要很容易给出幸福的确定概念,那么明智的命令就会与熟巧的命令完全一致,并且同样也会是分析的。

就是说,有关幸福的明智的命令与熟巧的规则区别仅仅在于,幸福的概念不像熟巧的技术那样可以给出一个明确的概念。在技术上,你要达到什么目的就必须采取什么手段,这个是很确定的,你自己确定不了不要紧,可以找专家,找行家来帮你确定,他们懂行,有经验,可以作出具体的指导。但是要达到幸福这样一个目的那就不见得有人能够帮你了,顶多别人能够提供一种建议,还得由你自己选择;而且不同的人的建议也大不相同。甚至就连你自己也时常会举棋不定,不知道这样做究竟是否能够给自己带来幸福。但明智的命令与熟巧的命令有一点是完全一致的,没有什么不好把握,即它们都是分析命题,即从目的就可以分析出手段来。

因为在这两种情形中同样都是:谁想要达到目的,也就(必然地按照理性的要求)愿意有为此力所能及的独特的手段。

这就是说,两种命令原则上都可以看作分析命题。不过在这种一致中也有区别。比如某件刑事案件发生了,公安机关侦察的一条线索就是某人是否有作案动机,如果能够肯定某人没有作案动机,基本上就可以排除他作案的可能了。但这只适用于熟巧的场合,我们很难知道某个具体的人最终的动机。如果某人除了出于生活中的熟巧之外,还出于追求他所理解的某种"幸福",那么虽然原则上只要知道他理解的幸福是什么,也就可以分析地推出他是否做了这件事,然而问题正在于没有人能够完全确切地知道一个人理解的幸福是什么。

418 　　但不幸的是,幸福的概念是一个如此不确定的概念,以至于尽管每个人都想得到幸福,但他从来不能确定地并且自身一致地说出,什么才是他真正希望和愿意的。

　　每个人都想得到幸福,这当然是一个普遍原则,但这个普遍原则很难落实到具体事情上来。因为"他从来不能确定地并且自身一致地说出"什么是他想要的真正的幸福。这里一个是不能"确定地"说出,即他自己也拿不准什么是他希望的幸福。70 年代苏联有一本小说:《你到底要什么》,讲"解冻"之后的一群年轻人失去了生活的追求,成天醉生梦死,不知道自己真正想要什么。他们耽于享乐,但同时又知道这并不是真正的幸福;而哪里有真正的幸福,他们又不清楚,以前所认为是幸福的,他们不屑一顾,未来的幸福又虚无飘渺。再一个就是不能"自身一致地"说出幸福来。最常见的就是人们常把爱情当作最高的幸福,但一旦结了婚,就是爱情的坟墓。这就是所谓"围城现象",钱钟书的《围城》中说,城里的人想出去,城外的人想进来,他们都把自己的目的看作幸福。也可能想进去和想出来的是同一个人,每个人在一生中不同的时期所追求的幸福目标很可能是不断变化的,而在特定的时期都是非常特殊的。这就导致人们很难笼而统之地说一个人的目的就是追求幸福。为什么会这样?康德就解释了:

　　其中的原因在于:所有属于幸福概念的要素,全都是经验性的,即,都必须借之于经验;然而对幸福的理念来说,在我当前的和任何将来的状况中却需要一个绝对整体,一个最大福份。

　　分号前后的两句要结合起来看。一方面,幸福肯定是经验性的,是个人体验到的,它不是什么抽象的概念;但另一方面,幸福又肯定是从整体上来看的,而不是一时一地的。谁都知道,凡事不可高兴得太早,图一时痛快而酿一生悔恨不是大丈夫所为。人们都说"欲壑难填",不光是量上难填,而且在质上千奇百怪,推陈出新,标新立异,并且在等级上也有无数的层次,不但有物质的,也有精神的。之所以如此,都是由于幸福既是感性经验的,同时又是一个"理念",也就是一个理性的无限的概念。"理念"用在幸福这种经验性的事物上是很奇怪的,一般说来康德的理念是理性的概念,只有通过无限的推理才能由理性提供出来。但偶尔他也会把理念用在感性事物身上,只要它涉及无限。例如在《判断力批判》中他也提出了一种"审美理念"。[①] 他在那里还对幸福理念作了这样更清楚的表述:"幸福的概念并不是这样一种概念,例如说人从他的本能中抽象出来,并从他自己身上的动物性中拿来的概念;而只是对某种状态的理念,他想要使该状态在单纯经验性的条件之下与这理念相符合(而这是不可能的)。"[②] 可见幸福是一个想象中的经验状态,一个可望而不可即的状态;它虽然应该是经验性的,但只有通过理性才能设想,才能成为一个绝对整体的概念。所谓"最大福份",也就是一个极限,是达不到但可以设想的。

现在,最有洞察力、同时最具备能力、但毕竟是有限的存在者,要构想出在这里他究竟想要什么的确定的概念,都是不可能的。

这里是一个假设了。假设一个人最有眼光,能够看透一切,同时又最有动手能力,具有超出凡人的体力和智力;但只要他还是一个有限的存在者,不是上帝,那么他的幸福概念都肯定是不确定的。也就是假定他心想事成,什么东西只要他想到了都能做到,掌握了一切事物的规律和熟巧:即算如此,他也不能对他所追求的幸福获得一个整体的概念。这个是和熟巧的命令不同的,如果上述这个人具备了这样强大的能力,那么他在熟巧上,只要有一个目的就能够完全确定它所需要的手段,因

---

① [德] 康德:《判断力批判》,邓晓芒译,杨祖陶校,人民出版社 2002 年版,第 174 页。
② 同上书,第 285 页。

而完全给出它的概念来。但即使如此，他也不能确定他的幸福的概念、并用他所掌握的一切熟巧把这概念实现出来。因为幸福不是一般的目的，而是终极目的，而且是多变的。一种幸福换个角度看恰恰就是灾难之源。

这就是下面举例说的：

如果他想要财富，他将会由此招来多少烦恼、嫉妒与觊觎啊！如果他想要博学与明察，这也许只能成就一双仅仅是更加锐利的慧眼，只是为了使那些现在还对他隐藏着却最终无法避免的灾祸越加令人恐惧地向他显示出来，或者给早就够他忙活的欲望再加上更多的需求。如果他想长寿，谁能向他担保，那不会变成长久的痛苦呢？至少他想要健康吧，而经常还是身体的不适才阻止了那么多不受限制的健康本来会任其陷入的放纵，如此等等。

这几个例子都说明同一个问题：凡是人们所追求的经验性的对象，在好的一面底下都隐藏着不好的一面，一时的幸福带来的是长久的痛苦。财富、博学、长寿和健康，这是人生所追求的最基本的幸福项目，但在时间中都有可能导致不幸的后果，有的是由它的社会效果所带来的，如财富和长寿；有的是它自己演变成的，如博学和健康。富者招人眼红，寿者多辱，智者多虑，连健康也会成为放纵的本钱。这很有点中国老庄的人生智慧的味道。但康德的关注点却和老庄不同，他不是停留于对人们追求幸福的需要的否定，而是要借此把人们引向真正的法则。

简言之，他不可能按照任何一种原理来万无一失地规定什么将会使他真正幸福，其原因在于，为此就会需要全知（Allwissenheit）。

如果人们想要从幸福的理念中分析地推出他应当做什么的原理或法则，那就是把这个命令看作一种熟巧的规则了；但这种熟巧只有全知全能的上帝才能够掌握，因为它不是仅仅涉及一时一地的技术规则，而是涉及整个人生的幸福整体，这样一个理念本质上是无限的，是有限的人类所无法掌握的。所以人不可能像规定一项工程技术那样制定出万无一失的操作规程来达到幸福的目标，因为他不具备全知。既然如此，人又只能去追求自己的幸福,那么他能够做到的是什么呢?

所以为了获得幸福人们不可能按照确定的原则行动,而只能遵照经验性的建议,如养生、节俭、礼貌、克制,等等,经验告诉我们这些东西通常最能增进福利。

在幸福的问题上我们只能任凭经验来给我们提供建议,而不能找到任何普遍的法则,除非我们是上帝,具有对无限的东西的全知。所谓"养生、节俭、礼貌、克制等等",都是古代伊壁鸠鲁派提出的幸福原则,在经验性的建议中属于一些高层次的建议,至少比"过把瘾就死"要高。因为"过把瘾就死"、"及时行乐"的建议使人获得的幸福是最少的,一次性地就报销了。伊壁鸠鲁的享乐主义不等于纵欲主义,而是有一定的法规(Kanon)的,在这方面,他甚至和斯多噶派的禁欲主义都有相通之处。但尽管如此,伊壁鸠鲁的原则仍然只是一种经验性的原则,他的那些法规也只是些经验之谈,虽然"通常"最能增进福利,但并没有真正的普遍性和强制性。这就使得幸福的命令只能是建议,而不是真正意义上的无条件的命令。

由此可见,严格说来,明智的命令根本不可能下命令,即不可能把行动客观上表现为实践上**必然的**;它与其说必须看作理性的诫命(prae-cepta),毋宁说必须看作理性的劝告(consilia);

这里"必然的"打了着重号。康德这里的全部论证都是要证明,明智的命令、也就是对幸福的"实然的"命令是没有必然性的,因而也成不了普遍的法则。这里的提法的惊人之处在于,康德在这里完全否认了明智的命令(Imperative)能够下命令(gebieten),也就是说它其实并不是什么命令,而只是一种建议。但它又采取了一种命令的形式:"你应当"。与理性的诫命的应当所不同的只是,建议的应当是有条件的,而诫命的应当则是无条件的。所以明智的命令"与其说必须看作理性的诫命,毋宁说必须看作理性的劝告"。这里"理性的"(der Vernunft)作为定语可以管到"诫命"和"劝告"两个词,但也可以看作只管到"诫命",这样后一句就是"必须看作劝告",亦通。当然劝告都是经验性的,是基于经验之上的,但也不可否认里面有理性的作用,所以明智的劝告也可以看作理性基于经验之上而对人发出的劝告。但要注意不是理性根据自身法则而提出的,而是根据假言命令的前提而提出的。如果把"理性的"理解为根据理性法则的(而不仅仅是运用理性的),那么就不能译作"理性的劝告",而只能译作"劝告"。

419　　可靠而普遍地规定何种行动会增进一个理性存在者的幸福,这是一个完全不可能解决的课题,从而就幸福来说,任何一个命令要在严格意义上要求去做使人幸福的事情都是不可能的,因为幸福不是一种理性的理想(Ideal),而是想象力的理想,仅仅建立在经验性的基础上,而期望经验性的根据可以规定某个行动,借此来达到一个实际上无限的后果序列的总体,那是徒劳的。

　　这是进一步分析为何对幸福的命令不可能成为普遍的诫命。"普遍而可靠地规定"用什么手段将达到幸福的目的,这是不可能的。谁也不敢说自己的建议就是百分之百地能够使人幸福,谁也不敢说自己采纳了某种建议就必定能够实现自己的幸福,所以这些建议虽然在每个人身上都是"实然的",即都是和人的现实目标(幸福)结合着的,但并没有必然性和可靠性。"任何一个命令要在严格意义上要求去做使人幸福的事情都是不可能的",即要严格规定一种达到幸福的手段而命令人遵守都是不可能的。为什么?"因为幸福不是一种理性的理想,而是想象力的理想,仅仅建立在经验性的基础上"。"理想"这个概念在《纯粹理性批判》里是作为上帝的理念提出来的,他在那里说:"但比理念显得还要更远离客观实在性的就是我称之为理想的东西,我把它理解为不单纯是具体的、而且是个体的理念,即作为一种个别之物、唯有通过理念才能规定或才能被完全规定之物的理念。"① 理想是理念之理念,即通过一切理

---

① [德]康德:《纯粹理性批判》,邓晓芒译,杨祖陶校,人民出版社2004年版,第456页。

念来规定的理念,它是个别的、个体性的理念。显然,上帝在这种意义上只是一种"理性的理想",而幸福则只是一种"想象力的理想",它类似于第三批判中的"审美理想"。《判断力批判》第17节"美的理想"中说:"本来,理念意味着一个理性概念,而理想则意味着一个单一存在物、作为符合某个理念的存在物的表象。因此那个鉴赏原型固然是基于理性有关一个最大值的不确定的理念之上的,但毕竟不能通过概念、而只能通过个别的描绘中表现出来,它是更能被称之为美的理想的,这类东西我们虽然并不占有它,但却努力在我们心中把它创造出来。但它将只是想象力的一个理想,这正是因为它不是基于概念之上,而是基于描绘之上的;但描绘能力就是想象力。"① 而这里把幸福的理念称之为"想象力的理想",应该是归于美的理想一类的、基于描绘能力之上的理想。所以幸福的理想只是基于经验的,"而期望经验性的根据可以规定某个行动,借此来达到一个实际上无限的后果序列的总体,那是徒劳的"。在幸福的经验上,我们是否达到了最大值的理想,那就只有"走着瞧"了,我们不能预先规定任何行动规程,说这样做就可以实现你的幸福的理想。

然而,如果我们假定能够可靠地给定达到幸福的手段,明智命令就会成为一个分析的实践命题;因为它与熟巧的区别就只是在于,后者的目的仅仅是可能的,而前者的目的却是给定的:

这就是反过来说,如果我们能够预先规定达到幸福的必然手段,那么明智的命令就是分析命题了,它与熟巧就没有本质区别了;因为它们的区别本来就只不过是可能的目的(熟巧)和实在的目的(幸福)的区别,就一切目的都分析地包含着它的手段这一点而言,它们并没有区别。但问题在于,我们并不能把幸福这种实在的目的一次性地洞察明白,因此也不能像熟巧那样一旦选定目的就没有什么动摇了,就只剩下选择相应的手段了;所以幸福的目的只是预先假定的一个理念和理想,不像熟

① [德]康德:《判断力批判》,邓晓芒译,杨祖陶校,人民出版社2002年版,第68页。

巧的目的本身都是很具体的，可以一次性地抱持的。不过，即使是预设的理想目的，幸福毕竟还是一个经验的目的，它的无限性超不出经验的范围，所以在目的和手段的关系上它与熟巧是一致的。

但既然两者都只是对于人们预设为想要作为目的的东西的一个手段，所以对于想达到目的的人要求他对于手段有愿望，这种命令在这两种情况下都是分析的。

这就是把对幸福的命令和熟巧的命令归为了一类。正如熟巧的命令一样，对幸福的命令也是必然包含有对相应手段的采取，实际上并不是命令目的，而只是命令手段。熟巧的目的不受命令，它可以采取这个目的也可以不采取，但只要采取了这个目的就分析地包含对手段的采取，这才能命令；幸福的命令也用不着命令目的，因为幸福是人人自然想要的目的，所以对幸福的建议也只是对手段的建议，这些手段也都是自认为分析地包含在幸福这个目的之中的。

所以他说：

于是，在这样一种命令的可能性上也就没有任何困难了。

前面讲对幸福的命令即"明智的命令根本不可能下命令"，而只是一种"理性的劝告"。但是不是康德就完全否定了这两种"命令"了呢？并没有。熟巧显然是一种命令，只要你选定一个目的它就可以命令你：应当这样做！在技术上它有一种强制性。明智虽然在目的的确定上有争议，但原则上跟熟巧一样，也是一种技术性的规定，只是多了一种劝说的口吻：为了你自己的幸福，你最好按照这样做！熟巧不存在劝说，你不做拉倒，无非是达不到某个目的，你既然不想达到那个目的，那就是你自己的事。但一旦你说你想要这个目的，这个目的就是很明确的，熟巧就可以命令你了。明智的建议则好像没有那么强的强制，只是劝说，但这只是由于幸福的概念不清楚导致的，实际上它的强制性更大，因为没有人会不要自己的幸福。所以仅从目的与手段的关系来看，明智的建议仍然可以称之为命令。

第十五讲

上次已经讲到三种不同的命令，其中前面两种是假言命令，后面一种是定言命令。前面两种可以看出是分析的实践命题，假言命令可以看作是分析的。当然前提是你假定的。一旦前提定了，那么你就可以从里面分析出它的手段。所谓命令就是你必须这样做，你应该这样做，为什么？是因为这样一个前提必须要有这样一种手段，如果没有这个手段这个前提就达不到。所谓的分析命题就是谓词已经包含在主词之中，是从主词里面分析出来的。如果没有谓词，主词就根本不成立。前面两种假言命令就有这个关系，就是说你既然有这个目的，它就必然包含这种手段，如果没有这个手段，这个目的就实现不了，就不可能。分析命题用在实践的命令上就是假言命令。只有第三种定言命令才是先天综合命题，也就是德性的命令是综合的，而且是先天综合的。下面这几段就是要搞清楚德性命令先天综合的性质。

相反，**德性**命令如何成为可能，无疑就是唯一需要解答的问题了，因为它决不会是假言的，从而也不会将其客观地表象出来的必然性建立在任何前提之上，就像假言命令的情形那样。

相反，就是说德性命令跟前面两种假言命令都不同。德性命令如何成为可能？分析命题如何可能很简单，分析命题是一个先天必然的命题，只要有主词、目的就跟着必然有谓词、手段，所以这个命题如何成为可能是不成问题的。综合命题就有这个困难。谓词不包含在主词里面，那么你凭什么把它联系起来？你凭什么把主词和谓词组合起来成为一个命题？这就需要证明，你根据什么能够把两个本来毫不相干的词用一个

447

"是"或者"应该"联系起来？所以他说，"**德性**命令如何成为可能，无疑就是唯一需要解答的问题了"。之所以"唯一"，就是说前面两种都不需要解答，唯一有问题的就是德性命令、定言命令如何可能。"因为它决不会是假言的，从而也不会将其客观地表象出来的必然性建立在任何前提之上，就像假言命令的情形那样"。德性命令有必然性：你应该怎么样。你的意志和你要做的事情两者之间有一种必然联系，这种必然性不是建立在任何前提之上的。假言命令是建立在前提之上，所以不需要解释，或者说，它的前提已经解释了为什么应当这样。但是定言命令没有前提，那么它这种客观地表现出来的必然性：你必须这样做，这是如何可能的？没有前提，你的客观必然性是建立在什么之上的呢？它的客观必然性没有一个涵盖一切的前提，而是一切都要凭综合建立起来，但是综合地建立有两种可能性：一种是后天的，经验的，要达到某个目的你不知道采取什么手段，但是你可以到经验里面去碰，到现实世界里面去碰，这种综合是没有必然性的；另外一种就是先天综合的。

下面首先就把这种综合的经验性质排除掉：

只是在此我们永远不可忽视的是，**绝不能通过例证**、从而经验性地判定是否在什么地方有这样一种命令，应该担忧的倒是，所有那些看上去是定言的命令，骨子里其实有可能是假言的。

这句话就是把经验性的综合命题从德性命令、定言命令中排除了。德性命令不同于假言命令，不是分析的，也不是在经验里面通过归纳收集例子能够建立起来的。英国经验派就是经常采取这样一种思路，认为道德的命令、命题都是通过归纳从经验中总结出来的。在日常社会生活中多次重复，按照休谟的说法就是形成了一种习惯性的联想，那么我们就把这样一种联想变成了一种道德命令，但实际上它是从经验中来的。康德的观点就是决不能从经验中通过例证来找到这样一种命令的来源。"应该担忧的倒是，所有那些看上去是定言的命令，骨子其实有可能是假言的"。很多道德命令看上去是以定言命令的形式发布的，但是骨子里头，也就是暗中其实是假言命令。英国经验派也承认道德律，但是他们认为道德律是从经验中来的。既然从经验中来，那还是定言命令吗？从经验中来这种后天的命令，表面形式上是定言的，但是骨子里是假言的，实际上暗中有个前提，只不过这个前提没有说出来而已。因为你诉诸经验，每个人都有自己的经验，各有各的理解，每个人做一件事情都有不同的目的，哪怕是同一件事情。有了这个目的那么就是假言的。因为这个目的既然是经验的，那就可有可无。我可以为了这个目的去做这件事情，我也可以不做，这就回到前面的假言命令了。所以经验性的综合命题骨子里是以前面那两种假言命题作为自己的前提的，哪怕是潜在的前提，没有表现出来。看上去是定言的，其实有可能是假言的。

他下面举了一个例子：

例如，如果这样说：你不应该做欺骗的承诺；而人们认为不这样做的必要性，决不只是对避免某种另外的灾祸而提出的忠告，以至于例如会说：你不应做虚假的承诺，不是因为这将使你在事情暴露时丧失信用，而是这样一种行为必须被视为本身就是恶的，因此这个禁止的命令就是定言的了；

这个例子就是说出了同一种现象的两种可能性。同一个命令，它可以是定言命令，但是有可能骨子里还是假言的，当然也可能是真正定言的。所以他就举这样一个例子分析，说明所有的定言命令都有可能是假言命令。哪怕康德已经提出了定言命令，但是我们也可以拿它做假言的运用。做同一件事，你究竟是不是为道德而道德，如果是那就是定言的，如果不是那就是假言的。那么究竟是不是呢？当然他也不能断定，人心的事情谁能够断定呢？但是他认为哪怕你再认为自己是高尚的，背后可能都会有潜意识，有骨子里暗中的希望和企图。不是你自我感觉良好，我是一个道德高尚的人，我是一个脱离了低级趣味的人，你以为就可以对自己下断语了？下不了的。所有那些看上去定言的命令其实都有可能是假言的。例如，如果这样说：你不应该做欺骗的承诺。这样一个定言命令，是道德律的一种具体内容。看上去是定言的，没有前提。如果有前提说，你为了取得周围人的信任你不得不作出这样的承诺，那么为什么要取得周围人的信任？便于在这个社会上立足嘛，可以避免另外的灾祸嘛！如果有这样一个假言的前提，那当然就不是定言命令了。人们往往不把这样一个假言命令看作道德命令，只是明智的命令。如果是道德的，就必须去掉这个前提，在任何情况下不能做虚假的承诺，这个才是道德命令。如果他仅仅是因为某些具体的考虑而不做虚假的承诺，那么我们说这个人是聪明的，这个人很明智、很会做人，但是他是不是值得尊敬、敬重，我们不能下断语。看起来是定言命令，但实际上人们是怎么理解的呢？"你不应做虚假的承诺，不是因为这将使你在事情暴露时丧失信用，而是这样一种行为必须被视为本身就是恶的，因此这个禁止的命令就是定言的了"；也就是说"你不应做虚假的承诺"这样一个形式上的定言命令，还要在实际上被理解为定言命令。怎么理解？就是说人们认为不这样做的必要性，绝不只是对避免某种另外的灾祸而提出的忠告，不仅仅是说你要做虚假的承诺很危险，银行里面信用卡透支很危险，搞不好你就没有信用了，再也贷不到款，你的信用卡就作废了。这是一种忠告。但不是因为这种忠告。我之所以不做虚假的承诺不是因为要避免某种灾祸，而是这样一个行为本身必须被视为恶的，这个时候这个命令就是定言的了。否则的话就不是定言的，是后天综合的，而不是先天综合的。

　　但我们还是不能通过例证肯定地阐明，意志在这里并无其他的动机而只是由法则决定的，尽管看上去似乎如此；因为对羞耻的隐秘恐惧，或许还有对其他危险的模糊担忧，都总是可能对意志发生影响的。

　　这就是我们刚才讲的意思，通过例证，也就是通过经验了，既然我们要排除在经验中的假言的前提，那么你就不能通过例证肯定地阐明：意志在这里并无其他的动机，而只是由法则决定。"你不要说谎"这样一个命题，有没有其他的动机？经验派的道德学家就说那你就分析他的心理，或者他自己也分析自己的心理，通过分析心理，像朱熹说的，看你是不是

"尽天理之极而无一毫人欲之私","止于至善"。你心里有没有一点人欲之私,怎么确定呢?能够通过例证来加以确定吗?"我们还是不能通过例证肯定地阐明:意志在这里并无其他动机而只是由法则决定"。这是康德的伦理学与儒家伦理学的一个最根本的区别。儒家伦理学很自信,我自己就可以在我的心里面发现我到底是不是有私心,只要我觉得自己没私心那就是没私心了。但是康德认为你决定不了。你现在以为自己没私心,过几十年回过头来看也许就有。你现在发现不了,因为人认识自己是一个过程。人不可能一下子认识自己。看上去我自己觉得我是没有一毫私心的。但是你凭什么?你单凭内心经验、凭你的自我感觉你就能够确定这一点?康德认为这是不可能的。这就有点"潜意识"的意思了:"因为对羞耻的隐秘恐惧,或许还有对其他危险的模糊担忧,都总是可能对意志产生影响的。"康德在他的那个时代能够见到这一点是非常不容易的。潜意识的东西对人的行为、对人的自我认识都会有影响,但是这个影响你自己觉察不到。隐秘的恐惧,冥冥之中,有一种恐惧感,莫名的恐惧感。当时你意识不到,你就觉得你非这样做不可。你把这样一种非这样做不可的心情误认为是道德命令,其实你是出于恐惧,或许还有对其他危险的模糊担忧。什么其他危险?比如是不是合大流,大家都这样,你不这样,是不是危险?我们中国人有一种从众心理,凡是当自己觉得被孤立的时候就觉得有一种恐惧。虽然还没有带来什么现实的伤害,但是你有一种恐惧,我被孤立起来了,我要跟大家一样,不要显得跟大家不同。这是一种明智的劝告。我们家长、老师经常在学生面前也是这样劝告的,长此以往,我们就有这样一种心态,就是会做人的人总是不要跟大家不同。人家干什么,你也干什么,这没错,错了也是大家的错,也没关系。但是如果一件事是你自己的主张,那么就有大问题,你没错都是错,因为你坚持你自己不同,这就是你的错。康德那个时候,德国人和中国人这点可能有些类似,为什么德国有纳粹呢?跟中国有文化大革命一样。对人的意志发生影响是由一些别的因素导致的,这些因素也许你当时没有意识到，但是它是经验的，偶然的，不能形成先天综合命题。

当经验所告诉我们的只不过是我们对一个原因毫无知觉的时候，谁又能通过经验来证明那个原因的非存在呢？

这是康德的一种论证方式。我在我的内心经验里面找不到那个原因了，是不是就能通过经验来否定这种原因的存在呢？比如潜意识，既然是潜意识，也就说明我当时还没有意识到。当时没有清醒的意识，是一种模模糊糊的感觉，或者甚至连感觉都没有，是一种本能，一种冥冥之中的情绪。这些都还不是一种明确的经验，而经验告诉我们的只不过是我们对一个原因毫无知觉，但凭这种毫无知觉的经验，你就能完全否定原因的存在吗？你能够仅凭你没有经验到，就否定你的行动后面有某种东西可能会支配影响你的意志吗？否定不了。所以人的自我感觉是靠不住的。我们经常看到一些人自我感觉良好，自己觉得自己铁肩担道义，正气凛然，于是就什么都不怕，什么话都敢说，什么事情都敢做。但是他内心真的是那么纯洁吗？他只是从来没有反思过，他认为自己没有感觉到的就不存在，这就是太过于自信了。康德就是提醒我们不要太过于自信。你自己没有经验到的你也不要去否认它。人的认识、人的感觉是有限的。有些什么样的东西决定你，你不一定当时就能够全部把握。

在这样的情况下，那看似定言的、无条件的所谓道德命令，事实上就将会只是一种实用的规范，这规范使我们注意到自己的利益，并只是教我们重视这种利益。

在什么情况下？就是在前面讲的那种情况下：表面上看起来好像意志没有其他动机，只是由法则决定的，但是事实上背后有对羞耻的隐约的恐惧，有对其他危险的模糊担忧。不要做得太出格。什么叫出格，为什么不要出格，这些东西都没有得到说明，它只是一种模模糊糊的感觉。在这种情况之下，看起来好像是定言命令，无条件的命令，事实上有可能只是一种实用的规范。这种实用的规范也许不是你明确意识到的，而是你从小受教育所获得的一种近乎本能的东西。本能的东西也是很实用的，你按你的本能,按你的直觉去做,也很实用。人们往往认为,按照自己模模糊糊的感觉去做,可能更加实用。每当你的判断犹豫不决的时候,你就说,凭你的直觉吧。但是凭你的直觉的时候,实际上你是被某些东西所支配的。你凭直觉所取得的成功只不过是进一步确认了这样做符合一种实用的规范。"这规范使我们注意到自己的利益,并只是教我们重视这种利益"。它本来就是建立在利益之上的。这种恐惧、模糊的担忧都是对自己利益的一种照顾。我之所以这样做,之所以不敢那样做,好像没有什么原因,但是这个原因只不过是还没有浮出水面而已,它在背后决定着我们的行为。所以在这种情况下,看起来像是对定言命令的一些命题,实际上还是假言的。既然是从经验中综合起来的,既然是假言的,所以它骨子里还是分析命题。现代分析哲学提出还应该有一个"后天分析命题"。康德这里讲的就属于分析哲学所讲的那种后天分析命题。他已经讲了,假言命令是分析的。假言命令为什么是分析的? 一旦你选定了一个目的,那么它的手段就包含在其中。但是你如何选定目的,这当然还是后天综合的。但是后天综合一旦成立,就有一种后天分析的关系。你所选定的这个目的里面分析地包含有它的手段。当然康德没有意识到这一点,没有提出这种命题。他只是首先从定言命令里面把这种伪定言命令区分开来。我们要谈德性命令,先天综合命题,不能从经验中获得,如果从经验中获得,它还是假言命令。

　　所以,我们将不得不完全先天地探讨定言命令的可能性,因为在经验中给出命令的现实性、因而对这种可能性就不必加以确立、只须加以说明的这种好处,在这里对我们是没有用的。 420

　　我们不能够后天地从经验中去探讨,这个跟上面一段直接挂起来。上面一段就排除了定言命令从经验中找根源的可能性。如果你从经验中找根源,还是会堕入到假言命令,一种明智的考虑。定言命令的可能性:为什么应该,是没有前提的。我们通常说你应该做这个,如果要追问为什么，那么就是因为你要追求自己的幸福，或者你想达到某个目的。如果你回答，我不想达到某个目的，或者我所追求的幸福和你的不一样，那这个前提就不存在了。前提不存在，这个手段，也就是命令你要做的事情也就可以不做了。这是后天的假言命令，作为命令式是必须从经验里面找根据的。先天综合的定言命令不能从经验中找根据。你应该这样做，如果问你为什么这样做，如果真的是定言命令和先天综合命题，就应该这样回答：你不这样做还是个人吗？所以它是没有前提的，或者说它自身以自身为前提，你不能问为什么，应该就是应该。如果你找出一个解释：只有做道德的事，你才能在社会上立足，那这就已经不是道德的了，为了别的事情而做道德的事情，那就不是真道德了。或者说，为什么要做道德的事？因为只有做道德的事情才能治国平天下。治国平天下固然好，但那都是一些后天经验的需要，虽然很有利，但本身是非道德的。"所以，我们将不得不完全先天地探讨定言命令的可能性"。不能后天地探讨，不能问定言命令是为什么，为了什么别的目的。在经验里的好处在定言命令里面是没有用的。在经验中我们可以给出命令的现实性。为什么我应该这样做，因为你考虑的是现实。因而对这种命令的可能性就不必加以确立只需加以说明。经验中的立场是非常简单的，只需举例说明，让人家看清现实，看清你目前的处境。你如果不这样你就难以立足。或者你想达到一个目的，你就得采取什么手段。这是很直接的，"在经验中给出命令的现实性"。给出现实性你就不需要对可能性加以确立和论证了，不需要追问何以可能了。现实利益摆在那里，如果你愿意得到，那么我们就不需要证明了，我们只要说明你如何得到就够了，对它的可能性不必加以确立，不必问。但这样一种好处在这里对我们是没有用的，就是说在定言命令这里，它的可能性不能援引经验中的好处来加以说明。那种好处、便利之处对我们没用，因为你一旦这样来回答问题，你已经偏离了问题本身。你所回答的已经不是定言命令，而是假言命令了。定言命令已经把这些先排除掉了，所以就没有经验性所带来的那些清楚明白的好处。经验派的伦理学家是很清楚明白的，很实在，触及到每个人的需要，每个人的直接感觉。但是在探讨定言命令的可能性的时候，这种好处是不具备的，你不能利用这种好处，你一利用这种好处，问题就变性了，变质了。

然而同时，目前必须认清的是：只有定言命令才说得上是实践法则，剩下的虽然全都可以称为意志的原则，但却不能称之为法则；

然而同时，就是说然而另一方面，定言命令虽然没有假言命令那样一些直截了当的好处，但只有它才是实践法则。假言命令很容易说明，在经验中找个例子来我就可以说明了。你要达到的目的如果是经验中的目的，那我们好说。为什么要达到那个目的？取决于你的任意，你想要达到就达到，你不想达到拉倒。为什么要这样做，要采取这个行动？是因为你已经想到了那个目的啊，那你当然应该采取这种手段了，不信你去分析一下，你用别的手段能不能达到这个目的，这很简单。但是要证明定言命令的必然性何以可能，没有这么简单。你不能拿例子请一个科学家或行家来分析，在道德上面是没有行家的。虽然定言命令没有这个方面的好处，但"只有定言命令才说得上是实践法则，剩下的虽然都可以称为意志的**原则**，但不能称为法则"。所有前面讲的那些经验性的假言命令，都不是法则（Gesetz），虽然可以成为意志的原则（Prinzip）。Prinzip 这个词在这里又有别的含义了。原来我们说法则是知性的，原则是理性的，通常康德是这样区分的，原则好像比法则更高。但是在这里，原则不是更高而是更泛。原则包含法则，也可能是法则，但是也可能不是，也可能仅仅是一些意志的规则 Regel。规则就更泛了，就是一种技术性的了。原则在这里既包含法则也包含规则。一切规范，能够按照做的规定，都可以称为原则。所以在这个地方意志的原则就不是单纯指的理性了，而是包括理性、知性和所有技术性的规则。所以他讲："剩下的虽然全都可以称为意志的原则，但却不能称之为法则"。就是在原则里面剩下的是不属于法则的部分。属于法则的部分只是定言命令。这是目前必须认清的。尽管其他的假言命令不需要加以证明,只需要加以说明,但是定言命令就需要证明可能性。这是它不利的地方,但是另一方面,只有定言命令才说得上是实践法则,只有法则才具有普遍的有效性;而意志的原则里面有些东西并非普遍必然的,而是偶然采取的,包括我们前面所讲的后天的分析命题。虽然是分析的,但还不是法则。分析是符合形式逻辑的不矛盾律的,所以它是原则;但是它的前提是经验的,所以它不是法则。它是有局限的,不是放之四海而皆准,而是你选定了这个目的你就必须遵守,你没选定这个目的也可以不遵守。当然你一旦选定了这个目的,它就有它的规则,在这个意义上面来说它是原则,但是它还不是法则。

因为,凡是只对实现某一随意的意图是必要的东西,其自身可以被看作偶然的,如果我们放弃这一意图,我们任何时候都可以摆脱这样的规范;

为什么那些东西不能成为法则呢?虽然里头也有必然性,一旦选定了目的,你就必须要按照什么样的规则去做,所以只是"对实现某一随意的意图是必要的",但是它自身可以被看作是偶然的,是偶然选择的意图,也可以不选。一旦不选这个意图,当然也就可以"摆脱这样的规范"(Vorschrift)。规范跟规则差不多,都是泛泛而谈,就是在行动中你必须按照某种规则去做。稍微有点区别,就是规则还可以适用于自然界的技术规则,而规范主要是指人与人之间的关系,社会性的,包括政治、人际关系的实用技巧。规则可以包括规范,也可以包括自然规则,技术性的规则,是符合科学的。这里讲的规范也是很广泛的,包含我们实践中的原则、法则、规则,是以意图是否选定为前提的,而意图是否选定完全取决于偶然性。你一时兴起,想要达到一个什么样的目的,就必须选定它的规范。如果你半途而废,突然又不想要了,那你就可以抛弃规范。

与此相反,无条件的诚命并未给意志留下随意做相反的事的自由,从而唯有它才具有了我们对法则所要求的那种必然性。

前面讲的是不能成为法则的实用的规范。这里讲无条件的诫命,对意志的规定来说,它不许意志做相反的事情。实用的规范是留下了不做这件事情甚至做相反的事情的自由的,所以它是偶然的。可以做也可以不做,想要相反的东西就可以做相反的事情。但是无条件的命令不允许这样,必须这么做。无条件的定言命令跟相反的命令是不可调和的,比如说你必须不要骗人,就没有做相反的事情的自由。"从而唯有它才具有了我们对法则所要求的那种必然性"。法则的必然性是怎样的必然性就很清楚了,没有二话可说,在任何情况下是不变的。因为它是无条件的,无条件的就意味着在任何情况下它都是它,不能是相反的。如果有条件的,那就可以是相反的,条件一变就可以变。无条件的则是绝对的,不能变的。这一段跟上面一段两段合在一起,阐明了道德命令先天的性质。道德命令是先天综合命题。首先确立了先天性,跟经验的综合命题不同,是先天的。第一段排除了经验的综合命题,第二段说明我们将不得不完全先天地看到定言命令的可能性。前面是排除,后面是肯定。康德的论述都是很有章法的,我们可以体会出他的这种层次性,层层递进。这一段确立了定言命令的先天性,下面一小段就是讲它的综合方面,这两方面合起来就是先天综合命题。

其次,在定言命令或德性法则方面,这种(洞察其可能性的)困难的理由也是巨大的。

就是说我们要先天地洞察其可能性,但是先天地洞察有巨大的困难。为什么有巨大的困难?因为它不是一个分析命题。如果是一个先天的分析命题,那就很简单,谓词就包含在主词里面了,我为什么这样做已经包含在我的目的里面了,那就不用证明了。作为分析命题很好解决。但是之所以有巨大的困难,是因为它是综合的。

它是一个先天综合实践命题,由于在理论知识中看出这种类型命题的可能性就困难重重,所以可以很容易地推断出,在实践知识中的困难也不会更小。

这里点明了，它是一个先天综合实践命题。在《纯粹理性批判》里面已经提出了先天综合判断如何可能，这是《纯粹理性批判》的总问题，也就意味着人的普遍必然性的知识如何可能，或者一般来说人的科学知识如何可能。解决这个问题很难，康德写了那么厚一本书来说明这个问题。同样，在定言命令方面这种困难也是巨大的。你要洞察德性法则何以可能，有巨大的困难，因为它是一个先天综合命题。前面已经讲了它是先天命题，我们必须从先天的方面来探讨它的可能性。但是它除了是一个先天命题以外，它还是一个综合命题。它必须援引别的东西，把别的东西引进来，把两个不相干的概念综合起来、联结起来，这个就很难了。你从哪里找到把两个不相干的东西联系起来的理由呢？"由于在理论知识中看出这种类型命题的可能性就困难重重，所以可以很容易地推断出，在实践知识中的困难也不会更小"。这是用理论知识当中所遇到的困难来反衬出道德形而上学中所遇到困难的难处，究竟是什么困难还没有说，只是说很难，因为它除了是先天的以外，还是综合的。如果是先天分析的，很简单，就凭形式逻辑就可以了；如果是后天综合的，也很简单，凭经验就可以了。但是恰好因为定言命令是先天综合判断，所以问题就很难了。这里是先天综合实践命题。实践命题和理论命题有区分，但它们都同是先天综合命题。

下面还有一个注释，是用来注解"先天综合实践命题"的：

我不以来自任何一种爱好的条件为前提，而是先天地、从而必然地（虽然只是客观地，即在某个对所有主观动因都有完全的强制力的理性理念之下），把意志与行为联结起来。

先天综合实践命题这个概念中，"先天地、从而必然地"，凡是先天的当然都是必然的，都不是以任何一种偶然的爱好为前提的。括号里面讲"虽然只是客观地"，为什么讲虽然只是客观地呢？因为意志行为作为先天必然的来说，我们通常都是理解为主观的。一种意志行为，先天必然地是由自己所支配的。这里的"客观地"是就人的主观性受到理念的强制而言。这种先天性必然性是来自一种命令，是出自一种理念对人下命令，所以这里的先天和必然有特殊的规定，就是说不是主观的强制性，而是来自一种客观理性的强制性。"把意志与行为联结起来"，这就是讲的综合了。在《纯粹理性批判》中，"联结"是出于先验自我意识的本源的综合的统一。所谓先验演绎就是讲我们如何能够用这些范畴来"联结"那些经验的事实，用来把经验的事实联结起来形成一个判断。这里讲的联结不是下判断的连接，而是意志和行为的实践的连接。我有个动机那么就要去做，这个动机和做是如何可能联结起来的？在日常生活中很容易。如果那个东西对我的诱惑很大，我就可以连接起来；如果我特别想达到那个目的，那么我就可以去做。但是先天地、必然地联接何以可能，这就很复杂了，它问的是作为一种先天综合实践命题如何可能。

所以这是一个实践命题，这个命题不是把行动的意愿，从另一个已被预设的意愿中分析地引导出来（因为我们没有如此完善的意志），而是把这意愿与一个理性存在者的意志的概念，作为在它之中没有包含的东西，直接地联结起来。

先天综合实践命题的特点是什么呢？这样一个命题"不是把行动的意愿，从另一个已被预设的意愿中分析地引导出来"，比如说上帝，上帝要我这样做。只有上帝能够分析地引导出人的行动的一切意愿，当然前提是如果有上帝的话。在这个地方康德还没有假定上帝，所以这里实际上说的是反话。如果有上帝的话，从上帝的眼光来看，那么人的自由意志的行为当然是一个分析命题。就像莱布尼茨的"前定和谐说"所讲的，我们自以为是自由的，但是一切实际上都是由上帝前定安排好的，你的一举一动都受这些基因的制约，你没有任何一个行动是自由的。所以前定和谐的说法是一种宿命论的说法：没有上帝的安排，连一根头发都不会从头上掉下来。一切都被安排好了，人的自由也被安排好了。人的自由和上帝的关系就是一种分析的关系。康德这里也许想到了莱布尼茨，就是把行动的意愿从另一个已被预设的意愿中分析地引导出来。但因为我们没有如此完善的意志，所以不能做到这一点，我们没有一个能够把所有其他的意愿完全分析出来的意志。我们只有"把这意愿与一个理性存在者的意志的概念，作为在它之中没有包含的东西，直接地联结起来"，这也就是综合地联结起来。意愿是比较具体的，意志是比较抽象的。前面说过，意志 Wille 和意愿 Wollen 虽然同词根，但意愿比较泛，包括意志，也包括希望、欲望等种种动机。意志则是意愿里面最高的。本来这两个概念是有种包含关系的，但在这里意愿是把意志"作为在它之中没有包含的东西"综合起来，这就是把意愿当作主观的感性动机，把意志当作客观的理性法则了。两个概念，一个并不包含在另一个之中，两个互相外在的概念联结起来就形成一个综合命题。你首先有个意愿的概念，没有受到限制，它是直接感性的。那么你的意愿如何跟你的理性的意志直接联结起来，形成一个综合的实践命题？这是所谓先天综合实践命题的含义：一个是你具体的意愿，或者你行动的准则，能够成为一个理性存在者的意志的概念，那就是成为法则。这两个东西"直接"联结起来，就是不借助于经验的东西而联结起来，这就是对于先天综合实践命题的一种解释。

下面回到正文：

在这一任务方面，我们首先要研究，是否仅仅一个定言命令的概念或许连包含唯一能作为定言命令的命题的命令公式也不会提供出来；

什么任务呢？就是在实践知识中要洞察先天综合的实践命题的可能性。在理论认识中先天综合命题何以可能，我们已经解决了；在实践中先天综合的实践命题如何可能这样一个任务，现在正摆在我们面前。在这样一个任务方面我们首先要研究的是什么呢？"是否仅仅一个定言命令的概念或许连包含唯一能作为定言命令的命题的命令公式也不会提供出来"。这还是讲，是否定言命令属于分析命题或综合命题。如果它是属于分析命题，那么定言命令的概念就能够把定言命令的命令公式直接提供出来，单从概念分析里面就可以推出必然包含的命令公式。就像假言命令的概念已经包含有"你要怎么做"的这样一个公式或规则了，比如，你要想老来不受穷，你就必须年轻的时候积攒钱财。这是分析的，已经包含在你想老来不受穷这样一个概念里面，这是不用多说的，但这个不是定言命令，而是假言的分析命题。那么是否仅仅一个定言命令的概念或许连包含唯一能作为定言命令的命题的命令公式也不会提供出来呢？如果能够提供出来，那么它就是一个假言命令，分析命题。只有当它不能够提供出来，它才是一个先天综合命题。所以他这里讲的"是否"就有两种解答：在"是"的方面，定言命令的概念是不会提供出这样一个公式的，那这种公式就是综合的，因为在概念里面不会提供命令的公式。仅仅一个定言命令的概念在形式逻辑上面就是"S 是 P"，用在实践方面"S 应该 P"，这样一个定言命令。那么它是不是直接就可以推出来一个定言命令的命令公式、推出你应该做什么呢？"S 应该 P"就能够包含康德的道德律吗？肯定没有。康德的道德律是符合"S 应该 P"这样一个定言命令的概念的，但是并没有直接包含在这样的概念里面。从这个概念里面要得出定言命令的公式，得出他的道德律，必须通过综合。因为命令的公式没有包含在定言命令的单纯概念里面。定言命令本来是个形式逻辑上的概念。命令有假言的，有定言的，来自于定言判断和假言判断，定言命题和假言命题。"如果 A"则"S 是 P"，那么就是假言命题。有个"如果"就是假言命题，去掉这个如果就是定言判断。这样一个概念引入到实践里面是不是就能够导致道德律，导致定言命令的公式呢？显然没有。形式逻辑完全是抽象形式的，它没有告诉我们应该怎么做，它只告诉我们"S 应该 P"这样一个形式。所以你不能从这个概念里面推出唯一能作为定言命令的命题的命令公式。也就是说，定言命令的概念虽然不能推出这个公式，但是这个公式是唯一能作为它的命题的，唯一能够作为定言命令这个概念在实践方面所体现出来的公式的。或者说，康德的道德律是唯一符合定言命令这个概念的,但是不是分析地符合,而是综合地符合。道德律跟定言命令的概念的关系里面有一种唯一性和必然性。这个必然性不是分析的必然性,而是先天综合的必然性。分析命题有必然性,但是不能教给我们在实践中应该怎么做,应该怎么做还是放任你自己去选择,取决于你想不想要达到这个目的,它不能教给我们在现实实践活动中究竟应该怎么做。你应不应该选择这个目的,这个分析命题、假言的命令不能够告诉我们。唯有先天综合的实践命题才能够告诉我们,归根结底我们应该怎么做。这样一个命题一方面告诉我们应该怎么做,另一方面,这样做的必然性也提供出来了,但是它又不是从定言命令的概念里面分析出来的,而是通过综合建立起来的。所以我们首先要研究,定言命令的概念是否能够直接提供出这样一个定言命令的公式,按照康德的观点,是不能提供的。既然概念提供不出,不能够保证在形式逻辑的定言命令这个概念里面就已经包含有道德律这样一个公式,那么这个公式从何而来,这就是问题了。问题的困难性就在这里,它不能从形式逻辑的定言命令的概念中直接推出定言命令的公式来,但是一旦定言命令的公式建立起来,它是必然符合定言命令的概念的。那么这种必然性从何而来? 就需要另外加以论证了。所以我们首先要研究这样一个问题,就是在定言命令的概念里面能否推出定言命令的公式?

因为这样一个绝对诫命如何可能的问题,即使我们知道了它原话是如何说的,还是需要特殊的、艰苦的努力,这种努力我们将留待最后一章进行。

这个地方康德虚晃一枪,卖了个关子。因为这是一个很难的问题,这个问题在这里暂时还不能解决,我们放在最后一章也就是第三章来解决。《道德形而上学奠基》一共就三章。第三章专门讲这个问题,就是定言命令何以可能,它的可能性的根据何在? 我们在这里提示一下,定言命令的根据实际上是在于你的自由,在于人的自由意志。它不能从一个定言命令的概念里面推出来,当然也不能从经验中归纳出来,它是一个先天综合命题。先天综合命题何以可能？由于人是自由的，所以它才可能。如果人是不自由的，这两个概念就完全不相干。一个是定言命令的形式逻辑的概念，一个是作为道德律的实践的概念，这两者可以完全不相干。但是由于有自由在里面作为中介或者作为基础，所以我们可以把一个定言命令的概念实现为道德律的公式。因为我们人是自由的，我们可以凭借自己的自由使自己的准则成为一条普遍的法则。如果我们不是自由的，那是绝对做不到普遍法则的，因为我们受到种种因素的干扰，你任何一个意志、动机都是可变的，都是由于环境的变化而不断更改。动物的欲望就完全受它的本能所支配，唯有当一个人是自由的，他才能把自己的自由意志一贯到底，成为一条普遍的法则。所以定言命令：你要把自己的行为准则变成一条普遍法则，是由于人是自由的才能做到。作为道德律何以可能？就是因为它是建立在人的自由意志之上的。自由意志何以可能？康德认为这就已经到顶了，再没法追究了。自由意志本身是物自体。你要问它何以可能，你就等于要破译物自体的秘密，而物自体的秘密一旦破译也就不是自由了，那就取消了自由。所以最好的办法是把自由当作物自体，才可以保持自由。作为人来说都想要保持自己的自由，都不想把自己变成动物，变成机器。你要是不想把自己变成动物和机器，你就必须承认康德的物自体。人为什么是自由的没有解。这是他在第三章解决的问题，而第三章实际上是过渡到了纯粹实践理性批判，按照康德在导言里面所讲到的，这就是过渡到综合的部分了。前面两章都是分析的，一步步分析，分析出它的最高原理就是道德律，那么道德律何以可能，这个问题本身就是一个综合的问题。在第二章这里还没有涉及到何以可能的问题，还只是追溯到人们实践中的最高原理就是道德律。再往上追暂时不谈，我们先来看看，既然已经追溯到道德律了，那么这个道德律是什么？它的涵义如何？我们如何理解？我们先来解决这些问题。这是第二章要达到的目的。

我们刚才讲的就是康德对于定言命令，也就是德性的命令，它两方面具有的特点是跟假言命令不同的地方：一个就是它是先天的，再一个呢，它既是先天的又是综合的，是先天综合命题。这里没有进一步解释其综合性，而是先对于定言命令的内容进行仔细的分析。一个是提出定言命令的公式，提出德性法则，另一个是展开德性法则的内容。德性法则究竟说了些什么？下面从不同角度阐明了道德命令具体的内涵。现在我们已经到达了这一点：定言命令的公式就要出炉了。

如果一般地设想一个**假言**命令，那么我事先并不明白它将包含什么内容，直到它的条件被给予了我为止。

如果我们泛泛而谈一个假言命令，如果它的条件没有被给予我，我并不知道它将包含什么内容。假言命令"如果怎么样"的那个"怎么样"如果你不知道，那么这个命令你是还不知道的。如果你要想要老来不受穷，年轻的时候就得积攒钱财；如果你想要买房子，你就得找一个高薪的工作，你就得到银行去贷款。这都是有前提的。如果你不想买房子那另当别论。那么你想不想买房子呢？如果你没有告诉我，我怎么知道你这个假言命令的内容呢？一般来说都是这样的，我事先不明白它将包含什么内容，直到它的条件被给予我为止。这是一个倒装句。当你的条件还没有告诉我之前，我不知道你想干什么。你把你的目的告诉我，我就明白了，你这一切所做的就是为了那个事情，我就知道你的命令的内容了。你要我存一笔钱，我肯定要问你为什么？假言命令都是这样的，首先要明确你的条件，你想要达到什么目的。

下面定言命令就不同了：

但如果我设想一个**定言**命令，那么我立即就能知道它包含的内容。

如果我设想一个定言命令，在任何条件之下你都应该怎么做，那么我立即就知道了它所包含的全部内容了。我抛开所有的条件，都能确定命令的内容。

下面讲为什么这样：

因为定言命令除法则外，只包含符合这条法则的那个准则（Maxime）的必然性，

也就是说定言命令是无条件的，既然是无条件的，那么它是法则，即在任何条件之下，放之四海而皆准。定言命令本身意味着一种法则。除了无条件以外，还包含有一点就是符合这个法则的那个"必然性"，那就是"应当"的强制性。这个应当就意味着，你的行为应该无条件地符合那个法则，应当意味着一种必然性。你的行为的准则和法则之间有一种必然的联系，这两者之间是不能有偏差的，是应该吻合的。所以定言命令一个是无条件，无条件意味着它是法则；另外一个是应当，应当意味着你的行为和法则之间有一种必然联系。所以这两种内容在定言命令里面，不需要知道你的意图，我就已经了解到了。

这个"准则"它下面也有一个注释，我们来看：

准则是行动的主观原则，必须和**客观原则**、即实践法则相区别。

法则和准则的区别就在于，一个是客观的，一个是主观的。客观的法则在这里不是讲自然界的客观规律，而是讲实践的客观规律。法则也可以翻译成规律。客观法则是指我们的行为，它跟自然界没有关系，是来自于理念的一种要求和命令。准则是主观要求，我要这样做，凡是有"要"在里面，有一个意志或任意，那么就是主观准则。准则已经有一贯性，但是这个一贯性和法则还不一样。法则的一贯性是具有必然性的。准则可以这样一贯，也可以那样一贯。人为财死，鸟为食亡也是一种准则，也有一贯性。一个自私自利的人，他一贯自私自利，也有一贯性，但不是客观的，不是所有的人都应该遵守的。他只希望他自己一个人自私自利。所以它必须和客观原则、即实践法则相区别。"原则"在这里做了一个限定：客观原则，那就是实践法则。我们刚才讲原则比法则更大，原则包含法则。有些是法则，而另外一些只是原则。这里讲的客观原则就把法则的特点点出来了。准则是主观原则，法则是客观原则，客观原则也就意味着普遍原则。普遍的原则就是法则，放之四海而皆准，那就

是法则。

准则包括被理性规定为与主体的条件（经常是主体的无知甚至爱好）相符合的实践规则，从而是**主体**据此而**行动**的原理；法则却是对一切有理性的存在者都有效的客观原则，和据此**应当行动**的原理，也就是一个命令。

进一步指出准则和法则的区别，准则里面也有理性，凡是人的行为都有理性，但是准则是被理性规定为与主体的条件相符合的，这个主观条件是什么呢？括号里讲"经常是主体的无知甚至爱好"，是有限条件，经验性的条件。作为动物的爱好和无知，这都是主体的条件。人有时候经常去追求一些愚蠢的东西，有的时候仅仅是无知，他去追求一些东西，追求一些他根本不需要的东西，或者仅仅追求那些他所爱好的东西。物欲横流。物欲横流里面也有理性，机关算尽，里头就有理性了，但是这个理性是完全为主观的那些爱好、无知、奢侈、愚蠢服务的。这样的规则规定你在实践中要怎么怎么做，怎么做呢？人为财死，鸟为食亡，人不为己，天诛地灭，追求自己的利益，甚至于损人利己，只要能够对自己有利，什么都能干，这就是你的实践的规则。准则包括一些这样实践的规则，"从而是主体据此行动的原理"。"行动"打了着重号，跟后面"应当行动"相对应。当然也不要把准则想得太不堪了。括号里讲准则经常是主体的无知或爱好，经常是愚蠢自私自利的，但是也不排除它有可能成为道德的，有可能会被包括在道德法则里面，有可能自身会成为一种普遍的法则。也就是说，即使在法则里面，理性规定的这样一个准则，也可能是与主体的条件相符合的，当然那就要把主体的无知和爱好排除在外了，这个主体这个时候已经排除了爱好，已经把法则选择为自己的动机了。所以准则和法则之间有区别，但是不是绝对对立的，只是层次上有区别。准则是低层次的，但是它可以向高层次升华。这两句话主要讲差别。你必须根据这种客观原则来行动，也就是一个命令。一方面是具有客观有效性的，另一方面是一个命令，是"应当行动的原理"。这个跟准则是"行动的原理"有一个层次上的区别。当然"应当行动的原理"也是行动的原理，也包括在行动的原理之中，但是它加了一个"应当"，加了一个命令式。法则就是一个命令。那么非法则的东西是不是也可以成为命令呢？比如有条件的命令是不是也是命令呢？在康德看来严格说起来有条件的命令不是真正的命令。因为它只能命令你选择了某个目的之后你就应该这样做，但是它不能命令你应该选择这个目的。所以这种命令只是表面上的。真正称得上命令的就是法则，也就是道德律。道德命令告诉你什么是该选择的，什么是不该选择的，从目的上就把你限定了。而其他的假言命令只是限定你的手段。准则和法则既有区别又有联系。

下面再看正文：

但这法则却不包含限制自己的条件，所以除了行动准则所应与之符合的那个一般法则的普遍性之外，便什么也没有剩下来，而定言命令真正说来单单只把这种符合表象为必然的。 421

定言命令必须包含两个方面，一个是法则，一个是你的准则必须符合这个法则。法则只是从定言命令本身的形式来的。定言命令是无条件的命令，所以由此所看出的法则"不包含限制自己的条件"。既然是无条件的，所以当然就是普遍的法则，任何条件下都有效；而这个法则肯定是不包含限制自己的条件的，不包含具体的、先定的目的。这个法则没有限制自己的条件，所以只有一个东西在里面包含着，就是符合那个一般法则的普遍性。法则是什么法则呢？只有一个意思，就是你的准则必须普遍地符合这个法则。法则本身是普遍的，命令也就是普遍的，命令你的准则要符合这个法则。这个命令是普遍有效的，你的准则应该在任何条件之下都符合这个法则。这一点在定言命令里面表达出来了，而别的都被抽掉了，什么都没有剩下来。具体的内容，你面临某种情况就该怎么做，这些都没有表达，它是高度抽象的一条法则。而后面说：定言命令真正说来单单只把这种符合表象为必然的。定言命令的应该表达出一种必然性。这种必然性是什么必然性呢？就是讲你的准则应该普遍地符合法则，或者你的准则必然应该符合法则。表象为必然的也就是表象为应当的。

所以下面就推出来了：

因而，定言命令只有唯一的一个，这就是：你要仅仅按照你同时也能够愿意它成为一条普遍法则的那个准则去行动。

既然定言命令所表达的就是准则对于法则相符合的必然性，那么定言命令就只有唯一的一个，没有别的。"你要"，这是个命令式，也可以理解为"你应当"。这个里头有一个必然性和强制性。怎么做呢？我们也可以这样翻译：你要这样行动，使你愿意的那个准则成为一条普遍的法则。上面翻译中的"它"就是代的后面的那个准则了。你应当使你所愿意的这样一条准则能够成为普遍的法则。你在行动中总是有自己的准则，准则是主观的，代表着你的动机。"你愿意"说明是你自愿，是你的自由意志决定，不是别人强迫的。你要说强迫也可以，是你自己在强迫你自己。你要，但同时你愿意。这个里头一个有一种必然性：一个是你要，必然性也可以翻译成必要性。"你愿意"就是一种自由意志。"成为一条普遍法则的那个准则"就是符合，你的准则是符合普遍法则的。最后："去行动"，表明这是一个实践理性的问题，不是一种理论探讨的知识而是一种实践命令。所有的要素都包含在这个命题里了。定言命令只有唯一的一条，所有的要素都包含其中：有命令，你要，你应当，也就是强制性、实践理性的必然性；也有人的自由意志，有"愿意"；有准则，也有法则，而且准则是符合法则的；还有行动，它是实践，不是说想想而已。这个命题就集中精炼地表达了道德形而上学的最高原则，它是最纯粹、最经典的表达，被人称之为"标准公式"。当然还有其他各种变形的表达方式，这个后面要讲。

现在，如果能够从这唯一的命令中，就推导出义务的所有命令来，就像从它们的原则中推导出来那样，那么尽管我们还不能断言，那被称为义务的东西是否根本就是一个空洞的概念，但至少我们能够表明，由它我们想到了什么，以及这一概念想说什么。

刚才讲了最精炼的定言命令只有唯一的一个。它可以推导义务的所有其他命令。但是康德这里还没有肯定，而是采取假设的方式："如果"。定言命令的这个唯一的公式是所有义务的原则。这个地方的原则就是高层次的意思了，不是那种泛泛的原则。如果从它里面可以推导出义务的所有命令来，"那么尽管我们还不能断言，那被称为义务的东西是否根本就是一个空洞的概念，但至少我们能够表明，由它我们想到了什么，以及这一概念想说什么"。就是说，如果从上述定言命令形式中推导出其他定言命令形式来，是会有助于我们对义务概念的理解的。有些人也许会提出质疑，你讲的义务何以可能？很有可能它是一些空洞的概念。康德前面已许诺他将在下一章解决这个问题，即通过对定言命令的"演绎"，可以证明它不是一个空洞的概念，而是很实在的，完全可以实行的。但在完成这个演绎之前，他说至少我们能够表明，由它我们想到了什么，以及这一概念想说什么。就是说这个东西在现实中是否能有效我们先不去断言，但至少有一点是可以搞清楚的，就是由它我们想到了什么。你不要一开口就说没用，你先搞清楚我想说什么意思。为此康德就必须从这个命令的方方面面来展示出它的内涵，从中推导或衍生出一些其他的义务命令来，这样我们对定言命令的义务概念"想说什么"就有了更具体的了解。所以下面一段就对定言命令做了另外一种表述。这两种表述的关系历来是人们争论很多的：

由于结果据以发生的法则的普遍性构成了在最普遍的意义上（按照形式）本来被称为**自然的**东西，即事物的存有，只要这存有是按照普遍的法则来规定的，那么，义务的普遍命令也可以这样来表述：**你要这样行**

动，就像你行动的准则应当通过你的意志成为普遍的自然法则一样。

这段话很有深意，他提出了第二条定言命令，当然这个第二条是从第一条里面"推导"出来的。从哪个角度推导出来？就是从考虑到"结果"的角度引申出来。定言命令本来是不考虑结果的，只要成为普遍法则；但成为普遍法则也可以视为另一种"结果"，因为它也造成了自己的结果。而造成这一结果的法则的普遍性则构成了"最普遍的意义上（按照形式）本来被称为自然的东西"，就是最广义的自然律。自然不光指的是自然界，而是指遵循事情的本性自然而然的结果，包括在社会生活中和人的实践活动中的形式法则。不是着眼于自然物质对象，而是着眼于实践行为在自然过程中体现的形式。这里之所以要提出自然的概念，还把"自然"打了着重号，就是为了在定言命令的第二种表达方式里面引进普遍的自然法则。但为什么要把自然法则引进来呢？就是考虑到一般人会认为，被称为义务的这个东西既然不考虑后果，就是一个空洞的概念；但是康德认为单是这样一个不考虑效果的命题就已经有意义了，这个意义可以从人们行动的自然效果来看。这种自然的效果不是狭义的自然，好像你得到了什么东西和好处，而是类似于一种自然规律。道德律在某种意义上也好像是一种自然规律。我们讲德性的法则，法则这个词也可以译作规律，它跟自然规律有类似的地方。在最普遍意义上，我们"按照形式"，就是不管自然界的质料，即自然万物，而是按照形式被称为自然（本性）的东西，"即事物的存有"。存有（Dasein）这个词有人把它翻译成有限的存在，在黑格尔那里翻译成定在，在海德格尔那里翻译成此在。都是指一种具体的存在，此时此刻的存在，在德语里面日常的含义就是生存、生活、生命。"事物的存有"后面还有一个补语："只要这存有是按照普遍的法则来规定的"。凡是按照普遍的法则被规定的事物的存有我们都称之为广义的自然的东西，也就是依从本性（Natur）的东西。他这里是从结果来考虑的，第一条命令公式不是从结果来考虑的，但为了人们更好地理解，他这里提出了第二条命令公式。其实命令还是只有一条，

第二条不过是对第一条的解释，更通俗一些。考虑到许多人喜欢从结果看问题，我们可以把它的结果看作按照某些普遍法则来规定的自然的东西。从这个角度来看，"义务的普遍命令也可以这样来表述：你要这样行动，就像你行动的准则应当通过你的意志成为普遍的自然法则一样"。"义务的普遍命令"就是上面讲的那个标准的命令公式，康德学界一般称为"普遍性公式"，这就是"第一公式"。下面这个表述被称之为"自然法则公式"，这里所有的要素跟前面那个命题的要素一一对应，但是表述有所不同。最大的不同就在于，前面是讲的使你的准则成为一条普遍的法则，而在这里则不仅仅是成为普遍法则，而且是通过你的意志成为普遍的"自然法则"。大家需要高度注意的是这句话里有一个虚拟的语气："就像……一样"，实际上它不是自然法则，但是好像是自然法则一样。为什么要说"好像"自然法则一样呢？便于人们理解啊！你既然只能理解结果、自然的东西，只能够理解经验的东西，那么我给你一条法则，好像是自然法则那样去理解，这是你的入门之处。如果第一条定言命令你理解不了，那么我提供一条比较通俗一点的，第二条定言命令。你上升不到绝对抽象的层次，那么我加进一些东西来，你就像理解一种自然法则那样来理解我的道德命令吧。虚拟的语气表明康德考虑到人们一般的理解能力，给人一个台阶和过渡。在《实践理性批判》中也讲到了这个过渡，就是说我们直接理解道德律有困难，康德提出可以采取一种"模型"（Typus）来过渡。他认为在《纯粹理性批判》里面，我们要理解范畴如何能够普遍必然地规定经验的材料，必须要有一个中介，就是判断力的图型法，那就是时间。时间通过想象力建立起一种先验图型，可以很好地把范畴和我们的感觉经验联结起来。但在实践活动中是直接的，实践活动中不存在主客二分，所以实践理性不需要图型，但是为了理解起见，我们可以引入模型，这就是自然法则。自然的模型的必要就在于，我们理解道德律不太能直接地理解，需要把道德律也设想成一个另类的自然律，把自然律当作模型来理解道德律。第二条公式就是一个模型公式。你的行动当然不是自然过程，而是一个实践和目的性的过程，但是你要把它设想成好像是一个自然过程那样。这种理解与英国经验派的理解非常接近，他把英国经验派的思路包容进来了。但他认为，自然法则只是我们为了理解道德律采取的一种视角、策略、模型，而不是自然界本身就有道德律或者道德律本身就是自然规律。道德律本身不是自然规律，它是自由的规律，自由的规律和自然规律是绝对不能混淆的。所以康德在这里提出的这个自然规律引起了很多人巨大的困惑，因为一般人很少注意到这个"好像"。很多人批判康德不一致就是说，你那么反对功利主义，但是你所举的例子都是功利主义的，康德其实并不是出于功利主义考虑这些问题，只是把功利主义当作一个引子。既然功利主义发现了这些规律，那么我们可以把这些经验的规律当作一种引导的线索，引导我们去思考真正的道德律，但这两者之间还是有根本的层次区别的。后面举的四个例子都是从"好像"的角度，好像有一种自然淘汰的规律。你可以设想一下，做一个思想实验，设想一下你的准则能否作为普遍的自然法则；如果不能作为普遍的自然法则，在你的理性思维中就会被淘汰。如果当作自然法则能够成立，那就是符合定言命令的东西。所以第二条公式实际上是第一条公式的引线：你如何理解，我告诉你一条简便的方法，把它在理性的思想实验中当作自然法则来试验一下，我们就可以找到义务何在。这可以说是一种"工作哲学"，思维的脚手架，为了便于你理解，首先从这里出发，然后一步步把你引导入门。后面还有几个公式，这是"自然法则的公式"，还有一个"目的性的公式"，最后还有一个"自律的公式"。一共有三种变形的公式，层次都不同，最低层次就是自然公式。但它们全都是"普遍法则公式"的变体。